中国人民解放军国防大学　编著
主编：黄玉章
撰稿：田昭林（统稿）
　　　彭训厚
　　　王聚英

中国人民解放军简史

上

ZHONGGUORENMINJIEFANGJUN JIANSHI

凤凰出版传媒集团
江苏人民出版社

总　目

上　卷

第一章　工农红军的诞生和土地革命战争 …………… 1
第二章　红一方面军的三次反"围剿" ………………… 24
第三章　"左"倾教条主义统治下的作战 ……………… 51
第四章　主力红军万里长征 ……………………………… 78
第五章　国内革命战争向抗日战争转变 ……………… 108
第六章　全面抗战爆发　抗日民族统一战线形成 …… 141
第七章　八路军、新四军开赴抗日前线 ……………… 157
第八章　巩固华北　发展华中、华南 ………………… 205
第九章　加强军队建设　坚持团结抗日 ……………… 249
第十章　坚持敌后抗战 ………………………………… 279
第十一章　在局部反攻中恢复发展 …………………… 307
第十二章　实施全面反攻作战 ………………………… 336
第十三章　争取和平民主　准备应付内战 …………… 370
附图 ……………………………………………………… 411

下　卷

第十四章　国民党军发动全面内战　解放军实行战略防御 …… 421
第十五章　中国革命的历史转变　解放军实施战略进攻 …… 482
第十六章　进行战略决战　歼灭国民党军重兵集团 …… 539
第十七章　实施战略追击　将革命进行到底 …………… 620

第十八章　巩固新生政权　保卫祖国安全 …………… 711
第十九章　抗美援朝　保家卫国 …………………… 752
第二十章　由单一军种向合成军队转变 …………… 789
第二十一章　军队建设的曲折发展 ………………… 806
第二十二章　军队建设指导思想的战略性转变 …… 826
第二十三章　调整、改革编制体制 ………………… 831
第二十四章　开创教育训练和军事科研的新局面 … 849
第二十五章　主要武器装备与国防科技的新成就 … 860
第二十六章　参加国家经济建设 …………………… 868
结束语 …………………………………………………… 874
附图 ……………………………………………………… 877
主要依据和参考书目 …………………………………… 885

上 卷

第一章 工农红军的诞生和土地革命战争
第一节 国共合作和黄埔建军
一 国共合作的形成 ... 1
二 创办黄埔军校 建立革命新军 ... 2
三 国共分裂 大革命失败 ... 4
第二节 举行武装起义 建立人民军队 ... 6
一 确立武装斗争方针 ... 6
二 南昌起义 人民军队诞生 ... 7
三 湘赣边界秋收起义 ... 9
四 广州起义和全国各地的武装起义 ... 11
第三节 创建农村根据地 开展游击战争 ... 13
一 井冈山根据地的创建 ... 13
二 赣南、闽西根据地的创建 ... 15
三 其他根据地的创建 ... 20

第二章 红一方面军的三次反"围剿" ... 24
第一节 游击战向运动战的转变 ... 24
一 建立正规兵团 ... 24
二 进攻中心城市 ... 27
第二节 第一次反"围剿" ... 28
一 诱敌深入 ... 28
二 集中兵力歼冒进之敌 ... 30
第三节 第二次反"围剿" ... 32
一 再次确定诱敌深入方针 ... 32

二　半月横扫七百里　五战歼敌三万人 ... 34
第四节　第三次反"围剿" ... 35
　　一　仓促回师　争取主动 ... 35
　　二　以逸待劳　三战三捷 ... 37
第五节　其他苏区红军的反"围剿" ... 42
　　一　湘鄂西苏区红军的反"围剿" ... 42
　　二　鄂豫皖苏区红军的反"围剿" ... 43
　　三　红四方面军的进攻作战 ... 44
第六节　红军的初步正规建设 ... 46
　　一　指挥机构的建立和统一 ... 46
　　二　条令、条例的制定 ... 47
　　三　后勤机关的建立 ... 48
　　四　特种分队的建立 ... 48
　　五　军政学校的建立 ... 49

第三章　"左"倾教条主义统治下的作战 ... 51

第一节　1932年的进攻作战 ... 51
　　一　1932年初的革命形势 ... 51
　　二　赣州战役 ... 52
　　三　漳州战役 ... 54
　　四　南雄、水口战役 ... 55
　　五　乐安、宜黄战役 ... 56
　　六　建(宁)黎(川)泰(宁)战役和金(溪)资(溪)战役 ... 56
第二节　红四方面军和红三军第四次反"围剿" ... 58
　　一　蒋介石的"围剿"计划与兵力部署 ... 58
　　二　红四方面军第四次反"围剿" ... 59
　　三　红三军第四次反"围剿" ... 61
第三节　红一方面军第四次反"围剿" ... 62
　　一　反"围剿"初期红军向苏区退却 ... 62
　　二　黄陂战斗 ... 65

三　草台岗战斗 66
　第四节　红一方面军第五次反"围剿" 67
　　　一　双方的军事战略及兵力部署 67
　　　二　军事教条主义的进攻作战 69
　　　三　军事保守主义的阵地防御战 71
　　　四　逃跑主义的战略转移 73
　第五节　红四方面军反"围攻"和红军西北军事委员会的创建 ... 74
　　　一　红四方面军反"三路围攻" 74
　　　二　红四方面军反"六路围攻" 75
　　　三　红军西北军事委员会的创建 76

第四章　主力红军万里长征 78
　第一节　红军开始长征 78
　　　一　红六军团与红三军会师黔东 78
　　　二　红二十五军西征至陕北 79
　　　三　中央红军开始长征 80
　第二节　中央红军转战川、黔、滇 84
　　　一　遵义会议 84
　　　二　四渡赤水 86
　　　三　巧渡金沙江 89
　第三节　中央红军与红四方面军会师 91
　　　一　红四方面军发起嘉陵江战役 91
　　　二　中央红军强渡大渡河 93
　　　三　中央红军同红四方面军会师 95
　第四节　红一方面军北上　红四方面军南下 96
　　　一　中央与张国焘在战略上的分歧和斗争 96
　　　二　红一方面军北上陕甘苏区 100
　　　三　红四方面军南下川康边 102
　第五节　南方红军坚持游击战争 104
　　　一　南方八省三年游击战争概况 104

二　各游击区概况　105

第五章　国内革命战争向抗日战争转变　108
第一节　红一方面军东征和西征　108
　　一　1935年冬季的形势　108
　　二　东征作战　112
　　三　西征作战　113
第二节　三大主力红军会师　115
　　一　红二、红六军团与红四方面军会师　115
　　二　三大主力红军会师　117
　　三　山城堡战斗　118
　　四　西路军血战河西走廊　125
第三节　国内和平基本实现后的红军　128
　　一　中国共产党抗日民族统一战线政策的确定　128
　　二　西安事变后红军的行动　133
　　三　红军对日抗战的直接准备　135
　　四　东北抗日游击战争　138

第六章　全面抗战爆发　抗日民族统一战线形成　141
第一节　七七事变　日本全面侵华　141
　　一　日本侵略中国蓄谋已久　141
　　二　日本制造卢沟桥事变　142
第二节　抗日民族统一战线正式形成　144
第三节　全面抗战路线和战略方针　146
第四节　红军主力改编为八路军　148
第五节　南方红军游击队改编为新四军　152

第七章　八路军、新四军开赴抗日前线　157
第一节　八路军出师华北和平型关大捷　157
　　一　东渡黄河　挺进前线　157
　　二　平型关首战告捷　160
第二节　积极配合友军作战　163

		一　保卫忻口、太原作战	163
		二　策应徐州会战	167
		三　配合与支持武汉会战	168
	第三节	开辟华北敌后战场	171
		一　创建晋察冀抗日根据地	171
		二　创建晋西北和大青山抗日根据地	174
		三　创建晋冀豫抗日根据地	176
		四　创建晋西南抗日根据地	178
		五　发展平原游击战争	179
	第四节	发展华北地方人民抗日武装	184
		一　山西新军的建立与发展	184
		二　冀中人民抗日武装的发展	187
		三　山东人民抗日武装的建立	189
	第五节	新四军开辟华中抗日根据地	192
	第六节	东北抗日联军坚持抗日斗争	197
	第七节	保卫陕甘宁边区的八路军留守兵团	202

第八章　巩固华北　发展华中、华南　205
　第一节　抗战相持阶段到来后的时局　205
　第二节　八路军成为华北抗战主力军　208
　　一　第一一五师主力挺进山东　208
　　二　第一二〇师主力挺进冀中　212
　　三　第一二九师主力挺进冀南　216
　　四　建立八路军冀热察挺进军　217
　第三节　新四军发展华中抗日根据地　225
　　一　东进北上　巩固江南　226
　　二　发展皖东抗战　227
　　三　开辟豫皖苏边抗日根据地　229
　　四　开辟豫鄂抗日根据地　230
　　五　新四军、八路军合力挺进苏北　231

第四节 开辟华南抗日根据地 ... 235
第五节 百团大战 ... 238
  一 战前形势与战役部署 ... 238
  二 战役简要经过 ... 240
  三 百团大战的意义及影响 ... 247

第九章 加强军队建设 坚持团结抗日 ... 249

第一节 加强人民军队政治工作 ... 249
  一 恢复政治委员和政治机关制度 ... 249
  二 确定政治工作的基本任务、内容和原则 ... 250
  三 加强与指导各部队积极开展政治工作 ... 252
第二节 创建抗日军政大学 ... 255
  一 抗大的建立与发展 ... 255
  二 抗大分校的建立 ... 256
  三 抗大的教学内容和方法 ... 260
第三节 有理、有利、有节 打退顽固派反共逆流 ... 262
  一 坚持抗日民族统一战线的策略原则 ... 262
  二 正确处理山西十二月事变 ... 264
  三 陕甘宁边区的反磨擦斗争 ... 267
  四 太行地区的反顽作战 ... 268
  五 新四军胜利进行黄桥战役 ... 271
第四节 顾全抗战大局 正确处理皖南事变 ... 274
  一 皖南事变经过 ... 274
  二 新四军重建军部 ... 275

第十章 坚持敌后抗战 ... 279

第一节 德苏战争及太平洋战争爆发后的国内外形势 ... 279
第二节 粉碎日军对华北的"扫荡"与"蚕食" ... 281
  一 华北敌后军民反"扫荡"作战 ... 281
  二 华北敌后军民反"蚕食"斗争 ... 287
第三节 反对日伪对华中的"扫荡"与"清乡" ... 290

第四节	广泛深入开展群众性游击战	292
第五节	贯彻十大政策　渡过难关	297
一	实行精兵简政	298
二	开展大生产运动	299
三	开展整风运动	301
四	开展拥政爱民和拥军优属运动	304

第十一章　在局部反攻中恢复发展　307

第一节	国际国内战场形势	307
第二节	八路军发动局部反攻与攻势作战	310
一	八路军在局部反攻作战中彻底粉碎日军"扫荡"	310
二	在局部地区开始攻势作战	312
第三节	八路军、新四军向河南、湘粤边敌后进军	319
一	开辟河南抗日根据地	319
二	开辟湘粤边抗日根据地	322
第四节	新四军进行车桥战役　开始局部反攻	326
一	车桥战役	326
二	开始攻势作战	328
三	建立新的兵团	331
第五节	在局部反攻中开展军政大整训	332

第十二章　实施全面反攻作战　336

第一节	全面反攻前的国内外形势	336
第二节	八路军、新四军继续展开攻势作战	339
一	八路军各部队继续展开攻势作战	339
二	新四军在华中继续发动新的攻势	346
第三节	八路军发动大规模反攻	350
一	毛泽东、朱德发布全面反攻命令	350
二	山东军区部队的大反攻	352
三	晋绥军区部队的大反攻	353
四	晋冀鲁豫军区部队的大反攻	354

五	晋察冀军区部队的大反攻	356
第四节	新四军在华中发动反攻作战	359
一	日本投降　蒋介石阻挠解放区军队受降	359
二	新四军展开全面攻势	360
三	进一步反攻　苏中、苏北、淮南、淮北连成一片	362
第五节	东北抗日联军配合苏军解放东北	364
第六节	华南独立纵队解放大片国土	366
第七节	抗日战争的最后胜利	368

第十三章　争取和平民主　准备应付内战　370

第一节	抗战胜利后的国际国内形势	370
一	国际形势的变化	370
二	美国对华政策	373
三	苏联对华政策	380
四	国内形势和国共两党方针	382
第二节	确定战略方针　调整战略部署	387
一	"向北发展，向南防御"战略方针的确定	387
二	先机控制东北	389
三	新四军北移和中原军区成立	390
第三节	转变军事战略　组建野战兵团	391
一	军事战略的转变	391
二	野战兵团的组建	393
三	特种部队和军事院校的建设	403
第四节	配合重庆谈判　反击国民党军进攻	404
一	上党战役	404
二	邯郸战役（平汉战役）	406
三	绥远战役	408
四	津浦路徐（州）济（南）段战役	409

附图

一　南昌、秋收（湘赣边）、广州起义及向井冈山

	进军路线图	411
二	中央革命根据地第二次反"围剿"经过要图	412
三	中央革命根据地第三次反"围剿"经过要图	413
四	中国工农红军长征路线图	414
五	八路军挺进华北抗日前线形势图	415
六	八路军第一一五师平型关战斗要图	416
七	八路军百团大战经过要图	417
八	1944年华北八路军秋冬季攻势作战要图	418
九	1944年华中新四军攻势作战要图	419
十	抗日战争胜利时全国军事形势要图	420

第一章 工农红军的诞生和土地革命战争

第一节 国共合作和黄埔建军

一 国共合作的形成

辛亥革命推翻清王朝后,孙中山采取了依靠一部分帝国主义和封建军阀去打倒另一部分帝国主义和封建军阀的政策,屡遭失败。1912年元旦,孙中山任职中华民国临时大总统,仅三个月就被北洋军阀头子袁世凯篡夺了政权,辛亥革命实质上宣告失败。当年8月,孙中山联络另外四个政党合组国民党,于1913年进行二次革命,不到两个月,即告失败。他又重建中华革命党,于1915年袁世凯称帝时参加护国战争。但在袁世凯死后,政权仍掌握在北洋军阀手中。1917年张勋拥逊帝溥仪复辟。在全国声讨复辟的高潮中,孙中山联合西南军阀在广州组建军政府,就任海陆军大元帅,进行护法战争。正当北伐胜利推进时,南北军阀勾结,护法战争失败,孙中山被迫避居上海。1919年,在五四运动的革命高潮中,孙中山将中华革命党改组为中国国民党,依靠军阀陈炯明的力量,于1920年在广州再组军政府,任海陆军大元帅。次年,正式成立中华民国政府,任非常大总统,于1922年实施第二次北伐。又是在战争节节胜利时,陈炯明叛变,北伐失败,孙中山再次逃回上海。

因屡遭挫折,孙中山陷于思想彷徨的困境,急欲寻找可靠的革命盟友。中国共产党领导的工人运动,在帝国主义和封建军

阀的武装镇压下,这时也正陷入低潮。经过二七惨案血的教训,共产党人深感工人阶级为数尚少,如果没有强大的同盟军和革命武装力量,孤军奋战,胜利难期。正是在这种情况下,中国共产党决定采取积极步骤去联合孙中山领导的中国国民党。共产国际对促进国共合作也起了积极的推动作用。

1924年1月,召开了有共产党人参加的中国国民党第一次全国代表大会。① 会议对孙中山的三民主义(民族、民权、民生)作了新的解释,明确提出反帝反封建的政治主张,并确立了联俄、联共、扶助农工的三大革命政策。大会选出了中央执行委员和候补中央执行委员41人,其中有李大钊、谭平山、瞿秋白、毛泽东、林伯渠、张国焘等10位共产党人。谭平山和林伯渠被推选为国民党中央组织部长和农民部长,不久,毛泽东又接替汪精卫任宣传部代理部长。

国民党一大的成功,标志着第一次国共合作正式形成。会后,在共产党人的大力帮助下,国民党组织在全国各重要地区迅速建立,特别是上海、北京、汉口三个执行部的创建,使国民党成为一个名副其实的全国性政党。各地组织中,都有共产党人担任重要工作。如上海执行部(领导华东各省)有毛泽东、恽代英等,北京执行部(领导华北、西北各省)有李大钊、张国焘等,汉口执行部(领导华中、华南各省)有林伯渠、林育南等。

国共合作,大大加速了中国革命的步伐,大革命运动随之轰轰烈烈地开展起来。

二 创办黄埔军校 建立革命新军

1921年12月,共产国际代表马林在中国共产党人张太雷陪同下,在桂林与孙中山秘密会谈,提出创办军校的建议,孙中山

---

① 参加国民党第一次全国代表大会的共产党员为李大钊、陈独秀、瞿秋白、毛泽东、张国焘、李立三、李维汉、林伯渠、谭平山、于树德、李永生、沈定一、谢晋、夏曦、袁达时、胡公冕、宣中华、廖乾五、刘伯伦、韩麟符、赵干、于方舟、王烬美、刘伯垂、陈镜湖。

深表赞同。1923年8月,孙中山派出由蒋介石、张太雷等组成的"孙逸仙博士代表团"赴苏俄考察政治、军事。10月间返回后,国民党中央执行委员会于11月通过了建立"国民党军官学校"的决议。国民党一大召开,共产党员以个人身份加入国民党后,加快了建校的进程。

1924年5月,黄埔军校正式建立。孙中山在开学演说中阐明了建校目的,他说:"要用这个学校内的学生做根本,成立革命军","把革命事业重新来创造"。① 根据中国的具体情况,参照苏俄红军的经验,黄埔军校建立了国民党特别党部、党代表和政治部制度,并逐渐推广至国民革命军中。这些新的制度,尤其是党代表和政治部制度,对革命事业起了很大的作用。毛泽东曾评价说:在1924年至1927年,"中国共产党和国民党合作组织新制度的军队","设立了党代表和政治部,这种制度是中国历史上没有的,靠了这种制度使军队一新其面目"。② 在黄埔军校担任政治工作的干部,基本上都是共产党员。周恩来、熊雄、鲁易曾先后任政治部主任或副主任,聂荣臻、恽代英、萧楚女等曾任政治教官,彭湃、邓中夏、张太雷、刘少奇等也经常到校作报告。此外,金佛庄、周逸群等10余人先后当选为特别党部执行委员或监察委员。至1926年6月的两年中,共有160多位共产党员在校工作。国共合作时期的黄埔军校,造就了中国近现代史上一大批声名显赫、英勇善战的军事将领。徐向前、陈赓、周士第、左权、阎揆要、朱云卿、林彪、唐天际、郭化若、倪志亮、刘志丹、李运昌、陶铸、许光达、张宗逊、宋时轮、谭希林等几十位人民解放军的高级将领,都毕业于黄埔军校。国民党的著名将领,如陈明仁、侯镜如、郑洞国、杜聿明、王耀武、戴安澜等,也都是黄埔的学生。

1924年10月平定广州商团,1925年6月平定杨希闵、刘震

---

① 孙中山:《陆军军官学校开学演说》(1924年6月16日),载《黄埔军校史料》,第46页,广东人民出版社1994年版。
② 《毛泽东选集》第二卷,第380页,人民出版社1991年版。

寰叛乱,都是以黄埔学员队和教导团为主力的。1925年底,教导团扩编为国民党革命第一军,周恩来任军政治部主任兼第一师党代表,鲁易任第三师党代表,蒋先云等七位共产党员分任七个团的党代表。至1926年初时,第一军中仅公开身份的共产党员就有250多人,连同未公开身份的达1 500多人,绝大部分在各级做政治工作。当时国民革命军各军的党代表,都是国民党中央政治委员会主席兼任,他们并不到职,实际负责的为副党代表。共产党员担任军级政治工作的,除周恩来升任第一军副党代表外,李富春、朱克靖、罗汉、林伯渠分别任第二、第三、第四、第六军副党代表,黄日葵、彭泽湘分别任第七、第八军政治部主任。所以周恩来说:国民革命军的政治工作,几乎全由共产党人担任。第四军的独立团,团长是叶挺,参谋长是周士第,绝大多数营、连级干部是共产党员,团内还建有共产党的支部,是共产党直接掌握的一支部队,政治素质、军事训练和军队纪律都很好,战斗力极强。独立团在大革命中担任北伐先遣队,所向披靡,为第四军赢得"铁军"的光荣称号起了主要作用。

1926年,黄埔军校改为中央军事政治学校,并在武汉创办分校(次年3月改为本校),郭沫若、陈毅、李富春等共产党员,均曾在校任职政治工作。这一时期,朱德、刘伯承等共产党员还曾在四川宣传国民革命和组织军队,叶剑英、贺龙、彭德怀等一些国民革命军的将领,也在共产党的影响下,加入了中国共产党。总之,在帮助国民党创办黄埔军校、建立军队政治工作制度期间,共产党不仅扩大了政治影响,而且培养了一大批军事骨干,并直接掌握了一小部分军队,为后来建设人民军队奠定了基础。

三 国共分裂 大革命失败

国共合作期间,虽然共产党员在国民党中央占有相当的比例(如中央执委会9名常务委员中有3人,中央党部一处八部21个主要职位中有17人),并帮助创办了黄埔军校,担任了国民革命军各军中的许多高级职位,但就总体而言,这都是在共产国际和陈独秀领导的中共中央只做政治工作、不掌军队实权的指导思想下进行的。孙中山逝世后，掌握了军权的蒋介石等，便逐步背离孙中山的革命政策，开始篡夺国民党的领导权，进行反共活动。1926年3月，蒋介石制造中山舰事件，5月又提出《整理党务决议案》，强迫周恩来等共产党员退出黄埔军校和第一军。①6月，蒋介石被任命为国民革命军总司令。这时，蒋介石虽然已开始了反共的活动，但国共合作的大局尚未破坏。

1926年7月，国民革命军出师北伐，旨在推翻受帝国主义支持的北洋军阀。北伐出师时共有国民革命军八个军的番号，实际兵力约十万人。早在誓师之前，由共产党建立并直接掌握的叶挺独立团，便已受命为北伐先遣部队，攻入湖南。在渌田、尤家湾首战中，击败吴佩孚军四个团，成为北伐的开路先锋。至1927年4月初，北伐军已消灭了湖南、湖北及江西吴佩孚、孙传芳军的主力，收回了汉口、九江的英租界，在福建、浙江、江苏战场上也取得胜利，并在上海工人第三次武装起义中，夺取了上海。长江以南地区，全部为北伐军占领。冯玉祥部的国民军，也已在共产党的帮助下于绥远五原誓师，挥军南下，控制了陕西、甘肃等省。

正当北伐战争取得伟大胜利、大革命形势蓬勃发展之际，1927年4月12日，蒋介石集团发动了早有预谋的四一二反革命

---

① 中山舰事件又称三二〇事件。1926年3月18日，海军局代理局长、共产党员李之龙，奉蒋介石的命令派宝璧舰和中山舰，由广州至黄埔。因苏俄代表团要参观中山舰，李之龙向蒋请示可否调中山舰回广州。经蒋同意后，于下午返回广州。蒋介石不承认自己下令调中山舰至黄埔，说是"无故移动"的"不法行动"，并散布谣言，说中山舰要炮轰黄埔军校，共产党要赶走他。以此为借口，蒋介石于3月20日凌晨逮捕了李之龙，同时派出大批军警扣留了中山舰及其他海军舰只，扣留了黄埔军校及第一军第二师共产党员40余人，并将驻防潮汕的第一军中共产党员全部逮捕。周恩来前去质问，亦被软禁一天。最后，国民党中央政治委员会下达了撤除第二师各级党代表的决定。共产党被迫撤出第一军的全部共产党员。

《整理党务决议案》于1926年5月在国民党第二届中央执委会第二次会议上通过。它以"改善中国国民党与共产党间的关系"为名，规定共产党员在国民党"高级党部任执行委员时，其数额不得超过该党部执行委员总数的三分之一"，共产党员"不得充任党中央机关之部长"等。面对国民党右派的进攻，陈独秀、张国焘等中共领导人，不接受毛泽东、周恩来、陈延年等的反对意见，一再采取退让态度，以致黄埔军校和第一军中身份暴露的共产党员全部被迫退出国民党。

政变。他们首先在上海屠杀工人纠察队和革命群众。工人被杀者300多人,被捕者500多人,而不明不白的失踪者达5000多人。18日,蒋介石在南京另组国民政府,宣布从广州迁至武汉的国民政府及国民党中央的一切决议为非法,陈独秀、谭平山、毛泽东等共产党员和国民党左派等193人的名字被列在第一号通缉令上。紧接着,江苏、浙江、安徽、福建、广东、广西、四川、山西各地国民党,以"清党"为名,大规模屠杀共产党人和革命人民。仅广州被捕杀的共产党员,就有包括原黄埔军校的熊雄、萧楚女等在内的2100余人。与此同时,北方的奉系军阀张作霖也开始捕杀共产党员和革命群众。4月28日,中国共产党的创始人之一李大钊在北京就义。控制武汉国民党的汪精卫,在郑州会议上与冯玉祥会谈后,于7月15日正式作出了"分共"的决定,步蒋介石的后尘,对共产党员和革命人民实行大屠杀。至此,国共合作关系彻底破裂,轰轰烈烈的大革命(第一次国内革命)失败了。①

　　血的教训,终于使共产党人真正认识到掌握军队的极端重要性。中共中央指出,当前"最重要的任务之一",就是"创造新的革命军队,不要有雇佣性质,而要开始于志愿兵的征调,渐进于义务的征兵制,建立工农的革命军"②。

第二节　举行武装起义 建立人民军队

一　确立武装斗争方针

　　大革命失败之后,中国的政治局势发生了重大逆转。蒋介

---

　　① 北伐的宗旨是反封建军阀、反帝国主义。四一二政变后,蒋介石及其集团转变为依赖帝国主义的新军阀。此后北伐战争虽然最后打败了北洋军阀,表面上统一了中国,但并未改变中国半封建半殖民地的性质,所以说大革命失败了。
　　② 中央档案馆编:《中共中央文件选集》第3册,第340页,中共中央党校出版社1989年版。

石建立的政权,对内实行独裁的法西斯统治,对外与帝国主义勾结,与北洋军阀统治下的中国,在性质上并无大的差别。在严重的白色恐怖下,不过一年的时间,共产党员被杀的就达2.6万多人,革命人民被杀近30万人,还有许多共产党员和工农运动的积极分子被捕。革命转入地下,一些意志不坚的人,脱离了革命,有的甚至叛变。共产党员的数量由近6万多人锐减至1万多人,中国革命由高潮陷入低潮。

1927年7月4日,中共中央政治局召开扩大会议,毛泽东针对陈独秀等不重视军事的思想,指出"不保存武力,则将来一到事变,我们即无办法"①。汪精卫宣布"分共"后,由张国焘、周恩来、李立三、张太雷、李维汉五人组成临时政治局常委会,决定了三件事:将中共掌握和影响的部队向南昌集中,准备起义;在秋收季节,组织湘、鄂、粤、赣四省农民暴动;召集中央会议,讨论决定新时期的新政策。②

8月7日,中共中央在汉口召开紧急会议,总结了大革命失败的经验教训。毛泽东在会上尖锐地指出:我们"不做军事运动专做民众运动,蒋(介石)唐(生智)都是拿枪杆子起家的,我们独不管"③。他强调"以后要非常注意军事,须知政权是由枪杆子中取得的"④。八七会议结束了陈独秀右倾妥协主义在中共中央的统治,确定了土地革命和武装反抗国民党反动派的总方针。

二 南昌起义 人民军队诞生

1927年7月中旬,中共中央临时政治局常委会派李立三等部分中央领导人至九江组织中共掌握和影响的部队,准备联合

---

① 中共中央文献研究室:《毛泽东传》,第136页,中央文献出版社1996年版。
② 参见李维汉《回忆与研究》,转引自中共中央文献研究室《毛泽东传》,第136页,中央文献出版社1996年版。
③ 毛泽东:《在中央紧急会议上的讲话》,载《毛泽东军事文集》第一卷,第2页,军事科学出版社、中央文献出版社1993年版。
④ 中共中央八七会议记录,转引自中共中央文献研究室《毛泽东传》,第139页,中央文献出版社1996年版。

张发奎的第二方面军重回广东。7月20日,发现张发奎已追随汪精卫开始"分共",中共中央遂决定在南昌举行武装起义。7月27日,周恩来到达南昌,根据中央决定,由周恩来、李立三、恽代英、彭湃组成中央前敌委员会,周恩来任书记,领导起义。

1927年8月1日晨,周恩来、贺龙、叶挺、朱德、刘伯承等指挥党掌握和影响下的北伐军及南昌警察武装共2万多人,举行起义。经四小时激战,全部肃清了敌人,缴获各种枪500余支。同日下午,驻马回岭的第二十五师2个团2000多人,在聂荣臻、周士第率领下起义,第二天赶至南昌集中。中共中央决定仍沿用左派国民党旗帜号召革命。起义部队整编后,亦沿用国民革命军第二方面军的番号,由周恩来、贺龙、叶挺、刘伯承等组成参谋团,作为军事指挥机构,刘伯承兼任参谋长。由贺龙兼任代总指挥,叶挺兼任代前敌总指挥。下辖3个军:第二十军军长贺龙兼,廖乾吾任党代表;第十一军军长叶挺兼,聂荣臻任党代表;第九军副军长朱德,朱克靖任党代表。总计编为16个团又4个营。

南昌起义后,汪精卫急令张发奎、朱培德率部进攻南昌。8月3日,起义军按中共中央的预定计划,取道临川(抚州)、宜黄、广昌南下,准备进军广州,重建革命根据地,获取共产国际的援助,再次北伐。进至进贤时,第十师师长蔡廷锴率部脱离起义军,东去浙江。这时国民党驻广东的第八路军总指挥李济深,急调钱大钧部及黄绍竑部分别经赣州和南雄进入江西,堵击起义军。8月26日,起义军击败钱大钧部进至壬田的3个团后,乘胜占领瑞金。28日至30日,起义军以一部兵力占领洛口,阻击黄绍竑部,而以主力1万人,猛攻会昌钱大钧部。经激战后,歼敌大部,起义军亦伤亡1700余人,陈赓身负重伤。

经过一个多月的行军、战斗,部队已减员近万,战斗力大为削弱。前委决定改道经福建长汀、上杭,进军广东东江,与农民起义军会合。9月18日,攻占大埔、三河坝地区,留朱德、陈毅率第九军教导团及第十一军第二十四师乘船经韩江向潮汕前进。9月23日占领潮汕后,前委决定留第二十军第三师及第十一军

第二十四师一部随前委机关驻守潮汕,主力约6500人西进迎击陈济棠部敌军。9月28日,在汤坑(丰顺城)东南白石与敌遭遇,经三昼夜激战,起义军伤亡2000余人,无力再战,退出战斗。在此之前,黄绍竑部集中力量向潮州起义军进攻。由于众寡悬殊,伤病员又多,前委机关遂退至普宁之流沙。由白石退出战斗的部队,于10月3日亦至流沙与前委会合,尔后继续向海陆丰撤退。经过葵潭时,被敌军截为两段,另一部约400多人退至饶平。驻守三河坝的起义军,在击退钱大钧部3个师的多次进攻后,于10月3日突围,撤至饶平与葵潭退来的起义军会合。此后,朱德、陈毅率领这两支部队,在极端困难的情况下,转战至粤北地区,保存了南昌起义军近800人的骨干,为以后开展游击战争起了重要作用。

南昌起义打响了武装反抗国民党反动派的第一枪,标志着中国共产党独立领导革命战争、创建人民军队和武装夺取政权的开始。但是,起义后采取的夺取广东、再行北伐的战略方针,不符合当时中国的实际情况,这是起义军失败的根本原因。

三　湘赣边界秋收起义

南昌起义爆发后第三天,中共中央制定了《关于湘鄂粤赣四省农民秋收暴动大纲》,并任命毛泽东为中共湘南特别委员会书记,领导秋收起义。八七会议后,毛泽东作为中央特派员去湖南传达会议精神,改组湖南省委。1927年8月中旬,毛泽东到达长沙。

8月18日,省委书记彭公达主持改组后的省委会议,传达八七会议精神,讨论秋收起义问题。毛泽东在会上强调指出:发动起义单靠农民的力量是不够的,必须有军事的帮助,要有一两个团的兵力作骨干,否则起义难免失败。起义的发展要夺取政权,要夺取政权就一定要有兵力。我们党从前的错误,就是忽略了军事,现在应以60%的精力注意军事运动,用枪杆子夺取政权,建设政权。他认为国民党的旗帜已成为白色恐怖的象征,必须抛弃,应以共产党的旗帜来领导革命。会议确定在湘赣边界发动起义,第一步袭取湘东各县,第二步攻占长沙。起义领导机关为省委前敌委员会和行动委员会。前敌委员会以毛泽东为书记,由各军事负责人组成。行动委员会以易礼容为书记,由起义地区各地方党的负责人组成。当时能够用于起义的部队,主要为没有赶上南昌起义的武昌国民政府警卫团和平江、浏阳工农义勇队,驻修水、铜鼓地区。此外还有罗荣桓从鄂南带来的一部农民武装和王兴亚从赣西带来的一部农民武装,分别驻于修水、安源地区。

9月初,毛泽东在安源张家湾召开军事会议,讨论了起义的具体部署,将参加起义的部队编为工农革命军第一军第一师,以原警卫团团长卢德铭为总指挥,副团长余洒度为师长。下辖3个团:第一团以原武昌国民政府警卫团为主,吸收鄂南农民武装组成。第二团以安源工人纠察队、矿井队和赣西农民武装为主组成。第三团以浏阳农民武装为主组成。3个团兵力约5000人。另外,余洒度等在起义前,还收编了夏斗寅的残部编为第四团。

9月9日,起义部队开始破坏铁路,阻敌交通。9月11日,工农革命军第一师按计划起义。北路第一团在前、第四团在后攻打长寿街时,第四团突然叛变,第一团腹背受敌,损失200多人。南路第二团攻占浏阳县城后,麻痹轻敌,陷于重围,突围战斗中遭受很大损失。毛泽东所在的中路第三团,也在浏阳东门市遭敌围攻,伤亡甚众。在此情况下,预定攻占长沙的计划,显然不可能实现。毛泽东立即下令停止进攻,部队向文家市集中。19日夜,前委会议决定放弃攻长沙的计划,迅速脱离平、浏地区,沿罗霄山脉南下。20日,起义部队从文家市出发,24日在萍乡以东芦溪遭敌袭击,卢德铭不幸牺牲。

29日,部队到达永新县三湾村,人数不足1000,思想混乱。前委对起义部队进行整顿和整编:资遣了一部分不愿留队的人员,部队缩编为一个团,称工农革命军第一军第一师第一团;在部队中建立党组织,连有支部,营、团有党委,连以上设党代表;规定官长不许打骂士兵,官兵待遇平等,建立士兵委员会,参加部队管理。三湾改编为建设新型人民军队奠定了初步基础,在人民解放军建军史上具有重要意义。

10月下旬,第一团到达井冈山的茨坪。毛泽东领导的秋收起义的工农革命军,放弃进攻中心城市,转向农村发展,标志着土地革命的开始。

四 广州起义和全国各地的武装起义

1927年11月间,粤、桂两系国民党军为争夺地盘发生战争。粤系第二方面军张发奎部,于11月17日将占据广州的桂系第八路军总指挥部及其所属部队赶出广州,取而代之。李济深、黄绍竑在梧州集中兵力准备夺回广州,并令陈铭枢部由汕头进击广州。张发奎将一部兵力部署于东江地区防御陈部,而以主力开赴西江地区对付黄部。这时广州城内仅有第二方面军第四军军部及一个炮兵团、一个步兵团。而第四军军部教导团由武汉中央军事政治学校(即黄埔军校)1 300名学员组编而成,一直控制在共产党手中,第四军参谋长共产党员叶剑英兼任团长。军部警卫团也已通过叶剑英打入一部分共产党员,其第三营全是省港罢工工人纠察队员,所以大部亦掌握在共产党手中。中共中央认为"目前广东的局面正是工农进攻的一个好机会",要求广东省委迅速组织工农起义。广东省委于11月26日决定以教导团、警卫团一部为主,结合工人赤卫队七个联队,立即举行起义,夺取并固守广州。起义由革命军事委员会领导,省委书记张太雷任委员长;成立了起义军总指挥部,叶挺、叶剑英分任正、副总指挥。

12月11日3时许,在张太雷、叶挺、恽代英、叶剑英、聂荣臻、周文雍、杨殷等领导下,起义部队分别向广州敌人发动突袭,很快就消灭了敌人,控制了市区。熟悉敌我情况并富有战斗经验的叶挺等人,认为固守广州的计划不切实际,建议迅速撤出市区,但被省委拒绝。12日,张发奎以三个师的兵力,在英美日法帝国主义军舰和海军陆战队的支援下,从南、西、北三个方向进攻广州。起义军奋勇抗击,激战终日,损失严重,张太雷牺牲。13日,起义军被迫向外撤退。200多人向北突围,撤至江北,后与朱德、陈毅部会合,最终走上井冈山。主力1000多人撤至花县,编为工农革命军第四师,叶镛任师长,袁国平任党代表。后在1928年1月转移至海陆丰,参加当地的武装斗争。还有少部起义军撤至广西左右江地区,开展游击战争,后来参加邓小平、张云逸领导的左右江起义。广州起义的失败,引起中共中央的进一步思考,开始认识到照搬苏俄的经验,首先夺取中心城市的道路是行不通的,必须重新探索适合中国特点的革命道路。

除了南昌、湘赣边、广州三次规模较大的起义外,1927年秋到1928年夏,中国共产党还在全国12个省140多个县先后发动过100多次武装起义,主要有:

鄂西农民起义。建立了多支游击队,曾合编为第四十九路工农革命军,发展到1000多人。

黄(安)麻(城)农民起义。建立了工农革命军鄂东军,后改编为工农革命军第七军,虽仅有100多人,但它是后来鄂豫皖苏区红军的最初队伍。

海南岛农民起义。组建了工农革命讨逆军,后改编为东、西、中三路工农革命军,发展到1400多人。

赣东北农民起义。方志敏等领导弋阳、横峰等地农民起义,并集中一部骨干,组成工农革命军第二军第二师第十四团第一连,即后来赣东北苏区红军的前身。

湘南起义。朱德、陈毅率南昌起义军一部进至湘南后,发动该地区农民起义,分编为工农革命军第三、第四、第七师和两个独立团,连同带来的第一师,已达1万多人。

桑植起义。贺龙、周逸群在湘西北桑植组织了一支约3000人的部队,被打散后,又重组了1500人,编为工农革命军第四军。

赣西、赣南农民起义。以吉安、赣州为中心的赣江中上游各县,都举行了规模不同的农民起义,先后编为工农革命军第七、第九、第十五纵队，后发展为江西红军独立第二、第四团。

平江起义。时任国民党军独立第五师第一团团长的共产党人彭德怀，与滕代远共同领导该团及第三团第三营、随营学校起义，编为工农红军第五军，共1 500余人。

上述各起义部队，与秋收起义、南昌起义、广州起义建立的工农革命军，总计约2万人。这就是中国共产党独立领导人民武装斗争的最初格局，也是中国工农红军诞生之初的情况。

第三节　创建农村根据地开展游击战争

一　井冈山根据地的创建

1927年10月，毛泽东率领秋收起义保留下来的工农革命军第一军第一师第一团到达井冈山的茨坪。这时正值国民党军李宗仁部与唐生智部发生战争之际，湖南、江西两省敌军大多卷入这场战争，井冈山地区仅有战斗力很弱的保安队、靖卫团和挨户团①。毛泽东乘此有利时机，于11月和次年1月，先后占领茶陵、遂州，建立了两县的党组织、工农兵政府和赤卫队，同时帮助永新、宁冈、莲花、酃县恢复与建立了党组织和地方武装，并在万安等县开展游击战争。为了进一步加强军队的建设，密切军民关系，毛泽东规定了"行动听指挥，不拿工人农民一点东西，打土豪要归公"的三大纪律和"上门板，捆铺草，说话和气，买卖公平，借东西还，损坏东西赔"的六项注意，要求部队严格遵守。与此同时，他通过教育争取，收编了袁文才、王佐两部农民武装，改编为第二团，增强了革命力量。

1928年1月中旬，国民党军第二十七师以第八十一团和第七十九团的一个营由吉安进至泰和，另以第七十九团一个营进

---

① 保安队、靖卫团和挨户团都是国民党的地方武装。

占宁冈的新城,开始对井冈山发动第一次"进剿"。毛泽东根据开展游击战争的经验,提出了"敌来我走,敌驻我扰,敌退我追"的游击战术,用来对付敌人的进攻。为了打破敌人的"进剿"和拔掉直接威胁井冈山区的敌人据点,毛泽东决定集中兵力消灭新城之敌。2月18日拂晓,工农革命军第一、第二团在赤卫队配合下,由南、北、东三面对新城之敌发动突然进攻,经数小时战斗,全歼守敌,占领新城。此战首歼敌正规军1个营,俘敌300人,打破了第一次"进剿"。战后,部队对俘虏采取了不打不杀,医治伤兵,愿留者留,愿走者发路费释放的政策。这对瓦解敌军产生了深远的影响。

1928年3月下旬,国民党军集中7个师的兵力,向湘南红军进攻,朱德、陈毅率部队和农军分两路向井冈山转移。毛泽东率军接应。4月中旬,朱德、陈毅和毛泽东先后率部在宁冈砻市胜利会师。部队合编为工农革命军第四军,下辖3个师。不久又缩编为2个师,辖6个团和1个教导大队。朱德任军长,毛泽东任党代表和军委书记,王尔琢任参谋长。5月下旬,因给养困难,由湘南农军编成的两个团返回湘南,师的番号撤销,军直辖4个团,即南昌起义部队编为第二十八团,宜章农军编为第二十九团,秋收起义部队编为第三十一团,袁文才、王佐部队编为第三十二团,全军共6000人。6月,按中央规定,工农革命军第四军改称红军第四军。井冈山会师,使具有北伐战争优良传统的两支精锐武装会合在一起,使井冈山革命根据地的军事力量大为增强。

4月下旬,国民党第二十七师第七十九、第八十一团,分由永新、遂川向井冈山发动第二次"进剿"。红四军以"集中兵力,各个击破"的战术,先在遂川五斗江歼敌第八十一团大部,继于永新击溃敌第七十九团1个营,迫使永新之敌退回吉安,打破了敌人的第二次"进剿"。5月中旬,敌第二十七师和第七、第九师各1个团共5个团,对井冈山发动第三次"进剿"。红四军采取"避强击弱和掏心"战术,乘敌军主力在外的时机,奔袭新城敌第二十七师师部。前进途中全歼在草市坳遭遇的敌第七十九团,接着突入永新城,歼灭第二十七师师部及其第二十七团1个营,并击伤其师长杨如轩,迫使龙源口敌军4个团仓皇退向吉安。此战,红军4个营歼灭敌1个师部、1个团又1个营,缴获山炮2门,迫击炮7门,各种枪300多支(挺),银元20余担,以及大量弹药和一部分被服、药品,胜利地打破敌第三次"进剿"。

5月下旬,毛泽东任新建的中共湘赣边界特委书记,陈毅接任红四军军委书记。6月中旬,毛泽东鉴于湘敌较强、赣敌较弱的情况,提出"对湘取守势,对赣取攻势"的方针,以确立避强击弱的作战原则。这时,江西敌军又调集第九师、第二十七师共5个团对井冈山进行第四次"进剿"。湖南敌军也以第八军第二师进至攸县,威胁井冈山西侧。红四军主动撤出永新城,退至根据地中心宁冈地区待机。敌军占领永新后,以3个团分两路向宁冈进攻。红四军先以第二十八团击退敌右路2个团,然后集中兵力歼敌左路1个团于龙源口,又一次打破第四次"进剿"。此战,共歼敌1个团,击溃2个团,缴获步枪400余支,重机枪1挺。经过四破敌军的"进剿",井冈山根据地已拥有宁冈、永新、莲花三个全县,吉安、安福各一小部,遂川北部和酃县东南部,这是井冈山根据地的全盛时期。

二 赣南、闽西根据地的创建

1928年6月,湖南、江西两省国民党军,计划7月间对井冈山发动第一次"会剿"。湖南敌第八军2个师提前出动,7月上旬,侵占了宁冈砻市、新城和永新。红四军决定进攻酃县、茶陵,威胁敌人后方,以调动永新之敌回援,然后集中兵力打击回援之敌,以打破敌之"会剿"。7月13日,红四军第二十八、第二十九团攻克酃县,永新之敌于14日急退茶陵。此时湖南省委受"左"倾盲动主义的影响,拒绝毛泽东等巩固和发展井冈山根据地的正确主张,坚持命令红四军主力进军湘南。7月17日,军部率第二十八、第二十九两团开进湘南,24日进攻郴县,当晚在敌军反击下,被迫撤退。此时第二十九团自由行动,大部跑回宜章家乡。军部率第二十八团和第二十九团余部向桂东转移。毛泽东遂率第三十一团第三营去桂东迎接主力,而以第三十一团第一营和第三十二团守井冈山。敌军乘红军主力尚在湘南之机,向永新进攻,红军撤向山区。根据地内各县城和平原地区尽为敌占。湘南和湘赣边区两方面均告失败,史称"八月失败"。

8月30日,敌第八军第一师在江西敌军一部策应下,发动第二次"会剿",向井冈山之黄洋界猛攻。红军第三十一团第一营一部,凭借居高临下的有利地形,顽强战斗,击退敌人多次进攻。此时毛泽东迎接红四军主力返回井冈山,敌军闻讯,连夜退回。红四军遂对湘敌采取守势,集中兵力对赣敌实施反击,至11月初,彻底击破了敌第二次"会剿",恢复了井冈山根据地。11月6日,以毛泽东为书记的中共红四军前敌委员会成立,统一领导边界党政工作和红四军的行动。

平江起义后改编的红五军,转战于修水、万载一带,由于战斗失利,部队减员到700人,12月间由湘鄂赣边界转移至井冈山,与红四军会合。随着红军力量的壮大,井冈山根据地的弱点逐步显露出来。这里人口少,物产少,在国民党军军事"进剿"、"会剿"和经济封锁下,红军在经济上的困难日趋严重。而且这里处于湘江、赣江之间,缺乏足够的回旋余地。所以在1929年1月得知敌军将集中更多兵力进行第三次"会剿"时,红四军前委决定采取"攻势防御"的战略,由毛泽东、朱德、陈毅率红四军主力向赣南出击,以打破敌人的经济封锁,并在外线作战,调动"会剿"的敌军。彭德怀、滕代远率红五军主力①和红四军第三十二团留守井冈山。红四军主力离开井冈山后,湘、赣两省敌军以3个旅从遂川、赣州实施追击,而以另3个旅向井冈山进攻。经过五天的激战,黄洋界、八面山的阵地相继失守。彭德怀、滕代远率红五军主力按预定计划突围,去赣南寻找红四军主力,少数保留下来的红三十二团和赤卫队,转入深山继续坚持斗争。

---

① 1928年12月,彭德怀、滕代远率领的红五军,与红四军会合后,编为红四军第三十团,但在习惯上一直称为红五军主力。

井冈山革命根据地红军
第三次反"会剿"战斗序列表
（1929年1月）

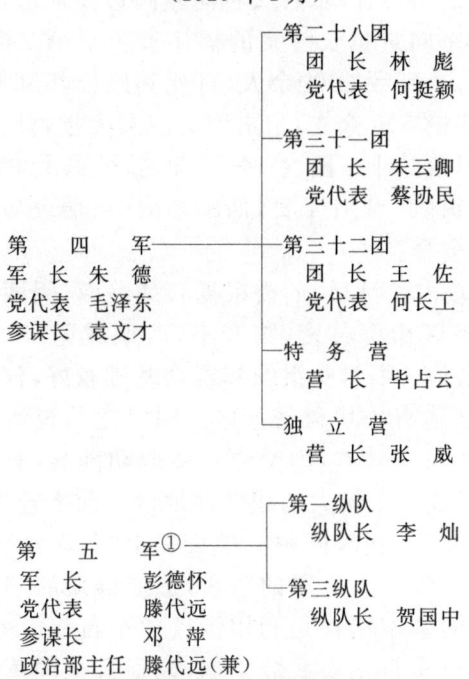

井冈山的斗争,虽因敌军重兵"会剿"、红军主力被迫撤离而转入低潮,但仍不失其伟大意义,"它创造了'工农武装割据'的新斗争形式,从实际上开拓了中国革命在农村建立根据地,以农村包围城市,最后夺取城市的道路,成为全国红军游击战争和革命根据地发展的一面旗帜"②。

红四军主力进至大庾附近后,转沿赣粤、赣闽边界于2月9日到达瑞金。采用"诱敌入伏"战术,红四军在大柏地以伏击战歼灭追击的敌军第十五旅2个团的大部,俘虏团长以下800多

---

① 第五军归第四军指挥。
② 军事科学院军事历史研究部:《中国人民解放军的七十年》,第32页,军事科学出版社1997年版。

人，缴枪800余支。这一战，扭转了被动局面，扩大了红军影响，并鼓舞了赣南党和群众的士气。战后，红四军北上吉安，与赣西的红军独立第二团会合，尔后又转向赣闽边界地区进行游击。3月14日，红四军向进据长岭寨的福建省防军第二混成旅进攻，经三小时战斗，全歼敌2000余人，打死其旅长郭凤鸣，并乘胜攻占长汀城，获步枪500余支，迫击炮3门和大批物资。战后部队进行了整编，以第二十八团、特务营、第三十一团为基础，组成第一、第二、第三纵队。4月1日，回师赣南，在瑞金与由安远赶来的红五军主力会合。

红军主力攻占长汀后，前委根据转战赣南、闽西时了解的情况，认为这一地区山深林密，物产丰富，地域宽广，适于游击作战，并有回旋余地。而且党组织和群众基础较好，江西红军独立第二、第四团已建有小块秘密苏区。国民党的统治力量相对薄弱，敌主要部队来自外省，因交通不便调动困难，有利于红军斗争的发展，可形成一个较大的战略性地区。前委遂决定在赣南、闽西开展游击战争，同时向中共中央提出"争取江西，同时兼及闽西、浙西；在三省扩大红军的数量，造成群众的割据"的建议。这一战略计划的基本精神是利用国民党军自相混战的机会，在更大范围的农村实行工农武装割据，以促进全国革命高潮的到来。这是毛泽东建立农村革命根据地思想在新形势下的重大发展。

此后，红五军主力返回井冈山，红四军与江西红军紧密配合，经过一个多月的艰苦斗争，先后攻占兴国、宁都两城，歼敌数百。兴国、雩都、宁都等县革命委员会和赤卫队相继建立，附近其他县的群众斗争也有了很大发展，赣南根据地初步建立起来。5月中旬，红四军主力再次入闽，23日突袭龙岩城，歼敌2个营大部，俘敌200余人。当晚撤出，于26日占领永定。6月3日，红四军第三纵队第二次进攻龙岩城，敌军弃城逃走。19日，红四军主力第三次进攻龙岩城，拂晓时突入城中，激战至下午2时，除敌旅长陈国辉只身逃脱外，刚刚返回城中的敌第一混成旅2000余人，全部被歼。这时，长汀、连城、上杭、永定、龙岩五县边界地区全部成了红色区域,普遍建立了工农政府和赤卫队,闽西根据地也基本建立。闽西地方武装上升为正规红军,编为红四军第四纵队。

8月初,闽、粤、赣三省国民党军向闽西根据地发起第一次"会剿"。红四军以主力出击闽中,以期调动敌军,但未奏效,当即返回闽西根据地,将侵占漳平、龙岩的闽敌暂编第一师第一、第二两旅的一部歼灭,"会剿"的赣、粤敌军闻讯撤回。红四军于9月攻占仍被闽军占领的上杭城,全歼闽敌暂编第二旅2 000余人。接着又攻占武平、永定,敌军第一次"会剿"被彻底击破。

10月中旬,红四军遵照中共中央"全部即刻到东江游击,向潮梅发展"的指示,主力开向东江。因在梅县地区连战不利,减员甚多,红四军于11月上旬返回闽西。12月底,红四军在上杭古田召开第九次党代表大会,选举产生了新的红四军前委①,毛泽东为书记,朱德、陈毅等11人为委员。1930年1月,在赣南苏区,江西红军各独立团合编为红军第六军(不久改为红军第三军),黄公略任军长,刘士奇任政治委员(后由陈毅、蔡会文相继接任)。此后,赤卫军编为红军第二十军,曾炳春任军长,刘士奇任政委。赣南游击队编为红军第二十二军,陈毅任军长,邱达三任政委。

与此同时,赣、闽、粤三省国民党军14个团,对闽西根据地发动第二次"会剿"。红四军向赣南转移,调动敌人。不久,福建敌军发生内讧,纷纷后撤;进入闽西的江西敌军也因后方受到红四军的威胁,将主力撤回江西,广东敌军因势孤亦随之撤走,敌军第二次"会剿"破产。就在此时,红四军在红六军一部配合下,

---

① 1929年6月下旬,红四军在龙岩召开第七次党代会,在巩固根据地和建军原则问题上,意见分歧,前委改组,毛泽东被迫离开红四军主要领导岗位。8月间,前委书记陈毅去上海参加中央军事会议并汇报红四军工作情况。中共中央政治局听取汇报后,决定以李立三、周恩来、陈毅三人组成委员会,拟制出中央指示信稿,由政治局通过。这封信稿是陈毅按照周恩来多次谈话和中央政治局会议精神代中央起草的,9月28日正式发出。陈毅回红四军后,在前委会上传达了中央的指示信。信中规定了红军的基本任务,要求纠正一切不正确的倾向,提出毛泽东"应仍为前委书记"。因此,红四军才召开第九次党代会,重选领导。

在吉安东南的水南地区,将由湖北调来的独立第十五旅大部击歼,俘敌1600余人。此后,红军即转入分兵发动群众,建设赣南、闽西苏区的斗争。3月中旬,闽西和赣西南苏维埃政府相继成立,分由邓子恢、曾山任主席。4月间,闽西又将赤卫军合编为红军第十二军,伍中豪任军长,谭震林任政委。5月,赣南和闽西苏区已建设成全国最大的苏区,为后来形成中央苏区奠定了基础。

三 其他根据地的创建

在井冈山和赣南、闽西革命根据地建立的同时,各地武装起义保存下来的部队,也先后转向农村开展游击战争和建立革命根据地。至1930年时,红军在全国20多个地区开展了游击战争,建立了10多块革命根据地。其中最主要的为湘鄂西、鄂豫皖边和湘鄂赣3个战略性大根据地。此外还有赣东北闽北、广西左右江、广东东江、海南岛、川东、苏中、浙南等苏区和游击区。

湘鄂西根据地。包括湘鄂边、洪湖区、襄枣宜和巴兴归四个苏区,主要由贺龙、周逸群、旷继勋等创建,建立了红六军和第二十六师、第四十九师。

鄂豫皖边根据地。包括鄂东北、豫东南、皖西和蕲黄广四个苏区,主要由吴光浩(1929年牺牲)、许继慎、徐向前等创建,建立了红一军和红十五军。

湘鄂赣根据地。是彭德怀、滕代远、黄公略等率红五军,在井冈山根据地基础上逐渐形成的,并扩建了红八军。

赣东北闽北苏区。是由方志敏、周建屏等创建的,建立了江西红军独立第一团和闽北独立团。

广西左右江苏区。是由邓小平、张云逸、韦拔群等创建的,建立了红七军。

广东东江游击区。是海陆丰工农革命军第二师第四师,执行中共中央和广东省盲动主义指示而遭到失败后保存下来的少量部队,由古大存等率领,在东江地区坚持游击战争,重建了红十一军。

海南岛游击区。是冯白驹、梁秉枢等，在琼崖红军独立团受挫后，重新发展游击战争，扩建了红军第一独立师。

苏中游击区。是李超时、何昆（1929年牺牲）等在南通、如皋、泰兴一带开展游击战争，建立了红十四军。

浙南游击区。是胡公冕、金贯真（1930年牺牲）、陈文杰（1930年牺牲）等在温州、永嘉一带开展游击战争，建立了红十三军。

1927年8月至1930年夏，是中国共产党创建红军和开展游击战争的阶段。经过三年极其艰难曲折的斗争，红军从无到有，从小到大，从若干小游击队发展到10多个军、6万多人的人民军队，打破了国民党军的多次"进剿"和"会剿"，消灭敌军7万多人。通过这时期的战争实践，中国共产党基本上解决了游击战争的战略战术问题和新型人民军队的建军原则问题，为进一步发展土地革命战争奠定了坚实的基础。

红军诞生之初，兵力少，装备差，物资补给困难，战斗力一般较弱，并且从一开始就处于敌人包围之中，不断遭到强大敌人的"进剿"与"会剿"。在这种严峻形势下，红军采取什么样的作战形式和什么样的战略战术，就成为革命战争能否坚持与发展的重大问题。敌强我弱的现实，决定了红军在战争开始阶段既不能同敌人打正规战，也不能沿袭历史上和外国的任何战争成规，而只能采取游击战的作战形式和机动灵活的战略战术。各地红军在战争实践中，都创造了自己的经验。如湘鄂西红军的战术是"你来我飞，你去我归，人多则跑，人少则搞"；湘鄂赣边红军的战术是"彼集我散，彼散我集，昼伏夜出，化整为零，既要会打圈，又要会打仗"等。但最具典型意义的是毛泽东、朱德领导的红军所创造的游击战争战略战术。

1930年，在《红军第四军前委给中央的信》中，毛泽东对红军游击战的原则作了高度概括：

> 我们用的战术就是游击的战术，大要说来是："分兵以发动群众，集中以应付敌人。""敌进我退，敌驻我扰，敌疲我

打,敌退我追。""固定区域的割据,用波浪式的推进政策。""强敌跟追,用盘旋式的打圈子政策。""很短的时间,很好的方法,发动群众。"这种战术正如打网,要随时打开,又要随时收拢,打开以争取群众,收拢以应付敌人。三年来都是用这种战术。

我们三年来从斗争中所得的战术,真是与古今中外的战术都不同。用我们的战术,群众斗争的发展是一天天扩大的,任何强大的敌力是奈何我们不得的。①

这是红军三年游击战争的全面总结,特别是"敌进我退,敌驻我扰,敌疲我打,敌退我追"的十六字诀,"包举了战略防御和战略进攻的两个阶段,在防御时又包举了战略退却和战略反攻的两个阶段,适用于游击战争的全过程"②,是土地革命战争前期总的作战指导原则,也是形成红军全部作战原则的基础。它的基本精神,就是从敌强我弱的实际出发,趋利避害,避实击虚,不打硬仗,专打弱敌,以达到保存自己、消灭敌人的目的,从而促使敌我力量对比逐步发生变化,争取战争的胜利。至于进行游击战的具体战法,则是以突袭、伏击等为主要战术手段,以便出其不意,攻其不备,速战速决,歼灭敌人。

进行革命战争,必须有一支革命的军队。但红军建军之始,即武装起义的队伍,主要由一部分北伐军和一部分农民武装组成。由于历史原因,队伍中不免存有旧军队的各种陋习和农民的自私散漫思想。为了使红军适应当时严重的斗争环境和担负起艰巨的革命任务,必须进行艰辛的努力。在建设新型人民军队的过程中,毛泽东在实践上和理论上都作出了最重要的贡献。

三湾改编,规定部队各级建立党组织,特别是"支部建在连上",确立了党对军队的领导;同时开始在军队中实施民主制度,

---

①② 《毛泽东军事文集》第一卷,第61页,军事科学出版社、中央文献出版社1993年版。

禁止官长打骂士兵、官兵待遇平等等。这是革命军队建设的开端。井冈山时期,又制定了"三大纪律,六项注意"(1930年增为八项注意,即加了"不调戏妇女,不搜敌兵腰包"两条,在条文措词上略有修改)和优待俘虏政策,使人民军队政治工作的官兵一致、军民一致、瓦解敌军和优待俘虏等原则,基本上形成。古田会议,毛泽东总结了红军诞生以来的建军经验,主持通过了以"纠正党内的错误思想"为中心的《中国共产党红军第四军第九次代表大会决议案》[①]。决议指出"中国的红军是一个执行革命的政治任务的武装集团",明确了红军中政治工作的地位,要求各级政治委员和政治部门,积极开展政治思想教育,提高官兵的政治觉悟,纠正各种非无产阶级思想,以保证贯彻执行党的正确路线和各项政治任务。古田会议的建军原则,是中国共产党建设人民军队的基本原则。

---

① 原文载《毛泽东军事文集》第一卷。决议案共分八个部分,其中第一部分编入《毛泽东选集》第一卷,题为《关于纠正党内的错误思想》。

第二章 红一方面军的三次反"围剿"

第一节 游击战向运动战的转变

一 建立正规兵团

1929年2月始,国民党军内各实力派之间发生了一系列的混战。首先是蒋介石与李宗仁等的蒋桂战争。战争尚未完全结束,5月间又爆发了蒋介石与冯玉祥的两次蒋冯战争。蒋冯战争刚刚结束,11月至次年1月间,发生了第二次蒋桂战争和蒋唐(生智)战争。1930年5月,又爆发了蒋介石与冯玉祥、阎锡山的中原大战。这次战争,几乎把全国各派的国民党军全都牵连在内。双方使用的兵力高达100多万,死伤30多万,战争绵延数千里,直至9月,战争才以冯玉祥、阎锡山的失败而告终。

国民党军的混战,给中国共产党领导的红军游击战争和革命根据地的发展,创造了极有利的条件。红军利用这一良机,将众多小块、分散、流动性大的根据地和游击区,开拓为连成一片、范围较大、比较稳固的若干苏区。苏区内普遍建立了中国共产党的组织和苏维埃政权,组建了革命武装,开展了分配土地的斗争,群众支援革命的热情大大提高。苏区的巩固、扩大和群众基础的加深,使红军作战有了充分的回旋余地。而这时的红军,不仅主力已发展为6万多人,地方武装发展为3万多人,并且随着多次击破敌人"进剿"、"会剿"的作战,部队战斗力和干部指挥能力都有了相当大的提高,武器装备也有了一定程度的改善。红军的军事也开始由游击战争向正规战争转变。这在人民军队发展史上是第一次重大的变革。

所谓正规战,就是"正规部队采取运动战或阵地战形式进行的作战"。这时红军的军事战略转变,主要是由游击战向运动战的转变。运动战就是"正规部队在长的战线和大的战区进行战役、战斗的外线速决的进攻的作战形式"。① 红军由游击战为主转变为以运动战为主,反映了红军由低级向高级发展的必然趋势,是革命力量发展壮大的表现。但红军这时的运动战,还是带有游击性的运动战。所以毛泽东说:

> 国内战争的过程,大体上可以分为前后两个战略时期。在前期,主要的是游击战战争;在后期,主要的是正规战争。但所谓正规战争是中国型的,只表现在集中兵力打运动战和指挥上、组织上的某种程度的集中性和计划性方面,其他则仍是游击性的,低级的,不能和外国军队一概而论,也和国民党的军队有些不同。因此,这种正规战,在某种意义上,是提高了的游击战。②

实行运动战的重要条件,就是要建立正规兵团。但在1930年1月以前,中共中央根本没有统一编组红军的计划。1929年6月25日的中央《中共六届二中全会政治问题报告记录》,甚至认为"目前中国,只有朱、毛及彭德怀的部队可以称红军,其余如贺龙等部都不能称作红军,只能算游击队"。所以各地红军的编制、番号基本上都是自行其是。1930年1月,中共中央最高军事领导机关军事部(杨殷、周恩来先后任部长,1930年2月改称中共中央军事委员会,周恩来任书记)召开会议,决定统一全国红军的番号和编制,将几部较大的红军编为军。4月,中央军委又决定将全国红军按地域组成军团。5月,全国红军代表大会在上海召开,作出了建设正规红军的决议案。6月以后,各地红军统称中国工农红军。8月间,在军团之上又组建了方面军。这时中

---

① 《中国人民解放军军语》,第16页,军事科学出版社1997年版。
② 毛泽东:《战争和战略问题》,载《毛泽东军事文集》第二卷,第424页,军事科学出版社、中央文献出版社1993年版。

中国工农红军序列表①（1930年6月—12月）

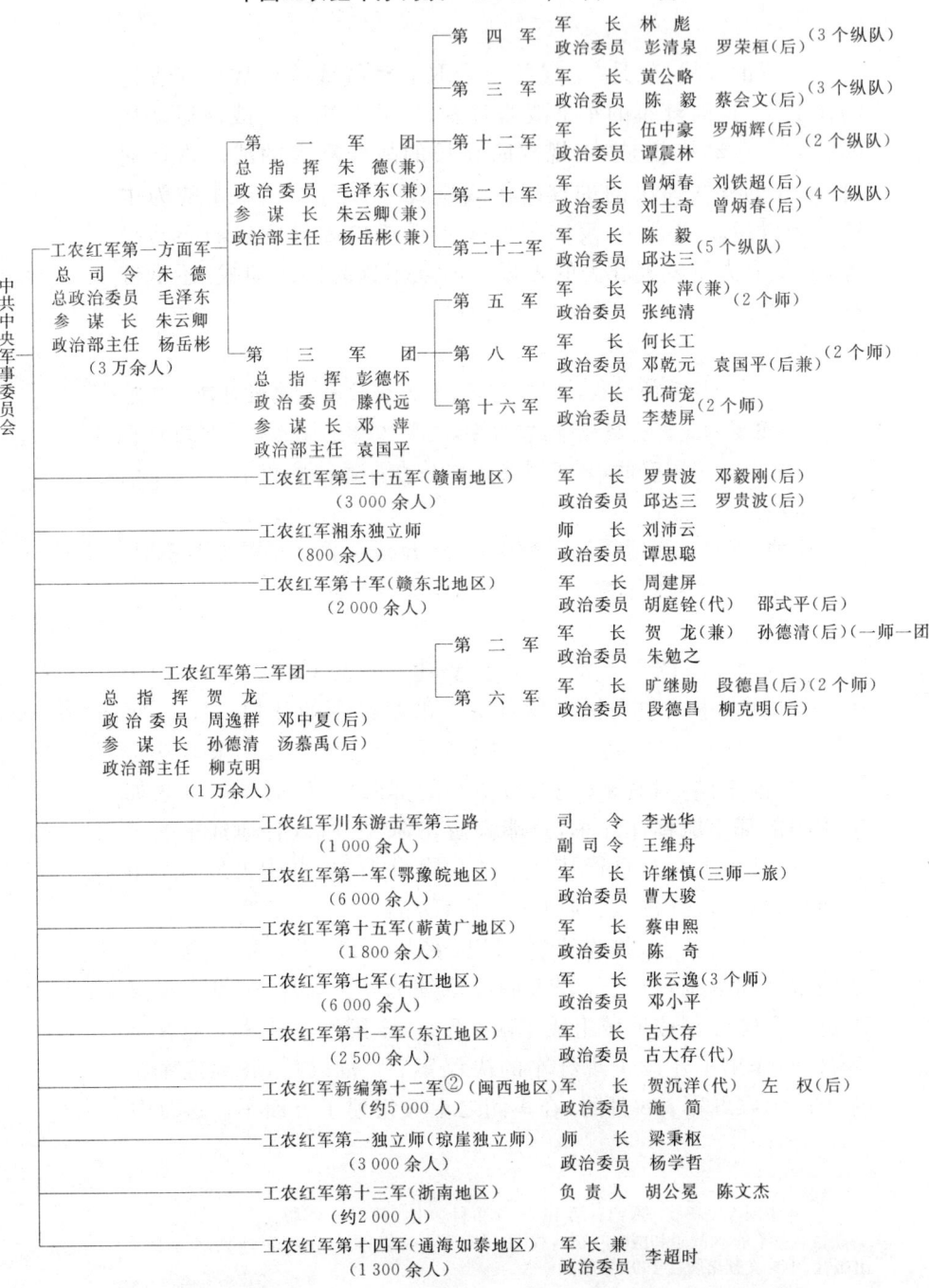

① 各地红军于1930年6月开始先后进行整编，表内人数系整编时概数。
② 新编第十二军系闽西地区红军第二十、第二十一军合编组成。

国工农红军共有1个方面军、3个军团、19个军(其中8个军兵员充足,装备较好)、2个独立师和1个游击军第三路,共约7万人,连同地方武装总计约10万人。

二 进攻中心城市

国民党各派相互混战期间,红军和革命根据地虽然有了相当大的发展,但总的形势还远远没有改变敌强我弱的根本情况。何况当革命势力发展到影响其根本利益时,国民党内各派系的矛盾,就会暂时妥协,联合起来对付革命势力。而当时中共中央的有些领导人,却错误地判断了形势,既夸大了国民党统治的危机,又过高估计了革命力量。

1930年6月11日,中共中央政治局在李立三主持下,通过了由他起草的《新的革命高潮与一省或几省的首先胜利》决议案,认为"新的革命高潮已经逼进到我们的面前","没有中心城市的武装暴动,决不能有一省与几省胜利",并将此作为党的目前战略总方针。决议案指责毛泽东"以乡村包围城市"的理论"是一种错误的观念",要求红军"坚决进攻打击敌人的主力,向着主要城市与交通道路发展","进而与主要城市的武装暴动配合,夺取政权,建立全国革命政权"。① 决议案同时要求在8月底前红军扩大到50万,将各根据地的地方武装和群众武装全都集中到主力红军中去。

《中央军委长江办事处工作计划》规定:红一军团"取南昌,攻九江,夺取整个江西,以切断长江";红二军团"帮助鄂西与鄂西南地方暴动"和攻占沙市;红三军团"占领大冶,切断武长路";红一军"帮助鄂中以及沿京汉路的地方暴动,切断京汉路";然后,各路红军"会师武汉,饮马长江"。②

根据中共中央和中央军委的指示,红军主力部队相继发起了

---

① 转引自军事科学院编《毛泽东军事年谱》,第27页,广西人民出版社1994年版。
② 转引自军事科学院军事历史研究部《中国人民解放军战史》第一卷,第83页,军事科学出版社1987年版。

进攻战。红一军团从长汀出发,经广昌,绕兴国,于7月24日攻占樟树镇(清江城),歼敌第十八师一部。当发现第十八师集中兵力企图反击时,毛泽东、朱德认为此时不宜进攻南昌,遂西渡赣江,进至南昌对岸的生米街一带。然后即转进至安义、奉新地区休整待机,做群众工作,避免了强攻南昌、九江可能遭到的损失。

红二军团进攻沙市受挫,损失1000多人。以后在石首、监利、华容等地,虽然曾歼敌新三师、新十一师及保安团3000多人,但在澧州、石门间连遭敌军围攻,损失很大,被迫撤回松滋休整。

红三军团于7月间先后攻占通山、岳阳和长沙等城,俘敌第四军4 000余人,缴获各种枪3 000支(挺),火炮20余门。但在敌军主力围攻长沙时,红三军团遭受很大损失,被迫于8月6日撤出长沙,退至平江以东转为防御。

红一军进入豫南后,在广水、信阳两次战斗中,伤亡甚大,转进至光山、罗山地区;鄂豫皖苏区因红一军的离开,几乎陷于敌手。

在李立三等领导人"左"倾盲动主义军事战略指导下,除赣东北少数地区红军因未贸然进攻敌人守备坚固的中心城市而未受损失外,右江、苏中、浙南、海南岛、川东以及蕲黄广等地区的红军,都因强攻中心城市而遭到不同程度的损失。1930年9月,中共在上海举行了第六届三中全会扩大会议,决定停止全国暴动和红军进攻中心城市的冒险行动,结束了李立三"左"倾错误在中央四个月的统治。

第二节 第一次反"围剿"

一 诱敌深入

工农红军和革命根据地的发展,特别是李立三"左"倾错误领导时期红军攻打中心城市的行动,引起国民党统治集团的震惊,他们开始感觉到威胁。1930年10月,历时半年的蒋冯阎中原大战一结束,蒋介石便立即掉转战略方向,调集重兵准备向南方各革命根据地的红军发动"围剿"。他于10月10日在南京发表的《告全国同胞电文》说:"期以三月,最多半年,限令一律肃清。""围剿"的重点是红一方面军和中央苏区(1930年后,赣南、闽西两苏区并为中央苏区)。由此开始,红军进入反对国民党大规模军事"围剿"的作战阶段。

反"围剿"作战与过去的反"进剿"、"会剿"作战有所不同。"进剿"、"会剿"是以一省或数省的地方部队为主,兵力较少,战斗力也不强,作战时间短,规模小,经过一两次战斗即可将敌击退。"围剿"则是国民党政府从全国范围内调集重兵,在统一指挥下进行的,其中有些部队系主力部队,战斗力较强,而且都是多路进攻,协同作战。因而在战场幅员、作战规模和战斗激烈程度上,反"围剿"作战都远远超过以往,对部队素质特别对作战指导能力要求都更高。

早在1930年8月红三军团攻占长沙时,蒋介石即开始进行"围剿"的准备。至11月初,已有7个师又1个旅进至江西;武汉的第十九路军2个师整装待发;航空队也已集结于南昌、樟树机场。蒋介石任命江西省主席、第九路军总指挥鲁涤平为总指挥。鲁涤平将已进入江西的部队分为三个纵队:命第十八师师长张辉瓒为前线总指挥兼第一纵队司令,下辖第十八师、第二十四师(许克祥)和新十三师(邓英);第五十师师长谭道源为第二纵队司令,下辖第五十师和独十四旅(周志群);第七十七师师长罗霖为第三纵队司令,下辖第七十七师和新五师(公秉藩)。第八师(毛炳文)为总预备队。三个纵队分别部署于南昌及其以南的临川、樟树、靖安、上高地区。按照蒋介石的指示,国民党军准备采取"分进合击,长驱直入"的作战方针,将红一方面军消灭于清江(临江)至分宜段的袁水两岸地区。蒋介石还命湖南的第十九师进驻袁州,配合江西部队作战。

这时红一方面军共约4万人,正在清江至分宜的袁水两岸进行群众工作。面临强敌的进攻,方面军总前委和江西省委在新喻的罗坊举行联席会议,接受了毛泽东的主张,根据敌我军队的情况和中央苏区20多个县、大有回旋余地的条件,采取"诱敌深入"的作战方针,积极进行反"围剿"的战备工作。

二 集中兵力歼冒进之敌

红一方面军于1930年11月1日下达了"诱敌深入赤色区域,待其疲惫而歼灭之"的命令。6日,将主力从袁水两岸转移至赣江以东的新淦、永丰、宜黄、崇仁地区待机。11月5日,敌人开始进攻,7日,各路敌军分别进至清江、新淦、罗坊、新余、分宜等地。由于红一方面军已先期转移,敌军扑空,又继续向赣江东岸逼进。红一方面军以少数兵力配合地方武装迟滞、迷惑敌人,主力实行"求心退却",于11月26日全部退至东固、南垄、龙冈地区。12月1日,又秘密转移至黄陂、小布、安福圩地区隐蔽集中。

12月上旬,蒋介石到达南昌,亲自组织对中央苏区的围攻。他认为赣南为红军主力所在地,"此股一扑灭,其余自易解决"①。因而又催调在武汉的第十九路军(蒋光鼐)的第六十师(蔡廷锴)、第六十一师(戴戟)迅速进入江西参战,并将赣州的第三十四旅(马昆)配属第十九路军。另调福建的第五十六师(刘和鼎)、第四十九师(张贞)、独三十二旅(刘夷独)向闽赣边界推进,堵截红军。这时,连同原有的部队,国民党总兵力已达11个师又3个旅,约10万人。"决于吉安、泰和、赣州以东,永丰、乐安、南丰以南地区,向东固匪巢包围而聚歼之"②。

红一方面军在待机地域进行了誓师大会。会场上张挂着表达反"围剿"战略思想的大字对联:"敌进我退,敌驻我扰,敌疲我打,敌退我追,游击战里操胜算;大步进退,诱敌深入,集中兵力,各个击破,运动战中歼敌人。"毛泽东在会上作了动员讲话,并颁发了《三十条作战注意》,简明地规定了作战指导思想、原则和要求,以及战场纪律、战场救护等等。

12月16日,各路敌军开始向苏区中心地区进攻,28日先后进

————————

①② 《关于第一次赣南围剿之经过情形》,南京国民政府军政部档案,中国第二历史档案馆藏。

占万安、泰和、东固、源头、广昌、建宁一线,形成一条长约400公里,但没有完全连接的弧线阵形。在红军主力集结地区周围的敌军有5个师:左路第十八师、第二十八师进至富田、东固、南垄,中路第五十师进至源头,右路第二十四师进至洛口,第八师进至头陂。深入根据地后,敌军战线拉长,兵力分散,且不断遭到红军和赤卫军的袭扰,部队已疲惫不堪,士气沮丧。同时,苏区人民实行坚壁清野,敌军供给十分困难。这一切都为红军反攻创造了战机。

红一方面军总前委根据敌情,决定实行中间突破,先打敌第五十师或第十八师,打开敌阵一个缺口,以便各个击破,粉碎"围剿"。12月28日,鲁涤平令深入苏区中心的这五个师向红军发起总攻,敌第十八师主力由东固向龙冈推进。红一方面军以一部分兵力牵制其他各师,而集中主力于29日秘密西进,以求歼敌第十八师主力于运动之中或立足未稳之际。12月30日,张辉瓒率其师部及2个旅进至龙冈西的黄竹岭时,被红军包围。下午4时战斗开始,至黄昏时敌军被全歼。红军缴获各种武器9 000多件(子弹100万发),并活捉了张辉瓒。国民党军记载此役说:第十八师"四面被围,地势险峻,粮弹罄尽,既难突围而出,复无坚守之资"①,所以被歼。

张师被歼后,在源头的谭道源师仓皇东撤,红军乘胜连夜急追。1931年1月3日,谭师退至东韶,立足未稳即遭红军突袭,经"苦战终日,精疲力竭"、"伤之甚巨"②,大部被歼。红军俘敌3 000多人,缴获各种枪2 000多支,机枪40余挺,迫击炮4门,子弹13万发,残敌逃奔南丰。其他敌军,恐复遭张、谭命运,慌忙撤退。国民党军于五日之内,连败两仗,损失一个半师以上,"围剿之局,遂即归于停顿"③。第一次"围剿"遂被粉碎。

敌军撤退之后,红一方面军乘胜转入进攻,至3月中旬,在永丰、东安、南丰、广昌、宁都等地,消灭了大批地主武装,巩固和

---

①③ 《关于第一次赣南围剿之经过情形》,南京国民政府军政部档案,中国第二历史档案馆藏。

② 《第五十师东韶街战斗详报》(1931年1月3日),南京国民政府军政部档案,中国第二历史档案馆藏。

扩大了苏区,并恢复和新建了许多赤卫连、特务队、独立营等地方武装,为粉碎敌人下一次"围剿"创造了有利的条件。

第三节　第二次反"围剿"

一　再次确定诱敌深入方针

1931年2月,蒋介石派军政部长何应钦重组南昌行营,任"陆海空军总司令南昌行营"主任,开始组织对红一方面军和中央苏区的第二次大规模"围剿"。何应钦鉴于前次"长驱直入"的惨败教训,决定"以厚集兵力,严密包围及取缓进为要旨",实行"稳扎稳打,步步为营"的方针。① 他首先在苏区周围集结重兵,并实施经济封锁,然后"以主力分别由东、北、西三方面进剿,一部由南面协剿","逐渐紧缩包围圈"②,以期消灭红一方面军,摧毁中央苏区。为此,蒋介石增调第五路军(王金钰)、第二十六路军(孙连仲)、第五十二师(韩德勤)和第五师(胡祖玉)的四个团到江西参加"围剿"。连同第一次"围剿"失败后留在中央苏区周围的军队,国民党总兵力达20万人,3月下旬,已分别集中于吉安、泰和、吉水、永丰、宜黄、乐安、南丰、八都、兴国各地。蒋介石于3月25日致电何应钦:"限令四月底前肃清各处共匪"③。

此时,苏区的领导机构已经发生了变化。1931年1月15日,根据在上海的中共中央的决定,中共红一方面军总前委撤销,另成立了中共苏区中央局,由刚从中央来的项英任代理书记;并成立了中央革命军事委员会,项英任主席,朱德任副主席兼红一方面军总司令,毛泽东任副主席兼总政治部主任和红一方面军政治委员。下旬,红一方面军主力由苏区北缘的永丰、宜

---

① 《关于第二次赣南围剿之经过情形》,南京国民政府军政部档案,中国第二历史档案馆藏。
② 台湾"国防部史政局":《剿匪战史》(一),第125页,中华大典编印会1967年版。
③ 南京国民政府行政院档案,中国第二历史档案馆藏。

黄、南丰以南地区,陆续转移至广昌、宁都、石城地区。

经过第一次反"围剿"的胜利,红一方面军虽然减员为三万多人,但经过战斗的锻炼和胜利后的休整,部队斗志旺盛;赤卫军等地方武装也得到了加强;特别是诱敌深入的战略方针已为广大军民所认识和接受,这都为夺取第二次反"围剿"的胜利创造了有利的条件。但是,中共六届四中全会后,以王明为代表的"左"倾教条主义又开始在中央占据统治地位。2月和3月间,中央陆续发出一些指示和训令,虽然表面上承认了诱敌深入"也是可采用的战略方针",但其核心思想则是要求红军先发制人地去进攻敌人的主力,或在敌人开始"围剿"之始就与之进行决战;如果进攻和决战不利时,"可抛弃旧的与组织新的苏维埃区域"。4月初,中央还派出代表团至中央苏区参加领导。这就给第二次反"围剿"战略战术的实施,造成一些干扰。

就在红一方面军紧张地进行战备时,由于领导层对反"围剿"方针有分歧,中共苏区中央局不得不多次举行扩大会议反复讨论。讨论中出现三种主张:一种认为应采用"分兵退敌"方针,将红军分散至苏区以外打游击,以把敌军引出苏区;另一种主张认为红军应退出中央苏区,转移至云、贵、川创建新苏区;毛泽东则坚决主张继续采取诱敌深入方针,把敌人引至苏区中心,集中兵力各个击破。毛泽东的主要理由是敌军虽多,但均非蒋之嫡系,存有行动不一致,指挥不统一,官兵矛盾大,没有群众条件,地形不熟,补给困难等缺点。而红军军事力量虽小,但却具有三大优点:"一是红军好,士气高涨,上下团结;二是群众好,仇恨敌人,拥护红军;三是地势好,我可利用熟悉的地形进攻敌人。"① 有了这三个条件,就能以少胜多,以弱胜强,粉碎"围剿"。经充分讨论,"会上意见趋于一致,完全接受了毛泽东的意见。具体在反攻时先从哪里打,也有不同的意见,但最后仍然统一于毛泽东的主张上,即先

---

① 原文见中共苏区中央局秘书欧阳钦1931年9月3日向中央作的《中央苏维埃区域报告》,转引自文辉抗、叶健君主编《群星瑞金聚首》,第107页,湖南人民出版社2004年版。

打刚调来的、战斗力不强的王金钰军。第一仗求歼第四十七师(王金钰兼)和第二十八师(公秉藩)。战略方针和战略方向确定之后,红一方面军于4月20日从宁都、广昌、石城地区出发,向龙冈、上固、回龙地区集中,尔后又西移至东固附近隐蔽待机。

二 半月横扫七百里 五战歼敌三万人

1931年4月1日,敌军分四路大举进攻:第五路军的五个师又一个旅向东固、藤田等处进攻;第二十六路军的三个师,向东韶、小布等处进攻;第六路军(朱绍良)的四个师,向广昌、黄陂等处进攻;第十九路军的两个师向龙冈、宁都进攻。① 国民党军按照既定的密集、缓进方针,一天只走3公里至10公里,并在前进前,先派小部队进行搜索,无情况后,大部队才向前推进。一到进占地,立即构筑防御工事,布置警戒。4月23日,敌军才先后推进至背洞、富田、水南、广昌等地区。

红一方面军在东固山区待机时,"拒绝一切性急快打的建议,迫敌而居,等了二十五天之久"②,至5月中旬,终于等到敌第五路军右翼部队脱离富田坚固阵地的战机。5月16日、17日,在中洞、九寸岭地区,红军包围歼灭了公秉藩的第二十八师(公秉藩被俘后混在俘虏中潜逃)和第四十七师的王冠英旅大部,缴获各种枪5 000多支(挺),火炮30多门,并俘获一个无线电队的全部人员和器材,为后来中央苏区与上海中央建立电讯联系提供了条件。红军接着向东猛追逃敌,于5月19日在白沙又歼敌第四十三师(郭华宗)大部和第四十七师王旅残部,缴获各种枪4 000多支(挺),山炮2门。5月22日,红军在中村再歼敌孙连仲部西援的第二十七师(高树勋)近1个旅,缴获各种枪3 000多支。5月27日,红军攻克广昌城,再歼敌朱绍良部第五师一部,

---

① 参见《关于第二次赣南围剿之经过情形》,南京国民政府军政部档案,中国第二历史档案馆藏。

② 毛泽东:《中国革命战争的战略问题》,载《毛泽东军事文集》第一卷,第741页,军事科学出版社、中央文献出版社1993年版。

师长胡祖玉伤重而死。5月31日,红军奔袭建宁,攻占该城,歼灭刚从中沙退来的第五十六师3个多团,俘敌3 000多人,缴获各种枪2 500多支(挺)和可供全方面军半年之用的大批西药。

从5月16日至31日的半月中,红一方面军横扫350多公里,连打5个胜仗,歼敌3万余,缴枪2万多支,痛快淋漓地打破了敌人的第二次"围剿"。国民党也不得不承认这次"剿匪失利"的有第五、第八、第二十七、第二十八和第四十三共5个师,第五师师长"受伤殉职",第二十七师"损失甚重";至5月27日,"我军乃撤至进剿前之原阵地,第二次围剿遂告中阻"。①

第二次反"围剿"胜利之后,红一方面军临时总前委②决定乘江西敌军暂取守势之机,转入进攻,预定攻势作战分三期推进:第一期向北,即向建宁、黎川、泰宁地区发展;第二期向南,即向江西南部发展,为下一步反"围剿"建立巩固的后方;第三期向西,打通赣江两岸至湘赣边苏区的联系。6月上旬,在国民党军退出宜黄、永丰、吉水后,红一方面军主力分别进至宜黄以南、南丰、南城、黎川之间,以及建宁、泰宁赣闽边境地区,开展工作。6月下旬,又移驻闽西北的建宁、光泽、顺昌之间地区和闽西及闽赣边的归化(明溪)、永安、连城、长汀、石城之间地区,进行群众工作。红一方面军总部驻建宁指挥,并派红三军主力提前至赣南的雩都(于都)、会昌地区开展工作。

第四节 第三次反"围剿"

一 仓促回师 争取主动

国民党军第二次"围剿"失败后,于1931年6月立即组织第

---

① 秦孝仪主编:《总统蒋公大事长编》,转引自黄仁宇《从大历史的角度读蒋介石日记》,第110页,中国社会科学出版社1998年版。

② 5月23日,红一方面军军部在宁都南团,根据中共苏区中央局决定,为便于领导和指挥作战,开展战区地方工作,重新成立中共红一方面军临时总前委,毛泽东任书记,朱德为委员。

三次"围剿"。蒋介石将其嫡系之第十四、第十一、第六、第九、第十师5个师共10万之众调至江西担任"围剿"主力军,连同原在中央苏区周围和新调来的非嫡系部队,总兵力达23个师又3个旅,约30万人。蒋介石于6月16日带德、日、英等国军事顾问到达南昌亲自策划、部署和"督剿",以何应钦为前敌总司令官,指挥作战。

此次"围剿"采取"长驱直入"、"分路围攻"的战略,企图先击破红军主力,捣毁苏区,然后再深入"清剿",消灭全部红军。总的部署是以14个师又1个旅组成左、右两个集团军"进击",以9个师又2个旅"清剿"和拦阻。其具体兵力部署为:何应钦兼左翼集团军总司令,指挥第一路进击军(总指挥赵观涛,辖赵兼的第六师)、第二路进击军(总指挥陈诚,辖罗卓英第十一师和陈兼第十四师)、第三军团(总指挥朱绍良,辖周浑元第五师、毛炳文第八师和许克祥第二十四师)、第四军团(总指挥蒋鼎文,辖蒋兼第九师),从南城方面进攻;陈铭枢为右翼集团军总司令,指挥第三路进击军(总指挥上官云相,辖上官兼第四十七师和郝梦龄第五十四师)、第一军团(总指挥蔡廷锴,辖蔡兼第六十师、戴戟第六十一师和韩德勤第五十二师)、第二军团(总指挥孙连仲,辖孙兼第二十五师和高树勋第二十七师),从吉安、永丰、乐安方面进攻;以卫立煌为总预备队总指挥(辖卫兼第十师和李延年攻城旅),驻于临川,随时策应左、右军的作战;以第一、第三、第四、第五、第七队5个航空队,执行侦察、轰炸和运输任务;以李云杰第二十三师、路孝忱第七十九师和关树人骑一师,在樟树、宜黄、抚州、南城、黎川一带担任"清剿"、守备及维护后方任务;以公秉藩第二十八师、罗霖第七十七师和马昆第三十四旅,担任拦阻红军西渡赣江任务;以张贞第四十九师、刘和鼎第五十六师和周志群新四旅,在闽粤赣边防堵红军东进;以李韫珩第五十三师为"清剿"预备队,在吉安待命。

红一方面军临时总前委虽然预见到国民党军必将举行第三次"围剿",但没有料到时间竟是如此短促,仅隔一个月就又发动新的"围剿"。因此当国民党军开始进攻时,红军尚处于分散状态，而且经过第二次反"围剿"苦战后尚未得到休整，人员亦未得到补充，全军仍仅有3万多人，面临着许多困难。6月30日，临时总前委判明敌人即将发动第三次"围剿"后，决定继续实行诱敌深入的方针，以刚由赣南苏区地方武装组成的独立第四、第五师和红三军第九师，在吉安、永丰、乐安、宜黄以南地区，红四军第十二师在南丰以南和东南地区，以运动防御和游击战迟滞敌人前进；分散在闽西北、闽西、赣南广大地区的主力部队迅速收拢，向苏区中心区回师，变被动为主动，准备适时转入反攻，采用"避敌主力，打其虚弱，乘退追歼"方针，粉碎"围剿"。临时总前委同时发布了《第三次反"围剿"动员令》，号召部队"要用一切坚定性、顽强性、持久性去战胜这个敌人"。

二　以逸待劳　三战三捷

1931年7月1日，蒋介石在南昌行营下达了总攻命令。国民党军在进行封锁根据地东、西两侧的同时，以主力集团由北向南推进，企图在赣南歼灭红一方面军。国民党军进入苏区后，找不到红军主力，到处扑空。

蒋介石于7月6日进至南城，8日到达南丰，逗留至12日。他在当天日记中写道："康都下后，即攻广昌，广昌下后，即攻宁都、兴国，赣匪不足平矣。"①国民党军似乎胜利在望。至7月，国民党军已深入中央苏区100公里左右，进至固村、宁都、古龙冈、白石之线。得知红军主力在兴国地区，蒋介石唯恐红军渡赣江西进，于7月27日去吉安部署堵击，同时集中9个师的兵力，向兴国急进，企图压迫红军主力于赣江东岸而消灭之。

红一方面军于7月上旬开始，分散各地的部队从工作地区出发，冒着酷暑，在烈日下以急行军在崇山峻岭中跋涉，绕道千里，经瑞金北的壬田，于22日到达雩都北的银坑、琵琶垄地区，与红

---

① 转引自黄仁宇《从大历史的角度读蒋介石日记》，第111页，中国社会科学出版社1998年版。

三军主力、红三十五军和由赣江西岸渡江而来的红七军等部会合。稍事整顿后,部队继续向西北方向转移,于28日到达苏区兴国西北的高兴圩地区,完成了回师集中的战略任务。

7月31日,红一方面军综合各地报告,得悉敌军主力正向兴国急进,其侧后的富田、新安一带仅有3个团防守,富田以东的后方联络线上的防守力量也较薄弱,遂决定"由兴国经万安突破富田一点,然后由西而东,向敌之后方联络线上横扫过去,让敌主力深入赣南根据地置于无用之地,定此为作战之第一阶段。及敌回头北向,必甚疲劳,乘隙打其可打者,为第二阶段"①。当晚,红一方面军开始向富田开进。先头部队进至石陂以北地区时,发现陈诚、罗卓英两师已到富田,为避免与强敌硬拼,立即改变计划,退回高兴圩待机。

8月上旬,国民党各路军队纷纷向高兴圩地区逼近,红一方面军被压缩在以高兴圩为中心方圆仅数十公里的狭小地区内,西有赣江,南、北、东三面有敌人9个师逼近,形势相当严峻。各路敌军中,北面兴国是赵观涛指挥的第一路进击军和第四军团,南面富田地区是陈诚指挥的第二路进击军,在白石、崇贤地区的是蔡廷锴指挥的第一军团,这多数是蒋的嫡系部队,战斗力较强。而正向良村、莲塘前进的敌第三路进击军2个师,系第二次"围剿"中被击败的王金钰部,战斗力较弱,易于歼击。根据以上情况,毛泽东、朱德决定集中主力,采取中间突破战术,由高兴圩地区向东突击,求歼敌第三路进击军于莲塘,尔后进击龙冈、黄陂,调动敌军于运动中而加以各个歼灭。为了隐蔽意图,造成敌军错觉,红一方面军以红三十六军等少数兵力伪装主力,向赣江方向佯动,吸引敌人。

8月5日,红军主力利用夜色掩护,在兴国、崇贤敌左、右翼两集团军之间20公里的空隙地带,沿着山间小路秘密东进,未被敌军发觉。敌第一、第二进击军在红三十五军牵引下,正向赣

---

① 秦孝仪主编:《总统蒋公大事长编》,转引自黄仁宇《从大历史的角度读蒋介石日记》,第740页,中国社会科学出版社1998年版。

江前进,为红军进击敌第三路进击军创造了有利条件。

8月6日,红军进至莲塘地区,与敌第三路进击军的前卫第四十七师第二旅接触。红一方面军首长决定迅速歼灭该敌,尔后向北发展,求歼第四十七师主力。7日拂晓,红军发动突然攻击,激战至9时,将其全歼,打死其旅长谭子钧,取得初战的胜利。敌第四十七师余部向龙冈撤退。红军歼灭莲塘之敌后,不顾疲劳,继续向良村急进。途中与由良村向莲塘增援的第五十四师第一六〇旅遭遇,迅速歼其1个团,打死其旅长张銮诏,残敌向良村溃逃。红军跟踪急追,直逼良村。刚从城冈撤回良村的第五十四师师部及2个旅,喘息未定即被红军包围。红军乘势猛攻,一举突入圩内,歼其一部,打死其副师长魏戎威、参谋长刘家祺,余部逃奔龙冈。莲塘、良村两仗,共歼灭国民党军2个多旅,俘其3 500多人,缴获各种枪3 100多支,机枪40多挺,迫击炮14门,电台2部,子弹30余万发,马200多匹。

红军继续东进,8月11日,冒大雨围攻黄陂敌第八师,歼灭其4个多团,俘敌4 000多人,缴获各种枪3 000多支,机枪30多挺,迫击炮11门,电台1部。从8月7日至11日,红军5天内连打3个胜仗,共歼敌1万多人,从被动中夺得了主动。随后红军主力转移至君埠以东君岭脑山区进行休整。

国民党政府军政部的《关于第三次赣南围剿之经过情形》中说:第五十四师因深入红军根据地,"致陷重围","调援不及,众寡悬殊","损失甚殊";第八师亦陷于"百万匪军重叠包围之中","受损甚大"。蒋介石在黄陂战斗后的8月12日日记中,则感叹道:"剿匪之难,甚于大战。盖彼利用地形之熟识与胁从之民众,避实击虚,为所欲为,而官兵则来往追逐,疲于奔命。"①

黄陂战斗时,毛炳文和他的参谋人员急于逃命,机密文件未能带走或销毁。红军参谋长从其师部缴获一份两小时前才收到的紧急密电,是赵观涛和卫立煌发出的,主要告知这两个师已进

---

① 秦孝仪主编:《总统蒋公大事长编》,转引自黄仁宇《从大历史的角度读蒋介石日记》,第112页,中国社会科学出版社1998年版。

至离黄陂仅10公里的砍柴冈。毛泽东、朱德判断敌军主力已经调头东来寻找红军主力决战，红一方面军遂立即下达紧急命令，令红军停止追击，迅速打扫战场，连夜撤出黄陂，向君埠以东君岭脑山区隐蔽待机。

红军撤出的第二天，国民党军四个师赶到黄陂，扑空。但危机并未解除，国民党采取密集的大包围态势逼近红军集中地——君埠以东地区。这是红一方面军反"围剿"以来最为艰苦的时候。红一方面军针对敌人最怕红军北出临川的心理，决定以红十二军主力向乐安方向佯动，将敌主力向东北方向诱引，主力秘密西返兴国境内隐蔽休整，待机歼敌。

8月15日，红一方面军主力2万多人，利用黑夜，从正在东进的敌第一军团和第二进击军之间一个10公里间隙的大山中潜越而过，回到兴国东北的白石、枫边地区隐蔽休整。罗炳辉率红十二军主力则大张旗鼓地向东北前进，并以一部兵力攻占乐安县城。蒋介石误以红十二军为红军主力，判断红军将进攻宜黄，进取临川，于是急调第十师赶回临川，加强防守；同时命第一、第二路进击军追击红十二军。红十二军利用红军装备轻便、机动迅速和敌军装备笨重、行动迟缓的特点，专走山区崎岖小道，加重敌人的疲惫。就这样，红十二军将敌军部分主力拖了近半个月，很好地完成了掩护主力西移和休整的任务。

8月底，蒋介石等才发觉红一方面军主力已经西去，急令第一军团三个师为先头，其他部队随后，再次西进，寻歼红军主力。红一方面军这时已休整了半个月，9月初，为进一步调动敌人，由白石、枫边地区再向西移，进至兴国、万安、泰和之间的均村、茶园冈山区隐蔽待机。

就在国民党"围剿"军被红军拖得筋疲力尽之际，蒋介石的"后院"起火，两广国民党军在陈济棠、李宗仁等率领下，乘蒋介石主力部队陷于苏区之机，进军湖南，占领了郴县，并继续向衡阳前进。蒋介石被迫决定"一面牵制江西红军"，"一面移师赣粤边区阻止叛军扩张"。9月4日，何应钦按照蒋介石的决定，命令左、右翼两集团军撤退。9月6日晚，红一方面军得悉兴国敌军正向北撤的信息后，当即决定首先抓住北撤之敌一部将其歼灭，尔后伺机扩张战果。

9月7日晨，当国民党军第四军团沿黄土坳、老营盘北撤时，红三军第七师首先攻占黄土坳，切断敌先头独立旅与其后续部队的联系，接着红三军主力从北、西、南三面向其猛攻，战斗至下午2时，全歼该旅，俘敌2 000多人，缴各种枪2 000多支，机枪36挺，迫击炮10门，各种子弹60万发，电台1部。与此同时，红三军团、红四军团和红三十五军向高兴圩地区敌第一军团发起进攻，并以红七军佯攻兴国敌第五十二师，保障高兴圩的作战。红军血战两天，歼敌2 000多人，但终因敌人占据有利地形，红军兵力又不够集中，且在徒涉高兴圩以西河流时遭到较大伤亡，以致形成对峙，未能攻克。为争取主动，红一方面军当即撤出战斗，主力转移至茶园冈、均村、永丰地区待机。

9月13日，敌军改变退却路线：第四军团余部和第一军团第五十二师经崇贤、东固向吉安撤退；第一军团主力先掩护第四军团等北撤，尔后经兴国向赣州撤退。红一方面军侦知后，立即集中全部兵力对北撤之敌发起追击。9月15日拂晓，红军将敌第五二一师及第四军团的1个多团包围于方石岭地区。战斗至上午9时，全歼该敌，俘5 000多人，缴获各种枪4 500多支，机枪70挺，各种子弹120万发，马200多匹，敌师长韩德勤被俘后伪装伙夫潜逃。敌第四军团已撤至东固的部队，闻讯慌忙逃去吉安，其他各路也相继退至永丰、宜黄、南城、南丰、广昌、宁都、赣州等地。至此，国民党军对红一方面军和中央苏区的第三次"围剿"又以失败而告终。

红军从8月初以各个击破战术进行反攻，经过莲塘、良村、黄陂、老营盘、高兴圩、方石岭六次战斗，共歼敌17个团3万余人。但方石岭战斗后，红三军军长黄公略在指挥部队转移时，遭敌飞机轰炸，不幸牺牲。在形势极为严峻的情况下，红军运用隐蔽、佯动、声东击西等战术，避强击弱，速战速决，终于获得最终的胜利，并取得丰富的经验，从而形成红军的作战原则。

第三次反"围剿"胜利后，毛泽东、朱德决定以一部分地方武装监视北方之敌,主力红军则由兴国移至以瑞金为中心的地区,向闽西北和赣西南开展工作,拔除了许多地主武装的"土围子",攻占了会昌、寻乌、广昌、上杭、安远、石城等县城,使分割的赣南和闽西两根据地连成一片,并扩大到28个县境、15座县城,总面积5万多平方公里,人口达250万,成为比较巩固的中央革命根据地。

第五节 其他苏区红军的反"围剿"

一 湘鄂西苏区红军的反"围剿"

国民党军在集中兵力对中央苏区的红一方面军进行"围剿"的同时,对其他苏区的红军也发动了"围剿"。湘鄂西苏区是红军战略根据地之一。在红二军团等红军的开拓下,至1930年时,仅洪湖苏区,就已拥有监利、沔阳、潜江、公安、石首、华容、南县等七座县城和沿长江两岸广大地区,纵横数百公里。

红二军团南征后,洪湖苏区建立了江右军、江左军和独立团。1930年11月,国民党第十军军长徐源泉指挥6个师又7个旅,开始对湘鄂西苏区进行大规模的"围剿"。由于没有主力,红军只能以游击战与敌周旋。至12月下旬,国民党军已进占了南县、华容、监利、沔阳等县城。5月间,两广的李宗仁、陈济棠等与蒋介石的矛盾趋于尖锐,徐源泉部相继调往长沙。由独立团扩编的红九师等红军,乘机发起反攻。至1930年底,除监利、沔阳、潜江县城外,其他苏区已逐步恢复。

红二军团离开根据地后,在无依托的转战中先后在松滋、石门等地遭受挫折。1931年3月间,红二军团改编为红三军,贺龙任军长,邓中夏任政治委员,原第二、第六军,分别编为第七、第八师。7、8月间,部队在房县、均县、保康、南漳地区发动群众,建立了鄂西北苏区,逐步取得主动。

回到洪湖苏区后,红三军连获胜利。1931年12月在龙王集以伏击战全歼国民党军第十二旅,俘敌旅长张联华以下官兵近

4 000人,缴获各种枪3 000多支,机枪60多挺,迫击炮20余门。1932年3月,在文家墩全歼敌第一四四旅,俘敌旅长韩昌峻以下官兵2 000余人,并击溃敌第一三一旅。

随着战斗的胜利,红军有所发展,红三军发展为3个师8个团,1.5万人,各地方武装,也发展至数千人。苏区除原有各县外,又新建了(汉)川(汉)阳、天(门)汉(阳)、天(门)潜(江)、荆(门)当(阳)、荆(门)南、钟祥、京山、应城、云(梦)孝(感)等县的苏维埃政权,苏区扩大到襄北。

二 鄂豫皖苏区红军的反"围剿"

1930年11月上旬,当红一军南下作战时,国民党豫鄂皖边区绥靖督办李鸣钟,指挥7个师又4个旅,组织对鄂豫皖苏区的"围剿"。当时苏区内仅有地方武装。12月间,在蕲春一带活动的红十五军和在罗田地区的红一军,先后回到苏区参加反"围剿"作战。12月底,红一军在东、西香火岭歼敌第四十六师3个团,缴枪1 700多支(挺)。

1931年1月中旬,红一军与红十五军合编为红四军,旷继勋任军长,余笃三任政治委员,下辖第十、第十一2个师和1个独立团,共1.25万人。1931年3月,红四军在广水东的双桥镇,全歼敌第三十四师,俘敌师长岳维峻以下官兵5 000多人,缴枪6 000多支(挺),火炮14门。与此同时,红军中央教导第二师(由红四军独立团扩编)在英山一带也歼敌新五旅大部及第四十六师1个团,俘敌1 500多人,缴枪1 400多支(挺)。

1931年8月1日,红四军(旷继勋调任第十三师师长,徐向前接任军长)在英山歼敌第五十七师1个团,俘团长以下官兵1 800多人。19日又在蕲春全歼守敌新八旅,俘其旅长王光宗以下官兵1 600多人。红四军主力在反"围剿"作战中,仅一个多月,即攻克县城4座,歼敌近7个团,俘敌5 000余人,缴获各种枪4 000余支(挺),迫击炮28门。1931年10月,红十三师扩编为红二十五军,旷继勋任军长,王平章任政治委员,下辖第十二师（第十三师改称）和第七十三师。11月间，红四方面军成立，徐向前任总指挥，陈昌浩任政治委员，下辖红四军和红二十五军，共约3万人。

三　红四方面军的进攻作战

九一八事变发生后，全国人民抗日浪潮空前高涨，国民党内部的矛盾也日益加剧。在这种情况下，本已部署好对鄂豫皖苏区进行"围剿"的国民党军15个师，迟迟未能开始行动，而处于分散防守的状态。红四方面军为打破国民党军的"围剿"部署，决定集中主力进行攻势作战。

1931年11月间，红四方面军首先发起黄安战役，对凸出苏区内的黄安敌军发动进攻。11月10日至27日，将东王家、下徐家、桃花镇、高桥河等外围据点，全部拔掉，并多次击退由城内出援的敌军，占领了东、西两关。12月7日至21日，又击溃了来援的敌第三十师和第三十三师等5个旅，完全切断了守敌与邻近国民党军的联系。22日，红军在"列宁号"飞机①支援下开始攻城。23日，将守敌第六十九师和第三十三师1个团全部歼灭。至此，历时43天的黄安战役结束，共歼敌1.5万余人，缴获各种枪7 000多支（挺），迫击炮10余门，电台1部。

黄安战役之后，红四方面军为夺取商城，向北扩大苏区，以使鄂豫边和皖西两根据地连接起来，决定集中兵力先击歼商城、潢川间的敌军第二师，切断商、潢敌军的联系，尔后再伺机攻取商城。1932年1月19日至23日，红四方面军歼灭了驻守北亚港的敌第十二师1个团，击溃了敌第十二师4个团的增援部队，占领了北亚港。防守江家集、傅流店、杜傅店、双椿树之敌第二师和独三十三旅，乘红军尚未完成包围之际，逃回潢川；防守河

---

①　1930年2月28日，红军在鄂豫皖苏区陈家河地区俘获了一架国民党军的双翼侦察机，经小修及重新装饰后，命名为"列宁"号。该机为美国钱斯·渥特02V-4型侦察机，为当时的先进机种之一，装有7.62毫米机枪2挺，可携带炸弹100公斤，1930年1月间刚从美国运抵南京，2月初才配备于第四航空队。驾驶员龙文光经动员后参加红军。

凤桥之敌第五十八师一部,也被迫逃回商城。红军完全控制了商潢公路,使商城之敌陷于孤立。1月31日至2月2日,红四方面军开始围攻商城,并先后击溃了由潢川向商城增援的敌第二、第十二、第七十六师和独三十三旅共19个团的部队,商城守敌第五十八师仓皇逃向麻城,红军占领了商城。商潢战役总计歼敌约5 000人,进一步巩固和扩大了鄂豫皖苏区。

1932年3月,红四方面军为了向东扩展苏区,将国民党军第四十六师和警备第二旅的6个团,包围于苏家埠、黄山店、韩摆渡等据点内。由于各据点都筑有坚固工事,红四方面军决定采取围点打援战法对敌持久围困,以便在运动中歼灭来援之敌。由六安、霍山来援的敌第一六三旅和警备第一旅,各被歼灭1个团后仓皇退走。4月下旬,敌第七师师长厉式鼎,指挥从该师和第五十五师、第五十七师、第十二师、警备一旅中抽调来的15个团,从合肥来援。红四方面军以少量兵力诱敌西进,以一部兵力在樊桥占领阵地、正面阻击,而以主力置于两翼。5月2日晨,敌军被诱引至樊桥阵地前,其先头部队已渡过陡拔河,后续部队正在渡河之际,红军主力将其包围,发动猛烈攻击。激战至下午5时,除少数逃走外,敌军全部被歼。苏家埠等各据点之敌,于5月8日亦全部缴械投降。苏家埠战役胜利结束,共歼敌3万多人,俘敌包括总指挥厉式鼎和5个旅长、12个团长在内的官兵1.8万余人,缴获各种枪1.5万多支,机枪250挺,火炮44门,电台5部,击落敌机1架。这是鄂豫皖红军创建以来空前的大胜仗。

苏家埠战役后,红四方面军为收复潢川和光山以南地区,又发起了潢光战役。6月12日开始进攻,当日在光山以南的椿树店、槐树店歼敌新二十师1个团的大部。13日,在潢川以南的双柳树、璞塔集歼敌第七十六师2个团,活捉其参谋长李亚光。16日,又在潢川南的仁和集和谈楼地区,歼敌第七十六师3个团,活捉其旅长李万林。潢光战役共歼敌8个团,缴枪7 000多支(挺),收复了商城以西、潢川和光山以南的大片地区,并扩大了部分新区。

1931年11月至1932年6月,红四方面军依托苏区,集中兵力,运用"围点打援"战术,连获四次战役的胜利,共歼灭国民党军近40个团6万余人,国民党军对鄂豫皖的"围剿"被打破。红军主力发展为2个军6个师,另有4个独立师,总数达4万多人。苏区发展到6座县城,并在26个县境建立了苏维埃政权。这是鄂豫皖红军和苏区的极盛时期。

第六节　红军的初步正规建设

一　指挥机构的建立和统一

　　1930年2月前,全国红军还没有统一的指挥机构,只有负责指导全党军事活动的中共中央军事部①。2月间,军事部改建为中央军事委员会,成为红军的最高统帅机关。4月间,中共中央决定对红军实行"统一组织、统一指挥",通令全国红军:"一切指挥权完全统一于中央军委"。6月间,各主要根据地(战略区)的红军开始合编为正规兵团。各方面军和军团,都相继建立了指挥部,并加强了参谋处和建立了兼负侦察、通信职能的交通大队。

　　8月间,中共中央还曾准备成立参谋部,作为红军最高指挥机关,但当时各根据地的红军,都是根据当地的具体条件和面对的实际情况而各自为战的,中央军委对各根据地的红军,仅仅规定战略方针和任务,并不干涉其战役、战斗等军事行动,所以未能实现。

　　1931年开始,为了适应大规模反"围剿"作战和部队的正规

---

①　中共中央军事部成立于1925年,1926年后,张国焘兼任部长。1930年改为中央军事委员会,杨殷、关向应、周恩来先后担任部长或书记。李富春、傅维钰等先后代理过部长,聂荣臻、刘伯承、叶剑英等先后任过参谋长,王一飞、欧阳钦等先后任过秘书长,委员先后有周恩来、彭湃、杨殷、颜昌颐、刘伯承、聂荣臻、叶剑英、关向应、傅钟、李硕勋、曾中生、李超时等。

建设需要,红军加强了指挥机构的建设,扩大了参谋业务。中央军委建立后,以红一方面军参谋部为基础,建立了总参谋部,下设作战、侦察、管理、教育、动员五个科和无线电队。不久,作战、侦察、管理、动员四个科,改称第一、第二、第三、第五局,教育科转隶红军学校。另设通讯处。

1933年2月,中央军委规定各军、师司令部统一编制,都由参谋处、经理处、军医处和直属队组成。5月,总参谋部改组为红军总司令部,方面军各级参谋部(处)也都改为司令部,军需、军医部门,脱离司令部。司令部成为专司指挥的机关。

二 条令、条例的制定

1930年5月,在上海召开了全国红军代表大会后,中央军委参照苏联军队的有关条令、条例等,制定了《中国工农红军编制草案》、《中国工农红军纪律条例草案》和《中国工农红军政治工作暂行条例草案》。10月间,草案颁布。

《中国工农红军编制草案》规定了全军体制,团以上各级机关的设置,"三三制"的军团以下各级编制原则及编制定额等。由于基本上照搬苏军条例,草案并不符合中国红军当时的实际情况,所以并未真正实行。《中国工农红军纪律条例草案》主要阐明了军队纪律的重要性,规定了红军奖励和惩戒的等级和批准的权限等。《中国工农红军政治工作暂行条例草案》主要规定了红军的政治任务,政治机关的设置、性质、职能、职责及隶属关系等。

1933年2月,中央军委又颁布了《中华苏维埃共和国工农红军暂行法规》。法规不仅规定了红军的性质、各级指挥员、工作人员和战斗员的职责、工作范围等,还规定了军、师司令部、政治部的编制,军队一般规定、值星勤务、汇报制度和礼节等。此外,法规还制定了《防空组织法》、《卫生员工作条例》、《优待红军家属条例》等。后来,法规还补充规定了中国工农红军的军旗样式(红色底子,横五尺,直三尺六寸,中为黄色交叉镰刀锤子,右角上为黄色五角星,旗柄为白色)和南昌起义日(8月1日)为中国工农红军成立纪念日等。

三　后勤机关的建立

为了适应正规兵团进行运动战的需要,红军的后勤建设发生了变化。最主要的就是后勤机关从司令部编制中分离出来,成为独立的部门。第三次反"围剿"胜利之后,军委军医处改编为总卫生部,军团和方面军的军医处改为卫生部,团和师的军医处改为卫生队,并设立了野战医院、后方医院、绷带所等。总经理部改编为总供给部。扩大兵站并建立了兵站线。兵站分总站、大站和中站,总站设运输团,大站设运输营,中站设运输连。后又将总站改编为运输部。

此外,红军还设立兵工厂、修械所、制弹厂、被服仓库等。这一时期,部队的主要武器装备虽然仍然是主要取自作战的缴获,但已可以自制部分弹药。如以中央苏区的兴国官田兵工厂为例,自1931年10月成立到1934年9月,共修复长短枪4万余支,机枪200余挺,迫击炮100多门,制子弹400多万发,手榴弹6万多枚等。至第五次反"围剿"时,大部分弹药都是红军自己的兵工厂制造的。

四　特种分队的建立

红军进入初步的正规建设后,逐渐建立了特种分队,主要是炮兵、工兵、重机枪兵和通信兵。开始数量很少。随着反"围剿"作战缴获的增多,特种分队的编制也相应地增大、增多。据不完全统计,从1930年12月到1932年12月的两年间,红军全军缴获的长短枪10万多支,重机枪500多挺,迫击炮近200门,山炮20多门,电台20多部。同时,红军俘获了国民党军中一部分受过专业技术训练的人员。这为红军特种分队的建立,在装备和人员上提供了条件。

1931年5月,中央军委建立了炮兵团,下辖3个炮兵连,1个炮兵教导队和1个运输连,1个警卫连。红一方面军各军师也分别建立了迫击炮连。方面军还建立了山炮连。

　　重机枪本来属于轻兵器,但在当时,却成了红军的"重兵器"。由于缴获的数量多,红军兵工厂又有制造子弹的能力,因而红军各团普遍建立了重机枪连。

　　为了在进攻敌军有防御设施的阵地和有坚固工事的城垒时进行坑道作业和爆破作业,红军还建立了工兵营和工兵连。

五　军政学校的建立

　　红军转入以正规兵团运动战进行大规模反"围剿"作战阶段后,随着人员的消耗、补充和兵力的发展,必须加强干部的培养和部队的训练。游击战争时期的简单教导队和随营学校等,已不能完成新的任务。1930年初,各根据地的红军先后开始建立红军学校。如红一方面军最早建立了闽西红军学校,有学员130多人。朱德、毛泽东任校长和政委。

　　1930年4月间,赣西南红军学校合并于闽西红军学校,合编为红军军官学校第一分校,改归军委直属。不久,洪湖苏区和鄂豫皖苏区建第二、第四分校成立。1931年11月,红军军官学校又扩编为中央军事政治学校,下设高级班(培训具有两年以上实际作战经验的团以上干部)、上级班(培训有两年以上实际作战经验的连、营干部)、步(兵)科(培训班、排干部)政治科(培训政工干部)、机关枪科、炮兵科和工兵科等。1933年10月,为了便于组织和实施不同层次,不同学科、专业的教学,中央军事政治学校的高级班、上级班改为红军大学,下设高级指挥、上级政治、上级指挥、上级参谋四科。学校的其他单位,分别编为第一、第二步兵学校,工兵学校,炮兵学校,重机枪学校,防空和防装甲学校。同时,通信学校、卫生学校、供给学校和地方武装干部学校等相继成立。

　　从1930年夏至1931年底前后,红军在反"围剿"作战中,累计歼灭国民党正规军20多万人，主力红军发展为15万人，并用缴获敌人的大量武器装备了自己。由此，红军不但提高了作战能力，完成了由游击战向运动战的转变，而且进行了初步的正规建设，并形成了红军的基本作战原则。这些原则是在毛泽东积极防御战略思想指导下，在"敌进我退，敌驻我扰，敌疲我打，敌退我追"十六字诀基础上，由广大红军将士在反"围剿"战斗中创造出来，最后又由毛泽东总结而成的。它的主要内容：一是诱敌深入，二是集中兵力，三是打运动战，四是打歼灭战，五是避强击弱，六是速战速决。这些原则是一个辩证的有机整体，贯穿于战争的全过程中。红军正是在战争中灵活地运用了这些原则，所以才掌握了战场主动权，不断地取得战役、战斗的胜利。

第三章 "左"倾教条主义统治下的作战

第一节 1932年的进攻作战

一 1932年初的革命形势

第三次反"围剿"作战胜利之后,各个苏区和红军都有了很大的发展。1931年11月7日至20日,中华苏维埃第一次全国代表大会在中央苏区的瑞金召开,成立了中华苏维埃共和国,毛泽东被选为临时中央政府主席,项英、张国焘为副主席。同时中央革命军事委员会①(简称"中革军委")成立,朱德任主席,王稼祥、彭德怀任副主席,叶剑英任总参谋部部长,王稼祥任总政治部部长,范树德任总经理部部长。中革军委成立后,取消了红一方面军总部,所属各部队统称中央红军,由中革军委直接领导。

12月14日,蒋介石派往江西进攻红军的国民党军第二十六路军官兵1.7万人,在参谋长赵博生(共产党员)和旅长季振同、董振堂等率领下,于江西宁都举行起义,改编为中国工农红军第五军团。季振同任总指挥(不久董振堂接任),萧劲光任政治委员,辖第十二、第十四、第十五军。② 宁都起义使红军增加了一支

---

① 中央革命军事委员会,由朱德、彭德怀、王稼祥、林彪、谭震林、叶剑英、孔荷宠、周恩来、张国焘、邵式平、贺龙、毛泽东、徐祥谦(徐向前)、关向应、王盛荣等15人组成。

② 第十三军军长由军团副总指挥董振堂兼任,政治委员为邝朱权(不久由何长工接任);第十四军军长由军团参谋长赵博生兼任,政治委员为黄火青;第十五军军长为黄中岳,政治委员为左权。军团政治部主任为刘伯坚。

新的力量。与此同时,蒋介石因国民党内部矛盾于12月15日辞职下野。这使以王明为代表的中共临时中央①一些领导人的"左"倾教条主义思想更为膨胀,他们认为革命高潮已经到来,应当实行进攻战略,而把积极防御战略和诱敌深入方针斥之为"保守主义"、"游击主义"和"单纯的防御路线"等,并诬蔑毛泽东为"极严重的一贯右倾机会主义"者。

1932年1月9日,中共临时中央作出了《关于争取革命在一省与数省首先胜利的决议》。决议无视总的形势是敌强我弱的现实,认为革命形势的发展已经"造成了包围南昌、吉安、武汉等重要与次要的大城市的形势……过去正确的不占领大城市的策略,现在不同了","要扩大苏区至中心城市"。要"红军用全力于决战方面,到白色统治区去,开展胜利的进攻,连续地战胜敌人,消灭敌人"。王明等的"左"倾教条主义军事战略基本形成。不过他们这时在组织上还没有直接控制全国的红军,他们的一些错误指示,在各根据地和各部红军中还受到不同程度的抵制。特别是在中央苏区和中央红军中,以毛泽东为代表的正确的积极防御战略思想仍有着深刻的影响。所以,在一定时期内,毛泽东总结出的作战的基本原则,在红军中仍起着重要的作用,许多战役、战斗仍然能取得胜利。

二 赣州战役

1932年1月10日,中革军委根据中共临时中央"首取赣州、迫吉安"的指示,向中央红军下达了攻取赣州的作战命令,企图首先攻占赣州,尔后顺流而下,夺取吉安、樟树、南昌等中心城市,进而把湘赣、湘鄂赣、赣东北等根据地与中央根据地连接起来,争取江西及其邻近省区的首先胜利。

---

① 1931年上半年,中共中央政治局候补委员顾顺章和政治局党务委员会主席向忠发先后被捕叛变。9月下半月,因王明即将前往莫斯科担任中共驻共产国际代表,周恩来要到中央苏区,在上海的中央委员和政治局委员都不到半数,因此成立了临时中央政治局,由博古(秦邦宪)负总责。临时中央仍继续推行王明的"左"倾教条主义军事战略。

赣州是赣南的政治、经济中心,是连接赣、粤两省的军事重镇,三面环水,地势险要,又构筑有坚固的城防工事,易守难攻。赣州由国民党军第十二师第三十四旅和赣南17个县的地主武装共8 000人防守。其北部峡江、吉安一带驻有5个师,南部附近驻有广东粤军的10多个团,均随时可以增援。

毛泽东极力反对红军攻打赣州,认为赣州是敌人必守的坚城,以红军现有的装备,进行攻坚作战,不仅伤亡大,而且没有胜利的把握,一旦敌军来援,必形成腹背受敌的不利局面。但中共苏区中央局多数同志坚持要执行中央指示,毛泽东的意见被否决。中革军委攻赣州的部署是:第三军团和第四军为主作战军;江西军区、闽西军区的6个独立师为支作战军,以游击战配合主作战军行动。①

2月4日至6日,主作战军各部,分别由会昌、石城地区进抵赣州附近。守敌立即缩短战线,拆毁城外工事,据城固守。经充分准备后,红军于2月23日开始攻城,并以坑道爆破炸开东门附近一段城墙,占领了城楼。但在敌军反击下,占领城楼的红军大部分伤亡,攻城受挫折。29日,国民党军增援的第十一、第十四师进抵赣州西北部,并以一部进入城中。这时中革军委仍于3月1日下达了"坚决夺取赣州,乘胜消灭来援敌人"的训令,同时增派第五军团参加作战,以增加攻城力量。

3月4日,红军再次发起猛攻,仍以爆破手段,再次把东门附近的城墙炸开宽约60米的缺口,但敌军早已在城内构筑了拱墙,红军实际上仍然屯兵城外。这时来援敌军已入城4个团,并在西门与南门之间挖掘了三条出击的坑道。3月7日凌晨,正当红军攻城部队准备继续爆破城墙时,城内敌军5个团出击,城外之敌亦从侧后方发起攻击。在敌军的前后夹击之下,攻城部队陷于重围。幸亏第五军团的第十五军赶到增援,与敌军展开肉搏,才掩护攻城部队撤出战斗,向赣州以东、以南转移整训。

---

① 当时中央红军进行作战任务的战斗编组,分为主作战军和支作战军。前者担任主要作战任务,后者担任次要的、支援性的、辅助性的任务。

中央红军攻赣州33天,不仅城未攻克,反而遭到极大的损失,伤亡3 000多人。中央红军撤回后,于3月12日作了编制调整:第四、第十五军编为第一军团,总指挥林彪,政治委员聂荣臻;第五、第七、第十四军编为第三军团,总指挥彭德怀,政治委员滕代远;第三、第十三军编为第五军团,总指挥季振同,副总指挥董振堂,政治委员萧劲光。

三 漳州战役

赣州战役结束之后,中革军委指令中央红军分兵作战:以第一、第五军团组成中路军,在赣江东岸活动;以第三军团组成西路军,在赣江西岸活动,尔后"夹赣江而下",向北发展。1932年3月18日,在中共苏区中央局会议中,毛泽东建议将中路军改称东路军,进军福建,重点打击侵入闽西苏区的粤军,以巩固闽西根据地并筹措经费。会议批准了毛泽东的建议,东路军于3月26日开始入闽。毛泽东根据当时福建方面敌我双方的情况和漳州城易攻难守等条件,于3月30日致电苏区中央局书记周恩来(1931年底进入苏区任书记),在《对一、五军团行动意见》中提出:"政治上必须直下漳泉,方能调动敌人,求得战争,展开时局。若置于龙岩附近筹款,仍是保守局面,下文不好作。"周恩来同意此意见,此后,毛泽东即以中央政府主席的身份,率东路军执行攻取漳州的任务。

红军第一、第五军团,分别由长汀及信丰之新田向龙岩、漳州前进。4月10日,第一军团乘敌不备,一举歼灭龙岩以西小池之敌第四十九师一部,然后在考塘地区又歼灭该师2个团,俘敌600余人。当日,红军攻克龙岩城。4月14日,第五军团到达龙岩与第一军团会师,尔后即按计划进攻漳州。

漳州守敌为第四十九师的第一四五、第一四六2个旅。其主力配置在漳州外围天宝、南靖及其以北山区,另一部分兵力守市区。东路军总指挥林彪和政委聂荣臻决心先歼外围之敌,再乘胜攻城。4月19日,红军发动进攻,当日尽歼外围敌军,20日占领漳州。

漳州之战,红军歼敌第四十九师大部,俘敌1 600多人,缴获各种枪2 100多支(挺)，火炮6门，子弹13万发，炮弹4 900多发，飞机2架及大量军用物资。漳州战役的胜利，使红军不仅巩固了闽西根据地，而且有助于发展闽南游击战争，援助东江红军。这就在政治上扩大了红军的影响。

在东路军入闽作战的同时，西路军于4月初西渡赣江，进入上犹、崇义地区。5月上旬进至湘南，先后占领桂东、汝城，后在国民党重兵"会剿"下，被迫返回赣南。

四 南雄、水口战役

漳州战役结束后，红军东路军返回赣南。这时余汉谋部粤军19个团部署在南雄、赣州、南康、大庾、信丰地区，担任"清剿"任务。1932年6月5日，中共临时中央下达了"先解决入赣粤军"，"再沿江北上，占领赣州、吉安、樟树，以争取南昌为目的"的作战任务。6月中旬，苏区中央局决定恢复红一方面军总部，朱德兼总司令，王稼祥兼任总政治部主任，叶剑英兼任总参谋长，不设总政委。毛泽东仍以政府主席身份随军"主持大计"。

7月2日，红三军团主力在大庾东北的池江附近，击溃粤军第一师四个团，溃敌退据大庾。3日，红一军团一部在梅岭关击溃粤军第一师1个团。4日至7日，红三军团多次强攻大庾均未成功，形成对峙。与此同时，粤军第十四、第十五师向大庾急进，独三、独五和第四师向南雄集中，企图分由南、北合击红军。7月8日，红一方面军决定集中3个军团的兵力，同时消灭粤军独三、独五师和第四师。当日下午，红五军团在水口附近与敌接触，击溃第四师2个团，溃敌退入水口圩，其独三、独五师也赶至水口圩。7月10日，红一军团、红五军团和赶来的红十二军及江西军区的第三、第六师，向水口之敌发起总攻。当红三军团先头部队到达战场时，敌军已溃退至南雄，战役已经结束。

这次战役，红军共击溃敌军15个团，歼敌近3 000人，但因兵力未能很好集中，情报又有失误，所以红军并无重大缴获，而自身"损伤2 000以上"。这种"没有缴获或缴获不超过消耗"的胜仗，对于

武器、物资主要取之于敌手的红军来说,没有多大实际意义。

五　乐安、宜黄战役

南雄、水口战役后,红一方面军在信丰、南雄之间进行休整、补充。苏区中央局根据中共临时中央的指示,要求红一方面军要"继续与敌人决战,继续歼灭敌人,迅速的夺取赣江流域中心城市,来实现江西首先胜利",并规定红一方面军以一部兵力佯攻赣州,调动敌人,以求三个军团能乘机在赣州上游渡河,沿赣江西岸北进,向蒋军主力进攻。

1932年7月21日,周恩来到达红一方面军总部,与毛泽东、朱德、王稼祥会商后,认为"赣江上游敌军密接,在任何一点渡河出击赣敌,都有被敌人绝断危险",因而决定先取万安,以取得渡河点西渡赣江。7月27日,红军开始北进,8月上旬,陆续到达兴国、雩都地区。红军北进的同时,国民党军第十四、第五十二师沿赣江西岸北进,此时到达遂川、沙地一带,敌第二十八师亦已集结万安。在此情况下,苏区中央局在兴国举行会议,重新讨论红军行动方向,最后决定先消灭兵力薄弱,仅有一个师守备的乐安、宜黄,尔后再打由赣江西和南城等地来援之敌。在周恩来、朱德、王稼祥的竭力建议下,8月8日,毛泽东重任红一方面军总政委。

8月15日,红一方面军下达了进攻乐安、宜黄的作战命令,16日晨向乐安发起进攻,17日攻克该城,全歼守敌第二十七师1个多旅,俘敌3 000多人。20日拂晓进攻宜黄,激战至夜,歼敌第二十七师2个旅的大部,突围逃走的残敌,亦大部被追歼于抚州以南,红军共俘敌2 000余人。23日,红军又乘胜占领南丰。

六　建(宁)黎(川)泰(宁)战役和金(溪)资(溪)战役

乐安、宜黄战役结束时,国民党军对湘鄂西、鄂豫皖两苏区的第四次"围剿"已基本结束,正作"围剿"中央苏区的准备工作。

9月间,中共临时中央致电苏区中央局,要求在蒋介石"即将倾全力向我中区及赣东北进攻"的情况下,采取"择敌人弱点击破一面,勿待其合围"的方针。

为贯彻这一方针,苏区中央局于10月上旬在宁都举行全体会议。出席会议的有后方的委员任弼时、项英、顾作霖、邓发,前方的委员周恩来、毛泽东、朱德、王稼祥。刘伯承列席了会议。会上争论相当激烈。毛泽东坚持红军这时不应无条件地离开苏区出击强敌,应进行休整,做好第四次反"围剿"的准备。中央局的一些成员对毛泽东和他实行的战略战术原则,进行了错误的批评和指责,把"诱敌深入"指责为"专去等待敌人进攻的右倾主要危险",是对"夺取中心城市"方针的消极怠工等等。① 结果毛泽东再次被迫离开红军领导岗位。中革军委通令毛泽东"暂回中央政府主持一切工作,所遗总政治委员一职,由周恩来同志代理"。不久,中央任命周恩来兼任红一方面军总政委。

10月14日,红一方面军按照宁都会议的精神,下达了进攻建宁、黎川、泰宁地区敌军的命令。此时,赣闽边境地区,仅有敌新编第四旅和第二十四师、第五十六师各一部,兵力比较薄弱。10月18日至24日,红一方面军相继占领了建宁、黎川、泰宁、邵武、光泽等广大地区,歼敌1个团。

战役结束后,中革军委又命令红一方面军继续向金溪、资溪进攻。11月16日,红军分由黎川、邵武、光泽地区北进;17日,击溃敌第五师1个团,占领资溪;19日,占领金溪;20日,又将来援的敌第二十四师1个团歼于礼西赵。1933年1月4日至5日,红军又消灭了驻守黄狮渡的敌第五师第十三旅,俘敌1 000多人,生擒其旅长周士达。8日,在金溪以西枫山埠地区击溃来攻的敌第二十七师和第九十师;在黄狮渡以西彭家渡击溃来攻的敌第十四师。至此,金(溪)资(溪)战役结束。红五军团副总指挥赵博生在此战役中不幸牺牲。

---

① 参见《中共苏区中央局宁都会议经过简报》(1932年10月),转引自军事科学院军事历史研究部《中国人民解放军战史》第一卷,第169页,军事科学出版社1987年版。

宁都会议的矛盾冲突,实质上是王明"左"倾教条主义军事战略和毛泽东积极防御战略的斗争。由于错误的军事战略占了上风,从这时起,到1935年1月遵义会议的两年多的时间里,毛泽东一直被排斥在中共中央和红军的领导岗位之外,以致后来中央苏区和红军蒙受极大损失。

1932年的红军进攻作战,除赣州战役外,其他五次战役都取得了不同程度的胜利。但是在敌强我弱、敌军又正在集中重兵准备进行大规模"围剿"的关键时刻,企图以先发制人的方针,夺取敌人的中心城市以实现革命在一省或数省首先胜利,则是一种很不符合实际的主观愿望。通过进攻作战,红军不但没有改变敌强我弱的战略格局,反而消耗了自己,并失去了巩固苏区、休整部队以准备迎击敌军"围剿"的宝贵时机。

第二节　红四方面军和红三军第四次反"围剿"

一　蒋介石的"围剿"计划与兵力部署

1932年6月15日至16日,蒋介石在庐山召开有汪精卫、何应钦、李济深等参加的鄂、豫、赣、皖、湘五省"清剿"会议,以总结前几次"会剿"、"围剿"失败的教训,制订第四次"围剿"计划。蒋介石认为以前失败的原因,在于共产党有民众拥护,仅凭军事力量难以征服,因此这次要靠争取民心、瓦解其内部的策略。蒋介石决定实施以政治治本,军事治标,本标兼施,"三分军事、七分政治"的总体战略。各军都设政训部,直辖于军事委员会总政训部,负责清查户口,实行"连坐法",开展编组保甲和组织民团等工作。在军事上,则战略上取攻势,战术上取守势,实行经济封锁和堡垒推进并用的方针。

会后,国民党军成立了"剿匪"总部,蒋介石坐镇武汉,自任总司令。与此同时,豫鄂皖三省"剿匪"总司令部成立。蒋介石自兼总司令，李济深任副总司令。下辖中、右、左三路军。以中、右两路军26个师又5个旅约30万人进攻鄂豫皖苏区红四方面军；以左路9个师又4个旅约10万人进攻湘鄂西苏区红三军。此外，赣粤闽边"剿匪"总司令部成立，何应钦为总司令，贺国光为参谋长，指挥江西、广东、福建的国民党军，对中央苏区实施经济封锁和进行牵制性作战，以削弱红一方面军的力量，配合北线作战，为大举进攻中央苏区作准备。

二 红四方面军第四次反"围剿"

国民党军的中路军司令部设于河南信阳（后移湖北广水），蒋介石自兼司令官，刘峙为副司令官，下辖的第一、第二、第三、第四、第五、第六纵队及总预备队①分别部署于固始、信阳、广水、麻城、蕲春、孝感及汉口地区。右路军司令部设于安徽六安，李济深兼司令官，王均为副司令官，下辖的第一、第二、第三纵队及总预备队②分别部署于正阳关、六安、潜山、合肥地区。总司令部直辖的2个师（第十三、第三十三师）及2个旅（第三十三、第三十八旅）分别部署于光山、霍山地区，3个航空队分驻汉口、合肥、蚌埠。此次"围剿"，以中路军之第二、第六纵队担任主攻；在作战指导上，实行稳扎稳打、分进合击战法。

红四方面军③在连续取得黄安、商潢、苏家埠、潢光四次战役

---

① 国民党军中路军第一纵队指挥官张钫，辖第四十五、第七十五、第七十六师和新二十师；第二纵队指挥官陈继承，辖第二、第三、第五十八、第八十师；第三纵队指挥官马鸿逵，辖第三十五师和骑三旅；第四纵队指挥官张印相，辖第三十、第三十一师和第二十二特务旅；第五纵队指挥官上官云相，辖第四十七、第五十四师；第六纵队指挥官卫立煌，辖第十、第八十三师；总预备队指挥官钱大钧，辖第八十八、第八十九师。

② 国民党右路军第一纵队指挥官徐庭瑶，辖第四师和独四十旅；第二纵队指挥官王均（兼），辖第一、第七、第十二师；第三纵队指挥官梁冠英，辖第三十二师；总预备队指挥官阮肇昌，辖第五十五、第五十七师。

③ 这时红四方面军的总指挥为徐向前，政治委员为陈昌浩，下辖第四军和第五军。第四军由方面军总部兼军部，下辖第十、第十一、第十二师，第二十五军军长旷继勋（后为蔡申熙），政治委员王平章，下辖第七十三、第七十四、第七十五师。此外，方面军直属部队有独立第一、第二、第三、第四师和少共国团师。领导红四方面军的为鄂豫皖革命军事委员会，主席张国焘，副主席曾中生、旷继勋。

胜利后,当时的主要负责人张国焘被胜利冲昏了头脑,竟认为"国民党动员任何多少部队,都不堪红军的一击"。依照中共临时中央的训令,张国焘坚持进攻战略,命令红军沿平汉路南下,威逼武汉。红四方面军总指挥徐向前鉴于敌军正加紧部署"围剿",两次建议停止在平汉路上进攻作战,将主力集结于适当地区休整待机,准备敌人的"围剿",但均被张国焘拒绝。

1932年8月上旬,正当红军主力围攻麻城之际,国民党军开始了进攻。其中路军第一、第二纵队进至大新店、宣化店一线,第三、第六纵队进至夏店、长轩岭一线;右路第一、第二纵队进至霍南之河口、丁家集及渭河一带,均已迫近苏区中心地域。蒋介石见进展顺利,改变稳扎稳打战法,命各部迅速向苏区中心深入。10日,黄安已处于被围的态势之中。这时张国焘才决定撤麻城之围,命已苦战三个多月的红四方面军主力赶向黄安迎击敌军,被阻于黄安西之冯秀驿地区。13日,黄安被敌军占领。在敌重兵包围之下,红四方面军在七里坪、檀树岗一带苦战五天,歼敌2 000多人后,被迫向皖西转移。敌军占领新集、商城,接着又占领罗田、英山、独山、麻埠等地。

9月10日,红四方面军进至金家寨地区。张国焘向中共临时中央报告了当时的战况。临时中央将该电转给中央苏区正在前方指挥作战的周恩来、毛泽东等。周恩来、毛泽东、朱德、王稼祥当即复电鄂豫皖中央分局和红四方面军,要其依托苏区有利条件,采取诱敌深入的方针,"在运动中选择敌人薄弱部分,猛烈打击与消灭敌人一点后,迅速转至另一方,以迅速、果敢、秘密和机动求得各个击破敌人,以完全粉碎四次'围剿'"。9月中下旬,周恩来等又两次致电中共鄂豫皖中央分局,告以应采用的战术。但张国焘已完全丧失了粉碎敌人"围剿"的信心,认为"红军只可打一仗,就没有打第二仗的力气"①。

---

① 中共鄂豫皖省委1933年1月5日关于反四次"围剿"及坚持斗争情况给中共中央的报告,转引自军事科学院军事历史研究部《中国人民解放军战史》第一卷,第208页,军事科学出版社1987年版。

红四方面军于10月上旬返回黄安地区,敌军从三面逼近。张国焘认为反"围剿"已经失败了,于10月10日在河口以北的黄柴畈召开紧急会议,决定留第二十七、第七十五师及独立团在苏区坚持斗争,红四方面军主力2万多人,脱离鄂豫皖苏区,越过平汉路向西转移,从此再未返回鄂豫皖苏区。留在鄂豫皖苏区的部分红军和地方武装,相继组成红二十五、红二十八军,坚持斗争。后两军合编为红二十五军,在徐海东、吴焕先率领下继续战斗。

三 红三军第四次反"围剿"

1932年7月,国民党军向湘鄂西苏区发动第四次"围剿"之前,中共湘鄂西中央分局书记夏曦,积极贯彻王明的"左"倾教条主义军事战略,要求红军转变到大规模的平地战、城市战,为夺取中心城市而斗争。在他的命令下,红三军①于3月中旬强攻京山城,结果城未能攻克,部队却遭到很大伤亡。后来,红三军又在瓦庙集和张家场进行过两次进攻战,都因敌军增援部队到来而被迫撤出战斗。两战共歼敌3 000多人,但红军自身却伤亡4 000多人,是两场得不偿失的损耗战。6月9日,在新沟咀的防御反击战中,红三军歼敌川军第四师,俘敌3 000多人,缴获各种枪2 000多支(挺),是一次胜仗。

7月中旬,国民党豫鄂皖三省"剿匪"总司令部所属的左路军②,开始对湘鄂西苏区和红三军进行第四次"围剿"。武汉绥靖主任何成濬兼左路军司令官,第十军军长徐源泉为副司令官。国民党军以7个师又1个旅编为六个纵队,向襄河以北红军进攻,尔后再转进至南岸作战;以5个师又3个旅担任游击、堵截、

---

① 这时红三军军长为贺龙,政治委员为关向应,参谋长为唐赤兵,政治部主任为鲁易。下辖第七、第八、第九师和警卫师、独立师。
② 国民党左路军共12个师:第十三、第十九、第三十三、第三十四、第四十一、第四十四、第四十八、第五十一、第八十二师和川军第二十一军的第三、第四师、教导师;另有4个旅:新三旅和独三十四、独三十七、独三十八旅。

佯攻、牵制等任务。这时,红三军正遵照中共临时中央"湘鄂西红三军除以一部兵力巩固洪湖根据地外,主力应积极在襄北发展,配合红四(方面)军消灭徐源泉、萧之楚主力"的命令,以主力再次进至襄北,围攻京山城。

7月15日,国民党左路军向京山地区的红军实施合击,红三军被迫转移至荆门东南及潜江地区。8月上旬,何成濬、徐源泉开始实施以摧毁洪湖苏区中心区为目的的第二期作战,集中主力向洪湖苏区围攻。这时湘鄂西中央分局主要领导人夏曦等由冒险进攻转为消极防御,拒绝红三军首长转移外线机动作战、在运动战中歼灭敌人的正确意见,决定兵分两路:一路由夏曦率领在苏区内构筑碉堡,分兵把口,用阵地战阻挡敌军的进攻;另一路由军长贺龙、政委关向应率领,再去襄北打击敌人。

8月24日,据守阵地的红军第七师反击进攻府场等地敌第三纵队失利。31日,依托阵地进行防御的红军,经一日激战,损失1个多团,师、团主要领导干部伤亡很大,被迫撤出战斗。至9月3日,洪湖苏区除福寺、太平桥等周围仅四五十里的地区外,其余全部被敌占领。红军仅伤员就有2000多人落入敌手,隐藏在湖区的数千支枪和一些迫击炮也被敌人搜去。医院、兵工厂全被烧毁。进入襄北的红军,在敌军围攻追击下,只好时合时散、忽东忽西地与敌周旋。

至10月初,洪湖地区全部丧失,湘鄂边、襄枣宜、鄂西北等苏区也相继被敌占领,整个湘鄂西苏区全部丧失,第四次反"围剿"斗争终于失败。红三军于1933年初转移至鹤峰、桑植地区,在国民党军的进攻下,于1934年2月再向湘鄂川黔边转移。

第三节　红一方面军第四次反"围剿"

一　反"围剿"初期红军向苏区退却

将红四方面军和红三军逼出鄂豫皖和湘鄂西苏区后,1933

年初,国民党军集中29个师又2个旅,约40万人,由赣粤闽边区"剿匪"总司令何应钦指挥,进攻中央苏区和红一方面军。蒋介石嫡系12个师组成中路军,担负主攻任务,陈诚为总指挥;驻福建的第十九路军等部6个师又1个旅组成左路军,蔡廷锴为总指挥;驻赣南、粤北的广东部队6个师又1个旅组成右路军,余汉谋为总指挥。左路军和右路军担负"清剿"和策应中路军作战的任务。第二十三师为总预备队,另有4个师分别在南城、南丰、乐安、永丰守备,第三、第四航空队以南昌为基地,支援作战。

担任主攻的中路军组成3个纵队,罗卓英为第一纵队长,指挥第十一师(萧乾)、第五十二师(李明)、第五十九师(陈时骥),向宜黄索阴地区集中;吴奇伟为第二纵队长,指挥第十师(李默庵)、第十四师(霍揆彰)、第二十七师(孙连仲)、第九十师(吴奇伟兼),向抚州地区集中;赵观涛为第三纵队长,指挥第五师(周浑元)、第六师(周喦)、第九师(李延年)、第七十九师(樊崧甫)向金溪地区集中;第四十三师(刘绍先)为预备队。

1933年1月底,蒋介石亲到南昌组织"围剿"。国民党军采用分进合击方针,向南丰、广昌推进,企图一举歼灭红军主力于黎川、建宁地区。但由于行动迟缓,至2月中旬,国民党军各部队尚未全部到达指定的集中地点。

红一方面军这时已有3个军团、4个独立军和江西军区配属的2个独立师,共约7万人。方面军总司令为朱德,政治委员周恩来,参谋长刘伯承,政治部主任王稼祥。第一军团军团长林彪,政委聂荣臻,辖第七、第九、第十、第十一师;第三军团军团长彭德怀,政委滕代远,辖第一、第二、第三、第三十八、第三十九师和第十五军(军长左权)。方面军直属部队有第十一军(军长周建屏,政委萧劲光)、第十二军(军长张宗逊,政委黄甦)、第二十一军(军长寻淮洲,政委李井泉)、第二十二军(军长罗炳辉,政委蔡树藩)和江西军区的独立第四、第五师。

1933年1月下旬,方面军集中在金溪、浒湾、黄狮渡地区备战。由于连续六次进攻作战,部队缺乏休整,对反"围剿"作战准备得不够充分。而由于鄂豫皖、湘鄂西两根据地的失败,中央苏区在战略上失去了鼎足而三、相互支撑的有利格局。中共苏区中央局在连续四次拒绝了周恩来、朱德等方面军首长要求以运动战歼敌的建议后,于2月4日作出决议:要求红军在敌军"围剿"部署未定之际,先发制人,以进攻战打破"围剿"。中央局同时命令红一方面军首先攻取敌军重要据点南丰。

2月7日,周恩来、朱德、王稼祥再次致电中央局并转中央,陈述前方的意见:

> 请求中央、中央局须给前方的活动、以机断的余地和应有的职权。否则命令我们攻击某城,而非以训令指示方针,则我们处在情况变化或不利条件下,使负责者非常困难处置。因在组织上,尤其在军事上,须绝对服从上级命令,不容丝毫延搁。但在责任上、在环境上,我们又不得不向你们陈述意见。①

另一方面,他们仍按中央局的命令由黎川附近向南丰开进,并于12日黄昏下达命令,要红三军团和红五军团各一部向南丰城西北外围阵地发起进攻。

由于敌守军第八师(陶峙岳)工事坚固,经过一夜猛攻,红军歼敌不足1营,自己却损失400余人。红三军团第三师师长彭鳌和2名团长在战斗中牺牲。在南丰作战,正是国民党军所希望的。陈诚深知南丰地势险要,是以后"进剿"赣南的重要据点。他一面令第八师据城坚守,一面急令所属三个纵队迅速增援,三路分进,企图将红军围歼于南丰城下。周恩来、朱德当机立断,决定对南丰改强攻为佯攻,主力迅速脱离战场,集结于南丰和里塔圩以西地区待机。

2月22日,红一方面军侦悉敌军主力三个纵队正分路向南

---

① 这是朱德和周恩来、王稼祥联名给中共临时中央和中共苏区中央局的电报,参见中共中央文献研究室、军事科学院编《朱德军事文选》,第120页,解放军出版社1997年版。

丰急进。周、朱鉴于敌军兵力密集,在南丰地区与之决战极为不利,果断地决定撤南丰之围,采取退军苏区的行动。红军第十一军伪装主力,在里塔圩、新丰街之间东渡抚河,向黎川前进,以迷惑敌人;主力则秘密地转移至苏区内部的东韶、洛口地区,寻机歼敌。红军及时退军苏区,使自己由被动转为主动,对随后胜利地打破第四次"围剿"具有极为重要的意义。

二 黄陂战斗

红一方面军主力从南丰撤退后,苏区军民严密封锁消息,敌军不明情况,误认东渡抚河的红十一军是红军主力。陈诚急令部队向东追击:第一纵队由乐安、宜黄出击广昌,堵截红军西进和南进的归路;第二纵队由南城出康都侧击黎川;第三纵队由金溪向黎川作正面攻击,企图合击红军主力于黎川、建宁地区。第一纵队纵队长罗卓英接命令后,于2月24日亲率第十一师由宜黄南下黄陂,而令第五十二、第五十九师由乐安向东南黄陂推进。

2月25日,红一方面军领导召开会议,研究歼敌方案,最后认为向黄陂推进的敌第一纵队第五十二、第五十九师已暴露在红军面前,其与第二、第三纵队相距甚远,处于孤立地位,敌人支援困难。而黄陂一带山高林深,地形险要,适于伏击。红一方面军领导决定将部队埋伏在登化桥、黄陂之间地区,以伏击战歼敌第五十二、第五十九师。2月25日,红军分两路东进:红一、红三军团和红二十一军为左路纵队,红五军团和红二十二、红十二军、独四、独五师为右路纵路,先后到达预定伏击位置,封锁消息并侦察敌情。

26日,敌第一纵队的两个师,从乐安分两路东进,当晚进至太平圩、罗山街。27日下午1时许,敌第五十二师进入大小龙坪红军伏击圈内,红一军团及红二十一军发起进攻,经三小时激战,歼敌第五十二师师部及一五四旅,俘其师长李明。27日下午6时,红三军团将敌第一五五旅包围于桥头,28日上午将其歼灭。与此同时,敌第二十九师于27日被红五军团及红二十二军等包围于黄陂地区,28日被歼灭,敌师长陈时骥率残部数百人突围逃向蛟湖,企图与第五十二师会合。逃至蛟湖附近时,陈时骥发现第五十二师已被歼灭,遂仓皇转向乐安,3月1日逃至登仙桥时,被红一军团歼灭,陈时骥被俘。

陈诚发现其第一纵队与红军接触时,立即令第二、第三纵队兼程西援,企图对红军实施夹击。红一方面军为避免与敌主力硬拼,争取主动,歼灭敌两个师后,陆续撤出战场,仍转移至苏区的洛口、东韶地区休整待机。

三　草台岗战斗

黄陂战斗结束后,国民党仍然不清楚红军主力的去向。3月中旬,因兵力分散被红军歼灭两个师后,陈诚改变作战方针,采用中间突破。他以第二纵队为前纵队,第一纵队余部及第三纵队的第五、第九师为后纵队,由黄陂地区向广昌进攻,企图攻占广昌,寻歼红军主力。第三纵队之第六师留抚州守备,第七十九师在宜黄为预备队。

3月16日,敌前纵队到达新丰、侯坊、草台岗一线,后纵队仍位于东陂、黄陂地区。红一方面军获悉敌向广昌进攻的意图后,为分散敌人,创造战机,令红十一军进至广昌西北地区积极活动,吸引敌人前纵队加速前进,以拉大敌前、后纵队间的距离;主力部队则秘密北移,准备侧击敌之后纵队。陈诚误认红十一军为红军主力,立即命令前纵队加速向广昌推进,并将后纵队之第五师配属于前纵队。

3月20日,敌前纵队进至甘竹、洽村一带,后纵队尚在草台岗、徐庄一线,与前纵队已相距50公里。红一方面军抓住战机,将敌后纵队的第十一师分割包围于徐庄、草台岗地区。21日晨,红军开始攻击,战斗至中午,将其大部歼灭。至此,国民党军主力中路军的第一纵队,全部被歼,中路军其他2个纵队纷纷后撤。蒋介石对中央苏区和红一方面军的第四次"围剿",以失败告终。蒋介石哀叹"此次挫败,凄惨异常,实有生以来唯一之隐痛"。

黄陂、草台岗两次战斗,创造了红军大兵团伏击战的典范,共歼敌3个师,俘敌2师长以下官兵1.6万多人,缴枪1万多支。这一胜利再次证明,在强敌进攻面前,采取诱敌深入的方针,主动退却,保存力量,在运动中造成敌人的过失,依托根据地寻机歼敌,是红军行之有效的作战原则。

第四节 红一方面军第五次反"围剿"

一 双方的军事战略及兵力部署

1933年5月,蒋介石撤销赣粤闽边区"剿匪"总司令部,另组军事委员会委员长南昌行营,亲自组织对中央苏区的第五次"围剿"。除了进一步强调"三分军事,七分政治",历行保甲制度、"连坐法"和经济封锁外,蒋介石在军事上采用持久作战和堡垒主义的新战略。其实早在第三次"围剿"失败后,蒋介石就已开始考虑这种战略。他在1931年8月12日的日记中写道:

> 余细思之,如欲剿灭赤匪,决非一朝一夕之间所能成功,唯有集中兵力,构筑据点,开辟道路,使匪无所藏匿,不得窃发,而我之官兵,则行动自如,如是乃可制其死命也。①

同时,蒋介石制订了"以守为攻,乘机进剿,主用合围之法,兼采机动之师,远探密垒,薄守厚援,层层巩固,节节进逼,对峙则守,得隙则攻"②等的作战原则,企图依托堡垒,逐步推进,压缩

---

① 转引自黄仁宇《从大历史的角度读蒋介石日记》,第112页,中国社会科学出版社1998年版。
② 台湾"国防部史政局":《剿匪战史》(二),第241页,中华大典编印会1967年版。

红军根据地，最后寻求红军主力决战，以达到消灭红军、摧毁中央苏区的目的。其总的兵力部署是集中65个师又9个旅约50多万的兵力，分为北、南、西三路。北路军总司令顾祝同，指挥33个师又3个旅担任对中央苏区的主攻；南路军总司令陈济棠，指挥11个师又1个旅，筑碉扼守武平、安远、赣县、上犹地区，阻止红一方面军南进并伺机向会昌推进，配合北路军作战；西路军总司令何键，指挥9个师又3个旅，及浙赣闽边区警备司令赵观涛的5个师，分兵"围剿"闽浙赣、湘赣和湘鄂赣苏区的同时，阻止红一方面军北进或西进；此外，第十九路军总指挥，指挥7个师又2个旅扼守闽西和闽西北地区，阻止红一方面军东进。

担任主攻的北路军，区分为第一、第二、第三路军，其具体部署是：第一路军4个师（第四十六、第九十二、第二十七、第九十三师）又2个旅（骑一旅、二纵队），顾祝同兼任总指挥，刘兴为副总指挥，配置于吉水、新淦、永丰、乐安、宜黄地区，构筑碉堡封锁线；第二路军6个师，蒋鼎文为总指挥，汤恩伯为副总指挥，分为第一纵队（卫立煌，第十、第八十三师）、第二纵队（王敬久，第八十七、第八十八师）和预备队（第四、第八十九师），配置于金溪、滕桥、崇仁地区，构筑碉堡封锁线；第三路军18个师又1个旅、陈诚为总指挥，薛岳为副总指挥，分为第五纵队（陈诚兼，罗卓英副，第十一、第十四、第六十七、第九十四、第九十八师）、第七纵队（薛岳兼，吴奇伟副，第三、第九、第五十九、第九十、第九十九师）第八纵队（刘兴，周浑元副，第五、第六、第七十九、第九十六师）和守备队（毛炳文，第四十三、第九十七、第二十四、第八师，补一旅），集结于南城、南丰地区，沿抚河两岸构筑碉堡封锁线。在北路军中，陈诚指挥的第三路军是这次"围剿"的主力军，主要任务是在第一、第二路军策应下，依托碉堡向广昌推进，寻求红军主力决战。

1933年5月间，中革军委从前方移至瑞金，另组中国工农红军总司令部兼红一方面军司令部，朱德任总司令兼方面军司令员，周恩来任总政委兼方面军政委，在前方指挥作战。中革军委主席仍由朱德担任，增加博古、项英为委员，朱德在前方期间，项英代理主席。

红一方面军在打破国民党军第四次"围剿"后,已发展至近10万人。6月上旬,方面军进行了整编:去掉军一级编制,军团直辖师。整编后,第一军团辖第一、第二、第三师,第三军团辖第四、第五、第六师,第五军团辖第十三师,闽西地区的第十九军改为第三十四师,第十二军改为独立第一团,赣南第二十三军改为第二十二师。

6月13日,临时中央指示,要求红一方面军主力实行分离作战的方针:一部分组成中央军,在抚河流域活动,破坏敌人的作战计划;一部分组成东方军,入闽作战,实行"两个拳头打人",企图在两个战略方向上同时取胜,以实现革命在江西首先胜利。

东方军(以第三军团为主组成)于7月初进入福建,至8月上旬,先后占领归化、清流、泉上、朋口、连城、新泉、白砂等地,但缴获极少,并且由于酷暑远征,粮食缺乏,自身受到严重削弱,入闽后不到10天,就已沿途留下500多名伤员。8月间,东方军先后围攻延平、将乐、顺昌等地,久战不克,部队遭受很大损失。9月初,国民党军驻信江的第四、第二十一师开始向苏区推进,朱德、周恩来令东方军4日结束战斗,"准备回师"。但中革军委不同意,要求打下顺昌后再回师。直至9月25日国民党军进攻苏区北方重镇黎川时,中革军委才命令东方军撤将乐、顺昌之围北上,准备反击黎川。

东方军入闽作战期间,红军中央军在吉水、永丰、乐安、宜黄、新淦之间打击筑碉敌军,企图破坏封锁线,但并未取得预期效果。中共临时中央决定红一方面军实行分离作战的"两个拳头打人"战略,不仅造成东方军的疲劳和削弱,而且也使中央军不能发挥其应有的作用。这样,红一方面军既未能集中兵力打击敌人,又失去了反"围剿"的宝贵时间。

二 军事教条主义的进攻作战

1933年9月25日,国民党军北路军3个师由南城、硝石进攻黎川。中共临时中央提出"御敌于国门之外"的战略方针,要求红军在苏区外战胜敌人,以取得苏维埃在全中国的胜利。这时,共产国际派来的军事顾问李德(又名华夫)①到达中央苏区,他在博古的支持下,实际上掌握了中革军委的领导权。9月28日凌晨,黎川失守②,中革军委命令东方军以一部赶至黎川西南,阻止黎川敌人向南推进,主力进攻硝石、资溪桥、黎川之敌;中央军主力由永丰、乐安东移,攻击和牵制南城、南丰之敌,保障东方军的作战。

东方军主力于10月6日,于不预期遭遇战中歼灭了由黎川向洵口游击侦察的敌第十八旅,俘其旅长葛仲山。但在9日进攻硝石敌第二十四师时,连战数日不克。中央军也未能阻止住敌人的东援。至13日,南城敌4个师进抵硝石,东方军被迫撤出战斗。红军在第五次反"围剿"作战的一开始,就丧失了主动权。

中革军委在严峻的形势下,竟继续命令红军插到敌军堡垒地域中去消灭敌人。10月22日,红军向资溪、谭头市发起攻击,进攻四天,不仅未能攻克资溪、谭头市,反而遭到很大伤亡。26日不得不放弃在资溪地区与敌决战的计划。

28日,中革军委又组建了红七和红九军团。红七军团以寻淮州任军团长,萧劲光任政委,辖第九、第二十、第三十四师;红九军团以罗炳辉任军团长,蔡树藩任政委,辖第三、第十四师和独一、独四团。

---

① 李德,本名奥托·布劳恩,1900年9月出生于德国慕尼黑附近的伊斯曼尼格镇,1919年19岁时参加了德国共产党。1926年9月被捕,1928年越狱后逃往苏联,1929年进入伏龙芝军事学院学习。因他通晓俄文、英文,又学了军事,所以一毕业就被共产国际派来中国担任军事顾问。本来共产国际发给中共的电报中,对李德的职权明确规定是没有指挥权、决定权的顾问,应接受中共临时中央的领导。而博古被李德的"高谈阔论"所震惊,竟然不顾共产国际的规定,要李德"主管军事战略、战役战术领导、训练以及部队和后勤组织等问题",因而李德成了红军的领导。实际上李德只有一套空洞的军事理论,并无实战经验,更不熟悉中国国情。给李德当翻译的伍修权回忆说:李德"推行的完全是军事教条主义那一套,他根本不懂得中国的国情,也不认真分析战争的实际情况,只凭他在学院学习的军事课本上的条条框框,照搬到我国、搬到苏区,进行瞎指挥"。

② 黎川原由萧劲光率2个多师的兵力防守。7月初,红军实施"两个拳头打人"的计划,黎川守军主力随红三军团入闽。剩下的1个独立师,在9月中旬末,又被调往硝石归总部直接指挥。萧劲光手中仅有一支70多人的教导队和一些地方游击队防守黎川。

11月11、12日,红军进攻浒湾时,遭敌夹击,伤亡1 100多人,被迫后撤。15日至17日,在大雄关、云盖山地区,红军又遭敌5个师的围攻,遭受重大伤亡,被迫向苏区内转移。此后,红军东方军和中央军的番号实际上便取消了。

自9月下旬至11月中旬,红一方面军依照中共临时中央和中革军委的命令,在敌人主力和碉堡之间连续作战近两个月,不但没能"御敌于国门之外",反而遭受重大损失,完全陷于被动地位。

三 军事保守主义的阵地防御战

红军在进攻作战中连遭挫折后,中共临时中央和中革军委由军事教条主义转变为军事保守主义,采取消极防御的战略方针,要求红军实施阵地防御,处处设防,节节抵御,企图"迟滞敌人的进攻,削弱其力量,以达到制止敌人五次'围剿'的最终目的"[①]。红军在苏区的重要城镇和交通要道构筑碉堡,试图用阵地防御和阵前"短促突击"战术,抗击敌人的进攻。

由于在前方指挥作战的周恩来、朱德等屡次致电后方的中革军委,提出不同的意见,并要求"在相当范围内给我们部署与命令全权",1934年1月16日,博古、李德以统一前后方指挥为名,提出建议,经中央局批准,取消中国工农红军总司令部和第一方面军司令部的名义,方面军所属部队由中革军委直接指挥,称中央红军。红军实际上的指挥权,仍操纵在博古、李德手中。

从1月下旬至3月下旬,红军作战虽然非常勇敢顽强,但在阵地防御战和阵前反击战中,不仅未能打破或打乱敌人的进攻计划,而且遭受了重大损失,仅3月中旬的三溪圩反击战,就伤亡2 200多人。

4月10日,国民党军集中11个师进攻广昌。博古、李德命红一、红三、红五军团开赴广昌准备死守,并命令在广昌城周围

---

① 中革军委1933年11月28日对各部队任务及动作的指示,转引自军事科学院军事历史研究部《中国人民解放军战史》第一卷,第185页,军事科学出版社1987年版。

构筑三道阵地。同时,中央的博古、李德、洛甫和军委的朱德、周恩来、刘伯承等组成中革军委北线总指挥部,率军委领导班子至广昌直接指挥广昌保卫战。国民党军集中兵力,采用沿抚河两岸、正面仅5公里的战斗队形,在飞机大炮支援、掩护下,交替筑碉前进。两军尚未正面交锋,红军就已死伤数百人。在敌人空中、地面猛烈火力轰击下,红军有的连队早上进入阵地时是100多人,晚上全连只剩20多人。许多部队把机关的工作人员全投入战斗。部队减员越来越多,枪械弹药却越来越少。

27日,抚河两岸敌军向广昌发动总攻。红军集中红一、红三军团和红二十三师主力实施反击,未能阻止敌人的攻势,被迫于当晚撤出广昌,向南转移。广昌保卫战历时18天,红军伤亡5 500多人,而国民党借助于碉堡、飞机、大炮的掩护,只死600多人,伤1 800多人。

5月中旬,红军进行了保卫建宁的战斗,6、7月间又进行了古龙冈反击战,都未能阻止敌军的进攻。7月间,敌军调整部署,向中央苏区中心地区发起总攻。中革军委派红七军团3个师6 000多人,以"北上抗日先遣队"名义由瑞金向闽浙皖赣边挺进,企图调动敌人回援,以减轻中央苏区的压力,但兵力过小未能牵动敌人①。此时,中革军委仍要求红军"用一切力量继续捍卫苏区来求得战役上大的胜利",并采取"六路分兵"、"全线抵御"的战术,与强敌拼消耗。

---

① 红七军团组成的抗日先遣队出发时,军团领导人并不清楚中革军委的真正意图。军团参谋长粟裕在《回顾红军北上抗日先遣队》一文中说:"后来我们才知道,当时中央派出这支部队的更加直接的目的,是企图以这一行动威胁国民党统治的腹心地区,吸引和调动一部分'围剿'中央苏区的敌人,配合中央红军主力即将实行的战略转移。在中央领导同志接见我们时,并没有说明这个战略意图。"

1933年8月7日,红七军团进攻福州失败,并暴露了红军的兵力。转战至9月,红七军团原来的6 000多人已减员到不足2 000人。11月初,红七军团转移到闽浙赣苏区与方志敏领导的红十军会合,两部合编为红十军团。红七军团改为第十九师,红十军改为第二十师,地方武装改为第二十一师。刘畴西为军团长,乐少华为政委。方志敏为闽浙赣军区司令员,粟裕为参谋长。1935年1月,红十军团被围于皖南一带,粟裕率先头部队突围至闽浙赣苏区,红十军团主力约2 000多人,被围半月,弹尽粮绝。1月下旬突围时,大部分壮烈牺牲。方志敏、刘畴西等被俘后在南昌英勇就义。

8月5日,国民党军集中9个师的兵力,向红军驿前以北阵地进攻。红军在高虎脑、万年亭等地的防御战中,凭借步枪、手榴弹、大刀击退敌人多次冲锋,并将敌精锐的第八十九师打得丧失了战斗力,不得不退出战斗。但红军也因伤亡严重(伤亡2 300多人,其中干部就有600多人),不得不放弃驿前以北的全部阵地。战斗至9月下旬,中央苏区仅存瑞金、会昌、雩都、兴国、宁都、石城、宁化、长汀等县狭小地区。

四 逃跑主义的战略转移

1934年10月上旬,国民党军的北路军和东路军加紧向中央苏区仅存的各县进攻。这时,博古、李德等人被敌军凶猛的攻势所吓倒,决定放弃中央苏区,向湘西方向转移。

红军撤出中央苏区,实行战略转移,是关系到共产党和红军命运以及革命前途的重大问题,本应慎重,但中共临时中央不仅没有在红军和地方的领导干部中进行解释,甚至也未在党的政治局会议上讨论。战略转移的决定到了9月底才在政治局和中革军委中进行传达,以至于许多高级干部都不了解中央的战略意图,广大指战员更是毫无思想准备。当时任中共中央组织局局长的李维汉后来在《回忆与研究》中说:"长征的所有准备工作,不管中央的、地方的、军事的、非军事的都是秘密进行的,只有少数领导人知道。""中央为什么要退出苏区?当前的任务是什么?要到何处去?始终没有在干部和广大指战员中进行解释。"张闻天在1943年《延安整风笔记》中回忆说:"关于长征前一切准备工作,均由以李德、博古、周恩来三人所主持的最高三人团决定,我只是依据最高三人团的通知行事。"

中共临时中央和中革军委10月7日下令,由地方部队接替各线主力红军的防御任务,先后将红一、红三、红八、红九和红五军团从阵地上撤下来,向瑞金、雩都、会昌地区集中。10月10日,中共临时中央和中革军委率主力红军和中央、军委机关直属部队,从瑞金出发,开始了战略转移。

第五节 红四方面军反"围攻"和红军西北军事委员会的创建

一 红四方面军反"三路围攻"

1932年10月,红四方面军主力离开鄂豫皖根据地后,在枣阳以南的新集和土桥曾与追击的国民党军进行过两次战斗,想通过外线作战摆脱被动,再回苏区,但因敌军兵力过多未能如愿。12月上旬,红四方面军转战至陕西的城固一带,闻悉四川各派军阀发生混战,川北地区兵力空虚,遂决定向四川发展。1933年2月,红四方面军在川陕边地区建成了以通江、南江、巴中三县为中心的川陕苏区。这时,四川各派军阀在蒋介石调停下已暂时妥协,停止在川西的混战,共同对付红军。

蒋介石任命第二十九军军长田颂尧为川陕"剿匪"督办,率其5个师、3个路(1路2旅)又1个旅的兵力,会同杨森的第二十军6个旅和刘存厚的川陕边防军3个师,分为左、中、右3个纵队,于2月18日对红四方面军发起"三路围攻"。红四方面军领导吸取在鄂豫皖苏区第四次反"围剿"硬拼失败的教训,根据川北山高路远、易守难攻的有利条件,采取"收紧阵地"方针,利用山险路隘,节节抗击,逐步向苏区中心收缩。战至5月中旬,红军收缩阵地至通江以北大通江一带的平溪坝、九子坡、竹峪关一线。这时红军战线已经缩短,兵力集中,而且部队士气旺盛,斗志昂扬。敌军则已极为疲惫,且补给困难,士气沮丧。红四方面军领导认为反击时机已经成熟,决定首先歼灭敌较突出的左纵队。

5月15日,红军先以2个师对竹峪关的敌川陕边防军8个团发起反击,一举将其击溃,接着集中4个师的兵力,于21日拂晓向空山坝田颂尧部的13个团发起反击,很快将其分割包围。激战至24日,全歼其7个团,击溃其6个团。敌中央纵队和右纵队闻讯仓皇撤退。红军乘胜追击,相继收复了南江、通江、巴中三城和广大地区。红军总计俘敌1万人,缴枪8000多支(挺),迫击炮50多门,并巩固、扩大了苏区。

红四方面军由原来的4个师扩编为4个军:第十师编为第四军,王宏坤任军长,周纯全任政委;第十二师编为第九军,何畏任军长,詹才芳任政委;第十一师编为第三十军,余天云任军长,李先念任政委;第七十三师编为第三十一军,王树声任军长,张广才任政委。红四方面军还成立了西北革命军事委员会,张国焘任主席。

此后,红四方面军接连又进了三次战役:8月间仪(陇)南(部)战役,歼敌3000多人,缴枪1000多支(挺);9月间营(山)渠(县)战役,俘敌2000多人,缴枪2500多支(挺);10月间宣(汉)达(县)战役,攻占宣汉、达县、万源三县,俘敌4000多人,缴枪8000多支(挺)。红四方面军还将川东游击军扩编为第三十三军,王维舟任军长,杨克明任政委。在将近一年的战斗中,红四方面军由入川时的4个师1.5万人发展到5个军约8万人,川陕苏区发展为控制8座县城、在20多个县建立了革命政权的新苏区。

二 红四方面军反"六路围攻"

1933年12月,国民党四川"剿匪"总司令刘湘,集中110多个团共20万的兵力,对川陕苏区红四方面军进行"六路围攻"。红四方面军领导仍然采取"收紧阵地"的方针,先求在运动防御中消耗、疲惫敌人,然后集中兵力,寻机歼敌。战斗至1934年6月初,红军在节节抗击下收缩至万源至通江之线。

在运动防御期间,红军2月间在马鞍山反击战中歼敌第三师第七旅大部,打死敌师长郝耀庭,俘其第九旅旅长张邦本;3月间在灵台山反击战中歼敌第四师独立旅1000多人;4月间在镇龙关防御战中歼敌4000多人。经过近八个月的战斗,敌人遭到重大伤亡和消耗,士气极为低落。此时,红军兵力已经集中,战场形势转变为有利于红军。

红四方面军开始组织反攻。8月上旬,东线红军在青龙观地区击溃敌1个师又3个旅,歼灭其1个旅的大半,东线敌军迅速后撤至宣汉以北的老鹰嘴、毛坝场一线。西线敌军见东线第五、第六路全线溃败,亦撤至南江以东小通江西岸之线。8月下旬,红军以一部兵力牵制东线之敌,主力转向西线反攻,敌军纷纷后退。9月中旬,红军相继收复巴、中、南江,进占苍溪、阆中,并在黄木垭地区歼敌第二路2个旅及其他部队共10多个团。进攻的敌军全部退至嘉陵江以西和营山、渠县地区。

至此,刘湘指挥的"六路围攻"被彻底粉碎。在近10个月的反"围攻"作战中,红四方面军共歼敌8万多人,其中俘敌2万多人,缴枪3万多支(挺),火炮100多门,击落敌机1架。部队也进一步提高了作战能力,取得了反"围攻"的宝贵经验,巩固了苏区。

三 红军西北军事委员会的创建

在红四方面军反"围攻"期间,陕甘边和陕北苏区的红军也在艰苦的战斗中逐步发展。1932年12月,谢子长、刘志丹领导的红军陕甘游击队(约300人),改编为红军第二十六军,不设军部,共有第一、第二两个团。1933年5月,红军创建了以照金为中心的陕甘边苏区。6月,渭北游击队改编为第四团。8月下旬,陕甘边红军临时指挥部成立,王泰吉任总指挥,高岗任政委。11月间,临时指挥部撤销,所属部队改编为红二十六军的第四十二师,师长刘志丹,政委杨森,辖第三团和骑兵团,共500余人。

从1934年2月至6月,红四十二师经过大小30多次战斗,歼敌近3 000人,粉碎了国民党军的多次"围剿"。9、10月间,红四十二师第一团和第二团组建。1935年1月,陕北苏区发展起来的各支游击队合编为红二十七军第八十四师,师长杨琪,政委张达志。1935年2月,红军西北革命军事委员会成立,统一领导陕甘边和陕北苏区的红军,并统称西北红军。5月,红四十二师和红八十四师在赤源县(1934年新划县,县境为安定县的一部)会师,成立了西北军委会前敌总指挥部,刘志丹任总指挥,高岗任政委。此后,红军集中兵力连续作战,至6月末,先后占领了安定、延长、延川、安塞、靖边、保安六城,打通了陕甘边和陕北两苏区的联系。红军主力部队发展至约5 000人,游击队发展至4 000多人。陕甘边与陕北苏区连成一片,20多个县建立了革命政权。

第四章 主力红军万里长征

第一节 红军开始长征

一 红六军团与红三军会师黔东

在第五次反"围剿"中,湘赣苏区中心区域被国民党军何键部占领,红六军团于1934年7月初转移至永新以南地区。中共中央、中革军委为吸引敌人、减轻中央苏区的压力,命令红六军团撤离湘赣苏区,到湖南中部发展游击战争,并同红三军取得联系。

1934年8月7日,军政治委员会主席任弼时和军团长萧克、政委王震率领红六军团及红军学校共9700多人,开始突围西征。红六军团连闯敌人数道封锁线,进抵湘江。击退桂军和湘军8个团的进攻后,红六军团于9月4日在界首地区渡过湘江,占领西延县城。9月8日,红六军团又接到中革军委补充训令,要求在城步、绥宁、武冈地区打击敌人,至少坚持到9月20日,尔后再向湘西北地区转移,与在川黔湘边活动的红三军取得联系。

9月9日,红六军团由西延西进,进至城步、绥宁地区,发现敌军集中六倍于红军的兵力于湘江北岸,防止红军北上,遂改变计划,袭占通道县城,又在靖县击溃湘敌第十九师2个团后,进入贵州清水江流域。10月4日,红六军团占领猴场,遵照中革军委至黔东印江与红三军会合的指示,向黔东北的江口地区前进。10月7日,红六军团在石阡的甘溪与堵截的桂军第七军作战失利,一部被敌截断,在李达率领下到达沿河地区与红三军会合,主力苦战10多天,打破湘、桂、黔敌军24个团的围追堵击,于10月24日,在印江的木黄与红三军会师。

会师后,红二军团番号恢复,贺龙任军团长,任弼时任政委,辖第四、第六师共4个团,约4 400人。红六军团编为3个团,约3 300人,仍由萧克任军团长,王震任政委。2个军团由贺龙、任弼时统一指挥。

二 红二十五军西征至陕北

红四方面军离开鄂豫皖根据地后,吴焕先、徐海东率红二十五军继续坚持斗争。1934年11月初,在皖西六安一带休整时,红二十五军接到省委急去鄂东的指示。这时,蒋介石任命张学良为"豫鄂皖'剿匪'副总司令",代行蒋介石总司令的职务,驻于武昌,东北军被调至湖北、河南对红军作战。红二十五军先后在汤池、大柳树打破敌第一○九师和第一○七师的封锁线,于11月8日,在光山县斛山寨,与前来围攻的敌第六十四、第六十五、第一二○、第一一七师发生激战。红军多次击退敌人的进攻,最后歼灭敌一二○师大部,俘敌4 000人,缴枪3 000多支,机枪100多挺。但红军伤亡也很大,第七十五师政委牺牲,第七十四师师长负伤。红军对被俘官兵进行教育,宣传抗日救国方针和宽大政策后,全部释放。①

11月11日,红二十五军接到向平汉路以西转移的命令。11月16日,红二十五军由罗山西进,转战至12月上旬,进至陕西

---

① 参见徐海东《会师陕北》,载《星火燎原》第3册,第221页,战士出版社1983年版。又据姜克夫《民国军事史略稿》(中华书局1991年版)第2卷第361—362页记载,在此之前7月17日,东北军第一一五师在罗山县长岭岗一带被红二十五军歼灭,除师长姚东潘率少数逃走外,被俘3 500多人,也是经教育后全部释放。此两役释放俘虏事,《中国人民解放军战史》没有记载。又据张学良遗稿《同中国共产党人的交往》一节中记:"'共匪'在此时际,先后将俘我之官兵,陆续释回,并声言不再敌视东北军,因东北军的官兵,多怀抗日热心,与中国共产党的抱负是一致的,可称同路人。"(窦应泰编著:《张学良遗稿》,第109页,作家出版社2006年版。)据以上资料,我们认为应有释俘之事,故采用徐海东文,但人员数字可能不太准确。

雒南（洛南）地区，歼敌第六十师800多人，此后，即在雒南、镇安、卢氏郧西之间地区开辟根据地。

1935年1月下旬，蒋介石命西安绥靖公署主任杨虎城指挥4个旅又1个团，对红二十五军进行第一次"围剿"，红军采取了运动战与游击战相结合的方针，穿插活动于敌军各部之间，伺机歼敌。2月1日，红军在蔡玉窑歼敌1个多营。5日，红军在蓝田的葛牌镇南又歼敌2个营。2月下旬，红军连克宁陕、佛坪两城。3月10日，红军在洋县华阳镇击溃追敌警备三旅5个营，歼敌600多人。4月18日，红军攻克雒南城。至此，红军打破了敌军的第一次"围剿"，部队发展至3700多人，在鄂陕边、豫陕边和华阳地区建立了5个县的革命政权。

5月上旬，蒋介石又调集了31个团，由杨虎城指挥，对红二十五军进行第二次"围剿"。红军采取诱敌深入，先疲惫之，再各个击破的方针，7月2日在山阳以西的袁家沟口，全歼敌警一旅，俘其旅长唐嗣桐以下官兵1400多人，缴枪1000多支，打破了敌人的第二次"围剿"。

为了策应红一、红四方面军北上，7月16日，红二十五军从西安南的沣峪口出发，经雩县攻占甘肃的秦安，尔后在隆德平凉地区，先后歼灭敌1个团又2个营。吴焕先政委在四坡村战斗中不幸牺牲。由于得不到红一、红四方面军的信息，而敌军又正集中重兵"围剿"，为争取主动，红二十五军于8月31日经平凉渡泾河，于9月16日在陕西延安川永平镇（永坪）与陕甘红军会师。

此后，红二十五军与陕甘红军合编为红十五军团，徐海东任军团长，程子华任政委，刘志丹任副军团长。红二十五军改编为第七十五师，陕甘红军第二十六、第二十七军，分别改编为第七十八、第八十一师。全军团共7000多人。

三 中央红军开始长征

1934年8月底，中央苏区的东线、北线均被国民党军突破，西线及南线亦极困难,打破第五次"围剿"已无希望。博古、李德决定退出中央苏区,进行战略转移,去鄂西与红二、红六军团会合。他们命令红二十四师和地方部队接替主力红军的防务,主力红军分别向雩都以北和瑞金、古城地区集中。10月10日晚,中央红军主力第一、第三、第五、第八、第九军团以及中央、军委机关及直属部队,共8.6万人,开始长征。红二十四师和10个独立团等1.6万人,由新成立的中央分局书记项英和中华苏维埃共和国中央政府办事处主任陈毅率领,留在中央苏区坚持斗争。

10月17日,中央红军由雩都南渡贡水。21日晚,中革军委部署红一、红三军团,分别为左、右路前卫;红九、红八军团,分别担任左、右卫,掩护中央和军委机关、直属部队编成的第一、第二野战纵队①;红五军团担任后卫。当时国民党军在信丰(嘉定)新田、安远(欣山)间,桂乐、汝城、城口间和桂阳、良田、宜章间部署有三道筑垒封锁线,主要由陈济棠的粤军防守。周恩来事先做了统战工作,与陈济棠签订了秘密协定②,红军在突破第一、第二、第三道封锁线时,凡有粤军防守之处,基本上均放开口子。10月25日,红军在进至第一道封锁线时,因前线粤军受命稍

---

① 10月11日,中央及军委发布命令,将军委、红军总司令部、总政治部及直属部队组成第一野战纵队,由叶剑英任司令员,随主力红军一同行动。博古、李德、周恩来、朱德随总司令部行动;毛泽东、王稼祥、张闻天编在第一野战纵队所属的中央纵队。中共中央将中央机关、政府机关、后勤部门等组成第二野战纵队,由李维汉任司令员兼政治委员。

② 国民党军"围剿"中央苏区的南路军总司令陈济棠,与蒋介石素有利害冲突。陈济棠虽被蒋任命为南路军总司令,但他对红军的进攻并不积极,他唯恐蒋的嫡系部队乘虚进入广东动摇他的统治。1934年夏,陈济棠在会昌前线已对红军采取"明打暗和"策略,并派出高级参谋杨幼敏去筠门岭前沿阵地,向红军作试探性互不相犯的谈判。9月,陈济棠向红军递交了一份秘密停战声明,电约红军代表举行秘密谈判。中革军委副主席、红军总政委周恩来表示同意,立即派潘健行(汉年)及粤赣军区司令员兼政委何长工为代表,并带去由中革军委主席、红军总司令员朱德署名的信交给陈济棠。(该信长达1 000字,载中共中央文献研究室、军事科学院编《朱德军事文选》,第158—159页,解放军出版社1997年版。)红军代表至寻乌附近的罗塘镇,与粤方代表杨幼敏、宗盛举行谈判。行前,周恩来、朱德、叶剑英一起就谈判任务、条件等向潘健行、何长工作了交代。双方代表经三天三夜的谈判,最后达成了五项协议:1.同盟停战,取消敌对局面。2.解除封锁,互相通商。3.互通情报,设有线电话(器材由粤方供给)。4.红军可以在粤北设后方医院。5.可以互相借道,红军有行动可事先告诉陈部,陈部可撤离40华里,红军人员进入陈防区可用陈部护照。

迟,开始曾发生战斗,但当日即从王母渡、新田之间通过第一道封锁线,全部渡过了信丰河。11月8日,红军在汝城以南之天马山至城口间,通过了第二道封锁线。11月15日,红军在良田至宜章间通过了第三道封锁线,随即进至临武、兰山、嘉禾地域。

蒋介石为围歼红军于湘江以东地区,设置了第四道封锁线。1934年11月12日他任命何键为"追剿军总司令",指挥西路军和薛岳、周浑元两部共16个师77个团的兵力,专事"追剿";令陈济棠以粤军有力部队在粤湘桂边进行截击;令白崇禧以桂军5个师控制灌阳、兴安、全州至黄沙一线,扼要堵击。11月19日,何键将"追剿军"分为五路追击。

11月18日,中央红军分两路继续西进。右路军22日袭占道县,左路军24日进占江华,尔后全军渡过沱水,一部兵力西向永明(江永)前进。白崇禧急令其主力由全州、兴安一线南下龙虎关、恭城一带,以防止红军进攻桂林。11月25日,中革军委决定乘兴安、全州地区敌军兵力薄弱之机,红军分四个纵队从兴安、全州之间渡过湘江。

11月27日,红军先头红二、红四师各一部顺利地渡过湘江,并控制了界首至脚山铺之间地域和渡河点,并架设了浮桥。此时军委纵队离渡河点仅80多公里,但由于辎重过多,行动缓慢。

28日,敌"追剿"军第一路由全州向脚山铺红军进攻,桂军主力也由龙虎关恭城向兴安、灌阳以北进击。接着,两路敌军在飞机支援下,向湘江红军发起猛攻,企图夺回渡河点,围歼红军于湘江两岸。英勇的红军,不怕牺牲,浴血奋战,在湘江两岸与优势敌军激战数日,终于掩护中共中央、中革军委机关组成的两个纵队于12月1日渡过湘江,进至西延地区。担任后卫的红五军团第三十四师和红三军团第十八团被阻于湘江东岸,虽经勇敢战斗,终因寡不敌众,弹尽援绝,大部壮烈牺牲。

中央红军长征开始、突破四道封锁线战斗序列表
（1934年10月10日—12月1日）

```
                          中华苏维埃共和国
                          中央革命军事委员会 ——— 中国工农红军
                          主  席 朱  德         总 司 令 员  朱  德
                          副主席 周恩来         总政治委员  周恩来
                               王稼祥         总政治部代主任 李富春
```

军委第一纵队	军委第二纵队	第一军团	第三军团	第五军团	第八军团	第九军团	政治部主任
司令员 叶剑英 参谋长 钟伟剑	司令员 罗迈 副司令员 邓发	军团长 林彪 政治委员 聂荣臻 参谋长 左权 政治部主任 朱瑞	军团长 彭德怀 政治委员 杨尚昆	军团长 董振堂 政治委员 李卓然 参谋长 刘伯承 政治部主任 袁国平	军团长 周昆 政治委员 黄甦 参谋长 张云逸 政治部主任 罗荣桓	军团长 罗炳辉 政治委员 蔡树藩	郭天民

下属各师：
- 第一、二、三、四梯队
- 第一、二、三纵队
- 第一师、第二师、第十五师
- 第四师、第五师、第六师
- 第十三师、第三十四师
- 第二十一师、第二十三师
- 第三师、第二十二师

师长 / 政治委员：
李聚奎 / 赖传珠、陈光 / 刘亚楼（代）、彭绍辉 / 萧华、张宗逊 / 黄珠诚（后）、李天佑 / 钟赤兵、徐策 / 陈树湘、陈伯钩 / 罗华明、程翠林 / 周昆（兼）、黄甦（兼）、孙干辉 / 罗炳辉（兼）、李超群 / 蔡树藩（兼）、周子昆 / 黄开湘

湘江之战，是中央红军长征以来打得最艰苦、最惨烈的一仗。红军与优势之敌顽强战斗，使蒋介石围歼红军于湘江两岸的企图未能实现，但红军自身也遭受到极大的伤亡。渡过湘江后，中央红军从出发时的8.6万人锐减至3万余人。中央和军委第一、第二野战纵队，合编为一个纵队，刘伯承任司令员，陈云任政委，叶剑英任副司令员。红八军团建制撤销，部队编入红五军团。

1934年12月10日，中央红军到达广西通道县境。此时，国民党军已经判断清楚红军将北上与红二、红六军团会师，遂急向黔阳、洪江地区转移兵力，在前方张网以待，红军如继续北上湘西，势必与敌20万重兵展开决战。这时红军已极疲惫，而且减员大半，战斗力下降很多，如仍按原计划行动，十分危险。在此生死存亡的重要关头，毛泽东提出放弃北上湘西计划，改向敌人薄弱的贵州挺进。博古、李德仍坚持北上湘西。

12月15日,红军攻占黎平。18日在黎平召开中央政治局会议,讨论红军今后行动问题。大多数政治局委员同意毛泽东进兵贵州、西进渡乌江北上的主张。红军遂放弃进军湘西的计划,于20日分两路西进,连克剑河、台拱(台江)、镇远、施秉等城,进至黄平、余庆地区。1935年1月1日,中共中央政治局在瓮安县猴场(草塘)召开会议,再次重申黎平会议的决定,在川黔边建立以遵义为中心的新根据地。1月2日至6日,中央红军分别从回龙场、江界河、茶山关顺利渡过乌江。7日凌晨,先头部队占领遵义。

1月9日,中共中央和中革军委进驻遵义城。红一军团集结于桐梓、松坎地区;红三、红五、红九军团分别集结于滥板凳、珠场(珠藏)、湄潭地区;各以一部兵力阻止敌人,主力进行休整。同时,红军发动群众,扩大部队,十多天内就有4 000多人参加了红军。

第二节　中央红军转战川、黔、滇

一　遵义会议

第五次反"围剿"的失败和长征初期的重大损失,使红军中的许多领导人,从革命战争正、反两方面的经验教训中认识到王明"左"倾教条主义军事战略指导的危害和毛泽东军事战略的正确。长征中任中央纵队司令员的刘伯承在《回顾长征》中说:

> 广大干部眼看反五次"围剿"以来,迭次失利,现在又几乎濒于绝境,与反四次"围剿"以前的情况对比之下,逐渐觉悟到这是排斥了以毛泽东同志为代表的正确路线,贯彻执行了错误的路线所致。部队中明显地滋长了怀疑不满和积极要求改变领导的情绪。这种情绪,随着我军的失利,日益

显著,湘江战役,达到了顶点。①

1935年1月15日至17日,中共中央政治局在遵义举行了扩大会议。参加会议的有政治局委员毛泽东、朱德、陈云、周恩来、张闻天(洛甫)、博古(秦邦宪),政治局候补委员王稼祥、邓发、刘少奇、何克全(凯丰),红军总部和各军团负责人刘伯承、李富春、林彪、聂荣臻、彭德怀、杨尚昆、李卓然,还有中央秘书长邓小平,共产国际驻中国军事顾问李德等。会议的目的是审查黎平会议的决定,总结第五次反"围剿"和中央红军长征以来在军事指挥上的经验教训。

博古首先在会上作关于五次反"围剿"总结报告,周恩来作副报告。毛泽东在会上作了重要发言,他用红军粉碎敌人第一、第二、第三、第四次"围剿"的事实,说明第五次反"围剿"失败的根本原因是战略战术的失误。由于领导人犯了单纯防御的错误,才导致红军处于被动局面,最后被迫退出中央革命根据地。张闻天、王稼祥也作了重要发言,着重批评博古、李德在军事指挥上的错误。三人的发言,得到与会多数人的支持和拥护。会议委托张闻天起草《中央关于反对敌人五次"围剿"的总结的决议》。该决议指出:在第五次反"围剿"中,"以单纯防御(或专守防御)代替了决战防御,以阵地战、堡垒战代替了运动战,并以所谓'短促突击'的战术原则来支持这种单纯防御的战略路线,这就使敌人持久战与堡垒主义的战略战术,达到他的目的。使我们的主力红军受到一部分损失,并离开了中央苏区根据地"。该决议还指出,在突围行动中,"基本上不是坚决的与战斗的,而是一种惊慌失措的逃跑以及搬家式的行动"。会议最后决定:选举毛泽东为中共中央政治局常委;取消"三人团",撤销博古、李德的军事指挥权;仍由朱德、周恩来为军事指挥者,而周恩来是下最后决心的负责者。

会后,中央常委分工,毛泽东为周恩来在军事指挥上的帮助

---

① 《刘伯承军事文选》,第722—723页,战士出版社1982年版。

者。中革军委根据张闻天的提议,于3月4日决定"特设前敌司令部,委托朱德同志为前敌司令员,毛泽东同志为前敌政治委员"。3月11日,中共中央又决定组成毛泽东、周恩来、王稼祥三人军事指挥小组,负责指挥红军的行动。

遵义会议纠正了王明"左"倾教条主义在军事上的错误,结束了王明等错误领导在中央的统治,确立了毛泽东在红军和党中央的领导地位,在最危急的关头挽救了红军,挽救了党。这是中国共产党和红军历史上一个伟大的转折点。

二 四渡赤水

中央红军进占遵义后,蒋介石为阻止中央红军北进四川与红四方面军会合,或东出湖南与红二、红六军团会合,以围歼中央红军于乌江西北川黔两省边境地区,调集17个师、15个旅和边防军约3个旅共100多个团的兵力,从四面八方向遵义地区进逼包围。1935年1月中旬,薛岳兵团8个师控制了贵阳、息烽等地,先头部队已进至乌江南岸;黔军王家烈3个师从东、南两个方向向遵义急进;川军潘文华指挥的12个旅,向川南集中,2个旅已进至松坎以北的川黔边境;湘军4个师在川湘边境酉阳至铜仁一线构筑碉堡,阻止红军东进,滇军3个旅向毕节开进;桂军2个师进至独山、都匀一线。

根据敌情,中革军委决定"由黔北地域经过川南渡江后,转入新的地域,协同四方面军由四川西北方面实行总的反攻,而以红二、六军团在川黔、湘、鄂之交活动,来牵制四川东南'会剿'之敌,配合此次反攻,以粉碎敌人新的围攻,并争取四川赤化"[①]。1月19日,红军分三路从松坎、桐梓、遵义地区向赤水、土城及其附近地区开进,准备渡过赤水,夺取蓝田坝、大渡口、江安之线各渡河点,以便迅速北渡长江。

---

① 中革军委:《关于渡江的作战计划》,转引自军事科学院编《毛泽东军事年谱》,第80页,广西人民出版社1994年版。

至 1 月 29 日,红军在土城地区,给黔军教导师和川军教导师重大打击,但红军也付出了不少的代价,连续激战数小时,没有取得较大战果。此后,敌增援部队 4 个旅到达,红军再战不利,于是从猿猴场(元厚)、土城南北地区西渡赤水河(一渡赤水)向古蔺、叙永地区前进。这时,川敌 4 个旅沿长江两岸布防,8 个旅分路追击;薛岳兵团和黔敌也从贵州分路向川南追截,滇敌 3 个旅向毕节、镇雄急进,企图截击红军。

根据这种情况,毛泽东等于 2 月 7 日决定暂缓执行渡江计划,改向川滇边的扎西(威信)地区集中。至扎西后,中央红军进行了整编。全军除干部团外,共编为 16 个团。红一军团编 2 个师 6 个团,红三军团编 4 个团,红五、红九军团各编 3 个团。①

红军进入川滇边境后,蒋介石即以薛岳兵团和滇、黔两省敌军组成第二路军,龙云任总司令,薛岳任前敌总指挥,共 11 个师又 4 个旅的兵力,集结滇黔边境,与川军潘文华部一起,企图围歼红军于长江南岸叙水以西、横江以东地区。滇军孙渡 4 个师和川军潘文华部从南、北迫进。鉴于国民党军主力部队已被红军吸引至川黔边境,黔北兵力空虚,仅有王家烈 6 个团,毛泽东等决定避强击弱,迅速脱离川黔敌军的合围,东渡赤水河,向黔北地区进攻,消灭王家烈部主力。

于是红军由札西地区突然掉头东进。从 2 月 18 日至 21 日,在太平渡、二郎滩东渡赤水河(二渡赤水),迅速占领桐梓地区。以红五、红九军团在桐梓西北地区阻滞川敌,红军主力于 25 日攻占娄山关,歼敌一部,接着多次击溃进攻娄山关之敌,并相继攻占了板桥墩、观音阁等地。27 日在董公祠击溃敌 3 个团的阻击,于 28 日晨再次占领遵义。28 日,红军还在忠庄铺、老鸦山击歼吴奇伟纵队第九十三师(缺 1 个团)和敌第五十九师大部共 8

---

① 红一军团保留第一、第二师,第一师辖第一、第二、第三团,第二师辖第四、第五、第六团;红三军团撤销第四、第五师师部,改编为军团直辖第十、第十一、第十二、第十三团;红五军团保留第三十七、第三十八、第三十九团;红九军团保留第七、第八、第九团。

个团,俘敌3 000多人。这是长征以来最大的一次胜利,充分表现了毛泽东高超的军事指挥艺术和红军的英勇善战。这次胜利,鼓舞了士气,获得了物资的补充,打击了国民党军,使红军得到了短期的休整机会。

遵义战役之后,蒋介石于3月2日由汉口飞重庆,亲自策划新的围攻,企图采用堡垒防线和重点进攻相结合、南守北攻的战略方针,围歼红军于遵义、鸭溪地区。中革军委决定以红九军团在桐梓、遵义地区吸引川敌向东,而以主力由遵义西进白腊坎、长干山(长岗)寻歼敌周浑元第二纵队4个师。红军本想在运动中歼灭敌人,但周浑元命令所部构筑碉堡防线,死守阵地。蒋介石误认为红军徘徊于此狭小地域内,是方针未定的表现,遂命令各路军迅速寻求红军主力进行决战。当敌军逼近时,红军又转兵西进,寻求新的战机,于3月16日在茅台附近西渡赤水(三渡赤水),向川南的古蔺、叙永方向前进。在镇龙山击溃川军1个团的拦阻后,红军进至大村、铁厂、两河口地区。

红军进入川南后,蒋介石判断红军又要北渡长江,急令各路部队向川南进击,企图围歼红军于古蔺地区。在敌军再次向川南集中的情况下,毛泽东等当机立断,决定乘敌不备折而向东,再去赤水东岸寻求战机。为了迷惑敌人,红军以1个团虚张声势地向古蔺前进,以诱使敌人西进,主力却由镇龙山地区突然转向东北,于3月21日晚,分别经二郎滩、九溪口、太平渡东渡赤水河(四渡赤水),在国民党军的间隙中向南急进。28日,红军突破鸭溪至白腊坎间的封锁线,进至乌江北岸沙土、安底一带。31日经江口、大塘、梯子岩等处南渡乌江,巧妙地跳出敌人的合击圈,把几十万敌军甩在乌江以北。4月2日,红军以一部兵力佯攻息烽,并向瓮安方向佯动,作出东进湖南与红二、红六军团会合的姿态,而主力则南下扎佐,向贵阳逼近,以制造进军云南,从金沙江北渡入川的战机。

四渡赤水之战充分体现了毛泽东"料敌察机"、"因敌制胜",

于被动中夺取主动的卓越指挥艺术,是中央红军长征中最精彩、最具有决定意义的军事行动。

三 巧渡金沙江

蒋介石于1935年3月24日由重庆飞抵贵阳督战,企图寻找红军主力决战。当红军四渡赤水,南渡乌江之后,由于红军的"示形"行动,蒋介石错误地判断红军将去湘西与红二、红六军团会师,因而急调湘军3个师去余庆、石阡堵截,令桂军1个军去清水江东的平越防堵,令第一、第三纵队向东追击,令第二纵队在息烽北的乌江北岸筑碉,防止红军再次北进。后来,当蒋介石发现红军突然出现在贵阳(贵阳只有第九十九师4个团防守)附近时,大为惶恐,迅速命令滇军增援贵阳。

此时,滇军主力均已调出,云南兵力薄弱。红军乘机于4月8日转向东南,从贵阳、龙里之间突破敌军防线,以一天60公里的急行军向黔西急进。这时留守的黔军,已如惊弓之鸟,闻风远逃。红军如入无人之境,11日占定番(惠水),12日进长寨(长顺),15日在紫云城中休息、补充物资,18日渡北盘江进入布依族生活地区。红二十四师政治部主任张爱萍派红十一团政治处主任王平做布依族首领工作。由于红军严格执行中共中央对兄弟民族的政策,沿途通行无阻,20日到达兴仁,24日进入云南并进占富源,26日进驻曲靖。

红军进军如此神速,完全超出国民党军将领们的预料。薛岳的联络参谋正好从昆明取回军用地图和白药,做梦也没想到红军已经进入曲靖,27日晨乘汽车至城门,即被红军俘虏。这时红九军团已进至黔西,正按中革军委的指示,向滇东北的宣威发展,并经东川(会祥)进抵金沙江岸。红军主力兼程西进,连克马龙、寻甸、嵩明等地。乘滇军主力东调入黔,云南后方空虚,红军在昆明附近虚晃一枪,立即向西北方向前进,直奔金沙江岸。

金沙江谷深水急,地形险要,红军如不能在敌军赶到前迅速过江,就有被敌人压在深谷中的危险。1935年4月29日,中革军委发出我军速渡金沙江的指示。红一军团为左纵队,经禄功、武定、元谋取龙街;红三军团为右纵队,经思力坝、马鹿塘取洪门渡;军委纵队和红五军团为中纵队,经山仓街、海龙塘、石板河取皎平渡。

5月3日,中纵队干部团之先遣队,在总参谋长刘伯承指挥下,在皎平渡偷渡成功,抢占了北岸制高点,全歼对岸守敌,并击溃川军2个团的增援,俘敌600多人,控制了渡口。与此同时,红一军团抢占了龙街渡口,红三军团抢占了洪门渡口,但都无船或船太少,而江面既宽水流又急,不能架桥,大部队难以迅速过江。中革军委当即决定,留红十三团在洪门渡过江,红一、红三、红五军团全部改由皎平渡渡江。6日,敌追击部队先头1个师进至团街附近,担任后卫的红五军团乘其不备发起进攻,阻止了敌之前进,保障了主力渡江。5月9日,红军主力全部渡过了金沙江。与此同时,红九军团也在东川以西的树节、盐井坪地区渡过金沙江。

至此,中央红军摆脱了几十万敌军的围追堵截,将尾追之敌全部抛在金沙江以南,彻底粉碎了蒋介石企图将红军歼灭于川黔滇边境的计划,实现了渡江北上的战略意图,取得了长征途中具有决定性意义的胜利。

5月12日,中共中央在会理城郊铁厂召开政治局扩大会议,讨论了渡江后的行动计划,并对林彪等怀疑中央正确指挥、反对机动作战的错误进行了严肃的批评。周恩来对毛泽东这一时期的军事指挥艺术大加赞扬:在敌人重兵前堵后追的危急情况下,采用兜大圈子的办法,四渡赤水,两进遵义,甩掉了敌人,顺利地渡过金沙江,这说明以机动作战摆脱敌人重兵包围的方针是完全正确的。

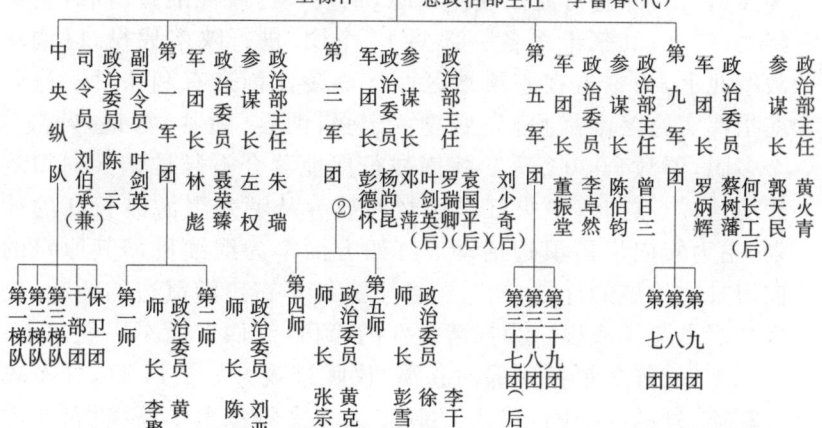

第三节　中央红军与红四方面军会师

一　红四方面军发起嘉陵江战役

正当中央红军进行四渡赤水战役之时，1935年1月22日，红四方面军收到中共中央、中革军委的电示："为选择优良条件，争取更大发展前途计，决定我野战军转入川西，拟从泸州上游渡

---

① 当时实际指挥红军作战的是由毛泽东、周恩来、王稼祥三人组成的军事指挥小组。
② 2月初，第三军团之第四、第五师番号撤销，军团直辖第十、第十一、第十二、第十三团。

江",红四方面军应"以群众武装与独立师、团向东线积极活动,牵制刘(湘)敌,而集中红军全力向西线进攻"。指示要求"迅速集结部队,完成进攻准备,于最近时期实行向嘉陵江以西进攻",配合中央红军北上。

根据指示,红四方面军以红三十一军和总部工兵营大力收集渡河材料并进行渡江战斗训练,积极进行渡江准备,同时集中红四、红九、红三十军各一部共11个团,进行陕南战役,以调动敌军北上,为主力在苍溪地区西渡嘉陵江创造有利条件。徐向前指挥实施陕南战役,先后攻占宁强、沔县(勉县)等地,歼敌4个多团,俘敌4000多人。陕南战役促使蒋介石赶忙调兵向川陕边境增援。这时,中央红军已暂时放弃从泸州上游渡长江的计划,主力转向川黔滇边活动。红四方面军为继续贯彻其原定的向川甘边发展的计划,同时配合中央红军在川黔滇边的活动,决定发起嘉陵江战役。为扫清渡江的障碍,红四方面军以红三十、红三十一、红九军各一部向苍溪、仪陇进攻。3月11日,红军攻克苍溪,歼敌5个团,俘敌3000多人。嘉陵江东岸苍溪南、北地段除阆中、仪陇城外,全部为红四方面军控制。

当时嘉陵江沿岸及其以西的纵深地区,由田颂尧的第二十九军和邓锡侯的第二十八军防守,主要兵力集中部署于北起广元、南至南部的沿江一线,共53个团。其后方纵深、至涪江之间十分空虚。据此,红四方面军领导决定集中主力选择敌人薄弱部位,实施多路而有重点的突破,先消灭沿江防御之敌,尔后再向纵深发展,占领嘉陵江至涪江之间广大地区,求得在运动中大量歼灭敌人,为下一步向甘南发展创造条件。

1935年3月28日,渡江战役开始,红四方面军采取偷渡与强渡相结合的战法,在击溃江防敌军后,相继攻占了阆中、剑阁、南部、昭化以及被称为"插翅难飞"的剑门关要隘,歼敌7个多团,结束了战役的第一阶段。此后,红四方面军又迅速集中主力,攻占梓潼,围困江油,打击援敌,乘胜攻占中坝、彰明。与此同时,红三十军攻克青川、平武,红四军一部攻克北川。至4月21日,嘉陵江战役胜利结束,红军总计歼敌12个多团,约1万人，攻克8座县城，控制了东起嘉陵江，西至北川，南起梓潼，北抵川甘边界，纵横两三百里的广大新区。红四方面军发展到5个军、11个师、33个团，连同地方部队达8万多人。这对坚持与巩固川陕苏区和继续向甘南发展都极为有利。但是，张国焘却对当前的形势作出了错误的判断，认为红军战争已经转入低潮，蒋介石的主力部队很快就会进至四川，红四方面军难以在川陕苏区坚持斗争，竟产生"与其被敌人赶走，不如主动撤走"的思想。张国焘既未同在前线指挥作战的红四方面军首长商量，也未向党中央请示报告，就擅自决定放弃川陕苏区，实行战略转移。

1935年5月初，红四方面军及党政机关、地方武装等约10万人分路西进至嘉陵江以西地区。川陕根据地的放弃，使红军原定的依托川陕苏区向川甘边发展的计划无法实现。这时，蒋介石为阻止红四方面军在嘉陵江与涪江间建立新的苏区，已令刘湘组织13个旅以上的兵力，由南、北两个方面进逼，企图歼灭红四方面军于江油地区。为了争取主动，红四方面开始向岷江地区转移。西进途中，红四方面军进行了土门战役，击破敌之堵截后，相继攻占茂县、威州、理番及松潘、武平以南地区。为了策应中央红军北上，红四方面军派红三十军政委李先念率部西进，攻占了懋功（今小金县）、达维地区。

二　中央红军强渡大渡河

蒋介石在黔滇未能围歼红军，从昆明又飞至成都与刘湘研究方略。他们认为，彝族人民从不接受中央政府的统治，红军进入彝族地区，也必将受到彝族人民的袭击，因而只需以重兵布防大渡河东岸，严防红军进入内地，再令刘文辉军固守西康各要点，红军就可能被彝、藏两族人民困死在高寒不毛之地。蒋介石除令薛岳部进行追击外，将川军刘湘、杨森等部布防在大渡河东岸，并调来湘军李韫珩等部防守。

中央红军在会理会议之后，沿会理至西昌的大道继续北上。

1935年5月17日在击溃拦阻的川康边防军1个旅后,中央红军占领了德昌。19日以一部兵力监视西昌之敌,主力进抵礼州。20日中革军委下达训令:"我野战军渡过金沙江,尽得了北进消灭敌人的有利条件。""消灭敌人,渡过大渡河,进入川西地区,遂成为目前战略上的实际要求。""我野战军目前应以迅速北进、争取渡江先机,首先进至清溪、泸定桥、洪雅地区,与川敌进行作战、机动,争取赤化,为战略上基本方针。"①

　　5月21日,中央红军在礼州北与红九军团会合。红军继续北进,攻占泸沽、越嶲(越西)、冕宁,进入大凉山彝族聚居区。为了取得彝族人民的支持,朱德发布了《中国工农红军布告》,宣传红军宗旨并揭露国民党统治的黑暗,号召彝汉人民团结起来打倒军阀。红军正确地执行了党的民族政策。先遣队司令员刘伯承与彝族沽鸡家族首领小叶丹歃血为盟,结为友好,帮助成立了"中国彝民红军沽鸡支队",并争取了其他部落中立。红军不仅顺利通过彝族地区,而且动员了一批彝族青年参加红军。

　　红军通过彝族地区后,立即向大渡河急进。5日晚,由红一军团第一师第一团担任的先头部队,冒雨进至大渡河西岸的安顺场。守敌2个连做梦也想不到红军如此之快就走出彝族地区,毫无戒备。红军迅速将其歼灭,控制了渡口。25日,红一团第二连的17名勇士②,由连长熊尚林率领,在当地船民的积极帮助下,在团主力炮火支援、掩护下,冒着敌人的猛烈炮火,乘船强渡大渡河成功。后续部队及时跟进,一举击溃守敌川军第五旅第七团的1个营,巩固了渡河点。红军在天险大渡河防线上打开了一个缺口。

　　5月26日下午,毛泽东、周恩来等赶至安顺场,发现此处水深流急,不能架桥,渡口只有四艘小船,往返一次需要数十分钟,数万大军难以在短时间内全部渡过。而此时尾追的薛岳部已过

---

　　① 军事博物馆、中央文献研究室编:《朱德军事活动纪事》,第269页,解放军出版社1996年版。

　　② 强渡大渡河的17名勇士是:连长熊尚林,排长罗会明,班长刘长发、郭世苍,副班长张表克、张成球,战士张桂成、萧汉尧、王华亭、廖洪山、赖秋发、曾先吉、萧桂兰、朱祥云、谢良明、丁流民、陈万清。

德昌，情况相当危急。为了迅速渡过大渡河，中革军委决定：刘伯承、聂荣臻指挥红一师及干部团由安顺场继续渡河，沿大渡河东岸北上；主力由林彪指挥，以红二师四团为前卫，27日出发，沿大渡河西岸北上。东、西两路夹河而进，尽快抢占离安顺场160公里的泸定桥。命令规定三天赶到。

红四团在"和敌人抢时间，和敌人赛跑"的口号下，沿着崎岖的山路，边打边走，先后在猛虎岗、摩西等地击破敌川康边防军的拦阻，兼程急进，终于在29日晨占领了泸定桥的西桥头。

泸定桥是铁索桥，横跨在大渡河上，东桥头与泸定城相连。守军第四旅第三十八团（欠1个营）在红军到达的前一天已将铁索桥上的木板拆掉，只剩下悬在河上的13根铁索。

经过紧张的准备，红四团当天下午4时发起夺取泸定桥的战斗。在统一号令下，全团的各种火器一齐开火。由第二连22位勇士[①]组成的突击队，在连长廖大珠率领下，冒着密集的枪弹，攀着桥栏、踏着铁索向对岸冲去。紧跟在突击队后的第二梯队第三连，一边用木板铺桥，一边前进。突击队在穿过敌人燃起的"火墙"后，胜利地占领了大桥。第三连也将桥板铺好。部队冲入泸定城，经两小时激战，歼灭守敌一部，占领了泸定城，打开了中央红军北上的道路。

中央红军主力于6月2日全部顺利地通过大桥，蒋介石妄图使红军成为"石达开第二"的计划成为泡影。

三　中央红军同红四方面军会师

中央红军占领泸定桥时，红四方面军正由岷江地区分路西进。李先念率红三十军向懋功急进，接应中央红军。敌军吴奇伟、周浑元的第一、第二纵队也由西昌北进，其先头第五十三师

[①] 飞夺泸定桥的22位勇士，除已知的第二连连长廖大珠、第二连指导员王海云、第二连支部书记李友林、第二连副班长刘梓华和第三连支部书记刘金山5人外，其他17人的姓名已无考，成为憾事。

已到达冕宁。为迅速与红四方面军会师,以开展新局面,中央红军1935年6月2日决定向天全、芦山前进。6日,中革军委命令部队"以破釜沉舟精神、坚决迅速手段,于6日夜前不顾一切牺牲渡过天全河"。6月7日,中央红军占领天全。8日,又发布《为达到一、四方面军会合的战略任务的指示》,指出"我军基本任务是用一切努力不顾一切困难取得与四方面军直接会合",而"取得懋功及小金川流域是关系全局的枢纽",号召"全军以最大的勇猛果敢,机动迅速地完成战斗任务。"当天,红军占领芦山。

10日,中革军委决定翻越夹金山,向懋功前进。中央红军以坚忍不拔的毅力,克服重重困难,战胜冰雪严寒的恶劣天气,翻越海拔4 000多米、终年积雪、空气稀薄、道路险峻的夹金山。这时红三十军已攻占懋功,并前进至懋功东南的达维。12日,中央红军先头部队红二师第四团,在团长王开湘、政委杨成武率领下,在达维与红四方面军第三十军第八十八师胜利会师。18日,党中央、中革军委和中央红军主力到达懋功地区。两个方面军的部队欢欣鼓舞地举行联欢会,庆祝会师。红一、红四方面军主力的会师,粉碎了蒋介石消灭红军的计划,为此后发展革命战争,开创新局面创造了有利的条件。

第四节　红一方面军北上红四方面军南下

一　中央与张国焘在战略上的分歧和斗争

红一、红四方面军的会师,是红军长征史上的一件大事,它大大增强了红军的力量,集结在懋功地区的红军兵力达到10多万人。而当时正是全国人民反对日本策动"华北自治"、扩大对华侵略,抗日运动蓬勃发展的时期,形势对中国革命和革命战争非常有利。但会师后的战略方向,在什么地方建立新的革命根据地,成了红军当前的首要问题。

主力会师前的6月12日,由张国焘等红四方面军领导署名的、给中央的电报中请示"以后关于党政军应如何组织行动,总方针应如何决定","请立即告知"。① 6月16日,毛泽东、朱德、周恩来、张闻天复张国焘的电报中说:为着把苏维埃运动之发展放在更巩固更有力的基础之上,"今后我一、四两方面军总的方针应是占领川陕甘三省,建立三省苏维埃政权,并于适当时期以一部组织远征军占领新疆。"电报还指出"以懋功为中心之地区,纵横千余里,均深山穷谷,人口稀少,给养困难。""主力出此似非长策"。② 但张国焘、陈昌浩复电中央,不同意这个战略,提出红军北攻阿坝,组织远征军,占领青海、新疆,或暂时向南进攻。18日,毛泽东等就战略进攻方向问题再电张国焘等:"目前形势须集大力首先突破平武,以为向北转移枢纽","望即下决心为要"。张国焘20日又致电中央,提出向西发展,并说"目前给养困难,除此似无良策"。中央再复电张国焘:"从整个战略形势着想,如从胡宗南或田颂尧防线突破任何一点,均较西移作战为有利。请你再过细考虑。"这样重大的问题,在来往电报中自然难以解决,因而中央在电报中请张国焘"立即赶来懋功,以便商决一切"。③ 25日,张国焘从茂县来到懋功。

1935年6月26日,中央政治局扩大会议在懋功以北的两河口举行。参加会议的有张闻天、毛泽东、周恩来、朱德、博古、王稼祥、张国焘、刘少奇、邓发、凯丰和刘伯承、李富春、林彪、聂荣臻、彭德怀、林伯渠等。周恩来首先在会上作了目前战略方针的报告,提出新根据地需要具有三个条件:一、地域宽大,好机动;二、群众条件好,人口较多;三、经济条件好。结论是应去川陕甘。④ 朱德发言说:要迅速北上,打出松潘,进占甘南,在川陕甘

---

① 这是徐向前于四川理番(理县)起草的,张国焘、徐向前、陈昌浩联名给毛泽东、周恩来、朱德等的报告,载国防大学编《徐向前军事文选》,第9页,解放军出版社1993年版。
② 《毛泽东军事文集》第一卷,第358页,军事科学出版社、中央文献出版社1993年版。
③ 中共中央文献研究室:《毛泽东传》(上),第355页,中央文献出版社1996年版。
④ 参见梁柱主编《插图本中国共产党史》上卷,第476页,改革出版社1997年版。

建立革命根据地。① 张国焘在发言中勉强同意中央的北进方针，同时又提出也可"向南"，"向成都打"。毛泽东发言同意周恩来的报告，还指出红军的战争性质不是决战防御，而是进攻，因为根据地是依靠进攻发展起来的，部队应高度机动，先机夺人。28日，会议作出了《关于一、四方面军会合后战略方针的决定》。决定指出：

> 我们的战略方针是集中主力向北进攻，在运动战中大量消灭敌人，首先取得甘肃南部，以创造川陕甘苏区根据地。

> 为了实现这一战略方针，在战役上必须首先集中主力消灭与打击胡宗南军，夺取松潘与控制松潘以北地区，使主力能够胜利地向甘南前进。②

两河口会议后，中央、中革军委即率中央红军主力分路北上，连翻数座雪山，先头部队于7月10日进至松潘以西的毛儿盖。而张国焘自恃枪多人众，借口"统一指挥的组织问题"尚未解决，按兵不动，并唆使一些人向中央提出由他任军委主席的要求。陈昌浩在行军途中致电中央："请焘任军委主席，朱德任总前敌指挥，周副主席兼参谋长。中政局决大方针后，给军委独断专行。"张国焘还在公开场合与私下谈话中散布"中央路线有问题"，"一方面军的损失和减员应由中央负责"，"遵义会议是不合法的"等等，进行挑拨和煽动。③

党中央为团结红四方面军的广大指战员，实现北上创造川陕甘根据地的战略，于7月18日任命朱德为红军总司令，张国焘为红军总政治委员。21日又决定组织前敌指挥部，以徐向前兼总指挥，陈昌浩兼政委，叶剑英为参谋长，并对各部队的番号

---

① 参见军事博物馆、中央文献研究室编《朱德军事活动纪事》，第280页，解放军出版社1996年版。

② 中央档案馆编：《中共中央文件选集》第10册，第516页，中共中央党校出版社1991年版。

③ 《徐向前传》，第215页，当代中国出版社1992年版。

和军政首长作了部分更动：原红一军团改为红一军，军长林彪，政委聂荣臻，参谋长左权。红三军团改为红三军，军长彭德怀，政委杨尚昆，参谋长萧劲光。红五军团改为红五军，军长董振堂，代政委曾日三，代参谋长曹里怀。红九军团改为红三十二军，军长罗炳辉，政委何长工，参谋长郭天民。原红四方面军部队番号不变：红四军军长许世友，政委王建安，参谋长张宗逊。红九军军长孙玉清，政委陈海松，参谋长陈伯钧。红三十军代军长程世才，政委李先念，参谋长李天佑。红三十一军军长余天云，政委詹才芳，参谋长李聚奎。红三十三军军长罗南辉，政委张广才，参谋长李荣。中央还明令指示："一、四方面军会合后一切军队均由中国工农红军总司令、总政委直接统率指挥"。这个决定充分体现了促进两个方面军团结和照顾大局的精神。这样，张国焘才率红四方面军主力北上。但由于他的拖延，国民党军胡宗南部已在松潘地域集结，原定攻打松潘的计划无法实现。

由于情况变化，中革军委决定放弃原定的松潘战役计划，改取甘肃南部的夏河、洮河流域。8月上旬，中革军委将两方面军混编为左、右两路军：红五、红九、红三十一、红三十二、红三十三军为左路军，由红军总司令朱德、总政委张国焘率领，经阿坝北进；红一、红三、红四、红三十军为右路军，由前敌总指挥徐向前、政委陈昌浩率领，经班佑北上。党中央、中革军委随右路军行动。

北上的右路红军踏进数百里的茫茫草地。这里气候恶劣，忽而风雨冰雹，忽而浓雾弥漫，没有道路和人烟。地表腐草之下多为沼泽，稍不留神便会深陷其中，许多战士因此献出生命。红军历尽艰辛终于走出草地。8月下旬，右路军先头部队到达阿坝；右路军于月底全部到达班佑、巴西地区，并攻占了包座，歼灭敌第四十九师约5 000人，打开了向甘南进军的大门。9月1日，毛泽东、徐向前、陈昌浩联名致电张国焘，建议其左路军迅速东进，向右路军靠拢，共同北上。可是张国焘却于9月3日再次提出同原来决议的北上战略相违背的南下战略，强令已进至墨洼附近的左路军先头部队返回阿坝，并下令左路军全部停止北进。

9月9日,张国焘背着中央电令陈昌浩,要他率领右路军并要挟党中央南下,"彻底开展党内斗争",企图危害党中央。右路军前敌指挥部参谋长叶剑英看到电报后,立即秘密赶往中共中央驻地巴西,报告了毛泽东。当天深夜,毛泽东与张闻天、博古、王稼祥以及病中的周恩来召开紧急会议,研究对策。

为避免红军内部可能发生冲突,贯彻北上战略方针,党中央率右路军中红一方面军主力7 000余人迅速转移,先行北上。当时右路军中红四方面军的有些不明真相的干部,提出是否派部队阻拦红一方面军和党中央北上,但被徐向前制止,维护了红军的团结。9月10日,毛泽东以中央名义致电张国焘:

> 右路军南下电令,中央认为完全不适宜的。中央现恳切地指出,目前方针只有向北是出路,向南则敌情、地形、居民、给养都对我极端不利,将要使红军受空前未有之困难环境。中央认为北上方针绝对不应改变。左路军应速即北上。①

但张国焘不仅不听,反而诬中央率红一方面军北上是"逃跑"。至此,张国焘与中央在战略上的分歧,已发展为分裂党和红军的严重错误。

1935年9月12日,中央政治局在甘肃迭部县俄界(高吉村)举行扩大会议。会议通过了《关于张国焘同志的错误的决定》,指出张国焘反对中央北上的战略方针,坚持向川康藏边境退却的方针是错误的。张国焘同中央的争论,其实质是由于对政治形势的分析与敌我力量估量存在着原则的分歧。中央号召红四方面军的同志团结在中央周围,同张国焘的错误倾向作坚决的斗争。

二 红一方面军北上陕甘苏区

俄界会议后,部队进行了整编。红一方面军主力和中革军

---

① 中央档案馆编:《中共中央文件选集》第10册,第552页,中共中央党校出版社1991年版。

委直属纵队编为中国工农红军陕甘支队,彭德怀任司令员,毛泽东任政委,林彪任副司令员,王稼祥任政治部主任;成立由毛泽东、周恩来、彭德怀、林彪、王稼祥组成的五人团,领导红军工作。

9月13日,红军继续北上。这时川甘边界的要隘腊子口,只有国民党新十四师鲁大昌部防守。腊子口的山口,只有30米宽,山后就是甘南的开阔地带。如果胡宗南部增援部队到达,封锁了腊子口一带,进入甘南就很困难。先头部队红四团于16日击退鲁大昌部第六团,17日夺取天险腊子口,18日进占哈达铺。

红军在哈达铺进行了休整,红一军改编为第一纵队,林彪为司令员,聂荣臻为政委,辖5个大队;红三军改编为第二纵队,彭雪枫为司令员,李富春为政委,辖4个大队;军委纵队改编为第三纵队,叶剑英为司令员,蔡树藩为政委。

在哈达铺,毛泽东等从报纸上了解到陕北有革命根据地和相当数量的红军。9月27日,红军进至通渭县榜罗镇。在这里召开了政治局常委会议,正式决定前往陕北,"在陕北保卫和扩大苏区"。

尔后,中共中央和陕甘支队跨过西(安)兰(州)公路,翻越海拔3 000米的六盘山,并在其附近击溃尾追的马鸿宾部3个团2 000多人,俘获马匹100多匹。

10月19日,中央红军到达陕甘苏区的吴起(吴旗)镇。至此,红一方面军主力胜利地完成了历时一年、纵横十一个省,行程二万五千里的长征。

中央红军进入陕北后,蒋介石立即调集重兵到陕甘苏区周围。9月26日在西安成立"西北剿匪总司令部",自兼总司令,张学良任副总司令代行总司令职务,统一指挥陕、甘、宁、青、晋五省军队。1935年10月1日,陕甘苏区的红十五军团在劳山战斗中,歼敌第一一○师大部,俘2 000多人,缴战马300余匹和大批武器装备,并打死其师长何立中;25日,又在榆林桥战斗中歼敌第一○七师第六一九团又一个营,俘团长高福元以下1 800余人。

红军陕甘支队在吴起镇短期休整后,10月底经保安东进,于11月初在甘泉附近与红十五军团会合。11月3日,成立中国工农红军西北革命军事委员会,毛泽东为主席,周恩来、彭德怀为副主席。同时恢复红一方面军的番号,彭德怀任司令员,毛泽东任政委。陕甘支队第一、第二纵队合编为第一军团,林彪任军团长,聂荣臻任政委,左权任参谋长,辖第二、第四师和第一、第十三团。红十五军团编入红一方面军建制,徐海东任军团长,程子华任政委,刘志丹任副军团长兼参谋长,辖第七十五、第七十八、第八十一师和骑兵团、警卫团。全军共1万多人。

11月初,张学良部署5个师,由东、南两个方向合击红军,企图将红军歼灭于洛水以西、葫芦河以北地区。11月19日,敌第五十七军4个师由太白镇沿葫芦河东进,敌第六十七军1个师由洛川北进。红一方面军首长决定先集中兵力歼灭沿葫芦河东进之敌的一两个师,尔后再视情况,各个歼灭敌人。11月20日,敌东进先头师进至直罗镇。红军当即将其包围,21日歼其大部。这时敌东、西两路援军迫近直罗镇。红军遂以少数兵力围困敌第一〇九师残部和阻击西进的敌第一一七师,主力迎击由黑水寺东进的敌第一〇六、第一一一师。该敌惧怕被歼,不战西退,红军跟踪追击,歼其第一〇六师后卫1个团。敌第一一七师闻讯也仓皇逃回鄜县。被围的第一〇九师残部突围,被红军全歼。直罗镇战役共歼敌1个师又1个团,打死其师长牛元峰,俘敌5300多人,缴枪3500多支(挺),从而打破了国民党军对陕甘苏区的又一次"围剿",巩固了苏区,使红一方面军长征之后立即有了一个可靠的立足点和夺取新胜利的出发点。

三 红四方面军南下川康边

1935年9月中旬,张国焘在阿坝指挥红军左路军之先头纵队(红五军全部,红九、红三十一军各一部)和右路军之红四、三十军,分别由阿坝、包座地区南下,再次通过草地,于9月下旬,全部(红四方面军和红一方面军之第五、第三十二军)集结于党坝、松岗、马塘地区。

10月5日,张国焘在理番县卓木碉(马尔康县脚木足)宣布另立"中央",自封"主席"。宣布"毛泽东、周恩来、博古、洛甫应撤销工作,开除中央委员及党籍",并下令通缉杨尚昆、叶剑英,免职查办。公然走上了分裂党、分裂红军的道路。当时随左路军行动的朱德、刘伯承坚决反对,要求团结。

为了打开通往天全、芦山的道路,张国焘于10月7日发出了《绥崇丹懋战役计划》,将部队分为左、右两个纵队,沿大金川两岸南进。至20日,红军攻克了绥靖、巴丹、崇化、懋功等地,击溃川军第二十军、第二十四军6个旅,歼敌3000多人。10月20日,张国焘又发出《天芦名雅邛战役计划》,将部队分为左、中、右三个纵队,全力南进。24日越过夹金山,至11月12日,先后攻占宝兴、天全、芦山,歼敌一部,先头部队逼近邛崃县境。这时,敌在名山及其东北的夹门关、太和场、石碑岗地区,已集结80多个团,防止红军东进成都平原,与此同时,敌第四十一军16个团,正向新津、洪雅前进,薛岳部主力则集结于成都待机。11月13日,红军发起进攻,16日攻占名山东北要镇百丈。敌军集中10多个旅,在飞机、大炮支援下实施反击。血战至20日,红军歼敌1.5万人,但自身也伤亡近万,被迫撤至名山西北地区转为防御。

红军在这一地区努力建立地方党组织和革命政权,但由于国民党军的不断进攻,又由于当地人少粮缺,军队补充日益困难,冬装更无法解决。党中央早先提出的"向雅名邛天南出,即一时得手,亦少继进前途"的警告,至此得到证明。1936年2月初,薛岳等部6个多师和川军主力,开始向天全、芦山大举进攻。在此情况下,张国焘才承认红军难以在此开辟根据地。他的南下战略终告失败。张国焘于是决定主力向西康境内转移,夺取道孚、甘孜、康定,进行整补待机。至4月上旬,红军艰苦地翻越海拔5 000多米的折多雪山,占领了道孚、炉霍、瞻化(新龙)、甘孜等地,暂时避开了敌人的进攻。这时红军由南下开始时的8万多人,减员为4万多人。

第五节 南方红军坚持游击战争

一 南方八省三年游击战争概况

红军主力先后退出长江南北各根据地实行战略转移后,留在江西、福建、广东、湖南、湖北、河南、安徽、浙江八个省的红军和游击队,在当地党组织领导下,依靠人民群众,克服种种困难,在赣粤边、闽赣边、闽西、闽粤边、皖浙赣边、浙南、闽北、闽东、闽中、湘鄂赣边、湘赣边、湘南、鄂豫皖边、豫南(鄂豫边)、琼崖等十几个地区,坚持了长达三年之久的游击战争。从1934年秋至1937年抗日战争全面爆发,南方各地的游击战争大致都经历了三个阶段。

1934年秋至1935年春为第一阶段,是由正规战的运动战转入游击战的阶段。在前期,红军因受王明"左"倾教条主义的影响,未能够适应情况的发展变化,自觉地改变组织方式和斗争方式。在反"围剿"、反"清剿"的作战中,依然集中兵力打正规战争,与占绝对优势的敌人硬拼,并寄希望于主力红军很快回师,以粉碎敌人的"围剿"和"清剿",因而遭到严重的削弱,不得不转入游击战争。1935年2月5日和13日,遵义会议之后,党中央先后两次给中央根据地中央分局指示:为适应游击战争环境,要"立即改变你们的组织方式与斗争方式";要以"小游击队的形式有计划地分散行动,环境有利则集中起来,不利又分散下去";"占领山地,灵活机动,伏击袭击,出奇制胜,是游击战争的基本原则"。

从1935年夏至1936年底为第二阶段。各地游击队采用机动灵活的游击战术,依靠人民群众,与敌人进行艰苦顽强的斗争,以保存自己。在这个阶段,敌人首先集中力量摧毁地方革命政权和群众组织,建立白色恐怖统治。然后采取军事、政治、经济相结合的手段,"围剿"、"清剿"游击队,编制保甲,实行连坐法,并从内部对游击队进行分化瓦解。同时实行严密的经济封锁,以计口购粮和配给日用品等方法,企图困死游击队。由于各游击区的敌我情况有所不同,所以有的损失甚大,仅保存数量不大的骨干,有的却不仅巩固了部队,而且还有所发展。

从西安事变和平解决到七七事变全面抗战开始为第三阶段。这个阶段刚开始时,蒋介石实行所谓"北和南剿"的方针,一方面讲"停止内战,一致抗日",一方面加紧对各游击区进行"清剿"。他先后调集40多个正规师、60多个保安团,实行"搜剿"、"追剿"、"堵剿",企图在三个月内全部消灭南方游击队。由于各地游击队的坚决抵抗及经过国共两党反复的谈判,直到七七事变爆发后,根据国共两党的协议,各地区的游击队才改编为国民革命军新编第四军。海南岛的红军游击队,后来改编为琼崖纵队。

二 各游击区概况

赣粤边游击区。中央红军长征时,留在中央苏区的红军部队有红二十四师和十多个独立团及各县独立营等,加上伤员共约3万人。由于未能及时转入游击战争,而是继续以正规的阵地战进行防御,以致遭到很大损失。1935年3月底,项英、陈毅及赣南军区司令员蔡会文、赣南少共省委书记陈丕显等率300人先后到达赣粤边地区,同以李乐天为书记、杨尚奎为副书记的中共赣粤边特委、赣粤边军分区的游击队会合。他们一直坚持斗争到抗战爆发,主要活动于南雄、大庾、信丰、南康、安远一带。至1937年秋有700多人。

湘鄂赣边游击区。主力红军转移后,有红十六师和地方部队近1 000人,在省委书记陈寿昌、司令员徐彦刚领导下,坚持斗争。陈寿昌牺牲后,傅秋涛任书记,一度发展至5 000人,主要活动在浏阳、平江、修水、铜鼓、阳新、大冶等地。1937年,敌以4个师、7个保安团进行"清剿"。红军遭重大损失,1937年秋仅余400多人。

闽赣边游击区。由赖昌祚(1935年牺牲)、钟德胜、胡荣佳、彭胜标、刘国兴等领导,主要活动在瑞金、长汀、武平、石城一带,改编时有300多人。

闽西游击区。由红军独八、独九团,张鼎丞从中央苏区带来的部分地方武装,以及陈潭林、邓子恢、谭震林率领的红二十四师4个连等共1 500人,一度发展至2 000多人。至1937年秋有1 500多人。

闽粤边游击区。由特委书记黄会聪领导的红军独三团在南靖、平和、漳浦一带坚持斗争,后由代理特委书记何鸣领导,最后发展至1 300多人。

皖浙赣边游击区。红十军离开后,省委书记关英、军区司令员唐在刚领导红三十师及独立营等1 000多人坚持斗争。至1936年底时,全区各支游击队发展至3 000多人。1937年,敌以6个师又2个旅和6个保安团大举进攻。红军遭到严重损失,1937年秋时仅剩400多人。

浙南游击区。1935年2月,红十军团突围出来的先头部队,组成挺进师,共500多人,粟裕任师长,刘英任政委,在闽浙边界进行游击战争,并在龙泉、遂昌、松阳、江山、浦城五县边界建立了纵横100多公里的根据地。1936年发展至1 600多人。1937年,敌以7个师及保安团发动进攻。部队分散活动,至1937年秋,挺进师本身保留有600多人。

闽北游击区。由分区委书记黄道、独立师师长黄立贵、政委卢文清等,约2 000人。至1936年底发展至3 000多人。1937年敌以4个多师的兵力发动进攻,部队损失严重,1937年秋还有600多人。

闽东游击区。闽东独立师1 000多人,在师长冯品泰、政委叶飞领导下坚持斗争。1934年底,敌以正规军8个团及5个保安团发起进攻,闽东根据地被敌占领。1935年6月后,独立师逐步在福鼎、福安、泰宁、宁德、古田地区恢复了游击根据地。至1937年秋有1 300多人。

湘赣边游击区。红六军团西征后,尚有5个独立团及各县游击队共5 000多人,在省委书记陈洪时、军区司令员彭辉明率领下坚持斗争。1934年8月,敌以3个师又3个保安团发起进攻,彭明辉牺牲。1935年6月,陈洪时叛变投敌。7月,临时省委书记谭余保重组游击司令部,收集部队,重建了莲花、萍乡、宜春、安福等游击根据地。至1937年秋有1 000多人。

湘南游击区。1934年红六军团途经湘南时,留下独四团,在特委书记彭林昌领导下坚持斗争。1935年3月,独四团团长李宗保叛变投敌,部队大部损失。后又重新发展,至1937年秋有300多人。

鄂豫皖游击区。红二十五军长征后,蒋介石又调第二十五路军、第十一路军及东北军共56个团约17万人,对留在鄂豫皖苏区的红军进行"清剿"。根据地被敌占领。1935年1、2月间,皖西北道委书记高敬亭将红二一八团和鄂东北独立团等合编成红二十八军,依托大别山开展游击战争。1936年2月,蒋介石又调集6个师,会同十一路军、二十五路军再次大举进攻。高敬亭率领红二十八军以营为单位分散活动。经过一年的斗争,红军歼灭和击溃敌正规军近10个营,解除了许多保安团的武装。1937年后,蒋介石又调集10多个师在卫立煌指挥下发动进攻。至1937年秋红二十八军尚保留2 000多人。

豫南(亦称鄂豫边)游击区。河南省委书记张新江于1936年1月组建了一支7个人、3支枪的游击队,以周骏鸣为队长,活动于信阳、确山地区,发展至20多人。3月下旬,游击队在桐柏县被围,张新江牺牲。8月,王国华任书记,继续开展斗争。至1937年初,游击队扩大到100多人。至1937年秋已发展到近1 000人。

琼崖游击区。1932年冬,琼崖独立师在敌人围攻下遭到失败,苏区全被占领,至1933年夏,红军仅剩下20余人,在特委书记冯白驹率领下,转移至琼山县云龙地区,尔后分别到各县恢复工作。1936年,又成立了以朱运泽(朱克平)为司令员、王白伦为政委的琼崖红军游击司令部,组织了1 000多人的精干武装。

南方八省的三年游击战争牵制了国民党军的大量军队,在战略上配合了红军主力的行动。同时,他们保存了大批优秀干部,积累了丰富的游击战争经验,为抗日战争爆发后组建新四军,开展华中敌后抗战,奠定了基础。

第五章　国内革命战争向抗日战争转变

第一节　红一方面军东征和西征

一　1935年冬季的形势

中共中央率红一方面军主力到达陕甘苏区的前后,全国形势正在发生急剧的变化。日本对华的侵略,步步加紧。1935年6月27日,国民党察哈尔省代理主席秦德纯在得到国民政府同意后,与日本关东军代表土肥原贤二达成了《秦土协定》①,把察哈尔省北部地区的大部分控制权送于日本。7月6日,国民政府军事委员会北平军分会代理委员长何应钦经国民政府行政院长兼外交部长汪精卫批准,又与日本"中国驻屯军"司令官梅津美治郎以复函形式达成了《何梅协定》②,把包括北平、天津在内的河北、察哈尔两省大部分主权送给日本。

---

①　《秦土协定》又称《察哈尔协定》。日本特务潜入中国察哈尔省内偷绘地图,被驻军扣留后释放。日本以此为借口,进行武力威胁。国民党政府屈服于日本压力,不仅撤掉宋哲元察哈尔省主席之职,而且同意察省代主席秦德纯与日本关东军代表签订了丧权辱国的协定。其主要内容是:由昌平到张北一线以北的中国军队退至察省西南部,解散一切排日的机构,由日本同意的部队维持察北部治安等。

②　《秦土协定》后不久,国民党政府与日本签订的又一个丧权辱国的协定。日本以天津亲日报社社长被暗杀为借口,从东北调遣日军入关,以武力相威胁。1935年6月9日,日本"中国驻屯军"司令梅津美治郎向何应钦提出侵犯中国主权的"觉书",限三日答复。经何与日方秘密会商后,于7月6日复函梅津美治郎,全部承诺日方的无理要求,通称《何梅协定》。其主要内容为:国民党政府取消在河北的党政机关,撤退驻河北的国民党中央军和东北军,撤换包括河北省主席于学忠在内的一切日本指定的中国官员,禁止一切抗日活动等。

日本人不费一枪一弹就取得了中国大片领土的控制权,灭亡中国的凶焰更加嚣张起来。特别是日本积极策划华北五省"自治运动",使中华民族到了生死存亡的紧要关头。

1935年12月9日,北平学生发起了声势浩大的抗日爱国运动,提出了"停止内战,一致对外"、"打倒日本帝国主义"和"反对华北自治"等口号,举行了轰轰烈烈的示威游行。12月10日,北平各校实行总罢课。16日,学生与市民一起集会,反对成立冀察委员会。北平学生的一二·九爱国运动,迅速波及全国,天津、上海、南京、武汉、杭州、西安、广州、济南、太原等各大城市的爱国学生、文化教育界人士以及工人、群众纷纷响应,形成了全国抗日救亡的高潮。在日本扩大侵略、中日民族矛盾逐渐上升为主要矛盾的形势下,国共两党的政策、策略也开始不同程度地发生了一些变化。

中国共产党和工农红军一向是坚决主张抗日的。早在1931年九一八事变后,中共中央就明确表示坚决反对日本侵略,反对国民政府的屈服妥协政策,并组织全国反日的民众运动和在东北开展抗日游击战争。至1933年初,中共领导的抗日游击队已成为东北的主要抗日武装力量。

1935年8月1日,为反对日本侵略华北,中央红军还在长征路上,中共中央就发表了《为抗日救国告全体同胞书》(即《八一宣言》)。这个宣言,突破了"左"倾关门主义的束缚和影响,开始把建立抗日民族统一战线作为党的重要任务。主要表现在:1. 宣言不再强调帝国主义各国瓜分中国的危机,没有"打倒一切帝国主义"的口号,而是突出了中日矛盾,指出"我国家、我民族已处在千钧一发的生死关头,抗日则生,不抗日则死",要"与一切对中国民众抗日战争守善意中立的民族和国家建立友谊关系"。2. 宣言提出建立国防政府和抗日联军担当抗日救国的重任,"红军绝对首先加入联军,以尽抗日救国的天职"。3. 宣言"呼吁各党派、军队和各界同胞,不论过去和现在有任何政见和利害不同,均应停止内战,建立广泛的全民族的抗日统一战线,集中力量,一致抗日"。"只要国民党军队停止进攻红军的行动,只要任何部队实行对日抗战,不管过去和现在与红军之间有任何旧仇宿怨,不管他们与红军之间在对内问题上有何分歧,红军不仅立刻对之停止敌对行动,而且愿意与之亲密携手,共同救国"。很明显,这是已把抗日救国看作是当前高于一切的主要任务,而把解决国内阶级矛盾问题降至次要地位。

在日本加紧侵华、全国掀起抗日高潮的情况下,国民党内部也发生了变化,不仅主张抗日的人士增多,要求抗日的呼声增高,就连一些国民党右派如张继、邹鲁、胡汉民等,也一反常态,表达了与蒋介石不同的态度。他们同声疾呼:"与其亡于日,毋宁亡于赤","宁愿挂红旗,不愿挂白旗"。① 有的甚至对蒋介石的不抵抗态度进行讽辱。何香凝就曾送蒋一条罗裙,附诗一首:"枉自称男儿,甘受敌人气;不战送山河,万世同羞耻。吾辈妇女们,愿往沙场死;并为巾帼裳,换你征衣去。"②紧接着,曾参加辛亥革命的国民党老将军续范亭,于1935年12月26日,在中山陵哭祭孙中山后,剖腹自杀,留下《哭陵》诗一首:"谒陵我心悲,哭陵我无泪;瞻拜总理陵,寸寸肝肠碎。战死无将军,可耻此为最;腼颜事仇敌,瓦全安足贵。"③这一切都使蒋介石羞愧万分。

其实,蒋介石对日本的步步紧逼,也已感到难堪。他在1935年6月30日的日记中写道:

> 倭寇要求我河北党部去消,中央军队撤离河北,免冀于(于学忠)察宋(宋哲元)二主席之职,并派飞机任意侦察监视我军撤退之行动,十八日且飞到济南、徐州纵横盘旋威胁。呜呼!国势至此何以为人!凡有血气之伦,黄帝子孙,其将何以雪此奇耻!若不图自立,复有何颜立于天地之间。④

---

① 《救国时报》第十三、第十四期合刊。
② 尚明轩:《何香凝》,载李新、孙思白主编《民国人物传》第二卷,第73页,中华书局1980年版。
③ 田为本:《续范亭》,载李新、孙思白主编《民国人物传》第二卷,第85页,中华书局1980年版。
④ 转引自黄仁宇《从大历史角度读蒋介石日记》,第133—134页,中国社会科学出版社1998年版。

9月间，对于日本策动华北五省"自治"，蒋介石表示："中国对于日本的妥协让步，毕竟有一定的限度。"①1935年11月12日至23日，国民党在南京召开第五次全国代表大会，蒋介石在19日所作的政治报告中说：

> 苟国际演变，不斩绝我国家生存、民族复兴之路，吾人应以整个国家民族之利害为主要对象，一切枝节问题，当为最大之忍耐。
>
> 和平未到绝望时期，决不放弃和平，牺牲未到最后关头，亦不轻言牺牲。②

这反映他尚未放弃对日妥协的思想。但他还说：这种忍耐是"以不侵犯主权为限度"，"以互惠平等为原则"，"否则即当听命于党国，下最后决心"，对日一战。③《中国国民党第五次全国代表大会宣言》的提法是："在和平未至完全绝望之时，决不放弃和平，如国家已至非牺牲不可之时，自必决然牺牲。"④这说明国民党政府和蒋介石在对日态度上，较过去的不抵抗主义已有了一些新的变化。

但是，蒋介石仍不肯放弃"攘外必先安内"的政策，于是出现了政策上的二重性：一方面，从1935年下半年起，数次派人设法与共产党人接触，传达希望与中共谈判的信息，并在1936年12月派董健吾等进入陕北苏区瓦窑堡，与中共中央取得联系，并开始进行秘密谈判；另一方面，却仍坚持"剿共"。1935年10月1日，蒋介石致电张学良："此次入甘之匪，确数不上万人，仅毛泽东所率之一、三两军团……应积极进剿，分头出击，节节截堵，必

---

① 《中央周报》第378期，转引自张明楚等《在历史的漩流中》，第10页，广西师范大学出版社1996年版。
②③ 《大公报》西安分馆编：《领袖抗战建国文献全集》，第99页，1939年印。
④ 程思远主编：《中国国民党百年风云录·重要会议及文献》下卷，第3613页，延边大学出版社1995年版。

可歼灭。"①就是因此,中共中央才不得不"把国内战争与民族战争结合起来",所以在瓦窑堡会议的决议中,没有放弃反蒋抗日的号召。

二 东征作战

为了适应新的形势,实现政治策略的转变和制定军事战略方针,中共中央自1935年12月17日起,在陕北瓦窑堡召开了为期近十天的政治局扩大会议。会议通过了由张闻天起草的《中央关于目前政治形势与党的任务的决议》,确立了建立抗日民族统一战线的总政策。会议还通过了毛泽东起草的《中央关于军事战略问题的决议》,决定指出,在以坚决的民族战争反对日本帝国主义侵略的总任务下,红军的战略方针是"把国内战争与民族战争结合起来"、"准备直接对日作战的力量"和"猛烈扩大红军"。根据这一方针,红一方面军的主要任务是向山西和绥远发展,以打通抗日的路线和巩固、扩大苏区;红二、红六军团和红四方面军应在战略上继续牵制国民党军;长江南北的游击队应在民族战争的号召下努力恢复和发展游击战争;并在一切省份,特别是日本占领区和日本操纵下的所谓"自治区"发动和发展游击战争。会议还充分肯定并重申毛泽东为红军制定的战略战术原则。这一切标志着红军正从土地革命开始向抗日民族战争转变。

根据瓦窑堡会议确定的战略方针,1936年2月20日,红一方面军主力1.3万人,以中国人民红军抗日先锋军的名义,在司令员彭德怀、政委毛泽东的率领下,开始东征作战。

当晚发起渡河战斗,至21日,红一军团和红十五军团,从南起河口,北到沟口约50公里的地段同时渡过黄河,至23日,占领了三交、留誉、义牒、塘马各镇,完全控制了各渡口。阎锡山为

---

① 秦孝仪主编:《中华民国重要史料初编——对日抗战时期·绪编》,第409页,台湾中国国民党中央委员会党史委员会1981年印。

阻止红军的进攻,一面请求蒋介石派军队增援,一面从各地调集部队,编为四个纵队,于3月4日开始,分路向红军进行防堵和反击。红一方面军决定以一部兵力钳制其第一、第四纵队,集中主力歼击其第二、第三纵队。3月10日,红军在石楼以南歼敌一部,在关上村将敌第二、第三纵队击溃,并歼其一个团,粉碎了阎锡山组织的第一次反击。与此同时,留在黄河西岸的红二十八军,乘入陕晋军东撤之机,进占了宋家川、吴堡等地,收复了陕甘苏区被敌占领的部分地区。

蒋介石所派援晋的11个师,这时已开始陆续地进入山西。3月下旬,进入山西的国民党中央军,编为第五、第六、第七纵队,陈诚任"剿共"军总司令,统一指挥在晋各军,围攻红一方面军。4月12日,红军在师庄地区歼敌第六十六师1个团又1个炮兵营,俘敌团长以下官兵600多人。15日攻克吉县,全歼守敌,俘敌300多人。红二十八军在进攻三交镇战斗中,军长刘志丹不幸牺牲。

这时,各路敌军从各个方面进攻红军,企图压迫红一方面军于黄河以东的狭小地区而加以歼灭。蒋介石还命令黄河以西的国民党军,进攻红军的战略后方并封锁黄河。为了保存抗日力量,同时防止内战扩大,促进抗日民族统一战线工作的开展,中共中央决定适时结束东征。5月5日,红军全部撤回黄河以西地区。

东征战役历时75天,红军共消灭国民党军7个团,俘敌4 000多人,并迫使"进剿"陕北红军的晋绥军撤回山西,使陕北苏区得以恢复和发展。同时,红军还扩充新战士8 000多人,在山西建立起一些抗日游击队和游击区,扩大了共产党和红军的政治影响。东征期间,共产党还对国民党军驻陕西的张学良、杨虎城部展开了统战工作,达成了军事行动上一定程度的谅解。

三 西 征 作 战

红军东征军撤回河西的当天,1936年5月5日,毛泽东、朱德发出了《停战议和一致抗日通电》,指出:"国难当前,双方决战,不论胜负属谁,都是中国国防力量的损失,而为日本帝国主义所称快。"为履行停止内战、一致抗日的主张,"故虽在山西取得了许多胜利,仍然将人民抗日先锋军撤回黄河西岸",并"向南京政府当局诸公进言",请"以'兄弟阋于墙,外御其侮'的精神,在全国范围首先在陕甘晋停止内战,双方互派代表,磋商抗日救亡具体办法"。①

但是蒋介石无视中共的这一倡议,仍坚持以武力消灭共产党和红军。他调集16个师又3个旅,准备对陕甘苏区发动进攻。当时的部署是:中央军和晋绥军在苏区的东、北方,东北军和西北军在苏区的南方,马鸿逵、马鸿宾军在苏区西方。在包围苏区的国民党军中,反共坚决的蒋、阎军是主力;东北军、西北军的领导人已同红军初步建立了秘密统战关系,其广大官兵倾向抗日,不愿与红军打内战;宁夏"两马"虽反共坚决,但防区大,兵力分散,比较而言,是薄弱部位。

为了保卫西北,巩固和发展陕甘抗日根据地,扩大抗日红军,并求打通与苏联、蒙古的联系,中央军委于5月18日决定以红一方面军主力1.3万人,组成西方野战军,由彭德怀任司令员兼政委进行西征,打击"两马"部队,创建陕甘宁三省边境根据地,以其他红军钳制蒋阎军和策应西征。

5月20日前后,西方野战军分两路西进。毛泽东于5月26日致电彭德怀,在执行西征任务时,"以不与东北军正式作战为原则,对马鸿宾则坚决打击之"②。6月1日在曲子战斗中,迫敌马鸿宾部第三十五师第一〇五旅旅长冶成章率其特务连150多人投降;2日,在马家岭附近击溃敌第三十五师1个营;3日,全歼敌第三十五师6个步兵营、2个骑兵营,俘敌1100多人。至13日,西方野战军已占领陕甘宁三省边境的广大地区。6月21日

---

① 《毛泽东军事文集》第一卷,第526—527页,军事科学出版社、中央文献出版社1993年版。
② 军事科学院编:《毛泽东军事年谱》,第131页,广西人民出版社1994年版。

攻占盐池,全歼守军马鸿逵2个骑兵连和民团200余人;27日攻占豫旺(预旺)县城,歼敌2个连,俘敌280多人。

战斗至7月底,西方野战军在两个多月中,除杀伤大量敌人外,还俘获人、枪各2 000多,战马500多匹,并开辟了纵横200余公里的新根据地,组建了两个骑兵团,发展了地方武装。

第二节　三大主力红军会师

一　红二、红六军团与红四方面军会师

红二、红六军团于1934年10月下旬在贵州印江会师后,为策应中央红军和创建新根据地,即由黔东向湘西地区发动攻势,经酉阳占永顺。11月中旬,在龙家寨以伏击战歼国民党军第三十四师2个旅,俘敌2 000多人,缴枪2 000多支,并占领了大庸、桑植等城。湘鄂川黔省委、革命军事委员会分会和省军区成立,任弼时任省委书记兼军区政委,贺龙任军委分会主席兼军区司令员。经过半年的艰苦斗争,红军先后取得陈家河、桃子溪、忠堡、板栗园等战斗的胜利。至1935年春,红军共歼灭和击溃国民党军四个旅,控制了永顺、大庸、桑植、保靖等八个县的大部地区,并建立了地方政权和地方武装。

1935年9月,蒋介石集中130个团的兵力,采取持久作战和堡垒主义方针,对湘鄂川黔边苏区发动围攻。由于敌军的堡垒封锁越来越紧,当地群众尚未充分发动,而且物资补充极为困难,省军委会决定红二、红六军团向湘黔边转移,争取在石阡、镇远、黄平地区创建新根据地。2个军团共1.7万人,于11月19日,由桑植地区开始行动,渡过澧水、沅江,于28日到达叙浦、蓝田一带。蒋介石发现红军突围后,又调集12个师又1个旅进行追击。红军遂向黔东转移。1936年1月,先后占领江口、石阡等地。因该地区人口稀少,粮食困难,又四面受敌,红军决定西渡

乌江，在黔西、大定（大方）、毕节一带建立根据地。2月初到达该地区，扩大红军5 000多人。这时，万耀煌、郝梦龄等五个纵队，从遵义、贵阳向红军进逼。红二、红六军团为避免在不利条件下同强敌决战，采取曲折迂回方法实施逐步转进，在乌蒙山区与敌人5个纵队10多个师的兵力周旋一个多月，转战500多公里，于3月下旬突出包围，进占盘县、亦资孔地区。

　　3月30日，红二军团指挥部接到红军总司令朱德和总政委张国焘的命令，要红二、红六军团北渡金沙江与位于甘孜地区的红四方面军会师，遂于31日离盘县向滇中急进。途中多次击退追击的敌军，于4月下旬在石鼓、巨旬渡过金沙江。短期休整后，5月5日开始向甘孜进发。广大指战员以不畏艰险的英雄气概和高度阶级友爱的精神，战胜了严寒、缺氧、缺粮等困难，翻越了数座大雪山，于6月间先后到达理化、绒坝岔，与前来迎接的红四方面军第三十二师等部会合。7月2日，红二、红六军团齐集甘孜，与红四方面军胜利会师。7月5日，中革军委电令红二、红六军团合编为工农红军第二方面军，贺龙任总指挥，任弼时任政委，萧克任副总指挥，关向应任副政委。第三十二军编入红二方面军。

　　红四方面军和红二方面军会师后，中共中央电令张国焘，两方面军迅速北上甘南，同红一方面军共建西北抗日根据地。由于朱德、刘伯承以及红四方面的一些领导人做了大量工作，张国焘在南下失败、分裂活动不得人心的情况下，于6月6日取消了第二中央，并同意北上。

　　7月上旬，两方面军开始共同北上。7月27日，中央批准成立西北局，张国焘任书记，任弼时任副书记，统一领导两个方面军北上行动。8月间红军先后通过天险腊子口、大草滩，占领哈达铺，进行了岷（州）洮（州）西（固）战役和成（县）徽（县）两（当）康（县）战役，歼敌1 000多人，并击溃马步芳的部队，控制了漳县、临潭等8个县城和岷县、临洮等5个县的大部地区，形成了与红一方面军会师的有利态势。

二 三大主力红军会师

蒋介石为阻止红军三大主力会师,命胡宗南第一军从湖南兼程北返,抢占西(安)兰(州)公路的静宁、会宁、定西段,以隔断红军会师的通路。同时命令位于定西、陇西和武山地区的第三十七军和位于天水、秦安、武都地区的第三军,阻止红二、红四方面军北进;命令宁夏马鸿逵部和固原及其以北的何柱国、马鸿宾部南北推进,夹击清水河以西红一方面军。

根据这一情况,中央军委于1936年9月13日提出了静(宁)会(宁)战役计划,以三个方面军的主力协同击歼胡宗南部。就在此关键时刻,张国焘借口"在会宁地区与敌决战,四面受敌,颇为不便",声称"我们大计,以快向西北进军为宜"。16日,中共西北局在岷州召开会议,否定了张国焘的西进主张,决定北上与中央会合。可是张国焘竟于20日推翻西北局决议,于9月22日命令部队准备从兰州以西渡过黄河西进。朱德向中央报告了此事,表示坚决拥护中央的计划。9月27日,毛泽东、周恩来、彭德怀致电张国焘:"我一四两方面军合则力厚,分则力薄;合则宁夏、甘西均可占领","分则两处均难占领,有事实上不能达到任务之危险"。"如四方面军西渡",以后两军"会合将不可能,有一着不慎全局皆非之虑"。因此,四方面军应"迅从通渭、陇西线北上"。① 在朱德和红四方面军领导的坚持下,张国焘才同意红四方面军继续北上。

为了迎接红四方面军北上,红一方面军西方野战军派出两个特别支队南下,先后占领了会宁城、将台堡等地。10月9日,红军总部及红四方面军总指挥部到达会宁,与红一方面军南下迎接的部队会师。与此同时,红二方面军由两当、徽县北上,10月22日到达将台堡,与红一方面军另一迎接的部队会师。至此,红军三大主力胜利会师。

---

① 《毛泽东军事文集》第一卷,第598页,军事科学出版社、中央文献出版社1993年版。

三 山城堡战斗

红军三大主力会师后,计划向北发展,进攻宁夏,以扩大以陕甘宁边区为中心的西北抗日根据地。蒋介石调集以胡宗南第一军为主力的十多个师的兵力,向北追击,企图歼灭红军主力于黄河以东地区。为了共同抗日,1936年10月26日,毛泽东、朱德、周恩来等46名将领联名发出《红军将领给蒋总司令及国民革命军西北各将领书》,提出:

> 民族危机已到最后一刹那了,内战还是抗战决定的关键,是操在诸位先生手里。全中国人民所希望于诸先生的是奋起抗战的民族英雄,不愿诸先生继续内战为民族罪人,尤其希望蒋先生毅然决然停止进攻红军的最后内战,率领全中国的武装部队,实行抗战,以恢复黄埔的革命精神,以恢复国共合作时反帝斗争的勇气。

> 不论先生派代表进来,或是要我们派代表出去,或即在前线上谈判,我们都愿接受。只要内战一停,合作门径一开,一切谈判都将在抗战的最高原则之下求得解决。①

但蒋介石坚决拒绝停战。10月28日在西安华清池,他对《大公报》记者称:政府坚决贯彻戡乱方针。29日,蒋介石由西安飞抵洛阳,亲自部署对西北红军的进攻。中革军委拟进行海(源)打(拉池)战役,集中优势兵力给胡宗南部以歼灭性打击。10月30日,前敌总指挥彭德怀下令发起战役时,张国焘却命令红四军、红三十军撤离了计划规定的位置,致海打战役未能实现。胡宗南部于10月底至11月初,打通了增援宁夏的道路,将黄河东岸的红军主力与先期渡至河西的红四方面军主力的联系

---

① 中央档案馆编:《中共中央文件选集》第1册,第109页,中共中央党校出版社1987年版。

红军第一、第二、第四方面军会师时序列表
（1936年10月7日—22日）

中央革命军事委员会
主　席　毛泽东
副主席　周恩来　彭德怀

中国工农红军
总司令　朱德
总政治委员　张国焘

第一方面军西方野战军
司令员兼　彭德怀　　政治部主任　刘晓
政治委员
参谋长　聂鹤亭

第一军团
代理军团长　左权
政治委员　聂荣臻
参谋长　左权
政治部主任　朱瑞

- 第一师　师长　陈赓　师政治委员　杨勇
- 第二师　师政治委员　萧华　师长　黄克诚
- 第四师　师政治委员　李天佑　师长　杨得志
- 骑兵第二团

第十五军团
军团长　徐海东
政治委员　程子华
参谋长
政治部主任　王首道

- 第七十三师　师政治委员　张绍东
- 第七十五师　师政治委员　陈漫远
- 第七十八师　师政治委员　陈锦秀　师长　常玉清
- 第八十一师　师政治委员　李宗贵　师长　崔田民　韩先楚
- 骑兵第三团

第二十八军
军长　宋时轮
政治委员　宋任穷（辖三个团）
- 骑兵第一团　师长　文年生
- 特务团

续 表

中央革命军事委员会
主　席　毛泽东
副主席　周恩来　彭德怀

中国工农红军
总　司　令　朱　德
总政治委员　张国焘

第二方面军
总　指　挥　贺　龙
政　治　委　员　任弼时
副政治委员　关向应

- 第二军团
  - 政治委员　任弼时（兼）
  - 参谋长　李达
  - 政治部主任　甘泗淇
  - 军团长　贺龙（兼）
  - 第四师师长　卢冬生
  - 第六师师长　冼恒汉 / 政治委员　廖汉生（按图示：第四师政治委员　冼恒汉，第六师师长　贺炳炎，政治委员　廖汉生）
- 第六军团
  - 军团长　陈伯钧
  - 政治委员　王震
  - 参谋长　彭绍辉
  - 政治部主任　张子意
  - 第十六师师长　张辉，政治委员　晏福生
  - 第十七师师长　贺庆积，政治委员　余秋里
  - 第十八师师长　张振坤，政治委员　彭栋材
  - 模范师师长　刘转连
- 第三十二军
  - 军长　罗炳辉
  - 政治委员　袁任远
  - 参谋长　郭鹏
  - 政治部主任　李干辉
  - 第九十四师师长　萧兴怀，政治委员　辛世修
  - 第九十六师师长　王尚荣，政治委员　谭友林
- 红军学校
  - 校长　（空）
  - 政治委员　（空）

续 表

```
                    中央革命军事委员会
                    主 席  毛泽东
                    副主席  周恩来  彭德怀
                          │
                      中国工农红军
                      总司令  朱德
                      总政治委员  张国焘
                          │
                      第四方面军
                  总 指 挥  徐向前   参 谋 长  李 特
                  总政治委员  陈昌浩   政治部主任  李卓然
                  副总指挥  王树声
```

第四军①	第五军	第九军②	第三十军
军 长 陈再道	军 长 董振堂	军 长 孙玉清	军 长 程世才
政治委员 王宏坤	副军长 罗南辉	政治委员 陈海松	政治委员 李先念
参谋长 张才千	参谋长 李屏仁	参谋长 陈伯稗	参谋长 黄鹄显
政治部主任 刘志坚	政治部主任 杨克明	政治部主任 曾日三	政治部主任 李天焕

第十师	第十一师	第十二师	独立师	第十三师	第十五师	第二十五师	第二十六师	第二十七师	教导师	第八十八师	第八十九师
师长 余家寿	师长 叶道志	师长 周锡元	师长 张奇联	师长 胡应约	师长 徐厚才	师长 高金山	师长 朱锡良	师长 郭锡祥	师长 谢畅	师长 王海清	师长 盛修铎
政治委员	政治委员	政治委员	政治委员	政治委员	政治委员	政治委员	政治委员	政治委员	政治委员	政治委员	政治委员
李连祥	刘理运	杨朝礼	陈家柱	李德明	张道容	易汉文	熊厚发	郑维山	邵烈坤	张文德	

①② 第四、第九军所属各师均未编团。

续表

中央革命军事委员会
主　席　毛泽东
副主席　周恩来　彭德怀

中国工农红军
总　司　令　朱德
总政治委员　张国焘

第四方面军
总　指　挥　徐向前　　参　谋　长　李　特
总政治委员　陈昌浩　　政治部主任　李卓然
副总指挥　王树声

第三十一军
军　长　萧克
参谋长　李聚奎
政治委员　周纯全
政治部主任　王新亭

- 第九十三师
  师长　叶成焕
  政治委员　柴洪儒
- 第九十一师
  师长　桂干生
  政治委员　徐深吉

骑兵师
师长　董俊彦

特务团
教导团
妇女独立团

甘肃省抗日救国军
总指挥　王维舟

- 第六路司令　马良俊
- 第三路司令　柴中孔
- 第二路司令　李彩云
- 第一路司令　李中芳

红军大学
校　长　何畏
政治委员　刘伯承
政治部主任　张际春

第七十四师
师长　陈先瑞
政治委员　李隆贵

续　表

```
中央革命军事委员会
主　席　毛泽东
副主席　周恩来　彭德怀
  │
中国工农红军
总司令　朱德
总政治委员　张国焘
  │
军委后方办事处
主　任　周恩来（兼）
副主任　聂洪钧
参谋长　张云逸
```

- 第二十九军　军长　谢嵩　政治委员　甘渭汉（辖三个团）
- 第三十军　军长　阎红彦　政治委员　蔡树藩（辖三个团）
- 陕甘宁省军事部　部长　萧劲光　独立师师长
- 陕北省军事部　政治委员　赖传珠　政治委员　姚喆
- 神府特区军事部　部长　钟赤兵　独立师师长
- 关中特区武装部　政治委员　黎林　政治委员　黄春圃
- 中国抗日红军大学　校长　林彪　教育长　罗瑞卿

切断。于是进攻宁夏的计划被迫中止执行。

根据情况的变化,中共中央军委于11月8日决定以三个方面军的主力暂在现地区作战,并以一部兵力佯装渡河,以诱敌北进宁夏。尔后经陇东进入陕西,在适当时机再东渡黄河进入山西,寻求直接对日作战。11月12日,红军主力开始从同心城、王家团庄、李旺堡之线东进时,胡宗南第一军孤军冒进,分三路向豫旺县城进攻。中央军委指示:敌既继续向我进攻,目前中心是打破敌之进攻,然后才能开展局面,才有利于统一战线。红军主力应即在豫旺县城以东,向山城堡迅速靠近,集结全力,准备打第一仗。红军各部从11月16日开始,向山城堡南北地区集中。这时,为解决给养,控制战略要点,并继续向东打通榆林,胡宗南按照蒋介石的命令,于11月17日,将所部区分为三路向定边、盐池前进。左路第一师第一旅由惠安堡东进;中路第二旅向萌城、甜水堡前进,当日在萌城西被红四军击溃,死伤团长以下600多人,由第四十三师接替中路;右路军第七十八师由田家原向山城堡前进。其第九十七、第四十三师为第二梯队,随后跟进。

红军前敌总指挥部于11月19日下达了作战命令:以红一军、红十五军团和红四军、红三十一军,在山城堡之东、南、北地区,隐蔽待机;红二方面军和红八十一师等部集结于洪德、环县及其以西地区,担任策应各部和迟滞东北军的任务;红二十八军在红井子一带钳制敌左路第一旅。11月20日,敌第七十八师进占山城堡、小台子、风台堡等地。21日,红军突然发起进攻,迅速完成了对山城堡至哨马营地区之敌的包围。当日黄昏,敌向山城堡以北突围,红军进占山城堡并转为追击,至22日下午9时,除少数敌人溃逃外,敌第七十八师及另两个团被红军全歼。向盐池方向进攻的第一旅亦被击溃,山城堡战斗结束。敌第七十八师的被歼,给胡宗南第一军以沉重打击,迫其退至大水坑、萌城、甜水堡以西地区,停止了对陕甘根据地的进攻。由于东北军与红军已有统战关系,进攻行动迟缓,致胡部凸出遭受打击,因而蒋、张的矛盾有所加深。

四 西路军血战河西走廊

红军三大主力会师后,为组织宁夏战役,红四方面军主力进至黄河以西。1936 年 11 月 10 日,中央批准进入河西的红军称西路军,领导机关为西路军军政委员会,陈昌浩任主席,徐向前任副主席。下辖红五、红九、红三十军和骑兵师、特务团、教导团、妇女独立团等,共 2.18 万人。当时面临的主要敌人是西北军阀马家军,计有甘肃马步青的骑五师 2 个骑兵旅、1 个步兵旅,由青海调来的马步芳新二军第一○○师的 3 个步兵旅、1 个骑兵旅和 2 个警备旅等部队,共 3 万多人,另有青海和甘肃中、西部地区的保安民团约 9 万人。

红军渡河之后,即向马步青军展开进攻,在吴家川、尾泉等地先后击破敌骑一、骑三旅的阻击,接着又向景泰、一条山敌第二旅进攻,多次击退增援敌军。被围于锁罕堡的敌第一旅 600 多人,表示接受联合抗日主张,交出部分粮食后,撤回凉州。经四天激战,红军共打死敌骑五师参谋长马廷祥以下 1 000 多人,迫使敌军暂时停止了攻势。11 月 5 日,张国焘致电西路军:"目前最主要任务是消灭马步芳部,独立开展一个新局面……首先占领大靖、古浪、永登地区,必要应迅速占领凉州地区。行动要迅速秘密坚决和机断专行"①。根据这一电令,西路军分三个纵队开始西进。毛泽东、周恩来于 11 月 11 日晚致电陈昌浩、徐向前:"(一)你们依据敌我情况,有单独西进接近新疆的把握否?(二)如果返河东有何困难情形?(三)你们能否解决衣服问题?"12 日,陈、徐复电中央军委:"大靖、凉州地区,人粮较丰,以后筹资、扩红都有大的办法,现时既不能与主力互相策应,依据现在敌人力量估计,我们可以单独行动完成任务。"②

11 月中旬,西路军右路红三十军,绕过大靖,包围了土门子,

---

① 转引自国防大学编《徐向前军事文选》,第 43 页注㉖,解放军出版社 1993 年版。
② 国防大学编:《徐向前军事文选》,第 43 页注㉙,解放军出版社 1993 年版。

迫使守敌骑五师士兵营350人投降后，又乘敌主力被左路红九军吸引在古浪地区之机，先围凉州，继占四十里铺（永丰）和永昌，一部兵力于21日进占山丹，控制了河西走廊的中间地带。但红九军于13日攻占左浪后，16日被马步芳的3个骑兵旅、2个步兵旅和4个民团包围。敌军在炮火支援、掩护下，发起猛攻。血战三昼夜，双方各伤亡2000多人，敌军一部突入城中。18日晚，在红三十军接应下，红九军突围撤至四十里铺。这次战斗，使红九军减员增至1/3，排长以上干部伤亡极大。军参谋长陈伯樨、第二十五师师长王海清、第二十七师政委易汉文等壮烈牺牲，军长孙玉清负伤。11月下旬至12月上旬，马步芳利用红军兵力分散、补给困难等弱点，集结主力连续发动猛攻，并派骑兵分队深入到红军控制中心区到处窜扰，以破坏红军下乡发动群众和切断红军各据点间的联系。11月22日，敌以5个团兵力猛攻四十里铺，红三十军增援，与敌激战三日，方将红九军接至永昌东南的八坝。敌军又向永昌、山丹进攻。西路军虽然多次击退敌人的进攻，给敌人以很大杀伤，但自己也付出了巨大代价，减员至1.5万人，弹药给养日益困难。

1936年12月12日西安事变发生后，中革军委曾要求西路军东返，认为"在整个战略方针上看来，西路军以东进为有利"。但至西安事变和平解决后，25日军委又电示西路军："西安事变和平解决，前途甚佳，西路军仍执行西进任务，占领甘、肃二州，一部占领安西，开始西进的时机及如何作战，由你们依情况决定。"①月底，西路军顶风冒雪，从山丹、永昌地区继续西进。马步芳集中骑、步兵约9个旅，对西路军进行追击和堵截。西路军广大指战员克服冰雪严寒、缺少粮弹等困难，越过沙漠，且战且进。

1937年元旦，先头红五军进占临泽（蓼泉）县城，继以主力袭占高台县城，守敌1400余人全部投降。总指挥部和红九军、红三十军相继到达临泽地区，分驻于沙河堡、倪家营子一带。1937年1月12日，敌军以一部兵力钳制临泽地区红九军、红三十军，而

---

① 《徐向前传》，第282页，当代中国出版社1992年版。

以主力绕道西进,插入红五军孤守的高台地区,发动猛攻。经一周激战,原收编的部分民团叛变,开门迎敌,展开残酷的巷战。经九小时肉搏,军长董振堂、政治部主任杨克明以下3000多人壮烈牺牲。24日晨,高台为敌占领。徐向前得知高台危急后,立即派唯一的骑兵师500多人驰援,途中遭绝对优势敌军骑兵的截击,大部伤亡,师长董俊彦、政委秦贤道均献出了生命。紧接着临泽也为敌占领,西路军全部被包围于倪家园子西北部的43个屯庄中。

从1937年1月下旬,苦战至2月中旬,西路军虽然先后击退敌人大规模的进攻八九次,总计毙伤敌前敌总指挥马元海以下万余人,但自身伤亡也很大,兵力已不足万人,而且伤员近1/3。27日晚,西路军突围至东、西、南柳沟地区。3月上旬,西路军与围攻的敌军血战五昼夜后,突围向祁连山转移。11日,在梨园堡至康龙寺一带又与追敌3个骑兵旅、2个步兵团血战,部队大部损失,红九军政委陈海松牺牲,剩下不足3000人,13日退入祁连山腹地。至此,西路军的行动宣告失败。

中共中央及中革军委获悉西路军危急时,紧急指示在西安谈判的周恩来向国民党交涉,要其履行诺言,勒令"两马"停攻西路军。2月27日以红四、红二十八、红三十一、红三十二军和骑一团组成援西军,在司令员刘伯承、政委张浩率领下兼程西进驰援,3月中旬到达镇原、平凉地区,但为时已晚,遂派人四处收容西路军散失人员。

西路军失败后,军政委员会决定主要领导人离开部队返回陕甘宁苏区,将余部2000余人分为3个支队,在由李卓然、李先念等组成的西路军工作委员会统一领导下,在祁连山打游击。其中由工委会直接率领的1000多人的左支队,沿祁连山脉西进,经40多天的艰苦行军、作战,剩下400余人,于4月底进抵甘肃、新疆交界的星星峡。5月1日,中共代表陈云、滕代远等将部队迎接至迪化(乌鲁木齐)。抗日战争爆发后,西路军余部分批返回陕甘宁抗日根据地。红九军军长孙玉清在甘州被俘,英勇就义。

西路军在河西走廊孤军血战四个多月,广大指战员在极端困难的条件下,同敌人做殊死的斗争,歼敌2万余人,终因敌众我寡而失败。他们不畏艰险的革命英雄主义气概,永远为革命后人所敬仰。

第三节 国内和平基本实现后的红军

一 中国共产党抗日民族统一战线政策的确定

九一八事变前后,蒋介石处理内政、外交的基本国策是"攘外必先安内",对日本的侵略采取妥协退让政策。无奈日本亡华的"大陆政策"早已确定,所以蒋介石越积极"安内",日本越加快侵略步伐。1934年底,蒋介石以徐道邻署名,在《外交评论》上发表《敌乎?友乎?——中日关系之检讨》,忠告日本,求其停止侵华。但日本并不为之所动,从1935年起,更以制造一系列侵略事端为回答,并策动华北"自治",要把华北变为第二个"满州国"。这一切激起全国人民最强烈的反抗,抗日救国运动形成高潮,在这种形势下,国内的政治格局也开始发生引人注目的变化。

中国共产党自九一八事变后,始终站在抗日的最前线,抗议日本的入侵,号召人民以各种形势进行抵抗。中国共产党派出大批党员深入东北,组织抗日义勇军,进行艰苦卓绝的游击战争。当日军向长城各口进攻而直逼华北、蒋介石指挥大军"围剿"中国苏区的时候,中华苏维埃临时中央政府和工农红军革命委员会于1933年1月17日发表了为反对日本帝国主义侵入华北、愿在三种条件下与全国各军队共同抗日的宣言:

> 在下列条件之下,中国工农红军准备与任何武装部队订立作战协定,来反对日本帝国主义的侵略。(一)立即停止进攻苏维埃区域,(二)立即保证民众的民主权利(集会、结社、言论、罢工、出版之自由等),(三)立即武装民众创立武

装的义勇军,以保卫中国及争取中国的独立统一与领土的完整。①

这个宣言在全国引起强烈反响,各界人士交口称赞。此后,中共中央又发表了一系列关于反对日本侵略、呼吁团结抗日的主张。1935年8月1日,中国共产党中央委员会和中华苏维埃共和国中央政府发表了《为抗日救国告全体同胞书》(即《八一宣言》),指出:

> 近年来,我国家,我民族,已处在千钧一发的生死关头。抗日则生,不抗日则死,抗日救国已成为每个同胞的神圣天职。

> 因此,当今我亡国灭种大祸迫在眉睫之时,共产党和苏维埃政府再一次向全体同胞呼吁:无论各党派间过去和现在有任何政见和利害不同,无论各界同胞间有任何意见上或利益上的差异,无论各军队间过去和现在有任何敌对行动,大家都应当有"兄弟阋于墙外御其侮"的真诚觉悟,首先大家都应当停止内战,以便集中一切国力(人力、物力、财力、武力等)去为抗日救国的神圣事业而奋斗。②

《八一宣言》的发表,标志着中国共产党放弃了"左"倾教条主义在党中央占统治地位时执行的关门主义的"反帝下层统一战线"策略,对国民党的政策有所转变。

中共中央到达陕北后,立即着手解决党的统一战线策略问题。在1935年10月发出的《关于目前反日讨蒋的秘密指示信》中,中共中央首次提出要建立"上层统一战线"工作,要求全党同志必须到一切反蒋抗日的集团力量中去,建立广泛的统一战线,

---

① 中央档案馆编:《中共中央文件选集》第9册,第458页,中共中央党校出版社1991年版。
② 中央档案馆编:《中共中央文件选集》第10册,第519—524页,中共中央党校出版社1991年版。

不论什么阶级,不论什么党,只要他们愿意从事任何反日反蒋的活动,"中国共产党都愿意诚恳的与之建立统一战线,以共同担负起救中国的责任"①。12月17日至25日,中共中央政治局在陕北瓦窑堡召开会议,通过了《关于目前政治形势与党的任务决议》。该决议分析了当时国内的局势,认为由于日本帝国主义要把中国变为其独占的殖民地,民族资产阶级、富农、小地主也走上反对日本的道路,民族革命阵线进一步扩大了。因此党应该建立最广泛的抗日民族统一战线的政策,争取一切赞成抗日的力量,对地主买办阶级中的矛盾和冲突,也必须加以利用。统一战线不仅仅是下层的,也要有上层的。会议结束后的第三天,毛泽东在党的活动分子会议上作了《论反对日本帝国主义的策略》的报告,对党内两条策略路线作了透彻的分析,批判关门主义的策略是"孤家寡人的策略","为渊驱鱼,为丛驱雀",把"千千万万和浩浩荡荡都赶到敌人那一边去"了。②

瓦窑堡会议的决议和毛泽东的报告,正式将"反帝下层统一战线"策略发展为反日反蒋、上层与下层双管齐下的统一战略策略,虽然还保持反蒋的方针,但已为第二次国共合作奠定了理论基础,标志着中国共产党抗日民族统一战线的政策已初步确定,并开始成为党的行动路线。

蒋介石、国民政府妥协退让的对日政策,助长了日本的侵略气焰。在侵占了中国的东北后,日本继续入侵华北,致使中日的民族矛盾日益加深,国民党内部的矛盾更为尖锐。由于中国共产党对抗日统一战线的大力倡导,以及全国人民日益高涨的抗日救亡运动的推动,国民党地方实力派不仅在党内反对蒋介石的对日政策,而且接连不断地发动武装抗日和反蒋的重大事件。如冯玉祥领导的察哈尔民众抗日同盟军,蔡廷锴、陈铭枢、蒋光鼐发动的福建事变,陈济棠、李宗仁、白崇禧发动的两广事变等。

---

① 载1935年10月1日《救国报》,转引自中国社会科学院近代史研究所编《中国近代通史》第八卷,第414页,江苏人民出版社2007年版。
② 《毛泽东选集》第一卷,第155页,人民出版社1991年版。

在国民党内左派和地方实力派的迫使下,在全国人民抗日救亡运动(如声势浩大、遍及全国的一二·九抗日运动等)的推动下,国民政府的对日政策不得不逐步由妥协向抗日方向转化。蒋介石、国民党对日本的态度逐渐强硬,同时对共产党人的政策也有了一点变化。尽管其主要目的是企图运用政治手段"溶共",但为第二次国共合作创造了必要的前提。

由于国共两党政策的变化,促使双方通过多种渠道进行接触。1936年2月,中共中央从国民党通过宋庆龄派来的代表董健吾等人口中得知国民党在对日问题上有了变化并有与中共谈判的意愿后,于3月4日以毛泽东、彭德怀的名义,给董健吾发电报,要他向国民党转达愿与国民党联合抗日的答复。电报说:

> 甲、弟等十分欢迎南京当局觉悟与明智的表示:为联合全国力量抗日救国,弟等愿与南京当局开始具体实际之谈判。乙、我兄复命南京时望恳切提出弟等之下列意见:一、停止一切内战,全国武装不分红白,一致抗日;二、组织国防政府与抗日联军;三、容许全国主力红军迅速集中河北,首先抵御日寇迈进;四、释放政治犯,容许人民政治自由;五、内政与经济上实行初步与必要的改革。①

1936年5月5日,中共中央又发出《停战议和、一致抗日》的通电:"国难当头,双方决战,不论胜负属谁,都是中国国防力量的损失,而为日本帝国主义所称快"。"我们愿意在一个月内与所有一切进攻抗日红军的武装队伍实行停战议和,以达到一致抗日的目的"。② 这时中国共产党已未再提反蒋问题。8月25日,中共中央拟定了《中国共产党致中国国民党书》,表示"我们愿意同你们结成一个坚固的革命统一战线,如像1925年至1927

---

① 中共中央党史资料征集委员会编:《第二次国共合作的形成》,第89页,中共党史出版社1989年版。

② 《毛泽东军事文集》第一卷,第526—527页,军事科学出版社、中央文献出版社1993年版。

年第一次中国大革命时两党结成反对民族压迫与封建压迫的伟大的统一战线一样"。为此,中共"早已准备着在任何地方与任何时候派出自己的全权代表,同贵党的全权代表一道,开始具体实际的谈判"。①毛泽东在第二天给潘汉年的电报中说:"因为南京已开始了切实的转变,我们的政策重心在联蒋抗日。"②同时,中国共产党进一步调整了对国民党的政策,改"反蒋抗日"为"逼蒋抗日"。9月10日,中共中央在《关于逼蒋抗日问题的指示》中说:"目前中国人民的主要敌人,是日本帝国主义,所以把日本帝国主义与蒋介石同等看待是错误的,'抗日反蒋'的口号也是不适当的。"③在民族危机日益深重的情况下,"国民党中央军全部或其大部有参加抗日的可能。我们的总方针是逼蒋抗日"。④

由于国民党与共产党进行接触的目的,是企图以政治手段"溶共",蒋介石并未认真对待中国共产党要与国民党联合抗日的诚意。所以虽然国共双方进行了一年多的秘密接触和初步会谈,但并没有获得实际的成果。正如周恩来事后所指出的:"国民党蒋介石对谈判的想法是怎样的呢?那时他们是把我们当投诚看待,想收编我们,直到西安事变以前,还是这样的想法。"⑤1936年10月间,红军三大主力会师,蒋介石极为紧张。特别是,这时他通过特务知道张学良、杨虎城与中共已建立了统一战线。张、杨在西北有20万军队,中共会师后有约10万军队,如果合作起来,对他的统治是极大的威胁。因而在对待中共政策上,蒋介石又回到企图以武力消灭红军的老路上去,11月间下达了向红军进行总攻的命令。

---

① 中央档案馆编:《中共中央抗日民族统一战线文件选编》(中),第235页,中央档案出版社1985年版。
② 中共中央文献研究室编:《毛泽东年谱》(上),第574页,中央文献出版社1996年版。
③ 中央档案馆编:《中共中央抗日民族统一战线文件选编》(中),第258页,中央档案出版社1985年版。
④ 中央档案馆编:《中共中央抗日民族统一战线文件选编》(中),第265页,中央档案出版社1985年版。
⑤ 《周恩来选集》上卷,第192页,人民出版社1982年版。

中共中央了解了蒋介石调集军队部署进攻红军的情况后，决定既不关死谈判大门，也不作原则让步，在军事上严阵以待。山城堡的胜利有力地回击了蒋介石的进攻。12月1日，毛泽东致信蒋介石，批评他对陕北红军的进攻。指出现在是"寇深祸亟"之时，必须"当机立断"，"化敌为友，共同抗日"，倘若"徘徊岐途，将国为之毁，身为之奴，失通国之人心，遭千秋之辱骂"。① 12月10日，毛泽东致电张学良：蒋介石对外妥协，对内苛求之政策，我方根本拒绝。"彼方如有诚意，须立即停战并退出苏区"。"我们愿以战争求和平，绝对不作无原则让步"。② 这封电报发出两天后，西安事变就发生了。

二　西安事变后红军的行动

1936年12月12日凌晨，张学良和杨虎城联合发动了西安事变，扣留了在西安部署"剿共"的蒋介石及其随行军政大员10余人，并发表通电，提出以停止内战、一致抗日为中心的八项主张③。中共中央事先不知道西安事变将要发生，事后张学良才电请中共中央派人前往西安共商大计。张学良在《自述》中说：此次事变，"除我之少数僚属及杨虎城知晓外，共产党事前未参与也"。"事发之后，我深晦孟浪，彷徨无策，遂邀周恩来西安会商"。"于二三日后周恩来携同博古等三人，到达西安，彼等亦讥诮我等行事过于孟浪，遂共商如何结束之策"。④ 实际上周恩来于17日方到西安。此前一日，南京政府已任命何应钦为"讨逆军"总司令，调动陕、甘、宁、绥、豫等地中央军，组织东、西两路集团军准备进攻

---

① 中共中央文献研究室编：《毛泽东书信选集》，第88—89页，人民出版社1983年版。
② 军事科学院编：《毛泽东军事年谱》，第160页，广西人民出版社1994年版。
③ 八项主张是：（一）改组南京政府，容纳各党各派共同负责救国。（二）停止一切内战。（三）立即释放上海被捕之爱国领袖。（四）释放全国一切政治犯。（五）开放民众爱国运动。（六）保障人民集会结社一切之政治自由。（七）确实遵行孙总理遗嘱。（八）立即召开救国会议。
④ 窦应泰编著：《张学良遗稿》，第113页，作家出版社2006年版。

西安。东路军为刘峙指挥的10个师,其中5个师已进至潼关、华县,准备从东面进攻;西路军为顾祝同指挥的10个师,准备先向天水、陇西集中,尔后从西面进攻。

中共中央根据事变后的形势发展,为争取和平前途,一方面公开发表《中华苏维埃中央政府及中共中央对西安事变通电》,提出西安与南京双方军队暂以潼关为界,停止军事行动,"由南京立即召集国内和平会议",团结全国,一致抗日等建议,同时向内部发出《中央关于西安事变及我们的任务的指示》,明确指出:"反对新的内战,主张南京与西安间在团结抗日的基础上,和平解决"①;另一方面,为防止何应钦的进攻,周恩来与张学良、杨虎城反复磋商,于12月21日共同决定:集中东北军、西北军和红军主力,采取诱敌深入方针,在西安以东地区与刘峙军决战,而以一部兵力抗击和钳制顾祝同军。

中革军委根据上述计划决定:以红一方面军、红二方面军各两个军团和红四方面军两个军组成红军主要突击集团,立即由定边、环县之间地区南下,准备经咸阳、兴平、长武、邠县进至蓝田、商县以南地区,担任对东集团军的主要突击任务,协同东北军、西北军主力,给刘峙的东集团军以打击;以红三十二、红二十八军和骑一团组成追击军,集中于大水坑附近,协同毛居井附近的陕甘宁军区独立师,监视和牵制敌第一军,并配合固原、兰州等地的东北军第五十一、第六十七军,积极钳制顾祝同的西集团军。此外,以红二十九军保卫定边、盐池,红三十军在吴起镇、保安地区,对安边、靖边警戒;红八十一师进驻延安。

12月25日、26日,红军主力进至庆阳及其南北地区。这时蒋介石已接受抗日主张,在张学良陪同下回到洛阳,"讨逆军"的东集团军也开始向潼关以东撤退。红军主力即在庆阳、合水、正宁地区休整。蒋介石返回南京后,监禁了张学良,何应钦调集25个师部署于陕、甘,1937年1月初,又向西安进逼。中共中央一

---

① 中共中央党史资料征集委员会编:《第二次国共合作的形成》,第164页,中共党史出版社1989年版。

面指示潘汉年继续同国民政府谈判,促蒋履行诺言;一面按照与杨虎城商定的计划,将红军主力进至西安以北的淳化、三原、耀县地区,红十五军团进至西安东南商县地区,追击军进至天水东北崇信、泾川地区,新编成的红二十七军(军长贺晋年,政委王平)进驻洛川,准备支援东北军、西北军作战。与此同时,红军接管了西北军在延安等地的遗防,原陕北苏区大部恢复。中共中央、中革军委等领导机关于1937年1月中旬由保安迁至延安。

三 红军对日抗战的直接准备

西安事变和平解决,国民党放弃内战政策,成为时局变换的转折点。中共中央为了实现国共第二次合作,共同抗日,1937年2月10日,致电即将举行的国民党五届三中全会,就两党合作问题提出五项要求和四项保证。五项要求是:

一、停止一切内战,集中国力,一致对外。二、保障言论、集会、结社之自由,释放一切政治犯。三、召集各党各派各界各军的代表会议,集中全国人才,共同救国。四、迅速完成对日抗战之一切准备工作。五、改善人民的生活。①

如果国民党能将此五项要求定为国策,中共为团结御侮,愿作如下保证:

一、在全国范围内停止推翻国民政府之武装暴动方针。二、工农民主政府改名为中华民国特区政府,红军改为国民革命军,直接受南京中央政府与军事委员会之指导。三、在特区政府区域内,实施普选的彻底的民主制度。四、停止没收地主土地之政策,坚决执行抗日民族统一战线之共同纲领。②

---

①② 中共中央文献研究室编:《文献与研究》1985年第4期,第14页。

此五项国策要求和四项保证,表明了中共对国共第二次合作、共同御侮的最大诚意。

2月中下旬,国民党召开五届三中全会。这次会议虽然没有完全放弃反共立场并提出坚定的抗日方针,但总的来说,其内外政策还是有较大的转变,实际上接受了中共提出的国共合作、一致抗日的政治主张,标志着以第二次国共合作为基础的抗日民族统一战线初步形成,国内和平基本实现。此后,为了顺利地由国内革命战争向抗日民族战争转变,中国共产党进行了一系列的工作。

1937年3月下旬,中共中央在延安召开了政治局扩大会议,讨论了全国的政治形势和党的任务,4月15日发表了《告全党同志书》,指出:在国民党三中全会后,国内和平已基本实现,中国革命形势进入了一个新的阶段。这个阶段的任务,是巩固已经取得的国内和平,争取民主权利,实现对日抗战。5月3日,毛泽东在党的全国代表大会上作了《中国共产党在抗日时期的任务》的报告,提出:

在为抗日民族统一战线和统一的民主共和国而斗争的总任务之下,红军和抗日根据地的任务是:(1)使红军适合抗日战争的情况,应即改组为国民革命军,并将军事的政治的文化的教育提高一步,造成抗日战争中的模范兵团。(2)根据地改为全国的一个组成部分,实行新条件下的民主制度,重新编制保安部队,肃清汉奸和捣乱分子,造成抗日和民主的模范区。(3)在此区域内实行必要的经济建设,改善人民生活状况。(4)实行必要的文化建设。①

在新形势、新任务面前,红军按中央军委的指示,从政治思想、军事训练、组织整顿和根据地建设等方面,加强了部队建设,为迎接抗日民族战争作了重要准备。

---

① 《毛泽东选集》第一卷,第261页,人民出版社1991年版。

新时期的新情况、新任务和新政策,也产生了不少思想问题。如对于改编为国民革命军,就有相当多的红军将士在感情上接受不了,甚至产生抵触情绪。有的战士认为,参军就是为了打国民党反动派,打来打去,我们也成了国民党的军队。有的认为,蒋介石杀了我们多少共产党员和红军战士,这血海深仇如何能消,因而,中共中央和中央军委对红军广泛地进行了思想政治工作,不仅下发了大量指示和宣传材料,许多高级将领还亲自对部队进行教育。如刘伯承在给部队讲话中说:

> 我们共产党人要把祖国和人民的利益看作最高的利益。现在大敌当前,国家民族危在旦夕,我们要把主要矛头指向日本帝国主义。

> 对改编这件事需要从这样的高度来认识,服装和名称,那不过是形式,我们人民军队的本质是不会变的,红军的优良传统不会变,我们解放全中国的意志也不会动摇。①

经过教育和工作,红军广大指战员的政治觉悟有了很大提高,保证了全军基本顺利地实现由国内革命战争向抗日民族战争的转变。

为了适应即将到来的抗日民族斗争的需要和使红军成为抗日战争中的模范兵团,中共中央和中央军委采取了有力的措施,提高红军的军事、政治素质。首先,设立了军事研究委员会,毛泽东、朱德、林彪、萧劲光、李德为委员,朱德为主任。将红军大学改为抗日军事政治大学(简称"抗大"),以培养高素质的红军干部。毛泽东任抗大教育委员会主席,并经常和中央及军委领导人到校进行讲演或授课。抗大除轮训红军干部外,还大量吸收国民党统治区的爱国青年学生入校学习,培养了大批优秀的红军军政人才。从1936年秋至1937年抗日战争爆发,抗大培

---

① 《刘伯承传》,第150页,当代中国出版社1991年版。

养军政干部3 800多人。此外还举办了供给、卫生、摩托等专业学校,培养了一批军事专业人才。红军各部队有计划、有步骤地开展军事、政治、文化训练,掀起习文练武的热潮,并开展以投弹、刺杀、射击等战斗技术为内容的军事比赛,以演讲和测验政治知识为内容的政治比赛,以及文化、娱乐、体育的比赛等。与此同时,红军还进行了扩军和组织调整工作,精简机关和后勤人员,充实战斗部队。抗日战争爆发前,陕甘宁边区的主力红军和地方红军总数已达到7.4万人,拥有各种枪4万多支(挺)。

为巩固抗日后方和创建抗日模范区,红军除大力开展群众工作,广泛进行抗日宣传活动和对友军及地方上层人物进行统战工作外,还进行了肃清根据地内土匪的工作。红军以军事清剿为主,政治争取、瓦解为辅,在群众配合下,将原有的43股土匪大部肃清,共消灭、打散、驱逐土匪2 100多人,从而减轻了根据地内的匪患,保障了建设事业的实施,并消除了红军出师抗日的后顾之忧。

四　东北抗日游击战争

九一八事变爆发后,东北各阶层人民和部分爱国军人,如马占山、苏炳文、李杜、冯占海、丁超、唐聚伍、王德林、邓铁梅等,纷纷组织各种名义的抗日义勇军,对日作战。抗日义勇军一度发展至30多万人,但由于缺乏统一的领导和正确的政治方向,在日军的打击下,至1933年时,大部溃散,余部有的继续坚持,有的投降敌人。

1931年12月,中共中央政治局委员罗登贤至东北就任满洲省委书记。从1932年起,中共中央先后选派杨靖宇、赵尚志、周保中、赵一曼等到东北,一面创立党直接领导的抗日游击队,一面领导与援助各地抗日义勇军的斗争。至1933年初,相继建立了中共直接领导的巴彦、南满、海龙、东满、宁安、汤原、海伦、饶河、珠河、密山等游击队,还掌握了由救国军残部编成的抗日救国游击军、辽(宁)吉(林)边区军以及吉林反日工农义务队等部队。

1933年1月26日，中共中央指示满洲省委要加强党的领导，克服"左"倾关门主义，建立反日统一战线，扩大游击战争。满洲省委据此作出决定，以游击队为基础，组建东北人民革命军，从1933年下半年到1936年冬，相继成立了6个军：第一军，杨靖宇任军长兼政委，辖2个师1个教导团，共1600多人。第二军王德泰任军长，魏拯民任政委，辖4个团，共1000多人。第三军，赵尚志任军长，冯仲云任政治部主任，辖6个团，共1000多人；1935年11月，第二团团长王慧同、政委赵一曼（女）受伤被俘后英勇就义。第四军（东北抗日同盟军），李延禄任军长，何忠国任政治部主任（吴平任政委未到职），辖3个团，共1600多人。第五军（东北反日联合军），周保中任军长，胡仁任政治部主任，辖7个团，约1000多人，因战斗损失，1936年时为650人。第六军，夏云杰任军长，张寿筏（李兆麟）代政治部主任，辖4个团，共700人。这6个军总人数达6000余人。在东三省50多个县境，东北人民革命军进行了数百次战斗，打破日伪军的多次讨伐，成为坚持抗日游击战争的中坚力量，为进一步开展东北抗日游击战争打下了良好的基础。

　　1936年1月下旬，活动在北满的抗日部队领导人在汤原举行联席会议，根据中共《八一宣言》的精神，决定成立东北民众反日联合军临时政府。会后，成立了东北抗日联军总司令部（后改为北满抗日联军总司令部），赵尚志为总司令。2月20日，中共驻共产国际代表团以东北抗日部队领导人的名义，发表了《东北抗日联军统一军队建制宣言》。此后，东北地区各抗日部队相继改编为抗日联军。东北抗日游击战争日益高涨。1936年春，东北人民革命军第一军和第二军先后改编为抗日联军第一军和第二军，军的主要领导人未变，各辖3个师，约3000多人。6月间，两军组成第一路军，杨靖宇任总司令兼政委，王德泰任副司令。第一路军在南满、东满地区活动，进行过多次伏击、袭击战，其中第二军发展至6000人，但9月间在抚松县西岗战斗中，军长王德泰不幸牺牲。第三、第四、第五、第六军依次改编为抗日联军第三、第四、第五、第六军，在北满地区坚持斗争。各军主要领导人有少数变动：第四军军长李延禄调关内工作，李延平继任军长；第五军政治部主任改为宋一夫；第六军军长夏云杰在战斗中不幸牺牲，戴洪滨任军长。至抗日战争爆发前，第三军已发展至6 000多人，第四军2 000多人，第五军3 000多人，第六军2 000多人。1936年11月，第四军第二师在饶河地区扩编为抗联第七军，发展至1 000多人。

除了中共直接领导的上述7个军外，还有一些抗日武装，在中共的团结争取下，也先后加入了抗日联军的战斗序列。原依兰县土龙山民众自卫军改编为抗联第八军，谢文东任军长，刘曙华任政治部主任；吉林自卫军余部改编为抗联第九军，李华堂任军长，李熙山任政治部主任，东北反满抗日义勇军改编为抗联第十军，汪雅臣任军长；另有勃利县驼腰子金矿工人反日义勇军改编为抗联独立师，祁致中任师长，金正国任政治部主任，后扩编为第十一军。到1937年7月，东北抗日联军发展至11个军，总计3万余人。

第六章 全面抗战爆发 抗日民族统一战线形成

第一节 七七事变 日本全面侵华

一 日本侵略中国蓄谋已久

日本帝国主义侵略中国蓄谋已久。早在16世纪末期,日本太政大臣丰臣秀吉就拟订了以"灭朝鲜、侵中国"为核心的大陆扩张构想,其后,日本维新运动的先驱者吉田松阴,更提出"善蓄国力,征服易取之朝鲜、满洲、中国"①等的主张。

1868年明治维新之后,日本开始发展资本主义和建立军国主义,1887年日本参谋本部即拟订了《清国征讨策案》,将征服中国列上议事日程。该策案预定的战后处置方针是"分割十八省,满洲另立一国,划出西藏、蒙古,均分其力"②。山县有朋任首相后,将向大陆扩张的大陆政策定为国策,列为明治政府的首要任务。日本《清国征讨策案》曾规定"自本年(1887年)起,以五年为准备之期,然后待可乘之机而攻击之"。果然在七年之后的1894年,日本军国主义即挑起了侵略中国的甲午之战。

经过1894年至1895年的甲午战争、1904年至1905年的日俄战争和1914年至1918年的第一次世界大战,日本发展为帝

---

① 藤田省三:《日本思想大系54 吉田松阴》,第193页,东京,1982年版。
② 山本四郎:《小川又次稿〈清国征讨策案〉(1887年)》,转引自沈予《日本大陆政策史》,第36页,社会科学文献出版社2005年版。

国主义列强之一,强烈要求海外市场和殖民地。

1927年田中义一任首相,他是侵略中国的积极鼓吹者,认为"向大陆扩张乃是日本民族生存的首要条件","利用中国资源是日本富强的唯一方法"①。当年,他在东京召开了有陆海军首脑、关东军司令官、驻中国使领和外务省等有关人员参加的"东方会议",制定了以"满蒙分离政策"为核心的《对华政策纲领》,把攫取中国东北定为"大陆政策"新阶段,并准备以武力付诸实施。

1931年9月18日,日本侵略军按照预定的计划,进攻沈阳,制造了九一八事变,接着占领了辽宁、吉林、黑龙江三省,并成立了"满洲国",拉开了第二次世界大战的序幕,从而引起国际形势的重大变化。

1932年1月28日,日本侵略军又在上海发动了一·二八事变,遇到中国第十九路军和第五军的坚强抵抗。

1936年2月26日,日本发生军事政变,虽然仅仅四天即被镇压下去,但3月初上台的广田内阁,从组织机构到人事安排及施政纲领,完全听命于军部。"军部事实上夺取了日本的中央政府",内阁成为"军部的傀儡"。② 日本天皇制的法西斯体制至此确立。日本遂加快了扩军备战及全面侵华的步伐。

二 日本制造卢沟桥事变

1937年7月7日夜,日军一部在卢沟桥附近借军事演习为名,向中国驻军挑衅,并以一名士兵失踪为借口,要求进入宛平县城搜查。日方的无理要求遭到中方拒绝。当双方交涉还在进行时,日军即向卢沟桥一带中国驻军发动进攻,并炮轰宛平城。中国守军第二十九军第三十七师第一一一旅第二一九团官兵奋起抵抗。史称卢沟桥事变,又称七七事变。

七七事变爆发后,7月8日,日本陆军大臣杉山元大将立即

---

① 高仓撤一:《田中义一传记》上卷,第548页,东京,1981年版。
② 重光葵:《昭和之动乱》,载《重光葵著作集》,第51页,东京,1978年版。

命令京都以西各师团准备复员的4万人延期复员；海军中央部亦迅速命令在台湾演习的第三舰队驶去上海准备作战。

7月11日，日本内阁会议决定先由满洲和朝鲜增派2个师团，尔后再由日本国内派出3个师团向华北增兵，并发表了《关于增兵华北的声明》，说"已下重大决心，决定采取必要的措施，立即增兵华北"①。7月中旬，日本军部在大力增兵华北的同时，积极谋划将战争扩大为全面对华战争。新任中国驻屯军司令官香月清司中将抵天津后，即向陆军中央部报告了今年行动计划：占领平津地区后，进至保定、马厂之线，尔后将战线推进至石家庄、德州一线，并向第二十九军提出进一步的要求。如果中方不接受，"其结果将变成全面的战争"。②

与此同时，日本参谋部也制定出《在华北使用兵力时对华战争指导纲要》，规定对华战争分为两个阶段。第一阶段，约用两个月时间，击溃第二十九军，根本解决华北问题；第二个阶段，如事变不结束，预计用三四个月的时间与中国中央军作战，"覆灭排日、抗日的根源的中央政权，通过全面战争，根本解决日中间的问题。"③7月16日，日本第三舰队司令长官长谷川清提出《对华作战用兵之意见》，建议"欲置中国于死地，以控制上海及南京最为重要"，应派陆军5个师团进行华中作战，确保上海，攻占南京，使现中国中央政府屈服。④ 7月19日，日本参谋本部制定《中央统帅部对华作战计划》，决定"以一部兵力在青岛、上海附近作战"，将战线扩大到华中方面去。

8月10日，日本海军省以大山事件⑤为借口，先行派遣巡洋

---

① 《日本外交年表与主要文书》下，第365—366页。
② 日本防卫厅防卫研修所战史室：《中国事变陆军作战》(1)，第179—180页，东京，1975年版。
③ 臼井胜美、稻叶正夫编：《现代史资料》卷九，第17—18页，东京，1964年版。
④ 参见日本防卫厅防卫研修所战史室《中国事变陆军作战》(1)，第186页，东京，1975年版。
⑤ 1937年8月9日，驻上海的日本海军陆战队第一中队中队长大山勇夫中尉偕斋藤与藏一等兵，驾驶汽车至虹桥军用机场，强行越过警戒线闯入机场侦察，门卫制止无效，守卫机场的哨兵为保卫机场安全，与之发生冲突，将两人打死。

舰和驱逐舰21艘、海军陆战队员3000名至上海。12日，近卫内阁会议决定向上海派遣陆军2个师团。8月13日遂爆发了八一三上海事变。

卢沟桥事变和上海事变，标志着日本的全面侵华和中华民族全面抗战的开始，抗日烽火遂在全国遍地燃烧起来。

第二节 抗日民族统一战线正式形成

西安事变和平解决后，蒋介石在国内外形势压力下，基本上停止了对红军的进攻。中共中央及时把对国民党的政策，由"逼蒋抗日"转变为"联蒋抗日"。为了促成抗日民族统一战线的正式建立，国共两党领导人进行过多次谈判。

1937年2月12日至3月15日，周恩来、叶剑英与顾祝同、贺衷寒、张冲在西安进行了第一次谈判；3月下旬至4月初，周恩来、潘汉年与蒋介石、张冲在杭州举行了第二次谈判；6月，周恩来到庐山与蒋介石、宋子文、张冲等举行第三次谈判；7月中旬至下旬，周恩来、博古、林伯渠在庐山与蒋介石、邵力子、张冲进行了第四次谈判；8月，周恩来、博古、叶剑英在南京与蒋介石、康泽、张冲进行了第五次谈判；9月，博古、叶剑英与蒋介石、康泽在南京进行了第六次谈判。在六次谈判中，共产党代表采取积极态度，既坚持原则，也作了重大让步，对第二次国共合作实现起了重大作用。

国共两党谈判的焦点主要围绕三个方面：

关于红军改编问题，主要是红军编制人数、设立总指挥部、红军驻地与抗日战场及给养等问题。国民党企图收编红军，只许红军保留3000至5000人，由于中共坚持反对，后放宽为2个师8个团，总人数为1.5万人。不许设总司令部，只同意设立政训处，并要向各师、旅、团、营、连派副职人员。中共代表在谈判中，坚持了党绝对领导红军的原则，坚持编3个正规师，4.5万人,在3个师以上设某路军总司令部等。

关于边区政府问题,实质上是政权问题。共产党提出的方案是：将苏区改为特区,受国民政府指导,行政人员实行普选后由南京政府任命；边区政府设民政、建设、教育、农工、财政五厅,直接隶属行政院。国民党的方案是：边区政府主席由国民党派人担任；边区政府机构只同意设处,不许设厅,隶属于陕西省。这个问题在谈判中一直未能达成协议,只是在抗战爆发后国民党才承认边区。

关于国共合作组织形式问题,实质上是共产党的地位问题。共产党提出建立民族联盟,实行党内合作形式。国民党反对此案,提出成立国民革命同盟会,蒋介石为主席,有最后决定权。共产党原则同意这个主张,但要求先确定共同纲领,再由双方推选同等数目的干部组成最高会议,主席可依据共同纲领有最后决定权,违背了共同纲领任何一方均可拒绝。共产党坚持独立自主原则,否定了国民党一党独裁政体原则。组织形式问题未达成协议。

国共两党领导人直接谈判,促成了第二次国共合作的实现。最主要结果是解决了军队问题,实现了军事合作。

国共两党在谈判过程中,七七事变爆发。为了促成国共合作共同抗战,卢沟桥事变的第二天,中共中央发出《中国共产党为日军进攻卢沟桥通电》,明确号召全国同胞、政府和军队,"团结起来,筑成民族统一战线的坚固长城,抵抗日寇的侵略!"为促进国共两党实现团结抗日,中共代表周恩来等再上庐山,于7月15日向蒋介石递交了《中共中央为公布国共合作宣言》。8月9日,周恩来、朱德、叶剑英赴南京参加国防会议,并继续与国民党谈判。8月13日日军进攻上海,威胁到国民党首都南京时,国民党才答应共产党的条件。

8月19日,双方达成红军改编为国民革命军第八路军的协议。蒋介石同意设总指挥部,统辖3个师,国民党在各师部队不再派副师长到副排长等人员,只向3个师和八路军总部各派一名联络参谋。8月22日,国民党政府正式发布命令,任命朱德、彭德怀为国民革命军第八路军正、副总指挥。

关于边区政府长官的人选问题,因双方未达成协议,中共中央自行决定由林伯渠任主席。9月6日,陕甘宁苏维埃政府改为陕甘宁边区政府。

9月21日,博古、叶剑英和蒋介石、康泽、张冲在孔祥熙公馆里会谈,蒋介石同意发表《中共中央为公布国共合作宣言》。22日,在中共中央宣言公开发表的同时,蒋介石发表《对中国共产党宣言的谈话》,实际上承认了共产党的合法地位。中共中央的宣言和蒋介石的谈话,标志着以国共合作为基础的抗日民族统一战线的正式形成。

抗日民族统一战线的正式建立,具有极其重要的历史意义。"这在中国革命史上开辟了一个新纪元。这将给予中国革命以广大的深刻的影响,将对于打倒日本帝国主义发生决定的作用。"①

第三节 全面抗战路线和战略方针

正确的抗战路线和战略方针,是取得抗战胜利的根本保证。抗日民族统一战线正式建立以后,围绕着怎样抗战和夺取抗战胜利的问题的争论,集中表现为片面抗战和全民抗战两条不同的抗战路线和战略方针。

为了使全党和红军适应全国性抗战开始后的新形势,制定正确的抗战路线和战略方针,1937年8月22日至25日,中共中央在陕北洛川县冯家村召开政治局扩大会议(即洛川会议)。参加会议的有政治局委员和八路军主要将领共22人。会议由张闻天主持,毛泽东作军事问题和国共关系问题的报告。

会议通过了《中央关于目前形势与党的任务的决定》。该决定指出:中国的抗战是一场艰苦的持久战。争取抗战胜利的关键,在于使已经发动的抗战发展为全面的全民族的抗战。会议

---

① 《毛泽东选集》第二卷,第364页,人民出版社1991年版。

制定并通过了《中国共产党抗日救国十大纲领》：1. 打倒日本帝国主义；2. 全国军事的总动员；3. 全国人民的总动员；4. 改革政治机构；5. 抗日的外交政策；6. 战时的财政经济政策；7. 改良人民生活；8. 抗日的教育政策；9. 肃清汉奸卖国贼亲日派，巩固后方；10. 抗日的民族团结。这十大纲领是中国共产党在抗日战争时期的基本政策。

会议分析了中日战争敌强我弱的形势，指出了抗日战争是艰苦的、长期的，确定了持久战的战略总方针。会议确定八路军的战略方针是独立自主的山地游击战争，包括有利条件下集中兵力消灭敌人兵团，以及向平原发展游击战争，但着重山地。独立自主是相对的，是在共同抗日的统一战略目标下的独立自主的指挥；着重于山地，是考虑便于创造根据地，建立起支持长期作战的战略支点。①

会议决定组成中共中央革命军事委员会（简称"中央军委"）。中央军委由毛泽东、朱德、周恩来、彭德怀、任弼时、张浩、叶剑英、林彪、贺龙、刘伯承、徐向前11人组成；毛泽东为军委书记（亦称"主席"），朱德、周恩来为副书记（亦称"副主席"）。中央政治局常委会还决定设立中央军委前方军分会。新的中央军委的成立，加强了党对军事工作的领导。

洛川会议是中国共产党在抗日战争刚开始的历史转折关头召开的一次重要会议。会议制定了全面抗战路线，确定了坚持持久抗战的战略总方针，并规定了人民军队深入敌后的战略任务和作战方针，为争取抗战最后胜利指明了具体道路。

1938年5月，毛泽东发表了《论持久战》，总结抗战以来的经验，深刻揭示了中国经过持久抗战取得最后胜利的客观根据，科学地预见到抗日战争将经过战略防御、战略相持和战略反攻三个阶段。《论持久战》是中国共产党指导抗日战争的纲领性文件，同时对全国抗战的战略指导也产生了影响。

---

① 参见中共中央党史研究室编《中国共产党历史》第一卷下册，第601页，中共党史出版社2002年版。

第四节　红军主力改编为八路军

抗日战争全面爆发后，中国共产党高举抗日救国的旗帜，积极促使国民党实行国共两党合作抗日的政策。1937年7月9日，红军通电请缨开赴华北前线抗战，并于7月14日宣布"以军为单位改组为国民革命军编制"，进行自行改编。7月15日，中共中央向国民党送交的《中国共产党为公布国共合作宣言》中又重申："取消红军名义及番号，改编为国民革命军，受国民政府军事委员会之统辖，并待命出动，担任抗日前线之职责。"①同日，朱德在《实行对日抗战》一文中又表示：

> 红军的职志是抗日救国，是彻底地为民族解放，是实现真正独立自由的民主共和国。为了这个神圣任务的实现，他愿意放弃十年来有着光荣声誉的"红军"这个名字，改编为国民革命军，服从中央政府的指挥，以便在中央政府的领导下无阻碍无隔阂地实现全国上下一致的对日抗战！②

7月17日，中共代表周恩来、博古、林伯渠就红军改编问题，同国民党在庐山又进行了谈判。但是，由于蒋介石仍要把军权掌握在他手中，坚持改编后在3个师以上不设指挥总部，3个师的参谋长也由南京派，政治部主任则要由周恩来、林伯渠等非军人担任等。周恩来等"力争无效"后，只得返回南京"暂观时局变化"。③

7月27日，蒋介石电催中共照庐山所谈在10日内改编完毕，以便南京发表3个师的番号及各师、旅、团长及政治主任名单。中共中央于28日明确表示：

---

① 《周恩来选集》上卷，第77页，人民出版社1980年版。
② 中共中央文献研究室、军事科学院编：《朱德军事文选》，第263—264页，解放军出版社1997年版。
③ 参见1937年7月21日《博、林、周致洛、毛电》，原件存中央档案馆。

(一)八月十五日编好,二十日出动抗日。

(二)三个师以上必须设总指挥部,朱正彭副,并设政治部,任弼时为主任,邓小平为副主任(不要康泽),以便指挥作战。

(三)三个师四万五千人。另地方一万人,设保安正副司令,高岗为正,萧劲光为副,军饷照给。

(四)主力出动后集中作战,不得分散。

(五)担任绥远方面之一线。①

中共中央同时决定:"不管南京承认与否,必须实行在军委领导下的全权指挥。"②

1937年8月25日,中共中央军事委员会颁布了红军改编为国民革命军第八路军的命令。命令说:

南京已经开始对日抗战,国共两党合作初步成功。为着实现共产党中央给国民党三中全会红军改名之保证,使红军成为抗日民族战争的模范,推动这一抗战成为全民族的抗日革命战争,以争取最后的彻底胜利,特依据与国民党及南京政府谈判结果,宣布红军改名为国民革命第八路军。③

命令宣布:将红军前敌总指挥部改为第八路军总指挥部,以朱德为总指挥,彭德怀为副总指挥,叶剑英为参谋长,左权为副参谋长;总政治部改为八路军政治部,以任弼时为主任,邓小平为副主任。命令最后强调:

各师改编为国民革命军后,必须加强党的领导,保持和发挥十年斗争的光荣传统,坚决执行党中央与军委会的命令,保证红军在改编后成为共产党的党军,为党的路线及政策而斗争,完成中国革命之伟大使命。④

---

① 《毛泽东军事文集》第二卷,第18页,军事科学出版社、中央文献出版社1993年版。
② 军事科学院编:《毛泽东军事年谱》,第191页,广西人民出版社1994年版。
③④ 《毛泽东军事文集》第二卷,第35页,军事科学出版社、中央文献出版社1993年版。

八路军所属各师的编成和主要领导干部配备如下：第一一五师，由红军第一方面军第一、第十五军团和第七十四师编成。师长林彪，副师长聂荣臻，参谋长周昆，政训处主任罗荣桓，副主任萧华。下辖第三四三旅，旅长陈光，副旅长周建屏，辖第六八五、第六八六团；第三四四旅，旅长徐海东，辖第六八七、第六八八团；另辖独立团、教导大队、骑兵营、炮兵营和辎重营。全师约1.55万人。

第一二〇师，由红军第二方面军第二、第六、第三十二军团和陕北红军第二十七、第二十八军，独立第一、第二师，赤水警卫营及总部直属队一部编成。师长贺龙，副师长萧克，参谋长周士第，政训处主任关向应，副主任甘泗淇。下辖第三五八旅，旅长张宗逊，副旅长李井泉，辖第七一五、第七一六团；第三五九旅，旅长陈伯钧，副旅长王震，辖第七一七、第七一八团；另辖教导团、特务营、骑兵营、工兵营和辎重营。全师约1.4万人。

第一二九师，由红军第四方面军第四、第三十一军和陕北红军第二十九、第三十军，独立第一、第二、第三、第四团及第十五军团骑兵团编成。师长刘伯承，副师长徐向前，参谋长倪志亮，政训处主任张浩（1942年病逝），副主任宋任穷。下辖第三八五旅，旅长王宏坤，副旅长王维舟，辖第七六九、第七七〇团；第三八六旅，旅长陈赓，副旅长陈再道，辖第七七一、第七七二团；另辖教导团、特务营、骑兵营、炮兵营、工兵营和辎重营。全师约1.35万人。

八路军总指挥部（简称"八路军总部"）及直属部队3 000余人。全军约4.6万人。

8月29日，朱德、彭德怀向全国发表就任八路军总指挥和副总指挥的通电，称："日寇进攻，民族危急，敝军请缨杀敌，义无反顾。兹幸国共两党重趋团结，坚决抗战，众志成城"，愿"追随全国友军之后，效命疆场，誓驱日寇，收复失地，为中国之独立、自由、幸福而奋斗彻底！"①

为了加强共产党对八路军的绝对领导，1937年8月29日，中共中央书记处作出决定：在红军改编为国民革命军，主力开赴抗日前线的情况下，中央决定前方设党的军委分会，以朱德、彭

---

① 金冲及主编：《朱德传》，第402页，人民出版社、中央文献出版社1993年版。

德怀、任弼时、张浩、林彪、聂荣臻、贺龙、刘伯承、关向应等九人组成。朱德为书记,彭德怀为副书记,受中央军委统辖。八路军各师成立军政委员会。第一一五师由林彪、聂荣臻、罗荣桓、周昆、萧华组成,林彪为书记;第一二○师由贺龙、关向应、萧克、甘泗淇、王震组成,贺龙为书记;第一二九师由刘伯承、张浩、徐向前、陈赓、王宏坤组成,刘伯承为书记。各军政委员会均受军委分会统筹。军委分会及军政委员会系党内组织,对党外保密。

红军主力改称八路军,名称虽然改变,但性质不变,仍然是中国共产党独立领导的人民军队。红军主力改编为八路军,是国共两党合作实现全民族抗战的重要步骤,是中国共产党的一项战略决策。历史证明,改编为八路军后,红军取得了合法地位,既便于同国民党军配合作战,又利于在敌后放手发动群众,发展部队,创建抗日根据地,开展游击战争,坚持持久抗战。

第八路军战斗序列表(1937年8月25日)

总　指　挥　朱德
副总指挥　彭德怀
参　谋　长　叶剑英
政治部主任　任弼时
副参谋长　左权
政治部副主任　邓小平

第一一五师	第一二○师	第一二九师	特务团	八路军后方总留守处
师长	师长	师长	团长	主任
林彪	贺龙	刘伯承	韦杰	萧劲光

说明:1. 根据国民政府军事委员会1937年9月11日电令,第八路军番号改为第十八集团军,总指挥、副总指挥改称为总司令、副总司令。

2. 1937年10月,根据中共中央命令,八路军恢复政治委员制度,政训处改为政治部,聂荣臻、关向应、张浩分别任第一一五、第一二○、第一二九师政治委员。1938年1月,邓小平接替张浩任第一二九师政治委员。

3. 八路军留守陕甘宁边区之各师独立营及第七一八团,于1937年10月分别编为警备第一至第八团,归后方总留守处指挥。1937年12月,总留守处改为留守兵团。

第五节　南方红军游击队改编为新四军

1937年7月,中共中央代表周恩来等赴庐山与蒋介石谈判时,曾提出南方红军游击队的改编问题。8月初,周恩来在上海会见了刚从澳门返沪请缨抗战的北伐名将叶挺。考虑到叶挺此时既不是中共党员,也非国民党员,也许是蒋介石能接受的领导南方红军游击队合适人选,周恩来便提出由叶挺参加改编南方红军游击队的初步设想,并示意叶挺可在适当时候向陈诚、张发奎等表示愿意领导这支队伍,并通过他们争取蒋介石的同意。

9月,国共两党就统一整编南方红军游击队为一个军,开赴华中抗战达成协议。此时,淞沪抗战正烈,叶挺找到正在上海指挥作战的第三战区前敌总指挥陈诚,向他表明希望参加改编南方的红军游击队,并建议成立一支名为"国民革命军新编第四军"的正规部队共同抗日。陈诚听了表示同情,答应由他出面向蒋介石疏通推荐。叶挺之所以提议改编后的部队称为新四军,主要缘于对北伐战争时期第四军的深厚感情,意在表示继承北伐战争具有铁军称号的"老四军"的传统和国共两党的再次合作。蒋介石采纳了陈诚的保荐,没有征得中共中央的同意,便于9月28日由国民政府军事委员会铨叙厅发出通报,宣布经委员长核定,"任命叶挺为新编第四军军长"[①]。10月12日,国民政府军事委员会宣布:南方红军游击队改编为国民革命军陆军新编第四军(1939年,新四军确定10月12日为新四军诞生纪念日)。

鉴于当时情况复杂,中共中央和毛泽东对于叶挺担任军长采取了慎重态度,多次致电在南京的博古和叶剑英了解叶挺对中共的路线政策持何种态度,并询问"叶挺是否愿意恢复党籍,

---

[①] 段雨生等:《叶挺将军传》,第271页,解放军出版社1989年版。

或完全接受党指导,而不受国民党干涉;是否愿意来延安或八路军总部接洽一次。"①10月21日,博古、董必武、叶剑英电告张闻天、毛泽东:叶挺声明"完全接受共产党的领导,并愿意来延安面谈"②。

10月下旬,叶挺离开南京,途经武汉、西安,于11月3日到达延安。中共中央领导人毛泽东等热情设宴迎接叶挺,多次进行广泛交谈,并陪他到抗大、党校等地参观。在毛泽东亲自主持的欢迎大会上,叶挺坚决表示:"今后一定遵照共产党所指示的道路,在党中央的领导下,坚决抗战到底。"③为此,中共中央军委同意并正式宣布叶挺任新四军军长。11月9日,叶挺离开延安,12日抵达武汉。13日,叶挺第一次以新四军军长的身份公开对报界发表谈话,揭露日本帝国主义侵略中国的罪行。接着,叶挺又去南京,21日会见蒋介石,协商新四军的编制及任务。11月下旬,叶挺回武汉,在太和街26号筹建新四军军部。

为了壮大抗日力量,叶挺四出奔走,多方联系,在南昌、粤东、闽西、广州和香港、澳门等地,募集经费,筹集武器、药品,并动员拥护抗日民族统一战线,愿意为抗战出力的国民党退役军官、无党派人士、医生、文化工作者及其他知识分子,参加新四军的工作。

为了尽快把分散在南方8省15个地区的红军游击队集中改编成新四军,项英、陈毅等也积极进行筹划。1937年9月下旬,项英、陈毅在南昌与熊式辉谈判达成协议后,以中共苏区中央分局书记项英的名义发表了《告南方游击队公开信》,要求各游击队立即集中,听候改编,为抗击日本侵略,争取民族解放而战斗。项英、陈毅根据中共中央的指示,积极组织对南方各地红军游击队的联络和下山改编工作。

11月7日,项英奉命到达延安,和正在延安的叶挺第一次见

---

① 杜虹主编:《新四军军史珍典》,第13页,党建读物出版社2005年版。
② 杜虹主编:《新四军军史珍典》,第14页,党建读物出版社2005年版。
③ 段雨生等:《叶挺将军传》,第273—274页,解放军出版社1989年版。

面,一起商谈了新四军的组建问题。接着,项英参加了12月召开的中共中央政治局会议,在会上作了《三年来坚持的游击战争》的发言,并汇报了南方红军游击队改编为新四军的筹备情况。12月14日,中共中央政治局会议作出决定:成立中共中央东南分局和中共中央革命军事委员会新四军分会,以项英、曾山、陈毅、黄道、方方、涂振农为中共中央东南分局委员,项英为书记,曾山为副书记。军分会主要做新四军的工作,以项英、陈毅、张鼎丞、曾山、黄道为委员,项英为书记,陈毅为副书记。

12月23日,项英到达武汉,与叶挺等商讨和部署新四军的组编工作。25日召开了新四军干部大会,出席的除叶挺、项英等主要领导人外,还有部分游击区的主要领导人,中共中央派来的第一批干部如赖传珠、李子芳等,叶挺动员来新四军工作的军事、医务人员和文化工作者如朱克靖、叶辅平、沈其震等,共50余人。会上,叶挺、项英就抗日战争形势和新四军的任务讲了话。这次会议标志着新四军军部的成立。

12月27日,项英就新四军的编制和主要干部的配备致电毛泽东、张闻天。28日,中共中央批准新四军四个支队编制和支队以上干部人选。后经国民政府军事委员会核定,先后任命项英为副军长,张云逸为参谋长,袁国平为政治部主任,周子昆为副参谋长,邓子恢为政治部副主任。四个支队的主要干部是:第一支队司令员陈毅,副司令员傅秋涛;第二支队司令员张鼎丞,副司令员粟裕;第三支队司令员张云逸(兼),副司令员谭震林;第四支队司令员高敬亭。

新四军军部于1938年1月6日从武汉移驻南昌,司令部各处、科,政治部的各部、科陆续健全起来。主要干部是:司令部参谋处处长赖传珠,军法处处长李一氓,副官处处长黄序周,军需处处长叶辅平,军医处处长沈其震;政治部秘书长黄诚,组织部部长李子芳,宣传部部长朱镜我,民运部部长邓子恢(兼),敌工部部长林植夫,战地服务团团长朱克靖。稍后,教导总队成立,队长由周子昆兼任。

新四军军部和四个支队组成后,即对南方各省游击队实施编组。1938年2月6日,新四军接国民政府军事委员会和第三战区命令,要第一、第二、第三支队集中皖南歙县岩寺镇一带整训。为此,军部立即制订方案,规定各部队集中的时间、路线、地点,并命令部队分头并进,兼程前往。第四支队于2月中旬在湖北黄安县七里坪成立后,3月8日召开东进誓师大会,中旬到达皖西霍山县流波疃会合。军部于4月4日离开南昌,5日进驻岩寺。

各支队及所属各团的组成和集中情况是:

第一支队第一团主要由湘鄂赣边红军游击队改编组成,团长傅秋涛(兼),副团长江渭清;从湖南平江县嘉义出发,3月初到达岩寺西北的潜口。第二团主要由湘赣边、赣粤边、皖浙赣边、湘南红军游击队改编组成,团长张正坤,副团长刘培善;2月分别从江西莲花县垄上、大余县池江、浮梁县(景德镇市)瑶里出发,3月到达岩寺。

第二支队第三团主要由闽西、汀瑞红军游击队改编组成,团长黄火星,副团长邱金声;3月1日从福建龙岩县白土出发,4月初到达潜口。第四团主要由闽粤边、闽西、浙南红军游击队改编组成,团长卢胜,副团长叶道志;闽粤边红军游击队和闽西红军游击队从白土出发,浙南红军游击队从浙江平阳县山门镇出发,行军一个多月,4月中旬到达岩寺。

第三支队第五团主要由闽北红军游击队改编组成,团长饶守坤,副团长曾昭铭;2月25日从江西铅山县石塘镇出发,4月初抵达岩寺。第六团主要由闽东红军游击队改编组成,团长叶飞,副团长阮英平(后吴焜);2月14日从福建宁德县的桃花溪出发,3月下旬到达岩寺。

第四支队于2月中旬在湖北黄安(红安)县七里坪正式成立,下辖第七、第八、第九团和手枪团。第七团主要由红二十八军第二二四团第一营、部分便衣队和新兵改编组成,团长杨克志,政治委员曹玉福。第八团主要由鄂豫边红军游击队改编组成,团长周骏鸣,政治委员林恺。第九团主要由红二十八军第八十二师特务营、鄂东北独立团、部分便衣队和新兵改编组成,团

长顾士多,政治委员高志荣。手枪团主要由红二十八军手枪团、部分便衣队和新兵改编组成,团长詹化雨,政治委员汪少川。中旬大部抵达流波疃,下旬全部会齐。

军部特务营由湘南、闽中的红军游击队改编,也在稍后到达皖南。

新四军集中整编后,辖4个支队,10个团,1个特务营,全军共1.03万余人,6 200余支枪。部队人数不多,装备落后,但绝大部分人员是三年游击战争中保存下来的精华,还有一批中共中央派来的经过长征的红军干部。仅在两个月的时间内,分散在8个省15个地区40多个县的红军游击队,胜利完成了下山任务,集中整编为新四军。从此,新四军这支人民武装,在中国共产党的领导下,在抗日战争的烽火中,由小到大,由弱到强,后来发展成为坚持华中敌后抗战的主力军。

第七章 八路军、新四军开赴抗日前线

第一节 八路军出师华北和平型关大捷

一 东渡黄河 挺进前线

八路军改编后,即待命出师抗日前线。早在卢沟桥事变爆发后,7月9日,抗日红军将领彭德怀、贺龙、刘伯承、林彪、徐向前、叶剑英等即向国民政府领导人发出请缨杀敌通电。通电说:红军"以抗日救国为职志,枕戈待旦,请缨杀敌,已非一日",当此华北危急存亡之紧要关头,我全体"红军愿即改名为国民革命军,并请授命为抗日前锋,与日寇决一死战。"①

由于蒋介石对红军改编问题没有正确态度,迟迟不下正式命令,中共中央为了民族和人民利益,顾全大局,促使红军尽早出师抗日,于7月13日在延安召开军民动员大会。毛泽东在会上发表讲话,号召共产党员和红军指战员到抗日前线去。7月14日,中共中央军委主席团向红军各方面军、各军团、各军、各师、各团及军事学校发出了自行改编命令。命令指出:"日本大举向华北出兵,国家危急,第二十九军正在抗战,国民政府已调派援军,全国救亡运动正在奋起。我抗日红军有开赴前线增援友军,并配合友军消灭野蛮日军之任务。"命令要求红军各部队

---

① 何理等:《八路军事件人物录》,第1页,上海人民出版社1988年版。

"令到着即以军为单位,改组为国民革命军编制,同时增加抗日政治课程"①,进行军事训练。命令规定各军十天改编完毕后听候出动命令。

7月28日,日军向北平守军发动猛烈攻击,蒋介石即要红军迅速出动。为此,张闻天、毛泽东电告同国民党谈判的中共代表周恩来等,决定:"红军八月十五日改编好,二十日出动抗日。"促使蒋介石尽快答应红军改编原则。

8月6日,红军前敌总指挥部命令红军部队全部集中云阳地区待命,进行改编和开赴前线的准备工作。22日,红军改编为八路军的消息见报,朱德、彭德怀宣布就职,全国各界纷纷致电祝贺。9月1日,朱德、任弼时参加洛川会议后回到陕西省泾阳县云阳镇,彭德怀和周恩来一起去太原同阎锡山交涉八路军入晋抗战事宜。

这时,八路军第一一五师主力已于8月22日由陕西省三原地区誓师出征,于8月31日在韩城芝川镇渡黄河东进。9月3日,第一二〇师在陕西省富平县庄里镇誓师出动,随第一一五师之后北上。第一二九师作为第二批出动部队,9月16日移驻富平县,9月30日出发,开赴华北抗日前线。

9月4日,朱德、任弼时率八路军总部在陕西省泾阳县云阳镇的大操场,举行了红军改编为八路军出征到抗日前线的誓师大会。大会由八路军政治部副主任邓小平主持。全体指战员跟着朱德一字一句地高声复诵《八路军出师抗日誓师词》:

> 日本帝国主义,是中华民族的死敌,他要亡我国家,灭我种族,杀害我们父母兄弟,奸淫我们母妻姊妹,烧我们庄稼房屋,毁我们的耕具牲口。为了民族,为了国家,为了同胞,为了子孙,我们只有抗战到底!为了抗日救国,我们已奋斗了六年,现在,民族统一战线已经成功,我们改名为国民革命军,上前线去杀敌。我们拥护国民政府及蒋委员长领导

---

① 《走进中国人民革命军事博物馆》,第178页,兵器工业出版社2003年版。

全国抗日,服从军事委员会统一指挥,严守纪律,勇敢作战,不把日本强盗赶出中国,不把汉奸完全肃清,誓不回家。我们是工农出生,不侵犯群众一针一线,替民众谋利益,对革命要忠实,如果违反民族利益,愿受革命的制裁,同志的指责。谨此宣誓。①

随后大会宣布了《八路军三大纪律、八项注意》:

三大纪律:一、实行抗日救国纲领;二、服从上级指挥;三、不拿人民一点东西。八项注意:一、进出宣传;二、打扫清洁;三、说话和气;四、买卖公平;五、借物送还;六、损物赔偿;七、不乱屙屎;八、不杀俘虏。②

9月6日,八路军总部由朱德等率领从云阳镇出发东进。队伍中除总部机关外,还有随营学校的三个团和总部特务团。村里的群众和田间秋收的农民,热情地向八路军出征将士挥手致意,很多群众送茶水、鸡蛋、大红枣表示欢送。

9月16日,总部到达韩城的芝川镇。朱德、任弼时、左权、邓小平等搭乘同一条木船,在汹涌翻滚的波涛中乘风破浪,渡过了黄河。

八路军总部东渡黄河后,进入山西境内。朱德、任弼时等率部东进,步行200里到达侯马火车站。队伍高唱着抗日歌曲登上了火车。朱德和任弼时在沿途接待了各界爱国人士以及广大工人、农民和学生,并向欢迎的群众发表抗日鼓动演说,说明八路军就是原来共产党领导的红军,是人民的子弟兵,是坚决抗战、保护人民的队伍。八路军就这样一路宣传,于9月21日到达了太原。朱德、任弼时等在太原几乎没有停留,就乘汽车到五台山八路军总指挥部,开始指挥八路军各部队展开了新的战斗。

---

① 何理等:《八路军事件人物录》,第1页,上海人民出版社1988年版。
② 何理等:《八路军事件人物录》,第5页,上海人民出版社1988年版。

二　平型关首战告捷

　　1937年9月中旬,沿平绥铁路(北平至绥远,即今北京至包头的京包路)东段向西南推进的日军进入山西北部,并由大同向南进攻,迅速向内长城线逼近,企图突破平型关要隘,歼灭中国守军第二战区部队。到9月20日,日军已占领晋东北的广灵、浑源和灵丘等地,并进达晋北雁门关。在日军进攻下,晋北的国民党军已撤退到平型关、雁门关内长城一线。为了确保山西腹地,中国守军第二战区司令长官阎锡山决定集中兵力,在平型关、雁门关、神池内长城线组织防御,凭借长城天险阻击日军进入山西腹地。阎锡山致电八路军总部朱德称:"我决定歼灭平型关之敌,增加八个团兵力拂晓可到,希电林师夹击敌之侧背。"①

　　为配合友军作战,进驻五台县南茹村的八路军总部,按照中共中央调整战略部署的指示,令第一二〇师进至神池地区,从西面驰援雁门关;第一一五师进至平型关以西大营镇待机,准备迎击进犯平型关之敌。第一一五师经过侦察平型关方向的敌情、地形,获悉进攻平型关的日军约有1个旅团,平型关以东是群山连绵的谷道,两侧高地便于隐蔽队伍和伏击。

　　9月22日,日军第五师团第二十一旅团一部由灵丘向平型关进犯。23日,第一一五师在上寨召开连以上干部会议,进行战前动员。当夜,师部率主力进至平型关东南15公里的冉庄地区。24日,林彪师长和聂荣臻副师长组织各级指挥员进行现场勘察后,确定在平型关东北关沟至东河南村长约13公里的公路两侧高地设伏,利用有利地形,将进犯平型关之敌歼灭于峡谷之中。

　　战斗具体部署是:独立团和骑兵营插到灵丘、涞源、广灵之间地区活动,钳制和打击增援平型关之日军。第三四三旅两个

---

① 《中国现代政治史资料汇编》第3辑第4册,转引自军事科学院军事历史研究部《中国抗日战争史》中卷,第38页,解放军出版社1994年版。

团担任主攻：第六八五团占领关沟至老爷庙以东高地，截敌先头部队，协同友邻围歼公路之敌，并阻击由东跑池向老爷庙回援之敌；第六八六团占领小寨至老爷庙以东高地，分割歼灭沿公路开进之敌，尔后协助第六八五团向东跑池发起进攻。第三四四旅第六八七团占领西沟村、蔡家峪、东河南村以南高地，断敌退路，阻敌增援。第六八八团为师预备队，置于东长城、黑山村地域。为了隐蔽行动企图，第一一五师各部队于24日午夜利用夜色和暴雨进入伏击阵地，于拂晓前做好了各项战斗准备。①

25日拂晓，日军第五师团第二十一旅团部队乘汽车100余辆，附辎重大车200余辆，沿灵丘至平型关公路西进。7时许，日军全部进入我预伏地域。第一一五师抓住战机，立即命令开火，并乘敌混乱之机适时发起冲击。第六八五团迎头截击，歼敌先头一部，封闭了敌南窜之路；第六八七团将敌后尾部队分割包围于蔡家峪和西沟村之间，并抢占韩家湾北侧高地，切断了敌之退路。第六八六团于小寨至老爷庙之间，实施了突击，并令第二营冲过公路，迅速抢占了老爷庙及其以北高地，把日军压缩在峡谷之中。八路军指战员与敌短兵相接，展开白刃格斗。日军被四面包围，伤亡惨重，企图向北突围，拼命反扑，均被我击退。先期进占东跑池之敌一部试图回援老爷庙，亦被第六八五团所阻。

日军第五师团长板垣征四郎得知其部下将被围歼后，急令在蔚县的第二十一旅团和进至涞源的第九旅团各一部火速增援平型关，但遭到八路军第一一五师独立团、骑兵营的阻击。在蔡家峪以东和小寨以南的被围日军，在六架飞机的火力掩护下，再次猛攻老爷庙及附近高地，被八路军第六八六团击退。随后，第六八六团冲下公路，在第六八五团的协助下，将被围之敌歼灭。13时许，战斗胜利结束。当时黄昏，第三四三旅两个团迅速抢占了东跑池周围的高地，并向被包围在东跑池的日军

---

① 参见军事科学院军事历史研究部《中国抗日战争史》中卷，第39页，解放军出版社1994年版。

展开攻击。但是由于国民党军没有按计划出击,该敌由团城口突围逃窜。

平型关大捷,共打死日军精锐第五师团第二十一旅团1000余人,毁敌汽车100余辆,缴获步枪1000余支,机枪20余挺,九二式步兵炮1门,以及大批军用物资。"我军伤亡四百余人,内有副团长、副营长二三名。"①

平型关大捷,是八路军出师抗日前线打的第一个大胜仗,是全国抗战以来取得的第一个大胜利。这一胜利,具有重大意义。

在政治上,八路军首战告捷,威名天下扬,使全国人民看到了中华民族的希望所在,极大地鼓舞了全国军民斗志,增强了抗战胜利的信念,提高了共产党和八路军的声望。

在军事上,这是八路军首次集中较大兵力对日军进行的一次成功伏击战,有力地打击了日本侵略者的嚣张气焰。朱德指出:"平型关一战,首挫敌锋,打破了'日本所向无敌'的神话,奠定了我国人民持久抗战,争取胜利的信心。"②这一战斗,迟滞了敌军的进攻,有效地钳制了日军第五师团的行动,有力地支援了平汉路和同蒲路上友军的作战。

在舆论上,平型关的捷报立时传遍全国,在国内外造成重大影响。各界贺信、贺电达百余件之多。蒋介石于9月26日致朱德、彭德怀贺电中说:"二十五日一战,歼寇如麻。足证官兵用命,深堪嘉慰。尚希益励所部,继续努力,是所至盼。"③第二战区战地动员委员会主任续范亭著文称赞:

> 谨按平型关战役,八路军的大捷,其估价不仅在于双方死亡的惨重,而在打破了"皇军"不可战胜的神话,提高我们的士气。

---

① 《毛泽东军事文集》第二卷,第68页,军事科学出版社、中央文献出版社1993年版。
② 《朱德选集》,第115页,人民出版社1983年版。
③ 罗焕章、支绍曾:《中华民族的抗日战争》,第56页,军事科学出版社1994年版。

使日寇知道中国大有人在,锐气挫折,不敢如以前那样的长驱直进。忻口战役敌人未敢贸然深入,我军士气高涨,未尝不是平型关歼灭战的影响。①

第二节 积极配合友军作战

一 保卫忻口、太原作战

从1937年10月上旬至11月上旬,八路军在晋北积极主动地配合友军进行了忻口战役和太原保卫战。

10月初,晋北日军突破内长城防线,占领宁武、代县等地后,以一个师团又两个旅团以及其他部队一部,在第五师团师团长坂垣征四郎的指挥下,分左、右两翼,于10月10日从晋北向太原进攻,不日逼近忻口。在晋东方向,日军占领石家庄后,以1个师团主力和其他兵力一部沿正太路(石家庄至太原)向西进犯,以策应晋北之日军进攻太原。当时,国民党军集中了34个师又16个旅,共25万人参加保卫忻口和太原作战。在太原以北的战略要地忻口地区,部署了由第二战区前敌总指挥卫立煌指挥的13个师又2个旅;在忻口地区东、西两翼和太原纵深,部署了10个师又13个旅;在晋东娘子关地区,部署了由第二战区副司令长官黄绍竑指挥的11个师又1个旅。10月13日,日军对忻口发起猛烈攻击,国民党军与敌展开激烈的阵地争夺战。

为配合国民党军保卫忻口、太原作战,八路军总部令第一二〇师进至同蒲路西,与位于晋东北的第一一五师从东、西两个方向,攻击进攻忻口之日军的侧后方,断敌交通,袭击来往车辆、人马及机场、粮站。第一二〇师一部直接打击进攻忻口之敌,配合正面防御。第一二九师第七六九团担任侧击南犯忻口之敌的任

---

① 《聂荣臻回忆录》中册,第39页,解放军出版社1984年版。

务,该师主力进至正太路以南侧击由东向西进犯之敌。日军向忻口阵地发起进攻后,八路军在敌侧后方广泛开展了游击战。

按照八路军总部的部署,第一一五师于10月中旬在忻口东北方向积极作战,多次从侧后袭击敌军。10月15日,第三四四旅主力截击由灵丘方向驶来的日军汽车130余辆;独立团于广灵以南冯家沟设伏,歼灭日军100余人。第一一五师先后收复灵丘、广灵、浑源、繁峙、蔚县、唐县、曲阳等10座县城和平型关、紫荆关等要隘,多次切断了日军通向张家口和北平的交通线。

第一二〇师挺进晋西北后,立即在宁武、神池地区展开,从10月初起在敌侧后方连续战斗,先后袭扰井坪、宁武、原平、崞县,数次袭占雁门关,多次毁桥梁、断交通,迟滞了日军的行动。10月16日,第三五八旅和第三五九旅夹击大牛店之敌,给敌以沉重打击。10月18日,第三五八旅进抵雁门关以南黑石头沟地区,截击敌汽车250余辆,毙伤敌300余人,毁敌汽车20余辆;20日,攻占雁门关,破坏了广武至太和岭口间的公路数段;21日,在该地又截击敌运输车队,予敌以重大杀伤,并击退千余日军进攻;该旅还一度切断了雁门关至忻口的交通。第三五九旅于10月19日至11月2日,在王董堡、班政铺等地四次截击敌汽车200余辆,击毁50余辆,毙伤敌350余人。第一二〇师先后收复宁武、阳方口、平鲁、井坪、右玉等城镇,不时切断由大同至忻口的日军运输线,迫使敌人用飞机向前方运送弹药和给养。

对于第一一五师和第一二〇师的作战,卫立煌向蒋介石报告后,蒋介石于10月17日致电朱德、彭德怀:"贵部林师及张旅,屡建奇功,强寇迭遭重创,深堪嘉慰。"①电中所说"林师"是指林彪为师长的第一一五师,"张旅"指张宗逊为旅长的第一二〇师第三五八旅。

10月中旬,第一二九师第七六九团进至代县以南、滹沱河以东地区时,发现阳明堡有一个敌人机场,一批批飞机从这里起飞,轮番轰炸扫射忻口、太原。该团经过侦察,决定袭击敌机场。

---

① 中国第二历史档案馆编:《民国档案》1985年第2期,第34页。

10月19日凌晨,第七六九团以两个营的兵力担任阻援和保障任务,担任主攻的第三营乘夜暗潜入机场发起突然袭击,经过一小时激烈战斗,毁伤敌机20多架,歼灭敌警卫部队100余人。战斗中,指战员表现出了不怕牺牲、一往无前的革命精神,有的战士拉响捆绑在身上的集束手榴弹,与敌人、敌机同归于尽。该营在战斗中伤亡30余人,营长赵崇德壮烈牺牲。奇袭阳明堡敌机场的胜利,沉重打击了日军,使进攻忻口的日军一时失去了空中支援力量,同时迫使敌人以相当兵力加强其后方守备,从而振奋了抗日部队的士气。

晋北日军由于受到国民党军正面的顽强阻击,同时又受到八路军侧后的打击,进攻受阻。10月中旬,晋东方面日军以一个师团沿正太路西犯井陉、娘子关。10月下旬,日军继续增加兵力,进行猛烈攻击,晋东前线战况十分危急。为打击西犯日军的嚣张气焰,配合友军力保太原,八路军总部令第一二九师主力改向娘子关东南敌军侧后挺进,寻机歼敌;令第一一五师师部率第三四三旅由五台山地区驰援正太路作战。

10月22日至24日,第一二九师以袭击、伏击等战法,连续取得长生口、东石门、马山口等战斗的胜利,给进犯之敌以打击。10月25日,日军第二十师团一部经测鱼镇向平定进犯,其辎重部队约1000余人进至测鱼镇即行宿营。第一二九师师长刘伯承决定利用高山峡谷、道路曲折的有利地形,令第七七二团一部于敌必经之地七亘村设伏。26日,日军辎重部队进入伏击地域,伏击部队突然发起攻击,经两个小时激战,毙伤敌300余人,缴获大批军用物资,余敌退回测鱼镇。这时,刘伯承判断敌先头部队急需补给,其退回之辎重部队又无他路可走,必再经七亘村运送粮弹,遂令第七七二团再次于七亘村设伏。28日,日军400余人果然又掩护其辎重部队西进,当进入七亘村时,又被歼灭100余人。七亘村连续两次伏击战的胜利,表现了八路军指挥员的高超指挥艺术。第一二九师驰援娘子关作战,共毙伤日军1000余人。

第一一五师师部率第三四三旅于10月26日至30日赶到正太路以南地区,与第一二九师配合打击沿正太路及其南侧平行大道向榆次、太原进犯之敌。11月2日，日军第一〇九师团第一三五联队由九龙关向昔阳进犯。第一二九师第三八六旅在敌必经之地黄崖底设伏，并以小部队诱敌至伏击地域，毙伤敌300余人。4日，第一一五师第三四三旅在广阳以西松塔镇设伏，先放过敌第二十师团两个联队主力后，对其辎重部队突然发起攻击，并将敌分割成数段，经过四小时激战，全歼进入伏击地域之敌千余人，缴获骡马700余匹、步枪300余支和大量军用物资。7日，第一二九师第三八六旅及第七六九团又在广阳、户封地区设伏，当日军由沾尚镇西犯进入伏击地区时，突然发起攻击，毙伤敌250余人。①

八路军两个师主力在正太路南的多次伏击战，沉重打击了日军，迟滞了敌军西犯达一周之久，有力地支援了娘子关地区的正面防御战，解救了正太路南被围的国民党军。

娘子关失守后，晋东日军迅速占领了寿阳、榆次，直逼太原。太原是山西省首府，阎锡山决定集中兵力固守太原而将忻口守军全部撤退。从此战局迅速逆转，晋中20余万国民党军队纷纷向南、向西南败退。11月4日，阎锡山等又纷纷撤离太原。周恩来一直坚持到11月5日夜才和八路军驻晋办事处最后一批人员撤离太原。11月8日，太原失陷。忻口、太原作战历时一个月，共毙伤日军2万余人。

同国民党军队的不断败退形成鲜明对照，八路军迎敌而上，主动出击，打了许多胜仗。八路军从出师华北抗日前线至太原失守，在日军翼侧和后方灵活机动打击敌人，共作战100余次，歼灭日军1.1万人，毁伤敌机20余架、汽车数百辆，缴获大量武器和军用物资；并多次破坏敌人交通线，收复县城10余座，有力地钳制了日军行动，减轻了正面守军的压力，扩大了共产党、八路军的政治影响。到1937年底，八路军扩大到8万余人。这就为广泛地开展独立自主的游击战争，建立抗日根据地创造了良好条件。

---

① 《八路军·综述·大事记》，第18页，解放军出版社1994年版。

二 策应徐州会战

徐州是连接津浦（天津至南京长江北岸的浦口）、陇海（甘肃兰州至江苏连云港）两条铁路干线的交通枢纽，是华北通向华中的战略要地。日军占领南京后，为了沟通南北战场，打通津浦路，进而威胁武汉，由华北和华中抽调大量兵力会攻徐州。同时，抽调3万余人向晋南发动进攻，以配合津浦路方向的作战。中国军队在第五战区司令长官李宗仁的指挥下，从1937年12月至1938年5月，在以徐州为中心的广大地区，同日军展开了大规模的会战。

为配合国民党军进行徐州会战，并支援晋南友军，八路军总部于1938年1月下旬至2月上旬连续发出命令，令各师大力破击日军交通运输线。2月上旬至下旬，晋察冀军区、第一二〇师、第一二九师及第一一五师第三四四旅先后派出大批部队对平汉（北平至汉口）、同蒲（山西大同至永济的蒲州）、正太铁路以及德（县）石（家庄）公路，连续发动破击战，攻占和摧毁车站、据点多处，破坏了铁路及各种设施，中断了敌军的交通运输。第一一五师第三四三旅于2月下旬，又在石楼等地打击向晋西南进攻之敌。第一二〇师于1938年2月，攻占同蒲路北段平社等车站；5月上旬，袭击同蒲路太原至原平段的播明、高村等车站和龙泉等据点，并在部落镇等地进行伏击战，取得重大胜利，中断了同蒲路交通。

1938年3月上旬，日军已攻占了临汾、风陵渡、长治等重要城镇，进入晋东南和吕梁山区，继续向晋西黄河各渡口进犯。这样，邯（郸）长（治）大道和长治到临汾的公路就成了日军的一条重要的后方交通运输线。为了钳制向黄河河防进攻的敌人，并配合晋南国民党军作战。第一二九师于3月中下旬在邯长大道进行了神头岭和响堂铺两次伏击战。

八路军山东游击队于台儿庄会战即将开始的时候，就广泛开展破击战，袭击博山之八陡、樊厂和临城车站，破击胶济路和津浦路,攻克莱阳、掖县两座县城,并一度攻入福山城、烟台市。4月下旬,第一二九师副师长徐向前率第一二九师、第一一五师各一部,东出平汉路,在开辟冀南区的同时,驰援津浦路作战。日本华北方面军副参谋长武藤章一再哀叹在华北的日军占领区内"治安恶化","中国军由于在各方面退败,全面进入了游击战,扰乱日军后方。尤其共军的游击战术巧妙,其势力与日俱增,广泛地扩大了地盘"。①"此种游击行动,在日军的警戒线间隙出没无常"②,"扰乱我占领地区,其势力已不容轻视"③。"在徐州会战期间,由于调用了华北方面的兵力,占领地区的警备力量减弱,扰敌活动更为激烈"④,"同蒲线频繁遭到破坏"⑤,"易县及保定以西地区的共军游击活动更加活跃顽强"⑥。

在徐州会战中,国民党军官兵英勇作战,作出了重大牺牲,给日军以沉重打击,特别是台儿庄战役歼敌1万余人的重大胜利,尤为振奋人心。国民党军的抵抗,虽然最终未能阻止日军向徐州的进攻,但是,这次会战对粉碎日本侵略者"速战速决"的狂妄计划,鼓舞全国军民坚持持久抗战,具有积极的意义。

据统计,八路军在配合徐州会战期间,共进行大小战斗400多次,歼灭大批日军,破坏铁路百余公里,摧毁车站多处,打击和钳制了向鲁南、徐州和晋西南进攻的日军,有力地支援了国民党正面战场。⑦

三 配合与支持武汉会战

徐州会战结束不久,中日军队就开始了武汉会战。从1938年6月中旬开始,双方军队在纵横千里的战场上激战四个多月,

---

①② 日本防卫厅战史室:《华北治安战》(上),第65页,天津人民出版社1982年版。

③ 日本防卫厅战史室:《华北治安战》(上),第73页,天津人民出版社1982年版。
④ 日本防卫厅战史室:《华北治安战》(上),第74页,天津人民出版社1982年版。
⑤ 日本防卫厅战史室:《华北治安战》(上),第75页,天津人民出版社1982年版。
⑥ 日本防卫厅战史室:《华北治安战》(上),第76页,天津人民出版社1982年版。
⑦ 参见《八路军·综述·大事记》,第37页,解放军出版社1994年版。

八路军总部又命令各师,积极对当面之敌交通线进行有计划的破坏和袭扰,中断敌之交通,在有利条件下袭取敌车站、城镇,消灭敌人,以牵制敌军行动,配合保卫武汉。

为策应国民党军保卫武汉作战,八路军所属部队广泛出击,进行破击作战。首先,第四纵队在挺进冀热边的途中,积极袭击日军。接着,晋察冀军区部队同时出击平绥、正太、平汉诸路,激战三天两夜,毙伤敌军约1400人,并炸毁北平城西石景山发电厂。八路军第三纵队和冀中军区部队,遵照八路军总部和晋察冀军区的指示,频频袭击平汉铁路,断绝日军交通。

> 曾十次攻打保定,一次入城,三次占领南关;二次攻入定县城内;一次占领徐水;三次攻入青县城内;不断攻打宁河。使日军不得不增加相当数量的兵力来护路……为了配合保卫武汉及保卫边区的战役,曾派数团兵力到平汉路西尾击敌人,截击敌给养,屡次获得胜利。①

此外,冀中部队还于1938年7月下旬,连续袭击了石家庄、廊坊和正定车站,毙敌近百人,直接配合了友军的武汉会战。

7月上旬,第一一五师第三四四旅在山西阳城以北町店地区,截击驰援同蒲路作战的日军,歼敌500余人,击毁汽车20余辆,迟滞了日军的增援行动,策应了国民党军的曲沃之战。山东游击队也于8月中旬出击,袭入济南、烟台等城,并一度攻克兖州,破坏铁路数十公里。

9月中旬,第一一五师第三四三旅在汾离公路伏击西犯日军及其运输队,取得了三次伏击战的胜利。9月14日,第六八六团于汾离公路中段的薛公岭设伏,击毁日军20辆满载军用物资的汽车,并全歼护送部队200余人。11日,第三四三旅补充团趁阴雨在吴城镇以西油房坪伏击日军运输队,击毁汽车9辆,毙敌100余人。日军屡遭伏击,后方补给被切断,被迫于9月19日向

---

① 《八路军军政杂志》第一卷第九期,1939年9月。

汾阳方向撤退。第六八六团、补充团第二营及第六八五团第二营，又设伏于薛公岭东南的王家池附近。20日9时许，日军先头步骑兵600余人进入伏击区，被伏击部队拦腰分割，大部歼灭，前来增援的日军后续部队也被击退。汾离公路三次伏击，共歼日军近1000人，击毁汽车30余辆，缴获武器、军马及军用物资一批，有力地打击了西犯黄河的日军。在此前后，第三四四旅于平汉路以东和道清路两侧，积极作战，歼灭大量敌军。

9月15日，日本华北方面军司令官寺内寿一大将在给上级的情况报告中透露："破坏铁路、袭击各地等事件反复发生，所谓治安恢复地区，实际上仅限于主要交通线两侧数公里地区之内。"①各处"山地都有八路军盘踞"，其"势力逐渐扩大。他们采取遇强则退，逢弱便打的战法，对其剿灭极为困难"。② 此后，第一二九师在9、10月间对正太、平汉、道清路[河南道口（滑县）至清化（博爱），现已拆除]、津浦路沧（县）、德（县）段进行了四次总破击，使日军运输陷于半瘫痪状态。10月上旬，山东游击队出击胶济路，一部袭击津浦路并占领黄河涯等车站，破坏德县以南铁路25公里。

为配合保卫武汉作战，八路军共进行大小战斗近1000次，歼灭大量敌军，破坏铁路、车站多处，积极地策应和支持了国民党军武汉会战。

为牵制日军西进，执行保卫武汉任务，新四军第四支队主力大部转移到安（庆）合（肥）公路、六（安）合（肥）公路西侧抗击敌人。武汉会战激烈时，日军运输频繁。为破坏敌人的补给，6月至10月，第四支队以伏击、奇袭战术，在安合公路大小关、范家岗、棋盘岭、铁铺岭、六合公路三十里岗、无为以东运漕等地对日军连续作战数十次，毙伤日军1000余名，俘敌10名，毁敌军车150余辆，并缴获大批武器和军用物资，有效地支援了正面战场作战。

10月下旬，武汉失守。这次战役，大量消耗了日军的作战力

---

① 日本防卫厅战史室：《华北治安战》（上），第80页，天津人民出版社1982年版。
② 日本防卫厅战史室：《华北治安战》（上），第82页，天津人民出版社1982年版。

量,使中国获得了战略转移的时间,促使抗日战争战略相持阶段的到来。

第三节　开辟华北敌后战场

一　创建晋察冀抗日根据地

第一一五师首战平型关告捷,在回师五台山时,正值忻口战役激烈进行,娘子关、太原危殆。根据华北战局的变化,中央军委作出了新的重大部署,决定开辟晋察冀根据地。早在9月24日,毛泽东就指出:

> 目前应以全力布置恒山五台管涔三大山脉之游击战争,而重点于五台山脉……该处应设置军政委员会一类的领导机关。应选择能独立领导党政军各方面之干部,应立即开始普遍地组织地方支队(部)及群众组织,在半个月内应全部布置完毕,并表现初步成绩。①

10月23日,中共中央军委华北军分会正式决定:八路军总部率第一一五师主力南下驰援娘子关,把留守五台山,在晋察冀三省交界地区开创敌后抗日根据地的艰巨任务交给了聂荣臻。

聂荣臻奉命后,指挥所部2000余人,在敌后发动群众,开展游击战争,在战斗中逐渐打开了晋察冀地区的局面。他瞅住日军后方空虚的有利时机后,果断指挥部队采取"野雀满天飞"的办法,大刀阔斧地向晋察冀三省边界的广大地区出击,先后开辟了以蔚县、涞源、广灵、灵丘四县为中心的雁北察南抗日游击区、以阜平为中心的冀西抗日游击区、晋东北抗日游击区。同时,八路军建立了以平山子弟兵为主的平山团,并在井陉、获鹿、正定、

---

①　《毛泽东军事文集》第二卷,第55页,军事科学出版社、中央文献出版社1993年版。

平定、阳泉、寿阳等地农村组织了游击队,打开了边区南部的局面。边区群众纷纷组织起来,搜集国民党溃军扔下的枪支弹药武装自己;游击队、义勇军、自卫军和各地抗日团体,如雨后春笋般地成长起来,我军主力迅速扩大到7 600多人。

为加强各地武装斗争和统一指挥,10月27日,聂荣臻奉八路军总部命令成立晋察冀军区。11月7日,朱德、彭德怀、任弼时电令:"晋察冀军区即公布聂任军区司令员兼政委,所有独立团、骑兵营、特务团所留之营,各自卫军、义勇军、决死队,各地方独立团、营、连,统归聂指挥之。①"同日,晋察冀军区宣告成立。11月13日,聂荣臻发布命令成立隶属于军区的四个分区。晋察冀军区的建立,标志着晋察冀抗日根据地的最初规模已形成。

在战斗中开辟和创建起来的晋察冀抗日根据地,到1938年1月,已拥有冀中、冀西、晋东北、察南的广大地区,共43个县,1 000多万人口。中心区域的五台、阜平等10余县已完全连成一片。晋察冀边区成为全国瞩目的主要根据地之一。

晋察冀抗日根据地的开创,为建立边区抗日民主政权提供了客观要求和根本前提。早在五台山的时候,聂荣臻就筹划过建立统一的抗日民主政权问题,多次与地下党员五台县县长宋劭文商讨。聂对宋说:

要抗日,要发动群众,要稳定社会秩序,没有一个统一的抗日政府作依靠是不行的。同时,部队要扩充,要吃饭,要穿衣,急需解决财政问题。这些,没有一个统一的政府进行领导和组织,也是很难办到的。②

我们得抓紧时间,把统一的抗日政府建立起来。③

---

① 《晋察冀抗日根据地史料选编》上册,第1页,河北人民出版社1983年版。
② 《聂荣臻回忆录》(中),第378页,解放军出版社1984年版。
③ 《聂荣臻回忆录》(中),第384页,解放军出版社1984年版。

而在当时,随着国民党军队的溃败,国民党冀察两省政府完全撤离省境,除五台县和盂县外,晋察冀地区其余各县政府也全部逃散。汉奸、特务和亲日分子大肆活动,在敌人据点和铁路附近建立伪县政府或维持会。土匪武装、反动会道门以及名目繁多的地主反动势力,各霸一方,使该地区陷入了极端混乱的无政府状态。基于这种局面,非常需要建立一个统一的抗日政府。聂荣臻率部奉命在晋察冀边区建立敌后抗日根据地后,就积极着手在有条件的县建立抗日政权,并在边区各地普遍建立"战地动员委员会"(冀西叫"自卫会",冀中叫"救国会"),暂时执行临时政权的任务,大大推动了抗日斗争的发展。随着斗争形势的发展和需要,根据中共中央北方局的指示,1937年11月18日,聂荣臻召集晋、察、冀各省军、政、民领导人开会,经过讨论,大家一致赞同建立全边区民主政权机构,并于12月5日正式成立"晋察冀边区军、政、民代表大会筹备处",筹备成立边区政府。

1938年1月10日,晋察冀边区军、政、民代表大会在河北省阜平城隆重召开,到会代表149人,广泛地代表着边区各界人士、社会团体和抗日组织与抗日武装。大会通过了《政治问题决议案》、《军事问题决议案》、《财政问题决议案》、《经济问题决议案》等。最后,大会以无记名投票的方法,选举产生了晋察冀边区临时行政委员会,聂荣臻、宋劭文等为委员。1月15日,大会通过《宣言》和《通电》,宣告晋察冀边区临时行政委员会正式成立,并上报阎锡山,经阎锡山转呈国民政府行政院和军事委员会。1月30日,国民政府正式批准晋察冀边区行政委员会并任命了各委员。从此,边区政府正式定名为边区行政委员会。

此后,晋察冀军区派部队先后开辟了北岳、冀中、平西、冀东、平北抗日根据地。到1938年10月,北岳、冀中、平西、冀东、平北抗日根据地连成了一片,成为对日军作战的坚不可摧的战斗堡垒。晋察冀抗日根据地发展到拥有2个行政主任公署、8个行政督察专员公署、72个抗日县政府、1 200余万人口的广大地区。① 晋察冀边区民

---

① 谢忠厚等:《晋察冀抗日民主政权简史》,第27页,河北人民出版社1985年版。

主政权不断巩固和扩大。

晋察冀抗日根据地是中国共产党领导的八路军在抗日战争时期创建的第一个敌后根据地。它曾被中共中央誉为"敌后模范的抗日根据地及统一战线的模范区"[1]。晋察冀边区从创立到抗战胜利的八年中,对坚持华北敌后抗战和最后战略反攻作战,都起到战略基地的重大作用。

二 创建晋西北和大青山抗日根据地

晋西北地区位于同蒲铁路以西,黄河以东,平绥铁路以南,汾离公路(汾阳至离石)以北,是中共中央联系华北各敌后抗日根据地的枢纽,又是阻敌西进、保卫陕甘宁边区的重要屏障。创建晋西北抗日根据地,对坚持华北敌后抗战有着重要的战略意义。1937年9月中旬,毛泽东多次电示八路军总部:第一二〇师应活动于晋西北的管涔山脉和吕梁山脉北部地区,并向绥远、大同游击,以钳制日军,配合友军作战。

遵照毛泽东和八路军总部的指示,1937年9月下旬,贺龙、关向应率第一二〇师师部及第三五八旅进入山西省宁武、神池地区。主力部队向同蒲铁路、雁门关出击,一度夺取雁门关,截断日军后方交通,配合了忻口战役。10月1日,关向应率政治机关大部和教导团共700多人到达岢岚,随即组成工作团,分赴山西省朔县、偏关、临县等14个县,开展游击战争和群众工作。续范亭率领的新军和八路军一起广泛宣传抗日救国十大纲领和抗日民族统一战线政策,收编散兵游勇,安定社会秩序,发动群众,组织抗日武装。到1938年1月,第一二〇师由2个旅又1个团8 200余人扩大到6个团共2.5万余人。晋西北各县都成立了1 000人至2 000人的自卫军或游击队。

自1938年2月18日起,遵照八路军总部的命令,第一二〇师对同蒲铁路北段及太原、忻县间的公路展开破击战,到28

---

[1] 《晋察冀抗日根据地》第一册,第199页,中共中央党校出版社1989年版。

日,共歼灭日军500余人,有力地打击了敌人。2月下旬,日军调集1万余兵力,分五路向晋西北根据地发起围攻,妄图摧毁晋西北抗日根据地。日军先后占领偏关、保德、宁武、岢岚、河曲、神池、五寨等七座县城。为粉碎敌人的围攻,第一二〇师师长贺龙、副师长萧克、政治委员关向应,率主力由同蒲铁路星夜回师根据地。以第三五八旅主力转向离石、军渡以北地区,侧击西犯之敌;第三五九旅主力转到岢岚地区,阻敌南侵。3月7日,第三五九旅首先将日军1000余人围困于岢岚城内,迫敌弃城北逃。第一二〇师以一部分兵力围困五寨城,主力则集中在五寨至神池之间,相机歼敌。3月20日,日军被迫全线撤退。第一二〇师乘胜追击,于3月21日和31日又歼敌600余人,收复神池、宁武城。此次反围攻作战,收复被日军侵占的七座县城,歼敌1500余人,挫败日军摧毁晋西北根据地的企图,使晋西北根据地得到巩固。同时,部队得到了锻炼,提高了晋西北军民战胜日本侵略军的信心,为巩固和发展晋西北抗日根据地打下基础。

在大青山山脉建立游击根据地,对牵制日军向大西北的进攻具有重要的战略意义。1938年5月14日,毛泽东电示朱德、彭德怀、贺龙等,在平绥路以北沿大青山脉建立游击根据地。5月26日,毛泽东在致电八路军总部朱德、彭德怀等将领的电报中指出:在华北应广泛开展游击战争,"目前应加重注意山东、热河及大青山脉"①。7月,第一二〇师派出由李井泉等率领的大青山支队,从五寨进入雁北地区。8月,向绥远挺进。9月初,越过平绥铁路进入大青山地区,同当地党组织负责人杨植林领导的蒙汉游击队会合。9月下旬,大青山支队留一部在绥中活动,主力进到武川、百灵庙以西地区开展游击战争。到12月,支队开辟了以大青山为依托的绥西、绥南、绥中三块游击根据地,并逐步同晋西北根据地连成一片。

---

① 《毛泽东军事文集》第二卷,第227页,军事科学出版社、中央文献出版社1993年版。

三 创建晋冀豫抗日根据地

晋冀豫地区，西起同蒲铁路，东至平汉铁路，北接正太铁路，南临黄河北岸，是坚持华北抗战的重要战略支点。1937年10月，第一二九师进至正太路以南地区作战时，即派遣秦基伟、赖际发率教导团第五连和部分干部，协同地方党组织在榆次、太谷、寿阳、阳泉、昔阳、和顺等县开展游击战争，随后编成师独立支队，亦称秦赖支队。11月初，第一二九师又派出骑兵营深入河北省赞皇等地区开展冀西的游击战争。

11月13日，第一二九师在山西和顺县石拐镇召开干部会议，传达中共中央和毛泽东关于创建以太行、太岳山脉为依托的晋冀豫抗日根据地的指示，布置开展广泛的游击战争的任务。会后，师参谋长倪志亮、政治部副主任宋任穷等率领工作团和部分武装，分别深入到沁县、长治、晋城、武乡、襄垣、平顺、沁源、安泽、屯留等地创建根据地。在中共地方组织及山西牺盟会、决死队的密切配合下，通过宣传中国共产党的抗日政策，开展改造旧政权、减租减息、合理负担等工作，工作团调动了人民群众的抗战热情，在晋东南和冀西北地区很快建立了各种形式的抗日武装和抗日民主政权。

1938年2月初，第一二九师在辽县先后召开军政委员会和团以上干部会议，对进一步实行战略展开、开展游击战争、创建抗日根据地等工作，进行了部署。2月下旬，第一二九师派出部分干部协同中共晋豫边特委，发展抗日游击武装。至此，晋冀豫边区的抗日游击战全面展开。

第一二九师部队在开展独立自主游击战中得到了发展，由出师时的3个团扩大为6个团、6个游击支队。1938年4月下旬，成立了晋冀豫军区，倪志亮兼司令员，黄镇任政治委员，王树声任副司令员，下辖5个军分区。

晋冀豫抗日根据地是在同敌人的战斗中开辟和巩固的。1937年12月22日，日军7000余人分六路向驻寿阳以南地区的

第一二九师部队进行围攻。刘伯承师长指挥第一二九师以一部分兵力在内线打击敌人，以主力在外线袭扰和牵制敌人，经五天作战，毙伤日军700余名，迫使各路敌军于27日相继撤退，粉碎了日军的首次围攻。

1938年2月，第一二九师为了打击与牵制向晋南、晋西进攻的日军，与正太路以北的第一一五师第三四四旅协同在正太铁路井陉至旧关间的长生口附近伏击日军，并袭击娘子关至井陉之敌据点，共毙伤日伪军330余人。

3月16日，第一二九师第三八六旅在邯（郸）长（治）公路线上的潞城县神头岭设伏，歼灭日军1000余人，缴获长短枪550余支，击毙与缴获马匹600余匹，自身伤亡240余人。神头岭战斗是八路军继平型关、广阳伏击战之后进行的又一次较大规模的伏击战，就连日军统帅部也把它看成是八路军的"典型的游击战"。

3月31日，徐向前指挥第一二九师在邯长大道上涉县至东阳关之间的响堂铺地区设伏，当日军第十四师团辎重部队汽车180余辆驶入伏击区域时，八路军伏击部队向敌发起猛烈攻击，经两小时激战将敌全歼。敌增援部队600余人也被八路军阻援部队击退。响堂铺战斗共毙伤日军400余人，击毁汽车180余辆，自身伤亡300余人。响堂铺伏击战被日军称为"更典型的游击战"。

晋冀豫抗日根据地的创建，对华北日军构成严重威胁。为消灭晋东南八路军，解除后顾之忧，4月4日，日军以华北方面军第一〇八师团主力及第十六、第二十、第一〇九师团各一部共3万余人，从同蒲、正太、平汉铁路沿线及韩长公路和临（汾）屯（留）公路，分九路向晋东南地区大举围攻。为粉碎日军的"九路围攻"，八路军总部决定，采取以一部分兵力牵制其他各路日军，集中主力寻机歼灭其一路的作战方针。总部命令：第一二九师主力、第一一五师第三四四旅第六八九团转移至外线待机歼敌；第一二〇师和晋察冀军区各一部兵力向平汉、同蒲等铁路出击，钳制日军。至4月13日，九路日军在八路军内线部队及决死队和国民党军的英勇抗击下，有六路日军被阻，只有三路侵入根据地，其中一路侵占武乡城。八路军总部抓住有利战机，命令第一二九师主力及第一一五师第六八九团由外线转向内线,进至武乡以北地区,准备歼灭侵占武乡之敌。4月16日晨,八路军在武乡以东长乐村以西截住了敌军大部,向敌发起猛烈攻击,将敌人压缩在狭窄的河谷里截为数段,经过激战,将被围之敌全歼,并击退从辽县赶来增援之敌。长乐村之战,八路军共毙伤日军1500余人,自身伤亡800余人,第七七二团团长叶成焕光荣殉国。① 长乐村战斗的胜利,给围攻之敌以沉重打击,对粉碎日军"九路围攻"起了决定性作用。此后,各路日军纷纷撤退。八路军和决死队及国民党军乘胜追击,27日在高平县以北的张店等地截歼日军1000余人。至此,日军对晋东南地区的"九路围攻"被彻底粉碎。这次反围攻作战,历时23天,八路军共歼灭日军4000余人,收复县城18座。

四　创建晋西南抗日根据地

　　晋西南地区位于黄河以东,同蒲铁路以西,汾离公路以南,吕梁山脉贯穿南北,是陕甘宁边区的东面屏障。早在太原失守前,毛泽东就指示八路军总部适时派部队进至吕梁山脉活动。在太原失守当天,毛泽东进一步强调:"吕梁山脉是八路军的主要根据地,但其工作尚未开始,因此,不但徐旅须立即迅速转移,林率陈旅亦不应在东边恋战,亦以立即开始转移为宜。"②1937年11月9日,八路军总部命令第一一五师直属队和第三四三旅由正太路南进,准备适时转向吕梁山脉,创建晋西南抗日根据地。第三四四旅继续在正太沿线活动,这里原有决死队第二纵队等山西新军。12月,第一一五师进抵赵城、洪洞地区,因阎锡山部的无理阻挠,乃停止向吕梁山开进。

　　1938年2月中下旬,日军向晋西南发起进攻,先后侵占介

---

① 参见军事科学院军事历史研究部《中国抗日战争史》中卷,第113页,解放军出版社1994年版。
② 《毛泽东军事文集》第二卷,第111页,军事科学出版社、中央文献出版社1993年版。

休、孝义、隰县等地并向西南进犯。2月27日,日军侵占军渡、碛口。国民党军队纷纷退向晋南和黄河西岸,吕梁部分地区成为敌后。这就直接威胁到陕甘宁边区的安全。八路军第一一五师直属队及第三四三旅立即进至灵石、孝义以西地区,一面保卫黄河防线,屏障陕甘宁边区,钳制日军行动,阻敌西进;一面抽调干部组成工作队,发动群众,在地方党组织和山西新军的配合下,开展游击战争,创建根据地。

1938年3月2日,由于林彪在隰县以北千家庄被国民党军哨兵误伤,离职回延安治疗,由第三四三旅旅长陈光代理第一一五师师长。第一一五师主力进至隰县午城地区待机歼敌。

3月14日至19日,第一一五师进行了午城、井沟战斗。3月14日,第一一五师直属队在午城以东地区与由蒲县西进的日军遭遇后,经战斗毙敌100余人。16日,第三四三旅在罗曲、午城、井沟公路两侧伏击日军,全歼敌辎重部队200余人,毙获骡马100匹。17日,第三四三旅第六八六团在午城以西伏击日军运输队,毙敌人200余人。当晚,夜袭午城之敌,又毙敌50余人。午城战斗后,第六八六团又在井沟至张庄公路两侧再次设伏,以阻击前来报复之援敌。3月18日,日军从临汾调集步骑兵800余人,在飞机掩护下,驰援大宁之敌。14时许,当日军全部进入伏击区后,第六八六团突然发起进攻,与敌展开激战肉搏,连续打退日军数次反扑,战至19日拂晓,除100余人逃窜外,其余均被歼灭。

午城、井沟战斗,共歼灭日军1 000余人,击毁汽车60余辆,缴获骡马200余匹和大批军用物资,粉碎了日军西犯黄河河防的企图,迫敌东撤。这对开辟晋西南根据地,巩固陕甘宁边区河防,都有重要意义。此后一段时间里,第一一五师主力在汾离公路沿线及其以南地区,对日军和敌后方运输部队多次进行伏击作战,给敌以消耗和杀伤,保卫了晋西南抗日根据地。

五 发展平原游击战争

为了广泛开展抗日游击战争,打击并钳制日军,支援正面战

场作战,1938年4月21日,毛泽东、张闻天和刘少奇联名给朱德、彭德怀等致电,发出了向平原发展的指示:

> 根据抗战以来的经验,在目前全国坚持抗战与正在深入的群众工作两个条件之下,在河北、山东平原地区广大地发展抗日游击战争是可能的,而且坚持平原地区的游击战争也是可能的。

> 党与八路军部队在河北、山东平原地区,应坚决采取尽量广大发展游击战争的方针,尽量发动最广大的群众走上公开的武装抗日斗争。①

据此,八路军各部队开始向平原发展。这是八路军由山地游击战向平原发展的一个战略性转变。22日,八路军总部即命令各部,向冀南、冀鲁边和冀鲁豫边平原地区挺进,协同中共地方组织领导的抗日武装,开展游击战争。

(一)开展冀南平原游击战争

冀南平原位于沧(州)石(家庄)公路以南、平汉路以东、津浦路以西、漳河以北地区。1937年10月日军侵占冀南后,中共冀南特委在南宫、赵县等地组织抗日武装,为开展冀南游击战争做了较好的准备。1937年12月,第一二九师派出小部队,越过平汉路实施战略侦察和联系中共地方组织。1938年1月中旬,第一二九师第三八六旅派陈再道率东进纵队,到达冀南开展抗日游击战争。3月中旬又派师政治部主任宋任穷率骑兵团挺进冀南,在中共地方组织和游击队的配合下开展平原游击战争。2、3月间,成立了中共冀鲁豫省委(8月后改为冀南区党委)。4月,成立了冀南军区,宋任穷任司令员,文建武任参谋长,王光华任

---

① 《毛泽东军事文集》第二卷,第217页,军事科学出版社、中央文献出版社1993年版。

政治部主任,军区机构由东进纵队兼,并先后成立五个军分区。与此同时,冀南军政委员会(属政权性质)也建立起来。根据地初具规模。

根据中共中央及八路军总部的部署,第一二九师决定全部主力以平汉铁路为分界线,编为路东、路西两个纵队。徐向前率东纵队向冀南挺进,陈赓率西纵队配合行动。5月初,徐向前率领第一二九师第七六九团、第一一五师第六八九团和第五支队(由第六八五团第二营扩编而成)进抵冀南,于先期到达冀南的陈再道、宋任穷率领的东进纵队、骑兵团等部会合,并加强与统一了冀南各部队的领导与指挥。5月10日袭击威县城,给敌以严重打击,南和、平乡之日伪军弃城逃跑。八路军向东、向南发展,连克临清、曲周、广平、肥乡等10余城,歼灭伪军近2 000人。6月初,又歼灭盘踞临漳一带伪军2 000余人。此时,第三八六旅政治委员王新亭率领第七七一团由太行区进至永年、肥乡地区。6月12日,以第七六九团、独立团和汪乃贵支队组成新的第三八五旅,陈锡联任旅长,谢富治任政治委员。不久,谢富治率汪乃贵支队进到赵县、宁晋一带。至6月底,进入冀南地区的第一二九师部队已全部展开,开辟了拥有800万人口的冀南抗日根据地。

7月5日,第一二九师政治委员邓小平由太行到达冀南,为适应新的斗争形势,邓小平领导先后进入冀南的八路军主力部队及在该地组建、收编的部队进行整编:以原东进纵队一部和民众自卫军充实第三八六旅、第三八五旅;以第七七一团和东进纵队第二团、抗日独立第二师及青年抗日义勇军团,合编为青年抗日游击纵队(简称"青年纵队"),段海州任司令员,李聚奎任政治委员;以各军分区基干队和各县民团、保安队等,合编为新的东进纵队,陈再道任司令员,刘志坚任政治委员。

8月初,八路军在近30个县建立了抗日政权。8月中旬,八路军召开各县代表会议,将冀南军政委员会改组为冀南行政主任公署,杨秀峰为主任,宋任穷任副主任,并成立了各种群众组织。八路军部队进入冀南和整编各抗日武装,以及加强政权建设等,为创建和扩大冀南根据地打下了牢固的基础。

(二)挺进冀鲁边平原

冀鲁边地区,东临渤海湾,西靠津浦路,南至黄河,北迫(天)津(塘)沽,战略地位十分重要。1938年春,中共冀鲁边工委领导的"人民抗日救国军"接连攻克盐山、无棣、乐陵、庆云等城,成立了3个县政权,至4月,部队发展到2000余人。但该区日伪势力较大,斗争非常困难。

为了发展该区抗日游击战争,1938年7月,第一一五师第五支队和新组建的第一二九师津浦支队,奉命挺进冀鲁边平原地区,在庆云县和收复宁津县城战斗中,歼灭伪军1800余人,迅速打开了抗战局面。同月,第一一五师政治部副主任兼第三四三旅政治委员萧华又率领旅机关一部前往冀鲁边加强领导。9月27日到达乐陵后,随即成立冀鲁边抗日指挥机构——冀鲁边军政委员会,萧华任书记。该地区部队和起义武装,整编为八路军第一一五师东进抗日挺进纵队,萧华任军政委员会书记和纵队司令员兼政治委员,第五支队由3个营扩编为3个团,津浦支队由2个营扩为3个营,新编第六支队辖3个团。

部队随即分兵开展游击战争,不断地袭击敌军据点、车站,断敌铁路交通,粉碎日军围攻,有力地打击了日伪军。同时,部队配合中共地方组织,发动群众,扩大地方武装,进行根据地建设工作。至1938年10月,部队开辟了津浦路平原、禹城以东、惠民以西、徒骇河以北、天津以南,以宁津、乐陵为中心包括(天)津南、鲁北大片平原的冀鲁边根据地。

(三)开辟冀鲁豫边平原地区

1938年8月下旬,八路军总部为钳制企图向潼关、洛阳进攻之敌,令第一二九师消灭漳河以南地区之日伪军,并开辟该区。第一二九师以陈再道、王新亭指挥青年纵队、东进纵队、第六八九团、新一团等部进行漳南战役。自8月31日至9月10日,连克临漳、内黄、安阳间之回隆、楚旺等重要据点,歼灭伪军4000

余人。9月15日,第三四四旅副旅长杨得志奉命率领第六八八团,由晋东南进至平汉路东。此时根据第一二九师指示,由青年纵队、新一团和第六八八、第六八九团组成漳南兵团,在王新亭、杨得志指挥下继续南进,开辟平汉路东的豫北平原。9月下旬,收复滑县、道口等城镇。

漳南战役共歼伪军7 800余人,基本肃清了平汉路以东、漳河以南、卫河以西之日伪军和土匪。1938年初,中共直南特委在濮阳、滑县、内黄地区组织了一支武装,到1938年秋,已发展到1 000余人。漳南兵团进入后,协同中共直南特委开辟、建立了安阳、内黄、汤阴等数个县的抗日民主政权,为创立冀鲁豫边区抗日根据地奠定了基础。

(四)发动冀东游击战争

发动冀东人民进行抗日游击战争,是中共中央早已确定的战略任务。1937年8月,毛泽东就曾指出:八路军可出一部于敌后的冀东,以雾龙山为根据地进行游击战争。1938年2月9日,毛泽东又指出:"雾龙山为中心之区域,有广大发展前途,但是独立作战区域,派去部队须较精干,且不宜过少,军政党领导人员须有独立应付新环境之能力,出发前须做充分准备。"[1]

晋察冀军区根据毛泽东的指示,以第一分区第三大队(团)为主,组成邓华支队。3月,邓华支队进至平西区,与原在该区开辟根据地的第五支队会合,积极打击日伪军,消灭土匪武装,同时发动群众,扩大部队,为挺进冀热边准备前进阵地。4月,八路军总部调第一二○师在雁北地区活动的宋时轮支队东进至平西。5月,宋时轮支队与邓华支队合编为八路军第四纵队,宋时轮任司令员,邓华任政治委员,下辖第十一、第十二支队,共5 000余人,准备挺进冀热边,创建抗日根据地,并配合冀东人民武装起义。经过短期整编集训,6月8日,第四纵队由平西出发,

---

[1] 《毛泽东军事文集》第二卷,第153页,军事科学出版社、中央文献出版社1993年版。雾龙山亦称雾灵山,位于河北兴隆县北部。

向冀东地区挺进,沿途连克昌平、延庆、永宁、四海等城镇据点,于平北(北平以北、承德以西地区)留下一部开展游击战争,主力进入冀热边境,于21日到达冀东蓟县以北的将军关一带地区。

八路军第四纵队挺进冀东后,按照中共冀热边特委的部署,7月6日,首先在滦县港北村发动起义,歼灭滦县伪保卫队300多人;7日,在丰润、滦县、迁安交界的岩口举行起义;14日,在蓟县、邦均举行起义;18日,开滦7000多名矿工举行起义。冀东人民抗日武装起义迅猛异常,各地人民群起响应,在一个多月时间里,席卷冀热边22个县和开滦矿区,20余万人民群众参加暴动。起义武装先后歼灭和击退反扑的日伪军,攻占乐亭、玉田、卢龙县城和兴城镇等许多据点,并攻占北宁路上的洼里、古冶两个车站,切断了唐山至昌黎间的铁路线,使该线半个月不能通车。8月,中共直接领导的抗日武装编为39个总队,达7万多人,加上其他抗日武装,共约10万余人。冀东人民武装起义,摧毁了敌人在冀东多年的统治,给日伪军和伪政权以沉重打击。

8月中旬,第四纵队领导机关和抗日联军主力在遵化县铁厂镇胜利会合。下旬,第四纵队和中共冀热边特委召开会议(即铁厂会议),分析了当时的形势,指出冀东起义已取得很大胜利,但部队多,秩序乱,纪律差,需要抓紧整顿,建立统一领导,并提出创建冀察热宁抗日根据地的任务。会议决定成立冀察热宁军区,推举宋时轮、邓华为军区正、副司令员,下辖五个军分区,以坚持冀东抗日游击战争。

第四节　发展华北地方人民抗日武装

一　山西新军的建立与发展

山西对于八路军挺进华北前线抗日具有重要的战略地位。在七七事变前,中共中央北方局为争取山西实力派阎锡山共同抗日,做了许多统战工作。阎锡山在中国共产党抗日民族统一战线政策和全国抗日救国运动的推动下,表现出有利于抗日的进步倾向。1937年8月,阎锡山派人到北平邀请共产党人薄一波回山西工作。9月,抗日救亡团体山西牺牲救国同盟会(简称"牺盟会")成立。

为了促进山西抗日救亡运动,推动阎锡山真正走向进步,中共中央北方局决定由薄一波、董天知、韩钧、周仲英组成中共山西公开工作委员会,由薄一波任书记。这个委员会的工作是公开的,组织是秘密的,专门进行上层统一战线工作。他们于1936年10月抵晋后,很快同阎锡山建立了上述特殊形式的统一战线,随即接办了牺盟会。同时,中共中央决定成立领导秘密工作的山西临时工作委员会,由张友清负责。同年11月,中共中央又派彭雪枫到太原,对阎锡山做了大量争取、团结工作。1937年8月,中共中央成立了以彭雪枫为处长的八路军太原办事处。9月,周恩来、刘少奇、朱德、彭德怀等陆续来到太原,进一步加强了山西的统战工作。

七七事变后,中共中央北方局由天津迁到太原,北方局书记刘少奇向薄一波传达了洛川会议精神,要求他们用极大的力量发展抗日的群众运动。为此,中共山西公开工作委员会把工作重点转移到组建和扩大抗日武装上。平津失陷后,日军大举进犯山西。这时,阎锡山急于扩充实力,应付危局,便接受了共产党的建议,委托薄一波组建新的抗日部队。于是,以山西青年抗敌决死队(简称"决死队")为骨干力量的山西新军应运而生。

1937年8月1日,山西青年抗敌决死队正式成立,薄一波任政治委员。决死队随后发展为四个总队(团)。1938年初,又扩充为第一、第二、第三、第四纵队(旅),各纵队的政治委员都是共产党员,依次为薄一波、张文昂、戎子和、雷任民。各级军事干部由阎锡山委派旧军官充任。在这同时组成的工人武装自卫队(团),不久也发展为纵队(旅)。

9月上旬,中共中央代表周恩来到达太原后,提出成立第二战区民族革命战争战地总动员委员会(简称"战动总会")的建议。经与阎锡山多次会谈,该委员会于9月20日在太原正式成立。国民党著名抗日将领续范亭任主任委员。邓小平、彭雪枫、程子华、南汉宸作为共产党和八路军的代表,参加了总会的领导工作,其中程子华、南汉宸为常驻代表,并分任武装部长和组织部长。太原失守后,阎(锡山)方代表全部撤走,战动总会在续范亭的率领下转移到晋西北,其工作全部置于共产党的领导之下。战动总会先后在晋北和绥远、察哈尔省的59个县设立了战地动员委员会。

战争动员总会所属的近1万人的12个游击支队,后来整编为陆军暂编第一师,由续范亭任师长,成为山西新军的一部分。此外,在决死队第二纵队各大队政治保卫队基础上发展起来的政治保卫队和由晋西南各县游击队、人民武装自卫队发展起来的政治保卫第一支队、第二支队,于1939年夏改编为第二〇九、第二一二、第二一三旅,也成为山西新军的组成部分。

山西新军是在抗日民族统一战线条件下,由中国共产党建立和领导的革命的抗日部队。它在建制上归属晋绥军系统,在军事上归属八路军总部和各师指挥。在新军中,普遍建立了共产党的组织,并有一套政治工作制度,部队各级主要政治工作人员,大都由共产党员担任。为了保证共产党对新军的领导,规定了政治委员"有直接处理部队中一切事宜之权"。各级军事指挥员最初大都为旧军官,后来逐步改由共产党员和进步分子担任。

山西新军在发展过程中得到八路军的巨大援助。1939年前,八路军支援新军各部队的军事干部就有400多名,同时还帮助培训了大批干部。1938年夏,八路军总部在山西沁县西林村为决死队第一纵队开办了游击干部训练班,培训干部700余名,朱德、彭德怀、左权等亲自授课,对提高这支部队的军政素质起了重大作用,当时被称之为"西林整军"[①]。

山西新军组建后,陆续开赴抗日斗争前线,协同八路军积极开展游击战争,多次参加了阻击日军进攻的战斗,为创建和巩固晋东南、晋西北、晋西南抗日根据地作出了重要的贡献。1939年

---

① 《八路军·综述·大事记》,第29页,解放军出版社1994年版。

4月,决死队第二纵队在灵石县罗汉村,夜袭敌清水旅团混合大队,歼敌300余人。到1939年冬,山西新军已有4个决死队纵队,1个工人武装自卫纵队(即工卫旅),1个政治保卫旅,1个保安司令部(辖六个保安团)和暂编第一师,共辖50个团5万多人。

二 冀中人民抗日武装的发展

1937年9月至10月,保定和石家庄相继失守,国民党军和地方官吏纷纷南撤,冀中处于无政府状态。这时,中共冀中地方组织积极发动群众,开展抗日游击战争。北方局派红军时期的团长孟庆山到达冀中,负责中共保东特委(后改为保属省委)的军事工作,在安新、任丘、蠡县等地,秘密开办四期游击训练班,培养了200余名武装斗争骨干(多数为共产党员),分赴各地组织抗日游击队。同时,高阳、博野、安国、安平、定县、无极、藁城、新乐、深泽、饶阳等地中共组织纷纷组建了抗日武装和群众团体。

1937年10月,从永定河撤到藁城梅花镇的国民党第五十三军第六九一团团长、共产党员吕正操,遵照党组织的指示,拒绝国民党的南逃命令,于10月14日在晋县小樵镇举行抗日誓师大会,将所部改称人民自卫军,并回戈北上,开展敌后游击战争,迅速打开了冀中抗战局面。为了帮助自卫军巩固部队,更好地开展平原游击战争,聂荣臻司令员派熟悉东北军情况的孙志远等来冀中与吕正操联系。吕也派人向聂荣臻汇报了冀中的情况。

为了把人民自卫军真正建设成为一支新型的人民军队,聂荣臻令吕正操、孙志远于12月12日,率领人民自卫军开赴晋察冀军区进行整训。在整训期间,聂荣臻听取吕正操的汇报,并和吕一起研究人民自卫军的整训工作,审定了军区机关提出的整顿和训练计划。聂荣臻还给营以下干部讲解党的统一战线和游击战争问题。人民自卫军经过短短一个月的整训,消除了旧军队的残余影响和不良习气，真正成了一支新型的人民军队。与此同时，在整训期间召开的军区政工会议上，聂荣臻对冀中工作也做了具体指示。他针对人民自卫军对开辟平原根据地的畏难情绪，语重心长地开导说：

开展敌后游击战争，光靠山是不行的，首先要靠人民群众，只要有了人民群众的支持，不论是山地还是平原，我们都可以牢牢站住脚。人民群众比山靠得住，广泛的群众基础比地形靠得住。

冀中这块抗日阵地，是我党领导首创的平原根据地，意义非常深远。你们成功了，对于全国其他地区的抗战，将提供出借鉴的经验。①

1938年1月，吕正操返回冀中后，与河北游击军等抗日武装协同作战，广泛发动群众，创造性地开展威武雄壮的平原游击战争，建立抗日政权，粉碎了敌人多次进攻。至4月，北起天津，南至沧石（沧县至石家庄）路、西至平汉路、东至津浦路之间的冀中根据地初步建立起来。

4月21日，在中共中央北方局派来的黄敬主持下，冀中党组织在安平城召开了第一次代表大会，成立了冀中区党委，黄敬任书记。接着成立了冀中行政主任公署，吕正操兼任主任。部队进行了整编，人民自卫军和河北游击军合编为八路军第三纵队兼冀中军区，吕正操任司令员，孟庆山任副司令员，孙志远任政治部主任，稍后，王平任政治委员。第三纵队下辖第七、第八、第九、第十支队，分别兼冀中军区第一、第二、第三、第四军分区。河北游击军的一部编为独立第二、第三、第四、第五支队和挺进支队。以上部队普遍成立了共产党的各级组织，人数发展为8万余人。6月，定县、安国、献县地区回民组成的抗日武装合编为

---

① 吕正操：《冀中回忆录》，第44页，解放军出版社1984年版。

冀中军区回民教导总队(1939年7月改称"回民支队")。9月,成立了第三纵队独立第一支队兼第五军分区。

经过整编,部队加强了共产党的领导和统一指挥,提高了部队的战斗力。此后,冀中抗日游击战争更加蓬勃地开展起来。

三　山东人民抗日武装的建立

山东地处华北东翼,东濒大海,西邻冀豫,北接天津,南连华中,是联结华北、华中两大战略区的纽带,具有十分重要的战略地位。对于山东地区游击战争的开展,中共中央极为关注。1937年9月25日,毛泽东就曾指出:"借着红军抗战的声威,发动全华北党(包括山东在内)动员群众,收编散兵散枪,普遍地但是有计划地组成游击队。"[1]中共山东省委根据中共中央和北方局的指示,于1937年10月在济南秘密召开会议,决定领导山东人民武装起义,开展抗日游击战争,并布置了分区发动起义的计划。中共中央和北方局、八路军总部适时地给山东派遣了一部分党员和干部,加强各地起义的领导。

在冀鲁边区,1937年11月,中共冀鲁边工委在华北人民抗日救国会总会的基础上,领导盐山、乐陵、宁津、庆云等地人民举行抗日武装起义,成立了人民抗日救国军第一军。部队发展到2 000余人。

在鲁西北地区,1938年4月,山东省委派组织部长张霖之等一批共产党员到聊城,加强中共鲁西北特委的领导,协助国民党进步人士、山东省第六区行政督察专员兼保安司令范筑先开展抗日武装斗争。

在胶东地区,12月24日,中共胶东特委书记理琪等,在文登县天福山领导人民武装起义,成立了山东人民抗日救国军第三军。

在清河地区,12月26日,中共山东省委派姚仲明、廖容标、赵明新,以长山中学马耀南等师生为基础,在长山与临淄间之黑

---

[1]　《毛泽东军事文集》第二卷,第57页,军事科学出版社、中央文献出版社1993年版。

铁山领导人民举行武装起义,成立了山东人民抗日救国军第五军。同时,中共淄川矿区及章丘、益都、临淄等地党组织也组织了抗日武装,相继编入第五军,部队发展到6000余人。

在鲁东地区,12月29日,中共鲁东工委和寿光县委领导人马保三和红军干部韩明柱,在寿光县牛头镇组织人民发动武装起义,成立了八路军鲁东游击第八支队。1938年1月,中共鲁东工委书记鹿省三等,在潍县蔡家央子和昌邑县瓦城地区领导人民举行武装起义,成立了八路军鲁东游击第七支队。3月,第七、第八支队合编为八路军鲁东游击指挥部,部队发展到5000余人。

1938年1月1日,中共山东省委书记黎玉、宣传部长林浩、红军干部郭洪涛、赵杰等,在鲁中徂崃山,以泰安县委掌握的武装为基础,领导人民举行武装起义,成立了八路军山东人民抗日游击第四支队。接着,中共莱芜、沂泰等地区党组织领导的抗日武装先后编入第四支队。1938年4月,部队发展到4000余人。

在泰西地区,省委派张北华等,于1938年1月1日在夏张镇领导泰(山)西地区人民举行武装起义,成立了山东西区人民抗敌自卫团。

1938年初,中共沂水、莒县地方组织在鲁东南(后称滨海)地区领导人民武装起义,组成一支抗日武装,后改编为八路军山东抗日游击第二支队,坚持滨海地区的抗日斗争。

在鲁南地区,1938年3月,中共苏鲁特委书记郭子化领导沛县、滕县、峄县等地人民武装起义,成立了鲁南人民抗日义勇队第一总队(后改称"苏鲁人民抗日义勇队第一总队")。

1938年春,中共苏鲁特委又在湖(微山湖)西地区领导沛县、萧县、丰县、砀山等地人民武装起义;中共鲁西南工委先后在单县和曹县组织人民抗日武装起义,于6月组成苏鲁人民抗日义勇队第二总队。部队迅速发展到5000余人,在湖西地区坚持游击战争。①

---

① 军事科学院军事历史研究部:《中国抗日战争史》中卷,第123—124页,解放军出版社1994年版。

各地人民武装起义后,立即开展抗日游击战争,打击日军和汉奸,摧毁伪政权、伪组织。到 1938 年 5 月,中共中央决定将山东省委扩大为苏鲁豫皖边区省委(12 月又改为"中共中央山东分局"),郭洪涛任书记。至 1938 年夏,山东省的十几个地区先后发动了抗日武装起义,起义部队发展到 4 万余人。各起义部队共作战 100 余次,解放县城 15 座。12 月底,山东分局根据中共中央和北方局的指示,对起义武装进行了整顿和改编,正式成立了八路军山东纵队,张经武任指挥,黎玉任政治委员,下辖第二、第三、第四、第五、第六、第八支队和挺进支队、陇海南进支队(1939 年初又成立第九支队和第十二支队),初步创建了冀鲁边、鲁西北、清河、胶东、鲁中、泰西、鲁南、湖西等抗日根据地,奠定了山东抗日根据地的基础。①

八路军(第十八集团军)战斗序列表(1938 年冬)

```
总 司 令  朱德(兼)        副 总 司 令   彭德怀
参 谋 长  叶剑英          政治部主任    王稼祥(兼)
副 参 谋 长
兼前总参谋长  左 权      兼野战政治部主任   傅 钟
```

第一一五师	山东纵队	第一二〇师	第一二九师	晋察冀军区	炮兵团	特务团	山西新军
师政治委员长	指挥 政治委员	师政治委员长	师政治委员长	司令员兼政治委员			
林彪 罗荣桓	张经武 黎玉	贺龙 关向应	刘伯承 邓小平	聂荣臻			

说明:1. 因八路军参谋长在后方工作,所以在前方总指挥部(简称"前总")另设参谋长。

2. 因八路军政治部在后方,所以在前方设野战政治部。

---

① 参见《八路军·综述·大事记》,第 31 页,解放军出版社 1994 年版。

第五节　新四军开辟华中抗日根据地

日军侵占上海、南京、杭州后,日军大本营把夺取徐州作为会师武汉的首要战略目标,并以攻占汉口作为"早日结束战争的最大机会"。1938年5月,日军占领徐州后,即分兵沿陇海路和长江西犯,向武汉进逼。中国军队经过四个多月的会战,于10月25日撤离武汉。

新四军各部队完成集结、整训后,从1938年2月至6月,中共中央和毛泽东对新四军的任务和行动方针作了一系列指示,要求新四军抓紧有利时机,主动地、积极地深入到敌人的后方去。2月15日,毛泽东致电项英、陈毅,指示新四军应建立茅山根据地。电报说:"目前最有利于发展地区,还在江苏境内的茅山山脉,即以溧阳、溧水地区为中心,向着南京、镇江、丹阳、金坛、宜兴、长兴、广德线上之敌作战,必能建立根据地,扩大四军基础。"[①]5月4日,毛泽东又致电项英,进一步指出:新四军在华中敌后进行游击战争,"在广德苏州镇江南京芜湖五区之间广大地区创造根据地,发动民众的抗日斗争,组织民众武装,发展新的游击队,是完全有希望的"[②]。那里地域广大,"不患无回旋余地","凡敌后一切无友军地区,我军均可派队活动"。"敌之总目标在进攻武汉","可放手在敌后活动"。[③]

当时国民党军事当局对新四军划定的活动地域是:第一、第二支队在长江以南、芜湖以东,高淳、溧水、金坛之线以北,丹

[①] 《毛泽东军事文集》第二卷,第155页,军事科学出版社、中央文献出版社1993年版。

[②] 《毛泽东军事文集》第二卷,第220页,军事科学出版社、中央文献出版社1993年版。

[③] 《毛泽东军事文集》第二卷,第351页,军事科学出版社、中央文献出版社1993年版。

（阳）金（坛）公路以西，东西不过百余公里，南北仅约五六十公里；第三支队在东起芜湖、宣城，西至铜陵，南至青阳，北临长江的狭小地带；第四支队在皖中的淮南铁路沿线一带。这些活动区域的划定，实际上是对新四军的抗日活动加以限制。

新四军领导人叶挺、项英依据中共中央和毛泽东的指示，以及国民党军事当局赋予的任务，决定派出先遣支队，由第二支队副司令粟裕率领，于1938年4月28日出发，前往苏南敌后进行战略侦察。5月初，叶挺、项英向全军发出指示：

> 我军的任务是深入敌人后方，开展广泛的游击战，达到牵制和分散敌人的兵力，配合国军主力正面作战，在持久战中，争取最后的胜利。我们的作战方针是在集小胜为大胜，团结群众以游击动作进行胜利的战斗，并力求达到自身的壮大和战斗力量的坚强，而能进一步进行大的运动战和歼灭大的敌人。①

陈毅首先率第一支队由岩寺出发，6月4日抵高淳，14日进入茅山一带，旋即展开于镇江、句容、金坛、丹阳地区。张鼎丞指挥第二支队于7月进入敌后，展开于京芜铁路和京杭国道（即今宁杭公路）之间的江宁、当涂、溧水、高淳地区。谭震林率第三支队在策应第一、第二支队挺进苏南之后，于7月进入皖南前线作战地区。高敬亭指挥第四支队已于4月初由皖西霍山县流波疃向皖中开进，于4月底先后展开于舒城、桐城、庐江、巢县、无为地区。

1938年5月12日，江北日军第六师团坂井支队巢县守备队，乘船至裕溪河西岸一带。新四军第四支队第九团一部设伏于安徽巢县东南的蒋家河口，于敌下船登岸时，出其不意，以密集火力袭击，歼敌20余人。这是新四军挺进江北敌后的第一次战斗，拉开了华中敌后抗日游击战的序幕。5月16日蒋介石致

---

① 陈毅：《茅山一年》，载《陈毅军事文选》，第65—66页，解放军出版社1996年版。

电叶挺、项英:"蒋家河口出奇挫敌,殊堪嘉慰。"①

粟裕率先遣支队胜利完成破坏南京至镇江间铁道,以阻京沪之敌的破击任务后,1938年6月17日上午,在镇江西南的韦岗附近伏击日军车队,击毁日军车4辆,毙伤敌土井少佐和梅泽大尉以下20余名,缴获长短枪10余支及其他战利品一部。新四军进入江南敌后首战告捷,战斗虽然规模不大,但发生在苏南地区,并且是在日军华中派遣军司令机关附近,其影响却是相当大。此战使华中人民受到了振奋,提高了新四军的声誉。陈毅赋诗祝贺:"……弯弓射日到江南,终夜喧呼敌胆寒。镇江城下初遭遇,脱手斩得小楼兰"②,表达了广大军民对初战获胜的欣欣情绪。蒋介石亦致电叶挺:"所属粟部袭击韦岗,斩获颇多,殊堪嘉尚。"③

此后,在苏南敌后,特别是在京沪铁路、京芜铁路、京杭国道两侧,新四军第一、第二支队连续对日军展开夜袭、奔袭、伏击和突袭作战,6月至8月,先后取得了新丰、新塘、句容、珥陵、高资、仓头、永安桥、江宁、当涂等大小100余次战斗的胜利。南京的城郊机场,雨花台畔,麒麟门外,也响起了新四军的枪声。

第一、第二支队在苏南敌后积极打击敌人的同时,随之展开创建根据地的工作。1938年7月,镇(江)句(容)丹(阳)金(坛)四县抗敌总会成立,所属各县、区、乡成立了分会。同月,中共苏南工作委员会成立(9月改为"中共苏南特委")。8月,当涂县抗战动员委员会、宣城县水阳抗战动员委员会及江(宁)溧(水)句(容)三县抗敌自卫委员会也相继成立。

1938年7月,管文蔚领导的丹阳抗日自卫总团接受新四军第一支队领导,改称丹阳游击纵队,9月扩编,对外称江南抗日义勇军挺进纵队。9月底,傅秋涛率第一团调回皖南,第六团进入苏南镇(江)句(容)地区归第一支队指挥。稍后,罗炳辉任第一

---

① 转引自《新四军·综述·大事记》,第21页,解放军出版社1994年版。
② 《陈毅诗词选集》,第33页,人民文学出版社1977年版。
③ 转引自《新四军·综述·大事记》,第21页,解放军出版社1994年版。

支队副司令员。

由于不断遭到新四军打击,占领区的城镇和交通要道受到严重威胁,9月初,日军将新调来华的第十五、第十七师团,杭州地区的第一一六师团部分部队和伪满军5000余人,增调至南京、芜湖、苏州,使京、镇、芜地区的兵力由3个联队增加到2个多师团。敌人不惜放弃宣城、溧阳县城,收缩兵力,修据点,筑公路,组成"梅花桩"式的据点群,进行"扫荡",力图驱歼新四军。

根据敌强我弱的情况,新四军第一、第二支队紧紧依靠群众,运用灵活机动的游击战术,分散穿插转移,乘虚袭击敌人,先后进行了天王寺(1938年9月21日)、禄口(1938年10月2日)、白兔镇(1938年12月上旬)等一系列战斗,粉碎日军大小"扫荡"二三十次。在新四军的连续打击下,日军被迫放弃小据点,集中兵力防守大据点,重新陷入防守点线的被动处境。

在皖南前线,新四军第三支队的作战地域,是长江交通的重要侧翼。日军为保障进攻武汉的水上交通,派第十五、第一一六师团重兵驻守,并经常出动"扫荡"。1938年10月,第三支队接受与国民党军协防青弋江的任务,以机动防御方式与敌周旋,先后取得了清水潭、马家园等战斗的胜利,毙伤日军300余人。12月,第三支队调至铜陵、繁昌沿江地区,执行游击防御任务,配合友军作战。1939年1月,第二支队第三团由苏南调到皖南归军部直接指挥,与第一、第五团并肩战斗。

在江北,为了配合徐州正面战场国民党军作战,新四军第四支队挺进到淮南铁路巢县至裕溪口段出击敌人。1938年10月下旬,先后攻克庐江、无为两座县城,共歼灭勾结日军的当地反动武装2800余人。同时,第四支队协同中共皖中工委,建立党组织、自卫武装、抗敌协会,开展抗日救亡运动和统一战线工作,从而迅速打开了皖中敌后的抗战局面,并在皖东敌后燃起了游击战争的烽火。

在豫皖苏边区,中共河南省委根据中共中央指示精神,在徐州失陷后,即组织起第一战区自卫军第七路、豫东抗日游击第三支队、先遣大队等抗日游击武装。1938年9月2日,中共中央长江局负责人周恩来、叶剑英根据日军作战线推进至武汉地区,豫东、皖北大片地区沦为敌后的情况,指示中共河南省委将抗日武装斗争的重心移向豫东,与八路军冀鲁豫部队沟通联系。

为贯彻这一指示,中共河南省委决定开创豫皖苏边根据地,将竹沟教导队毕业的部分学员,由八路军从临汾派来竹沟的部分干部,以及当地招收的新兵共370余人,组成游击支队,由彭雪枫率领,于9月30日从确山县竹沟镇誓师出征东进,向豫东敌后挺进。10月11日抵达西华县杜岗镇,与原中共豫西特委书记吴芝圃领导的豫东抗日游击第三支队一部及由萧望东率领的先期到达的先遣大队会师,并整编为新四军游击支队,由彭雪枫任司令员兼政治委员,吴芝圃任副司令员,下辖3个大队,共1020人。10月下旬,游击支队在西华以东地区东渡黄河,挺进敌后。10月26日,游击支队进驻河南淮阳东北的窦楼。27日晨,驻淮阳东北戴集的日军百余骑兵向游击支队进攻。游击支队将敌击溃,毙伤日军林津少尉等十余人。这是游击支队进入敌后的第一次战斗,给豫东沦陷区人民以很大鼓舞,初步打开了豫东敌后的抗战局面。

新四军自成立至1938年10月,在大江南北广泛开展游击战争,连续进行了大小战斗280余次,毙伤日伪军3200余人,俘虏600余人,击毁敌汽车100余辆,颠覆火车2列,毁桥梁90余座,严重地打击了敌人的嚣张气焰,鼓舞了敌后军民的胜利信心。经过短短半年多时间,全军由集中时的1万余人,发展到2.5万余人,初步实现了华中敌后的战略展开,开辟了华中敌后战场。而且,部队在中共地方组织和人民群众支持下,创建了苏南、皖南、皖中和豫东等抗日根据地,支援与配合了正面战场作战,为进一步发展华中敌后抗日游击战争奠定了基础。

新四军战斗序列表（1938年冬）

```
军    长  叶挺    副军长      项英
参 谋 长  张云逸  政治部主任  袁国平
副参谋长  周子昆  政治部副主任 邓子恢
```

第一支队	第二支队	第三支队	第四支队	江北游击纵队	游击支队	豫鄂游击独立支队（1939年6月成立）
司令员 陈毅	司令员 张鼎丞	司令员 张云逸（兼）	司令员 高敬亭	司令员 戴季英	司令员 彭雪枫	司令员 李先念
副司令员 傅秋涛	副司令员 粟裕	副司令员 谭震林	副司令员 戴季英	政治委员 孙仲德（后）戴季英		政治委员 陈少敏
第一团 第二团	第三团 第四团	第五团 第六团	第七团 第八团	第九团	手枪团	

第六节　东北抗日联军坚持抗日斗争

全国抗战的爆发，给予艰苦斗争的东北抗日联军以极大的鼓舞和支持。从此，中国共产党领导的东北抗日斗争，就起着配合关内抗战的重要作用，成为全国抗战的一部分，更是敌后解放区战场的一个组成部分，毛泽东曾指出：

> 东三省的游击战争，在全国抗战未起以前当然不发生配合问题，但在抗战起来以后，配合的意义就明显地表现出来了。那里的游击队多打死一个敌兵，多消耗一个敌弹，多钳制一个敌兵使之不能入关南下，就算对整个抗战增加了一分力量。[①]

[①] 《毛泽东选集》第二卷，第416页，人民出版社1991年版。

卢沟桥事变后不久,1937年7月25日,东北抗日联军第一路军总司令杨靖宇就发出了《为响应中日大战告东北同胞书》:

> 我东北全体同胞,应在全国总动员之下,凡系中国人皆应抛弃旧仇宿怨,亲密联合,响应中日大战,暴动起来,打倒日本帝国主义,推翻傀儡政府"满洲国",为独立、自由、幸福之新中国而奋斗。①

同日,中共吉东省委以东北抗日救国总会的名义发出通知,号召群众以一切财力、物力、人力援助抗日联军;号召伪军反正救国,破坏交通、仓库,动摇敌人后方,与内地对日作战相呼应。9月18日,北满抗联总司令部也发出通知说:

> 中日战争现已全面展开,举国一致、以抗战驱逐敌人,争取民族解放的时机已经到来。因此,中国同胞必须迅速崛起救国,光复东北,以赢求民族解放和国土完整。②

东北各游击区的人民群众,热烈响应中共及抗联的号召,秘密组织救国会和支援抗日联军。全面抗战开始后,不到两个多月的时间内,仅北满的汤原、依兰、桦川、富锦4个县,就成立了救国会和分会103个。还有不少伪军起义反正,有的还发表宣言,说"大战既已开端,我等存心抗日救国,倒戈除倭奴","誓为我大中华祖国同胞竭尽忠诚,以鲜血白骨争回黑水白山"。③

为了适应全国抗战的形势,更有效地打击和牵制日军,继第一路军之后,东北抗日联军又相继成立了第二、第三路军。第二路军正式组成于1938年春,辖第四、第五、第七、第八、第十军等部,周保中、赵尚志分任正、副总指挥,崔石泉(崔庸健)任参谋长。第三路军正式组成于1939年5月,辖第三、第六、第九及第

---

① 李惠:《东北抗日联军斗争史简编》,第301页,解放军出版社1987年版。
②③ 李惠:《东北抗日联军斗争史简编》,第304页,解放军出版社1987年版。

十一军(独立师扩编而成),张寿篯(李兆麟)任总指挥,冯仲云任政委,许亨植任参谋长。

全国抗战开始后,东北抗日联军为配合全面抗战,主动出击,纵横驰骋于白山黑水之间,掀起了东北抗日游击战争的高潮。活动于南满、东满地区的第一路军,连续在本溪、宽甸、四平等地袭击日军守备队,打死日军大队长、小队长各一人,歼灭日伪军数十名;在清原、开源等地又打死日军中佐、少佐军官各一人,歼日伪军数十人,并潜入沈阳郊区和抚顺城内,俘获了伪机关中的日本高级官员。特别是第二军一部,1937年10月间曾攻入敌军重要补给基地辉南县城,歼灭守军200余人,缴获大批军用物资,解决了部队所需冬装。

活动于吉东、北满地区的第二路军各军,在依兰东部、富锦、宝清、虎林、饶河一带连连获胜。在五道岗伏击战中,歼灭由孟家岗出动的日军黑石部队,打死其士兵300余人,战马200余匹,缴获马枪220支,轻机枪10挺。在西盘岭伏击战中,炸毁军用火车1列,打死打伤日伪军130余人。

与第二路军基本上活动于同一地区的第三路军,向松花江下游两岸及小兴安岭西麓出击,部队发展很快,全国抗战爆发后不久,仅第三军就发展至10个师。至1937年冬,东北抗日联军共歼灭日伪军7600余人。东北的游击战争达于鼎盛,抗日联军总兵力达到4.5万人,活动范围遍及70多个县,对侵华日军深远后方、东北的日伪统治造成严重威胁。

抗联日趋广泛的游击战争对日军构成重大威胁。日本关东军从1936年4月开始推行"三年(1936—1939)治安肃正计划",实行所谓"治标"与"治本"相结合的方针,加强对抗联的"讨伐",同时准备对苏联作战。至1937年7月初,关东军总兵力增至4个师团、2个独立混成旅团、3个骑兵旅团以及5个独立守备队(相当旅团),共10万余人,并扩充伪军达33个旅约10万人。

1937年底,日伪军集中10余万兵力,对抗日联军实施空前规模的围歼作战,重点是吉东、北满地区的抗联部队。日军首先采取集中兵力压缩包围的战法进行"三江省大讨伐",企图将抗联第四、第五军等部压缩包围于松花江下游、黑龙江与乌苏里江之间的三江平原聚而歼之。为粉碎敌之围歼计划,1938年4月,第二路军决定以第四、第五军主力跳出敌之合围圈,举行西征,力争与第一路军及华北八路军沟通联系;第二路军总部则率第四、第五军留守部队和第七军等部在宝清、饶河等地坚持斗争。

  7月,西征部队按计划出发,途中攻克苇河县楼山镇,并奇袭了珠河县(尚志县)元宝镇"集团部落"。8月,西征部队遭日伪军重兵围堵,损失惨重,第四军军长李延平、副军长王光宇壮烈殉国,仅有一部进入五常、舒兰,余部返回原地。第五军一部在东返途中遭日伪军袭击,妇女团指导员冷云及班长胡秀芝、杨贵珍、战士胡桂琴、黄桂清、王惠民、李凤善和被服厂厂长安顺福八人被敌人包围,宁死不降,毅然跳入牡丹江支流乌斯浑河,全部壮烈牺牲。这就是著名的"八女投江"。第二路军坚持原地斗争的部队,先后进行大小战斗37次,毙伤日伪军2 000余人,其中第七军在饶河县西风咀子伏击战中击毙日军少将日野武雄。1938年夏,坚持在北满地区的第三、第六、第九、第十一军从汤原、萝北、绥滨地区陆续远征,先后到达海伦、德都地区,攻克讷河县城和克山县北兴镇,给日伪军以重创,并在德都县朝阳山一带建立了游击根据地。

  当日伪军主力在北满作战时,南满的第一路军为了开辟新游击区和牵制敌人、支援北满的抗联部队,1938年2月,由桓仁北进辑安。3月间,第一路军奇袭了通(化)辑(安)铁路老岭隧道工程,全歼监工的日伪军,缴获大批物资,使该工程停工两个月。4月,第一路军攻占长白县六道沟镇,在蛟河还夜袭了伪军营地,歼敌100余人。5月下旬,中共南满省委同第一路军总部在老岭召开军政高级干部联席会议,确定了"在坚持对日本帝国主义的游击战争中,保存实力,粉碎敌人的全面进攻"的方针。7月间,第一路军在北移途中,袭击了通化七道沟的日本武装勘探队。8月间,第一路军在集安长岗击溃伪军1个团,缴获步枪140余支,轻机枪8挺。1938年,第一路军各部转战于集安、通化、临江、辉南、濛江、桦甸等地,不断给日伪军以打击。

1939年,第二路军在吉东地区开展反"讨伐"作战200余次,歼灭日伪军2 000余人,粉碎日军的"聚歼"计划。第三路军转战黑嫩平原20余县,歼灭日伪军数千人,牵制日伪军数万人。

东北抗日联军在转战和远征中,虽遭到很大损失,但仍取得歼敌一万余人的胜利。东北抗日联军的英勇斗争,受到毛泽东的高度评价,他说:

> 东三省的人民,东三省的一部分爱国军队,在中国共产党领导或协助之下,违反国民党政府的意旨,组织了东三省的抗日义勇军和抗日联军,从事英勇的游击战争。这个英勇的游击战争,曾经发展到很大的规模,中间经过许多困难挫折,始终没有被敌人消灭。①

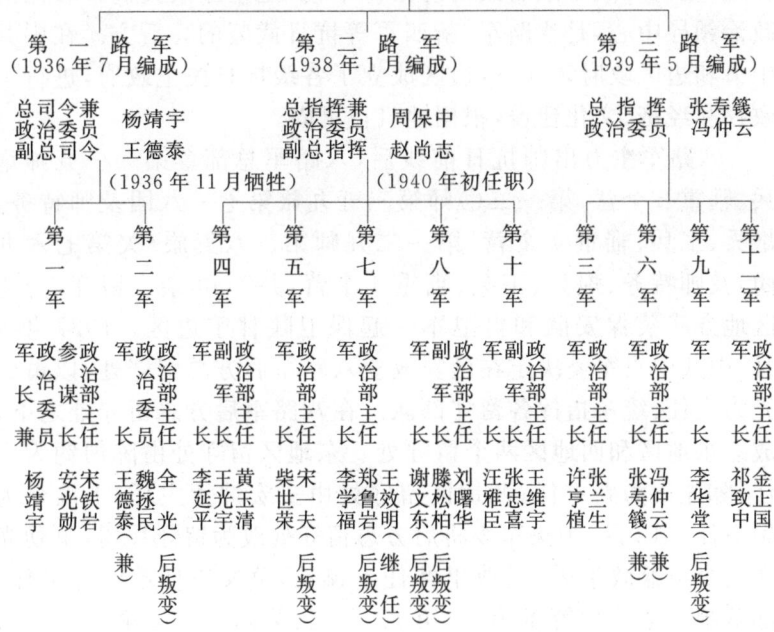

东北抗日联军战斗序列表(1937年7月至1939年底)

---

① 《毛泽东选集》第三卷,第1034页,人民出版社1991年版。

1938年11月5日,中共六届六中全会给杨靖宇和东北抗联发出慰问电,称赞东北抗联是"在冰天雪地里与敌周旋七年多的不怕困苦,艰难奋斗之模范"①,对全国抗日战争的坚持和胜利作出了重要贡献。

第七节　保卫陕甘宁边区的八路军留守兵团

陕甘宁边区是土地革命战争时期工农红军创建的一个革命根据地,下辖陕西、甘肃、宁夏3省所属的26个县,总面积12.9万平方公里,人口200多万,首府延安。抗日战争爆发后,边区苏维埃政府更名为陕甘宁边区政府。陕甘宁边区是中共中央所在地,是抗日战争敌后战场的指挥中枢,是全国人民抗日救国的政治领导中心,是八路军、新四军等抗日武装的总后方。在中共中央和边区政府领导下,边区成立了各级抗日民主政府,进行了政权和经济、文化建设,根据地日益巩固。

八路军主力出师抗日前线后,八路军总部令第一一五师炮兵、辎重2个营,第一二〇师第三五九旅第七一八团及师特务、炮兵、工兵、辎重4个营,第一二九师第三八五旅(欠第七六九团)及师特务、炮兵、工兵、辎重4个营,共9000余人留守,与边区地方武装保安队和自卫军一起保卫陕甘宁边区。1937年9月,中共中央军委决定在延安成立八路军后方总留守处,以萧劲光为主任,统一指挥各留守部队。在八路军后方总留守处之下,成立东地区和西地区两个留守处。东地区留守处由陈伯钧为主任,陈先瑞为副主任;西地区留守处由王宏坤为主任,王维舟为副主任。12月,中央军委将后方总留守处改为留守兵团,萧劲光任司令员兼政治委员,曹里怀任参谋长,莫文骅任政治部主任。部队统一整编为警备第一、第二、第三、第四、第五、第六、第七、

---

① 《东北抗日联军史料》(上),第181页,中共党史出版社1987年版。

第八团、第三五八旅旅部、第七七〇团、骑兵营、廊甘独立营、警备司令部及保安司令部,总兵力1.5万余人,由中央军委直接领导,担负保卫边区、肃清土匪、保卫河防、保卫党中央、培养与积蓄干部等任务。

从1938年3月至1939年底,日军多次调集兵力,曾23次进攻八路军留守兵团据守的黄河防线,严重地威胁着陕甘宁边区的安全。1938年3月13日,侵占山西兴县之日军2 000余人,在飞机、大炮掩护下强渡黄河。留守兵团警备第六团沉着应战,当敌正在渡河之时突然以猛烈火力袭击,同时以一部兵力乘敌混乱之机进至河东袭敌侧背,日军不支死伤140余人,而向兴县方向撤退。

5月初,日军从离石出动约1个旅团的兵力,附炮303门,沿离(石)军(渡)公路向西进犯,企图占领军渡,突破河防阵地。留守兵团以警备第八团主力东渡黄河,向汾离公路沿线之敌出击,当夜进至王老婆山,对日军1个大队发起突然袭击,经数小时激战和白刃格斗,歼敌200余人。第一一五师第三四三旅和地方游击队也在敌侧后积极地开展游击战斗,日军遭到打击后向东退去。

12月下旬,日军又由永和、大宁、吉县一线集中3 000余人,附炮30余门,分三路向泥金滩、凉水岩、马斗关三个渡口进犯。1939年1月1日,日军在占领这三个渡口的东岸后,猛烈炮击河西阵地,并以飞机10余架向河西阵地投放炸弹和毒气弹,掩护其步兵集结和运输渡河器材,企图实施强渡。八路军留守兵团河防部队当即对集结之敌和运输船只进行猛烈射击,阻止敌军强渡。同时,河东的第一一五师独立支队和决死队、游击队不断地袭扰敌人,进行有力的配合。日军被迫于4日和5日陆续撤退,河防部队一部乘胜东渡黄河发起追击,至大宁以西地区与敌激战,歼敌一部。日军数次西渡黄河遭到失败后,由太原向汾离公路增调更大兵力。

1939年6月4日至5日,日军1万余人侵占军渡,1.5万余人侵犯碛口、孟门两镇;另一路约1个联队由隰县、大宁西犯,6日晚侵占泥金滩、马斗关渡口东岸阵地,并向河西炮击。八路军河防部队在边区军民的积极支援下,坚守阵地与日军隔河对峙。在泥金滩、马斗关方向,日军在飞机掩护下进行强渡,被河防部队击退。这时,河东之八路军部队猛烈袭击敌之侧背,破坏敌交通运输线。日军腹背受击,运输补给困难,于8日开始全线撤退。河防部队乘势渡河,在马斗关河滩等地毙敌一部,乘势收复河东阵地及柳林镇,从而粉碎了日军对河防规模最大的一次进攻。

至1940年底,留守兵团计有第三八五旅、第三五九旅、警备第一旅及警备第一、第四、第五团及特务团、骑兵团,连同保安司令部所属各部队,总兵力为3.1万余人,长短枪1.5万余支,轻重机枪1 077挺,迫击炮17门。① 留守兵团走上了正规化建设的道路,战斗力和军政素质有了很大提高。

---

① 军事科学院军事历史研究部:《中国抗日战争史》上卷,第229页,解放军出版社1994年版。

第八章 巩固华北 发展华中、华南

第一节 抗战相持阶段到来后的时局

1938年10月下旬,广州、武汉相继失陷。日军在16个月内占领了中国大片土地和北平、天津、上海、南京等重要城市。但是,由于中国军民的奋力抵抗,日军兵力已被大量消耗,随着战线的延长,日军兵力越来越分散,特别是中国共产党领导的军队开辟了广大的敌后战场,游击战争蓬勃地展开,严重地威胁着日军后方的安全。在日本国内,由于军费剧增,人民负担加重,各种矛盾加深。基于上述因素,日军在占领广州和武汉后,被迫停止了对国民党正面战场的战略进攻,抗日战争进入了战略相持阶段。日本"速战速决"的方针已彻底破产。

战略相持阶段到来后,国内外形势发生了重大变化。为了应付新的局势,日本统治集团对其侵华的战略和策略作了一些调整。一方面,停止对正面战场的战略性进攻,采取以巩固占领区为主的方针,将主要注意力用于打击八路军和新四军,置重点于华北;另一方面,把对国民党以军事进攻为主、政治诱降为辅的方针,转变为以政治诱降为主、军事打击为辅的方针。根据上述方针,日军开始调整其侵华兵力的部署。从1938年10月至1939年6月,侵华日军兵力(不含关东军)由24个师团又7个旅团增加到27个师团又19个旅团,达80余万人。在华北,日军兵力由11个师团又6个旅团增至15个师团又12个旅团,占侵华总兵力（不含关东军）的一半以上。①

日本大本营认为，日军在华北"实际上势力所及只限于重要城市周围及狭窄的铁路沿线地区，仅仅是点和线，其他大部是共军占区"。因此，日军对华北作战的基本方针是"以确保安定为一切工作的根本，以肃正作战为指导作战的准绳"。日军决定"通过讨伐作战全部摧毁共军根据地，同时彻底进行高度的分散部署兵力"，"依靠这些分散的据点，对共军反复进行机敏神速的讨伐，使其得不到喘息时间和安身所在"。② 依此方针，日军在华北极力实行军事征服和政治镇压相结合的侵略行动。日军开始对抗日根据地实行严密的分割封锁，以扼杀抗日军民的"囚笼政策"，对抗日根据地进行大规模的轮番"扫荡"。同时，加强伪军伪组织，建立并强化伪政权。1940年，日军又强调"军、政、民一体"的"总力战"，即以军事、政治、经济、文化各方面相结合的手段向抗日军民实施进攻，以达到摧毁抗日根据地的目的。从此，日军将侵华战争的重心指向华北敌后战场，八路军成为抗日战争的主力军之一。

日本的政治诱降，使国民党内部发生分化。国民党副总裁汪精卫等于1938年12月逃离重庆，公开投敌。以蒋介石为首的国民党政府仍坚持抗战，但由于正面战场军事压力有所减轻，反共倾向明显加剧。1939年1月，国民党召开五届五中全会，确定了"溶共"、"防共"、"限共"的方针，随后又秘密颁布《防制异党活动办法》、《共党问题处置办法》等反共文件。1939年底至1940年春，国民党顽固派掀起第一次反共高潮。国民党统治集团的倒退，给抗战增加了新的困难。

为了确定在新形势下的任务和战略方针，中国共产党于1938年9月29日至11月6日，在延安召开了扩大的六届六中全会。参加会议的有中央委员和候补中央委员17人，中央各部

---

① 《八路军·综述·大事记》，第48页，解放军出版社1994年版。
② 日本防卫厅战史室：《华北治安战》（上），第107—109页，天津人民出版社1982年版。

门和各地区领导干部 30 余人。会议的中心议题是听取毛泽东所作的《论新阶段》的政治报告。

毛泽东在报告中分析了当时的国际国内形势,明确了党在新阶段的总任务是:"坚持抗战,坚持持久战,巩固与扩大统一战线,以便克服困难,停止敌之进攻,准备力量,实行我之反攻,达到最后驱逐敌人之目的。"

全会通过了《中共扩大的六中全会政治决议案》,要求共产党及其领导之军队站在抗日战争的最前列,成为团结全民族共同抗战的坚强核心。强调要正确地坚持独立自主原则,放手组织人民抗日武装斗争。重申把共产党的主要工作放在战区和敌后,并确定了"巩固华北、发展华中华南"的战略方针。

全会在组织上作出了调整和新的决定。为了贯彻"巩固华北"的战略方针,全会决定充实北方局,由朱德、彭德怀、杨尚昆组成北方局常务委员会,杨尚昆任书记,并在会后命令八路军三个师的主力,于 1938 年 12 月开始分别开赴冀中、冀南和山东地区,巩固和发展这些地区的游击战争,准备抗击日军即将展开的反扑。为适应"发展华中华南"的需要,全会决定撤销长江局,设立中原局和南方局,会后中共中央决定刘少奇任中原局书记,周恩来任南方局书记。同时,将东南分局改为东南局,项英任书记。

中共六届六中全会是在抗日战争形势发生重大变化的历史关头召开的重要会议。全会基本克服了以王明为代表的右倾错误,进一步确定了毛泽东在全党的领导地位,统一了全党的步调。对于八路军贯彻在新阶段的战略方针与任务具有正确的指导意义。

面对当时存在着团结抗战和分裂投降两种可能的复杂局势,1939 年 7 月 7 日,中共中央提出"坚持抗战,反对投降;坚持团结,反对分裂;坚持进步,反对倒退"三大政治口号。同年 9 月 16 日,毛泽东又提出"人不犯我,我不犯人,人若犯我,我必犯人"的自卫原则。1940 年 2 月 10 日,中共中央和中央军委在《关于战略方针的指示》中指出:"八路军新四军的战略任务是坚持中央一贯方针,在粉碎敌人'扫荡'、坚持游击战争的总任务下,扫除一切投降派、顽固派的进攻,将整个华北直至皖南、江南连成一片,成为民主的抗日根据地。同时极大发展鄂中与鄂东,以便与全国配合,坚持华北、华中抗战,稳定全国统一战线,争取时局好转。"①

第二节　八路军成为华北抗战主力军

一　第一一五师主力挺进山东

(一)第一一五师主力进入山东

山东抗日根据地是联结华北和华中的纽带。巩固和发展山东抗日根据地,对坚持敌后持久抗战具有重要的战略意义。到1938年,山东的起义武装已有很大发展,但缺少骨干力量。为加强山东抗战力量,中共中央军委和八路军总部命令,第一一五师一部开赴山东。

1938年11月初,第一一五师先遣部队第六八五团由山西出发,12月底越过平汉路,进抵微山湖以西地区,转战于苏鲁豫边,在丰县进行崔庄、韩庄等战斗,歼灭伪军800余人,并击退由丰县城出援之日军。1939年初,为适应斗争形势的需要,该团与山东纵队挺进支队(即苏鲁人民抗日义勇队第二总队)合编,改称苏鲁豫支队,辖5个大队。整编后,部队接连在沛县北进行二郎庙等战斗,歼灭伪军1 000余人,又争取伪军1 000余人反正,迅速打开了微山湖以西地区的抗日局面。3月,部队粉碎敌军4 000余人的进攻,创造了以丰县、沛县为中心的湖西根据地。

1938年12月,代师长陈光和政治委员罗荣桓率第一一五师师部、教导大队及第六八六团由晋西出发,1939年3月1日进至鲁西平原。3月4日,部队首战郓城西北之樊坝,拔除伪军据点,全歼伪军1个团800余人。樊坝战斗后,由第六八六团团长兼

---

① 何理等:《八路军事件人物录》,第20页,上海人民出版社1988年版。

政治委员杨勇率该团三营和师直两个连留运(河)西地区开展游击战争,建立抗日根据地(1940年部队扩大为独立旅,组建了鲁西军区)。师部及第六八六团主力继续东进泰(山)西与山东纵队六支队会合,罗荣桓向鲁西、鲁中中共党组织传达了中共六届六中全会精神。此后,部队接连攻克汶河沿岸围里等据点,歼灭伪军1 000余人,并击溃日军两次进犯,打开了泰西地区斗争的新局面。

5月初,日军调集5 000余人和伪军一部,分九路向陆房地区之第一一五师和鲁西党政领导机关合围。11日拂晓,日军发起进攻,第六八六团等部占领有利阵地连续打退敌人九次冲击,然后乘夜色掩护领导机关突围,12日晨,部队全部跳出日军包围圈。陆房突围战斗,共毙伤日伪军1 300余人,自己伤亡360余人。8月2日,日军400余人向第一一五师师部驻梁山地区进犯。第一一五师以师特务营、骑兵连、独立旅第一团第三营等部与敌经过激战,取得歼灭日军300余人的胜利。9月至10月,第一一五师师部及第六八六团、教导大队和新编之特务团先后进入鲁南山区,创建了以抱犊崮山区为中心的鲁南抗日根据地。

第一一五师主力进入山东后,在山东纵队的配合下,先后开辟和扩大了冀鲁边、鲁西、湖西、鲁南等抗日根据地,并抽调大批干部协助地方加强根据地的建设。1940年,为加强鲁西、鲁南区的抗日斗争力量,部队决定将原留在晋西坚持斗争,后转移到晋西北的独立支队(亦称"晋西支队",陈士榘任支队长、林枫兼任政治委员)调至山东。该支队5月由晋西北出发,冲破山西国民党顽固派军队的拦阻,在冀南、豫北地区又粉碎日军3 000余人的合击,于7月中旬进入山东。10月,支队进到鲁南抗日根据地。

(二) 八路军第一纵队成立

为统一指挥山东境内及苏北、皖北各部队和游击队,1939年5月,中共中央决定成立八路军第一纵队,徐向前任司令员,朱瑞任政治委员。8月1日,纵队番号正式公布。8月9日,山东军政委员会成立,由朱瑞、徐向前、罗荣桓、陈光、黎玉为委员,朱瑞为书记。

此后,山东抗日游击战争更加广泛地展开,先后进行了许多胜利的作战。著名的有:1939年10月25日,山东纵队进行的五井歼灭战,毙伤日伪军160余人;11月,泰山地区取得冬季反"扫荡"胜利,毙伤日伪军250余人;1940年3月中旬,徐向前亲自指挥的孙祖伏击战,歼灭日伪军200余人。其中,尤其以白彦争夺战最为激烈。1940年2月14日,第一一五师一举攻克费(县)西重要据点白彦镇,全歼守敌。3月,日军先后出动数百人至2 000人的兵力三次组织对白彦的反扑进攻,并两次攻入镇内。第一一五师以2个团、1个支队又1个大队(团)的兵力与敌反复争夺,由7日战至21日,以夜战、近战和白刃格斗与日军进行激烈的拼杀,共毙伤敌800余人,缴枪350余支,终将敌人驱逐,收复了费西大片地区。

1940年6月,徐向前赴延安,随后第一纵队番号撤销。此时,山东纵队已发展到5.1万余人,另外还拨给兄弟部队3.2万余人。至1940年冬,第一一五师入鲁部队已扩大到主力团7个,新团12个,共计42 815人,地方部队2万人,建立了2个军区和6个军分区,并将第一一五师部队统一整编为6个教导旅,成为巩固和发展抗日根据地的坚强支柱。① 从1939年至1940年,第一一五师与山东纵队并肩作战,相互配合,共同开辟、扩大了冀鲁边、清河、胶东、鲁中、鲁西、湖西、鲁南、滨海等区,发展了山东抗日根据地。为了统一山东地区的军事指挥,中共中央书记处和中央军委于1941年8月作出决定,山东纵队归第一一五师首长指挥;山东纵队及第一一五师两军政委员会合并为山东军政委员会,罗荣桓任书记。

(三)第一一五师一部开辟和发展冀鲁豫根据地

1938年10月,第一二九师进行漳南战役后,直南、豫北地

---

① 军事科学院军事历史研究部:《中国抗日战争史》中卷,第460页。解放军出版社1994年版。

区的抗日游击武装有了一定的发展,并开辟了以安阳、内黄、汤阴三县为中心的抗日民主根据地,组建了八路军黄河支队。11月,活动于曹县的范筑先第三十五支队于该地区抗日自卫队合编为冀鲁豫第五支队。12月中旬,八路军第一一五师第三四四旅第六八八团两个连进到鲁西南活动,扩编为第三四四旅特务团。

1939年2月,第一一五师第三四四旅代旅长杨得志、政治部主任崔田民率旅直一部由晋东南进至直南(河北南部、河南北部的南乐、清丰、长垣、濮阳、东明地区)。3月9日,部队在濮阳井店同独立团、特务团、黄河支队等合编为冀鲁豫支队,杨得志任司令员,崔田民任政治委员,下辖3个大队(团),共4 180人。4月下旬,冀鲁豫支队连续作战,重创敌军,并消灭了一批挑衅的国民党顽固派武装。6月底,日军出动万余兵力,分七路进犯鲁西南地区,并占领了定陶、成武、菏泽、东明等县城。冀鲁豫支队积极抵抗,粉碎了敌人的进犯。10月中旬至11月上旬,日军又对鲁西南进行了两次"扫荡",均被粉碎。1939年,冀鲁豫支队在反"扫荡"作战中,毙伤日伪军2 000人,俘日伪军536人,自身伤亡649人。至1939年底,该支队由4 000余人发展到1万余人。1940年春,直南新建立濮阳、长垣等7个县的抗日民主政权,成立了直南专员公署和中共冀鲁豫区党委。

1940年4月,八路军第二纵队(1940年2月在太南地区组建),奉八路军总部之命,在政治委员黄克诚率领下到达直南,与冀鲁豫支队统一整编,第五大队与清丰独立团合编为第三四四旅第六八六团;第一至第四大队合编为新二旅,杨得志兼旅长;独立大队、豫北大队与独立游击支队合编为新三旅,旅长为韩先楚。部队仍称第二纵队,辖第三四四旅、新二旅、新三旅;同时冀鲁豫军区(由第二纵队兼)成立,直属八路军总部领导,下辖三个军分区。第二纵队司令员杨得志,政治委员黄克诚;军区司令员由黄克诚兼任,政治委员崔田民。至此,包括直南、鲁西南、豫北地区的冀鲁豫抗日根据地初步建成。1941年7月,冀鲁豫军区与鲁西军区合并,统称冀鲁豫军区,其辖区东部扩大到津浦路。部队和地方武装发展到1.7万余人。

二 第一二〇师主力挺进冀中

冀中平原抗日根据地地处日军的后方,对敌威胁甚大;它与晋察冀边区的基本地区山岳地带,在战略上有着不可分离、互相依存的关系;同时冀中平原人力、物力、资源丰富。因此,日军于1938年秋大举围攻晋察冀边区的基本地区遭到失败后,遂改为首先肃清平原八路军尔后转入山地的作战方针。于是,调转枪口来"扫荡"晋察冀边区的平原地带冀中区,妄图摧毁平原抗日根据地,以确保其占领地,进行掠夺,实现"以战养战"之目的。

日军桑木崇明师团长曾经这样对他的部队训话:

> 本师团依照华北方面军的讨伐肃正为指针,迅速地肃清平地,尔后指向山地方面,务在繁茂期以前,彻底地肃清山地,毁灭其根据地,铲除其祸根。
>
> 各部队长官应熟识目前之情况,积极地肃清平地,以能按期达到肃清山地之目的。①

为了实现这一目的,日军调集了驻平汉铁路北段第一一〇师团一部,驻津浦铁路北段第二十七师团一部,以及分驻各地的1万多伪军,从1938年11月到1939年4月,对冀中平原根据地接连发动了五次分区"扫荡"。冀中区军民展开了反敌"扫荡"的英勇斗争。

冀中区军民在第一二〇师配合下,在五次反"扫荡"战役中,与敌人共进行战斗158次,毙伤日伪军4264名,伪军反正1100余名,第一二〇师和冀中部队伤亡1581名。敌人虽然占领了冀

---

① 吕正操:《冀中回忆录》,第33页,解放军出版社1984年版。

中区的20余座县城和一些重要城镇，但是，冀中军区和第一二〇师采取了正确的反"扫荡"的作战方针，同时动员和组织人民群众积极参加对敌斗争，在广泛的游击战中大量杀伤敌人，使敌消灭八路军主力和确保冀中平原的企图遭到破产。经过五个多月的反"扫荡"作战，冀中军民提高了坚持平原抗日游击战争的信心，冀中部队得到了锻炼，冀中平原抗日根据地更加巩固了。

1938年11月24日，毛泽东代表中共中央、中央军委给聂荣臻司令员发出《冀中区域的中心任务》的指示。指出：

1. 估计今后华北形势的进展，冀中区域的中心任务是巩固现有武装部队，依靠群众力量，坚持长期游击战争。

2. 为完成以上任务，做如下决定：

甲、派程子华同志带一部分干部去冀中，子华任吕（正操）纵队政治委员，加强该部之正规化是目前中心任务。

乙、决定贺（龙）关（向应）率一部去冀中，争取扩大一二〇师。

3. 一二〇师一部到冀中可以推动、影响特别是当地部队正规化的过程，而冀中党应以极大力量帮助扩大一二〇师。具体计划由关到五台与聂（荣臻）彭（真）依据实际情况商酌办理。

4. 贺关到冀中后，吕部则归其指挥，惟建制系统仍属聂区（晋察冀军区）管辖。①

遵照中共中央和中央军委的部署，第一二〇师主力由贺龙、关向应率领，于12月23日从山西省岚县出发，向冀中挺进。同时，师部电令第七一五团（缺一个营）从大青山直接开赴冀中。经过长途跋涉，第一二〇师主力冲破敌人的层层封锁，于1939

---

① 《毛泽东军事文集》第二卷，第439页，军事科学出版社、中央文献出版社1993年版。

年1月25日抵达冀中的高阳县惠伯口（今属河间县）地区，与冀中区党政军领导机关会合，受到了党政军民的热烈欢迎。日军对第一二〇师主力到达冀中非常惊慌。在缴获的敌人文件中，曾经有这样的话："贺将军此来，对北支那威胁更非昔比。尤其直接威胁平津，不容坐视。必须立即覆灭其势，以确立永久之治安。"①

为了统一领导冀中的斗争，便于协同作战，2月中旬，根据中共中央军委和中共中央北方局的决定，由第一二〇师和冀中区党委、冀中军区的领导人组成军政委员会和冀中区作战总指挥部。军政委员会由贺龙、关向应、黄敬、吕正操、程子华为委员，贺龙任书记。作战总指挥部由贺龙、吕正操任正、副指挥，关向应任政治委员。军政委员会研究了冀中各方面的情况，决定第一二〇师主力部队担任主要战斗任务，同时，深入发动群众，广泛开展游击战争，配合主力作战；从第一二〇师抽调50个团、营干部到第三纵队工作。冀中区党委和军区决定将第三纵队的独立第四、第五支队和津南自卫军共8 000余人，拨归第一二〇师建制。贺龙在军政委员会会议上主动建议，当前主要的战斗任务由第一二〇师来担当，让冀中部队多利用战斗间隙进行整训。

粉碎敌人第五次围攻后，第一二〇师在河间东北的齐会一带进行了休整，将第七一五团和原冀中军区拨归的第四支队的第一、第二、第三团编为独立第一旅；将第七一六团和冀中军区拨给的独立第五支队的第四、第五团编为独立第二旅。部队经过扩编，统一了指挥，加强了战斗力。

4月20日，驻沧县日军第二十七师团第三联队乘50余辆汽车进入河间城。22日，敌人以1个大队800余人连同伪军数十人，用80多辆大车满载给养弹药，由河间向北到达三十里铺，企图寻找八路军作战。贺龙根据这一情报判断，敌并非有计划的围攻，遂决心抓住这个有利战机，就地歼灭该敌。4月23日7时，敌人向东出动，于9时到达第七一六团第三营驻地齐会村附

---

① 王纪南：《齐会激战》，载《星火燎原》第5册，第117页，战士出版社1983年版。

近,随即包围村庄开始猛烈攻击。齐会是河间县东北一个四五百户人家的村庄,周围都有通往外村的道沟。第七一六团第三营帮助群众疏散外村后,早已在村内构筑了防御工事,做好了战斗准备。在敌人的猛攻下,全营指战员沉着应战,打退了敌人一次又一次的冲击。战至黄昏,第七一六团第一、第二营同时从西、北两面对敌人展开猛攻;村内第三营也进行反击,敌人受到内外夹攻,阵势大乱,开始向村南撤退。4月24日拂晓,敌人在第七一六团主力的尾追和截击下,向马村方向夺路而走,又遭到了齐会周围村庄早已部署好的第七一五团、独立第一旅第三团的包围。敌几次猛攻,付出重大伤亡,仍无法突出包围。黄昏,八路军开始总攻,充分发挥了夜战、近战的特长,争先突入敌阵地,展开肉搏,敌人死伤惨重。战至25日,敌人乘黄昏时刮大风南窜,残敌百余逃回河间,战斗胜利结束。齐会战斗共歼敌700余人,狠狠打击了敌人的气焰,也是敌人进攻冀中平原根据地以来最惨重的一次失败。

此后,军政委员会还根据贺龙的意见,对冀中部队作了进一步的调整。贺龙从第一二〇师选拔了一批优秀干部,如常德善、吴西、萧新槐、郭陆顺等人,充实了冀中新建部队。1939年秋,冀中部队抽调九个大队分批集中到根据地中心地区,进行了整训,并加强了冀中抗战学院的教学力量,开办各种训练班,收效很大。

1939年8月7日,毛泽东代表中央军委电示贺龙、关向应:为粉碎国民党的反共阴谋,巩固陕甘宁边区与加强河防,并准备应付突然事变,决定第一二〇师第三五九旅即由恒山地区调往陕北绥德、米脂地区,以巩固绥德警备区;第一二〇师在冀中部队即移至恒山地区,并视情况再移至晋西北地区,以利指挥。于是,8月下旬至9月下旬,第一二〇师领导机关和主力部队奉命从冀中开赴冀西,分两个梯队向平汉路西转移。

第一二〇师主力在冀中区转战八个月,圆满完成了中央军委赋予的巩固冀中、帮助第三纵队和扩大部队的三项任务。期间,部队共与敌进行大小战斗116次,歼灭日伪军4 900余人,部队扩大两倍以上,第一二〇师进入冀中时共有6 300余人,撤离时已发展到2.19万余人。第一二〇师还直接帮助了冀中部队的正规化建设,对后来冀中部队能够长期坚持平原游击战,经受住敌人残酷大"扫荡"发挥了重大作用。

第一二〇师离开冀中转移到平汉路西之后,又配合晋察冀部队取得了陈庄战斗及雁宿崖、黄土岭等战斗的胜利。由于1939年12月国民党顽固派阎锡山在山西发动了"十二月事变",根据中央军委命令,贺龙、关向应率领第一二〇师主力部队,于1940年1月从晋察冀边区出发,于2月初返回晋西北抗日根据地。

三 第一二九师主力挺进冀南

冀南平原对于发展抗日游击战争,打破日伪军对占领区的控制,坚持持久抗战,具有重要意义。1938年夏,鹿钟麟任国民党河北省政府主席,后兼任冀察战区总司令。鹿钟麟到达冀南后,就纵容其部下制造反共"磨擦"事件,并与国民党山东省政府主席沈鸿烈策划结成所谓"冀鲁联防",企图限制八路军在冀、鲁地区的发展。11月,日军进攻重点由冀中转向冀南,并乘国民党顽固派制造反共磨擦之机,于11月15日,出动日军3 700余人,分四路对冀南进行"扫荡"。日军占据了根据地边沿的宁晋、永年、故城、冠县、高唐和鲁西北的聊城等地区,形成了东、南、西三面对冀南抗日根据地包围压缩的态势。冀南八路军在徐向前副师长的指挥下,进行了16天的反"扫荡"作战,共计战斗28次,毙伤日伪军6 000余人,迫使敌于11月30日撤出冀南中心区。

为巩固和发展冀南抗日根据地,坚持鲁西北的抗日游击战争,1938年12月下旬,刘伯承师长率领第一二九师第三八六旅主力和先遣支队第三大队由太行山出发,越过平汉路到达冀南地区。师政治委员邓小平随后由延安回到冀南师部,协助冀南区党委和政府发动和组织群众,做好反"扫荡"准备,并对冀南地区的国民党军进行争取团结工作。为了加强对地方武装的领导,第一二九师将冀南抗日游击军区改称冀南军区,与东进纵队分开,宋任穷任司令员,王宏坤任副司令员,仍辖五个军分区。陈再道任东进纵队司令员。1940年6月,陈再道任冀南军区司令员,宋任穷改任政治委员。

1939年1月,日本华北方面军实施第一期"肃正作战",调集3万人,分11路大举进犯冀南。2月9日,东、西两线日军主力在飞机支援下合击南宫、冀县、枣强等地,随后占领了冀南中心区的全部县城。第一二九师将第三八六旅主力和冀南部队划分为6个作战集团,转至日军侧后袭击敌人,威胁日军的后方供应线。同时,第三八六旅以主力在威县以南香城固地区设伏,以一部兵力夜袭威县城,攻入后复撤出。2月10日,威县日军1个加强中队200余人,乘汽车8辆,向南追击。第三八六旅以1个骑兵连且战且退,将敌诱至预伏地区。伏击部队将这股敌人全部歼灭。2月11日,当日军以2000余人分乘70余辆汽车前来反扑时。第三八六旅又灵活机动地转移至冠县地区,使敌人连续扑空。日军在第一二九师内、外线部队不断打击下,于3月初被迫停止了"扫荡"。

第一二九师主力在冀南地区的反"扫荡"作战,共进行较大战斗100余次,毙伤日伪军3 000余人,巩固了冀南抗日根据地。3月以后,日军"扫荡"的重点由平原移向山地。刘伯承、邓小平率领第三八六旅主力和1个支队又3个团回师太行山区,进行保卫晋冀豫抗日根据地的斗争。徐向前带一部分兵力,由豫北返回冀南南宫、威县、清河地区。在此之前,第三八六旅以政治委员王新亭、副旅长许世友带领先遣支队第三大队返回冀南,坚持冀南的抗日斗争。

四 建立八路军冀热察挺进军

中共中央十分重视冀热察地区的抗日斗争,曾多次发出关于创建冀热察根据地的指示。冀东起义受到挫折后,中共中央不仅对起义给予了较高的评价,还对在冀热察地区创建抗日根据地作了指示与决策。1938年11月25日,毛泽东、王稼祥、杨尚昆对冀热察工作发出指示：

> 估计冀热察区的军事、政治环境，认为那地区有许多有利条件，是可能坚持游击战争，创造游击根据地。但是也有许多困难，要在长期艰苦斗争中才能够达到。因此决定成立八路军冀热察挺进军，派萧克同志前往工作。并成立军政委员会，统一领导军队及地方党、政权工作。①

11月26日，八路军总部任命萧克为冀热察挺进军司令员。1939年1月初，萧克带领近百人随第一二〇师主力东越同蒲路，到达河北省平山县蛟潭庄晋察冀军区司令部。在这里，由聂荣臻主持召开了会议，讨论党中央和军委关于成立冀热察挺进军的决定，并就冀热察挺进军及地方党和政府的有关问题作了进一步说明。会后萧克等于1月下旬到达平西。

1939年2月7日，八路军冀热察挺进军以第四纵队为基础，在平西的野三坡正式成立，由萧克任司令员兼政治委员，程世才任参谋长，伍晋南任政治部主任。同时萧克、马辉之、伍晋南、宋时轮、邓华五人组成冀热察军政委员会，萧克任书记，马辉之任副书记。冀热察挺进军统一领导平西、冀东、平北地区的武装斗争，下辖主力部队第十一支队和第十二支队以及冀东抗日联军等部队。与此同时，中共河北省委撤销，成立中共冀热察区党委，马辉之任书记，张明远任宣传部长，吴德任组织部长，萧克负责军事工作；委员还有姚依林、胡锡奎、李运昌、李楚离，负责统一领导平西、平北、冀东地区的工作。

为了进一步贯彻中共中央坚持冀热察地区抗日游击战争的指示，在八九月间冀热察区党委和挺进军军政委员会联席会议上，萧克提出了"巩固平西抗日根据地，坚持冀东游击战争，开展平北新的游击根据地"这样"三位一体"的任务，并经会议讨论同意后报中央和八路军总部批准。

---

① 《晋察冀抗日根据地》第一册，第217页，中共中央党校出版社1989年版。

第一,巩固与扩大平西抗日根据地。

1938年10月底,八路军第四纵队由冀东返回平西后,中共河北省委及主要领导马辉之、姚依林等也随迁到平西。八路军迅速摧垮敌伪组织,争取和改造地主武装,恢复和扩大了平西抗日根据地,并向西南发展,使之与边区连成一片,逐步建立了县、区、村各级政权和农会等群众组织。

八路军冀热察挺进军边战斗、边整训。连续四个月突击扩军,扩大主力3 000人,并发展游击队3 000多人,成立了平西各县的游击大队及房(山)、涞(水)、涿(县)游击支队,在边沿区还建立了游击小组。1939年11月开始,部队进行了较大规模的整编,撤销了原第四纵队的第十一、第十二两个支队的番号,将第十一支队的第三十一、第三十二、第三十三大队和房涞涿游击支队改编为第六、第七两个团;把第十二支队及平西游击支队一部分编为第九团;原已合编的抗日先锋队和冀东抗日联军及平西游击队之一部合编为第十团;冀东过来的800多人编为第十二团。

整编后,部队利用战斗空隙进行了三个多月的军政训练,建立了政治工作制度,加强了党的领导。这个时期平西部队兵力达到1.2万余人,老部队中党员比例占30%以上,游击队中也普遍建立了党组织,部队的军政素质和战斗力大有提高。整训后,挺进军派第六团去雁北坚持游击战争,派第十团去平北开辟地区,第十二团赴冀东,平西留下第七、第九团。在整训主力部队的同时,挺进军还积极开展地方武装建设,扩大和巩固县、区游击队,在有基础的村庄中建立村游击小组,并在县、区、村普遍建立了民兵组织。到1941年初,平西形成了以野三坡为中心的抗日根据地,包括宛平、房山、涞水县的大部,良乡、涿县、宣化、涿鹿、怀来、昌平、延庆等县的一部,人口达30余万。

根据地实行了减租减息和民主选举运动,区村政权得到改造,群众生活得到改善,广大群众的政治地位和抗战觉悟有了很大提高。如野三坡最早叫三坡(分上、中、下三坡)。清朝以来把三坡改叫野三坡。这里地处房山、宛平、涞水和涞源交界处,一溜几十个村子,长期过着与世隔绝、自给自足的生活。他们不知有"民国",还沿用清朝年号,甚至保持着"老人官"统治的制度。八路军进入这一地区后,经过深入细致的群众工作,使之成为巩固的抗日根据地,人们的精神面貌改变一新。平西根据地的巩固与扩大,为坚持冀东、开辟平北、创造冀热察区大块抗日根据地,建立了巩固的前进阵地。

第二,冀东抗日根据地的形成与发展。

1939年6月中旬,根据中央军委指示,中共中央北方分局在唐县军城召开会议。会议决定:八路军不再大规模挺进冀东,冀东不再发动第二次暴动。"冀东的坚持与发展,主要依靠于冀东的党,冀东的人民的艰苦斗争,由小股的多股的游击队发展成为大的游击队,由多块小块的游击根据地发展成为大块游击根据地。"①

7月中旬,中共冀东地委改为中共冀热察区党委冀东地区分委(简称"冀东区分委"),李楚离任书记,委员有李运昌、周文彬等。9月,李运昌由平西返回冀东,传达军城会议精神,按会议决定把冀东部队改编为八路军冀热察挺进军第十三支队,李运昌任司令员,李楚离任政治委员,包森任副司令员,曾克林任参谋长,刘诚光任政治部主任。改编后的部队开赴北宁路南的昌黎、滦县、乐亭地区活动。1939年夏,冀东第十三支队发展到4 000余人,编为第二十八、第二十九(未建成)、第三十团。部队决定将冀东游击队分期分批调赴平西整训。12月下旬,到达平西的陈群支队和冀东抗联队伍合编为第十二团。

1940年1月1日,中共冀东区分委在遵化阁老湾村召开第一次分委扩大会议。会议具体地讨论了建党、建军、建政、建立群众组织和实行统筹统支、减轻人民负担的财经政策,以及策反伪军、锄奸等项工作。会议决定将现有的抗日武装编为八个游击总队,分散活动。第一、第二、第六总队由包森、李子光率领,以盘山为依托开辟蓟(县)平(谷)密(云)地区;第三、第七、第八总队由李运昌、徐志等率领,开辟以鲁家峪为中心的丰(润)玉(田)遵(化)平原地区;第五、第九总队由周文彬、刘诚光、陈群、

---

① 《晋察冀抗日根据地史料选编》下册,第353页,河北人民出版社1983年版。

丁振军等率领,巩固和发展丰滦迁游击根据地。此后,冀东的抗日斗争有计划地开展起来。到1940年5月,先后建立了以盘山、鲁家峪、潘家峪等3小块根据地为基础的蓟平密、迁遵兴(隆)、遵化、丰玉遵等5个县抗日民主政府,并成立了各县县委,管辖1000余个村庄。7月4日,根据晋察冀边区行政委员会命令,撤销冀东办事处,建立晋察冀边区行政委员会第十三行政督察专员公署,焦若愚任专员,负责领导冀东各县政权工作。同时,在冀东的东部设东部办事处,丁振军为主任,代表专署领导东部地区政权工作。

1940年7月25日,根据晋察冀军区命令,撤销冀热察挺进军第十三支队番号,成立冀东军分区,李运昌任司令员,李楚离任政治委员,包森任副司令员,曾克林任参谋长,刘诚光任政治部主任。8月间,部队进行整编,将原八个总队除部分充实第十二团外,新编成第十三团,由包森兼任团长和政治委员,每团2 000余人,还有一些地方游击队。整编后,部队主动出击,不断伏击敌人,攻克敌据点,于8月上旬开辟了蓟县南部和宝坻县北部地区。至此,冀东初步形成西、东两大块游击根据地。

在晋察冀军区的统一部署下,冀东军民积极配合百团大战,发动1万余人的破击战,给敌以重大打击。第十二团、第十三团分东西两路向北宁路和伪军据点出击,奔袭蓟县城,攻克平谷县各据点,围困开滦赵各庄煤矿和古冶车站,袭入唐山市等。9月初,第十二团为粉碎敌人对丰滦迁中心区的进攻,在丰润至棒子镇公路上的尤各庄、常家庄与敌战斗,优秀工人干部节振国光荣牺牲。9月17日至10月17日,冀东军民进行了一个月的反"扫荡"斗争,击退日、伪军6 000余兵力的进攻,共作战20余次,毙伤日、伪军400余名。在11月至12月两个月中,与敌作战31次,攻克据点多处,毙伤俘日、伪军680余名,缴获抢300余支,毁敌汽车6辆。经过连续战斗的胜利,使冀东之东、西两大块游击根据地基本连接起来。

到1940年秋,冀东抗日武装发展到3 720人,其中主力部队2 800人,县区游击队920人。游击根据地不断扩大,到1940年

12月,冀东全区已建立7个县级抗日民主政权,辖行政村3 000多个,人口110万。

第三,平北抗日根据地的开辟与形成。

平北,是指北平市以北长城内外,北平、承德、张家口之间的冀热察三省边界的广大地区。这里是敌人统治较严密,经营已久的占领区。在平绥路东段和平古路沿线,分别驻有日军第二、第十五两个旅团的大部和伪满、伪蒙疆的军队。在张家口设有伪蒙疆自治政府和日本驻蒙疆派遣军司令部。

平北地区的抗日工作的开辟,开始于1938年6月。八路军第四纵队挺进冀东时,留下一支武装,由纵队政治部主任伍晋南率领,在昌平、密云、滦平一带进行游击活动。经三个月工作,游击队一度开辟了昌(平)滦(平)怀(柔)地区,建立了昌滦怀联合县政府,并建立了各种抗日组织。因敌我力量悬殊,不久即被迫撤出。1939年青纱帐时节,冀热察挺进军第三十四大队又进入十三陵地区开辟根据地,但因在执行政策上有偏差,没能站住脚,只一个月就撤回平西。

1939年秋,冀热察区党委和挺进军提出了"三位一体"的任务,确定了平北在冀热察区的战略地位,决定采取波浪式的发展、在发展中求巩固的方针,在战术上以小部队多点渗透,发动和依靠群众,隐蔽开辟,站稳点再找一个新点,逐次展开,先开辟几小块根据地,再逐步发展巩固连成大块根据地。1940年1月,苏梅、钟辉坤率20多名党政军干部组成的工作委员会和第九团第八连及原平北的一支小游击队再次挺进平北,进到昌平、延庆之间的十三陵以北一带。苏梅为平北地方工作委员会书记。经过一段努力,部队建立了包括五个区的昌延县政府。1940年7月,中共平北地委成立,苏梅代理书记。同时,晋察冀边委会决定在平北设立第十四行政督察专员公署,辖昌延怀、龙崇赤、龙延怀、昌怀密等联合县,由张致祥任专员。晋察冀军区决定正式成立平北军分区(第十四军分区),以程世才为司令员,(不久程回平西,由覃国翰继任),段苏权任政治部主任(后任政治委员),平北军分区归挺进军司令部指挥。从此,平北游击根据地和抗日

八路军主要战绩统计表

数目\项别\时间	第一周年 1937.9—1938.5	第二周年 1938.6—1939.5	第三周年 1939.6—1940.5	第四周年 1940.6—1941.5	第五周年 1941.6—1942.5	第六周年 1942.6—1943.5	第七周年 1943.6—1944.5	第八周年 1944.6—1945.5	反攻前后 1945.6—1945.10、11	总计
作战次数	638	2 051	6 936	6 152	12 221	22 735	23 327	23 859	1 928	99 847
毙伤 日军	34 007	31 083	64 355	50 257	50 306	55 637	65 432	47 884	2 687	401 648
毙伤 伪军	3 704	15 430	23 475	21 581	33 526	62 405	79 831	66 542	5 788	312 282
毙伤 合计	37 711	46 513	87 830	71 838	83 832	118 042	145 263	114 426	8 475	713 930
俘虏 日军	124	385	689	326	284	296	303	562	2 127	5 096
俘虏 伪军	2 094	7 521	15 338	15 355	17 914	31 161	59 343	108 321	145 065	402 112
俘虏 合计	2 218	7 906	16 027	15 681	18 198	31 457	59 646	108 883	147 192	407 208
日军投诚			19	12	16	23	45	68	527	710
伪军反正	1 366	17 935	9 180	5 178	4 306	4 728	6 948	27 022	60 192	136 855
日军总损失	34 131	31 468	65 063	50 595	50 606	55 956	65 780	48 514	5 341	407 454
伪军总损失	7 164	40 886	47 993	42 114	55 746	98 294	146 122	201 885	211 045	851 249
日伪军总损失	41 295	72 354	113 056	92 709	106 352	154 250	211 902	250 399	216 386	1 258 703

续 表

数 别 项 目	时 间	第一周年 1937.9 -1938.5	第二周年 1938.6 -1939.5	第三周年 1939.6 -1940.5	第四周年 1940.6 -1941.5	第五周年 1941.6 -1942.5	第六周年 1942.6 -1943.5	第七周年 1943.6 -1944.5	第八周年 1944.6 -1945.5	反攻前后 1945.6 -1945.10.11	总 计
缴获	各种口径炮(门)	25	61	119	104	20	46	105	397	411	1 288
	轻重机枪(挺)	192	291	651	519	362	479	626	1 929	2 450	7 499
	长 短 枪(支)	6 699	14 569	37 666	24 017	16 858	38 542	50 677	108 364	157 676	455 068
破坏	铁 路(公里)										5 675.5
	公 路(公里)										77 160.5
	桥 梁(座)										3 433
	封 锁 沟(公里)										19 033.5
	封 锁 墙(公里)										4 054.5
攻克	县 城										312
	据 点										11 264

说明：反攻前后的战绩系不完全统计。

武装力量,日益发展壮大起来。到1941年春,数块小块抗日游击根据地连接扩大为大块的平北抗日根据地,已达东西250公里、南北200公里的面积,人口约40万。

至此,中共冀热察区党委和挺进军实现了巩固平西、坚持冀东、开辟平北,创造冀热察区大块抗日游击根据地的战略任务。冀热察区抗日游击根据地人口达到320万,部队发展到7个团和9个区队共1.6万余人,游击队近1万人,并建立了广大的民兵组织。冀热察边区抗日根据地的建立,对于发展华北敌后抗日游击战争,准备将来反攻,收复东北失地,具有深远的影响和重大意义。

第三节　新四军发展华中抗日根据地

华中是联系华北、华南之枢纽,战略地位极为重要,关系整个抗战前途甚大。1939年2月,周恩来受毛泽东委托,由重庆到达皖南新四军军部,进一步传达中共六届六中全会关于"发展华中"的战略方针,并确定新四军的战略任务是:"向南巩固,向东作战,向北发展"。周恩来在军部干部会上指出:新四军处在敌人占领的中国东部,这里是人口多、交通便利、土地肥沃、经济发达、文化程度高的富饶地区,落在新四军肩上的任务也就更加重要,要跟敌人在政治上、经济上、文化上、军事上争胜负。周恩来明确提出了新四军在江南敌后发展的三个原则:一、哪个地方空虚,我们就向哪个地方发展。二、哪个地方危险,我们就到哪个地方去创造新的活动地区。三、哪个地方只有敌人伪军,友党友军较不注意,没有来活动,我们就向哪里发展。这样可以减少磨擦,利于抗战。①

遵照中共中央和周恩来的指示,1939年,新四军各部队冲破国民党的限制,进一步向敌后挺进,发展抗日武装,扩大抗日阵

---

① 参见《周恩来选集》上卷,第101页,人民出版社1980年版。

地,在广阔的华中敌后战场上,与日军展开英勇顽强的斗争。

一 东进北上 巩固江南

陈毅、粟裕等率领新四军第一、第二支队积极执行东进北上、巩固江南的方针,进入江南敌后一面广泛开展游击战,一面着手根据地的创建。为了贯彻向东作战的方针,1939年4月,陈毅决定派叶飞率第六团向东路地区(锡澄公路以东的无锡、苏州、常熟、江阴、太仓之间)开进。项英对此顾虑重重,发电报阻止。陈毅认为东进符合中共中央指示精神,毅然下令叶飞率部开进,同时另行组建了新六团。5月5日,新六团抵达武进地区,与中共上海组织领导的江南抗日义勇军(简称"江抗")梅光迪、何克希部会合,并成立江抗总指挥部,梅光迪任总指挥,叶飞、何克希任副总指挥,新六团改称江抗第二路,在东路地区积极开展抗日游击战争。下旬,江抗第二路途经无锡东北的黄土塘,与日伪军遭遇,以勇猛动作毙伤日伪军30余名,东进首战获胜。6月24日,江抗第二路夜袭苏州西北的浒墅关车站,全歼守敌50余名,烧毁车站,炸毁铁轨,使京沪铁路三天不能通车。7月,江抗第二路一部进至上海近郊,夜袭虹桥机场,震动整个上海市。江抗进入东路地区,与当地的抗日游击武装一起,作战近百次,开辟了苏(州)常(熟)太(仓)和澄(江阴)锡(无锡)虞(常熟)游击根据地。

为了贯彻向北发展的方针,1939年初,陈毅令第二团(缺一个营)协同江南抗日义勇军挺进纵队控制扬中并向北岸发展。4月,部队进入长江北岸扬州以东的仙女庙、大桥地区,建立了江北桥头阵地,同时对驻泰州地区的国民党鲁苏皖边游击军李明扬、李长江部开展统战工作。10月,江抗主力西撤至扬中,与江南抗日义勇军挺进纵队合编,仍称新四军挺进纵队(简称"挺纵"),管文蔚任司令员,叶飞任副司令员。12月,挺纵进至扬州、泰州地区开展游击战,并胜利粉碎日伪军1 000余人对嘶马、大桥地区的"扫荡"。同年11月,第四团团部和第二营北渡长江,向扬州、仪征、天长地区发展,改称苏皖支队。1940年2月,在六合地区与挺纵梅嘉生部合编,仍称苏皖支队,陶勇任司令员,卢胜任政治委员。苏皖支队随即与开辟皖东的新四军江北指挥部所属部队沟通了联系。

1939年,日军不断向茅山根据地进犯。新四军第一、第二支队及其领导的地方武装,主动向敌出击,打击敌人,不仅粉碎了敌人的进攻计划,巩固了原有阵地,而且进一步扩大了活动范围。一个以茅山为中心,西起京芜路,东至苏常太,北达长江沿岸,南抵高淳、溧阳一线的苏南抗日游击根据地初具规模。

为加强江南地区的抗日斗争,1939年8月,第一、第二支队由陈毅统一指挥。11月,新四军江南指挥部在溧阳县水西村宣布成立,陈毅、粟裕分任正、副指挥,统一领导第二、第四、新六团、挺纵及全区的地方武装。至1939年底,新四军苏南部队已由4 000余人发展到1.4万余人,并造成了跨越长江两岸的有利态势。

新四军军部直属部队及第三支队在皖南铜陵、繁昌前线,协同友军对敌作战200余次,其中尤以繁昌保卫战最为激烈。繁昌是皖南前线的门户,新四军据此,既可威胁敌长江运输,又可策应青阳、铜陵、南陵、宣城等地友军守备作战。1939年1月至5月间,新四军第三支队与敌几次争夺繁昌县城。从1939年11月8日至12月21日,日军在两个月内,调动数百人到数千人,五次进犯繁昌,均被新四军第三支队奋勇击退,日军死伤近千人,繁昌城依然由新四军牢牢掌握。繁昌保卫战是新四军前期的重大胜利,屏障了皖南后方徽州、屯溪重地,受到国民党第三战区的嘉勉和民众的称颂。日本华中派遣军总司令失望地哀鸣:共产军乃是皇军之大敌,看来要在共产军手中夺取繁昌城是不可能的。

二 发展皖东抗战

早在1937年12月28日,毛泽东在给新四军的电报中曾指出:"高敬亭部可沿皖山山脉进至蚌埠、徐州、合肥三点之间作战。"徐州失守后,叶挺根据情况变化,要求第四支队挺进至滁县、全椒以西,嘉山、明光以南,巢县以北,定远以南地区作战。1938年11月,新四军参谋长张云逸率军部特务营由皖南渡江抵达江北无为地区,经与国民党安徽省当局协商,确定第四支队除留一小部在无为活动并与军部联络外,其余均向淮南路东及津浦路南段两侧活动。同时将庐江、无为地区共产党领导的一部分游击队和人民自卫武装,统一整编为江北游击纵队,由第四支队政治部主任戴季英兼任司令员,属第四支队指挥。1939年2月,张云逸率军部特务营、江北游击纵队一部及战地服务团百余名干部进抵皖东,在皖中活动的第四支队机关、部队亦陆续向皖东开进。中共中央指示新四军派员主持成立江北指挥部,统一指挥江北的新四军部队,并由东南局和江南新四军抽调一批干部到江北。1939年4月下旬,叶挺渡江北上,5月,在庐江县东汤池组建新四军江北指挥部,由张云逸兼任指挥。6月,徐海东任副指挥。

在江北指挥部组成前后,叶挺、张云逸都曾动员第四支队滞留皖中的主力东进。但由于高敬亭对中共中央关于东进敌后抗日的方针执行不力,行动迟缓,部队丧失了开辟皖东的最有利时机。

新四军江北部队在张云逸的指挥下,统一了领导。6月底,以原第四支队第八团为基础,扩编成第五支队,江北游击纵队改由江北指挥部直接指挥。整编后的第四支队由徐海东兼任司令员,戴季英任政治委员,林维先任副司令员,下辖第七、第九、第十四团。第五支队由罗炳辉任司令员,郭述申任政治委员,周骏鸣任副司令员,下辖第八、第十、第十五团。江北游击纵队由孙仲德任司令员,黄岩任政治委员。部队整编后,第四、第五支队即挺进淮南津浦路两侧,积极发展游击战争,开辟根据地。经过连续战斗和发动群众,第四支队开辟了以定远东南藕塘为中心的津浦路西根据地,第五支队开辟了以来安东北半塔集为中心的津浦路东根据地。到1939年底,新四军江北部队由4 000余人发展到8 000余人，初步完成了在皖东的战略展开。

三　开辟豫皖苏边抗日根据地

1939年初，由彭雪枫率领的新四军游击支队继续东进，开辟商丘、亳县、永城地区。3月，支队以30余人伤亡的代价，击退日伪军2 000余人对杞县瓦岗的进攻。支队继续东征萧县、宿县地区，歼灭土匪武装，为民除害。随着部队的发展，游击支队扩编为第一、第二、第三团和随营学校。5月，游击支队进军淮上地区（淮河以北，涡河以南，津浦路以西，宿县至凤台公路以东）。6月，游击支队曾三次攻击敌人，毙伤日伪军数十人。

永城地区爱国人士、国民党前永城县长鲁雨亭，在共产党的抗日统一战线政策和新四军的抗日行动影响下，率近千人加入新四军，并于8月下旬改编为游击支队第一总队。9月，由原中共豫东特委书记沈东平领导的西华地方武装第一战区自卫军第七路，东移豫皖苏边区，改编为游击支队第二总队。11月，共产党领导的萧、宿两县地方武装，整编为游击支队第三总队。同月，游击支队改番号为新四军第六支队（1940年2月1日正式下达改编命令），仍由彭雪枫任司令员兼政治委员。

1939年7月，张爱萍率新四军游击支队部分干部进入皖东北，与当地共产党组织及八路军苏鲁豫支队和陇海南进支队取得联系后，大力开展统一战线工作，与国民党安徽省第六行政区专员盛子瑾建立了较密切的关系，使皖东北地区的抗日游击活动和进步力量都有很大发展。8月，中共苏皖区委成立。12月，中共中央中原局决定由新四军第六支队增派1个团及党政干部120余人，进抵皖东北，并将中共苏皖区委领导的游击第三支队等部合编为新四军第六支队第四总队，张爱萍任总队长兼政治委员。至此，皖东北的抗战局面初步打开。到1939年底，第六支队已发展成为拥有3个主力团、4个总队的游击兵团，共1.2万余人。豫皖苏边根据地初具规模。

四　开辟豫鄂抗日根据地

1939年1月,中共中央中原局书记刘少奇从延安来到河南确山县竹沟镇,和中原局其他领导人一起,全面规划了豫鄂地区党的工作,作出了发展敌后抗战的部署。为了迅速打开中原敌后抗战局面,中原局决定,派李先念率领部队挺进武汉外围敌后,汇集党的抗日武装,扩建一支新四军部队,开展游击战,创建抗日根据地。

1939年1月17日,驻竹沟的新四军第四支队第八团留守处两个中队80余人,组成新四军独立游击大队,另有随行干部60余名,由李先念率领向河南信阳、湖北应山交界地的四望山地区挺进。2月26日到达应山,适逢日军向罗家庙西北的国民党军阵地进攻。为支援友军作战,独立游击大队在余家店阻击敌人,将敌击退,毙敌20余人。初战获胜,扩大了新四军的影响。

3月,征得国民党第五战区同意,独立游击大队向鄂中地区挺进,经豫鄂边的四望山、平汉路东的信(阳)罗(山)边、鄂东大悟山和鄂中的应山、安陆等地,与当地共产党组织和抗日武装取得联系,并向他们传达了中共六届六中全会精神及中原局关于汇集抗日武装、坚持与发展敌后游击战的指示。4月,中共中央决定信阳挺进队一部与新四军独立游击大队合编为新四军鄂中游击支队,李先念任司令员,合编后继续向应城、安陆一带挺进。5月,湖北省抗日游击大队、应山县抗敌自卫团一部与新四军鄂中游击支队合编为新四军挺进团。6月6日,陈少敏(女)率信阳挺进队两个中队及竹沟来的干部50余人,来到安陆县赵家棚地区,与李先念部会合,并编入挺进团。6月中旬,鄂中、豫南共产党领导的武装统一整编,成立新四军豫鄂独立游击支队,由李先念任司令员,陈少敏任政治委员,下辖四个团队。豫鄂独立游击支队组建后,挥师向敌后挺进,纵横驰骋于豫南、鄂中地区,战斗在汉水与淮河两岸,先后与日伪军进行了大小百余次战斗,沉重地打击和有力地牵制了敌人。

1940年1月,根据中原局部署,中共豫鄂边区委员会决定,在京山县正式成立新四军豫鄂挺进纵队,李先念任司令员,朱理治任政治委员,下辖5个团队,3个游击总队。后又将反正的伪军郭仁泰部编为挺进纵队第六团队。至此,豫鄂地区抗日游击武装已发展到9 000余人。在一年的时间里,豫鄂挺进纵队历经大小战斗百余次,毙伤俘日伪军5 000余名,开辟的游击区和根据地遍布天门、汉川以北,信阳以南,京山、随县以东,平汉路以西的大片地区,建立了中原敌后抗日根据地。

在一年多时间内,新四军收复了大片国土,扩大了敌后抗日战场,壮大了抗日武装力量。至1939年底,新四军由1万人发展到近5万人,6个支队和豫鄂挺进纵队基本完成了在华中敌后实施战略展开的艰巨任务。

五 新四军、八路军合力挺进苏北

为完成发展华中的战略任务,1939年11月底,中共中央中原局书记刘少奇到达津浦路西淮南地区新四军江北指挥部,召开了中原局会议。刘少奇认为"应集中最大的力量"向江苏北部发展,应把苏北作为"突击方向"。① 12月19日,刘少奇等致电中共中央并项英,提出江苏北部"是有最大发展希望的地区"。这里南临京沪,北控徐蚌,依江濒海,回旋余地大,有利于新四军建立抗日根据地;在苏北打开抗战局面,向南可与苏南抗日根据地呼应,遏制长江下游,直接威胁南京日本侵略军总部;向北、向西可与鲁南、皖东、皖东北抗日根据地连成一片,便于沟通华中和华北的联系,有利于新四军协同八路军作战。同时,建议中共中央指派江南新四军一部北上,华北八路军一部南下,合力开辟苏北。1940年1月11日,中共中央复电同意刘少奇的建议。②

---

① 《陈毅传》,第217页,当代中国出版社1991年版。
② 参见军事科学院军事历史研究部《中国人民解放军的七十年》,第175页,军事科学出版社1997年版。

根据中共中央指示,八路军总部指令第二纵队政治委员黄克诚率第三四四旅、新编第二旅共5个团,计1.2万余人及教导营一部500余人,南下华中。第一纵队三个团由第三四四旅旅长刘震、政治委员康志强率领,经鲁西南越陇海路南下,6月20日进抵安徽涡阳县新兴集,与新四军第六支队会师。第二纵队两个团由黄克诚率领,经徐州以西的黄口越陇海路南下,6月下旬进入涡阳地区。彭明治率领的八路军苏鲁豫支队也越过陇海路开赴泗县地区,与先期到达的该支队第一大队会合。6月27日,中共中央军委指示彭雪枫、黄克诚两部合编为八路军第四纵队,彭雪枫任司令员,黄克诚任政治委员。8月中旬,根据中共中央指示,中原局决定,又将进入皖东北的原八路军新编第二旅、第三四四旅第六八七团与苏鲁豫支队、陇海南进支队、新四军第六支队第四总队,合编为八路军第五纵队,由黄克诚任司令员兼政治委员,下辖第一、第二、第三支队,共9个团,近2万人,执行向东发展的任务。这时八路军第四纵队下辖第四、第五、第六旅,共九个团,1.7万余人,于津浦路西、陇海路南,执行向西防御任务。

为配合新四军第四支队保卫皖东根据地,扩大豫皖苏边根据地,1940年7月,八路军第四纵队以一部坚持豫皖苏边区,一部进军淮上,打击日伪,控制淮河下游。黄克诚率第二、第三支队跟进淮海区后,在中共地方组织配合下,建立了沭阳、泗阳、宿迁、淮阴、涟水、东海等8个县的抗日民主政权,地方武装逐步发展到4 000余人,初步开辟了淮海区抗日根据地。

八路军主力一部南下,加强了发展华中的突击力量,进一步改善了华中的战略态势,沟通了华北与华中的战略联系,为协同新四军发展苏北,建立了由北向南的前进阵地。

1940年7月上旬,新四军江南指挥部主力渡江北上,在吴家桥地区与挺进纵队及苏皖支队会合。7月中旬,江南指挥部改称苏北指挥部,仍由陈毅任指挥,粟裕任副指挥,所辖挺进纵队、苏皖支队、第二团、新六团,统一改编为第一、第二、第三纵队,共9个团,7 000余人。第一纵队司令员兼政治委员叶飞;第二纵队司

新四军主要战绩统计表

数目 项别	第一周年 1937.9—1938.5	第二周年 1938.6—1939.5	第三周年 1939.6—1940.5	第四周年 1940.6—1941.5	第五周年 1941.6—1942.5	第六周年 1942.6—1943.5	第七周年 1943.6—1944.5	第八周年 1944.6—1945.5	反攻前后 1945.6—1945.10.11	总计
作战次数		1 077	1 483	2 407	2 427	4 822	5 318	6 401	667	24 602
毙伤 日军		56 453			9 831	17 523	21 143	12 337	108	117 395
毙伤 伪军		67 799			14 681	22 356	31 964	31 990	6 411	175 201
毙伤 合计		124 252			24 512	39 879	53 107	44 327	6 519	292 596
俘虏 日军		371			158	125	205	194	29	1 082
俘虏 伪军		5 021			5 300	9 798	13 437	23 831	51 290	108 677
俘虏 合计		5 392			5 458	9 923	13 642	24 025	51 319	109 759
日军投诚								23	7	30
伪军反正					4 825	7 921	11 320	13 146	8 813	46 025
日军总损失		56 824			9 989	17 648	21 348	12 554	144	118 507
伪军总损失		72 820			24 806	40 075	56 721	68 967	66 514	329 903
日伪军总损失		129 644			34 795	57 723	78 069	81 521	66 658	448 410

续 表

数项 目别	时间	第一周年 1937.9—1938.5	第二周年 1938.6—1939.5	第三周年 1939.6—1940.5	第四周年 1940.6—1941.5	第五周年 1941.6—1942.5	第六周年 1942.6—1943.5	第七周年 1943.6—1944.5	第八周年 1944.6—1945.5	反攻前后 1945.6—1945.10.11	总 计
缴获	各种口径炮(门)		14	18	28	8	12	20	151	307	558
	轻重机枪(挺)		351	603	690	301	330	376	627	1 017	4 295
	长 短 枪(支)		11 691	13 313	23 044	13 870	28 574	33 967	43 667	54 056	222 182
破坏	铁 路(公里)										288
	公 路(公里)										4 108
	桥 梁(座)										1 251
	封 锁 沟(公里)										
	封 锁 墙(公里)										
攻克	县 城										52
	据 点										1 381

说明：1. 反攻前后的战绩系不完全统计。
2. 第二至第四周年的歼敌数字，因原统计表将这三周年综合在一起，无法分开。

令员王必成,政治委员刘培善;第三纵队司令员陶勇,政治委员刘先胜。

新四军、八路军协力向苏北挺进,经过一年艰苦斗争,打开了苏北的抗战局面。这对坚持与发展华中敌后抗战,配合全国克服投降危险,争取时局好转,具有重大意义。国民党顽固派妄图将八路军、新四军分割两地,各个击破或限死于黄河以北的阴谋破产。

新四军在两年零九个月的敌后游击战争中,共对日伪作战2 700余次,毙伤日伪军3.8万余人,俘虏1.7万余人;缴获各种炮30余门,各式机枪580余挺,长短枪1.6万余支,战马900余匹;击毁敌机2架,坦克7辆,汽车390余辆。华中敌后战场牵制日军占整个侵华日军的1/6,从而有力地遏制了日军对正面战场的进攻。华中的敌后抗日根据地,总面积达4.4万余平方公里,大于日伪在华中的统治区和国民党在华中敌后的控制区。根据地内人口有1 400余万人,占华中敌后总人口的1/3以上。在敌后的86个县中,由共产党建立的县民主政权有42个。新四军主力部队发展到近九万人,地方武装和不脱产的自卫武装有数十万人。各种抗日群众团体遍布各地,会员上百万。[①] 这就有力地打击了日军把华中作为扩大侵华战争战略基地的企图,为新四军坚持长期抗战奠定了基础。

第四节 开辟华南抗日根据地

开辟华南,是中共六届六中全会确定的战略方针。华南抗日游击队在斗争中建立了东江、琼崖抗日根据地。

日军为了封锁华南海口,切断中国的海上国际交通线,1938年10月12日在大亚湾登陆,21日攻占广州。随后,广州外围及

[①] 《新四军·综述·大事记》,第44页,解放军出版社1994年版。

东江下游大片地区全部沦入敌手。

中共中央高度重视广东的抗日斗争,全国抗战爆发后,即派张文彬到广东整顿和加强当地组织。1937年底,中共中央又派廖承志、潘汉年、张云逸等人到香港、广州等地成立八路军驻香港办事处,开展统战工作,动员民众抗日。1938年4月,以张文彬为书记的广东省委成立。中共中央还多次致电广东省委,就开展游击战争问题作出指示。根据指示精神,广东省委决定将工作重心放在东江、琼崖两地区,建立抗日根据地。

在东江地区有两支共产党领导的抗日游击队,一支是1938年12月建立的惠宝人民抗日游击总队,一支是1939年1月建立的东宝惠边人民抗日游击大队。曾生、王作尧分别是这两支游击队的领导人。1939年4月,中共中央派八路军留守兵团所属保安司令部参谋处主任梁鸿钧到东江帮助开展抗日斗争。5月,在坪山成立东江军事委员会,由梁广、梁鸿钧负责,统一领导两支游击队。游击队先后改编为第四战区游击纵队指挥所、第三游击挺进纵队和第四游击挺进纵队直辖第二大队。9月至12月,游击队向日军发动袭击,收复大鹏半岛沙鱼涌、葵涌和宝安县南头镇,到年底,新编大队发展到500余人,第二大队发展到200余人,并分别在坪山圩和乌石岩建立了游击根据地。1940年3月,游击队遭到国民党顽军3 000余人包围,被迫向海陆丰转移,途中又遭顽军截击,损失严重。同年8月,游击队根据中共中央指示,返回宝安县。9月中旬,中共东江特委和东江军事委员会召开会议,决定开展独立自主的游击战争,放弃国民党番号,改称为广东人民抗日游击队第三、第五大队,林平兼两个大队的政委,梁鸿钧负责军事指挥。10月,两支游击队分别进入广九铁路西侧的大岭山区和阳台山区,开展游击战。到1941年9月,广东人民抗日游击队发展到1 500余人,在大岭山区和阳台山区建立起东江根据地。

1938年10月,珠江三角洲的广州及南海、番禺、顺德等地相继被日军侵占。当地中共组织根据中共广东省委指示,发动群众,组织抗日武装,开展游击战争。1939年2月至1940年夏,南顺中心县委成立,决定在顺德县城附近以西海村为中心,建立抗日根据地,将林方领导的游击队并入广州市郊游击队,称广州市郊游击队独立第一支队,进驻西海。11月5日,游击队击败了日军300余人对西海的进犯,毙伤日军40余人,取得了第一次西海战斗的胜利。1939年6月,中共组织先后成立了顺德抗日游击队、中山抗日游击中队、广州市郊游击第二支队等。中共广东省委还派遣共产党员刘向东、严尚民到广州市郊游击第二支队工作,分任政治部正、副主任。1940年夏,从中共中央派到广东的干部谢立全、谢立斌分别担任军事教官和参谋,于1941年7月将其改造为一支中共领导下的人民抗日武装。10月中旬,该支队在顺德县取得第二次西海战斗的胜利,歼灭伪军600余人。

1939年6月下旬,日军侵占潮州、汕头。7月,中共潮汕中心县委在桑浦山成立汕头青年抗日游击队,以国民革命军独立第九旅游击队的名义开赴潮州西郊开展抗日游击活动。

在琼崖地区,1938年10月20日,国共双方达成协议,将琼崖红军游击队和岛内各地抗日武装在琼山县云龙村改编为广东民众抗日自卫团第十四独立队,下辖3个中队共约300人,冯白驹任队长。1939年2月10日,日军侵入海南岛。1939年3月,中共琼崖特委将独立队改称独立总队,冯白驹任总队长,下编3个大队和1个特务中队,共1 400余人。此后,独立总队转战于琼山、文昌、澄迈、临高、儋县、昌江、感恩地区,多次袭击日军。到1939年12月,第一、第二大队在琼文地区作战70余次,歼灭日军800余人,开辟了琼文根据地。转战于海南岛西部的第三大队,取得了那大①围困战的胜利,促进了当地游击战争的开展。1940年,独立总队开辟了美合山区根据地,还建立了一支70多人的美合自卫队。同年,扩编成立了第四、第五大队,并成立了东路和西路两个指挥办事处。部队发展到2 500人。

---

① 那大位于海南岛西北部,是儋县、临高、昌江、感恩、白沙五县的交通枢纽,驻有日军100余人和伪军1个中队,第三大队采取围困战术,并连续袭扰。那大日军给养断绝,乘暗夜突围逃去儋县,伪军全部被俘。

为支持海南岛的抗日斗争,中共中央先后派庄田、李振亚赴独立总队担任领导职务,调整和充实了中共琼崖特委和独立总队的领导机关。特委由冯白驹任书记,李明任副书记,总队由冯白驹任总队长兼政治委员,庄田任副总队长,李振亚任参谋长,王世熹任政治部主任。由于遭到国民党顽军的进攻,独立总队于1941年2月主动撤出美合,返回琼文地区,并粉碎日伪军对琼文地区的多次"扫荡"。到1941年底,独立总队发展到3 500多人,活动遍及琼山、文昌、澄迈、临高、昌江、安定等11个县,建立了琼文平原根据地、美合山区根据地、六连岭根据地及几小块游击根据地。独立总队成为琼崖抗战的主要力量。

此外,粤中和雷州半岛地区也建立了人民抗日武装,展开了抗日游击战。这些抗日武装合称华南人民抗日游击队或华南抗日纵队。他们长期处于优势敌人的分割封锁之下,且远离八路军、新四军主力,斗争环境十分艰苦,但在共产党的领导和人民群众的支持下,他们独立自主地坚持抗日游击战争,多次粉碎日伪军的"扫荡"和国民党顽固派军队的围攻,大量消耗和牵制了日伪军。

第五节 百 团 大 战

一 战前形势与战役部署

1939年9月1日,德国向波兰发动进攻。9月3日,英、法等国对德宣战。国际形势的变化,促使日本对中国的战争采取了新的指导方针和策略。

1939年冬以来,日军加紧推行"以铁路为柱,公路为链,碉堡为锁"的"囚笼"政策。正太铁路是日军施行这一政策的重要支柱之一。日军在铁路沿线大小城镇、车站和桥梁、隧道附近,均筑有坚固据点,各以数十至数百人的兵力守备,并经常派装甲火车巡逻。离铁路10公里至15公里的要点,还筑有一线外围据点。日军妄称正太铁路沿线是"不可接近"的地区,企图用它隔绝八路军总部、第一二九师活动的太行山区与晋察冀边区的联系，并以它为依托进攻抗日根据地，为害极大。八路军总部决心向华北日军占领的交通线和据点，发动一次大规模进攻战役。

1940年7月22日，八路军总部向晋察冀军区、第一二九、第一二〇师下达了《战役预备命令》，同时上报中共中央军委。该命令在分析了国内外形势的变化后指出：

> 应积极行动，在华北战场上开展较大胜利的战斗，破坏敌人进攻西北计划，创立显著战绩，影响全国抗战局势，兴奋抗战的军民，争取时局好转，这是目前严重的政治任务①。

> 为打击敌人的"囚笼"政策，打破敌进犯西安的企图，争取华北战局更有利的发展，决定趁青纱帐与雨季时节，日军对晋察冀、晋西北及晋东南"扫荡"较为缓和，正太沿线较为空虚的有利时机，大举破击正太路。②

> 对其他各重要铁道线，特别是平汉、同蒲，应同时组织有计划之总破击，配合正太铁道战役之成功。③

该命令规定直接参加正太线作战之总兵力应不少于22个团，要求晋察冀军区派出10个团，第一二九师派出8个团，第一二〇师派出4至6个团，总部炮兵团大部、工兵一部也参战；在其他铁路配合作战的兵力，由各区自行安排。

8月8日，八路军总部下达《战役行动命令》，确定了战役部署及作战地域：

聂集团（晋察冀军区），"以主力约十个团破坏正太铁路平定（不含）至石家庄段，破坏重点应在娘子关平定段。对北宁线北京至沈阳、德州以北之津浦线、德石线、沧石路、沧保路（沧州至

---

①②③ 中央档案馆编：《中共中央文件选集》第12册，第649—650页，中共中央党校出版社1991年版。

保定），特别是对元氏以北至卢沟桥段之平汉线，应同时分派足够部队宽正面破击之，阻击可能向正太线增援之敌"①。

第一二九师，"以主力八个团附总部炮兵团一个营，破击平定（含）至榆次段正太线。破坏重点，阳泉张净镇段。"对根据地周围的平汉、德石、同蒲、白晋（太谷西南的白圭至晋城）铁路及邯大、临屯公路，"应同时分派足够部队宽正面破击之。对平辽公路应派有力部队积极活动"。②

第一二〇师，破击平遥以北同蒲铁路及汾离公路，并以重兵置于阳曲南北，阻敌向正太线增援，同时力求以约两个团之兵力进至榆次南北地区，配合第一二九师作战；对晋西北腹地内各个敌据点与交通线，应分派部队积极破击。

总部特务团主力集结于下良、西营地区。战役统一由八路军总部指挥。"限8月20日开始战斗"③。

在这些地区和交通线，驻有日军3个师团的全部、2个师团的各2个旅团、5个独立混成旅团全部、4个独立混成旅团的各2个营、1个骑兵旅团的2个营，共20余万人，另有飞机150架和伪军约15万人。八路军参战兵力，计晋察冀军区39个团、第一二九师（含决死队第一、第三纵队等）46个团、第一二〇师（含决死队第二、第四纵队等）20个团，共105个团20余万人，还有许多地方游击队和民兵参加作战。故称百团大战。

二　战役简要经过

（一）第一阶段（8月20日至9月10日），进行交通破击战

八路军的进攻战役于8月20日首先在正太铁路发起。八路军同时向同蒲、平汉等铁路和公路展开了声势浩大的破击战。正太铁路横越太行山，是连接平汉、同蒲两铁路的纽带，是日军

---

①②③　中央档案馆编：《中共中央文件选集》第12册，第652—653页，中共中央党校出版社1991年版。

在华北的重要战略运输线之一。日军在正太铁路沿线驻有独立混成第四旅团（司令部驻阳泉）全部，独立混成第八、第九旅团（司令部分别驻石家庄和太原）各一部。

8月20日夜，晋察冀军区在司令员兼政治委员聂荣臻指挥下，以18个步兵团、1个骑兵团又2个骑兵营、5个游击支队，在部分炮兵和工兵配合下，组成左、中、右三个纵队，分别向正太铁路东段日军独立混成第八旅团大部和独立混成第四旅团一部展开攻击。右纵队（辖第五、第十九团）负责破击正太铁路娘子关至乱柳段。娘子关早在失陷前即构筑有防御工事，日军占领后又依据险峻的山崖加修四个大碉堡，使该关防御能力进一步增强，易守难攻。20日20时，主攻部队第五团一部首先潜入娘子关村，歼灭村内伪军，然后依托村庄，仰攻日军堡垒。战士们攀登陡峭的山坡，迎着浓密的火网，勇猛向敌攻击，经三小时反复冲杀，攻克全部堡垒，将守敌大部歼灭，黎明时分，胜利的旗帜终于插上了三年来在日军践踏之下的娘子关！这是正太线最早攻克的重要战略要地。接着，主力部队掩护工兵，大量破坏敌人工事，并将关东铁路桥炸毁。在收集了缴获的物资后，部队在日军增援到达之前，主动撤离娘子关。

向娘子关至微水段进攻的中央纵队，连克蔡庄、地都、北峪、南峪等日军据点，并破坏桥梁两座。攻击井陉煤矿的中央纵队一部，在矿工支援下，破坏了煤矿的主要设施，迫使其停产达半年之久。23日，因石家庄方向的日军西援，加上连日降雨，河水泛滥，严重妨碍作战行动，晋察冀军区部队遂转移兵力，实施对铁路、桥梁、隧道的全面破击。

第一二九师在师长刘伯承、政治委员邓小平指挥下，以8个团（包括决死第一纵队2个团）、总部炮兵团8个独立营的兵力，组成左、右翼破击队和中央纵队，亦于8月20日夜对正太铁路平定至榆次段日军独立混成第四旅团大部和独立混成第九旅团一部展开攻击；另以2个团会同平定、辽县、榆社等地方武装，分别对平辽、榆辽公路进行破击，并牵制各点守敌，保障主力侧后的安全。左翼队一部进攻芦家庄，连克碉堡4座，歼日军80余人;右翼队一部攻击桑掌和铁炉沟等据点,歼日军130余人。

21日,该师为阻止日军从侧背攻击破路部队,战役开始时,即以总预备队的第十四团占领狮垴山。狮垴山位于阳泉西南四公里处,占领该地可以控制阳泉以西十几公里的铁路线,并对阳泉构成严重威胁。敌人独立混成第四旅团为了挽救其守备部队被各个歼灭的命运,扭转阳泉的被动态势,从8月21日上午起,集中阳泉日军,并武装日本侨民,连日出犯狮垴山。敌人兵力由200余人增至600余人,23日,在约20架次飞机轰炸扫射和施放毒剂的支援下,连续进行反扑。第十四团在取得坚守六昼夜、歼敌400余人的胜利后,为避免不利情况下的决战,主动撤出狮垴山主峰。经数日作战,第一二九师控制了正太铁路西段除阳泉、寿阳以外的大部分据点及火车站,严重破坏了该段的路轨、桥梁、隧道,使正太铁路西段陷于瘫痪。

与此同时,第一二〇师在师长贺龙、政治委员关向应指挥下,以20个团的兵力破击同蒲铁路北段和铁路以西汾离、太(原)汾(阳)公路等一些主要公路,并攻占阳方口、康家会、丰润村等车站和据点。康家会是忻静公路上日军最大的据点,驻有日伪军50余人,其东北石神有敌30人,西南丰润有敌10人,静乐有敌100余人。第三五八旅第四团准备一个营进攻康家会,两个营在康家会以东的炭窑沟、青龙庄间设伏准备歼灭石神增援之敌;第七一六团在康家会以西的砚湾设伏,准备歼灭丰润、静乐增援之敌。8月21日零时30分,第四团第二营向康家会发起进攻,拂晓时将守敌全歼。由静乐乘2辆汽车增援的日军40人被第七一六团歼灭,由石神增援之敌也被歼灭大部。康家会战斗是一次部署周密的速决全歼战,部队缴获了大批战利品。第一二〇师先后作战180次,歼日伪军800余人,切断了同蒲铁路北段和忻县至静乐、汾阳至离石等公路,有力地支援了第一二九师和晋察冀军区部队的作战。

为配合正太铁路和同蒲铁路北段的破击战,第一二九师和晋察冀军区还令所属部队出动50多个团的兵力,在游击队和民兵的配合下,对平汉、平绥、北宁、同蒲(南段)、白晋、津浦、德石等铁路线和一些主要公路,以及日军占领的许多据点,进行了广泛的破击和袭击。

8月25日后,日军从白晋铁路、同蒲铁路南段抽调第三十六、第三十七、第四十一师团各一部,配合独立混成第四、第九旅团向第一二九师反击;从冀中、冀南抽调约5 000人的兵力,配合独立混成第八旅团向晋察冀军区部队反击。9月2日,日军8 000余人合击正太铁路南侧的安丰、马坊地区的第一二九师。该师以4个团的兵力英勇抗击,毙伤日军200余人。9月6日,第一二九师第三八六旅和决死第一纵队各2个团,于榆社西北双峰地区包围日军1个大队,击毙400余人,打破了日军的合击,安全转移。

晋察冀军区为策应第一二九师作战,以4个团向正太铁路北侧盂县地区的日军出击,迫使正太铁路南侧的日军北援。同时,第一二〇师对同蒲铁路忻县至太原段加紧破击,有力地牵制了日军对正太铁路的增援。经数日作战,第一二〇师在盂县以北歼敌一部,迫敌撤退。

9月10日,八路军总部为休整部队,准备再战,命令各部结束第一阶段的作战。

八路军发动百团大战后,从华北敌后到大后方的报刊大力传播胜利的消息,祝捷电文、信件从四面八方飞向延安,飞向八路军总部,极大地鼓舞了人心士气。人们期待着八路军取得更大的胜利。9月20日,延安召开庆祝百团大战胜利大会,并致电八路军,希望"再接再厉,继续奋战"。

9月11日,蒋介石致电朱德、彭德怀:"贵部窥破好机,断然出击,予敌甚大打击,特电嘉勉。"但另一方面,蒋介石对八路军影响的扩大却存有戒心。10月19日,蒋介石侍从室通过国民党中央宣传部:对百团大战"此项名词及有关之新闻以后绝对禁止登载,即饬遵"①。

百团大战第一阶段结束后,八路军前方总部向中央军委发

---

① 《彭德怀传》,第224页,当代中国出版社1993年版。

出关于第一阶段作战总结电报,毛泽东很快复电,表示赞赏。彭德怀曾回忆道:"此役胜利的消息传到延安,毛主席立即给我来电说:'百团大战真是令人兴奋,像这样的战斗是否还可组织一次?'"彭德怀遵照毛泽东的电示,决心进行百团大战战役的第二阶段。①

(二)第二阶段(9月22日至10月5日),扩大战果

9月16日,八路军总部发出第二阶段作战命令,要求各部队继续破坏日军交通线,摧毁深入抗日根据地内的日伪军据点。八路军主要是进行涞(源)灵(丘)和榆(社)辽(县)等战役。具体部署是:第一二〇师主力对同蒲铁路北段宁武至轩岗段进行彻底破坏,再次切断同蒲铁路北段的交通;晋察冀军区主力破击涞(源)灵(丘)公路,并夺取涞源、灵丘两县城;第一二九师重点破击公路,收复榆社、辽县(左权)两县城。

晋察冀军区于9月22日发起涞(源)灵(丘)战役。以8个团、3个游击支队、2个独立营组成左、右翼队和预备队,对该地区的日军独立混成第二旅团和第二十六师团及伪军各一部发动进攻。右翼队重点攻击涞源县城,由于缺乏攻坚器材,日军顽强抵抗,经通宵激战,未能得手。23日,转为攻击涞源外围日军据点。至26日,相继攻占三甲村、东团堡等十余处据点,歼灭了日军士官教导队和其他日军一部。28日,由于张家口增援的日军3 000余人进抵涞源城,右翼队遂转移兵力于灵丘、浑源方向,协同左翼队先后攻占了南坡头、抢风岭、青磁窑等日军据点。10月9日,又有大同日军1 000余人来援。10月10日,晋察冀军区遂决定结束涞灵战役。此役共歼灭日伪军1 600余人。

9月23日,第一二九师以第三八六旅和决死第一纵队2个团组成左翼队,以第三八五旅(附第三十二团)组成右翼队,发起榆(社)辽(县)战役,向守备榆辽公路的日军独立混成第四旅团展开攻击。至30日,左翼队经过艰苦奋战,攻占榆社县城,歼日

---

① 参见杨迪《抗日战争在总参谋部》,第59页,解放军出版社1991年版。

军300余人。右翼队攻占榆辽公路上的小岭底、石匣等日军据点后,准备协同新编第十旅进攻辽县时,和顺、武乡的日军同时出援,第一二九师遂决定停止攻城,转移兵力于红崖头、官地垴地区伏击由武乡出援的日军。第三八五旅在向伏击地域开进途中,与日军援兵600余人遭遇,经15小时激战,消灭日军大部,这时由和顺出援的日军突破新编第十旅阻击部队阵地。在这种情况下,第一二九师遂撤出战斗,榆社县城及其他几个据点复被日军占领。榆辽战役共歼日军近1000人。10月14日,第一二九师一部在和(顺)辽(县)公路上的弓家沟设伏,歼灭日军一支运输队,击毁汽车40余辆。

第一二〇师为配合涞灵、榆辽地区的作战,对同蒲铁路北段再次发起破击,再度切断了该线交通。第一二九师所属冀南太行、太岳军区部队以12个团的兵力,对日军正在修筑的德石铁路和邯(郸)济(南)铁路、白晋路、同蒲路南段以及一些重要公路线,均进行了破击,共歼日伪军1700余人。晋察冀军区所属冀中军区部队10月12日,举行任(丘)河(间)大(城)肃(宁)战役,攻克据点20余处,歼日伪军1500余人,破坏公路150公里。

第二阶段作战,八路军攻克日伪军据点多处,平毁了部分封锁沟、墙,打击了伪政权组织,进一步扩大了抗日根据地。

(三)第三阶段(10月中旬至1941年1月24日),粉碎日军大规模报复"扫荡"。

日军遭到连续打击后,深感八路军对其威胁的严重性。为稳定局势,巩固占领区,日军调集重兵对华北各抗日根据地进行大规模残酷的报复"扫荡"。日军所到之处,大肆烧杀、奸淫掳掠,给根据地造成了巨大的破坏。10月19日,八路军总部下达反"扫荡"作战命令,要求各部队与地方党政机关和广大群众切实配合,进行深入的战斗动员,广泛开展游击战,坚决消灭进犯之敌。

10月6日,日军以近万人的兵力进行"扫荡",企图消灭中共中央北方局、八路军总部等领导机关和第一二九师主力、太行抗日根据地。10月30日,第一二九师第三八五、第三八六旅和新编第十旅主力及决死第一纵队两个团,在彭德怀直接指挥下,于武乡县关家垴地区,将日军第三十六师团1个营500余人包围,一天之内连续进攻10次,与日军展开激战,歼灭敌人400余人,并给武乡、辽县增援之敌以重大杀伤。11月初,日军"扫荡"八路军总部驻地,第一二九师第三八六旅在太陌村南北一线进行防御作战,坚守阵地,掩护总部机关转移后才撤出。日军连遭打击,余部于14日撤退。从11月17日起,日军约7 000人"扫荡"太岳区。第一二九师所属太岳军区将主力编成沁(源)东、沁(源)西两个支队,在游击队和民兵的配合下,活动于沁河两岸,寻机打击日军。至27日,歼日军近300人,迫使其于12月5日撤退。

从10月13日起,日伪军以万余人分十路"扫荡"平西(今北京以西)根据地,重点合击斋堂和野三坡地区。冀热察挺进军在人民群众的支援下,苦战半月,歼敌一部,并一度发动反击,攻占敌据点四处。11月9日,日军又以1.2万余人"扫荡"北岳抗日根据地,21日占领了晋察冀军区领导机关所在地阜平。北岳区军民以内外线相配合,广泛开展游击战,连续伏击、袭击日军后方交通线,迫使日军大部撤退。阜平、王快的日军则筑堡修路,企图长期占领。12月3日至27日,晋察冀军区以4个团向阜平、王快的日军发动进攻,歼其500余人,迫使日军全部撤出北岳抗日根据地。

12月中旬,日军以2万人的兵力对晋西北抗日根据地进行"扫荡",至23日,占领了除保德、河曲以外的所有县城和大部集镇。第一二〇师部队和晋西北地区群众实行空室清野,坚持"区不离区,县不离县"的游击战。同时,集中部分主力部队,破击日军后方交通线,攻击日军修路部队和运输队,共歼日伪军2 500余人,迫使日军于1941年1月下旬全部撤出晋西北抗日根据地。

由于华北各个抗日根据地军民共同努力,紧密配合,终于在1941年1月24日粉碎了日军的报复性"扫荡",百团大战胜利结束。

三 百团大战的意义及影响

百团大战，从1940年8月20日的破击战开始，至1941年1月24日反"扫荡"结束，历时五个多月。规模之大，时间之长，前所未有，而且取得了辉煌的战绩。

据1940年12月10日八路军总部公布，从8月20日至12月5日的三个半月中，八路军共进行大小战斗1 824次。毙伤日军20 645人（内有大队长以上军官18人）、伪军5 155人，俘虏日军281人、伪军18 407人、日武装移民56人；日军自动携枪投诚者47人，伪军反正者1 845人。以上共计歼敌46 436人。缴获长短枪5 759支、轻重机枪224挺、炮53门、骡马1 510匹，缴获和破坏汽车98辆、大车1 148辆、消防车34辆、火车机车34辆、车厢449节、船艇86艘，焚毁飞机6架、装甲汽车13辆、坦克5辆；破坏铁路474公里、公路1 502公里、桥梁213座、火车站37个、隧道11个、铁轨21.7万余根、枕木154.9万余根、电线杆10.9万余根，收电话线42.4万余公斤；破坏煤矿5个、仓库11所，拔除大量据点。此外，还缴获与破坏了其他大量军用物资。① 同时，在战斗中，八路军也不可避免地付出了重大牺牲和代价。八路军指战员伤亡1.7万人，因日军施放毒气弹导致中毒2万余人次。

百团大战是在中国抗战处于困难、妥协投降空气甚浓的时候取得重大胜利的，严重地打击了日军的"囚笼"政策和"以战养战"的计划。

日军华北方面军在作战记录和向陆军省的报告中写道：共军"一齐向我交通线及生产地区（主要为矿山）进行奇袭。特别是在山西，其势更猛……此次袭击，完全出乎我军意料之外，损失甚大，需要长时期和巨款方能恢复"②。"石太路破坏极为严

---

① 1940年12月10日八路军野战政治部公布的《百团大战总结战绩》，载《八路军军政杂志》第二卷第十二期。

② 日本防卫厅战史室：《华北治安战》（上），第295—296页，天津人民出版社1982年版。

重,规模之大无法形容,敌人采用爆炸、焚烧、破坏等方法,企图对桥梁、轨道、通信网、火车站设施等重要技术性设备,予以彻底摧毁。在进行破坏时,隐蔽伪装得极为巧妙。"①"给了华北方面军以极大打击"②。经过这一战役,日军内部进行了深刻的反省,进一步明确了在华北作战以中共军队为重点的指导思想。日军华北方面军司令部把此役称为"挖心战",并把每年8月20日作为"挖心战"纪念日。③

百团大战钳制了大批在华日军。1941年初日军又将第十七、第三十三师团由华中调往华北,从而进一步减轻了华中正面战场的压力。百团大战的捷报传开之后,举国上下一片欢腾,极大地鼓舞了全国人民的抗日热情,对稳定全国战局,遏止国民党妥协投降的暗流,起了重要作用。此役也进一步提高了中国共产党和八路军的威望。百团大战还推迟了日本南进的步伐,有力地配合了世界反法西斯战争,在国际上引起很大反响。

---

① 日本防卫厅战史室:《华北治安战》(上),第309页,天津人民出版社1982年版。
② 日本防卫厅战史室:《华北治安战》(上),第295页,天津人民出版社1982年版。
③ 参见《彭德怀自述》,第237页,人民出版社1981年版。

第九章　加强军队建设　坚持团结抗日

第一节　加强人民军队政治工作

一　恢复政治委员和政治机关制度

红军改编为八路军后,如何加强军队政治工作,坚持中国共产党对八路军的绝对领导,成为新的历史条件下人民军队建设面临的一个新的重大课题。

平型关战役后,任弼时派总政治部组织部长黄克诚到第一一五师去检查部队政治工作情况。据黄克诚回忆:

> 到一一五师师部和所属的两个团里跑了约半个月时间。其间我与师部首长和团营连的指战员进行了座谈,共同探讨我军在新的形势下如何加强部队的思想政治工作。在检查和座谈中,我感到部队虽然改编时间不久,但作风却起了很大变化。主要是由于部队中取消了政治委员制度,政治工作显著削弱,吃得开的是副官,军阀习气开始滋长蔓延。在同师部首长商量当中,我建议恢复我军政治委员制度,开展反军阀主义的斗争,以保持我军的光荣传统和优良作风。师部首长很赞成我的想法。于是,我即返回总政治部,向任弼时作了汇报。任弼时当即要我将到部队检查的情况及建议,起草一份报告,以便上报。[①]

[①] 《黄克诚自述》,第154页,人民出版社1994年版。

1937年10月19日,朱德、彭德怀、任弼时联名将《恢复军队政治工作及执行党代表制的意见》报告中央。22日,张闻天、毛泽东复电:"我们完全同意,请即速令执行。惟党代表名义不妥,仍应名为政治委员。将来国民党采用党代表制时,我军方可改为党代表。"①随后,八路军总部决定聂荣臻、关向应、张浩分别改任第一一五师、第一二〇师、第一二九师政治委员,旅团级单位也都任命了政治委员,营设教导员,连为指导员;团以上机关恢复了政治部(处),各级政训处一律改为政治部(处)。

为了统一并加强前后方部队政治工作的领导,中共中央和中央军委决定成立总政治部(对外以八路军政治部名义出现),任弼时为主任,邓小平为副主任。1938年3月,任弼时赴莫斯科担任中共驻共产国际代表后,毛泽东曾亲自代理主任。1938年1月邓小平调任第一二九师政委。中央军委任命傅钟、谭政为政治部副主任。1938年8月4日,中央军委决定中央军委副主席、政治部主任王稼祥兼任八路军政治部主任,机关设在延安;同时决定成立八路军野战政治部,随八路军总部行动,傅钟任野战政治部主任,陆定一任副主任。后傅钟调中央军委工作,罗瑞卿任野战政治部主任,陆定一任副主任。政治部下设宣传教育部、组织部、敌工部、保卫部、地方工作部等机构。"所有第八路军和各留守部队、医院、学校及边区各地区部队、全国各游击区部队的政治工作,均由军委总政治部统一领导之责。"②

二 确定政治工作的基本任务、内容和原则

1937年8月1日,红军尚未正式改编时,红军总政治部在《关于新阶段的部队政治工作的决定》中就明确指出,抗日新阶段部队政治工作的基本任务:一是一切工作为着积蓄与加强抗战的力量,保证在抗战中的胜利;二是保证党在红军中的绝对领

---

① 《毛泽东军事文集》第二卷,第92页,军事科学出版社、中央文献出版社1993年版。
② 《军委关于成立总政治部的决定》(1937年10月16日)。

导,保持红军的光荣传统,巩固与提高部队的战斗力;三是提高部队指战员的技术、战术和政治、文化水平,并培养大批新的干部,使之适应于对日作战的需要。

8月25日,中共中央军委在红军改编为八路军的命令中强调:"各师改编为国民革命军后,必须加强党的领导,保持和发挥十年斗争的光荣传统,坚决执行党中央和军委会的命令","为党的路线及政策而斗争,完成中国革命之伟大使命"。① 红军改编后,周恩来在《抗战军队的政治工作》中,提出"革命政治工作应分为军队、居民、敌军三个方面的工作":一是在军队内部,影响全体官兵实施革命的政治教育,提高战士的民族觉醒与自我牺牲精神;努力注意改善士兵待遇与生活;建立革命军队自觉的革命军风纪;保障军事指挥员在军事行政上命令的贯彻执行;全体政治工作人员以身作则,起模范作用。二是对地方居民,应保护人民利益,使军民打成一片;组织人民,武装人民,发动人民肃清汉奸。三是对敌军,应经常地进行宣传,使敌军瓦解和涣散,从而减弱敌军的战斗力量,在火线上,对敌军喊话或散发传单,使敌军动摇;禁止虐待俘虏,经过优待、教育、解释后,立即把他们放回去。② 这就明确了革命政治工作的基本内容。

毛泽东在1937年9月29日发表的《国共合作成立后的迫切任务》中曾指出,红军在自身改造工作方面的经验"主要地是肃清了军队内部的封建主义,实行了官兵一致和军民一致的原则"③。同年10月25日,毛泽东在《和英国记者贝特兰的谈话》中,对军队政治工作的历史经验作了新的科学概括,明确而完整地提出了八路军政治工作的三大原则,即:"第一,官兵一致的原则,就是在军队中肃清封建主义,废除打骂制度,建立自觉纪律,实行同甘共苦的生活";"第二,军民一致的原则,这就是秋毫无犯的民众纪律,宣传、组织和武装民众,减轻民众的经济负担,打

---

① 《毛泽东军事文集》第二卷,第35页,军事科学出版社、中央文献出版社1993年版。
② 《周恩来选集》上卷,第95—98页,人民出版社1980年版。
③ 《毛泽东选集》第二卷,第371页,人民出版社1991年版。

击危害军民的汉奸卖国贼";"第三,瓦解敌军和宽待俘虏的原则"。① 三大原则的提出,为八路军的政治工作进一步指明了方向。

三 加强与指导各部队积极开展政治工作

八路军总部和各级领导针对部队在转变过程中出现的新情况和新问题,进一步加强了对政治工作的指导和开展。

在军队内部,加强了抗日民族统一战线和民族解放的教育。改编前,各部队根据中共中央军委的指示,及时地向广大指战员进行了抗日民族统一战线和民族解放的教育。因此,广大指战员对中国共产党提出的抗日民族统一战线、团结国民党共同抗日的主张,总的说是能够理解和接受的。但在这一转变过程中,部队中对于改编换装也出现了一些抵触情绪,如有不少人认为,红军改名换帽后,要受国民党领导,就与国民党军队没有本质区别了。为统一部队思想,八路军政治部编写了《抗日军人读本》等基本教材下发部队。各级军政首长深入部队进行调查研究,加强具体指导。罗荣桓带领第一一五师政治部人员,深入一个团的所有连队进行调查,针对部队的思想反映,主持编写了教育提纲,较好地统一了干部、战士的认识。刘伯承针对"换帽子"的抵触情绪,在第一二九师的大会上,深刻地说:

我们共产党人要把祖国和人民的利益看成最高的利益。现在大敌当前,国家民族危在旦夕,我们要把主要矛头指向日本帝国主义。为了抗日救国,挽救国家民族的危亡,我们要把阶级的仇恨埋在心里,跟国民党合作抗日。

"换帽子"算不了什么!那不过是形式,我们人民军队的本质不会变的,红军的优良传统不会变,我们解放全中国的

---

① 《毛泽东选集》第二卷,第379页,人民出版社1991年版。

意志也不会动摇！①

说完，他首先把缀有国民革命军帽徽的军帽戴在自己头上。由于领导干部带头做思想教育工作，使广大指战员懂得了党的抗日民族统一战线的政策和立场，理解了红军改编为八路军对促成抗日民族统一战线、实现全国一致对日作战的重大意义，从而保证了中共中央军委改编命令的贯彻执行，保证了部队顺利开赴抗日前线英勇杀敌。

对于地方工作，中共中央军委总政治部于1937年10月29日发出指示，要求动员全军指战员，用最高的热情进行地方工作，创造抗日根据地。挺进敌后的各部队，专门抽调了一部分部队和大量政治工作人员及其他干部，组成强有力的工作团、工作队，有计划地开展了如下工作：一是向群众宣传。每到一地，采取多种形式，向群众宣传共产党的"抗日救国十大纲领"，表达八路军抗战到底、与民众同生死共患难的决心。通过揭露日本侵略军的暴行，激发群众对敌人的仇恨心和抗战情绪。二是组织群众。在充分动员群众的基础上，普遍建立各界群众的抗日救国会、抗敌协会、工会、农会、青救会、妇救会等抗日群众团体。三是武装群众。激励与发展自卫队、游击队等群众抗日武装，帮助他们进行军政训练。四是建党建政。在宣传、组织、武装群众的过程中，八路军各级政治机关积极协助地方党健全各级组织；在没有建党的地方，则负责发展党员，建立党的组织。同时，建立由共产党领导的抗日民主政府，并加紧对地方干部的培养训练，为巩固和发展根据地培养骨干。五是维护群众的经济利益。各部队和工作团都认真宣传共产党提出的废除苛捐杂税、减租减息和交租交息等政策，并将没收汉奸的财产分发给群众。此外，八路军各部队还积极帮助群众发展生产，并严格遵守"三大纪律，八项注意"，做到秋毫无犯。通过这些实际行动，使敌后广

---

① 《刘伯承传》，第150页，当代中国出版社1991年版。

大群众紧密地团结在共产党和八路军周围。①

对于敌军工作,主要是开展对日军的政治宣传和执行优待俘虏政策。八路军政治部于1937年10月6日发出了《关于开展敌军政治工作的指示》,指出对敌军进行政治瓦解,削弱敌人战斗力,是目前政治工作的一个重要任务,要求各级政治机关必须努力做好对敌宣传工作和优待俘虏工作。八路军总部还于1937年10月25日发布了《对日军俘虏政策问题》的命令,规定:对于被我俘虏之日军,不许杀掉并须优待之;对于自动过来者,务须确保其生命之安全;在火线上负伤者,应予医治;愿归故乡者,应给路费。这些对于瓦解敌军工作起到了重要作用。

新四军自组建之日起,就很重视政治工作。1937年底至1938年初,新四军部队尚未编组时,军政治部就先建立起来,参与领导部队的编组,并使自己逐步充实和健全。1938年6月,当部队正向敌后挺进时,军政治部在皖南南陵县土塘村召开新四军第一次政治工作会议。这次会上确定了新四军政治工作要着重做好四个方面:一是,健全党的工作,提高党支部在连队中的领导作用。二是,正确执行干部政策,选拔使用干部以德才为标准。三是,按照理论与实际相结合的原则,深入开展政治教育。四是,确立政治工作制度,健全政治工作系统。

新四军各部队在大江南北敌后开展游击战争,不仅在军事上同敌人进行殊死斗争,而且在政治上同敌人进行宣传战和对群众的争夺战,从而牵制了数万日军,使日军的"扫荡"和封锁政策一一遭到失败。1939年2月7日至16日,新四军第二次政治工作会议在泾县云岭举行。会议要求各部队领导在坚持江南抗战时保持清醒的头脑,独立地完成作战任务。根据这次会议精神和中央军委副主席周恩来视察皖南时的指示,新四军政治部制定了《新四军政治工作组织纲要》(草案),使政治工作进一步得到加强。

---

① 《八路军·综述·大事记》,第16页,解放军出版社1994年版。

第二节　创建抗日军政大学

一　抗大的建立与发展

中国人民抗日军政大学是为适应抗日战争发展的需要建立的,是在抗日战争的烽火中发展的。

1936年,中国人民抗日救亡运动在中国共产党的领导下开始高涨,经过二万五千里长征的中国工农红军在陕北革命根据地站稳了脚跟。为了迎接即将到来的抗日战争,有计划地培养抗日军政干部,中共中央决定恢复长征前创办的红军大学,定名为"中国人民抗日红军大学",并于6月1日在陕北瓦窑堡正式开学。毛泽东在开学典礼上的讲话中指出:我党创办抗日红军大学,是为了准备迎接民族革命战争的到来。

> 第一次大革命时有一个黄埔,它的学生成为当时革命的主导力量,领导了北伐成功,但到现在它的革命任务还未完成。我们的红大就继承着黄埔的精神,要完成黄埔未完成的任务,要在第二次大革命中也成为主导的力量,即是要争取中华民族的独立解放。①

1937年1月,抗日红军大学随党中央机关迁至延安,随即更名为"中国人民抗日军事政治大学",简称"抗大"。这是一所中国共产党领导下培养抗日军政干部的军事性质的学校。红军主力改编为八路军时,毛泽东兼任抗大教育委员会主席。抗大初建时设校长、政委、教育长,不久便增设副校长,建立起了政治部、训练部、校务部。校长先后由林彪、徐向前担任。政委

---

① 张振华等主编:《抗日军政大学》,第1页,海潮出版社1991年版。

先由毛泽东兼任,后相继由张际春、李井泉等担任。刘伯承、罗瑞卿、滕代远、何长工、彭绍辉等曾先后任副校长,罗瑞卿、刘亚楼、许光达、何长工等先后任教育长,傅钟、莫文骅、张际春、李井泉等先后任政治部主任,刘亚楼、许光达、陈伯钧、王智涛等先后任训练部长,杨立三、杨至成、周文龙等先后任校务部长。

为了保证和提高教学质量,抗大逐渐建立起了一支精明强干的教员队伍。抗大的教员有兼职的,有专职的。毛泽东、周恩来、朱德、张闻天、刘少奇、王稼祥、陈云、秦邦宪、董必武、徐特立、杨尚昆、罗迈(李维汉)、李富春、何凯丰、萧劲光等都曾在抗大兼课任教。杨兰史、罗世文、张如心、艾思奇、任白戈、徐懋庸、郭化若等曾任专职教员。到第四期学员在校时,全校军政教育科长、主任教员和军事、政治、文化教员(含助教)已达到253人,形成了规模可观的教员队伍。

毛泽东为抗大制定了"坚定正确的政治方向,艰苦朴素的工作作风,灵活机动的战略战术"的教育方针,题写了"团结、紧张、严肃、活泼"的校训。

二 抗大分校的建立

随着敌后战场的扩大和部队的迅速发展,前方部队干部十分紧缺。为了便于前线部队培训干部和就近吸收敌后广大爱国知识青年入学,同时也为了更好地吸取前线丰富的斗争经验,以及减轻陕甘宁边区的财政困难,中共中央和中央军委于1938年12月,决定将抗大一部分与陕北公学旬邑分校等单位,合并组成抗大第一、第二分校,开赴华北敌后办学。1939年1月至2月,第一分校和第二分校全体学员,经过长途艰苦行军,分别到达晋东南和晋察冀根据地。根据中共中央军委的指示,抗大第一、第二分校受八路军总部和中共中央北方局领导,第二分校并受晋察冀军区的具体领导与指挥。1939年6月,中共中央又决定将抗大总校移驻晋东南,由中共中央北方局及八路军总部具体负责监督与领导。抗大一部分组成第三分校,继续留在延安,担负培训八路军留守兵团干部和附近省区革命青年的任务。7月中旬,抗大总校在副校长罗瑞卿等率领下,从延安出发东进。到达延川、延长一带后,因汾河水涨和日军对晋东南地区加紧"扫荡",遂改道先去晋察冀根据地进行教育、休整。在晋东南地区粉碎日军"扫荡"之后,抗大总校于1940年2月10日从河北灵寿县陈庄一带出发,于2月26日到达陕西武乡县的洪水、蟠龙一带,胜利地完成了挺进晋东南的任务。抗大总校及第一、第二分校到达晋东南和晋察冀边区后,坚持敌后办学,取得了很大的成绩。

1941年1月在新四军军部重建后,代军长陈毅、政治委员刘少奇把培养干部放在重要位置,着力开办抗大分校和华中总分校、卫生学校,数以万计的干部从这些学校结业,奔赴前线,满足部队作战和发展壮大的需要。在此期间原属华中新四军、八路军总指挥部的抗大第五分校,改隶于新四军,由军部直接领导。陈毅兼校长及政治委员,冯定、洪学智任副校长,谢祥军任教育长,薛暮桥任训练部长,余立金任政治部主任。下辖三个大队,主要培养排、连干部,也培养少量的营、团干部。

1942年1月,经中共中央军委批准,以抗大第五分校为基础,成立了抗大华中总分校(简称"总分校")。陈毅兼校长,韩振纪任副校长,谢祥军任教育长,薛暮桥任代理政治部主任。总分校的任务是:统一领导华中各抗大分校的工作,建立华中统一的军事学校教育制度。总分校同时接受抗大总校的领导,成为总校的组成部分。总分校主要轮训团、营职干部,培养参谋、工兵干部,只办了一期,培养学员300多人。1942年底,由于形势紧张,贯彻精兵简政的精神,总分校停办。

在军部开办抗大第五分校和总分校前后,新四军各师除第六师外,也相继办起了抗大分校。

抗大第四分校,是新四军办得最早的一所抗大分校。第一期于1940年3月18日在安徽省涡阳县北麻冢集正式开学,学员500余人。彭雪枫兼校长，吴芝圃、张震兼副校长。抗大总校派出第一华中大队的教职员工200多人，由大队长刘清明、政治委员李干辉率领，于同年6月到达第四分校，加强了该校的领导和教学力量。第四分校学制一般半年至一年，每期学员500人至1000人。1944年9月，彭雪枫师长牺牲后，中共中央华中局和新四军军部决定将第四分校更名为雪枫军政大学，由张爱萍师长兼校长，邓子恢兼政治委员。至抗日战争胜利时止，第四分校历时五年半，共办七期，培训干部4000至5000人。

新的抗大第五分校，由原第五分校抽出一部分干部于1941年10月重新组建，归新四军第三师领导。黄克诚兼校长，吴胜坤任政治委员。建校后，在1942年办了一期，培训学员1200余人。同年底，为对付日伪军的"扫荡"，实行精兵简政，学校暂时停办。1944年9月，苏北形势好转，第三师师部恢复学校建制，由谢祥军任校长，吴胜坤任政治委员。

抗大第八分校，系新四军第二师以军政干部学校为基础成立。张云逸、罗炳辉先后兼任校长。学制一般为八个月至一年。共办四期，培训干部4000余人。从1943年秋，第八分校改称第二师教导团，办学方针不变。

抗大第九分校，由新四军第一师在抗大苏中大队的基础上于1942年5月正式建立。粟裕兼校长及政治委员。共办五期，毕业学员3300余人。1944年6月，第九分校奉命改为苏中公学。1946年7月，苏中公学并入华中雪枫军政大学。

抗大第十分校，由新四军第五师以原豫鄂挺进纵队随营学校为基础，于1942年2月扩建而成。李先念兼校长及政治委员。先后办了五期，每期学员1000人左右。抗日战争胜利后，第十分校在湖北省应山县吴家大店村举行第五期结业典礼。随后，校部改为第五师第十四旅旅部。

新四军第七师于1945年春创办干部学校，校名亦称抗大第十分校。谭希林兼校长，曾希圣兼政治委员。该校只办了一期，学员600余人。1945年10月，改名为第七师随营学校。

八路军新四军在延安和敌后创办军校一览表

校　　名	地　　址	起止时间
中国人民抗日军政大学	延安、绥德、河北邢台浆水	1937.1—1945.9
抗大第一分校	山西长治、山东沂水	1938.1—1945.10
抗大第二分校	河北灵寿、唐县、完县	1938.12—1943.2
抗大第三分校	延安	1937.7—1941.11
抗大第四分校	安徽涡阳	1940.3—1945.9
抗大第五分校	江苏盐城	1940.11—1945.9
抗大第六分校	山西武乡	1940.11—1942.6
抗大第七分校	山西兴县	1941.7—1942.1.2
抗大第八分校	皖东抗日根据地	1945.5—1945.8
抗大第九分校	苏中抗日根据地	1942.5—1945.春
抗大第十分校	湖北随县、应山	1942.2—1945.9
抗大太岳分校	山西沁水、阳城	1942.2—1945.10
抗大太行分校	河北涉县	1943.冬—1945.9
华中抗大总分校	江苏东坎	1941.10—1943.初
八路军军政学院	延安	1940.7—
军事学院	延安	1941.11—1943.3
炮兵学院	延安	1944.冬—1954.10
晋察冀军区白求恩卫生学校	河北唐县	1939—1945.9

据不完全统计,华中抗大各分校培训出来的干部在2.2万人以上,连同新四军教导总队培养的在内,共约2.8万人。[①]

[①] 参见王辅一《新四军简史》,第265页,中共党史出版社1997年版。

进入1943年，国际国内形势发生了有利于中国抗战的变化，为了最大限度地培养和储备干部，准备进行战略反攻，中共中央决定抗大总校返回陕甘宁边区。1月下旬，抗大总校1000多人，从河北邢台县浆水镇出发，冒着严寒，越过日军的封锁线，行程1000多公里，于3月上旬到达陕北的绥德县。同月，由徐向前任抗大代校长，李井泉任政治委员。

抗大第一分校在晋东南办学1期，旋即于1939年11月奉命迁往山东。到达山东后，先后与八路军山东纵队军政干校及第一一五师教导团合并，坚持敌后办学五年多，为八路军山东各部队培养和输送了大批干部。第二分校在晋察冀边区期间担负着对团、营、连干部的培训任务，对根据地的巩固和发展，也作出很大贡献。1943年初，第二分校奉命调回陕甘宁边区并入总校。第三分校于1941年在延安改为军事学院，1943年迁往绥德并入总校。根据中共中央的决定，各战略区亦相继设立抗大分校。在华北各根据地设立了抗大第六、第七分校和太行分校、太岳分校。此外，抗大总校和部分分校还设立了附属陆军中学，学生从陆军中学毕业后即进入总校或分校继续深造。

三 抗大的教学内容和方法

抗大学员每期在校时间都不长，大多为半年左右（第八期因参加整风而延长至三年四个月）。但是，学校学习内容却很丰富，既学政治，又学军事，还学文化。

抗大的政治教育课占有非常重要的地位，主要开设马列主义、哲学、政治经济学、联共（布）党史、中国革命问题、中国现代革命史、党的建设、民众运动、边区概况、八路军概况、时事政策等，中心是使学员认识中国革命的基本规律。其中有些课程由党和军队的高级领导人亲自讲授。如抗大第二期时，毛泽东讲授"辩证唯物论"（后来发表的《矛盾论》、《实践论》就是这期讲课的主要内容），张闻天讲授"中国革命问题"，朱德讲授"党的建设问题"，董必武讲授"中国现代革命史"，秦邦宪（博古）讲授"马列主义"等。

抗大的军事课主要开设军事战略学、战术学、游击战术、军队政治工作、步兵战术概则、军事地形学、单兵到班的战术动作、排连营团的战斗组织与指挥、射击、投弹、刺杀、爆破等，中心是使学员认识中国革命战争的战略问题和抗日游击战争的战略战术。毛泽东对抗大第一期学员作了题为《中国革命战争的战略问题》的讲演，萧劲光为第二期学员讲授"游击战术"。1938年5月，毛泽东发表了《抗日游击战争的战略问题》、《论持久战》两篇文章，抗大从第四期开始，便把这两篇文章作为总校和各分校的必修课。

鉴于抗大收训的八路军、新四军的干部战士中，有些是文盲或半文盲，所以抗大的文化课主要开设识字、作文、读书报等课程，中心是提高学员的读写能力，目的在于使学员掌握学习革命理论、军事知识的工具。此外还少量开设数学、物理、化学等课。

为使学员能较好地掌握所学内容，抗大在艰苦的环境中，战胜难以想象的困难编写出了不少教材。在收训第七期学员时，抗大总校即编印出版军事、政治、文化、卫生教材41种，印数达1.8万余册。

抗大的教学方法灵活多样，体现了教员、学员、事务人员三位一体的团结精神。受学员欢迎的教学方法是启发式、研究式和实验式教学法。

在军事教学中，通过学习毛泽东有关抗日游击战争战略战术的论述，联系总结实战经验，加强近战、夜战的战术演习和掌握武器性能的技术训练，不断提高学员的军事素养。针对敌后办学常遇敌情，流动性大等特点，抗大坚持一面学习，一面战斗。在百团大战的第一阶段，抗大曾派出一部分干部参加战斗，从中总结与吸取对敌作战的经验，充实军事训练教材。1940年10月下旬，抗大第一、第二团的部分连队取得了洪岭、三十亩村阻击战的胜利，掩护了总校和八路军总部后方机关的转移，并取得了作战的直接经验。总校还派出干部、教员到第一二九师参观学习，收集典型战例，吸取部队战斗、工作中的经验和教训，加以总结提炼,形成较为系统的材料,供教学使用,很受学员欢迎。坚持战教结合,在战斗中学习,在学习中战斗,学校有效地提高了学员的实际作战和指挥能力。

在整个抗日战争期间,抗大总校和各分校共培养了十余万名军政干部。他们当中,有率领千军万马能征善战的团、师、军等高级干部,也有营、连、排的干部和战斗骨干,还有大批爱国知识青年。抗大为共产党领导下的抗日军队的发展壮大和军政素质的提高,对坚持持久作战、争取抗日战争的最后胜利,作出了重大的贡献。

第三节　有理、有利、有节
　　　　打退顽固派反共逆流

一　坚持抗日民族统一战线的策略原则

1939年底,汪精卫和日本签订了《日支新关系调整纲要》,这是一个卖国密约,中国一时出现了一股投降妥协逆流。

为了声讨汪精卫的投降卖国罪行,1940年3月1日至3日,八路军总部在王家峪附近的城底村,召开了晋东南各界反汪大会。参加大会的有八路军总司令朱德、副总司令彭德怀、北方局书记杨尚昆、晋察冀军区司令员聂荣臻、冀中军区司令员吕正操等军政民各界领导人,以及各机关、团体、部队、学校,总计达3万余人。大会由八路军野战政治部副主任傅钟主持。朱德致开会词,他痛斥了汪精卫卖国罪行后,号召全华北的军政民广泛开展反汪运动,坚持团结抗战,坚持抗战到底。接着,彭德怀、聂荣臻等都作了激动人心的讲演。最后,大会决议,以与会3万军政民的名义通电全国各界同胞,加强团结,声讨汪逆,肃清内奸,抗战到底。很快,整个华北敌后掀起了声讨汉奸卖国贼汪精卫的巨大浪潮。这对于坚持华北抗战,克服投降危险起了重大的推动作用。

国民党五届五中全会后,其统治集团的反共倾向更趋明显。不久,蒋介石在敌后设立了冀察、鲁苏两个战区,企图压迫、限制八路军和新四军的发展,并以数十万兵力包围封锁陕甘宁边区。同时,国民党在华北、华中各地加紧对共产党和抗日军民的政治压迫和军事进攻,制造了一系列反共武装磨擦事件。

1939年3月,国民党山东省主席沈鸿烈指使秦启荣部,在博山县太河镇袭击八路军山东纵队第三支队的过路干部和护送部队,杀害第三支队政治部主任鲍辉、团长潘建军等干部和战士40余人。事件发生后,山东纵队进行了反击。同年6月,国民党河北省保安司令张荫梧乘日军"扫荡"之机,带领3000余人偷袭八路军冀中部队驻深县的后方机关,残杀干部战士400余人,制造了又一起重大惨案。八路军驻冀中、冀南的部队被迫反击。此外,国民党军和地方保安队在陕甘宁边区的陇东和关中地区也先后制造了多起反共武装磨擦事件。1939年11月,国民党又召开五届六中全会,进一步确定了军事反共为主的方针。于是,从1939年12月到1940年3月,国民党顽固派发动了第一次反共高潮,重点地区是陕甘宁边区、山西和河北地区。

为了反对投降分裂,巩固与扩大抗日民族统一战线,纠正当时党内在统一战线上出现的错误倾向,毛泽东于1940年先后写了《目前抗日统一战线中的策略问题》、《论政策》等文件,全面阐述了中国共产党在抗日民族统一战线中的策略方针和各项政策。毛泽东指出:"现在的抗日民族统一战线政策,既不是一切联合否认斗争,又不是一切斗争否认联合,而是综合联合和斗争两方面的政策。"①两者的辩证关系在于,"斗争是团结的手段,团结是斗争的目的。以斗争求团结则团结存,以退让求团结则团结亡"。②

毛泽东还提出了对顽固派的斗争,必须注意下列几项原则:"第一是自卫原则。人不犯我,我不犯人,人若犯我,我必犯人。"

---

① 《毛泽东选集》第二卷,第763页,人民出版社1991年版。
② 《毛泽东选集》第二卷,第745页,人民出版社1991年版。

"第二是胜利原则。不斗则已,斗则必胜,决不可举行无计划无准备无把握的斗争。""第三是休战原则。在一个时期内把顽固派的进攻打退之后,在他们没有举行新的进攻之前,我们应该适可而止,使这一斗争告一段落。"①"这三个原则,换一句话来讲,就是'有理','有利','有节'。"②

这些正确的政策和策略原则,指导敌后军民一次又一次粉碎了国民党顽固派的军事进攻。

二 正确处理山西十二月事变

山西是国民党顽固派反共磨擦的一个重点地区。在太原失守后前后,阎锡山为了挽救危局,积极支持新军和牺盟会配合八路军在敌后开展游击战争,稳定了山西局势。此后,他看到新军、牺盟会逐渐形成独立力量,越来越难以控制,便从合作抗日的立场上开始倒退。1939年11月,阎锡山暗中勾结日军,设置了消灭晋西决死队第二纵队的圈套。12月1日,阎锡山以第二战区司令长官的名义,命令决死队第二纵队向同蒲路破击,而以晋绥军第十九、第六十一军等部作为预备队紧靠第二纵队之后。此时,日军已在韩信岭一带严阵以待。第二纵队如按照阎锡山的命令行动,势必陷入日、阎(锡山)军的夹击之中。该纵队识破了阎锡山的阴谋,拒绝执行这一命令。12月3日,阎锡山以所谓"决死第二纵队叛变"为借口,下令"讨伐"。这时,阎锡山的行动口号是"扫荡晋西南,掌握晋西北,磨擦晋东南,收复晋东北"。第六集团军总司令兼第六十一军军长陈长捷被任命为"讨叛军总司令",指挥四个多军的兵力,分三路向驻在隰县、孝义一带的决死队第二纵队和第一一五师独立支队进攻。先后杀害隰县等六个县的共产党员和牺盟会干部以及第一一五师独立支队后方医院伤病员共200余人。这个事件的爆发,史称"山西十二月事

---

① 《毛泽东选集》第二卷,第749页,人民出版社1991年版。
② 《毛泽东选集》第二卷,第750页,人民出版社1991年版。

变"，又称"晋西事变"。

事变发生后，中共中央从抗日大局出发，指示八路军对山西旧军（即晋绥军）要实行区别对待的政策，继续争取阎锡山抗日；同时要严加戒备，掩护与支援新军实行自卫。当时山西的情况错综复杂。蒋介石采取孤立共产党、瓦解阎锡山的政策，同时又拉阎反共，企图一箭双雕。阎锡山为了在存亡中求生存，与日、蒋、共三种力量的关系中采取了一条特殊的策略："抗日和日，拥蒋拒蒋，联共反共。"其目的是既削弱共产党的力量，又抵制蒋介石。中国共产党采取的原则是利用矛盾，各个击破。12月6日，中央军委给八路军总部朱德、彭德怀、左权等发出电示指出："对叛军进攻决不让步，坚决有力地给予还击，并立即由新军提出反对叛军口号，但不要反对阎。"并明确了作战方针：八路军"应给旧军以鼓励、掩护和支持""如有叛军进攻八路军，应联合新军消灭之"。① 同时，把晋西区党委报告中的"反阎讨逆"，改为"拥阎讨逆"、"打倒汉奸陈长捷，拥护阎司令长官抗日"的口号。

12月10日至15日，决死队第二纵队和第一一五师独立支队进行了自卫反击作战。在给晋绥军以沉重打击后，突破离石公路日军封锁线，向晋西北转移，于12月27日晚全部到达临县招贤镇地区。驻在晋西北的决死队第四纵队，于12月12日逮捕了一批阴谋发动武装叛乱的反动军官，掌握了部队的领导权。在晋西北的新军工人武装自卫旅和暂编一师也进行了清理内部的工作，纯洁了部队。

此时，阎锡山计划在解决晋西的决死队第二纵队后，调第十九军、六十一军北进，与晋西北赵承绶部南北合击晋西北的新军。针对这一形势，12月31日，毛泽东和王稼祥给八路军总部、第一二〇师、晋察冀军区、第一一五师晋西独立支队等电示："胜利地进行这一斗争，保持山西抗战根据地在我手中，保持华北与西北的联合，这是目前中心问题。"②为此，中共中央军委作出了

---

① 《八路军·综述·大事记》，第61页，解放军出版社1994年版。
② 《毛泽东军事文集》第二卷，第503页，军事科学出版社、中央文献出版社1993年版。

军事部署,电令第一二〇师主力日夜兼程由晋察冀边区赶回晋西北,集中力量反击阎军的进攻。晋西北新军各部,在彭绍辉率领的第一二〇师新三五八旅协助下,先后投入了反对顽军的战斗。续范亭亲率暂编一师两个团迅速抢占了赤坚岭的重要阵地,新三五八旅主力集中于岚县地区,使新军取得了主动地位。从1940年1月2日至12日,决死队四纵队等部经过连续作战,打退了赵承绶部的进攻。

1940年2月下旬,晋西北新军总指挥部成立,续范亭任总指挥,罗贵波任政治委员。3月初,晋西北新军统一整编为11个团,1.2万余人,统归第一二〇师指挥。第一一五师独立支队于5月由晋西北出发,开赴山东归建。

在晋绥军向晋西、晋西北新军发动进攻的同时,阎锡山又令晋东南孙楚部,向活动于晋东南的决死队第一、第三纵队进攻,摧毁了沁水、阳城等五县的抗日民主政权,屠杀300余名共产党员和进步人士,绑架千余人,还策动决死队第三纵队3个主力团叛变。位于太岳区的决死队第一纵队,事前作了充分的应变准备,把全部旧军官调离部队,使部队完全置于共产党的领导之下。不久,原在晋西南的新军政治保卫队第二一二、第二一三旅,冲破日军和晋绥军的重重包围,进入太岳区。

在十二月事变中,蒋介石和阎锡山还阴谋夺取太岳区和太南区,于1940年1月中旬开始频频调动部队南下,向八路军发动进攻。为了巩固太岳区,恢复太南地区,第一二九师第三八六旅主力及总部特务团奉命进入太岳区,制止了国民党军队向临屯公路以北进攻的企图,巩固了太岳区阵地。在太南地区的第一一五师第三四四旅、第一二九师晋豫边支队、独立游击支队、决死队第三纵队、河北民军第四团等部,连续打击了孙楚的独立旅及其他顽军,恢复了太南的部分阵地。2月初,中共中央决定将上述太南地区部队组成八路军第二纵队,由左权兼司令员,黄克诚任政治委员。接着,第一二九师第三八五、第三八六旅及独立支队及先后歼灭了由北向南进攻太岳区的晋绥军暂编第二旅和新编第二师,彻底粉碎了阎锡山夺取晋东南的阴谋。

为了争取阎锡山继续抗日，中国共产党及时把宣传口号改为"新旧两军联合抗日"，毛泽东给阎锡山写信表达了上述愿望。中共中央派萧劲光、王若飞到达陕西宜川县秋林镇，向阎锡山当面申述共产党的主张。经过谈判，双方于1940年4月间达成协议，以汾阳经离石至军渡的公路为晋西南与晋西北的分界线，晋西南为晋绥军活动区域，晋西北为八路军和新军活动区域。阎锡山打不赢，又损兵折将，只好接受中国共产党的条件，停止进攻。此后，阎锡山一直保持中立状态。这样，就缓和了共产党与阎锡山的矛盾，扩大了阎锡山与蒋介石的矛盾。1940年10月，中共晋西南区党委和晋西北区党委合并，成立中共晋西区党委，林枫任书记。

八路军和新军在山西反磨擦斗争中的胜利，打击了蒋介石投降分裂的阴谋，进一步巩固了山西新军和晋东南、晋西北抗日根据地，同时又使阎锡山继续留在抗日阵营内，维护了抗日民族统一战线。

三 陕甘宁边区的反磨擦斗争

1939年12月初，国民党胡宗南部对陕甘宁边区发动新的军事进攻，从10日至16日，先后调集第九十七师3 000余人，会合地方保安队，袭击八路军驻甘肃省宁县、镇原两城之第七七〇团，杀伤该团干部战士300余人，夺占宁县、镇原。国民党保安部队还攻占了陕甘宁边区关中分区的栒邑县城（今旬邑县）。1940年3月下旬，国民党军第二十四师又突然袭击淳化八路军关中警备区保安独立第二营，占领了淳化县城。国民党集中部队准备进攻中共中央所在地延安。

1940年春夏，八路军保安独立第三营和警备第八团一部，在宜君县店头镇、淳化县井村、栒邑县转角镇等地多次反击顽一军，粉碎了国民党顽固派在淳（化）、栒（邑）一线建立碉堡封锁线的企图。陇东地区八路军部队进行反击，恢复了陇东大部地区。

绥德地区是陕甘宁边区通往华北抗日根据地的门户，又是延安的屏障。该区的绥德、米脂、佳县、吴堡、清涧五县,原为陕北苏维埃区域。抗日战争开始后,根据国共两党的协议,绥德等五县划归陕甘宁边区,但国民党拒不执行决议,反而派反共分子何绍南到绥德设立专员公署。何绍南到绥德后,大肆进行反共宣传,蓄意制造各种磨擦纠纷,企图逼迫共产党的武装力量退出绥德地区。

1939年冬,八路军第三五九旅从晋西北回师陕甘宁边区,进驻绥德地区,大大增强了这一地区的斗争力量。1940年2月,何绍南经过密谋策划,集中13个保安中队准备偷袭八路军部队。第三五九旅得悉后,一面做好还击准备,一面召开群众大会予以揭露。何绍南见阴谋败露,便煽动清涧、吴堡等地保安队袭击第三五九旅第七一七团,被第七一七团全部歼灭。接着,何绍南率领的7个保安中队在逃窜中被八路军追击部队歼灭大部。此后,绥德地区完全置于共产党的领导之下,从而使陕甘宁边区和晋绥边区连成一片,对后来的革命斗争非常有利。

四 太行地区的反顽作战

1939年11月下旬至12月间,国民党军鹿钟麟部和第九十七军朱怀冰部进犯八路军太行根据地北部地区,国民党军第三十九集团军石友三部也在冀南地区向八路军部队发动进攻,企图把八路军从晋冀鲁豫地区排挤出去,建立正太路、德石路以南的反共地带。

为了团结抗日,八路军彭德怀副总司令和刘伯承师长赴冀西,向鹿钟麟、朱怀冰表明八路军的严正立场,劝其停止磨擦,一致对外,并面交了八路军关于河北抗战的八项主张。特别是对朱怀冰这个磨擦专家,朱总司令曾多次致电向他晓以大义。刘伯承也亲自对朱怀冰讲:

> 我们已退避三舍了,实在无地可退。那么总得让我们抗日有地!八路军一个师抵抗了十万日军,十余万伪军,并非

怕你,不过为了团结,不忍自相残杀。要是逼人太甚,我们是有人民作后盾的。①

鹿钟麟持观望态度,朱怀冰却视八路军软弱可欺,变本加厉地制造反共磨擦活动,于1939年12月下旬指使国民党别动第四纵队侯如墉部和河北民军乔明礼部,向驻赞皇地区的八路军平汉抗日游击纵队发动进攻。八路军第三八五旅主力、冀西游击队及冀中部队一部被迫反击,重创侯如墉、乔明礼两部,迫使朱怀冰、鹿钟麟部缩回武安、涉县、磁县地区。

1940年1月,石友三部向八路军进攻。石友三部盘踞冀南一带以来,一面与日军秘密勾结,一面大肆进行反共活动,多次杀害共产党、八路军人员和抗日群众,威县、广宗等地的抗日政权和救亡团体,有半数被其破坏。八路军决心反击石友三部,于2月上中旬,集中冀南、冀鲁豫、冀中军区共15个团的兵力,发起冀南反顽战役,在威县东南地区包围了石友三部主力,歼其一部。其大部突围后,在日伪军掩护下逃至清丰东南地区。国民党顽固派为了夺取八路军太行和冀南根据地,重新增调兵力,卷土重来。八路军为了自卫,于3月4日至11日,集中17个团的兵力在平汉路以东进行了卫(河)东战役,歼灭石友三等部3 600余人。至4月上旬,在八路军的持续打击下,石友三率残部逃往黄河故道以南,从而改变了顽固势力长期盘踞冀南、勾结日军骚扰和进攻抗日根据地的严重形势。

1940年2月间,在蒋介石的授意下,朱怀冰竟带了几十个兵,来到武乡王家峪八路军总部,打着"军令政令统一"的旗号,气势汹汹地要八路军把河北让给他。朱德、彭德怀、左权和杨尚昆等,同朱怀冰进行了面对面的谈判斗争。朱德义正词严地指出:八路军的根据地是从日寇手里夺回来的,是我们为抗日救国创设的必要条件。你们要地盘,有的是地方,你们去把日寇侵占的广大沦陷区夺回来不就行了吗?朱怀冰威胁要打。朱德拍案

---

① 《刘伯承传》,第230页,当代中国出版社1991年版。

而起:"你要晓得,我们改编八路军以来,没有打过内战;但是,你要打,我们一点也不怕。"①朱怀冰碰了钉子,只好灰溜溜地离开了王家峪。

朱怀冰仍然执迷不悟。在蒋介石的指使下,3月初又伙同鹿钟麟部和石友三等部,以3个军的人马向太行山区发起猛攻,妄图吃掉八路军总部首脑机关。为了粉碎顽固派进攻,八路军总部发动太行军民和晋察冀前来支援的兄弟部队,乘国民党第四十一军、第七十一军尚未到达之际,于3月5日发起自卫反击。刘伯承、邓小平指挥13个团的兵力,于3月5日至8日胜利地进行了磁(县)武(安)涉(县)林(县)战役,一举歼灭朱怀冰部主力2个师大部,朱怀冰负伤而逃。当时八路军部队还想活捉鹿钟麟。朱德说:"不要捉,捉到了怎么放呢?"因此故意放开一条路让他逃走。此役扭转了当时日、伪、顽夹击八路军及抗日军民的严重局势。

在这一时期,八路军总部指挥晋冀豫抗日军民,共进行大大小小反顽战斗130多次,粉碎了国民党顽固派的猖狂进攻。3月中旬,太南地区八路军主动北撤至平顺、漳河之线。

国民党第一次反共高潮被击退后,为了尽量争取国民党顽固派继续抗日,1940年5月,朱总司令受党中央和毛泽东的重托,由武乡王家峪出发,亲赴洛阳与国民党第一战区司令长官卫立煌谈判。朱总司令在赴洛阳的途中,纵目黄河两岸的抗日烽火,心潮澎湃,写了《出太行》七绝诗一首:

群峰壁立太行头,
天险黄河一望收;
两岸烽烟红似火,
此行当可慰同仇。②

---

① 金冲及主编:《朱德传》,第479页,人民出版社、中央文献出版社1993年版。
② 中共中央文献研究室编:《朱德诗词集》,第65页,中央文献出版社2003年版。

在洛阳谈判中,朱德与卫立煌议定,以临屯公路和长治、平顺、磁县之线为界,该线以南为国民党军防区,以北为八路军防区。至此,国民党顽固派掀起的反共高潮被完全打退,八路军保卫了敌后抗日根据地。

五 新四军胜利进行黄桥战役

1940年6月底,国民党地方实力派李明扬、李长江受苏鲁战区副总司令兼江苏省主席韩德勤的挑唆,向借郭村休整的新四军挺进纵队发起进攻。挺纵在苏皖支队支援下,进行了郭村自卫战。7月3日,陈毅从江南赶到郭村。为了争取二李,借道东进抗日,陈毅在指挥部队打下塘头以后,收兵于泰州城下。然后,主动释放俘获人员,归还部分枪械,让出郭村、塘头,与二李重修旧好。二李在陈毅争取下,表示愿与新四军合作,协助新四军东进抗日。

7月25日,新四军苏北指挥部所属部队挥戈东进。29日击溃奉韩德勤之命进攻新四军的保安第四旅及税警总团等部后,进驻黄桥、蒋垛、古溪、加力等地。为了团结地方实力派共同抗日,新四军遣返了被俘的税警总团全部人员,并归还部分枪支。

新四军进驻黄桥后,转兵南向,积极打击日伪,连克靖江东北之孤山、西来镇等日伪据点,并粉碎日伪两次报复性"扫荡"。同时,积极创建以黄桥为中心的抗日民主根据地,9月,成立中共苏北区委,陈毅任书记。以黄桥为中心的抗日根据地的开辟,为新四军与八路军南下部队协力发展苏北,建立了由南向北的前进阵地。

新四军开辟以黄桥为中心的抗日根据地以后,韩德勤不顾新四军的合作诚意,提出"先南后北"的"进剿"方针,即先集中兵力进犯黄桥,消灭或驱逐陈毅部,然后移兵北上,逐歼黄克诚部。

1940年9月4日,韩德勤分兵两路开始南犯。新四军苏北指挥部为表明团结抗战、顾全大局的真诚愿望,主动放弃黄桥以北阵地。陈毅、管文蔚、叶飞联名致电蒋介石:请令韩部以抗敌为重,停止进逼。6日,韩部进至营溪以南,新四军不得已而奋起自卫,歼其先头2个团,俘1500余人,然后全部释放。韩德勤败阵后,指令保安第九旅进驻姜堰,封锁黄桥根据地的粮道。13日,新四军攻克姜堰,并再次呼吁韩德勤停止内战,团结抗日。

9月下旬,韩德勤为制造新的进攻借口,提出:"新四军如有合作诚意,应首先退出姜堰。"新四军为顾全大局,将姜堰交予愿守中立的鲁苏皖边区游击军李明扬、税警总团陈泰运部接防。韩德勤又气又恨,自恃兵多粮足,以全部精锐南犯黄桥,并撤走沿江船只,截断新四军退路,妄图一举将其歼灭。面对这一严重局势,陈毅认为必须实行坚决自卫。鉴于增援部队距离较远,难解燃眉之急,决心以兄弟部队为战略配合,独立抗击韩部的进攻。

9月30日,韩德勤以其主力第八十九军、独立第六旅等11个团1.5万余人,分三路由海安、曲塘一线南犯;并以李明扬、陈泰运部1.2万余人为右路军,5个保安旅7000余人为左路军,伺机参战。其进攻总兵力共达26个团3万余人。而新四军苏北指挥部所属3个纵队仅有9个团7000余人,作战部队只有5000余人。中共中央一面指示苏北指挥部严守自卫立场,采取后发制人的方针,一面于10月3日向国民党军事当局提出"韩不攻陈(毅),黄(克诚)不攻韩,韩若攻陈,黄必攻韩"的自卫原则,要求制止韩德勤的反共磨擦行动。中原局于10月2日至5日连续发出指示和动员令,要求:苏北指挥部独立打破重围,求得速决;八路军一部及新四军江北部队主力要不顾一切牺牲,全力南下、东进,占领阜宁、盐城、东台诸地,以钳制韩德勤的侧背。

根据中共中央和中原局指示,以陈毅、粟裕为首的新四军苏北指挥部迎击韩顽的部署是:陶勇的第三纵队坚守黄桥,叶飞的第一纵队和王必成的第二纵队作为突击力量,隐蔽集结于黄桥西北地区,待机出击,歼灭来犯顽军于运动中。

1940年10月4日,韩顽中路左翼第三十三师进至黄桥东北新四军前沿阵地,实施猛烈进攻;右翼独立第六旅经高桥南进,企图袭击黄桥侧背;顽第八十九军军部及第一一七师直扑黄桥。

新四军第一纵队首歼韩部主力独立第六旅于黄桥与高桥间。第一、第二纵队在第三纵队协助下,一举歼灭第三十三师,接着分割包围第八十九军于黄桥以北地区。5日晚,第八十九军军部被歼,军长李守维仓皇逃窜,坠河身亡。6日上午,韩德勤率残部千余人逃回兴化,各保安旅、团及观察战场动向的李明扬、陈泰运部亦随之撤走。新四军乘胜追击,席卷海安、东台。

此役,使韩德勤主力第八十九师、独立第六旅全军覆没,被歼1.1万余人,对打开华中抗日局面具有重要意义。

黄桥战役打响后,新四军第五支队3个团在罗炳辉指挥下东进至运河边,由于黄桥自卫战迅速取得胜利,未再向运河以东开进。八路军第五纵队在黄克诚指挥下,以第一支队为先头部队于10月4日南下,突破韩军的盐河、废黄河防线。6日进占东坎、阜宁、东沟、益林、建阳等镇,直下盐城,歼灭顽军保安第十、第二、第八旅各一部,在战略上造成了对韩德勤部南北夹击之势。

10月10日,新四军苏北指挥部第二纵队一部与八路军第五纵队第一支队一部在东台以北白驹胜利会师。从此,改变了苏北的政治形势和力量对比,为进一步开展华中敌后抗日斗争,创建苏北抗日民主根据地,举行了奠基礼。

黄桥自卫战,是华中抗战以来最大的一次反磨擦战役。新四军与顽军鏖战之际,黄桥镇弹丸之地,成为苏北各种政治力量关注的中心。李明扬、陈泰运陈兵泰州、姜堰、曲塘一线,频频查询战况,以定态度;各保安旅在通(南通)扬(州)运河以北待机而动;泰兴日军一部进至黄桥以西20公里处,妄图坐收渔利;伪军则在据点待命,蠢蠢欲动;从而形成了一个战场,两方苦战,多方观战的战争史上的奇局。

黄桥自卫战胜利后,新四军苏北指挥部主力部队扩大到1.2万余人,组建地方武装6000余人。

1940年11月上旬,刘少奇、黄克诚抵海安新四军苏北指挥部,与陈毅、粟裕等会合。为了适应斗争需要,根据中共中央军委命令,11月17日在海安成立了华中新四军八路军总指挥部(23日迁盐城),叶挺任总指挥,刘少奇任政治委员,在叶挺抵苏北前由副总指挥陈毅代理总指挥,统一指挥华中的新四军、八路军。

第四节 顾全抗战大局 正确处理皖南事变

一 皖南事变经过

黄桥自卫战后,国民党当局又掀起第二次反共高潮。1940年10月19日,国民党军事当局向朱德、彭德怀、叶挺发出"皓电",在诬蔑攻击八路军、新四军的同时,再次限令八路军、新四军全部开到黄河以北。11月9日,八路军、新四军领导人复电,断然拒绝这一无理要求,但为顾全大局,仍然准备将新四军皖南部队移至长江以北。

1940年12月9日,蒋介石发出"手谕",命令长江以南新四军限期北上。12月30日,叶挺率皖南新四军方欲开动时,国民党宣传机关大肆宣布该部北移消息,使新四军行动暴露在日军面前。同时,蒋介石向顾祝同、上官云相下达了"一网打尽,生擒叶项"的围歼新四军的命令,暗中加强对新四军的包围,封锁新四军去苏南的路线。1941年1月3日,蒋介石又发布要新四军即刻北移令,并称:"沿途已令各军掩护。"①

1月4日,新四军军部及所属部队9 000余人,在叶挺、项英指挥下移师北上。1月6日行至泾县茂林地区时,突然遭到顾祝同、上官云相指挥的国民党军7个师8万余人的包围袭击。叶挺率部英勇拼杀,血战七昼夜,终因寡不敌众、弹尽粮绝而失败。1月14日,阵地全被国民党军占领。除2 000余人突围外,新四军大部牺牲或被捕,政治部主任袁国平也在战斗中阵亡。军长

---

① 《第二次中日战争纪事》,第261页,中央档案出版社1988年版。

叶挺在同国民党军进行战场谈判时被无理扣押,副军长项英、副参谋长周子昆遇害。1月17日,蒋介石以国民政府军事委员会名义,诬称新四军"抗命叛变",宣布"新四军全部解散","番号即予撤销"。

面对国民党顽固派掀起的又一次反共高潮,共产党采取军事上严守自卫、政治上坚决反击的方针。1月18日,中共中央发言人就皖南事变发表谈话,详述顽固派发动皖南事变的真相。20日,毛泽东以中共中央军委发言人名义,揭露国民党顽固派破坏抗战的阴谋,提出惩办祸首、释放叶挺、废除国民党一党专政、实行民主政治等解决皖南事变的十二条办法。中国共产党的严正立场,受到广泛同情和拥护。

二　新四军重建军部

为了反击国民党撤销新四军番号的反动命令,坚持抗日斗争,共产党针锋相对地采取的第一个步骤是,由中共中央军委于1月20日发布命令,重建新四军军部,任命陈毅为代理军长,刘少奇为政治委员,张云逸为副军长,赖传珠为参谋长,邓子恢为政治部主任。

1941年1月25日,新四军新军部在苏北盐城成立。新军部以华中新四军、八路军总指挥部为基础组成,将新四军和活动于陇海路以南的八路军部队,先后统一整编为7个师和1个独立旅。①统一整编后全军共9万余人。

第一师,由原苏北指挥部所属部队编成,师长粟裕,政治委员刘炎,政治部主任钟期光。原第一、第二、第三纵队依次编为第一、第二、第三旅。第一旅旅长兼政治委员叶飞。第二旅旅长王必成,政治委员刘培善。第三旅旅长陶勇,政治委员刘先胜。另辖11个地方独立团和联合抗日司令部(联抗)。第一师坚持苏中抗日游击战争,活动于东濒黄海,西抵运河,南临长江,北至

---

① 《新四军·综述·大事记》,第55页,解放军出版社1994年版。

淮安、大岗、斗龙港一线以南的抗日根据地。

第二师,由原江北指挥部所属部队编成,师长张云逸,政治委员郑位三,副师长罗炳辉,参谋长周骏鸣,政治部主任郭述申(未到职)。原第四、第五支队改编为第四、第五旅,原江北游击纵队编为第六旅。第四旅旅长梁从学,政治委员王集成。第五旅旅长成钧,政治委员赵启民。第六旅旅长兼政治委员谭希林。另辖津浦路东联防司令部,司令员杨梅生,政治委员刘顺元;津浦路西联防司令部,司令员郑抱真,政治委员谭光廷。第二师坚持淮南抗日游击战争,活动于东起运河,西至淮南铁路、瓦埠湖,北临淮河,南濒长江的淮南抗日根据地。

第三师,由原八路军第五纵队编成,师长兼政治委员黄克诚,参谋长彭雄,政治部主任吴法宪。原第一、第二、第三支队依次编为第七、第八、第九旅。第七旅旅长彭明治,政治委员朱涤新。第八旅旅长田守尧,政治委员吴信泉。第九旅旅长张爱萍,政治委员韦国清。另辖淮海军区,司令员覃健,政治委员金明。9月又成立盐阜军区,司令员洪学智,政治委员刘彬。第三师活动于陇海铁路以南,西至运河,东濒黄海,南抵淮安、大岗、斗龙港一线的苏北抗日根据地。

第四师,由原八路军第四纵队编成,师长兼政治委员彭雪枫,参谋长张震,政治部主任萧望东。原第四、第五、第六旅依次编为第十、第十一、第十二旅。第十旅旅长刘震,政治委员康志强。第十一旅旅长滕海清,政治委员孔石泉。第十二旅旅长饶子健(代),政治委员赖毅。另辖萧县独立旅,旅长纵翰民,政治委员李中道。第四师活动于陇海铁路以南,淮河以北,新黄河以东,津浦路两侧的淮北抗日民主根据地。

第五师,由原豫鄂挺进纵队编成,师长兼政治委员李先念,参谋长刘少卿,政治部主任任质斌。原属部队分别编为第十三、第十四、第十五旅及第一、第二游击纵队。第十三旅旅长周志坚,政治委员方正平。第十四旅旅长罗厚福,政治委员张体学。第十五旅旅长王海山,政治委员周志刚。第一游击纵队司令员杨经曲,政治委员张执一。第二游击纵队司令员黄林,政治委员刘子厚。另辖鄂豫边区抗日保安司令部,司令员郑绍文,政治委员夏忠武。9月又组成第三游击纵队,司令员兼政治委员何耀榜。第五师活动于武汉四周,地跨鄂、豫、皖、湘、赣五省边区,担负着独立坚持鄂豫边区抗日斗争的任务。

第六师,由江南第二支队所属部队和江南人民抗日救国军编成,师长兼政治委员谭震林,参谋长罗忠毅。下辖第十六、第十八旅及江南保安司令部。第十六旅旅长罗忠毅(兼),政治委员廖海涛。第十八旅旅长江渭清,政治委员温玉成。江南保安司令部司令员何克希,政治委员吴仲超。第六师活动于日伪军的心腹地带,坚持在西起南京、芜湖,东至淞沪,北濒长江,南抵天目山麓的苏南抗日根据地。

第七师,由原无为游击纵队、第三支队挺进团及皖南突围出来的部队合编而成,师长张鼎丞(未到职),政治委员曾希圣,参谋长李志高,政治部主任何伟。下辖第十九旅及挺进团。第十九旅旅长孙仲德,政治委员曾希圣(兼)。第七师活动于东起江浦,西到岳西、宿松,南至太平、旌德,北邻合肥,长江横贯于中的皖江抗日根据地。

独立旅,由八路军第一一五师教导第五旅编成,旅长梁兴初,政治委员罗华生。

军部直辖抗日军政大学第五分校及特务团。

中共中央根据皖南事变后的形势,对新军部成立后的军事行动方针作了数次指示,指出:目前中日民族矛盾仍是主要矛盾,国共合作尚不会全面破裂,华中敌后将是长期的三角斗争。新四军的战略部署要适应这一根本情况,作长期斗争的打算。

中共中央中原局和新军部在部队进行整编的同时,召开高级干部会议,认真讨论了中共中央的指示,确定新四军今后的任务是:坚持华中敌后抗战,准备与日伪军进行长期斗争,迅速加强根据地建设。会议还规定了各师的具体任务,形成了华中新的战略布局。

1941年4月27日,根据中共中央决定,中原局与东南局合并,组成中共中央华中局,刘少奇为书记,饶漱石为副书记,陈毅、曾山为委员。不久又组成中共中央军委华中分会（简称"华中军分会"），刘少奇为书记，陈毅、张云逸、邓子恢、赖传珠为委员。在华中局组成前后，各根据地按照战略区的划分，组成了各地的区党委。

新军部的成立，标志着新四军将从此独立自主地肩负起华中敌后抗战的重任。

第十章　坚持敌后抗战

第一节　德苏战争及太平洋战争爆发后的国内外形势

　　1940年夏秋，日本帝国主义在德军横扫西、北欧，取得暂时胜利的刺激下，决心乘美国的战备尚未完成，英国又无力东顾之机，积极准备实行南进政策，夺取英、美、法、荷等国在东南亚和南太平洋上的殖民地。9月，德、意、日在柏林签订同盟条约，从而加剧了日本与英美的矛盾。英美为了利用中国抗战遏制日本南进，遂由推行牺牲中国利益的"东方慕尼黑"政策，逐渐转为采取积极支持中国抗战的态度。1941年6月22日，德国发动了侵苏战争。在德军的突然袭击下，苏军遭到重大损失，在半个多月的时间里，德军从西北、西、西南三个方向推进了300公里至600公里。同年12月8日（夏威夷时间7日），日本海军联合舰队航空兵袭击美国珍珠港海军基地，发动了太平洋战争。日军还在短短几个月内，打败了美、英、荷在远东的部队，相继占领了泰国、香港、马来西亚、菲律宾、荷属东印度、缅甸等地。苏德战争和太平洋战争的爆发，使第二次世界大战发展到最大规模。1942年1月1日，美、英、苏、中等26国在华盛顿签署《联合国家宣言》，标志着国际反法西斯统一战线的正式形成。

　　日本侵略者要在广阔的太平洋战场上作战，需要有巩固的陆上基地。因此，它急谋结束在中国的战争，把中国变为它南进的后方补给基地，达到"以战养战"的目的。于是，一方面继续加紧对国民党的诱降、逼降活动，一方面集中力量对共产党领导下的抗日根据地进行更加频繁、更加残酷的"扫荡"。

在这种形势下,国民党顽固派决心继续推行消极抗战、积极反共政策。

在1941年至1942年中,国民党军队中的一部分部队以所谓"曲线救国"的名义投降日军,改编为伪军,配合日军进攻共产党领导的抗日根据地。在军事进攻的同时,国民党加紧了对抗日根据地的经济封锁。1940年11月19日,国民党政府军政部军需署有关人员面告八路军西安办事处的副处长李华:奉何应钦命令:"从本日起,停止发给十八集团军经费,即十月份欠发未领之二十万元,亦一律停发。"11月28日,朱德、彭德怀、叶挺、项英联名致电蒋介石提出抗议:"现前方战士饥寒交迫,如果停发经费,势必置之死地。我们八路军、新四军究犯何罪,致受惨无人道之待遇。"要求取消停发经费之命令。① 事实上,自1939年8月迄今,八路军未得到国民党政府一颗子弹、一片药物的接济,连华侨援助抗日之一切钱物,也被国民党当局全部截留。八路军以50万之众只领4.5万人之饷,平均每人每月只几角钱。四将领联名抗议未得响应。12月8日,延安《新中华报》发表了《抗议停发八路军经费》的社论。

在日、伪、顽的夹击下,八路军伤亡很大,部队大量减员,由40万减到34万人;根据地日益缩小,至1942年春,华北根据地面积缩小了1/6,人口锐减,由1亿降到5000万以下。由于敌人对抗日根据地实行严密的经济封锁,加上从1940年起,华北地区连续三年遭受严重的旱灾,生产下降,致使根据地财政经济发生极大困难。粮食、棉布、医药、子弹和日用品都极端缺乏,有些地区的抗日军民不得不以野菜、树皮充饥,有的部队甚至在严寒的冬天仍穿着单衣训练、作战。

中国共产党及其领导下的敌后军民没有被严重困难所吓倒。中共中央和毛泽东指出,目前困难是"黎明前的黑暗",号召

---

① 中共中央文献研究室编:《任弼时年谱》,第388页,人民出版社、中央文献出版社1993年版。

军队要依靠群众,自力更生,艰苦奋斗,渡过难关。

第二节 粉碎日军对华北的"扫荡"与"蚕食"

一 华北敌后军民反"扫荡"作战

1941年和1942年,是敌后战场对敌斗争最艰苦的时期。日本为了变中国为其南进基地,极力推行"治安肃正"政策,"肃正"的重点仍然是"剿共"。日本华北方面军认为:"在占领区内……共军无论在质量上、数量上均已形成抗日游击战主力。"①"共军势力迅速发展壮大,不容轻视。如不及早采取对策,华北将成为中共天下。为此,方面军的讨伐重点,必须全面指向共军。"②因而从华中调回两个师团,以加强华北日军力量,进一步实行军事进攻、政治欺骗、经济掠夺、文化麻痹相结合的"总力战"。

日军对华北各抗日根据地进行的"扫荡",其规模之大,持续时间之长,手段之残酷,是前所未有的。据1940年7月至1942年7月的统计,千人以上的"扫荡"达174次(其中万人以上的大"扫荡"有15次),较前两年增加2/3,使用兵力累计达83万多,较前增加一倍。在"扫荡"作战的战术上,则有所谓"铁壁合围"、"捕捉奇袭"、"纵横扫荡"、"辗转抉剔"等等。日军所到之处实行烧光、杀光、抢光的"三光"政策、制造"无人区"和骇人听闻的大屠杀。只1941年1月,日军1500余人突然包围冀东丰润的潘家峪,将全村男女老幼驱赶到一个大院,用机枪射杀群众1300余人,并烧毁房屋千余间,制造了骇人听闻的潘家峪惨案。在冀中定县的北疃村,日军将大量毒气放入地道,致老幼妇孺800多人全部中毒死亡。日军在井隆以南制造"无人区",放火将8个

---

① 日本防卫厅战史室:《华北治安战》(上),第216页,天津人民出版社1982年版。
② 日本防卫厅战史室:《华北治安战》(上),第223页,天津人民出版社1982年版。

村庄烧了7天7夜，村民350余人被杀，4 000余人被抓走。类似的残杀事件，举不胜举，罄竹难书。

日军为了分割和"蚕食"根据地，继续强化其"囚笼"政策，利用铁路、公路作为封锁的干线，沿线密布据点，沿点线修筑封锁沟墙，然后扩大支线，向根据地穿插延伸，逐步构成封锁体系。在1941年至1942年中，日军在华北新筑与修复铁路750余公里，公路修筑到37 300余公里，封锁沟墙增加到11 200余公里；新增据点、岗楼7 800余个，全华北达到3万多个，平原地区尤为繁密。一些地区被分割成"格子网"，在华北平原地带一时出现了"迈步登公路，抬头见岗楼，村村添新坟，到处是狼烟"的悲惨恐怖的景象。1942年10月，日本华北方面军参谋长安达十三夸耀说：华北堡垒和封锁沟之长，实为万里长城的六倍，地球外围的1/4。

根据中共中央和中央军委制定的打破日顽夹击、战胜困难的方针，中共中央北方局和八路军总部多次发出反"扫荡"指示，要求各级领导机关加强对敌斗争的领导，动员群众实行坚壁清野，大力发展地方武装，加强民兵自卫队的组织指挥。在作战指导上，实行内线作战与外线作战相结合，内线部队广泛开展游击战，消耗与疲惫敌人；外线部队积极地对交通线和据点展开破击战，大力开展政治攻势，以彻底粉碎敌人的"扫荡"。根据地军民遵照上述指示，积极展开反"扫荡"作战。

在山东根据地，1941年初，日军先后对鲁西、湖西、鲁南、冀鲁边、清河以及鲁中等根据地进行"扫荡"。在根据地军民的打击下，日军的"扫荡"，均以失败告终。11月初，日伪军5万余人，对鲁中沂蒙区进行为期50天的"铁壁合围"大"扫荡"。11月4日，日军首先偷袭了沂南县西部马牧池八路军山东纵队指挥机关。山东纵队机关分散突围至南墙峪集结，复遭日军合击，激战整日，又突出重围，转移至垛庄附近之芦山。5日，日伪军2万余人分11路，将第一一五师师部和山东分局机关包围在留田一带狭小地区内。当夜，第一一五师、山东分局机关5000余人,从日军包围间隙中越过两道封锁线,安全转移到外线。日军多次合击未达到目的,自11月中旬至12月上旬,在根据地内实行分区"清剿",根据地遭到严重摧残。为了加强内线作战力量,打击日军的嚣张气焰,山东分局与第一一五师师部率主力一部又由外线转回沂蒙山区,连续在垜庄、旧寨、三角山、绿云山等地袭击日伪军,予敌以大量杀伤;同时发动群众开展空舍清野,进行反伪化、反抓丁、反抢掠斗争。12月8日,"扫荡"沂蒙山区的日伪军主力陆续撤出。鲁中部队一面截击撤退的日伪军,一面袭扰留在根据地内的残敌。至12月下旬,结束了反"扫荡"战。此役,共歼日伪军2300余人,粉碎了日军的"铁壁合围",坚持了沂蒙山根据地。日军则通过这次"扫荡",打通了临(沂)蒙(阴)、沂(水)临(沂)等公路,对沂蒙根据地形成严密分割和封锁的态势,使根据地军民的斗争更加困难。

1942年9月至1943年初,日军以"拉网合围"的战法向鲁中、胶东、鲁西、清河、冀鲁边根据地,先后进行了大规模的"扫荡"。八路军山东部队在反"扫荡"作战中,英勇地打击敌人。在鲁中对崮峪战斗中,山东军区特务营和鲁中第二军分区第一团据守要冲,连续打退日军八次猛烈进攻,特务营最后只剩下14名勇士,被敌人压缩到对崮峪东端,他们誓死不当俘虏,跃下悬崖,6名壮烈牺牲,其余8名后被救回。这次战斗,毙伤敌600余人。日军在"扫荡"中,曾以数千兵力袭击博山以东的马鞍山。被围困在山上的八路军伤病员及地方工作人员家属共30余人,在养伤的鲁中军区第二团副团长玉凤麟的带领下,凭借山势,奋勇迎击,固守两昼夜,毙敌100余人,终因弹尽粮绝,除2名幸存外,其余全部壮烈牺牲。山东根据地军民经过艰苦作战,先后粉碎了日军的"扫荡",但根据地也遭到严重破坏,有的根据地变为敌占区,有些变为游击区。

在晋绥根据地,1941年至1942年,日军对晋绥抗日根据地"扫荡"33次,均被粉碎。1942年春,日军进行了为期一个月的"扫荡"。在八路军晋西北部队和当地人民群众的打击下,日军寻歼晋西北军区指挥机关的计划一再落空，只得悻悻而退。5月中旬，日军600余人及伪军100余人，再次奔袭晋西北军区机关所在地兴县。晋西北军区根据敌军孤军冒进的情况，准备先以少数兵力钳制敌军，然后集中主力相机歼灭之。同时，部队组织驻兴县城内的机关和群众转移到城外，实行空舍清野。17日，日、伪军进占兴县空城后，发现八路军已有准备，随即退出县城。19日至20日，晋西北部队主力将日伪军包围在兴县田家会地区，于当晚发起猛攻，歼日伪军500余人。

在晋冀豫根据地，1941年11月9日，日军5000余人直逼黎城、辽县一线，企图一举摧毁八路军黄崖洞兵工厂。守卫兵工厂的八路军总部特务团凭借天险，以刺刀、手榴弹与敌人进行肉搏，连续打退日军数十次冲击，掩护了兵工厂人员、机器的安全转移。18日，该团在第一二九师部队的配合下发起反击，收复了黄崖洞全部防区。在这次战斗中，特务团指战员坚定沉着，与进犯之敌鏖战八昼夜，以伤亡166人的代价，换取了歼敌700余人的重大胜利。

1942年春夏，日军对太行、太岳区发动了春季和夏季两次大规模的"扫荡"。在夏季"扫荡"中，日军于5月中旬出动7000余人进攻太岳南部地区，接着，又以2.5万余人的兵力分四路伸入太行北部地区。至5月24日，日军构成对八路军总部驻地南艾铺地区的合围。25日，中共中央北方局和八路军总部机关在第三八五旅第七六九团一部奋力掩护下，突出重围。八路军副参谋长左权率领最后一批人员突围时，于辽县麻田十字岭英勇牺牲。为了不让敌人知道左权将军牺牲的真实情况，彭德怀以悲痛的心情指示有关部门，在新闻报道中，将牺牲的日期推迟一个星期，即改为6月2日。为纪念左权，晋冀鲁豫边区行政委员会，决定将山西辽县改名为左权县。

5月底，太行、太岳军区部队对日军补给线进行破击，并乘敌军后方空虚，广泛进行外线作战，攻克据点30余处，奇袭长治日军机场，击毁飞机3架、汽车14辆，烧毁油库2座，有力地配合了内线作战。6月上中旬，日军的"扫荡"又转向太行南部地区，并将第一二九师一部合围于涉县西南的石城、黄花地区。该部乘夜暗从日军间隙中顺利突围。日军扑空后,于20日从太行南部地区撤退。这次反"扫荡"作战,历时38天,共歼灭日伪军3 000余人,巩固了太行、太岳抗日根据地。

1942年4月至9月,日军先后三次对冀南区实行"铁壁合围",各次出动的兵力均在万人以上,同时依托点线,压缩和"蚕食"根据地。至6月底,已是据点碉堡林立,公路沟墙如网,整个根据地被分割得支离破碎。冀南军民进行了艰苦的反"扫荡"作战,并发动了秋季政治攻势,7月至10月,共进行大小战斗500余次,歼敌4 000余人,根据地在很大程度上得到恢复。

在晋察冀根据地,日军多次对北岳区及冀中、冀东、平西、平北地区进行"扫荡"。1941年8月中旬至10月中旬,日军6万余人,伪军1万余人,在冈村宁次的指挥下,对晋察冀根据地进行了一次秋季大"扫荡"。8月15日,日军分多路出动,首先强占北自上寨、南迄娘子关一线的各要点。下旬,日军对北岳区及平西地区展开了全面的"分区扫荡"。晋察冀军区部队以机动灵活的战术,避实击虚,使日军"扫荡"屡屡扑空。随后,日军又集中主力2万余人,向阜平地区猛扑,于9月1日将晋察冀边区党政军领导机关和一部分部队包围在阜平以北雷堡地区。9月2日,军区和边区领导机关巧妙地跳出合围圈,转移到常家渠地区。9月7日至25日,进入根据地中心区的日伪军2.7万余人,分散进行"抉剔清剿"。晋察冀军区以主力一部协同民兵广泛开展游击战,并适时集中主力在古玉树、焦家瑶、王家坪、狼牙山等地,连续给日伪军以打击。9月24日,日伪军3 000余人合围驻有八路军和地方党政机关的河北易县西南的狼牙山,晋察冀军区第一分区第一团第七连奉命掩护指挥机关和群众转移。该连依托山地巧布地雷阵,开展麻雀战,阻击敌人。25日,任务完成后,以六班为主组成一个加强班,掩护连队转移,把日军引向狼牙山主峰——棋盘坨。日军在进攻时触雷,死伤40余人。接着六班又连续打退敌军四次冲锋,毙伤敌50余人。最后六班剩下5人,在弹尽和无退路的情况下,毅然砸毁武器,纵身跳下悬崖。马宝玉、胡德林、胡福才壮烈牺牲,葛振林、宋学义负伤被救。史称"狼牙山五壮士"。晋察冀边区军民在其他战场的配合下,连续作战,迫使日伪军于9月26日全线撤退。晋察冀部队乘胜追击。10月16日,反"扫荡"战役胜利结束,八路军与敌共作战800余次,歼灭日伪军5 500余人,破路800余公里,炸毁火车3列,巩固了根据地。

  1942年5月初,日军集中5万余人,在飞机、坦克的配合下,对冀中根据地开始实施所谓"五一"大"扫荡"。5月1日,日军分头出动,共出动了2个师团、2个旅团的兵力和700余辆汽车,对冀中根据地8 000多个村庄进行"扫荡",并向冀中中心区合围。冀中军区党政军机关和大部主力及时跳出封锁圈,转至外线。中下旬,日伪军在封锁圈内反复进行"梳篦扫荡"、"拉网扫荡"、"抉剔清剿",并以骑兵、自行车队昼夜巡逻,数百辆汽车穿梭往返,以压制八路军和游击队的活动。冀中军区内线部队同民兵一起,灵活地开展地雷战、地道战、麻雀战,破击日伪军交通运输,打击小股敌人。外线部队连续袭击敌军据点,多次进行阻击、伏击,予敌以沉重打击。至6月上旬,日军占领了冀中根据地所有县城和重要集镇,据点增到1 600多处,公路增到6 000多公里,封锁沟增到3 000多公里。根据地被分割成2 670多个小块,已完全处在日军的严密封锁之下。根据八路军总部指示,冀中军区部队除留少数主力加强地方武装外,大部分移到冀南、太行、北岳根据地。6月9日,冀中军区突围转移的部队一部和游击队共1 000多人,在深泽城北宋庄,与日伪军2 000多人激战10余小时,毙伤400余人,至深夜胜利转移。6月底,日军主力收缩于主要城镇,反"扫荡"作战基本结束。冀中军民在反"扫荡"的两个多月中,共作战272次,毙伤敌1.1万余人。但根据地遭到严重摧残,冀中部队减员1.6万余人,区以上干部牺牲了1/3,人民群众被杀、被抓达5万多人,绝大部分地区变为游击区,部分地区变为敌占区,使得冀中平原"无村不带孝,到处闻哭声"。

二　华北敌后军民反"蚕食"斗争

日军对付敌后军民的手段是多种多样的,在"扫荡"根据地的同时,大力推行"蚕食"政策,以"扫荡"掩护"蚕食",再以"蚕食"占领的点线作为"扫荡"的依托,尔后又在反复"扫荡"中继续加紧"蚕食"。日军对根据地的"蚕食",大多是先平原后山区,由边沿到腹地。"蚕食"的办法,多是在准备"蚕食"的地区逐步安设据点,再建立"维持会"和伪政权,从政治、经济、文化以及加强特务活动等方面,以软硬兼施的手段,进行伪化活动,变根据地、游击区为日军占领区。

冈村宁次继多田骏任华北方面军总司令之后,从1941年3月开始,在华北进行了五次"治安强化运动"。日军把华北地区分为"治安区"(日军占领区)、"准治安区"(游击区)、"非治安区"(抗日根据地)。在"治安区",以"清乡"为主,强化伪政权和伪组织,扩充伪军,清查户口,实行保甲和配给制度,政治上实行怀柔、欺骗政策,经济上加紧对战略物资的掠夺,以肃清抗日力量,巩固其占领。在"准治安区",以"蚕食"为主,建立伪政权、伪组织,抢修公路、碉堡,增筑封锁沟、墙,对群众实行镇压与怀柔兼施并用的政策,甚至平毁村庄,制造"无人区",逐村"蚕食",一步一步向解放区推进。在"非治安区",则以"扫荡"为主,集中兵力,反复"扫荡",并进行军事和经济封锁,企图彻底毁灭抗日根据地。

华北各抗日根据地经日军"扫荡"后,八路军衣食及军需用品奇缺。

武装工作队是八路军在对敌斗争中创造的一种行之有效的组织形式与斗争方式。早在1940年4月,第一二九师师长刘伯承为了摆脱"敌进我退"的被动局面,就曾提出过"敌进我进"的战术,即敌人打到根据地来,我亦打到敌人后方去。1941年春夏间,第一二九师根据八路军野战政治部的指示,首先组成4个武装宣传队,深入敌占区宣传抗战必胜的道理,揭露敌人的侵略罪行,瓦解日伪军,收到显著效果。6月,野战政治部指示部队,与地方共同组织对敌斗争突击队,其任务是摧毁敌人的政治据点,瓦解伪组织,开展群众工作,组织抗日的群众武装。在7月至9月、11月至12月,日军推行第二、第三次"治安强化运动"期间,第一二九师、晋西北、晋察冀部队均派出武装宣传队,进入敌占区广泛开展宣传活动,镇压汉奸特务,有力地打击了日军的"治安强化运动"。1942年1月,中共中央北方局总结对敌斗争经验时,肯定了这种新的组织形式和斗争形式,作出了关于建立武装工作队(简称"武工队")的决定,并明确了武工队的五项任务:(1)开展对敌伪的宣传战,收复人心;(2)开展群众工作,发展敌后秘密武装;(3)开展敌伪军和伪组织的下层工作;(4)打击敌人,铲除汉奸;(5)掩护交通联络与进行经济斗争。

　　1942年5月,北方局和八路军总部又联合发出指示,指出反"蚕食"斗争是目前华北的党和军队的一个最紧急的任务。反"蚕食"的基本方针应是以武装斗争为中心,发挥党、政、军、民的整体力量,把政治斗争与军事斗争、隐蔽斗争与公开斗争结合起来,展开全面的对敌斗争。指示要求主力部队要用1/3或1/2的部队,以营、连为单位,分散到边沿区开展游击活动,并充分发挥武工队的作用。此后,武工队这种对敌斗争的组织形式就普遍推广到各根据地。6月,晋西北军区派出15个武工队伸入敌之"蚕食"地区,在打击日伪的同时,发动群众恢复和建立抗日政权,建立群众性情报网和锄奸游击小组,摧毁了许多伪组织,仅1942年下半年,就打垮伪政权368处,恢复了部分地区,扩大了游击区。冀南、太行、太岳区到1942年8月,武工队发展到42个,约1400人。武工队在敌后非常活跃,迫使敌人抽出兵力守卫据点,不仅有效地制止了敌人在边沿区的"蚕食",并且在敌人的封锁区内普遍地出现了许多隐蔽根据地。9月,晋察冀军区提出"到敌后之敌后去"的口号,北岳区各军分区以主力部队的1/3到1/2分散伸展到敌人侧背,开展游击活动,打开了反"蚕食"斗争的新局面。第一一五师在罗荣桓指挥下,在反"蚕食"斗争中多次派出部队打到敌人后方去,这种战术被称为"翻边战术"。1942年11月,该师教导第二旅在敌人严重"蚕食"的滨海海陵地区,发起海陵反"蚕食"战役,在军事打击的同时,展开强大的政治攻势,六天内,克敌伪据点16处,大批伪军投降或反正,彻底瓦解了敌人的"蚕食"活动。随后,该部又取得攻克郯城的胜利,有力地打击了敌人在鲁南的"蚕食"活动。各地通过反"蚕食"斗争,大大改变了敌进我退的不利形势,出现了敌进我进的犬牙交错的新局面,为根据地的恢复和再发展,打下了良好的基础。

各抗日根据地军民在共产党的领导下,粉碎了日军的"扫荡"、"蚕食"和"治安强化运动",保存了自己的力量,渡过了抗战的最困难时期,并为以后的反攻准备了条件。

敌后抗战进入严重困难时期后我军战斗序列表(1941年2月)

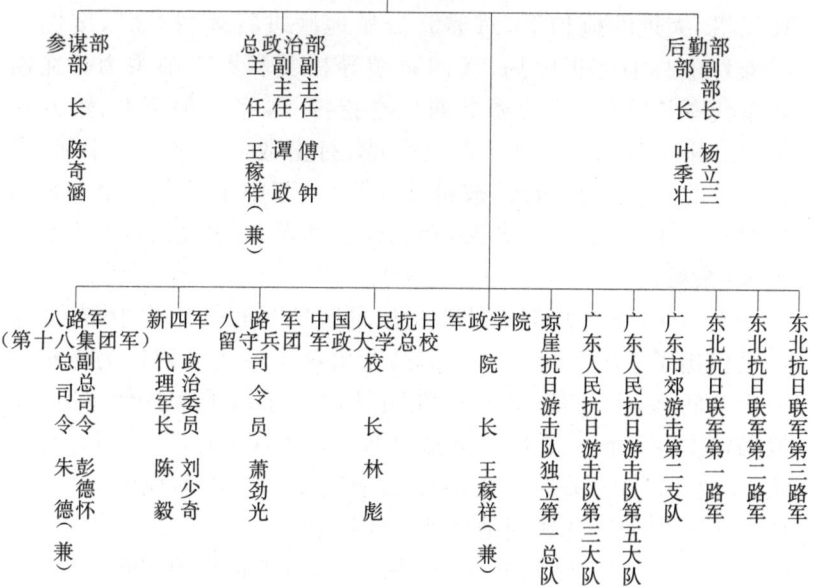

第三节　反对日伪对华中的"扫荡"与"清乡"

在华中,"扫荡"与反"扫荡"的尖锐斗争,贯穿于抗日战争的全过程。1941年太平洋战争爆发前后,日军为策应其南进作战,巩固占领区,经常集结重兵,对大江南北的抗日根据地进行规模大、范围广、手段凶恶残暴的"扫荡"。日军占领着交通线和战略要地,从大范围上包围了抗日根据地,但日军占领区和抗日根据地犬牙交错,日伪据点又往往处于新四军的分散包围之中。因而反"扫荡"作战的任务十分艰巨和复杂。华中军民的基本做法是:敌来不迎,敌去必送。初期相机阻敌,化整为零,适时分散突围;中期到处出击,与敌纠缠;后期化零为整,集中兵力重点突击;协同配合,军民齐动员。

1941年7月,日军出动第十二混成旅全部、第十五、第十七师各一部,以及伪军一部,共1.7万余名,携装甲汽艇100余艘,在飞机、大炮的掩护下,对苏北盐城地区进行大"扫荡",妄图一举围歼中共中央华中局、新四军领导机关和第三师主力。在新四军代军长陈毅、政治委员刘少奇指挥下,第三师第七、第八两个旅和第一师第二旅部队配合作战,打击敌人。至9月中旬,日伪对苏北、苏中的"扫荡"被粉碎。苏北、苏中军民在一个多月的反"扫荡"中,作战130余次,毙伤俘日伪军3 800余名,击沉敌汽艇30余艘。

在1943年2月至4月苏北盐阜区反"扫荡"作战中,苏北军民也付出了重大代价。第三师第七旅第十九团第四连为掩护主力安全转移,于3月18日在淮阴县刘老庄遭千余日伪军"回马枪"式的反扑,陷入重围。苦战竟日,毙敌100余名,终因弹尽粮绝,全连82名干部战士全部壮烈牺牲。后人称颂他们为"刘老庄八十二烈士",并在当地建有烈士陵园。

苏中、苏南、淮北、淮南、皖中、鄂豫边等根据地军民,也都分别进行了反"扫荡"战斗。

"清乡",是日本侵略者和汪伪政权为巩固其占领地区,在军事、政治、经济、文化诸方面联合行动,妄图摧毁抗日力量,长期实行伪化统治的手段。反"清乡",是抗日根据地党政军民以游击战为主,结合政治、思想、组织等方面的工作以及灵活的策略,与日伪的伪化阴谋进行坚决斗争的重要措施。1941年夏,日军和汪伪在苏南搞"清乡"前,进行了一系列的准备:在南京专门集训特务、行政、警察等各种"清乡"人员2 000余名;在苏南的一些城市进行"清乡"演习;调集兵力,把"清乡"的矛头首先指向苏(州)常(熟)太(仓)地区,在外围增设据点,以河流、公路、铁路为依托,构成大范围的包围圈。

1941年7月1日,日伪军1.5万余名,分多路向新四军第六师第十八旅活动的苏常太地区进行梳篦式的"清剿"与搜索,寻歼当地新四军部队及党政机关。接着,按照"三分军事,七分政治"的计划,大量建造据点,并在据点之间设铁丝网、电网、竹篱笆,实行分割封锁,进行分区"搜剿";同时,派出大量"清乡"人员到各村编组保甲,建立伪政权。面对日伪的汹汹来势,苏常太地区抗日军民积极进行了反"清乡"斗争,使敌人"清乡"阴谋遭到破产。

苏中军民在反"清乡"斗争中取得了辉煌的战果。仅1943年4月至12月即反"清乡"的头9个月,就毙伤日伪军和镇压"清乡"人员2 400余名,争取伪军、伪组织人员投诚反正者1 700余名。在反封锁战斗中,破竹篱笆累计达600余华里,拆除碉堡200余座,摧毁据点49处。抗日军民在艰苦卓绝的斗争中,也遭受了重大的牺牲和损失:部队干部战士伤亡300余人,地方干部牺牲、被捕200余人,群众被杀害千余人,被抓6万余人,粮食被抢走2 000万斤,房屋被烧5 000余间,其他损失无法统计。[①]

同期,鄂豫边区军民也进行了反"清乡"斗争。

---

① 参见王辅一《新四军简史》,第209页,中共党史出版社1997年版。

第四节　广泛深入开展群众性游击战

抗日游击战实质上就是进行人民战争，它是整个抗日战争中不可缺少的一部分，是取得抗战胜利的主要条件之一。朱德在《论抗日游击战》中指出："抗日游击战争，本质上是抗日的群众运动，不过它是群众抗日斗争的一种最高方式罢了。离开了群众，就根本谈不上抗日游击战争。"[①] 在平原上，无险可据，无山可依，所能依靠的就是广大群众所结成的"人山"。因而依靠和发动群众，就成了坚持平原游击战争的根本问题。在同敌人进行英勇顽强的斗争中，敌后军民发挥了无穷智慧，创造出许多种新鲜的群众性游击战的战法。主要战法有：联防战、破击战、围困战、麻雀战、村落战、窑洞战、地雷战、地道战，以及水上游击战等；华中抗日根据地军民还根据当地实际情况创造了"红黑簿"、"善恶录"等政治攻心战，巧妙而有力地打击敌人。

破击战，主要是切断敌人的交通线。1943年上半年，晋西北的民兵，向同蒲铁路和神（池）五（寨）、五三、离岚、忻静、静（乐）岚（县）等公路先后开展了8次全面破击战，割断敌人电话线2万余公斤，给敌人的通讯联络造成了严重困难。五寨民兵在长达40公里的公路线上，组织7个村的民兵开展联防破击战。各民兵中队分段负责，按单双月轮流对公路、桥梁、电话线等进行破击，使日军的交通运输、通讯联络经常中断，指挥失灵，补给发生很大困难。1943年1月，山东滨海区民兵和群众，为策应沂蒙区的反"扫荡"作战，在临郯公路的九曲店至重兴段的100余公里公路上，进行了为期4天的万人大破击。在民兵的带领下，男女老幼一起出动，破路、炸桥、毁岗楼、割电线，把敌人的交通、通讯设施和碉堡岗楼毁坏殆尽，使日军陷于瘫痪状态，显示了民兵联防破击战的巨大威力。

---

① 《朱德选集》，第32页，人民出版社1983年版。

交通破击战,是游击战的重要组成部分,冀中平原地形平坦,交通方便.比较有利于技术优良的敌人。为阻滞限制敌人汽车坦克活动,破坏交通便成为经常的重要工作之一。冀中区、村各级组织了破路委员会,由工、农、青、妇等团体各一人,村长、自卫队长、青抗先队长共同组成。从1938年秋开始,首先拆毁了24个县的城墙,接着挖道沟、平毁公路,使地形有利于我开展游击战争。把纵横贯通的道路都挖成深四五尺,宽以能通行大车、不能走汽车为度的交通沟。据不完全统计,挖道沟总长7.2万华里。这项巨大工程主要依靠群众完成。仅1940年"百团大战"中,冀中民兵就发动了35万余人参加破击战。破击战是冀中平原游击战的一个新创造,它不只是改变了平原地形,在某种程度上也改变了平原上敌我力量的对比。

地雷战,是群众性游击战的主要作战形式之一。1940年春,河北安国县民兵把手榴弹埋在路旁,用线拉火,炸死了两个伪军。此后各地效仿,并研究以废铁及坏手榴弹做地雷,以爆炸敌人之用。这是冀中地雷战的开始。1941年2月,冀中七分区武委会首先举办青抗先游击小组参加的爆炸训练班,连续办了三期,使爆炸运动初步开展起来。同年6月,冀中区党委举办了全冀中地雷战展览会,促进了爆炸运动的广泛开展。区以上各级人民武装部门都建立了指导开展爆炸运动的机构,举办爆炸训练班。开始各村以基干民兵为骨干组织爆炸小组,随着对敌斗争的发展,逐渐形成了一个群众性的爆炸运动,创造了迎头爆炸、诱逼爆炸、技巧爆炸、真假地雷法、仙人脱衣法等有效杀伤敌人的地雷战法。1943年,新乐县李混子爆炸组,创制大型地雷,在一个夜间把敌火车炸毁,推迟了敌人军火物资的运输。各根据地都普遍开展地雷战,并涌现出了许多"爆炸大王"。1943年以后,这种战法在战术技术和作战规模上有了更大的发展。1943年,太岳区民兵英雄郑士成、李德昌率领民兵,一年内在二沁(沁县至沁源)大道上埋雷150多次,杀伤敌人百人以上。太行区的民兵在1944年的6次反"扫荡"中,用地雷炸死400余名敌人。

晋察冀边区的地雷战也是大显神威。1943年9月，日军"扫荡"晋察冀边区时，曾以五六百人袭入阜平。这时，主力部队已经转移，坚持原地斗争的城厢民兵中队用熟练的技术快速埋雷，巧妙伪装，使敌人进入阜平城后走路、搜索、推门，乃至抓鸡牵羊，到处受到地雷爆炸的威胁，时刻担心有丧生的危险。民兵们在这次反"扫荡"中还创造了"引诱爆炸"、"迎头爆炸"、"尾追爆炸"、"飞行爆炸"等方法，使敌人死伤累累，仓皇撤退。在1943年秋冬季反"扫荡"中，民兵李勇和他率领的游击小组将地雷战与麻雀战结合，巧妙地打击敌人，共毙伤敌军364人，炸毁汽车5辆。李勇被授予"晋察冀军区爆炸英雄"的称号。

山东根据地的广大民兵在开展"飞行爆炸"运动中，把大量地雷埋到敌人的交通线上、据点周围和营房的操场里，甚至安放在敌人的办公室和经常出入的公共场所。出其不意的爆炸，使敌人惶惶不可终日。他们不仅制造了铁雷、石雷，还因地制宜制造了瓦罐雷、瓷瓶雷。设置地雷的技术日益巧妙，有拉雷、绊雷、滚雷、水雷、连环雷，还有真假结合的子母雷等，使敌人防不胜防，躲不胜躲，屡遭杀伤。1945年5月，在海阳县赵疃村附近的盘子山反"扫荡"中，民兵英雄赵守福、于化虎，以地雷战与敌人周旋105天，女民兵孙玉敏冒着生命危险，5次把敌人引进地雷阵，造成敌人重大伤亡。海阳县的民兵在地雷战中，先后炸死炸伤日伪军1 000多人。

地道战，是平原游击战争特有的作战形式。创始于1941年6月前后的冀中地区。开始主要是在"堡垒户"院内挖隐蔽的藏身洞，在反"扫荡"中起了一定作用，但被敌发现后即无法躲避，因此对洞口进行改进或把两个洞挖通，初具地道形式。在1942年反对日军"五一大扫荡"中，冀中军民把"藏身洞"发展成家家相通、村村相连的地道网。后来群众总结实战中的经验教训，解决了地道网内的通风、照明、防水、防火、防毒、防挖掘等问题，并设有秘密的瞭望孔和射击孔，由"藏身之地"变成了完整的攻防工事和地下战斗体系。在新乐、无极、任丘、河间、大城、清苑、蠡县和雄县等地，许多村庄在房屋之间架起天桥，掏墙连院，互相连接,形成了房上、地面、地下连环立体的坚固阵地,把无险可守的平原变成了抗敌要塞。

清苑县冉庄的民兵依托这种地道工事,两次打退了日伪军的进犯。第一次日伪军一个团进犯,民兵们先在村边打了一个伏击战,然后迅速转入地道工事,从暗室和高房工事里向进村的敌人开火,打死敌人50多人。第二次日伪军纠集约两个团的兵力进行报复。30多名民兵用17支步枪,依托地道与敌人激战13小时,毙敌70多人。1945年5月,冀中军区第十军分区及地委机关人员,和民兵一起利用雄县米家务的地道,粉碎日军重兵偷袭,也是一次出色的战例。

水上游击战,是利用江河湖海等水网地区的自然条件打击敌人的战法。平原地区的军民不仅在陆地上开展了地道战,而且在河湖港汊也开展游击战,建立了白洋淀、文安洼、大清河、微山湖等根据地。活跃在冀中的白洋淀雁翎队,利用芦苇作掩护,出没无常地打击敌人,使敌人难以应付。仅1943年上半年,他们就和主力部队一起拔掉敌人30多个岗楼和据点。山东沿海的民兵还在海上开展了游击战,仅在1944年1月至5月,就捕获日军运送作战物资的船只17艘,成为敌人海上运输线上不可逾越的难关。

围困战,各根据地对许多一时难以拔除的日军孤立据点,实行围困战。民兵组成严密的封锁线,配合正规军切断敌人的补给,造成敌人孤军困守的局面,最后迫使日军撤出据点。山西的沁源围困战就是一个突出的例子。1942年10月,日军以重兵占领太岳区沁源县,妄图建立所谓"山岳剿共实验区"。11月11日,中共沁源县委和决死队第一纵队第一旅第三十八团共同组成围困指挥部,把全县划分为11个战区,部队和民兵组成13个游击集团,对沁源县城进行长期的围困。首先在县城及敌人据点周围地区实行空室清野,动员1.5万余群众离开家园,在山沟土凹里安家。同时,将全县民兵编成12个轮战队,各队按战斗、训练、生产3个班次定期轮换,既保证战斗,又不耽误生产。第三十八团则同民兵一起,在沁源城关和敌人的主要补给线——

二沁（沁县至沁源）公路上开展破击战，不断打击日军，截断交通。经过两年多的围困，沁源军民愈战愈强，被围日军一再收缩阵地，补给日益困难。1945年3月，沁源军民对城内敌人发动最后的围攻。民兵们用数千颗石雷和地雷把敌人重重封锁起来，群众在城边山头摇旗呐喊，号角阵阵，杀声震天；部队和民兵到处劫营，施放冷枪，搅得敌人心惊胆战，寝食不安。困守孤城的日军陷入了弹尽粮绝、水源亦被切断的绝境，至4月11日，终于在来援日军的接应下，被迫撤退。在这次长期的围困战中，沁源民兵、地方武装和太岳军区主力一部，共毙伤日伪军4200余人。延安《解放日报》对沁源围困战曾作过连续报道，誉之为"敌后抗战中的模范典型之一"。

联防战，即村与村之间的联防作战。1943年，华北各抗日根据地在整编部队和实行主力地方化之后，党、政、军齐心协力加强民兵建设，使华北民兵发展到100多万人。许多边沿区的民兵为了打击敌人的"蚕食"和骚扰，防止特务和汉奸渗入，在主力部队和地方武装的支援下，组织了村与村之间的联防。此后，联防战迅速发展，成立了许多联防指挥部。民兵在统一指挥下，一边生产，一边监视敌人，发现敌情，即以预定的各种信号，通知附近的军民做好准备，随时加入战斗。晋西北一些地方对敌人的据点建立了联防警戒线，在线上设立许多哨位，并在两个哨位之间埋设地雷。在哨位前面设立武装侦察员，经常在敌人据点附近活动，发现敌人出动，战斗信号很快就传到全联防区。

村落战，是敌后根据地军民利用村落，掩护自己，消灭敌人的战法。在抗日战争最艰苦时期，日军经常派兵袭击村庄，抢掠物资，搜捕抗日干部和受伤的八路军战士。根据地军民为了保护村庄和亲人，组织起来开展村落战，利用村内村外、房上房下的有利地形打击敌人。各地都出现了"堡垒村"、"堡垒户"。仅冀中和冀西两地的不完全统计，就有堡垒村402个，堡垒户2万多个。村落战在坚持抗日斗争中发挥了重要作用。

麻雀战，是小群分散的狙击行动。特点是像麻雀啄食一样，三五成群，忽聚忽散，出没无常，时隐时现，巧妙灵活，隐蔽突然地到处扰敌和打击敌人。这种战法常用伏击、狙击等手段偷袭离队、掉队的小股日军以及据点周围的门卫步哨。麻雀战起源于太行根据地山西太谷范村镇，打得最出色的要数晋察冀根据地河北曲阳县尖地角村等。

捕捉战，是以秘密而神速的动作，突然地出现在敌人面前，捕捉日伪军散兵、特务、汉奸等人员的游击战法。八路军、新四军和民兵运用这种战法，巧妙灵活、出其不意地打击敌人。有时采取就窝捕捉和寻机捕捉相结合的形式，尤其在边沿区和游击区更为适用。捕捉战被根据地军民形象地喻为"拦路打狗"，是具有传奇神话色彩的游击战法。

群众性游击战争的广泛发展及其所取得的辉煌战绩，创造了战争史上的奇观，生动地印证了毛泽东在《论持久战》中关于"战争的伟力之最深厚的根源，存在于民众之中"[①]，"动员了全国的老百姓，就造成了陷敌于灭顶之灾的汪洋大海"[②]的科学论断。

第五节　贯彻十大政策　渡过难关

为了战胜严重困难，渡过难关，中共中央陆续制定了一系列重要政策，并逐步完善，形成了著名的"十大政策"。1943年10月11日，中共中央政治局给各中央局、中央分局、区党委及地委的指示中强调，党在各根据地所实行的各项政策中，现实最切要的十项政策就是：（一）对敌斗争；（二）精兵简政；（三）统一领导；（四）拥政爱民；（五）发展生产；（六）整顿三风；（七）审查干部；（八）时事教育；（九）三三制；（十）减租减息。这十大政策是互相联系不可分割的。[③] 这十大政策，对于指导华北敌后广大军民坚持艰苦的抗战，克服严重困难，具有极为重要的意义。

---

①《毛泽东选集》第二卷，第511页，人民出版社1991年版。
②《毛泽东选集》第二卷，第480页，人民出版社1991年版。
③ 中央档案馆编：《中共中央文件选集》第14册，第101页，中共中央党校出版社1991年版。

一 实行精兵简政

由于日寇的野蛮"清剿"和国民党军的包围封锁,敌后抗日根据地日益缩小,物资供应极端困难,根据地人民的负担加重。

1941年12月初,中共中央发出"精兵简政"的指示。在精兵方面,要求缩编主力部队及其指挥机关,充实连队,加强地方武装和发展民兵,加强整训,提高战斗力。在简政方面,要求抗日根据地切实整顿各级组织,紧缩机构和人员编制,加强基层,提高效能,节约人力和物力,反对官僚主义。还规定党、政、军脱产人员不能超过根据地总人口的3％。12月17日,中共中央、中央军委进一步指出:敌后抗日根据地的民力财富一般地说已经很大减弱,因此精兵简政,节省民力,是目前迫切的重要的任务。1942年8月4日,毛泽东指出:"现在华北、山东须下绝大决心实行彻底的精兵简政,否则到了明年必不能维持。"①1943年8月5日,毛泽东致电晋察冀分局:"毫无疑义,你们应实行精简,在这个政策上迟疑不决,就将遇到不可克服的困难。"②这些都表明了党中央和中央军委的决心。

遵照中共中央和中央军委的指示,八路军各部队先后多次缩编机关,整编部队,减少指挥层次,普遍加强地方武装建设,许多地区实行了主力军地方化。截至1942年12月,晋察冀军区部队已由1941年底的11万余人减至8.4万余人。山东各区自1942年1月到1943年春,先后三次共精简了3万余人。精简后,军队和地方脱产人员只占根据地人口的2.4％。1942年8月,山东纵队改为山东军区,其所属主力第二、第三、第四旅和第一一五师教导第二、第五、第六旅分别与二级军区、军分区合并。第一二〇师在整编中共减少了118个伙食单位,师直机关把近

---

① 《毛泽东军事文集》第二卷,第684页,军事科学出版社、中央文献出版社1993年版。

② 《毛泽东军事文集》第二卷,第703页,军事科学出版社、中央文献出版社1993年版。

1/3 的编余干部用来加强地方武装,新三五八旅由旅、团机关抽出 300 多人补充到连队。第一二九师经过整编,师直的伙食单位由 41 个减到 19 个,太行各军分区和新一、第三八五旅共减少伙食单位 156 个,并将一大批年轻同志调往基层连队。冀南地区将 3 个主力旅与 3 个军分区合并,实行了主力兵团地方化。冀鲁豫地区从主力部队抽调 800 名连排干部去加强地方部队。1942 年 1 月,晋察冀军区撤销了冀热察挺进军机构,并将平西、平北、冀东地区均改为军分区。北岳区及平西、平北、冀东原有 9 个地区队(相当于小团,分属于各军分区建制),整编中,又以主力团和地方游击队一部新组建了 8 个地区队。冀中区也以主力军编成了一批新的地区队。

同期,其他抗日根据地也对党政机关进行了精简。经过精简整编,军政机关较前精干,指挥更加灵便,连队战斗人员增加,部队战斗力有了提高,尤其是地方武装和人民武装得到很大的加强。这对于广泛开展敌后游击战争,粉碎日军的"扫荡"和"蚕食",有着极其重要的意义。

二 开展大生产运动

抗日战争爆发以后,大批爱国志士奔赴延安,各种抗日团体和事业单位大批建立,部队迅速发展,使陕甘宁地区人口激增。但是,边区地瘠民贫,物资缺乏,加上日军进攻和国民党顽固派的封锁,经济生活发生了很大困难。

1939 年 2 月,毛泽东发出"自己动手,自力更生,艰苦奋斗,克服困难"的号召。同年,又为抗大题词:"一面学习,一面生产,克服困难,敌人丧胆。"1940 年 2 月,中共中央军委向全军发出了《关于开展生产运动的指示》。指出斗争已进入更艰苦的阶段,财政经济问题的解决必须提到政治的高度。要求军政首长、各级政治机关努力领导部队的生产运动,开辟财源,克服困难,争取战争的胜利。

陕甘宁边区部队热烈响应中共中央军委和毛泽东的号召,

掀起了轰轰烈烈的大生产运动。到1939年底,留守兵团垦荒2.5万余亩。1940年继续垦荒2万余亩,生产谷物3 400石,解决了本部队一个半月的粮食,同时还大大改善了被装供应。

1941年,为了渡过困难,中共中央进一步发出了"精简节约,生产自救"的号召。中央领导人以身作则,亲自动手。毛泽东在日理万机中,抽出时间参加生产活动。周恩来从重庆回到延安,利用空隙时间纺毛线,被誉为纺线能手。朱德从前线回到延安后,积极倡导军垦屯田,并在实地勘察后提出开垦南泥湾的建议,并亲自组织实施。

在中央领导人的倡导和带动下,陕甘宁边区部队的生产运动更加有计划地向前发展。1944年种植面积达9.3万余亩,产粮9万余石,获得空前大丰收。在以农业生产为主的同时,积极发展工商业,不仅保障了边区部队的物资供应,而且对陕甘宁边区的生产发展和经济繁荣起了巨大的促进作用。

在大生产运动中,第一二〇师第三五九旅的成绩最为显著。该旅于1940年奉命开赴南泥湾等地,在保持战斗准备、完成练兵任务的前提下,开展生产运动。南泥湾一带多年荒芜,人烟稀少。部队刚到时,没有房子,没有粮食蔬菜,工具、种子、牲畜严重缺乏,但是指战员们克服了所有困难,迅速掀起了生产热潮,涌现出许多劳动英雄。到1941年底,全旅开荒种地1.1万多亩,收细粮1 200余石,粮食自给76%,经费自给78.5%。1942年开荒种地2.68万亩,收细粮3 050余石,粮食自给率达到88%,经费自给率达到90.2%。1943年又扩大耕地面积,改善耕作方法,这一年共收细粮1.2万石,加上南瓜、洋芋(均按3斤折1斤粮食计算)共为1.5万石,粮食全部自给有余,上交公粮约万石。他们还兴建了纺织厂、肥皂厂,开办了许多作坊和商店。随着生产的发展,各级都制定了严格的管理制度和周密的生产计划,厉行节约,实行盈利分红与奖励制度,进一步调动了干部战士的生产积极性。第三五九旅等部队创造的生产业绩,受到边区人民的热情称赞。

八路军、新四军各前方部队也积极响应中共中央和中央军委号召,坚持"劳武结合,战斗与生产结合"的方针,一手拿枪,一手拿锄,一面战斗,一面生产,因时因地制宜地开展生产运动。

随着大生产运动的发展,促进了根据地的经济恢复,人民群众收益增加,负担减轻,生活改善;部队物质生活提高,劳动观念、群众观念增强,军民关系进一步密切。这一切,都为争取抗战最后胜利打下了物质基础。

在这期间,新四军的军需、军工生产有较大发展。各师建立了军需工厂。除修理枪械,制造手榴弹、地雷、枪榴弹、炸药、枪榴弹筒、掷弹筒等外,能改迫击炮为平、曲射两用炮,仿造小迫击炮。到1944年8月,新四军的手榴弹可以全部自给;迫击炮弹、枪榴弹、掷弹筒弹在材料不缺的条件下,可自给70%;步枪弹在有现成弹壳供应的条件下,能自给40%。到当年年底,新四军主要军工生产项目最高月产量已达到:步、机枪子弹8万余发,手榴弹4万余枚,地雷5 000余个,迫击炮弹1 500余发。这就部分解决了部队装备上的困难,增强了火力配备。第二师原军工厂厂长、后任军工部副部长的吴运铎,是军工生产的优秀代表。他研制和改造了17种武器,其中杀伤威力颇大的枪榴弹在1943年桂子山战斗中大显身手,有效地杀伤了敌人,受到师长罗炳辉、政治委员谭震林的称赞。他在多次试验中不幸负伤,仍坚持在军工生产第一线,被誉为"中国的保尔·柯察金"。

三 开展整风运动

从1942年春天起,在抗日根据地进行精兵简政和大生产运动的同时,中国共产党在全党范围发动了整风运动。为什么要开展整风运动?简要地讲,一是为了在思想上清除王明教条主义的恶劣影响;二是为了克服党内存在的各种非无产阶级思想;三是为了克服困难,夺取抗战的最后胜利。反对主观主义,是整风运动最主要的任务。反对宗派主义和党八股,消除主观主义在组织上和文风上的表现,也是整风运动的主要任务。

八路军和新四军部队在历史上曾受过王明"左"倾教条主义

和张国焘分裂主义的干扰和破坏,对此未曾进行彻底清理。抗战以后,由于新成分大量增加,以及在统一战线环境中经常受到非无产阶级思想的侵袭,致使部队中的教条主义、宗派主义、军阀主义和党八股等不正之风有所滋长,有的不尊重地方政府,军政军民关系紧张;有的把党的军队看成个人势力,不服从党的领导;有的不关心士兵疾苦,不尊重士兵权利,官兵关系不密切,等等。在1939年至1940年的整军中,曾经对部队中的军阀主义作风进行了批判,但在干部中还缺乏深刻认识,以至在新的形势下又有所发展。因此,进行普遍整风,纠正错误思想,克服不良倾向,对于提高部队的战斗力,战胜严重困难,坚持敌后斗争是非常必要的。

八路军的整风运动,是根据前后方部队的不同情况分别进行。1942年6月,八路军根据中共中央宣传部《关于在全党进行整顿三风学习运动的指示》、中央军委和总政治部《关于军队中整风学习和检查工作的指示》,普遍开展了整风学习。中共中央军委和留守兵团以朱德、王稼祥、叶剑英、萧劲光、谭政、傅钟等负责人组成考察团,深入部队考察学习情况,帮助部队解决实际问题和转变工作作风,推动了整风运动的深入发展。通过整风,干部的思想面貌发生了深刻的变化,工作作风和工作方法有了明显的改进;部队的纪律状况大为好转,官兵关系和军政、军民关系,不断出现新的气象。留守兵团的整风成果及其成功经验,对前方部队的整风学习,有着重要的指导作用。

八路军前方部队的整风运动,是在中共中央北方局和各中央分局的领导下进行的。各部队还抽调一些团以上干部到北方局和各中央分局党校进行整风学习,为部队培养整风骨干。大多数部队这一阶段的整风都取得了程度不同的效果。但是,由于敌人的频繁"扫荡"和整风方法未能完全适应敌后斗争的特点,加之经验不足,整风学习很不深入,深刻的反省和高级干部的整风没有普遍展开,个别部队处于停顿状态。

1943年2月5日,八路军野战政治部与北方局宣传部联合发出《关于1943年整风运动指示》,把整风作为1943年的中心任务之一,强调整风的重点是旅和军分区以上的领导干部。4月3日,中共中央发布《关于继续开展整风运动的决定》。八路军总部和各部队根据中央决定重新部署了整风学习。各部队从敌后游击战争的特点出发,采用了干部轮训制,把干部分别调到各级整风队集中学习。当时国民党顽固派阴谋发动新的反共高潮,因而在整风中增加了学习时事和讨论时局的内容。

整风运动期间,由于对敌情作了过分的估计,一度出现了反特扩大化和"逼供信"的严重错误。特别是1943年7月15日,总学习委员会副主任、中共中央社会部部长康生提出"抢救失足者"并开展"抢救运动"之后,在十余天的时间里造成大批冤假错案。八路军的前后方部队在审查干部工作中,由于受到"抢救运动"的影响,也出现了一些冤假错案,伤害了一些干部。后来,中共中央及时纠正了这一错误。

华中局和新四军军部在领导华中军民粉碎敌顽进攻的同时,也积极开展整风运动。1942年6月27日,中央书记处致电陈毅、饶漱石,要求华中目前应以整风为中心工作。根据党中央的指示精神,陈毅、饶漱石致电各师、浙东游击纵队和各区党委,对搞好整风提出了进一步的要求。

整风的对象,重点是团以上干部,对班排干部和战士进行正面教育。整风检查,着重是检查思想和工作作风。各部队注意联系本部队、本地区干部的实际情况,抓住不同重点问题加以解决。第一师师长兼政治委员、苏中区党委书记粟裕,提出要克服干部中存在和滋长的个人享乐主义、怕苦畏难、资产阶级的剥削意识、官僚主义等四种不良倾向,并将此作为党内思想教育的重要任务。第二师政治委员、淮南区党委书记谭震林,主持召开淮南高干会议,以检查财经问题为重点,反对贪污浪费、腐化堕落的歪风。第四师政治委员、淮北区党委书记邓子恢,发表了《彻底铲除军阀思想》一文,在全师部队中开展了反军阀主义运动,使广大干部分清共产党领导的军队与旧军队的本质区别,树立了平等对待战士的思想。经过整风学习,使八路军、新四军的各级干部进一步明确了军事服从政治、党领导军队、坚持党的一元化领导等原则的重要性,加强了党内军内的团结,密切了军队和政府、军队和人民、军队内部等各方面的关系,党员干部的精神面貌、工作作风发生了深刻变化。这一切,为争取抗日战争的最后胜利,奠定了思想基础。

1945年4月,中共六届七中全会通过《关于若干历史问题的决议》,对党内若干重大历史问题作出正确结论。至此,具有重大而深远意义的整风运动胜利结束。

四 开展拥政爱民和拥军优属运动

同一时期,中国共产党还在军队中开展拥政爱民运动,在人民群众中开展拥军优属运动,简称"双拥"运动。

据当年担任八路军留守兵团政治部主任的莫文骅回忆:

> 1939年冬,我到警备第四团检查工作,看到部队很困难,战士去借老乡的锅,有的老乡不借给,炊事班去老乡家做饭,有的老乡把烟囱堵起来。我当时向政府发电报反映情况,要求帮助。后来毛主席把我和边区的领导同志一块找去,指示说:军民关系有问题,军队应先从军队方面找原因。军队要拥护党,拥护政府,爱护人民群众;地方要拥护军队,要照顾子弟兵。经过毛主席亲自做工作,军政、军民关系得到了改善。再一次是1940年下半年,毛主席在杨家岭接见我们留守兵团的一些领导同志。主席说:今天请各路诸侯来,谈谈军政、军民关系问题。当时有的同志反映部队有些怨气,有的说,有些老百姓态度不够好,有的说,老百姓动不动就拉着部队同志要来见毛主席。毛泽东同志听了以后,耐心地开导我们说,开天辟地以来,只有军管民,老百姓见了军队就跑,现在老百姓敢批评军队,这是大好事。从古到今,哪有老百姓批评军队的?……1942年,毛泽东同志又亲自写信给总政治部副主任谭政和我,指示留守兵团学习古田会议决议,随即掀起了解决军政、军民关系的热潮,

获得显著效果。为着进一步密切军政、军民关系,1943年春节前后,根据党中央和西北局的指示,延安兴起了空前热烈的拥军优属、拥政爱民的运动。1月15日,陕甘宁边区政府发布了关于拥护军队的决定。1月25日,留守兵团司令部、政治部发布了关于拥护政府、爱护人民的决定。边区政府林伯渠和贺龙同志,先后在《解放日报》发表了拥军优属和拥政爱民的专题论文。"双拥"运动就在整个边区轰轰烈烈而又扎扎实实地开展起来了。①

1943年5月,晋绥军区部队也开展了拥政爱民运动。与此同时,地方政府也在人民群众中开展拥军运动。随着拥政爱民和拥军优属运动的开展,军政、军民之间的关系有了很大的改善。

根据陕甘宁边区和晋绥部队的经验,1943年10月1日,毛泽东为中共中央起草的《关于减租、生产、拥政爱民及宣传十大政策的指示》中,要求各根据地党委及军政领导机关,于1944年春节期间"普遍地、无例外地举行一次拥政爱民和拥军优属的广大规模群众运动",并明确规定这一运动以后每年旧历正月普遍举行一次,使党政军民打成一片,以利于对敌斗争和生产运动的开展。

朱德在1944年元旦讲话中指出:"拥政爱民这件大事,全党全军都要负责,但主要靠军队。军政民关系如搞不好,一般的也要军队负主要责任。"华北各部队在拥政爱民运动中,首先进行了人民军队建军宗旨和三大任务的思想教育,批判了"军权高于一切"等错误思想,对违犯政府法令和群众纪律的错误行为,认真地开展批评和自我批评。同时派出纪律检查组,到部队住过的地方,检查部队执行"三大纪律八项注意"的情况,发现有违反群众纪律的事件,立即通知各单位负责人率领当事人前去处理和道歉。部队经过教育和纪律检查,拥政爱民的觉悟普遍有了

---

① 《莫文骅回忆录》,第393—395页,解放军出版社1996年版。

提高。与此同时,地方政府和广大人民群众也热烈地开展了拥军优属运动。

为贯彻党中央的指示,新四军政治部于12月5日发出《关于拥政爱民运动的指示》。各部队对照拥政爱民的十大公约,深刻反省在军政关系和军民关系中的缺点,研究和制定了改进措施,举行拥政爱民的宣誓,普遍检查执行群众纪律的情况,做到借物归还原主,损坏了的进行赔偿,并向群众道歉。

在1945年春开展拥军优属运动时,正值发动群众性的参军运动,于是许多地区把它当作拥军的重要内容。在地方干部、党员、民兵的带动下,大批青年热烈响应党和政府的号召,把报名参军视为无上光荣。当时皖江地区流传着一支:"吃菜要吃白菜心,当兵要当新四军"的歌谣。许多地区出现了父送子、妻送夫、兄弟相争入伍的动人场景。淮南、淮北和苏中一分区有38 900多人报名参军。淮北地区参军的县、区、乡、村各级干部就有840多人,淮南地区参军的区、乡干部有600多人。大批区、乡干部、党员、民兵参军,加强了新四军的基层骨干力量,提高了部队的政治素质。随着拥政爱民和拥军优属运动的开展,增强了华中各抗日根据地党政军民的团结,为新四军对敌攻势的开展和根据地各项工作的进行,提供了有力的保证。

第十一章 在局部反攻中恢复发展

第一节 国际国内战场形势

1943年,世界反法西斯战争的形势发生了根本变化。

在欧洲战场上,历时200天的斯大林格勒大会战,于2月2日胜利结束,共歼德军约150万人。这次战役成为苏德战争也是第二次世界大战的转折点。美英联军乘德军主力投入斯大林格勒战役的有利时机,于1942年11月在北非登陆。1943年4月,美英联军及驻北非法军集中优势兵力,两面夹击侵占突尼斯的德意联军,德意军25万人被歼,从根本上改变了地中海的形势。8月,美英联军又在西西里岛登陆,把战争推向意大利本土,意大利墨索里尼法西斯政权终于垮台。

在太平洋战场上,日军于1942年6月在中途岛受到沉重打击后,失去了战略主动权。8月,在瓜达尔卡纳尔岛战役中,日军企图重新夺回战略主动权,结果损失了2个精锐的陆军师团和30多艘舰艇,丧失了可以机动的海陆空兵力,转而采取防御战略。美军获胜后,不断加强太平洋的反攻力量,于1943年夏秋间开始对日军实施逐岛和越岛的反攻作战,取得了一系列胜利。

在中国战场上,整个战争形势对日本侵略者越来越不利,其华北方面军的处境也日益困难。1942年12月26日和1943年1月7日,日本华北方面军先后召开了所属各兵团长和参谋长会议,贯彻12月21日大本营制定的《为完成大东亚战争对华处理根本方针》。1943年1月11日,该方面军司令官冈村宁次在讲话中宣称:"华北地区自大东亚战争爆发以来,就担负起兵站基地的任务。"①今后"要更进一步发挥野战军的本领,除对重庆军加大压力外,同时要与中国战士合作,剿灭华北建设致命之敌中国共产党军"②。1943年初,日本陆军共有58个师团,除留守日本国内5个师团、驻朝鲜1个师团、用于太平洋和东南亚战场15个师团之外,在中国战场上仍有37个师团,占其师团的总数的64%;其中华北9个师团,华中13个师团,华南1个师团,东北14个师团。3月24日,日华北方面军下达了1943年度《作战警备纲要》,确定将作战重点指向八路军及其根据地,并促使伪军积极配合作战。日本侵略者由于急欲解脱陷入中国战场的60万陆军,以加强在太平洋战场对美国的作战,因而大力扶植和加强汪精卫傀儡政权的力量,同时对蒋介石加紧诱降活动,促成蒋介石、汪精卫合流,以达到结束侵华战争的目的。

在华北敌后战场上,抗日根据地的军民经过1941年和1942年的艰苦斗争,粉碎了敌人残酷的"扫荡"和"蚕食",接连战胜了敌人的五次"治安强化运动",使日本侵略者日益陷入了困境。从1942年冬,冀南、冀中、冀东等抗日根据地开始恢复。至1943年,整个华北敌后抗日根据地均进入了恢复和再发展的新阶段。新四军在华中敌后,进行了英勇的反"扫荡"反"清乡"斗争,使形势逐渐好转,创造了对敌斗争的有利条件。

在国际国内形势有利于中国抗战的情况下,蒋介石一方面希望盟军战胜德国后集中力量打败日本,一方面又害怕共产党的力量发展壮大,使其难以维持独裁统治,因而密谋大举反共。1943年3月10日,蒋介石发表《中国之命运》一书,大肆攻击和诬蔑中国共产党,扬言要在两年内解决中国共产党及其领导的抗日人民武装。与此同时,驻安徽阜阳、蒙城地区的国民党军王仲廉部和驻江苏淮阴地区的韩德勤部东西对进,向苏北及淮北抗日根据地进攻。3月17日夜,新四军第四师在泗洪北的山子头进行自卫反击。战至18日上午,俘苏鲁战区副总司令韩德勤以下官兵1000多人,毙保安第三纵队司令王光夏、独立第六旅

---

①② 日本防卫厅战史室:《华北治安战》(下),第275页,天津人民出版社1982年版。

旅长李仲寰等,迫使顽军退出根据地。为从团结抗战的大局出发,根据中共中央的指示,新四军将韩德勤释放,并归还部分人枪,而且划出睢宁、宿迁之间地区由其驻守。4月上旬和5月间,顾祝同部和李仙洲部又向新四军和八路军进攻,均被击退。

5月中旬,共产国际解散。国民党认为中国共产党失去了国际的支持,正是解决共产党的大好时机。在蒋介石授意下,军统头子戴笠于6月间拟定了一个《国民党解决中共问题之方案》,企图在武力压制下进行政治谈判,令中共交出军权、政权。国民党中央通讯社则发表了复兴社特务头子张涤非"要求解散共产党,交出边区"的通电,煽动舆论。蒋介石乘机密令胡宗南调集兵力进犯陕甘宁边区。6月底至7月初,胡宗南撤河防之军,调集60万兵力,计划分兵九路"闪击延安",其先头3个师向陕甘宁边区推进时,炮击关中军分区警戒阵地。6月28日,周恩来、林彪等遵照中共中央的指示离开重庆,返回延安。7月2日,胡宗南令所部于10日前完成一切作战准备,接到蒋介石的手令即开始进攻。这时,内战危机,千钧一发。

为挫败国民党对陕甘宁边区的进犯,中共中央决定在政治上予以有力的反击,在军事上做好自卫作战的准备。7月4日,朱德致电胡宗南,劝其不要破坏团结抗战之大业;6日和9日,又致电蒋介石、何应钦等,抗议胡宗南的挑衅,呼吁团结。8月,中共中央发动宣传反击,通过尚在重庆的董必武把国民党军阴谋进攻边区的消息,向大后方各界和各国驻重庆使馆通报,力求运用国际国内统一战线发动制止内战的运动。9日,延安召开万人群众大会,并向蒋介石、胡宗南等各军政界要人发通电,呼吁团结、反对内战。12日,毛泽东以《解放日报》社论的名义发表《质问国民党》,号召全国人民起来制止内战。与此同时,中共中央军委从第一二○师和晋察冀、冀鲁豫抽调部队加强陕甘宁边区防务,并从冀中调部队加强晋西北防务,做好反击国民党军进犯的准备。这时,美、英、苏等国共同警告蒋介石政府不要内战,否则将停止援助。在国内外舆论的强大压力下,同时由于陕甘宁边区在军事上的充分准备,蒋介石被迫命令胡宗南停止军事行动。国民党军大规模进犯陕甘宁边区的第三次反共高潮被制止。

第二节 八路军发动局部反攻与攻势作战

一 八路军在局部反攻作战中彻底粉碎日军"扫荡"

1943年,华北敌后抗日根据地发展的总趋势,进入了新的转折阶段,中国共产党领导的人民革命力量开始上升,抗日根据地得到恢复与发展。但是,上半年各战略区还在继续进行反"扫荡"作战,有的地区仍然比较困难。日军继续对华北各根据地进行大规模的"扫荡"。仅在山东地区就进行了千人以上的"扫荡"46次,万人以上的"扫荡"4次。在晋察冀边区,对北岳区"扫荡"12次,对冀东区"扫荡"14次,对冀中区"扫荡"多达40余次。在晋冀鲁豫边区和晋绥地区,日军也进行了多次大规模"扫荡"。

八路军各部队顽强作战,粉碎了日伪军一次次的大规模"扫荡",歼灭了大量日伪军,巩固和发展了根据地。

山东抗日根据地军民在反"扫荡"中,主动向日军出击,连续获得胜利。清河军区于1943年1月10日至17日,通过广泛的破击战,打退了日伪军7000余人的合围,歼敌700余人。4月22日至30日,彻底打破了日伪军2万人连续三次围歼军区领导机关的计划,毙伤敌400余人。5月下旬至8月底,以广泛的分散游击和袭击手段,粉碎了日伪军1万人的南北夹击,歼灭日伪军2800余人。11月18日至12月10日,又打破了日军第十二军司令官直接指挥的2.6万余人的"铁壁合围",歼敌600余人。冀鲁边军区于1月中旬,粉碎了日伪军1.2万余人对第二军分区的合围。鲁中军区于11月间,粉碎了日伪军对沂蒙山区的万人大"扫荡"。在这次反"扫荡"作战中,鲁中军区以主力转至外线打击敌人，内线留小部牵制阻击敌人。第二军分区第十一团第八连和第七连一部坚守沂蒙山中部的南北岱崮，凭借天险，英勇抗击2000多日伪军在飞机大炮支援下的连续进攻；坚守阵地18天，毙伤日伪军300多人，安全突出敌人包围圈，全连只伤7人，亡2人。第八连被山东军区授予"岱崮连"的光荣称号。

晋绥军区部队于10月5日乘"扫荡"根据地的敌人撤退之机尾随追击。7日黄昏，在兴县城南20公里的甄家庄地区将日军一个大队和部分伪军分段包围。8日至10日，日军飞机数架轮番轰炸八路军阵地。八路军连续猛烈攻击，激战至11日，歼灭日军700余人、伪军近100人，缴获轻重机关枪17挺，长短枪203支，子弹3万余发。甄家庄战斗后，敌军1000余人分两路向兴县地区进行报复性"扫荡"，晋绥部队又以伏击、袭击等手段歼敌一部，使进犯之敌再次受到严重打击，其"扫荡"计划遭到彻底失败。这次反"扫荡"，晋西北军民共作战300余次，歼灭日伪军1300余人，巩固了抗日根据地。

晋冀鲁豫抗日根据地各军区部队也进行了反"扫荡"作战。冀鲁豫军区在9月下旬打破日伪军万余人的合围后，于10月中旬至11月中旬，又粉碎了日伪军1.5万人的"铁壁合围"和"拉网扫荡"，进行大小战斗300多次，歼灭日伪军4000余人，恢复和开辟了部分地区。太行根据地军民在5月上中旬，粉碎了日伪军3万余人的"扫荡"，歼灭敌人2500余人，使敌围歼八路军总部和第一二九师主力的计划落空。10月初至11月下旬，太岳军区部队粉碎了日伪军2万余人的"毁灭性扫荡"。这次"扫荡"由冈村宁次亲自指挥，采取了所谓"铁滚式三层阵地新战法"，即主力集中使用，编成三个梯队，分三层配置进行滚进"扫荡"。冈村对这种新战法自诩为得意之作，特地调集120名军官，组成"观战团"到现场观战。10月24日，日军"观战团"及警卫部队60余人，分乘13辆汽车到达临汾东北的韩略村附近，遭到太岳军区第二军分区第十六团的伏击，除3人钻进窑洞逃脱外，其余全部被歼。太岳区军民在这次反"扫荡"中共作战720多次，毙伤日伪军3500多人。

1943年春，晋察冀抗日根据地的北岳部队粉碎了日军的"跃进蚕食"。4月，日军放弃"跃进蚕食"改为"辗转扫荡"。到5月中旬，八路军粉碎了日军1.2万余人的"辗转扫荡"，歼敌1700余人，扭转了1941年以来的被动局面，使根据地得到一定的恢复和发展。9月中旬至12月中旬，又打破日伪军4万余人连续三个月的大"扫荡"，共作战4200多次，歼敌9400多人，攻克和逼退敌据点、碉堡2077处，收复村庄1074个。在此期间，冀东部队粉碎了日伪军1万余人对冀东西部平原和滦河两岸的"分区扫荡"和秋收抢粮行动，打破了敌人驱逐八路军和控制冀东的企图，迫使敌军退回交通线和中心城市。

这次反"扫荡"作战的胜利，宣告了日军"蚕食"、"扫荡"政策的彻底破产，为边区军民转入1944年的攻势作战创造了有利条件。

二　在局部地区开始攻势作战

（一）第一二九师发起卫南、林南战役

太行山南部，简称"太南"，以陵川、林县为中心地区，曾是国民党军第二十四集团军的防区。该集团军总司令庞炳勋，下辖第二十七军（驻陵川地区）、第四十军（驻林县地区）、新五军（驻临淇地区），共2万余人。1943年4月下旬，该部在日军华北方面军第一、第十二军各一部大举进攻下，新五军军长孙殿英和集团军总司令庞炳勋先后率一部分部队投敌，被编为伪暂编第二十四集团军，部署于新乡至安阳间平汉铁路上各要点及两侧地区。与此同时，日军在5月至7月，继续"扫荡"国民党第二十四集团军未投降的部队（第二十七、第四十军），迫使这些部队在8月4日前全部退出太南。

在太北的八路军总部和第一二九师一直密切关注着太南形势的急剧变化。4月25日，太行区党委、第一二九师政治部即发出指示，部署组织南援游击支队与随军地方工作团南下，支援太南发起作战。此后，又派出一个主力团南下豫北汲县、淇县西北

地区,一个主力团南下太南陵川地区。7月10日,伪第二十四集团军暂编第五、第七军和太行保安队共2万余人,在日军配合下,开始向平汉路西太南地区伸展,占据点线,八路军太行区的林县县城及其周围地区亦为伪军侵占。一度进入太南的八路军、地方工作队北撤。同时,伪暂编第六军及独立第一、第二旅共约8000人,向平汉路东地区伸展,侵占八路军卫河以南滑县、长垣间的焦虎集、瓦理集地区,并企图继续东犯,以便与驻东明、濮阳地区的伪第二方面军孙良诚部沟通联系。为粉碎日伪军在太南扩张的企图,扫除建立太南新抗日根据地的障碍,八路军第一二九师计划实施林南战役。八路军总部同意实施林南战役的计划并指示冀鲁豫军区配合。

冀鲁豫军区部队从7月开始连续发动进攻,沉重打击了敌人。7月5日至11日,发起的朝(城)南战役,俘伪军参谋长以下7500余人,毙敌200余人,攻克据点碉堡70余处。7月30日,冀鲁豫军区以第四军分区之第十六、第二十一团、人民自卫军新四路、卫河支队和骑兵团一部,由军区副政治委员苏振华、参谋长阎揆要指挥,发起卫南战役。7月30日,八路军发动攻势,在官桥营一带歼灭正向八路军作试探性进攻的伪军1000余人。7月31日,袭击驻焦虎集的伪暂编第六军第七师师部,将其全歼。8月2日,又突袭瓦岗集,战至3日上午,全歼伪独一旅1600余人。尔后,八路军撤回根据地内休整。8月18日晨,平汉路西太行军区发动林南战役。为配合作战,次日,冀鲁豫八路军再次出动,奔袭驻袁庄之伪第七师残部和独二旅,迫其投降。当晚乘胜攻击驻大范庄之伪暂编第六军军部,伪军残部逃回卫河以西。卫南战役,八路军共歼灭伪军5600余人,收复和开辟了卫河以南地区。

太行军区在7月中旬发起蟠龙战役,歼敌500余人。之后,遵照第一二九师制定的作战计划,发起了林南战役。8月18日零时30分发起进攻。东集团避开敌前哨据点,以主力部队从东、西两面钳击包围林县城东北的伪军据点,以吸引林县城伪军的注意力。西集团则乘势集中主力向林县城及城西、城北伪军外围据点发起进攻。激战至12时,除伪第二十四集团军前敌总指挥刘月亭负伤潜逃外,林县城伪军全部被歼。林县日军退守头道营据点,亦被包围。当夜,八路军集中力量对头道营日军展开攻击,敌不支溃窜南关固守待援。19日,日军飞机数架轰炸竟日,八路军冒着敌机的狂轰滥炸,西集团连克马圈、西坛等伪军据点,全歼守敌;东集团也先后攻占南北陵阳、曲山、姚村等据点。至此,除南关日军据点外,林县城及附近据点全部被攻克。由于南关日军兵力较大,凭坚据守,一时难以攻克,八路军乃于20日移师南下,扩大战果。东集团收复东姚、鹤壁、西鹿楼地区、西集团收复合涧、原康及西平罗、临淇等地。八路军发动林南战役的第二天,8月19日,日军即出动航空兵、步兵救援林县一带的日伪军。至24日,由安阳出动的日军1000余人进抵林县,从辉县出动的日军400余人到达临淇。25日,日军从林县、临淇出动,南北对进,26日占原康,并西进至连家坡一带。西集团实施反击,将敌击溃。日军以一部在小安村抵抗,掩护主力撤退;日军大部当晚渡漠河向林县撤退,渡河时正值山洪暴发,被淹死冲走100余人。27日,战役结束。林南战役历时9天,共歼灭日伪军7000余人,攻克据点80余处,解放40余万人口,开辟了豫北太南大片新解放区。

1943年9月8日,太行军区在太南建立第七、第八军分区。第七军分区辖林县、汤阴、淇县、汲县、新乡、辉县、获嘉,司令员皮定均,政治委员高扬,以第一、第三团为其基干武装。第八军分区辖陵川、晋城、博爱、修武、沁阳,司令员黄新友,政治委员江明,以第二团及决死队第七团为其基干武装。到1944年3月,太南抗日根据地面积达到8000平方公里,人口近100万,各级抗日民主政权和县区地方武装均已建立。

晋绥军区在1943年春夏的几个月作战中,主动发动的战斗占78%。晋察冀军区正处在由极端困难时期开始向局部反攻转变阶段。第一二九师部队的卫南、林南战役和山东军区部队讨伐伪军刘桂棠、吴化文等战役,都是八路军主动发起的较大规模进攻战役。各役集中主力5至12个团的兵力,在二级军区的统一指挥下,以外线速决的进攻战,始终掌握着战役的主动性,实现了战役的预定目的,取得了重大胜利。

这些战役,成为1944年各抗日根据地军民普遍展开攻势作战的前奏和序幕。它标志着在世界反法西斯战争出现根本转折的同时,中国战场由于日军的衰败和敌后军民的发展壮大,也出现了新的转折,敌后战场正逐渐由战略相持阶段,向战略反攻阶段过渡。

(二)山东军区部队的攻势作战

1944年,山东军区在反"蚕食"胜利的基础上,针对日军收缩兵力、重点守备的特点,采取了主动的攻势。

1月至9月,攻克与迫退日伪据点共1 000个以上,日军兵力减少,伪军由20万减少到15万(津浦铁路以东)。7月至10月,山东军区召开军事工作会议,系统总结了对敌斗争的经验教训,统一了作战指导思想。10月12日,山东军区下达1944年冬至1945年春的作战部署和战略目标。11月中下旬,组织实施了莒县战役。莒县位于滨海、鲁中两区之间,是日军进攻鲁中、滨海两区的重要基地之一。自1944年8月八路军攻克沂水县城,及沂河两岸大部分地区被八路军控制后,莒县陷入愈益紧迫的包围中。该城驻有伪保安大队莫正民部3 500余人和日军1个中队。山东军区集中滨海军区第四、第六、第十三团,鲁中军区第一团,山东军区特务团两个营,独立第一旅等,共1万余人,编成攻城、打援两个梯队参战。11月14日,八路军一举攻入城内,莫正民部反正,并引导八路军攻击日军,将日军压缩于最后两个碉堡内。16日诸城日军约800人南下救援,进入莒县县城。八路军为争取主动,撤出县城,在城郊对敌围困。29日夜,日军弃城北窜。莒县战役,歼日军一部,接应莫正民部3 500人反正,扩大根据地7 000平方公里,使滨海、鲁中两区连成一片。

1944年,山东军区进行大小战斗3 514次,其中进攻战斗占73%;攻克与逼退日伪据点1 265处,占原有敌伪据点半数以上;毙伤日军4 580余人,俘日军292名,歼灭伪军5.4万人,争取伪

军1.1万人反正;解放国土4万余平方公里,人口930万,根据地比1943年扩大了1.5倍;主力部队与民兵都比1943年扩大1/3,军队发展到15万人,民兵游击队发展到37万人。①

(三)晋绥军区部队的攻势作战

1944年,晋绥军区部队与边区人民群众继续深入贯彻毛泽东"把敌人挤出去"的指示,展开了连续的对敌攻势。首先在五寨、宁武、临县、静乐、离石、忻县等地区展开群众性的围困战。1月至8月上旬,先后拔除头马营等58处据点。其中尤以挤走蒲阁寨日伪据点的斗争影响最大。晋绥边区行政公署和军区司令部特颁令嘉奖参加围困蒲阁寨斗争的部队和民兵,推广经验,进一步促进了围困敌人据点斗争的开展。

秋季攻势中最大的一次战斗,是9月14日至16日第八军分区进行的汾阳攻坚战。汾阳是日军楔入山西西部重要交通线汾离公路上的重要战略据点,城内驻有日伪军700余人,其周围罗城、协和堡等据点驻有日伪军500余人。经过三天战斗,八路军烧毁汾阳城外围据点火柴公司的哨楼,破坏了火车站、飞机场、电灯公司重要设备,全歼协和堡据点日伪军。为挽回其失败的影响,10月中旬至11月上旬,日伪军集中5000余人,"扫荡"兴县、临县、岢岚、保德、偏关地区,历时25天。在这次反"扫荡"中,八路军内外线相结合夹击敌人,广泛开展群众地雷爆炸战,大量地杀伤了敌人,迫使敌人退出抗日根据地。

1944年,晋绥边区军民共收复敌伪据点106个,解放人口40余万,收复村庄3108个,扩大面积2.4万余平方公里,抗日根据地得到了恢复和发展。

(四)晋冀豫边区部队的攻势作战

太行军区部队在日军兵力减少、收缩点线的有利形势下,于

---

① 军事科学院军事历史研究部:《中国抗日战争史》下卷,第335页,解放军出版社1994年版。

1944年春夏之季对日伪军展开攻势作战,重点攻击伸入根据地内及边沿区的日伪据点、交通线。收复已围困达8个月之久的日军据点蟠龙镇。

太岳军区部队在春季攻势作战中,收复了沁水县城。为开辟济源、孟县以西的豫北地带,太岳军区于6月上旬派原第三八六旅第十八团进入济源,继于8月中旬增派基干第二团到豫北。到9月底,攻占敌伪据点13处,迫退敌伪据点15处;促使伪军1100余人反正,改编为2个支队;解放人口10万以上,建立6个区政权,开辟了东起坡头镇、西至垣曲城附近长75公里、纵深约35公里的地区,同时控制了黄河芮村、寥坞等渡口。

(五)冀鲁豫军区部队的攻势作战

1943年11月,中共中央决定成立中共中央冀鲁豫分局(通称"平原分局"),统一领导冀鲁豫、冀南两个区党委,黄敬为分局书记。两个区党委一致建议并经中共中央北方局批准,1944年5月11日,两个区党委机构撤销,各地委改由冀鲁豫分局直接领导。随之成立新的冀鲁豫军区,宋任穷任司令员,黄敬兼任政委。冀鲁豫分局直属北方局领导,新的冀鲁豫军区直属八路军总部领导。1944年7月,黄敬去延安治病,中共中央决定由宋任穷代理分局书记及军区政委。

1944年夏季冀鲁豫军区展开了积极的攻势作战。在鲁西南,八路军收复了单县、鱼台、丰县、沛县之间的广大地区,将敌人伸入湖西腹心区的"丁"字形封锁线全部摧毁。在鲁西北,八路军于8月8日收复莘县县城,并解放莘县全境。尤其是运西八路军讨伐郓城伪军刘本功部战役,规模最大,对打开冀鲁豫边区中心区的局面发挥了巨大作用。郓城是敌人在旧黄河以南、运河以西的中心据点,伪军刘本功部5000余人长期盘踞于此,另驻有日军1个营。敌人沿黄河大堤一线构筑封锁线,阻止八路军向东发展。8月5日夜至11日,八路军以主力4个团和地方武装、民兵一部进入郓城地区作战,攻克敌伪据点37处,毙伤俘伪军2600余人,摧毁了刘本功部的黄河大堤封锁线,使抗日

根据地向南扩展20公里以上。随后乘胜攻击菏泽、东明、曹县境内之敌,连克据点20余处,使鲁西南根据地连成一片。在冬季攻势中,又攻克县城两座,据点10余处。

1944年,冀鲁豫军区共作战3 604次,攻克据点、碉堡395处,毙伤日伪军1.6万余人,俘日军27人,俘伪军32 929人,收复清丰、内黄、朝城、莘县、寿张、丘县、濮阳等7座县城,连同过去已有的濮县、范县、观城3县,共占有10个完整县。

(六)晋察冀军区部队的攻势作战

晋察冀军区北岳区部队1月至5月主动出击,攻克日伪军据点350多个,并先后袭入忻口车站和定襄车站。6月,部队向敌纵深地区发动攻势,连袭保定、望都、完县、涞源、灵丘等城,并于6月6日再次袭入定襄城。与此同时,察南部队越过桑干河,在深井堡以西地区建立了游击根据地。雁北部队开辟了桑干河北部分地区,平北部队开辟了张家口东北崇礼县的大部地区。在秋季攻势中,北岳区部队于7月间攻克平山以西回舍区日伪军据点14处,对日伪建立的冀晋封锁线、唐县至曲阳间封锁线进行了破击。平北支队逼近北平近郊,攻克高丽营,收复香堂、八家、半壁店,袭入十三陵之长陵据点;9月粉碎了日军对平北大海陀地区的"扫荡"。

在冀中坚持斗争的八路军部队,遵照晋察冀军区关于利用日伪军收缩,乘机攻击逼退日伪据点的指示,用各种方法压缩敌人,扩大解放区。1月上旬至2月上旬,冀中部队乘敌合击高阳、任丘地区和"扫荡"白洋淀以南地区时,以主力深入敌占区,先后拔除肃宁东北朱家庄等据点40余处,袭入肃宁、安新县城。接着,又在赵县东北和安国、定县地区对敌发动攻势,连克大马圈、西伯章等据点40余处,并一度攻入赵县城,开辟了赵(县)元(氏)宁(晋)地区。5月,冀中部队乘任丘日军撤走,包围任丘,在政治攻势和内线关系配合下,迫使伪军500余人投诚,一度收复任丘县城,同时再度攻克肃宁县城。6月,为打击抢粮之敌,冀中部队在大城、深县、藁城、赵县、宁晋地区展开攻势,5月至6

月,冀中军区部队共作战100余次,连克和逼退敌据点、碉堡40余处,歼灭日伪军1400余人,使日军抢粮计划未能完全实现。

冀东军区部队与敌展开积极艰苦的斗争。1月至5月间,日伪军集中1.5万余人对热南地区进行"扫荡",并对遵化、玉田地区进行合击。八路军在粉碎日伪进攻的同时,以一部穿插于敌纵深地区,消灭了大量敌人。10月中旬,日军进行反扑,纠集1万余人对抗日根据地进行"扫荡"。八路军经两个月的艰苦斗争,迫敌于12月底撤出抗日根据地。中共冀热辽特委委员、组织部长周文彬以下干部战士400余人,在反"扫荡"斗争中壮烈牺牲。

1944年9月,中共中央鉴于晋察冀根据地恢复和扩大,根据形势的需要,指示晋察冀分局和军区成立冀晋、冀察、冀中、冀热辽四个区党委、行署和二级军区。冀晋区以王平任区党委书记兼军区政治委员,赵尔陆任军区司令员,杨耕田任行署主任;冀察区以刘道生任区党委书记兼军区政治委员,郭天民任军区司令员,张苏任行署主任;冀中区以林铁任区党委书记兼军区政治委员,杨成武任军区司令员,罗玉川任行署主任;冀热辽区由李运昌任区党委书记兼军区司令员、政治委员,张明远任行署主任。冀晋、冀察、冀中三个区的领导机构在10月上中旬组成,冀热辽区到年底就绪。

晋察冀军区在1944年的攻势作战中,共毙伤日伪军2.29余万人,俘虏2.22余万人,攻克和逼退碉堡1677个,解放村庄9917个、人口758万,扩大了北岳区,巩固了平西与平北区,冀中区则恢复到1940年秋季的局面。

第三节 八路军、新四军向河南、湘粤边敌后进军

一 开辟河南抗日根据地

开辟河南抗日根据地是向南发展的首要目标。河南地处中原,历来为兵家必争之地。1944年4月18日,侵华日军开始实

施打通大陆交通线作战的第一步——平汉作战,于5月9日打通了平汉铁路,5月25日攻占河南省政府、第一战区司令长官部驻地洛阳,河南大片国土沦入敌手。5月27日,日军第十一集团军向湖南发动大规模进攻,战事重心南移。在这种情况下,中共中央加紧了开辟河南敌后战场的部署和准备。7月25日,中共中央就进军河南的政策发出指示:此次向河南发展与以前发展华北和华中的情况均有不同,情况更复杂,我军政策应照顾敌伪友我诸方面,更灵活地去适应具体情况,成功关键取决于此。

1944年7月至9月,八路军太行军区各一部及新四军第五师、第四师,先后向河南推进。12月18日,中共中央致电邓小平、滕代远,指出:由于国民党专制独裁,腐败无能,半年来丧师失地,中华民族独立自由与最后解放事业,将完全依靠我党我军与全国人民自己担负起来。我们必须了解上述责任之重大,才会了解此次深入河南不仅是理直气壮,光明正大,而且是义不容辞,责无旁贷的。为着使八路军新四军南北连成一片,以便利将来反攻,我们必须发展与建立河南抗日民主根据地,大胆改造与建立抗日民主政权。

开辟豫西是发展河南的重要战略部署。根据中共中央的指示,北方局和八路军总部决定以太行军区第三团、新编的第三十五团和豫西地方工作队共1500余人组成八路军豫西抗日独立支队(即第一支队)首先挺进豫西,开展抗日游击战争;以太岳军区第十八、第五十九团等部组成豫西抗日游击支队(即第二支队)随后南下。第一支队在司令员皮定均、政治委员徐子荣率领下,于9月6日由林县出发。22日在济源西南之寮坞渡口击退敌河防部队,胜利渡过黄河,从新安以西越过陇海铁路,涉洛河、伊河。进到临汝以北之大峪店后分兵:以第三团主力进入嵩山地区,第三十五团主力进入箕山地区,第三十五团一部进至宜阳西南之东赵堡活动,支队直属部队活动于大峪店及登封以南的东、西白栗坪地区。1944年11、12月间和1945年1月,日伪军连续两次"扫荡"第一支队,均被粉碎。第二支队在司令员韩钧、政治委员李聚奎率领下于1944年11月6日渡过黄河,进入陇海铁路新安至渑池段南北地区活动。12月底,中共中央党校干部100余人、晋绥军区第六支队三个连奉命来到新安以北之园山与第二支队会合。

为增强豫西八路军力量,中共中央决定以驻陕甘宁边区的第三八五旅第七七〇团和警备第一旅第二团组成豫西抗日游击第三、第四支队。第三支队司令员兼政治委员陈先瑞、第四支队司令员兼政治委员张才千,共约2 200人,由王树声、戴季英率领,挺进豫西。该部继王震、王首道率领的南下支队之后,1944年11月28日,在垣曲以东15公里处的马蹄牢顺利跨过已形成冰桥的黄河,于1945年2月中旬进抵宜阳西南之东赵堡;除留一部兵力与当地抗日武装组成伊洛独立支队外,主力继续南下,进至登封南之东、西白栗坪与第一支队会师。

2月底,根据中共中央决定,正式成立河南军区,王树声任司令员,戴季英任政治委员,直属中央军委领导,统一领导豫西的抗日斗争。为了加强豫西的军事力量,1945年3月下旬,太行军区根据中央指示,又以第十三团主力为骨干组成豫西抗日游击第六支队,进入豫西。至此,八路军在豫西的部队发展到1万余人。

进入豫西的部队,在半年多的时间里粉碎了敌人的连续"扫荡",摧毁了大量伪政权,建立了包括3个专区、20个县、300万人口的抗日根据地,胜利完成了开辟豫西的任务。

加强水东,开辟水西,扩大豫东,是发展河南战略部署的重要组成部分。1944年6月,中共冀鲁豫分局和冀鲁豫军区遵照中共中央和北方局的指示,从军区警卫营和各军分区共抽调300余人,组成南下大队。7月1日从兰封、内黄车站之间越过陇海铁路,7月4日与水东独立团会师,随即合编为新的独立团,共2 200人。1945年1月,冀鲁豫军区调第八团开赴水东,随后组成水东为第十二军分区,第八团改称第二十八团,独立团改称第三十团,余克勤任军分区司令员,袁振任军分区政治委员。5月14日,第二十八团从扶沟东北的吕潭渡过新黄河,进入水西。6月20日,冀鲁豫军区为统一水东、水西领导,决定成立豫东指挥部,王秉璋任司令员,段君毅任政治委员。同时,调第九军分区第十五团加强水东,将党校警卫团改称第二十九团调水西。7月5日夜,第二十九团由昌潭西渡新黄河。随后与第二十八团配合,在西华、商水、上蔡之间地区,扫除日伪军据点,扩大了水西根据地,并成立水西军分区。至此,胜利完成了扩大豫东抗日根据地的任务。

二　开辟湘粤边抗日根据地

中共中央在决定开辟河南抗日根据地的同时,为了增强华南的抗日力量,决定派部队挺进湘粤边,创建以五岭山脉为中心的抗日根据地。

日军打通平汉线后,集中36.2万人的兵力,于1944年5月27日开始实施湘桂作战。6月18日日军攻占长沙,8月7日攻占衡阳,到9月13日,占领广西北部重要门户全县。中国第九、第六、第七、第四战区的部队作战接连失利,湘、赣、粤、桂等省大片国土沦入敌手,华南、西南局势日趋严重。

为了开辟华南敌后抗日根据地,9月1日中共中央在延安杨家岭召开会议,正式决定以在南泥湾地区屯田开荒的八路军第一二〇师第三五九旅组成南下支队,分批南下。首先在湘中创立以衡山为依托、以衡宝(宝庆,今邵阳市)为中心的敌后抗日根据地,尔后打通与广东东江纵队的联系,造成南方一翼,以便配合将来全国的战略反攻。同时,中共中央还电令东江纵队向粤北发展,接应南下支队。

根据中共中央的决定,八路军第三五九旅挑选4 200人组成八路军独立第一游击支队(通称"南下支队"),辖4个大队。南下支队由第三五九旅旅长王震任司令员,中共中央办公厅秘书处长王首道任政治委员。第三五九旅除南下支队外,留下的部队4 000余人由副旅长苏进等领导,继续担负保卫陕甘宁边区和屯田任务,并准备作为南征第二梯队,待机南下。中央派往鄂豫边区工作的干部900余人,编为2个大队,第一大队由贺炳炎、廖汉生带队,第二大队由文建武、张治台带队,随同南下支队南下。

南下支队经过一个多月的准备后,于11月9日从延安出发,经绥德蝗蜊峪一带东渡黄河,过同蒲铁路。侦察南渡黄河地点时,幸运地发现垣曲以东15公里处的马蹄牢黄河渡口,已结为厚2尺、宽1公里的冰桥。12月27日,南下支队人马辎重顺利地通过冰桥跨过黄河。尔后越陇海铁路,进入八路军豫西部队新开辟的地区。又沿熊耳山、伏牛山麓南下,在新四军第五师河南挺进兵团接应下,通过平汉铁路。1945年1月27日进抵湖北大悟山,与新四军第五师领导机关会师,随行干部大队安全抵达鄂豫边区。南下支队在大悟山地区休整17天后,2月14日继续南下。

为保证南下支队安全渡过长江天险,新四军第五师派熟悉长江沿岸情况的第四军分区司令员兼政治委员张体学率领所属第四十、第四十一团配合南下支队,一起挺进湘鄂赣边。2月19日至23日晨,南下支队和第四十、第四十一团从黄冈以东分批渡过长江。26日,在大冶以南的大田畈击退尾追的日军独立混成第八十四旅团,歼敌100余人。这次战斗的胜利,给鄂南人民以极大鼓舞。随后南下支队向湘赣边前进。

这时,华南、西南正面战场继续发生重大变化。日军打通了湘桂铁路,占领了桂林、柳州、南宁,至1945年1月26日打通了粤汉线,湘南、粤北也成为敌后。鉴于华南战局发生的上述变化,中共中央对南下支队究竟在何处创立根据地有了新的考虑,并多次征询南下支队的意见。3月26日,南下支队进占湖南平江县城。在平江,南下支队改称湖南人民抗日救国军,由4个大队扩编为6个支队。同时报请中共中央批准,先在湘鄂赣边建立立脚点,尔后再继续南进。3月31日,毛泽东复电:

> 同意你们在湘北工作一时期,建立联系南北之中间根据地(包括崇、通、平、浏、岳、湘、长、潭),然后再南进。但要注意策略,勿主动进攻顽军,待其来攻然后打击之,站在自卫立场上。①

---

① 《毛泽东军事文集》第二卷,第759页,军事科学出版社、中央文献出版社1993年版。

4月15日,湖南人民抗日救国军撤离平江,返抵鄂南通山、崇阳地区,再次与留在鄂南的张体学指挥的第四十、第四十一团会合。5月,成立了湘鄂赣边区临时党委、行政公署和军区。王震任军区司令员,王首道任边区党委书记兼军区政治委员,张体学任军区副司令员,王恩茂任军区副政治委员,聂洪钧任行署主任。辖3个军分区和3个专署及13个县的民主政权。6月下旬,湖南人民抗日救国军继续南下。

在此期间,世界反法西斯战争发生了重大变化。1945年5月8日,法西斯德国投降,预示着日本法西斯也行将崩溃。6月24日中共中央致电湘鄂赣边区党委和湖南人民抗日救国军,指出:"现在距日寇崩溃只应估计尚有一年半,时间很迫促"[1]。并明确指示,放弃在湘中建立根据地的计划,湖南抗日救国军主力及张启龙、文年生率领的后续部队均应取道敌占区向南(取道敌顽接合部走之字路),直至湘粤边界,与广东部队连接,创立五岭根据地。湘鄂赣边区党委和军区遵照上述指示,决定留2个支队配合新四军第五师部队坚持湘鄂赣边区抗日斗争,主力南下湘粤边。7月7日,主力部队3 000人由大幕山出发,经十天行程进抵平江西南的桃花山。留下一部在湘阴、长沙、岳阳、平江地区,其余部队于7月24日夜,由长沙北面西渡湘江,27日进抵宁乡县所属的新田湾。在这里,收到毛泽东7月22日发来的一份电报。毛泽东指示:"你们的唯一任务是争取目前一刻千金的时间,在粤北湘南创立五岭根据地,并与广东我军连成一片"[2];并询问估计多少时间可到五岭山脉。30日,部队到达湘潭西南25公里处的方上桥。王震、王首道当天向毛泽东作了报告,称:若由湘潭、衡山间东渡湘江,沿粤汉路南下,两星期可到湘粤赣边。8月4日,毛泽东指示将这一报告转发广东及张启龙、文年生,并指示广东区党委速筹划向北江、小北江发展,迎接王震、王首道。遵照毛泽东的指示,东江纵队即派遣1 000余人由罗浮山

---

[1] 《毛泽东军事文集》第二卷,第801页,军事科学出版社、中央文献出版社1993年版。
[2] 《毛泽东军事文集》第二卷,第809页,军事科学出版社、中央文献出版社1993年版。

地区兼程北上，以接应八路军南下。

在此之前的1944年7月10日，中共中央复电鄂豫皖边区党委，要求新四军第五师"沿平汉路两侧向北发展，以求得和华北八路军打通联系"。根据上述指示精神，第五师确定以原在豫南活动的淮南支队五个连、信应独立第二十五团五个连和驻守大悟山的第十三旅第三十八团第三营等部共千余人，组成豫南游击兵团，黄林任指挥长，向河南敌后进军。

豫南游击兵团经大小数十次战斗，粉碎日顽的夹击，进抵叶县西南的三皇店、罗冲一带。11月，鄂豫皖边区党委决定将豫南工委扩大为河南工委，豫南游击兵团改为河南挺进兵团，黄林任司令员，第五师副政治委员任质斌兼任工委书记和兵团政治委员，仍辖四个挺进团。12月，任质斌率第三十九团一个营和抗大第十分校一批干部到达确山孤山冲，与挺进兵团指挥部会合。在抓根据地和部队建设的同时，以一部兵力伸入平汉路东的上蔡、临颍敌后地区活动，策应八路军冀鲁豫军区水东第八团西进，并准备迎接八路军第三五九旅南下支队。

从1944年7月底到1945年4月的9个月中，新四军第五师挺进河南敌后的部队迅速发展了豫南、豫中七个县的新区。4月，边区党委和第五师师部为加强豫南地区抗日斗争的领导，继续开辟豫西南敌后战场，决定以淮南、信罗、信应、信随等县成立第六军分区，陈刚任司令员，方正平任政治委员。不久，又以豫南的信确、信桐、泌阳等县成立第四军分区，韩东山任司令员，夏忠武兼政治委员。以挺进第二、第四团组成豫中兵团，黄林任司令员，栗在山兼政治委员。8月上旬，根据中共中央指示，豫中兵团与河南军区陈先瑞支队合并，成立豫中军分区，陈先瑞任司令员，栗在山兼政治委员。豫中军分区划归河南军区建制。

1945年8月6日，王震、王首道率领的湖南人民抗日救国军从湘潭与衡山之间的龙船港东渡湘江，沿粤汉铁路东侧南下。8月11日，部队到达衡山附近，收到党中央电报告知"苏军参战日本投降，内战迫近"，要创造根据地准备对付内战。28日，部队到达粤北南雄县西北的百顺地区，进入五岭山区，与前来接应的东江纵队北上部队只相距百里路程。因受国民党大军围攻,难以立足,同时判断东江纵队将被迫不能北上。

鉴于日本投降,时局迅速变化,原定任务难以完成,湖南人民抗日救国军于9月7日奉令北返。部队在异常疲劳的情况下,昼夜兼程,且战且走,战胜了国民党顽军的重重拦阻,于9月27日在鄂城地区北渡长江。10月上旬,在礼山(大悟)地区与新四军第五师再次会师。10月中旬按照中共中央指示,恢复第三五九旅番号,归新四军第五师指挥。

作为第二梯队由张启龙、文年生指挥的八路军游击第二、第三支队,进到河南新安地区时,正值日本投降,旋即奉命转赴东北。后编入东北民主联军的战斗序列。

八路军南下支队在新四军接应、配合下向湘粤边进军,历时近一年,转战陕西、山西、河南、湖北、湖南、江西、广东7省,跋涉近8000公里,进行了70多次战斗,英勇地打击了日伪军,粉碎了顽军的围追堵截,到达了目的地。由于形势发生了根本变化,虽未能实现创建五岭山抗日根据地的战略目的,但是,南下支队勇敢地挺进敌后,开辟了湘粤赣抗日根据地,推动了所经地区的人民抗日斗争,扩大了共产党、八路军的政治影响,对巩固和发展中原解放区起了积极作用。有人把南下支队南征北战的壮举,称为第二次长征。

第四节 新四军进行车桥战役 开始局部反攻

一 车 桥 战 役

1944年,侵华日军从驻华中的13个师团中抽调8个师团参加打通中国大陆交通线的作战,其守备兵力由21万人减至17万人,一面收缩防区,一面扩充伪军。新四军军部遵照中共中央指示,抓住战机,领导各部队为恢复原有地区,争取新的发展,主动地、有重点地对日伪军展开攻势作战。

1944年1月,粟裕领导的新四军第一师兼苏中军区为改变各分区被分割的局面,于年初起开始了攻势作战。相继攻克宝应以南、如皋以西和东台南部的日伪军据点17处,并争取了1000多名伪军反正。

1944年3月上旬,新四军在淮安、宝应以东地区发动以夺取车桥地区为目标的战役攻势。车桥地区是日军第六十四师团和第六十五师团的结合部,由伪军1个大队600余名和日军1个小队40余名驻守。3月5日,新四军第一师集中5个多团的兵力,由副师长叶飞指挥,强攻车桥日伪军据点,经一昼夜激战,攻入车桥镇。车桥被攻,淮阴、淮安、泗阳、涟水等地之敌受到震惊,纷纷出动驰援。阻援部队在芦家滩、韩庄等地奋战,先以火力杀伤,后展开白刃格斗,将增援之敌大部歼灭。第一师部队乘胜扩张战果,相继收复泾口、曹甸等12处据点。在战斗过程中,日人反战同盟苏中支部宣传委员松野觉勇敢地参加火线政治攻势,在喊话中光荣牺牲。此役,共歼日军460余名(内生俘24名)、伪军480余名,解放了车桥镇,打通了苏中与苏北、淮南、淮北地区的战略联系,实现了苏中抗战形势的根本好转。

为配合车桥战役,新四军第七旅一部于3月攻克涟水与车桥之间的朱圩子据点,歼伪军300余名。

4月19日,第十旅主力和第七旅一部,在地方武装配合下,对驻涟水县西北高沟、杨口地区的伪军第七十二旅等部发动攻势作战。至5月4日,先后攻克高沟、杨口等14个据点。高沟、杨口战役,全歼伪军1个旅又1个大队,共2000余名,毙伤出援的日军140余名。这是继车桥战役后又一次重大胜利,收复了六塘河(今沭阳与涟水间界河)两岸地区,使淮海、盐阜两区连成一片。

同年6月,为彻底粉碎日伪的"清乡"计划,配合第四军分区军民的反"清乡"斗争,苏中军区主力和第一、第二、第三军分区地方武装、民兵全力对敌开展攻势,相继攻克樊川、洪家垛、戴家窑、张黄港等重要据点,大量杀伤了日伪军。6月23日,第三旅第七团在如皋耙齿凌附近,与500多名日伪军遭遇,团长彭德清果断指挥部队将敌包围,进行猛攻并展开白刃格斗;当地游击队、民兵也赶来参战。经三小时激战,打死日军中队长加藤以下100余名、伪军100余名,活捉日军小队长以下10余名、伪军200余名。

在1944年中,苏中军民的攻势作战取得了重大战果,共收复据点165处,扩大根据地6 500平方公里,96万人民得到解放。

二 开始攻势作战

(一)苏南部队的攻势作战

苏南的新四军第十六旅,1944年上半年着重进行反"扫荡"、反"蚕食"斗争。3月下旬,驻广德的日军一个中队、伪军一个大队到杭村"扫荡"回巢时,第四十八团团长刘别生闻讯,令第三营断敌退路,第一、第二营两面夹击。经一个多小时激战,毙日伪军百余名,俘日军3名,缴获九二式步兵炮1门和其他枪支弹药。与此同时,又攻克金坛以西之薛埠镇及南京市郊六郎桥,并一度攻入溧水、溧阳县城。8月,第十六旅在浙江长兴地区开始攻势作战,攻克据点10余处,歼伪军4个营,毙伪军100余名,俘伪军团长以下400余名。12月,攻克宣(城)长(兴)公路上的泗安镇等伪军据点多处,歼伪军400余名。这些胜利,使苏南抗日根据地进一步扩大,为尔后第一师主力向东南敌后进军创造了有利条件。

(二)苏北部队攻势作战

1944年1月,新四军第三师第八旅在滨海、阜(宁)东地区,对日伪推行的第二期"治安肃正"计划展开积极斗争,连克塘沟、史集等十余个据点。3月,又攻克王集、徐溜、钱集等5个据点。经过三个月的斗争,恢复了1942年日伪"扫荡"时占去的大部分地区,使苏北抗日根据地进一步扩大和巩固,为进行战略反攻奠定了基础。

(三)淮北、淮南部队攻势作战

1944年,新四军第四师兼淮北军区部队展开了攻势作战。从3月中旬起,第九、第十一旅、骑兵团和各分区武装,在东起运河、西至津浦铁路横宽数百里的战线上,向守备薄弱的日伪军据点展开进攻,经三个月连续作战,攻克大店集、灰古集、归仁集、老韩圩等日伪据点51处,歼日伪军2000余名,解放泗县、灵璧、睢宁间广大地区。

在淮南,新四军解放高邮湖西岸的重镇金沟是很有特色的。这年秋,日军一个中队侵占了金沟,安设据点。第二师师长罗炳辉师长确定先用纠缠战术来对付敌人。由独立第四团派出几支小分队,和当地民兵紧密配合,昼夜轮流袭扰;小分队神出鬼没,打打停停,停停打打,搞得敌人日夜恐慌,坐卧不安。当敌人撤逃时,又遭到在金沟南北河口设伏的新四军痛击。此战除击毙、溺死一些日军外,还活捉了包括翻译在内的俘虏多名。

(四)皖江、浙东部队攻势作战

1944年,新四军第七师兼皖江军区部队在敌顽夹击的情况下,粉碎了日伪对皖南、无为、含(山)和(县)及桐(城)东地区的分区"扫荡",顽强地坚持了原地斗争。同年冬,第七师的部队向日伪薄弱的地区广泛出击,先后攻克张家疃、塔桥等十多处据点,缴获了许多武器弹药。到1944年底,整个皖南敌后已连成一片,形成了绵亘数百里的皖南敌后抗日根据地。

1944年5月9日,驻义乌县义亭的日军40余人到吴店等地抢掠。浙东游击纵队金萧支队一部,闻讯赶赴吴店东南塘西桥南面高地设伏,激战八小时,击毙日军14名,击伤10余名,俘1名。7月31日,伪中央税警团7个连600余人进到东埠头建立据点。浙东游击纵队第三、第五支队占领有利地形,实施反击,毙伤俘伪军100余名,粉碎了伪军这一"蚕食"阴谋。8月21日,日军40余人从浦东周浦向东搜索,浙东游击纵队浦东支队就地设伏,毙敌30余名,残敌逃回据点。8月25日,日伪军500多人,在2架飞机掩护下,乘军舰3艘和汽艇、帆船8只,向在浙东岱山岛西侧大鱼山活动的浙东游击纵队海防大队第一中队突袭。该中队指战员奋战七小时,毙、伤日伪军60余名,终因众寡悬殊,弹尽粮绝而受损,副大队长以下30余名指战员壮烈牺牲。经过一系列战斗,新四军浙东游击纵队逐步发展壮大。

(五)鄂豫皖部队攻势作战

1944年,由中共中央军委直接指挥的新四军第五师兼鄂豫皖军区部队展开了攻势作战,巩固和扩大了鄂南抗日根据地,建立了大江南北两岸的滩头阵地,对日军视为交通命脉的长江汉口至九江段及粤汉铁路造成威胁。3月中旬,驻鄂南监利之日军独立山炮第二联队,配合伪暂编第六师特务旅侵占监利东北周老咀。第五军分区部队在县、区武装配合下,于21日围攻周老咀。激战8小时,收复该镇,歼伪特务旅大部,毙俘伪副旅长以下200余名。5月23日,日军和伪军第十一师共2 000余人由湖北麻城西南的宋埠出发,到黄陂安南地区"扫荡"。第一、第四军分区主力在地方武装配合下,乘机追击,在黄安龙王山地区消灭日伪军一部,毙伤伪师长李宝琏以下官兵近百名,俘日军顾问1名和伪军30余名。6月7日,鄂南地方武装夜袭武汉近郊之青山日军机场,打死打伤日军工程兵和警卫机场的伪军30余名,迫使日军停建该机场。

在1944年的攻势作战中,新四军共对日伪作战6 582次,歼日伪军53 000余名,[①]粉碎了日伪"扫荡"、"清乡"、"治安肃正"和"屯垦"计划,使根据地得到恢复和发展,为进一步开展反攻作战创造了有利条件。

---

① 参见王辅一《新四军简史》,第333页,中共党史出版社1997年版。

三 建立新的兵团

从1944年初起,经中共中央、中央军委批准,新四军各师、各军区开始逐步充实主力兵团,加强地方兵团。

第一师兼苏中军区。除第一、第七、第五十二等3个主力团外,为增加机动作战的能力,于1944年初,由各县独立团中上升组成4个特务团。12月,第三旅机关免兼苏中第四军分区机关,陶勇仍任旅长,阮英平任政治委员,辖第七和特一、特四团,随粟裕南进执行发展苏浙皖边的任务。12月底,由第一、特二团和江(都)高(邮)独立团组成苏中军区教导旅,旅长廖政国,政治委员韦一平。1945年6月,第十八旅整编为苏中军区教导第二旅,刘飞任旅长。

第二师兼淮南军区。1944年12月,第四旅从第十、第十一团和旅直属队以部分连队为骨干,加上原第六支队、滁县和全椒两个县总队升级的连队,恢复了第十二团。早在1943年9月第六旅建制撤销时,第十七团划归第五旅,改为第十五团,使第五旅恢复了三个团的建制。1944年12月,军部决定重建第六旅,并兼路西军分区,陈庆先任旅长兼分区司令员,黄岩任政治委员。下辖第十八团、巢北支队(后改为"巢合独立团")、淮西独立团和定远、定凤怀、凤定嘉、滁全、定合等县总队。

第三师兼苏北军区。1945年3月,军部决定由第十旅兼淮海军分区负责组建独立旅,紧急开赴皖江地区。由第十旅副旅长兼淮海军分区副司令员覃健任旅长,下辖第二、第三支队,每个支队辖相当于加强营的3个小团,每个小团4个连,共约4 000人。编组后于4月上旬立即出动。

第四师兼淮北军区。1944年10月,根据新任师长兼司令员张爱萍的建议,淮北区党委作出扩大1万地方军、创建10个独立团、发展10万民兵的决定。这为尔后壮大主力部队打下了基础。

第五师兼鄂豫皖湘赣军区。随着根据地的扩大,到1945年

8月，除辖第十三旅外，军分区由1943年的四个增加到八个（此外还有一个指挥部），挺进团、独立团、教导团以及县总队等武装增加了一大批。

第七师兼皖江军区。随着根据地的扩大，原属含和支队、沿江支队、皖南支队都有扩大，团、县总队的数量增多。1945年6月，重建了第十九旅，下辖第五十五、第五十六、第五十七团，旅长林维先，政治委员黄火星。

到1945年7月，新四军主力部队的人数达21.5万余人，地方武装达9.7万余人，民兵自卫队发展到22万人。新四军主力和地方武装力量的加强，为实行由游击战到运动战的战略转变，进行战略反攻创造了条件。

第五节　在局部反攻中开展军政大整训

国内外形势迅速发展，向八路军和新四军提出了加强训练，提高军政素质的要求。抗日战争全面爆发以来，八路军根据不同阶段的形势、任务多次进行过军事、政治整训。在进入局部反攻并取得重大胜利之际，为适应战争形势发展的需要，准备全面反攻和对付国民党可能发动的突然事变，中共中央和中央军委决定利用战斗间隙进行一次全军性的大规模整训。

1944年7月1日，中共中央发出《关于整训军队的指示》，要求"一定要在一年内，加紧整训现有军队，在现在物质基础上与战斗生产间隙中，把我军的军事训练与政治工作极大地提高一步"[1]。指示对整训的时间、内容和练兵方法，以及要达到的目的等都提出了具体要求，尤其强调重点训练干部和班以下骨干。7月20日，新华社全文广播了第三五八旅旅长张宗逊的《冬季练

---

[1] 中央档案馆编：《中共中央文件选集》第14册，第262页，中共中央党校出版社1991年版。

兵工作总结报告》，以供各部队参考。10月12日，中共中央作出《关于加强全党练兵与军队大整训之决定》，号召全党研究战争，学习军事，进行大练兵，要求在冬季4个月内至少整训主力军60％、游击队30％和轮训全部民兵。同月14日，毛泽东、朱德致电邓小平、滕代远等，要求在作全面反攻准备中，充实现有小团，健全游击队，加强民兵组织，认真练兵。

在整训全面展开前，各军区一般是先训练一批主力部队、地方武装及武工队，以便坚持对敌斗争，掩护其他部队分批整训。整训中，多数部队首先进行政治整训，在提高认识统一思想的基础上开展军事整训。

在整训期间，中共中央警备团的红军老战士、共产党员张思德在烧炭中因炭窑崩塌牺牲，中共中央直属机关为他举行隆重的追悼会，毛泽东出席追悼会，发表了题为《为人民服务》的演讲。他指出：

> 我们的共产党和共产党所领导的八路军、新四军，是革命的队伍。我们这个队伍完全是为着解放人民的，是彻底地为人民的利益工作的。

> 因为我们是为人民服务的，所以，我们如果有缺点，就不怕别人批评指出。不管是什么人，谁向我们指出都行。只要你说得对，我们就改正。你说的办法对人民有好处，我们就照你的办。①

毛泽东关于为人民服务的思想和正确对待群众批评的论述，明确了中国共产党和人民军队的根本宗旨，对全党全军产生了极大的教育作用，推动了军政大整训的深入发展。

军事整训主要是练兵，并总结带兵、用兵与养兵的经验。政治整训结束后，部队迅速进行军事整训，掀起以投弹、射击、刺杀

---

① 《毛泽东选集》第三卷，第1004页，人民出版社1991年版。

和土工作业等技术练兵为主的群众性练兵热潮。在练兵中，部队改变由机关、教员包办及教条主义、形式主义的做法，实行能者为师，采取官教兵、兵教兵、兵教官等群众性练兵方法和开展竞赛活动，介绍典型经验，表彰练兵模范等方式，把群众性的练兵推向高潮。八路军一些部队在整训中还组织干部战士学习文化。驻陕甘宁边区的部队，有1/4的战士达到能读能写，1/5的干部能读报纸。

八路军各军区、军分区，在整训主力军和地方军的同时，对民兵和自卫军也分期分批地进行了整训。还建立健全了乡以上武装委员会，调整了干部，明确了指挥系统，并开展争创民兵英雄活动。经过整训，人民自卫武装的军政素质明显提高，成为主力军的强大后备军和配合主力军举行反攻作战的重要力量。

华中局和新四军军部依据中共中央指示，对部队军政训练作出具体部署，确定从1944年到1945年3月为第一期整训。要求各部队首长亲自组织，加强具体检查和指导，保证部队整训取得良好的效果。

各部队在1945年春开展了以尊干爱兵为中心内容的政治整训。多数以连为单位，先组织干部战士学习古田会议决议及有关反军阀主义倾向的文件，提高政治觉悟，然后举行民主大会。随后，举行官兵团结大会，干部、战士分别订出"爱兵公约"和"尊干公约"，还开展了保证执行公约、搞好官兵关系的革命竞赛。

在军事整训中，各部队注意对运动战、攻坚战、近战、夜战的训练，加强了组织性、纪律性和坚决执行命令指示、克服游击习气的养成。在组织整训过程中，各部队学习延安留守兵团的练兵经验，运用典型示范，组织观摩、竞赛等方法来进行指导，使群众性练兵热情持续高涨。

1945年1月16日，新四军军部致电各师，在肯定成绩的基础上，指出整训中存在的问题，特别强调凡存在问题多的单位要深入进行动员，提高干部战士的思想认识，进一步掀起练兵热潮。

这次整军,是抗日战争中八路军新四军最大的一次整军,成果之大,前所未有。经过整训,部队的政治思想觉悟提高了,军民关系和官兵关系融洽了,内外部团结增强了,政治工作的作风和方法也有了很大改进。在军事上既提高了战术技术水平,又培养了干部练兵、带兵、养兵、用兵的能力,为建设和发展正规兵团培养了骨干。通过整训,有效地提高了训练质量。山东军区特务团干部射击命中率达96％以上,战士三发三中者占78％。晋绥军区四大技术的平均成绩都在良好以上。据第三五八旅统计:全旅步枪射击命中率由练兵开始时的48.5％提高到90.5％。特等射手由174名增加到433名。轻重机枪射击原来成绩很差,到冬训结束时,全旅除4名普通射手外,均达到了特等、优等射手的标准。山炮射击从卸炮到发射由15分钟减到2分40秒,实弹命中率达到100％。投手榴弹,全旅平均由25米增到40米至69米,其中投弹标兵26名,还创造了投弹72米的最高纪录。①

---

① 军事科学院军事历史研究部:《中国人民解放军的七十年》,第161页,军事科学出版社1997年版。

第十二章　实施全面反攻作战

第一节　全面反攻前的国内外形势

1945年2月4日至11日，苏、美、英三国首脑在苏联克里米亚半岛的雅尔塔举行会议，讨论了关于彻底击败法西斯德国，铲除德国军国主义和纳粹主义，分区占领德国和柏林，苏联对日作战以及战后世界的安排等问题，签订了《雅尔塔协定》。此协定对中国抗战的援助有一定的积极意义，但其中关于中国问题的条款，无论就其内容还是就其签署的方式来看，都损害了中国的主权。雅尔塔会议结束后，世界反法西斯战争发展迅猛，势如破竹。4月中旬苏军围攻柏林，与德军展开激战。4月30日，苏军攻占柏林国会大厦，走投无路的德国法西斯头子希特勒在总统府地下室自杀绝命。5月8日，德军最高统帅部代表在柏林近郊苏军总司令部，向盟军签署无条件投降书。

1944年起，以美军为首的盟军在太平洋战场对日军发动了凌厉的战略反攻。美军攻击马里亚纳群岛，占领塞班、关岛、硫黄岛、提尼安等重要岛屿，取得了B-29远程轰炸机轰炸日本本土的基地。1945年4月，美军发起冲绳战役，经两个月激战，美军攻占冲绳岛，全歼守岛日军。这是美军在太平洋上对日的最后一次登陆作战，也是日本本土防御作战的最后一道国防线。美军占领冲绳后，对日本重要城市进行猛烈的炮击和轰炸，使日本遭到历史上从未有过的灾难。

为了巩固对德战争的胜利和加速对日战争的进程，7月17日至8月2日，苏、美、英三国首脑在德国柏林西南的波茨坦举行会议，讨论了战后占领德国的基本政治原则和经济原则以及对日作战问题。7月26日，由中、美、英三国签署发表了《波茨坦公告》（苏联对日宣战后也在公告上签字），促令日本政府立即宣布所有日本武装部队无条件投降。

日本政府对公告置之不理，继续加紧准备实行本土决战的计划，并在全国实行第三次动员。日本政府规定15岁至60岁的男性公民和17岁至40岁的女性公民均须服役，编入"国民义勇战斗队"，总人数达到2 800万。

日本驻在中国的关东军也准备抗击苏军的进攻，并打算在抵挡不住时，退至长春或朝鲜境内，凭险固守，以持久战策应本土决战。日军在中国总的态势更加被动。日军中国派遣军以大约51万重兵实施打通大陆交通线作战，虽然在战役上取得相当进展，但是消耗了大量人力、物力，使兵力更加分散。在日军全局急剧恶化的情况下，日军中国派遣军不得不匆匆忙忙变更部署，以作最后挣扎。从1944年至1945年春，先后新组建了6个师团、13个独立混成旅团和13个相当于旅团的独立警备队，使中国派遣军总兵力达到100余万人。同时，伪军数量也增至100余万人。

苏联按照在雅尔塔会议上所作的承诺，在对德作战尚未结束时，即进行对日作战准备。从1945年2月开始，将欧洲战场的军队秘密地运往远东，使苏军在远东地区的兵力增至80个师、46个旅，共158万余人，形成了对日本关东军的兵力优势。

在中国正面战场，国民党军在从1944年4月至1945年2月的豫湘桂战役中，遭到了一次又一次的失败，损兵失地；另一方面，在缅北、滇西的反攻获得重大胜利，打通了陆上与外界的联系。此外，在美国的大力支持下，国民党军在云南、贵州、四川大后方加紧进行美械装备部队的组建和训练，积极扩军，准备抗战后的争夺。5月间，第三战区调集14个师向苏浙解放区大举进攻，企图聚歼新四军苏浙军区主力。7月，蒋介石又令胡宗南将河南前线的河防部队和西安地区的11个师，集中开至陕甘宁边区以南地区，连续向陕甘宁边区的关中分区发动进攻。美国在进攻日本本土的同时,加紧推行扶蒋反共的政策,在军事上大力装备和训练国民党军队,在经济上给国民党政府以广泛的援助,并派遣大批顾问人员来华。

在中国敌后战场,中国共产党领导的抗日根据地军民,经过1944年的局部反攻,在政治、经济和军事等方面都得到了很大的加强,已拥有9000万人口、200多万民兵和78万军队。军队不仅数量扩大了,而且经过攻势作战和冬季大练兵运动,军政素质有了明显提高。1944年12月15日,毛泽东在陕甘宁边区参议会上作《一九四五年的任务》的重要演说。他提出:明年"我们唯一的任务是配合同盟国打倒日本侵略者"。他说:"我们必须把一切守备薄弱,在我现存条件下能够攻克的沦陷区,全部化为解放区,迫使敌人处于极端狭小的城市与交通要道之中,被我们包围得紧紧的,等到各方面的条件成熟了,就将敌人完全驱逐出去。"①12月25日,《中共中央关于时局近况的通报》中提出:"各地应按照自己特点部署工作,特别注意发展生产,城市工作及扩大解放区三方面。"②中共中央和毛泽东的指示,指明了1945年解放区的工作方向。八路军新四军为执行"扩大解放区,缩小沦陷区"的战略任务,从1945年春开始对日军发动了更大规模的反攻。

1945年4月23日至6月11日,中国共产党在延安召开了第七次全国代表大会。大会正式代表547人,候补代表208人,代表着全党121万党员。大会选出毛泽东、朱德、刘少奇、周恩来等15人为主席团,任弼时为大会秘书长,李富春为副秘书长。

毛泽东主持会议并致《两个中国之命运》的开幕词。大会通过了毛泽东《论联合政府》的政治报告、朱德《论解放区战场》的军事报告和刘少奇《关于修改党章的报告》。周恩来在大会上作了《论统一战线》的重要发言。

大会制定了党的路线是:"放手发动群众,壮大人民力量,在

---

① 《八路军·文献》,第1041—1042页,解放军出版社1994年版。
② 《八路军·文献》,第1048页,解放军出版社1994年版。

我党的领导下,打败日本侵略者,解放全国人民,建立一个新民主主义的中国。"①

大会选出了以毛泽东为首的44位中央委员,33位候补中央委员,组成了党的中央委员会。6月19日,中共中央举行七届一中全会,选举毛泽东、朱德、刘少奇、周恩来、任弼时、陈云、康生、高岗、彭真、董必武、林伯渠、张闻天、彭德怀等13人为政治局委员,毛泽东、朱德、刘少奇、周恩来、任弼时为中央书记处书记,毛泽东为中央委员会主席兼中央政治局、中央书记处主席。

七大确立了毛泽东思想在全党的指导地位。这是一次胜利的大会,团结的大会。它使全党达到空前团结与统一,从而为夺取抗战最后胜利与新民主主义革命的胜利提供了最根本的保证。

第二节 八路军、新四军继续展开攻势作战

一 八路军各部队继续展开攻势作战

(一)山东军区部队的春夏季攻势作战

1945年1月17日,山东军区下达1945年作战部署,提出:1945年山东我军作战主要方向,是求得开辟胶济路东段南北两侧宽大地区,使我胶东、渤海、鲁中、滨海之间的联系进一步缩短和巩固,而对1944年所开辟之地区,主要争取巩固;继续开展攻势,拔除某些突出孤立据点,继续扩大解放区。2月至7月,山东军区部队对大股伪军发动了十余次战役攻势。

鲁南军区首起进行了讨伐荣子恒的战役,共歼敌2 000余人。5月下旬,进行了讨伐伪军张里元部战役,歼敌近3 000人。

---

① 《毛泽东选集》第三卷,第1101页,人民出版社1991年版。

胶东军区部队进行了讨伐伪军赵保原战役。赵保原,原是鲁苏战区暂编第十二师师长,1944年8月公开投敌,所部被编为伪"剿共第七路军",总兵力约达1.8万人,盘踞于胶东胶济铁路以南以玩底(万第)为核心的五龙河及大小沽河中游地区,鱼肉人民,一贯与八路军为敌,是胶东军区巩固与发展的严重绊脚石。胶东军区集中主力5个团又5个营(含1个迫击炮营),并动员5万民兵和群众,于2月11日夜,首先向伪军指挥部驻地玩底发起攻击,至12日夜将其攻克,赵保原率残部向南窜入即墨。2月19日战役胜利结束。此役历时八天,共毙伤敌2 000余人,俘虏7 370人,击溃2 000余人,给予赵部毁灭性打击,消除了胶东军区向西发展的后顾之忧。6月下旬,胶东军区部队又进行了讨伐伪军李德元、阎珂卿部的战役,歼敌3 400余人。

鲁中军区部队进行了蒙阴战役。蒙阴日伪据点,伸入鲁中沂蒙山区抗日根据地腹地,孤立突出,驻有伪军12个中队和日军1个排。鲁中军区集中主力4个团和地方武装、民兵各部,于3月8日夜攻击蒙阴县城,至10日全歼守敌,并歼灭新泰援敌一部,共歼敌1 300余人,拔除蒙阴城敌据点,使得沂蒙与泰南联成一片。

正当八路军准备发起攻势之际,日军为准备在沿海地区对美军作战,突然大举增兵山东,集中其中的3万余人,从4月底开始对山东实行全区性的"扫荡",重点指向鲁中、滨海区。5月4日,山东军区决定讨张(步云)战役暂停,立即转入反"扫荡",参加讨张战役的各兵团立即疏散。反"扫荡"作战中,八路军歼敌5 000余人,其中,鲁中部队在5月7日的石桥伏击战中歼敌600余人,击毙敌第五十三旅团长吉川资少将。反"扫荡"结束后,山东军区部队先后发起攻势作战,主要进行了讨伐伪军厉文礼、张步云、张景月等战役。

鲁中军区于6月5日黄昏发起讨厉战役,先后攻克日伪据点60余处,歼灭日伪军7 300余人,27日战役胜利结束。此役解放了安丘以南、临朐以东、景芝以西大片国土,控制了胶济铁路东段南侧的重要地区。

滨海军区和鲁中军区进行了讨伐张步云战役。滨海军区和鲁中军区共集中4个团的兵力,于7月15日夜发起讨张战役,攻克相州、双庙等据点,歼敌5000余人,30日战役胜利结束。此役解放了诸城、高密、胶县之间2500平方公里的地区,使诸城敌据点更加孤立。

渤海军区部队进行了讨伐伪军张景月战役。5月中旬开始,鲁南军区在鲁中、滨海军区各一部配合下,先后发起临(沂)费(县)边、郯(城)马(头)等战役,共歼敌7700余人,收复邳县、郯城、费县等县城,进一步逼近陇海、津浦铁路。

渤海军区从6月上旬开始在小清河以北进行了蒲(台)滨(县)等战役,共歼灭日伪军3400余人,收复蒲台(滨州)、滨县、南皮、沾化、德平、庆云等六座县城,进一步孤立了敌在渤海区的中心据点惠民,从而进一步向敌占城市和重要交通线进军创造了有利条件。

(二)晋绥军区部队的春夏季攻势作战

1945年2月17日,晋绥军区发起以攻袭离岚公路为重点的春季攻势。军区以第三军分区特务团和第十七团各一部、第一军分区第二十七团一部和军区直属的第二十一团在离岚公路以西,第八军分区第五支队在离岚公路以东,对离岚公路日伪据点展开围困和袭击;第六、第八军分区各一部在忻静公路沿线积极活动,钳制敌之机动兵力,配合离岚线的攻势。主力军、武工队、游击队、民兵、群众密切配合,打敌出扰,伏击增援与退却之敌,围困敌据点,将110公里的离岚公路,除大武至离石的15公里外,全被收复,晋绥军区第一、第三、第八军分区连成一片。至4月25日,日伪军被迫逃向义井。在春季攻势中,晋绥军区共毙伤日伪军1590人,俘虏和瓦解伪军810人,收复方山、岚县、五寨3座县城和其他据点54处,扩大解放区3800平方公里,解放人口9.4万人。

为对日伪加重压力,迫其退守同蒲路与平绥线。晋绥军区决定6月中旬发动夏季攻势,主要是力求挤退静乐及其周围据点,争取占领忻静公路西段,挤掉神池至义井之敌,把敌人逼到同蒲路沿线。为此,晋绥军区指示第六、第八军分区在忻静公路以南共同组成临时指挥部,统一指挥两区部队向忻静线进攻,并以第一军分区和第六军分区各一部,分别由静乐以西和静乐以北向静乐推进。6月19日,进攻部队开始围困静乐县城,同时对静乐外围和忻静公路两侧之敌展开攻击,先后炸毁桥梁20余座,击毁汽车多辆。第二军分区以一部围困义井之敌,以一部结合武工队、民兵在神义公路线上以地雷战和伏击战打击敌人,7月连续在洪福寺、凤凰山伏击日伪军,同时迫退一些日伪军据点,并歼敌一部,使神义线之敌补给困难,交通瘫痪,惶惶不可终日。

(三)太行、太岳军区部队的春夏季攻势作战

晋冀豫边区的两个军区——太行、太岳军区的作战行动直接由八路军总部指挥,在1945年春发起了攻势作战。

1月21日夜,太行军区发起道清战役,参战部队除第七、第八军分区主力外,还有冀鲁豫分局党校警卫团,共4个团又3个独立营。当夜,八路军由修武以北的九里山地区突然南下越过道清铁路,攻击道清铁路以南、平汉铁路以西、沁阳以东地区日伪军,战至1月31日,连克日伪据点18处。2月20日,八路军突然向道清路北的日伪军发动攻击,此时参战部队增加了第三军分区第七六九团。战至3月6日,先后攻克陆村、马坊、焦庄等日伪据点,并曾一度攻入辉县城关。3月下旬,第七军分区主力东越平汉铁路,挺进原武、阳武(今原阳)地区,第八军分区主力向西南进军,渡过沁河,挺进温县、孟县地区,均取得重大进展。4月1日,道清战役结束。此役共歼日伪军2 500余人,收复国土2 000余平方公里,解放人口75万。经过此次近三个月的辗转进击,黄河以北、道清铁路以南除平汉铁路和原武、阳武、温县、孟县城外,所有地区全为八路军掌握,太行军区胜利地完成了开辟豫北地区的作战计划。

太行军区在夏季攻势作战中,于6月30日发起安阳战役。

安阳城由日军独立混成第一旅2个连驻守,外围据点由伪"剿共"第一路军李英部驻守,共约7 000余人。太行军区安阳战役的目标是攻击平汉路以西、观台以南、鹤壁以北地区之伪李英部,争取彻底消灭与肃清该伪军及该地区的少数日军,解放与巩固这一地区。参战兵力有第三、第四、第五、第七、第八等5个军分区的主力部队及八路军总部警卫团,一共9个团,另有民兵、自卫队3万余人参战。安阳战役于7月10日胜利结束。此役共毙伤日伪军800余人,俘虏及反正、投诚日伪军2 500余人,击溃伪军900余人,攻克据点30余处,扩大解放区1 500余平方公里,解放人口35万,压迫日伪军进一步向平汉线退缩。

太岳军区在春夏展开攻势作战,4月4日至30日,发动了豫北战役。太岳区以南的豫北沁阳、孟县、济源地区,有日伪据点50余处,兵力达6 000余人。太岳军区调集第二、第四军分区近4个团的兵力及地方武装,于4月3日夜由阳城地区出发,南下沁阳、孟县、济源地区,4日发起进攻,相继攻克杨庄、毛庄、义庄、西向、紫陵镇、尚庄等大量据点。在八路军攻势威慑下,伪军纷纷反正和投诚。4月底战役结束,此役攻克据点40余处,歼灭日伪军2 800余人,反正与投诚的日伪军1 700余人,打开了豫北局面,肃清了沁(阳)孟(县)公路以西除济源、柏香镇、冶成镇外的所有日伪势力。

5月下旬至6月中旬,太岳军区按预定计划进行了同蒲线南段作战。5月下旬,太岳军区集中第一、第五军分区主力南下,首先解决了闻喜附近一股土匪武装。6月上旬,向祁(家河)夏(县)公路及其以南地区的伪军张同文部发起猛烈进攻。张同文部有3个中队,约570人。八路军连续攻克祁家河、杨家窑、下涧、黑虎庙等据点20余处,彻底瓦解了张同文部。与此同时,第二、第四军分区主力一部,在地方武装配合下,攻克了在曲沃、绛县、翼城间的大神殿、梅村堡、南樊镇等据点9处。通过这次作战,八路军共歼灭日伪军700余人,拔除据点40余处,使祁夏公路以南地区与第五军分区中心区完全连成一片,打开了中条山西部地区的局面。太行、太岳军区两区从长治至沁阳间连成一片。

（四）冀鲁豫军区部队春夏季攻势作战

经过1944年的局部反攻，冀鲁豫军区力量进一步壮大，已控制边区中心区11座县城，区内日伪军力量进一步削弱。冀鲁豫军区部队在1945年春夏两季对日伪实施了攻势作战，取得重大进展。1月中旬进行了大名战斗，歼灭日伪军800余人。4月24日至27日，发动了南乐战役。南乐位于卫河以东，城内驻有伪自治军杨发贤部等伪军约1 300人及日军一部，其外围的朝城、清丰已为八路军解放，南乐陷于孤立。4月24日，冀鲁豫军区统一指挥第八、第九、第七、第三军分区各一部，发起南乐战役，经三昼夜激战，攻克南乐城；与此同时，打援和钳制部队，亦将敌外围据点全部拔除，并击退了由安阳、大名等处出援之敌。此役共歼敌3 400余人，使卫河以东大片土地成为解放区。

5月17日至24日，冀鲁豫军区发动了东平战役。东平城位于东平湖东岸，城内驻有伪山东省警备队第一大队和日军一个排。冀鲁豫军区调集第一、第八、第十一、第九军分区各一部，战至19日，共歼敌近2 000余人，解放了东平县城，使冀鲁豫边区之泰西、运东、运西、湖西等几块抗日根据地连成一片。

7月20日至26日，冀鲁豫军区发动了阳谷战役。阳谷县城位于东平湖西北。1945年5月以来，八路军连续攻克了阳谷城东的朱庄、古柳树及冠县，使阳谷城除向北可与聊城联系外，陷于三面受敌的境地。守卫阳谷的伪军约3 000人。冀鲁豫军区调集第八、第七、第四、第一军分区部队，于7月20日发起阳谷战役。战至26日，第八军分区全歼阳谷城守敌，攻克阳谷县城，歼敌3 500余人。巨鹿、广宗、馆陶之敌慑于八路军的强大声势，纷纷弃城逃窜，上述县城遂被八路军收复。

1945年春夏季，冀鲁豫军区在攻势作战中共歼灭日伪军近1.1万余人，收复县城19座，攻克据点240处，解放人口250余万，取得了重大胜利。

(五) 晋察冀军区部队的春夏季攻势作战

1945年春夏,晋察冀军区各部队实施了连续的攻势战役。

冀晋军区于5月12日,以第二、第四、第五军分区共6个团及6个县支队等,发起雁北战役。盘踞雁北地区的日伪军共9000余人,分布在山阴、应县、浑源、广灵和桑干河沿岸两道封锁线的87个据点。冀晋军区以第四军分区攻击山阴、应县、浑源间日伪军;第五军分区攻击桑干河沿岸日伪军,并北越桑干河、平绥铁路,伸入绥东;第二军分区在繁峙、代县、崞县、五台等地主动出击。经过50多天的战斗,八路军攻克与逼退日伪据点40多处,歼灭日伪军960余名,扩大解放区5000余平方公里,解放人口约40万。

冀察军区于5月中旬至7月上旬,发动了察南与平北战役。参战兵力为第一、第十一、第十三军分区的6个团和部分县游击支队。第一、第十三军分区4个团及4个县支队进攻平绥铁路以南的怀安、涞源、广灵地区之敌,收复怀安、涞源县城。第十一军分区进攻平绥铁路以南怀安、涿鹿地区之敌,攻克和逼退了岔道、石门、倒拉咀等据点。八路军共歼灭日伪军1700余人,攻克县城2座,拔除据点110个,解放人口57万,开辟了张家口以南1.3万平方公里的地区。

冀中军区从4月中旬至7月底,连续举行了任(丘)河(间)战役、文(安)新(镇)战役、安(平)饶(阳)战役、子牙河东战役和大清河北战役,共歼敌9700余人,解放县城11座,收复据点100多处。4月13日,第九军分区发起任河战役,首先攻克任丘、河间之间的日伪坚固据点辛中驿,继于4月30日攻克任丘县城,5月9日攻克河间县城,从而切断了北(平)大(名)公路。5月初,冀中军区集中第八、第九、第十军分区主力发起文新战役,5月17日解放新镇县城,31日占领文安县城。文新战役发起后,为使敌首尾不能相顾,冀中军区以第七分区主力和第八军分区一部,发起安饶战役,于5月13、24、29日先后占领饶阳、安平、武强县城。6月8日,第八、第九军分区发起子牙河东战役,至 7 月初,收复大城、献县两座县城和子牙河岸据点 37 个。从 7 月 12 日至月底,冀中军区又实施了大清河北战役、德石路战役和安(国)博(野)蠡(县)战役,收复交河县城和其他据点 70 余处。

冀热辽军区在粉碎日伪军于 2 月至 5 月进行的"扫荡"后,为开辟热河和辽宁西部地区,夺取进军东北的前进阵地,于 6 月中旬,派遣三支挺进部队,分三路北出长城,发起热辽战役。第十四军分区为西路挺进支队,于 6 月 27 日由古北口附近越过长城,向热河西北部进军;第十五军分区为中路挺进支队,于 6 月中旬自喜峰口等处出关,进军热河中部;第十六军分区为东路挺进支队,向热河东部及辽宁西部的绥中、朝阳方向挺进。冀热辽军区部队向北进军,严重威胁敌东北与华北的交通要冲,共作战 230 次,歼敌 5000 余人,迫敌退至北宁铁路沿线,对此后进军东北具有重要战略意义。

晋察冀军区在 1945 年春夏季攻势中,取得了重大胜利,从 1 月到 7 月,共作战 2700 多次,歼灭日伪军 2.8 万余人,拔除据点碉堡 790 多处,收复县城 15 座,解放人口 500 多万,扩大解放区面积 13.5 万余平方公里。至 7 月末,晋察冀军区八路军发展到 11 万余人,民兵数 10 万,为大反攻创造了有利条件。

二 新四军在华中继续发动新的攻势

(一)苏北、苏中部队新攻势

1945 年 1 月至 3 月,按照新四军第三师兼苏北军区的部署,第八旅兼盐阜军分区的部队,针对进至盐城、阜宁地区的伪军第二方面军主力立足未稳之机,展开了坚决斗争,不断予敌以打击,杀伤其 500 余名,使其扩大伪化区的企图未能得逞。第十旅兼淮海军分区的部队,为策应盐阜区打击伪军孙良诚部主力,在沭阳以西地区发动攻势,连克叶圩等据点,歼日军 40 余名(内俘

9名)、伪军700余名。为发展春季攻势的胜利,同年4月,第三师师长、政治委员兼苏北军区司令员、政治委原黄克诚,决定抓住有利时机,集中第八旅全部、第十旅主力、师特务团及五个县独立团共11个团的兵力,由师参谋长洪学智为前线指挥,于24日发起阜宁战役。经激烈战斗,至26日,共歼伪军2 400余名,攻克阜宁县城及外围据点22处,扩大了苏北解放区,给伪军孙良诚部以沉重打击。

在苏中,新四军第一师兼苏中军区部队发动了春季攻势。2月下旬,第十八旅兼苏中第一军分区部队,出敌不意,于狂风怒吼之夜,破冰进击,经激战,攻克兴(化)高(邮)宝(应)地区被日伪吹嘘为"水网坚城"的沙沟、临泽等据点六处,歼伪军900余名,使高邮、宝应、兴化、盐城连成一片。同年4月下旬,在阜宁战役结束时,苏中军区部队进行了三垛伏击战,经四小时激战,歼日军240余名(内俘7名)、伪团长以下1 600余名。三垛伏击战大捷,在苏中地区抗战史上写下了光辉的一页,受到新四军军部和苏中军区的嘉奖。同年5月至6月,苏北军区和苏中军区部队,在苏北盐阜、淮海地区和苏中淮安地区,攻克据点数十处,歼伪军一部,并争取近1 000名伪军反正。8月初,苏中军区集中3个团的兵力攻击宝应以东望直港,歼灭日伪军400余名。在对日伪军的作战中,苏中第四军分区部队于3月1日,在如东县海滩上击毁因故障迫降的日军飞机1架,击毙日军少佐中野以下10余名,俘少将卯钥以下3名;苏北淮海区民兵于5月12日,在石门口击落日机1架,俘日军1名。

(二)淮南、淮北部队新攻势

1945年初,日伪军为便利物资运输,分割淮南、淮北抗日根据地,分别在明光、蚌埠和高邮、扬州集结兵力,企图打通淮河至运河交通线。2月上旬,日伪军从五河、淮阴、天长等地出动,向淮河下游和三河沿线进犯。从天长北犯之敌,先后占领龙岗、金沟、蒋坝;从五河东犯之敌,占领双沟、浮山;从淮阴南犯之敌,企图侵占顺河集,以策应上述两路日伪军的行动。

新四军第二师兼淮南军区部队根据上述敌情,在地方武装、民兵的配合下,迅速展开了粉碎日伪军打通淮河交通线的斗争。淮南军区主力当时由政治委员谭震林率领在路西反顽,司令员罗炳辉抱病指挥路东军分区地方武装和民兵,发挥协同作战的整体威力,用纠缠战术同敌人作斗争,战斗24次,毙日伪军260余名,俘日军4名、伪军525名。4月18日,日伪军从蒋坝、金沟及浮山等地分别向五河、高邮、扬州撤逃。淮北、淮南军区部队追击逃敌,乘胜扩大攻势,连克旧县、石坝等10余个据点。日伪军苦心筹划的打通淮河交通线的计划彻底破产。

淮北军区在司令员张爱萍、政治委员邓子恢的指挥下,在击退企图侵占顺河集之敌后,另以主力及地方武装相配合,袭击五河、新集、泗县,打下运河线上的豆瓣集。在粉碎日伪军打通淮河交通线的同时,津浦路西的部队展开了攻势作战。2月中旬,在萧县拔除青龙集、祖老楼伪据点,歼伪军500余名;5月至7月,在宿(县)南攻下任集、袁店集、界沟集等地,连续发动攻势,歼伪军2 200余名。淮北津浦路东部队,从4月起连续作战,攻克泗阳县地区的大店、邱集等日伪据点21处,歼日伪军3 000余名;5月,发起睢(宁)南战役,先后拔除卓圩子、卓海子等伪军据点,攻歼邱集、朱碾盘一带顽伪合流守军,俘顽伪团长以下六七百名。6月中旬,驻守睢宁的日军撤往徐州,仅留伪军守备。第四师师长兼淮北军区司令员张爱萍、政治委员邓子恢抓住有利时机,组织九个地方团队在主力一部配合下,于6月19日发起睢宁战役,先扫清外围据点,7月7日里应外合攻入城内,经激战攻克县城,歼伪军2 000余名。

(三)鄂豫皖、皖江、苏浙部队新攻势

1945年,新四军第五师兼鄂豫皖军区部队在配合八路军南下支队向湘鄂赣边发展的同时,也积极向当面之敌发动攻势。4月,为牵制日军对南阳、老河口地区国民党军的进攻行动,部队调集近六个团的兵力,发起豫西南战役,分由大悟山和确山向随县以南和信阳西南之敌后挺进,恢复了白兆山和四望山根据地。5月,在监利、华容和岳阳附近歼灭日伪军一部,攻克据点多处;在黄陂龙王山地区粉碎2000余名的日伪军"扫荡",毙伤俘伪军100余名,俘日军顾问渡部八次郎。

新四军第七师兼皖江军区部队,打破了敌顽连年夹击的严重局势,1945年也加强了对日伪军的攻势行动。年初,皖南支队繁昌大队一部,再次向高岗埠发起进攻,仅半小时就拔掉这个伪据点,歼灭伪军数十名,打通了南陵、繁昌、芜湖三县的交通。4月,皖南支队沿江团一部,夜袭贵池东部的馒头山据点,30余个日军全部被俘,为贵东敌后根据地扫除了一大障碍。7月,皖南支队在师部派去的第五十五团配合下,打下繁昌县中分村据点,消灭伪军300多名。7月下旬,第十九旅攻克巢县盛家桥伪据点,击退增援之敌,歼日伪军300余名。8月10日,第十九旅攻克巢县以西伪据点望城岗,歼伪军800余名。

新四军苏浙军区部队,在粉碎顽军多次大规模进攻,连续三次进行天目山自卫反击作战的情况下,仍不断展开对日伪军的攻势作战。3月上旬,苏南溧阳县西岗区民兵缴获因故障迫降的日军飞机一架,生俘飞行员远藤中尉。活跃在上海近郊的浙东游击纵队(即第二纵队)淞沪支队,由浦东向浦西挺进后,接连取得胜利。同年8月7日,苏浙军区主力在地方武装、民兵的配合下,向苏皖边高淳、郎溪地区的日伪军发动攻势,先后攻克东坝、薛埠、固城、狸头桥、梅渚、涛城等据点13处,歼日伪军1800余名。

在新四军不断取得胜利的形势下,在共产党抗日民族统一战线政策的感召下,位于浙东的国民党军挺进第五纵队司令张俊升率部1000余名,于7月11日举行反内战起义,通电声明接受中国共产党和新四军的领导。7月13日,新四军军部命令张部改编为苏浙军区第二纵队第二旅,任命张俊升为纵队副司令员兼第二旅旅长,王仲良为旅政治委员;原第三、第四、第五支队编为第一旅,纵队副司令员张翼翔兼第一旅旅长。

新四军在1945年1月至8月上旬的攻势作战中,攻克县城及重要据点100余处,歼灭日伪军3万余名,争取4 700余名伪军反正,取得了军事、政治攻势的重大胜利。在华中各根据地人民的大力支援下,新四军经过一年多的艰苦奋战,不仅使被日伪军"扫荡"、"蚕食"侵占的地区得到恢复,而且使解放区得到很大的发展。至大反攻前夕,新四军主力部队及地方武装发展到31万余人,组建民兵96万余人,根据地迅速扩大和巩固,为战略反攻积蓄了力量。

第三节　八路军发动大规模反攻

一　毛泽东、朱德发布全面反攻命令

1945年8月6日和9日,美国先后在日本广岛和长崎各投下一枚原子弹,两地共死伤24万居民。8月8日,苏联对日宣战。9日,苏军随后出兵中国东北。

8月9日,中国共产党中央委员会主席毛泽东就苏联对日宣战,发表《对日寇的最后一战》声明,指出:

  由于苏联这一行动,对日战争的时间将大大缩短。对日战争已处在最后阶段,最后地战胜日本侵略者及其一切走狗的时间已经到来了。在这种情况下,中国人民的一切抗日力量应举行全国规模的反攻,密切而有效力地配合苏联及其他同盟国作战。八路军、新四军及其他人民军队,应在一切可能条件下,对于一切不愿投降的侵略者及其走狗实行广泛的进攻,歼灭这些敌人的力量,夺取其武器和资财,猛烈地扩大解放区,缩小沦陷区。必须放手组织武装工作队,成百队成千队地深入敌后之敌后,组织人民,破击敌人的交通线,配合正规军作战。必须放手发动沦陷区的千百万群众,立即组织地下军,准备武装起义,配合从外部进攻

的军队,消灭敌人。①

10日,日本政府向同盟国发出乞降照会,而日军大本营仍命令各地日军继续作战。为歼灭拒降的日军,中共中央于10日指示各中央局、中央分局和各区党委:

> 应立即布置动员一切力量,向敌伪进行广泛的进攻,迅速扩大解放区,壮大我军,并须准备于日本投降时,我们能迅速占领所有被我包围和力所能及的大小城市、交通要道。以正规部队占领大城及要道,以游击队民兵占小城。②

同日24时,朱德总司令向各解放区所有武装部队发布第一号命令:

> 一、各解放区任何抗日武装部队均得依据波茨坦宣言规定,向其附近各城镇交通要道之敌人军队及其指挥机关送出通牒,限其于一定时间向我作战部队缴出全部武装,在缴械后,我军当依优待俘虏条例给以生命安全之保护。二、各解放区任何抗日武装部队均得向其附近之一切伪军、伪政权送出通牒,限其于敌寇投降签字前,率队反正,听候编遣,过期即须全部缴出武装。三、各解放区所有抗日武装部队,如遇敌伪武装部队拒绝投降缴械,即应予以坚决消灭。四、我军对任何敌伪所占城镇交通要道,都有全权派兵接受,进入占领,实行军事管制,维持秩序,并委任专员负责管理该地区之一切行政事宜,如有任何破坏或反抗事件发生,均须以汉奸论罪。③

---

① 《毛泽东选集》第三卷,第1119页,人民出版社1991年版。
② 《八路军·文献》,第1104页,解放军出版社1994年版。
③ 中共中央文献研究室编:《朱德年谱》,第273—274页,人民出版社、中央文献出版社1986年版。

11日8时、9时、10时半、11时、12时和18时,朱德总司令连续发出第二、第三、第四、第五、第六和第七号命令:令晋察冀、晋绥和山东军区以及在华北之朝鲜义勇队,各以一部兵力向察哈尔、热河、辽宁、吉林等地进发,配合苏联红军作战,消灭抗拒的日伪军;令各解放区部队向本区一切敌占交通要道城镇展开进攻,迫使日伪军无条件投降,对收复的城镇实行军事戒严,维护秩序,保护居民。

为了确保大反攻的胜利,8月11日、12日,中共中央又连续发出指示,要求各战略区迅速组成起地方性的正规兵团,力争占领主要交通线和沿线大小城市。

根据中共中央的指示和毛泽东主席、朱德总司令的命令,八路军、新四军和华南各抗日游击队,利用自己处于抗日最前线的有利态势,迅即对华北、华中和华南地区日伪军占领的大小城镇及交通要道发动大规模反攻。

二 山东军区部队的大反攻

1945年8月11日,八路军山东军区司令部发布向城市进军的命令。15日,将全区主力及基干部队计8个师、12个警备旅和1个海军支队,共21万人,编成五路野战部队,执行全面反攻任务。同时,山东各地由10万余名民兵组成数十个"子弟兵团",开赴前线配合主力部队作战,还动员10万余民工支援前线。

这时,驻山东日军第四十三集团军以及伪军共20余万人,拒绝向八路军缴械投降,纷纷向铁路沿线及城镇收缩集中。国民党山东省政府于8月中旬进驻济南,大量收编伪军,与日军一起对抗八路军。

8月中旬起,八路军五路野战部队在山东军区司令员兼政治委员罗荣桓指挥下,向敌占城镇和交通要道展开反攻。鲁中军区部队首先于8月11日至16日,攻克磁村等据点。19日至25日,攻克临朐、博山,并突入胶济铁路中段,解放益都、莱芜和淄川。尔后,第四师越过胶济铁路,协同渤海军区第七师解放章丘。第三师于27日至31日解放周村和新泰，共俘伪军5 000余人，逼近济南市。滨海军区部队8月21日解放赣榆、青口，控制了日照以南，向胶济铁路东段沿线的日伪军进攻。第一师与滨海支队解放胶县，俘伪军2 000余人，迫使700余人投降并切断胶济铁路东段。

胶东军区部队8月17日攻克威海卫（今属威海市）和牟平。18日至20日，攻占石岛、福山和龙口。21日至23日收复招远、黄县、莱阳和蓬莱。24日解放烟台。26日突破崂山防线，攻占流亭机场和即墨，俘伪军2 000余人，威逼青岛。

渤海军区部队8月17日至23日解放寿光、临邑、高苑（今属高青县）、桓台、广饶、博兴、昌邑，攻克长山、阳信、吴桥、临淄、辛店、淄河店等车站，毙伤俘伪军4 800余人。29日至31日，攻克齐东（今属高青县）、惠民、邹平和青城，从东北方向逼近济南市。

鲁南军区部队，8月18日攻克滋阳以南的官庄车站，切断津浦铁路。19日攻占泗水和曲阜。25日解放台儿庄，从东北方向逼近徐州市。

山东军区部队经过一个多月的大反攻作战，共歼灭日伪军6万余人，解放县城46座；攻克烟台、威海卫等沿海城市、港口6处，攻占火车站35处，切断了胶济、津浦、陇海等铁路，解放了大片国土。山东军区部队发展至27万人，除开赴东北的部队外，主力和基干武装尚有40多个团共20余万人。

三　晋绥军区部队的大反攻

晋绥军区根据中共中央军委赋予的任务，在司令员贺龙、政治委员李井泉统一指挥下，分南北两线开始举行大反攻作战。8月11日，部队向日伪军发出最后通牒，促令晋绥区境内的日伪军立即停止作战行动，在限定时间内缴械。

雁门军区司令员吕正操、副司令员许光达指挥北线大反攻。第一二〇师骑兵一部在地方武装配合下，于8月中旬先后攻占武川、陶林（今内蒙古察哈尔右翼中旗）县城及归绥以东的旗下营、白塔寺车站。第九、第二十七团沿黄河北上会攻归绥,18日攻克归绥(后因国民党军队抢占而退出),包围日伪军300余人。第二、第五军分区部队于16日攻占右玉城,18日收复平鲁及其以北的败虎堡据点。右玉、平鲁等据点日伪军向大同、朔县撤退,第五军分区部队乘胜追击,连克井坪镇、朔县城及其外围据点。至此,同蒲铁路被拦腰斩断,晋绥与晋察冀解放区连成一片。19日晨,独立第二旅第三十六、第三十二团全歼驻清水河县城伪军1000余人,俘300余人,缴马450余匹。20日,第二军分区第五支队在民兵配合下,收复五寨境内的义井、李家坪据点。

吕梁军区司令员兼政治委员张宗逊指挥南线大反攻,调集了第三、第四、第七、第八军分区4个军分区的部队,以太原为中心展开。8月15日至19日,第八军分区部队先后收复汾阳附近的协和堡、太原市以北的思西村、皇后园、南寨等外围据点,并一度攻入太原市以南的太原县(今晋源镇),并在冀晋、太行军区各一部配合下对太原形成包围之势。为策应攻取太原,第六军分区部队攻占奇村、忻口等据点。第三军分区和第八军分区一部分别攻克离石以东的吴城镇和以西的李家垣等据点,并协同第三五八旅第七一六团于21日在芦家滩歼灭由离石撤退的日军第一一四师团一部。至此,晋绥军区部队已逼近归绥、太原两城及平绥、同蒲铁路两侧,日军被迫放弃中小城镇据点,北向大同一带集中,南向太原、汾阳、平遥等地集中,以逃避各个被歼的命运。9月2日后,部队对不投降的日伪军继续反攻,解放了平绥铁路和同蒲铁路沿线的广大地区。

晋绥军区部队在8、9月的大反攻作战中,共毙伤日伪军1.6万余人,俘日伪军5100余人,收复了离石、文水、静乐、神池、朔县、平鲁、清水河、左云、右玉、和林格尔、武川、陶林等县城10余座及大批村镇,解放了大片国土。

四　晋冀鲁豫军区部队的大反攻

8月10日,在延安参加中国共产党七大的八路军第一二九师师长刘伯承、政治委员邓小平致电晋冀鲁豫边区命令各军区，坚决执行朱德总司令的反攻命令，迅速夺取敌占城市，破坏敌交通线。8月13日，刘伯承、邓小平、滕代远又命令各军区迅速扩大解放区，立即扩充野战军，向平汉、同蒲路沿线进攻。各军区随即进行动员，集中兵力向上述地区的日伪军发起猛烈进攻。参加反攻作战的有太行军区、太岳军区、冀鲁豫军区等所属26个军分区的部队，计72个团、7个支队约19万人，另有民兵40余万人配合作战。

8月10日起，太行军区主力7个团组成的西进部队，向山西省以长治为中心的上党地区进攻，后转兵北进沁县、武乡地区，歼灭日军独立第十四旅团及伪华北绥靖军第十二集团军各一部，控制白晋铁路一段。第七、第八军分区部队组成道清支队，于14日起向道清铁路沿线日伪军发动进攻；17日攻占河南省博爱县城，歼灭日军第六独立警备队及伪军共800余人；19日攻占辉县等地。该军区其余各部队分别攻占河北省赞皇、满城和山西省襄垣等县城。

太岳军区主力5个团，向山西省平遥、介休进攻，先后攻克运城盐池、夏县、平陆及茅津渡等大小据点50余处。

冀鲁豫军区13个团组成的中路军，分三个纵队向河南省郑县、开封地区攻击前进，攻占延津、封丘、阳武(原阳)等县城，歼灭日军第六独立警备旅及伪第五方面军各一部共3500余人；另3个团组成的南路军，向开封、兰封(兰考)地区的日军第十二军和伪第五方面军发动进攻。

冀南军区11个团及地方武装组成的北路军，收复了河北省平乡、鸡泽、曲周、广平、冀县、武邑和景县等县城。该军区其他各部队在民兵和游击队的配合下，分别收复山东省西南部的东阿、沛县、平阴、鱼台、金乡等县城和许多据点。

为统一领导晋冀鲁豫的大反攻，8月20日，中共中央决定成立晋冀鲁豫中央局，邓小平任书记；同日成立晋冀鲁豫军区，刘伯承任司令员，邓小平任政委，下辖太行、太岳、冀南、冀鲁豫四个军区。为扩大大反攻的部队，8月，太行区动员3万优秀青壮年参军,太岳区动员2万优秀青壮年参军。至9月2日,晋冀鲁豫部队经过激烈战斗,先后解放了夏县、博爱、平阳、鱼台、辉县、潞城、延津、定陶、阳武等30余座县城。此后,晋冀鲁豫部队向拒绝投降的日伪军发起进攻。9月24日收复河北邢台,歼伪军3000余人。29日解放河南省汤阴县城。10月4日收复河北省邯郸,毙伤伪军200余人,俘伪军1700余人。在此期间,部队还解放了太康、磁县等一批县城。

晋冀鲁豫军区部队在8月至10月的大反攻中,共歼灭日伪军5万余人,收复县城59座,攻克日伪军据点数百处。至此,太行、太岳、冀南、冀鲁豫抗日根据地已连成一片。全区面积达18万平方公里,人口2400余万,军队近30万人,民兵40余万人,成为较大的解放区之一。

五 晋察冀军区部队的大反攻

8月10日,正在延安的中共中央晋察冀分局书记、晋察冀军区司令员兼政治委员聂荣臻致电分局和军区其他领导人,要求全区部队立即向北平(今北京)、天津、保定、石门(今石家庄)、大同、张家口、唐山、秦皇岛、承德、山海关等城市前进,准备接受日伪军投降;冀东军区抽出三个主力团挺进东北,协同苏联军队和东北抗日联军作战,收复东北国土;冀晋军区尽可能抽出两个团向太原逼近,配合晋绥军区部队夺取太原城及其附近地区。据此,晋察冀分局和军区立即作了部署。11日,晋察冀军区向日军华北方面军司令官下村定发出通牒,限令其缴械投降。同时,军区还根据中共中央关于组建正规兵团的指示,先后将38个小团扩编为大团,将地方武装编成62个团,共约11万人,另有民兵63万余人,参加反攻作战。

在日军拒降后,8月12日,晋察冀军区开始大反攻作战。其所属各部队,迅速逼近指定的进攻目标。冀察军区第一、第十一军分区部队及冀中军区第十军分区和冀热辽军区第十四军分区部队一部,由冀察军区统一指挥,从东、西、南三面包围北平。8

月20日，第十四军分区部队一部攻占通县飞机场，另一部攻入顺义县城，经一夜激战，歼灭日伪军500余人，尔后又掩护民兵破坏了从古北口至通县的铁路。第一、第十一军分区部队主力从西南面向北平攻击前进，推进到长辛店、丰台附近。第十军分区一部进至南苑等地。至此，对北平构成了包围态势。

在进军北平的同时，冀中军区集中第八、第九、第十军分区等部队共13个团的兵力，于8月19日夜以天津为主要目标，对北起杨村（武清）、南至唐官屯一线城镇之伪军同时发起进。第九军分区一个团攻入天津西火车站。第十军分区一个团攻占杨柳青、韩柳墅，两个团攻占杨村、北仓等车站及杨村西北的飞机场，切断了平津间日伪军交通线。第八军分区两个团一度攻占静海县城，并配合地方武装攻克了天津以南的陈官屯、唐官屯火车站；另一部挺进天津南郊地区，8月22日，迫使伪军津南自卫团400多人缴械投降，随即进攻天津外围据点，向市区逼近。天津已处在三面包围之中。冀中军区向德石铁路进军的第六军分区部队，攻克束鹿县城，全歼守军。向平汉（京广线北段）铁路和保定进军的第七军分区部队，攻占张登等据点，一度攻入保定市，切断了日伪军平汉铁路交通。

与进军平津相呼应，冀察军区第十二军分区察蒙骑兵支队北上接应南下的苏军；第十二军分区一个团及第十三军分区一个团和一个支队向张家口市进攻。同时，第十二军分区主力停止围攻赤城，向张家口开进，参加夺取张家口作战。8月16日至19日，各部队从东、西、南三面扫清张家口市外围，阻断日伪军退路。20日晨，开始攻城。战至23日，占领张家口及万全县城，共歼日伪军2 000余人，缴获步枪1万余支、轻重机枪20余挺、炮50门及大量军用物资。冀察军区策应作战的部队先后收复涿鹿、尚义、康保、崇礼等县城，使晋察冀解放区与晋绥解放区相连接，并为进军东北创造了条件。

在此期间，冀晋军区第二、第三、第四军分区部队，分别占领了行唐、盂县、平山县城，一度攻入石门和阳曲县城，切断了正太（石太）铁路和同蒲铁路北段，向太原市逼近。第五军分区部队于8月13日攻克兴和县城,22日收复集宁、丰镇等城镇,歼灭日伪军一部,并向大同推进。

冀热辽军区以8个多团的兵力会同地方干部共1.3万余人,分西、中、东三路向热河、辽宁、吉林等省进军。西路从兴隆和围场地区出发,向承德方向前进;中路从喜峰口出长城,向赤峰方向前进;东路(又称挺进东北的前梯队)在攻克抚宁东北的双旺镇、海阳镇等据点后,于8月12日从义院口、九门口越过长城,经都山(青龙)、平泉、凌源,向辽宁省西部地区攻击前进,配合苏军作战。在冀东的部队,攻克唐山外围的古冶、赵各庄等据点,一度切断北宁铁路交通。

在取得一系列胜利后,晋察冀军区决定集中主力巩固察南张家口方面的同时,歼灭拒绝投降的日伪军。冀察军区主力一部在攻克宣化后,于9月19日攻占平绥铁路东段重镇新保安,随后追歼溃逃之日伪军,收复怀来、延庆、永宁等城镇,肃清平绥铁路东段日伪军。冀中纵队第十二旅于9月29日发起蔚(县)广(灵)暖(泉)战役,作战35天,歼灭日伪军3 000多人,解放冀中广大地区。冀晋军区向察南开进的3个团于10月1日攻克阳原县城;在阳高地区作战的第五军分区部队于12日攻克晋东北的浑源县城,共歼伪军1 300余人。至11月2日,察哈尔省全境获得解放。冀热辽军区向热河进军的部队,一路于兴隆迫使伪满军3 800人投降;另一路收复围场、隆化县城,尔后攻占承德;又一路在平泉同苏军会师,迫使伪满军一个旅投降,随即分兵占领凌源、赤峰、朝阳地区。至9月23日,全部肃清了热河省内的日伪军。

晋察冀军区部队在8月至11月的大反攻中,共歼灭日伪军7万余人,解放了察哈尔、热河两省的全部,河北省的大部,山西、绥远、辽宁各一部,收复张家口、宣化、集宁、丰镇、承德、秦皇岛、山海关、绥中、锦州等70多座城市。

八路军的全面大反攻作战,自8月10日开始至10月10日基本结束,持续了两个月的时间,共歼灭日伪军20.1万余人,收复大小城市200余座,使华北和东北的大片国土获得解放。10

月中旬以后,仍有部分残敌尚待肃清,但八路军的主要任务已转为争取国内和平、保卫抗战胜利果实的斗争。

第四节　新四军在华中发动反攻作战

一　日本投降　蒋介石阻挠解放区军队受降

8月14日,日本政府正式通告中、美、英、苏四国,宣布接受《波茨坦公告》;15日,日本天皇以广播《停战诏书》形式,宣布无条件投降。

在此前后,消极抗战、株守西南的蒋介石,妄图独吞抗战胜利果实,力阻日伪军向中国共产党领导的八路军、新四军及其他人民抗日武装投降。8月11日,蒋介石连续发出三道命令:一是命令朱德总司令"所属部队,应就地驻防待命","勿擅自行动";二是命令国民党军"加紧作战"、"积极推进"、"勿稍松懈",对伪军"要宽大为怀,不究既往",对新四军受降"要断然剿办";三是命令伪军"负责维持地方治安",不准向八路军和新四军投降。12日,蒋介石任命大汉奸周佛海为国民政府军事委员会上海行动总队总指挥,负责维持上海市及沪杭一带治安。14日,又委派伪第一方面军司令官任援道为南京先遣军司令官,负责苏南(苏州至南京)一带治安,并令忠义救国军迅速向京、沪、杭、芜挺进,以阻止新四军进入上海、南京等大城市及交通要道。同时对各地的伪军授予国民党军正式番号,庞炳勋、孙良诚、张岚峰、孙殿英、吴化文、郝鹏举、叶蓬等伪军头目,被封为国民党新编第一至第七路军总司令。8月23日,国民政府陆军总司令何应钦命令侵华日军不得向八路军、新四军投降,并"应负责作有效之防卫"。冈村宁次出于本身的利益,按照蒋介石的旨意,下令日军拒绝向共产党领导的抗日军队投降,并宣布将"采取自卫行

动"。伪军在蒋介石的"慰勉"下,自恃是"曲线救国的胜利者",反共更加积极。

中国共产党及其领导的八路军、新四军,对蒋介石搜罗日伪,妄图一口独吞中国人民抗战胜利果实的行为,进行了针锋相对的斗争。朱德总司令继8月10日和11日连续发出进攻命令后,又于8月15日以中国解放区抗日军队总司令名义,致电美、英、苏三国,声明中国解放区和沦陷区一切抗日的人民武装力量,有权根据《波茨坦公告》条款及同盟国规定之受降办法,接受被包围之日伪军投降,收缴其武器装备。8月16日,朱德又致电蒋介石,指出:被解放区军民所包围的日伪军,应由解放区军队受降。同时指派陈毅、李先念为华中地区和鄂豫两省的受降代表。在此期间,中共中央和延安总部还指示各地从各方面做好准备,以独立自主的反攻作战,迫使日伪军向抗日军民投降。

二　新四军展开全面攻势

华中局和新四军军部接到毛泽东主席的声明和朱德总司令的命令后,立即向华中各地日伪军送出通牒,令其限期向新四军缴械投降,就近与新四军各部接洽投降事宜;同时下达了关于进入城市与交通要道后的工作指示,准备夺取南京、上海、徐州、蚌埠、芜湖、武汉、信阳等大中城市及京沪、沪杭、津浦、平汉(信阳至武汉段)各铁路。军政治部发表了告各界同胞书,颁布了进占城市的"约法七章",动员这些地区的党政军民对拒不投降的日伪军全力进行反攻作战。根据地的广大群众在"一切为了支援前线,一切为了战争胜利"的口号下,掀起了新的参战热潮,组成了"反攻团"、"反攻营"以及支前民工大队等。苏中军区在三天内就组编了3个旅17个步兵团。各主力兵团的兵员迅速得到补充。

日本投降消息公布后,应蒋介石之请,美军即派出2个师在上海、青岛、天津登陆。继又派出大量飞机、军舰,把远在西南大后方的国民党军主力部队,加紧运往上海、南京、广州、武汉、徐州、济南、天津、北平、山海关、包头、太原、郑州等重要城市及交通枢纽，抢占地盘，掳掠资财；并准备在控制各大城市及交通要道后，向解放区进逼。中共中央根据形势发展变化和国共力量的对比情况，于8月12日确定必须力争占领交通线和沿线中小城市，同时确定了新四军的部分任务。江南部队不作占领大城市的打算，就地向四周发展。同日，陈毅在延安致电华中局和李先念、郑位三，提出了执行中共中央12日指示的具体部署建议：江南方面应立即有计划分路发动进攻，占领吴兴、长兴、宜兴、溧水、郎溪、广德、金坛、句容、高淳诸城镇及太湖西岸各地和浙西敌后各县，造成整片统一的农村局面，作为坚持斗争的基础。京沪沿线之中小城市不宜占领，占领时不作久留打算。江北方面应将津浦路以东，长江以北，陇海路以南，运河两岸一整块地区打成一片，占领所有城市，解放所有土地，打下长期坚持和巩固根据地的基础。第二、第三、第四师主力迅速出动，占领并巩固津浦路沿线，准备攻徐州、蚌埠两点。苏中部队在第二师协助下，负责解决孙良诚、陈泰运等伪军。第七师皖南部队应打通与苏南的联系，位于巢县、无为地区的部队应坚持就地斗争，不能坚持时可退至第二师地区协同作战。8月中旬，新四军各师、各军区即按照上述部署，就地向四周日伪军展开了全面反攻。

在长江以南，苏浙军区主力和地方武装、民兵配合作战，至8月20日，先后攻克了长兴、金坛、溧阳、溧水、句容5个县城，同时占领了天王寺、宝埝、张渚、薛埠、东坝等18个大集镇，抵近京沪线。第二纵队拔除了宁波外围和三北地区之江桥、西城桥、周巷、庵东、观海卫、浒山、墩胜山等30多个伪军据点。该部淞沪支队还逼近上海西火车站，攻入北新泾及大团、七宝等镇，收复了南汇县城。第七师皖南支队沿铜陵、繁昌向东北推进，并在共产党组织的地下军配合下，一度攻芜湖市区。

在长江以北，各军区地方兵团和广大民兵，在主力兵团一部配合下，广泛展开反攻作战。淮南部队攻克了盱眙、嘉山、来安、天长、六合、定远6个县城，占领了津浦铁路沿线之张八岭、施家集和淮南铁路水（家湖）蚌（埠）段之炉桥、刘府等地，切断了津浦路,进逼滁县(今滁州市),自北面威胁南京,争取了南京外围的警卫第三师3 000余人反正。淮北部队攻克了泗县,逼近徐州以南之津浦路,迫使双沟伪军全部投降,宿迁、泗阳之日伪军纷纷逃窜。苏北部队攻克了沭阳县城。苏中部队攻克了三垛、河口、黄桥、姜堰等集镇,拔除了掘港、金沙、新港等日伪据点30余处,解放了扬中全境,包围了高邮、宝应之日伪军。第七师江北部队攻克无为县城及襄安、运漕、雍家镇、望城岗等地。

新四军第五师命令各军分区动员全部力量,迅速占领日伪军盘踞的广水至汉口、信阳至漯河铁路一线,黄陂至孝感、黄陂至黄安(今红安)公路一线,以及京山、应城、皂市等市和黄陂、叶县、应山、沔阳、潜江、舞阳等县城,并就地向四周扩展,占领重要城镇,迫使日伪军投降。各军分区对拒不缴械投降之日伪军进行猛烈攻击,经10余天战斗,攻克了中小市镇12个,毙伤俘日伪军3 500余人。

从8月10日至22日,新四军各部(不含第五师)在大江南北、淮河两岸、津浦沿线的反攻作战中,共解放县城19座,重要市镇近200个,歼灭日伪军1.2万余人,取得了全面反攻的初步胜利。

三 进一步反攻 苏中、苏北、淮南、淮北连成一片

8月22日,中共中央、中央军委在关于目前任务与方针的指示中指出:"蒋介石利用其合法地位接受敌伪军投降,敌伪只能将大城市及交通要道交给蒋介石。在此形势下,我军应改变方针,除个别地点仍可占领外,一般应以相当兵力威胁大城市及要道,使敌伪向大城市要道集中,而以必要兵力着重夺取小城市及广大乡村。"[①]8月24日,毛泽东又致电中共中央华中局并粟裕、叶飞,指出力争占领小城市及乡村,迅速设法占领运河沿线及串场河沿线各城市,将苏中、苏北、淮南、淮北打成一片,并应尽量

[①] 《八路军·文献》,第1 119页,解放军出版社1994年版。

占领南京、太湖、天目山之间的许多县城,创建苏、浙、皖边纵横数百里的广大根据地。

8月25日,陈毅由延安启程返华中。26日,中共中央任命陈毅为新四军军长、中共中央华中局副书记,饶漱石为新四军政治委员、中共中央华中局书记。

8月下旬,新四军各师、各军区对日伪军展开进一步反攻。在长江以南,苏浙军区攻克了安吉、郎溪、广德、宜兴、高淳等县城,河头、卜弋桥、蜀山、和桥、梅溪、湖熟、小丹阳等数十个重要市镇,以及澄、锡、虞三角地带内之全部市镇,控制了石臼湖、南漪湖、长荡湖、滆湖、溧(水)武(进)公路,逼近常州城下。浙东部队再次攻克了上虞县城,控制了三北和四明两地区纵横数百里的地区。第七师皖南支队继续扫清芜湖周围的据点,控制了北至当涂、南至青弋江、东至宣城的大片乡村,打通了与苏浙军区的通道。

在长江以北,苏中军区于8月23日攻占宝应县城,控制了南迄高邮、北至淮安100余公里的运河线,继而挥师南下,攻克兴化、靖江、崇明等县城。其中兴化攻坚战全歼伪军第二十二师师长刘湘图以下5 000余人,迫使日伪军放弃了东台、启东、海门等县城和湖垛(今建湖县治)、栟茶、丰利、刘庄、草堰、白驹等市镇100余个,使苏中的江都、高邮、宝应、南通、如皋、海门、启东诸县连成一片。苏北部队攻克涟水县城,包围了淮阴、淮安两城。淮北部队攻克了五河、永城等县城,扫除了萧县外围、浍河以南、涡河以北所有日伪据点,拔除了宿县西南之孙疃伪军据点,直逼宿县城下,并向陇海铁路徐州至砀山段猛攻。淮南部队攻克上窑(怀远南)、武店(蚌埠南)等十余处日伪据点后,逼近了凤阳、怀远两县城。第七师江北部队攻克了巢县以南、长江以北地区的所有日伪据点,收复了淮南铁路南段的裕溪口、铜闸、沈巷、林头、东关等车站。

华中根据地各级党政机关和人民群众,对新四军的反攻作战给予了全力支援,广大民兵积极配合主力部队作战。在宝应、靖江战斗中,有5万民兵和群众配合部队围困日伪军达10天。

在兴化战斗中,三垛人民两天内就加工米面9万余斤,星夜送往前线。

从8月10日至9月2日,华中解放区军民积极贯彻中共中央和毛泽东的指示,严格执行延安总部和朱德总司令的命令,全力向一切拒不投降的日伪军进攻。在20余天的作战中,共解放县城32座,重要市镇400余个,歼灭日伪军2.8万余人,基本上完成了占领武汉外围的广阔地区和南京、太湖、天目山之间的广大乡村及许多县城,将苏中、苏北、淮南、淮北连成一片的任务。

第五节 东北抗日联军配合苏军解放东北

在苏联红军向东北发起进攻的前后,坚持了14年抗日斗争的东北抗日联军也奋起参战,掀起了抗日大反攻,在解放东北的过程中发挥了十分重要的作用。

从1945年7月下旬开始,直至8月9日凌晨,抗联教导旅先后抽出数百名指战员组成先遣小分队,按照苏军各路部队的预定进攻方向,分期分批空降到牡丹江、鹤立岗、海拉尔、满洲里、洮南、鲁北、通辽、开鲁、扎赉诺尔、索伦、赤峰、长春、蛟河、长白、辉南、海龙、磐石、拉法等地,执行战前侦察和协助大部队进攻的任务。

各抗联小分队以机智、果敢的行动出色地配合了苏军的进攻;同时大力发动群众,建立抗日武装,阻击溃逃日伪军,摧毁日伪政权,充当了解放东北的尖兵和先锋队。

在苏军向东北发起进攻时,一直在东北境内坚持抗日游击战争的抗联各部队也一跃而起,以各种战斗方式扰敌后方,与苏军一起对日伪政权实行内外夹击,在战斗中与苏军会师。

长期活动于延边地区的朴更芝抗联小分队,在苏军进攻开始后的数日之间迅速扩大为数千人的大部队,在苏军尚未到达时就已威震敌胆,浩浩荡荡地攻城夺镇,为延边地区的解放立下了汗马功劳。在三江平原地区,抗联小部队的活动本来就很活跃。大反攻开始以后，这些小部队迅速发展壮大，积极参加了解放饶河、宝清、富锦、同江、汤原等地的战斗。从1942年起一直在北满地区领导抗联小部队斗争的于天放，在被日军俘获并宣布死刑的当天夜里越狱逃出，正逢苏军进攻开始。他随即联络旧部，发动群众，在北安一带组建了人民自卫军，并与王明贵、张瑞麟、王钧、陈雷等率领的抗联先遣队会合，在敌后向日军发动猛攻，有力地配合了苏军的行动。

在抗联各分遣队以各种方式投入反攻之时，教导旅主力也在积极备战。但是，由于形势的变化和其他原因，抗联教导旅没能成建制地参加反攻东北作战。按照苏军的建议，抗联教导旅宣布解散，旅内的中、苏、朝人员分赴各地。400多名朝鲜抗日战士直接返回朝鲜。余下的330名东北抗联指战员（已在东北的各类小分队除外）由周保中、李兆麟率领，分期分批返回东北，收复各大、中、小城镇。考虑到苏联与中国国民党政府的外交关系，苏联决定让东北抗联以苏军的面目返回东北。为此，苏军给全体抗联将士授衔，全部发给苏军的军官证书。各地抗联主要负责人一律担任苏军卫戍区副司令，其他抗联人员也都任命适当职务。于是，在特殊的历史条件下，东北抗日联军的指战员们身着苏式军装，肩负着特殊使命踏上了光复东北、建立新的东北革命根据地的征程。

1945年8月28日，抗联教导旅召开了最后一次军官会议，周保中宣布行动方案和各组人员名单。东北抗联组成了新的中共东北地区委员会，即辽吉黑临时党委会，其成员有周保中、李兆麟、冯仲云、卢东生（宋明）、姜信泰、金光侠、王明贵、彭施鲁、王一知（女）、刘雁来、王钧等人。

9月6日，第一批抗联人员170余人返回东北。其中李兆麟率数十人进抵哈尔滨地区；王效明率30余人飞抵吉林地区；姜信泰率30余人飞抵延吉地区。9月7日，彭施鲁率领第二批抗联人员40多人飞抵佳木斯，同挺进该地区的八路军孙靖宇、李范五、李延禄等会师一处。9月8日，周保中率第三批100余名抗联指战员，分乘4架飞机飞抵长春、沈阳等地。周保中等立即在长春成立了中共东北地区委员会的工作机构和东北人民自卫军（由抗联改称）总司令部，使长春成为抗联收复东北的总指挥部，并很快与中共中央取得联系。9月9日，最后一批抗联人员离苏返回东北，王明贵、范德林、董崇彬等分率各组人员赶赴齐齐哈尔和大连等地。

上述各组抗联人员进入指定地点之后，立即投入接收工作，迅速建立了大小57个战略据点。其中大中战略城市11个，包括哈尔滨、牡丹江、佳木斯、齐齐哈尔等，小战略点46个。全体抗联人员进入战略据点后，立即协助苏军肃清日伪残余势力，维护社会治安，同时抓紧时机发动群众，建立党的组织，建立人民武装和人民政权。到10月下旬，东北人民自卫军的总兵力发展到7万余人。①

在长达14年的抗日战争中，东北抗日联军在艰苦卓绝的环境中坚持抗战，共歼灭日伪军17万余人，3万名抗联将士为国捐躯，其中师以上干部百余人。他们的长期斗争，有力地配合了全中国的抗战，也支持了苏联的卫国战争。

一些朝鲜的共产主义者和爱国志士，也加入了东北抗联，与中国人民并肩作战，共同抗击日本侵略者，许多人为此献出了宝贵的生命。

第六节　华南独立纵队解放大片国土

1944年12月3日，中共琼崖特委发出《关于当前局势及对策的紧急指示》，指出：日军为对付盟军反攻，可能采取措施作最后挣扎，国民党顽固派仍然不放弃反共反人民的反动政策，因此我们要继续警惕日军和顽固派的险恶策略阴谋，做好反攻的准备工作。12月12日，琼崖特委再发出《为迎接反攻加速准备工

---

①　李惠：《东北抗日联军斗争史简编》，第164页，解放军出版社1987年版。

作的指示》，指出"战争在琼崖的结束，可能是明年秋季"，号召全琼党政军民要在最近几个月中，开足马力进行准备工作，以使我们有足够的力量驱敌出琼。为了做好反攻准备工作，指示提出了一系列具体要求：（一）独立纵队的补充：各支队每个连队应补足战斗员，到琼崖抗日战争胜利结束前，全军扩大到四个旅十二个团的力量。（二）常备队和后备队的组织：依照东北区抗日民主政府县长联席会议的决定，各乡后备队改名为"反攻预备队"，一律以组为单位，每组十人。（三）党员后备军的动员：各县至少应将党员后备军全部组织成员的1/10动员上前线，参加独立纵队，适合做军事工作的干部随时准备调到部队去。（四）军政干部的培养：每个支队务必培养五个大队军政干部，每个中队必须有两套中队干部，每个小队须有两套正副小队长及政治服务员，每个班须有两套正副班长；各县地方武装干部，由各县政府开办排、班级干部训练班培养，训练班的军事教官，由各支队派给。（五）军需生产：各支队军械厂应改进技术，提高生产力。（六）经济准备：各县应立即发起"一弹反攻运动"，要求每户至少要贡献出一粒子弹（也可以钱代弹），充实部队反攻的财力物力。

在琼崖特委发出指示后，各地军民投入了紧张的准备工作。1945年夏天，挺进支队进入五指山区。第一支队解放了琼山、文昌、澄迈三县一半以上的土地，小部队经常进入府城、海口郊区和市区活动，袭扰敌人。第二支队在昌感地区解放了大片土地。第三支队向陵水、保亭、崖县挺进，解放了三个县2/3的土地。第四支队在临高、儋县积极打击日伪军，扩大解放区。

1945年8月23日，挺进支队向毛栈、毛贵进军，在什统黑击溃顽军保六团的一战斗中，缴获了敌军文件，得悉日本侵略者已无条件投降。9月2日，日本政府正式签署了解除武装、履行《波茨坦公告》的投降文件；接着，侵琼日军也正式宣布无条件投降。琼崖历时八年的抗日战争至此胜利结束。

日军投降时，琼崖解放区人口已达100万以上，占全琼人口将近一半。琼崖纵队发展到7700多人，其中第一支队1600多人,第三支队1400多人,第二支队900多人,第四支队1400多人,挺进支队1400多人,特务大队300多人;县、区抗日民主政府基干队2000多人,还有不脱产的反攻预备队9000多人。

在八年抗战中,琼崖抗日部队对日伪作战2200余次,毙日伪军3500余人,伤日伪军1900余人,俘虏日伪军150余人,日伪军起义反正300余人;缴获轻重机关枪51挺,掷弹筒11具,手提机关枪16挺,长短枪2100余支,各种炮弹400余发,各种枪弹75000余发,各种物资一大批。

在抗日战争中琼崖军民也付出了很大代价。据不完全统计,琼崖独立纵队指战员牺牲5600余人,遭受日伪军杀害的人民群众达20多万人,房屋、财物遭受的破坏损失无法计算。

第七节　抗日战争的最后胜利

自1945年8月9日毛泽东发表《对日寇的最后一战》声明,8月10日、11日朱德连续发出全面反攻的命令后,八路军、新四军和其他人民武装向日伪军发起猛烈进攻,解放县以上城市150余座。

1945年9月2日,日本代表在向同盟国的投降书上签字,日本军队128万人向中国投降。至此,中国抗日战争胜利结束,世界反法西斯战争也胜利结束。

1945年9月3日,陕甘宁边区政府发出通知:边区政府为庆祝抗战胜利,特决定各机关、团体、学校、部队,于9月3、4、5日放假三天,以示庆祝。9月5日,延安军民举行了庆祝抗战胜利大会。从此,9月3日就成了中国人民抗日战争暨世界反法西斯战争胜利纪念日。

中国的抗日战争,是世界反法西斯战争的重要组成部分,是世界反法西斯战争的东方主战场。中华民族为赢得抗日战争的胜利作出了巨大牺牲。据统计,战争中中国军民伤亡3500万人,直接经济损失1000亿美元,间接经济损失5000亿美元。

中国的抗日战争,是在中国共产党主张建立的抗日民族统一战线旗帜下,以国共合作为基础,全国各族人民共同进行的抵抗日本帝国主义侵略的正义战争。它也是近代以来中国反对外敌入侵第一次取得完全胜利的民族解放战争,成为中华民族由衰败到重新振起的转折点,为中国的独立和解放奠定了基础。

中国抗战的历史表明,中国共产党领导的八路军、新四军及其他抗日武装,是团结抗战的中流砥柱,是取得抗战胜利的中坚力量。八路军、新四军、华南游击队以及东北抗日联军,在抗日战争中对敌作战125 165次,消灭日军527 422人,伪军1 186 695人,缴获敌长短枪682 831支,轻重机枪11 895挺,各种炮1 852门。在抗战中,八路军、新四军等人民军队共伤亡60余万人,其中团以上干部1 500余人。敌后抗日根据地的人民群众牺牲更大,伤亡600余万人。其中,晋察冀根据地伤亡的群众约71万人,晋冀鲁豫根据地的群众约120万人。

通过抗日战争,大多数中国人对共产党及其领导的人民军队有了正确的认识。

第十三章　争取和平民主准备应付内战

第一节　抗战胜利后的国际国内形势

一　国际形势的变化

中国人民经过八年的浴血抗战,终于取得了抗日战争的胜利。同时,反法西斯的第二次世界大战胜利结束。国际形势随之发生巨大变化。

变化之一,来自资本主义世界内部。战前的帝国主义六强,德、意、日已经战败,失去大国地位。法国曾败于德国,遭受重创,英国也元气大伤,实力骤降。英、法两国虽居于战胜国之列,但已失去昔日在凡尔赛体制中的光彩,只能在国际舞台上充当配角。只有美国因战得利,第二次世界大战使其经济、军事、政治力量急剧膨胀。经济上,比战前增加一倍以上。战争结束时,它的黄金储备已达 200 亿美元,几乎占世界总量 330 亿美元的 2/3,工农业产品占世界总量的 1/3,船舶总吨数占世界的一半。军事上,其军队数量由战前资本主义世界第十七位上升到第一位,欧战结束时达到 1 200 万,日本投降时也还有 829 万,并且拥有世界上最强的海军,更重要的是,它还垄断着具有"超杀"水平的原子弹。它控制着日本和拉丁美洲,政治、军事势力也伴随着战争伸展到亚太、南亚和欧洲的一些地区。

变化之二,是以苏联为首的社会主义势力迅速增长。第二次世界大战虽然使苏联人力、物力、财力遭受重大损失,但苏联是世界反法西斯的主要力量之一，在战火中锤炼出一支强大的军事力量。苏联军队数量与美国基本相当，但其陆军为世界之最，曾横扫东欧、中欧和远东地区，成为战后欧亚大陆上的头号军事强国。它的政治影响，也带到了它所控制的地区。总的来说，战后的国际形势，进入了"雅尔塔体制"时代。所谓雅尔塔体制，实质上就是以美、苏两个超级大国为主的世界两极格局。

在各种力量对比发生巨大变化，而又自认为处于绝对优势的情况下，美国追求世界霸权的欲望也逐渐上升。早在1941年，美国总统顾问亨利·勒斯就宣称20世纪应当成为"美国的世纪"，是"美国在世界上居统治地位的世纪"。① 美国总统罗斯福也表示美国应负起领导国际社会的责任。他在1944年10月21日发表的美国外交政策中说："吾国因拥有道义、政治、经济及军事各方面之力量，故自然负有领导国际社会之责任，且随之亦有领导国际社会之机会。吾国为本身之最大利益以及为和平与人道计，对于此种责任，不能畏缩，不应畏缩，且在事实上亦未畏缩。"② 在1945年4月13日的讲稿中，他还写道："强大的力量要承担重大责任……我们作为美国人并不打算拒绝接受我们的责任。"③ 继罗斯福之后的美国总统杜鲁门，"领导世界"的意识更为上升，他声称美国是"经济世界的巨人"，"全世界应该采取美国制度"。④ 总之，战后美国的世界战略，由战前的"门罗主义"变为向世界扩张的"全球主义"。

杜鲁门于1945年10月，在《军事任务和目的》、《外交基本原则》等讲话中一再宣称，在军事上"能够一声令下就动员起一支强大而装备精良的陆海空军事力量"；在国外建立必要的军事基地，"作为外交政策的基础"，以"保卫美国"和"运用他们的力

---

① 葛罗米柯：《核时代新思想》，第6页，新华出版社1989年版。
② 《国际关系史资料选编》(1945—1980)，第67—68页，武汉大学出版社1983年版。
③ 《罗斯福选集》，第522页，商务印书馆1982年版。
④ 托马斯·帕特森等：《美国外交政策》下册，第601页，中国社会科学出版社1989年版。

量命令全世界朝着美国模式的民主资本主义走去"。在政治上"帮助战败国建立""和平民主政府"。① 对于苏联,他认为"从马克思时代起,社会主义就始终只追求一个目标",即"奴役世界"②;苏联是美国实现世界霸权、建立美国模式的全球体系的最大障碍,因而对其应采取"遏制战略",即"一种长期的、耐心而又坚定的、警惕地遏制俄国对外扩张倾向的政策"③。

战后的苏联,最初主要是"只关心自身的安全和建立一条由对苏友好国家组成的缓冲带"④,它推行的是"安全战略"。但在苏联控制的地区,也同样要建立社会主义的制度。斯大林在1945年4月曾明确地对南斯拉夫共产党代表团说:

> 这次战争和过去的不同,无论谁占领了土地,也就在那里强加他自己的社会制度。凡是他的军队所到达之处,他就强加他自己的社会制度,不可能有别的情况。⑤

他说的固然是扩张社会主义,但在国际主义的旗号下,隐藏着苏联的国家利益。基辛格曾说过:斯大林的"最高原则还是装上共产主义意识形态的苏联国家利益"⑥。

国家利益和意识形态的完全对立,导致美、苏两个超级大国的对抗。但是由于雅尔塔体制是建立在美、苏力量对比相对平衡基础之上的,因此,双方的决策者为了各自的利益,都极力避免直接武装冲突,而是把争夺与反争夺的场所置于欧亚等广大的中间地带。这样,苏联的安全战略,就发展为"巩固用巨大代

---

① 《战后国际关系史纲》,第16页,世界知识出版社1989年版。
② 葛罗米柯:《核时代新思想》,第11—12页,新华出版社1989年版。
③ 乔治·凯南:《美国外交》,第94页,世界知识出版社1989年版。
④ 斯大林对印度大使拉达克里希南说的话,印度大使转告了美国大使馆临时代办,记录于美国国务院电报摘要。转引自华庆昭《从雅尔塔到板门店》,第234页,中国社会科学出版社1992年版。这虽然是在朝鲜战争中苏联不出兵的实际说明,不过也说明了苏联的安全战略。
⑤ 米洛凡·吉拉斯:《同斯大林的谈话》,第85页,世界知识出版社1989年版。
⑥ 亨利·基辛格:《大外交》,第353页,海南出版社1997年版。

价才赢得的胜利;保障苏维埃国家和其他爱好自由的民族免受反动势力新的侵犯"①。

二 美国对华政策

抗日战争时期的美国对华政策,大致可分为三个阶段:1937年卢沟桥事变至1939年第二次世界大战爆发,美国基本上是抱利己主义的中立态度,既在道义上支持中国抗战并提供少量贷款援助,又修改中立法,向日本提供石油、废钢铁等战略物资;1940年至太平洋战争爆发,美国开始援助中国,抑制日本;1942年至1944年秋,中国抗战在世界反法西斯战争中的地位大为提高,美国与中国结盟。1940年至1944年秋这两个阶段,美国对华政策的实质,是充分利用中国的人力资源和利用中国大陆作为进攻日本的基地,在对国共两党的关系上是支蒋容共抗日。1944年11月,罗斯福批准的、白宫助理埃尔赛所作的对华援助小结,可充分说明这个问题。小结说:美国政府旨在使中国起到牵制"大部日军和作为对日本发动有限进攻基地"的作用。因此,政府对华政策是"让中国打下去,通过训练她的士兵,补给她的部队,对她的陆军进行空中支援和促进不同政治集团之团结,使中国成为一个卓有成效的军事上的盟友"②。1944年冬以后,对日战争这个主要矛盾即将解决,国共两党逐渐突出的矛盾成为美国对华政策面临的主要问题。美国对华政策遂由支蒋容共抗日转变为扶蒋反共。

1944年冬以前,美国希望为打败日本而尽可能利用中国的人力资源,因此主张中国一切抗日力量团结抗击日本,不赞成国民党进攻共产党,而希望国共分歧通过政治途径解决。1941年初皖南事变发生后,1月24日,美国国务院宣布,美国对中国国

---

① 瓦·米·别列日科夫:《外交风云录·续篇》,第164页,世界知识出版社1982年版。
② 杜鲁门图书馆存埃尔西文件第一盒,中国卷(1),转引自华庆昭《从雅尔塔到板门店》,第234页,中国社会科学出版社1992年版。

共之内争表示关怀,同时美国政府暂停了计划中的对华贷款的实施。① 2月8日,罗斯福让其行政助理居理对蒋介石说,据他的观察:"中国之共产党员,似与我等所称之社会党员,无甚差别。彼等对于农民、妇女及日本之态度,足值吾人赞许……深盼能排除异见,为抗日战争之共同目标而加紧团结。"② 3月7日,美国远东司司长汉密尔顿又向中国驻美大使胡适及访美的宋子文说:"国共之间不和的后果远比起因更为严重","美国对中国的团结和稳定至感关切。"③

1942年11月和1943年3月,周恩来与美国驻华使馆参赞范宣德、中缅印战区司令部顾问谢伟思谈话时,表示欢迎美国派一批军官作为观察员,去陕、晋搜集情报。美国认为周的建议很好。通过罗斯福三次致电和副总统华莱士1944年6月访华时亲自交涉,蒋介石才同意美国的要求。1944年7月和8月,美国分两次各派9人到达延安。中国共产党及其军队领导人毛泽东、朱德、周恩来、彭德怀、叶剑英、聂荣臻、陈毅、林彪等,都会见过观察组成员并分别介绍有关情况。观察组成员自己也进行参观和考察,如参观了第三五九旅的训练,参观了抗日军政大学,还到晋察冀、晋绥等抗日根据地实地考察。在向美国政府的报告中,观察组成员这样评价中共军队:

> 这是一支年轻的、经过战斗锻炼的、受过良好训练,伙食、穿着都不错的志愿军队,这支队伍身体素质极好,情报工作水平很高,士气旺盛。④

---

① 参见《中华民国重要史料初编——对日抗战时期·战时外交》,第535页,台湾中国国民党中央委员会党史委员会1981年印。
② 参见《中华民国重要史料初编——对日抗战时期·战时外交》,第543页,台湾中国国民党中央委员会党史委员会1981年印。
③ 《美国外交文件》1941年第5卷,第611页,转引自陶文钊《中美关系史》,第255页,重庆出版社1993年版。
④ 观察组组长包瑞德7月31日、9月30日的报告,原件藏美国国家档案馆,第319类,第4187厘,转引自陶文钊《中美关系史》,第310页,重庆出版社1993年版。

那里不存在铺张粉饰和礼节俗套,言辞和行动上都是如此,官员和人民与我们的关系,以及中国人相互之间的关系,都是坦诚、直率和友好的。

这里没有失败主义,而是信心十足,没有厌战情绪。①

他们报告说:在华北地区,"日本人只占领了狭窄的地带,其他地方都在我方控制之下"。"共产党得到当地百姓的完全支持","人民与八路军完全团结一致"。②

1944年11月,赫尔利任美驻华大使后,美国对华政策发生大的转变。赫尔利首先把同情中共、报告实际情况的"中国通"清洗掉,并宣称美国的政策是无条件支持中国国民党政府和蒋委员长③。1945年1月15日,他又在大使馆召集全体美国驻华官员训话,说他所奉的指示,是阻止国民政府崩溃,还说美国的既定政策是"支持蒋介石为政府委员长和军队统帅"④。此后,美国对华政策完全转变为扶蒋反共。

政策的转变,当然不是赫尔利所能决定的,真正的决策者是罗斯福。"作为一个关心限制苏联影响和势力扩张的民主主义领袖,他不能欢迎一个中国共产党政府的前景。"⑤罗斯福在大战期间就曾不止一次地说过:"在同俄国任何严重的政治冲突中"⑥,中

---

① 约瑟夫·W·埃谢里克编著:《在中国失掉的机会——美国前驻华外交官约翰·S·谢伟思第二次世界大战时期的报告》,第180页,国际文化出版公司1989年版。
② 约瑟夫·W·埃谢里克编著:《在中国失掉的机会——美国前驻华外交官约翰·S·谢伟思第二次世界大战时期的报告》,第180—184页,国际文化出版公司1989年版。
③ 参见伊·长恩《中国通:美国一代外交官的悲剧》,第185页,新华出版社1980年版。
④ 参见郭荣赵《中美战时合作之悲剧》,第546页,台湾"中国研究中心出版社"1970年版;《美国对外关系文件集》1945年第7卷,第220页,转引自王淇主编《从中立到结盟》,第481页,广西师范大学出版社1996年版。
⑤ 罗伯特·达莱克:《罗斯福与美国对外政策》(1932—1945),第763页,商务印书馆1984年版。
⑥ 迈克尔·沙勒:《美国十字军在中国》(1938—1945),第92页,商务印书馆1982年版。

国国民党都"将站在我们一边。"①所以实行扶蒋反共政策并不是美国的最终目的,它的最终目的是以此来遏制苏联。

日本投降之时,美国的许多决策人物都认为,根据中共的性质、意识形态及以往的态度,很难设想美国的任何一种利益能在这样的共产主义国家中得到发展。魏德迈②在其回忆录中说:

> 今天,由于出现了强大的苏俄,中国也是世界上两个最强大国家即苏俄与美国的政治和经济的角逐场所。中国共产党的胜利将使中国成为苏俄的一个傀儡国家,一旦如此,苏俄就将实际上控制欧亚两洲。③
>
> 如果我们要实现对华政策,那就不能允许俄国这样做。④

美国总统杜鲁门更认为:

> 中国的共产主义问题和其他地方的政治问题有很大区别。蒋介石所面临的不是一个分散在全国人民中的富有斗争性的政治上的少数派,而是面对着一个控制了一部分土地和大约1/4人口的敌对政府。
>
> 在中国还有近三百万的日本人,其中约有一百万以上是军队。
>
> 我们在中国的处境很少有选择的余地。我们不能对这

---

① 迈克尔·沙勒:《美国十字军在中国》(1938—1945),第99页,商务印书馆1982年版。
② 1944年11月,美国政府将其派往中国,指挥驻华美军,并兼任中国战区参谋长。
③ 《美国外交文件》1945年第7卷,第633页,转引自陶文钊《中美关系史》,第384页,重庆出版社1993年版。
④ 《美国外交文件》1945年第7卷,第659页,转引自陶文钊《中美关系史》,第385页,重庆出版社1993年版。

种局势简单地不加过问。①

因此,美国采取了以下的政策:
第一,帮助国民党军抢占战略要点。
杜鲁门非常了解日本投降时国民党军的情况:

  蒋介石的权力只及于西南一隅,华南和华东仍被日本占领着,长江以北则连任何一种中央政府的影子也没有。

  由于共产党人占领了铁路线中间的地方,蒋介石要想占领东北和中南就不可能。②

为使国民党军能抢占沦陷区各战略要点,早在7月底,魏德迈就与蒋介石、宋子文达成协议:由美国帮助国民党军占领华北的重要港口和城市,美国海军陆战队将扼守战略要地,直到蒋介石的正规军队能够加以控制为止。8月10日,美国参谋长联席会议指示魏德迈:全面援助国民党军队努力取得所有被解放的地区和装备,拒绝共产党人对日军受降和收复失地,并允许他可以把蒋介石的军队向北运到他们肯定要同共军发生冲突的地方去。

为此,美蒋共同拟定了一个由美国海空军把国民党军队运往各战略区接受日军投降的计划。这个计划的实施情况,据魏德迈事后给艾森豪威尔的信中说:

  领先收复失地的整军整师的军队由美国飞机空运到上海、南京和北平。从太平洋调来美国第七舰队的一部分军舰,把中国军队运进华北,另外有5.3万名的海军陆战队占领平津地区。负有军事占领任务的中国部队的空运工作,

---

① 《杜鲁门回忆录》第2卷,第73页,生活·读书·新知三联书店1974年版。
② 《杜鲁门回忆录》第2卷,第72页,生活·读书·新知三联书店1974年版。

由第十和第十四航空队负责,这无疑是世界历史上最大的空中军队调动。成千上万的中国军队被运往主要城市以接受当地日军的投降和解除日军的武装。①

以上事实说明,美国的行为对帮助蒋介石抢夺胜利果实和发动内战起了相当重要的作用。

第二,阻止八路军、新四军受降。

日本投降时,在中国尚有日军100多万和伪军近100万人。作为中国抗日战争的主要力量之一,抗击着60%的侵华日军和90%以上伪军的八路军、新四军,无疑具有对日伪军的受降权。可是美国为了"在军事上支持蒋介石",却以所谓避免内战为借口,阻止八路军、新四军受降。1945年8月11日,朱德总司令发出迫使日军投降的命令。8月12日,美驻华大使赫尔利致电国务卿:"如果美国和联合国允许中国的一个武装的政党接受日本投降,并缴获日本人的武器,那么中国的内战便将是不可避免的。"②他建议日本须将所有在中国的武装交给国民政府。这正符合美国决策者们的意图。杜鲁门于15日向驻日盟军司令麦克阿瑟发布第一号命令,其中指令所有在中国(东北除外)的日本陆海军都只能向蒋介石投降。③

朱德以第十八集团军总司令的名义于16日给蒋介石的电报中说明:

> 请你制止内战。其办法就是:凡被解放区军队所包围的敌伪军由解放区军队接受其投降,你的军队则接受被你的军队所包围的敌伪军的投降。这不但是一切战争的通

---

① 迈克尔·沙勒:《美国十字军在中国》(1938—1945),第263—266页,商务印书馆1982年版。

② 《美国外交文件》1945年第7卷,第575页,转引自陶文钊《中美关系史》,第380页,重庆出版社1993年版。

③ 《美国外交文件》1945年第7卷,第530页,转引自陶文钊《中美关系史》,第380页,重庆出版社1993年版。

例,尤其是为了避免内战,必须如此。①

但美国及蒋介石根本置之不理。杜鲁门对此的解释是:

> 假如我们让日本人立即放下他们的武器,并向海边开去,那么整个中国就将会被共产党人拿去。因此,我们必须采取异乎寻常的步骤,利用敌人来做守备队,直到我们能将国民党军队空运到华南,并将海军调去保护海港为止。因此,我们便命令日本人守着他们的岗位和维持秩序。等到蒋介石的军队一到,日本军队便向他们投降,并开进海港,我们便将他们送回日本。这种利用日本军队阻止共产党人的办法是国防部和国务院的联合决定而经我批准的。②

第三,采用"和谈"、"调处"手段,谋求国民党领导的统一。

美国决策人物中,有不少人认为如果发生内战,蒋介石有可能失败。如杜鲁门的个人代表、国民党政府经济顾问爱德温·洛克就向杜鲁门报告:"据我看,中国十分可能发生内战"③;"我相当确信,中央政府不可能迅速取得胜利,我甚至十分怀疑他们能否获胜"④。魏德迈也认为一旦内战爆发,"我怀疑他(蒋介石)有能力在几个月内,或许几年之内在华北取得满意的结果"⑤。正因为如此,美国政府一方面让赫尔利督促蒋介石与中共举行和谈,一方面让马歇尔充当"和平使者"进行"调处",目的是达到一个在蒋介石领导下的统一政府,以通过

---

① 这是毛泽东为第十八集团军总司令朱德起草的给蒋介石的电报,载《毛泽东军事文集》第三卷,第38页,军事科学出版社、中央文献出版社1993年版。
② 《杜鲁门回忆录》第2卷,第72页,生活·读书·新知三联书店1974年版。
③ 《美国外交文件》1945年第7卷,第448页,转引自陶文钊《中美关系史》,第385页,重庆出版社1993年版。
④ 《美国外交文件》1945年第7卷,第450页,转引自陶文钊《中美关系史》,第385页,重庆出版社1993年版。
⑤ 《美国外交文件》1945年第7卷,第680页,转引自陶文钊《中美关系史》,第385页,重庆出版社1993年版。

蒋介石控制下的中国,削弱共产党的力量,并把苏联的影响逐出中国。

三 苏联对华政策

苏联的对华政策主要是斯大林在"首要考虑如何维护本国、本民族的重要利益"①的思想支配下策定的。"在对外政策的计划中,他企图在自己国家的周围,依靠他的或者他的势力范围内国家的领土,建立一个防护带"②,以便能有效地阻止美国向临近苏联边境的远东地区渗透。为此,于1945年2月11日,在没有中国人在场的情况下,斯大林以同意出兵对日作战为条件,与罗斯福、丘吉尔秘密签署了主要与中国领土、主权有关的《雅尔塔协定》:

一、维持外蒙古(蒙古人民共和国)现状。
二、恢复1904年日本进攻所破坏的原属俄国的权利:(1)库页岛南部及毗连岛屿归还苏联。(2)大连商港国际化,苏联在该港之优越权益须予确保,恢复租借旅顺港为苏联海军基地。(3)设立中苏合营公司,共管中东铁路及南满铁路,苏联在该路的优越权益应予保障,而中国保持在满洲的全部主权。
三、千岛群岛交给苏联。同时准备与中国国民政府缔结一项友好同盟条约。③

8月14日,苏联政府与中国国民政府签订《中苏友好同盟条约》和四项附加协定,还互换了关于外蒙古问题的照会。苏联保

---

① 尤·米·加列诺维奇:《两大领袖:斯大林与毛泽东》,第61页,四川人民出版社1999年版。
② 尤·米·加列诺维奇:《两大领袖:斯大林与毛泽东》,第185页,四川人民出版社1999年版。
③ 美国国务院编:《美中关系白皮书》,第469页,华盛顿,1949年版,转引自陶文钊《中美关系史》,第365页,重庆出版社1993年版。

证"苏联的道义支持和物资援助(尤其是军需品)完全供给中央政府即国民政府"。"承认代表中国正式政权的只有中华民国政府。斯大林向蒋介石保证,在面临的中国内战中,他不会公开站在毛泽东一边。蒋介石向斯大林保证,他不会公开地反对苏联,包括不参加美国的反苏集团"。①

斯大林不仅对中国的军事形势判断错误,对中国共产党的许多符合客观实际的政策也不太理解,认为中国共产党不是真正的共产党人,"就像人造黄油不是真黄油一样"②。苏联外交部长莫洛托夫也曾对赫尔利表示,中国共产党不是真正的共产党,他们自称"自己是共产党,但他们跟共产主义毫不相干";"不应把苏联政府跟那些'共产分子'连在一起"。③ 因此,斯大林力促中国共产党与蒋介石妥协,放弃武装斗争,以避免内战。他认为中国没有发展起义的条件,中国共产党应当同蒋介石达成维持正常关系的暂定条款,并解散自己的军队。斯大林还曾于8月22日致电中共中央:"如果打内战,中华民族有毁灭的危险。"④正是有了苏联的这些保证和政策,抗日战争结束后,美国才视中国为其势力范围之内的国家,大力武装蒋介石的军队;蒋介石正是有了美国的支持和苏联的默许,才敢于发动全面内战。

但在另一方面,苏联鉴于美国在中苏条约谈判过程中进行干涉,以及美国关于苏联应作出在东北实行门户开放的承诺的一再要求,又使苏联对美国势力渗入中国东北十分警惕。为了拒绝美国势力的渗入,增强与国民党讨价还价的地位,苏联决定以不干涉中国人民自治的态度,对中国共产党在东北力量的发展予以一定的帮

---

① 这是蒋介石私人代表蒋经国与斯大林会谈的记录内容。美国国务院编:《美中关系白皮书》,第222页,华盛顿,1949年版,转引自陶文钊《中美关系史》,第257页,重庆出版社1993年版。
② 费尔南多·克劳丁:《共产主义运动——从共产国际到共产党情报局》,第257页,求实出版社1982年版。
③ 杜鲁门图书馆白宫中央档案,秘密档案,转引自华庆昭《从雅尔塔到板门店》,第11页,中国社会科学出版社1992年版。
④ 《在历史巨人身边——师哲回忆录》,第308页,中央文献出版社1991年版;尤·米·加列诺维奇:《两大领袖:斯大林与毛泽东》,第206页,四川人民出版社1999年版。

助。1945年9月15日,东北苏军代表贝鲁罗索夫中校,在中共赴东北先遣部队冀热辽军区第十六军分区司令员曾克林陪同下去延安,朱德接见了苏军代表,双方达成谅解:冀热辽地区原为中共抗日根据地,该地主权由中共接管;苏军同意中共军队进入东北,但不能以八路军的名义活动;中共可以在东北乡村开展工作,但不得在大城市和苏占区公开活动,中共应从哈尔滨、长春、沈阳等大城市撤出,这些城市的主权应交给国民党。① 1945年12月27日,苏、美、英三国外长举行莫斯科会议,莫洛托夫重申反对"其他外国军队""帮助解除在华日军武装"②,苏、美两国外长均表示两国军队"尽早撤离中国"。这些在客观上都有利于中国人民革命力量的发展。

四 国内形势和国共两党方针

经过抗日战争,到日本投降时,中国国内的政治、军事形势已发生了急剧的变化。在政治上,国民党与共产党的矛盾上升为主要矛盾。共产党在各解放区实行的新民主主义的方针、政策,受到人民的普遍拥护;而国民党实行的压制民主、横征暴敛等政策,使人民极为不满。在军事上,国共两党的力量对比发生变化。抗战开始时,中共领导的军队仅9.2万人,根据地仅有陕甘宁边区和南方的15个小块游击根据地。而国民党军有170多万人,基本上控制着苏区以外的全中国。至日本投降时,中共控制的解放区,不仅已发展为19个,面积104.8万平方公里,人口1.255亿,拥有县城、省会286座,主力军队也已发展到127万(不包括288万民兵)。国民党拥有步骑兵280个师,炮兵32个团,工兵、辎汽兵、通信兵、宪兵等特种兵共81个团又50个营,连同挺进军,共有作战部队422万;加上军事机关85万,军事学校16万,国民党陆军总兵力共524万多(不包括地方武

---

① 参见《党史通讯》1984年第2期。
② 《中美关系资料汇编》第一辑,第185页,世界知识出版社1957年版。

装)。此外,蒋介石还把几十万伪军收编为"国军"。其绝对数量虽仍多于中共的军队,但双方总兵力的对比,已由抗战初期的18.5∶1降为4.6∶1。

早在1945年5月国民党第六次全国代表大会上,蒋介石就已决定了消灭共产党的方针。他在会上说:"今天的中心工作,在于消灭共产党。日本是我们国外的敌人,中国共产党是我们国内的敌人,只有消灭中共,才能达成我们的任务。"①蒋介石后来追述他在日本投降时所采取的方针是:或者以和平谈判方式迫使中共"放弃武力,改走合法的道路",或者通过"放手动员作战"方法消灭中共武装。"这两条道路,任取其一,都足以解决中共问题"。②

为了准备发动内战,消灭中共武装,除利用美军和日军阻止中共抗日武装受降外,国民党军还肆无忌惮地大量收编伪军,使其变为进攻中共抗日武装的先遣军。南京汪伪政府的6个集团军,改称为国民政府军第一、第二、第三、第四、第五、第六路军,北平的华北伪绥靖军(治安军)改称为第九路军,庞炳勋、孙良诚、张岚峰、孙殿英、吴化文、郝鹏举、门致中等投敌将领都成了各路军的总司令。据不完全统计,到1945年底,国民党共收编伪军正规军238 996人,编为7个纵队、27个总队和73个团。不久,这些部队都参加了反共、反人民的内战。更有甚者,山西的阎锡山竟然将侵华日军的将领任为"国军"的将领,如任命原太原市日军司令澄田睞四郎、参谋长山冈道夫、师团长山浦三郎等为第二战区"总顾问"、"副总顾问",旅团长板井为"太原警备司令",并将6 667名日军官兵编为6个铁路护路大队,由原驻上党的日军第十四混成旅团旅团长元泉馨任副司令,参谋田岩清一为参谋长,分驻太原、榆次、晋源、阳泉等地。另外在大同还有1 000多名日本官兵组成的"大同保安总队",由日本人任总队长。直到1949年4月太原解放时,这些日军才被歼灭。

但在此时,蒋介石立即发动内战还存在很大困难。在国际

---

① 程思远:《政坛回忆》,第158页,广西人民出版社1983年版。
② 蒋介石:《苏俄在中国》,第156页,台湾"中央文物供应社"1981年版。

上,美、英、苏三国从各自的利益出发,都表示不赞成中国内战。在国内,经过多年战乱灾难的广大人民普遍反对内战,要求和平,国民党内部也有一部分人反对内战。在这种情况下,蒋介石也不得不考虑发动全面内战可能造成的严重后果。更重要的是,全面内战的准备工作还未完成,国民党军一半以上的部队还在远离内战前线的西南、西北大后方,而在日伪军占领的华东、华北地区的大城市和交通要道,又大部分在八路军、新四军的包围之下,战略态势对国民党非常不利。特别是在《中苏友好同盟条约》中苏联作出了支持国民党政权的明确保证后,美国错误地判断中共可能被迫屈服于国民党。因而,赫尔利建议蒋介石要不失时机地邀请毛泽东来重庆谈判,以实现"军令政令统一"。

蒋介石在8月14、20、23日三次电邀毛泽东到重庆谈判,希冀中共能"放弃武力"。与此同时,蒋介石仍在积极做发动全面内战的准备工作。就在毛泽东飞抵重庆后开始谈判的第一天,即8月29日,蒋介石即让何应钦密令各战区重新印发十年内战期间编的《剿匪手册》,进行内战动员。

重庆谈判,从1945年8月29日开始,至10月10日结束。经过激烈复杂的斗争,签署了《政府与中共代表会谈纪要》(即《双十协定》)。国民党被迫接受了中共关于和平民主建国的基本方针,表示要避免内战,迅速结束训政,实施宪政,召开政治协商会议;承认"各党派在法律之前平等","人民享受一切民主国家人民在平时应享受的身体、信仰、言论、出版、集会、结社之自由","积极推行地方自治","释放政治犯"等。但解放区军队和政权这两个关键问题没有得到解决。国民党企图以"军令政令统一"为原则,吃掉中共军队和解放区,以达到消灭中国共产党的目的。中共代表在坚持原则的基础上,作了许多让步,即在未实现政治民主化之前,可先行整编军队。周恩来提出"愿让至七分之一",即中央军队如缩编为120个师,中共应为20个师。关于军队驻地,第一步准备将海南岛、山东、浙江、苏南、皖南、湖北、湖南、河南境内、黄河以南八个地区的军队撤出。第二步再将苏北、皖北、豫北地区的军队撤出，集中于黄河以北七个地区。9月21日，双方第八次谈判时，周恩来甚至发言说："如果成立联合政府，我党一切军队皆可交出。"①但由于蒋介石要消灭共产党的方针早已确定，所以尽管中共一再让步，仍遭到蒋介石的拒绝。

中共中央在接到蒋介石下达的禁止解放区人民军队受降命令的当天，即8月11日，作出了《关于日本投降后我党任务的决定》，指出："对蒋介石发动内战的危险，应有必要的精神准备。"②"对美国人民及政府中的民主分子必须表示好意。但斯科比③危险的可能性尚未过去"。④8月13日，毛泽东在延安干部会议上作了《抗日战争胜利后的时局和我们的方针》的报告，提醒全党"必须清醒地看到，内战危险是十分严重的，因为蒋介石的方针已经定了"④。当然，"现在的国际国内形势，有可能把内战暂时限制在局部范围，内战可能暂时是若干地方性的战争"。我们"有了准备，就能恰当地应付各种复杂的局面"。⑤ 这时中共中央的方针是在力争实现国内和平的同时，准备应付蒋介石发动全国规模的内战，在和与打两者中，重点放在准备打上。

在接到蒋介石第一、第二封邀请电之后，8月23日，中共中央召开了政治局扩大会议。会议分析了国际国内政治形势，认为美苏都不愿打第三次世界大战，也都不愿中国内战，而人民需要和平，中共也需要和平；国民党兵力分散，内部矛盾重重，也有可能下不了发动全面内战的决心。因此，国内和平也有可能取

---

① 军事科学院编：《毛泽东军事年谱》，第454页，广西人民出版社1994年版。
②④ 《毛泽东军事文集》第三卷，第3页，军事科学出版社、中央文献出版社1993年版。
③ 斯科比是英国派驻希腊占领军司令。1944年10月，德军在欧洲败退，斯科比率领英军，带着流亡在伦敦的希腊政府进入希腊。他指使并协助希腊政府进攻长期英勇抗击德国侵略军的希腊人民解放军，屠杀希腊爱国人民。
④ 《毛泽东军事文集》第三卷，第10页，军事科学出版社、中央文献出版社1993年版。
⑤ 《毛泽东军事文集》第三卷，第19页，军事科学出版社、中央文献出版社1993年版。

得。现在中国进入了和平建设新阶段,中共今后的口号是"和平、民主、团结"。在这种形势下,同国民党进行谈判,争取通过和平途径实现中国的社会改革是必要的;也可能边谈边打,打打停停。① 在中共中央召开政治局扩大会议的同一天,收到了蒋介石的第三封邀请电。这时,中共中央方针的重点,已由准备打转变为争取和,即通过谈判,并辅之以局部必要的自卫战争,争取全国和平局面。

毛泽东对国共谈判、争取合作建国的问题,早在抗日战争中期就有过考虑。在国民党发动两次反共高潮后的1942年7月间,他在给刘少奇的密电中说:

> 我们的方针是极力团结国民党,设法改善两党关系,并强调战后仍须合作建国。整个国际局势战后一时期仍是民主派各界合作的统一战线的民主共和国局面,中国更必须经过民主共和国才能进入社会主义。在此国际总局势下,国民党在战后仍有与我党合作的可能。虽然亦有内战的另一种可能,但我们应争取前一种可能变为现实。②

1945年8月26日,毛泽东为中共中央起草的《中共中央关于同国民党进行和平谈判的通知》中说:"现在苏美英三国均不赞成中国内战,我党又提出和平、民主、团结三大口号,并派毛泽东、周恩来、王若飞三同志赴渝和蒋介石商量团结建国大计,中国反动派的内战阴谋,可能被挫折下去。"③国民党"在内外压力下,可能在谈判后,有条件地承认我党地位,我党亦有条件地承认国民党的地位,造成两党合作(加上民主同盟等)、和平发展的新阶段"④。在

---

① 参见中共中央党史研究室编《中国共产党历史》上卷,第673—674页,中共党史出版社2002年版;中共中央文献研究室编:《周恩来年谱》,第615页,人民出版社、中央文献出版社1989年版;金冲及主编:《周恩来传》,第591页,中央文献出版社、人民出版社1989年版。
② 《毛泽东军事文集》第二卷,第681页,军事科学出版社、中央文献出版社1993年版。
③ 《毛泽东选集》第四卷,第1153页,人民出版社1991年版。
④ 《毛泽东选集》第四卷,第1154页,人民出版社1991年版。

谈判中,"我方亦准备给以必要的不伤害人民根本利益的让步"①。"采取上述步骤后,如果国民党还要发动内战,它就在全国全世界面前输了理,我党就有理由采取自卫战争,击破其进攻。"②"有来犯者,只要好打,我党必定站在自卫立场上坚决彻底干净全部消灭之(不要轻易打,打则必胜),绝对不要被反动派的其势汹汹所吓倒。但是不论何时,又团结,又斗争,以斗争之手段,达团结之目的;有理有利有节;利用矛盾,争取多数,各个击破等原则,必须坚持,不可忘却。"③同一日,毛泽东还为中共中央起草了致中共晋察冀、山东、华中局电:"在目前形势下我党决定与美蒋恢复谈判,因此,如有美蒋空运部队降落于平津、青岛、京沪等处不要加以打击,以利谈判。"④由此可见,共产党的方针是力争和平、团结,组建联合政府,同时准备应付全面内战。

第二节　确定战略方针
　　　　　　调整战略部署

一　"向北发展,向南防御"战略方针的确定

　　1945年春,在世界反法西斯战争胜利在望、中国抗日战争即将转入大反攻之际,中共中央就已考虑到未来的战略问题,将争取东北的问题提到日程上来。4月至6月,在延安召开的中共第七次全国代表大会上,毛泽东就讲了争取东北的重要意义。他说:"从我们党,从中国革命的最近将来的前途看,东北是特别重要的。如果我们把现有的一切根据地都丢了,只要我们有了东北,那么中国革命就有了巩固的基础。"⑤日本一投降,中共中央即"决定从山东调两个团(万毅支队在内),冀鲁豫调1个团,冀

---

①②③《毛泽东选集》第四卷,第1154页,人民出版社1991年版。
④　军事科学院编:《毛泽东军事年谱》,第452页,广西人民出版社1994年版。
⑤　中共中央文献研究室编:《文献和研究》1987年第5期。

中调1个团,共4个团,归万毅率领开赴东三省"①;"另由陕甘宁边区配备1个团,晋绥军区配备3个团,中央配备1个干部团,共5个团,由吕正操林枫率领开赴东三省"②,与中共领导的抗日联军联手,协助苏军打击伪满日伪军,收复失地。

9月15日,东北苏军代表贝鲁罗索夫中校在延安与朱德总司令会谈后,中共中央决定组织东北中央局,立即赴东北开展工作。17日拟制了"向北推进,向南防御"的初步方案,由刘少奇电毛泽东、周恩来研究(毛泽东在重庆谈判,刘少奇代理中共中央主席)。19日正式提出"向北发展,向南防御"的战略方针,并电示各中央局:

> 目前我全党、全军的主要任务是:继续打击敌伪,完全控制热察两省,发展东北并争取控制东北,以便依靠东北和热察两省加强全国各解放区及国民党地区人民的斗争,争取和平民主及国共谈判的有利地位。③

"向北发展",就是中央电示中指出的"完全控制热察两省,发展东北并争取控制东北"。"向南防御",就是收缩南方的战线,巩固华北及华东、华中解放区,以准备防御国民党军的进攻。

当时国民党一方面与共产党进行和平谈判,一方面调兵遣将积极进行内战的准备。其战略企图是完全控制江南,重点夺取华北的战略要地和交通线,以分割压缩解放区,打开进入东北的陆上通道,进而控制全东北。此时,徐州、开封、郑州、洛阳、太原、归绥等接近解放区的大城市,已先后被国民党军占领;黄河以南的各解放区,基本上都处于国民党军重兵的包围或威胁之下,有被各个击破的危险,形势相当严峻。为了保持主动权,中共中央必须收缩南方的战线,做好防御国民党军进攻的准备。

东北方面的情况与南方完全不同,日本投降前根本没有国

---

①② 《毛泽东军事文集》第三卷,第46页,军事科学出版社、中央文献出版社1993年版。
③ 《刘少奇选集》上卷,第371页,人民出版社1981年版。

民党的军队。虽然苏联按照《中苏友好同盟条约》的规定,要将苏军驻地交给国民党军,但苏军在东北仅仅占有大中城市和主要交通线,许多地方仍为伪满军警控制,国民党军在短时期内无法到达。而中共领导的抗日联军,在东北与日本侵略军及伪满军曾作过长期的斗争,在人民群众中有着较大的政治影响,这时已与先期出关的八路军会合,协助苏军打击日伪军,控制了大片的地区,较国民党军占了先机之利。东北幅员广阔,资源丰富,工业发达,交通便利;北、西、东三面与苏联、蒙古、朝鲜相邻,南面与冀热辽解放区紧紧相连。争取了东北,不仅可摆脱被国民党军战略包围的不利态势,而且可拥有雄厚的经济实力,使其成为中国革命的强大战略基地。

二 先机控制东北

为了实现"向北发展,向南防御"的战略方针,中共中央军委对全军进行了大范围的战略部署调整。在"向北发展"方面,"派遣10名中央委员(内四名为政治局委员),10名候补中央委员,率2万名干部和11万大军挺进东北"①。在新组织的东北中央局领导下开展工作。

1945年10月,中央军委将进入东北的部队和由抗日联军扩建的东北人民自卫军,统一组成东北人民自治军,林彪任总司令,彭真任第一政委,罗荣桓任第二政委。毛泽东说,10几万军队去东北,"这是有共产党以来第一次大规模的军事调动",是"又一个几千里的长征"②。

到11月底,到达东北的部队有:山东的八路军第一、第二、第三、第六、第七师,第五师一部,鲁中警备第三旅,渤海、鲁中、胶东和滨海军区地方部队各一部,滨海支队、田松支队、山东军区直属队等共6万多人;新四军第三师3.5万人;陕甘宁边区第三五九

---

① 军事科学院编:《毛泽东军事年谱》,第454页,广西人民出版社1994年版。
② 《毛泽东文集》第四卷,第73页,人民出版社1993年版。

旅、教导二旅、警备一旅各一部及延安抗大、延安炮校等部共1万多人；晋绥第三十二团，冀中第三十一团，冀鲁豫第二十一团。从延安及各解放区抽调的军政干部2万多人（包括准备用于建立100个团的各级干部）也陆续到达。以上各部队共13万多人，到达后，迅速扩编为21个师（旅），建立了锦热、辽东、辽西、辽北、吉林、松江、三江、嫩江、北安等10个军区。各军区分别进行肃清匪伪、发动群众，建立基层政权和地方武装的工作。

1946年1月14日，东北人民自治军改称东北民主联军，总兵力发展为27万人。

三　新四军北移和中原军区成立

在"向南防御"方面，从1945年9月下旬起，位于长江以南、临近国民党统治中心地区的新四军苏浙军区，除留少数游击武装继续坚持斗争外，主力部队第一、第二、第四纵队及第一、第二军分区的部队共7万人，在司令员粟裕、政委谭震林指挥下，分别从浙东、浙西、苏南、皖南各解放区撤向长江以北苏皖边解放区。第二、第四纵队继续北移山东，第一纵队等部队与当地武装组成华中军区，张鼎丞任司令员，邓子恢任政委。由于山东军区主力6万多人挺进东北，山东解放区急需增强兵力，新四军军部率部分主力——第二、第四、第七师的8个旅，从苏北、皖中地区迅速北移山东，与第二、第四纵队会合。1946年1月7日，中共中央、中央军委决定，新四军军部与山东军区合并。新四军军长陈毅兼军区司令员，新四军政委饶漱石兼军区政委。

长期坚持在以大别山为中心的抗日根据地的新四军第五师（兼鄂豫皖军区），在日本投降后，被国民党军20个师包围，处境困难。为改变不利态势，师部由大悟山转移至四望山区，下辖8个军分区和豫皖指挥部等共4万多人。这时已进至湘粤边境的八路军第三五九旅5000人和在豫西嵩山地区坚持抗战的河南军区部队1.8万人，均遭到国民党军的包围与攻击，处境亦极困难。中共中央为使这三支部队摆脱分散孤立的不利地位，命令第三五九旅和河南军区部队向新四军第五师靠拢。1945年10月间,三支部队在枣阳以北地区会合后,组成中原军区,李先念任司令员,郑位三任政委。

依照"向北发展,向南防御"的战略方针调整部署后,人民军队在东北,完成了战略展开,发展为一支强大的军事力量,打破了蒋介石独占东北,由南、北两个方面夹击关内解放区的企图;在南方,人民军队完成了收缩战线的战略转移,从分散孤立于国民党统治中心地区内的各解放区北撤至长江以北,既避免了被各个击破的危险,又加强了华北、华东的防御力量,巩固了自己的基本阵地,使各解放区紧密相接,互为依托,形成了进行自卫战争、应付全面内战的有利战略态势。而集中于中原军区的部队,牵制了国民党军相当部分力量,战略上配合了华北、华东部队作战和进军东北部队的行动。

第三节　转变军事战略　组建野战兵团

一　军事战略的转变

早在1945年4月至6月,根据抗日战争即将转入战略反攻的形势,中共七大适时地提出:"我们所进行的抗日战争现已处在大反攻阶段的前夜了"①。"解放区的军事任务",应"集中较大兵力,向可能收复的地区发动进攻","并逐渐准备由游击战向运动战的转变"。②"实行从抗日游击战争到抗日正规战争的战略转变"③。8月11日

---

① 中共中央文献研究室、军事科学院编:《朱德军事文选》,第504页,解放军出版社1997年版。

② 中共中央文献研究室、军事科学院编:《朱德军事文选》,第537页,解放军出版社1997年版。

③ 中共中央文献研究室、军事科学院编:《朱德军事文选》,第538页,解放军出版社1997年版。

《关于日本投降后我党任务的决定》中,已初步地提出了向运动战转变的措施:"各地应将我军大部迅速集中,脱离分散游击状态,分甲乙丙三等组织成团或旅或师,变成超地方性的正规兵团。集中行动,以便在解决敌伪时保证我军取得胜利。"①

紧接着,中央军委又进一步指示各地区迅速编组野战兵团,以适应进行运动战的需要。指示规定:

(1) 为了最后消灭日本侵略者及其走狗,各战略区应就现有兵力迅速抽出二分之一到五分之三编为野战兵团,其余则编为地方兵团;(2) 野战兵团应编为三三制的旅,每旅三团,每团三营,每营三连,再加以重机枪排(如无重机枪时,可改为步兵连),每连三排,每排四班,即三步枪班,一火力班,每连新增宣传员二人。每连不超过一百四十二人,每旅不超过七千人。以三至五个旅编成一个纵队(在华中、华东、山东已编成师者,则为三、五个师为一个纵队)。各纵队和各旅番号,暂由各战区自定,报告军委;(3) 野战兵团装备,各地区就已有兵器,按下列标准装备之:每连步枪不少于九十支,轻机枪不少于三挺,掷弹筒不少于三个。每团配属一个机炮连(迫击炮四、重枪机三),每旅一个山炮连;(4) 地方兵团仍归军区管制,其编制由各地酌定,其人数比例,不得少于全区军队 2/5。各军区并分别担负各野战兵团之兵员与物资的补充。为此各地区在人民可能负担的条件下,应迅速动员新兵入伍,其数约为各区现有兵员的三分之一,于本年底完成。各区脱离生产之兵员,最高不超过全人口的百分之二,各地民兵及自卫军则须大力尽量发展。②

由于日本宣布投降,抗日战争最后反攻阶段时间短促,八路军、新四军未能全面地实现由以抗日游击战为主向以运动战为

---

① 《毛泽东军事文集》第三卷,第1页,军事科学出版社、中央文献出版社1993年版。

② 转引自军事科学院军事历史研究部《中国人民解放军全国解放战争史》第一卷,第88页,军事科学出版社1993年版。

主的军事战略转变。日本投降后,为了准备应付国民党军发动全面内战,中央军委及时作出了继续进行军事战略转变的决策。9月21日,中共中央书记处又发出《中央关于扩兵与编组野战军的指示》,对野战兵团的编组与指挥关系等问题作出明确规定:新编组的野战兵团,要能脱离本战区机动到其他区域作战,同时要建立实施机动作战的指挥机构,依情况辖若干纵队,直接接受中央军委和各中央局的指挥,人员给养的补充供应,仍由所在地区负责。正规兵团的首长、机关,不再兼军区、军分区的首长、机关。未编入机动兵团的部队,均由军区、军分区指挥,区党委和地委书记仍兼各军区、军分区政治委员,以保持一元化领导。此外,部队还加强了炮兵等特种兵的建设。

在编组野战兵团的过程中,各战略区采取了逐步升级、新老合编和重点保证主力相结合的原则,以保持人民军队的光荣传统,提高部队战斗力。具体办法是由区小队升编为县大队,县大队升编为独立团或旅,分区独立团升编为野战纵队。每纵队至少保留一个战斗力强的旅,每旅至少保持一个战斗力强的团。其他旅团也有一定数量的老部队作骨干。这样,既保证了主力部队在合编后不丧失其突击力量,又保证了多数部队的迅速巩固与提高。各部队还用打运动战为主的指导思想统一指战员的思想与行动,并由此带动作战指挥、教育训练、后勤保障及战斗作风的相应变化。①

二 野战兵团的组建

为适应国内形势的变化,做好应付国民党军发动全面内战的准备,1945年8月23日,中央政治局扩大会议重新决定了中共中央革命军事委员会的人选。毛泽东、朱德、刘少奇、周恩来、彭德怀、陈毅、聂荣臻、贺龙、徐向前、刘伯承、林彪、叶剑英为军委委员。毛泽东任军委主席,朱德、刘少奇、周恩来、彭德怀任副

---

① 参见军事科学院军事历史研究部《中国人民解放军的七十年》,第272页,军事科学出版社1997年版。

主席,彭德怀兼军委总参谋长,叶剑英兼副总参谋长,刘少奇兼总政治部主任,程子华任副主任(后改为傅钟),杨尚昆任秘书长。后又增杨立三任军委总后勤部部长。

抗战胜利之初,为促进国共合作和国内和平,中共所属各部队仍用八路军(第十八集团军)和新四军的番号。中央军委下辖八路军、新四军和华南各游击纵队。1945年10月,随着野战军的组建,部队进行了战略部署的调整,中央军委下辖的大单位为:陕甘宁晋绥联防军、晋绥军区、晋冀鲁豫军区、新四军兼山东军区、华中军区、晋察冀军区、东北人民自治军(后改东北民主联军)、中原军区和华南各游击纵队。

经过几个月的整编,至1946年6月间,各战略区基本完成了野战兵团的组建,初步健全了野战兵团与地方部队、民兵三结合的武装力量体制。陕甘宁晋绥联防军,司令员贺龙(因他还在晋绥野战军任司令员,由王世泰代),政委习仲勋,下辖5个旅、1个军分区,约4万人。晋绥军区,司令员贺龙,政委李井泉,下辖3个军区和新组建的晋绥野战军(辖4个旅),全区共约3万人。晋冀鲁豫军区,司令员刘伯承,政委邓小平,辖4个军区和5个野战纵队,全区共有野战部队8万人,地方部队23万人。新四军兼山东军区,军长兼司令员陈毅,军政委兼军区政委饶漱石,辖5个军区和东江纵队(7月间撤消1个军区);另有由主力编组的山东野战军,司令员陈毅兼,政委黎玉(后由陈毅兼任政委),辖2个纵队、2个师,全区共约20余万人。新四军编成内,还组建有华中野战军和华中军区,野战军辖4个纵队共4万人,后改为2个师,每师2个旅;军区辖4个军区、8个军分区,约11万人。东北民主联军,总司令兼政委林彪,副政委彭真、罗荣桓,辖4个师、3个纵队与3个一级军区和7个二级军区,共约30万人;晋察冀军区,司令员兼政委聂荣臻,辖6个军区和4个野战纵队与13个旅。为适应在晋察冀和冀察辽两个方向作战,先后组建了第一、第二野战军,各辖4个纵队,全区野战部队18万人,地方部队12万人。中原军区,司令员李先念,政委郑位三,辖2个野战纵队3万人,3个军区3万人。不计华南各游击纵队的兵力,中共正规部队兵力已达140多万。

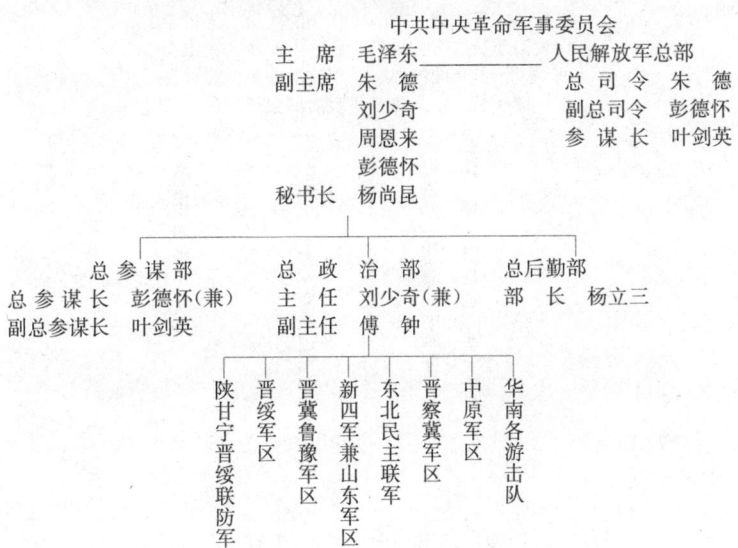

中国人民解放军①序列表(1946年6—7月)

① 最早提出解放军称谓的,是1944年8月20日刘少奇在中央军委高级干部会议上的发言。他说:"大大发展了的八路军、新四军,正规军、游击队合起来叫解放军。"9月22日在中共六届七中全会主席团会议上,刘少奇再次提出,八路军、新四军的名义已不适用,可成立解放军。10月14日,中央军委致新四军第五师电文中提出"从陕北派出两个老团并大批干部进入河南活动,建立河南人民解放军等"。这时仅内部提出,尚未公开,亦未使用。

1945年8月11日,朱德在受降命令中提出山西解放军的名称。13日中共中央机关报《解放日报》社论中,多次出现解放军称谓,如"解放军向敌占区全面进军"、"解放军的指战员们"等。这是第一次公开提出解放军名称。8月15日,山东军区司令员兼政委罗荣桓提出:"部队番号一律称山东解放军某某师、某某旅","山东军区称山东解放军总部"等。8月26日中共中央在《关于同国民党进行和平谈判的通知》中再次正式使用解放军称谓。这时部队中有的已开始使用解放军的名称,如广东粤中部队使用了广东人民抗日解放军,山东部队编成山东解放军8个师、12个警备旅,但此时各地使用的称谓既不一致,也不规范。

1945年8月29日国共重庆谈判开始后,中共中央、中央军委不再提出和使用解放军的称谓。1946年6月全面内战爆发后,《解放日报》再次提出人民解放军的称谓。1947年2月10日,朱德第一次以"人民解放军总司令"的名义与毛泽东签署了组成陕甘宁野战军的命令。10月10日毛泽东起草《中国人民解放军宣言》。这时,人民解放军正式成为全部人民军队的名称。

陕甘宁晋绥联防军(1946年6—7月)

司　令　员　贺　龙　　代 司 令 员　王世泰
代政治委员　习仲勋　　副 司 令 员　王维舟
副 司 令 员　阎揆要　　副政治委员　张仲良
参　谋　长　张文舟　　政治部主任　徐立清

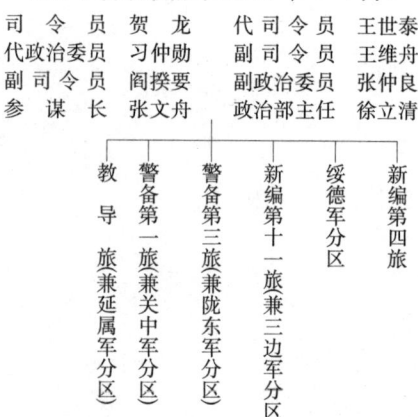

下辖：教导旅兼延属军分区、警备第一旅兼关中军分区、警备第三旅兼陇东军分区、新编第十一旅兼三边军分区、绥德军分区、新编第四旅

晋绥军区(1946年6—7月)

司　令　员　贺　龙　　政治委员　李井泉
副 司 令 员　续范亭　　副司令员　周士第
参　谋　长　陈漫远　　政治部主任　甘泗淇
政治部副主任　冼恒汉

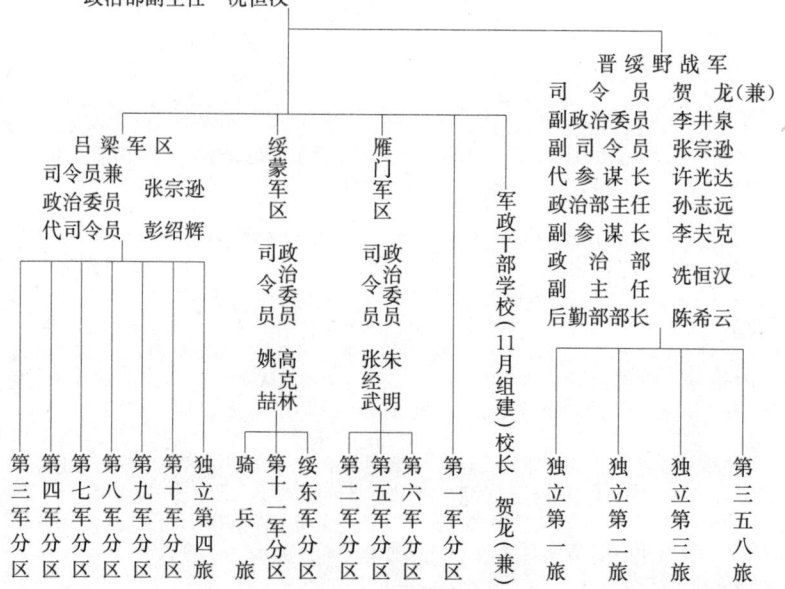

下辖：
- 吕梁军区　司令员兼代司令员　张宗逊／彭绍辉（政治委员）——第三军分区、第四军分区、第七军分区、第八军分区、第九军分区、第十军分区、独立第四旅
- 绥蒙军区　司令员　姚喆　政治委员　高克林——骑兵旅、第十一军分区、绥东军分区
- 雁门军区　司令员　朱经武　政治委员　张明——第二军分区、第五军分区、第六军分区
- 军政干部学校（11月组建）校长　贺龙（兼）——第一军分区
- 晋绥野战军　司令员　贺龙（兼）　副政治委员　李井泉　副司令员　张宗逊　代参谋长　许光达　政治部主任　孙志远　副参谋长　李夫克　政治部副主任　冼恒汉　后勤部部长　陈希云——独立第一旅、独立第二旅、独立第三旅、第三五八旅

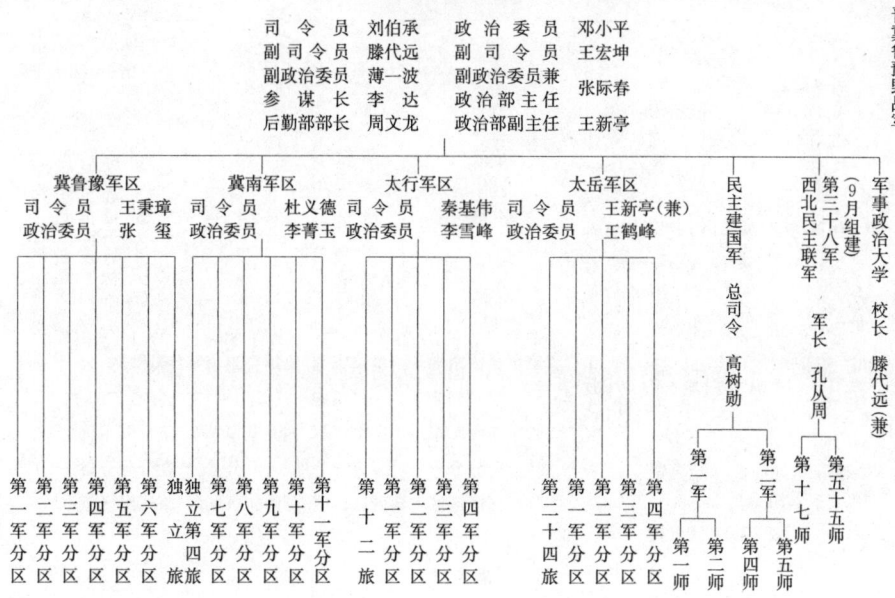

晋冀鲁豫军区 （1946年6—7月）

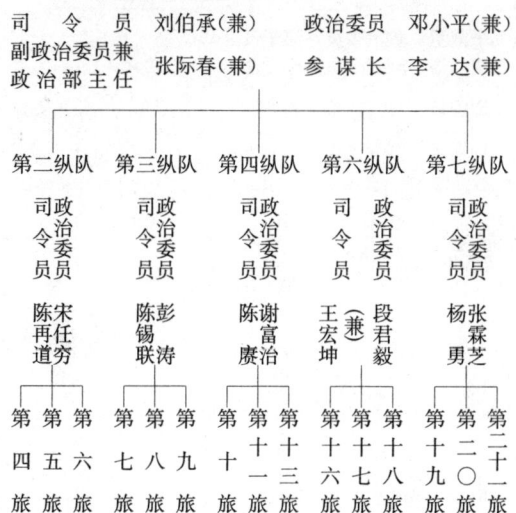

晋冀鲁豫野战军（1946年6—7月）

新四军兼山东军区(1946年6—7月)

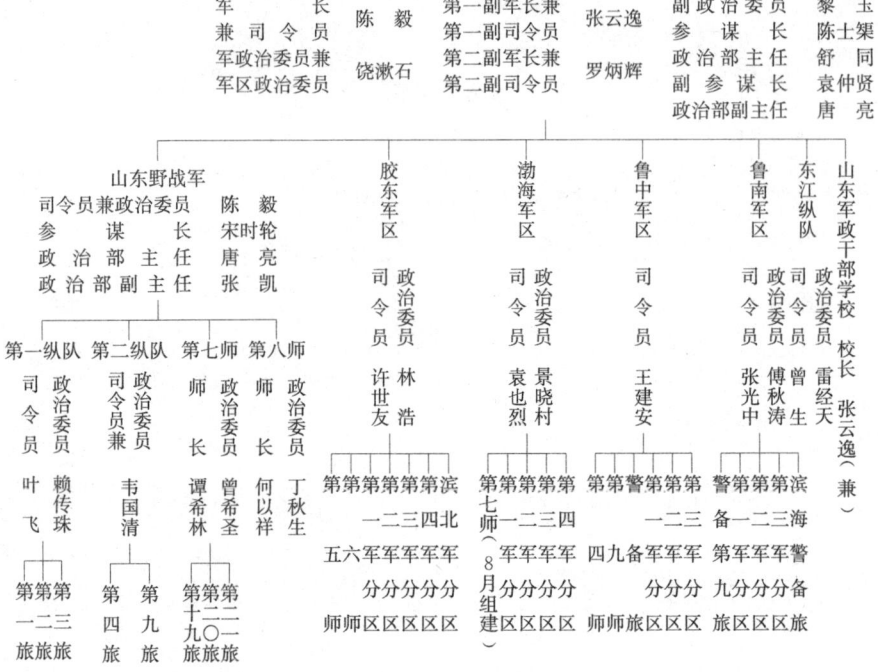

注：滨海军区于1946年7月撤销。

新四军(1946年6—7月)

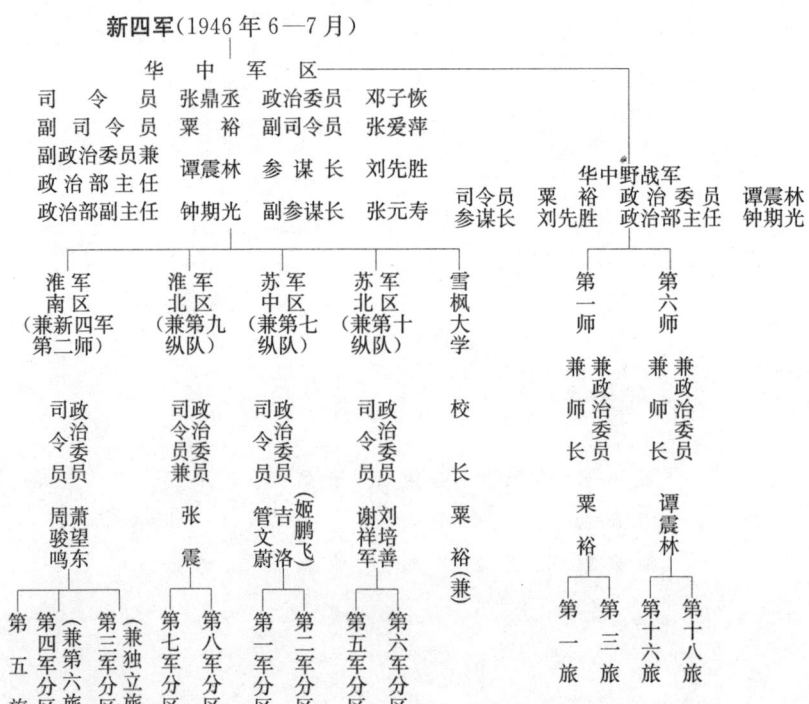

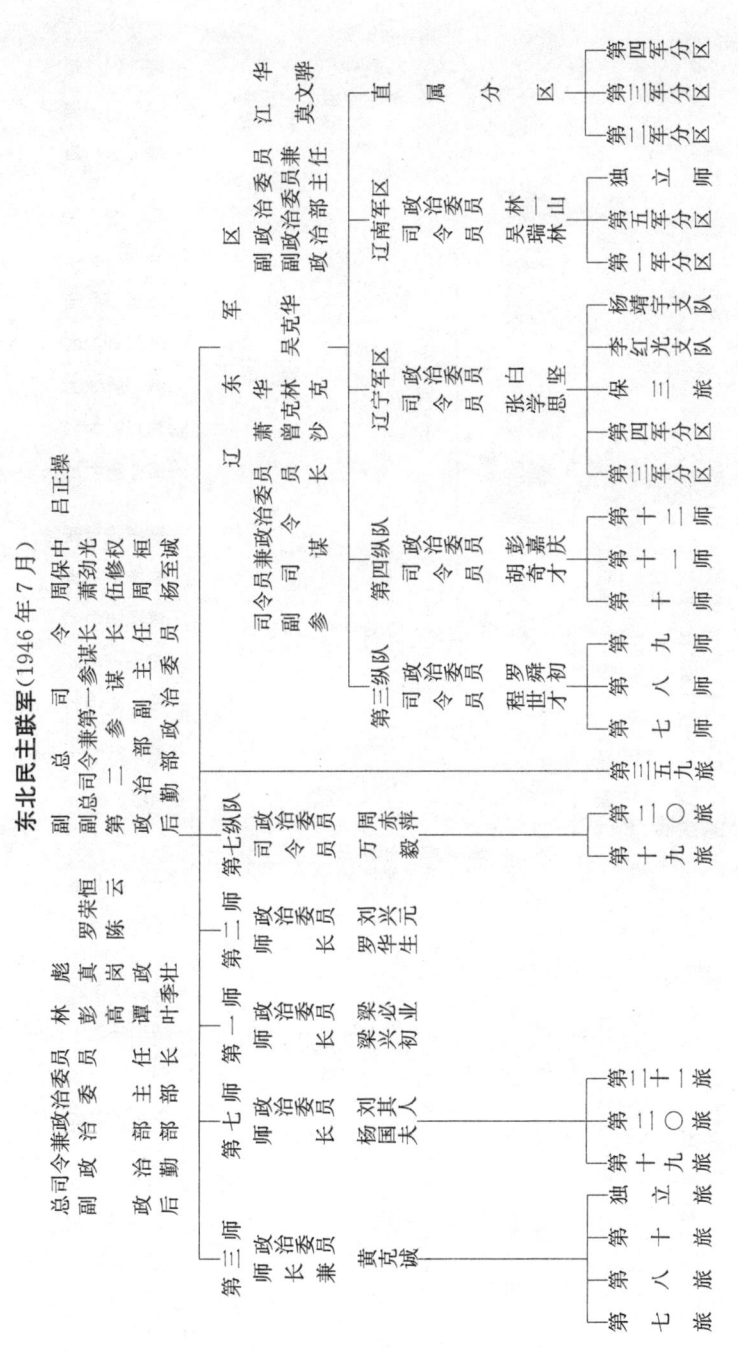

续表

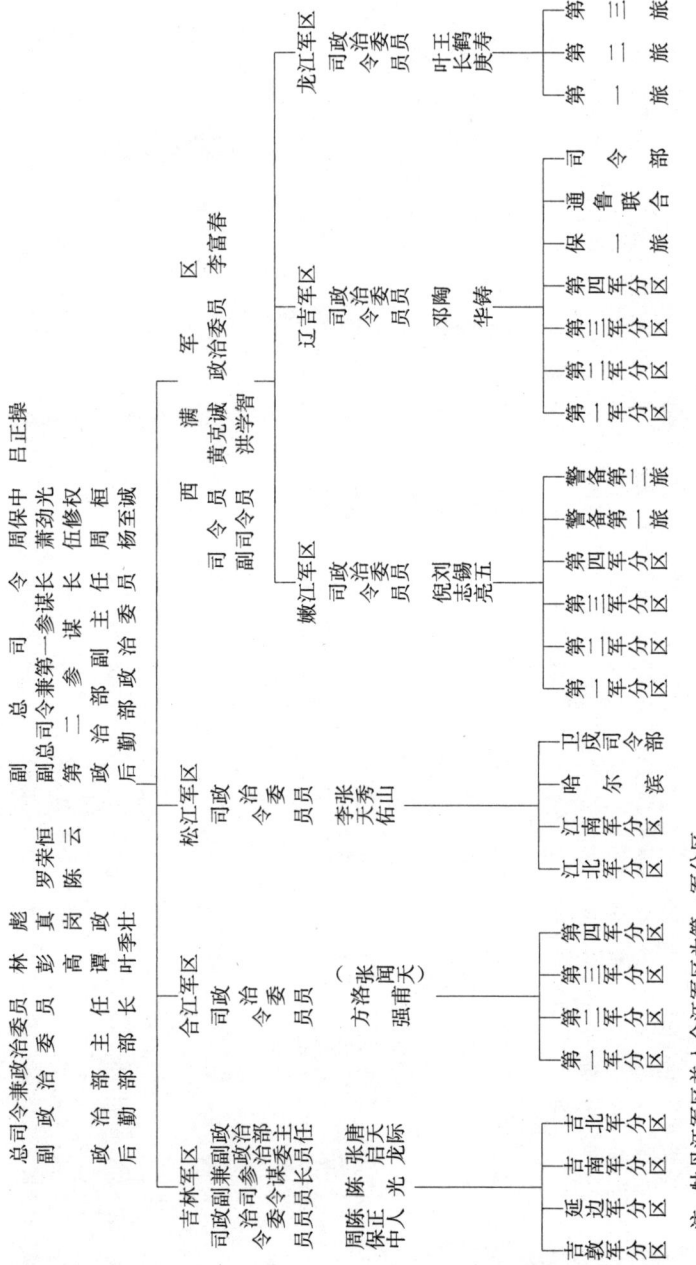

注：牡丹江军区并入合江军区为第一军分区。

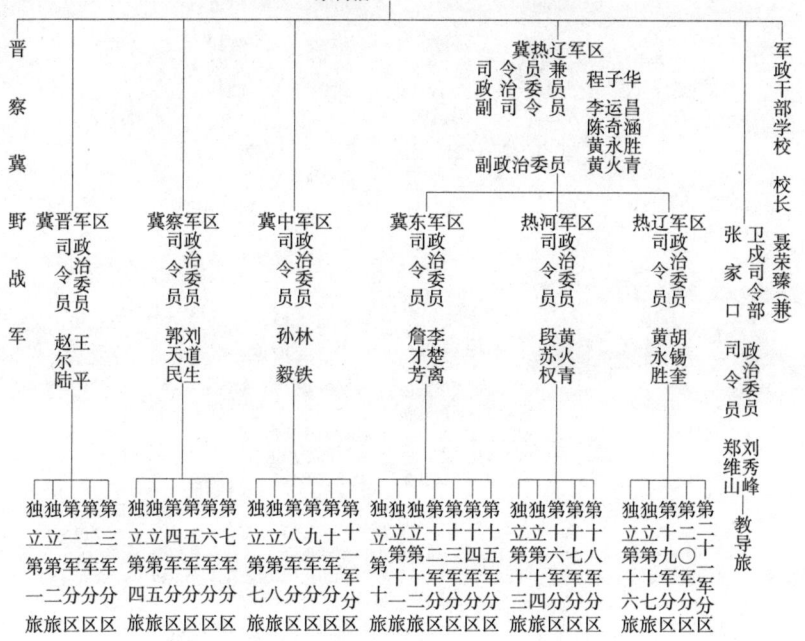

晋察冀野战军(1946年9月)

司令员 萧 克　政治委员 罗瑞卿
参谋长 耿 飚　政治部主任 潘自力
副参谋长 李 波

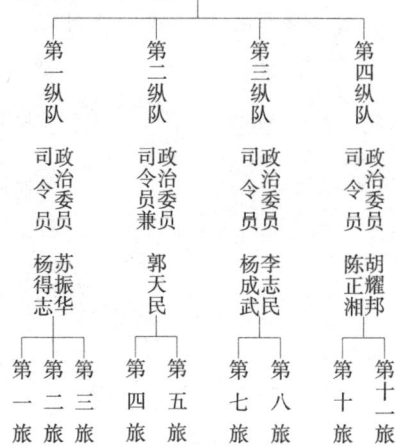

第一纵队	第二纵队	第三纵队	第四纵队
司令员 杨得志 政治委员 苏振华	司令员兼政治委员 郭天民	司令员 杨成武 政治委员 李志民	司令员 陈正湘 政治委员 胡耀邦
第一旅 第二旅 第三旅	第四旅 第五旅	第七旅 第八旅	第十旅 第十一旅

中原军区(1946年6月)

司令员 李先念　政治委员 郑位三
副司令员 王树声
副司令员兼参谋长 王 震　副政治委员兼政治部主任 王首道
副参谋长 朱早观　政治部副主任 刘 型

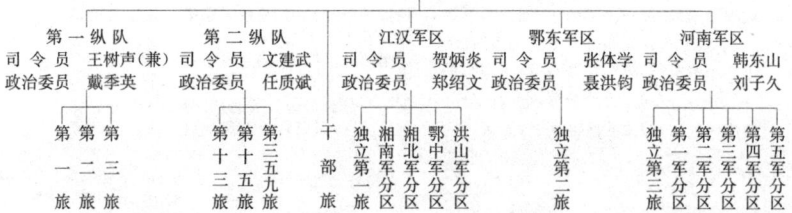

第一纵队	第二纵队	江汉军区		鄂东军区	河南军区	
司令员 王树声(兼) 政治委员 戴季英	司令员 文建武 政治委员 任质斌	司令员 贺炳炎 政治委员 郑绍文		司令员 张体学 政治委员 聂洪钧	司令员 韩东山 政治委员 刘子久	
第一旅 第二旅 第三旅	第十三旅 第十五旅 第三五九旅	干部旅	独立第一旅 湘南军分区 湘北军分区 鄂中军分区 洪山军分区	独立第二旅	独立第三旅 第一军分区 第二军分区 第三军分区 第四军分区 第五军分区	

注：江汉、鄂东、河南军区的领导人以及江汉、河南军区所属各军分区系根据1946年春的资料。

三 特种部队和军事院校的建设

随着形势的发展和战略转变的需要,中央军委多次发出指示,开始进行特种兵和军事院校的建设,并作为当前"军事建设方面的中心任务之一"。1945年9月,中央军委首先发出加强炮兵建设的指示,除将延安炮校部分学员分赴各战区组织炮兵部队外,着重将炮校人员开赴东北,搜集日军遗弃的30多门野山炮,编为1个炮兵旅,下辖2个炮兵团。延安炮校总部到达东北后,炮兵旅撤销,并入炮校,至各地大力搜集日军遗弃的火炮。至1946年6月间,炮校共搜集到各种火炮700多门,炮弹50多万发,坦克12辆,装甲车2辆,汽车23辆,以及大量火炮零件和器材,为东北民主联军发展炮兵创造了极好的条件。这时,东北全区共组建了6个乙种炮兵团(辖2个营),4个丙种炮兵团(辖3至4连),6个独立炮兵营及22个炮兵连,并建成1个装备27门高射炮的高射炮大队。联军总部成立了炮兵司令部,朱瑞任司令员,邱创成任政委。其他各战区,也都根据缴获的炮兵数量,组建了多少不等的炮兵部队或分队。全军炮兵发展到14个团、17个营和38个连,形成一支重要的攻击力量,增强了部队的战斗力。

在土地革命战争和抗日战争时期,由于炮兵数量甚少,所以在少数的攻坚战中,主要靠工兵爆破破坏敌人的工事和障碍物。抗战胜利之后,中央军委在加强炮兵建设的同时,指示各战区尽一切可能建立和扩充工兵。至1946年6月时,大部分纵队建立了工兵营,师、旅建立了工兵连,团建立了工兵排。东北人民自治军在修复一辆坦克的基础上,于1945年12月成立了坦克大队,目的在于培养和训练坦克驾乘人员。至1946年6月时,已修复坦克20辆、牵引车10辆、装甲车和汽车30辆,成立了战车大队,直辖于民主联军总部。此外,1945年9月,东北还创办了航空学校,最初仅有汪伪政权起义的一架"建国号"运输机。后来搜集到日军遗弃的10余架飞机,特别是一个日军航空大队投降后,又接收了部分飞机。1946年1月,航空总队成立,共有各式飞机46架。此外,成立了航空委员会,伍修权任主任委员,负责航空工作的领导。这是人民解放军第一支航空部队,为此后空军的建设与发展,创造了基础条件。

提高部队战斗力的关键是要有高素质的军政干部。中共中央对此极为重视,在最困难的土地革命时期,就创办了各种军政学校。抗日战争胜利后,更是大力组建各种院校。各战略区根据所处条件的不同,或多或少地都在原有学校基础上,扩建和创建了许多学校。其中以东北地区学校最为齐全。主要有:(1)由抗日军政大学改编的东北军政大学,林彪兼任校长,彭真兼任政委。下设3个大队和1个炮兵队,并设有北满、东满、南满分校。(2)东北炮兵学校,朱瑞任校长,邱创成任政委,下设山炮、野炮、迫击炮、高射炮和战车5个大队。(3)东北工兵学校,李萌南(后唐哲明)任校长,余益元任政委,设2个学员队,主要教授和训练爆破技术。(4)东北航空学校,常乾坤任校长,吴溉之任政委,附设有工厂、机务等后勤单位。(5)东北通信学校,段子俊任校长,张可曾任副校长,培养无线有线通信技术。(6)东北测绘学校,石敬平任校长,设2个学员大队,实际上成为参谋人员的预备学校。其他战略区都设有由原抗日军政大学分校改编的军事政治干部学校或军政大学,各野战军还设有随营学校。此外,山东军区设有通讯学校,晋冀鲁豫军区设有卫生学校等。

特种部队和军事学校的建设,培养了大批优秀干部,为以后解放战争的胜利作出了重要贡献。

第四节　配合重庆谈判反击国民党军进攻

一　上党战役

日本投降后,蒋介石一方面与中共进行和平谈判,一方面以受降为名,迅速调动兵力沿平绥、同蒲、平汉、津浦等铁路向解放区推进和进攻,企图尽快控制华北、华东的战略要地和交通线,然后以强大的军事压力迫使中共在谈判中屈服,或以武力将中共及其领导的军队消灭。为了打破蒋介石的企图,中共中央军委决心在平汉、同蒲、平绥、津浦铁路沿线,开展交通破击战,继续肃清日伪残余据点,控制一段铁路,开辟战场,尔后集中部分主力,伺机组织几个有力的战役,打击沿铁路进攻的国民党军,以加强谈判中的地位,达到争取和平的目的。

1945年8月10日,国民党第二战区司令长官阎锡山得知日本已发出求降照会,并接到蒋介石命其特别注意接收上党地区的指示,立即令第十九军军长史泽波抢占上党地区。上党地区是指位于山西东南部,以长治为中心的十几个县的地区。1937年11月太原失守后,阎锡山的军队撤离晋东南,上党地区相继沦陷。八路军经过艰苦战斗,解放了襄垣、潞城等城,逐渐建立起抗日根据地,仅有长治、长子、壶关、屯留几个县城仍被敌伪占领,但均在抗日武装的包围之下。

8月11日,史泽波率第十九军第六十八、暂三十七、第六十九、暂三十八师、第二挺进纵队及保安第五、第九团共1.7万多人,由浮山等地出发,至8月23日,占领了上党地区各县城,企图以此为基地,侵占整个晋东南解放区。8月26日,中共中央军委在关于各地军事部署的指示中,要求太行军区应立即集结主力,"恢复上党全区,采取一切手段彻底消灭伪顽,逼敌投降"。31日中央军委再度指示刘伯承、邓小平:

> 阎部一万六千占我长治周围六城,乃心腹之患,必须坚决彻底全部歼灭之,惟诸城堡坚垒密,须有充分准备,切不可草率。进攻时,宜选择一两个城,各个击破,不宜六城同时攻击。如攻而不克,可围城打援。①

---

① 中央档案馆编:《中共中央文件选集》第15册,第250页,中共中央党校出版社1991年版。

晋冀鲁豫军区首长根据上述指示,决定集中太行、太岳、冀南3个野战纵队及地方部队一部共3.1万多人,轮流以主力一部由北而南地逐次夺取长治外围各城,以主力大部配置于机动位置,准备在野战中歼灭由长治出援之敌,尔后攻取长治,伺机歼灭可能自太原、平遥来援的敌人。依照上述部署,各参战部队开始向上党地区开进。9月1日攻克襄垣,歼敌一部。9月10日战役正式发起,12日攻克屯留,17日攻占潞城,19日攻克长子、壶关。以上共歼敌7 000多人,孤立了长治守敌。

20日,部队围攻长治。24日,侦悉太原之敌3个师于22日自子洪镇沿白晋路南下增援。军区首长决心以冀南纵队及地方部队围困长治,诱敌之援军,而以太行、太岳纵队主力北上,求歼敌援军于运动之中。10月2日,将敌援军合围于虒亭以南老爷岭附近。这时才发现敌军不是3个师,而是由第七集团军副总司令彭毓斌率领的第二十三、第八十三军6个师及由伪军改编的省防军一部。为确保打援兵力的优势,军区急调冀南纵队北上参战,并由左、右两翼猛攻敌军,仅留北面一个缺口,诱敌向北突围。5日,我军攻占老爷岭主峰敌军阵地,敌军于当夜向北突围,被包围于虒亭以北土落村以南地区。激战至6日,除一部逃沁县外,其余全部被歼,彭毓斌被打死。长治敌军于8日向西突围,亦被追歼于沁水以北的桃川堡附近,敌第十九军军长史泽波被俘。此役共歼灭阎锡山部11个师又1个挺进纵队共3.5万多人,缴获山炮24门,机枪2 000多挺,各种枪1.6万多支。晋冀鲁豫部队伤亡4 000人。

上党战役给进攻解放区的国民党军以沉重打击,显示了解放区军队的力量,加强了中共在重庆谈判中的地位。

二 邯郸战役(平汉战役)

重庆谈判结束后,国共双方在接收问题上并未达成协议。国民党军继续向华北进军。10月中旬,胡宗南部第三十四集团军李文部,乘晋冀鲁豫部队在上党作战之机,经同蒲路、正太路到达石家庄,第一军在晋南亦准备沿同蒲路后续北上。第十一战区司令长官孙连仲令第四十、第三十军及新八军组成北进兵团,自河南新乡集结后北进,企图与李文部在石家庄会合,打通平汉路北段。国民党军的这一计划,不仅对中共在华北的地位造成极大威胁,而且直接影响到"向北发展",争取、控制东北的战略方针能否顺利完成。中央军委对此极为重视,10月6日、12日连续致电刘伯承、邓小平,要求晋冀鲁豫部队"必须阻止胡宗南、孙连仲北进",以地方部队"对顽阻击侧击扭击",迟滞、消耗敌人,以"便利我主力适当集中,寻求机动歼灭顽伪每路一师或数师",并要求"由刘邓亲自统一指挥对付平汉路北进顽军,务期歼灭其一部至大部。"①

10月14日,国民党军自新乡分两路北上:第十一战区副司令长官兼新八军军长高树勋指挥新八军和第三十军共5个师沿平汉路北进;另一副司令长官兼第四十军长马法五指挥第四十军及第三十军第二十七师共三个师沿平汉路东的公路北进。晋冀鲁豫军区首长决心集中第一、第二、第三纵队及冀鲁豫、冀南、太行军区部队各一部共6万人,在漳河以北,邯郸以南的釜阳河套地区歼灭北进之敌。国民党军北进途中,不断遭到地方部队及民兵的袭扰和节节抵抗,进展缓慢。24日,国民党军的三个军全部被包围于马头镇、磁县间地区。26日,石家庄敌第十六军、安阳敌第三十二军各一部南北对进增援。刘伯承在加紧进攻被围敌军的同时,增调太行军区部队一部,协同晋察冀部队在高邑阻止石家庄南援之敌;并加强漳河阻援阵地和在安阳以南袭扰敌人,以阻止安阳北援之敌。战斗至30日,敌第四十军之第一〇六师大部被歼,第三十军亦遭有力打击。这时,高树勋之新八军及河北民军等部约1万人,在中共政治争取下宣布起义。敌军兵力骤减,军心动摇。31日,被围敌军突围南逃。刘伯承、邓小平等早已判断敌将突围,预先部署第一、第三纵队埋伏于敌

---

① 中央档案馆编:《中共中央文件选集》第15册,第359—360页,中共中央党校出版社1991年版。

退路两侧,向突围敌军发动猛攻。战斗至11月2日,敌人大部被歼于临漳、磁县间的旗杆樟、辛庄、马营地区,只有极少数逃脱。石家庄、安阳援敌闻讯缩回。

此役除新八军等部起义外,共毙伤敌3 000多人,俘敌马法五以下1.7万人,缴获大批武器物资,晋冀鲁豫部队伤亡4 700多人。

邯郸战役是继上党战役后给予国民党军又一次沉重打击,对阻止和迟滞国民党军沿平汉路北进,掩护解放军调整战略部署及争取和平的斗争,均起了重大作用。国民党所编战史总结上党、邯郸两战役时,认为损失17个师,使华北的兵力优势大打折扣,而且"上党为晋、冀、豫交通孔道,冀南漳河为平汉铁路所必经。由于两作战之失利,终戡乱全役,该两地之交通要冲,均未规复。东西、南北中梗,在用兵上形成极大障碍,行动之自由尽失"。①

三 绥 远 战 役

1945年8月下旬至9月上旬,国民党第十二战区傅作义部联合绥蒙伪军,进占归绥、武川、陶林、丰镇、集宁、兴和等城后,其新编骑四师、第三十五、第六十七军及暂三军等部集结于丰镇至归绥的平绥路沿线,绥蒙伪军暂编骑五师、第一旅分别在凉城、陶林等地,总兵力共约6万人,企图夺占张家口,控制平绥路。

国民党军的行动,有可能分割华北与东北两战略区的联系,对实现我军"向北发展"战略部署造成威胁。中共中央认为这"关系我党在北方的地位及争取全国和平局面,极为重大"②,必须坚决歼灭傅作义部主力。为此,中央军委指示晋察冀和晋绥军区配合,由聂荣臻和贺龙共同指挥,担负进行绥远战役的作战任务。

---

① 《国民革命军战役史第五部——戡乱》第二册,第156页,台北"国防部史政编译局"1989年编印。

② 中央档案馆编:《中共中央文件选集》第15册,第355页,中共中央党校出版社1991年版。

遵照中央的指示,晋察冀军区集中冀察、冀晋、冀中3个纵队,晋绥军区集中5个旅,共14个旅5.3万多人,进行绥远战役。10月18日开始,由平绥路东、南两面发起进攻。晋察冀部队迅速攻克张皋、隆盛庄,晋绥部队占领陶林、凉城,歼敌第三十五军及暂骑一旅各一部。傅作义部急向集宁、归绥方向收缩。晋察冀部队乘势推进,于24日收复集宁、丰镇。晋绥部队于25日攻占卓资山,歼敌第六十七军之新二十六师5000余人。傅作义部全部西撤至归绥、包头两城中。

10月26日,聂荣臻与贺龙在集宁南隆盛庄会见,商定下一步"先肃清外围,合围归绥,再行攻城,并派一部兵力,西出包头,切断傅作义后路,孤立归绥之敌,以利于在其动摇恐慌时予以歼灭"①。两军区集中主力强攻归绥半月,由于敌人依托坚强工事进行防御,两军区的部队既无攻坚经验,又缺乏必需的火力,未能攻克。这时,晋绥骑兵旅、独一旅及冀察纵队之一部沿铁路向包头前进,沿途歼敌5个骑兵团,已逼近包头。聂荣臻、贺龙改变部署,由晋察冀部队围困归绥,晋绥部队攻取包头,准备攻下包头后再返师合力攻归绥。11月24日至30日,先后击溃由归绥、五原来援的骑十师和新编骑四师。至12月2日,集中兵力攻包头仍未攻克。时值严寒,土工作业及部队食宿都遭极大困难,无法继续进攻,遂于4日、14日先后撤包头、归绥之围,转入休整。

绥远战役歼敌总计1.2万人,收复了绥东、绥南广大地区,逼迫傅作义部西退200公里,打破了敌军控制平绥路的企图,但未能达到歼敌主力的预定目标。

四 津浦路徐(州)济(南)段战役

1945年10月间,国民党军第十二军、骑二军,乘山东八路军主力开赴东北、新四军入鲁部队尚未到达之际,由徐州沿津浦路北上,在日伪军掩护下进占济南。伪军第三方面军吴化文部万

---

① 《聂荣臻回忆录》下册,第610页,解放军出版社1984年版。

余人进至滕县、兖州、泰安,第九十七军进至临城附近,第五十一、第七十七军及由伪军改编的第六路军郝鹏举部等占领韩庄、台儿庄之线,第七、四十八军占领浦口、蚌埠。11月起,国民党军继续向津浦线增兵,企图首先控制津浦路南京至济南段,尔后北进平津。

10月12日,中央军委致电新四军军长陈毅及山东军区司令员兼政委罗荣桓:

> 目前山东与华中的中心任务(除出兵东北外)就是截断津浦路,阻止顽军北上,并力求消灭北上顽军之一部或大部,为此必须立即组织一个强大的突击力量,布置于徐州以北,济南以南之适当位置,控制铁路一段,创造战场,以便打击北上顽军。①

陈毅、罗荣桓根据军委指示,决定首先以山东第八师及鲁南部队攻歼邹县、临城之敌;鲁中部队攻歼兖州、泰安之敌,切断铁路;新四军主力到达后再集中力量打击北进敌军。

新四军所属部队10月18日开始进攻,至11月上旬,先后攻占邹县、大汶口,歼灭吴化文第一军3个师,切断了敌军北进的通路。11月下旬,在韩庄、滕县段歼灭日伪军4 000多人。12月12日至15日,第八师在第九旅配合下攻占滕县,全歼国民党军前进指挥所及暂一旅等部9 000多人。1946年1月中旬,第八师先后攻占宁阳、曲阜、韩庄,包围了兖州、泰安、临城、枣庄。在军事压力与政治争取下,郝鹏举率其第六路军万余人起义(改编为华中民主联军)。此役,共歼敌2.8万人,缴获大批武器物资,控制了济南以南的万德至徐州以北的韩庄段100多公里的铁路,挫败了国民党军打通津浦路的企图。在此次作战中,新四军伤亡6 000人,第八师师长王麓水不幸牺牲。

---

① 中央档案馆编:《中共中央文件选集》第15册,第335页,中共中央党校出版社1991年版。

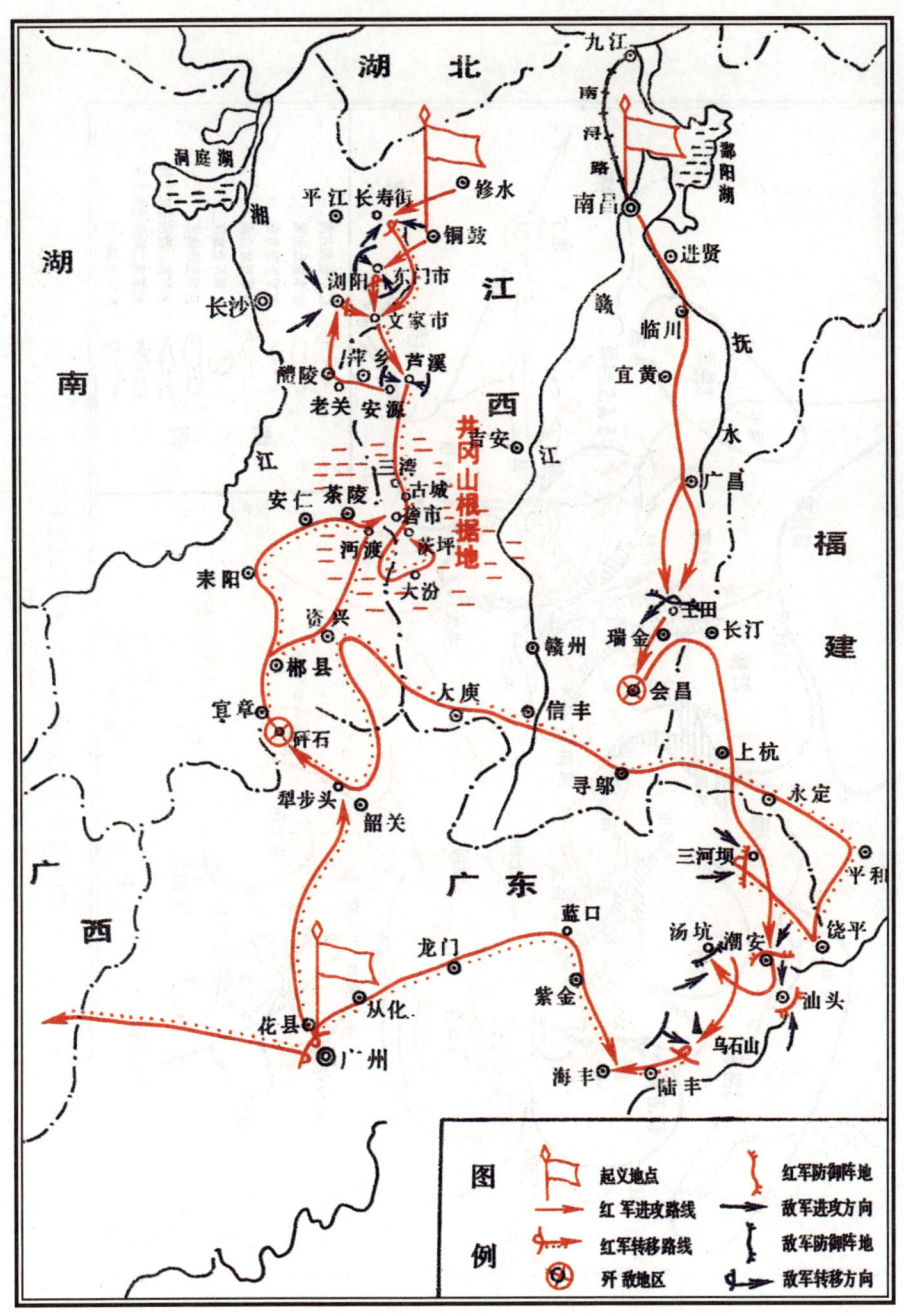

南昌、秋收(湘赣边)、广州起义及向井冈山进军路线图

(1927年8月至1928年4月)

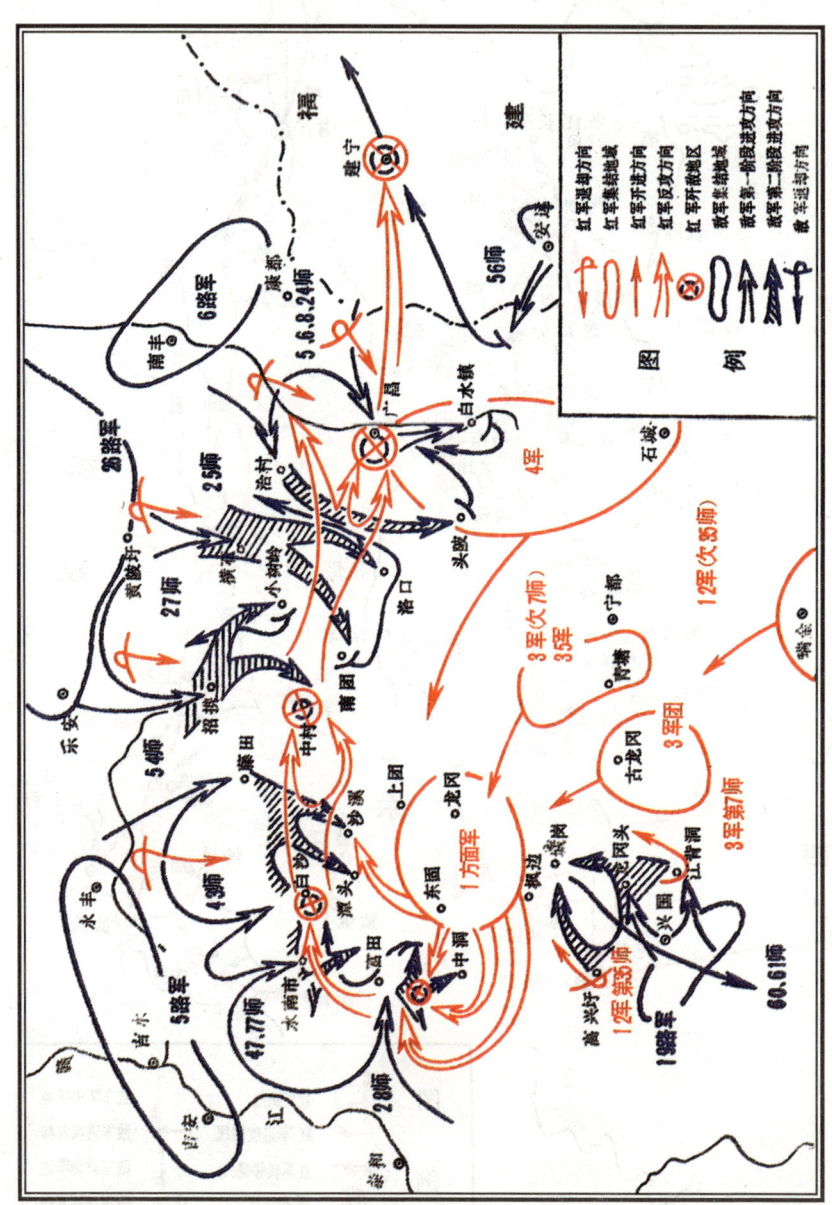

中央革命根据地第二次反"围剿"经过要图
(1931年3月至5月)

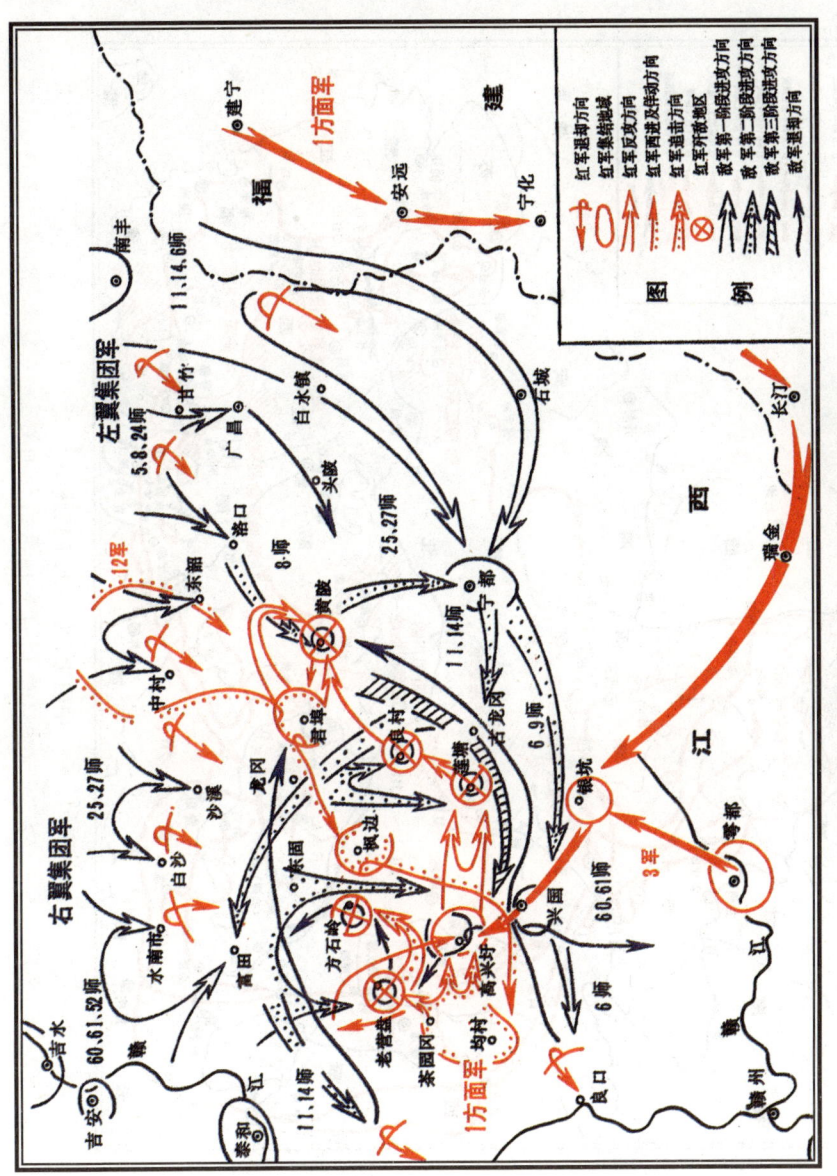

中央革命根据地第三次反"围剿"经过要图
（1931年7月至9月）

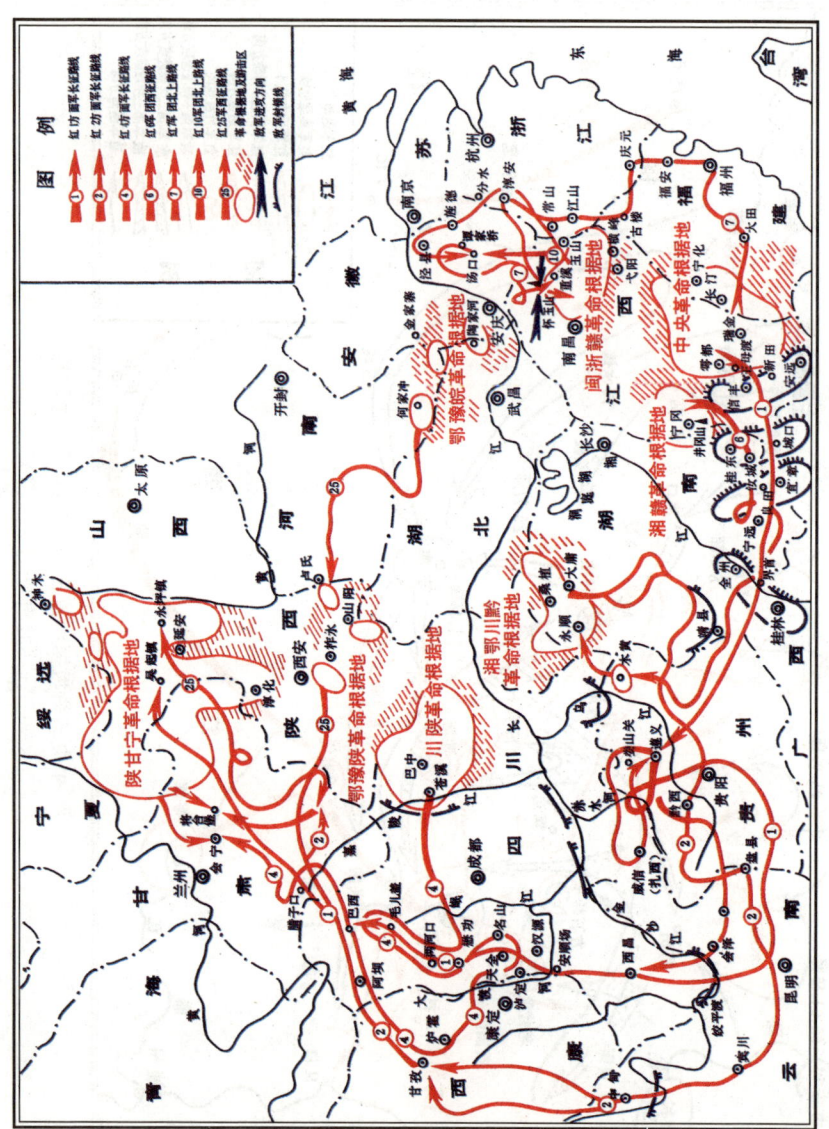

中国工农红军长征路线图
（1934年10月至1936年10月）

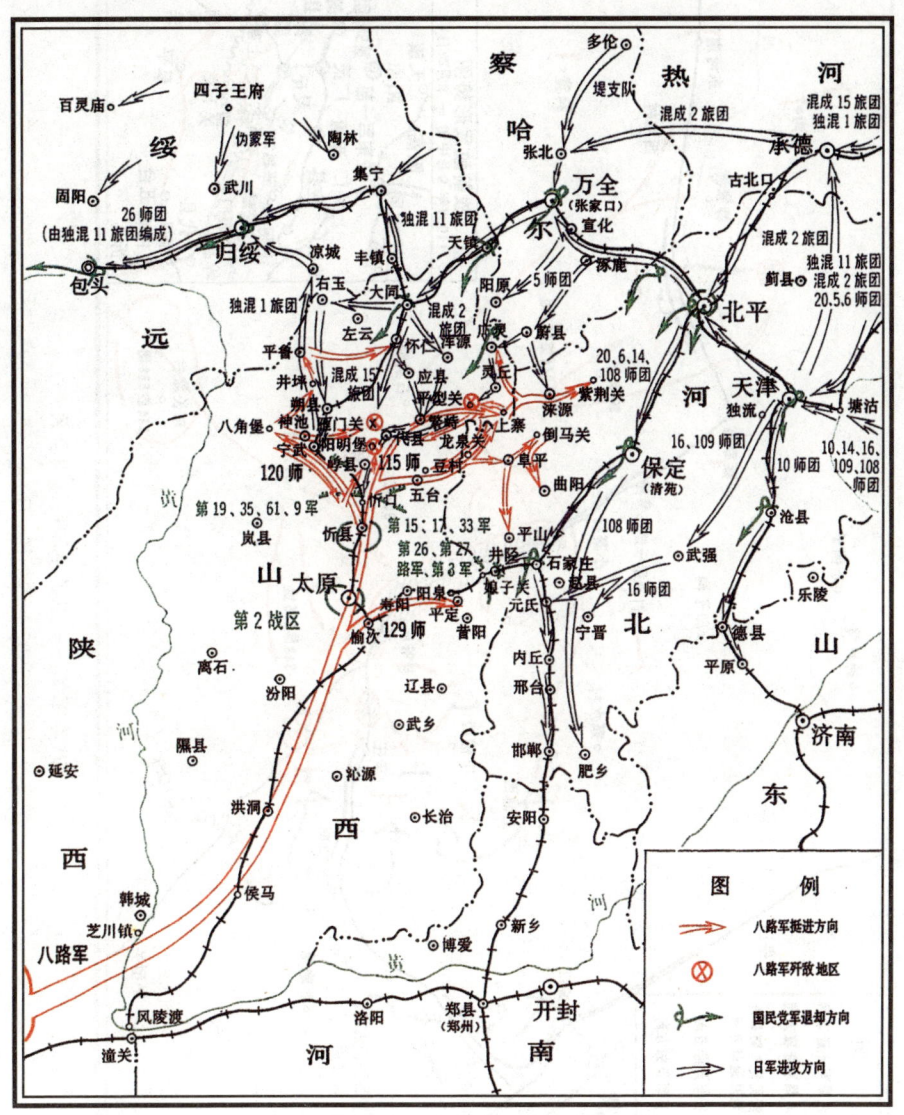

八路军挺进华北抗日前线形势图

（1937年7月至10月中旬）

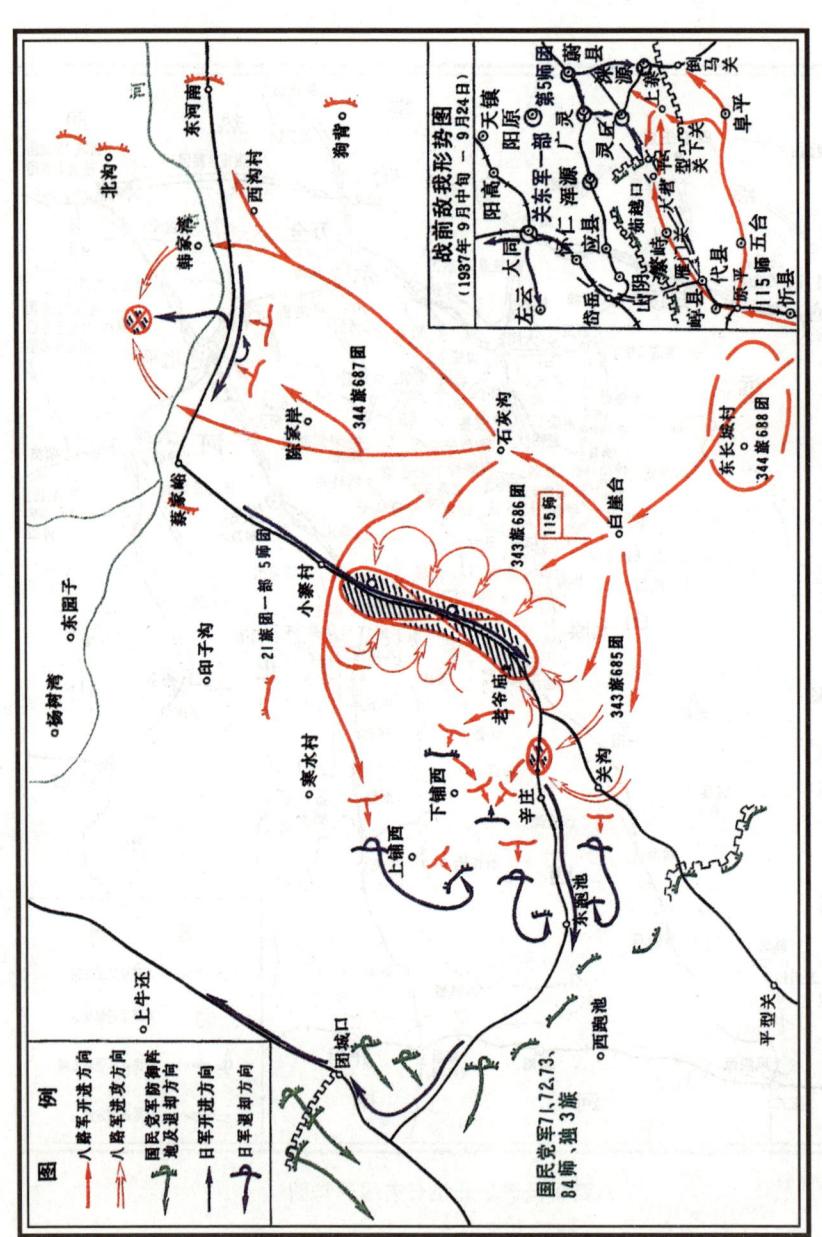

八路军第一一五师平型关战斗要图
（1937年9月25日）

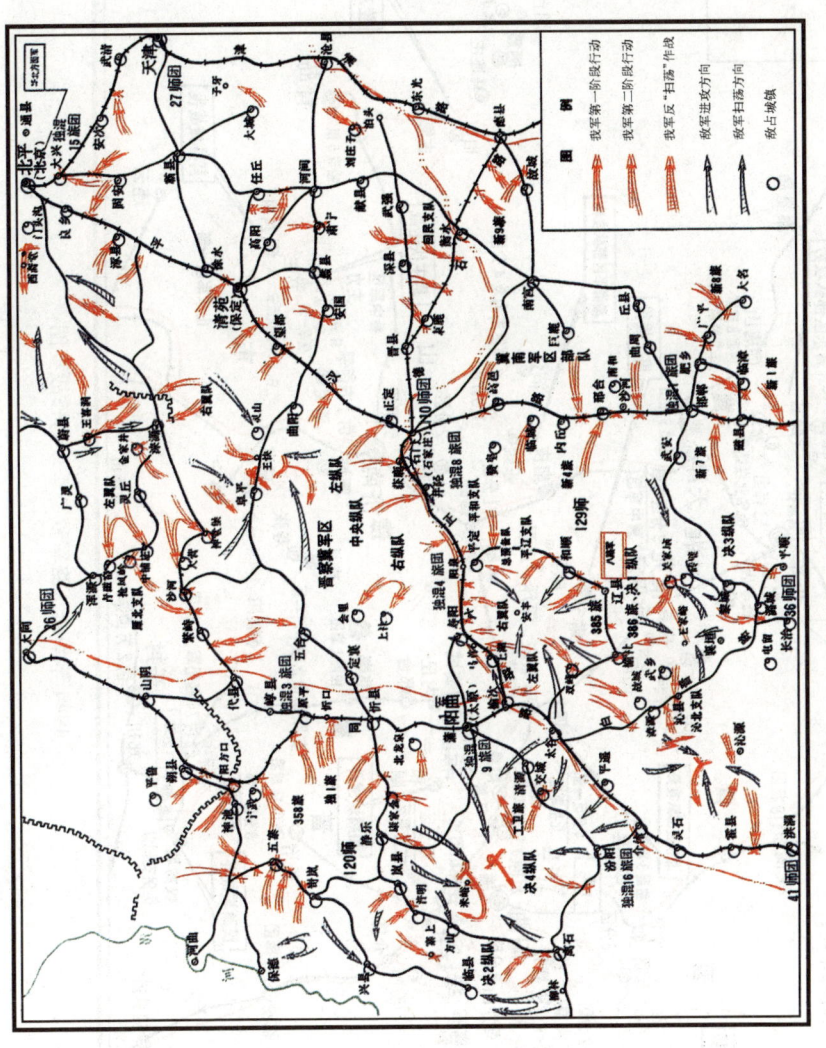

八路军百团大战经过要图
（1940年8月20日至12月5日）

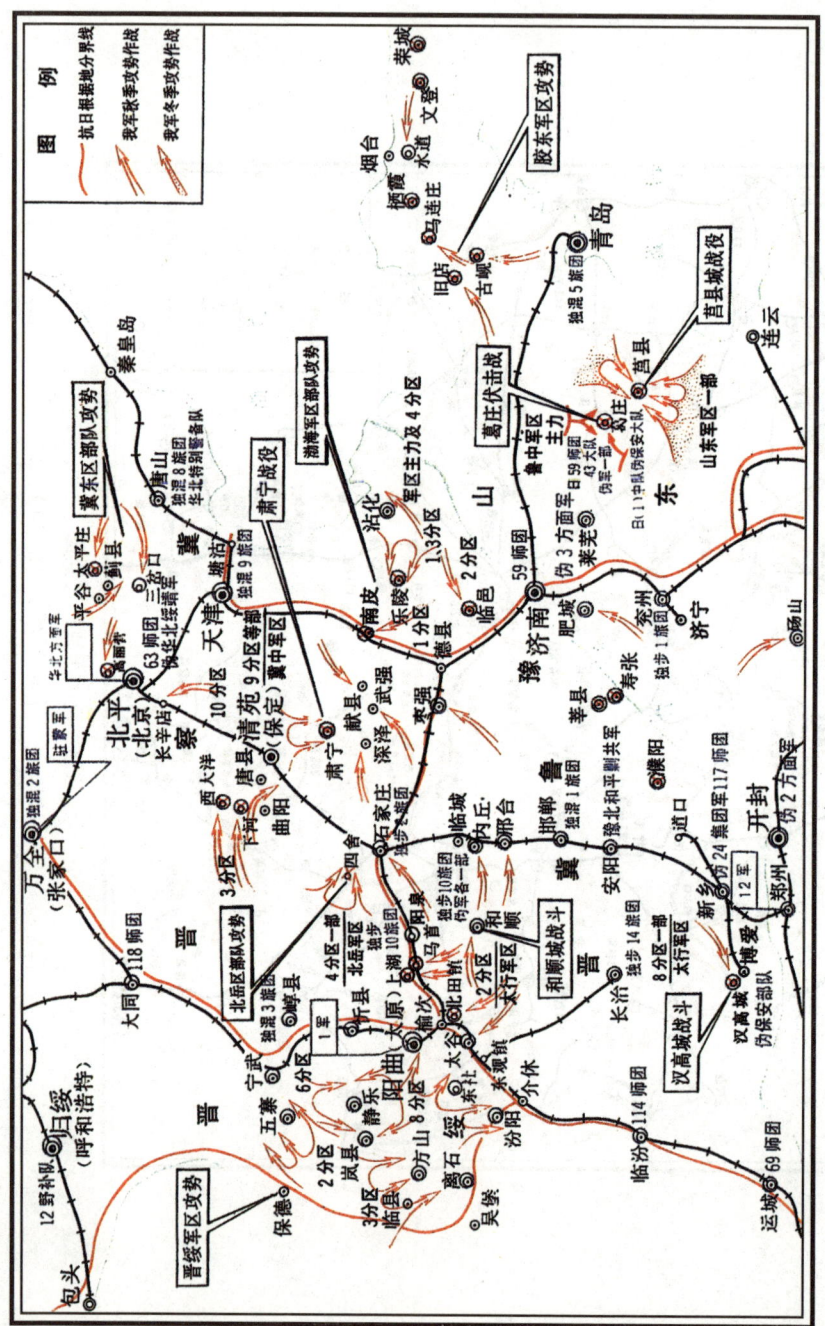

1944年华北八路军秋季冬季攻势作战要图

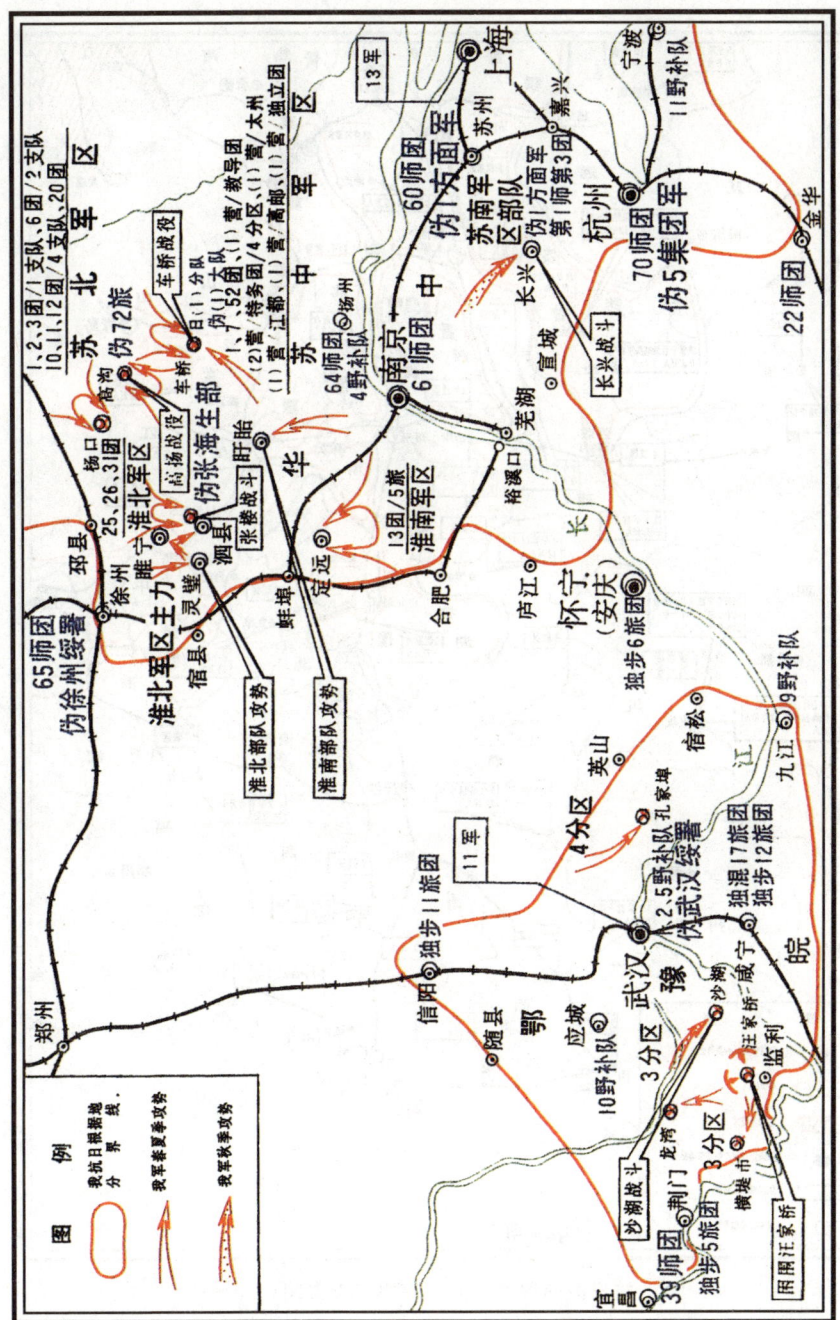

1944年华中新四军攻势作战要图

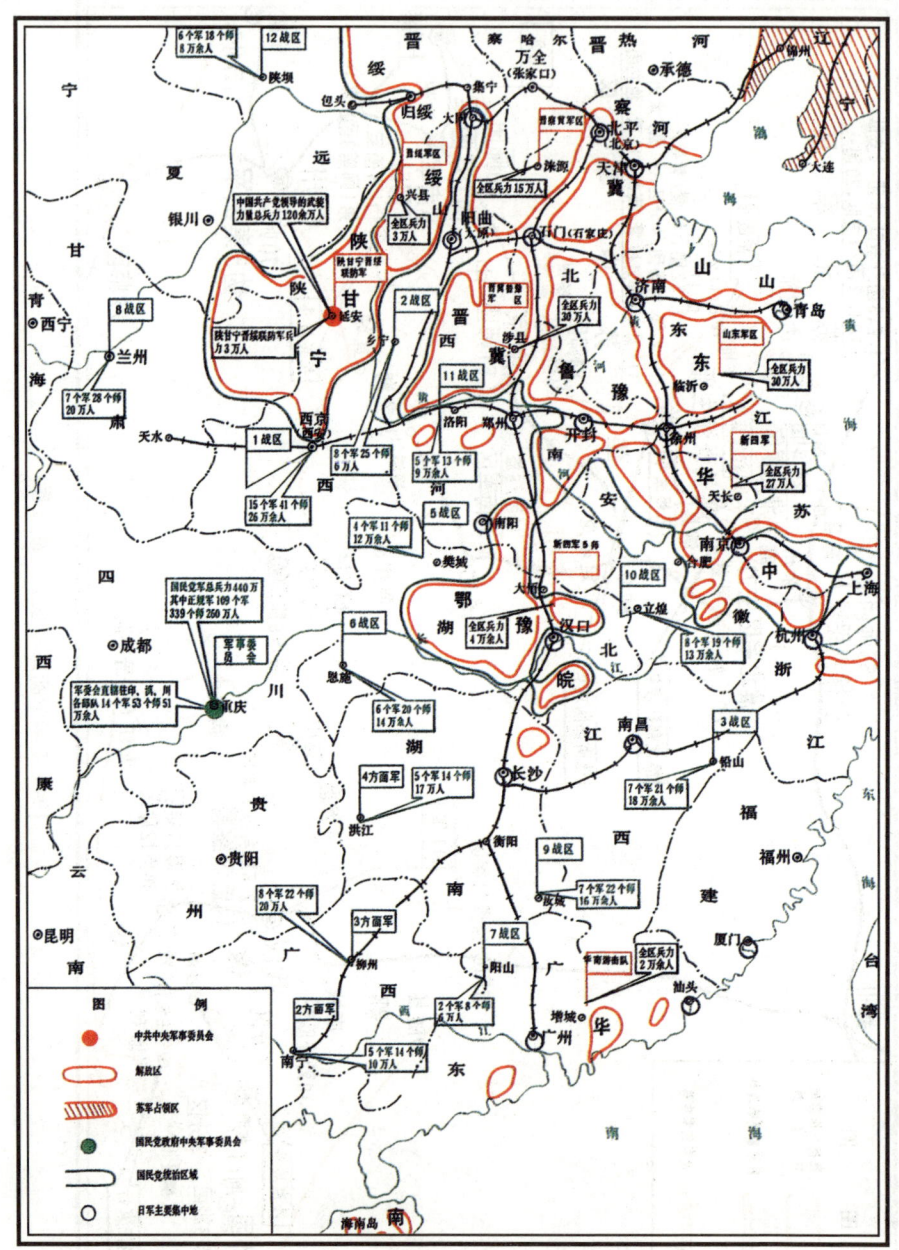

抗日战争胜利时全国军事形势要图
(1945年9月2日)

中国人民解放军国防大学　编著
主编：黄玉章
撰稿：田昭林（统稿）
　　　彭训厚
　　　王聚英

中国人民解放军简史

下

ZHONGGUORENMINJIEFANGJUN JIANSHI

凤凰出版传媒集团
江苏人民出版社

下　卷

第十四章　国民党军发动全面内战　解放军实行战略防御 　421

第一节　全面内战爆发时的形势 　421
一　双方的基本情况 　421
二　国民党破坏停战协议 　425
三　解放军准备应付全面内战 　434

第二节　国民党军全面进攻　解放军自卫迎击 　437
一　双方的战略 　437
二　中原解放军胜利突围 　440
三　华东解放军的作战 　442
四　晋冀鲁豫解放军的作战 　446
五　晋察冀、晋绥解放军的作战 　449
六　东北民主联军的作战 　452

第三节　打破国民党军的全面进攻 　454
一　华中、山东野战军的宿北、鲁南、莱芜战役 　454
二　晋冀鲁豫野战军的滑县、巨金鱼、吕梁、孝汾战役 　459
三　晋察冀野战军的易满战役和保南战役 　463
四　东北民主联军三下江南、四保临江战役 　464

第四节　击退国民党军的重点进攻　实施局部反攻 　467
一　延安保卫战和青化砭、羊马河、蟠龙战役 　467
二　华东野战军的孟良崮战役 　473
三　晋冀鲁豫、东北、晋察冀解放军开始反攻 　476

第十五章　中国革命的历史转变　解放军实施战略进攻 ... 482

第一节　战略进攻方针的确定和十大军事原则的提出 ... 482
一　1947年秋的战争形势 ... 482
二　将战争引向国民党统治区的战略决策 ... 485
三　中国革命战争的军事纲领——十大军事原则的提出 ... 489

第二节　三路大军挺进中原 ... 490
一　刘邓大军发动鲁西南战役　揭开战略进攻的序幕 ... 490
二　刘邓、陈谢、陈粟三路大军挺进中原　实施战略展开 ... 492
三　粉碎国民党军对大别山的围攻 ... 497

第三节　内线主力继续歼敌与外线作战实施协同 ... 499
一　西北野战军和华东野战军的内线作战 ... 499
二　晋察冀野战军与晋冀鲁豫野战军的反攻作战 ... 504
三　东北民主联军发起秋季攻势 ... 508

第四节　开展新式整军运动 ... 511

第五节　战略进攻继续发展 ... 515
一　1948年初的战争形势 ... 515
二　中原解放军发动新攻势 ... 518
三　西北解放军转入外线进攻 ... 524
四　华东野战军内线兵团的攻势作战 ... 526
五　晋察冀、晋冀鲁豫解放军的进攻作战 ... 529
六　华北解放军发起冀热察与晋中战役 ... 533
七　东北民主联军(人民解放军)发起冬季攻势 ... 536

第十六章　进行战略决战　歼灭国民党军重兵集团 ... 539

第一节　1948年秋季的战争形势和双方战略方针 ... 539
一　国共双方军力对比发生重大变化 ... 539
二　国民党军北取守势、南取攻势的战略方针 ... 545

三　解放军决定进行战略决战　争取三年内取得
　　　　　胜利 550
　第二节　济南战役　揭开战略决战的序幕 554
　　　一　解放军的作战方案及兵力部署 554
　　　二　国民党军的济南会战计划 559
　　　三　攻占济南 561
　第三节　辽沈决战　歼灭卫立煌集团 565
　　　一　战前形势和双方战略决策 565
　　　二　攻克锦州　解放长春 573
　　　三　辽西围歼廖耀湘兵团 578
　　　四　攻占沈阳、营口　解放全东北 583
　第四节　淮海决战　全歼刘峙集团 586
　　　一　国民党军的徐蚌会战计划 586
　　　二　解放军淮海战役总方针的形成 590
　　　三　华东野战军围歼黄百韬兵团 595
　　　四　中原野战军围歼黄维兵团 598
　　　五　华东野战军围歼杜聿明集团 600
　第五节　平津决战　围歼傅作义集团 603
　　　一　击破傅作义偷袭石家庄的企图 603
　　　二　双方的战略企图和战役部署 606
　　　三　对傅作义集团"围而不打"、"隔而不围" 608
　　　四　歼灭新保安、张家口、天津的国民党军 611
　　　五　和平解放北平 613
　第六节　西北野战军以攻势作战配合全国战略决战 616
　　　一　澄郃战役 616
　　　二　荔北战役 617
　　　三　冬季攻势 618

第十七章　实施战略追击　将革命进行到底 620
　第一节　1949年春的战争形势 620
　　　一　国民党政府"划江而治"的战略企图 620

二　中共中央"将革命进行到底"的战略方针　　624
　　三　人民解放军全军整编　　626
第二节　发起渡江战役　歼灭汤恩伯集团主力
　　一　战前双方的战役部署　　643
　　二　突破长江防线　解放南京　　647
　　三　追歼南逃国民党军　解放杭州　　650
　　四　攻占上海　歼灭汤恩伯集团主力　　651
第三节　第三野战军进军东南　解放闽浙和沿海岛屿　　656
　　一　进军闽中　解放福州和平潭等岛　　656
　　二　进军闽南　解放漳州、厦门　　658
　　三　金门岛战斗　　659
　　四　解放舟山群岛　　661
第四节　第四野战军进军中南　解放豫、鄂、湘、赣、粤、桂　　663
　　一　进军湘中、赣南　和平解放长沙　　663
　　二　实行大迂回、大包围　歼灭白崇禧、余汉谋两集团　　667
　　三　解放海南岛　　671
第五节　华北解放军攻克太原　肃清华北国民党军　　674
　　一　战前情况　　674
　　二　外围作战　　676
　　三　军事围困　　679
　　四　总攻太原　　680
第六节　第一野战军进军西北　中华人民共和国成立　　683
　　一　进军陕中　解放西安　重创胡宗南集团　　683
　　二　进军甘、青　解放兰州、西宁　全歼马步芳部　　686
　　三　进军宁夏　解放银川　全歼马鸿逵部　　689
　　四　和平解放新疆　　690
　　五　中华人民共和国成立　　691
第七节　第二野战军进军西南　解放川、滇、黔、康、藏　　694
　　一　双方的作战方针及部署　　694
　　二　解放贵阳、重庆　歼灭宋希濂集团主力　　696

三　和平解放云南、西康　　　　　　　　　　　699
　　　四　发起成都战役　全歼胡宗南集团及四川国民
　　　　　党军　　　　　　　　　　　　　　　　　701
　　　五　进军滇南　解放西昌　肃清西南国民党军　703
　　　六　进军昌都　和平解放西藏　　　　　　　　706

第十八章　巩固新生政权　保卫祖国安全　　　711
　第一节　新中国成立初期的形势和人民解放军的任务　711
　第二节　大规模剿匪肃特斗争和粉碎国民党军的窜犯
　　　　　袭扰　　　　　　　　　　　　　　　　　712
　　　一　大规模剿匪肃特斗争　　　　　　　　　　712
　　　二　粉碎国民党军队的窜犯袭扰　　　　　　　716
　第三节　东南沿海军事斗争与平息西藏叛乱　　　　725
　　　一　东南沿海军事斗争　　　　　　　　　　　725
　　　二　平息西藏叛乱　　　　　　　　　　　　　733
　第四节　边境自卫反击战与援助友邻抗击侵略　　　735
　　　一　边境自卫反击战　　　　　　　　　　　　735
　　　二　援助友邻抗击侵略　　　　　　　　　　　746

第十九章　抗美援朝　保家卫国　　　　　　　752
　第一节　朝鲜战争爆发与中共中央的重大战略决策　752
　第二节　中国人民志愿军帮助朝鲜人民军实施战略反攻　756
　第三节　"三八线"南北的积极防御作战与战役反击作战　766
　第四节　以打促谈　迫使美国签字停战　　　　　　767

第二十章　由单一军种向合成军队转变　　　　789
　第一节　确立国家军事领导体制　　　　　　　　　789
　第二节　建立新的军种和兵种　　　　　　　　　　792
　　　一　建立人民海军　　　　　　　　　　　　　792
　　　二　建立人民空军　　　　　　　　　　　　　793
　　　三　建立炮兵领导机关　　　　　　　　　　　794
　　　四　建立装甲兵领导机关　　　　　　　　　　795

　　　　五　组建防空部队　　　　　　　　　　　　796
　　　　六　建立工程兵领导机关　　　　　　　　796
　　　　七　建立铁道兵　　　　　　　　　　　　797
　　　　八　组建公安部队　　　　　　　　　　　797
　第三节　改建和新建军事院校　制定和颁布条令、条例　798
　　　　一　改建和新建军事院校　　　　　　　　798
　　　　二　制定和颁布条令、条例　　　　　　　800
　第四节　精简整编　开展文化教育和技术训练　802
　　　　一　精简整编　　　　　　　　　　　　802
　　　　二　开展文化教育和技术训练　　　　　803

第二十一章　军队建设的曲折发展　　　　　806
　第一节　政治工作和基层建设　　　　　　　　806
　　　　一　"左"倾思想影响下的政治工作　　　806
　　　　二　基层建设　　　　　　　　　　　　807
　第二节　备战整军　加强国防工程建设　　　　809
　　　　一　备战整军　调整编制体制　　　　　809
　　　　二　加强国防工程建设　　　　　　　　810
　第三节　"两弹一星"研制成功与军事装备国产化　811
　　　　一　自力更生　成功研制"两弹一星"　　811
　　　　二　加快常规武器国产化步伐　　　　　815
　第四节　"文化大革命"的影响与全面整顿军队　817
　　　　一　"文化大革命"对军队建设的影响　　817
　　　　二　人民解放军执行"三支两军"任务　　820
　　　　三　全面整顿军队　林彪反革命集团覆灭　820
　第五节　拨乱反正　开创军队建设新局面　　　823
　　　　一　思想政治上的拨乱反正　　　　　　823
　　　　二　组织上的清理整顿　　　　　　　　824
　　　　三　落实政策　平反冤假错案　　　　　825

第二十二章 军队建设指导思想的战略性转变   826
- 第一节 关于战争与和平问题的新看法   826
- 第二节 重新确立军队建设的总方针和总任务   827
- 第三节 提出新时期的战略方针   829

第二十三章 调整、改革编制体制   831
- 第一节 总部、军兵种与军区(战区)体制的调整、改革   832
- 第二节 陆军合成集团军的组成   834
- 第三节 预备役部队的建立及人民武装部队的领导体制   836
  - 一 预备役部队的建立   836
  - 二 人武部隶属关系的调整   837
- 第四节 武装警察部队的组建   837
- 第五节 驻香港、澳门部队的组建与维和部队的派出   838
  - 一 驻香港部队的组建   838
  - 二 驻澳门部队的组建   840
  - 三 维和部队的派出   842
- 第六节 加强军事法制建设   843
- 第七节 实行新的军衔制   845

第二十四章 开创教育训练和军事科研的新局面   849
- 第一节 部队训练的加强和改革   850
- 第二节 院校教育的发展   852
- 第三节 军事科学研究的新局面   855
- 第四节 加强军队干部队伍与基层的建设   857
  - 一 加强干部队伍建设   857
  - 二 加强基层建设   859

第二十五章 主要武器装备与国防科技的新成就   860
- 第一节 诸军兵种的主要武器装备   861
  - 一 陆军的主要武器装备   861
  - 二 海军的主要武器装备   862

三　空军的主要武器装备 864
　　　四　第二炮兵的主要武器装备 865
　第二节　国防高端科技的新成就 865

第二十六章　参加国家经济建设 868
　第一节　建国后20年间参加的国家经济建设 868
　第二节　十一届三中全会后参加和支援的国家经济建设 870
　第三节　开放部分军用设施为地方建设服务 871
　第四节　参加抢险救灾 871
　　　一　营口、海城地区抗震救灾 871
　　　二　驻马店抗洪救灾 872
　　　三　唐山抗震救灾 872

结束语 874

附图
　　　一　辽沈战役要图 877
　　　二　淮海战役要图 878
　　　三　平津战役要图 879
　　　四　渡江战役经过要图 880
　　　五　抗美援朝战争经过要图 881
　　　六　上甘岭战役要图 883

主要依据和参考书目 885

第十四章　国民党军发动全面内战　解放军实行战略防御

第一节　全面内战爆发时的形势

一　双方的基本情况

向解放区推进和进攻的国民党军,接连在上党、邯郸和津浦路遭到沉重打击,同时其在和谈之中挑起内战的行为受到国内人民普遍反对,蒋介石深感发动全面内战的准备还很不够。特别是在这时,一直支持国民政府的美国,虽然仍持"扶蒋压共"的政策,但在方法上有所改变。公开支持蒋介石的美国驻华大使赫尔利被迫辞职,刚刚辞去陆军参谋长的马歇尔将军被派为特使,来华调处国共的冲突。

杜鲁门于1945年12月15日发表对华政策声明,表明了对华政策的基本立场。声明称:"美国与其他联合国家,都承认现在的中华民国国民政府是中国的唯一合法政府,它也就是达成中国团结统一这个目的之适当的机构。"①美国将继续协助中华民国政府使华北的日军解除武装,"自主性质的军队的存在,如共产党军队,不但与中国政治团结不符合,并实际上促使它不可能实现。在一个有广泛的代表性的政府成立后,自主性质的军队应当取消,而全中国的武装部队都应有效地编入中国的国军"②。声明同时还说:

---

①② 1945年12月17日《新华日报》。

美国政府认为下列措施非常重要：

一、为了能完成全中国复归于中国的有效的控制，包括立即撤退日军在内，国民政府军队与中国共产党及其他各种意见不同的武装力量间，应即设法停止敌对行动。

二、应召集包括各主要政治力量的代表的全国会议，筹商早日解决目前的内争的办法——一种足以达成中国的团结的办法。①

声明特别提出，美国知道目前的中国国民政府是一党的政府，相信假如使这个政府扩大其基础，容纳国内其他政治力量的分子，中国的和平、团结和民主的改革才能推进。声明表示美国对国民政府的支持，"将不致发展为军事干涉，以至左右中国任何内争的发展"②。"关于中国的团结的详细的必要步骤，必须由中国人民自己拟定出来，任何外国政府对这些事情的干涉都是不适当的"③。

中共中央认为这一声明明确要求国民党作出改革，并表明"美国已决定不直接参加中国的内战，不援助蒋介石武力统一中国而援助中国的和平统一，所有美国政策的这些变动，对中国人民要求和平、民主的当前斗争是有利的"④。17日，中共中央发言人发表谈话，对杜鲁门的声明表示欢迎，并"希望杜鲁门总统的建议能为中国各方面在实际行动中所接受"，"中国共产党和中国一切民主派别有充分诚意，希望与中国国民党在杜鲁门总统建议的基础上求得妥协"⑤。12月19日，中共中央发出《美国对华政策的变动和我党对策的指示》，要求各解放区的人民军队应坚守阵地，对国民党军队暂时不作一切战略性的反击及一切规模较大的进攻行动，以免国民党作为借口来进行宣传，延长中国的内战，以便我能在全国展开和平攻势及马歇尔来华后之和平谈判。但在国民党军队来攻时，则仍须坚决彻底消灭之。

---

①②③ 1945年12月17日《新华日报》。
④⑤ 中共中央文献研究室编：《刘少奇年谱》上卷，第542页，人民出版社、中央文献出版社1996年版。

12月26日,美、英、苏三国外长会议结束,发表公报,有关中国部分说:渠等同意,在国民政府下,有一统一与民主之中国,国民政府各级机构中民主党派之广泛参与以及内部冲突之停止,均属必要,渠等重申持不干涉中国内部事务之政策。苏美两外长对于两国军队应在合乎完成任务及责任条件下,尽早撤离中国一事,彼此意见完全一致。① 公报发表后,中共中央发言人再度发表谈话,表示公报"与中国人民目前的迫切要求相适合",希望国民党"在全国人民一致要求与三强对中国所一致表示的愿望的基础上,迅速以政治商谈的方法来解决国内一切争论,以求实现团结与民主"②。

蒋介石虽然明确地知道美国政府是支持他的,但对杜鲁门声明中要求停止内争、结束一党专政等词句,颇不满意,几乎没有公开反应。中共称之为"抗拒式的沉默"。只是由于国民政府驻美大使魏道明"避免外间可能发生误解"的建议,蒋介石才勉强对外表示,杜鲁门的声明与他的初衷并不违背。③ 国民党为了减轻声明对其产生负面影响,其中央宣传部向各省市发出密电,解释说:美国无条件支持国民政府的政策不会改变,杜鲁门发此声明的目的是为了协调大国之间的关系,并非对我党施加压力。"吾人为配合此一局势,应当继续推行用政治方法解除共产党武装的政策"。"望我各级机构在此期中,不论对于军事、政治,均须充分提高警觉性,以资防备"。④

周恩来对当时形势分析后,认为"问题的解决系于美苏关系和力量对比";"反内战求和平,是目前最得人心的口号";"要蒋放弃反共思想和灭共企图而自动地做到国共亲密合作,这是不可能的,但要蒋目前下讨伐决心,宁进行长期内战而不惜,这也是不可能的"⑤。

就是在这种情况下,蒋介石在加紧准备内战的同时,不得不

---

① 参见《国际条约集》(1945—1947),第125—126页,世界知识出版社1959年版。
② 《和平与民主的道路——国共停战协议及政治协商会议重要文献之一》,第20—21页,1946年印本,转引自《中华民国史》第三编第五卷,第127页,中华书局2000年版。
③ 参见秦孝仪主编《中华民国重要史料初编》第七编第三册,第47、61页,台湾中国国民党中央委员会党史委员会1981年印。
④ 1945年12月22日《中宣部致各省市密电》,原件存中国第二历史档案馆。
⑤ 《周恩来一九四六年谈判文选》,第4页,中央文献出版社1996年版。

同意与中共恢复谈判,召开政治协商会议。国民政府代表与中共代表,经过四次商谈,于1946年1月5日达成《国共双方关于停止国内军事冲突办法》的协议,并于1月10日正式公布。同时国共双方依据协议各自下达了"停战令",规定从1月13日起,双方停止一切战斗行动。在此期间,国民政府代表张群①、中共代表周恩来和美国总统特使马歇尔组成军事三人小组,并在北平建立由三方代表郑介民、叶剑英、罗伯逊及三方人员组成的军事调处执行部,以监督停战,调处冲突。1月10日,由各党派参加的政治协商会议正式召开,并于1月31日一致通过了包括军事问题、宪法草案问题、和平建国纲领、政府组织问题、国民大会问题在内的《政治协商会议决议案》。

停战协议的签订和政协决议的达成,是中共及全国人民同国民党斗争所得的成果,反映了全国人民的和平愿望与民主要求,得到了各阶层人民的拥护。中共中央对停战协议和政协决议也给予极高的评价,认为中国在和平建国的道路上迈出了一大步。2月1日,中共中央即发出刘少奇主持起草、毛泽东修改审定的《关于目前形势与任务的指示》:

> 由于这些协议的成立及其实施,国民党一党独裁制度即开始破坏,在全国范围内开始了国家民主化。这就将巩固国内和平,使我们党及我党所创立的军队和解放区走上合法化。这是中国民主革命一次伟大的胜利。从此中国即走上了和平民主建设的新阶段。②

中国革命的主要斗争形式,目前已由武装斗争转变到非

---

① 张群仅在停战谈判时参加了三人会议,从1月中旬至3月底,国民党代表为张治中。4月上旬陈诚接任,但他根本反对言和,只参加了几次谈判就称病离任。5月至6月徐永昌接任。6月后,三人会议基本停顿。11月国大召开前夕,陈诚又参加三人会议,但全面内战已经开始,周恩来返延安后,三人会议不复存在。

② 中央档案馆编:《中共中央文件选集》第16册,第62页,中共中央党校出版社1992年版。

武装的群众与议会的斗争,国内问题由政治方式来解决,党的全部工作,必须适应这一新形式。①

2月6日,中共中央电告周恩来,提出中共准备参加改组后的国民政府委员名单(毛泽东等八人),并以周恩来、林伯渠、董必武、王若飞分任行政院副院长,两部长及不管部。② 同时决定"停止对于国民党的宣传攻势"③。

当然,中共中央对当前形势并未完全放弃警惕。2月2日,中共中央书记处会议认为:"政协成功很大","但民主化的具体过程与结果还没看到"。"还须寸土必争,针锋相对。尤其对军队整编问题,中共认为要慎重,目前国家民主化的前途还不明朗,如果我们把军队交给国民党,失去军队的控制权,我们的发言权即降低","民主化就反而没有希望"。④ 2月8日,中共中央发出指示:"要求全党全军保持清醒头脑,一方面要尽量争取和平民主新阶段的到来,即使很短时间也对人民有利,一方面要积极做好迎接全面内战到来的准备。"⑤同日,刘少奇为中共中央起草给重庆代表团关于整编军队问题的指示电说:"美蒋的目的仍在政治上让步,军事上取攻势,即最后夺取我之军队,此种阴谋必须严重注意。"⑥

二 国民党破坏停战协议

停战协议和政协决议刚完成,军事三人小组还在协商整军

---

① 中央档案馆编:《中共中央文件选集》第16册,第67页,中共中央党校出版社1992年版。
② 参见中共中央文献研究室编《毛泽东年谱》下卷,第56页,人民出版社、中央文献出版社1992年版。
③ 中央档案馆编:《中共中央文件选集》第16册,第73页,中共中央党校出版社1992年版。
④ 中共中央文献研究室编:《任弼时年谱》,第508页,人民出版社、中央文献出版社1992年版。
⑤ 军事科学院编:《毛泽东军事年谱》,第473页,广西人民出版社1994年版。
⑥ 中共中央文献研究室编:《刘少奇年谱》下卷,第19页,人民出版社、中央文献出版社1996年版。

方案之时,蒋介石就酝酿推翻协议。1946年2月22日,国民党北平当局策动所谓"河北难民还乡请愿团",纠集暴徒千余人举行反共示威,并由特务率领闯入军调部殴打中共工作人员。蒋介石在3月的国民党六届二中全会上,公开号召破坏政协决议,说应"就其牢牢大端,妥筹补救",结果全会在政府改组问题、宪草问题、整军等问题上,通过了一系列违反政协决议的议案。决议案说:"对于五五宪草之任何修正意见,皆应依照建国大纲与五权宪法之基本原则而拟订,提由国民大会讨论决定";"军队国家化乃和平建国之先决条件","中国共产党务须切实履行"。①这实际上是仍将实行独裁统治,却要共产党首先将部队交给国民党。

中共中央对形势的估计有所变化,认为"最近时期一切事实证明,蒋介石反苏反共、反民主的反动方针,一时不会改变的,只有经过严重的斗争,使其知难而退,才有作某些较有利于民主的妥协之可能"②。因而不再提和平民主新阶段,而强调力争某些妥协。中共中央在对各战略区的指示电中说:"我们反对分裂,反对内战,但我们不怕分裂,不怕内战,我们在精神上必须有这种准备,才能使我们在一切问题上立于主动地位。"③

3月27日,军事三人小组达成东北停战协定,决定派执行小组调处东北内战。蒋介石公然撕毁这一协议,说十四年来,东北抗战是在国民党党员领导之下进行的,在日本占领控制东北时期,共产党没有什么武装力量。"对于共产党所谓'民主联军'这样阻碍接收主权的行动,和他所谓的'民主政府'的非法组织,我们政府和人民是不承认的"。"东北问题在本质上是一个外交问题,问题的焦点在……接收主权"。"东北九省主权的接收没有完成以前,没有什么内政问题可言"。"我们中央对于东北的职

---

① 1946年3月16日国民党六届二中全会《对于政治协商会议之决议案》,载程思远主编《中国国民党百年风云录》下卷,第3788—3789页,延边大学出版社1995年版。
②③ 中共重庆市委党校编:《国民参政会纪实》,第1537—1541页,重庆出版社1985年版;1946年4月4日《中央日报》。

责,现在就是接收领土"。① 这完全是为大举进攻东北民主联军制造舆论。

国民党还无理地要求解放军退出苏、皖、热河、冀东等大部地区,企图把中共武装部队限制在分割的几个区域内,以便在部署好全面内战的兵力后,予以各个消灭。国民党还违背停战协议关于"所有中国境内的军事调动一律停止"的规定,自1946年1月13日停战协议签订起至5月止,先后向前线调动了39个军99个师,100多万人。连同此前调动的部队,至6月时,共调动了51个军128个师,共128.3万人。从2月开始,国民党军向东北民主联军发动大规模的进攻,在关内则对各解放区采取蚕食手段,实施小规模的进攻,形成"关外大打,关内小打"的局面。

国民党为独占东北,早在日本刚投降时,就采取了一系列的步骤,如成立东北行营(主任熊式辉)和东北保安司令部(司令官杜聿明),委任各省市长,收编伪满军警,以及由美国军舰海运送第十三、第五十二军于10月、11月在秦皇岛登陆,并攻占已解放的山海关、绥中、锦州等地。但由于国民党军沿同蒲、平汉、平绥、津浦各路的进攻受挫,已无法调动足够的兵力迅速进入东北,因而国民党政府一方面一再要求苏军不要按原来商定的11月份撤离东北,以保持大城市和交通要道不被人民自治军占领,另一方面在美国帮助下,加速向东北海运部队。

中共中央知道苏军将按《中苏友好同盟条约》的规定,把所控制的大城市和交通线移交给国民党政府。而人民自治军尚未建立起牢固的根据地,不能阻止国民党军进入东北和控制主要铁路干线及大城市,中共中央遂决定人民自治军从中长路(由满洲里经哈尔滨至大连)沿线及大城市退出,"让开大路,占领两厢",在广大农村和中小城市建立根据地。12月28日,中共中央发出《建立巩固的东北根据地》的指示:

---

① 中央档案馆编:《中共中央文件选集》第16册,第97—98页,中共中央党校出版社1992年版。

> 我党现时在东北的任务,是建立根据地,是在东满、北满、西满建立巩固的军事政治的根据地。①

> 建立巩固根据地的地区,是距离国民党占领中心较远的城市和广大乡村。②

> 将正规军队的相当部分,分散到各军分区去,从事发动群众,消灭土匪,建立政权,组织游击队民兵和自卫军,以便稳固地方,配合野战军,粉碎国民党的进攻。

按照中央指示,东北民主联军总部发动群众,建立根据地,至1946年3月,共歼灭土匪和伪满军警7万多人,恢复许多中小城市,充实了兵员,补充了武器装备,总兵力发展至31万。东北解放区已初具规模。3月初,苏军开始从东北撤退,国民党军于13日进驻沈阳,21日占抚顺、辽阳、铁岭等地。至4月初,国民党军已进入东北6个军又1个师(第十三、五十二、七十一、六军,新一、新六军,第九十四军第五师),连同收编伪满军改组的保安部队,总兵力为31万余人。

军事三人小组于3月27日达成《东北停战协议》后,派遣执行小组去东北调处和监督停战,但国民党军乘苏军撤走之机,集中了5个军11个师的兵力,继续向民主联军进攻,企图迅速抢占四平及本溪、鞍山、营口等战略要点及交通要道,以与长春、哈尔滨的伪军、土匪武装会合。其部署是:以新一军、第七十一军分别从铁岭、新民地区向北进攻,预期4月2日夺取四平;以新六军、第五十二军及第九十四军之第五师分别从辽阳、盘山等地区向本溪、鞍山进攻,尔后集中新一、新六军等主力部队沿中长路向四平进攻,将民主联军主力压迫于松花江南岸消灭之。

---

① 《毛泽东军事文集》第三卷,第148页,军事科学出版社、中央文献出版社1993年版。
② 《毛泽东军事文集》第三卷,第150页,军事科学出版社、中央文献出版社1993年版。

中共中央军委为阻止国民党军的长驱直入,以配合谈判,促进东北和全国和平的实现,决定全力控制北满地区和长春、哈尔滨市及中长路满洲里至绥芬河段。军委要求东北民主联军迅速集中兵力,扼守四平,打击进攻之敌。南满主力则集中于本溪地区,打击和牵制敌军,配合四平作战;在苏军撤出长春、哈尔滨、齐齐哈尔市后,迅速歼灭三市的伪军及土匪武装而夺取之。东北民主联军总司令林彪遵照中央军委的指示,确定了在四平地区作战的方针:以消灭敌人有生力量为主,达到对四平的保持;在战役指导上,求得局部地区集中绝对优势兵力,在运动中各个击破敌人,迟滞和挫败敌之进攻计划。其兵力部署是:以新四军第三师第十旅在铁岭以北、四平以南地区采取运动防御,迟滞、杀伤北进之敌,掩护第一、第二师和第七纵队、新四军第三师之第七、第八旅主力、独立旅等向四平地区集中,乘北进之敌在运动中或立足未稳时,集中优势兵力各个歼灭之;以南满的第三、第四纵队及保安第三旅等部,担任本溪地区作战;由东满军区司令员周保中,指挥山东第七师主力、新四军第三师两个团、东满三个旅及地方武装夺取长春;由松江军区司令员李天佑指挥第三五九旅及松江军区部队夺取哈尔滨;由嫩江军区司令员倪志亮指挥新四军第三师特务第一团和嫩江军区部队夺取齐齐哈尔。

四平街位于南满平原中心,是东北重要战略枢纽之一。这时,由铁岭、新民地区北进之国民党军新一军、第七十一军(缺第八十八师),占领开原、法库后,于4月上旬继续向四平进攻。民主联军在四平以南实施运动防御,节节阻击,在泉头车站、兴隆岭歼灭新一军2 000余人。4月16日,民主联军集中山东第一师、第七纵队、新四军第三师第八旅等部,以优势兵力在四平西南的大洼、金山堡地区歼灭第七十一军第八十七师大部。国民党军预定4月2日占领四平的计划未能实现。与此同时,南满方面在本溪保卫战中,两度击退国民党军的进攻,歼敌4 000余人。4月中下旬,民主联军按计划解放了长春、哈尔滨、齐齐哈尔三市,歼灭土匪武装2.6万余人。

这时,国共两党关于东北问题的谈判已进至可能迅速达成协议的重要阶段,国民党为使自己处于更有利的地位,准备再次夺取四平、长春等地方。中共中央为此曾多次指示民主联军,要坚守四平。4月13日中共中央致电林彪、彭真:

> 马歇尔有于文日(12日)动身来华说。马到华后东北可能停战,国方必于数日内尽力攻夺四平、本溪。望注意在可能条件下击退其进攻,守住四平、本溪以利谈判。①

19日、20日中共中央又连续致电林彪、彭真:敌军仍"决心打下去,有坦克百余将运沈阳,并要使用飞机"②,"必须准备对付飞机、坦克(参加抗日的将士有办法对付之),并集中绝对优势兵力,于四平南北地区举行数次大的战役决战,才能解决问题"③。4月21日、22日,中共中央再次致电东北局及林彪:

> 新一军是赴缅甸远征军,蒋军主力,我必须集中绝对优势兵力,养精蓄锐,待其疲惫不堪,粮弹两缺,选择良好地形条件,以数日之连续战斗,将其各个击破,全部或大部歼灭之,就可顿挫蒋方气势。④

民主联军为紧守四平,决定以保一旅组成四平卫戍司令部,统一指挥该旅和第七纵队各一部共6 000人守四平;集中主要兵力于四平以西、以北地区待机;并先后令山东第七师、第三五九旅等部南下,令南满第三纵队第七、第八旅和保三旅北上,参加四平保卫战。

4月18日,国民党新一军开始猛攻四平,民主联军守城部队

---

① 《毛泽东军事文集》第三卷,第165页,军事科学出版社、中央文献出版社1993年版。
② 《毛泽东军事文集》第三卷,第173页,军事科学出版社、中央文献出版社1993年版。
③ 《毛泽东军事文集》第三卷,第175页,军事科学出版社、中央文献出版社1993年版。
④ 《毛泽东军事文集》第三卷,第182页,军事科学出版社、中央文献出版社1993年版。

依托工事顽强抵抗。激战数日,双方伤亡均重,形成胶着状态。民主联军为保障四平翼侧安全,逐步向四平东、西两侧延伸防线,在东起火石岭、西至八面城的百里防线上部署了机动部队六个师(旅),与国民党军形成对峙。这虽挫败了蒋军迂回四平的企图,但民主联军也因此而缺少机动兵力以实施有力的反击。4月26日,中共中央致电林彪、彭真:"马歇尔已提出停战方案,有停战之可能。望加强四平守备兵力,鼓励坚守,挫敌锐气,争取时间。"①5月1日,毛泽东再电林彪:

> 东北战争中外瞩目。蒋介石已拒绝马歇尔、民盟和我党三方同意之停战方案,坚持要打到长春。因此我们必须在四平本溪两处坚持奋战,将两处顽军打得精疲力竭,消耗其兵力,挫折其锐气,使其以六个月时间调集的兵力、武器,弹药受到最大消耗,来不及补充……那时,便可能求得有利于我之和平。②

国民党军趁民主联军第三纵队主力北调四平之机,于4月28日,集中5个师(新六军之新十四、新二十二师,第五十二军之第二、第二十五师,第七十一军之第八十八师)向本溪发动进攻。经过六天的血战,民主联军终因守军兵力薄弱,于5月3日撤离本溪,转入本溪以东地区休整。国民党军占领本溪后,即将新六军、第五十二军之第一九五师及第七十一军之第八十八师北调四平方面,使四平地区蒋军兵力增加到10个师。5月14日,国民党军在飞机、坦克和大量火炮支援及掩护下,对四平实施轮番攻击,激战至18日,国民党军中央兵团新六军等4个师,先后攻占叶赫站、塔子山,并向四平东北迂回,企图切断四平守军退路。民主联军在持续一个多月的防御作战中,已伤亡8 000多人,为

---

① 军事科学院编:《毛泽东军事年谱》,第482页,广西人民出版社1994年版。
② 《毛泽东军事文集》第三卷,第195页,军事科学出版社、中央文献出版社1993年版。

摆脱被动局面,保存战力,遂于5月18日晚撤出四平。部分主力部队沿中长路东侧北撤,于6月初到达松花江北岸休整。其他部队分别转移至东满、西满休整,并从事建立根据地的工作。

四平保卫战,是中共中央从全国战略出发,为配合谈判斗争而进行的一次较大规模的城市防御战。在这次作战中,国民党军伤亡1万多人,并延迟了北进的计划,这对民主联军巩固北满根据地起了重要作用。中共中央指出:"四平我军坚守一个月,抗击敌军十个师,表现了人民军队高度顽强英勇精神,这一斗争是有历史意义的。"① 不过在27日,中共中央致电各大战略区,指示目前尚不宜防守大城市。电报说:

> 东北四平街之所以能久守,主要是因敌未料我军有防线,故逐次增兵,便于为我各个击破,使敌遭受我军重大打击。故四平防御战为一时特殊条件所致,不能成为我一般的作战方针。目前,我力守大城市则许多中小城市将被丢掉,许多运动战各个击破敌人的机会不能利用,敌如继续增兵对我守军进行包围攻击,则我必然仍要放弃大城市。②

东北民主联军在北撤时,国民党军新一军、新六军跟踪猛追,分兵急进,企图追歼联军主力于吉林、长春以南地区。民主联军经一个月的苦战,部队已极度疲劳,战斗力受到很大损伤,兼之昼夜行军,减员甚多,已不利于在公主岭南北的平原地区再组织防御。国民党军占领公主岭、东丰、西丰、伊通等地,逼近长春。民主联军分析当前形势,决定放弃长春。国民党军于5月23日进占长春后,又相继占领双阳、梅河口、海陇、盘古、农安、德惠、吉林等19座重要城市,基本上控制了松花江以南的广大地区。但由于战线拉长,兵力分散,后无援兵,国民党军未能向

---

① 《毛泽东军事文集》第三卷,第224页,军事科学出版社、中央文献出版社1993年版。
② 《毛泽东军事文集》第三卷,第236页,军事科学出版社、中央文献出版社1993年版。

松花江北前进。

位于南满、东满的民主联军，乘国民党军兵力分散，后方空虚之机，对孤立、薄弱之敌主动出击。第一、第二师在新站、拉法歼敌第七十一军第八十八师一个团又一个营；第三纵队在桦甸歼灭新六军第二〇七师一个加强营；第四纵队连克鞍山、营口，歼灭敌第六十军第一八四师两个团，并争取第一八四师师长潘朔端率师直部队及第五五二团3800多人在海城起义。

为继续谈判东北军事冲突等问题，由马歇尔提议，经国共双方同意，于6月6日分别发表了自6月7日起在东北休战15天进行谈判的声明。

国民党军大举进攻东北的同时，也不断地向关内各解放区进攻。从停战令生效到1946年6月，国民党军先后进攻解放区300多次，使用兵力高达270万人次，占领了解放区城市40座、村镇2500余处，其中包括解放军在抗日战争时期就已建立的淮南、淮北解放区的津浦路以西地区，给解放区人民造成很大的损失。针对上述情况，中共中央指示各战略区必须给敌人以坚决之打击，否则敌人的进攻不会停止，但必须有理、有利、有节。

军事三人小组中的中共代表周恩来和北平军事调处执行部的中共代表叶剑英，在谈判中对国民党违反停战协议的行动，也作了有力的揭露。1946年5月上旬，周恩来对国民党郑州绥靖公署主任刘峙和武汉行营主任程潜调集重兵、包围中原军区李先念部于宣化店地区的问题，与美、蒋代表谈判，签订了《汉口协定》，延缓了国民党军的进攻。华南方面，国民党拒不承认东江纵队是中共领导的抗日部队，调集重兵实施围攻，经谈判迫使国民党签订了《中共武装北撤协定》，使东江纵队主力2500多人自广东海运回胶东，加入华东军区序列。广东仍留有1500人坚持斗争。

在谈判的同时，各解放区的部队也对进攻的国民党军进行了反击。晋冀鲁豫解放军于5月中旬至6月上旬间，击退了国民党军对以睢县、杞县、太康为中心的水东解放区的进攻，歼敌2000多人；在冀鲁豫边区，收复了平阴、东明2城，歼敌3000多人；在晋南争取了汾阳地区5个保安团起义，恢复了闻喜、绛县2

城,歼敌3 000多人。晋察冀解放军,5月初在山东渤海军区部队配合下,反击津浦路泊镇、冯口之敌的进攻,歼敌千余人;5月下旬,在天津以西胜芳镇击退敌之进攻,歼敌1 500多人。山东解放军于6月上旬,在胶济、津浦路发起进攻,将国民党收编的、停战以后仍不断向解放军袭扰的伪军,歼灭3万多人,解放了胶县、张店、周村、泰安、枣庄、德州、高密、即墨等城镇,巩固了山东解放区。

全国解放战争过渡阶段歼敌兵力统计

(1945年9月—1946年6月)

区分 \ 类别数字	歼灭敌军营以上建制数													歼灭敌军人数		
	正规军					非正规军				合计					正规军	非正规军	合计
	军部	整师	师部	整团	整营	整师	师部	整团	整营	军部	整师	师部	整团	整营			
歼灭	5	20	2	20	13	10		4		5	30	2	24	13	129 318	374 396	503 714
起义	1	2	2	2	4	1		14		1	3	2	16	4	16 200	26 000	42 200
合计	6	22	4	22	17	11		18		6	33	4	40	17	145 518	400 396	545 914
折合数	(32)师(1)营					(51)团				(147)团(1)营							

说明:(1)( )内为消灭敌军建制部队之折合数。折合方法系以4个营或1个师部折合1个团,3个团折合1个师,营以下则不折合建制,仅计人数。消灭敌军军部以上机构均独立计算,不作折合。

(2)敌正规部队基本单位为师,故均折合成师;非正规部队基本单位为团,故均折合成团。正规部队及非正规部队合计时则一律折合成团。

三 解放军准备应付全面内战

根据蒋介石的表现和国民党军的行动,中共中央判断蒋介石发动全面内战的可能性愈来愈大。中央军委为应付国民党军的进攻,采取了一系列措施,加强军队建设。主要工作有以下两项:

(一)军队进行精简整编

1945年秋,解放军实行战略转变、组建野战兵团后,八路军、新四军有了较大发展,对击破国民党军对解放区的进攻起了重要作用。但同时部队机关变得庞大、重叠,编制不尽合理,非战斗人员增多,老弱伤残人员也有不少,致使战斗人员和非战斗人员的比例失调,有的单位战斗人员不及全体人员的 1/2,严重影响了部队战斗力,同时也增加了解放区的财政负担。

因此,中共中央在《1946 年解放区工作的方针》中指出:兵贵精不贵多,"目前扩兵一般应该停止"。"军队的后方勤务工作,须重新调整。应尽一切可能建立和扩充各地的炮兵和工兵。军事学校应继续办理,着重技术人才的训练"。① 3 月 15 日,中共中央在《关于目前时局及对策的指示》中,还提出了精简整编的原则:"以裁减老弱及无职务、无武器人员,合并机关,减少单位充实部队,减少财政支出,利于长期打算为目标。"②

根据中央指示,各战略区相继召开复员整编会议,制订精简整编计划。经过深入细致的工作,精简工作进行得非常顺利,并取得了很大进展。至 1946 年 6 月,全军复员、转业 23.3 万多人,同时也动员吸收了部分青年农民参军入伍。在此基础上,各战略区对部队的编制序列进行了部分的调整,如晋绥军区撤销第四、第七、第十军分区,高树勋起义部队改编为民主建国军,加入晋冀鲁豫军区等,但总的序列基本未变。整编后全军共有野战军 24 个纵队和相当于纵队的师,11 个旅和相当于师的旅;地方军划分了 34 个三级军区,113 个军分区(其中 11 个由独立旅或警备旅兼),51 个独立旅(师)或警备旅(其中 11 个兼军分区),5 个骑兵师(旅),同时建立了 1 个炮兵旅,14 个炮兵团,17 个炮兵营,38 个炮兵连;有的纵队建立了工兵连。全军总计约 130 万人。因在整编基本就绪时,华东、华北、晋绥等解放区仍有战斗,所以整编后人数尚略有变化。至全面内战爆发时,全军共有 127 万多人,其中野战军 61 万,地方军 66 万。

---

① 《毛泽东选集》第四卷,第 1175 页,人民出版社 1991 年版。
② 转引自军事科学院军事历史研究部《中国人民解放军战史》第三卷,第 32 页,军事科学出版社 1987 年版。

（二）开展军政练兵运动

为了进一步实现由抗日游击战转变为国内正规战，以适应作战的需要，更由于大量翻身农民参军入伍，迫切要求部队加强军政训练，以提高思想觉悟和战术技术水平，1945年底，中共中央把军队练兵规定为1946年中心工作之一。全军各部队普遍开展"春季练兵"、"百日练兵"等活动。

在政治教育方面，部队深入进行形势教育，克服图安逸与和平麻痹思想，以增强斗志，提高指战员战胜敌人的信心。

在军事方面，毛泽东在1945年12月15日为中共中央起草的《1946年解放区工作的方针》中指出：

> 应利用作战间隙着重练兵。不论野战军、地方军、民兵都是如此。练兵项目，仍以提高射击、刺杀、投弹等项技术程度为主，提高战术程度为辅，特别着重于练习夜战。练兵方法，应开展官教兵、兵教官、兵教兵的群众练兵运动。①

停战协议签订和政协决议达成后，中共中央在1946年2月1日《关于目前形势与任务的指示》中，又进一步强调："为了保证国内和平，各地应利用目前时机大练兵三个月，一切准备好，不怕和平万一被人破坏。"1946年5月1日，毛泽东又为中共中央起草了《关于练兵的指示》："国民党反动派除在东北扩大内战外，现正准备发动全面内战。在此情况下，我党必须有充分准备，能够于国民党发动内战时坚决彻底粉碎之。"准备工作中，"各地必须抓紧练兵工作"，应"将此看成决定胜负的关键之一"。②

经过练兵运动，人民解放军不仅在政治素质技术水平上有了很大提高，而且进一步改善了官兵关系，增强了部队团结，提

---

① 转引自军事科学院军事历史研究部《中国人民解放军全国解放战争史》第一卷，第338页，军事科学出版社1993年版。
② 军事科学院编：《毛泽东军事文选》（内部本），第279页，战士出版社1981年版。

高了部队的作战能力。

第二节　国民党军全面进攻　　　解放军自卫迎击

一　双方的战略

蒋介石始终没有真正放弃消灭中国共产党及解放军的企图,只是为了进行准备、争取时间,才在表面上与中共进行和谈。在他完成全面内战的准备与部署后,不顾他自己于1946年6月21日下达的延长停战八天的命令,6月26日就对中原解放区发动大规模的进攻。这是蒋介石发动全面内战的开始。

当时国民党军在军事力量上占有很大优势。总兵力约430万人,其中正规军86个整编师(军)、248个旅(师),约200万人,特种兵、海空军及后方机关、军事学校等约156万人,非正规军74万人。由于接收了日本侵华军100万人的全部装备,并得到美国的大量援助,国民党军的装备已有很大加强。86个师中有22个为美械、半美械装备。此外,还拥有大量炮兵和一定数量的飞机、坦克,以及现代化的运输工具,火力和机动能力都远较人民解放军强。

蒋介石凭借其军事上的优势,决定采取速战速决的战略方针,以193个旅(师)约160万人的兵力(约占其正规军的80％),同时向山东、华中、晋冀鲁豫、晋察冀、晋绥以及中原解放区发起全面进攻,企图在三至六个月内,首先消灭关内各战场的解放军,占领解放区,尔后再集中兵力歼灭东北的民主联军。蒋介石于1946年6月发动全面内战前夕一次高级军官集训会上解释其战略方针说:"我们有空军、有海军,而且有重武器和特种兵","匪军绝对没有","如果能配合得法,运用灵活……就一定能速战速决,把奸匪消灭。"①蒋介石在确定战略方针的同时,还制订了

---

① 《蒋总统集》第二册,第1558页,台湾中国国民党"国防研究院"1960年编印。

战争初期的三个"战略目的":

> 第一是要占领匪军的政治根据地,使他不能建立政治中心,在国内外丧失其号召力。第二是要摧毁其军事根据地,捣毁其军需工厂与仓库,使其兵力不能集中,补给发生困难。第三是封锁其国际交通线,使之不能获得国际的援助。①

他的"作战纲要"是:"第一步,必须把匪军所占领的重要都市和交通据点一一收复,使匪军不能保有任何根据地。第二步,要根据这些据点纵横延伸,进而控制全部交通线",使"我军运输方便,进退自如,一个兵即可当十个兵之用"。"匪军方面则因占领地区被我分割,兵力便无法集中"。"我们作战的纲领可以说是先占领据点,掌握交通。由点来控制线,由线来控制面,使匪军没有立足的余地"。② 国民党军实施全面进攻的战略部署和重大战役行动,都是依据这一指导思想作出的。

国民党完成全面内战的战略部署后,蒋介石于1946年6月17日,通过马歇尔向中共提出最后通牒式的要求,要解放军立即撤出陇海路以南、胶济路全线以及东北大部地区。中共中央判断蒋介石将向解放区发动大规模的进攻,6月19日定下了"以打促和"的预案,致电各战略区:

> 观察近日形势,蒋介石准备大打,恐难挽回。大打后,估计六个月内外时间,如我军大胜,必可议和;如胜负相当,亦可能议和;如蒋军大胜,则不能议和。因此,我军必须战胜蒋军进攻,争取和平前途。③

---

① 秦孝仪主编:《总统蒋公思想言论总集》第二十二卷,第202页,台湾中国国民党中央委员会党史委员会1984年印。
② 《蒋总统集》第二册,第1597页,台湾中国国民党"国防研究院"1960年编印。
③ 《毛泽东军事文集》第三卷,第277页,军事科学出版社、中央文献出版社1993年版。

预案强调"我大打必须在蒋大打之后,以示衅由彼启"①。根据上述预案,中共中央拟订了南、北两线的作战计划。其主要内容是:在北线,晋察冀和晋绥野战军及晋冀鲁豫野战军一部,用半年或较多时间,夺取平汉路北段和正太、同蒲路,并相机夺取保定、石家庄、太原、大同四城,使晋绥、晋察冀、晋冀鲁豫各解放区连成一片。在南线,晋冀鲁豫野战军主力和山东野战军分别向豫东和津浦路徐州至蚌埠段出击,着重在野战中歼灭敌军有生力量;华中野战军进击津浦路蚌埠至浦口段作为策应。尔后,如形势有利,晋冀鲁豫、山东两野战军主力向大别山、安庆、浦口之线推进。中央还指出:"这一计划的精神着重在南,与蒋的精神着重在北相反。可将很大一部蒋军抛在北面,处于被动地位。"②在此期间,中原部队向北突围,如果突围受阻,则准备在国民党区域创造根据地。

1946年7月20日,中共中央又发出《以自卫战争粉碎蒋介石的进攻》的指示:"战胜蒋介石的作战方法,一般地是运动战。因此,若干地方,若干城市的暂时放弃,是为了取得最后胜利,否则就不能取得最后胜利。此点,应使全党和全解放区人民都能明白,都有精神准备。"③9月16日,中共中央又发出《集中优势兵力,各个歼灭敌人》的指示:"我军应以集中兵力打运动战为主,以分散兵力打游击战为辅。而在蒋军武器加强的条件下,我军必须特别强调集中优势兵力、各个歼灭敌人的作战方法。"④这个方法"不但必须应用于战役的部署方面,而且必须应用于战术

---

① 《毛泽东军事文集》第三卷,第278页,军事科学出版社、中央文献出版社1993年版。

② 这一计划由6月19日至6月28日间中共中央致各战略区及致刘伯承、邓小平、陈毅、舒同、郑位三、李先念、王树声、聂荣臻、萧克电文概括而成,转引自军事科学院军事历史研究部《中国人民解放军战史》第三卷,第43—44页,军事科学出版社1987年版。

③ 《毛泽东军事文集》第三卷,第354页,军事科学出版社、中央文献出版社1993年版。

④ 《毛泽东军事文集》第三卷,第484页,军事科学出版社、中央文献出版社1993年版。

的部署方面"①,以收到全歼速决的效果。该指示强调:

> 集中兵力各个歼敌的原则,以歼灭敌军有生力量为主要目标,不以保守或夺取地方为主要目标。有些时机,为着集中兵力歼灭敌军的目的,或使我军主力避免遭受敌军的严重打击以利休整再战的目的,可以允许放弃某些地方。只要我军能够将敌军有生力量大量地歼灭了,就有可能恢复失地,并夺取新的地方。②

二 中原解放军胜利突围

中原解放区位于鄂豫皖湘赣五省交界地区,日本投降时,根据地已扩展至60多县,对武汉三镇形成包围态势。而武汉是国民党军从大后方进军华东、华北的战略枢纽。因此,国民党军调集了11个师、25个旅30余万兵力,分西、北、东、南四条路线,四面八方包围了中原解放区,并不断进行蚕食性进攻。

1946年5月10日,国共双方就中原地区停止武装冲突签订了《汉口协议》,但国民党军的蚕食进攻并未停止。中共中央根据当时的形势,一面与国民党谈判,争取中原军区部队合法转移;一面进行突围的准备,将原来的七个旅整编为六个旅,复员老弱病残人员一万多,将一部分非战斗人员及伤员、家属等,都设法化装送至华东、华北解放区。

6月18日,蒋介石发出密令,电饬郑州绥靖公署主任刘峙"统一指挥五、六两绥署之部队,围歼李先念部",并规定"担任攻击各部队统于巳月养日(6月26日)前秘密完成包围形势……实施攻击。各部在攻击行动中,应严防奸匪闯隙逃窜"。③ 这时,中

---

① 《毛泽东军事文集》第三卷,第482页,军事科学出版社、中央文献出版社1993年版。
② 《毛泽东军事文集》第三卷,第484—485页,军事科学出版社、中央文献出版社1993年版。
③ 《中华民国实录》第4卷(上),第3528页,吉林人民出版社1997年版。

原解放区仅剩下以宣化店为中心、方圆不足百里的狭小地区。

6月21日,中原局给中共中央发出请求突围的电报:"现在我区局势确已发展到必须迅速主动突围地步"①。"如果等顽军已经完全部署完毕,正式向我全面进攻时再突围,则我不仅在战略上即在战术上亦处于被动地位,那个局面很难设想的。因此我们提议中央能允许我们在本月底即开始实施主力突围的计划,即经鄂中分两个纵队,分别向陕南及武当山突围,然后转至陕甘宁边区。"②23日,中共中央复电:"所见甚是,同意立即突围,愈快愈好,不要有任何顾虑,生存第一,胜利第一。今后行动,一切由你们自己决定,不要请示,免延误时机,并保机密。"③25日中央又致电郑位三、李先念:"巧妙避开敌之打击,分途突出包围圈。如遇严重不利情况,则以旅为单位分散前进。留下部队至少万人,坚持原有地区。"④

中原军区遵照中央指示,确定了具体的突围计划:(1)北路,由军区司令员李先念、政委郑位三和副司令员兼参谋长王震,率中原局、中原军区机关、第二纵队之第十三旅和第十五旅一个团、第三五九旅、干部旅等共1.5万人,自信阳、广水间越平汉路向西挺进;(2)南路,由军区副司令员王树声率第一纵队(缺第一旅)及第二纵队之第十五旅(缺一个团)共1万多人,从广水、花园间越平汉路,与北路突围部队平行向西攻击;(3)东路,由旅长皮定均率第一纵队第一旅共7 000人,向东佯攻,掩护主力向西突围;(4)江汉、河南、鄂东各军区部队,牵制敌军,掩护上述各路部队突围,留原地坚持游击战争。9月26日晚,各路突围部队开始行动。

北路(右路)突围部队由宣化店向西转移,29日晚突破信阳

---

① ② 《毛泽东军事文集》第三卷,第288页注释②,军事科学出版社、中央文献出版社1993年版。

③ 《毛泽东军事文集》第三卷,第288页,军事科学出版社、中央文献出版社1993年版。

④ 《毛泽东军事文集》第三卷,第297页,军事科学出版社、中央文献出版社1993年版。

南李家寨、柳林车站间国民党军封锁线，进至平汉路以西地区。国民党军急调整编第三、第四十一、第四十七师及位于陕南第一战区的整编第一、第九十、第七十六、第三十六师各一部，实施追击和堵截。突围部队或以急行军先机突出敌军包围圈，或以一部阻击掩护主力加速行进，或以强攻突破敌军严密布防的阻击阵地，经历数十次战斗，方冲出国民党军的重重包围与追击、堵击，于7月下旬胜利地进至陕南县境，与陕南游击队会合，8月3日成立了鄂豫陕军区。第三五九旅按中央指示继续北上，击破国民党军整三十六、整七十六、整九十师及骑兵第一旅的追击、堵击，于8月底在晋绥联防军一部的接应下进入陕甘宁解放区。

南路突围部队由光山境向西转移，7月1日跨越平汉路，冲破敌整六十六、整七十五师等部的阻击，于7月26日进入武当山区。8月上旬，与由安陆突围的江汉军区部队在房县会合，27日成立鄂西军区。担任迷惑、牵制敌人的东路突围部队，29日在麻城以北突破敌封锁线，并攻破敌军据守的大牛山，进入大别山区；又突破敌军多次追堵，于7月20日进入苏皖解放区，改归华中野战军序列。

两个月来，中原解放军以无比的毅力，突破国民党军重重包围与堵截，胜利地完成了突围任务，创建了两块游击根据地，并留置小部兵力坚持鄂中地区的斗争。这对粉碎国民党军的"围剿"计划，保存和发展革命力量，支援其他解放区的作战，都有着重大的战略意义。国民党当局也不得不承认，中原解放军"分向东西窜犯，虽经我节节堵击，不断穷追，终未能悉数聚歼"，"于牵制我兵力，影响主力之作战实大"，而该部转移至陕北、苏北和豫、鄂、陕、川边等地，"利用山地蔓延滋长，实皆本次战斗之失"。①

三 华东解放军的作战

华东解放区直接威胁着蒋介石统治中心的京沪杭地区，具

---

① 程思远主编：《中国国民党百年风云录》中卷，第1422页，延边大学出版社1995年版。

有重要的战略地位。因而，国民党军在围攻中原解放区的同时，在华东战场集中了主力58个旅46.3万多人的兵力。首先以31个旅27.2万人的兵力，采取"由南向北，由西向东，逐步压缩"的方针，以淮北为重点，以淮阴、淮安为目标，分别自徐州、蚌埠、滁县、六合、扬州、南通，向苏皖解放区进攻；另以21个旅17万人的兵力，在山东向胶济路和鲁南进攻，进行钳制；其余担任守备。国民党军企图首先消灭华中解放军或逼其北撤山东，尔后在山东与解放军主力决战。

1946年7月4日，中央军委指示华东和晋冀鲁豫解放军领导刘伯承、邓小平和陈毅："胶济、徐州、豫北、豫东、苏北之顽可能同时向我进攻，果如此，我先在内线打几个胜仗再转至外线，在政治上更为有利。"①华东解放军根据军委指示，作了如下部署：新四军军长兼山东野战军司令员陈毅指挥山东野战军第二纵队、第七师、第八师及华中野战军第九纵队，迎击由津浦路徐州、蚌埠段东进之敌，尔后进击徐埠段。华中野战军司令员粟裕指挥第一、第六师及第七、第十纵队，首先在苏中迎击敌军，尔后经淮南进击津浦路蚌埠、浦口段，配合山东野战军和晋冀鲁豫野战军作战；淮南军区司令员周骏鸣指挥第五、第六旅和独立旅迎击进攻淮南津浦路东之敌。山东野战军第一纵队及鲁中、胶东、渤海军区部队，分别在胶济路东西两段迎击由济南、潍县、青岛进攻之敌；鲁南军区部队迎击进攻枣庄、台儿庄之敌。

(一) 苏中战役

国民党第一绥靖区司令官李默庵指挥整编第四十九等师15个旅约12万人，向苏中进攻，企图首先进占如皋、海安、黄桥，巩固其沿江一线阵地，尔后北进，策应淮北之敌会攻淮阴。国民党军预定7月15日发起进攻。

华中野战军决定集中主力19个团(后增至22个团)的兵

---

① 《毛泽东军事文集》第三卷，第320页，军事科学出版社、中央文献出版社1993年版。

力,先机制敌,先主动进攻泰兴、宣家堡之整八十三师之第十九旅,以打乱敌人的进攻部署。7月13日夜,野战军突然向泰兴、宣家堡守敌第十九旅发动进攻,激战至15日晨,除泰兴核心阵地庆云寺守敌1个团外,第十九旅2个团及旅属炮兵营共3000人被歼灭。此时北援之敌整六十五师已迫近泰兴,靖江之敌第九十九旅向黄桥前进,南通之敌整四十九师向如皋前进。华中野战军首长考虑到进攻如皋之敌对后方威胁较大,决定以一部兵力阻击敌整六十五师及第九十九旅,集中主力迅速东进,于运动中歼灭敌整四十九师。18日晨,野战军将整四十九师包围于如皋东南的鬼头街、杨花桥地区,于22日歼灭该师师部及第二十六旅全部、第七十九旅大部共1万多人。野战军遂后转进至海安东北地区休整。7月30日,敌军分别自如皋、姜堰合击海安,华中野战军以一部在海安以南、以西实施运动防御,给敌以一定杀伤后,于8月3日主动撤离海安。8月10日夜,乘敌新七旅旅部及一个团在李堡与第一〇五旅旅部及一个团换防之机,野战军对李堡实施突袭,至11日下午,两个旅部及两个团全部被歼灭。同日,新七旅另一个团也在由海安去李堡接防途中,被伏击歼灭。8月13日,中央军委致电粟裕、谭震林:"苏中各分散之敌利于我各个击破,望再布置几次作战。即如交通总队,凡能歼灭者一概歼灭之。你们如能彻底粉碎苏中蒋军之进攻,对全局将有极大影响。"①

华中野战军短期休整后,主力乘敌侧后疏于防范之际,于8月17日至22日,先后攻占丁堰、林梓两据点,全歼敌五个交通警察大队共5000多人,打乱了敌人的部署。敌人令黄桥之第九十九旅东调如皋,加强防御,同时令扬州、仙女庙之整二十五师北攻邵伯,企图进军淮安。华中野战军为粉碎敌对邵伯的进攻,除令邵伯第十纵队等坚守阵地外,决心以主力西进敌后,进袭泰州,以调动扬州之敌东援而歼灭之。25日,在如皋黄桥之间将敌

---

① 《毛泽东军事文集》第三卷,第406页,军事科学出版社、中央文献出版社1993年版。

第九十九旅、第一八七旅及第七十九旅一个团分别包围于分界、加力地区。以集中兵力各个击灭之战术,先打分界,后打加力,将敌两个半旅1.7万人全部歼灭,并乘胜占领黄桥。8月23日至26日,进攻邵伯之敌在守军坚强抗击下,停止进攻,其北进企图亦被粉碎。历时一个半月的苏中战役至此结束。

华中野战军以22个团的兵力同优势之敌连续进行了七次战斗,先后歼敌6个旅、5个交警大队共5万余人,被誉为"七战七捷"。华中野战军伤亡1.6万人。苏中战役是全面内战爆发后国共两党在主要战场上进行的一次较大规模的初战,带有战略侦察的性质。此役证明:依托解放区进行内线作战,具有许多有利条件,即使装备处于劣势,只要采取正确的战役指导和正确的战术,完全可以歼灭全副美械之敌。

(二)朝阳集战役

在国民党军第一绥靖区进攻苏中的同时,7月16日,敌第五军等部向淮南地区进攻,至7月底,占领天长、盱眙等地,淮南军区部队被迫撤出淮南。华中野战军遂失去了尔后西进津浦路的条件。

山东野战军在陈毅率领下,为向津浦路徐州、蚌埠出击,于7月20日前隐蔽进入淮北。7月27日至29日,在朝阳集歼灭东进之敌整六十九师之第九十二旅5 000多人。8月9日攻泗县不克。由于敌军行动慎重,兵力密集,不易分割实施各个击破,加之雨水影响,8月底时,山东野战军转移至泗阳以东休整。

9月中旬,敌第七军和整七十四、整二十八师进攻淮阴。华中野战军主力奉命北上,准备与山东野战军配合作战,歼灭进攻淮阴之敌。敌军乘华中野战军调整部署之机,于9月19日进占淮阴,并继续向苏北、鲁南进攻。华中野战军在北进中,除以一部兵力组织了东台防御战外,主力于10月19日至11月1日进行了涟水保卫战,迟滞了敌人的进攻,掩护了华中后方的转移。

青岛、济南的国民党军,于6月开始向胶济路进攻。山东军区部队在阻击中歼敌四个团的兵力。至10月上旬,国民党军打通了胶济路。

四 晋冀鲁豫解放军的作战

全面内战爆发后,晋冀鲁豫野战军司令员刘伯承、政委邓小平根据中央军委关于"占领汴徐线及豫东、淮北十余城,并歼敌二至三个旅""则对大局有极大利益"的指示,决定集中野战军主力机动歼敌。由刘伯承、邓小平率第三、第六、第七纵队和冀鲁豫军区部队一部,挺进豫东;由滕代远、薄一波、王宏坤等负责军区工作,并指挥冀南、太行军区主力协同第二纵队监视平汉路新乡、安阳段和道清铁路(河南道口至清化即今滑县至博爱的铁路)之敌,以保障主力侧后之安全;由陈赓、谢富治率第四纵队及太岳军区和晋绥之吕梁军区部队各部,在中央军委直接指挥下,执行晋南方面的作战任务。

(一)陇海路战役

8月上旬,围追堵截中原解放军的国民党军,已大部被牵制在豫西、陕南地区;进攻苏皖和晋南之敌,继续增兵北进,陇海路开封、黄口段及其两侧地区只有整六十八、整五十五师共六个旅及地方部队担任守备。刘伯承率主力乘敌之虚,于8月10日夜通过敌军防御间隙,突然向陇海路之兰封、黄口段沿线之敌发起进攻。至12日,攻克兰封、砀山等城镇、车站10余处,歼敌5000多人,控制铁路100余公里,迫使敌人从追击中原的部队中抽调整四十一、整四十七、整三师回援开封;抽调整十一师及徐州整八十八师、进攻淮南的第五军回援砀山、徐州地区。13日,野战军越陇海路南下,在豫东展开攻势,连克杞县、通许、虞城等地,并于21日在柳河集以西地区歼灭整五十五师之第一八一旅和第二十九旅一个团。当东、西来援敌军迫近时,野战军即转移至陇海路北休整,此役共歼敌1.6万余人。

(二) 定陶战役

陇海战役结束后，国民党军迅速在郑州、徐州之线集中14个整编师共32个旅30万人，于8月下旬准备对晋冀鲁豫解放区发动进攻，企图乘陇海战役刚刚结束之际，以优势兵力逼迫解放军连续作战，歼灭晋冀鲁豫主力于陇海路以北之定陶、曹县地区。8月28日，徐州、郑州两绥署调集15个旅约10万余人的兵力用于第一线，实行钳形攻势，向东明、定陶、曹县地区进攻，主要目标指向菏泽。

中央军委指示刘伯承、邓小平将野战军主力集中于陇海路以北休整，诱敌深入，寻机歼敌。对进攻之敌，"凡无把握之仗不要打，打则必胜；凡与顽正规军作战，每战必须以优势兵力加于敌人，其比例最好是四比一（四千人打一千人，四万人打一万人），至少是三比一，歼其一部，再打另一部，再打第三部，各个击破之"①。刘伯承等根据军委指示，决定集中主力第二、第三、第六、第七纵队及冀南、冀鲁豫两军区部队，共5万余人，首先歼灭孤立突出的敌整三师，打开局面，尔后视情况再歼敌整四十七师一部或大部，以粉碎各路敌军之进攻。9月3日，第六纵队第二团以运动防御战术诱敌整三师至定陶以西预设战场大黄集地区，主力部队将其包围，激战至6日，将其全部歼灭。此时西路军纷纷撤退，野战军乘胜追击，又歼敌整四十七师2个旅。东路徐州敌第五军及整十一师5个旅尚在成武地区。整个战役历时5天，解放军伤亡3500人，共歼敌4个旅1.7万人，俘敌整三师师长赵锡田。郑州绥靖公署主任刘峙为此被撤职，陆军总司令顾祝同兼任该绥署主任。

(三) 鄄城战役

10月上旬，郑州绥署以整二十七军及第四、第五绥区各一部

---

① 《毛泽东军事文集》第三卷，第422页，军事科学出版社、中央文献出版社1993年版。

共8个整编师,分三路由柳林集、金乡、菏泽一线及滑县地区,分别向嘉祥、巨野、濮阳进攻。晋冀鲁豫野战军依避强击弱原则,向濮阳地区转移,准备寻歼由滑县东进之敌第五绥区一部。转移途中,获悉第四绥区整六十八师之第一一九旅、第二十九旅一个团及炮兵第十团一个营由菏泽向鄄城孤军冒进。刘邓等当机立断,改变决心,准备与敌打预期遭遇战,在运动中将其歼灭。29日,敌军进至鄄城以南高魁庄、任庄、刘家庄地区。当夜,第二、第三纵队主力分别由西南、东南向北攻击,第六纵队则由北向南攻击,至31日,全歼该敌9000余人,缴获美制榴弹炮8门,并迫退滑县东进之敌。野战军主力遂转移至鄄城以北、濮阳以东地区休整。

(四)闻夏战役及同蒲战役

7月21日,胡宗南整一师两个旅及整二十七师分别进至闻喜、水头、堰掌(埝掌)、夏县。晋冀鲁豫野战军乘敌兵力分散之机,集中六个团的兵力,歼灭敌右翼突出的整二十七师第三十一旅全部及由闻喜、水头镇来援的整一师一部。接着,又乘阎锡山自晋南抽兵去晋北,同蒲路灵石至洪洞间兵力空虚之机,迅速北上,于8月14日突然发起进攻。至9月1日,连克洪洞、赵县、霍县、灵石、汾西等城,共歼敌1万多人,控制铁路100多公里,切断了阎、胡两部的联系。

(五)临(汾)浮(山)战役

同蒲战役进行之际,胡宗南急调其整三十师及整一师第一旅,自黄河以西进至运城地区,沿同蒲路北进至临汾、翼城地区,企图与阎锡山部配合,夹击晋冀鲁豫野战军于洪洞、赵城地区。野战军第四纵队及太岳军区以第二十四旅在灵石、平遥间阻止阎部南下,而以主力三个旅隐蔽集中于洪洞以南地区待机歼敌。9月22日,临汾胡宗南部整一师第一旅,派出第二团向浮山前进,企图策应胡部第一六七、第二十七旅进占浮山。野战军第四纵队以一部兵力牵制浮山之敌,主力将敌第一旅之第二团包围于临汾、浮山之间的官雀村。当夜歼其一部。临汾整一旅闻讯后,全力支援,23日被包围于陈堰村。当日黄昏,第四纵队对官雀、陈堰两地之敌发起总攻,24日晨,将号称"天下第一旅"的敌整一师第一旅4000人全部歼灭,俘敌中将旅长黄正诚。

晋冀鲁豫野战军四个月来进行了陇海、定陶、鄄城、闻夏、同蒲、临浮等一系列的战役,取得了歼敌12个旅共7.5万人的重大胜利,沉重地打击了进攻的国民党军,有力地配合了华东、中原解放军的作战。

五　晋察冀、晋绥解放军的作战

晋察冀、晋绥两解放区,包围和威胁着国民党军占领的北平、天津、保定、石家庄、太原、大同等战略要点及一些交通干线,也是国民党军进攻的重要战略方向之一。国民党军企图首先占领热河省会承德和冀东地区,尔后夺取晋察冀解放区首府张家口,控制平绥路和同蒲、平汉路北段及北宁路等,分割晋察冀、晋绥和东北解放区的联系,尔后集中兵力消灭晋察冀和晋绥解放军。晋察冀和晋绥军区依据军委赋予的任务,决定采取以下作战步骤:第一步以晋绥军区主力和晋察冀军区一部组织晋北战役,夺取同蒲路北段,切断太原、大同的联系;第二步,以晋察冀、晋绥军区主力会攻大同;第三步,视情况发展再夺取平汉路北段,相机攻占石家庄等城。

(一)晋北战役

晋绥军区司令员贺龙、政委李井泉和晋察冀军区司令员兼政委聂荣臻,根据中央军委首先消灭阎锡山部,控制山西高原,切断同蒲路北段,割裂大同、太原联系的指示,部署两军区各一部兵力,于6月中旬至7月初,分别攻占了朔县、宁武、繁峙等地。7月4日开始,晋北野战军在周士第司令员指挥下,发起晋北战役,至8月15日,攻克和收复崞县、五台、原平、定襄等10

座城镇，并在忻县外围歼灭由太原北援的两个团。两军区共计歼敌8 000余人，控制了同蒲路忻县以北地段，使大同孤立。

(二) 大同、集宁战役

大同为平绥、同蒲两路的交会点，战略地位十分重要。国民党军守卫大同的部队，有暂三十八师和东北挺进军两个骑兵师，连同保安教导总队及附近各县自卫团，共约1.9万人，而且城防工事坚固。为了攻占大同，解放军专门组织了大同前线指挥部，由晋绥军区副司令员张宗逊任司令员，晋察冀野战军副政委罗瑞卿任政委，统一指挥两军区的主力及地方部队一共30个团的兵力。

7月31日，解放军开始进攻城郊及城关，由于火力不集中，部队又缺乏攻坚经验，进展缓慢，直至9月4日，才肃清郊区各据点及北关、西关之敌。9月3日，傅作义集中5个师、4个骑兵纵队共3万余人，进攻集宁，增援大同，9月5日占卓资山。解放军前线指挥部留3个旅及部分地方部队围困、监视大同敌军，集中25个团的主力保卫集宁，其中3个团守城，主力集结集宁以南。9月10日，敌暂十一师、第十一师、第十七师及新三十一师，在空军支援下进占了卧虎山、南营房，逼近城垣。11日，解放军主力发起反击，歼灭敌暂十一师大部、第十七师一部共5 000多人。但未能连续攻击，即转兵西进，求歼来援的敌第一〇一师等部。解放军组织数次进攻，均未奏效，而敌暂十七师、第十一师残部及新三十一师，乘机重新整顿，于12日攻入集宁城中，展开巷战。解放军军因处境不利，遂于13日晚撤出集宁。敌援军继续向大同前进。16日解放军撤大同之围。

此役历时半月，歼敌1.2万，但既未能达到攻城之目的，亦未能达到打援之目的，且失去集宁，主要原因是对敌情估计不足，缺乏攻坚经验，兵力使用上亦有不当，未能在每个战斗上造成足够的优势。

(三) 张家口保卫战

在大同、集宁战役进行期间，国民党东北保安司令长官杜聿明指挥七个师攻占承德,第十一战区司令长官孙连仲,也派出主力部队先后攻占乐亭、遵化、平谷等冀东地区15座县城,冀东解放军地方部队转入游击战。大同、集宁战役结束后,晋察冀军区领导考虑部队连续作战损耗甚大,当前态势也不利于坚守张家口,9月17日向中央军委建议主动撤离张家口,以争取主动。中央军委于18日复电指示:

> 以歼灭敌有生力量为主,不以保守个别地方为主,使主力行动自如,主动地寻找好打之敌作战。如届时敌数路密集不利于我,可以临时决定不打。若预先即决定不打,则将丧失可打之机,对于军心士气亦很不利。每次歼敌一至二个团,并不需要很多兵力,以几个团钳制诸路之敌,集中十个至十五个团即有可能歼敌一个旅(两个团)。①

> 同时张家口应秘密进行疏散,准备于必要时放弃之,这种准备和积极布置歼敌计划并不矛盾。②

国民党军占领集宁、大同、承德及冀东后,北平行营主任李宗仁指挥第十一战区孙连仲部、第十二战区傅作义部共22个师,沿平绥路两侧东、西并进,向张家口进攻,又以东北保安司令长官杜聿明部8个师,分别向赤峰、围场、独石口等地进攻,以进行策应。国民党军企图"收复张垣,打通平绥路,巩固华北"③。

晋察冀军区领导判断,敌军可能以第十六、第五十三军为主由康庄沿平绥路西进,傅作义部则由承德沿平绥路西进,合击张

---

① 《毛泽东军事文集》第三卷,第487页,军事科学出版社、中央文献出版社1993年版。
② 《毛泽东军事文集》第三卷,第488页,军事科学出版社、中央文献出版社1993年版。
③ 1946年3月16日国民党六届二中全会《对于政治协商会议之决议案》,载程思远主编《中国国民党百年风云录》中卷,第1427页,延边大学出版社1995年版。

家口。因此决定,以歼灭西进之敌为目的,进行张家口保卫战:以第二纵队主力附地方部队一部,在怀来、延庆正面抗击敌人的进攻,而以第一纵队及第二、第三纵队各1个旅隐蔽集结于怀来以南待机出击;第四纵队及晋绥军区四个旅,在张家口以西柴沟堡一带抗击大同、集宁东进之敌;同时以第三纵队1个旅及冀晋、冀察、冀中军区共6个旅的兵力,进攻平汉路北段,以配合平绥路的作战。

9月29日,敌第十六军及第五十三军1个师,沿平绥路向怀来进攻。10月3日,解放军主力向敌左翼第一〇九师发起反击,歼其1个团又1个营,缴获3辆坦克。4日,国民党军参谋总长陈诚亲至南口布置进攻。7日,敌第九十四军主力由北平西进,准备经马刨泉、横岭迂回怀来。解放军主力针对敌情迅速转移兵力,至马刨泉设伏。8日晚,歼敌第九十四军第四十三师1个团。10天的战斗,解放军共歼灭敌军近1万人,阻敌于怀来以东地区。与此同时,进攻平汉路的各部队,先后攻占保定以北之定兴、徐水、容城、望都,歼敌8000余人,控制铁路120公里,策应了平绥路的作战。

傅作义军主力并没有沿平绥线东进,而是乘解放军主力主要配置于平绥线上、张家口西北方向兵力空虚之机,以一部兵力佯攻兴和,集中主力于10月7日向张家口西北迂回。8日经南壕堑(尚义)袭占张北,10日占狼窝沟,11日突入张家口。解放军守城部队当即撤离市区。东线主力腹背受敌,于12日撤出怀来地区。西线第四纵队也转入察南。国民党军打通了平绥路。

张家口保卫战历时半个月,解放军在战斗中给敌以相当打击,但由于对傅作义部迂回行动估计不足,西线兵力未能部署于可以应付各种敌情之位置,致与敌以可乘之机。

六 东北民主联军的作战

东北国民党军占领长春、吉林以后,为了控制和巩固既占地区，不得不把有限的兵力分散各地进行守备，已无力继续向民主联军发动大规模的进攻，因而一再延长6月6日签订的停战协议，以便争取时间，整顿内部，等待援军。于是东北出现了近四个月的暂时停战的局面。在此期间，民主联军一方面大力进行建设根据地的工作，发动群众，建立政权，实行减租减息和土地改革；一方面休整补充部队，除原有第三、第四纵队和第三五九旅外，1946年8月至10月，对野战军又进行了一次整编，组建了第一、第二、第六纵队和南满独一、独二、独三师。野战军共有5个纵队、1个旅、3个独立师约12万人。第三、第四纵队及3个独立师坚持南满斗争，其余主力主要集中于北满。

10月间，东北国民党军确定了"南攻北守，先南后北"的方针，企图先集中兵力消灭或逼退民主联军，控制南满，切断东北解放区与华北解放区的联系，尔后集中兵力进攻北满，以占领全东北。10月初，国民党军开始对南满解放区发动进攻，至10月中旬，先后占领柳河、金川、兴京等地，打通了沈吉路。接着，国民党军集中八个师的兵力，于10月19日分三路向通化、安东地区进行宽大正面的进攻。

南满军区依据民主联军总部关于集中兵力打运动战、寻找小股分散之敌予以各个歼灭的指示，决心诱敌深入，必要时放弃安东，待敌分散后，集中兵力歼其一路或一部。为此，第三、第四纵队主力隐蔽于通化以西待机。部队本欲诱敌左路军深入将其歼灭，但敌左路军停滞不前。敌中路第五十二军主力却向安东方向急进。民主联军迅速改变部署，以第四纵队一个团沿沈（阳）安（东）路实施运动防御，迟滞敌前进速度，而以纵队主力集结于赛马集附近。26日，敌第五十二军、新六军各一部占领安东。第五十二军第二十五师后卫遭民主联军袭击后，主力被迫由凤城回师赛马集，转向宽甸前进。30日晚，被第四纵队包围于新开岭地区。31日拂晓，第四纵队发起进攻。开始时由于火力、兵力集中不够，敌军占领了老爷岭制高点，攻势一度受挫。11月2日，第四纵队调整了部署，集中炮火支援第十师攻克了老爷岭。余敌全线崩溃，被压缩于河套内遭全歼。此役歼敌8 000余人，第四纵队伤亡2000多人。

解放战争全面爆发后的头四个月(1946年7月至10月),解放军歼灭国民党正规军折合32个旅,连同被歼的非正规军,共计29.8万余人。解放军损失12.2万人。在此期间,国民党军占领了解放区城市,包括承德、张家口、淮阴、菏泽、安东等重要战略要点在内共153座,解放军收复48座。四个月中,解放军经过大小战役、战斗80余次,经受了严峻的考验与锻炼,取得了依托解放区实行内线作战、歼敌美械装备部队的初步经验,坚定了胜利的信心。

第三节　打破国民党军的全面进攻

一　华中、山东野战军的宿北、鲁南、莱芜战役

经过四个月的作战,解放军放弃了一些城市后,战线缩短,兵力集中,总兵力已由战争开始时的127万发展到137万,特别是野战军得到了充实和加强,并缴获了大量武器,改善了自己的装备,提高了战斗力。国民党军占领了大量城市,守备任务加重,加以有生力量不断被歼,用于第一线的攻击力量渐感不足。为能继续保持攻势,蒋介石又从后方陆续抽调了5个军共16个旅到内战前线,其主要战场仍在华东的苏北和山东。

(一)宿北战役

1946年12月初,国民党徐州绥靖公署拟订了结束苏北战事的作战计划,集中25个半旅的兵力,组成四个集团,从东台、淮阴、宿迁和台儿庄、枣庄地区同时向苏北、鲁南进攻,企图打通陇海路东段,进占临沂,控制苏北鲁南。这时,华东地区的山东、华中两野战军主力已逐步靠拢,分别集结于郯城西南和沭阳以南

及涟水地区待机。当判明敌军企图后，决定集中第一、第二、第九纵队和第七、第八师等部共 24 个团的兵力，首先歼灭由宿迁向沭阳、新安镇方向进攻之敌整六十九师及第十一师全部或大部，另以部分兵力阻击其他三路进攻之敌，尔后俟机再歼灭另一路敌人，以粉碎其进攻。

14日，敌整六十九师师长戴子奇率第四十一、第六十旅、预备第三旅及第九十二旅一个团进占人和圩、嶂山镇、晓店子地区。15日黄昏，第一纵队及第八师首先由正面向整六十九师发起进攻，其他纵队及第七师等直插敌军侧后。至 17 日，完成了对第六十九师的包围及分割，并切断了该师与其右翼整十一师的联系。18日发起总攻，激战至 19 日上午，敌整六十九师三个半旅及工兵第五团 2.1 万多人全部被歼，敌师长戴之奇、第六十旅旅长黄保德自杀，预三旅旅长魏人鑑、第四十一旅旅长董继陶被打死，副师长饶少伟以下 1.3 万多人被俘。解放军伤亡 8 700 多人。

敌整十一师闻第六十九师被歼，立即缩据曹家集地区，依托六塘河、运河，构筑工事，改为防御。解放军遂停止进攻，战役结束。在此期间，其他各路国民党军，分别占领了涟水、盐城、阜宁等城。

（二）鲁南战役

宿北战役的胜利，将华东国民党军四路进攻的半包围圈打开一个缺口，顿挫了国民党军的攻势。但徐州绥署并未放弃其原定的战略计划。12 月 31 日下达命令，向鲁南进剿。

还在宿北战役结束前夕，中央军委就于 12 月 18 日指示陈毅、粟裕："第二步作战，似以集中主力歼灭鲁南之敌，并相机收复枣峄台，使鲁南获得巩固，然后无顾虑地向南发展，逐步收复苏北、苏中一切失地。"①宿北战役结束后，陈、粟经研究决定，回

---

① 《毛泽东军事文集》第三卷，第 581 页，军事科学出版社、中央文献出版社 1993 年版。

师鲁南,执行军委的指示。12月25日,军委又指示:"鲁南战役关系全局。此战胜利即使苏北各城全失亦有办法恢复。"军委要求集中主力,充分准备,"以期打一比宿北更大的歼灭战。第一仗似以打二十六师三个旅为适宜,因该师系鲁南主力,该师被歼,全局好转"①。

根据军委的指示,陈毅、粟裕决定以第一纵队和第一、第八师兼程北上,会同已由鲁中南下之第四、第九师及原在鲁南的第十师、滨海警备旅等,共27个团的兵力,首先歼灭敌整二十六师及第一快速纵队,尔后再乘胜围歼整三十三军或整五十一师;以第二、第九纵队和第六、第七师及第十三旅等共24个团的兵力,在沭阳东西地区阻止盐城、涟水之敌北进,保障鲁南作战。12月27日,在苏北的野战军自沭阳地区隐蔽北移,并将部队部署为"左、右两个纵队,右纵队担任攻占敌防御区左翼各山地要点,切断敌向峄县、枣庄的退路,阻止敌来自峄枣的增援,得手后,攻击向城,割裂整二十六师两个旅之间的联系,并歼其四十四旅,然后配合左纵队围歼第二十六师师部及第一快速纵队。左纵队担任歼灭第一六九旅及第一快速纵队的任务,并切断整二十六师与三十三军的联系"②。

当时整二十六师及第一快速纵队位于向城、卞庄(苍山县)地区。1947年1月2日夜,左、右两纵队对毫无戒备之整二十六师突然发起攻击,战斗至3日,将整二十六师师部及其两个旅全部歼灭。4日上午,敌第一快速纵队及整二十六师残部向西逃走,时值大雪,坦克、炮兵行动困难。至下午3时,快速纵队被解放军追歼于兰陵东北地区。该敌被歼后,已进至横山之敌整三十三军,迅速收缩至台儿庄地区,依托原有工事,改为防御。进至峄县、枣庄之敌整五十一师陷于孤立。解放军乘胜于1月11日至20日攻占峄县、枣庄,全歼整五十一师及逃至峄县的整二

---

① 《毛泽东军事文集》第三卷,第591页,军事科学出版社、中央文献出版社1993年版。

② 《陈毅传》,第351页,当代中国出版社1991年版。

十六师残部。

此役共歼敌两个整编师、一个快速纵队计5.3万人,俘敌整二十六师中将师长马励武和整五十一师中将师长周毓英。解放军伤亡8 000人。缴获坦克24辆、汽车470多辆以及各种火炮200多门(其中105榴弹炮48门),为华东野战军组建特种部队提供了物质基础。

鲁南战役后,华东解放军进行整编,新四军军部改为华东军区,华中野战军和山东野战军合并组成华东野战军。陈毅任华东军区司令员、野战军司令员兼政委,饶漱石为军区政委,粟裕为野战军副司令员,谭震林为副政委。野战军下辖第一、第二、第三、第四、第六、第七、第八、第九、第十、第十一、第十二等11个纵队。除第十纵队辖2个师,第一纵队辖1个师又1个独立师,第十二纵队辖2个旅外,其他9个纵队均编足3个师。此外还组建了特种兵纵队,辖榴弹炮团、野炮团、骑兵团、战车营和汽车大队。华东野战军共27万人。华东军区所属部队约30万人。

(三) 莱芜战役

鲁南战役结束后,华东野战军主力集结在临沂地区,华东战场的重心转入山东。国民党统帅部错误地判断华东解放军"伤亡惨重,续战能力不强"。于是急调53个旅31万人,组织"鲁南会战",以29个旅置于第一线实施进攻。其中以7个整编师又1个军(整十一、整六十四、整五十九、整二十五、整六十五、整七十四、整八十三师及第七军)20个旅,由第十九军军长欧震指挥为主要突击集团,自台儿庄、郯城、城头一线北上进攻临沂;以3个军(第十二、第四十六、第七十二军)共9个师(未整编),由第二绥靖区副司令官李仙洲指挥为辅助突击集团,自明水(章邱)、张店(淄博)之线南下进攻莱芜、新泰、蒙阴地区,实行南北夹击。同时从冀南、豫北抽调第五军及整七十五、整八十五、整七十二师集结于鲁西南地区,阻止华东解放军西撤和晋冀鲁豫解放军东援。国民党军参谋总长陈诚坐镇徐州督战,声称"党国成败,全看鲁南一役,只许成功,不许失败"。在此敌兵压境的严峻时刻,郝鹏举率所部华中民主联军,于1月27日叛变,被国民党收编为第四十二集团军,位于白塔埠地区,担任进攻临沂的侧翼掩护。

中央军委在1月底2月初,对华东野战军作了一系列的指示,强调"诱敌深入",不求急效,"敌不动我不打,敌不进到有利于我、不利于敌之地点,我亦不打,完全立于主动地位",集中绝对优势兵力,"先打弱者,后打强者","准备于必要时放弃临沂"等。① 中央军委指出,"目前敌人策略是诱我早日出击,将我扭打消耗后,再稳固地进占临沂","切不可上当"。②

1月31日,国民党军南线欧震集团按计划开始北进,但采取了"集中兵力,稳扎稳打,齐头并进,避免突出"的战法,每日行程平均不足10公里,无法分割。而北线李仙洲集团却由胶济路迅速南下,其先头于2月4日进占莱芜。2月6日,华东野战军第二纵队发起讨郝战斗,7日即全歼郝鹏举总部及所属两个师。但南线敌军更加谨慎,不仅其右路军没有东援,其左路、中路均停滞不前。陈毅、粟裕遂决心改变计划,转军北上,求歼李仙洲集团。请示后,中央军委同意此案,并指示"对外装作打南面模样",待李仙洲深入后再秘密移动全军。

2月8日,李仙洲部占领新泰。陈毅遂率主力兼程秘密北上。留第二、第三纵队伪装主力,由参谋长陈士榘指挥,在临沂以南实施正面防御,阻止、牵制南线敌军,并布置地方部队进逼兖州,在运河上架桥,造成将向运河以西撤退的假象,迷惑敌人。19日,野战军主力对莱芜地区之敌完成战役包围后,敌人方判明解放军的企图,李仙洲急令各部向莱芜地区集中。20日,当敌第七十七师进至博山西南和庄、不动(地名)时,第八、第九纵队发起攻击,21日晨全歼该师。与此同时,华东野战军

---

① 《毛泽东军事文集》第三卷,第651页,军事科学出版社、中央文献出版社1993年版。

② 《毛泽东军事文集》第三卷,第655页,军事科学出版社、中央文献出版社1993年版。

主力向莱芜外围发动进攻。至22日,敌第四十六军由新泰退至莱芜,与第七十三军会合,被包围于莱芜。23日,两个军向北突围,野战军即在莱芜、吐丝口间进行伏击部署,待敌脱离既设阵地后,第四纵队一部立即抢占莱芜城,断其退路。此时,敌第六十四军军长韩练成因早与解放军建有联系,放弃指挥,脱离部队,增加了敌军的混乱。当日中午,敌军完全进入预设的袋形阵地。解放军由四面发起进攻,至下午5时,将敌军大部歼灭,俘李仙洲。

李仙洲集团被歼后,第二绥靖区司令王耀武,当晚即令其胶济路各部撤回济南。解放军乘势解放了胶济路西段及其两侧城镇10余座,控制铁路150多公里,使山东解放区的渤海、鲁中、胶东三区连成一片。

莱芜战役,三天内歼敌1个绥区前进指挥所、2个军部、7个师,计5.6万人。解放军伤亡8 800多人。战后的3月份,华东战场的国民党军未能再出战,使解放军获得了休整的时间。

二 晋冀鲁豫野战军的滑县、巨金鱼、吕梁、孝汾战役

进攻晋冀鲁豫解放区的国民党军,虽在前四个月中遭受打击,但仍图控制鲁西南,寻歼晋冀鲁豫解放军主力于黄河以北,并打通平汉路。1946年11月初,王敬久部整二十七军和王仲廉部整二十六军,分由鄄城和安阳地区出动,准备合击大名,攻取邢台,与敌第十一战区孙连仲部会师,尔后南取晋冀鲁豫解放区首府邯郸,于当月底打通平汉线。另以第五绥区孙震部整四十一、整四十七师及河北保安第十二纵队驻守滑县、浚县、封丘、长垣地区;以第四绥区刘汝明部整六十八、整五十五师驻守东明、菏泽地区。

晋冀鲁豫解放军经受住了战争初期的严峻考验,不仅挫败了国民党军的进攻,而且在战斗中不断发展壮大。至1946年11月,野战军已发展为12.6万人,地方军发展为18.4万人。部队

的武器也有所加强,以炮兵为例,5个野战纵队已拥有各种火炮261门。

(一) 滑县战役

为打破国民党军打通平汉路的计划,并协调晋冀鲁豫与华东两个战略区的作战,中央军委于11月2日指示晋冀鲁豫军区刘伯承、邓小平:

> 希望你部本月内包括休整时间在内能打两三个大仗,打孙震、刘汝明两集团,收复大块失地,孤立邱、胡(指国民党军第五军军长邱清泉和整十一师师长胡琏——引者注),以便下月集全力解决邱、胡,转变战局。①

中央军委强调作战应"以拖住邱、胡不使加入鲁南为原则"②。根据军委的指示,刘、邓首长决定发起滑县战役,攻歼敌战斗力较弱而且兵力部署分散的第五绥区孙震一部,威胁开封、新乡,调动王敬久、王仲廉两集团来援。

11月15日夜,解放军第二、第三、第六、第七纵队共11个旅,远距离奔袭,经濮县、鄄城以北和滑县隐蔽急进。18日晚,由敌第一○四旅、第一二五旅及保安第十二纵队结合部,突入敌军纵深,将敌分割。19日晨,向朱楼、上官村、邵其寨各部敌军指挥机关所在地发起突袭,很快歼灭了敌第一○四旅等的指挥部,俘其旅长,并乘敌混乱之际,扩张战果。战斗至22日,歼灭保安第十二纵队、第一○四旅全部及第一二五旅大部,共约1.2万人,并吸引王敬久、王仲廉两集团各一部从东、西两面来援,达到了预期的战役目的。

(二) 巨(野)金(乡)鱼(台)战役

滑县战役后,国民党郑州绥署仍坚持打通平汉路的计划,调

---

①② 军事科学院编:《毛泽东军事年谱》,第560页,广西人民出版社1994年版。

集整二十七、整二十六军及第四、第五绥区各一部共9个旅的兵力,从11月28日开始,由滑县地区向北推进;另以整四十师一个旅及暂编第二纵队作为左翼,由安阳向临漳、大名配合进攻。黄河以南的金乡、鱼台、郓城及东明、菏泽地区仅有整八十八师和整七十五师一个旅以及第四绥区一部担任守备。

晋冀鲁豫野战军本来打算寻歼王敬久集团主力第五军一部,但在豫北与其周旋20多天,终因其兵力集中,行动谨慎且地形不利,难以找到可乘之机。12月18日,中央军委指示刘伯承、邓小平:

> 我陈粟军主力在宿迁附近已获大胜,第二步准备渡运西进,迫近津浦、徐州,恢复淮北局面。在此情况下,如果你们西面之敌不好打,似以南下寻歼八十师,恢复嘉、巨、金、鱼、成、单各地,调动邱清泉东进而歼灭之较为有利。①

刘、邓首长遵照军委指示精神,决心不顾向晋冀鲁豫解放区腹心地区进攻之敌,实行敌进我亦进的方针。以第一、第二纵队及地方部队伪装成野战军主力,在清丰、南乐、大名、广平地区牵制、迷惑王敬久、王仲廉集团;以第七纵队主力首先攻占聊城,巩固后方,得手后南下鲁南参战;野战军主力向敌守备薄弱的徐州西北地区挺进,以威胁徐州,调动整二十七军回援,再伺机歼敌一部。

12月22日至1947年1月1日,野战军先后攻克聊城、巨野、嘉祥,开辟了战场。1月4日强攻金乡未能拿下,但吸引了鱼台、定陶、菏泽之敌分路向金乡增援。野战军主力当即改为打援。7日至9日,在鱼台西北胡海子地区,歼灭由鱼台来援之敌第八十八师第六十二旅及第七十师第一四〇旅大部;12日至13日,在金乡西南白浮图地区又歼灭由定陶来援之敌暂编第四纵

---

① 《毛泽东军事文集》第三卷,第583页,军事科学出版社、中央文献出版社1993年版。

队第一支队。由菏泽来援之敌整六十八、整五十五师的三个团，闻讯于14日迅急回逃，亦被围歼于金乡西之西台集地区。与此同时，冀鲁豫、豫皖苏军区部队为配合主力作战，主动向当面分散之敌出击，歼灭敌正规军及地方团队3000多人，并相继恢复了临漳、范县、濮阳、涡阳等城。

此役共歼敌正规军三个半旅，连同非正规军及地方团队共1.6万多人，收复县城九座，迫使北进之敌停止于大名地区抽兵回援，从而粉碎了其打通平汉路的计划，同时也有力地配合了华东野战军的鲁南战役。战役结束后，野战军又依照军委"望乘胜展开攻势，向你们附近广大地区敌占据点中一切薄弱可攻取者广为攻取"的指示，于1月25日至2月9日，南下出击豫皖边地区，再次切断了陇海路，收复了定陶、单县、曹县、柘城、太康、鹿邑、杞县、亳县等城，歼灭了整七十五师第十六旅大部及地方团队等共9000多人。

（三）吕梁战役及汾孝战役

1946年11月上旬，国民党第一战区司令长官胡宗南，从晋南抽调整一、整九师入陕，企图与包围陕甘宁边区的胡部主力配合偷袭延安。晋西南地区各县城，除中阳留置正规军一个团外，其余各县均仅有地方团队防守。

为打破胡宗南部进攻延安的计划，中央军委令晋冀鲁豫第四纵队司令员陈赓、政委谢富治率第四纵队并指挥太岳独四旅及晋绥军区独二十四旅去吕梁地区展开攻势。11月28日攻占国民党军第二战区晋西总指挥部所在地隰县，俘敌上将总指挥杨澄源以下保安部队3000多人。12月12日攻占国民党军暂四十五师第一团防的中阳，全歼守军1000多人。在此期间，还攻克大宁、汾西、永和、蒲县、石楼、离石六县城。

胡宗南因侧背受到威胁，急令整一、整九师东返，连同驻临汾、吉县的整三十师第六十七旅及整二十七师第四十七旅，共六个旅的兵力分路向蒲县、大宁反击，企图稳住晋西南的局面。陈赓以一部兵力实行运动防御，诱敌深入，主力集结机动位置待机；以一个旅伸入蒲临公路,断敌交通线,并以太岳军区部队袭击浮山、翼城、垣曲,威胁敌后。进攻蒲县、大宁敌军连遭伏击,被迫于28日撤退,待机的解放军主力部队乘机截击,歼灭其后卫第六十七旅。战役于1947年1月1日结束,共歼敌1万多人。

吕梁战役结束后,陈谢部队即转向国民党军守备薄弱但储粮充足的汾阳、孝义地区作战。1月17日克孝义、围汾阳。阎锡山即以主力第六十一、第三十三、第三十四军,分北、中、南三路,由文水、平遥、介休增援汾孝。陈赓以一部兵力阻击中、南两路,而以主力四个旅,于1月21日至23日首先击碎敌南路指挥部及所属第六十九师,击溃其余三师,尔后又击溃中、北两路援军,共歼敌1.1万人。

吕梁、汾孝两战役共歼敌2万多人,并推迟了敌进攻延安的行动。

三 晋察冀野战军的易满战役和保南战役

张家口失守后,晋察冀军区总结经验并根据中央军委指示,决定贯彻以运动战歼敌的方针,歼灭敌有生力量,以便从根本上转变战局。为适应作战需求,进一步充实野战军,各纵队均由两个旅扩编为三个旅,连同地方部队,全区兵力达24万余人。军区撤销了重叠的野战军指挥机构,由军区直接指挥各纵队,以使指挥更为集中。进攻晋察冀解放区的国民党军,占领张家口及冀东地区、打通平绥路及平汉路北段后,兵力已相当分散,第十一、第十二战区的部队,共10个军,大部担任守备,机动兵力已经不足。但国民党军并未放弃集中兵力向解放区进攻的企图。

(一)易满战役

1946年11月2日,国民党军第九十四军第一二一师由涞水向易县进攻,企图西出紫荆关,与察西南的第十六军会攻涞源,以分割晋察冀解放区。晋察冀野战军以第三纵队附三个独立旅,采用伏击战,歼灭敌先头第三六一团及第三六三团一个营于涞易公

路两侧之北桥头、二十里铺地区。其余敌人缩回涞水。13日,敌第九十四军及第五十三军各一部再攻易县,复被击退。野战军主力即转至满城、完县地区休整。12月16日,敌第五十三军四个团和保安第二总队两个团分别由漕河、保定向满城进攻,企图策应敌第九十四军进取易县。晋察冀军区司令员兼政委聂荣臻等,决心以一部兵力阻击第九十四军,集中主力歼击进攻满城之敌。19日晚,第三、第四纵队分由易县、完县以急行军进至满城以东,向刚进至后大留、周家庄、相庄、道口之敌第五十三军第一三〇师先头第三八八团和保安第二总队发起猛攻。战至21日,全歼该敌。余敌迅速退回保定。此役共歼敌7900多人。

(二)保南战役

易满战役后,解放军稍事休整,即乘平汉路望都至正定段敌守备薄弱的有利时机,于1947年1月20日发起保南战役。第四纵队一举攻克望都、王京,全歼保安第五总队一个团又一个营。接着分路南下,于23日攻占定县西南要点寨西店。次日,又以伏击战在十家町歼灭了由正定经新乐北援的第三军第三十二师一部及保安第五总队一个团,收复新乐。28日,又乘胜攻克定县,守敌保安第五总队三个团在突围中被全歼。保南战役共歼敌约8000人,解放军控制了保定、石家庄间百余公里的铁路,切断了两地国民党军的陆上联系。

易满、保南两战役的胜利,使冀晋、冀中解放区连成一片,为扭转晋察冀战局创造了有利的条件。

四 东北民主联军三下江南、四保临江战役

新开岭战役后,国民党军经短期休整,按其既定的"南攻北守,先南后北"战略方针,1946年12月中旬又开始对南满发动进攻。当时南满民主联军仅控制有临江、抚松、濛江(靖宇)、长白、辑安(集安)五县和纵横约300公里的长白山区。为了打破敌人的战略计划,牵制敌人使其不能集中全力北攻北满,并使其处于

两面作战的不利地位,民主联军总部确定了1946年冬作战方针:坚持南满,巩固北满,南打北拉,北打南拉,南北满密切配合;集中优势兵力,在粉碎敌人进攻的同时,积极主动地寻机歼击敌人。基本部署是:南满野战部队主力在长白山区迎击进攻之敌,一部配合地方武装开展敌后游击战;北满野战军主力在冰封季节相机南下,在长春、吉林以北地区寻歼分散之敌,策应南满部队作战,逐步削弱国民党军,以改变东北战局。

1946年12月17日,东北保安司令长官杜聿明调集6个师的兵力,向临江地区发动第一次进攻。辽东军区司令员萧劲光,决定以第四纵队深入敌后调动敌人,分散其力量;以第三纵队采用运动防御,待机反击,求得在运动中歼敌一部。12月18日,第四纵队插入本溪、抚顺等地,展开攻势,转战10余日,横扫200里,威逼沈阳,迫使敌军于30日改变部署,缓攻临江,以有力一部回援本溪、桓仁地区。至1947年1月21日,第三纵队在第四纵队配合下,歼敌5 000多人,敌军被迫退回通化。

为支援南满作战,民主联军总司令林彪集中12个师的兵力,于1947年1月5日由冰上南渡松花江,以1个师围攻其塔木之敌,主力集结其西南地区,准备击歼由吉林、九台、德惠来援之敌。至9日,歼灭守敌和援敌各一部,并乘胜向九台、德惠、农安、四平方向挺进,破坏了吉(林)长(春)路、中长路,迫使敌由南满、西满抽调3个师北援。民主联军因御寒装备不足,不少官兵冻伤,主力遂返回江北休整。

1月30日,敌军又调集5个师各一部,分三路再向临江进攻。民主联军集中第三、第四纵队主力,于高力城子歼敌第一九五师大部,尔后转用兵力于三源浦,又歼敌一部。沿通化至临江道路进攻之敌新二十二师,已无力东进,敌军第二次进攻临江又告失败。

2月13日,杜聿明又集中4个多师的兵力,分别对临江发动第三次进攻。萧劲光指挥第三纵队首先打敌右路,18日在金川南通沟地区歼敌暂二十一师1个团及师属山炮营,22日又在大北岔再歼敌第九十一师1个团及师属工兵营,粉碎了敌之进攻,并乘胜收复了金川、辉南、柳河等城。活动于敌后的第四纵队主

力收复了碱厂。

为配合南满作战,2月22日,北满主力12个师二下江南,奔袭城子街,全歼敌美械装备的新一军第三十师第八十九团及师属山炮营共2 700多人,缴获各种火炮68门。接着乘胜包围了德惠城。德惠守军为新一军第五十师(欠1个团)附1个山炮营和保安队共7 000多人,依据既设的坚强工事顽抗。民主联军两天未能攻下。杜聿明急调主力部队12个团由长春北援。北满主力遂于3月2日撤围德惠,转回江北。

北满主力围攻德惠不下、收兵北撤的行动,给予国民党军很大错觉。蒋介石轻信前线指挥官的谎报,说共军攻德惠"损失十万","已不堪一击",遂下令进攻哈尔滨。杜聿明亦扬言将与共军决战于松花江两岸,10日内保证攻下哈尔滨。3月初,杜聿明集中新一军、第七十一军(缺第九十一师)及保安部队,在空军支援下,大举北进。3月8日,民主联军北满部队集中全力反击,第三次越松花江南下。国民党军惧怕被歼,迅速全线撤退。民主联军跟踪追击,在郭家屯、靠山屯地区歼灭敌第七十一军第八十八师全部及第八十七师一部。敌又被迫从南满及热河调兵增援,民主联军遂撤回江北休整。

3月27日,杜聿明又集中新六军及第五十二、第十三、第六十、第九十三军各一部共约20个团的兵力,分三路对临江发动第四次进攻。萧劲光指挥南满部队以部分兵力牵制其左、右两路,集中主力歼其较弱之中路。4月3日,中路之敌第十三军第八十九师被诱至三源浦西南红石拉子地区,预先设伏于此的第三纵队主力和第四纵队一部,突然发起攻击,全歼该敌。其余两路敌军迅即撤退。至此,国民党军对临江的进攻宣告彻底破产。

三下江南、四保临江战役,共歼敌4万人(含东、西满配合作战)。通过此时期的作战,北满根据地得到进一步巩固,南满的局面也得到改善,为东北民主联军转入反攻打下了基础。

从1946年11月至1947年2月的四个月中,解放军(包括民主联军)共歼灭的国民党军正规军折合为34个旅,连同非正规军共约41万人。解放军损失约12万人。在此期间,国民党军侵占解放区城市87座,解放军收复和解放城市87座,得失相当。但解放军歼灭战役的规模逐渐增大,战斗力明显提高,而国民党军则士气低落,战斗力有所下降,战略上的主动权也逐步削弱,战争形势正向有利于解放军的方向发展。

第四节　击退国民党军的重点进攻实施局部反攻

一　延安保卫战和青化砭、羊马河、蟠龙战役

1947年3月开始,国民党军放弃对解放区的全面进攻,集中兵力对山东解放区和陕甘宁解放区实行重点进攻。其企图是:一方面压迫华东解放军至胶东狭窄地区予以消灭,摧毁共产党的"军事根据地";一方面攻占延安,打击中共中央和解放军的首脑机关,摧毁共产党的"政治根据地"。

(一)延安保卫战

1947年3月初,国民党统帅部在西北地区集结了34个旅25万人的兵力,准备进攻陕甘宁解放区。蒋介石企图攻占延安,目的是"摧毁共匪叛乱之神经中枢,瓦解匪军意志,并打击其在国际上之虚妄宣传"①。

胡宗南制订的战役计划方针是:"彻底集中优势兵力,由宜、洛间地区直捣延安,以有力一部突入敌后而奇袭之。"②其战役指

---

　①　秦孝仪主编:《总统蒋公大事长编初稿》第六卷(下),第408页,台湾中国国民党中央委员会党史委员会1978年印。
　②　《西安绥署延安会战经过概要》,载《中国现代政治史资料汇编》第4辑第19册。又:国民党军进攻延安的命令,当时即由胡宗南的机要秘书、中共地下党员熊向晖传给了延安。参见熊向晖《地下十二年与周恩来》,中共中央党校出版社1991年版。

导是:"第一线兵团应以步工兵编组攻击群,于空军及炮兵掩护之下,突破敌之阵地并继续贯穿其纵深,遇匪之顽抗,则由第二线兵团迅速前进作翼之延伸包围而歼灭之。"①具体部署为:以整二十九军军长刘戡指挥整十七、整三十六师及整十五师第一三五旅为左兵团,自洛川北攻甘泉、延安;整一军军长董钊指挥整一、整二十七、整九十师为右兵团,自宜川北攻临镇、延安;整三十六师副师长顾锡九指挥整七十六师新一旅及陇东兵团的6个团,自合水向东作扰乱性攻击;整七十六师为预备队。进攻总兵力为15万人。②

当时陕北战场上解放军仅有第一纵队(辖第三五八旅、独立第一旅)及新编的第四旅、教导旅等4个野战旅约1.7万余人及地方部队3个旅。兵力处于绝对劣势,装备更远不如敌军。中共中央分析情况后,认为形势虽很严峻,但群众条件及地形均有利于我而不利于敌,只要充分利用有利条件,必能达到钳制并逐步削弱、最后消灭胡宗南部之目的。因而,中共中央确定陕北我军的基本方针是:"诱敌深入,必要时放弃延安,与敌在延安以北山区周旋,陷敌于十分疲惫、十分缺粮之困境,然后抓住有利战机,集中优势兵力在运动中逐次加以歼灭"③。以钳制胡宗南集团主力于陕北战场。为加强陕北兵力,中共中央从晋绥地区抽调第二纵队渡河加入陕北序列。

3月13日,胡宗南部发起对延安的进攻。为加强攻势,国民党军自上海、徐州调集作战飞机94架,由空军副司令王叔铭指挥。作战飞机分别从西安、郑州、太原起飞,对延安的党政机关、军事设施、工厂、仓库以及防御阵地进行猛烈的轰炸,仅进攻的第一天就投弹59吨。为了迟滞敌人的进攻,掩护中央机关、解放军总部和人民群众的转移,中央军委部署教导旅、警备三旅第七团共3个团5000余人的兵力,在鄜县(富县)、临真镇以北地

---

① ② 《西安绥署延安会战经过概要》,载《中国现代政治史资料汇编》第4辑第19册。
③ 《中国人民解放军第一野战军战史》,第43页,解放军出版社1997年版。

区，采取运动防御抗击进攻之敌。另以第一纵队及新编第四旅位于鄜县西南地区待机。

为加强陕北地区的作战指挥，中共中央决定由军委副主席兼参谋长彭德怀和西北局书记习仲勋统一指挥边区所有部队。

从3月13日起，担任防御的部队依托既设阵地，交替掩护，节节抗击并不断反击，激战至18日，中央首长、各机关以及群众均已转移完毕，防御部队遂于19日撤出延安。这时王震的第二纵队已进抵陕北，机动作战的野战旅已增至6个，2.7万人。党中央及中央军委于18日、19日通报各战略区，指出："我们失去延安虽有某些损失"，"而我们若能将胡敌大部吸引在陕甘宁而加以打击消灭，这正便利于其他解放区打击和消灭敌人，恢复失地"。敌人占领延安后，我们集中兵力打运动战，"以边区地域之广，地形之险，人民之好，有把握钳制胡军并逐渐削弱之，保持广大地区于我手"。①

西北野战兵团撤出延安后，毛泽东（化名李得胜）、周恩来（化名胡必成）、任弼时（化名史林）率党中央的精干机关继续留在陕北，指挥全国各战场的作战。由刘少奇、朱德、董必武组成中央工作委员会，转移至河北平山县进行中央委托的工作；由叶剑英、杨尚昆主持后方委员会，转至晋西北统筹后方工作。

（二）青化砭战斗

国民党军占领延安后，大肆宣扬胜利，捏造"俘虏敌五万，缴获武器弹药无数"的"辉煌战果"。胡宗南更是志得意满，急于寻找解放军主力决战，以实现其战役计划、一举将中共部队歼灭或赶过黄河。彭德怀遂以独一旅第二团第二营诱敌北上安塞，而以主力隐蔽集结于延安东北的青化砭、甘谷驿地区，待机歼敌。

21日，胡宗南以整一军第一、第九十师等共五个旅，由延安

---

① 中共中央文献研究室编：《毛泽东年谱》下卷，第563页，人民出版社、中央文献出版社1992年版；中央档案馆编：《中共中央文件选集》第16册，第423页，中共中央党校出版社1992年版。

向安塞急进；另以整二十七师第三十一旅（缺第九十一团）由临真镇向青化砭前进，担任侧翼掩护。彭德怀得悉敌情后，于23日以第二纵队、第一纵队第三五八旅、教导旅和新编第四旅共五个旅，在青化砭周围利用公路两侧的高地，布为袋形阵地，以独一旅为预备队，隐蔽集结于青化砭西南地区，并监视安塞、延安方向之敌。24日，敌军主力进至安塞，第三十一旅于25日沿咸（阳）榆（林）公路北进。当进入伏击圈时，野战兵团从四面八方发起进攻，仅用1小时47分钟的战斗，就全歼第三十一旅旅部及第九十二团2900多人，俘敌旅长李纪云，取得了撤出延安后的第一个胜利。

（三）羊马河战斗

青化砭战斗后，胡宗南发现西北野战兵团主力在延安东北地区，遂于25日令整一、整二十九军共11个旅，分两路由延安、安塞经甘谷驿、青化砭迅速东进，寻歼野战兵团主力。胡宗南吸取了分散行动易被各个歼灭的教训，采取其国防部制定的所谓"方形战术"，实行宽正面集团式的"滚筒"前进。彭德怀采取相应对策，主力选择有利于机动的地区隐蔽，耐心等待敌人弱点暴露和兵力分散再行歼敌；组织小部队在敌进攻兵团的前后左右进行不间断的袭扰，以疲惫、消耗敌人。

4月初，毛泽东给彭德怀、习仲勋来电提出："我军歼击敌军必须采取正面及两翼三面埋伏之部署方能有效，青化砭打三十一旅即是三面埋伏之结果。"彭德怀认为敌人已改为重点密集行动，我以3万不足之兵力，对挤成一团的8万之众敌军，既难包围，也难分割。遂与习仲勋等商议后，向中央军委报告说明自青化砭战斗后，"敌异常谨慎，不走大道平川，专走小道山梁，不就房屋设营，多在山头露宿，不单独一路前进，而数路并列，纵横三四十里以十个旅布成方阵，以致三面伏击已不可能，任何单面击敌均变成正面攻击。敌人此种小米碾子式的战法，减少了我各个歼敌的机会，须耐心长期地疲困他，消耗他，迫其分散，寻找弱点歼灭之"。毛泽东对彭的意见深为赞许。回电彭、习："敌十个旅密集，不好打，你们避免作战很对，数日内仍以隐蔽待机为宜。"①

胡宗南部在崇山峻岭中转了12天，侵占了延川、清涧、瓦窑堡（子长）几座空城，不仅没有找到西北野战兵团的主力，反而使部队疲惫不堪，给养也发生困难，遂以整七十六师守备延川、清涧，以第一三五旅守瓦窑堡，主力于4月5日南撤蟠龙、青化砭休整补充。6日，西北野战兵团乘敌军南撤之机，在永坪地区设伏，歼其整三十六师600多人后，进至蟠龙、瓦窑堡大道两侧继续休整待机。永坪战斗后，胡宗南判断野战军主力在蟠龙、青化砭西北地区，即令整一、整二十九军主力八个旅于12日向青化砭西北前进，以驻清涧整七十六师一个团开瓦窑堡接替第一三五旅防务，而令第一三五旅沿瓦窑堡至青化砭公路南下策应。

西北野战兵团查明敌情后，遂以第一纵队伴装野战兵团主力，在"每天只让敌前进五公里至十公里"的命令下，以两个旅兵力用运动防御拖住敌八个旅的主力于羊马河以南。4月14日8时，敌第一三五旅沿瓦窑堡、龙蟠大道两侧高地，逐山跃进。上午10时，同担任诱敌的解放军小部队接触。敌军且战且进，当进至羊马河以北高地附近时，西北野战兵团预伏在岭湾、黑山寺的第二纵队、教导旅和预伏在李家川、安家咀的新编第四旅迅速将其包围。激战至下午4时，全歼敌第一三五旅4700多人，俘敌代旅长麦宗南。解放军共伤亡479人。

4月15日，中共中央向各战略区通报羊马河战斗胜利时指出："这一胜利给胡宗南进犯军以重大打击，奠定了彻底粉碎胡军的基础。这一胜利证明仅用边区现有兵力（六个野战旅及地方部队），不借任何外援可逐步解决胡军。"②同日，毛泽东发出了《关于西北战场的作战方针》，指出："我之方针是继续过去办法，同敌在现地区再周旋一时期（一个月左右），目的在使敌达到十

---

① 《彭德怀传》，第311页，当代中国出版社1993年版；《彭德怀军事文选》，第220页，解放军出版社1988年版。
② 《毛泽东军事文集》第四卷，第39页，军事科学出版社、中央文献出版社1993年版。

分疲劳和十分缺粮之程度,然后寻机歼击之。""这种办法叫'蘑菇'战术,将敌磨得精疲力竭,然后消灭之。"①国民党战史也不得不承认:"陕北追剿作战,因无全程之指导,加以情报失灵,不仅使追剿作战捕风捉影,往返奔驰,徒劳无功,全陷被动。"②

(四)蟠龙战斗

羊马河战斗后,西北野战兵团在瓦窑堡、安定、永坪、清涧之间,继续与敌周旋。

这时晋冀鲁豫野战军第四纵队等部正在晋南转入反攻,横扫汾河两岸,夺取了晋秦咽喉禹门口,严重威胁胡宗南部的侧背安全。胡宗南被迫令其主力于17日撤回至永坪、蟠龙休整。

国民党统帅部错误地判断西北野战兵团主力正向绥德集中,准备东渡黄河。蒋介石即令胡宗南迅以主力北上,令榆林第二十二军南下,企图南北夹击消灭西北野战兵团于葭县(佳县)、吴堡地区。为此,胡宗南集中9个旅的兵力,于26日由蟠龙、永坪地区分两路向绥德前进,以第一六七旅旅部率一个团及陕西民军第三总队共7000多人守备补给基地蟠龙。

西北野战兵团针对敌情的变化,报军委主席毛泽东"拟待敌进逼绥德时,围歼蟠龙之敌"。经批准后,彭德怀立即调整部署:以第三五九旅一部,并从每个主力旅中抽出一个排,配合绥德军分区部队及晋绥独五旅,节节抗击敌军北进的主力,沿途故意遗弃一些军用物资,以迷惑敌人,诱其北进;集中第一纵队、第二纵队独四旅和新编第四旅等四个旅的兵力攻蟠龙;以第三五九旅主力于清涧以西,监视并阻击绥德、清涧可能回援之敌;以教导旅于青化砭以北,阻击青化砭地区可能来援之敌。

蟠龙是国民党军在陕北的重要补给基地,外围依托群山构筑了由碉堡群和深广外壕以及多层障碍物组成的防御阵地。西

---

① 《毛泽东军事文集》第四卷,第37页,军事科学出版社、中央文献出版社1993年版。

② 《国民革命军战役史第五部——戡乱》第三册,第782页,台北"国防部史政编译局"1989年编印。

北野战兵团充分发挥军事民主，详细研究了攻坚战术后，于5月2日夜发起进攻。先头部队以对壕作业逼近敌阵地前沿，在强大火力掩护下，以炸药爆破排除障碍，并组织小部队攀登悬崖突袭敌人。激战至4日，攻占了蟠龙以东、以北主阵地及外围制高点。当日黄昏即结束战斗，全歼守敌第一六七旅6700多人，俘敌旅长李昆岗，缴获大批武器装备，仅夏季服装就有4万套，面粉1万多袋等。野战兵团主力随即转移至安塞休整。

青化砭，羊马河，蟠龙三次作战，西北野战兵团以2200人伤亡的代价，歼敌1.4万人，给胡宗南部以沉重打击，稳住了陕北战局，并策应了晋南的反攻作战。

蟠龙战斗结束后，胡宗南部缩集永坪、蟠龙、青化砭地区整补。青海、宁夏马步芳、马鸿逵部乘西北野战兵团在与胡宗南作战之机，不断蚕食陕甘宁解放区，至5月中旬，先后侵占了庆阳、合水、环县、盐池、定边等城镇。西北野战兵团遂于5月29日以主力西进。在陇东（甘肃东部六盘山以东地区）、三边（定边、安边、靖边）与"两马"部队进行了两次作战，收复了环县、定边、靖边等地，歼灭"两马"所部1500多人。但由于对"两马"内部宗教亲属关系深厚、骑兵机动能力强、增援快等特点认识不足，以致有轻敌情绪，兵力部署上不够集中，西北野战兵团自身伤亡多达2500人，实际上打了一次消耗战，并致夺取庆阳的预定计划未能实现。

二 华东野战军的孟良崮战役

国民党军为了实施对山东解放区的重点进攻，撤销了徐州、郑州两绥靖公署，以陆军总司令顾祝同坐镇徐州，组成陆军总司令徐州司令部，统一指挥原徐州、郑州两绥署的部队。将王敬久集团由冀鲁豫战场调至山东，并将主力编为第一（汤恩伯，辖第七军和整十一、整二十、整四十八、整六十四、整八十四师）、第二（王敬久，辖第五军和整七十二、整七十五、整八十五师）、第三（欧震，辖第七军和整十一、整二十、整四十八、整六十四、整八十四师)三个机动兵团,担任主攻任务,加上第二、第三绥区及从武汉调来的整九师,国民党用于进攻山东解放区的总兵力,已达24个整编师60个旅,共约45万人。其进攻计划是:首先以一部兵力打通徐州至济南段铁路和兖州至临沂的公路,占领鲁南解放区,然后向鲁中展开全面进攻,迫使华东野战军与之决战,或压迫华东野战军北渡黄河,以占领山东解放区。

为了避免在进攻中被分割包围,国民党军采取加强纵深,密集靠拢,稳扎稳打,逐步推进的作战方针。

中共中央军委根据全国战局的发展和华东的形势,于1947年3月6日指示华东野战军陈毅、饶漱石、粟裕、谭震林等:"考虑行动应以便利歼敌为标准。不论什么地方,只要能大量歼敌,即是对于敌人之威胁与对于友军之配合,不必顾虑距离之远近。转入外线之时间亦不必顾虑","大约本年全部时间均可用于内线作战"。"今后十个月内,平均每月歼敌四个至五个旅",到年底,共"歼敌四十至五十个旅"。对沿津浦路北进之敌,"让其进至泰安一线,于我最为有利"。在"尔后作战",应"经常集中六十个团行动"。"你们主力五个纵队争取休整半月以上,甚为必要"。①

遵照军委指示,华东野战军在莱芜战役以后,主力集结于以淄博为中心的地区进行休整,准备迎击由临沂北进之国民党军。

3月下旬,国民党军发起进攻,至4月上旬完成了第一步的计划,打通了津浦路兖济段和临兖公路,随后即从临沂至大汶口一线向鲁中山区发动进攻。4月上旬,华东野战军曾企图在临沂、郯城地区歼敌第一兵团一部,但因其提前收缩未能实现。中旬敌继续进攻,将主力指向新泰、蒙阴方向。华东野战军为打破敌人的进攻,决定以一部兵力攻击敌左翼泰安守军整七十二师,以调动敌整七十五、整八十五师由大汶口北援而歼灭之,并诱敌由新泰、蒙阴方面回援,再歼其一部。但直至24日,敌军并不援

---

① 《毛泽东军事文集》第四卷,第1—2页,军事科学出版社、中央文献出版社1993年版。

救泰安。华东野战军遂增调部队改为强攻。战斗至 26 日，泰安守敌整七十二师（缺一个旅）全部被歼。敌军主力仍继续向新泰、蒙阴猛攻。陈毅等又以三个纵队沿津浦路西侧南下，出击宁阳，威胁兖州，调敌西援，主力放弃新泰、蒙阴，转移至临沂、蒙阴公路以东待机。28 日，国民党军先头部队占领蒙阴。29 日，华东野战军以主力向桃墟、青驼寺出击，敌迅速收缩，仅歼其一个半团。5 月 3 日，华野又以四个纵队进至新泰地区求歼敌整十一师，当晚达成包围，因敌第二兵团主力迅速向新泰靠拢，4 日华野主动撤围。

这一时期的作战，由于国民党军高度集中，不为华东野战军所调动，而华野领导对敌军新的行动规律尚未摸清，急于求战，加之战役企图过大，兵力不够集中，所以未能达到战役预期目的。

5 月 4 日，中央军委指示陈毅、粟裕："敌军密集不好打"，"只要有耐心，总有歼敌机会"。"胶济路以南地区均可诱敌深入，让敌占领莱芜、沂水、莒县，陷于极端困境，然后歼击，并不为迟"。"要掌握最大兵力"，"不要过早惊动敌人后方"。① 陈、粟等遵照军委指示精神，决定将主力后撤到莱芜、新泰、蒙阴以东地区，让敌放胆前进，待机歼敌。同时，将第六纵队隐伏于鲁南，准备配合主力作战。华东野战军主力向后移动时，顾祝同等判断是被迫向东北方向撤退，遂急令：第一兵团进占坦埠、沂水一线；第二兵团向博山、张店方向进攻；第三兵团集结于新泰、蒙阴地区，准备等第一、第二兵团攻势得逞时，再协同东进，实现其在鲁中与华野主力决战之企图。5 月 11 日，敌第一兵团各部开始北进，整七十四师前进最为积极，态势突出。

当晚，陈、粟等查明敌军已发起全面进攻及其第一兵团的部署后，决心集中主力 5 个纵队 16 个师，采取中央突破的战术，围歼敌整七十四师于坦埠以南、芦山以北地区；以 4 个纵队分别担

---

① 《毛泽东军事文集》第四卷，第 52 页，军事科学出版社、中央文献出版社 1993 年版。

任阻击和牵制其他各路敌军的任务,以保障主力歼敌。5月13日夜,华野第一、第八纵队由两翼秘密插入敌人纵深,割裂了整七十四师与其左、右邻整二十五、整八十三师之联系;第四、第九纵队由正面攻击;第六纵队由平邑北返,奇袭垛庄,切断敌人退路;第二、第三、第七、第十纵队牵制、阻击当面之敌,不使其向整七十四师增援。14日,华野在孟良崮地区完成了对整七十四师的分割包围。

蒋介石自恃整七十四师战斗力强,地形有利,且左、右援军均较靠近,认为是进行决战的良好时机。因而,一面严令该师坚守,吸住华野主力,一面急调10个整编师,向蒙阴、青驼寺集结,企图进行决战。

在此情况下,华野各阻援部队对援敌展开了顽强的阻击战,攻击部队则对敌整七十四师展开猛烈的突击。至16日,蒋军五大主力之一的整七十四师3个旅及整八十三师1个团3.2万人全部被歼,师长张灵甫被打死。华东野战军也伤亡1.2万人。整七十四师被歼后,国民党军进攻山东的计划遭到严重挫折,暂时停止了进攻。

华东野战军围歼整七十四师时,各路援军在蒋介石、顾祝同的再三严令下,向孟良崮推进,有的已进至距孟良崮仅10余里,但在阻援部队英勇抗击下,未能挽救整七十四师的覆灭命运。

新华社对此役的评述是:孟良崮战役打击了蒋介石最强大的进攻方向,打击了蒋介石最精锐的部队。这一打击又出现在解放区举行全面反攻的前夕,因而具有特殊重大的影响。

三 晋冀鲁豫、东北、晋察冀解放军开始反攻

(一)晋冀鲁豫解放军的豫北、晋西南攻势

国民党军集中兵力对山东、陕北实施重点进攻时,其豫北和晋西南的部队,收缩兵力转为防御。晋冀鲁豫军区领导刘伯承、邓小平根据中央军委的指示,决心在豫北、晋西南战场组织反

攻,以策应华北和陕西的作战,并为转入战略反攻创造条件。

1947年3月22日,晋冀鲁豫军区集中第一、第二、第三、第六纵队及冀南、太行、冀鲁豫军区部队,共60个团约10余万的兵力,向豫北国民党军发动进攻。解放军解放了濮阳、封邱、延津、原武、阳武等城,逼近新乡,迫使蒋介石将计划用于山东战场的整六十六师和第九师调往豫北战场,减轻了山东战场的压力。由于袭击黄河铁桥未成,攻击汲县亦未克,新乡附近已集中国民党军5个整编师又2个旅,刘、邓等即改变计划,主力移师北上,破坏平汉路安阳、汲县段,在卫河以西及平汉路以东广大地区开辟战场,诱敌北上,寻机在运动中歼敌。4月10日解放军克淇县,主力围汤阴。13日敌四个半旅沿平汉路东侧北援,其第二快速纵队于16日被歼,司令李守正被俘,其余部队立即南撤。5月2日,解放军攻克汤阴,全歼暂编第三纵队,俘其司令孙殿英。后攻安阳未克,遂于25日结束豫北攻势。

此役历时两个月,共歼敌4.5万人,解放了豫北、冀南广大地区,控制了平汉路150多公里,使安阳、新乡成为孤城,破坏了国民党军东西两战场枢纽一带的防御体系,有力地配合了陕北、山东的作战。

在开展豫北攻势的同时,晋冀鲁豫野战军第四纵队及太岳军区部队约5万人,于4月间在晋西南发起攻势作战。4日至15日,连克浮山、翼城、曲沃、绛县、新绛、稷山、河津、万泉、荣河、猗氏等十城,席卷汾河两岸,歼敌近万人。至25日,又连克临晋、闻喜、解县、虞乡、永济、平陆、芮城、垣曲及霍县、赵城等十城,控制禹门口、风陵渡两重要黄河渡口。28日,太岳军区两个旅遵军委指示北上,协同吕梁军区部队,攻占宁乡、汾城、襄陵、蒲县、大宁等城,使吕梁、太岳两区连成一片。5月12日晋南攻势结束,使晋西南形势发生根本变化,严重威胁了进入陕北敌军的侧背,有力的配合了西北地区的作战。

(二)东北民主联军的夏季攻势

东北国民党军遭民主联军三下江南、四保临江战役的打击

后,转入防御,并对其正规军的部署作了调整,多以团、营为单位分散守点,等待关内援军到达后再发动攻势。国民党军兵力分散,机动兵力不足,长春至沈阳铁路两侧守备兵力更为薄弱。这时,东北民主联军已发展到46万多人,建立了较巩固的后方。

为了扭转东北战争形势,打通南、北满的联系,经中央批准,东北民主联军于1947年5月13日发起了夏季攻势。林彪等集中28个师和4个炮兵团的兵力,以北满和南满部队担任主攻,东满部队配合。具体部署是:北满的第一、第二纵队及独一、独二纵队及独一、独二师,由扶余、大赉地区出发,对长春、四平两侧地区实施远程奔袭;南满的第三纵队附第四纵队一部,由通化以北奔袭沈吉路中段之敌。两主力同时行动,以四平为中心南北对打。东满和西满部队,也于吉林以东和郑家屯(双辽)地区,向敌防御部署的两翼进攻,配合主攻方面的作战。

北满部队于13日包围了怀德。长春敌新一军两个师和四平敌第七十一军主力,从南、北两个方向来援,被分别阻止于新开河东岸和怀德以南。17日北满部队攻克怀德,两路援军均企图后撤,北满部队迅速将第七十一军包围,战至18日18时,该军主力两个师被歼灭。北满部队乘势向四平以南发动攻势,6月2日占开源、昌图。南满部队5月13日出击沈吉铁路中段,连续攻克山城镇、草市、东丰等地。28日克梅河口,6月3日克西安(辽源)。清原、西丰之敌弃城逃走。南、北满部队胜利会师于四平以南,使南、北满连成一片。

在辽南辽东的第四纵队主力和南满独立师,先后攻克通化、安东、庄河。西满辽吉军区部队向郑家屯地区进击,先后攻克玻璃山、双山和康平,歼敌第七十一军第八十七师一部。东满第六纵队和独三、独四师等部,向拉(法)吉(林)路、沈吉路北段进击,先后攻克天岗、江密峰、乌拉街、双阳、桦甸、海龙、盘石等城镇,歼敌第六十军暂二十一师等部。至此,民主联军肃清了吉林、长春以南,四平以东广大地区的国民党军,沟通了东、西、南、北满的联系。

为了扩大战果,林彪等决定攻歼四平的国民党军,以孤立长春、吉林守敌,割断沈阳和长春的联系。为此,民主联军集中了24个师的兵力,其中7个师攻击四平,17个师南、北打援。6月11日发起进攻,由于攻城兵力不足,部署上又采取了一面平推战术,至20日仅攻占四平市区西半部。这时沈阳敌新六军、第五十二军、第九十三军及刚由关内调来的第五十三军8个师,长春新一军2个师,分由南、北以齐头并进战法,逐步向四平逼近。林彪变更决心,除以一部佯攻四平外,集中9个师的兵力迎击沈阳北援之敌。但因敌军过于密集,无隙可乘,在30日歼其1个团后,即停止攻击,撤出战斗。

历时50天的夏季攻势至此结束。民主联军共歼敌正规军4个师,连同非正规部队共约8万余人,攻克城市36座,迫使东北国民党军收缩于中长路四平南北段和北宁路沈阳、山海关段狭长走廊地带。

(三)晋察冀解放军的正太、青沧及保北战役

保南战役后,华北战场的国民党军主力共9个军26个师,分别据守在大中城市和铁路线上,而其守备重点则置于北平、天津、保定三角地区。石家庄地区及正太路一线,仅有正规军第三军2个师、第四十三军1个师和地方团队担任守备。

晋察冀军区司令员兼政委聂荣臻等领导,决定集中第二、第三、第四纵队,在冀中、冀晋军区部队配合下,实施正太战役。预计分两期进行:第一期攻歼石家庄外围之敌;第二期乘胜沿正太路西进,歼灭沿线敌军和可能自太原东援的敌军。1947年4月9日战役开始,第二、第三纵队于12日攻克正定城,歼灭敌第三军第七师的第十九团及保安第五纵队共5000多人,俘第七师副师长刘海东。与此同时,第四纵队在冀中、冀南军区部队配合下,攻克栾城,俘保安团800多人,并肃清了石家庄外围据点90多处,歼灭第三十二师第九十五团和第九十六团各一部,总计歼敌万余人(俘近万人)。14日开始,晋察冀野战军由正定向西进行第二期的作战,连续攻克获鹿、井陉、娘子关,逼近阳泉。此时国民党军第五十三军准备自保定南援,第九十四军也调至保定,

加强南援兵力,企图牵制晋察冀野战军的西进行动。22日,中央军委致电聂荣臻等:"如敌南援,你们不去理他,仍然集中全力完成正太战役,使敌完全陷入被动。"①

晋察冀野战军的西进,对阎锡山构成严重威胁。24日,阎锡山令第三十三军分别从太原、祁县乘车东援,25日进入阳泉,其独八、独十纵队主力亦于28日进入阳泉。晋察冀野战军以一部兵力监视、包围阳泉、平定,一部兵力继续西进,先后攻占测石驿、芹泉、孟县等车站、城镇。29日敌第三十三军主力西撤,被阻止于测石驿。5月1日,阳泉之敌除以日军改编的保安第五大队留驻狮脑山担任掩护外,第三十三军第四十六师、独十纵队等突围西撤,被包围于赛鱼、测石驿两地。3日,敌保安第五大队长滕田信雄(原侵华日军独立混成第四旅团大队长)率其日兵残部240人投降(原500人,被歼260人)。4日,赛鱼、测石驿之敌突围,大部被歼。至此,正太战役结束。

此役,共歼敌3.5万人,使晋察冀和晋冀鲁豫解放区连成一片,进一步孤立了石家庄之敌。

正太战役后,中央军委指示晋察冀军区,下一步作战,必须以钳制关内敌军、不使增援东北为目标,以策应东北战场民主联军的夏季攻势。根据这一指示,晋察冀野战军自6月中旬开始至7月上旬,继续发动攻势,先后进行了青(县)沧(县)战役和保(定)北战役,共歼敌约2万人,并将敌拟调东北战场的第九十四军一个师牵制在晋察冀战场。

为适应作战需要,1947年6月,晋察冀军区又将军区和野战军分开,重新建立了野战军的领导机构。杨得志任野战军司令员,罗瑞卿任政委,杨成武任第二政委,下辖第二、第三、第四纵队及炮兵旅,野战部队兵力共约12万人。

蒋介石发动全面内战后的一年中,解放军在各个战场沉重

---

① 《毛泽东军事文集》第四卷,第41页,军事科学出版社、中央文献出版社1993年版。

打击进攻的国民党军,共歼其正规军97个半旅78万人,连同非正规军共112万人。其中,俘67.7万人,死伤42.6万人,起义1.7万人。解放军损失35.8万人,其中负伤26.7万人,牺牲6.9万人,被俘及失散2.2万人。特别值得提出的是:国民党军将级军官被打死26名,被俘者达176名。蒋介石惊叹:"自从去年七月开始剿匪以来,我们前方有若干师旅团部高级指挥干部为匪所袭击,指挥官且被匪所俘,这不仅影响一部分的士气,而且使整个战局都受到顿挫。"在此一年中,国民党军攻占解放区城市335座,解放军解放和收复城市288座。解放军除缴获大量轻武器和弹药外,还缴获各种火炮6 100门,坦克87辆,击毁坦克36辆,缴获和击毁飞机60架,舰艇19艘。解放军通过一年紧张而又艰苦的内线作战,不仅粉碎了国民党军的全面进攻,而且在基本上挫败其对山东、陕北的重点进攻的同时,在其他战场上还进行了有战略性的反攻,使战局发生了有利于解放军的重大变化,为转入战略进攻奠定了基础。

---

① 蒋介石:《宣读军官团第一期开学训词后讲解》(1947年5月12日),载秦孝仪主编《先总统蒋公思想言论总集》第二十二卷,第105页,台湾中国国民党中央委员会党史委员会1984年印。

第十五章　中国革命的历史转变　解放军实施战略进攻

第一节　战略进攻方针的确定和十大军事原则的提出

一　1947年秋的战争形势

国民党军在发动全面内战后的一年中,有生力量大量被歼。虽然不断地进行补充和重建被歼的部队,但总兵力已由战争之初的430万人降为373万人。其中正规军仍有248个旅的番号,兵力却已由200万人减为150万人。被解放军消灭或受到歼灭性打击的113个旅,有11个旅尚未得到补充。得到补充的单位,其战斗力也已严重削弱。由于整师整旅的被歼和大批将军的被俘,军队的士气已急剧下降。国民党自己也承认:"以优势之装备及兵力,未能一举击破匪军主力,且于各战场屡遭局部重大之失败",原因就是"在精神方面……缺乏旺盛坚勇积极战斗之意志,稍受挫折,又存惧匪之心理,或有观望不前,消极避战之行动"。由此"所招致之失败,益影响战斗精神及士气之低落"。① 官兵当中充满着失败和厌战情绪。一般人固然如此,当初主战的一些高级将领也深感悲观。如阎锡山致蒋介石函中说:"依现在情况,三个月后局面恐有大变化,病如到了不可救药再治,那就徒劳了。"陈立夫感叹:"不想军事已到如此地步。"胡宗南电告蒋介石:

---

① 《一年来剿匪重要战役之检讨》,第51页,国民党军官训练团1947年编印。

"当前战场我军几均处于劣势,危机之深,甚于抗战。"①

国民党军的248个旅,有227个旅用于进攻解放区:用于华北、东北战场的70个旅,大多担任交通线和重要据点的守备,很少战略机动部队。用于山东、陕北和晋冀鲁豫战场的157年旅,也是大多担负守备、防御任务,战略机动兵力仅有40个旅左右。长江以南和西北新疆、青海、宁夏等19个省内,仅有21个旅的兵力,作为战略预备队并担负维持战略后方的任务。由于主要兵团都集中于山东和陕北战场,国民党军在南线的鲁西南、豫皖苏边直到大别山区,兵力都极为空虚。特别在豫北地区,自汤阴解放之后,李振清率整四十师孤守安阳,不敢出城一步;王仲廉率整二十六军守新乡,也不能出击、出援,对晋冀鲁豫野战军的机动作战,不仅无力阻止,连牵制作用也难以起到。在战略态势上,国民党军明显地暴露出很大的弱点。而且国民党军各个战略集团,基本上也处于被分割的状态,在作战上难以做到相互协同。

国民党政府不仅在军事上开始处于不利地位,在经济、政治上也是四面楚歌。由于蒋介石撕毁政协决议和停战令,打延安,开"国大",驱逐中共和谈代表,镇压民主运动,以致民心尽失。更由于他推行内战经济政策,致工农生产直线下降,通货膨胀,物价飞涨。仅以人民每天生活必需的大米来说,1947年4月上旬是10.7万元一担,下旬就涨到28万元一担,而至5月下旬时,已达到40万元一担。人民生活更为贫困,反饥饿、反内战、反迫害的群众运动遍及全国各大中城市,国民党政府完全陷于孤立状态。蒋介石5月24日的日记写道:"时局逆转,人心动荡,军、政、经、社,均濒危殆"②;"东北与华北战局紧张,人心动荡特甚,党内同志多失信心,顿呈忧惶之象"③;"此诚危急存亡之秋也"④。

---

① 《徐永昌日记》1947年2月25日、5月28日,台湾"中央研究院近代史研究所"1991年印;《民国胡上将宗南年谱》,第199页,台湾商务印书馆1980年版。
② 秦孝仪主编:《总统蒋公大事长编初稿》第六卷(下),第459页,台湾中国国民党中央委员会党史委员会1978年印。
③④ 秦孝仪主编:《总统蒋公大事长编初稿》第六卷(下),第479页,台湾中国国民党中央委员会党史委员会1978年印。

与国民党的悲观沮丧相反，中国共产党内部却洋溢着一派乐观气氛。毛泽东指出："一切事变都证明我们估计的正确。""中国事变的发展，比人们预料的要快些。一方面是人民解放军的胜利，一方面是蒋管区人民斗争的前进，其速度都是很快的。为了建立一个和平的、民主的、独立的新中国，中国人民应当迅速地准备一切必要条件"。①6月14日，他给中共中央工委刘少奇和朱德的信中说："敌人内部互相埋怨日见增多，士气日渐下降，对前途悲观。我们则信心甚高，士气甚壮"。"本月为全面反攻开始月份"。②

这时的人民解放军，经过一年的内线作战，不仅总兵力大为上升，武器装备也有相当程度的改善。据中共中央军委的统计，解放军的总兵力已达195.4万余人，其中正规军（野战军和军区正规部队）103.5万余人，各军区非正规军90.3万余人，华南游击队1.5万人。与国民党军同期相比，总兵力为1∶1.91，正规军为1∶1.5。双方的兵力对比，已同战争之初的1∶3.4和1∶3.5发生了明显的变化。军队的素质也有了极大的提高。首先是士气旺盛，对战争的前途充满了必胜的信心。当蒋介石凭借其强大的军事优势开始向解放区发起进攻之时，还有部分指战员在思想上存在着疑虑，经反复进行形势教育，特别是经过战争胜利的实践后，人民解放军全体指战员，完全相信中共中央、中央军委和毛泽东的领导及指挥的英明、正确，并坚决拥护。经过实战锻炼和利用战斗间隙进行军事训练，指战员们的战术、技术水平普遍有所提高。特别是高级指挥人员，基本上都学会了运用毛泽东军事思想去解决战役、战术、战斗上的实际问题。

在此一年中，解放区大部分地区都进行了土地改革，广大农民群众分得了土地，他们热爱共产党，拥护共产党，支援解放战争的积极性也很高，一年中为保家保田而参军的农民即达60万人，支援前线的农民更在6 000万人以上。

---

① 毛泽东为新华社起草的《蒋介石政府已处在全民的包围中》(1947年5月30日)，载《毛泽东选集》第四卷，第1227页，人民出版社1991年版。
② 《毛泽东书信选集》，第281页，人民出版社1983年版。

二 将战争引向国民党统治区的战略决策

国民党军对陕北、山东的重点进攻,虽然受到挫折,但并未完全被粉碎。国民党仍决心加强对山东、陕北解放区的进攻,并把重点放在山东。蒋介石在分析战略全局时,认为中共在关内有三个根据地,即"(一)以延安为政治根据地,(二)以沂蒙山区为军事根据地,(三)以胶东为交通供应根据地"①。他的战略企图,就是首先摧毁中共的根据地。他强调:"我过去主张剿匪必须捣毁他的巢穴者,即因为匪的一切物资粮食都储备在老巢里面,一个老巢被捣之后,他在短期内必无力重建,所有老巢捣毁之后,他就成为流寇了。"他的"进一步目标,即在'断绝其兵源补充,占领其粮食产区'"。蒋介石说:"现在匪军占领区内,人力粮弹最丰富的地区在哪里呢?晋东、晋西和陕北都不是产粮食的地区,而且人烟稀少","他们的人力粮弹可以说全靠冀中冀南和鲁北这三个地区。如果我们派遣军队,犁庭扫穴,占领这几个地区,他就真正成了流寇,一成流寇,只要我们军队穷追猛打,绝不放松,就没有不被我们消灭的"。②

土地革命时期第五次"围剿",蒋介石就是用的这种办法。正如邓小平所指出的:

> 这次蒋介石又想用这个办法对付我们,扭在解放区打,来削弱我们的人力、物力、财力,使我们不能持久,封锁我们不能出来,好使他保持三万万人口的后方完整而不受损失,来供应他作战。这个如意算盘是高明的,但是还有更高明

---

① 蒋介石:《一年来剿匪军事之经过与高级将领应注意之事项》(1947年10月6日),载秦孝仪主编《先总统蒋公思想言论总集》第二十二卷,第269页,台湾中国国民党中央委员会党史委员会1984年印。

② 蒋介石:《国军战术上所犯之错误及其改进》(1947年7月10日)、《剿匪军事之新阶段》(1947年10月20日),载秦孝仪主编《先总统蒋公思想言论总集》第二十二卷,第218—219、第295—296页,台湾中国国民党中央委员会党史委员会1984年印。

的毛主席,他从确定自卫战争的方针时起早就看清这一点。①

事实正是如此,早在解放战争开始的1946年6月22日,毛泽东就曾指示刘伯承、邓小平考虑渡淮南进,"从国民党区域征用人力物力,使我老区不受破坏"②。后来又决定先在内线作战,打几个胜仗,看出国民党军的弱点后再转入外线。1947年5月上旬,为了粉碎国民党军对山东、陕北的重点进攻,中央军委决定让刘邓大军于6月10日前渡过黄河,转入外线作战,向中原挺进;让陈粟大军在6月10日前集结全力(27个旅),寻求与创造歼敌机会,并准备于6月10日以后配合刘邓大军出击。但当孟良崮战役歼灭国民党军五大主力之一的整七十四师等3万多人,迫使顾祝同暂时转入守势时,中央军委致电陈毅、粟裕等:

> 歼灭七十四师,付出代价较多,但意义极大,证明在现地作战,只要不性急,不分兵,是能够用各个歼击方法打破敌人进攻,取得决定胜利。而在现地区作战,是于我最为有利,于敌最为不利。③

为此中央军委决定,华东野战军"集中全部主力于济南、临沂、海州之线以北地区,准备用六七个月时间(五月起),六七万人伤亡,各个歼灭该线之敌。该线击破之日,即是全局大胜之时,尔后一切作战均将较为顺利"④。中央军委还指出,刘邓大军下月出击和其他各战场的攻势作战,"均是帮助主要战场山东打破敌人进攻"⑤。

但当国民党军集中25个旅的兵力,于6月下旬再次向鲁中

---

① 《邓小平文选》第一卷,第97页,人民出版社1989年版。
② 《毛泽东军事文集》第三卷,第284页,军事科学出版社、中央文献出版社1993年版。
③④⑤ 《毛泽东军事文集》第四卷,第81页,军事科学出版社、中央文献出版社1993年版。

解放区进攻时，蒋介石总结孟良崮战役失败的教训，指示"与匪作战，并进不如重叠，分进不如合进"，主张以三四个师重叠交互前进，认为"对匪之攻防，应使360度均无弱点，始操胜算，其法可采逊清打长毛所用梅花阵办法"。① 因此，国民党军采取了密集平推的战法。华东野战军一时难以捕捉战机将其分割歼灭。中央军委遂改变华东野战军集中兵力在内线作战的方针，实施分兵向外线出击。据粟裕回忆："六月二十五日，敌军开始全力东犯"，"由于当面之敌十分密集，无论是寻歼侧翼之敌或直取中央之敌都缺乏条件。"他说：

>　　接到军委二十九日提出的三路分兵的指示，此电指出："蒋军毫无出路，被迫采取胡宗南在陕北之战术，集中六个师于不及百里之正面向我推进。此种战术除避免歼灭及骚扰居民外，毫无作用。而其缺点则是两翼及后路异常空虚，给我以放手歼击之机会。你们应以两个至三个纵队出鲁南，先攻费县，再攻邹（县）滕（县）临（城）枣（庄），纵横进击，完全机动，每次以歼敌一个旅为目的。……适当时机以两个纵队经吐丝口攻占泰安以西、以南各地，亦以往来机动歼敌有生力量为目的。正面留四个纵队监视该敌，使外出两路易于得手。以上方针是因为敌正面既然绝对集中兵力，我军便不应再继续采取集中兵力方针，而应改取分路出击其远后方之方针。"②

由于短时间内还不可能歼灭国民党军绝对集中兵力的战略兵团，而战争长时间深入在解放区腹地，生产遭到破坏，人民生活困苦，人力、物力资源日益紧张，人民解放军在内线作战的机动范围逐渐缩小。中共中央从战略全局考虑，并根据敌我双方的具体情况对比，决定由战略防御转入战略进攻，令人民解放军

---

①《主席对沭河及孟良崮战役胡、黄师长琏、伯韬报告后之讲评及训示》，载南京军区司令部战史编辑室《第三次国内革命战争时期敌军资料选编》第1册，第49页。
②《粟裕战争回忆录》，第510页，解放军出版社1988年版。文中所引军委电，参见《毛泽东军事文集》第四卷，第113页，军事科学出版社、中央文献出版社1993年版。

主力打到外线去,将战争引向国民党统治区。中共中央在《解放战争第二年的战略方针》中明确提出:

> 我军第二年作战的基本任务是:举行全国性的反攻,即以主力打到外线去,将战争引向国民党区域,在外线大量歼敌,彻底破坏国民党将战争继续引向解放区、进一步破坏和消耗解放区的人力物力,使我不能持久的反革命战略方针。我军第二年作战的部分任务是:以一部分主力和广大地方部队继续在内线作战,歼灭内线敌人,收复失地。①

经过充分研究,中央军委决定将战略进攻的主要方向指向国民党军的薄弱要害区域——以大别山为中心的江、淮、河、汉的广大地区。这样,既有获胜的把握,又最能对战略全局产生决定性影响。中央军委同时还作出了"三军配合,两翼牵制"的战略部署:以刘伯承、邓小平指挥的晋冀鲁豫野战军主力四个纵队实行中间突破,先战鲁南,尔后跃进大别山;以陈毅、粟裕指挥的华东野战军主力五个纵队,挺进豫、皖、苏地区;以陈赓、谢富治指挥的晋冀鲁豫野战军一部两个纵队一个军挺进豫西。三路大军在黄河、长江、汉水、淮河之间,而为品字形阵势,以保障刘邓大军在大别山立足生根,以利三军互相配合,协同作战,歼灭国民党军,重建中原根据地。另以西北野战军出击榆林,将进攻山东的顾祝同集团牵向海边,掩护三路大军挺进中原。与此同时,中央军委还要求东北、华北战场上的人民解放军积极展开攻势,从战略上策应转入外线的刘邓、陈粟、陈谢三军。中央军委指出:

> 到国民党区域作战争取胜利的关键:第一是善于捕捉战机,勇敢坚决,多打胜仗;第二是在坚决执行争取群众的

---

① 《毛泽东军事文集》第四卷,第 226—227 页,军事科学出版社、中央文献出版社 1993 年版。

政策,使广大群众获得利益,站到我军方面。只要这两点做到了,我们就胜利了。①

三　中国革命战争的军事纲领
——十大军事原则的提出

人民解放军主力打到国民党统治区后,1947年10月10日,人民解放军总部公布了《中国人民解放军宣言》,提出"打倒蒋介石,解放全中国"的口号,并宣布了八项基本政策。12月间,中共中央在陕北米脂县杨家沟召开重要会议,毛泽东作了《目前形势和我们的任务》的报告,阐明了打倒蒋介石、建立新民主主义中国时期内党的政治、经济、军事纲领。

军事纲领,就是十大军事原则。十大军事原则是随着战争的发展而发展的。土地革命战争结束时,毛泽东根据中国革命战争的特点和规律,结合红军许多领导同志从战争实践中创造的战略、战术,加以总结,撰写了《中国革命战争的战略问题》,第一次系统地阐述了红军作战原则的产生和形成。八年抗日战争中,毛泽东运用和发展了土革命战争时期的作战原则,撰写了《战争和战略问题》、《论持久战》等著作,论述了当时的作战原则。毛泽东同英国记者贝兰特谈话时说:"现在八路军采用的战法,我们名之为独立自主的游击战和运动战。这和我们过去在国内战争时采用的战法,基本原则是相同的,但亦有某些区别。"②解放战争开始后,1947年7月10日,毛泽东对第一年的作战进行了初步总结,提出六条军事原则;9月1日,在为中共起草《解放战争第二年的战略方针》中,又对第一年作战作了全面总结,提出了尔后作战的九条原则。当人民解放军转入战略进

---

①　《毛泽东军事文集》第四卷,第227页,军事科学出版社、中央文献出版社1993年版。

②　《毛泽东军事文集》第二卷,第105页,军事科学出版社、中央文献出版社1993年版。

攻后,根据新的形势和解放军创造的新战法,毛泽东对原有的作战原则进行充实、提炼和概括,于1947年12月25日提出了较前更为系统、科学的十大军事原则。

十大军事原则的主要内容是:1.先打分散和孤立之敌,后打集中和强大之敌。2.先取小城市、中等城市和广大乡村,后取大城市。3.以歼灭敌人有生力量为主要目标,不以保守或夺取城市和地方为主要目标。4.每战集中绝对优势兵力,四面包围敌人,力求全歼,不使漏网。5.不打无准备之仗,不打无把握之仗,每战都应力求有准备,力求在敌我条件对比下有胜利的把握。6.发扬勇敢战斗、不怕牺牲、不怕疲劳和连续作战的作风。7.力求在运动中歼灭敌人。同时,注重阵地攻击战术,夺取敌人的据点和城市。8.在攻城问题上,一切敌人守备薄弱的据点和城市,坚决夺取之。一切敌人有中等程度的守备、而环境又许可加以夺取的据点和城市,相机夺取之。一切敌人守备强固的据点和城市,等候条件成熟时夺取之。9.以俘获敌人的全部武器和大部人员补充自己。我军人力物力的来源主要在前线。10.善于利用两战役之间的间隙,休息和整训部队。

十大军事原则高度概括了人民解放军的作战经验,内容极其丰富,每条都是一项独立的作战原则,但各条之间互相联系,形成一个有机的整体,其精神实质就是集中优势兵力打歼灭战。每条原则都贯彻了歼灭战的思想。十大军事原则的提出,对人民解放军当时的反攻作战和夺取最后胜利,都具有深远的影响。

第二节 三路大军挺进中原

一 刘邓大军发动鲁西南战役 揭开战略进攻的序幕

刘邓大军为执行挺进大别山的战略任务,遵照军委的指示,首先在鲁西南突破国民党军的黄河防线,打开南进的道路。这时，国民党军的主力部队仍在山东、陕北战场继续作战，鲁西南的国民党军处于防御态势。其部署是：从开封到东阿250公里的黄河防线上，仅有整五十五师和整六十八师2个师防守，其战役纵深内也只有驻嘉祥的整七十师可以机动。1947年6月30日，晋冀鲁豫野战军第一、第二、第三、第六纵队共13个旅，分八路渡河，从山东阳谷张秋镇到鄄城临濮集150公里的地段上，一举突破了黄河防线。

国民党军统帅部为堵住这个缺口，除令原守黄河防线的部队退守郓城、菏泽牵制刘邓大军外，急从豫北、豫皖苏抽调整三十二、整五十八、整六十六师和整六十三师的第一五三旅以及嘉祥的整七十师，由第二兵团司令官王敬久指挥来援。其企图是，以整五十五师坚守郓城，吸引解放军屯兵城下，而以援军主力由巨野地区向西侧击，以迫使刘邓大军背水作战。刘伯承为争取主动，乘敌人分路前进尚未靠拢之际，决心采取"攻其一点，吸其来援，啃其一边，各个击破"的方针，首先以第一纵队（4个旅）歼灭郓城之敌，以主力3个纵队迅速进至定陶、曹县、成武地区，开辟战场，创造尔后歼敌的有利条件。

7月7日至10日，第一纵队攻克郓城，歼敌整五十五师2个旅；第二、第六纵队解放了曹县、定陶，歼敌第一五三旅；第三纵队进至成武。这样，刘邓大军主力便转至敌援军主力的侧背，完全处于主动地位。这时，敌整七十、整三十二、整六十六师分别进至六营集、独山集、羊山集，彼此距离十多公里，形成一条断续的长蛇阵，完全陷入被动挨打的境地。

7月10日，中央军委指示刘、邓：应放手歼灭敌人，歼敌越多，对山东粉碎敌人重点攻势乃至尔后跃进大别山均极为有利。刘伯承、邓小平依照军委指示精神和根据当面双方情况，决心不给敌人以调整部署的时机，连续作战，扩大战果，各个歼灭敌人援军。14日，以"围三缺一，虚留生路"的战术，全歼猬集于六营集之敌整三十二、整七十师3个半旅于六营集东南的洼地里，并将敌整六十六师2个旅包围于羊山集。与此同时，陈粟大军的5个纵队，也已进至津浦路及其以西地区展开攻势。19日，蒋介石飞抵开封，决定从陕西、山东等地调集兵力向鲁西南增援。28日晚，在敌增援部队到来之前，刘邓大军又全歼敌整六十六师及前来增援的第一九九旅于羊山集，胜利地结束了鲁西南战役。

这次战役，历时28天，歼灭国民党军4个整编师部9个半旅共5.6万人。俘整六十六师师长宋瑞珂、整七十师师长陈颐鼎、整三十二师副师长理亚明，缴获各种火炮872门及大量军用物资，击落飞机2架，迫使蒋介石先后从山东、中原、陕西等战场调动7个整编师17个半旅向鲁西南增援，打乱了国民党军的战略部署，基本上粉碎了其对山东的重点进攻，揭开了人民解放军战略进攻的序幕，并为刘邓大军跃进大别山创造了极为有利的条件。

战役结束后，为适应转入战略进攻的形势发展需要，晋冀鲁豫军区于7月30日报请中央军委批准，决定以原中原军区北撤部队和各军区的独立旅，组建第八、第九、第十、第十一、第十二等5个纵队。

二　刘邓、陈谢、陈粟三路大军 挺进中原　实施战略展开

（一）刘邓大军千里跃进大别山

鲁西南战役结束前夕，中央军委为了确保与扩大已经开始取得的主动权，7月23日指示刘伯承、邓小平：

> 对羊山集、济宁两点之敌，判断有迅速攻歼把握，则攻歼之，否则立即集中全军休整十天左右，除扫清过路小敌及民团外，不打陇海，不打新黄河以东，亦不打平汉路，下决心不要后方，以半个月行程，直出大别山，占领大别山为中心的数十县，肃清民团，发动群众，建立根据地，吸引敌人向我进攻打运动战。①

---

① 《毛泽东军事文集》第四卷，第147页，军事科学出版社、中央文献出版社1993年版。

中央军委同时决定令陈赓、谢富治兵团于8月下旬出豫西,配合刘邓大军行动。

鲁西南战役结束后,蒋介石对解放军的战略转变及刘邓大军挺进大别山的企图毫无察觉和准备,错误地判断刘邓大军连续作战近月,已疲惫不堪,难以再战,遂以刚从山东战场调来的8个整编师18个旅约14万人的兵力,分别从菏泽、袁口、嘉祥等地进行合击,并切断北渡黄河的道路,迫使刘邓军在郓城、鄄城之间的狭小地区内进行决战。当时连日大雨,河水猛涨,8月2日滦口水位由2米增至30.3米,每秒流量达2 034立方米。黄河有决口或被国民党军破堤放水、淹没的危险。在此情况下,刘邓认为不宜在此久停休整,为出敌意外,争取主动,决定提前南进,在敌合击部队尚未完成部署之前,即挺进大别山。

8月7日夜,刘、邓率主力4个纵队13个旅,分三路于巨野、定陶之间跳出敌人合围圈,于11日跨过陇海路,以连续急行军向大别山疾进。8月6日,蒋介石曾担心解放军越陇海路南下,指示进行阻击部署,但陆军徐州司令部认为解放军"北渡黄河之公算为大",仍作阻击北渡的部署。当发现解放军已经南下时,仍认为是因北渡不成才被迫"南窜"的。如徐州司令部参谋长判断:

　　余觉共军南下较其渡河(对我)为有利。因渡河后其兵力加强,而内线作战之地域广阔,我平津、安阳、保定等任何一方均可各个击破也;其南窜全出于被动,经穷追必可使溃散。①

国民党军遂以罗广文兵团12个旅和王敬久兵团8个旅先后尾追,另以4个旅和2个整编师,分别部署于平汉路两侧,以少数兵力在沙河布防,企图围歼刘邓大军于黄泛区。

---

① 《郭汝瑰日记》1947年8月6日,选自南京军区对其日记的摘抄打印本。郭汝瑰当时系陆军总司令顾祝同徐州司令部参谋长。

黄泛区宽达20公里左右,遍地泥泞,积水没膝,深处及腰,没有道路,没有人烟,行军十分困难。刘邓大军广大指战员以惊人的毅力,战胜重重困难,艰难地于17日通过黄泛区。这时,蒋介石才恍然大悟,察觉了解放军的战略意图,急调部队南下堵截,但为时已晚。19日,刘邓大军休整一天。为与国民党军抢时间,先敌进入大别山,把重武器和车辆就地掩埋或炸毁,然后轻装向汝河急进。23日,部队在汝河渡口汝南埠击破敌整八十五师的堵击,于当夜渡过汝河。27日,部队全部渡过淮河,进入大别山北麓的潢川、固始等地区,完成了千里跃进任务。

刘邓大军进入大别山区后,迅速部署战略展开:以第三、第六(缺1个旅)纵队分别在皖西、鄂东地区扫荡当地的保安团队,发动群众,抢占大别山中心地区的数十县,开辟根据地;以主力第一、第二纵队等9个旅在大别山北麓的商城、罗山地区,一面阻击追敌,一面掩护展开,并就地开展地方工作。至9月底,共歼灭国民党整五十八师一部及地方保安团队约6 000余人,解放县城23座,初步打开了局面。10月初,集结在大别山北部的国民党军近7个整编师,企图对光山、新县地区的解放军主力进行合击,刘、邓即以第一、第二纵队各1个旅留在商城、罗山地区,佯装主力迷惑敌人,而以主力10个旅的兵力乘虚进至鄂东、皖西寻机歼敌。10月8日在六安东南张家店歼灭国民党军第六十二旅4 000余人,27日在蕲春高山铺又歼灭整四十师师部及2个半旅1.2万人。至11月下旬,总计歼灭国民党军3万余人,建立了33个县的政权,组成了鄂豫、皖西两个军区,初步完成了战略展开。刘伯承指出:"这一战略行动,恰似一把利剑插进蒋介石反动统治的心脏。"①

(二)陈谢兵团挺进豫陕鄂

晋冀鲁豫野战军主力在刘伯承、邓小平率领下跃进大别山,调动了国民党军20多个旅向南追击;西北野战军连续进行了榆

---

① 《刘伯承军事文选》,第758页,战士出版社1982年版。

林、沙家店战役,将胡宗南主力吸引在陕北,陕南、豫西地区空虚。陈赓、谢富治兵团按照中央军委的指示,于8月22日在垣曲东西地区突破国民党军黄河防线,乘胜向陇海路潼洛段进击。至31日,先后攻克新安、渑池、宜阳、洛宁等城镇,歼灭国民党军4 000多人,在洛阳至陕县之间打开一个缺口。这一行动迫使胡宗南集团主力于8月27日从陕北南撤,又调回追堵刘邓大军的整三师全部、整十五、整四十一师及第二〇六师各一个旅,与洛阳守军等共8个旅的兵力,组成第五兵团;以胡宗南集团的4个半旅组成陕东兵团,企图东西对进,夹击陈谢兵团。

中央军委8月30日致电陈、谢:"西面空虚,攻取较易,洛阳附近敌所必争,不应使用主力。速以四纵全力、三十八军及二十二旅抢占陕县、灵宝、阌乡、洛宁、卢氏,相机抢占洛南、商县、商南。秦纵位于新孟洛地区,牵制洛阳之敌"。要"广占敌区,多歼敌人"。① 陈谢兵团依军委指示,于9月2日令第九纵队牵制敌第五兵团,主力西进,展开攻势。经半个多月的战斗,歼敌陕东兵团等部3万多人,解放了灵宝、陕县、阌乡、卢氏等城,直逼潼关,威胁西安。国民党军急从大别山、运城、榆林等地以空运调集10个半旅的兵力,在西安、潼关间布防,阻止解放军西进。由于继续西进,不易捕捉战机,陈、谢留第三十八军及第十二旅在豫陕边牵制敌人,创建根据地,主力又转头东进,求歼敌第五兵团,开辟豫西根据地。9月26日,开始东进,10月2日在新安以西的铁门歼敌整十五师师部及该师第六十四旅大部,敌第五兵团退守洛阳。

经过一个多月的连续作战,陈谢兵团共歼敌近5万人,建立了39个县政权,成立了豫陕鄂军区,组建8个军分区,解放了10余个县城,在豫陕边地区实现了战略展开。

(三)陈粟大军挺进豫皖苏

当刘邓大军跃进大别山,山东国民党军开始抽兵回援时,

---

① 《毛泽东军事文集》第四卷,第222页,军事科学出版社、中央文献出版社1993年版。

陈毅、粟裕遵照中央军委的指示,率特种兵纵队及第六纵队,由聊城南渡黄河至鲁西南地区,与进至鲁西南的5个纵队会合,组成西线兵团。同时指挥晋冀鲁豫野战军第十一纵队,在黄河以南、淮河以北、运河以西、平汉路以东广大地区实施展开,恢复并扩大豫皖苏解放区,与刘邓大军、陈谢兵团共同经略中原。在诸城、平度地区休整的4个纵队组成东线兵团,许世友为司令员,谭震林为政委,继续担任华东解放区的内线作战任务。

这时,蒋介石正以23个旅与刘邓大军争夺大别山,以8个旅在豫西牵制陈谢兵团,并调集16个旅准备发动胶东攻势。在鲁西南地区的国民党军尚有5个整编师的兵力,除以整六十八师等守备菏泽、开封外,整五、整五十七、整八十四师为机动部队,寻求解放军决战。9月5日,华东野战军的西线兵团各纵队已在鲁西南会合。9月9日,西线兵团在菏泽以东的沙土集,将国民党军整五十七师9000余人包围歼灭,俘其师长段霖茂。此战吸引敌从山东及大别山区抽调4个整编师来援,一定程度上减轻了大别山和山东战场的压力。

沙土集战役后,为避免与国民党军主力决战,尽快执行开辟中原解放区的任务,陈粟大军除留第十纵队及晋冀鲁豫第十一纵队在鲁西南牵制敌人外,主力6个纵队于9月下旬分五路越过陇海路南下豫皖苏地区。同时以纵队为单位进行分散展开,肃清保安团队,摧毁国民党政权,大力发动群众,发展人民武装。至10月下旬,共攻克县城24座,歼敌1万余人。为削弱国民党军的机动能力,破坏其部署,11月上旬,陈、粟又发起对陇海路的破击战,彻底破坏了徐州以西至兰封段铁路200多公里,歼敌1.1万人,威逼徐州。这迫使国民党军调动15个旅救援,其中包括准备用于大别山的8个旅,打乱了国民党军的部署。

经过两个多月的作战,陈粟大军解放了豫皖苏广大地区,建立了地方政权,站稳了脚跟,胜利地完成了战略展开。

三 粉碎国民党军对大别山的围攻

人民解放军三路大军挺进中原的胜利,使蒋介石深感忧虑。1947年11月3日,在南京召开的大别山作战会议和湘、鄂、皖、赣、苏、豫六省绥靖会议上,他说:"现在刘匪如果真能占据大别山,东可威胁京畿,西可威胁武汉,南可阻碍长江运输,在战略上对于政府是一个很大的顾虑。"①因而,蒋介石决定设立国防部九江指挥部,由国防部长白崇禧兼任主任,负责进攻大别山。11月22日,九江指挥部在南京组成,23日至九江设立。计有第三兵团(辖整七、整四十八师),第八绥区(辖整四十六师),第五绥区(辖整五十八师),新编第五、第十纵队,交警第四总队;原在中原战场的整十、整十一、整二十八、整八十五、整五十二(缺第八十二旅)师、整二十一师第一四五旅;并从山东战场抽调整九、整二十五师,从郑州调整二十师南下,共33个旅25万多人。以驻汉口的战斗机、轰炸机等飞行大队和海军江防第二舰队支援陆军作战。

白崇禧决定采用分进合击战术,命令于12月1日开始向大别山攻击。其作战方针是:"本部为彻底围歼窜据大别山之刘匪,并摧毁其建立之地方组织,并依现有态势,各以有力部队,分由豫、皖、鄂,向大别山区清剿,一举规复东部核心地带,将匪主力击散,然后分区围歼之。"②同时国民党陆军总司令部徐州司令部以整五军(辖整五、整七十、整七十五师)在淮河以北地区钳制陈粟大军,西安绥署以第五兵团在豫西钳制陈谢大军,作为战略配合。

大别山根据地能否巩固,是中原解放区能否确立与巩固的关键。因此,中央军委指示三路大军:刘邓大军以主力坚持大别山内线斗争,陈粟、陈谢两路大军在外线的平汉、陇海铁路展开大破击,

---

① 蒋介石:《对大别山剿匪军事的指示》(1947年11月3日),载秦孝仪主编《先总统蒋公思想言论总集》第二十二卷,第315页,台湾中国国民党中央委员会党史委员会1984年印。
② 《国民革命军战役史第五部——戡乱》第五册,第343—344页,台北"国防部史政编译局"1989年编印。

调动围攻大别山的国民党军。三军密切配合,"直至粉碎敌人对大别山之进攻为止"。刘、邓根据军委指示,并鉴于大别山区敌人兵力占绝对优势,且密集靠拢,行动谨慎,难以捕捉战机,根据地又是刚刚建立,群众尚未充分发动,粮食困难,中心区山高路小,回旋余地狭窄,不便于大兵团机动等情况,决定以主力坚持大别山内线斗争,以一部兵力向敌围攻圈外实施再展开,开辟新解放区。由刘伯承率中共中原局和野战军后方机关及第一纵队向淮西地区转移,以第十、第十二纵队向平汉路以西的桐柏和江汉地区展开,创建新解放区,调动敌人;由邓小平率野战军前进指挥所及第二、第三、第六纵队坚持在大别山区斗争。刘、邓采用的作战方针是:在地方部队配合下,"采取宽大机动,主动分遣攻取敌弱点。敌向内,我向外;敌向外,我也向外。将敌牵制到外线,以小部牵制大部,以大部消灭小部,积极打击和拖散敌人"。① 经过一个多月的苦战,双方伤亡都很严重,但国民党军始终未能"规复东部核心地带",更谈不到分区围歼解放军了。

陈粟、陈谢两军依军委指示,于12月13日对平汉、陇海铁路发动破击战,至22日,共破路400余公里,歼灭国民党军及地方团队2万多人,攻克许昌、漯河等国民党军的重要补给基地和兰封、西平等县城23座。国民党军为重新控制平汉路,并维持其对大别山的围攻,以孙元良兵团(辖整四十一、整四十七、整三十八师)主力由郑州南下,以原豫西的第五兵团部率整三师北上,企图夹击解放军。陈粟、陈谢两军于12月25日至27日晨,在西平地区将第五兵团部及整三师歼灭,并乘胜围攻确山,重创由大别山回援的整二十师,使围攻大别山敌军的重要补给基地信阳面临严重威胁。国民党军不得不再从大别山抽调整十、整十一师及整九师一部增援平汉线。

刘邓、陈粟、陈谢三路大军在内线、外线的密切配合下,积极作战,艰苦斗争,共歼敌6.9万多人,创建了桐柏、江汉解放区,

---

① 魏锦国:《大别山前进指挥所七十五天记事》,载《刘邓大军风云录》(上),第248页,人民日报出版社1983年版。

并使豫陕鄂与豫皖苏两解放区连成一片。国民党军为确保其重要点线和战略基地的安全,被迫先后从大别山调出13个旅,大大减轻了大别山解放区的压力。大别山的双方争夺战,至12月底时,国民党军已完全失去了信心。白崇禧说:一个多月来,虽然对解放军予以打击,"不过匪的全部主力尚未击溃"。"按过去豫鄂皖三省剿匪,当时我以六七十个师的兵力,尚费时三四年,今天要清剿大别山区匪患,必须假以时日"。① 蒋介石则更为悲观,1947年12月底的日记写道:

> 本月忧患最深,尤以最后十日,各方告急与失败之报,几如雪片飞来……成败利钝,一唯听之天命而已。

> 陇海平汉两路中心——郑州、许昌、开封——铁道完全被匪拆毁,军事上更蒙受重大之打击,第三师几乎全部损失,莱阳被陷未能克复,东北华北形势皆甚紧急,本月份以军事最为不利也。②

第三节 内线主力继续歼敌与外线作战实施协同

一 西北野战军和华东野战军的内线作战

在刘邓、陈粟、陈谢三路大军挺进中原时,担负两翼牵制国

---

① 《白部长训词》,载《大别山区剿匪检讨会议记录》,第9—10页,国民政府国防部九江指挥部编印,转引自朱宗震、陶文钊《中华民国史》第三编第六卷,第117页,中华书局2000年版。

② 秦孝仪主编:《总统蒋公大事长编初稿》,台湾中国国民党中央委员会党史委员会1978年印,转引自朱宗震、陶文钊《中华民国史》第三编第六卷,第117页,中华书局2000年版。

民党军重任的西北野战军和华东野战军内线兵团,依据中央军委的指示,从全局需要着眼,从有利于外线三路大军立足生根着眼,不仅完成了钳制敌人的任务,而且也转入了反攻。

(一)西北野战军的沙家店战役和黄龙延清战役

为调动胡宗南军主力北上,以策应陈谢大军顺利南渡黄河,挺进豫西,西北野战军于1947年8月6日围攻榆林。蒋介石即令胡宗南调安塞、保安地区的整一军和整二十九军共8个旅分两路向绥德、葭县(佳县)方向急进;另以整三十六师2个旅,由靖边出长城,沿伊克昭盟东部边缘北上驰援榆林。由于西北野战军缺乏攻坚必需的炮火,榆林城防工事又甚坚固,所以8月11日、12日两次攻击均未奏效。8月12日,中央军委指示西北野战军司令员兼政委彭德怀:

> 我军即在榆林、米脂间休整待机。隔断刘、钟(指整二十九军军长刘戡和整三十六师师长钟松——引者注)两部,吸引该敌,以利陈谢行动。为防敌进攻绥德,我军定河、黄河间各后方机关必须迅速移至黄河以东。①

西北野战军主力遂集结于榆林以东、葭县西北地区隐蔽待机。

国民党军发现解放军后方机关一部从葭县以北东渡黄河后,错误地判断是"仓皇逃窜"、"势将东渡黄河",胡宗南遂命令所部"迅速追击"。8月15日,国民党军主力8个旅进占绥德。除整一师留驻绥德外,16日,整二十九军军长刘戡率5个旅分两路向葭县方向急进;已进至榆林的整三十六师也南下镇川堡,企图夹击西北野战军主力于米脂、葭县之间。根据中央军委"集中八个旅打钟松于归德、镇川线以东以北山地是好机会"的指示,彭德怀决定抓住战机,歼灭较为孤立突出的整三十六师,粉碎敌

---

① 军事科学院编:《毛泽东军事年谱》,第593页,广西人民出版社1994年版。

人夹击的企图，并扭转当时的被动局面。8月19日，当整三十六师主力进至沙家店地区时，即被包围。20日拂晓西北野战军发起攻击，战至黄昏，全歼该师师部及其第一六五、第一二三旅。打死打伤其2 000余人，俘少将旅长刘子奇以下4 017人，共歼其6 000多人；缴获山炮7门，迫击炮55门，重机枪30挺，轻机枪168挺，其他枪2 093支。西北野战军伤1 435人，亡379人，失踪25人，共1 839人。沙家店一战，基本上扭转了西北战局的形势，粉碎了国民党军对陕北的重点进攻。

8月22日，陈谢大军南渡黄河，出击豫西，直逼潼关，威胁西安。胡宗南被迫急令其主力于8月27日开始沿咸榆公路南撤。西北野战军展开追击，9月14日至16日，在岔口、关庄又歼其3 300多人，俘700余人。自身伤1 261人，亡242人。

由于胡宗南军主力自绥德南撤延安，延安以东、以北的绥德、子长、清涧、延川、延长等城，只有整七十六师第二十四旅及第一六五师残部等不足2个旅的兵力担任防守；黄龙山区东起黄河、西至洛川、同官（铜川）之间广大地区仅有6个团的兵力分散驻守。彭德怀遂采取内、外线配合作战方针，以第一、第三纵队和教导旅新四旅在延长、延川、清涧地区歼敌。9月下旬至10月21日，第二、第四纵队发起黄龙战役，先后攻克白水、石堡（黄龙）、韩城、宜川等城镇，歼敌整九十师一部，俘宜川守军中将指挥官许用修，少将县长徐沛，共歼敌4 000余人，缴获野炮6门，其他炮32门，轻重机枪110余挺，步枪1 500多支及大批军用物资。

10月1日，第一、第三纵队及教导旅新四旅发起延长、延川、清涧战役，至4日，攻克延长、延川，全歼守敌。6日至11日晨，攻克清涧，全歼守敌8 082人，其中俘整七十六师中将师长廖昂以下6 622人，缴获山炮4门，迫击炮50门，轻重机枪241挺，各种枪2 281支。野战军伤1 646人，亡253人，失踪16人。①

---

① 各次战役伤亡人数及缴获，据西北野战军司令部编《逐次战斗战绩及我军伤亡统计表》，转引自军事科学院军事历史研究部《中国人民解放军全国解放战争史》第三卷，第154、160、163、166、169页，军事科学出版社1996年版。

(二) 华东野战军的胶东保卫战

国民党为了尽快解决山东问题,以便转兵他用,制定了进攻胶东的"九月攻势"计划。以整八、整九、整二十五、整四十五、整五十四、整六十四师等部共6个整编师20个旅,并配属重炮第十三团、工兵第二、整十五团、装甲炮营、宪兵第十七团及4个保安总队,组成第一兵团(胶东兵团),由陆军副总司令范汉杰兼兵团司令官,采取"锥形突进,分段攻击;并在海空军密切支援下,求匪主力于胶东半岛尖端,予以歼灭"①的方针,力争一个月内结束胶东战事。

胶东解放区是华东人民解放军的主要后方基地。这时,东线兵团司令员许世友率第九、第十三纵队在掖县(莱州市)、平度、招远之间,政委谭震林率第二、第七纵队及第一纵队独立师、第四纵队第十师在胶济路南的诸城地区休整。8月29日,中央军委指示华东野战军:

> 胶东有九纵、十三纵及广大地方部队,可以逐步形成有力的内线作战兵团,直接保卫胶东,可以采取于运动中半歼灭半击溃之作战方针(即对敌一个或两个旅,以歼灭其一部、击溃一部为目标而部署战役作战,注意多打小胜仗)。震林在诸城应完全遵照饶黎指示休整待机,在胶东外线直接配合内线,目前不要南下临沂或陇海。作战时应注意打小规模歼灭战,每次以歼敌一团一旅为目标,不打无把握之仗。②

依照军委指示,许世友在胶东地区组织运动防御,消耗、杀伤敌人,力求歼其一部;谭震林在诸城作战,威胁进攻胶东之敌

---

① 《勘乱简史》,第115页,转引自军事科学院军事历史研究部《中国人民解放军全国解放战争史》第三卷,第177页,军事科学出版社1996年版。
② 《毛泽东军事文集》第四卷,第218页,军事科学出版社、中央文献出版社1993年版。

的侧背。在给敌以一定损耗并使其疲惫时,第九、第十三纵队转至外线与第二、第七纵队会合,调动敌人回援,寻机歼灭运动之敌。

9月1日,国民党军范汉杰兵团由胶济路东段向北进攻,第十三纵队及地方部队沿途阻击,节节抵抗。至18日,国民党军先后占领了平度、掖县和胶东解放区中心城市莱阳及招远以南之夏甸、道头地区。第九纵队于18日夜,击歼进占道头的整八师第一六六旅第四九八团大半和第四九六团一个营后,南下转至敌后。国民党军以一部兵力进行堵击,主力继续前进,于30日进占烟台。第九纵队与第二、第七纵队会合于高密以西地区后,为调敌回援,以减轻敌人对解放军后方地区的破坏,10月2日至10日,乘敌分兵冒进的有利时机,发起胶河战役,在胶河以西饮马、山阳庄地区歼敌整四十五、整六十四师1.2万人,其中俘8000人,调动了敌整八、整五十四师由蓬莱、牟平回援,达到了预期的目的。国民党军在占领胶东解放区15座城镇,特别是占领烟台等沿海港口后,蒋介石认为胶东作战已经结束,准备将整九师及整二十五师转用于中原战场,其余部队于11月初改为守势,分别防守各城市。

中央军委指示东线兵团要尽可能拖住敌人。许世友和谭震林决定实施"一打二追"的方针,令第二纵队围攻高密,令第七、第九纵队沿胶济路以北跟踪追击向胶县撤退的整九师。11月27日,第二纵队攻克高密城,全歼整六十四师一个团和保安队等共2300多人;第七、第九纵队于22日收复胶县。

至11月底,东线兵团共歼敌1万余人,迟滞了整九、整二十五师的他调时间,东线兵团自身也伤亡5000多人。

这时,国民党军范汉杰兵团除尚保有龙口、蓬莱、福山、烟台、威海卫等沿海一线狭长地带外,在胶东腹地,仅占有莱阳一城,由整五十四师第三十六旅第一○六团、第一○八团一个营及炮兵两个连约4000人,地方部队5000人防守。

12月4日至26日,解放军东线兵团进行了莱阳战役。范汉杰以整五十四、整六十四、整八师等八个旅由青岛等地来援。9

日,东线兵团全歼莱阳外围据点,13日攻克莱阳城,守敌9 000多人全部被歼。解放军第七、第十三纵队也伤亡7 000余人。12日和26日,东线兵团先后在水沟头地区击退来援的敌军,并歼其7 000余人。莱阳战役共歼敌1.7万余人,其中俘7 000多人。

持续四个月的胶东保卫战,人民解放军共歼敌6.3万人,彻底打破了国民党军对山东的重点进攻,根本改变了山东战场的形势,有力地配合了外线兵团的作战。

在苏中、苏北地区坚持斗争的华东野战军第十一、第十二纵队,为牵制敌人,配合主力作战,于1947年8月至12月间,先后进行了盐城、李堡等战役,共歼敌第四十二集团军一部等共2.4万人,收复了苏北广大地区,改善了局面。

二　晋察冀野战军与晋冀鲁豫野战军的反攻作战

(一) 清风店战役

1947年9月中旬,因东北民主联军发动秋季攻势,国民党军统帅部先后调第九十二军第二十一师、第十三军第五十四师、第九十四军第四十三师出关增援。华北国民党军机动兵力更为不足,遂集中主力加强铁路沿线的防守。晋察冀野战军决心乘国民党军在华北取守势的时机,再度发动保北战役,围攻徐水,以吸引国民党军出援,在运动中歼灭来援之敌。10月11日,徐水战斗开始,至14日,徐水外围据点全部肃清。这时,国民党保定绥署急调第九十四军的第五师、独九十五旅、第十六军的第九十四、第一〇九师及战车第三团,分别由涿县、霸县向固城、容城推进,来解徐水之围。晋察冀野战军以一部兵力继续围攻徐水,一部兵力钳制容城之敌第十六军,主力集中求歼由固城南援的第五师等部。激战至17日,双方在徐水、固城、容城之间形成胶着对峙局面。

15日，石家庄敌第三军军长罗历戎遵照保定绥署主任孙连仲的命令，以第三十二师留守石家庄，自率军部、第七师和第十六军第二十二师第六十六团，携四天粮秣，于下午1时出发，准备经保定北援，夹击晋察冀野战军于徐水地区。野战军领导杨得志、杨成武、耿飚等全面分析上述情况后，认为第三军主力孤军远程北上，处于运动状态，有利于将其歼灭。17日当机立断，改变原来计划，决心以主力隐蔽南移，求歼第三军于保定以南的清风店地区。随即部署：以第二纵队司令员陈正湘、政委李志民统一指挥该纵队第五旅、第三纵队（缺第九旅）、独立第七旅伪装主力继续围攻徐水和抗击北面援军；以冀中军区独八旅及民兵尾随第三军之后，钳制与迟滞其前进，并阻止其后撤，为主力歼敌争取时间。杨得志等率第四纵队、第二纵队第四、第六旅及第三纵队第九旅共六个旅的兵力，于18日秘密星夜兼程南下，以一昼夜100余公里的速度于19日晨赶至方顺桥、阳城镇附近地区隐蔽待机。

19日午后，敌第三军主力进至清风店地区。当晚，晋察冀野战军主力完成了对该部的包围。20日拂晓发起攻击，激战至21日晚，将其压缩于西南合村。21日战斗期间，国民党军出动飞机十余架次，在解放军阵地上空低飞盘旋扫射轰炸，被解放军用轻重机枪击落一架、击伤一架，飞机不敢用低飞，投给第三军的弹药也大部分落在解放军阵地内。22日拂晓，野战军发起总攻，至11时将其全歼。与此同时，陈正湘指挥的部队在保北地区坚决阻击了南援之敌第九十四、第六十六军各部的多次进攻，保证了清风店战役的顺利进行。

此役，俘军长罗历戎以下11 098人，打死打伤6 155人，共计17 253人，缴获各种炮72门，轻重机枪489挺，各种枪4 512支。野战军伤亡9 192人。这次战役是晋察冀野战军转入反攻后取得的第一次重大胜利，对扭转华北战局起了关键性作用，并为尔后夺取石家庄创造了有利的条件。中央军委称赞是"创晋察冀歼灭战新记录。"

（二）石家庄战役

国民党军第三军主力被歼之后，石家庄守军更加孤立。石家庄是平汉、正太、石德三条铁路的联结点，是华北国民党军的交通枢纽和战略要点之一。该城构筑有三道防御阵地，市郊各村庄和市内重要街巷路口，都筑有钢筋水泥工事，共有大小碉堡6000多个。各阵地间均有交通壕和坑道连接，环市修有25公里的铁路，有铁甲车昼夜巡逻。守军为第三军的第三十二师和河北保安第五、第九、第十团以及19个县的保警队。为加强守备力量，国民党军11月初又将新二军暂三十二师的第六团（由保定绥署独立团刚改编而成）和一个炮兵排及7.8吨弹药由保定空运至石家庄。石家庄国民党军总兵力约2.4万人，由第三十二师师长刘英统一指挥。但由于第三军主力被歼，军心动摇。

此前的10月22日，聂荣臻等晋察冀军区领导就向中央军委提出"乘胜夺取石门（即石家庄）"的建议，中央工委朱德、刘少奇和中央军委毛泽东都同意聂的意见，批准进行石家庄战役。25日朱德至河北安国县晋察冀野战军司令部，召开旅以上干部军事会议，进行了战前动员和攻坚准备。会议确定"以阵地战的进攻战术为主要方法"，采取稳打稳进的方针，以坑道作业接近碉堡，用炸药爆破，辅以炮击，各个摧毁工事，继之以步兵突击，夺取各道阵地。战役部署是：第三、第四纵队担任主攻，分别由西南和东北向石家庄攻击，冀中、冀晋军区部队各组成一个集团，担任助攻，分别由东南和西北进攻石家庄；第二纵队与独七旅及第三、第九军分区部队在定县地区构筑防御阵地，阻击可能自保定来援之敌。同时将清风店俘虏的大批军官经教育后释放回石家庄，以进一步动摇守敌的军心。

11月6日拂晓，解放军对石家庄发起进攻，当日攻占外围大部分据点。7日占领机场，断绝了守军的空援，并攻占了云盘山制高点。8日16时，各攻城部队在炮火掩护、支援下，以连续爆破和连续突击，迅速突破第一道阵地外市沟。9日晨，攻占了第一、第二道阵地之间的西兵营、范谈村、中庄等大部分据点，并继续突破敌第二道阵地。10日16时,开始向第三道阵地内市沟攻击,战斗至12日11时,攻占敌核心阵地大石桥地区,战役胜利结束。

此役俘敌师长刘英以下21 132人,打死打伤3 156人,总计歼敌24 288人;缴获各种火炮133门,轻重机枪745挺,各种枪13 122支,及大量炸药、物资。晋察冀野战军和军区部队伤5 090人,亡988人,失踪69人,共计6 147人。从此,晋察冀和晋冀鲁豫两解放区完全连成一片。这是人民解放军进行战略反攻以来攻克的第一个较大城市。朱德嘉勉说:"仅经一周作战,解放石门,歼灭守敌,这是很大的胜利,也是夺取大城市之创例。"①

(三) 运城战役

在晋冀鲁豫战场上,刘邓、陈谢两军转入外线作战后,国民党军主力也随之转用于中原地区。晋南地区仅剩胡宗南之整三十师主力及地方团队防守临汾、运城等几座孤城;晋中、晋北仅有阎锡山部据守太原及同蒲路灵石至忻县段;豫北地区仅有整四十师主力及保安团据守新乡、安阳、焦作等几个孤点。晋冀鲁豫军区留在这一地区的部队,除野战军第八纵队外,还有太岳、太行、冀南各军区的部队坚持内线作战任务。

为了策应陈谢大军在豫西的作战,巩固晋南解放区,中央军委于1947年9月8日令第八纵队"歼击运城出扰之敌"。第八纵队司令员兼政委王新亭指挥该纵队两个旅和太岳军区部队,于10月7日开始围攻运城。苦战37天,歼灭守敌2 000多人,攻占了外围一些据点和飞机场,部队推进至距城墙仅百米左右。这时胡宗南部整三十六师师长钟松率四个旅来援,已占平陆。王新亭依军委及军区的指示,留五个团监视运城,率主力与在曲沃地区休整的西北野战军第二纵队,在杜村、七里坡地区阻击敌援军,激战数日,歼敌3 700余人,将其逐回黄河以西。第二、第

---

① 《朱德选集》,第212页,人民出版社1983年版。

八纵队和独三旅亦伤亡3 000余人，无力再攻运城，转入休整、补充。

经短时间的休整后，12月3日，解放军决定再打运城。这时运城守军为国民党军整三十六师第一二三旅第三六九团、整十七师第四十八旅第二五〇团、整九十师第一八二团（缺一个营），炮兵第十一团第二连，汽车第六团以及保安五团和16个县的保警队共约6 000余人，由第三六九团团长覃春芳统一指挥。在运城东北仅十多公里的安邑，有保安十一团防守。两地国民党军队共约1万人。根据敌情，前线指挥部司令员王新亭、政委王震决定，集中主力由第二纵队两个旅和第八纵队两个旅及两个团，分别从西、北两面实施主要突击，以两个团担任城东北角及东南角钳制任务。另以第二纵队独六旅配合附近五县游击队围攻安邑县城。12月16日，完成了对两城之包围。17日开始攻击，至23日完全扫清了外围各据点。27日发动总攻，第八纵队第二十三旅以爆破炸开老北门后突入城中进行巷战；第二纵队第二十四旅亦由西门突入。守军防御系统崩溃，部队陷入混乱。28日凌晨，国民党军约4 000多人突围，被歼于城外。至7时，运城守敌全部被歼。安邑守敌弃城逃跑，亦被追歼大部。

这次战役，俘敌10 463人，打死打伤2 692人，缴获各种火炮和掷弹筒94门，轻重机枪887挺，各种枪3 106支，汽车108部，电台47部，以及大批弹药、物资。攻城解放军伤亡6 803人。至此，晋南广大地区除临汾孤城外，全获解放。

三　东北民主联军发起秋季攻势

东北战场的国民党军在连遭东北民主联军的打击后，已经丧失了战略主动权，而且官兵厌战，士气低落。1947年5月30日，美国驻沈阳总领事向美国国务院报告说："过去两月，政府军的士气已加速衰颓"；"有充分的证据证明，冷淡、怨愤和失败主义情绪正在国军士兵中迅速扩展，造成投降与逃亡现象"；"意味着国军士气已经低落到这样的地步，即无论何时共军欲攻取满洲,整个满洲可能突然的溃败,任由共军占取"。① 蒋介石将东北失利的责任归咎于东北行辕主任熊式辉和东北保安司令长官杜聿明工作不力。

1947年8月,蒋介石将东北保安司令部并入东北行辕,以参谋总长陈诚接替熊式辉兼任行辕主任。陈至东北后,撤销原东北五个绥靖区,重新划分为沈阳、长春、松北三个绥靖公署,将新一、新六军,第十三、第五十二、第五十三、第六十、第七十一、第九十三、第九十四军和青年军第二○七师,编成第一、第六、第八、第九等4个兵团。同时,将游杂部队补充正规军,以原13个保安区为基础,编成11个暂编师和8个步兵支队、6个骑兵支队。总计共9个军、38个师、3个旅和8个步兵支队、6个骑兵支队(相当旅),约50万人。陈诚采取"依托重点,向外扩张"的方针,将主力部队部署于长春、沈阳、锦州之线,以军为单位进行重点守备,而在沈阳地区集结一定数量的机动部队,作为战略预备队。

东北民主联军在夏季攻势结束后,将主力集结在吉沈路与中长路两侧休整,增编了第七、第八、第九、第十纵队。至1947年9月,民主联军共有9个纵队、39个师、4个炮兵团,连同地方武装,总兵力达51.8万人。为了执行中共中央《解放战争第二年的战略方针》所规定的任务,配合外线作战,发展夏季攻势的战果,林彪等民主联军的领导决定发起秋季攻势作战。作战方针是:"先在南线开始攻击,以达歼灭兵力薄弱地区之敌,并迫使北线敌主力向南分散,以达成我北线部队进击敌人有利机会。"② 具体步骤为:首先以4个纵队分别向北宁路锦榆段及新民、阜新、义县、鞍山等地进击,调动中长路北段之敌南下;尔后以主力在长春、沈阳间展开攻击,相机夺取城市,彻底破坏铁路并诱吉林之敌南出,求得在运动中大量歼敌;待辽河结冰后,主力再转至北宁路锦沈段及中长路沈营段作战。

---

① 《中美关系资料汇编》第一辑,第357页,世界知识出版社1957年版。
② 林彪、罗荣桓关于秋季攻势之方针部署致各部并报中共中央电,转引自《中国人民解放军第四野战军战史》,第210页,解放军出版社1998年版。

9月6日,国民党第五十、第二十二师(各缺1个团)由绥中、锦西向建昌方向推进。9月14日、17日,先后在梨树沟、杨家杖子被民主联军第八纵队歼灭大部。19日,由锦州进援的敌第四十九军第一〇五、第七十九师(各缺1个团)1.1万人,又被第八、第九纵队包围于杨家杖子地区,23日亦被全歼。此后,第八、第九纵队即于9月28日至30日,对北宁路锦榆段展开大规模的破击战,攻克据点十几个,切断了敌军与关内的陆上联系。北宁路沿线告急,迫使敌将新六军2个师,由铁岭等地调往锦州、兴城一线护路。民主联军总部遂乘沈阳、四平间守备兵力薄弱之机,于9月30日至10月2日,以主力第一、第二、第三、第四、第六、第七、第十等7个纵队,向中长路长春以南两侧地区轻装奔袭,同时包围分散孤立之敌,歼敌第一一六、第一三〇师各一部,并收复了西丰、公主岭、梨树及八面城等地,摧毁了国民党军中长路两侧的防御体系。为加强四平地区的防务,长春敌新一军主力急忙南援,新六军主力也由锦州回援铁岭。鉴于敌军主力又趋集中,民主联军当即转入破击战,以三天时间将敌抢修三个月、即将通车的中长路沈长段破坏,粉碎了国民党军维护中长路的计划。

蒋介石于10月8日飞抵沈阳,亲自部署,并从华北抽调第二十一、第四十三、第十、第十一、第五十四师支援东北。10月中旬,支援部队陆续到达兴城、锦州地区,并准备继续向沈阳前进。林彪等依照中央军委有关组成几个兵团"同时在几个区域机动作战"的指示,作出部署:第六、第十纵队在长春、吉林间寻歼分散孤立之敌,并佯攻吉林,吸引敌军增援;第一、第二纵队位于四平以北,准备击歼可能由四平北援之敌新一军;第三、第四纵队活动于开原、铁岭间,钳制新六军等部;第七、第八、第九纵队在辽西展开攻势,钳制北宁路之敌。10月中旬,各部队开始行动:第六、第十纵队先后攻占桦皮厂、九站、乌拉街、九台和农安、德惠等地,歼敌2个多团,孤立了长春,包围了吉林。沈阳、四平敌军立即增援。11月2日,新一军暂五十六师进至陶家屯时,被歼灭1个团,其余进至长春。第七纵队在辽西地区先后袭占新立屯、黑山、阜新,歼敌暂五十七师大部及暂五十一师一个团。第八、第九纵队破击了北宁路,控制锦榆间铁路50多公里,并一度袭占锦州机场。向沈阳前进的敌华北援军第九十二军指挥的第二十一、第四十三师,因侧翼及后方受威胁,转向新立屯、阜新驰援。为引敌继续向西,民主联军以第九纵队一部攻朝阳、北粟,第八、第九纵队主力等部8个师将西进之敌2个师包围于义县以西。至11月2日,该敌向义县突围,大部被歼于突围途中,义县亦被解放。由于国民党军均已退至吉林、长春、四平、沈阳、锦州等城市,民主联军尚无大规模攻击坚城的经验,同时部队也需休整补充,遂于11月5日结束秋季攻势。

这次战役,历时50天,歼灭国民党正规军3个师部、2个师、9个团4.7万人,非正规军1个师部、2个师、10个团、3个营2.2万多人,共约6.9万多人;缴获各种火炮1051门,各种枪77529支(挺),汽车311辆,战马4718匹,装甲车、坦克各2辆,击毁飞机2架;收复城市15座,扩大解放区3.84万余平方公里,切断了长春至四平的交通线,彻底粉碎了陈诚的机动防御计划,使东北的国民党军更陷于被动。

第四节　开展新式整军运动

为了适应新的形势发展,针对部队现实情况,中共中央要求各战区部队利用作战间隙,开展以诉苦和三查为主要内容的新式整军运动。这是一个继承发扬《古田会议决议》和延安整风运动精神,加强思想政治工作以提高部队素质和战斗力的运动。

1947年7月至9月,人民解放军由战略防御转入战略进攻,革命战争发展到即将解放全中国的阶段,与此同时,中共中央决定实行耕者有其田的土地政策,正式公布了《中国土地法大纲》。按照中共中央的部署,人民解放军在外线、内线发动强大的攻势,而解放区人民则掀起声势浩大的土地改革运动。解放战争和土地革命的客观形势,对人民解放军提出了更高的要求。

但是,在人民解放军里,却存在着一些与革命形势不相适应,并严重影响着军队自身发展提高的不良倾向。随着战争的不断胜利,解放军数量上发展得很快,大批新人加入部队,经过长期战争考验和锻炼的老指战员减少了,部队成分发生了很大的变化。仅以"解放战士"为例,大多数连队补充的俘虏兵达一半左右,有的甚至达到百分之七八十。更由于战斗频繁,部队政治教育的时间较少,各种错误的思想作风滋生较快。有的干部思想跟不上形势,对战争的长期性、残酷性认识不足,厌倦战争生活,不愿到前线作战,特别不愿到国民党统治区作战;不少人对土地改革的伟大意义缺乏深刻的认识,对土改在立场上发生动摇,个别人甚至袒护地主家庭,赵寄舟事件①就是一个突出的例子。也有一部分人,因胜利而滋长了骄傲情绪和官僚主义,不尊重地方政府,破坏群众纪律,执行命令不坚决,假借没收官僚资本的名义,没收那些不应没收的地主、富农的工厂、商店等。在官兵关系、军民关系上,有的干部存在着军阀主义倾向,领导方式简单粗暴,打骂、体罚士兵的现象时有发生。有的追求享受,争功诿过,甚至贪污腐化等等。总之,当时部队中存在着组织、思想、作风上一系列的问题,影响着战争和土改任务的胜利完成。邓小平在谈到为什么要整风时曾指出:

> 这次整风之所以必要,是因为战争非常艰苦,又处在接近胜利的关头,正需要我们更加密切地联系群众以争取胜利,而党内存在着成分不纯、作风不纯的现象,一部分同志有消极失望的情绪和严重脱离群众的现象,这些现象必须加以克服,才能前进。②

---

① 赵寄舟当时是华东军区渤海军区第三军分区司令员。1947年7月5日,他私自带骑兵11人,至胶东军区西海分区报庄子区沈家营村,为其姐夫、妹夫撑腰,指使部属枪杀村党支部书记,捆打群众11人,破坏土改。后被军区严惩,被害群众得以抚恤。
② 《邓小平文选》第一卷,第151—152页,人民出版社1993年版。

人民解放军的新式整军运动，首先是从土地改革教育和诉苦运动开始的。当轰轰烈烈的土地改革运动在农村普遍深入展开时，农村的尖锐斗争必然反映到军队中来。毛泽东就曾指出："战争和土改是在新民主主义的历史时期内考验全中国一切人们一切党派的两个'关'。"①不提高全体指战员的认识，不纠正错误倾向，人民解放军的许多官兵就难以渡过土改这个关。中国革命战争，实质上就是中国共产党领导农民为解决土地问题而进行的战争。解放战争的基本任务就是推翻封建主义，建立劳动人民当家做主的独立、民主、富强的新中国。不打倒封建主义，就不能推翻旧中国的统治。不进行土改，就不能打倒封建主义，就不能支持长期的战争，革命也难以成功。红军诞生以来，经常与几倍、几十倍的敌人作战，也打过不少败仗，长征到陕甘宁根据地时，从30万人减少到3万人，但没有被打垮，为什么呢？朱德在全国土地会议上的讲话回答了这个问题，他说："其中一个重要原因，就是我们一直坚持土地革命，我们帮助农民得到土地，或者实行减租减息，农民为了保卫自己的斗争果实，拥护和支持我们。"②

为了提高指战员对土地改革的认识，端正对土地改革的态度，各野战军和各军区，都进行了认真、细致的教育，要求指战员不仅在思想上，而且要在实际行动上坚决站在广大农民群众一边，积极支持农民的一切正当要求。农民积极支持军队，就增加了战胜国民党军的力量。为了加深指战员对土改的感性认识，各部队普遍在土改教育基础上，动员贫雇农出身的同志控诉旧社会给予的苦难，以发动群众，提高大家的阶级觉悟。通过诉苦，进行论苦追根，追究苦从何来，仇人是谁，从而使指战员认识上产生飞跃，由感性认识上升为理性认识，从经济认识上升为政治认识，由个人之苦上升为阶级之苦，把地主、恶霸的罪过归结为蒋介石反动统治的罪过。

---

① 《毛泽东选集》第五卷，第26页，人民出版社1977年版。
② 《朱德选集》，第204页，人民出版社1983年版。

经过土改教育和诉苦，新式整军运动进入三查三整阶段，这是整军的关键阶段。三查，就是查阶级、查工作、查斗志。三整，就是整顿思想、整顿作风、整顿组织。查阶级，就是查清每个官兵的家庭出身与本人成分。查工作，就是根据单位和个人所承担的任务，检查战斗、生产、业务等执行的情况。查斗志，就是克服惧怕敌人、惧怕困难的悲观情绪，培养勇敢战斗、不怕牺牲、连续作战的战斗精神。

三查之后转入三整。整顿思想，就是肃清封建思想，克服雇佣思想，明确为土地而战，为解放全中国而战的思想。整顿作风，就是克服官僚主义、军阀主义、命令主义，提倡英勇顽强的战斗作风，深入实际联系群众的工作作风和艰苦朴素的生活作风。整顿组织，就是把那些混入军队中的阶级异己分子和无可救药的兵痞流氓坚决清除出去，整顿党支部，建立士兵委员会等。

在查整中，部队采取个人检查与群众揭发，普遍检查与重点批判相结合的方法。既查战士，也查干部，既查非党群众，又查共产党员，开展从下而上又从上而下的批评，并以士兵对干部、群众对党员的批评和干部、党员在群众中的自我批评为主。总的方针，仍然是"惩前毖后，治病救人"，以思想教育为主。

在三查三整的基础上，人民解放军广泛开展政治民主、经济民主、军事民主的三大民主运动。

政治民主，主要体现在发动群众评党员、评干部上。请非党指战员向党支部和党员提意见，推荐党员，审查党员转正，用民主方式推荐干部，建议撤销不称职干部等。通过这些活动，使官兵明确只有职务和分工的不同，没有人格高低和贵贱之分，无论官兵都是军队的主人，做到官兵相互尊重。

经济民主，是在传统的基础上，进一步健全连队的经济制度。各连队都建立由士兵选出的经济委员会，每排一名经济委员，每班一名经济代表，协助连队领导管理伙食，并监督经济开支，定期公布账目，以提高经济的透明度。这样不仅改善了连队生活，消除了干部贪污浪费、侵占士兵利益的行为，更重要的是密切了官兵关系，加强了部队的团结。

军事民主,主要是继承并发扬老传统,在练兵中实行"官兵互教";在作战时发动群众讨论如何打胜仗,如何完成任务;在战后由士兵群众评战术、评指挥、评技术、评纪律、评作风和总结战斗经验等。对于军事民主,有些指挥员存在疑虑,认为军队实行政治、经济民主是可以的,但军事不能民主,只能高度集权,战役战斗计划绝不能允许大家讨论,或者认为能力强的指挥员,根本不需要军事民主等。毛泽东引证西北野战军蟠龙战役、晋察冀野战军石家庄战役,由于开展军事民主,收到极大效果的战例,指出开展军事民主"只有好处,毫无害处"①。当然,这是指在时间、环境等条件许可的情况下,并在一定范围内实行作战前的讨论,并非任何一次战役、战斗前都要进行大范围的研讨。人民解放军内部实行民主,这是世界军队建设史上的一个创举,是中国共产党的群众路线在军队中的具体运用,也是中国共产党以人为本的传统思想在军队中的反映。

新式整军运动,是人民解放军历史上第一次有秩序、有领导,由全体官兵参加的大规模的民主运动。它使全军的面貌焕然一新,加强了部队的团结,提高了部队的素质,纪律整顿了,民主发扬了。毛泽东说:"这样就使部队万众一心,大家想办法,大家出力量,不怕牺牲,克服物质条件的困难,群威群胆,英勇杀敌。这样的军队,将是无敌于天下的。"②

第五节 战略进攻继续发展

一 1948年初的战争形势

人民解放军转入战略进攻后,经过半年的内、外线配合作战,到1947年底,战争已基本上主要在国民党统治区进行。国民党军

---

① 《毛泽东选集》第四卷,第1275页,人民出版社1991年版。
② 《毛泽东选集》第四卷,第1294页,人民出版社1991年版。

因统治地区缩小,兵源物资补充日渐困难,更由于有生力量的不断被歼,所以在整个战场上,只有在大别山区和淮河以北两地区尚有相当的机动兵团,可以举行战役性的进攻,其他战场,基本上处于守势。因此,从1948年春起,国民党军采取了分区防御的方针。

国民党国防部第三厅处长曹运湘向陆军总司令徐州司令部参谋长报告蒋介石的战略方针说:"主席今后将取战略守势,战术攻势,待第二线兵团训练完成再全面进攻。"①为此,国民党军加强了南线20个绥靖区的建设,每个绥靖区辖3至5个旅的兵力,主要防守战略要点和交通线,而撤退一些孤立城镇的部队。蒋介石在对"国民大会"的施政报告中就讲:

> 今后为使剿匪军事早日胜利,当着重消灭共匪兵力,因此,对于不必要的地点,在不妨碍国军进展的情形之下,将自动予以放弃,俾能集中兵力机动使用,随时以二、三倍优势的力量,主动出击。

> 我可以负责告诉大家,在最近六个月以内,国军有绝对把握消灭黄河以南匪军所有兵力,决不让他有整个师或整个旅的存在。②

在北线,东北国民党军主要兵力集中部署于沈阳外围和北宁路沈锦段及其西侧地区,以维护辽西走廊及沈阳安全。华北国民党军将所辖主力区分为津浦兵团、平汉兵团和平绥兵团,集中主要兵力维护各战略要点,确保平津保三角地带。太原国民党军则集中防守晋中。蒋介石等称这种分区防御方针为"总体战"的新战略,企图依此达到其"坚守东北,力争华北,追剿中原,经营华南"的战略目的。

---

① 《郭汝瑰日记》1948年2月13日,南京军区摘抄打印本。
② 蒋介石:《对国民大会施政报告》(1948年4月9日),载秦孝仪主编《先总统蒋公思想言论总集》第二十二卷,第444页,台湾中国国民党中央委员会党史委员会1984年印。

1948年春，人民解放军野战部队已发展到50个纵队、156个旅，计132万人。加上地方部队及后方机关，全军总兵力已达249万人。根据国民党军分区防御战略和双方兵力对比，人民解放军在战略进攻已取得一定胜利的基础上，继续贯彻外线作战的方针，大量歼灭敌人。中央军委要求外线作战部队，集中优势兵力，争取在运动中歼灭敌人之外，在有把握的情况下，尽可能地夺取敌人具有中等设防城市的战略要点；内线作战部队，一般以拔取敌人据点为主，并力求寻机在运动中歼灭敌人。

与此同时，鉴于中原战场国民党军兵力仍占较大优势，尚有进行战役性进攻能力，为继续贯彻将战争引向国民党统治区域的方针，以巩固中原解放区，中央军委决定拟由粟裕率叶飞、陶勇、王必成三个纵队（第一、第四、第六纵队）渡江南进，执行宽大机动任务。经毛泽东与周恩来、任弼时、陈毅研究后，1月27日，毛泽东为军委起草电文并致电粟裕，提出了半个月、四个月后或至秋季渡江的三个方案，供其选择，并指出："你们渡江后，势将迫使敌人改变部署，可能吸引敌二十至三十个旅回防江南。"①

中共中央及中国人民解放军总部，1948年3月23日东渡黄河，于5月上旬到达河北平山县西柏坡。毛泽东、周恩来、任弼时与刘少奇、朱德等会合，中央工作委员会撤销。

为了更有利于战争向南发展，以及尽量节约以支援前线，5月9日，中央决定将晋冀鲁豫、晋察冀两解放区合并为华北解放区，成立华北局，刘少奇兼第一书记，薄一波、聂荣臻为第二、第三书记。成立华北军区，聂荣臻为司令员，薄一波为政委，徐向前、滕代远、萧克任第一、第二、第三副司令员，赵尔陆为参谋长，罗瑞卿为政治部主任。野战部队组成第一、第二兵团。同时，加强中原局的领导，以邓小平为第一书记，陈毅、邓子恢为第二、第三书记。中原军区下辖鄂豫、皖西、豫皖苏、豫西、桐柏、江汉、陕南7个军区。晋冀鲁豫野战军改称中原野战军，辖7个纵队及第三十八军，刘伯承为军区兼野战军司令员，陈毅、李先念为副

---

① 军事科学院编：《毛泽东军事年谱》，第629页，广西人民出版社1994年版。

司令员,邓小平为政委,邓子恢、张际春为副政委,李达为参谋长,张际春兼政治部主任。

二 中原解放军发动新攻势

国民党军统帅部为加强其中原的防御力量,1948年初,将中原战场重新划分为8个绥靖区,另以主力组成6个兵团①,分别隶属于陆总徐州司令部司令长官顾祝同、国防部九江指挥部主任白崇禧、武汉行辕主任程潜和西安绥署主任胡宗南,全部兵力为37个整编师,连同非正规军共86个旅66万多人。其作战指导是:保持津浦路,以平汉、陇海路作为分割中原解放军的"十字架"和伺机进攻的依托。重点仍在大别山区,防止解放军在大别山建立巩固根据地,以巩固长江防线,确保江南的安全。

这时国民党军已处于防御地位,但在中原战场上,兵力集中,仍占较大优势。人民解放军挺进中原的三路大军,虽已完成了战略展开,并基本上站稳了脚跟,但处境仍很困难。要改变这种形势,必须集中兵力打较大的歼灭战,大量歼灭国民党军的有生力量。大别山区不便于大兵团作战,也不能保证大兵团的供给。因此,1948年2月,中央军委决定刘邓野战军在淮河、沙河间休整;粟裕兵团(华东第一、第四、第六纵队)在黄河北濮阳地区休整,准备挺进江南;以陈唐兵团(陈士榘、唐亮,第三、第八、第十纵队)在淮河、汉水、陇海路和津浦路之间机动,准备打中等规模的歼灭战。

(一)洛阳战役

为了掩护中原野战军主力和粟裕兵团休整,并配合西北战场展开外线作战,中央军委决定直接指挥陈唐兵团和陈谢兵团

---

① 邱清泉兵团(整五军,辖整五、整七十师)、胡琏兵团(整十八军,辖整三、整十一师)、孙元良兵团(整四十七军,辖整四十、整四十七、整三十八师)、张轸兵团(辖整十、整二十、整五十八、整八十五师)、裴昌会兵团(辖整一、整三十、整六十五、整三十六师及青年军第二〇六师)、张淦兵团(辖整七、整四十八师)。

北上郑州、潼关间作战。1948年3月初,西北野战军于宜川大捷后,继续南下。潼关、洛阳的国民党军西援,郑州至潼关间只有国民党军青年军第二〇六师守备洛阳。中央军委同意陈士榘、唐亮指挥第三、第八纵队和陈谢兵团的第四、第九纵队以及太岳军区第五军分区部队,共28个团的兵力,发起洛阳战役。

3月5日,部队自襄城、禹城地区向洛阳开进,以陈唐兵团第三纵队及陈谢兵团第九纵队阻击可能由潼关来援之敌。9日晚,攻城部队以奔袭行动将洛阳包围。11日发起攻击,至14日攻克洛阳,全歼守敌。同日,国民党军胡琏兵团和孙元良兵团会合,并肩西援洛阳。陈士榘、唐亮鉴于两路援敌已靠拢并逼近洛阳,不易攻歼,遂于17日撤出洛阳。此役共歼青年军第二〇六师师部、2个旅、5个整团又4个营、4个炮兵连和孟津、偃师等保安团队共2万多人,缴获榴弹炮3门、野炮6门、战防炮10门、化学迫击炮3门以及大批枪支弹药。解放军伤亡6129人。

3月下旬,刘邓中原野战军以第一、第十一纵队向太康、柘城方向出动,牵制张轸兵团等部,第二、第三、第六、第十纵队,乘机袭取上蔡、汝南、驻马店、遂平、西平等城镇,并转入豫陕鄂地区。为掩护中原野战军的行动,陈唐兵团主力于4月上旬攻占许昌、新郑等地;陈谢兵团于4月5日再克洛阳及偃师、巩县、汜水等城镇,歼敌整四十七军4600余人,洛阳从此为解放军所控制。

(二)宛西战役

洛阳战役结束后,国民党军主力分别集中在郑州、漯河、南阳、信阳地区,一部"扫荡"桐柏、江汉军区,一部在鲁西南监视华东野战军粟裕兵团行动。中央军委为给计划中的粟裕兵团的渡江南下创造条件,指示中原野战军向豫西南、鄂西、豫西北及整个汉水流域行动,歼灭分散之敌,调动平汉路以东的敌人到平汉路以西,并应首先夺取宛(南阳)西之邓县、镇平、内乡、淅川各县,然后出汉水。依照军委指示,刘、邓指挥中原野战军以远程奔袭战术,一举攻占了邓县、镇平、内乡、淅川、西峡口等地,尽歼敌整九师1个团、5个保安团和13个保安团大部。尔后以一部兵力又攻克了光化、老河口,歼敌第一〇四、第一六三旅各一部;第九纵队击歼郑州出援之敌第一二七旅大部,收复了荥阳、密县。陈唐兵团于5月14日再次收复许昌,歼敌独二十一旅。宛西战役共歼敌2.1万多人,收复县城19座。

(三)宛东战役

宛西战役结束后,中央军委考虑粟裕的建议,认为集中主力在中原战场作战更为有利,因而同意粟裕、陈毅及刘伯承、邓小平的意见,决定粟裕兵团暂不向江南挺进,加入中原战场,以集中兵力粉碎国民党军的防御体系。为此,中央军委对中原战场各兵团的行动,作了统一的部署:令粟裕率华东野战军第一、第四、第六纵队及两广纵队、特种兵纵队,于5月下旬结束整训,南渡黄河,与第三、第八纵队及中原野战军第十一纵队会合,以寻机歼灭邱清泉兵团主力为中心任务;山东兵团于5月底发起津浦路中段战役;苏北兵团在陇海路新安镇至海州段发动攻势;中原野战军寻歼平汉路南段之敌,牵制位于临颍地区的胡琏兵团等部,配合华东野战军主力作战。

中原野战军为完成牵制胡琏兵团的任务,决定实施宛东战役,采取围城打援的战术。以第一、第三、第六纵队组成东集团,佯攻确山,吸引胡琏兵团南下增援,以达到牵制该敌之任务,而以第二、第四纵队及华东野战军第十纵队以及桐柏军区部队组成西集团,准备协同东集团合击歼灭由南阳东援之张轸兵团。

5月25日,东集团包围了确山。敌胡琏兵团南下增援,张轸亦率三个师东援。28日,西集团第四纵队将张轸兵团堵截于赊旗镇南,刘、邓即令东集团主力兼程西进,参加围歼;令陈唐兵团西返漯河以南,并指挥中原野战军第九纵队钳制胡琏兵团。张轸兵团被阻后,曾多次发动进攻,均被西集团击退,歼其1 000余人。31日,乘解放军东集团未到之前,张轸兵团突然向南阳退缩。西集团当即追击。6月3日在南阳以东马留营地区歼其后尾整五十八师师部及第一八三旅共6 000多人。与此同时,陈唐兵团及第九纵队将胡琏兵团阻击于漯河以南地区,杀伤其2 000

多人。宛东战役结束。

此后,陈唐兵团向通许、杞县方向前进,改归粟裕指挥。

(四)豫东战役

华东野战军第一、第四、第六纵队及两广、特种兵纵队经休整后,在中原野战军进行的宛东战役的掩护下,于1948年5月30日南渡黄河,前出至菏泽、巨野之线,与中原野战军第十一纵队会合,准备协同由豫东北上归还华东野战军建制的陈唐兵团,寻机歼灭位于鲁西南地区之国民党军邱清泉兵团主力。

国民党军发觉解放军渡河南下后,除令鲁西南守军刘汝明第四绥区收缩固守外,又令邱清泉兵团并指挥整七十五师(附新二十一旅)进行堵击,同时从平汉路南段及苏北抽调五个整编师的兵力向鲁西南急进,企图与解放军进行决战。由于国民党军兵力过于集中,不便分割歼灭,6月15日,当陈唐兵团进至通许、杞县地区时,华东野战军代司令员(陈毅去中原局与中原军区任第二书记及副司令员,但仍担任华东军政职务)粟裕与陈士榘、唐亮研究后,遂改变决心:陈唐兵团先就近攻取开封,以调动敌人西援,创造战机;华东野战军主力及中原野战军第九、第十一纵队担任阻击和牵制鲁西南及郑州之敌。中原野战军决定以第一、第三纵队并指挥华东野战军第十纵队在平汉路南段西平及其以东地区阻击胡琏兵团北援。

17日,陈唐兵团第三、第八纵队由东、西两面开始向开封进攻。守军为敌整六十六师师部率第十三旅及河南保安第一、第二旅3万余人。经激烈战斗,解放军先后由宋门、南门突入城内,展开巷战。至20日,占领城厢大部,残敌万余退守古龙亭、华北运动场核心阵地。当天整六十六师师长李仲辛还向南京国防部报告:"重武器无损失,官兵士气甚旺,可继续作战。"①21日,蒋介石飞抵郑州,一面组织多路增援,一面亲临开封上空督战。国民党空军出动各型飞机473架次,支援所谓开封保卫战。

---

① 《郭汝瑰日记》1948年6月20日,南京军区摘抄打印本。

21日下午,解放军攻城部队对核心阵地发起猛攻,至22日,解放开封。

此役,连同阻援在内,共歼灭国民党军4万人,打死李仲辛,俘虏参谋长游凌云。河南省省长刘茂恩化装潜逃。华东野战军伤亡1.16万人。开封之战,是解放军攻克的第一个国民党军防守的省会,使蒋介石在伪国大上吹嘘的"汴京绝可确保无虞"和"在最近六个月以内,国军有绝对把握消灭黄河以南匪军所有兵力"的呓语彻底破产。

华东野战军攻占开封后,引起国民党统治集团一片混乱。蒋介石严令邱清泉兵团及第四绥区刘汝明部加速向开封攻击前进;令新组成的区寿年兵团(辖整七十五、整七十二师和新二十一旅)在邱清泉兵团左翼,经睢县、杞县迂回开封,企图重占开封,并与解放军进行决战。华东野战军领导粟裕、陈士榘、唐亮、张震对当前形势进行分析后,决心放弃开封,以第三、第八纵队向通许转移,吸引邱清泉兵团南追,尔后集中主力围歼区寿年兵团于杞县以东、以南地区。战役部署是:以第一、第四、第六纵队及中野第十一纵队歼击区寿年兵团,以第三、第八、第十纵队阻援,割断邱、区两兵团的联系。中原野战军以第九纵队威胁邱兵团侧背,阻击郑州东援之敌;主力第一、第二、第三、第四纵队阻击由平汉路北援之胡琏、吴绍周兵团。

6月26日晨,华野第三、第八纵队撤出开封向通许方向转移,邱清泉兵团先头一个旅进入开封,主力尾追第三、第八纵队。但区寿年兵团进至睢县、杞县地区后即徘徊不前。此时邱、区兵团之间已出现了40公里的间隙,预定歼击区兵团的4个纵队即向区兵团发起攻击。29日晨,将其分割包围。战至7月2日,歼区兵团部及整七十五师,中将司令官区寿年和中将师长沈澄年被俘。其整七十二师被包围于铁佛寺地区。此时邱清泉兵团被阻于杞县附近,由汝南、驻马店北援之敌亦被阻于西平地区,由徐州来援的黄百韬兵团(辖整二十五师、第三快速纵队和交警第二总队)正进至睢县东北地区。粟裕等华东野战军领导决定主力东移,乘黄百韬兵团立足未稳之际,先歼灭该敌,再回歼敌整七十二师。4日,黄百韬兵团被围于帝邱店地区,但因其迅速收缩,不便分割,仅歼其一部。此时,敌各路援军逐渐接近。华东、中原野战军为保持主动权,于7月6日撤出战斗,结束豫东战役。

豫东战役是人民解放军与国民党军在中原战场进行的一次大规模会战。华东野战军共歼灭国民党军1个兵团部,2个整编师部,4个正规旅,18个正规团,2个保安旅,3个保安团,共计85 749人,其中俘56 789人。缴获山野炮77门,高射炮20门,其他火炮436门,轻重机枪2 363挺,各种枪27 781支,火箭筒36具,汽车262辆以及大批弹药物资。击毁飞机2架,坦克14辆。华东野战军伤亡33 272人,其中阵亡5 026人。担任阻援任务的中原野战军主力,共歼灭胡琏兵团和吴绍周兵团7 800多人。

(五)襄樊战役

在蒋介石抽调胡琏、吴绍周兵团北援豫东后,汉水流域中段的襄阳、樊城、谷城等地,仅有国民党第十五绥区3个旅和部分保安团共2万人防守,势孤力弱。中原野战军刘、邓等首长,决心以第六纵队和桐柏、陕南军区主力共14个团3万人,在江汉军区部队配合下发动襄樊战役,夺取襄阳、樊城。7月2日部队自新野冒雨出发,一昼夜急行军70多公里,于3日击歼老河口、谷城逃敌第一六三旅大部。6日从三面包围樊城,并攻占南漳县城。7日开始向襄阳外围据点进攻,10日攻占了城东城西的万山、铁帽山等据点。樊城之敌惧怕被歼,渡河撤至襄阳。15日夜,解放军对襄阳城发动总攻,16日攻克襄阳。此役,俘敌第十五绥靖区司令康泽,共歼敌2万多人,解放了老河口、谷城、南漳、宜城、襄阳、樊城等地。

从1948年2月至7月的半年中,中原野战军和华东野战军主力共歼灭国民党军正规军17万多人,地方团队10万人,攻克了许多中小城市,包括坚固设防的洛阳、开封、襄阳等重要城市,粉碎了国民党军的中原防御体系,进一步巩固了中原解放区。

三 西北解放军转入外线进攻

西北野战军经过九个月的艰苦作战,已经由原来的6个旅2.5万人发展为5个纵队7.5万人,收复了大部分失地。西北战场上的国民党军虽仍有44个整编旅31万人,但主要守备点线,已不能完全掌握主动权。1947年11月,国民党军又先后由陕西调3个整编师开赴豫西;在陕北,将其主力部署于延安以南之洛川、黄陵、宜君地区,以机动防御延安并阻止解放军南进。中央军委根据全国战局和西北战场形势的发展,指示西北野战军转入外线作战,配合陈谢兵团打击胡宗南集团,粉碎其机动防御部署,解放黄龙山区,并以此为依托,乘胜继续向南发展,威胁西安,策应中原作战。

(一)宜川战役

彭德怀等根据军委指示,确定了1948年春季作战方案:第一阶段夺取宜川、韩城、石堡、邰阳四城镇,调动咸(阳)延(安)公路、黄陵、洛川及其两侧地区之胡宗南集团一部主力来援而歼灭之。第二阶段乘胜扩大战果,解放洛河南岸、黄龙山麓各城镇,尔后收复延安,进而解放麟游山区。

1948年2月24日,西北野战军第三、第六纵队包围了宜川,第一、第四纵队进至瓦子街以北地区待机打援。26日,国民党军整二十九军军长刘戡率整二十七、整九十师共4个旅,由洛(川)宜(川)公路轻装驰援。27日进至瓦子街地区。彭德怀当即按预定方案调整部署,以第三、第六纵队各1个旅继续围攻宜川,集中9个旅的兵力,占领瓦子街至铁龙湾两侧高地,待敌深入而围歼之。29日,刘戡所部进至宜川西南10余公里之铁龙湾地区时,被西北野战军包围。战至3月1日下午,全部被歼。3日,西北野战军攻克宜川,歼守敌第二十四旅。宜川战役结束。

此役共歼灭胡宗南部1个整编军部、2个整编师部、5个整编旅共2.9万人，其中俘21 962人；刘戡自杀，整九十师师长严明被打死，第二十四旅旅长张汉初被俘。缴获迫击炮30门，六〇炮139门，轻重机枪1 172挺，各种枪8 383支。

(二) 西府、陇东战役

宜川战役后，西北野战军为扩大战果，乘胜于3月5日南下，发起黄龙山麓战役，连克黄陵、宜君并包围了洛川。洛川地险城坚，久攻不下。这时，敌援军裴昌会兵团滞留于郃阳、澄城及其以南地区，不敢北进。黄龙山区及陕北地区粮食困难，不宜久留，而敌西府（泾渭之间地区）、陇东兵力空虚。彭德怀等遂于4月6日改变夺取洛川的计划，以第三纵队附黄龙分区武装一部继续围攻洛川，主力四个纵队于17日开始向西府挺进，攻取胡宗南军的重要供应基地宝鸡，以调动敌人于运动中，寻机各个歼灭。

18日野战军分三路渡过泾河，至25日，攻占长武、灵台、麟游、扶风、眉县、岐山等地，并切断了西安至宝鸡的铁路交通。26日全歼宝鸡守敌整七十六师一个团2 000余人，师长徐保被炸伤后被俘，第二天因伤重而亡。西北野战军西进后，胡宗南急调裴昌会兵团于26日突破野战军第四纵队阻援的阵地，27日经岐山西进，直逼宝鸡，企图与25日突破野战军第六纵队教导旅阻援阵地、进至崔木镇的第八十二师一起，夹击西北野战军主力于宝鸡地区。彭德怀当机立断，于28日撤出宝鸡，向陇东转移。沿途击破裴昌会兵团及第八十二师的数次堵击，于5月12日转移至老解放区的马栏等地。西府、陇东战役结束。此役共歼敌2.19万人，其中俘9 945人。缴获各种火炮89门，轻重机枪350挺，各种枪2.3万支及大批弹药物资。

1948年2月至5月间，西北野战军共歼灭国民党军5.3万多人，严重削弱了胡宗南集团的力量，有力地配合了中原和华北

战场人民解放军的作战。

四 华东野战军内线兵团的攻势作战

1948年1月31日,中央军委决定华东野战军内线兵团的第二纵队南下,与第十一、第十二纵队会合组成苏北兵团(亦称"华东野战军第四兵团"),以韦国清任司令员,陈丕显任政委,担负华中战场作战任务;将许世友、谭震林所率第七、第九、第十三纵队改为山东兵团(亦称"华东野战军第二兵团"),并指挥渤海纵队、鲁中纵队等,担负山东战场的作战任务。这时,山东国民党军除原有的第二、第三绥靖区外,在临沂、兖州、青岛又增设了第九、第十、第十一绥靖区,并以部分保安部队扩编为整二、整三十二、整三十五师,以增强守备兵力。但在整五十四、整七十二、整七十五师先后调往东北、苏北和鲁西南战场后,山东战场国民党军仅有战斗力较弱的13个整编师共26个旅,以津浦路济南至徐州段为防守重点,胶济路西段的周村、张店、邹平、淄川等地,只有整三十二师及保安团分散守备。

(一)胶济路西段战役

1948年1、2月间,山东兵团进行了新式整军运动。2月下旬,许世友、谭震林等根据军委指示,决心发起胶济路西段战役,歼灭周村、张店、淄川、博山地区敌整三十二师等部,并相机寻歼援敌一部。3月1日,许世友以第十三纵队于莱阳地区继续休整并配合胶东部队监视、打击烟台、青岛可能出援之敌,率兵团主力由掖县向周村开进。渤海纵队、鲁中纵队及渤海军区的部队亦相继向邹平、淄川出击。

11日拂晓,山东兵团主力逼近张店,乘守敌放弃张店西逃之际,迅速将其歼灭。12日晨突入周村市内,激战18小时,歼灭整三十二师主力及其他部共1.5万人,并乘胜包围淄川。国民党陆军总部徐州司令部急调整七十五师由商丘车运济南,会同整七十三师东援。19日被阻于明水地区。21

日,山东兵团攻克淄川,歼守敌淄博警备旅等部近万人。敌援军撤回济南。

此役历时12天,共歼敌3.9万多人,其中俘32 540人,收复周村、张店、临淄等14座城,扩大解放区面积1.2万余平方公里,使渤海、鲁中两解放区连成一片,济南与潍县国民党军的陆上联系被完全切断,昌潍地区国民党军陷入被包围状态。

(二)胶济路中段战役

潍县位于胶济路中段,是连接胶东、渤海、鲁南的重要枢纽。守城国民党军为整四十五师(缺2个团)及4个保安总队、6个保安团、1个自卫总队以及周围各县的地主武装,共3.8万多人。该城工事坚固,易守难攻。1948年3月下旬,许世友等山东兵团领导,决定集中第九纵队、渤海纵队、鲁中纵队等部22个团的兵力和大小口径的火炮893门围攻潍县。兵团领导确定采取稳扎稳打的方针,首先分割潍县与昌乐外围据点的联系;扫除四关守敌,攻取敌守备重点西城(潍县被白浪河分为东西两城),然后依托西城攻取东城;以第七纵队及第十三纵队一部与渤海、胶东军区部队分别驻于益都和胶县地区,担任阻击济南、青岛援敌任务;以第十三纵队为预备队。

攻城部队于4月8日完成对外围敌人的分割和对潍县的包围。激战至18日,先后攻占外围据点50余处,肃清了四关的敌人。遂即停止攻城,转为敌前练兵,隐蔽地实施进迫作业等攻城直接准备工作。完成准备后,于23日夜突然猛攻西城,以猛烈的炮火结合坑道爆破,首先在北面打开缺口,突入城中。战至24日夜,全部占领西城。26日夜攻占东城,歼敌大部,突围残敌亦被城外部队截歼。战役结束。

此役共歼敌1个整编师的主力、2个保安旅及大批保安团队、地主武装共4.5万人。俘整九十六军军长兼整四十五师师长陈金城,争取潍县自卫总队和诸城自卫大队共1 600人起义,解放了广大产粮区和重要工矿区,使渤海、鲁中和胶东三解放区

连成一片。山东兵团伤亡7 980人。

（三）津浦路中段战役

由于中原、苏北和东北战场告急，蒋介石于1948年5月间又从山东战场将整七十五、整八十三师和第八师分别调援上述三个战场，只剩下8个整编师分别固守济南、青岛等大城市和津浦路徐（州）济（南）段，支撑山东局面。中央军委指示山东兵团出击津浦路中段，由北而南逐步歼灭泰安至临城各据点守敌，进迫徐州，打通与鲁西的联系，从战略上配合中原野战军的作战。许世友等遵照军委指示，决心以一部兵力配合地方武装监视济南、青岛等地国民党军，主力首先攻歼泰安及其南北各点之敌，开辟战场，切断济南和兖州的联系，尔后围攻兖州，吸引敌人北援，予以歼灭。

5月29日晚，战役发起。泰安守敌弃城北逃。山东兵团即向泰安南、北扩张战果，先后攻歼大汶口、曲阜、邹县等地，歼敌一部，于6月20日包围兖州。当时城中驻有第十绥靖区司令部及整十二师共12个团，附有火炮30门，凭借高大城墙和防御工事固守。战至25日，山东兵团扫清了外围，并攻占西关。国民党军整二十五师自苏北来援，28日其先头部队已进至滕县以北界河地区。山东兵团攻城部队立即撤围兖州，准备打援。但整二十五师又奉命车运商丘，改援豫东战场。7月1日，山东兵团再度包围兖州。12日黄昏发起总攻，主攻部队迅即突入城中。战至13日下午，全歼守敌2.7万余人，其中俘整七十二军军长兼整十二师师长霍守义以下2万人。绥靖区司令官李玉堂化装潜逃。

济南敌整八十四师、第二师由整九十六军军长吴化文率领，于7月1日南援，但惧被歼，行动迟缓。13日其先头部队渡过汶河进至太平镇时，山东兵团第九纵队冒雨出击。因敌得悉兖州失守，吴化文率部星夜北逃，第九纵队仅歼其后尾整八十四师一部1万多人。津浦路中段战役结束。

此役共歼敌6.3万人，收复和攻克泰安、曲阜、邹县、兖州、济宁等县城12座。山东兵团伤亡8 990人。

(四) 益林、盐南等战役

1948年3月16日,韦国清指挥苏北兵团发起益林战役。战至19日,歼灭益林守敌整五十一师第十三旅大部及援军整七十二师一个营。来援的整七十二、整四十四、整五十一师,闻益林失守,迅速西撤。随后,苏北兵团第十二纵队乘胜攻克响水口、陈家港等据点,第十一纵队攻克掘港等七个据点,各歼敌一部。此役共歼敌7 000多人,苏北兵团自身伤亡2 800余人。

4月初,国民党军10个整编师22个旅对苏中、淮南、淮北解放区实行全面进攻。苏北广大军民展开艰苦的反"清剿"斗争,共歼敌约5 000人。

5月初,国民党军又以整四、整二十五师组成南兵团,以整七十二、整八十三师组成北兵团,南、北对进,企图迫解放军在盐城、阜宁地区进行决战。韦国清等乘敌南、北兵团尚未靠拢时,于5月23日发起盐(城)南战役。经三日激战,歼敌南兵团3 000多人。因敌北兵团已占阜宁,为避免遭受南、北合击,苏北兵团于26日撤出战斗。

6月中旬,为策应豫东战役和津浦路中段战役,苏北兵团乘敌整二十五、整八十三、整七十二师西调中原之机,首先以第二纵队对陇海路东段阿湖、房山街、墩土等地之敌发起攻势,接着又集中第二、第十一、第十二纵队发起涟水战斗,共攻占城镇据点10余个,歼敌1万多人。

在此期间,苏北军区各级地方武装也广泛出击,整个苏北失地基本恢复。淮南、淮北地区亦大部重获解放。5月29日,淮南、淮北两军区奉命合并为江淮军区。

苏北战场经过四个月的战斗,共歼敌2.5万人,苏北兵团扩编了第三十三、第三十六旅,总兵力已发展为6.94万人。

五 晋察冀、晋冀鲁豫解放军的进攻作战

1947年12月,蒋介石撤销了保定、张垣两个绥靖公署,成立

华北剿匪总司令部,任命傅作义为总司令。傅任职后,一面大量扩编保安团队,用以代替正规军守备点线,一面将其嫡系部队第三十五军等七个师自张家口地区调到北平郊区和平津之间,连同原在平津地区的部队,组编为平汉、津浦、平绥三个机动兵团,采用"以主力对主力,以集中对集中"的方针,实行所谓"机动防御",以确保平津保三角地域的控制权。在记者招待会上,他宣称"要变被动为主动,反攻为守"。

晋察冀军区司令员兼政委聂荣臻为支援东北民主联军的冬季攻势,于12月27日发动平汉路北段破击战,同时令第三纵队进攻涞水以调动敌人分散兵力。敌第三十五军军长鲁英麟急率新三十二师和第一〇一师两个团乘汽车由保定增援涞水,在庄町、高洛地区被第二、第三纵队包围。经激战后,解放军歼灭新三十二师,重创第一〇一师,鲁英麟被迫自杀。此役给予傅作义以有力的一击。战斗结束后,野战军继续进行新式整军运动。

(一)察南、绥东战役

针对傅作义"以主力对主力,以集中对集中"的战法,1948年2月初,中央军委副主席朱德向晋察冀野战军发出关于新的作战方针的指示,要求他们按照中央军委的预定计划"向平绥、冀东方向行动,并学会大踏步进退进行大的战略机动的一套本领,以便在更大的战略范围内适当地调动国民党军队,力争在运动中歼灭敌人,并把它们各个孤立起来,打通华北解放军各部的战略联系"[①]。

聂荣臻根据军委的预定计划和指示,决心集中主力,避开敌之主力,向傅作义兵力薄弱的后方,发动察南、绥东战役。除以第七纵队位于保定地区机动迷惑敌人外,以第六纵队、北岳军区第一纵队组成左翼兵团,奔袭绥东的天镇、阳高,并破击该段铁

[①] 军事博物馆、中央文献研究室编:《朱德军事活动纪事》,第708页,解放军出版社1996年版。

路,歼灭沿线守敌;以第二、第三、第四纵队组成右翼兵团,出击察哈尔省南部,攻歼广灵、蔚县据点之敌,开辟新战场,调动北平敌军西援,求歼援军。

3月20日战役发起。至25日,左翼兵团攻占聚东堡、阳高、天镇等据点,右翼兵团攻占广灵、蔚县、阳原等城。傅作义被迫将已调至北平地区的暂三、暂四军,第三十五军主力及骑十一、骑十二旅、骑四师等,西返至张家口及其东、西地区。为了分散敌人,创造战机,野战军左翼兵团出绥远,破击丰镇、集宁段铁路,吸引了张家口地区敌军西援,右翼兵团主力在阳原、蔚县、吉家庄地区相机歼敌。至4月6日,左翼兵团先后攻占丰镇、天成、新堂、凉城、和林等地,歼敌补训四师大部,迫近归绥。傅作义急调其主力第三十五军及骑四师、骑五旅自张家口西援,进至卓资山、丰镇、集宁一线;暂四军主力进至天镇、西湾堡地区。当野战军右翼兵团北上,准备围歼暂四军时,暂四军弃城逃回柴沟堡,仅歼灭丰镇车站、谷后堡及怀安等地敌军一部。这时敌军全部返回集中于张家口、宣化地区,不易分割,战役结束。右翼兵团南撤广灵、蔚县休整,左翼兵团回师晋北。

此役共歼灭国民党军18 466人,缴获各种炮50门,轻重机枪336挺,各种枪6 712支。晋察冀野战军伤亡、失踪3 589人。这次战役,迫使傅作义抽调主力往返驰援,无法抽出兵力援助东北,且使傅作义的后方交通陷于瘫痪,其战略要点张家口、大同等更为孤立,处于不利态势。

(二)临汾战役

经过一年的作战,国民党军在晋南地区仅剩临汾一个孤立的据点。临汾西临汾河,城区地势高,城外地势低,守军依托高达15米的城墙,构筑有坚固的城防工事。守备部队为阎锡山部第六十六师主力、胡宗南部第三十旅主力及八个保安团共2.5万人。

为了利于下步在晋中作战和配合中原、西北战场的作战,晋冀鲁豫野战军决定攻取临汾。1948年2月3日,组成前方指挥所,徐向前任司令员,统一指挥第八、第十三纵队及太岳军区、晋绥的吕梁军区各一部共5.3万人,进攻临汾。战役预定3月10日开始,由于西北野战军宜川战役胜利,胡宗南要将临汾的第三十旅主力空运西安,为了抑留第三十旅,决定提前于3月7日发起临汾战役。

当晚,野战军第八纵队一部以炮火封锁了城南飞机场,击毁运输机两架,打破了胡宗南空运第三十旅的计划。与此同时,其他各部发动对外围的进攻战斗。至4月11日,全部肃清外围各据点,并以坑道爆破方法攻占东关,防守东关的敌第六十六师大部被歼。4月16日开始,解放军与国民党军展开了以挖掘坑道为中心的激烈战斗。国民党军的飞机日夜轮番轰炸城东第八纵队的主要阵地,守敌的炮火也不断轰击解放军挖坑道的部队,并以对挖坑道方法破坏攻城坑道。解放军城东一线挖掘的15条攻城坑道和两侧的40多条掩护坑道大部被破坏。至5月16日,解放军终于把两条长110米的坑道,通过外壕底部挖至城墙底下,分别放置黑色炸药6 000公斤和黄色炸药3 500公斤。17日19时30分,解放军发起总攻。坑道爆破首先成功,城墙被炸开两个约40米的缺口。突击部队在炮火掩护下乘爆破烟雾迅速突入城内,经激烈巷战,于当日24时全歼守敌,解放临汾。

临汾战役是在晋南人民全力支援下进行的。直接参加战勤的民兵、民工达134个连,约2万人,支援的作业器材,仅门板、木檩条即达14万件,麻袋6万条,从而保障了作战的需要。此役歼灭国民党军1个师部、1个旅部、6个步兵团、1个炮兵营和8个保安团共23 162人。缴获各种炮554门,轻重机枪1 224挺,各种枪1 360支。晋冀鲁豫野战军伤亡1 533人。此役使太岳和吕梁两解放区连为一片,有力地配合了中原、西北两战场解放军的作战,并为进军晋中消灭阎锡山部主力创造了有利的条件。

六 华北解放军发起冀热察与晋中战役

1948年5月9日华北军区成立后,将野战军编为第一、第二两个兵团。第一兵团辖第八、第十三、第十四纵队,徐向前任司令员兼政委。第八纵队司令员兼政委王新亭,辖第二十二、第二十三、第二十四旅;第十三纵队司令员曾绍山(未到职),政委徐子荣,辖第三十七、第三十八、第三十九旅;第十四纵队司令员韦杰,政委甘渭汉,辖第四十一、第四十二旅。第二兵团辖第二、第三、第四、第六纵队,杨得志任司令员,罗瑞卿任第一政委,杨成武任第二政委。第二纵队司令员陈正湘,政委李志民,辖第四、第五、第六旅;第三纵队司令员郑维山,政委胡耀邦,辖第七、第八、第九旅;第四纵队司令员曾思玉,政委王昭,辖第十、第十一、第十二旅;第六纵队司令员文年生,政委向仲华,辖第十六、第十七、第十八旅。原第一纵队仍属北岳军区建制,司令员唐延杰,政委王平(兼),辖第一、第二、第三旅。原第七纵队仍属冀中军区建制,司令员孙毅(兼),政委林铁(兼),辖第十九、第二十、第二十一旅。另外有第一、第二两个炮兵旅,分别配属给第一、第二兵团。华北军区野战军加上军区直属机关、单位和地方部队,总计42.9万人。

(一)冀热察战役

察南、绥东战役后,第二兵团遵照中央军委出击冀东的指示,由杨得志、罗瑞卿率第三、第四纵队及第二纵队第四旅,先向热河以西地区挺进,然后转向冀东,以宽大机动办法调动并寻歼国民党军。另由杨成武率第六、第二纵队主力及北岳军区第一纵队、冀中军区第七纵队,留在平汉路以西,寻机歼敌,并策应兵团主力在热西、冀东的作战。

5月13日,杨得志率所部自蔚县出发,沿途于延庆歼灭守军800人,于上下店歼灭敌第九十二军第一四二师一个团。5月29日至6月2日,杨得志部在东北解放军第十一纵队及独四、独五师配合下,攻克丰宁、隆化、平泉、鞍匠屯等地,对承德形成包围,威胁北平的侧背。傅作义急调平绥路主力向平承路增援。杨得志以第三纵队在平谷附近钳制敌军主力,以第四纵队等部出击冀东。6月12日晚至15日,以奔袭动作,连克榛子镇、丰润、任各庄等据点12处,歼敌第一五一师5000余人。傅作义又急调七个师的兵力东援。华北第三纵队遂乘机出击平承路,围攻古北口,调敌回援。解放军华北第四纵队和东北第十一纵队东进北宁路,于23日至25日连克昌黎县、石门镇等据点多处,歼保安团队4000多人。为配合兵团主力在热西、冀东作战,杨成武指挥第二、第六纵队及第一、第七纵队,乘北平敌军转向冀东、平北之机,于7月15日至20日发起了保北战役,连续攻占涞水、新城、定兴、固城、徐水等城镇,歼敌1万多人。

华北第二兵团在热西、冀东、保北三个方向上密切配合,切断了平绥、平承、北宁、平汉铁路,迫使傅作义集团主力往返奔波于平北、冀东,陷于被动境地。这次战役,共歼敌3.5万多人,其中俘25836人,缴获各种炮243门,轻重机枪585挺,各种枪10765支,汽车84辆。第二兵团伤亡10258人。

(二)晋中战役

临汾守军被歼后,阎锡山全部兵力5个军共13个师防守在同蒲路灵石至忻县段。其部署是:第三十四、第六十一军全部及第三十三、第十九、第四十三军主力共9个师及暂八、暂九、暂十总队,分布在榆次至灵石段铁路及太原至孝义公路沿线各要点;集中步、炮兵13个团编为"闪击兵团",机动应援;同时准备在麦熟时进行抢麦、抓丁,以解决其军粮、兵员的不足。

为保卫晋中麦收,进一步削弱阎锡山的实力,徐向前指挥第一兵团第八、第十三纵队、军区炮兵第一旅及太岳、吕梁、太行、北岳军区部队共47个团6万多人,发起晋中战役。6月11日,吕梁军区部队首先楔入汾阳、孝义间佯攻高阳镇。12日,太岳军区部队攻占灵石。阎锡山即令其"闪击兵团"分由平遥、介休、汾阳向高阳镇前进,企图合击吕梁军区部队。18日,第一兵团主力第八、第十三纵队乘机向平遥、介休、祁县出击，准备诱歼回援的"闪击兵团"。19日，敌"闪击兵团"仓促分路回援，其中由孝义回援的敌亲训师和亲训炮兵团，在平遥南张兰镇被第八纵队全歼。24日，由平遥向祁县返回的敌第十九军军部及第四十师两个团，又被第十三纵队歼灭。由汾河西侧回撤的敌第三十四军入平遥城。第一兵团初战告捷，歼敌1万多人。

阎锡山为寻解放军决战，令其野战军（第七集团军）总司令赵承绶、野战军副总司令元泉馨（原侵华日军独十四旅团旅团长）率领以日军为骨干的暂十总队，于23日由榆次进至太谷，向祁县推进。其第三十三、第三十四军则于25日分由祁县、平遥对进，集结于洪善地区。由于敌兵力集中，不易分割，徐向前为调动敌人，6月29日令太岳军区和北岳军区部队共同破击榆次、太谷段铁路，切断敌北撤退路，以动摇、分散敌人，主力则进至太谷、祁县间待机歼敌。赵承绶发现解放军主力北移，唯恐截断其退回太原的道路，急于6月30日由祁县地区沿铁路北撤。此时，太岳军区部队已在太谷东北的董村构筑了阻敌北撤的阻击工事。7月3日至6日，击退了赵承绶部九个团的多次攻击，迫其放弃通过铁路返回太原的计划，改由榆次、徐沟间北退。徐向前遂令第十三纵队附第八纵队一个旅插至徐沟地区，切断其北撤道路，同时集中兵力将赵承绶集团包围于太谷以北大小常村、南庄等地区。8、9日两天连续击退敌多次突围行动。7月10日发起总攻，至16日晚，全歼敌野战军总部及第三十四、第三十三军和暂十总队。俘赵承绶，击毙元泉馨。在此期间，第八纵队和太岳、吕梁军区各一部，先后收复了平遥、介休、汾阳、孝义、文水等城，并在文水以北截歼敌第四十三、第十九、第六十一军各一部，俘8000多人。围歼赵承绶集团后，解放军迅速扩张战果，先后占领榆次、晋源、忻县等城，至21日完成了对太原的包围。至此，晋中战役胜利结束。

此役共歼灭国民党军第七集团军总部、4个军部及另一个军部的一部，共8个整师、2个总队以及1个师的5个团、4个装甲车队等正规军74 670人，保警队、民卫军等2.6万多人，共10万多人(其中俘将官16名)。缴获各种炮434门,轻重机枪3 469挺,各种枪29 904支。击落飞机3架。解放县城14座,除太原、大同两孤城外,山西全省均获解放。

七 东北民主联军(人民解放军)发起冬季攻势

东北国民党军遭民主联军秋季攻势的打击后,经过整补改编,至1947年11月间,共有30个正规师、13个暂编师,连同特种部队及地方保安部队,总计兵力58万多人。国民党军仍然采用集中兵力、固守要点、要线的方针,主要缩集于中长路长春至大石桥段和北宁路沈阳至山海关段。东北民主联军经过秋季攻势后,部队得到扩大,至1947年10月,共有野战军9个纵队40个师(内3个骑兵师)、11个炮兵团、1个战车团、2个航空大队,计347 851人;地方部队97个步兵团、7个骑兵团、16个县大队,计314 085人;总部机关及直属队74 579人。总计736 515人。

为了不给国民党军以喘息的机会,大量歼灭其有生力量,为解放全东北创造有利条件,林彪等东北民主联军领导,经中央军委批准,决定发起冬季攻势。计划首先对北宁路沈锦段展开进攻,迫使沈阳、锦州之敌增援,争取歼灭沈锦段上所有城市的守敌和援军,尔后转用兵力于沈阳以南,攻歼辽阳、鞍山、营口等地之敌,孤立沈阳。

1947年12月15日,民主联军发起了冬季攻势作战。16日,第八、第九纵队包围了新立屯守敌第四十九军第二十六师,第二纵队包围了法库守敌新六军暂六十二师,其余纵队向铁岭、沈阳间地区开进,准备迎歼沈阳、铁岭出援之敌。18日,第二纵队和第七纵队分别在铁岭西的镇西堡和法库南的大孤家子歼灭敌新二十二师一个团和暂五十九师主力。国民党东北行辕主任陈诚发现民主联军主力云集沈阳以北,20日急调长春、四平、开原、锦州和辽南等地新一军、第七十一军、新五军六个师到沈阳铁岭、新民地区集结,以解除对沈阳的威胁。12月28日,民主联军第二、第七纵队一举攻克彰武，歼敌守军第四十九军第七十九师等部1万人。

彰武战斗结束后，敌军主力按兵未动。为诱敌出援，继续扩张战果，民主联军除以第二、第七纵队在彰武休整、第三、第六、第十纵队在沈阳西北待机外，其余部队南下，展开了捕捉歼灭分散孤立之敌的作战。这一行动造成敌人的错觉，陈诚判断民主联军兵力已经分散，遂于1948年1月1日，集中5个军15个师，由铁岭、沈阳、新民一线，分三路沿辽河两岸呈扇形向西北推进，企图解法库及新立屯之围。林彪决心集中主力首先歼灭较为突出和战斗力较弱的敌左路新五军。5日，东北人民解放军（1948年1月1日，东北民主联军改称东北人民解放军）以第二、第三、第六、第七纵队将新五军包围于公主屯地区，战至7日，全歼该敌。其余二路敌军仓皇退回铁岭、沈阳。26日，东北人民解放军攻克新立屯，歼敌第二十六师。至31日，东北人民解放军又收复盘山等地。

东北国民党军连遭打击，丢城失地，损兵折将，陷入更大困境。蒋介石于1月10日飞抵沈阳，召开军事会议，决定成立东北"剿匪"总司令部，以卫立煌任总司令兼东北行辕副主任，郑洞国为副总司令兼第一兵团司令，范汉杰为副总司令兼冀热辽边区司令官。2月5日，陈诚返南京，卫立煌任东北行辕主任。卫立煌一方面整顿军政，改取"固点、联线、扩面"的方针，命令各要点加强防御，以确保沈阳之完全，并力图保持沈阳至营口的交通线；另一方面又缺乏挽回危局的信心，将东北空军机关及高级军官的家属撤至关内。

1948年1月底，林彪除留置第三、第十纵队于沈阳西北地区钳制沈阳之敌和监视法库之敌外，集中主力转兵向沈阳以南出击。第四、第六纵队2月6日攻占辽阳，全歼守敌新五军暂五十四师和第五十二军输运团等1万多人。20日攻克鞍山，全歼守敌第五十二军第二十五师及保安团等1.3万人。25日围攻营口。守军第五十二军暂五十八师师长王家善逮捕了第五十二军副军长等军官30余人，率部起义，并协助解放军歼灭了交警第三总队3000余人。

解放军在辽南开展攻势时,被困于法库的敌新六军暂六十二师于2月17日突围,被追歼于法库、开原之间。27日,解放军攻克开原,歼敌第五十三军暂三十师1000多人。攻占法库、开原后,林彪等为完全切断沈阳与长春之敌的联系,决心以主力北移,夺取四平要点,并力争歼灭沈阳援敌一部。3月2日,完成对四平的包围。12日发起总攻,13日晨全歼守敌第七十一军第八十八师和三个保安团、一个骑兵团等近2万人。在围攻四平期间,吉林守敌第六十军于3月9日弃城逃往长春,被追歼于途中,吉林收复。

东北冬季攻势,3月15日结束历时90天。共歼灭国民党军新五军等部8个师,争取起义1个师,共15 638人。其中俘军长陈林达等将级军官18人,校级军官232人,尉级以下官兵11.5万余人。缴获各种炮1 225门,轻重机枪4 389挺,各种枪64 669支,汽车304辆,击伤击落飞机各1架。收复了四平、吉林两省会及17座城市和许多重要据点,彻底打破了国民党军"固点、联线、扩面"的方针,将其分割于长春、沈阳及北宁路上的锦州、锦西等12个孤立城市之中,使其控制面仅占东北总面积的1%。整个东北战场形势变得对解放军更加有利。

第十六章　进行战略决战
　　　　歼灭国民党军重兵集团

第一节　1948年秋季的战争形势和双方战略方针

一　国共双方军力对比发生重大变化

解放战争发展到1948年秋季时,全国的军事、政治、经济形势,都变得更加有利于共产党和解放军。

蒋介石发动全面内战时,自恃在军事力量上处于绝对优势地位,认为在短期内即可消灭共产党、解放军,但是战争的结果却完全出乎他的意料之外:国民党军不仅连连受挫,而且损失越来越大,从一团一旅的被歼,发展到整师整军的被歼。战争的第一年,国民党军损失112万人,由战略进攻转入战略防御;战争的第二年,国民党军损失更巨,更由全面防御转为重点防御。军队总兵力逐年下降,部队战斗力日益衰弱。战争的第二年,国民党军损失正规军93万多人,非正规军58万多人,合计152万多人。其中被俘95万多人,起义2.8万多人。

至1948年6月底,国民党军总兵力为365万人,其中正规军105个整编师(军)、285个旅(师)198万人,非正规军53万人,特种兵和海空军45万人,后方机关及学校69万人。部署在第一线的正规军有249个旅,分别被钳制在东北、华北、西北、华中、华东战场上。东北战场卫立煌集团34万人,连同非正规军共35.7万人;徐州战场刘峙集团50.4万人,连同非正

规军70.5万人；山西战场阎锡山集团7万人。① 这些集团的正规军，大部分担任战略要地和交通线上要点的守备，仅能在其附近地区作战役性机动，而且能够进行战略机动的兵力极为有限。在这些部队中，大多是被歼后重建或受创后补充起来的，兵员素质和战斗力都不强。在长江中下游和巴山山脉之线以南，兰州和贺兰山脉之线的后方广大地区，国民党军留置的正规军只有36个旅（师）23.8万人，大都是新建的，战斗力很弱，且被解放军、游击队所钳制，很难机动。特别是国民党军的不少指挥机构和成建制的部队整个被歼及216名将军的被俘、被打死（其中正规军将军被俘130人，打死16人；非正规将军被俘59人，打死11人），对蒋介石和国民党军的打击最大。蒋介石哀叹说：

> 自从前年底国军开始戡匪作战以来，我们遭受的损失，真是十分重大：在去年一年中，我们有许多部队被匪军消灭，有许多高级将领遭匪军俘虏，真是我们革命有史以来所未有的耻辱！我们简直可以说去年这一年，乃是我们国民革命运动遭受最严重障碍的一年。②

随着军事形势的每况愈下，国民党政府在经济、政治上的危机也日益加深。由于军费支出的不断增加，财政赤字也加速膨胀。据行政院1947年的财政报告，全年收入13.83万亿元，支出40.91万亿元，赤字27万亿元③；而1948年1月至6月半年的收入仅50万亿元，支出却为340万亿元，赤字高达290万亿元④。其中"军事开支和它的财政赤字一样，可肯定其经常在岁

---

① 统计数字据军事科学院军事历史研究部《中国人民解放军全国解放战争史》第四卷，第1—3页，军事科学出版社1997年版。
② 《蒋总统集》第二册，第1625页，台湾中国国民党"国防研究院"1960年编印。
③ 《行政院1947年度重大行政措施检讨报告——财政金融部分》，载《中国现代政治资料史汇编》第4辑第22册。
④ 《半年来中国经济的总结》，载《中国财政历史资料选编》第12辑下册，第204页。

出的80%以上"①。为了维持财政开支,国民党政府不得不依靠增发钞票来弥补财政赤字。1947年增发29万亿元,1948年上半年就增发了341万亿元②。由于大批工商业倒闭,生产严重萎缩,加之滥发钞票,以致通货膨胀,物价飞涨,广大人民的生活越来越难以维持,社会动荡不安。

1948年10月,北平教授朱光潜等17人写了《为民请命解除人为的苦难与不平》交蒋介石。文中说:"生产减少,物资缺乏","物价上涨","购买粮食和其他日用品,成了件极难的事,尤其是升斗小民,可怜已极,有的披星戴月,排队等候,如果一连数日买不到,饥饿痛苦的惨剧,已屡见报端"③。蒋介石根本无法解决这一难题,以致发展到抢米风潮。仅据报纸报道,全国有40多个城市100多万人参加抢米。如南京,1948年11月9日夜起,"全城二百多家米店被抢,饥饿的人群从这条街拥到那条街,今天(十一月十日)还在继续进行,潮涌般的人声,宪警笛声,砰砰……的枪声,充满了耳际……三天来南京市已经大部停电"④。国民党政府的首都,呈现出一片末日景象。

在政治上,蒋介石的政治欺骗已经破产,国民党统治区广大人民反饥饿、反迫害、反独裁、反内战的爱国民主运动进一步发展。美国驻华大使司徒雷登向美国国务院的报告说:

> 学生示威游行主要是由于不能使人满意的生活状况和日益加深的失望情绪……粮食暴动和工人罢工则可能是一种自发的行动。无论如何所有这些都是经济危难和政治抱怨的象征。重要的是所有这一切都是针对政府的。

> 悲剧在于蒋委员长及其周围负责人不懂这一点,他们……只依赖武力镇压,干有利于共产党的事。这种做法

---

① 杨荫溥:《民国财政史》,第175页,中国财政经济出版社1985年版。
② 参见张公权(嘉璈)《中国通货膨胀》,第110页,文史资料出版社1986年版。
③ 1948年10月26日《申报》。
④ 《沉痛告读者》,载《大学评论》(南京)第七期,1948年11月16日。

主要来源于恐惧,几乎出于绝望的心理。①

国民党统治集团内部亦为争权夺利而矛盾日深,许多地方实力派正在酝酿反蒋倒蒋。副总统李宗仁正争取美国的支持,逼蒋下台。而国民党内的民主派也正在积极策划推翻蒋介石的独裁统治,成立新政协政府。1948年1月,中国国民党革命委员会成立,宋庆龄为名誉主席,李济深为主席,发表《行动纲领》:"本会当前之革命任务为推翻蒋介石卖国独裁政权,实现中国之独立、民主与和平"。"联合各民主党派及各界民主人士代表组织联合政府"。② 总之,这时以蒋介石为首的国民党政权,已濒于崩溃。

中国人民解放军经过两年作战,虽然损失了80多万人,但由于动员了110万解放区农民参军,约有45万伤愈指战员归队,以及将约80万经过教育的解放战士补入部队,连同国民党起义部队在内,总兵力由战争初期的120余万人,发展到近280万人。其中野战军149万人,占总兵力的53%,比战争初期增加90多万人;地方军125万人,南方各省游击队4.1万多人。与国民党同期兵力对比已由战争初期的1:3.4下降为1:1.3,其中正规军对比为1:1.32。据中共中央军委一局统计,1948年6月间,人民解放军野战军和地方部队实力为:野战军有2个特种兵司令部,49个纵队,168个步兵旅,5个骑兵旅,3个炮兵旅,共辖步兵团505个,教导团20个,补训团9个,骑兵团18个,炮兵团33个,工兵团和战车团各1个,计587个团。有一、二、三级军区36个,军分区113个,共辖步兵团236个,补训团12个,骑兵团10个,炮兵团1个,计259个团。

随着战争的发展,人民解放军的作战规模越打越大,军队的作战编组也越来越大。为便于兵团进行正规战,野战军先后编

---

① 《司徒雷登致美国国务卿的报告》,载《文史资料选辑》合订本第28册第83辑,第42—43页。

② 《中国国民党革命委员会行动纲领》,载邱钱牧等编《民主革命时期的民主党派》第2辑,第124—125页,湖南人民出版社1986年版。

组了临时或固定的野战兵团指挥机构。如中原野战军的陈(赓)谢(富治)兵团,华东野战军的陈(士榘)唐(亮)兵团、许(世友)谭(震林)兵团、韦(国清)吉(洛)兵团,东北野战军的第一、第二前方指挥所和华北军区的徐向前第一兵团、杨(得志)罗(瑞卿)耿(飚)第二兵团等。

由于在战争中从国民党军手中缴获了大量武器装备,加上后方兵工生产的供给,人民解放军各部队的武器装备也有了大的改善。尤其是自动武器和火炮的不断增加,部队的野战、攻坚能力都有了很大的提高。据中共中央军委一局的统计,1948年6月人民解放军武器数量为:大小口径的火炮共9 555门,其中五〇炮1 092门,六〇炮3 570门,轻迫击炮2 905门,重迫击炮158门,机关炮97门,战防炮305门,高射炮58门,九二步兵炮164门,山炮592门,野炮207门,榴弹炮129门,其他炮278门;各种自动火器共111 710挺(支),其中冲锋枪58 995支,轻机枪46 007挺,重机枪6 610挺,高射机枪98挺;各种枪共1 019 312支,其中步马枪897 149支,短(手)枪122 065支,战防枪42支;此外还有火箭筒507具,掷弹筒12 252具,枪榴筒4 281具。

经过两年多的战争锻炼,人民解放军不但有了丰富的打大规模运动战的经验,而且在石家庄、洛阳、临汾、开封、宜川、四平等作战中,积累了阵地战和城市攻坚战的经验。南方游击队在闽粤赣、湘粤赣、粤桂、桂滇、皖浙赣等边区和海南岛的游击作战,威胁着国民党军的大后方,牵制了一部分正规军。

解放区的面积已扩展到235.5万平方公里,并拥有县城以上的城市586座,分别占全国总面积和城市的24.5%和28.8%。解放区的人口已达1.68亿,占全国总人口的35.3%。在战争推向国民党统治区后,有1亿人口的老解放区完成了一年的休养生息,解放区的生产得到了恢复和发展,增强了支援战争的物质力量。在城市中,中国共产党一方面没收官僚资本,使之成为公营经济;一方面对民族工商业和手工业,实行"发展生产、繁荣经济,公私兼顾、劳资两利"政策,使解放区城市的工商业、手工业迅速恢复和发展起来。以石家庄为例,解放时仅有民营工业和手工业700多家,私营商业1500多家,一年后,民营工业、手工业发展到1700多家,私营商业发展至2100多家。

解放区城市的增加和城乡经济的发展,为人民解放军的军工生产提供了专业技术人员和物质基础。据不完全统计,东北军区所属兵工厂,1948年共制造迫击炮弹58万多发,六〇炮弹7万发,手榴弹157万发,子弹65.7万发,还修理了轻重机枪1600多挺,步马枪2.35万支。晋冀鲁豫军区的军工处,每月生产各种炮弹8.9万发,枪弹12万发等。

中国共产党在国民党区域的工作,也有了较大的发展,广大中间阶层人士,迅速觉醒站在中国共产党一边,反对蒋介石的独裁统治,拥护中共提出的建立民主联合政府、建立新中国的主张。如民主同盟于1948年1月在香港召开第一届中央委员会第三次会议时,负责政策组的章伯钧在政治报告中说:

> 过去我们曾以和平公开合法的方式去争取民主,但已经失败了(指民盟被国民党强迫解散,主要领导人并被软禁事——引者注),今后自应积极支持以人民的武装去反抗反人民的反动武装。

> 独立的中间路线,从目前中国的现实环境看,更难行通。自从本盟被南京反动独裁政府勒令解散以来,一切所谓"中立"、"中间"的说法和幻想,实早已被彻底粉碎。

> 我们公开声明与中国共产党实行密切的合作。①

---

① 《中国民主同盟一届三中全会政治报告》(1948年1月19日),载中国民主同盟中央文史资料委员会编《中国民主同盟历史文献》(1941—1949),第379—398页,文史资料出版社1983年版。

1948年8月至1949年1月,沈钧儒、谭平山、章伯钧、蔡廷锴、王绍鏊、朱学范、李济深、马叙伦、郭沫若、彭泽民、黄炎培、马寅初、沈雁冰等各民主党派、人民团体及无党派民主人士的代表,秘密地进入东北解放区,在中国共产党领导下,共同进行新政治协商会议的筹备工作。国民党中有些地方实力派也开始同中共联系,准备投向人民。如云南的龙云、湖南的程潜、四川的刘文辉等,都曾与共产党进行过联系。这一切都说明人民解放军解放全中国的条件已渐趋成熟了。

二 国民党军北取守势、南取攻势的战略方针

1948年7月豫东战役结束后,战争形势急转直下,不仅东北、华北、西北、华东战场的国民党军主力被分割钳制在几个孤立的战略要点上,完全处于消极待变的被动境地,就连国民党军最为集中的中原战场,也由于防御体系的被打破开始转入被动。蒋介石曾一度准备按照美国顾问团团长巴达维的建议,放弃长春、沈阳,打通北宁线,将东北主力撤至锦州,伺机转用于华北、中原战场,以争取战略主动权,但由于东北"剿总"总司令卫立煌的坚决反对和蒋介石顾虑政治影响而未能实现。据国防部第三(作战)厅厅长郭汝瑰日记记载,7月17日"晚于总统官邸,饭后研究东北作战,决定暂取守势","长春仍固守,北宁路暂不打通"。①

为了挽救败局,1948年8月3日至7日,国民党政府国防部在南京召开了军事检讨会,研讨两年来的作战总结与未来对策。其实早在人民解放军开始进攻开封时,蒋介石就已感到危机临头,令参谋总长顾祝同电告各"剿匪"总司令部、绥靖公署、兵团、绥靖区及各整编师,国防部将召开军事检讨会,要求各单位研究,6月24日前准备好提案。由于战事紧张,所以至8月初才将与会人员聚集至南京。参加会议的有蒋介石、何应钦、顾祝同、白崇禧、林蔚、刘斐、萧毅肃、关麟征、周至柔、王叔铭、桂永清、郭

---

① 《郭汝瑰日记》1948年7月17日,南京军区摘抄打印本。

忏、汤恩伯、范汉杰、杜聿明、宋希濂、黄维、李默庵、霍揆章、孙立人、黄百韬和刘峙、胡宗南的代表李树正、沈策以及各军长、国防部厅、署、司局长等共120多人。

蒋介石在开幕式上说:"就整个局势而言,则我们无可讳言的是处处受制、着着失败。""近几个月以来,无论军事政治经济各方面情形的表现,的确是严重而危险","到了危急存亡的关头"。"到今天不仅使得全国人民的心理动摇,军队将领的信心丧失,士气低落,中外人们对我们国军讥刺诬蔑,令人实难忍受。"蒋介石把两年来战争失败的责任,主要归咎于高级将领,责备他们"精神堕落,生活腐化,革命信心根本动摇,责任观念完全消灭";对自己则只承认"我个人领导无方,教育失败"。蒋介石警告高级将领"对自己的精神思想,还不能彻底觉悟改革,对于过去那种失败主义的心理不能扫除净尽,不能重新建立革命的信心和决心,那无论我们有多少军人,有怎样精良的武器,将来总要被共匪所消灭,我们一般高级将领固然要生无立足之地,死无葬身之行"。① 但他已经无法找出真正、实际的改正办法和出路,只好用一些空话来为与会的将领们打气:

> 我要求大家认清我们目前剿匪首要的急务,是改造我们一般官兵的精神和心理,要恢复我们革命的自信心,加强我们精神的武装。

> 现在我们无论海陆空军、交通运输,以及政治经济社会各方面的力量,哪一样不是超过共匪若干倍,共匪有哪一样够得上与我们相比!我们为什么要动摇信心,自甘失败呢?

> 大家要记取本党革命的历史,恢复革命的自信心,以自

---

① 蒋介石:《改造官兵心理 加强精神武装》(1948年8月3日),载秦孝仪主编《先总统蒋公思想言论总集》第二十二卷,第483—489页,台湾中国国民党中央委员会党史委员会1984年印。

力更生的决心,作艰苦卓绝的奋斗,必可完成戡乱的使命。①

军事检讨会对两年来的作战方针、作战指挥、编制装备、新兵补训、后勤供应、士气、情报等方面存在的问题,都进行了研讨,并作出相应的决议。在《战略方针之决定》中,主要是:将作战重点仍置于黄河以南、长江以北地区,在这一地区内,"各绥靖区国军配合地方武力堵剿兼施,国军主力则编组强大之进剿兵团,捣毁匪军根据地,猛烈追剿,使成流寇,然后依后备兵团之增强,迫匪于绝地而歼灭之"。在东北和华北地区,"彻底集中兵力,确保辽东、热河,以巩固华北",达到钳制东北、华北人民解放军,屏障黄河以南之作战的目的。在以兰州为中心的西北地区,建立一个"独立作战地带",在陕西"建立一骨干部队,支配战场,确保汉中,并于四川及汉中及时建立一个坚强兵团,以应陕甘之急需"。长江以南成立绥靖公署,培养地方武力,争取人力物力,"廓清散匪,俾总动员实施有利"。南京国防部于会议结束的8月7日,发表《半年来战局总检讨》,将上述军事战略概括表述为:"军事上在东北求稳定,在华北力求巩固,在西北阻匪扩张,在华东、华中加强进剿,一面阻匪南进,一面打匪主力。"这就是战略上黄河以北取"守势",黄河以南取"攻势"。文中承认半年来国民党军损失官兵217 552人,关内关外放弃县城89个。②

为实现上述战略方针,根据蒋介石"取匪之长,补我之短"的训示,通过了《战法之研究决定》,并翻印分发了三本解放军印的小册子:(1)《攻坚战斗》,(2)《战斗手册》(以上两册系华东野战军印),(3)《目前的战役问题》(东北野战军印)。其中《战斗手册》由国防部第三厅逐条写了对策才付印的。这些对策都未经慎重而深入的研究,任凭小参谋臆想,不管行得通行不通,有

---

① 蒋介石:《改造官兵心理 加强精神武装》(1948年8月3日),载秦孝仪主编《先总统蒋公思想言论总集》第二十二卷,第483—489页,台湾中国国民党中央委员会党史委员会1984年印。
② 1948年8月7日中央社南京电:《国防部半年来战局总检讨》,载1948年8月8日《中央日报》(沈阳版)。

效无效,逐条写几句话对答就是。如"打破以农村包围城市",三厅的对策是"把农民争取过来"。国防部第三厅厅长郭汝瑰批道:"如果能把农民争取过来,仗不用打就胜了,战争也根本不会发生了。"郭汝瑰还认为,《攻坚战斗》虽然明确地讲述了解放军对付蒋军堡垒防御的战法,但蒋军将校有这本书也不研究,所以最后失败比预料快得多,这就是蒋军动辄就成千成万的人被俘的军事原因。①

由于国民党军的编制不统一,既不便于指挥,又不断引起人事安排的矛盾,蒋介石决定撤销整编师、旅的编制,仍恢复以军为战略单位的军、师编制。军定编3.5万人,实行三三制。加强以主要城市为战略要点的守备兵力和防御工事,同时以精锐主力为骨干组成若干个机动兵团,加强应援力量,企图以此使解放军对其战略要点啃不烂,对增援兵团吃不掉。此外蒋介石还确定在长江以南、西南和西北地区,迅速编练第二线部队150万人,计划先编组成50个步兵师、10个骑兵师。蒋介石声称这次会议"意义十分重大",所确定的战略方针和各种决定,是"剿匪成功的关键",只要按照其实施,"即可使剿匪军事转危为安,转败为胜"②。

在军事检讨会议开始前,7月间国防部曾进行过两次预备会议,研究今后的战略方针。7月16日,第三厅(作战厅)草拟的计划是:

> 本厅研究共军经去岁南麻战役后,毛泽东根据其江西经验以主力南窜,自命为反攻,实则系避免退入黄河以北,故政府军应在作战原则上确定:(1)打破共军根据地,(2)驱之流窜,使成流寇,(3)防止其再泛滥我军守备区,使其人力物资枯竭,(4)指导小型歼灭战,俾将来主决战绝对优势。

---

① 《郭汝瑰回忆录》,第289—290页,四川人民出版社1997年版。
② 蒋介石:《改造官兵心理 加强精神武装》(1948年8月3日),载秦孝仪主编《先总统蒋公思想言论总集》第二十二卷,第483—489页,台湾中国国民党中央委员会党史委员会1984年印。

根据上述四原则……计划以彻底攻破陈毅为方针。①

7月17日,总统官邸汇报会上,第三厅厅长郭汝瑰解释:

力主计划打大名、濮县等地区,力追陈毅部不舍,不使有整补余地;并以胡宗南主力东向中原与华中总部协力进攻刘、陈(赓),一面准备以压倒优势之兵力在苏北演一歼灭战。前方一面作战,一面将各师扩为九团制;后方一面成立后调旅增加兵力,一面准备渡河攻击。②

但因国共双方军力、士气对比均已发生重大变化,国防部重要成员多不完全同意这一计划。参谋次长刘斐主张"全局取守势,不能徒劳无益的追击,主张战略守势"③;蒋介石则表示"将取战略守势,战术攻势"④。国防部第三厅根据蒋介石的观点并综合各方面的主张,于8月4日制订了华中作战计划:

华中国军为增强战力,堵匪流窜,逐渐削弱匪军力,准备大举进剿之目的,将主力分置于陇海、津浦、平汉及汉水、丹江各要点,编组进剿兵团,先充实战备。在整备未完成前,全盘战略暂取守势,在战术上则仍取攻势,配合绥靖区积极清剿,肃清散匪、残匪、潜匪,消灭其地下政治组织,巩固我地方政权,建立总体战之基础。一俟整补完成,实力充沛,战力较匪优势后,立即大举进剿,分别围歼匪军,尔后再准备进出华北地区。本计划进剿准备时间预定三个月完成(三十七年十月底)。⑤

---

① 《郭汝瑰日记》1948年7月16日,南京军区摘抄打印本。
② 《郭汝瑰日记》1948年7月17日,南京军区摘抄打印本。
③ 《郭汝瑰日记》1948年7月19日,南京军区摘抄打印本。
④ 《郭汝瑰日记》1948年7月20日,南京军区摘抄打印本。
⑤ 《国民党政府国防部〈济南会战〉》,载中共山东省委党史资料征集研究委员会编《济南战役》,第232页,山东人民出版社1988年版。

这个计划于9日向蒋介石进呈,17日经蒋介石批准,19日逐次下令实施。国防部当即下达了当前进行战术攻势的作战命令:

> 华中国军以各个击破匪军之目的,目前乘匪整编之际,应以一部监视陈毅军,以主力与西安绥署东进部队协力乘机打通陇海路……后截断伏牛山区匪军后方补给线,先击灭刘伯承、陈赓军主力,尔后转移兵力于黄泛区及鲁西地区,给陈毅主力以击破,另以有力一部沿津浦路前进,相机收复兖州。①

计划限各部队9月上旬准备完毕,但这一计划还没有来得及实施,解放军对济南、锦州的进攻作战,就把国民党军的战略企图彻底打破了。

三 解放军决定进行战略决战 争取三年内取得胜利

根据中央军委继续将战争引向国民党统治区域的战略方针,粟裕兵团预定于1948年5月15日后渡江南进,执行跃进闽浙赣边的计划。但在这年春季,中原战局出现了重要变化。4月初,陈毅从延安返回华东野战军后,粟裕将自己对中原战场及全国战争形势的看法和战略构想与陈毅进行探讨,认为南渡长江困难较多,在中原战场集中作战更为有利。4月18日,粟裕致电军委。在这份长达3000字的电报中,粟裕认为:

> 大兵团进入新区,远离后方,群众及地方工作不能很好配合与支援,加上装备、粮食等问题,都将是我军南渡后能

---

① 《敌战略部署摘记》,军事科学院图书馆藏复印件,转引自朱宗震、陶文钊《中华民国史》第三编第六卷,第199—200页,中华书局2000年版。

否完成中央所给任务之关键。建议以刘邓、陈谢及华野主力,依托后方作战,求得先在中原打几个大歼灭战。同时对敌人近后方、深远后方分别派出游击兵团和游击队,使三线武装部队密切配合,向前推移,则可使战局得到较快较大之发展。如中央认为此建议可行,则集中华野主力大部攻济南,吸引敌第五军而歼灭之;尔后主力则进逼徐州,与刘、邓会合,寻求第二个歼灭战。①

毛泽东接此电报后,立即要陈毅、粟裕到中央当面汇报。4月30日至5月7日,陈、粟在河北阜平城南庄,参加中共中央书记处会议,研究如何发展战略进攻问题。与会领导有:毛泽东、周恩来、刘少奇、朱德、任弼时、李先念、聂荣臻、薄一波等。会议最后决定采纳粟裕的意见,作出暂不渡江南进,而先集中兵力在中原黄淮地区打大仗,尽可能多地把国民党军主力消灭在长江以北的战略决策。毛泽东就这个问题发言说:将战争引向国民党区域无疑会有很大困难,但无此条不能战胜国民党。打出去以后,敌我都到蒋管区去吃,不能依赖后方,后方要尽量供给前方;要努力发展生产,减轻人民负担;要反对无政府无纪律状态,缩小地方权力。"会议认为此三条均属战略性的。后来将其概括为军队向前进,生产长一寸,加强纪律性三项任务。"②5月5日,毛泽东为中央军委起草给刘伯承、邓小平并华东局的电报指示:

> 将战争引向长江以南,使江淮河汉地区之敌容易被我军逐一解决,正如去年秋季以后将战争引向江淮河汉,使山东、苏北、豫北、晋南、陕北地区之敌容易被我军解决一样,这是正确的坚定不移的方针。惟目前渡江尚有困难。目前粟裕兵团(一、四、六纵队)的任务,尚不是立即渡江,

---

① 军事科学院编:《毛泽东军事年谱》,第643页,广西人民出版社1994年版。
② 军事科学院编:《毛泽东军事年谱》,第645页,广西人民出版社1994年版。

而是开辟渡江的道路,即在少则四个月多则八个月内,该兵团加上其他三个纵队,在汴徐线南北地区,以歼灭五军等部五六个至十一二个正规旅为目标,完成准备渡江之任务。①

随着战争的发展,形势对人民解放军愈来愈有利,特别是豫东、晋中等战役,一次歼灭国民党军达8万、10万多。中央军委认为解放军的许多野战军已具备了夺取敌坚固设防的战略要点和打大规模歼灭战的条件。1948年7月14日,中央军委指示华东野战军"如能在八九两月攻克济南",则10月间可"打几个大仗,争取于冬春夺取徐州"。② 这就明确改变了5月间提出的要求粟裕兵团在四至八个月后渡江南下的战略计划。

8月23日,朱德在解放军总部召开的战况汇报会上指出:"中原战场是决战的战场,自古以来谁在中原取得胜利,最后胜利属于谁的问题就能解决。""今年(解放战争第三年)战争的第一个月(七月)已取得很大胜利。八月快完了,还剩下十个月,在这十个月中,军事上我们希望解决傅作义,拔掉济南、太原诸点。""到条件成熟时再同他们(指刘峙、白崇禧两集团——引者注)在中原决战。"③

9月8日至13日,在河北省平山县西柏坡召开的中共中央政治局会议提出:

> 建设500万人民解放军,认为在五年内(从一九四六年七月算起)从根本上推翻国民党反动统治有充分可能。部队将实行统一编制和正规化。

---

① 《毛泽东军事文集》第四卷,第459页,军事科学出版社、中央文献出版社1993年版。
② 军事科学院编:《毛泽东军事年谱》,第655页,广西人民出版社1994年版。
③ 中共中央文献研究室、军事科学院编:《朱德军事文选》,第666页,解放军出版社1997年版。

要求各战略区在战争第三年打更大规模的歼灭战。即人民解放军仍全部在长江以北和华北、东北作战,求歼国民党军重兵集团。

蒋介石的军事力量百分之八十在此地区,消灭了他的军事力量,也就算打倒了它。所谓蒋政权,也就是表现在他的军队上。①

依据政治局会议确定的方针,中央军委制订了《人民解放战争第三年军事计划》(草案)②。内容分作战和建军两大部分。作战计划主要为:全军歼敌正规军 115 个旅(师)左右。其中华东野战军歼敌 14 个旅(师),攻占鄂豫皖三省若干城市;西北野战军歼敌 12 个旅(师),钳制胡宗南集团,使之不能实行战略机动;华北第一兵团歼敌 14 个旅(师),攻占太原;东北野战军和华北第二、第三兵团,歼灭卫立煌、傅作义两集团中的 35 个旅(师),攻占北宁、平绥、平承、平保各线除北平、天津、沈阳三点之外的一切城市。作战计划指出:南北两线我军,在第三年内如能在现有地区周围及内线歼敌 100 个旅以上,纵使敌人将其第二线兵力(44 万人,其中正规军 34 个旅)在江南的 26 个旅调出一部增援中原,或编组新的部队,亦将不能挽救其颓势,而我军则可开辟第四年南进发展的宽广道路,打通东北与华北,并发展西北、中原,并打开建立全国性的联合政府的局面。

确定建军的原则是"充实野战部队,增建特种兵部队,整顿地方部队,精简后方机关"。充实野战部队,预定今后三年发展到 20 个野战兵团,70 个步兵纵队,210 个步兵师(旅),95 个炮兵团,30 个骑兵团,47 个工兵团,地方部队 500 个团。其中野

---

① 军事科学院编:《毛泽东军事年谱》,第 667—668 页,广西人民出版社 1994 年版。

② 这个文件是 1948 年 8 月 28 日至 9 月 7 日,毛泽东在西柏坡主持召开中央书记处会议,确定政治局会议文件和有关事项期间,由中央军委副主席、代总参谋长周恩来主持制订、在政治局会议上通过的。

战部队约317万人，地方部队及机关学校约183万人。充实部队的兵源，主要依靠俘虏兵，部分从新区动员补充。老区半老区，在战争第三年一般停止扩兵，特殊的须经中央军委批准方得在指定地区扩兵。关于人民解放军的编制，步兵以师（旅）、特种兵以团为作战单位。野战部队设野战军、野战兵团、纵队（独立师）、师（旅）。建军计划还指出，在目前条件下，编制尚不可能完全统一，大体采取"东北大，西北小，中原、华北适中"的原则。东北野战军每师1.2万人，每纵队4.3万多人；西北野战军每师8000多人，每纵队2.5万多人；中原野战军和华北军区每师9000人，每纵队3.7万人。其中不包括炮兵团、补充团、运输担架队。

从1948年9月开始，人民解放军依据军委的指示，先后在东北、华东、中原、华北、西北战场上，发起了规模空前的攻势，并引向就地歼灭国民党军重兵集团的战略决战，先后组织了辽沈、淮海、平津三大战略性战役以及若干个重要战役。

第二节 济南战役
揭开战略决战的序幕

一 解放军的作战方案及兵力部署

人民解放军在第二年的战争中，虽然夺取了国民党的许多中小城市，提高了攻坚的作战能力，但还没有攻占过10万以上部队守备并有坚固城防工事的大城市。为了继续发展战略进攻，加速解放战争进程，攻克国民党军10万以上部队防守的设防大城市，成为关键性问题之一。第三年战争开始之际，相对较为好打的大城市有三个，即东北野战军包围的长春、被华东野战军孤立起来的济南和华北野战军第一兵团包围的太原。

早在1948年4月间，林彪、罗荣桓、高岗、陈云等就向中央军委提出先打长春的报告。朱德详慎地分析了东北形势和长春国民党军的具体情况后，于6月3日也致信毛泽东，说"长春可能攻下的条件很多"①。7月1日，朱德在华北军政大学开学典礼上讲："二十年来我们在军事上所苦恼的，即对敌人坚固设防的城市无法攻破，但近半年来学习的结果，已经能够攻破敌人较大的坚固设防的城市了。"②毛泽东经仔细研究后，同意东北野战军先打长春，其中一个重要的战略意图，也是希望从攻占长春的战斗中解决大城市的攻坚问题。他在给林彪等的电报中说："长春胜利将给你们尔后南下作战逐一攻克各个大城市开辟道路，各个大城市的攻克将从长春战役取得经验。"③但是，由于东北野战军于5月底在长春外围作战时，林彪等"发现部队对坚固设防的大城市攻坚作战，在技术上存在不少问题，认为目前即正式攻长春，成功的可能性较小"④；"长春守军在10万人以上，设防坚固，如攻长春又可能遇到由沈阳、锦州北上的20万增援之国民党军的威胁，所以这一仗带有很大的勉强性和冒险性。如攻长春不成功，则对今后作战会产生严重影响"⑤。因此决定不勉强、被动地攻长春。

中央军委、毛泽东决定将这个难题赋予华东野战军，7月间多次电示华东野战军准备攻克济南。粟裕等华野领导遵照军委的指示和当面的敌情，于8月10日提出三个方案：

第一，集中全力转到豫皖苏及淮北路东地区作战，截断徐蚌段铁路，孤立徐州，将重点放在打援上，求得于运动中首先歼灭五军，继而扩大战果，歼其他兵团。第二，集中主力首先攻占济南，对可能北援之敌，仅以必要之兵力阻击

---

① 军事博物馆、中央文献研究室编：《朱德军事活动纪事》，第716页，解放军出版社1996年版。
② 军事博物馆、中央文献研究室编：《朱德军事活动纪事》，第717页，解放军出版社1996年版。
③ 《毛泽东军事文集》第四卷，第480—481页，军事科学出版社、中央文献出版社1993年版。
④ 《中国人民解放军第四野战军战史》，第301页，解放军出版社1998年版。
⑤ 《中国人民解放军第四野战军战史》，第302页，解放军出版社1998年版。

之。第三，攻占济南与打援同时进行，但应有重点地配备与使用兵力，则战役分为：第一阶段以两个纵队（全军以十三个纵队计算）抢占济南机场而巩固之后，在济敌反夺机场中，尽力歼灭其反击力量，以削弱其守备兵力；同时以其余十一个纵队打援，则兵力足够（敌援可能性很大，如敌不援则以攻济南为主）歼灭敌人援队之一路（首先以歼灭五军为目的）或两路，只要援敌被歼，则攻济南有保障。第二阶段则于歼灭敌人援队之主要一路后，其余均易为我歼击，攻济南亦将更有保证。①

华野领导认为第三个方案更为有利。中央军委、毛泽东于8月12日复电指出：

九月作战，预计结果有三种可能。第一，打一个极大的歼灭战。这即是你们所说的既攻克济南，又歼灭五军等部大部分援敌。第二，打一个大的但不是极大的歼灭战，这即是攻克济南，又歼一部但不是大部分援敌。第三，济南既未攻克，援敌亦不好打，形成僵局，只好另寻战机。②

中央军委同时指出，如果不真打济南，而置重点于打援，则援敌势必谨慎集结缓缓推进，并不真援。那时再中途改变计划，已丧失了一部分时间，因此，"我们目前倾向于攻城打援分工协作，以达既攻克济南，又歼灭一部援敌之目的，即采取你们第二方案，争取上述第二项结果。我们觉得这样比较稳当"③。在阻

---

① 《粟（裕）、陈（士榘）、唐（亮）、张（震）、钟（期光）向军委、华东局、中原局的报告，并告山东兵团、苏北兵团》（1948年8月10日），转引自《中国人民解放军第三野战军战史》，第253页，解放军出版社1996年版。
② 《毛泽东军事文集》第四卷，第566页，军事科学出版社、中央文献出版社1993年版。
③ 《毛泽东军事文集》第四卷，第567页，军事科学出版社、中央文献出版社1993年版。

援、打援部署方面,中央军委指出,应将兵力全部置于嘉祥、巨野、兖州、济宁及其以南地区"夹运(河)而阵,并构筑几道防御工事,以便随时转移兵力于运东或运西阻击与歼灭敌援"①。8月26日,军委进一步指示华东野战军领导:

> 攻济打援战役必须预先估计三种可能情况:(一)在援敌距离尚远之时攻克济南;(二)在援敌距离已近之时攻克济南;(三)在援敌距离已近之时尚未攻克济南。你们应首先争取第一种;其次争取第二种;又其次应有办法对付第三种。在第三种情况下,即应临机改变作战计划,由以攻城为主,改变为以打援为主,在打胜援敌后再攻城。估计到这一点,在你们将全军区分为攻城集团和阻援集团之后,两个集团均应留出必要的预备兵力,特别是阻援打援集团应留出强大预备兵力,准备在第三种情况下,你们手里有足够力量歼灭援敌。②

粟裕等领导接到指示电后,于27日晨致电军委、毛泽东,提出自己的请求:

> 关于攻占济南,原建议分两阶段进行。第一阶段以足够攻占机场及达到吸引援敌之力量(约两至三个纵队)使用于济南方面外,其余应全部使用于打援,以求于第二阶段歼援敌六个旅,迫使援敌其余各路不敢继续猛进。然后于战役第二阶段,集中主力(东兵团全部及西兵团三至四个纵队)攻占济南,仅以一部担任阻援,为此才能争取攻济时间,才能保证打援无问题。顷奉军委二十六日三时电令后,拥护军委电示作战原则,发动硬攻,尽量争取第一种前途,避免

---

① 《毛泽东军事文集》第四卷,第568页,军事科学出版社、中央文献出版社1993年版。
② 《毛泽东军事文集》第四卷,第577页,军事科学出版社、中央文献出版社1993年版。

第三种前途。但鉴于敌我情况之变化及此役关系战局及政局甚大,可否本稳打方针采取上述两阶段作战方案,但我们当尽一切努力以迅速夺取济南为唯一目的。①

8月28日,毛泽东复电粟裕:"此役关系甚大,根据敌我两方情况,你的顾虑是有理由的。战役计划应以能对付最坏情况","即所说第三种情况为根本出发点",准备用20天至两个月时间完成战役任务。在攻城和打援的关系上,攻克济南是目的,打援是手段,主要的是夺取济南,其次才是歼灭一部分援敌。在兵力部署上,"以一部兵力真攻济南(不是佯攻,也不是只占飞机场),而集中最大兵力于阻援打援。济南是否攻克,决定于时间,而取得时间则决定于是否能阻援与打援"。②

为策应华东野战军的攻济作战,中央军委指示中原野战军继续在豫西休整待命,济南战役发起后,平汉路国民党军行动时,再视敌情在适当时机于运动中逐次歼击之,以保持战略上的主动。

根据中央军委及毛泽东的指示,华东野战军指挥部于8月下旬在山东曲阜召开了有纵队以上领导干部参加的作战会议,最后定下了以攻占济南为唯一目的,并求歼援敌一部的决心。会议研究并制订了作战计划。具体兵力部署是:将部队分为攻城和阻援打援两兵团。以7个纵队及部分地方部队共约14万人的兵力组成攻城兵团,由山东兵团司令员许世友、政治委员谭震林、副司令员王建安统一指挥。攻城兵团又分组成西集团和东集团。西集团由第三、第十纵队和鲁中南纵队一部共19个团组成,由第十纵队司令员宋时轮、政委刘培善指挥,从济南城西实施突击。东集团由第九纵队、渤海纵队组成,由第九纵队司令员聂凤智、政委刘浩天指挥,从济南城东实施突击。以两广纵队、渤海军区部队在冀鲁豫军区部队一部配合下,担任扫清济南外围守敌的任务。以第十三纵队为总预备队。攻

---

① 《毛泽东军事文集》第四卷,第580页注释②,军事科学出版社、中央文献出版社1993年版。
② 《毛泽东军事文集》第四卷,第579—580页,军事科学出版社、中央文献出版社1993年版。

城战斗预定在9月16日发起。阻援打援兵团,以8个纵队及部分地方部队共76个团约18万人组成。阻援集团由第四、第八纵队及冀鲁豫军区独立第一、第三旅组成,部署在金乡、巨野、嘉祥地区,利用既设阵地阻击可能由鲁西南地区北援之敌。打援集团由苏北兵团之第二、第十二纵队,第一、第六、第七纵队,鲁中南纵队一部及中原野战军第十一纵队组成,战役发起前进入津浦路兖州至邹县段两侧地区,待北援之敌进至邹县以南地区时,实施突击。各军区地方武装和广大民兵积极向当面之敌出击,打击和封锁敌人,破坏其交通,扰乱其后方,牵制其兵力,以配合主力作战。

二 国民党军的济南会战计划

济南是津浦、胶济两铁路的交会点和连接华东、华北地区的战略要地,也是国民党山东省政府和国民党军第二绥靖区所在地。国民党政府认为,只要能够守住济南,就可以保持徐州防御的稳定。济南、徐州防御稳定,则北可进出鲁中,南可屏障京沪,西则连接华中,以便相互策应。蒋介石非常重视济南,早在莱芜战役结束后就亲至济南布置防务,并告诫省主席、绥区司令官兼山东保安司令王耀武:"济南在军事、政治、地理上都很重要,如发生问题你要负责。"[①]胶济路中段战役后,王耀武预感到华东解放军下一个目标将是兖州,如果兖州失守,则济南无论如何守不住。因而于1948年5月15日,飞南京向蒋介石报告军事情况,并建议放弃济南,将部队转移至兖州及其以南地区,与徐州一带的部队连成一片,巩固徐州至兖州的铁路交通,以利于尔后的作战。蒋介石斥责王耀武"不从大处着眼",强调要"确保济南,不能放弃"。若失掉济南,华东及华北解放区就连成一片,并掌握济南至徐州交通大动脉,那时驻青岛的美军就陷于孤立,这在政治上对政府不利,影响美国的援助。因此,无论华东战场如何变

---

① 王耀武:《济南战役的回忆》,载中共山东省委党史资料征集研究委员会编《济南战役》,第539页,山东人民出版社1988年版。

化,济南决不可放弃。蒋介石说:"济南如果被围攻,我当亲自督促主力部队迅速增援。"①当解放军发动津浦路中段战役,攻占兖州后,美国军事顾问团团长巴达维也曾建议蒋介石"退出济南,把军队撤至徐州",被蒋介石拒绝。直至9月14日,即华东野战军发起济南战役的前两天,巴达维还向国民党统帅部提出迅速放弃济南,将军队撤至徐州的建议。得到的回答是:虽然济南已被包围及孤立,但粮食仍正从四乡运城中,另有一个师即将空运济南,增加防守力量。巴达维强烈反对这样做,他说:"该城已等于失陷了,这无疑使国军增多一师人的损失而已。与其要再空运军队去,毋宁把济南现有的守军空运至徐州。"蒋介石回答说:"由于政治上的理由,济南是山东省会,必须防守。"②

8月初,王耀武向南京国防部报告济南周围解放军云集,形势严峻。蒋介石为加强济南守备力量,于8月上、中旬令青岛的整三十二师第五十七旅和徐州的整八十三师第十九旅空运济南,并令国防部迅速空运武器弹药补充济南守军。8月4日至10日,国防部根据蒋介石坚守济南、组织会战的意图,经多次会议,制订了一个《济南会战计划》,经蒋介石批准,于23日下令实施。计划包括作战计划和作战指导要领两部分。其总的企图是:华中方面以"清剿"行动牵制中原解放军主力,以配合徐州方面作战;徐州方面以第二绥靖区10万余人坚守济南,消耗疲惫解放军;以第二兵团集结于商丘一带,第七兵团集结于新安镇一带,第十三兵团集结于宿县、固镇一带,加紧整理补充,在济南遭到攻击时,三个兵团迅速北上增援,在兖州、济宁间击败华东野战军主力,以解济南之围。为加强会战力量,国防部还决定以济南、青岛为主基地,北平、徐州为辅基地,集中战斗机162架进行空中支援,另以重型轰炸机42架对华东野战军前方、后方及运输线进行轰炸。

王耀武防守济南的作战方针是:尽量缩小防御圈,加强要点

---

① 王耀武:《济南战役的回忆》,载中共山东省委党史资料征集研究委员会编《济南战役》,第573页,山东人民出版社1988年版。
② 《中美关系资料汇编》第一辑,第371—372页,世界知识出版社1957年版。

守备，控制强大预备队适时进行反击。其具体部署是：以黄河两岸之泺口镇至城南马鞍山为分界线，分成东西两个守备区。西守备区由整九十六军军长吴化文指挥整二、整八十四师、独立旅及保安第八旅、特务旅、青年教导总队（相当旅）等八个旅防守；东守备区由整七十三师师长曹振铎指挥该师及保安第六旅等三个旅守备。第十九、第五十七旅及拟由徐州空运来的整七十四师为总预备队。保安第四旅等地方保安团队防守长清、齐河等据点。整个防御阵地，由外围防御地带与基本防御地带构成。在日伪原有工事基础上，构成支撑点式的半永备型的城市防御体系。外围防御地带以齐河、长清、张夏、王舍人庄等地为警戒阵地，沿鹊山、华山、茂岭山、砚池山、回龙岭、千佛山、马鞍山、腊山、药山之线构成主阵地，纵深达10余公里，由160多个支撑点组成。基本防御地带，以商埠为第一线阵地，外城为第二线阵地，内城为核心阵地。各阵地都储有大批粮食、弹药，准备长期坚守。王耀武预计外围能守半个月，市区至少可守一个月。

为能固守，王耀武于9月14日飞南京请援。蒋介石原拟以整八十三师空运济南，但由于该师已为刘峙调至丰县、鱼台，15日蒋介石令空运整七十四师去济南。16日夜济南战役即已开始，整七十四师仅于17日空运该师第五十八旅第一七二团七个连至济南，飞机场即不能使用。

三　攻　占　济　南

华东野战军攻城兵团，于9月9日分别自济宁、汶上、泰安、莱芜、章邱地区，向济南隐蔽前进。15日，两广纵队等扫除了长清西南地区保安部队，包围了长清城。王耀武判断解放军主攻方向在西面，遂将其预备队第十九旅调至飞机场以西古城方向待机，将第五十七旅由张夏、箇山等地撤入市区，准备转用于西郊。

9月16日午夜，人民解放军发起全线总攻。经一天激战，西集团歼灭长清、齐河守军后迅速迫近济南西郊。东集团一举攻克茂岭山、砚池山及回龙岭等高地。王耀武又判断解放军主攻

方向在东,急将第十九、第五十七旅东调,并以第十五旅及刚刚空运抵济的整七十四师七个连,自七里河方向向茂岭山、砚池山实施反击,企图恢复城东屏障;另以一部兵力增援燕翅山阵地,以阻止解放军的攻势。随后又将整二师的第二一一旅由飞机场以西调入市区,以增强机动兵力。17日,蒋介石命令邱清泉第二兵团准备经鲁西南北上,黄百韬第七兵团、李弥第十三兵团分别由新安镇及固镇地区向徐州集结,准备沿津浦路北上。蒋同时电令王耀武死守待援。

粟裕等获此情况后,当日即令攻城兵团继续猛攻,令阻援、打援兵团迅速进入阻击阵地,做好歼灭援敌的准备。攻城东集团在炮火支援下,多次击退反击的国民党军,巩固了茂岭山、砚池山、回龙岭既得阵地。攻城西集团战至18日攻克了古城、玉皇山、簸箕山、党家庄等地,并以炮火封锁了飞机场,使国民党军不能空运援兵。19日晚,国民党整九十六军军长吴化文,率其整八十四师等部三个旅约两万人起义①,撤离战场。许世友乘势将攻城预备队第十三纵队加入西集团作战。至20日拂晓,商埠以西的阵地全被攻占。

人民解放军的猛烈攻击和吴化文的阵前起义,打乱了国民党军的防御部署,更动摇了王耀武等固守济南的信心。他立即向国防部请求突围,被蒋介石严词拒绝,令他"将阵地缩短,坚守待援",并告知已严令邱清泉、黄百韬、李弥三个兵团"星夜前进解济南之围"。王耀武当即调整了部署:除留一个营守千佛山,一个团守马鞍山,三个旅又一个团守商埠外,主力撤至城内。

20日,中央军委电示粟裕等:王耀武有可能突围,应从各方面布置,不使漏网;同时指出刘峙已令邱清泉兵团集结临城待命

---

① 吴化文早年参加西北军,中原大战后随韩复榘投奔蒋介石,任手枪旅旅长兼济南警备司令。抗日战争期间,任汪伪"和平建国军"第三方面军总司令。日本投降后,该部被蒋介石改编为先遣军第五路军,后又改编为整八十四师。胶济路中段战役,整九十六军军长陈金诚被解放军俘虏后,王耀武保荐其为整九十六军军长兼整八十四师师长。他曾与中共华东局敌工部有联系,但心存观望,与解放军时打时谈。济南战役开始后,在解放军武力打击下,吴化文才决定起义。起义后,整八十四师改编为人民解放军第三十五军,曾参加淮海战役和渡江战役。

援济,应迅速集结打援兵团全力于邹、滕地区准备歼击北援之敌。粟裕遂令第一、第六、第十一纵队及苏北兵团一个纵队至新泰、蒙阴、兖州等地准备打援,同时令攻城兵团迅速进攻商埠。商埠是济南城西工商业集中地区,国民党山东省党部和国民党军第二绥靖区司令部均设在该区。许世友、谭震林等依照军委及华野的指示,决定令西集团实施连续突击,令东集团继续肃清城外残敌。20日黄昏,西集团经40分钟炮火准备和连续爆破后,多路突入守军阵地,至22日下午,完全占领商埠,歼敌两万多人,东集团也肃清了城东残敌,直逼城下。

解放军攻占商埠后,王耀武认为经七昼夜连续战斗,解放军必已"伤亡重大"、"疲惫不堪",势必进行3日至5日的休整才能攻城。因而他一面请求南京国防部调动大批飞机轰炸商埠,以破坏解放军的攻城准备;一面以四个旅守外城;三个旅守内城,积极加修工事,准备固守待援。

许世友等不给守军以喘息机会,决定立即对外城发起攻击,部署东集团第九纵队配属坦克四辆于城东永固门正面及东南角突击,第十纵队由城西普利门及永镇门、小北门实施突击,第三纵队集结商埠为预备队。22日晚,攻城兵团各突击部队在强大炮火掩护下,进行连续爆破,勇猛突击,经过一个多小时的激战,分别突入外城,展开巷战。至23日,除个别据点外,攻占外城。

退守内城的第十五、第十九、第五十七旅等部队,依托高厚城墙和坚固工事,企图坚守。蒋介石也令空军对解放军已攻占市区进行轰炸,使商埠及外城大片民房被炸起火,居民死伤及财产损失极重。

攻城兵团为迅速歼灭残敌,立即对内城发起总攻。第九纵队、渤海纵队由东南方向,第十三、第三纵队由西南方向实行突击。23日18时,攻城兵团的全部火炮参加了火力准备。一小时后,各突击部队发起突击。王耀武率守军拼死抵抗。第九、第十三纵队虽打了两个缺口,但仍为守军反击夺回,仅从坤顺门附近突入的第十三纵队两个连登城坚守在少数房屋内,与数倍守军展开激战,经肉搏后,大部牺牲。第一次攻击受挫后,攻城兵

团迅速调整部署,将火力及爆破全部集中于主要突击方向,经紧张、周密的准备后,于24日2时再次发起突击。至当日拂晓,先后由城东南角和城西南角突入城内,激战至黄昏,全歼守敌,解放了济南。王耀武化装逃至寿光县境,被当地地方武装俘获。

此次战役,国民党军空军共出动战斗机376架次,轰炸机71架次,战斗轰炸两用机50架次,另以运输机27架次空运部队及物资,终未能挽救济南守军的覆灭命运。

由徐州北援的国民党军,虽经蒋介石严令督促,但因察知解放军强大的阻援打援部队正严阵以待,惧怕被歼,行动迟缓。华东野战军攻占济南时,邱清泉第二兵团方进至成武,黄百韬、李弥第七、第十三兵团尚在集结之中。济南攻克之后,菏泽、临沂、烟台等地守军,慑于人民解放军的威势,纷纷弃城逃走。山东境内除青岛及南部边沿少数据点外,均获解放。

华东野战军经八昼夜的激战,攻克济南及其外围所有据点。此役共歼灭国民党守军10万多人,其中打死约2万人,俘虏6万多人,起义2万多人。俘获第二绥靖区司令聂松溪等高级军官23名。缴获榴弹炮17门,野炮7门,山炮59门,步兵炮11门,战防炮41门,臼炮6门,高射炮10门,机关炮19门,迫击炮169门,六〇炮等小炮共553门;火箭筒63具,掷弹筒304具,枪榴筒128具,火焰喷射器8具;高射机枪9挺,重机枪643挺,轻机枪3113挺,冲锋枪1484支,战防枪28支,卡宾枪365支,步马枪4848支,短枪2775支;飞机3架,坦克、装甲车20辆,铁甲车4列,汽车500辆以及大批弹药及军用物资。华东野战军伤亡2.6万人,其中第三纵队第八师师长王吉文、第十三纵队第三十七师政委徐海珊等2930名指战员牺牲。

济南的攻克,开创了人民解放军攻取坚固设防和10万重兵防守的大城市的先例,进一步削弱了国民党军的士气,增强了解放军攻克坚固设防大城市的信心。济南的攻克,使华北、华东两大解放区连成一片,控制了津浦路徐州以北至天津以南及胶济路青岛以西的路段,大为改善了支援前线的条件。同时,华东野战军也可以全部南下,协同中原野战军进行更大规模的歼灭战。

济南战役实际上已构成人民解放军战略决战的前奏。战后,蒋介石对美国军事顾问团团长巴大维说,他"对济南之战的结局深表失望","该城失陷实出意料之外","必须研究中国的战略与战术以及野战部队的组织与训练,藉使在济南所犯的错误不致重复。""过去不惜任何牺牲以坚守强固据点或主要城市的老战略,必须改变。"①

第三节　辽沈决战　歼灭卫立煌集团

一　战前形势和双方战略决策

1948年3月,东北人民解放军冬季攻势结束之后,东北战场的军事形势发生了根本性的改变。东北地区97%的土地和86%的人口已经获得解放,解放区的铁路有1万多公里,占东北铁路全长的95%。人民解放军经过休整补充后,在军队数量、武器装备和军政素质上,都已全面超过东北的国民党军,居于优势地位。至辽沈战役发起前的8月间,东北人民解放军已发展至103万人。其中野战军计12个步兵纵队36个步兵师,15个独立师,3个骑兵师,1个炮兵纵队(辖3个野榴炮团,2个摩托化重炮团,1个重迫击炮团,2个摩托化高射炮团,1个炮兵旅),1个铁道纵队,1个坦克团,共70多万人。另有地方武装及二线补充兵团33万多人。全军拥有山炮、野炮、榴弹炮等重炮660门,高射炮116门,战防炮、步兵炮、迫击炮等1 600余门。部队通过新式整军运动,广大指战员的政治觉悟和战术、技术水平都有了很大的提高。

东北国民党军,在卫立煌任东北"剿总"总司令后,经过补充

---

① 《巴大维将军的报告》,载《美国与中国的关系》(白皮书)上卷,第269页,转引自朱宗震、陶文钊《中华民国史》第三编第六卷,第215页,中华书局2000年版。

和调整,至1948年8月,总兵力为55万人,其中正规军4个兵团14个军44个师(旅),约48万人。其分布态势为:由东北"剿总"副总司令兼锦州指挥所主任范汉杰率第六兵团等部4个军(新五、新八、新五十四、新九十三军)14个师,连同地方部队共15万人,防守以锦州为重点的义县、锦西、山海关一线;由东北"剿总"副总司令兼第一兵团司令官郑洞国指挥2个军(新七、新六十军)6个师,及地方部队共10万人,困守长春孤城;卫立煌直接指挥第八、第九兵团共8个军(新一、新三、新六、新四十九、新五十二、新五十三、新七十一军和整二〇七师)24个师(旅)及"剿总"直属部队共30万人,防守沈阳及其外围铁岭、抚顺、本溪、辽阳、辽中、新民等城市。

国民党在华北、东北、华中、徐州、西安五大战略集团中,以徐州、东北两集团的兵力最多,战斗力最强,是蒋介石的两大主力集团。但东北卫立煌集团所处的战略态势最为不利:50多万部队被分割在长春、沈阳、锦州三个孤立地区,面临着百万解放军的打击。1948年8月间,东北大雨,东北人民解放军暂时没有南下作战,战场表现沉寂。国民党统帅部为摆脱困境,国防部拟制了东北作战的意见,报告给蒋介石,主要内容是因无法向长春空投足够的粮食过冬,主张长春守军于10月间向南突围,沈阳部队向北实施进攻,策应其突围向沈阳集中。8月25日,蒋介石指示:"先电长、沈,告以十月打通长沈交通,俟共军集中四平街一带,则国军打通沈、锦线,如共军向辽西移,则长春守军经西丰方面突围。"①

9月10日,国防部第三厅厅长郭汝瑰飞沈阳与卫立煌协商实施办法,卫立煌"反对长春突围,认为突围二日即将被全部歼灭","如沈阳方面出兵援助,则沈阳方面亦必乱得站不稳脚"。②经再次与卫商讨,拟订作战方针为:"长春应尽最大努力固守以牵制敌军,沈阳部队则力求战力恢复,粮食自给,候机击破敌一、

---

① 《郭汝瑰日记》1948年8月25日,南京军区摘抄打印本。
② 《郭汝瑰日记》1948年9月10日,南京军区摘抄打印本。

二个纵队之后再北上解围,而挽回东北局面。"①廖耀湘等将领则认为,"沈阳久守不攻非计,东北安全并非由于我取守势,而系匪无力取攻势之结果。伊等均主张打通营口至沈阳之交通"②。郭汝瑰遂综合他们的意见拟订东北作战指导草案:

> 国军应立即打通营口,将锦州方面部队转用于沈阳,形成有力之攻势集团,于冬季前进出开原、昌图附近地区寻敌决战,以解长春之围。辽西则仅保守葫芦岛、锦西,冀东则保持秦皇岛及其以西交通。秦锦间铁路可先拆除,以减少损失。长春方面尽量加强空运,以图渡过严冬,可能则与北上部队夹击敌军。③

郭汝瑰回南京后,于14、15日先后向刘峙、顾祝同、蒋介石及美国军事顾问团团长巴达维报告东北之行和作战指导计划,得到各方的支持,蒋介石并令郭汝瑰拟制详细计划呈核。但事实上东北人民解放军已于9月12日发起北宁线战斗,16日济南战役又开始,战况发展迅速。蒋介石把主要注意力集中在形势危急的济南作战上,无力顾及东北的作战。东北国民党军在辽沈战役发起时,完全处于消极防御的被动地位,根本谈不上什么攻势作战问题。

根据东北人民解放军和国民党军的军力对比,解放军进行战略决战的条件业已具备。特别是当国民党军对东北是守是撤,犹豫不决、举棋难定之际,选择在东北进行战略决战,是极为有利的。早在1948年2月7日,冬季攻势正在进行时,毛泽东就在给林彪、罗荣桓、刘亚楼的电报中说:

> 对我军战略利益来说,是以封闭蒋军在东北加以各个歼灭为利。

---

①②③ 《郭汝瑰日记》1948年9月11日,南京军区摘抄打印本。

下一次作战有两个方向,一是打抚顺、铁岭、法库之敌,一是打阜新、义县、锦西、兴城、绥中、山海关、昌黎、滦州等地之敌。究竟打何地之敌为好,依情况决定。

如果我军能完全控制阜、义、兴、绥、榆、昌、滦地带,对于应付蒋军撤退是否更为有利。①

很明显,毛泽东的意见是倾向于打锦州至山海关一线的国民党军,以利于切断东北与华北的联系,将东北国民党军封闭于东北地区各个歼灭。2月10日,林彪等复电毛泽东:"我们同意与亦认为将敌堵留在东北各个歼灭,并尽量吸引敌人出关增援。这对东北作战及全局,皆更有利。今后一切作战行动,当以此为准。"②

冬季攻势结束后,林彪及东北局、东北野战军领导,研究了东北的形势后,4月18日又致电毛泽东,建议先打长春,认为"估计敌目前在东北的基本方针为集中兵力固守沈、长、锦三大城市,藉以阻止我军入关,并企图利用辽河、太子河的掩护,经辽中、台安相机打通沈阳、锦州间汽车路的交通"③并提出,根据对敌情的判断,准备5月份集中兵力围攻长春。而南下北宁路或入关作战,道路和补给均有困难,在敌人集中兵力守大城市的情况下,东北主力南下或者到处扑空,或者遇强敌而无力消灭,"故目前只有打长春的办法为好"④毛泽东虽然认为南下打北宁路在战略上有利堵留敌人各个歼灭,但为尊重前线指挥员的意见,更重要的是攻克长春,可以解决对重兵防守大城市的攻坚问题,也有利于尔后继续发展战略进攻,所以于4

---

① 《毛泽东军事文集》第四卷,第391页,军事科学出版社、中央文献出版社1993年版。
② 中国人民解放军历史资料丛书编审委员会:《辽沈战役》,第51页,解放军出版社1993年版。
③ 中国人民解放军历史资料丛书编审委员会:《辽沈战役》,第53页,解放军出版社1993年版。
④ 中国人民解放军历史资料丛书编审委员会:《辽沈战役》,第54页,解放军出版社1993年版。

月22日复电林彪等：同意先打长春的意见，"我们同意你们先打长春的理由是先打长春比较先打他处要有利一些，不是因为先打他处特别不利，或有不可克服之困难"①。

5月下旬，东北野战军第一、第六纵队和第十二纵队的第三十四、第三十六师以及独六、独七、独八、独九、独十等13个师发起长春外围战。第六纵队的第十六师和独十师勇猛迅速地攻占了飞机场，歼敌暂五十六、暂六十一师和保安旅各一部共6 000多人，俘暂五十六师副师长王正国和该师第一、第二团团长等人。野战军伤亡2 100多人。

通过外围战斗，解放军发现部队进攻坚固设防大城市，在战术技术上还有问题，尚无必克的把握。因而于6月5日，林彪等致电中央军委，提出对长春采取长时期围城打援，然后攻城的办法。军委复电同意。但至7月东北局常委重新讨论野战军作战方向问题时，结果一致同意放弃先打长春的计划，决心主力南下作战。7月20日，林彪、罗荣桓、刘亚楼将上述决心电报军委，并提议东北主力开始南下作战。22日，林彪等又致电军委，建议华北军区部队"派兵围攻大同，将傅作义部队分散到大同方面，以便我军能各个击灭敌人"②。22日当天，中央军委复电林、罗、刘并告东北局：

> 向南作战具有各种有利条件，我军愈向敌人后方前进，愈能使敌方孤悬在我侧后之据点被迫减弱或撤退，这个真理已被整个南线作战所证明，亦为你们的作战所证明。攻击长春，既然没有把握，当然可以和应当停止这个计划，改为提早向南作战的计划。在你们准备攻击长春期间，我们即告知你们，不要将南进作战的困难条件说得太多太死，以致在精神上将自己限制起来，失去主动性。现在你们已经

---

① 《毛泽东军事文集》第四卷，第455页，军事科学出版社、中央文献出版社1993年版。

② 《毛泽东军事文集》第四卷，第542页注释②，军事科学出版社、中央文献出版社1993年版。

将注意力移到向南作战方面，研究南面的敌情、地形、粮食等项情况，看出其种种有利的条件，这是很好的和很必要的。①

为配合东北解放军南下北宁线作战，中央军委于7月23日命华北军区组成西进兵团（杨成武第三兵团）向绥远出击，调动傅作义集团向西增援，使其不出关或少出关增援东北战场。7月30日，中央军委致电林彪等：

> 关于你们新的作战计划，我们觉得你们应当首先考虑对锦州、唐山作战，只要有可能就应攻取锦州、唐山，全部或大部歼灭范汉杰集团，然后再向承德、张家口打傅作义。如果你们不打范汉杰先打傅作义，则卫立煌将以大力集中锦唐线，卫、范协力向西援傅，那时你们可能处于很困难地位。西面粮食极为困难，东面则是产粮区，此点你们必须充分计算到。②

此时，林彪对南下作战仍有顾虑，8月6日、8日、11日先后致电中央军委，建议由华北杨成武兵团在东北主力南下之前先行出击绥远，吸引傅作义集团一部西援，然后东北主力南下，并提出"东北主力行动时间，须视杨成武部行动的迟早才能确定"③，又提出南下的粮食、道路、雨具等困难无法解决，因而出动时间仍无法肯定。中央军委于8月7日、9日、12日复电，反复告诫："不应当将南面敌情看得十分严重，尤其不应当以杨成武部之行动作为你们行动的标准。"④"你们应迅速决定并开始行

---

① 《毛泽东军事文集》第四卷，第541页，军事科学出版社、中央文献出版社1993年版。
② 《毛泽东军事文集》第四卷，第548页，军事科学出版社、中央文献出版社1993年版。
③ 《毛泽东军事文集》第四卷，第557页，军事科学出版社、中央文献出版社1993年版。
④ 《毛泽东军事文集》第四卷，第563页，军事科学出版社、中央文献出版社1993年版。

动,目前北宁线正好打仗。"①在中央军委的督催下,东北解放军领导加紧了南下作战的准备工作,并于8月24日致电中央军委:"我部队大约可于本月底或9月初出动,在9月6日前后,即可在北宁线各城打响。"②9月3日,又电报南下作战的预定部署:

> 拟以靠近北宁线的各部,突然包围北宁线各城,然后待北面主力陆续到达后,进行逐一歼灭敌人,而以北线主力控制于沈阳以西及西南地区,监视沈阳敌人,并准备歼灭由沈阳向锦州增援之敌或歼灭由长春南下之敌。对长春之敌,以现有围城兵力,继续包围敌人,并准备乘敌突围时歼灭该敌。③

9月5日,军委复电:

> 你们秋季作战的重点应放在卫立煌、范汉杰系统,不要预先涉想打了范汉杰几个师以后就去打傅作义指挥的承德十三军。
>
> 你们可以在北宁线上展开大规模作战,在此线上作战补给较便利。这又是中间突破的方法,使两翼敌人(卫立煌、傅作义)互相孤立。因此,你们主力不要轻易离开北宁线,要预先涉想继续打锦州、山海关、唐山诸点,控制整个北宁路(除平津段)于我手,以利尔后向两翼机动。④

9月7日,中央军委致电林彪、罗荣桓、刘亚楼,明确地阐述

---

① 《毛泽东军事文集》第四卷,第557页,军事科学出版社、中央文献出版社1993年版。
② 中国人民解放军历史资料丛书编审委员会:《辽沈战役》,第95页,解放军出版社1993年版。
③ 中国人民解放军历史资料丛书编审委员会:《辽沈战役》,第97页,解放军出版社1993年版。
④ 《毛泽东军事文集》第四卷,第592页,军事科学出版社、中央文献出版社1993年版。

了东北野战军南下作战的指导方针和兵力使用原则：

你们如果能在九十两月或再多一点时间内歼灭锦州至唐山一线之敌，并攻克锦州、榆关、唐山诸点，就可以达到歼敌十八个旅左右之目的。为了歼灭这些敌人，你们现在就应该准备用主力于该线，而置长春、沈阳两敌于不顾，并准备在打锦州时歼灭可能由长、沈援锦之敌。因为锦、榆、唐三点及其附近之敌互相孤立，攻歼取胜比较确实可靠，攻锦打援亦较有希望。如果你们以主力位于新民及其以北地区准备打长、沈出来之敌，则该敌因受你们威胁太大，可能不敢出来。一方面长、沈之敌可能不出来；另一方面锦、榆、唐诸点及其附近之敌（十八个旅）则因你们去的兵力过小，可能收缩于锦、唐两点，变为不甚好打而又不得不打，费时费力，这样就有可能使自己陷于被动地位。不如置长、沈两敌于不顾，专顾锦、榆、唐一头为适宜。再则，今年九月至明年六月的十个月内，你们要准备进行三次大战役，每次准备费去两个月左右时间，共费去六个月左右时间，余四个月作为休息时间。如果在你们进行锦、榆、唐战役（第一个大战役）期间，长、沈之敌倾巢援锦（因为你们主力不是位于新民而是位于锦州附近，卫立煌才敢来援)，则你们便可以不离开锦、榆、唐线连续大举歼灭援敌，争取将卫立煌全军就地歼灭。这是最理想的情况。于此，你们应当注意：（一）确立攻占锦、榆、唐三点并全部控制该线的决心。（二）确立你们前所未有的大歼灭战的决心，即在卫立煌全军来援的时候敢于同他作战。（三）为适应上述两项决心，重新考虑作战计划并筹办全年军需（粮食、弹药、新兵等）和处理俘虏事宜。[①]

至此，经过中央军委、毛泽东与林彪等东北野战军领导人近五个月的反复磋商之后，辽沈战役的作战方针方正式确定下来。

[①] 《毛泽东军事文集》第五卷，第1—2页，军事科学出版社、中央文献出版社1993年版。

它的基本思想是：东北野战军主力南下北宁路，首先切断东北与华北的陆上联系，封闭国民党军于东北，然后运用攻锦州打援的战法，力争将卫立煌集团就地各个歼灭。

二 攻克锦州 解放长春

东北野战军根据中央军委的作战方针，于9月10日拟订了作战计划：第一步以奔袭手段歼灭义县及北宁线上高桥、兴城、绥中、沙后所等据点的国民党军，切断关内外国民党军的联系；第二步集中兵力攻取锦州和打增援之国民党军。具体部署是：以第三、第四、第七、第八、第九、第十一纵队等六个纵队及炮兵纵队主力，第二纵队第五师，冀察热辽军区三个独立师，歼灭义县至昌黎一线之国民党军，尔后相机夺取锦州、锦西、山海关；以第一、第二（缺五师）、第五、第六、第十纵队等五个纵队，位于沈阳西北及长春、沈阳之间，阻止沈阳国民党军向锦州或向长春增援，并随时准备参加攻锦作战和歼灭长春突围之国民党军；以第十二纵队和六个独立师、一个炮兵团及内蒙古军区骑兵第二师等部继续围困长春。

1948年9月12日，东北野战军开始行动。第二兵团司令员程子华指挥第十一纵队及冀热察辽军区独四、独六、独八师及骑兵师、炮兵旅等部，由建昌营等地奔袭昌黎至兴城一线守军。至17日，先后攻占石门、安山、昌黎、北戴河等据点，包围了绥中、兴城、沙后所，吸引了锦西国民党军第五十四军主力向南增援。第四、第九纵队分别自台安、北镇地区出发，于16日包围义县。第三纵队和第二纵队第五师以及炮兵纵队主力自西安（辽源）、四平等地乘火车于20日前后陆续到达义县附近，接替第四、第九纵队包围义县。25日，第九纵队配合自门城南进的第八纵队攻占锦州以北葛文碑、薛家屯、帽儿山等要地，歼灭增援义县的暂二十二师两个团大部。27日，自四平南下的第七纵队，在第四纵队第十二师的配合下，攻占锦州以南的高桥、塔山、西海口，截断了锦州与锦西、葫芦岛的联系。28日，炮兵纵队和第九纵队炮兵团用炮火封锁了锦州飞机场,切断了国民党军的空运;冀察热辽军区三个独立师在炮兵旅支援下,于同日攻占绥中,歼暂编六十师2000余人。29日,第四纵队攻占兴城,歼第五十四军直属工兵、运输、骑兵等部共4000余人。10月1日,第三纵队、第二纵队第五师在炮兵纵队主力支援下,攻克义县,全歼守军暂二十师等部约万人,俘其师长王世高。至此,东北野战军切断了北宁路,完全孤立了锦州。与此同时,监视沈阳、长春国民党军的第一、第五、第六、第十纵队和第二纵队主力,分别自九台、四平、清源、开原等地出发,于9月下旬相继进至新民西北、黑山及其东北、法库以南、开原以北和伊通地区待机。

当东北野战军开始进攻北宁线时,蒋介石和国民党军统帅部认为东北战场南部没有强大兵力,并未重视,仅令卫立煌、范汉杰加强防守,主要注意力集中在济南战役上。直到北宁线形势紧急,范汉杰连电告急,而济南也于9月24日被解放军攻克时,蒋介石才急召卫立煌至南京研究东北作战对策。国防部第三厅厅长郭汝瑰主张:

> 共军如攻锦州,国军应放弃沈阳不顾,举全力援锦,以求一决定性之胜利,同时敌我主力决战之际,长春应即突围南下;如共军对锦州仅系虚张声势,则国军可袭击彰武,歼灭一部有生力量,并破坏铁道后即撤回沈阳;此时如判明敌主力在辽西,长春亦可突围。①

蒋介石支持第三厅的作战方针,于26日严令卫立煌照此方针实施。卫立煌认为如执行统帅部由沈阳单独出兵援锦方案,必遭失败,不愿承担失败的责任,因而"乃求总长(顾祝同)同往"②。当日顾祝同即与卫立煌飞抵沈阳。为增加锦州防守力量,国防部本想从华北空运一部兵力去锦州,但蒋介石一时又

---

① 《郭汝瑰日记》1948年9月25日,南京军区摘抄打印本。
② 《郭汝瑰日记》1948年9月26日,南京军区摘抄打印本。

"不能决心调运北平部队"①,所以经卫立煌同意,国防部决定自27日起将沈阳第四十九军空运锦州。但28日锦州飞机场已被解放军的炮火封锁,因而仅将该军第七十九师两个团又一个营运至锦州。顾祝同去沈阳,本来是奉蒋介石之命,说服并督促东北将领执行以沈阳主力援锦的方案,但遭沈阳将领的普遍反对,无法行动。

蒋介石感到东北形势严重,不得不亲自进行部署,9月30日飞抵北平,10月2日又飞沈阳。经过与傅作义、卫立煌磋商,在国防部第三厅25日拟制的计划基础上,最后确定如下行动方案:范汉杰集团固守锦州,以吸引与消耗东北野战军主力、华北"剿总"所辖的第六十二军、第九十二军1个师、独九十五师以及山东烟台的第三十九军2个师,迅速海运葫芦岛,会同锦西、葫芦岛原有的第五十四军等部4个师共11个师,组成东进兵团,由第十七兵团司令官侯镜如指挥,自锦西经塔山、高桥向锦州攻击;沈阳地区的新一、新三、新六军,第七十一军及第四十九军主力,共11个师又3个骑兵旅,组成西进兵团,由第九兵团司令官廖耀湘指挥,先向彰武、新立屯攻击,截断东北野战军的后方补给线,然后经阜新趋义县,协同东进兵团,夹击东北野战军主力于锦州城下;郑洞国率第一兵团伺机由长春向沈阳突围。

10月2日,林彪得知华北国民党军增兵葫芦岛的情报后,判断葫芦岛的国民党军将大举援锦,锦西、锦州相距仅50公里,且无险可守,恐怕阻援部队抗不住援军,遂于当日22时致电军委,提出两个方案:(一)锦州如能攻下,则仍以攻锦州为好,省得部队往返拖延时间。(二)目前如攻长春,则较6月间准备攻长春时的把握大为增加,但须延迟半月20天时间。"以上两个方案,我们正考虑中,并请军委同时考虑与指示。"②后又经慎重研究,不

---

① 《郭汝瑰日记》1948年9月27日,南京军区摘抄打印本。
② 中国人民解放军历史资料丛书编审委员会:《辽沈战役》,第146页,解放军出版社1993年版。

待军委复电①，即于次日9时致电军委，表示决心"仍攻锦州"，并为此调整了部署：以第二、第三、第七、第八、第九纵队及第六纵队第十七师共16个师和炮纵主力共25万人，攻歼锦州守军，调第一纵队主力南下进至高桥地区为战役总预备队；以第二兵团司令员程子华、政委黄克诚指挥第四、第十一纵队和冀察热辽军区两个独立师位于锦西以北的塔山、虹螺山一线，构筑坚固阵地，坚决阻止锦西方面之援敌；以独八师在山海关附近佯动，迷惑、牵制敌人；以第五、第十纵队，第六纵队主力、第一纵队第三师、独二师、内蒙古军区骑一师，位于彰武、新立屯以东地区，阻击敌廖耀湘兵团；将第十二纵队自长春方向南调通江口，相机转用于南面，并又先后增调5个独立师，连同原围城的6个师及内蒙古军区骑二师共12个师，统由第一兵团司令员萧劲光、政委萧华指挥，继续围困长春。

10月4日，军委复电：这个部署"是完全正确的"，"这样做，方才算是把作战重点放在锦州、锦西方面，纠正了过去长时间内南北分兵，没有重点的错误（回头打长春那更是绝大的错误想法，因为你们很快就放弃了此项想法，故在事实上未生影响）"。军委要求东北野战军按照既定部署，"大胆放手和坚持地实施，争取首先攻克锦州"。"蒋介石已到沈阳，不过是替丧失信心的部下打气。他讲些做些什么，你们完全不要理他，坚决按照你们三日九时电部署做去"。②

---

① 毛泽东在收到林彪等的10月2日电后，于3日17时复电林彪、罗荣桓、刘亚楼："你们应利用长春之敌尚未出动，沈阳之敌不敢单独援锦的目前紧要时机，集中主力迅速打下锦州，对此计划不应再改"。并批评说："在五个月前，长春之敌本来好打，你们不敢打，在两个月前，长春之敌同样好打，你们又不敢打。现在攻锦部署已完毕，锦西、滦县之第八第九两军亦已调走，你们却又因新五军从山海关、九十五师从天津调至葫芦岛一项并不很大的敌情变化，又不敢打锦州，又想回去打长春，我们认为这是很不妥当的。"（《毛泽东军事文集》第五卷，第35页，军事科学出版社、中央文献出版社1993年版。）两个小时之后，毛泽东再电林、罗、刘："我们坚持地认为你们完全不应该动摇既定方针，丢了锦州不打，去打长春。"毛泽东还指出改打长春的不利之点，要求"集中精力，力争于十天内外攻取锦州，并集中必要力量于攻锦州同时歼灭由锦西来援之敌四至五个师"。（《毛泽东军事文集》第五卷，第37页，军事科学出版社、中央文献出版社1993年版。）

② 《毛泽东军事文集》第五卷，第39—40页，军事科学出版社、中央文献出版社1993年版。

10月4日晚,东北野战军指挥所由阜新继续向锦州附近前进,并据锦州守军防御部署和锦州地形条件,确定了攻城部署:以第二、第三纵队及第十七师、炮纵主力附坦克15辆,由城北向南担任主攻;以第七、第九纵队附炮纵一部由南向北,第八纵队由东向西担任助攻。

10月9日发起进攻,至13日,三个攻击集团已攻占了外围各主要据点,逼近城关。14日10时各集团向锦州城发起总攻。先以猛烈集中的炮火打开了缺口,11时左右,南、北两集团在炮火、坦克的掩护支援下,迅速突入城中,打退守军多次步坦联合反击。至15日拂晓,三路攻击部队在城中会师,歼灭了东北"剿总"锦州指挥所和第六兵团司令部,仅剩万余残敌固守老城。当日中午,第七纵队及第二纵队一部向老城发起攻击,激战至18时,全歼残敌,俘范汉杰和第六兵团司令官卢清泉以下官兵近9万人。在战斗期间,国民党空军出动飞机1 063架次,担任空运和空中支援任务,被解放军高炮部队击毁15架。

在锦州攻城战斗的同时,阻援部队也胜利地完成了任务。从10月10日开始,锦西、葫芦岛地区的国民党军,在7架飞机、2艘军舰和数十门重炮掩护下,以3至5个师的兵力,向塔山进行轮番攻击。解放军第四纵队在第十一纵队等部配合下,以坚守和反冲击相结合,击败国民党军的数十次冲击,经六昼夜血战,歼敌6 000多人。至锦州解放时,阵地屹然未动。塔山阻击战的胜利,为主力攻克锦州赢得了宝贵的时间。

由沈阳出援的廖耀湘兵团,于10月8日开始由新民和辽中分路西进。东北野战军以第五、第六(缺第十七师)纵队在彰武东南地区,以运动防御诱其向西北和向北前进,以第十纵队和第一纵队第三师在新立屯以东地区,实施坚强阻击战,使其不能向锦州增援。廖耀湘兵团进至彰武及新立屯以东一线后,因惧被歼不敢速进,徘徊于彰武、新立屯地区,不仅没有起到救援锦州的作用,反而为东北野战军下一步歼灭该兵团造成了有利的态势。

锦州的攻克,使东北战局产生了急剧的变化。10月15

日,蒋介石又一次飞抵沈阳,严令长春守军向沈阳突围。然而经解放军做了大量工作的第六十军军长曾泽生于17日率部起义,解放军兵不血刃迅速地控制了长春东城。接着,新七军官兵也纷纷投诚。19日,郑洞国率余部放下武器,长春和平解放。

锦州之战与解放长春,人民解放军歼灭国民党军第一兵团,连同地方部队共10万人,控制了战略要点锦州,完全截断了卫立煌集团向关内撤退的陆上通道,为尔后全歼东北国民党军奠定了基础。

三 辽西围歼廖耀湘兵团

锦州的解放,使东北国民党军的处境更为严峻。蒋介石于10月18日得知曾泽生部队在长春起义的消息后,当日再飞沈阳,召集卫立煌、杜聿明商讨今后的作战方案。蒋介石据空军的侦察报告,认为解放军正向北票、阜新撤退,必不会守锦州,企图仍按原东、西对进的计划"规复锦州",打通东北主力撤入关内的通道,但他又不对卫立煌等说明真实意图。因而卫立煌仍坚持其固守沈阳的意见,不愿让廖耀湘兵团继续西进。蒋介石飞回北平。19日再次通知卫立煌、杜聿明、傅作义等20日在北平开会,同时令国防部制定"放弃沈阳,举东北全力以扼守锦、葫地区,防止关外共军入关"的作战指导方针。20日会议上,卫立煌和蒋介石仍各自坚持自己的主张。杜聿明根据对蒋介石决心放弃东北的真实意图的理解,提出了一个折中方案:

> 以营口为后方,以一部守沈阳,主力归廖耀湘指挥先转移到大虎山、黑山以南,将通营口后方掩护确实,再向大虎山、黑山攻击;如果攻击成功进而收复锦州,攻击不成功即逐次抵抗迅速向营口撤退。并先以五十二军占领营口,掩

护廖兵团撤退。①

蒋介石批准了这一方案,并任命杜聿明为东北"剿总"副总司令兼冀热辽边区司令官。当日,卫立煌、杜聿明飞沈阳,由杜聿明向廖耀湘、周福成(第八兵团司令官兼第五十三军军长)、赵家骧(东北"剿总"参谋长)、刘玉章(第五十二军军长)等传达了蒋介石的口头命令。其要旨是:

(一)廖耀湘以全力攻锦州,同时葫芦岛、锦西部队亦向锦州攻击前进,协助葫、锦西部队亦向锦州攻击。(二)廖耀湘兵团除现有兵力外,增加第六军、第二〇七师沿北宁路向黑山、大虎山之敌攻击前进,并确保营口后方交通补给线。如黑山敌人被击退(蒋介石判断解放军要退的),即向锦州攻击前进,协助葫、锦部队收复锦州。如黑山、大虎山敌人顽强抵抗,并有增援模样,即向营口逐次抵抗撤退。(三)在廖兵团向黑山、锦州攻击的同时,第五十二军先占领营口,巩固海运补给基地,并与廖兵团联系。(四)第八兵团周福成指挥第五十三军及在沈的其他部队守沈阳(周的命令是次日补下的)。②

21日,杜聿明飞葫芦岛,召集侯镜如及各军长,部署东进兵团策应西进兵团的作战,并下令23日起再次进攻塔山的命令。但各部行动谨慎,不敢冒进,直至27日廖兵团被歼,侯镜如的东进兵团仍徘徊于塔山、虹螺山一线。

锦州攻克之后,中央军委、毛泽东于17日致电林彪等:"你们下一步行动,我们认为宜打锦葫,并且不宜太迟,宜在休整十五天左右以后即行作战,先打锦西,后打葫芦岛,争取十一月完

---

① 杜聿明:《辽沈战役概述》,载《辽沈战役亲历记》,第34页,文史资料出版社1985年版。
② 杜聿明:《辽沈战役概述》,载《辽沈战役亲历记》,第31页,文史资料出版社1985年版。

成夺取锦葫任务。"①当日,军委得到长春国民党第六十军要求起义的报告后,于8日致电林彪等:

> 长春合乎我们理想的解决,使蒋、卫很难下决心走陆路向锦葫增援。假如蒋、卫利用你们打锦葫的时机,迅速全军退至营口据守,利用海道运粮接济,然后逐步运向津榆或华中,则有使你们无法阻止之虞。……提议在日内长春解决后,除留几个独立师监视郑洞国及新七军外,攻长各纵及几个独立师应迅速全部南下,位于沈阳、营口之间。时间应在十一月上旬,过迟则无保障。并须以一个纵队控制营口,构筑坚守阵地,阻绝海上与陆地联系,使蒋、卫不敢走营口。即使他走营口,我可先行抗击,以待主力到达聚歼。②

10月18日,东北野战军领导获悉廖耀湘兵团一部已占新立屯,并继续南进,因而判断沈阳之敌可能经锦州实行总退却,即向军委建议采取诱敌深入方针,在辽西的新立屯、黑山、沟帮子地区打大歼灭战,各个歼灭总退却之敌。19日,军委批准了这一方案,并指出:

> 如果在长春事件之后,蒋、卫仍不变更锦葫沈阳两路向你们寻战的方针,那就是很有利的。在此种情形下,你们采取诱敌深入打大歼灭战的方针甚为正确。但同时仍须估计在长春敌人完全解决,我北面各纵及独立师主力南下之时,蒋、卫改变计划的可能,你们仍应考虑部署有力兵团于营口及其西北与东北地区,以免在蒋、卫采取从营口撤退时,你们措手不及。③

---

① 《毛泽东军事文集》第五卷,第94页,军事科学出版社、中央文献出版社1993年版。

② 《毛泽东军事文集》第五卷,第99页,军事科学出版社、中央文献出版社1993年版。

③ 《毛泽东军事文集》第五卷,第103页,军事科学出版社、中央文献出版社1993年版。

当日22时,军委再次指示:

沈敌似已决心撤退,退营口的可能性很大。你们目前第一要紧的部署是立即令萧萧(指萧劲光、萧华,当时分别任第一兵团司令员和政委——引者注)率长春各独立师大部(留两个至多三个独立师在长春一带即够)及十二纵,兼程从抚顺以东进至营口及其以西以北地区堵塞敌人退路。①

20日4时,进一步指示:

如廖兵团继进,则等敌再进一步再进攻之;一经发觉敌不再进,或有退沈阳退营口听象征时,则立即包围彰武、新立屯两处敌人,以各个击破为方法,以全歼廖兵团为目的。望即本此方针,即刻动手部署,鼓励全军达成任务。②

东北野战军领导林彪等,根据军委的指示,决定采取拖住后尾,夹击中间,分割包围的战术歼灭廖兵团。20日进行了部署:锦州地区的第二、第三、第七、第八、第九纵队、第一纵队主力、第六纵队共17个师和炮兵纵队,立即隐蔽地向新立屯、大虎山、黑山方向急进,从两侧迂回包围廖兵团;第五纵队由彰武西南的绕阳河一线移至阜新东北的广裕泉地区,第六纵队主力仍位于彰武东北地区,第十纵队和第一纵队第三师、内蒙古骑一师由新立屯东北地区后撤至黑山、大虎山地区,依托巫间山,构筑工事继续迟滞敌军前进,以争取时间,俟主力到达后,配合主力围歼敌人;第四、第十一纵队等部继续在塔山地区阻击锦西方面之敌;独二师以四天行程赶到营口,切断敌海上通路。如廖兵团先我转向营口撤退,全军主力立即跟踪追击,争取在营口、牛庄之线

---

① 《毛泽东军事文集》第五卷,第105页,军事科学出版社、中央文献出版社1993年版。
② 《毛泽东军事文集》第五卷,第109页,军事科学出版社、中央文献出版社1993年版。

歼灭撤退的敌人。同时，东北野战军领导向全军下达了全歼东北国民党军的政治动员令。

廖耀湘兵团在得到沈阳的重炮、装甲部队和新民的整二〇七师第三旅加强后，从10月21日开始，在空军掩护下，由新立屯等地猛攻解放军黑山、大虎山阵地。解放军第十纵队等部以与阵地共存亡的决心顽强抗击，浴血奋战，打垮了国民党军整营、整团的多次冲击，有些连队只剩十余人，仍坚持搏斗。经五天激战，终于守住阵地，阻止了廖兵团的前进。黑山阻击战的胜利，为全歼廖耀湘兵团创造了条件。这时，由锦州地区东进的解放军各纵队已经进至北镇及以北、以东地区，威胁着廖兵团的右翼。

这时，国民党军第五十二军两个师，已于24日撤至营口，卫立煌也令新一军暂五十三师自辽河东岸向卡力马前进，并令工兵在辽河上架桥接应廖兵团回撤沈阳。廖耀湘决定自黑山、大虎山以东地区，经台安渡辽河向营口撤退。林彪等东北野战军领导立即以第七、第八纵队从右翼迂回敌人侧后，与第五、第六纵队对敌实施钳形突击，以第一、第二、第三、第十纵队从正面突击，采取边合围、边分割的手段，求歼廖兵团；以独二师由营口以北向台安以北地区急进，断敌退路。25日，廖部先头部队第四十九军一部进至台安西北魏家窝棚时，遭到独二师的截击。第七、第八纵队亦先后插入大虎山、台安之间地区，堵住了南退的国民党军。廖耀湘因南进受阻，惊慌失措，急令各军分别改向沈阳撤退，但为时已晚。26日凌晨，第五纵队进至二道境子、郑家窝棚、姚家窝棚地区，截断了廖兵团向新民、沈阳撤退的道路。其余各纵队由黑山、大虎山向东急进，终将廖兵团主力九个师合围于黑山以东、半拉门以西沿公路两侧地区；另三个师被合围于大虎山以东、义和庄、康家屯之间地区。在北平指挥的蒋介石无可奈何地哀叹："东北全军，似将陷于尽墨之命运。寸中焦虑，诚不知所止矣。"[①]

[①] 蒋介石1948年10月26日日记，转引自古屋奎二《蒋总统秘录》第14册，第83页，台湾"中央日报社"1986年版。

10月26日,东北野战军在黑山、大虎山以东,绕阳河以西,无梁殿以南,魏家窝棚以北约120平方公里的区域内,乘国民党军陷入混乱之际,展开大规模的围歼战,不惧疲劳、伤亡,勇猛地插入国民党军各部之间,打乱了敌人的部署和指挥系统。当晚,第三纵队在胡家窝棚歼灭了廖兵团指挥部。在东北野战军的迅猛穿插、分割围歼下,战至28日拂晓,全歼廖耀湘兵团5个军、12个师(旅)及特种部队共10万人,其中包括号称蒋介石五大主力之一的新一军主力和新六军全部;俘其兵团司令官廖耀湘、新六军军长李涛、第七十一军军长向凤武、第四十九军军长郑庭笈、新一军副军长文小山等,取得了辽沈战役的决定性胜利。

四 攻占沈阳、营口 解放全东北

廖耀湘兵团在辽西被包围时,卫立煌已意识到该兵团一失,沈阳亦将不保。遂于10月26日起,空运东北"剿总"机关非必要人员及家属撤离沈阳。同时令驻本溪、抚顺的第二〇七师第一、第二旅,驻铁岭的第五十三军第一一六师,驻辽中的新一军暂五十三师,向沈阳收缩,以避免被解放军各个击破并加强沈阳防守力量。

27日,蒋介石召杜聿明至北平磋商抢救廖兵团的方法。蒋介石还打算将葫芦岛的部队海运至营口,以策应廖兵团从营口撤退。杜聿明认为从葫芦岛海运部队至营口,至少要一周时间,在此期间廖兵团如仍存在,应已打至营口,不必调葫芦岛部队策应,如打不到营口,用不了两三天就完了。他提出廖兵团已救不出,当前只有快调船把营口的部队撤回;至于沈阳能否退出还成问题。蒋介石不再固执己见,除按杜的意见调船撤退营口的第五十二军外,命杜聿明去沈阳部署防务,并指令第八兵团司令官周福成指挥沈阳各部死守。10月30日,蒋介石再命杜聿明去沈阳部署防务,但飞机至沈阳上空时,因不能降落,只好飞转北平,向蒋介石请示撤退营口、葫芦岛地区部队。当日稍早,卫立煌奉蒋介石令其至葫芦岛指挥部队撤退的命令,率参谋长赵家骧及少数亲信人员,乘最后一架运输机至锦西。但至11月10日,蒋介石将丢失东北的责任完全推到卫立煌身上,以"指挥失当,损兵折将,丧城失地"等罪撤职查办。

中央军委为歼灭沈阳国民党军,于10月27日夜电东北野战军:

> 当面敌人解决后,望以有力兵团(不少于三个纵队)星夜兼程东进,渡辽河,歼灭营口、牛庄、海城一带之敌,阻塞敌人向海上的逃路……如果在目前数日内,沈阳一带敌军已经或正在向营口逃跑,则你们全军须迅速向营口、海城方向进击。①

遵照军委的指示,林彪等东北野战军领导当即令铁岭附近地区之第十二纵队除以一部围歼铁岭地区第五十三军的第一一六师外,主力会同开原地区的五个独立师、内蒙古军区骑二师和辽西战场上的第一、第二纵队,以及本溪地区的独十四师等部向沈阳急进;第七、第八、第九纵队和独二师、内蒙古军区骑一师向鞍山、辽阳、海城、营口急进;并令辽南军区部队立即在辽河上设法架桥,准备主力东渡。10月31日,第一、第二纵队经新民、巨流河进抵沈阳西郊,会同已进至沈阳以南苏家屯的第十二纵队和进抵沈阳北郊、东郊的六个独立师包围了沈阳。

这时沈阳的国民党军为周福成指挥的第五十三军两个师、整二〇七师两个旅、新一军一个师及四个守备总队(相当于师)、三个骑兵旅之残部和一部分地方保安部队,共约14万人。11月1日,东北野战军发起总攻。在解放军的政治争取下,新一军暂五十三师,在师长许赓扬率领下于1日上午起义。其他部队也无力、无心组织抵抗,整师、整团地向解放军请降。第五十三军官兵,在副军长赵国屏及师长王理寰率领下宣布投诚。曾发誓

---

① 《毛泽东军事文集》第五卷,第137页,军事科学出版社、中央文献出版社1993年版。

与沈阳共存亡的周福成被迫躲入大西门里世合公银行,1日中午也不得不率中将高参苏炳文等300多官兵走出银行投降。至17时,市内守军全部解决。唯第二〇七师残部仍在郊区个别据点负隅顽抗。2日,东北野战军独十二、独十三师在东郊东大营歼第二〇七师第一旅一部,第二纵队第六师在南郊乔家窝棚歼第二〇七师第二旅一部。至16时,守军全部被歼,沈阳宣布解放。

在解放沈阳的同时,第七、第八纵队和独二师等部于10月31日解放辽阳、鞍山、海城,直逼营口。同日,第九纵队进抵营口近郊;11月1日晚,突入市区;2日,在独立二师协同下解放营口,共歼敌1.4万人。国民党第五十二军军部率一个师万余人乘船逃走。至此,辽沈战役胜利结束。

锦西、葫芦岛的国民党军在解放军围歼廖耀湘兵团时,未敢北援,沈阳解放后,于11月9日经海上撤向秦皇岛和上海。驻承德的第十三军12日即撤至北平地区。至此,东北全境及热河地区全部解放。

辽沈战役历时52天。东北人民解放军共歼灭国民党军正规军1个"剿总"总部、4个兵团部、11个军部、36个整师(旅),非正规军9个师(总队),共45个师,总计47.2万人。其中毙敌5.68万人,俘虏32.43万人,起义、投诚9.09万人。俘虏及投诚的国民党军将级军官209人,其中中将23人,少将186人。主要缴获:各种炮6 546门,轻重机枪16 293挺,各种枪203 971支,飞机9架,坦克160辆,装甲车180辆,汽车2 261辆,以及大批弹药物资。人民解放军也付出重大牺牲,共损失人员69 213人,其中阵亡1.401万人(团以上干部18人),负伤63 329人,失踪1 874人。战役期间,东北人民全力支援前线,参加民工183万人,出动担架13.7万副,大车12.9万辆,筹集粮食1.1亿斤。①

东北野战军进行辽沈战役期间,华北军区第二、第三兵团遵照

---

① 参见中国人民解放军历史资料丛书编审委员会《辽沈战役》第747、751、752页,解放军出版社1993年版。

中央军委的指示,为钳制傅作义集团,策应东北野战军的作战,并夺取绥远,进行了察绥战役。9月上旬,第二兵团首先向平古路南段和平北地区活动,吸引傅作义集团3个军10个师于自己周围。第三兵团和北岳军区部队乘机向绥远进击,并在晋绥军区第八纵队等部配合下,23日至27日,连克集宁、丰镇、凉城、和林、清水河等城,解放了绥东、绥南广大地区,并包围了归绥。傅作义急从张家口、北平抽调步、骑兵10个师组成西进兵团驰援归绥。解放军第三纵队留一部监视归绥,主力转移至丰镇以北、以西,卓资山以东地区休整待机。30日重占集宁。第二兵团为调动西进兵团回援,以策应第三兵团,9月27日开始,向平古路和平张路沿线发动攻势,至10月15日,相继攻克崇礼、尚义等城和通县东的燕郊、白庙及平张路的沙城、土木、八达岭等数十个据点。西进兵团开始回援后,第三兵团于10月12日又开始向绥西、绥北进攻,至23日,先后攻占陶林、武川、和林、萨拉齐、包头等城镇,接着主力东移,11月15日再次包围归绥。这时辽沈战役胜利结束,为抑留傅作义集团于平津地区,以便协同东北野战军主力入关歼灭该部,第三兵团遵照军委指示,撤归绥之围,转移至卓资山、集宁、丰镇地区休整,战役结束。这次战役,华北第二、第三兵团共歼灭国民党军2万多人,解放了绥远和察北广大地区,钳制了傅作义集团,使其不能大量抽调兵力增援东北,胜利地完成了配合东北野战军进行辽沈战役的任务。

第四节　淮海决战
　　　　　全歼刘峙集团

一　国民党军的徐蚌会战计划

济南战役之后,国民党军在中原战场上的优势地位已经丧失。部队士气低落,厌战及失败情绪相当普遍。但徐州"剿总"副总司令杜聿明仍认为华东地区国民党军在兵力、战力上具有相当优势。他对当前的形势判断是:华东和中原解放军共有23

个纵队,连同地方武装共约60万人。华东解放军经过济南作战消耗,必须经过一个月左右的休整才能重新发起攻势。徐州"剿总"有4个机动兵团12个半军,3个绥靖区有5个军,加上直属部队3个军以及特种部队和交警总队等,共约70万人,并有空军支援。因而杜聿明认为,要打开国民党军到处挨打被消灭的危局,必须争取主动,先发制人。他企图集中徐州主力,乘华北解放军和中原野战军东西分离作战,尚未联合行动之际,突击歼灭华野的一部分,以振奋士气,改善战略态势。

为此杜聿明于1948年10月初拟制了一个《对山东共军攻击计划》。其主要内容为:在中原、华东解放军东西分离之际,以华中国军主力在豫西方面牵制中原解放军主力,阻止其东进,但不与其作真面目的作战。徐州国军以一个绥靖区守备徐州既设工事,一个绥靖区担任徐蚌间护路,并不断对铁路两侧进行扫荡,确保津浦路的安全。另以一个绥靖区为总预备队。徐州前进指挥所指挥四个兵团,以迅速奇袭之战法,包围华东解放军主力之一部而歼灭之,进而击破其主力,一举收复泰安、济南。①

10月3日,杜聿明飞北平将这个计划报蒋介石批准,准备实;同时经参谋总长顾祝同和华中"剿总"总司令白崇禧商议,决定以华中部队牵制中原人民解放军。10月11日,驻郑州的孙元良兵团开始向柳河集结,白崇禧则命令黄维、张淦两兵团由确山、遂平向唐河、赊旗镇地区前进。但这时东北形势紧张,蒋介石于15日凌晨致电杜聿明,叫他不执行《对山东共军攻击计划》,立即随蒋介石飞东北。刘峙本来对杜的计划有所顾虑,更不愿冒风险发动进攻。杜聿明一走,这一计划遂告搁浅。

杜聿明的计划,是面见蒋介石批准的,事先国防部并不了解,蒋批准后才知道的。国防部第三厅厅长郭汝瑰于10月14日也曾拟制过一个计划,其主旨是:"甲案,徐州对陈(毅)守,华中对刘(伯承)攻;乙案,放弃郑州,以孙元良等部守淮(阜阳一

---

① 参见国民党国防部《华东战场作战指导检讨》,徐州淮海战役纪念馆藏打印本。

带）。"①杜聿明去东北，其计划停止执行后，22日国防部在研究中原作战计划时，国防部长何应钦、参谋总长顾祝同等均同意郭的主张。23日郭汝瑰飞赴北平向蒋介石请示。蒋批准了国防部的计划草案，并指出：

> 1. 徐州方面应攻势防御，刘汝明部最后应固守商丘，李振清可退黄河北岸，以后打游击。2. 华中可由白（崇禧）统一指挥。3. 二军、十五军可归入十二兵团，必要时可放弃南阳，进出周家口，以蹑刘伯承之后。4. 可令宋希濂任徐州副总司令，十四兵团可由霍揆彰、吴绍周选一人。5. 应令徐州限期恢复宿迁。②

10月24日，国民党军统帅部下达了作战指示，其主要内容是：徐州"剿总"应对陈毅取攻势防御，逐次消耗其力量并巩固徐州附近地区而确保之；华中"剿总"为策应徐州方面作战，黄维第十二兵团并指挥第二军、十五军，应索刘伯承主力进剿等。这个指示的战略构想是"以徐州为中心，以现态势西起砀山，东至连云港，北起临城，南至蚌埠，构成十字形准备阵，实施内线作战"③。

由于国民党军在短短一月之内，连遭重创：9月24日失济南，10月15日失锦州，19日失长春，廖耀湘集团也形势危急。这一切直接影响了国民党军统帅部的战斗意志。就在10月22日国防部研究中原作战计划的同日，国防部长何应钦就让郭汝瑰"订一南京失守、迁都广东组织军政府继续作战之计划"④。28日，何应钦召集军事会议，讨论京沪不保时应有之计划，决定：1. 政府应迁广州。2. 政府应为军政府。3. 缩减政军机构。

---

① 《郭汝瑰日记》1948年10月15日，南京军区摘抄打印本。
② 《郭汝瑰日记》1948年10月23日，南京军区摘抄打印本。
③ 《国民革命军战役史第五部——戡乱》第五册，第142页，台湾"国防部史政编译局"1989年印。
④ 《郭汝瑰日记》1948年10月22日，南京军区摘抄打印本。

4.调整部署:(1)东北部队撤华北,华北守唐山、津沽。(2)徐总以一部守青岛、海州,主力守京沪以南,华中守武汉、宜沙。(3)西北守陇中及陕南。①

这说明国民党军统帅部对中原战场的战略决战已经失去信心,产生了悲观情绪。29日,国防部再次研究中原作战计划时,一致认为对中原作战已"不能取攻势,而只能于陇海两侧行攻势防御,或消极的退保淮河流域。如须于陇海路作攻势防御,则黄维兵团必须向周家口方面进出,以配合徐州方面之作战"。② 国防部最后决定了陇海路两侧行攻势防御的方案:

> 徐州剿总除以一至两个军坚守徐州外,所有陇海路上的城市完全放弃,集中所有可以集中的兵力于徐州、蚌埠之间津浦铁路两侧,作攻势防御。无论解放军由平汉路、津浦路或取道苏北南下,均集中全力寻找共军决战。③

这时东北败局已定,蒋介石于30日下午返回南京,决定杜聿明仍回徐州担任副总司令,宋希濂仍任原职。又由于白崇禧怕承担战败的责任不肯统一指挥中原作战,蒋介石决定11月4日亲往徐州主持部署。后因事临时决定由顾祝同代他去徐州传达"徐蚌会战计划"。顾祝同于5日到达徐州,召集兵团司令官及可以离防到徐州的军、师长,传达了会战计划,并调整了兵力部署:孙元良第十六兵团(辖第四十一、第四十七、第九十九军),由商丘转移至蒙城地区,保障津浦路徐、蚌段西侧安全;邱清泉第二兵团(辖第五、第十二、第七十、第七十四军),仍在砀山、永城地区集结待机;刘汝明第四绥区(辖第五十五、第六十八军),由商丘移驻临淮关,合肥之第八绥区撤销,辖区划归第四绥区;李弥第十三兵团(辖第八、第九军),由碾庄圩、炮车

---

① 《郭汝瑰日记》1948年10月28日,南京军区摘抄打印本。
② 《郭汝瑰日记》1948年10月29日,南京军区摘抄打印本。
③ 郭汝瑰:《淮海战役期间蒋军统帅部的争吵和决策》,载《淮海战役亲历记》,第53—54页,文史资料出版社1983年版。

段向灵璧、泗县地区转移,担任机动任务;黄百韬第七兵团(辖第二十五、第六十三、第六十四、第一〇〇军),由新安镇移至运河以西集结,以一部控制窑湾、滩上段运河;冯志安第三绥区(辖第五十九、第七十七军),放弃临城、枣庄,退守韩庄、台儿庄段运河及其以南地区;周嵒第一绥区(辖第四、第二十一、第五十一军),驻守淮阴、扬州线;海州李延年第九绥区撤销,所属第四十四军由海上撤上海(后因缺海运船舰,6日又改令该军沿陇海路西撤,归黄百韬指挥,第七兵团俟第四十四军到达后再向新安镇转移);徐州总部直接指挥的第七十二、第一〇七、第六十六、第九十六军,分别防守徐州、睢宁、五河、盱眙与蚌埠。原属华中总部的黄维第十二兵团(辖第十、第十四、第十八、第八十五军),由确山地区开阜阳、太和集结,改归国防部直接指挥,准备参加徐蚌会战。驻南京、徐州的空军第一、第三、第五、第八、第十、第二十等大队的战斗机、轰炸机计126架、运输机32架,支援徐蚌会战。

为增强徐蚌会战的兵力,蒋介石决定将未被东北人民解放军歼灭、现尚在葫芦岛的三个军运往华东,但遭傅作义的反对,傅欲将其运转至平津地区。蒋介石只得将原属华北"剿总"的第六十二军、第九十二军一个师和独九十五师仍归傅指挥,而将第三十九军、第五十四军海运浦口,转用于蚌埠地区。

二 解放军淮海战役总方针的形成

1948年9月23日,济南战役进至扫尾、华东野战军攻城兵团已经突入济南内城时,华野司令部根据侦察的情况,判断徐州之敌不会再行北援。粟裕代司令员便立即同陈士榘(华野参谋长)、张震(华野副参谋长)等研究下一仗在哪里打、怎样打的问题。粟裕的想法是:

一、经徐州以东地区南下,在海州、连云港、两淮地区作战。其目的是削弱、孤立徐州刘峙集团,调敌出援,创造战机,打通苏北和山东的联系,取得新的"粮仓",以支持和准备更大规模的作战,亦便于尔后从苏中南渡长江,完成中央交给我们(华野)的渡江任务。二、经徐州以西重返中原地区,配合中原野战军逐次歼敌,将敌人打至江边各点固守,为我军渡江创造条件。①

9月24日,粟裕致电中央军委、毛泽东并报华东局、中原局,报告了济南战况,提出举行淮海战役的建议:

为更好地改善中原战局,孤立津浦线,并使敌人退守(至少要加强)江边及津浦沿线,以减少其机动兵力,以便于我恢复江边工作,为将来渡江创造有利条件,以及便于尔后华野全军进行陇海路以南作战,能得到交通运输供应的方便和争取华中人力、物力对战争的支援,建议即进行淮海战役。

战役可分为两个阶段。第一阶段以苏北兵团(须加强一个纵队)攻占两淮,并乘胜收复宝应、高邮,而以全军主力位于宿迁至运河车站沿线两岸,以歼灭可能来援之敌,如敌不援或被阻,而改经浦口长江自扬州北援,则我于两淮结束前后,即进行战役第二步,以三个纵队攻占海州、连云港,结束淮海战役。②

此外,粟裕还提出或"只进行海州作战",或"全军即进入休整"的意见等。中原野战军司令员刘伯承、副司令员陈毅、参谋长李达,于9月25日复电粟裕并致电军委,说"我们同意乘胜举行淮海战役",并认为"以第一方案,攻打两淮并吸打援敌为好"。③

毛泽东为军委起草的电报,于9月25日19时复粟裕及华

---

① 《张震回忆录》(上),第330—331页,解放军出版社2003年版。
② 转引自黄玉章《淮海战役的运筹谋划》,第2—3页,国防大学出版社1998年版。
③ 转引自黄玉章《淮海战役的运筹谋划》,第4页,国防大学出版社1998年版。

东、中原军区各领导：

> 我们认为举行淮海战役，甚为必要。目前不需要休整，待淮海战役后再进行一次休整。淮海战役可于10月10号左右开始行动……准备进行几个作战：（一）估计不久邱兵团将退回商砀地区，黄兵团将回至新安镇、运河车站地区，你们第一个作战应以歼灭黄兵团于新安、运河之线为目标。（二）歼灭两淮高宝地区之敌，为第二个作战。（三）歼灭海州、连云港、灌云地区之敌，为第三个作战。进行这三个作战是一个大战役。打得好，你们可以歼敌十几个旅，可以打通山东与苏北的联系，可以迫使敌人分散一部兵力去保卫长江，而利于你们下一步进行徐州、浦口线上之作战。因此，你们应在酉灰（10月10号——引者注）以前做好有关这一战役的充分准备工作，要开一次像上月曲阜会议那样的干部会，统一作战意志，调整内部关系。①

黄百韬的第七兵团下辖四个军，是国民党军中较有战斗力的部队。粟裕提出的淮海战役，是一个一般性的，为尔后的大战役做准备的作战任务，而军委给粟裕的却是一个极为重要的作战任务。所以9月28日毛泽东在给华野的电报中进一步指出："你们淮海战役第一个作战并且是最主要的作战是钳制邱李两兵团歼灭黄兵团"，"这一战役必比济南战役规模要大，比睢杞战役的规模也可能要大"。毛泽东要求"对全军作战所需包括全部后勤工作在内有充分之准备，方能开始行动"，并改变"不需要大休整"为休整20天，"10月10号左右开始行动"为"推迟至酉哿（10月20号——引者注）左右"。②

根据中央军委、毛泽东的指示，10月5日，华野前委在山东曲阜

---

① 《毛泽东军事文集》第五卷，第19页，军事科学出版社、中央文献出版社1993年版。

② 《毛泽东军事文集》第五卷，第26—27页，军事科学出版社、中央文献出版社1993年版。

召开师以上干部扩大会议。9日的作战会上,粟裕等华野领导"研究了淮海战役第一阶段的作战重心与部署",根据情况变化,做了两个方案:

  一是"围城打援",以一部兵力攻打连云港、海州,调动黄百韬兵团东援,以运动中歼灭之。二是直接分割包围新安镇地区的黄百韬兵团,力求全歼,并以一半以上兵力打援。与会同志多倾向于第二方案,并分析了战场情况发展的五种可能性。10月12日,子时(23—1时),将讨论的意见综合上报了军委。①

  实际上11日酉时(17—19时)毛泽东为军委起草的关于淮海战役的作战方针就已发给华野了。由于当时装备器材条件的限制,直到12日亥时(21—23时)将向军委报告的电报发出后,华野领导才收阅到军委来电。军委关于淮海战役方针的电报说:"本战役第一阶段的重心,是集中兵力歼灭黄百韬兵团,完成中间突破,占领新安镇、运河车站、曹八集、峄县、枣庄临城、韩庄、沭阳、邳县、郯城、台儿庄、临沂等地。"②为达此目的,应以6至7个纵队分割歼灭黄百韬所属3个整编师(当时第一〇〇军尚未进入兵团序列),以8至10个纵队,阻击由徐州东援的邱、李两兵团。这一部署,大体如同9月间攻济打援的部署,否则不能达到歼灭黄兵团三个师的目的。第一阶段力争在战役开始后两星期至三星期内结束。第二阶段,以大约五个纵队,攻歼海州、新浦、连云港、灌云地区之敌,并占领各城。第三阶段可设想在两淮方面作战。③

  14日,军委电报又指出:担任打援的部队,应放在援敌的侧面,即位于徐州的北面、西北面、南面,造成围攻徐州的态势,使徐州之敌"第一个感觉是我军似乎有意夺取徐州,而不能确切断

---

① 《张震回忆录》(上),第331页,解放军出版社2003年版。
②③ 《毛泽东军事文集》第五卷,第66页,军事科学出版社、中央文献出版社1993年版。

定我军并非夺取徐州,而是歼灭黄兵团。等到我军对黄兵团攻歼紧急而决定增援时,又发现如不解除南北两侧威胁,则很难赴援。这样就给我军以必要的时间歼灭黄兵团"①。同时军委还决定中原野战军主力,在淮海战役发起前攻克郑州,然后攻开封或直出津浦路徐州、蚌埠间,钳制敌孙元良、邱清泉、李弥兵团和第四绥靖区部队,配合华东野战军作战。第六纵队首先协同江汉、桐柏军区部队,努力将黄维兵团牵制在平汉路以西,并彻底破坏平汉路南段;当黄维兵团东援徐州时,则对其进行尾击和侧击,迟滞其前进。

10月22日,中原野战军占领郑州,守敌第四十军第一〇六师及第九十九军第二六八师1.1万多人北逃,被追歼于郑州以北老鸦陈地区。24日,第四绥靖区部队放弃开封东撤,中原野战军主力四个纵队,在陈毅、邓小平率领下,乘势继续东进。

11月1日,中央军委接受粟裕的建议,决定"整个战役受陈、邓统一指挥"②。11月2日,陈毅、邓小平致电中央军委、毛泽东:"本作战我们当负责指挥,惟因通讯工具太弱,故请军委对粟谭方面多直接指挥"。③ 7日,中央军委依据辽沈战役胜利后出现的全国军事形势的巨大变化,决定扩大淮海战役的原定规模,指示华东野战军主力按原部署直出新安镇两侧及台儿庄、贾旺、邳县等地;中原野战军主力及华东野战军一部,继续在徐州以西地区求歼第四绥靖区刘汝明部,尔后两大野战军即可直逼徐蚌线。中央军委指出:

> 第一仗估计需要十天左右时间,力争歼灭黄百韬十个师(包括四十四军),李弥一个至两个师,冯治安四个师(包括

---

① 《毛泽东军事文集》第五卷,第67页,军事科学出版社、中央文献出版社1993年版。

② 中共中央党史资料征集委员会主编:《淮海战役》第1册,第107页,中共党史资料出版社1988年版。

③ 中共中央党史资料征集委员会主编:《淮海战役》第1册,第111页,中共党史资料出版社1988年版。

可能起义者在内），刘汝明六个师（包括可能起义者在内），以上共计二十一个至二十二个师……那时蒋介石可能将徐州及其附近的兵力撤至蚌埠以南，如果敌人不撤，我们即可打第二仗，歼灭黄维孙元良，使徐州之敌完全孤立起来。①

人民解放军参加淮海战役的兵力为：华东野战军15个步兵纵队、1个特种兵纵队，约36万人；中原野战军7个步兵纵队，约15万人；加上能够就近参加战斗的华东军区、中原军区、华北军区所属冀鲁豫军区的地方部队，总兵力约60万人。与国民党总兵力相比，国民党军仍占优势，但已相差无几。

三　华东野战军围歼黄百韬兵团

根据中央军委的指示，华东野战军决定以七个纵队分割围歼黄百韬第七兵团于新安镇、阿湖地区；以八个纵队担任阻援任务，其中以三个纵队南、北对进，牵制、阻击第十三兵团东援，割裂第七、第十三两兵团之联系；以山东兵团指挥三个纵队歼灭第三绥靖区之敌或促其起义，尔后渡过运河，直插徐州以东，以牵制第十三兵团，阻击徐州之敌东援，另以两个纵队（战役初期归中原野战军指挥）从西北方面威胁徐州。中原野战军主力四个纵队由睢县、柘城地区东进，求歼商丘地区之第四绥靖区，尔后攻占宿县，切断津浦路徐蚌段，完成对徐州的战略包围，并调第二、第六纵队至淮海战场阻击第十二兵团。

1948年11月6日，华东、中原野战军按照预定计划发起淮海战役。7日，黄百韬兵团开始西撤。8日，第三绥靖区副司令官、中共秘密党员何基沣、张克侠率第五十九军两个师、第七十七军一个半师共2.3万人在贾庄、台儿庄地区起义。华野山东兵团顺利地南渡运河，越过该部防区，直插徐州以东地区（原在

---

①《毛泽东军事文集》第五卷，第177页，军事科学出版社、中央文献出版社1993年版。

徐东的第十三兵团,此时已离开徐东地区,正向灵璧方面转进)。刘峙得悉解放军多路向徐州前进及何、张起义后,十分惊慌,当即改变原来撤至徐蚌段两侧的计划,急令第二、第十三、第十六兵团,星夜向徐州集中,紧守徐州。同时,蒋介石令杜聿明速至徐州指挥作战,并以李延年率第九绥靖区机关在蚌埠组建第六兵团,第四绥靖区改为第八兵团。

根据形势的发展,粟裕同张震商量,拟在歼灭黄百韬兵团后,乘胜扩张战果,力争将南线敌主力歼灭在徐州及其周围。他们认为黄百韬部不久将被解决,这样,华野十几个纵队腾出手来,同中野紧密配合,就可以在徐州附近打更大的歼灭战。于是二人联名向陈、邓首长及中央军委致电建议(齐辰电):

> 我们主张在歼灭黄兵团后,不必再按原定计划,以主力向两淮推进,而应转向徐蚌线进击,抑留敌人于徐州及其周围,尔后分别削弱与逐渐歼灭之;同时以主力一部进入淮南地区,截断浦(口)蚌(埠)线,错乱敌之部署与孤立徐蚌各点敌军……因为,从军事上讲,一旦把敌军的主力悉数歼灭于江北,那么,在尔后渡江作战和最后解放全中国的过程中,就不会遇到太大的抵抗了,江南的许多城市就能免遭战火的损失,从而很快为全国胜利后的经济建设发挥积极作用。①

11月9日,军委复电:"齐辰电悉。应极力争取在徐州附近歼灭敌人主力,勿使南窜。"②

> 你们按照敌要总退却的估计,迅速部署截断敌退路以利围歼是正确的。……现在不是让敌人退至淮河以南或长江以南的问题,而是第一步(即现在举行之淮海战役)歼敌主

―――――――――――
① 《张震回忆录》(上),第335—336页,解放军出版社2003年版。
② 《毛泽东军事文集》第五卷,第184页,军事科学出版社、中央文献出版社1993年版。

力于淮河以北,第二步(即将来举行的江淮战役)歼敌余部于长江以北的问题。①

这样,就把原来以歼灭徐州右翼集团敌军主力的目标,扩大到求歼徐州国民党军主力;把原来仅限于两淮、海州地区的作战,发展为以徐州为中心,东起海州,西止商丘,北起临城,南达淮河的广大地区,同国民党军当前最大的一个重兵集团进行的一次战略性的决战。

11月10日,山东兵团主力歼灭了黄百韬兵团西撤的先头师,切断了它的退路。11日,华东野战军将黄兵团合围于碾庄地区,并开始向其猛攻。黄兵团据守原第十三兵团构筑的相当完整的防御阵地,又利用这些工事和有利的地形,迅速构成以地堡群为骨干,以堑壕、交通壕联结成的环形阵地,在空军掩护下逐村抵抗。华野进攻部队由运动中仓促转入阵地进攻,准备不足,炮火未能跟上,所以连续三天,进展缓慢,伤亡甚大。14日晚,部队调整部署,华野以山东兵团兼政委谭震林、副司令员王建安指挥第四、第六、第八、第九、第十三纵队及特纵主力围歼黄兵团;以第十纵队司令员宋时轮、政委刘培善指挥第七、第十、第十一纵队从正面阻击徐州东援之敌;以苏北兵团司令员韦国清、副政委吉洛(姬鹏飞)指挥第二、第十二纵队、鲁中南纵队及中原第十一纵队,从徐州东南进逼徐州,威胁援敌后路;以第一纵队为战役预备队。中原野战军于12日转入徐蚌线作战,陈毅、邓小平以第四纵队、华野的第三纵队和两广纵队由西南面,冀鲁豫军区两独立旅由西北面威胁徐州;以第三纵队和第九纵队一部攻击宿县;以第九纵队主力南下阻击敌第六、第八兵团北援;第一纵队为预备队。

11月15日夜,中野部队攻占宿县,歼敌一个师,切断了徐州与蚌埠间的联系,完成了对徐州的战略包围。

中央军委考虑到此役是南线空前的大战役,"此战胜利,不但

---

① 《毛泽东军事文集》第五卷,第182页,军事科学出版社、中央文献出版社1993年版。

长江以北局面大定,即全国局面亦可基本上解决"。因此,16日决定,由刘伯承、陈毅、邓小平、粟裕、谭震林组成淮海战役总前委,以刘伯承、陈毅、邓小平为常委,邓小平为书记,统筹华东、中原及冀鲁豫地区前后方一切事宜。

16日晚,主攻碾庄地区各纵队以近迫作业接敌、集中火力逐点攻击的战法,发起总攻,至20日拂晓歼灭敌第四十四、第一〇〇军全部及第六十四、第二十五军各一部,攻占敌兵团部所在地碾庄圩。黄百韬逃至大院上,继续指挥残部顽抗。至22日黄昏,全歼残敌,黄百韬自杀身亡。

徐州东援之敌第二、第十三兵团5个军12个师,在飞机、坦克掩护下,从11月12日开始向东猛攻,企图解救黄百韬兵团,但在第七、第十、第十一纵队阻击下,直至黄兵团被歼,仅前进了20多公里。由确山赶来增援的第十二兵团11个师,遭中原野战军阻击,也只进至桧河以南赵家集附近。

至此,淮海战役第一阶段胜利结束。此役,歼灭了黄百韬兵团等国民党军正规军18个师(内3个半师起义),并给第二、第八、第十三、第十六等4个兵团以一定打击。解放军控制了宿县,将刘峙集团分割为南、北两半,为全歼该集团创造了有利条件。

四 中原野战军围歼黄维兵团

黄百韬兵团被歼后,蒋介石决定以徐州的第二、第十三、第十六兵团,蚌埠的第六、第八兵团及第十二兵团三路会攻宿县,企图打通蚌、徐间的联系,将徐州之国民党军撤走。因此,黄维第十二兵团继续向徐州方向推进。

总前委决心集中中原野战军全部,围歼黄维第十二兵团;华东野战军组成南、北两个作战集团分别阻击徐州、蚌埠的敌军,并以一部作为中野围歼黄维兵团的预备队。11月25日,中原野战军将黄维兵团包围在宿县西南之双堆集地区,并在固镇以西大营集歼灭第十八军第四十九师。

26日,黄维决定次日晨集中第十八军第十一、第一一八师,第十军第十八师，第八十五军第一一〇师共4个师，向双堆集东南方突围。早在1927年即参加共产党，大革命失败后长期隐蔽于国民党军中的第一一〇师师长廖运周，请求突围时起义，被刘伯承等领导批准。27日拂晓前，廖率第一一〇师2个团，在解放军炮火支援下，经中野第六纵队等部让开的阵地通道，迅速向指定地区开进。黄维以为廖突围成功，命后续3个师在坦克、飞机掩护下，于天亮后沿第一一〇师路线突围，遭到第六纵队等部预伏火力迎头痛击，折回双堆集。

黄维认为就地防守，不如乘解放军包围阵地尚未巩固之时继续向东南突围。他每天抽调1至3个团，在坦克、大炮、飞机火力掩护下，发动持续猛烈的攻击，企图打开突围缺口。在反突围战斗中，中野部队打得极为英勇艰苦。扼守小李庄阵地的陕南军区第十二旅第三十五团第一营，一天内打退敌人10多次冲击，打死敌人千余人，守住了阵地，全营只剩下40余人。28日，敌第十八军集中3个团的兵力，在12辆坦克及飞机、大炮火力支援下，向马小店强攻，发射炮弹数千发，摧毁了地堡和前沿工事，村内房屋几乎打平。中野第六纵队第十七旅第五十团1个营英勇阻击，第四十九、第五十一团主动增援，将敌击退。

蒋介石见第十二兵团突围不成，遂一面令刘峙到蚌埠督令第六、第八兵团北援；一面令杜聿明率第二、第十三、第十六兵团放弃徐州，绕道永城南下，企图侧击中原野战军，解黄维兵团之围后共同南逃。中央军委对徐州国民党军可能突围早有预见，并指示华野预作准备。11月30日，徐州杜聿明集团约30万人，向永城方向前进。华东野战军即以11个纵队全力追击，12月4日，将其包围在永城东北之陈官庄地区。6日，孙元良第十六兵团自行突围，被解放军歼灭，孙元良仅率数十人逃出重围。

总前委慎重研究当前战局后，确定了"吃一个（黄维），挟一个（杜聿明），看一个（李延年、刘汝明）"的部署，即首歼黄维兵团，对杜聿明集团暂取大部守势，局部攻势，阻其南逃，同时在蚌北阻击李延年兵团。

12月5日，刘伯承、陈毅、邓小平发布《总攻黄维兵团的命

令》，将总攻部队组成三个突击集团：中野第四、第九、第十一纵队及豫皖苏军区独立旅组成东集团，由第四纵队司令员陈赓、政委谢富治统一指挥，任主要突击，歼灭沈庄、张围子、张庄地区之敌；中野第一、第三纵队，华野第十三纵队组成西集团，由第三纵队司令员陈锡联统一指挥，歼灭三官庙、许庄等地区之敌；中野第六纵队、华野第七纵队及陕南军区第十二旅组成南集团，由第六纵队司令员王近山、政委杜义德统一指挥，歼灭双堆集以南玉王庙、赵庄以及以西前周庄、宋庄之敌。尔后三个突击集团合力总攻双堆集。鲁中南纵队为预备队。华野特纵一部组成两个炮兵群，分别支援东、南两集团作战。

6日下午4时左右，总攻开始，各部队实施有重点、多方向的连续突击。初时伤亡较大，战斗一天之后，伤亡日益减少。12月10日，敌第八十五军第二十三师师长黄子华率该师及第二一六师残部共约半个师的兵力向人民解放军投诚。12日，刘伯承、陈毅发出《促黄维立即投降书》。13日将黄维兵团第十四军全部、第八十五军、第十八军各一部歼灭。黄维兵团残部被压缩在纵横不足1.5公里的地域内。当日国民党"空军大量出动，双堆集方面投弹一百多吨以上，蒋介石还令空军投糜烂性毒气弹"[1]。

15日晚12时，黄维兵团4个军11个师共10万余人，除兵团副司令官胡琏等少数人逃脱外，全部被歼。兵团司令官黄维、副司令官吴绍周，军长覃道善、杨伯涛，副军长王岳及4个师长被俘。中原野战军伤亡3万余人。

五 华东野战军围歼杜聿明集团

当黄维兵团即将被歼，杜聿明集团两个兵团被围于以陈官庄为中心、南北5公里、东西10公里的狭小地区内，全军覆没已成定局时，平津战役已经开始。为了不使蒋介石迅速决策海运平津地区国民党军南下，中央军委于12月14日指示淮海前线

---

[1] 《郭汝瑰回忆录》，第331页，四川人民出版社1997年版。

解放军"就现阵地态势休息若干天",对杜聿明集团"只作防御,不作攻击"。①华东野战军各部一面准备总攻;一面进行整补,普遍执行了"即俘即补即战"的方针,将经过初步教育的俘虏兵充实连队,并动员地方青年数万名参军。到12月25日止,华东野战军已增加到46万多人。

12月20日开始,战区雨雪交加,气温骤降。国民党军的空运时断时续,粮弹皆缺,官兵饥寒交迫,靠宰杀军马、吃树皮为生。士兵饿死冻死者日众。为争夺空投的米、饼,有的竟架起机枪互相残杀。飞行员在解放军对空火力射击下不敢低飞,只在高空投放,不少物品落在解放军阵地上。解放军展开强大的政治攻势,采用广播喊话、散发传单、赠送食品、遣返俘虏等方法,实施心理战。为求生路,国民党军成排成连甚至成营的官兵纷纷携械向解放军投诚。至总攻前,国民党军投诚者已达1.4万多人。

杜聿明一再请求调西安、武汉的部队,集中兵力与解放军决战,蒋介石复电"现无兵可增,望弟不要再幻想增兵"。黄维兵团被歼后,蒋介石又令杜聿明组织突围。1949年1月3日,杜聿明致电蒋介石:"官兵饥饿过久,加以空投失散于各处之损失,官兵仍不得一饱。务恳明日内投足400吨食粮,使官兵得一次温饱,5、6两日则粮弹并投,以便及早完成任务。"②蒋介石决定4至6日空投粮食,7、8两日空投弹药,9日突围。③

这时,华北、东北解放军已给傅作义集团以沉重打击,切断了他的退路。华东野战军决定趁杜聿明集团尚未得到充分补给和动摇恐慌之际,发起总攻。经请示总前委并报军委、毛泽东同意,粟裕、谭震林、陈士榘、张震发出作战命令:

----

① 《毛泽东军事文集》第五卷,第401页,军事科学出版社、中央文献出版社1993年版。

② 杜聿明:《淮海战役始末》,载《淮海战役亲历记》,第45页,文史资料出版社1983年版。

③ 此据秦孝仪主编《总统蒋公大事长编初稿》(1949年1月3日),但杜聿明回忆是定于10日在空军掩护下突围。

首先歼灭较弱的李弥兵团残部,尔后乘胜扩张战果,歼击较强的邱清泉兵团残部。以第三、第四、第十纵、渤海纵队和冀鲁豫军区两个旅,统由十纵首长指挥,由东向西攻歼李弥兵团;山东兵团指挥第一、第九、第十二纵队和三十五军(济南战役起义的吴化文部改编)由北向南,苏北兵团指挥第二、第八、第十一纵、鲁中南纵队由南向北,分割邱兵团与李兵团的联系,同时防止敌军突围;第六、第七、第十三纵、两广纵队和豫皖苏军区独立旅等部为预备队;特纵统一指挥山东、苏北兵团炮兵,协同主攻部队作战。各部队于1月6日发起攻击。①

1月6日16时,华东野战军三个突击集团同时发起攻击,在两小时内,即歼灭李弥兵团万余人,攻占村落据点13个。7日,李兵团残部逃入邱清泉兵团防区。解放军乘势连续猛攻,又攻克村落23处。9日,杜聿明集团在20余架飞机掩护下施放毒气,向西突围,被解放军击退。黄昏,解放军全线出击,多路插入敌阵,至10日下午4时,全歼杜聿明集团,打死第二兵团司令官邱清泉,俘杜聿明,仅李弥等少数人化装潜逃。至此,历时65天的淮海战役胜利结束。

杜聿明集团被歼后,位于淮河南岸的国民党军第六、第八兵团和已撤至扬州、南通地区的第一绥区部队,以及由武汉调至滁县地区的第二十、第二十八军,仓皇逃向江南。华东野战军第六、第七、第八、第十三纵队以及江淮军区两个旅,于1月16日乘胜追击,在先期进至淮河以南的先遣纵队等部配合下,至24日,先后解放蚌埠、合肥、泰州、滁县、巢县等县城12座,进抵长江北岸。中原军区部队至1月底,解放了南阳、襄樊、舒城、黄安、庐江、驻马店等城镇。

淮海战役,消灭国民党军徐州"剿总"前进指挥部及其指挥的5个兵团部、22个军部、56个师、1个绥靖区,正规军连同其他

---

① 《张震回忆录》(上),第347—348页,解放军出版社2003年版。

部队共55.5万多人。其中俘32万多人,投诚3.5万人,起义2.8万多人;俘国民党军将领124人,打死6人,投诚22人,起义8人。主要缴获各种炮4 215门,轻重机枪1.45万挺,各种枪15.1万多支,飞机6架,坦克215辆,汽车1 747辆以及大批军用物资。华东、中原人民解放军阵亡2.5万多人,负伤9.8万多人,失踪1.1万多人,合计13.6万多人。

第五节　平津决战　围歼傅作义集团

一　击破傅作义偷袭石家庄的企图

国民党军傅作义集团,在华北人民解放军大机动作战的打击下,东奔西跑,来回奔波,已陷于被动应付的困境之中。但其主力部队尚有4个兵团12个军共42个师(旅),连同地方部队共50多万人。其中不少部队还拥有美械装备。傅作义在国民党军高级将领中,是比较有指挥才能的将领之一。1948年10月1日,朱德在解放军总部作战局战况汇报会上曾评价他:"在作战上他学了日本人一些办法,也学了我们的一套。在华北方面他的力量现在还比我们大,所以傅作义是比较不好打的。但我们还是一定能够解决他。"①

平津决战之前,华北战场上军事形势的基本特点是:人民解放军在战略上已掌握了主动权,在兵力和武器装备上则稍居劣势;国民党军在兵力和武器装备上居于优势,但在战略上已陷于被动挨打、穷于应付的局面中。为了摆脱被动处境,蒋介石、傅作义策划出一个偷袭中共中央和华北人民政府所在地西柏坡、石家庄的方案。早在1948年9月初,傅作义就向蒋介石提出:

――――――――
① 中共中央文献研究室、军事科学院编:《朱德军事文选》,第667页,解放军出版社1997年版。

"从整个华北着眼,增兵三四个军,直捣石家庄,打开战局。"其意图是通过进攻石家庄,调动围攻太原的解放军回师援石,既解太原之围,又可改善华北战局。当时各个战场形势都很严峻,蒋介石根本不可能从其他战场调部队来华北,所以增兵问题不能实现,但他同意进攻石家庄的主张。由于东北人民解放军发起辽沈战役,致使这一计划暂时搁置。

10月下旬,东北战场形势危殆,范汉杰兵团被歼,廖耀湘兵团被围,蒋介石坐镇北平,力图从华北抽调兵力增援东北。这时太原阎锡山又连连告急。傅作义为了避免蒋介石再从华北调兵,于是重提偷袭石家庄的计划。他认为:

>如能乘虚而入直取石家庄,那将直接威胁当时中共中央所在地平山县西柏坡的安全,围攻太原的解放军势必挥师援石,这样既可解太原之危,又可借机将华北"剿总"的部队调到平汉线上,造成一种紧张气氛,从而杜绝蒋介石再从华北调兵的企图。①

傅作义的计划是:以第九十四军、新编骑四师、整编骑十二旅、新二军暂三十二师,配属国防部驻华北爆破大队,组成快速偷袭梯队,由第九十四军军长郑挺锋指挥,奔袭石家庄;以第三十五、第十六军和第九十二军第一四二师为策应梯队,在保定南、北待机。傅的偷袭计划通过中共北平地下党和华北军区敌工部等渠道很快就送至中共中央军委及解放军总部。中央军委副主席周恩来立即采取了措施,代军委起草致聂荣臻等华北军区领导电:

>为坚决保卫石门(石家庄),破敌计划,七纵主力应即移至保定以南,坚决抗阻南进敌人,以待三纵赶到会合歼敌,

---

① 由竹生:《偷袭石家庄经过》,载《平津战役亲历记》,第34页,中国文史出版社1996年版。

使其不得南进；七纵另一个旅，应即直开新乐、正定之间，沿沙河、滹沱河两线，布置坚决抗阻阵地。①

为了策应华北解放军，中央军委致电林彪等东北解放军领导，通报傅作义偷袭石家庄的情况及华北部队的部署后指出：

> 我杨罗耿回援后，在兵力对比上，尚不足歼灭此敌。现通县、北平一带空虚……如十一纵能出现于通县方面调动南下敌军一部回头，则我杨罗耿可给其余部以歼灭打击。②

林彪等接电后，即令东北野战军第二兵团司令员程子华等率第四、第十一纵队及热河独四、独六、独八师、骑兵师等部，组成先遣兵团，向北平近郊前进。与此同时，解放军通过电台、报纸，揭露蒋、傅偷袭石家庄的计划和行动。毛泽东还亲自为新华社撰写电讯和评论。

傅作义的偷袭梯队于10月27日进至保定。28日以第九十四军两个师和爆破大队为右路，以暂三十二师、新骑四师和整骑十二旅为左路，在十多架飞机掩护下，沿平汉路两侧向南推进。人民解放军冀中军区第七纵队在地方部队和民其配合下，采取运动防御，节节抗击，不仅阻止和迟滞了敌军的前进，还给以一定程度的消耗和杀伤。至30日，偷袭梯队仍在唐河以北。由于前线指挥官从电台广播中知道解放军已有准备，判断偷袭难以成功，华北解放军第二兵团先头第三纵队又于10月30日进至完县、唐县地区，傅作义于11月1日急令偷袭梯队撤回保定。偷袭石家庄的计划遂告破产。

---

① 中共中央文献研究室编：《周恩来年谱》，第792页，中央文献出版社、人民出版社1989年版。

② 《毛泽东军事文集》第五卷，第145页，军事科学出版社、中央文献出版社1993年版。

二 双方的战略企图和战役部署

辽沈战役结束之后,华北傅作义集团正面临着东北、华北解放军的联合打击,处境严峻。究竟是固守华北还是实行撤退,成为当时国民党军必须迅速决定的严重问题。蒋介石为加强长江防线,应付徐蚌会战,于11月4日召傅作义到南京磋商。蒋提出放弃平津,任傅为东南军政长官的主张,要傅率部南撤。傅作义则不愿南撤,企图在平津危急时率其部队西撤绥远根据地。但这时蒋、傅均判断东北解放军经过辽沈战役,需要三个月多的时间进行整补,要到明年春天才能入关作战。东北解放军入关之前,凭傅部实力尚能自保。而暂时防守平津,对蒋、傅都有好处。对蒋介石而言,可以钳制东北、华北解放军,取得部署长江防务和组训新部队的时间;对傅作义而言,可以争取美国的直接军事援助和利用华北的人力扩大自己的队伍,必要时更可西撤绥远,自成局面。因此,蒋、傅最后决定采取暂时固守平津张地区,同时确保塘沽海口,以观战局发展的方针。

战略方针虽然定下,但在兵力部署上,蒋、傅主张并不相同。蒋介石主张只以一部兵力防守北平,主力集中津沽地区,以确保海上南撤的通道。但傅作义却不肯撤离张家口,以保持其撤向绥远的通道。因而,从1948年11月中旬开始,傅作义即按自己的意图收缩兵力,调整部署。他先后放弃承德、保定、山海关、秦皇岛等地,以第四、第九兵团部及蒋系部队第十三、第十六、第三十一军,傅系部队第三十五、第一〇一、一〇四军共18个师,防守北平、南口、密云、涿县地区;以蒋系部队第十七兵团部及第六十二、第八十六、第八十七、第九十二、第九十四军共16个师,防守天津、塘沽、唐山、滦县地区;以傅系部队第十一兵团部及第一〇五军等8个师(旅),防守张北、张家口、宣化、怀来地区。另以1个军守归绥,1个师守大同。这样部署的目的,是在战局不利时,蒋、傅两系的部队便于分别向南和向西撤退。

淮海战役发起后,中央军委认为傅作义集团今后的动向可能有三种：一是固守平津；二是放弃平津，蒋系部队南撤江南一带，傅系部队西撤绥远；三是蒋、傅两系部队全撤南京地区。第一种可能对解放军有利，可将其歼灭于华北，以加速国民党统治的崩溃。后面两种可能，对解放军利害各半，虽然解放军可不战而得平津等大城市及华北，但国民党军可加强长江防线，对尔后作战不利。为了使傅作义不感到孤立而自动放弃平津，中央军委先后令华北徐向前第一兵团停攻太原，令杨成武第三兵团撤归绥之围，同时考虑令东北野战军主力提前入关，以阻止国民党军从海上逃跑。

随着淮海战役的胜利发展，中央军委判断淮海战役第一阶段将歼灭国民党军18至19个师。在这种情况下，蒋介石必将考虑其长江防线问题，一种可能是调动部队加强长江防线，而目前所能调动的只有华北的傅作义集团和西北的胡宗南集团。但胡宗南集团负有掩护四川和西南的任务，因此必然要从华北调兵。由于傅作义不愿南撤，所以只有蒋系的24个师可海运南方。这是当时蒋介石唯一可使用的机动兵力。这部分国民党军无论是用于防守长江还是用于淮海战场，对延缓国民党统治的最后崩溃都会发挥一定的作用。还有另外一种可能，那就是蒋介石为争取时间，重建新军，不惜牺牲华北部队，只求挡住解放军三四个月。

因此，中央军委明确地提出了抑留并歼灭傅作义集团于华北地区的作战方针。遂命令东北野战军主力立即停止休整，取捷径以最快速度隐蔽入关，与华北军区主力协同提前发起平津战役；同时指示新华社、广播电台多发东北野战军在东北地区祝捷、庆功、练兵、开会的消息，造成东北解放军正在休整的假象，以麻痹国民党军。

人民解放军用于平津战役的部队，计有东北野战军12个步兵纵队、1个铁道纵队和特种兵部队共55个师约80万人，华北军区7个步兵纵队约13万人，连同地方部队总兵力约100万人。为了统一指挥，军委决定：在东北野战军司令员林彪、政委罗荣桓和参谋长刘亚楼入关之前，整个战役由中央军委直接指挥,林彪等入关后,由林、罗、刘指挥。1949年1月10日,中央又决定以林彪、罗荣桓和聂荣臻三人组成中共总前委,林彪为书记,统一领导北平、天津、张家口、唐山地区的作战和接管城市的一切工作。

三 对傅作义集团"围而不打"、"隔而不围"

1948年11月23日,东北野战军主力分别自锦州、营口、沈阳等地开始隐蔽地向关内开进。

11月25日,华北军区杨成武第三兵团从集宁地区东进,于11月29日向张家口外围国民党军发起突然进攻,正式发起平津战役。12月2日,第三兵团对张家口形成包围态势,切断了张家口傅作义部西逃绥远的道路及其与宣化国民党军的联系。这时,傅作义认为东北解放军主力尚未入关,判断华北解放军进攻张家口只不过是一次局部行动,因而决定集中主力首先击破华北解放军的进攻,然后再迎击东北解放军。他令其主力第三十五军两个师和怀来的第一〇四军一个师车运增援张家口;怀来第一〇五军一个师增援宣化;昌平的第一〇四军主力调至怀来;涿县的第十六军移至昌平、南口,以确保北平与张家口的交通。傅作义部第三十五军等至张家口后,会同当地守军向东、西两面出击。这样,傅作义集团的4个军16个师便被解放军吸引至昌平至张家口一线。

中央军委见吸引傅系主力西援目的已经达到,12月2日令华北军区杨得志第二兵团由易县、紫荆关向涿鹿、下花园急进,切断怀来、宣化间联系;令东北野战军先遣兵团由蓟县向怀来、南口急进,切断北平、怀来间联系,使平张线上的国民党军既不能西逃,亦不能东撤。12月5日,东北先遣兵团南下途中攻克密云,歼第十三军一个师。6日,华北第二兵团到达涿鹿以南,其留于平绥线上的第四纵队一个旅占领了新保安,截断了平绥路。冀热察军区部队占领了沙城、土木,破坏了下花园至怀来的铁路和公路。

傅作义得知密云失守，又发现东北解放军一部出现在喜峰口长城内外，判断东北解放军一部将与华北解放军合力切断平张线，直取北平，遂急令第三十五军由张家口星夜撤回北平，并派第一〇四、第十六军由怀来、南口向西接应，并令第十三军放弃怀柔、顺义，撤至通县，第一〇一军主力放弃涿县、良乡，撤至宛平、丰台、门头沟一带；将第九十二、第九十四军（缺第四十三师）、第六十二军由天津、塘沽地区调至北平，以加强北平周围的防御。

12月6日，国民党军第三十五军乘汽车东撤。华北解放军第二兵团第四纵队第十二旅在地方部队配合下节节阻击，将其滞留于新保安地区。8日，第二兵团主力赶至新保安、会同第十二旅将第三十五军包围于新保安。经两日激战，击退了第一〇四军和第三十五军分由沙城、新保安进行的两面夹击，使两部国民党军仅相距四公里而不能会合。第三十五军东撤后，宣化守军两个师北逃张家口。华北解放军第三兵团于7日追歼其一个师，解放宣化，随即将傅作义的一个兵团部、一个军部又七个师（旅）包围于张家口。12月9日，东北解放军先遣兵团前出至怀来、康庄、南口间。进至康庄的国民党军第十六军惧怕被歼，掉头向北平撤逃，随即被追歼于康庄东南地区。第一〇四军发现腹背受敌，立即放弃接应第三十五军的计划，经怀来向北平撤退。12月11日，在怀来以南的横岭、白羊城一带，被东北解放军先遣兵团全歼。至此，人民解放军在平张线上已经歼灭国民党军两个军五个师，并将其第三十五军和第十一兵团部、第一〇五军分别包围于新保安、张家口，调动了津、塘地区三个军至北平地区，不但打乱了傅作义的整个防御部署，而且拖住了傅作义集团，使其不能迅速决策南逃或西撤，为东北野战军主力入关赢得了时间。

这时，人民解放军虽然切断了傅作义集团的西撤之路，但从海上南逃的通路尚未切断。

中央军委于12月11日致电林彪、罗荣桓等东北野战军领导，下达了《关于平津战役的作战方针》。其主要内容为：目前

"唯一的或主要的是怕敌人从海上逃跑"。为此,东北野战军主力应加速向平津地区前进,"首先包围天津、塘沽、芦台、唐山诸点",务使国民党军不能跑掉。为了稳住傅作义集团,"两星期内(十二月十一日至十二月二十五日)基本原则是围而不打(例如对张家口、新保安),有些是隔而不围(即只作战略包围,割断诸敌联系,而不作战役包围,例如对平、津、通州),以待部署完成之后各个歼敌。尤其不可将张家口、新保安、南口诸敌都打掉,这将迫使南口以东诸敌迅速决策狂跑"。"此种计划出敌意外,在你们最后完成部署以前,敌人是很难觉察出来的。敌人现时可能估计你们要打北平"。"为着在十二月二十五日以前完成上列部署,你们应该鼓励部队在此两星期内不惜疲劳,不怕减员,不怕受冻受饥,在完成上述部署以后,再行休整,然后从容攻击"。攻击次序是先打两头、后取中央。"大约是:第一塘芦区,第二新保安,第三唐山区,第四天津、张家口两区,最后北平区"。"为着不使蒋介石迅速决策海运平津诸敌南下",军委还命令淮海前线解放军在歼灭黄维兵团之后,留下杜聿明集团两星期内不作最后歼灭之部署;为着不使敌人向青岛逃跑,令山东方面集中若干兵力控制济南附近一段黄河,并在胶济线上预作准备。①

遵照军委的指示,华北军区第二、第三兵团以防止新保安、张家口的国民党军向东、西突围为重点,构筑多道阻击阵地,待命攻击。东北野战军主力克服疲劳、寒冷等困难向平津急进,至12月17日,以四个纵队和华北一个纵队先后占领南口、丰台、卢沟桥、通县、南苑机场等地,完成了对北平的包围;至12月20日,以四个纵队先后占领唐山、军粮城、咸水沽、杨柳青、杨村等地,完成了对天津的包围,并切断了天津、塘沽间的联系;以三个纵队先后进至宝坻、廊坊等地,隔断平津之间的联系。傅作义发现人民解放军骤然逼近平津,已陷入欲逃不得,欲守亦难的困境,遂匆忙放弃南口、涿县、良

---

① 《毛泽东军事文集》第五卷,第360—363页,军事科学出版社、中央文献出版社1993年版。

乡、卢沟桥、通县及唐山、芦台、廊坊等地,向北平、天津、塘沽收缩兵力,并将北平和天津、塘沽划为两个防区,实行分区防御。

至此,人民解放军已将傅作义集团全部分割包围于张家口、新保安、北平、天津、塘沽等地,封闭了其西逃和南逃的一切道路,为平津决战的胜利奠定了基础。

四 歼灭新保安、张家口、天津的国民党军

1948年11月开始,在中共北平地下党和民主人士的争取下,傅作义曾几次派人与解放军接触,表示愿意和平解决平津问题,但实际上又动摇于和、战之间。平津前线解放军遵照军委的指示,一面同傅作义代表继续谈判,争取和平解决,一面加强军事攻势,以增加和平解放的可能性。平津前线解放军根据军委12月11日先打两头、后取中央的方针,决定先打新保定和塘沽两点。

12月21日,华北第二兵团3个纵队共9个旅向新保安国民党军第三十五军发起攻击。新保安是平张线上的一个集镇,面积仅1平方公里,有相当坚固的城墙,并筑有较多的防御工事。守军是第三十五军2个师及地方部队共1.6万多人,是傅作义的嫡系主力,因突围不成才转为防御。华北第二兵团扫清外围据点后,于22日晨开始攻城,经过9个小时的激战,全歼该军。军长郭景云自杀,副军长和2个师长被俘。

攻打新保安之前,军委估计到张家口的国民党军在新保安被攻克后可能向西突围,而包围张家口的华北第三兵团在兵力上不占优势,遂令东北野战军第八纵队由南口西进,归华北第三兵团指挥。新保安第三十五军被歼后,张家口国民党军果然于12月23日拂晓全力向北突围,企图逃去归绥。华北第三兵团指挥4个纵队共11个旅(师),在地方部队配合下,展开堵击和追击。至12月24日晨,将国民党军压缩在张家口以北西甸子至乌拉哈达不足1公里宽、10公里长的山沟里。时值严寒大雪,国民党军人马拥挤,混乱不堪。人民解放乘势猛攻,仅以900人的

伤亡,将国民党军第十一兵团部、第一〇五军等共7个师(旅)5.4万人全部歼灭。仅第十一兵团司令官孙兰峰率少数骑兵逃脱。

在天津、塘沽方面,军委原计划先攻塘沽,后打天津。后接前线指挥员报告,塘沽背靠渤海,三面河流,盐池很多,不便于大部队运动和展开,无法实施四周包围。军委同时判断北平、天津国民党军有突围可能,因而改变原定计划,除以少数兵力监视塘沽外,集中兵力先打天津。另外令华北第二、第三兵团全部由平绥路沿线东调,协同东北野战军严密包围北平。

天津是华北最大的工业城市,拥有200万人口,东距塘沽50公里,西距北平120公里,战略地位十分重要。天津地处海滨,位于永定河、大清河、子牙河、潮白河下游,市郊地势低洼,市内河流纵横,多高大建筑。经国民党军长期设防,工事坚固,组成既能独立固守,又能相互以火力支援的防御要点。环天津市区挖有宽10米、深3至4米、水深1.5至2米的护城河。河外侧设有铁丝网和雷场,河内侧筑有高6米的土墙,墙上还装有铁丝网和电网,每隔30米筑一碉堡。国民党军天津警备司令陈长捷指挥第六十二、第八十六军等部10个师,连同地方部队共13万人,据工事防守。

林彪等东北野战军领导决定集中5个纵队22个师共34万人,配属大口径火炮538门、坦克30辆、装甲车16辆,由参谋长刘亚楼组成前线指挥所,统一指挥,强攻天津。根据天津东西窄、南北长的地形和守军北部兵力强,南部工事强,中部兵力、工事均不强的特点,刘亚楼等决定采取东西对进,拦腰斩断,先南后北,先分割后围歼的作战方针,发起进攻。

1949年1月2日至12日,东北野战军攻城各部队(第一、第二、第七、第八、第九纵队及第六、第十二纵队一部)进至天津周围,迅速扫清了外围据点。在此期间,天津警备司令陈长捷数次派人与解放军谈判,要求停止进攻,允许其携带轻武器南撤。解放军则要求陈长捷仿效长春郑洞国将军率部放下武器,和平解放,遭到拒绝。1月14日,攻城部队发起总攻,迅速在东、西、南三面九个地段突破城防。1月15日晨，东、西主攻集团于金汤桥会师，将守军割成数块。尔后采取击弱留强，先吃肉后啃骨头的战法，经激烈战斗，至15时全歼守军，俘陈长捷，解放了天津。天津解放后，塘沽国民党军第十七兵团部及第八十七军等部5个师共5万余人，于1月17日乘船南逃，塘沽解放。

天津战役，是东北野战军首次在水网低洼地形条件下实施的大规模城市攻坚战，也是人民解放军参战的炮兵、工兵、装甲兵等特种兵最多的一次多兵种协同作战。毛泽东对这种以战斗解决拒绝放下武器的敌人的斗争方式，称之为"天津方式"。

五　和平解放北平

北平是华北最大的城市，拥有210多万人口，同时也是世界著名的文化古城。为了保护这座古城免遭战争破坏，减少人民生命财产的损失，中共中央早在平津战役发起前夕，就分析过傅作义的情况，认为他与蒋介石有派系的矛盾，在国民党政府行将覆灭的情况下，利用平津战场有利的军事形势，直接对他进行工作，是有可能和平解决北平问题的。

中共北平地下党主要通过三条渠道作傅的工作。一是他的女儿，秘密党员傅冬菊；二是他的老师，少将参议刘原同；三是秘密党员李炳泉的堂兄、傅的联络处长李腾九。另外，华北军区政治部敌工部，早已在国民党军各部队中进行过争取工作，宣传中国共产党的政策，策动、规劝他们起义、投诚。蒋、傅两系的一些师长、团长都曾表示愿意起义、投诚。

平津战役发起后，北平迅速被人民解放军包围，紧接着傅的嫡系第三十五军和第十一兵团，分别被分割包围于新保安、张家口。1948年12月15日，傅作义派代表至人民解放军平津前线司令部进行谈判。19日前线司令部参谋长刘亚楼表示，希望傅作义集团自动放下武器，可保证傅和其部属的生命安全。傅认

为尚有实力，可再坚持三个月，以观望全国形势的变化，致使谈判没获得结果。新保安、张家口解放后，1949年1月7日，傅作义派华北"剿总"少将处长周北峰至解放军前线司令部进行第二次谈判，会谈了三次（8、9、10日）。林彪、聂荣臻指出：北平、天津、塘沽、归绥各点守军应开出城外，按照人民解放军的制度进行改编，并限天津守军于1月13日前先行开出城外，听候改编。但由于傅作义仍在犹豫观望，也未能达成协议。1月13日，傅作义派与中共素有交往的华北"剿总"副总司令邓宝珊到解放军前线司令部进行第三次谈判。林彪、罗荣桓、聂荣臻指出：限制天津守军出城的时间已过，人民解放军已开始攻击天津，故此次谈判不再包括天津。其他各点守军出城后，应一律解放军化，其驻地一律解放区化。

在此期间，淮海战役于1月10日结束，国民党当局败局已定。毛泽东于1月14日发表《关于时局的声明》，提出与国民党政府及其地方政府和军事集团进行谈判的八项条件。15日，天津解放。16日，林彪、罗荣桓致函傅作义，督促其当机立断，接受八项条件，站到人民方面来，不要再拖延。民主人士也做了有力的促进工作。与此同时，国民党当局以暗杀和封官许愿等手段阻挠与破坏和谈。蒋介石还派次子蒋纬国携其亲笔信到北平，要傅死守北平或南撤。在此关键时刻，傅作义终于选择了和平道路，于1月21日与解放军平津前线司令部达成和平解放北平的协议。

平津前线司令部在与傅作义谈判的同时，命部队作好一旦谈判不成，以战斗手段解放北平的准备。为此，华北军区政治部敌工部加紧了国民党军各部队中的中共秘密党员以及与党早有联系的人员进行策动部队起义或投诚的工作。以国民党军第一〇一军第二七二师为例：1949年1月初，敌工部负责国民党军工作的李英儒，就曾带领该师师长刘化南的代表至丰台面见东北野战军第四十二军（第五纵队）军长万毅及副政委唐凯等，请示尔后行动。商定如果傅作义不接受八项条件，该师即按指令开出广安门防地，让开解放军进攻的道路。同时决定由该师派一参谋带电台至丰台,以便随时接受命令。其他部队,亦有类似情况。

1949年1月22日,驻北平的国民党军开始撤出城外,听候改编。1月31日,东北野战军第四十一军(第四纵队)从西直门开入城内,与城内傅部的第一〇四军(重建的)交接防务,北平宣告解放。2月3日,在人民欢呼声中,人民解放军举行了盛大的入城式。开出城外的国民党军,按照人民解放军的制度改编成人民解放军。毛泽东称解放北平的方法为"北平方式"。

平津战役是解放战争进程中具有决定意义的三大战役中最后一个战役。此役历时64天。共歼灭和改编国民党军1个"剿总"总部、1个警备司令部、3个兵团部、13个军部、50个师(旅),连同非正规军共52.1万人。其中毙伤国民党军3万多人,俘23.2万多人,接受投诚8700多人,和平改编25万人。缴获各种炮5537门,轻重机枪3万多挺,各种枪15.5万多支,坦克158辆,汽车2390辆,飞机46架以及其他大量军用物资。人民解放军伤亡3.9万多人,其中团以上干部16人。华北地区,除归绥、太原、新乡等极少数的几个孤立据点外,全部解放。

在和平解放北平的谈判中,双方对如何解决绥远问题也达成了协议。人民解放军决定让那里的国民党军暂时原封不动,使其在政治上站到人民方面,以后再按照人民解放军的制度改编为人民解放军。毛泽东将这种方式称之为"绥远方式"。1949年9月19日,华北"剿总"驻归绥指挥所主任、绥远省主席兼保安司令董其武领衔通电起义,绥远和平解放。

平津战役中提出的"天津方式"、"北平方式"、"绥远方式",是人民解放军对国民党军实行军事打击与政治争取相结合原则的发展,对尔后解决国民党军100多万残余部队,进一步加速解放战争的进程,具有重要的战略意义。

第六节　西北野战军以攻势作战配合全国战略决战

一　澄郃战役

在东北、华东、中原野战军和华北军区部队对国民党军的主力集团进行战略决战的时期，西北野战军遵照中共中央军委的指示，对胡宗南集团继续开展攻势，以求进一步削弱与钳制该集团，使之不能抽兵增援其他战场，并为最后歼灭这个集团创造条件。

西府、陇东战役之后，西北野战军5个纵队13个旅共约6.8万人，集结于石堡、韩城地区进行军、政整训。

胡宗南集团经过补充和整编，尚有11个整编师30个旅约25万人，除以1个师空运太原、3个师部署于豫陕边，保障其翼侧外，主力在西安及其以北地区实行机动防御。1948年7月底，胡宗南以第五兵团4个整编师共约7.8万人，向黄龙解放区进攻。以整三十八、整十七师由郃阳攻韩城，以整三十六师由白水攻石堡，以整一师由同官（铜川）攻宜君。

西北野战军为粉碎胡宗南部的进攻，决定发起澄（城）郃（阳）战役，首先歼灭其整三十六师，尔后再视情况行动。野战军集中主力5个纵队5万多人，隐蔽在石堡镇东南及西南山地，以1个骑兵师在宜君北实施运动防御，抗击第一师，诱其北进；以4个团在韩城西南也以运动防御阻击整三十八、整十七师，而以1个团部署于洛河东岸，准备阻击敌第一师可能的东援。

1948年7月30日，整三十六师进至澄城北时，发现解放军主力，遂就地构筑工事转入防御。8月8日，西北野战军对该部发起进攻。经激战，歼其1个团，整三十六师遂仓皇南撤，解放军乘势追击，至9日晚，追歼其大部于王庄镇一带。敌整三十八、整十七师于8月6日占韩城。后得悉整三十六师被歼后，放弃韩城、郃阳、澄城南逃,于13日退至大峪河南。西北野战军逐一收复了上述各城,战役结束。

此役共歼灭敌整三十六师等部9000人,巩固并扩大了黄龙解放区。

二 荔北战役

胡宗南进攻黄龙解放区的计划破产后,为阻止西北解放军南下潼关或再出西府,以11个军的兵力部署于洛河以东、渭河以北地区。其中多为解放军歼灭后重组的部队或受过重创的部队。第十七、第三十八军及第三十六军(原整三十六师)残部位于永丰镇、寺前镇及大荔城地区。各军以城镇、村落为依托,成纵横配置,各据点间有较大空隙易于楔入分割。彭德怀根据中央军委"9月起全国各区均将有大战,希望你们能配合"的指示,决定发起荔北战役,攻歼大荔以北的胡宗南部第十七、第三十八军。

10月16日拂晓,西北野战军首先对寺前镇一带的第十七军发起攻击。第一纵队以迂回行动迅速插入敌军中间,割裂了第十七军军部与其第四十八师的联系。接着协同第二、第四纵队,将四十八师大部歼灭。敌第十七军其他各部向西南突围逃走。西北野战军主力于7日晨转向宜井、汉村地区向第三十八军进攻,迅速突破其阵地,歼其一个多团。因受地形限制,未能切断其退路,敌第三十八军主力得以撤至洛河西岸。西北野战军在洛河东岸缴获了第三十八军抛弃的大批重武器和军用物资。第六纵队乘势直逼大荔城郊;第三纵队一部和黄龙分区武装分别解放朝邑、平民、白水等城,争取朝邑县保安团两个大队1000多人起义。

荔北战役开始不久,胡宗南即从耀县、兴平、潼关等地调集第一、第六十五军和第六十九军的第一三五师,连同原在蒲城、大荔地区的各部约13个师9万多人,对西北野战军实施反击。10月11日,敌第六十五、第一军等部,由大荔地区先行分路北进。至黄昏时,敌第六十五军进至胭脂山、大壕营一线。12日拂晓,西北野战军第一、第三、第六纵队向其发起攻击。敌军在6辆坦克和10多架飞机的掩护下向南撤逃,西北野战军击落其飞机3架,击毁其坦克2辆,并歼灭其第一八七师的1个团又2个营。与此同时,第二纵队将第六十五军第一六〇师压缩在大壕营土寨内。但几次攻击均未成功,伤亡甚大。彭德怀鉴于再战不利,即令各纵队于当日黄昏停止攻击,向北转移。18日退回澄城、郃阳以北地区。

此役共歼敌2.5万人,予敌第十七、第三十八、第六十五、第三十六军以沉重打击。西北野战军伤亡9600多人。

三　冬季攻势

1948年11月上旬,华东、中原解放军联合发起了淮海战役。为阻止胡宗南集团增援中原战场,西北野战军决定发起冬季攻势。11月15日,驻郃阳的国民党军第一四四师一个团,深入至临皋地区进行战斗侦察,西北野战军第二纵队将其一举歼灭,并乘势在乳罗山地区又歼该师一个多团。

胡宗南判断解放军在澄郃地区发动了新攻势,遂从蒲城、宣平、临潼抽调第一、第六十五军及第十七军一个师东进增援,同时将蒲城以北的第三十师撤回蒲城。彭德怀等为分散与疲惫敌军,决定以第一、第四纵队及警备第四旅、骑兵第二旅组成右兵团,出击同官、耀县;以第二、第三、第六纵队组成左兵团,隐蔽在洛河两侧地区待机歼敌。11月21日至23日,右兵团在蒲城、同官、耀县地区歼敌第三军第十七师大部和第二五四师(原暂二旅)一部。

胡宗南判断解放军主力在同官、耀县地区,改令刚进至洛河以西的第一、第六十五军等部调头西援,并令第九十、第七十六军放弃郃阳、澄城,经永丰、蒲城西进,企图夹击解放军。23日,第七十六军进至永丰镇及洛河西岸石羊地区,发觉解放军在蒲城、石羊之间设伏,遂停止前进,就地构筑工事改为防守;第九十军则于25日进至永丰镇以南的唐家堡地区。西北野战军抓住第七十六军进入预定战场的有利时机,遂部署以第二、第三纵队主力攻歼该军,以一部阻击敌第九十军可能的增援,以第六纵队监视蒲城之敌。25日下午,西北野战军发起进攻,战至26日晚,将第七十六军1万多人压缩至永丰镇。28日拂晓发起总攻,至10时全歼该敌,俘其军长李日基。此役共歼敌2.5万人。

西北野战军在澄郃、荔北战役和冬季攻势作战中,共歼敌6万人,将胡宗南集团牢牢地钳制在西北战场,有力地配合了其他战场的作战,并巩固了渭北地区,获得了大批粮食,取得了平原村落作战的经验。

1948年9月至1949年1月,是解放战争取得决定性胜利的时期。在此期间,人民解放军同国民党军进行了中国战争史上空前的,以辽沈、淮海、平津三大战役为主的大规模的战略决战。在三大战役中,人民解放军共歼灭国民党军154万多人,连同7月以来进行的济南战役和其他战役,共歼灭国民党军231万多人,解放了长江中下游以北的广大地区,将战线推至长江北岸。至此,国民党军的主力已基本被消灭,国民党的统治基础已从根本上动摇。蒋介石在内外交迫的情况下,不得不于1949年1月21日"引退",由前台转入幕后指挥。

第十七章 实施战略追击 将革命进行到底

第一节 1949年春的战争形势

一 国民党政府"划江而治"的战略企图

经过战略决战,国民党军的主力已被歼灭,剩下的兵力只有正规军71个军227个师115万人,连同特种兵、机关学校和地方部队,总兵力约204万人,其中能用于作战的部队共146万人。这些部队分散在从新疆到台湾的广大地区内,已无法组织有效的战略防御。在能够作战的146万人中,除武汉白崇禧集团、胡宗南集团的一些部队和马步芳部没有遭到人民解放军的严重打击,尚有一定战斗力外,其余部队多系新组成或多次被歼又多次补充起来的,战斗力甚弱。国民党政府统治区的经济情况也更进一步恶化,财政枯竭,物价飞涨。1948年8月到1949年3月,上海物价上涨了8.3万多倍。政府财政赤字高达900亿元。

为了挽救危机,蒋介石多次向美国请求经济、军事援助。但美国主要决策者们认为:"中国的国民党正在退出历史舞台,无论我们做什么都救不了它了。"①如果不"改变航向",仍然大规模地援助它,则"美国的巨额援助肯定会浪费掉","结果肯定是一

---

① 1948年11月26日马歇尔在内阁会议上的讲话。原件藏于美国杜鲁门图书馆,转引自陶文钊《中美关系史》(1911—1950),第457页,重庆出版社1997年版。

场灾难","这与美国的利益是背道而驰的"。① 因而杜鲁门拒绝了蒋介石的请求。1948年12月间,宋美龄为求援到华盛顿,要求美国政府在三年之内给国民党政府30亿美元援助,并派遣高级军官率领军事使团赴华,但她处处碰壁,受尽冷眼,与1942年至1943年访美受到热烈欢迎的情景形成强烈反差。马歇尔只是把她当作私人客人,而不是官方代表。就在她到华盛顿的第二天,杜鲁门在记者招待会上拒绝对援华问题发表意见,还断然否定了美国将派麦克阿瑟去中国的谣传,并决定从中国撤回军事顾问团。蒋介石"引退",李宗仁上台后,也曾一再向美国求援。1949年5月李宗仁还派其亲信甘介侯为私人代表赴美求援,也被杜鲁门拒绝。

当然,这并不是说美国就不敌视中共、不敌视中国的革命了。实际上美国的对华政策是采取了软、硬两手:软的一手是从中国内战中脱身,尽可能地使中国与苏联分开;硬的一手是继续敌视中国革命,尽可能地给中共制造困难,阻止中共解放全中国。这两手有时交替使用,有时同时在起作用。但总的来说,继续敌视中国革命是美国对华政策的主导方面。如1949年1月美国国家安全委员会第四十一号文件中就提出了两种对华政策:一种是"通过与中国恢复一般的经济关系,增强那些能导致莫斯科与中共政权之间的严重分歧的力量",导致"出现一个独立的中共政权";另一种是"动员西方世界的政治、经济力量,通过恫吓和直接威胁,公开与中共政权作斗争","使中国彻底孤立于日本和西方世界,以便招致中共政权的被推翻和崩溃"。②

在解放战争即将胜利,国民党政府内外交困、行将覆灭的形势下,国民党统治集团内部也分崩离析,各寻出路。主要决策者和掌有军事实权的人物,借助广大人民和民主人士希望和平的愿

---

① 美国国务院编:《中美关系白皮书》,第1053—1054页,转引自陶文钊《中美关系史》(1911—1950),第460页,重庆出版社1997年版。
② 美国国务院编:《美国外交文件》1949年第9卷,第826、824页,转引自陶文钊《中美关系史》(1911—1950),第4页,重庆出版社1997年版。

望,发起了一场"和平攻势"。

李宗仁于1949年1月22日代行总统职务的第二天,即发表文告:"政府今日即将以高度之诚意与最大之努力,谋求和平之实现","中共方面所提八条件,政府愿即开始商谈",等等①。与此同时,李宗仁和白崇禧还派出私人代表前往北平,拟与中共直接联系,并通过傅作义电告林彪转报毛泽东。毛泽东当即电示:"可令白崇禧代表即见叶剑英,探明来意,以凭处理。"②1月27日,叶剑英与李、白的代表黄启汉、刘仲华见面,他们向叶剑英转达了李、白的秘密口信:

> 李、白同意以毛泽东主席1月14日《关于时局的声明》中指出的"惩办战争罪犯"等八条为基础,进行和平谈判。特意先派他们来北平同中共进行联系,表示"求和诚意",希望中共方面尽早与李、白进行谈判。李、白愿与中共达成默契,在京沪一带作战中与中共军队配合,具体方案要等待叶剑英参谋长指教。③

2月1日,周恩来为中共中央起草致叶剑英电,要刘等返南京面告李宗仁:"如其果有反蒋反美接受毛泽东八条要求的真意,即应迅速与蒋分裂,逮捕蒋之嫡系将领,如顾祝同、汤恩伯、俞济时、陈大庆及特务头子毛人凤、郑介民、叶秀峰、郭紫峻、毛森等人,方能站稳脚跟,进行和谈。否则,李、白不扣复兴、西西(CC),结果必致李白为复兴、西西所暗算,弄得身败名裂,两头失

---

① 1949年1月23日南京《中央日报》。八条件是指1949年1月14日,毛泽东以中共中央主席身份发表的与国民党军政势力和平谈判的八项条件:"(一)惩办战争罪犯;(二)废除伪宪法;(三)废除伪法统;(四)依据民主原则改编一切反动军队;(五)没收官僚资本;(六)改革土地制度;(七)废除卖国条约;(八)召开没有反动分子参加的政治协商会议,成立民主联合政府,接收南京国民党反动政府及其所属各级政府的一切权力。"(《毛泽东选集》第四卷,第1389页,人民出版社1991年版。)

② 军事科学院编:《毛泽东军事年谱》,第729页,广西人民出版社1994年版。

③ 《叶剑英传》,第426—427页,当代中国出版社1995年版。

踏。中间道路是万万走不通的。"否则,"中共便无余暇与之敷衍"。①

李宗仁、白崇禧虽然派人与中共联系说要反蒋,但实际上并不愿与蒋完全断绝关系,更不愿与美国断绝关系,而是企图在各种力量之间走维护和发展自己政治利益的中间道路。其真正的企图,是通过和谈,达到"划江而治"的目的。掌握军事实权的蒋介石,之所以退居幕后,同意让李出面谈和,更是企图阻止人民解放军渡江,而将残余部队全部撤至长江以南,组织长江防线,并在江南征集新兵,编练第二线兵团,伺机卷土重来。如3月初,国民党政府首席谈判代表张治中到溪口向蒋介石请示和谈等问题时,提出:"我们希望能够确保长江以南若干省份的完整,由国民党领导,如东北、华北各地由中共领导一样。"②蒋介石表示完全同意,并说:"现在是备战求和,仍然以整饬军事为重,不应分心。"③与此同时,蒋介石指示国民党军加紧进行战争准备,并决定在西南地区编组18个军。其国防部兵役局于3月9日宣布本年内征兵200万。4月间,在江南各省设置了14个编练司令部,组训新兵,企图将国民党军重新扩充到350万至500万人。又如李宗仁与白崇禧谈和谈意愿时说:"希望早日举行和平谈判,今后可以有一个划江而治的政治局面。希望中共军队不要渡过长江"。④"将来就以长江为界,暂时南北分治。"⑤李宗仁与刘斐(国民党政府和谈代表之一)谈话时也提到:"我想做到划江而治,共产党总满意了罢";"共产党已取得这么多的地方,我想它一时也不能消化,如能确保东南半壁,至少可以在平分秋色的基础上来组织民主联合政府的"。⑥

由此可见,李宗仁、白崇禧和其他所谓主和派的和谈主张,

---

① 中共中央文献研究室编:《周恩来年谱》,第811页,中央文献出版社、人民出版社1989年版。
② 《张治中回忆录》,第787页,中国文史出版社1985年版。
③ 《张治中回忆录》,第790页,中国文史出版社1985年版。
④ 《刘仲容、黄启汉、刘斐关于和谈的回忆》,载《文史资料选辑》第73辑,第49页。
⑤ 《刘仲容、黄启汉、刘斐关于和谈的回忆》,载《文史资料选辑》第67辑,第9页。
⑥ 《刘仲容、黄启汉、刘斐关于和谈的回忆》,载《文史资料选辑》第32辑,第103页。

是建立在中共尚无足够的军事力量统一全国的认识基础之上的。这根本不符合实际,和谈的最后破裂,自然也就注定了。

二 中共中央"将革命进行到底"的战略方针

中国人民解放军经过两年半的作战,在数量上已由长期的劣势转为优势。至1949年1月,总兵力已达358万多人,其中野战军已增加到180个步兵师(旅),2个特种兵纵队,2个炮兵指挥所,2个炮兵旅,共50个炮兵团,3个骑兵师,4个装甲兵团,5个工兵团,共218万多人,士气高昂,装备得到进一步改善,大兵团作战的经验也更加丰富。南方各省的游击武装亦有了很大发展,总兵力已达5万多人,活动地区遍及江南各省。

中共在军事战线上取得胜利的同时,在政治战线上也取得了胜利。民族民主统一战线迅速扩大,大批民主人士纷纷来到解放区,准备参加中共建议召开的新政协会议,讨论成立联合政府。一些国民党军的爱国官兵,也积极寻求新的出路,准备投向人民解放军。2月25日,国民党海军最大的巡洋舰"重庆"号官兵570多人,在舰长邓兆祥等率领下宣布起义。整个形势的发展,都说明人民解放军解放全国的胜利即将到来了。

根据形势的发展和针对国民党政府的"和平攻势",中共中央制定了"将革命进行到底"的方针。1948年12月30日,毛泽东在为新华社撰写的《将革命进行到底》的新年献词中指出:

> 现在摆在中国人民、各民主党派、各人民团体面前的问题,是将革命进行到底呢,还是使革命半途而废呢?如果要使革命进行到底,那就是用革命的方法,坚决彻底干净全部地消灭一切反动势力,不动摇地坚持打倒帝国主义,打倒封建主义,打倒官僚资本主义,在全国范围内推翻国民党的反动统治,在全国范围内建立无产阶级领导的以工农联盟为

主体的人民民主专政的共和国。①

毛泽东还借古代希腊寓言"农夫与蛇"的故事,庄严地声明:"中国人民决不怜惜蛇一样的恶人"。"已经有了充分经验的中国人民及其总参谋部中国共产党,一定会像粉碎敌人的军事进攻一样,粉碎敌人的政治阴谋,把伟大的人民解放战争进行到底"。"1949年中国人民解放军将向长江以南进军,将要获得比1948年更加伟大的胜利。"②

1949年1月6日至8日,中共中央政治局举行会议,毛泽东作了《目前形势和党在1949年的任务》的报告。报告在分析了半年来的战争形势后指出:战略决战胜利后,"可不可以说国民党政权已经基本上被我们打倒呢?就其军事主力已经被歼灭这一点来说,是可以这样说的"。但"基本地打倒了国民党,不等于全部的打倒了国民党,中国尚有许多敌军待我们去歼灭,尚有许多地区待我们去占领去工作,轻敌的观念无论何时是不应该有的,我们决不要使胜利冲昏自己的头脑"。"我们必须将革命进行到底,而不容许半途而废"。"国民党所谓和平谈判的阴谋必须继续地给以揭露和打击"。③

3月5日至13日,中共中央在西柏坡召开七届二中全会。会议作出了本年内召开政治协商会议,成立民主联合政府的决定。会议同时指出了人民解放军在向全国进军过程中必须采取的主要方针。这就是:一、"国民党的作战部队仅仅剩下一百多万人,分布在新疆到台湾的广大的地区内和漫长的战线上。今后解决这一百多万国民党军队的方式,不外天津、北平、绥远三种。用战斗去解决敌人,例如解决天津敌人那样,仍然是我们首先必须注意和必须准备的"。同时,也要注意和学会运用北平方式和绥远方式去解决敌人。北平

---

① 《毛泽东军事文集》第五卷,第462页,军事科学出版社、中央文献出版社1993年版。
② 《毛泽东军事文集》第五卷,第462—466页,军事科学出版社、中央文献出版社1993年版。
③ 《毛泽东军事文集》第五卷,第471—472页,军事科学出版社、中央文献出版社1993年版。

方式"就是迫使敌军用和平方法,迅速地彻底地按照人民解放军的制度改编为人民解放军"。"绥远方式,是有意地保存一部分国民党军队,让它原封不动,或者大体上不动","争取这部分军队在政治上站在我们方面,或者保持中立,以便我们集中力量首先解决国民党残余力量中的主要部分,在一个相当的时间之后(例如在几个月,半年,或者一年之后),再去按照人民解放军制度将这部分军队改编为人民解放军"。二、依据党的工作重心已由乡村转移到城市,今后将由城市领导乡村的新情况,在向全国进军时,人民解放军应"先占城市,后占乡村"。三、"人民解放军永远是一个战斗队",但"随着战斗的逐步减少,工作队的作用就增加了"。"我们必须准备把二百一十万野战军全部地化为工作队",以便承担经营和建设新区的任务。①

三　人民解放军全军整编

中共中央军委曾于1948年11月1日发出《关于统一全军组织及部队番号的规定》,以便适应当时战争形势的发展。其主要内容为:把各大战略区的部队,划分为野战部队、地方部队和游击队三类。将野战部队编为野战军、野战兵团,冠以所在战略区的名称,实行正规编制,统一番号,纵队改称军,师和旅统称师;地方部队以警备旅、独立旅为最高单位;游击队仍保留纵队、支队等名称。野战部队和地方部队,自军、师(旅)、团,直到营、连、排、班,一般按三三制编组,人数、武器装备,依各大战略区具体情况而定。全军分为四大野战军和五大军区,即西北野战军、中原野战军、华东野战军和东北野战军,以及华北、西北、中原、华东、东北军区。野战军下辖若干个兵团、军、师等,大军区下辖若干个二级、三级军区和军分区。

由于按战略区地名命名野战军已不适应全国进军的新形势,中央军委于1949年1月15日又发出《关于各野战军番号改

---

① 《毛泽东军事文集》第五卷,第513—515页,军事科学出版社、中央文献出版社1993年版。

按序数排列的决定》。

遵照军委的两次指示，各野战军于1949年2月至6月，先后进行了整编。

西北野战军改称第一野战军。司令员兼政委彭德怀，辖第一、第二兵团；第一兵团辖第一、第二、第七军，第二兵团辖第三、第四、第六军。

中原野战军改称第二野战军。司令员刘伯承，政委邓小平，辖第三、第四、第五兵团和特种兵纵队；第三兵团辖第十、第十一、第十二军，第四兵团辖第十三、第十四、第十五军，第五兵团辖第十六、第十七、第十八军。

华东野战军改称第三野战军。司令员兼政委陈毅，辖第七、第八、第九、第十兵团和特种兵纵队，第七兵团辖第二十一、第二十二、第二十三、第三十五军，第八兵团辖第二十四、第二十五、第二十六、第三十四军，第九兵团辖第二十、第二十七、第三十、第三十三军，第十兵团辖第二十八、第二十九、第三十一军。

东北野战军改称第四野战军。司令员林彪，政委罗荣桓，辖第十二、第十三、第十四、第十五兵团和特种兵司令部；第十二兵团辖第四十、第四十五、第四十六军，第十三兵团辖第三十八、第四十七、第四十九军，第十四兵团辖第三十九、第四十一、第四十二军，第十五兵团辖第四十三、第四十四、第四十八军。

华北军区第一、第二、第三兵团依次改称第十八、第十九、第二十兵团，归中央军委直接指挥；第十八兵团辖第六十、第六十一、第六十二军，第十九兵团辖第六十三、第六十四、第六十五军，第二十兵团辖第六十六、第六十七、第六十八军。1949年4月，第十八、第十九兵团划归第一野战军建制，第三十二军属华东军区建制，第五十军属东北军区建制，原属华东野战军的两广纵队番号不变，转隶第四野战军建制。

中央军委还决定，原西北、中原、华东、东北、华北五个大军区建制不变。西北军区司令员贺龙，政委习仲勋，辖1个二级军区（晋绥），5个三级军区（晋西北、晋南、陕北、陕南、伊盟）和24个军分区。中原军区司令员刘伯承，政委邓小平（1949年5

月,中原军区撤销,成立东北野战军兼华中军区)。华东军区司令员陈毅,政委饶漱石,辖1个二级军区(山东),6个三级军区(胶东、渤海、鲁中南、苏北、苏南、皖北),2个警备区(济南、徐州),1个军(第三十二军),1个后备兵团,6个步兵师,8个警备旅和26个军分区。东北军区司令员兼政委高岗,辖4个二级军区(热河、辽西、辽东、内蒙),7个步兵师,3个骑兵师,1个警卫师,1个炮兵师,1个保安旅和3个军事部(吉林、松江、龙江)。华北军区司令员聂荣臻,政委薄一波,辖9个二、三级军区(冀中、冀东、冀南、太行、晋中、冀鲁豫、察哈尔、太岳、绥远),1个补训兵团,1个特种兵司令部,1个军(第七十军),11个教导师,7个步兵师,4个骑兵师,2个炮兵师和38个军分区。

与此同时,在整编中,各野战军都补充了一批农民和解放战士,并将许多地方部队升级编为野战军部队。中央军委将原东北铁道纵队改编为铁道兵团,直属军委指挥。战斗在长江以南的游击队,也先后分别改编为中国人民解放军琼崖纵队、闽粤赣边纵队、粤赣湘边纵队、粤桂边纵队、粤中区纵队、桂滇黔边纵队、闽浙赣边纵队和浙东第二游击纵队。

1949年6月15日,中国人民革命军事委员会发布命令,公布了中国人民解放军军旗、军徽式样。

通过整编,人民解放军统一了编制,调整了武器装备,充实了各级领导干部,补充了大量兵员,全军总兵力达400万人。人民解放军的正规化建设前进了一步,为向全国进军,实施战略追击做好了组织准备。

中国人民解放军序列表

中共中央革命军事委员会(1949年3月—5月)

主　席　毛泽东
副主席　朱　德　——　中国人民解放军总部
　　　　刘少奇　　　总 司 令　朱　德
　　　　周恩来　　　副总司令　彭德怀
　　　　彭德怀　　　参 谋 长　叶剑英
秘书长　杨尚昆

总参谋部
总 参 谋 长　周恩来(兼)
副总参谋长　叶剑英

总政治部　　　　总后勤部
主　任　刘少奇(兼)　部　长　杨立三
副主任　傅　钟

第一野战军兼西北军区　　第二野战军　　第三野战军　　华东野战军　　第四野战军兼华中军区　　华北军区　　东北军区　　总部直属兵团　　南方各游击部队

总部直属兵团(1949年6月)

第二十兵团
司 令 员　杨成武
政 治 委 员　李天焕
副 司 令 员
兼 参 谋 长　文年生
政治部主任　向仲华

铁道兵团
司 令 员　滕代远
副司令员　吕正操
参 谋 长　李寿轩
政治部主任　王鹤峰

第六十六军
军　长　萧新槐
政治委员　王紫峰

第六十七军
军　长　韩伟
政治委员　旷伏兆

第六十八军
军　长　徐德操
政治委员　漆远渥

第一九六师　第一九七师　第一九八师　第一九九师　第二〇〇师　第二〇一师　第二〇二师　第二〇三师　第二〇四师　补训师　第一支队　第二支队　第三支队　第四支队

第一野战军(1949年6)

司令员 彭德怀
兼政治委员 彭德怀
副司令员 张宗逊 赵寿山 王震
副参谋长 阎揆要
参谋长 阎揆要
政治部副主任 王政柱 张德生
政治部主任 甘泗淇
后勤部政治委员 方仲如
后勤部部长 黎化南
李夫克

第一兵团
司令员 王震
兼政治委员
政治部主任 孙志远

第一军 军长 贺炳炎 政治委员 廖汉生
　第一师
　第二师
　第三师

第二军 军长 郭鹏 政治委员 王恩茂
　第四师
　第五师
　第六师

第七军 军长 彭绍辉 政治委员 罗贵波
　第十九师
　第二十师
　第二十一师

第二兵团
司令员 许光达
政治委员 王世泰
副政治委员 徐立清
兼政治部主任
参谋长 张文舟

第三军 军长 黄新廷 政治委员 朱明
　第七师
　第八师
　第九师

第四军 军长 张达志 政治委员 张仲良
　第十师
　第十一师
　第十二师

第六军 军长 罗元发 政治委员 张贤约
　第十六师
　第十七师
　第十八师

第十三师
骑兵第二师
补训师

续表

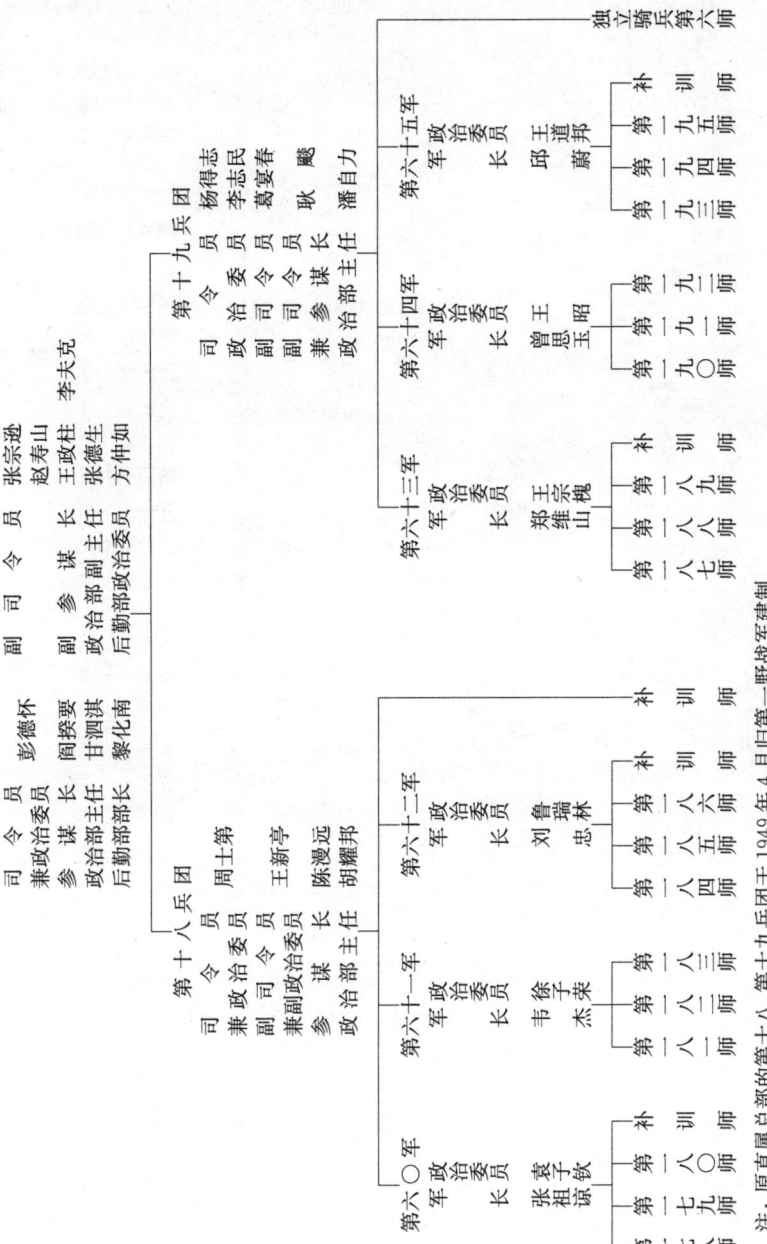

注：原直属总部的第十八、第十九兵团于1949年4月归第一野战军建制。

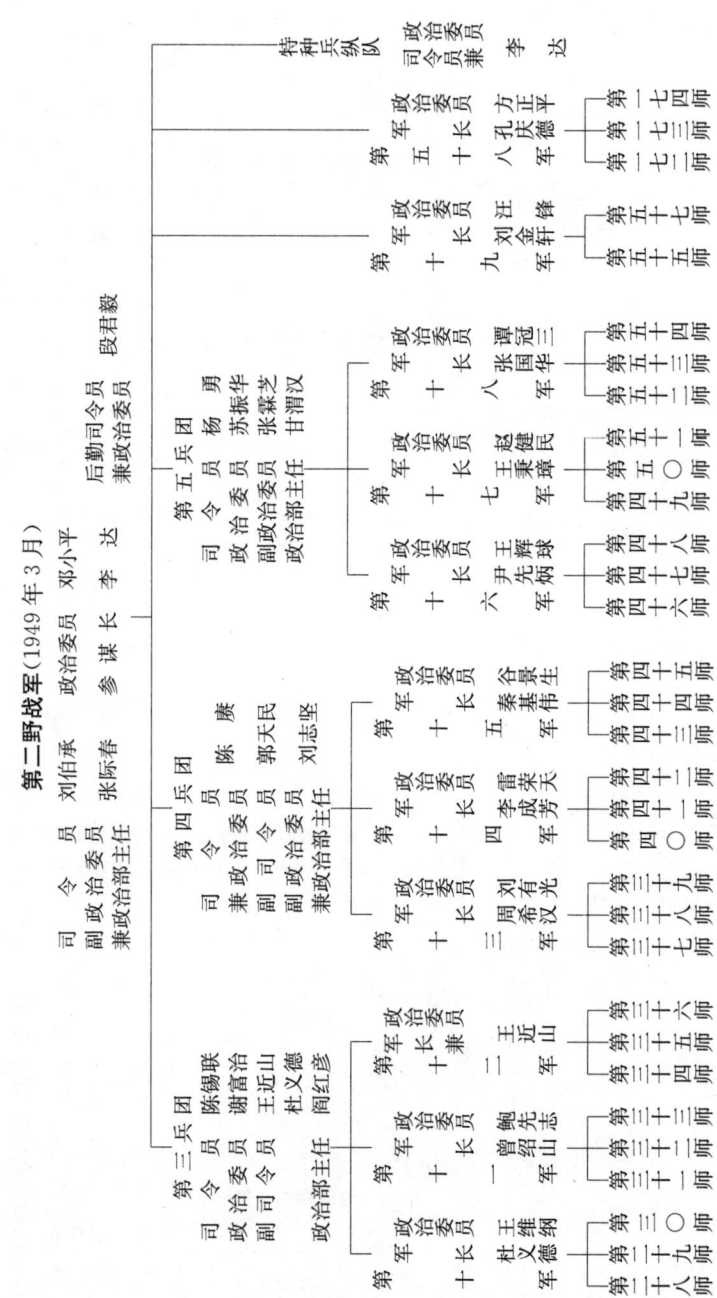

第二野战军(1949年3月)

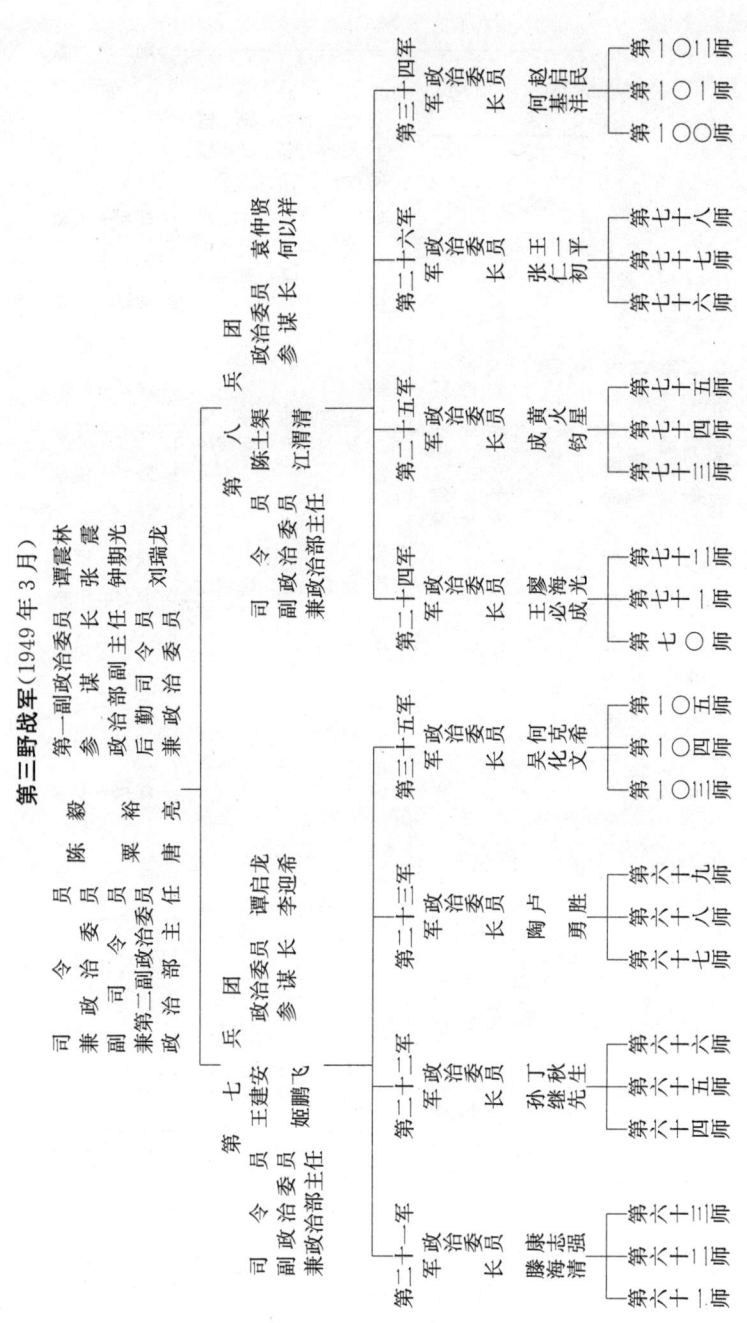

续表

司　令　员　陈　毅
兼政治委员　陈　毅
副　司　令　员　粟　裕
兼第二副政治委员　唐　亮
第一副政治委员　谭震林
参　谋　长　张　震
政治部副主任　钟期光
后勤司令员兼政治委员　刘瑞龙

第九兵团
司　令　员　宋时轮
政治委员　郭化若
参　谋　长　覃　健
政治部主任　谢有法

第二十军
军　长　刘　飞
政治委员　陈时夫
- 第五十八师
- 第五十九师
- 第六十师

第二十七军
军　长　聂凤智
政治委员　刘　浩天
- 第七十九师
- 第八十师
- 第八十一师

第三〇军
军　长　谢振华
政治委员　李干辉
- 第八十八师
- 第八十九师
- 第九〇师

第三十三军
军　长　张克侠
政治委员　韩念龙
- 第九十七师
- 第九十八师
- 第九十九师

第十兵团
司　令　员　叶　飞
政治委员　韦国清
参　谋　长　陈庆先
政治部主任　刘培善

第二十八军
军　长　朱绍清
政治委员　陈美藻
- 第八十二师
- 第八十三师
- 第八十四师

第二十九军
军　长　胡炳云
政治委员　张　藩
- 第八十五师
- 第八十六师
- 第八十七师

第三十一军
军　长　周志坚
政治委员　陈华堂
- 第九十一师
- 第九十二师
- 第九十三师

特种兵纵队
司　令　员　陈　锐
政治委员　张霆凯

教导师

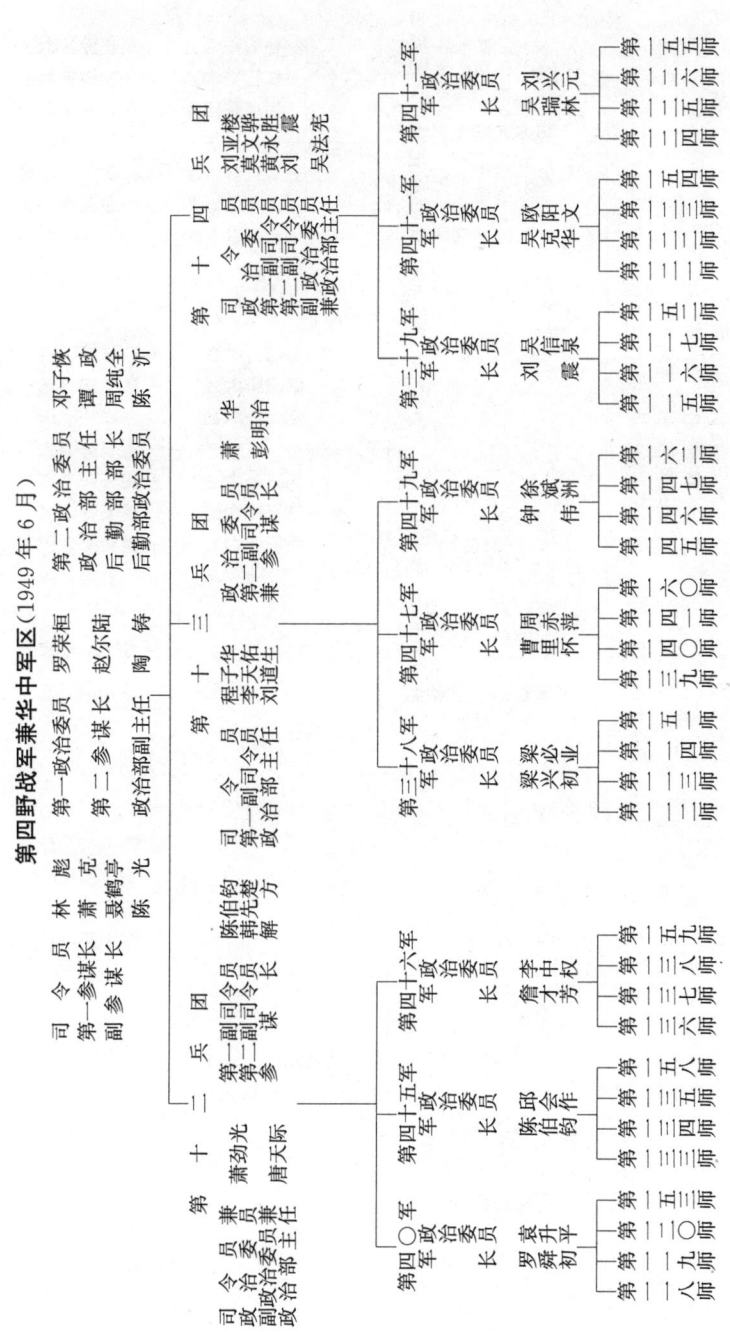

续表

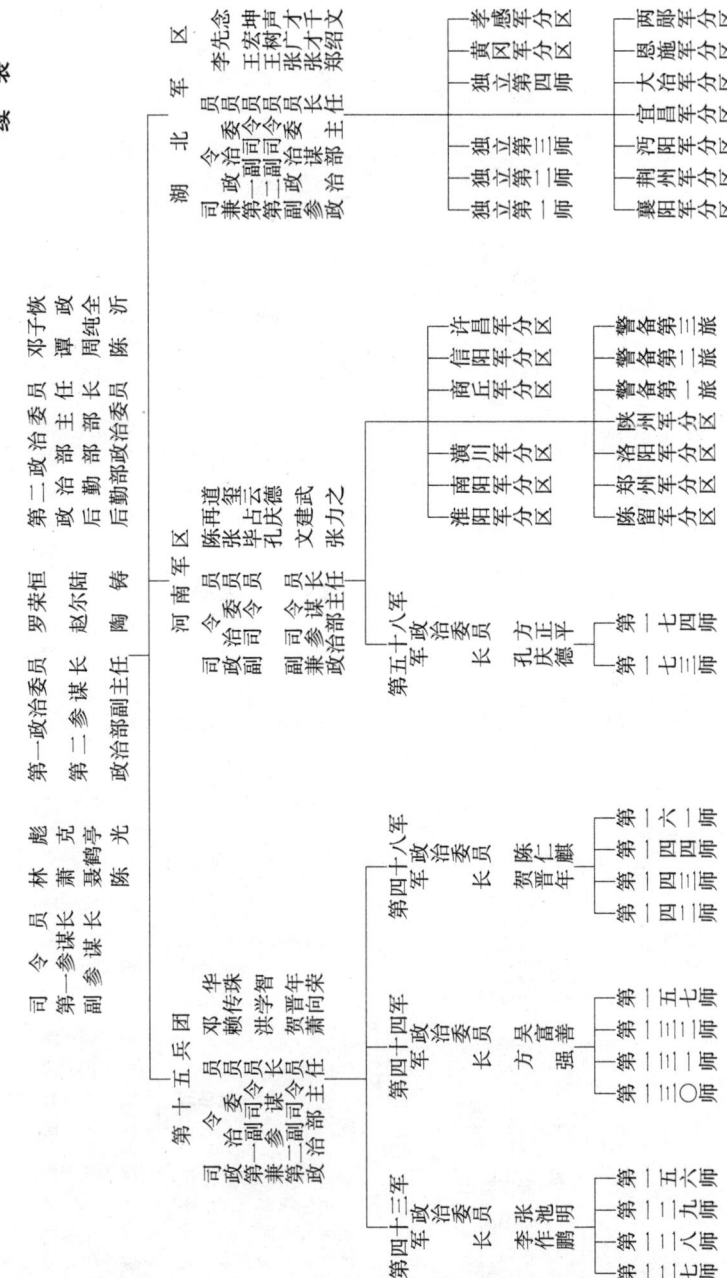

续表

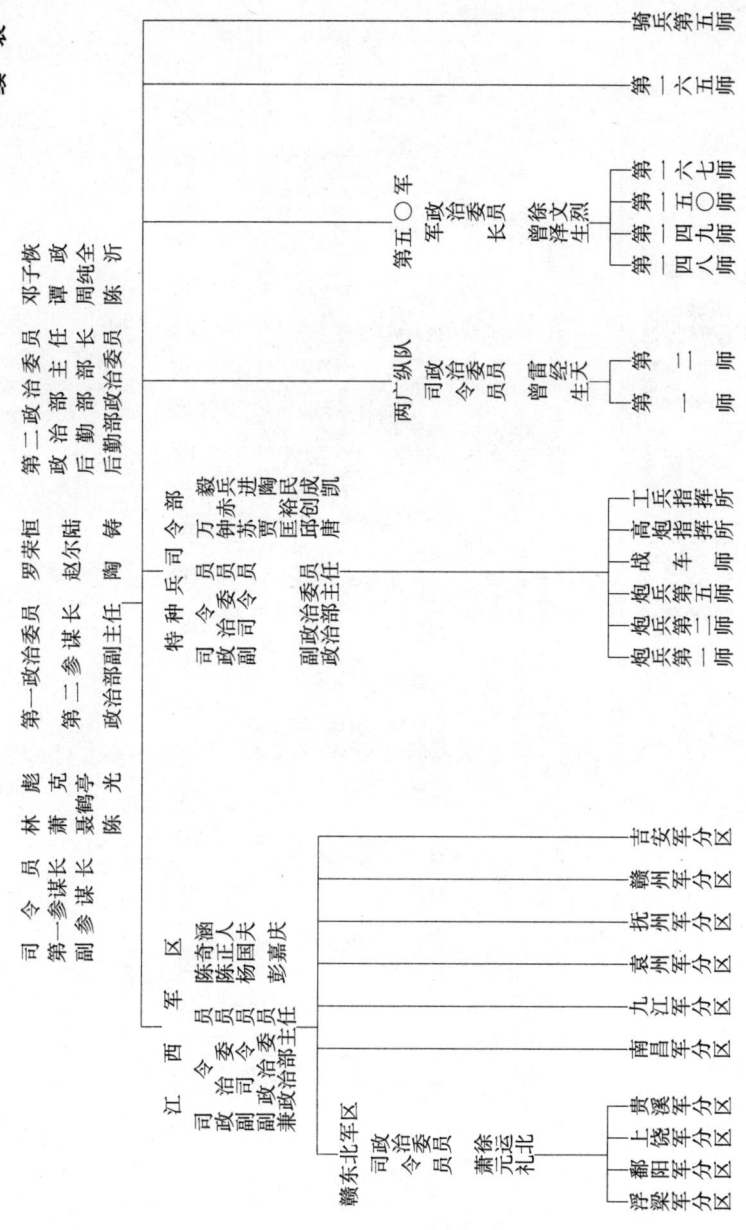

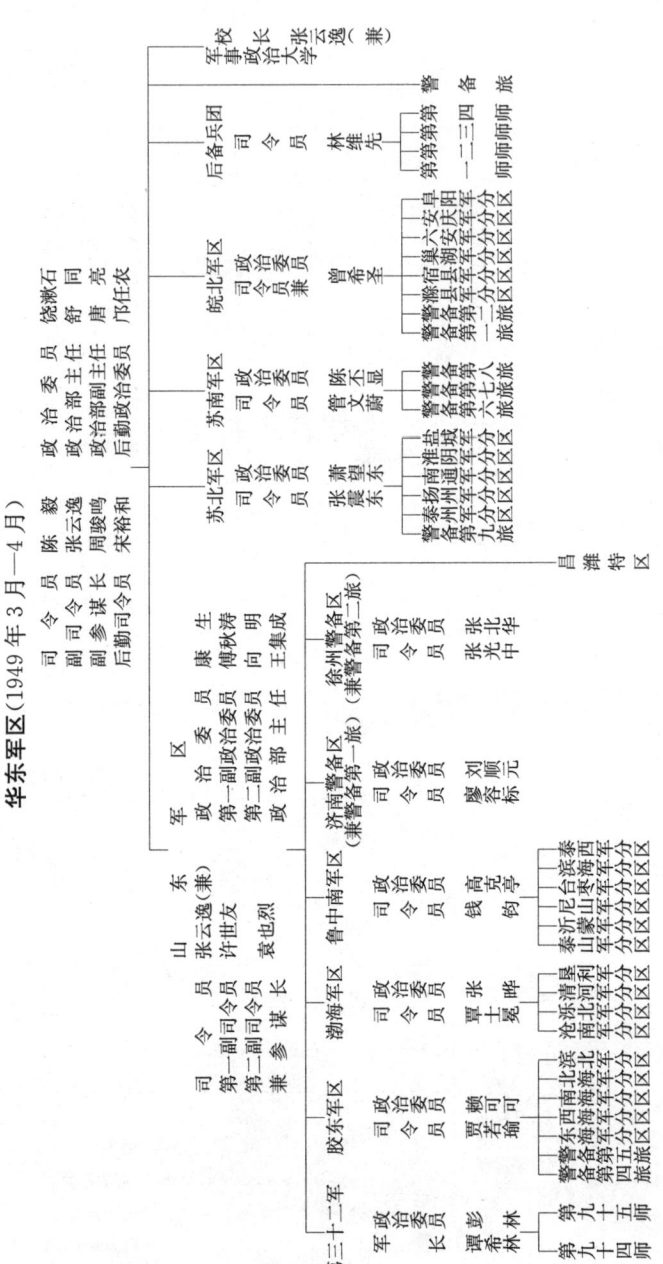

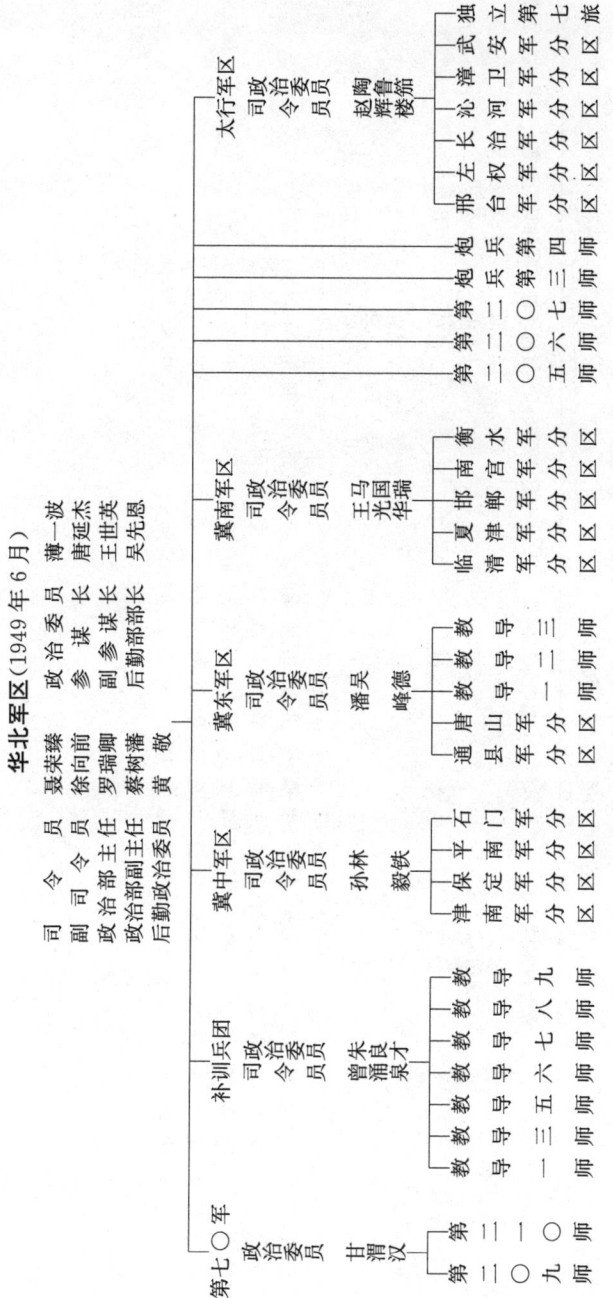

华北军区(1949年6月)

续 表

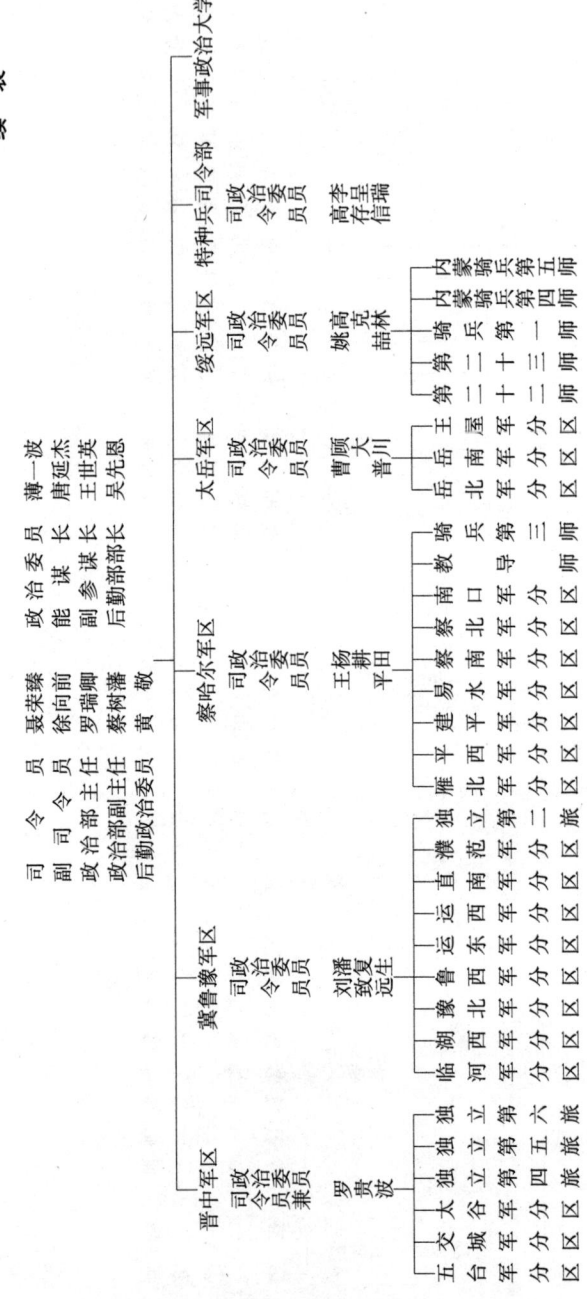

西北军区（1949年6月）

司令员　贺龙　　政治委员　习仲勋
副司令员　王维舟　参谋长　张经武
副参谋长　朱早观　后勤部部长　陈希云

晋绥军区
司令员　贺龙（兼）
政治委员　李井泉
副司令员　谷志标
参谋长　唐健伯

- 晋西北军区　司令员　刘仲伍
  - 五寨军分区
  - 离石军分区
  - 雁北军分区
  - 雁南军分区
- 晋南军区　司令员　彭德
  - 隰县军分区
  - 新绛军分区
  - 运城军分区
- 陕北军区　代司令员　牛书申
  - 黄龙军分区
  - 延安军分区
  - 绥德军分区
  - 榆林军分区
  - 三边军分区
  - 第五十五师
- 陕南军区　司令员　刘金轩
  - 第五十七师
  - 商雒军分区
  - 安康军分区
  - 汉中军分区
- 伊盟军区　政治委员　王悦丰
- 陇东军分区
- 渭北军分区
- 渭南军分区
- 大荔军分区
- 咸阳军分区
- 邠县军分区
- 宝鸡军分区

政治委员　高增培

东北军区（1949年6月）

司令员兼政治委员　高岗　　副政治委员　李富春
参谋长　伍修权　　政治部主任　周桓
副参谋长　段苏权

- 热河军区　司令员　李运昌 — 第一六八师
- 辽西军区　政治委员　郭峰 — 第一七〇师
- 辽东军区　司令员　边章伍（张闻天） — 第一六九师
  - 第一七一师
  - 骑兵第二师
- 内蒙军区　司令员兼政治委员　乌兰夫（云泽）
  - 骑兵第一师
  - 骑兵第三师
- 第一六三师
- 第一六四师
- 第一六六师
- 警卫旅
- 保安师
- 炮兵第六师
- 吉林军事部
- 松江军事部
- 龙江军事部

江南游击队（1949年4月）

- 华东军区
  - 浙东第二游击纵队
    - 司令员 马青
    - 政治委员 张瑞昌
  - 闽浙赣游击纵队
    - 司令员兼政治委员 曾镜冰
      - 浙西区
      - 浙南区
      - 闽东北区
      - 闽中区
      - 闽西北区
      - 赣东闽北区
  - 皖南、苏浙皖游击区
    - 负责人 胡明
  - 苏南游击区
    - 负责人 钱敏
  - （浙东第二游击纵队下辖）第一支队、第二支队、第四支队、第五支队、第六支队

南方游击部队（1949年7月）

- 中共华南分局
  - 书记 方方
  - 副书记 林平
    - 琼崖纵队
      - 司令员兼政治委员 冯白驹
        - 第一总队、第三总队、第五总队
    - 粤赣湘边纵队
      - 司令员兼政治委员 林平
        - 东江第一支队、东江第二支队、东江第四支队、北江第一支队、湘南支队
    - 闽粤赣边纵队
      - 司令员 刘永生
        - 第一支队、第二支队、第三支队
    - 桂滇黔边纵队
      - 司令员 庄田
      - 政治委员 周楠
        - 滇东南区、思普区、滇西中区、滇东北区、桂西区
    - 粤桂边纵队（1949年8月成立）
      - 司令员兼政治委员 梁广
        - 第一支队、第二支队、第三支队、第四支队、第五支队、第六支队、第七支队、第八支队
    - 粤中区纵队
      - 司令员 吴有桓
      - 政治委员 冯燊
        - 第一支队、第二支队、第三支队

第二节 发起渡江战役 歼灭汤恩伯集团主力

一 战前双方的战役部署

1949年1月21日蒋介石被迫"引退"后,仍以国民党总裁的身份总揽军事大权,积极扩军备战,加紧部署长江防线。1月25日,蒋介石在溪口召见国民党政府行政院长兼国防部长何应钦、参谋总长顾祝同、京沪杭警备总司令汤恩伯等人,研究江防问题。蒋介石决定令汤恩伯统一指挥江苏、浙江、安徽三省和江西省东部的军事,会同华中"剿总"司令部(后改华中军政长官公署)总司令白崇禧指挥的部队组织长江防御。长江防线划分为两个战区:上海至江西湖口间800公里地段的防务由汤恩伯负责,湖口至湖北宜昌间近1 000公里地段的防务由白崇禧负责。蒋介石的企图是:"用海、空优势与长江天险之利,拒止匪于长江之北,争取适当时间,重新整备新生战力,企图再举。"①

至1949年4月,国民党军在湖北宜昌至上海间1 800公里的长江沿线上,部署了115个师约70万人的兵力。其中汤恩伯集团75个师约45万人,白崇禧集团40个师约25万人。另以海军海防第二舰队和江防舰队一部,共有舰艇67艘,分驻于芜湖、南京、镇江、江阴等地江面,支援汤恩伯集团作战;以江防舰队主力计舰艇40余艘,分驻九江、武汉、宜昌江面,支援白崇禧集团作战。以空军第四军区第一、第三、第五、第八大队,以上海、南京、武汉为基地,支援陆、海军作战。国民党军统帅部"鉴于长江江防过于宽广,处处设防,绝难周全,为保持作战弹

---

① 《国民革命战役史第五部——戡乱》第六册,第41页,台北"国防部史政编译局"1989年编印。

性",决定"以京沪三角地带为江防之重点,而淞沪地区又为其核心"。① 汤恩伯依据上述方针进行部署:以一部兵力前出至长江北岸,控制三江营、瓜洲、十二圩、浦镇、浦口、裕溪口、枞阳等据点和若干江心洲作为警戒阵地,以主力沿长江南岸布防,重点置于南京以东地区,并在纵深控制一定机动兵力。白崇禧集团以27个师担任江防,以13个师驻于长沙、南昌地区。

这时,国民党军士气低落,军心解体,广大官兵厌战、惧战。在中共敌工部门策动下,2月7日,驻芜湖至繁昌段防守的第一〇六军二八二师5000余人,在师长张奇率领下起义,到达江北的无为,加入了人民解放军。② 2月25日,"重庆"号巡洋舰官兵起义。3月25日,首都卫戍总司令部所属第四十五军第九十七师师长王晏清率师部及两个团,从江宁渡江起义;虽然因事先未能与解放军联系好,在国民党空军散发传单的鼓动下大部哗溃,但这支号称"御林军"的蒋军嫡系部队的起义,对国民党军的士气是一次很大的打击。4月7日,蒋经国的亲信部将、国防部陆军预备干部训练第一总队总队长贾亦斌,也率部举行了起义,对国民党军和蒋介石父子,都是一次沉重的心理打击(该起义部队于4月12日在国民党军围剿下溃散)。

中共中央和中央军委在与国民党政府进行和平谈判的同时,积极进行渡江的准备。从2月3日至3月20日,先后决定:以第二、第三野战军的7个兵团24个军及军区部队共100万人,准备于4月间发起渡江战役,歼灭汤恩伯集团,夺取国民党的政治、经济中心——京沪杭地区,为尔后向华东南、中南、西南地区进军创造条件。为了开辟渡江通道,解放军提前攻占长江北岸国民党军各据点。同时以第四野战军第十二兵团部率第四十、第四十三军组成先遣兵团,迅速南下,攻取信阳,威胁武汉,

---

① 《国民革命战役史第五部——戡乱》第六册,第41页,台北"国防部史政编译局"1989年编印。
② 参见《中国人民解放战争军事文集》第4集,第628页,中国人民解放军总部1949年编印。

会同中原军区部队钳制白崇禧集团,策应第二、三野战军渡江作战。为加强渡江作战的统一领导,2月11日,中央军委决定由刘伯承、陈毅、邓小平、粟裕、谭震林五人在淮海战役期间组成的总前委,在渡江战役中"照旧行使领导军事及作战的职权,华东局和总前委均直属中央"①。

3月25日至月底前,邓小平、陈毅在蚌埠东南孙家圩子主持召开三野兵团负责人会议,研究渡江作战计划及部署。根据起义的国民党军首都警卫部队第九十七师师长王晏清对南京周围地区国民党军部署情况的汇报和对敌我双方各方面情况的综合分析,粟裕提出了整个渡江作战的设想:在我百万大军直逼长江、拥有战略战役主动权的情况下,可采取宽大正面同时展开强渡与重点突击相结合的打法。经研究后,确定将主渡方向选择于江阴以西地段,以求迅速截断京沪交通,切断南京周围国民党军的退路。会议期间,陈毅让三野参谋长张震写一个包括两大野战军行动在内的渡江作战命令。张震根据会议讨论情况拟制了一份草案,交邓小平审阅。邓认为大兵团的作战纲要是指导性的,不能写得太具体,主要说明战役企图,可能的发展变化以及预案等即可,要给两个野战军根据战场实际机断行事的余地。遂在张震草案基础上,亲自起草了《京沪杭战役实施纲要》(以下简称《纲要》),4月1日以总前委名义上报军委并发兵团以上单位。军委于4月3日复电同意。②

《纲要》规定以第二、第三野战军全部组成东、西、中三个突击集团,采取宽正面、有重点的多路突击战法,于4月15日18时在江苏靖江至安徽望江段实施渡江作战,首先歼灭沿江防御之敌,尔后向南发展,"占领苏南、皖南及浙江全省,夺取京沪杭,彻底摧毁国民党反动政府的政治经济中心"。《纲要》预定将战役分为三个作战阶段:第一阶段达成渡江任务,实行战役展开;

---

① 《毛泽东军事文集》第五卷,第500页,军事科学出版社、中央文献出版社1993年版。

② 参见《张震回忆录》(上),第358页—361页,解放军出版社2003年版。

第二阶段割裂和包围敌人,确实控制浙赣路一段;第三阶段分别歼灭被包围之敌,完成全战役。《纲要》规定第一阶段作战计划和兵力部署是:以三野第八兵团(第二十、第二十六、第三十四、第三十五军)、第十兵团(第二十三、第二十八、第二十九、第三十一军)及苏北军区三个独立旅共35万人,由三野代司令员粟裕、参谋长张震指挥,组成东突击集团。其中以第三十五、第三十四军以积极佯攻手段,吸引和钳制浦口、仪征地区之敌,其余六个军由三江营至黄港段渡江。以三野第七兵团(第二十一、第二十二、第二十四军)、第九兵团(第二十五、第二十七、第三十、第三十三军)共30万人,由三野副政委谭震林指挥,组成中突击集团,在裕溪口至枞阳段渡江。为使中、东两集团密切协同,迅速合围宁、镇之敌,中、东两集团由粟裕、张震统一指挥。以二野第三兵团(第十、第十一、第十二军)、第四兵团(第十三、第十四、第十五军)、第五兵团(第十六、第十七、第十八军)及地方部队共35万人,由二野司令员刘伯承、副政委张际春、参谋长李达指挥,组成西突击集团,在枞阳至望江段渡江。

《纲要》判断渡江成功后,汤恩伯集团可能采取四种措施,但"只要我军渡江成功,无论敌人采取何种处置,战局的发展均将发生于我有利之变化,并可能演成敌人全部混乱的局面"①。《纲要》同时指出,战役成功的关键,是中、东两集团的迅速会合,"此着成功,既可使东线兵团不致孤立,使东线主力作战有必胜之把握,又可做到打乱敌人作战体系,达成割裂包围敌人之目的"②。总前委估计东集团在渡江后可能遇到严重的战斗,因此随后又决定中集团较东、西集团提前一天渡江,以便有力地支援东集团作战。

担任渡江任务的各部队于3月下旬开始,发起肃清江北国民党军警戒阵地各据点的作战。至4月中旬,除安庆、裕溪口、浦口、浦镇等据点外,均已被肃清。各部队先后进抵长江北岸,进行战役前的准备工作。

---

①② 《邓小平文选》第一卷,第131页,人民出版社1993年版。

二 突破长江防线 解放南京

人民解放军渡江各部队在肃清江北国民党军据点的同时,即开展战役前的准备工作:进行形势任务及新区城市政策纪律教育,侦察对面国民党军的防御部署、工事设施和长江水文情况以及两岸地形,筹集和修理船只。至渡江前夕,解放军共筹集各型木船9 400多只,培训了数千名从各部队选调的水手,实施强渡江河、水网稻田作战的战术、技术训练,同时动员了万余名船工随军参战。中原、华东的党和政府组织了规模巨大的支前工作,仅筹集与运送的粮食即达数亿斤,临时民工达300多万人。此外,山东、苏北还组建了16个民工团随军服务。

1949年4月1日,国共双方代表团在北平举行和平谈判。为争取达成有利于人民的协定,军委数次推迟渡江时间。虽然总前委及二野、三野战军的领导认为推迟渡江有许多不利条件,要求按原计划渡江,但军委根据和谈进行的情况,认为"我方协定草案已交张治中代表团","张治中等表示原则上接受我方草案","惟南京李、何、白、顾等是否能拒绝美蒋干涉(此种干涉现已加紧)愿意接受,则尚无把握"。"如南京根本拒绝不愿签字,则争取张治中代表团签字,然后我军渡江,威迫南京批准。"①万一连张治中也不敢签字,则其曲在彼,我方可将协定草案公布,争取人世及国民党中主和分子及爱国分子的同情,对我军南进甚为有利。"②因此军委决定,渡江作战推迟至约定的4月20日签字之日。

4月20日,国民党政府拒绝签字。当晚,人民解放军中突击集团即发起渡江作战。21日,中央军委主席毛泽东和人民解放军总司令朱德发布了"向全国进军"的命令,命令中国人民解放

---

① 《毛泽东军事文集》第五卷,第537页,军事科学出版社、中央文献出版社1993年版。
② 《毛泽东军事文集》第五卷,第538页,军事科学出版社、中央文献出版社1993年版。

军"奋勇前进,坚决、彻底、干净、全部地歼灭中国境内一切敢于抵抗的国民党反动派,解放全国人民,保卫中国领土主权的独立和完整"。命令提出,中国人民解放军要向国民党地方政府和地方军事集团宣布国内和平协定的最后修正案。对于凡愿意停止战争、用和平方法解决问题者,即可照此修正案的大意和他们签订地方性的协定。"在人民解放军包围南京之后,如果南京李宗仁政府尚未逃散,并愿意于国内和平协定上签字,我们愿意再一次给该政府以签字的机会。"①

1949年4月20日20时,人民解放军中突击集团第一梯队四个军,在强大炮火掩护下,冒着国民党军舰和江防炮火的拦截发起强渡,迅速占领江心洲,并突破鲁港至铜陵段的江防阵地,击退守军的反击,建立了滩头阵地,然后迅速向纵深挺进。21日占领了铜陵、繁昌、顺安等地。汤恩伯亲至芜湖指挥,并急调汤山的第九十九军主力往援,但为时已晚。当第九十九军进至宣城时,发现江防部队第八十八、第五十五军等已放弃江防向南撤退,遂亦随之南逃。

21日晚,东、西两突击集团开始渡江,数百公里的江面上,万帆竞发,火光映红了夜空。东集团主力很快突破了天生港、王师塘、长山等江防阵地,击退守军反击。22日凌晨,江阴要塞守军7000多人,在中共秘密党员策动下起义,控制了炮台,封锁了江面,断绝了国民党海军舰艇东逃的航道。西集团主力亦于当夜在预定地段顺利地突破国民党军的江防阵地,22日占领了彭泽、东流等地。中集团主力则继续向纵深发展,占领了南陵,歼第八十八军大部。

汤恩伯见江防全线被突破,部队有被分割包围的危险,于22日下午仓促部署总退却:芜湖以西的部队向浙赣铁路沿线撤退,芜湖以东、常州以西的部队向杭州方向撤退,常州以东的部队向上海方向撤退,企图在浙赣铁路和上海地区重新组织防御。

人民解放军全力、迅速向纵深发展。23日,东集团主力相继

---

① 《毛泽东选集》第四卷,第1451页,人民出版社1991年版。

解放了丹阳、常州、无锡等地,切断了沪宁铁路;中集团第二十五军一部占领芜湖,主力渡过青弋河,在湾址地区歼灭国民党军第二十军大部和第九十九军一部;西集团进占贵池、青阳等地,歼灭国民党军第八兵团一部。同日,国民党海军第二舰队司令林遵率25艘舰艇在南京以东江面起义,另一部23艘舰艇在镇江江面投降。

解放军第八兵团的第三十四、第三十五军乘国民党军全线溃退之际,从南京正面渡江,攻占了镇江和浦口、浦镇。这时,国民党政府留在南京的部分机构,已仓皇迁移广州①。解放军第三十五军于当晚占领了南京。南京的解放,标志着国民党蒋介石22年的统治覆灭,中国人民革命战争即将取得全国的胜利。

在第二、三野战军横渡长江的同时,第四野战军先遣兵团和中原军区部队,先后解放了黄梅、浠水、汉川等地,有效地钳制了白崇禧集团,保障了第二野战军的翼侧安全。

在人民解放军渡江作战时期,曾发生过"紫石英"号事件。即在4月20日晨,人民解放军下令封锁江面,准备强渡时,英国军舰"紫石英"号进入三江营段江面。第三野战军特种兵纵队炮三团不明英舰企图,即发炮警告,但英舰傲慢地不予置理,继续上驶,超越炮三团三江营左翼炮位,对部队的渡江行动形成干扰,炮三团当即发炮予以打击。"紫石英"号随即还击,发生激烈炮战。"紫石英"号受到重创,被迫悬起白旗,驶靠南岸。下午,英舰"伴侣"号前来增援,又与解放军炮兵展开激战,受伤后下驶。

21日晨,粟裕、张震致电中央军委,报告有外国军舰妨碍解放军渡江的情况,请示处置。毛泽东代军委起草复粟裕、张震并告总前委刘伯承、张际春、李达电:"你们所说的外舰,可能是国民党军舰伪装的,亦可能是真的,不管真假,凡擅自进入战区妨碍我渡江作战的兵舰,均可轰击。但如该外舰对我渡江在实际

---

① 李宗仁代理总统后,蒋介石令国民党中央党部迁至广州,令国防部迁至上海,国防部保密局迁至台湾。行政院长孙科也将行政院迁至广州。

上无妨碍,则可置之不理,暂不去打他。"①当日16时,英国远东舰队副总司令梅登海军中将率两艘军舰上驶至解放军即将强渡的江面,特纵炮六团奉命发炮打击,与英舰激战,英舰受伤后缩回上海。②4月30日,人民解放军总部发表声明,严正申斥了这一侵略行径,要求英、美、法等外国在中国的一切武装力量迅速撤离中国的领海、领空、领土,表达了中国人民保卫自己领土主权的决心,显示了人民解放军坚决反对外国侵略的严正立场。

三 追歼南逃国民党军 解放杭州

人民解放军渡江成功后,总前委根据粟裕、张震等前线指挥员关于沿江国民党军全线南撤的报告,迅速调整进攻部署。命令第三野战军除以第三十五、第三十四军担任南京、镇江的警备任务,第二十九军东进攻取苏州、向上海方向警戒外,东集团和中集团主力不顾一切疲劳,不为小股国民党军牵制,分别沿丹阳、金坛、溧阳及太湖西侧之线和南陵、宣城、广德之线向长兴、吴兴(湖州)地区疾进,完成战役合围,歼灭由南京、镇江、芜湖地区南逃的国民党军。同时命令第二野战军主力第三、第四、第五兵团,并肩向浙赣路沿线挺进,追歼逃敌,控制浙赣路,确实切断汤恩伯与白崇禧集团的联系,保障第三野战军歼灭南逃国民党军作战时的翼侧安全;另以第三兵团之第十军担任安庆、芜湖地区的警备任务。

渡江战役参战的各部队接到命令后,不顾疲劳,不等辎重到达,克服阴雨连绵、道路泥泞等困难,以急行军向指定地区前进。国民党军在人民解放军多路追击下,不敢再沿宁杭公路南逃,改由宜兴以西山区直下郎溪、广德,企图由这里突出包围,逃往杭州。

---

① 军事科学院编:《毛泽东军事年谱》,第746页,广西人民出版社1994年版。
② 参见《张震回忆录》(上),第364页,解放军出版社2003年版。另参见《渡江战役》,第767、783页,解放军出版社1995年版。

26日,中集团第九兵团主力及第七兵团一部通过广德,东集团一部进抵天王寺、宜兴一带,并在溧阳以西、以南地区歼灭南逃国民党军第四、第二十八、第五十一军各一部。27日,东集团第二十九军进占苏州,东、中两集团各一部会师吴兴,将由芜湖、南京、镇江地区南撤的国民党军第四、第二十八、第四十五、第五十一、第六十六军等5个军包围于郎溪、广德山区,并随即向其发起攻击。经两天战斗,至29日,将其8万人全部歼灭。

中集团的第七兵团主力,沿安吉、武康之线向东急进,于5月3日占领杭州。

4日,西集团第二野战军之第四兵团,占领了浙赣线上的上饶、贵溪、横峰。至7日,第五兵团分别占领金华、衢县,并与第三兵团一部与第四兵团一部会师诸暨。西集团在向浙赣线前进途中,先后追歼国民党军第六十八、第八十八、第一〇六、第七十三军各一部。国民党军残部纷纷逃向福建和浙东。

人民解放军控制了义乌至东乡段400余公里的浙赣线。这不仅割断了汤恩伯、白崇禧两集团的联系,而且扩大了预定的战役范围,为下一步进军创造了有利的条件。在此期间,第四野战军先遣兵团和中原军区部队,先后又占领了孝感、黄陂,逼近武汉,完成了钳制白崇禧集团的任务。4月28日,先遣兵团归还第四野战军的建制。

四 攻占上海 歼灭汤恩伯集团主力

郎溪、广德围歼战后,汤恩伯集团一部兵力逃往福建,主力8个军25个师共20多万人退守上海,在蒋介石亲自部署下,继续顽抗,以争取时间向台湾抢运物资。位于武汉地区的白崇禧集团,除以一部兵力迟滞第四野战军先遣兵团渡江外,主力准备向湘赣边、湘中、湘鄂西地区撤退,组织新防线,以阻止人民解放军向湖南、江西、广东、广西、四川进军。

中央军委和总前委依据战局的发展,令第三野战军以第七兵团继续向浙江东部和南部进军,解放全浙江省;以第八兵团一部继续担任南京、镇江地区的警备;集中第九、第十两兵团及第八兵团一部,共八个军攻取上海。令第二野战军主力在浙赣路金华、东乡段休整,以策应第三野战军上海作战,并准备对付美英等国可能的武装干涉;另以一部兵力向福建北部、江西中部进击,伺机进占南昌。同时中央军委还指示第四野战军以先遣兵团相机渡江,占领武汉,以便于其主力尔后进军中南。

上海拥有500万人口,是中国最大的城市和工商业中心,政治情况十分复杂。为了既歼灭敌人,又完整地接管上海,以利于尔后国家的建设,中共中央及中央军委、总前委、华东局和第三野战军领导先后发出一系列指示。4月27日,军委指出:

> 国民党在沪军队有迅速撤走可能,加以上海资产阶级不赞成在上海打仗,故上海和平解决之可能性甚大。为着多有一些准备时间,不使国民党过早退出上海,我军仓促进入上海,请粟张注意不要使我军过于迫近上海。①

4月28日军委指示:在进攻上海时,"我方对英美侨民及一切外国侨民和各国大使、公使、领事等外交人员,首先是英美外交人员,应着重教育部队予以保护"②。4月30日和5月3日,军委又先后指示:"总前委除直接领导南京工作外,请迅速抓紧完成占领上海的准备工作,以便在一星期以后假如汤恩伯从海上逃跑时,你们能够主动地有秩序地接收上海。"③要"令军队学习政策和接管城市事项"④。当得悉国民党正加紧抢运上海物资时,5月6日军委又指示:

---

① 《毛泽东军事文集》第五卷,第560页,军事科学出版社、中央文献出版社1993年版。
② 军事科学院编:《毛泽东军事年谱》,第749页,广西人民出版社1994年版。
③ 《毛泽东军事文集》第五卷,第566页,军事科学出版社、中央文献出版社1993年版。
④ 《毛泽东军事文集》第五卷,第573页,军事科学出版社、中央文献出版社1993年版。

请粟张即行部署于辰灰（5月10日——引者注）以后辰删（5月15日——引者注）以前数日内先行占领吴淞、嘉兴两点，封锁吴淞江口及乍浦海口，断绝上海敌人逃路，使上海物资不致大批从海上逃走……并迫使用和平方法解决上海问题成为可能……但是你们仍须准备在不可避免的情况下，早日去占领上海。你们的准备工作愈快愈好。①

根据军委的指示，华东局、第三野战军抽调了约5 000名干部组成各系统的接管机构，拟制了具体的接管计划和警备措施，并学习中央关于接管方针的指示。中共上海秘密党组织，也组织了大批纠察队，护厂护校。攻城部队进行了城市政策纪律教育，同时规定市区作战力争不使用重武器，以尽可能地减少对城市建筑物的破坏。

上海国民党军的防守兵力，以第二十一、第五十一、第五十二、第五十四、第七十五、第一二三军20个师，配属坦克、装甲车部队守备黄浦江以西市区，以及外围的太仓、昆山、嘉兴、金山等地；以第十二、第三十七军5个师守备黄浦江以东地区。全市防御重点置于浦西市郊之月浦、刘行、大场和浦东之高行、高桥地区，用以屏障吴淞市区，保障其出海通道。市区内以国际饭店、四行仓库、海关大楼、百老汇大厦(上海大厦)等30多座高大建筑物为坚固防守据点，在各重要路口，以钢筋水泥碉堡和沙袋构成众多工事，组成核心阵地。市区周围总计有4 000多座碉堡、万余野战工事，加上各种障碍物等，构成十分严密的防御体系。另有海军海防第一舰队和空军支援防守。

粟裕、张震等第三野战军领导，针对上海国民党军的防御部署，决定以第九、第十兵团采取钳形攻势，从浦东、浦西实施两翼迂回，先切断国民党军的海上退路，尔后再围攻市区。5月12日，人民解放军向上海外围的国民党军发起攻击。至14日，三野第九

---

① 《毛泽东军事文集》第五卷，第575—576页，军事科学出版社、中央文献出版社1993年版。

兵团先后攻占平湖、奉贤、南汇和松江、青浦等地,进逼川沙,威胁上海守军的侧背。汤恩伯被迫由市区调第五十一军至白龙港、林家码头加强防御。三野第十兵团先后攻占昆山、太仓、嘉定、浏河等地,继向月浦、杨行、刘行发动攻击。国民党军依据钢筋水泥地堡顽强抵抗,解放军攻势进展缓慢。15日起,三野各部队遵照总前委及野司领导的指示,加强了敌前侦察,调整了部署,改以小分队行动为主,实施火力、爆破、突击密切结合的攻坚战术,逐个攻取碉堡,加速了战斗进程。至19日,第十兵团相继攻占了月浦、国际无线电台,肃清了刘行残敌;第九兵团攻占川沙,并在白龙港地区全歼守军第五十一军,并将其第十二军压缩于高桥地区,与第十兵团形成夹攻吴淞口的态势。汤恩伯又被迫于22日将第七十五军增调高桥,以保障吴淞口出海通道。

至此,人民解放军已将国民党军主要兵力压缩于吴淞口的两侧地区;华东局接管上海的准备工作也已基本完成。5月20日,中央军委给粟裕、张震电报指示:

(一)……接收上海的准备工作业已大体就绪,似此只要军事条件许可,你们即可总攻上海。(二)为使侦察及兵力配备臻于完善起见,总攻时间似以择在辰有(5月31日——引者注)至辰世之间为宜,亦可推迟至巳东(6月1日——引者注)左右,如何适当,由你们决定。(三)攻击步骤,以先解决上海后解决吴淞为适宜。如吴淞阵地不利攻击,亦可采取攻其可歼之部分,放弃一部分不攻,让其从海上逃去。(四)攻击兵力必须充分,如觉兵力不足,须调齐兵力然后攻击。(五)攻击前必须作战役和战术上的充分准备。①

---

① 《毛泽东军事文集》第五卷,第587页,军事科学出版社、中央文献出版社1993年版。

粟裕、张震等三野领导，遵照军委及总前委的指令，增调第七兵团之第二十三军和第八兵团第二十五军分别配属第九、第十兵团，于23日夜向上海国民党军发起总攻。24日，第九兵团攻占浦东市区和虹桥、徐家汇车站，第十兵团直插吴淞、宝山。国民党军一面增调兵力至月浦，一面向吴淞收缩，准备从海上逃跑。攻城各部队以快速勇猛的动作，多路直插市区，追歼逃敌。至26日，第九兵团攻占上海市区。经过争取，国民党军淞沪警备副司令刘昌义率第二十一、第一二三军等各一部投诚。第十兵团相继攻占大场、吴淞、宝山等地。

27日上海作战结束。除汤恩伯率第五十四军等部约5万人登舰逃跑外，其余15万多人全部被歼（包括投诚部队）。共缴获各种炮1 300多门，坦克、装甲车110多辆，汽车1 100辆，舰艇11艘及大批军用物资。

6月2日，第二十五军解放崇明岛，歼守军3 700多人，至此，京沪杭作战胜利结束。

在此期间，第三野战军第七兵团主力在浙东、浙南游击队配合下，解放了宁波、奉化、镇海、温州、临海、黄岸等城市和广大地区。山东军区第三十二军于6月2日解放青岛，守军第十一绥区第三十二、第五十军由海上南撤广东。第二野战军一部于5月中旬解放赣中、闽北之南城、建阳、建瓯、南平等地。第二野战军第四兵团于5月20日进至丰城、樟树（清江）一线，22日占南昌。

武汉白崇禧集团不顾中共的忠告，拒绝以和平方式解放华中南，6月初开始收缩兵力准备南撤。人民解放军第四野战军先遣兵团于5月14日开始在团风至武穴段渡过长江，17日解放武汉三镇，并争取了国民党河南省主席兼第十九兵团司令官张轸，在贺胜桥率第一二八军等部约2万人于15日宣布起义。第四野战军接着又解放了通山、蒲圻、通城等地。

渡江战役，解放军以木帆船为主的航渡工具，一举突破了国民党军陆海空组成的长江防线，攻克了坚固设防的上海等重要城市，歼灭国民党军11个军部46个整师共43万余人。人民解放军亦伤亡6万多人。人民解放军解放了苏南、皖南、浙江广大地区和江西、湖北、福建三省部分地区,为继续向全国进军奠定了胜利的基础。

第三节　第三野战军进军东南解放闽浙和沿海岛屿

一　进军闽中　解放福州和平潭等岛

渡江战役后,国民党军江防部队,除被歼及逃去台湾者外,其余大部都逃至福建及沿海岛屿。这些部队"单位众多,番号庞杂",大都遭受过人民解放军的歼灭性打击,"部队残破,重武器散失殆尽,兵员严重缺额,战力脆弱",而且士气低落,缺乏统一领导。1949年5月,顾祝同至福州对福建部队进行了一次整编。6月下旬,蒋介石又至福州,召开军事会议,确定了防御部署,调整了领导机构,7月1日,成立了国防部东南区整编委员会,对各部队进行了第二次整编;7月18日,成立东南军政长官公署,任命陈诚为长官,统一指挥福建、浙江、台湾、海南岛等地区的军政事宜,并重新组织防御。蒋介石企图通过控制东南沿海地区及近海岛屿,屏障台湾,伺机反攻。其兵力部署是:舟山防卫司令石觉指挥3个军10个师约6万人,防守舟山群岛;福建省主席兼福州绥靖公署主任朱绍良指挥10个军27个师约12万人,防守福建沿海地区及近海岛屿,其中第六兵团李延年部5个军13个师6万余人,防守福州地区;第八兵团刘汝明部2个军6个师3万余人,防守漳州地区;第二十二兵团李良荣部3个军8个师约3万人,防守泉州、厦门、金门地区。另以空军第一、第四、第五大队,以定海及台湾为基地,执行空中支援、侦察、封锁海面及输送物资任务。此外,山东长山列岛尚有巡防处所属1 500多人。

中央军委早在上海作战临近结束时的5月23日,即指示总前委及第三野战军领导："你们应当迅速准备提早入闽，争取于六七两月内占领福州、泉州、漳州及其他要点，并准备相机夺取厦门。"①粟裕、张震等三野领导，在上海解放后，决定以第八兵团继续担任南京、镇江警备任务并清剿苏南、皖南国民党军的残余部队；第七兵团主力负责解放舟山群岛，一部兵力保卫海防和担任城市警备；第九兵团担任上海市警备及淞沪地区的海防，并准备解放台湾；第十兵团执行进军福建任务。

1949年7月2日，第十兵团开始向福建进军，至7月下旬，第二十八、第二十九、第三十一军先后到达建瓯、南平、古田等地区。第十兵团司令员叶飞、政委韦国清，根据敌情、地形，决心分两个阶段完成解放全福建的任务：第一阶段集中全力围歼福州地区的国民党军第六兵团李延年部，控制闽中；第二阶段乘胜南下，攻占泉州、漳州及厦门等岛屿，求歼国民党军第八兵团刘汝明部、第二十二兵团李良荣部。

福州位于闽江下游，周围环山，中央低平。国民党军以第一〇六军守市区，以第七十四军守右翼的罗源、连江、王官头一线，以第二十五、第九十六军守左翼的闽清至福州间闽江两岸地区，以第七十三军守福清、平潭岛，以独五十师守宦溪及大小北岭。朱绍良及李延年企图依托有利地形阻止解放军于闽清、罗源以北，守住福州。如防线被突破，则以运动防御掩护部队退据海岛，或经陆路撤至漳州、厦门。叶飞、韦国清针对敌情，采取钳形攻击战术，首先以第二十九军为右路，远程迂回攻占宏路、福清、长乐，断其陆上逃路；以第三十一军为左路，迂回攻占连江、马尾，断其海上逃路；以第二十八军为中路，沿古田至福州公路实施正面突击，三路会师围歼福州国民党军。与此同时，第七兵团第二十一军第六十三师，从闽东北霞浦地区向罗源进攻，以配合第十兵团的作战。

8月6日，三路部队分别由古田、建瓯、南平出发，在游击队和人民的协助下，经过五天急行军，隐蔽地迫近福州外围。11日

---

① 《毛泽东军事文集》第五卷，第591页，军事科学出版社、中央文献出版社1993年版。

发起攻击,当日右路军占领永泰,13日左路军占领丹阳,15日中路军占领闽清、溪口。至16日,各路军先后攻占连江、马尾、长乐、福清等地。当晚,福州守军弃城渡乌龙江南逃,朱绍良、李延年乘飞机逃往台湾,17日福州解放。第十兵团以一部兵力警备福州,主力分路追击逃敌。至23日,除第七十三军第二○一师一个团大部、第七十四军一部逃往平潭岛,第二十五、第九十六军各一部逃往漳州、厦门外,其余被歼于福清、永泰以北、乌龙江以南地区。福州战役共歼敌4万人。战役结束后,第十兵团于8月底解放了莆田、惠安、泉州、青阳、安海等地。9月中旬又攻占了大小练岛、平潭岛、南日岛、湄州岛等,歼敌9 000余人。

二 进军闽南 解放漳州、厦门

人民解放军解放福州后,国民党统帅部以东南军政长官公署副长官汤恩伯接替朱绍良任福建省主席兼厦门分署主任,进驻厦门。汤恩伯指挥第八、第二十二兵团防守闽南。以第八兵团残部防守漳州、长泰、南靖地区,拱卫厦门、金门,以第五十五军防守厦门岛,以第二十二兵团率所属第二十五军及新自台湾调来的第二○一师防守大金门岛,以第五军防守小金门岛。人民解放军第十兵团在进行福州战役之后,即开始准备实施第二阶段作战,南进歼灭闽南的国民党军。叶飞等根据国民党军布防情况,决定首先击歼漳州地区守军,控制进攻金、厦的有利阵地,尔后再视情况,同时或先后攻取厦门和金门岛。其部署为:第三十一军攻取漳州,第二十九军一部攻歼厦门以北的澳头、集美等地,尔后以2个军的主力攻取厦门岛,以第二十八军主力、第二十九军一部攻取金门岛。

9月初,第十兵团开始由福州地区南下。19日,第二十九、第三十一军按兵团的部署,采取正面突击与两翼迂回的战术对漳州发起进攻。战至25日,先后占领了同安、长泰、南靖、漳州及马巷、澳头、集美等地,歼灭国民党军1.2万多人。28日,第二十八军主力到达厦门东北元石井,闽粤赣游击队占领了平和、漳浦,对金、厦形成了三面包围的态势。此时,汤恩伯率第八、第二十二兵团残部4.5万人退守厦、金两岛,兵力相对集中,又有海峡天险为屏障,加上积极赶修工事,防御能力相对有所增强。

第十兵团肃清金、厦外围大陆之守军后,原拟乘其败逃混乱之际,同时攻取金、厦两岛,但因船只不够,改为先取厦门,再攻金门。其部署是:第三十一军由排头、嵩屿、尾仔屿起航,从厦门岛西部登岛,同时攻歼鼓浪屿岛守军;第二十九军主力由集美、澳头起航,从厦门岛北部登岛,尔后两军协力聚歼岛上的国民党军。另以第二十八、第二十九军各一部,先期攻占大、小嶝岛,以策应主力攻厦作战。

10月10日,发起进攻,至13日攻占大、小嶝岛。15日黄昏,两军主力开始攻击厦门。第二十九军首先在厦门北部突破守军防御;第三十一军因船队遇风受阻,仅1个多团在岛的西部登岸,攻击受挫。至16日下午,两军的后续梯队陆续登上厦门岛,打退守军的反击,控制了岛的北半部。守军见大势已去,向东南海岸撤退。人民解放军乘胜追击,歼其第八兵团2.7万多人,解放了全岛。第三十一军一部,同时登上鼓浪屿,占领了该岛。

三 金门岛战斗

厦门岛解放后,汤恩伯为加强金门岛的防守力量,将潮安、汕头的第十二兵团所属第十一师等部队增援金门,其兵团主力亦陆续向金门增援。人民解放军第十兵团主要领导,为了在国民党军第十二兵团主力登陆金门之前攻下金门岛,仅以第二十八、第二十九军各一部共7个团的兵力,在第二十八军副军长萧锋指挥下,担任攻取大金门的任务,以第三十一军一部攻取小金门岛。当时沿海船只,多被国民党军飞机炸毁,仅搜集到300多只,一次只能运送3个团的兵力。叶飞等领导决定将所有船只集中使用,预计一夜之间连续运送两次,集中5个团的兵力首先攻取大金门岛,尔后再攻小金门岛。

1949年10月24日夜,第二十八军第八十二师第二四四团、第八十四师第二五一团和第二十九军第八十五师第二五三团为第一梯队，分别由莲河、大嶝岛、后村等地起航。途中遭守军炮火拦击，受到部分伤亡，船队已不能保持完整队形。25日2时许，各船陆续在龙口、古宁头附近靠岸登岛。各部队在"有几个人打几个人的仗，不等待，不犹豫，向里猛插"的战术要求下，分头各自勇猛攻击。

此时，国民党军第十二兵团第十八军已到达该岛，加入战斗，协同原第二十二兵团第二十五军及第二〇一师，在坦克配合下发起连续反击。攻岛部队被迫退至古宁头地区改为防御，继续坚持战斗。

由于登岛时正逢涨潮最高潮，船只长驱抢滩。不料部队登岛后，恰逢退潮，欲返航时，潮水已退至10米开外，船只全部搁浅。天亮后，国民党军飞机及军舰赶来，将300多只船全部炸毁。后续梯队无船可渡。登岛部队处于敌众我寡、孤立无援的危境。25日，后续部队四处搜集船只，以重金奖聘船工，仅找到能运送4个连的船只。当晚起航登岛，与坚持在古宁头的部队会合。在极端困难的情况下，登岛的全体指战员仍临危不惧，顽强战斗，但兵少力薄，弹尽援绝，更无食粮，难以挽回败局。血战至27日，两批登岛部队共3个多团9 086人（内有船工、民夫等350人），大部壮烈牺牲，一部被俘。

这是解放战争中人民解放军的一次最大的失利战斗。

金门战斗后，第十兵团向三野前委、中央军委报告，检讨失利主要原因：在胜利形势下，高级指挥员轻敌急躁，盲目乐观，作战任务尚未全部完成，即不适当地过早转移工作重心，将主要精力用于城市接管工作；指导思想上重厦门轻金门，在攻占厦门岛后，对攻金门岛的困难认识不足；缺乏具体指导；准备工作极不充分，尤其船只准备严重不足；在得悉国民党军第十二兵团增防金门情报后，未及时采取应变措施，片面强调抓战机，仍决定按原计划发起战斗；战斗组织不严密，第一梯队不同建制的3个团没有统一指挥，登陆后未能及时巩固滩头阵地、扩大突破口和组织指挥船队返航续运第二梯队，形成登岛部队各自为战，致被优势国民党军各个击破,造成战斗的失利。①

四 解放舟山群岛

舟山群岛位于浙江杭州湾东,共有大小岛屿390多个,其中以舟山本岛(定海)最大(469.3平方公里),其次为岱山、金塘、六横、桃花、衢山诸岛。这些岛屿分布于江、浙海面,是两省和上海的海上屏障。1949年7月,浙江大陆解放,国民党军第八十七军退守舟山群岛,使该地总兵力达13个师6万多人。此外还有海军第14舰队舰艇50余艘,空军战斗机10余架。9月间石觉任舟山防卫司令,对守岛各部队进行了整编。将13个师缩编为7个师,撤销了第四十五、第二十一军番号,部队编入第七十五、第八十七军;暂一军缩编为第七师。其防御部署为:第七十五军防守舟山本岛西部及金塘、册子、大榭、大小猫山等岛屿,第八十七军防守舟山本岛东部及梅山、六横、登步等岛屿;第七师防守岱山,衢山及嵊泗列岛;海军第一舰队及海军陆战第一师位于定海港及长涂岛;交警第九总队位于桃花岛。

人民解放军第七兵团,根据三野领导赋予的解放舟山群岛的任务,决定以第二十二军并指挥第二十一军第六十一师,负责攻取舟山群岛。1949年7月24日,第二十二军在宁波召开作战会议,决定采取逐岛进攻的方针,先取外围,后取本岛。8月18日开始向舟山本岛外围屿发起进攻。第二十二军一部攻占大榭岛、梅山岛后,于10月5日全歼金塘岛守军,使舟山本岛翼侧直接处于解放军炮火威胁之下。国民党军遂将广东潮汕地区的第六十七军增防舟山本岛,并收缩兵力,于10月6日将驻守六横、虾崎等岛部队撤至本岛。解放军第六十一师遂即进占六横岛并乘势于10月中旬攻占桃花岛。经过两个多月的战斗,第二十二军已攻占舟山本岛外围30多个岛屿,基本上对本岛形成弧形包

---

① 参见军事科学院军事历史研究部《中国人民解放军全国解放战争史》第五卷,第179页,军事科学出版社1997年版。

围。国民党东南军政长官陈诚及海军总司令桂永清等于10月中旬赶至舟山视察，并调整部署，加修工事。

解放军第六十一师攻占桃花岛后，于11月3日进攻登步岛。该岛位于本岛东南，距桃花岛仅0.45公里，面积约18平方公里。为了确保舟山本岛向南方的海上交通，国民党军令第八十七军第二二一师师长率一部兵力增防登步岛，使该岛守军增至1个团又2个营。3日22时，解放军第六十一师第一梯队3个营在炮火掩护下，有7个半连突破防线登上登步岛。战斗至4日拂晓，歼灭守军8个连，俘500多人，占领了流水岩、炮台山等地，并将守军残部压缩至岛北部。4日7时，国民党军第六十七军4个团在空军支援下，乘军舰增援登步岛。由于解放军缺少必要的远程炮火压制和封锁国民党军军舰的航道，又未能占领码头，使其增援部队得以顺利登岛。该部登岛后，在海、空军火力和地面炮火支援下，分路向流水岩、炮台山解放军实施反击。解放军与之激战竟日，放弃炮台山等阵地。当晚，解放军第六十一师第二梯队和预备队等2个多营以及师直属3个连登上登步岛，与岛上部队会合。激战至5日晚，伤亡1400多人，被迫携带全部伤员和烈士遗体以及300多名俘虏，撤回桃花岛。

国民党军为加强舟山的防御，先后从台湾、金门等地抽调第十九、第五十二军等部增援，使舟山守军增至5个军16个师，连同海、空军及特种兵部队在内，共12万人。第三野战军领导根据这一情况，增调第二十一军主力、第二十三、第二十四军及炮兵各一部，在第七兵团统一指挥下参加攻取舟山的作战，使参战兵力由4个师增加到12个师又10个炮兵团，总兵力已占优势。同时，新组建的海、空军各一部也进驻上海、宁波等地，准备支援作战。正当解放军进攻舟山的准备工作基本就绪之际，1950年5月，蒋介石鉴于海南岛守军被歼，为集中兵力确保台湾，命国防部调集载重15万吨以上的舰艇44艘，从5月13日开始秘密撤退舟山群岛守军。19日，解放军占领全部舟山群岛。

在第七兵团解放舟山群岛期间，山东军区部队警备第四、第五旅及第二十四军第七十二师,在山东军区领导统一指挥下,于1949年8月间解放了渤海湾的长山列岛(庙岛列岛),歼灭国民党军1个海军警卫营及海军陆战第一团1个营等共1 400多人。在福建的解放军第三十一军第九十一师、第三十二军第九十四师及炮兵第十四团两个营,在第三十一军领导指挥下,于1950年5月12日解放了东山岛,歼灭国民党军第十七军所部2 000多人,守备东山县城的第五十八师警卫团投降。

至此,第三野战军在向东南进军中,解放了福建省及东南沿海大部岛屿,歼灭国民党军10万多人,取得了重大胜利。但解放军开始面临一个新问题,即如何组织好海岛进攻,准备两栖作战。

第四节　第四野战军进军中南 解放豫、鄂、湘、赣、粤、桂

一　进军湘中、赣南　和平解放长沙

国民党军长江防线被突破后,中共中央军委在向全国进军的战略部署中,赋予第四野战军的任务是向中南进军,歼灭该地区的国民党军,解放并经营豫、鄂、湘、赣、粤、桂六省。为了便于更好地完成上述任务,中共中央于1949年5月决定:以原中原局为基础组成华中局,中原军区领导机关与第四野战军领导机关合并,改称中国人民解放军第四野战军兼华中军区(1949年12月又改称中南局和中南军区兼第四野战军),林彪任华中局第一书记、华中军区司令员,罗荣桓任华中局第二书记、华中军区政委,邓子恢任华中局第三书记、华中军区第二政委,统一领导中南地区的党、政、军工作。

中南地区的国民党军,为华中军政长官公署白崇禧集团和广州绥靖公署(后改为华南军政长官公署)余汉谋集团共28个军73个师,总兵力40多万人。其中驻守湘鄂赣等省的白崇禧

集团共21个军52个师近30万人。其兵力部署为：湘鄂边绥靖公署宋希濂部第十四、第二十兵团6个军，布防于巴东至岳阳间的长江沿岸及其以南地区，重心置于宜昌、沙市；白崇禧部直属之主力第三、第十兵团7个军，布防于南昌以西、长沙以北之九岭山、汨罗江、洞庭湖一线；长沙绥靖公署程潜部和第一兵团陈明仁部4个军（后整编为3个军），布防于长沙、湘潭地区；第五十六军和第一二七军分别驻守桂林、常德；江西绥靖公署方天部第四、第十二兵团4个军，驻守遂川、赣州地区。广州绥靖公署余汉谋部7个军21个师约11万人，除以1个军驻守海南岛外，主力沿粤汉路扼守粤北，屏障广州。这些国民党军，除白崇禧直属的第七、第四十八军等少数部队外，大都是被解放军歼灭或重创后重建的部队，战斗力不强，而且派系不同，内部矛盾甚多。

1949年4月中旬，第四野战军主力70万人，自平津地区分三路沿平汉路、津浦路和北平至大名的公路南下。

南进途中，第十三兵团在华北军区第七十军等部协同下，于5月6日攻克安阳，歼灭国民党冀豫边区"清剿"指挥部所属保安旅和河南反共自卫第四路军第九纵队，以及第四十军第三三七师共1.4万多人。当日，新乡守军第40军副军长李辰熙，率领其第一〇六、第二六四师1.7万人接受人民解放军的和平改编，新乡解放。至6月上旬，各部队先后进抵长江以北的襄阳、樊城、安陆、孝感、浠水一线展开。

当第四野战军解放安阳、新乡后，中央军委就下一步作战部署于5月17日指示林彪萧克（四野第一参谋长）等：在鄂西方面，"你们可以三个军由宜、沙渡江，以两个军向宝庆推进，留一个军在常德、益阳一带"①；在粤汉线方面，"你们可使用八个军，除留一个军位于武汉、岳州线，一个军位于岳州、株洲线，一个军位于株洲、衡州线外，可以五个军向郴州推进，协同西路两个军

————————
①② 《毛泽东军事文集》第五卷，第582页，军事科学出版社、中央文献出版社1993年版。

歼击白崇禧于湘粤桂边境,并准备向两广前进"②;在江西方面,"你们可以预定经营江西的两个军向该区前进,此两个军可择各军中战斗力较弱者,而不要使用战力较强者,如遇作战,可要求陈赓兵团(二野第四兵团,暂归第四野战军领导指挥——引者注)协助之"①6月2日,军委又根据敌情指示林彪、萧克等:"你们各军到齐休整一短时期,然后三路或两路同时动作","齐头并进,一气打到赣州、郴州、永州(零陵)之线","使白崇禧各部处于我军猛打猛追,骤不及防,遭我各个歼灭"。军委还指示:"程潜、李默庵、陈明仁有和我合作反蒋反桂之可能性……请你们亦利用张轸推动程潜站在我们方面。"②

第四野战军根据军委的指示,决定以主力自武汉及其东西地区分三路渡江南进。7月初正当四野各部即将渡江时,国民党军宋希濂部调集两个多军向当阳、荆门袭扰,并以一部出远安抢运存粮。林彪等四野领导,决定立即发起宜(昌)沙(市)战役和湘赣战役,歼灭宋、白部主力后再乘胜南进。

在西线,以第十三兵团3个军和第十四兵团1个军及湖北军区一部,于7月6日对宜昌、沙市地区国民党军发起进攻。9日,第四十七军一部在当阳东北与国民党军遭遇,但刚一接触,国民党军即全线收缩,南渡长江,向鄂西山区撤退。解放军当即发起追击,因山多路窄,道路泥泞,重装备又多,行动迟缓,未能捕住其主力,仅歼其后尾一部。至16日,解放军占领了沙市、宜昌。至7月底,先后占领慈利、临澧、桃源、常德等城,共歼其1.5万人,打开了湘西的大门,切断了宋希濂与白崇禧部的直接联系,但未能实现歼其主力的目的。

在东线,以第四、第十二、第十五兵团9个军实施湘赣战役。7月8日先以第十五兵团一部奔袭奉新、高安,企图诱敌增援,聚而歼之。但国民党军已先期逃走。林彪等遂改令第四、第十二

---

① 《毛泽东军事文集》第五卷,第582—583页,军事科学出版社、中央文献出版社1993年版。

② 《毛泽东军事文集》第五卷,第605页,军事科学出版社、中央文献出版社1993年版。

兵团分别由湖北通城、江西新干加速向萍乡地区迂回,求得在浏阳、醴陵以东地区围歼白部主力。但白崇禧一发现解放军迂回,立即下令所属部队全线星夜后撤至攸县、茶陵地区,逃出了解放军预定的包围圈。此役,仅歼敌4 600多人,也未能达到歼其主力之目的。

8月初,人民解放军第十二、第十三兵团从东西两面逼近长沙。国民党长沙绥靖公署主任程潜、第一兵团司令陈明仁,接受《国内和平协定》,于8月4日率3个军共7.7万人宣布起义。长沙和平解放。

白崇禧乘起义部队情绪未稳,而解放军又并未进至长沙之际,进行策反,致陈明仁所属第七十一军军部率第八十七、第八十八师,第十四军军部率第十、第六十二师及第一〇〇军等一部分共4万人叛逃南下。人民解放军第四十、第四十六、第四十九军等部当即发起追击,至18日,进占安仁、永丰(双峰)等地后停止前进。在追击过程中,第四十九军第一四六师因轻敌麻痹,在永丰南界岭地区,遭国民党军第七军和第四十六军共4个师的围攻,激战一日,在第一四五师增援下,撤回永丰。第一四六师伤亡877人,第一四五师伤亡470人。起义后又叛逃的部队被白崇禧重组为第一兵团,黄杰任司令官。起义部队根据军委命令,于1949年10月改编为人民解放军第二十一兵团,陈明仁任司令员,唐天际任政委,辖第五十二、第五十三2个军。另在贺胜桥起义的张轸部改编为第五十一军,均属华中军区建制。

在停止追击后,第四野战军经过军委批准,从8月1日起,用40天的时间,全军转入休整,并总结前一段作战的经验教训,进行了在水网稻田地区作战的适应性训练。

与此同时,第十五兵团留置江西的第四十八军,发起赣西南战役,沿赣江两侧向赣南国民党军实施迅猛追击。经一个月的战斗,歼灭了江西绥靖公署方天部第二十三、第七十军1万余人,解放了江西全省。国民党军第四兵团残部及第十二兵团逃入粤境后,改归广州绥靖公署建制。

二 实行大迂回、大包围 歼灭白崇禧、余汉谋两集团

人民解放军进军湘中、赣南后，宋希濂部逃往鄂西恩施地区，改归西南军政长官公署指挥，白崇禧集团退据以衡、宝为中心的湘南地区，余汉谋部仍据守广东。中央军委根据全国形势的发展和第四野战军前一段作战的经验教训，于7月16日致电林彪、邓子恢、萧克：

> 判断白崇禧准备和我作战之地点不外湘南广西云南三地，而以广西的可能性为最大。但你们第一步应准备在湘南即衡州以南和他作战，第二步准备在广西作战，第三步在云南作战……和白部作战方法，无论在茶陵、在衡州以南什么地方，在全州、桂林等地或在他处，均不要采取近距离包围迂回方法，而应采远距离包围迂回方法，方能掌主动，即完全不理白部的临时部署，而远远地超过他，占领他的后方，迫其最后不得不和我作战。因为白本钱小，极机灵，非万不得已决不会和我作战。因此你们应准备把白的十万人引至广西桂林、南宁、柳州等处而歼灭之，甚至要准备追至昆明歼灭之。①

9月9日，军委又致电林彪、邓子恢，提出第四野战军三路进军、围歼白崇禧集团的作战计划。9月12日，军委再次致电二野和四野的领导："对白崇禧及西南各敌均取大迂回动作，插至敌后，先完成包围，然后再回打之方针。"②毛泽东的这一作战方针，是针对国民党军一触即退的新情况制订的，其基本着眼点在于

---

① 《毛泽东军事文集》第五卷，第635页，军事科学出版社、中央文献出版社1993年版。
② 《毛泽东军事文集》第五卷，第670页，军事科学出版社、中央文献出版社1993年版。

采取主动部署,使国民党军陷于被动地位,最后迫使其不得不与解放军作战。

根据军委三路南进的作战计划,第四野战军进行了部署:以第四兵团司令员兼政委陈赓指挥第四兵团和第十五兵团五个军及两广纵队为东路军,进军广东;以第十三兵团司令员程子华,指挥所属两个军为西路军,向芷江、黔阳前进,占领靖县、通道,截断白崇禧撤往贵州的道路,尔后准备突出柳州;以第十二兵团司令员兼政委萧劲光指挥所属三个军及第四十六、第四十九军为中路军,进占宝庆,迫使白崇禧部向桂林撤退,尔后尾随南下,会同西、东两路军歼灭白崇禧集团于广西境内。以第四十七军位于湘西北的永顺、大庸以南地区,监视宋希濂部,保障侧翼安全并掩护第二野战军主力入川前的集结。①

9月13日,西路军由常德、桃源地区,向沅陵、芷江前进。至10月5日,先后解放沅陵、泸溪、溆浦、辰溪、怀化、芷江、黔阳、会同等地。白部第十七兵团西逃贵州锦屏。至此,解放军已由右翼突破了白崇禧的湘、粤联合防线,截断了其主力西逃贵州的道路。中路军于9月下旬渡过湘江,集结于娄底、湘乡一线。10月2日,在西路军占领芷江的同时,中路军向青树坪、白果市攻击前进。白崇禧急自乐昌、耒阳地区抽调第四十六、第四十八军等部至衡宝沿线,企图会同原在该线之第七军及第一兵团实施反击。林彪等四野领导,判断白崇禧将集中全力在衡宝线进行决战。遂于10月5日令中路军主力在原地停止待命,并指示如敌大举进攻时,可采用诱敌深入方法以一部抗击敌人,主力后移。同时令西路军停止南进,由芷江、会同转向衡宝方向前进,令第四十六、第四十八军向耒阳、常宁前进,准备在衡宝地区与白崇禧主力决战。

当日晚,人民解放军第十二兵团主力依令停止于衡宝线以北待命,第四十五军第一三五师在急行军中没有接到停进的命

---

① 参见《中国人民解放军第四野战军战史》,第523—524页,解放军出版社1998年版。

令,继续前进,于当夜占领白部纵深之灵官庙地区,切断其南退之路。白部集中数师兵力向第一三五师猛攻,均被击退。这时解放军东、西两路军已分别逼近韶关、靖县,威胁广州、桂林。白崇禧遂令所部全线向广西方向撤退。7日,中路军主力乘机再度发起进攻,9日,将白崇禧部第七军部及第一七一、第一七二、第一三八、第一七六师合围于祁阳以北的白地市、黄土铺地区。战至11日,除敌第一三八师师部率一个团逃跑外,其余各部全部被歼。解放军乘胜解放了衡阳、祁阳、耒阳等湘南广大地方。与此同时,解放军第十三兵团在武岗以北歼敌一部;第四十七军于16日解放大庸、桑植等地。此时,白崇禧集团大部已逃入广西境内。此次衡宝战役,共歼敌4.7万多人。

在解放军中、西路军进击衡宝和迂回湘西的同时,东路军向广东挺进。广东国民党军连同由闽赣逃来的第十二、第四兵团在内,共有3个兵团11个军约15万人,由华南军政长官公署长官余汉谋指挥。按照国民党国防部"巩固粤北,确保广州"的指令,余汉谋以第四、第二十一兵团7个军沿粤汉路韶关至广州一线布防,阻止解放军南进;以第十二兵团位于潮、汕策应粤北作战;以第六十二、第六十四军位于湛江、海南岛保持退路。

东路军根据于8月1日成立的、由叶剑英任第一书记的中共华南分局的指示,分三路进军广东:以第四兵团3个军为右路,沿粤江路两侧南下,占领韶关,直趋广州;以第十五兵团2个军为中路,经翁源、丛化南下,与右路军形成钳形攻势;以两广纵队并指挥粤赣湘边纵队粤中纵队为左路,由和平、龙川进至东莞地区,切断敌南逃退路。另以粤桂边纵队向信宜、茂名、电白前进,逼近雷州半岛,配合主力作战。10月2日,东路军按部署发动进攻,粤北守军纷纷南逃,7日解放韶关、翁源,向广州挺进;14日左、中两路进占清远、花县、丛化、增城,左路逼近博罗,从东、北、西三面对广州形成包围态势。国民党政府代总统李宗仁乘飞机去重庆,余汉谋部则沿西江西逃。14日广州解放。

为追歼逃跑的国民党军,解放军第四兵团遵照军委的指示,

经四会向高要急进。15日至17日，占领了佛山、三水、四会、高要。国民党军除一部向粤桂边逃跑外，其主力向阳春、阳江方向撤退，企图经雷州半岛逃往海南岛。第四兵团跟踪猛追，经七日夜急行军，于24日将敌第二十一兵团部及第三十九、第五十、第二十三、第七十军等部包围于阳江、阳春间地区，战斗至26日，将其4万余人全部歼灭。广东保安第三师2 000余人，第四师2 700余人和暂编第二纵队3 000余人，于22、23日，分别在恩平、台山、江门投诚。驻守江门的国民党军海军第四巡防联合舰队500余人带舰艇11艘，于25日起义。

解放军第十三兵团乘势西进，至11月4日，解放了罗定、信宜、廉江等地。

此时守潮安、汕头的国民党军第十二兵团已撤向金门，广东战役遂告结束。此役共歼灭国民党军6.2万人。

湖南、广东解放后，第四野战军即遵照军委关于不给白崇禧集团以喘息或逃跑的机会，将其彻底消灭在广西境内的指示，立即向广西进军。退入广西的白崇禧部，经过整补和编并地方部队，恢复了被歼部队的番号，共5个兵团12个军约15万人，连同由广东逃至粤桂边的余汉谋残部，总兵力近20万人，在桂北以桂林为中心组织防御。但由于连续被歼，部队士气极为低落。针对广西国民党军的情况，第四野战军领导决定分三路进军广西：以第十三兵团2个军为西路，大迂回至百色、果德（平果），切断其入滇退路；以第四兵团3个军为南路，西进郁林（玉林）、博白之线，阻止其经雷州半岛逃向海南岛；以第十二兵团3个军为中路，暂在湘桂边待命，俟南、西两路切断白部退路后，再沿湘桂路南下，围歼白崇禧集团于南宁、果德地区，另以第四十九军在第十二兵团后，沿湘桂路两侧跟进，以维护后方交通线。

11月6日，西路军由洞口、武冈前进，14日进占黎平、丛江、榕江等地。此时南路军主力正向博白前进中，第二野战军主力亦已突破国民党的川黔防线，一部已逼近贵阳、遵义。白崇禧企图乘解放军中路和西路尚未进入广西之际，集中其主力第三兵团和第十一兵团5个军,南下博白、郁林,组织"南线攻势",以便在余汉谋残部配合下,夹击南路军,进而控制雷州半岛,打通撤往海南岛的道路。11月24日,白崇禧部5个军分别由博白、陆川、北流、岑溪向化县、茂名、罗定一线攻击,遭南路军的顽强阻止。27日,南路军发起反击,白部不支溃退。南路军乘胜猛追,占领容县、郁林等地,于30日突入博白,歼灭白部第三兵团部,俘其兵团司令张淦。与此同时,还将白部第七、第四十八、第一二六军包围于博白地区,歼其大部。余汉谋残部于11月29日袭占廉江。南路军之第十三军立即回师反击,歼其粤桂边"剿匪"指挥部喻英奇以下7000多人,余部逃向海南岛。解放军粤桂边纵队当即解放了雷州半岛。

第四野战军领导依照军委指示,为防止白崇禧残部逃出国境,除以两个军留置博白地区肃清溃散的国民党军外,以六个军于12月2日分别由博白、容县、武宣、宾阳,以急行军向钦州、南宁实施追击。12月7日,将国民党华中军政长官公署、第十、第十一兵团残部、国防部突击纵队、交警总队等部追歼于钦州地区。这时,白崇禧集团主力已被歼灭,其第一、第十七兵团残部溃不成军,纷纷向中越边境逃窜。第四野战军即以第三十九、第十三军及第四十三军一部跟踪穷追,至14日,占领了镇南关(友谊关)和爱店,控制了中越边境。国民党军除约两万人逃入越境外,其余全部被歼。广西解放。

第四野战军自1949年6月向中南进军以来,历时7个月,在第二野战军第四兵团和华南游击纵队的策应下,先后进行了5次战役(宜沙、湘赣、衡宝、广东、广西),歼灭了中南境内白崇禧集团和余汉谋部等40万人,解放了湘、鄂、赣、粤、桂5省,使中南大陆和两广沿海岛屿(除海南岛和南沙、中沙、南沙群岛外),全部解放。

三 解放海南岛

第四野战军在广西战役结束后,即决定以第四十、第四十

三军，配属两个炮兵团及一部工兵共 10 万余人，组成渡海兵团，由第十五兵团司令员邓华、政委赖传珠指挥，准备解放海南岛。

海南岛是中国第二大岛，面积约 3.4 万平方公里。琼州海峡宽 20 公里至 50 公里。中共领导的琼崖纵队，在岛上斗争 20 多年，现已发展到 1.5 万多人，创建了以五指山为中心的根据地，是接应解放军登陆作战的重要力量。岛上国民党军为海南防卫总司令薛岳部 5 个军，海军舰艇 50 余艘，作战飞机 20 架，总兵力约 10 万人。由于兵力不足，部署分散，空隙甚多，易于选择登陆点。

1949 年 12 月 18 日，毛泽东根据金门战斗失利的教训，致电指示林彪：

> 渡海作战完全与过去我军所有作战的经验不相同，即必须注意潮水与风向，必须集中能一次运载至少一个军（四五万人）的全部兵力，携带三天以上粮食，于敌前登陆，建立稳固滩头阵地，随即独力进攻而不要依靠后援……三野叶飞兵团于占领厦门后，不明上述情况，以三个半团九千人进攻金门岛上之敌三万人，无援无粮，被敌围攻，全军覆没，你们必须研究这一教训。①

1950 年 2 月上旬，在华南分局书记、广东军区司令员兼政委叶剑英领导下，第十五兵团领导召开了有渡海兵团领导和第四十、第四十三军及琼崖纵队领导参加的广州作战会议。会议决定采取"积极偷渡，分批小渡与最后登陆相结合"的战役指导方针。第四十、第四十三军到达雷州半岛后，即投入渡海作战的准备工作，搜集了 2 100 多条船，培训了 6 000 多名水手，对水文及敌情进行了认真、细致的调查与研究，加紧进行渡海作战战术、

---

① 《毛泽东军事文集》第六卷，第 62 页，军事科学出版社、中央文献出版社 1993 年版。

技术的训练。经过两个多月的准备,部队基本上掌握了海上作战的技能。

1950年3月,利用北风季节,解放军组织了四次偷渡:第一次以第四十军第一一八师1个加强营800人,乘船13只于3月6日在白马井成功登岛,与琼崖纵队一部会合。第二次以第四十三军第一二八师1个加强营1000多人,乘船21只于3月11日在赤水港击溃守军,除两只船失去联系外,均胜利登岛进入琼东根据地。第三次以第四十军第一一八师1个加强团2900多人,乘船81只于27日在临高东北登岛(两只船被击沉,两只船失去联系),与琼崖纵队会合。第四次以第四十三军第一二七师1个加强团3700多人,乘船88只于4月1日在海口以东强行登陆,与琼崖纵队接应部队会合。此次偷渡途遇国民党3艘军舰截击,为保障主力登陆,派去攻击军舰的2个连(乘4只船)大部壮烈牺牲。四次共登陆约1个师的兵力。

4月13日,渡海兵团进行战斗部署,以第四十军6个团、第四十三军2个团,组成西、东两路,实施强渡;以第四十三军2个团为第二梯队;以琼崖纵队第一总队和第四十军先渡部队在临高以北接应西路军,以琼崖纵队第三总队和第四十三军先渡部队在海口地区接应东路军。4月16日19时,东、西两路解放军从雷州半岛南端齐头南渡,担任掩护任务的火力船与国民党军舰炮战通宵。至17日凌晨3时,在岛上接应部队配合下,突击部队于海口以西至临高角一线,突破守军防御,登陆占领滩头阵地。后续部队即向纵深发展,迅速占领了临高、福山、美台、加来等要点。薛岳急调其第六十二、第三十二军各一部实施反击,被解放军击溃。国民党军遂即全线向南撤退,薛岳乘飞机逃去台湾。23日海口解放。24日第二梯队登陆,会同第一梯队展开追击。在琼崖纵队及岛上人民积极支持下,至5月1日,全岛解放。国民党军大部从榆林港等地登舰逃向台湾。

此役歼灭国民党军3.3万余人。人民解放军伤亡、失散4500多人。至此,第四野战军在中南的任务基本完成。

第五节 华北解放军攻克太原 肃清华北国民党军

一 战前情况

1948年7月晋中战役之后，阎锡山部被压缩于太原孤城中。阎锡山一面整顿部队，一面加修工事，企图据城坚守，以待时间的发展变化。太原城位于晋中平原北部，东倚罕山，西临汾河，南依平川，北靠丘陵，地势险要，易守难攻。该市人口约40万，工业比较发达，有钢铁、兵工等大型重工业工厂80多座，能制造山、野炮及各种轻兵器。日本投降后，阎锡山大规模增修钢筋混凝土等各种永备工事。其整个防御体系，由前进阵地、外围要塞、城垣主阵地和核心阵地等四道阵地构成，纵深达15公里，仅碉堡就有5600多个。各碉堡、据点间由堑壕、交通壕等连成一体，既能独立作战，又能互相机动兵力。城周有环城铁路，南、北市郊筑有机场。

晋中战役后，阎锡山撤销原第七、第八兵团及第六、第八集团军司令部，重组第十、第十五兵团，以地方部队补充正规军，并根据守城特点，组建重机枪师、重迫击炮师、飞雷（手雷）团、冲锋枪团等部队。第十兵团司令王靖国，下辖第十九、第三十三、第四十三军共7个师。第十五兵团代司令孙福麟，下辖第三十四、第六十一军共5个师。1948年7月下旬，蒋介石飞赴太原，又将整三十师（后改称第三十军）4个团1.1万多人空运太原，以增强防守力量。太原绥署副主任孙楚直接指挥第三十军1个师又1个团和重机枪师（第二七二师）、重迫击炮师（第二七八师）、独六、独九、独十总队（相当师），冲锋枪团、飞雷团、工兵第二十一团、榴弹炮营和列车作战队等。总计太原守军兵力共6个军18个师（总队），连同非正规军等约10万人，配属各种火炮近600门。其兵力部署是：第十兵团担任城东、城南守备区的防御，第十五兵团担任城西、城北守备的防御；孙楚指挥之部队担负城垣、核心阵地之防御及机动作战任务。

晋中战役刚结束时，中央军委及华北军区即开始考虑太原作战的问题。1948年7月16日，军委致电华北军区第一兵团司令员兼政委徐向前及副司令员兼副政委周士第，要求乘胜夺取太原。因晋中战役伤亡甚大，部队难以连续进行攻坚作战，徐、周等兵团领导遂于7月21日致电军委：

> 在攻取太原作战以前，必须经过一个适当休整准备阶段，完成下述工作，补充兵员（争取俘虏，我方伤员归队），整顿组织，调整装备，后方准备，弹药准备，及攻坚战术技术训练等。①

> 攻取太原之作战原则拟定如下：切实完成对太原市之包围围困，控制南北机场及若干外围工矿，断绝其外援及粮弹、燃料补给，逐步攻取必要的外围据点，消灭其有生力量，瓦解动摇敌人。以造成攻城有利条件，开辟攻城道路，完成攻城准备，然后一举攻取之。②

23日，军委复电：计划甚好，全军应即进入休整及补充兵员，暂定休整一月，情况许可再延之。据此，第一兵团转入休整。

由于徐向前因病在石家庄住院治疗，兵团其他领导研究并制订了攻取太原作战计划，于9月28日上报军委。战役指导方针，采取围困、瓦解、攻击，逐步削弱，然后一举攻下太原。战役拟于10月18日开始，争取三个月内结束。进攻步骤，拟以第一步突破敌第一线防御阵地，以火力控制南北机场，断绝外援，便于瓦解工作。第二步攻占东南、东北攻城必需之据点。第三步攻城。毛泽东将此方案批交徐向前征求意见。徐于10月3日

---

① 徐向前：《历史的回顾》下册，第761页，解放军出版社1987年版。
② 徐向前：《历史的回顾》下册，第762页，解放军出版社1987年版。

复信华北军区并报毛泽东："首先争取一直连续的打下去,在最快时间内全歼敌人是上策,先打再围打而下之即消耗较大是中策,下策即必须增加力量再攻下之,即影响别线作战,只是最后之一途。"①这时,第一兵团各部正紧张地进行着战役之前的准备工作,以便18日发起攻击,争取在最快时间内全歼阎锡山部国民党军。

二 外围作战

正当解放军逼近太原城郊、进行战役准备之时,太原守军为了抢劫粮食和破坏第一兵团的战役准备,于10月2日出动7个师的兵力沿汾河以东、同蒲路以西分三路南下。至3日,其左路进占武宿机场,中路进至小店、南星窑地区,右路进至晋源之庞家寨及小店北地区。第一兵团领导决心乘国民党军脱离工事南进,有利于在运动中予以击歼的时机,提前发起太原战役,首先击歼进至小店、武宿的国民党军,乘胜夺取太原外围阵地,尔后进行攻城。

10月5日5时,第七纵队主力东渡汾河,直插小店以北,第十五纵队由东向西直插武宿机场以北,东西夹击切断敌之归路,并准备阻击可能由太原出援的部队。第八纵队和第十三纵队则以迅速的机动将小店南黑窑的国民党军包围。激战一日,由于未能确实切断其退路,致使武宿地区的国民党军3个师得以乘铁甲车逃走,仅歼其第七十三师1个团和第二八三师一部。7日,阎锡山令第三十军实施反击,被第七纵队击败。第一兵团乘势扩大战果,至13日,先后攻占武宿机场,并扫除了大马村、北张及城东南石嘴子等据点,以炮火控制了城南王村机场;同时攻占李家山、凤阁梁高地,以炮火控制了城北新城机场。14日,阎锡山又将第三十军北调,与第六十八师协同反击,夺回了李家山、凤阁梁高地。10天战斗,第一兵团歼灭阎部2个师、3个团

---

① 国防大学编:《徐向前军事文选》,第217页,解放军出版社1993年版。

又7个营1.2万人，迫近并部分地突破了太原的第一道防线。

为执行军委连续作战的指示，徐向前于10月10日返回太原前线。他认为："从太原的自然地理形势和敌人防御重点来看，进攻城区，首先必须攻破城东的群山防线，坚决占领并控制牛驼寨、小窑头、淖马、山头这四大要点，也就是阎锡山所谓'第二道坚固防线'"。"近代历史上有两次攻太原的战例"，"都是由城东依靠东山攻进城垣的"。"不过，它们都是先攻最东面的主峰，然后采取向西平推的战法组织攻击。我们根据自己的兵力和装备技术，决不能走那条老路，按照军委要求迅速转入攻城作战计划意图，再考虑到严冬即将到来，天寒地冻后，对部队攻击作战会增加困难，时间也不能拖得那么久。我主张由南北两个方向，直接插入东山四大要塞。""目前我军刚刚在城南、城北发起了猛攻，敌人正集中力量在这两处顽抗，我们要乘敌不备，采取突然袭击，坚决夺取牛驼寨，进而一举拿下四大要点。"①

太原东山，是城东的天然屏障，南北宽大15公里，东西长30公里，主峰罕山高500米，可俯瞰全市。牛驼寨、小窑头、淖马、山头四要塞修建于东山西麓顶端，筑有各类碉堡3000多座。阎锡山吹嘘其四要塞"抵精兵10万"。为攻取东山，第一兵团的部署是：第七纵队并指挥晋中第一分区主力于城北进攻牛驼寨等地，第十五纵队并指挥晋中第一分区一部进攻淖马、大窑头等地，第十三纵队并指挥晋中第二、第三分区部队攻击南坪头、马店、双塔寺等地，第八纵队于小店以南为预备队。

10月15日，进攻东山的战斗开始，经两日激战，第一兵团先后攻占榆林坪、牛驼寨、黑驼等据点。18日，攻占大小北尖、南坪头、千家坟、石嘴子、石人梁和罕山，切断了东山与太原的联系。阎锡山以第三十军一部和暂十纵队在百余门炮火支援下，以牛驼寨为主要目标，实施反击，经十多次激烈的反复争夺战后，第七纵队第七旅终因伤亡太大，于21日撤出牛驼寨。第一兵团遂决定缩小攻击正面，集中兵力夺取牛驼寨等东山四要点。23日调整部署：以第七纵队附

---

① 国防大学编：《徐向前军事文选》，第219—220页，解放军出版社1993年版。

重炮30门攻牛驼寨,第八纵队攻小窑头,第十三纵队附重炮13门攻山头,第十五纵队附重炮19门攻淖马。

10月26日16时,争夺四大要点的战斗开始,双方均以主力投入战斗。阎锡山除守备城西3个师和城南、城北2个师外,其余8个师、3个总队及保安团等各部主力或一部均投入战斗。徐向前先后以27个半团投入战斗。攻击牛驼寨,连续六次反复,才全部占领;攻击小窑头和山头,也各有两次受挫;攻击淖马,经半月时间,分三次攻击才全部占领。

激战至11月12日,第一兵团最后控制了东山四要点。战后各主要阵地上一片焦土,草木摧折,遍地是手榴弹的木柄和守军尸体。战况之惨烈程度,由此可见。在攻打四要点之同时,晋中军区部队为配合主力作战,先后攻占了城北的青龙镇、周家山,城南的许坛、赵家山等许多据点。

第一兵团在军事打击的同时,积极开展政治争取工作。除动员被俘的高级将领赵承绶、沈瑞等给阎锡山及他们的亲友写信,劝他们派代表和谈外,最重要的是黄樵松事件。黄是第三十军军长,原西北军杨虎城部下。第三十军空运太原后,徐向前曾请平汉战斗中起义的原西北军将领高树勋给黄写信,晓以大义,劝其起义。黄经反复考虑,决心弃暗投明,并准备在争夺四大要点时率部起义。10月31日,黄派其谍报队长王正中(又名王震宇)和谍报员王玉甲出城与解放军第八纵队接洽,表示愿意交出该部防守的东、北两城门,接应解放军入城。11月3日,王正中、王玉甲两次至第八纵司令部,要求解放军派代表入城与黄共商起义方案。兵团研究后,徐向前派第八纵队参谋处长晋夫和参谋许翟友,于4日晨随同进城。由于3日晚黄将起义打算告知其第二十七师师长戴炳南,并命他向各团长传达,戴却向阎告密,当晚已将黄樵松抓捕,所以王正中、王玉甲和晋夫一行刚进入第三十军防地即被捕。7日,黄樵松、晋夫、许翟友、王正中、王玉甲被押送南京。黄樵松、晋夫、王正中被判处死刑,英勇就义于雨花台。戴炳南升任第三十军军长。黄樵松起义虽未成功,但在守军内部产生了很大影响。在外围战斗中，共有守军5 400多人起义或投诚。

三 军事围困

华北军区第一兵团在攻克太原东山四大要点后，部队减员2万多人，急需休整补充，加以蒋介石于11月初又将第八十三师4 500多人由榆林空运太原，阎锡山趁第一兵团主力激战于东山之机，在汾河西之红沟、圪了沟、万柏林、三角村、城东炼铁厂附近抢修了五个新的临时机场，其外援通道一时尚难切断，迅速攻克太原已不可能。第一兵团领导于11月8日致电中央军委："为争取早日打下太原，避免旷日持久，增大消耗，特提议在可能条件下增加两个纵队的兵力，迅速解决战斗。"军委曾考虑以华北军区第二兵团之第三、第四纵队及第八纵队第二十四旅参加太原战役，①但由于平津战役即将开始，从战略全局考虑，于11月16日致电徐向前、周士第：

> 估计到太原攻克过早，有使傅作义感到孤立，自动放弃平、津、张、唐南撤，或分别向西、向南撤退，增加尔后歼灭的困难，请你们考虑下列方针是否可行：（一）再打一二个星期，将外围要点攻占若干并确实控制机场，即停止攻击，进行政治攻势。部队固守已得阵地，就地休整。待明年一月上旬东北我军入关攻击平、津时，你们再攻太原。（二）如果采取此项方针，杨罗耿部（指华北军区第二兵团——引者注）即在阜平休整，暂不西进。②

次日，徐、周复电军委，完全同意并执行军委的指示，同时报告兵团的部署：巩固东山之牛驼寨、小窑头、淖马、山头四要点，

---

① 参见军事科学院军事历史研究部《中国人民解放军全国解放战争史》第五卷，第218页，军事科学出版社1997年版。
② 《毛泽东军事文集》第五卷，第228页，军事科学出版社、中央文献出版社1993年版。

继续向前推进,再打下数要点,以利于有力地围困敌人与展开政治攻势。另以晋中军区三个分区部队攻占河西重要阵地,以炮火确实控制机场。占领东山的部队准备在东山过冬,加做窑洞并开井修路,运输粮食。

第一兵团从11月下旬开始,各纵队在太原东、北、西三面先后攻占了松树坡、苏村、关口、化七头、赵家山等地,用火力封锁了各机场,断绝敌之空运,将守军进一步压缩在纵横不过15公里的狭小区域内。第一兵团仅以部分部队坚守前沿阵地,对太原城实行严密的封锁和监视,并不断以小部队进行袭扰和开展打冷枪活动,主力转入休整。同时,对国民党军发动广泛的政治攻势,通过战场喊话、散发传单、动员守军家属进行规劝等活动,促使大批国民党军弃暗投明,至1949年3月底,共瓦解守军1.2万多人。

四 总攻太原

平津战役结束后,中央军委命令第十九、第二十兵团(原华北第二、第三兵团)和第四野战军炮兵第一师,于1949年3月入晋,与第十八兵团(原华北第一兵团)等部会攻太原。这时进攻太原的兵力已达3个兵团、10个军、39个步兵师(旅)、2个炮兵师,共32万人,拥有各种火炮1150多门。3月17日,太原前线总前委组成,徐向前、罗瑞卿、周士第、杨得志、杨成武、陈漫远、胡耀邦、李天焕八人为委员,徐向前为书记,罗瑞卿、周士第为副书记。同时,太原前线司令部组成,徐向前任司令员兼政委,周士第任副司令员,罗瑞卿任副政委。3月28日,中国人民解放军副总司令员彭德怀由中央驻地返回西北时,参与了总攻太原的作战指挥。阎锡山此时已明白大势已去,遂将太原守军交由绥署副主任兼第十五兵团司令官孙楚和太原防守司令兼第十兵团司令官王靖国指挥,自己乘飞机于3月29日去南京,参加李宗仁召开的国民党中央常务委员听取张治中溪口之行向蒋介石请示和谈情况的会议,即不再回去。

太原守军经前段作战，连同被围困期间的损失，伤亡消耗达4万多人，经抓丁补充和整顿，仍保持6个军，连同非正规部队共约10万人的兵力，拥有各种火炮900多门。孙楚和王靖国的防守部署是：韩步洲第三十三军防守城北，温怀光第十九军防守城东北，刘效曾第四十三军防守城东南，高倬第三十四军防守城南，赵恭第六十一军并指挥坚贞师防守城西，绥署直属的神勇师、铁血师等防守城垣，戴炳南第三十军并指挥第八十三师，位于城内为预备队。另将所有炮兵组成10个炮兵群，支援守城作战。

人民解放军太原前线总前委，根据守军的部署，确定战役指导方针为：首先集中主力，割裂太原外围之敌，争取歼灭其一部、大部或全部，占领攻城有利阵地，尔后集中全力攻城。总前委于3月30日将太原作战方案上报军委。4月5日，军委致电彭德怀、徐向前等：

> 阎锡山已离太原，李宗仁愿出面交涉和平解决太原问题。我们已告李宗仁代表（本日由平去宁），允许和平解放，重要反动分子许其乘飞机出走，其余照北平方式解决，部队出城两星期至三星期后开始改编等语。你们即派人进城，试行接洽，求得于十五日前谈妥。①

根据军委指示，前线司令部决定派被解放过来的第七集团军司令赵承绶、炮兵司令高斌和第三十三军参谋长曹近谦进城试谈。临行前彭德怀同他们谈话，要他们告诉守军解放军的攻城力量和决心，如愿和平解放，则北平方式或长春方式都可以。8日，赵承绶等进入赵恭第六十一军防区，与赵恭派来的杜坤交谈一个多小时，将解放军的信件和彭德怀的谈话内容都转与杜坤，让他转告孙楚、王靖国，要求于10日12时前签复。11日，军委又致电徐向前并告彭德怀：

---

① 《毛泽东军事文集》第五卷，第530页，军事科学出版社、中央文献出版社1993年版。

（一）我们和南京代表团的谈判已进行了十一天，颇有进展。如南京方面同意，可能于十五日或十六日签字，但破裂的可能仍然存在。（二）请将攻击太原的时间推迟到二十二日。那时如能签订和平协定，则太原即可用和平方法解决；如和谈破裂或签字反悔不执行，则用战斗方法解决。①

由于赵承绶与杜坤交谈后，孙楚等并无回音，前线司令部领导请示可否提前攻击太原？军委签复："你们觉得何时发起打太原为有利，即可动手打太原，不受任何约束。"②前线司令部领导遂将总攻时间定为4月20日。

20日，人民解放军按预定计划，在猛烈炮火掩护下，分12路向太原守军发动总攻。至22日，摧毁了守军在城外的所有据点，歼其12个师，直逼太原城下。为减少太原市民生命财产的损失，解放军太原前线司令部向守军发出劝降最后通牒，但孙楚、王靖国等仍拒不投降。24日，前线司令部发出缉拿孙楚、王靖国、梁化之、戴炳南等战犯的通令，并于当日5时30分发起炮火准备，以1300多门火炮，向太原守军各阵地及指挥所等地进行轰击，随后攻城各突击部队即开始攻城。至7时40分，攻城部队从四面八方突入城内，并向守军纵深猛插，9时将残余守军包围于市中心太原绥署和省政府一带。在强大军事压力下，守军纷纷缴械投降，至10时，太原全部攻克，守军无一漏网。除梁化之自杀外，孙楚、王靖国、戴炳南等先后被俘。至此，太原战役胜利结束。

太原战役从1948年10月5日开始，至1949年4月24日止，历时六个多月。人民解放军共歼灭1个绥靖公署、2个兵团部、6个军、17个师及地方武装共13.5万多人，其中打死打伤

---

① 《毛泽东军事文集》第五卷，第535页，军事科学出版社、中央文献出版社1993年版。
② 军事科学院编：《毛泽东军事年谱》，第745页，广西人民出版社1994年版。

2.8万多人,俘9.7万多人,投降5 300多人。缴获大批武器装备。解放军伤亡3.2万多人。

太原解放后,困守大同的国民党军第二七五师及5个保安团共1万余人接受解放军改编,4月29日大同和平解放。9月19日,国民党绥远省主席、西北军政长官公署副长官董其武率国民党军第十九兵团6万多人宣布起义。华北全境解放。

第六节　第一野战军进军西北 中华人民共和国成立

一　进军陕中　解放西安　重创胡宗南集团

1949年5月23日,中央军委在《对各野战军的进军部署》中,赋予第一野战军的任务是:向西北进军,消灭西北地区之敌,解放并经营陕、甘、宁、青、新五省,年底前占领甘肃、宁夏、青海。然后分兵两路,一路由彭德怀率领位于西北,解放并经营新疆;一路由贺龙率领入川,与第二野战军协同解决贵州、四川、西康三省。为了实现上述任务,中央军委决定将华北军区第十八、第十九兵团转隶第一野战军。

这时,西北地区的国民党军总计约40万人:西安绥靖公署主任胡宗南集团13个军约17万人,主力集中于陕中及渭水流域;西北军政长官公署代理长官马步芳部和副长官马鸿逵部等共8个军约14万人,分布于甘肃、青海、宁夏三省;新疆警备司令陶峙岳部3个整编师约7万人,驻守新疆;晋陕绥边区总司令邓宝珊部一个军驻守陕西榆林。

1949年4月下旬,人民解放军渡过长江、解放南京,华北军区又攻克了太原,胡宗南集团认为"关中及秦岭东侧已完全暴露",害怕被歼,开始从淳化、铜川等地撤退,企图与马步芳、马鸿逵联结,集中兵力防守西北,并准备形势不利时退入四川。第一野战军领导侦知胡宗南集团全线撤退后,决心不待第十八、第十

九兵团到达,即开始进军陕中。5月16日,第一野战军各部自白水、澄城地区展开追击战,先后解放了咸阳、周至、武功、扶风等地。20日解放西安,并在麟游一带歼灭国民党军第五十七军和第三十师。西北军区部队一部攻克潼关、渭南和临潼等地。至5月底,虢镇以东、渭河以南地区全部解放。胡宗南主力撤至宝鸡及秦岭西段防守。

6月上旬,马步芳、马鸿逵以所属的陇东、陇南和宁夏3个兵团、5个军、2个师(旅)及9个保安团,与胡宗南部5个军,共约30个师20万人,大举反击。第一野战军为避敌锋芒,俟第十八、第十九兵团入陕后再聚歼敌人,从6月10日开始,以运动防御,且战且退,诱敌深入。6月12日至16日,马步芳、马鸿逵部进至咸阳以北,胡宗南部进至西安以南。此时,解放军第十八兵团先头第六十一军主力已进至西安、咸阳。国民党军在反击中屡屡受挫,又发觉第十八、第十九兵团先头已至西安,急忙分头后撤,退回原防。

第一野战军从进军陕中到击退胡、马部的反击,共歼其4万多人。此时,陕北榆林的国民党军晋陕绥边区总司令部及第二十二军共4 000多人,在军长左协中率领下于6月1日起义,榆林和平解放。起义部队改编为西北军区独立第二师。6月下旬至7月初,解放军第十八、第十九兵团先后入陕,第一野战军的兵力已由原来的15万人增加到34万人,连同地方部队,西北地区的人民解放军已达40万人,改变了西北战场上长期以来国民党军兵力居于优势的状况。

胡、马二部联合反击受挫后,胡宗南的第十八兵团部及第六十五、第三十八军撤至扶风以南、渭河以北陇海路两侧,第三十六(缺一个师)、第九十军撤至圪县一带,陇南兵团第一一九军撤至武功一带。另外,胡部第一军撤至宝鸡,第十七、第六十九、第五十七军各一部控制在西安以南土地岭至宝鸡一线秦岭要隘,转为防御。马继援陇东兵团、马敦静宁夏兵团退守常宁、邠(彬)县、长武、永寿和崔木地区。6月26日,中央军委指示第一野战军:

马匪各部业已准备向彬长撤退,胡匪各部势必同时向宝风撤退,决不会再前进了,也不会保守不退。在此种情况下,你们应当集中王周两兵团(王震第一兵团,周士第第十八兵团——引者注)全力及许兵团(许光达第二兵团——引者注)主力取迅速手段,包围胡匪四五个军,并以重兵绕至敌后,切断其退路,然后歼灭之……杨兵团(杨得志第十九兵团)应立即向西开进,迫近两马(指马继援、马敦静——引者注)筑工,担负钳制两马任务,并严防两马回击。①

6月下旬末,"两马"主力已退至永寿、邠县、崔木镇地区,正准备向平凉撤退。第一野战军领导根据军委指示精神,采取钳马打胡方针,以第十九兵团进至礼泉、乾县,钳制"两马",集中第一、第二、第十八兵团主力歼灭扶风、岐县地区胡宗南军一部及陇南兵团的第一一九军。

7月10日,第一野战军各部开始行动。第六十一军攻歼子午镇胡部第十二师及第八十四师各一部,第十九兵团进至阻击"两马"的位置。第二兵团迂回至胡部第十八兵团侧后,占领了青化、益店、罗局镇及岐县车站,切断其西逃退路。第十八兵团攻克杏林、绛帐和武功,歼灭胡部第一八七师主力及"两马"部第二四四、第二四七师各一部。第一兵团于黑山寺等地歼胡部第一二三师一部后,主力西进,占领哑柏、横渠等地,歼灭胡部第九十军主力。至12日,人民解放军从东、北、西三面对扶风、岐县地区的国民党军完成了包围,仅第三十六军及第九十军残部自岐县南逃秦岭。当日中午,第一野战军各部对被围的国民党军发起猛攻,战至20时,国民党军大部被歼,一部渡过渭河南逃,被第一兵团歼灭于岐县地区。接着解放军乘胜西进,至14日,先后占领了岐山、凤翔、宝鸡等地。退守永寿、邠县、崔木地区的"两马",在第十九兵团监视下,

---

① 《毛泽东军事文集》第五卷,第622页,军事科学出版社、中央文献出版社1993年版。

未敢救援,并退至平凉地区。

这次扶眉战役,仅四天战斗,歼灭国民党军4个军8个整师4万多人,解放了陕中地区,进一步隔离了胡宗南集团与青海、宁夏的马步芳、马鸿逵军。

二 进军甘、青 解放兰州、西宁 全歼马步芳部

扶眉战役后,胡宗南第五兵团和第十八兵团残部集结于凤县、佛坪、东江口及陇南地区,依托秦岭阻止解放军进取汉中。"两马"则以第十一、第二十八军置于平凉以南,以第八十一军置于固原、西峰间由正面阻止解放军西进,而以第八十二、第一二九、第九十一军位于平凉以西六盘山区为机动部队,企图依托有利的地形,在平凉地区挫败解放军的进攻。

第一野战军领导根据军委6月27日指示,为使国民党政府放心迁往重庆,而不迁往台湾,及使胡宗南部不致早日入川起见,暂时不去占汉中,集中兵力歼灭青海、宁夏"两马"。决心乘胡宗南部与马部彼此远离之机,以第十八兵团主力于宝鸡、西安一线钳制胡部,以第一、第二、第十九兵团攻歼"两马"主力于平凉、泾川地区。

7月21日至24日,第一野战军各部先后从乾县、礼泉、凤翔、宝鸡地区出动,"两马"在解放军尚未迫近时即各自后撤。一野各部跟踪追击,第十九兵团先后占领邠县、长武、平凉,并在固原南歼灭马部5 000多人,至8月11日,又攻占庆阳、固原、隆德、静宁、海原,控制了六盘山。第二兵团先后占领安口窑、华亭、化平、通渭等地。第一兵团歼灭马部骑十四旅等部,至8月10日,相继攻占清水、秦安、武山等地。一野三个兵团在20多天的追击作战中,前进千里,歼敌万余,解放了陇东广大地区,迫使"两马"主力分向陇中、宁夏撤退。

1949年8月14日,国民党军统帅部为阻止人民解放军第一野战军经秦岭入川,在广州召开了西北联防会议,制订了《兰州决战计划》,企图以马步芳部依托兰州坚固城防和黄河天险,吸

引和消耗第一野战军的主力,以集结在中卫、中宁地区的马鸿逵部主力和集结在徽县、成县地区的胡宗南部四个军,实施两翼侧击,三面夹击挫败解放军于兰州地区。据此,马步芳以第八十二、第一二九军和两个骑兵旅、三个保安团等部约5万人据守城区;以第一二〇、第九十一军和马鸿逵的第八十一军共3万人,布防于兰州东北的景泰、靖远和打拉池地区,保障兰州左翼安全;以新组建的骑兵军约2万人控制于洮沙、临洮地区,保障兰州右翼安全。

彭德怀决心以一部兵力钳制马鸿逵、胡宗南部,先集中兵力歼灭马步芳部主力于兰州,尔后再歼灭马鸿逵部。其部署是:周士第第十八兵团的第六十、第六十一军和王震第一兵团的第七军留置宝鸡、天水地区,继续钳制胡宗南部,保障野战军主力左侧及后方的安全;杨得志第十九兵团的第六十四军进出至固原海原一带,钳制马鸿逵部,保障野战军右侧的安全;第一兵团率第一、第二军及第十八兵团的第六十二军为左路,由秦安、武山经陇西、临夏北渡黄河直取西宁,切断兰州马部的退路,并随时准备参加兰州作战;许光达第二兵团率第三、第四、第六军为中路,经通渭、洮沙向兰州城南、城西攻击前进;第十九兵团率第六十三、第六十五军为右路,沿西兰公路及其以北向兰州城东攻击前进,会同第二兵团歼灭兰州守军。

8月10日前后,第一野战军主力分别向西宁、兰州前进。至20日,右路军攻克临洮、逼近临夏,中路和右路军顺利进抵兰州外围。由于判断不准,认为马部有弃城西撤的可能,为抓住战机,不使其逃走,在未做好准备的情况下,于21日开始向城南古城岭、营盘岭等要点进攻。激战终日,伤亡甚多却没有进展。彭德怀等当即下令暂停攻击,总结经验、教训,深入侦察敌情,重新调整部署,做好攻坚的准备。由临洮西进的左路军,于22日攻占临夏,严重威胁着兰州的右翼和西宁。马步芳急调骑兵第八、第十四师回西宁防守。

8月23日,军委致电彭德怀、张宗逊等一野领导:

> 马步芳既决心守兰州,有利于我军歼灭该敌。为歼灭该敌起见,似须集中三个兵团全力于攻兰战役。王震兵团从上游渡河后,似宜迂回于兰州后方,即切断兰州通青海及通新疆的路并参加攻击,而主要是切断通新疆的路,务不使马步芳退至新疆,为害无穷。攻击前似须有一星期或更多时间使部队恢复疲劳,详细侦察敌情、地形和鼓动士气,作充分的战斗准备,并须准备一次打不开而用二次、三次攻击去歼灭马敌和攻占兰州。①

第一野战军遵照军委的指示,经充分准备后,8月25日拂晓对兰州发起攻击。当日黄昏即攻占南山主阵地和左城岭、营盘岭等主要据点。26日2时,中路军攻占兰州西关,抢占了黄河铁桥,切断守军退路并迅速攻入城内,展开激烈巷战。至12时,城内守军全部肃清,第十九兵团主力也全歼东关守军,兰州解放。马步芳主力2.7万多人被歼,其余部分向永登、西宁逃去。

担任钳制胡宗南部任务的第十八兵团,乘胡宗南部第一、第三十六、第三十八、第六十五军向西和、宝鸡进攻之机,以第六十、第六十一军发动猛烈反击,先后歼灭胡部3700多人,迫使其南退;担任钳制马鸿逵部任务的第六十四军,进至海原地区后,马鸿逵部即不敢前进。左路军第一兵团于8月28日至9月2日渡过黄河,相继解放了民和、化隆,直趋西宁。

由于早在兰州战役之前,毛泽东就已指示彭德怀等一野领导,对西北地区"除用战斗方式解决外,尚须兼用政治方式去解决",所以第一野战军在进军西北中,对国民党军在军事打击的同时,还注意采用政治争取手段,因而沿途马部纷纷投降。马步芳等乘飞机逃走。9月5日,西宁解放。逃往西宁以北的残敌2000多人,在第八十二军副军长赵遂率领下投降,青海全境解放。

---

① 《毛泽东军事文集》第五卷,第658页,军事科学出版社、中央文献出版社1993年版。

此次战役共歼灭马步芳军等4.2万人，使西北地区国民党军主力丧失近半，并打开了进军新疆的大门。人民解放军伤亡9500多人。

三　进军宁夏　解放银川　全歼马鸿逵部

兰州、西宁解放后，国民党军西北军政长官公署和防守景泰、靖远的第九十一、第一二〇军等部，沿河西走廊向玉门撤逃，宁夏援兰兵团迅速撤回宁夏。第一野战军根据军委"在马步芳解决后，必须使用杨得志兵团（第十九兵团）深入宁夏，给马鸿逵部以歼灭性打击"的指示，命第十九兵团率所属第六十三、第六十四、第六十五军进军宁夏，击歼马鸿逵部；命第二兵团及第一兵团率第二军分由兰州、西宁地区追歼逃至河西走廊的国民党军。

退守宁夏的马鸿逵部4个军及地方部队共约7万多人。马鸿逵深知以现有兵力无法阻止解放军解放宁夏，9月1日应蒋介石电召去重庆后即未回来。宁夏守军在其子马敦静指挥下，以银川为中心，依据黄河天险，构成三道防线：以骑兵第二十团守同心，第八十一军一部守靖远，新骑一旅守景泰，为第一线；以贺兰军守中宁，第八十一军主力守中卫，为第二道防线；以第一二八军守金积，第十一军守灵武（后退守银川），为第三线。

9月2日，杨得志第十九兵团的第六十三、第六十五军由定西、兰州北进，至15日攻占靖远、景泰，新骑一旅投诚。19日，马鸿宾之子马惇靖率第八十一军在中卫宣布起义（后改编为中国人民解放军独立第二军）。第十九兵团的第六十四军指挥西北军区独一、独二师，于9月10日由固原、海原北进，至21日，先后攻占同心、中宁、金积、灵武，歼灭守军一部，敌第二五六师投降，其余纷纷溃散，三道防线全被突破。第十九兵团立即西渡黄河，直趋银川。敌总指挥马敦静乘飞机逃去重庆，第一二八军军长卢忠良率残部投诚，其余部队四散溃逃。23日解放军入驻银川，宁夏全境解放。此役共歼灭与和平改编国民党军4万多人，

马鸿逵部全部覆灭。第十九兵团伤亡700多人。

向河西走廊追击的许光达第二兵团,9月4日沿兰(州)新(疆)公路西进,沿途国民党军纷纷投诚或起义。第二兵团相继占领武威、永昌、山丹等地。王震第一兵团率第一军于9月10日由西宁向北迂回河西走廊,14日进入荒无人烟的祁连山区,当时正是大风雪的天气,因冻而死伤的战士近200名。17日攻占民乐,歼灭守军骑十五旅等部。19日至20日,在张掖又歼灭守军五个团。21日与第二兵团会师张掖。在人民解放军的政治争取下,逃至河西走廊的西北军政长官公署、后方联勤第八补给司令部、甘肃河西警备总部及第一二〇军、第九十一军残部,于9月24日在酒泉起义,河西作战胜利结束。此役起义、投诚的国民党军共4万多人。与此同时,驻岷县的甘肃省保安副司令周祥初率五个团起义(后编为人民解放军独立第一军)。至此甘肃全境除陇南外,全部解放。

四　和平解放新疆

新疆是一个多民族聚居的地区,有维吾尔、汉、回、哈萨克、蒙古等众多民族,人口410万,面积160多万平方公里,西部、北部和东北部分别与印度、巴基斯坦、阿富汗和苏联(现为塔吉克斯坦、吉尔吉斯斯坦、哈萨克斯坦、俄罗斯)、蒙古接壤,陆上边界线约占全国的1/4,战略地位十分重要。中国共产党成立不久,就有一批共产党人到新疆传播马列主义,开展革命斗争。抗日战争时期,中共中央先后派陈云、滕代远、邓发、陈潭秋、毛泽民、林基路等人到新疆工作。1944年在中国共产党影响下和苏联支持下,伊犁、塔城、阿山(阿勒泰)三区爆发革命,成立了临时革命政府,并建立了民族军,至1949年发展至1.4万人,严重威胁着国民党在新疆的统治,有力地配合了人民解放军进军新疆的军事行动。1949年8月,中共中央派邓力群以中央联系员身份至新疆伊宁,与三区临时革命政府领导人阿合买提江·长斯米、阿不都克里木·阿巴索夫等人联系,开设电台,向中共中央汇报新疆情况,为人民解放军进军新疆做准备工作。

驻守新疆的国民党军,为新疆警备总司令陶峙岳所部整编第四十二、第七十八师及整骑一师、骑九旅等部共7万多人。陕、甘、宁、青四省解放后,新疆国民党军处境更为孤立。在中共政治争取下,陶峙岳及新疆省政府主席包尔汉等,接受八项和平条件①,愿意走和平解放的道路。9月25日,陶峙岳通电起义,26日包尔汉率省政府人员通电起义,新疆宣告解放。12月下旬,起义部队改编为人民解放军第二十二兵团,陶峙岳任司令员,王震兼政委。1950年1月,新疆民族军改番号为人民解放军第五军。

为接管新疆,巩固国防,中央军委决定第一兵团率第二军、第六军(缺第十八师)进驻新疆。从1949年10月10日起,部队在4个汽车团和40架运输机支持下,由酒泉、玉门、安西地区西进,在新疆民族军接应下,至1950年3月,完成了进军新疆的任务。

第一野战军经过10个月的行军、作战,解放了陕西、甘肃、宁夏、青海、新疆五省,歼灭和改编国民党军30多万人,提前完成了解放西北的任务,使西北各族人民团结在中华人民共和国的大家庭中,这对实现民族团结,建设大西北,巩固国防具有重大意义。

五 中华人民共和国成立

辽沈、淮海、平津三大战略决战结束之后,国民党军的主力部队基本上已被消灭,国民党的统治已濒临绝境。特别是渡江战役结束,人民解放军实施战略追击后,国民党军在战略上已经不可能再建立有效的防御体系,各部队都纷纷向边远省份实行战略退却。这时,建立新中国的条件已趋于成熟。原在国民党统治区的一批民主

---

① 1949年9月8日,毛泽东约见张治中将军,希望他以个人名义致电新疆军政领导人,认清形势,率部起义。由于张治中任国民党政府谈判代表离开新疆后,与陶峙岳等已失去电台联系,所以中共中央将张治中9月10日给陶峙岳、鲍尔汉的电报,发伊宁邓力群,邓于15日秘密飞抵迪化,与陶峙岳、包尔汉会晤,转达了张的电报,传达了中共中央对和平解放新疆的态度。陶、包二人均表示,接受中共中央提出的八项和平条件。

人士,响应中共中央"迅速召开政治协商会议","成立民主联合政府"的号召,也早已进入解放区。1949年3月5日中共七届二中全会在西柏坡召开时,毛泽东在报告中指出:

> 召集政治协商会议和成立民主联合政府的一切条件,均已成熟。一切民主党派、人民团体和无党派民主人士都站在我们方面……我们希望四月或五月占领南京,然后在北平召集政治协商会议,成立联合政府,并定都北平。①

1949年9月21日,中国人民政治协商会议第一届全体会议在北平中南海怀仁堂隆重开幕。毛泽东致开幕词,他庄严地宣告:

> 诸位代表先生们,我们有一个共同的感觉,这就是我们的工作将写在人类的历史上,它将表明:占人类总数四分之一的中国人从此站立起来了。②

9月30日会议闭幕。会议选举毛泽东为中华人民共和国中央人民政府主席,朱德、刘少奇、宋庆龄、李济深、张澜、高岗为副主席,陈毅等65人为中央人民政府委员。

1949年10月1日下午2时,中央人民政府委员会举行第一次会议,选举林伯渠为秘书长,任命周恩来为中央人民政府政务院总理兼外交部长,毛泽东为中央人民政府人民革命军事委员会主席,朱德为人民解放军总司令。

3时,毛泽东和新中国的领导人们登上天安门城楼,隆重举行了中华人民共和国开国大典。城楼上高挂着八盏传统的大红宫灯,城楼上下,红旗招展,天安门广场五彩缤纷。30万群众集会,情绪高昂,热血沸腾。毛泽东以中华人民共和国中央人民政

---

① 《毛泽东选集》第四卷,第1435—1436页,人民出版社1991年版。
② 《毛泽东文集》第五卷,第343页,人民出版社1993年版。

府主席的名义，宣读了《中华人民共和国中央人民政府公告》。向全世界宣告中华人民共和国成立，并"向各国政府宣布，本政府为代表中华人民共和国全国人民的唯一合法政府。凡愿遵守平等、互利及互相尊重领土主权等项原则的任何外国政府，本政府均愿与之建立外交关系"。① 朱德总司令宣读了《中国人民解放军总部命令》："我们中华人民共和国的武装部队，在反对美国帝国主义所援助的蒋介石反动政府的革命战争中，已经取得了伟大的胜利。敌人的大部分已经被歼灭，全国的大部分国土已经解放。""但是现在我们的战斗任务还没有最后完成。""我命令中国人民解放军全体指战员、工作员，坚决执行中央人民政府和伟大的人民领袖毛主席的一切命令，迅速肃清国民党反动军队的残余，解放一切尚未解放的国土，同时肃清土匪和其他一切匪徒，镇压他们的一切反抗和捣乱行为。"②

随后，举行了阅兵式。阅兵总指挥、华北军区司令员兼京津卫戍司令员聂荣臻乘先导车，率受阅部队，接受毛泽东等国家领导人的检阅。受阅部队由中国人民解放军步兵第一九九师、炮兵第四师、战车第三师、骑兵第三师、独立第二〇七师第六一九团、空军一个飞行中队以及海军部队代表等1.64万名官兵组成。共动用飞机17架，火炮119门，坦克和装甲车152辆，汽车222台，军马2344匹。展现在人们面前的所有武器装备，几乎都是从敌人手中缴获来的，这也从一个侧面反映了中国人民解放军从无到有、从小到大的战斗历程。

在开国大典进行的时候，国民党军的残部尚据有西南和华南，以及台湾、澎湖、舟山、海南岛等岛屿。人民解放军为解放全中国，第四野战军主力和第二野战军一部正向衡阳、韶关进击，第三野战军一部正在厦门作战，第二野战军主力正向湘西集结，准备进军西南，第一野战军正在准备和平进驻新疆。总之，胜利

---

① 《五星红旗从这里升起》，第566页，文史资料出版社1984年版。
② 中共中央文献研究室、军事科学院编：《朱德军事文选》，第710页，解放军出版社1997年版。

的人民解放军,正以排山倒海之势追歼残余的国民党军和向尚未解放的各地进军。

第七节　第二野战军进军西南解放川、滇、黔、康、藏

一　双方的作战方针及部署

人民解放军自渡江南进以来,至中华人民共和国成立,华北全境、华东大陆和西北、中南大部地区均已解放,国民党政府被迫由广州迁至重庆。这时在川、康、黔、滇地区的国民党军,有川陕甘边区绥靖公署主任胡宗南部(已归西南军政长官公署指挥)第五、第七、第十八兵团,西南军政长官公署主任张群部第十四、第十五、第十六、第十九、第二十、第二十二兵团等部,总计34个军85个师约50万人。在云南省有绥靖公署主任卢汉部第八兵团4个军约4万余人。蒋介石企图依靠这些残存力量,依托以四川为中心的西南地区,与解放军"持久作战",以争取时间,组建新军,等待国际局势的变化,然后与台湾的国民党军相配合,实施反攻。

1949年8月下旬,蒋介石由台湾飞重庆,29日召开军事会议,参加者有张群、胡宗南、宋希濂、邓锡侯、杨森、刘文辉、郭汝瑰、罗广文等。蒋介石首先向部下打气说:"国际危机四伏,第三次世界大战一触即发,中国局势尚不能测,如果我军能坚守西南、西北、两广,以待国际时局变化,定能反败为胜。因此,我军各将领必须决心坚守西南。"①会议判断人民解放军最大可能是

---

①《中国人民解放军全国解放战争史》记载这次会议为10月间,可能是据《郭汝瑰回忆录》。郭的回忆录似乎记忆有误,因10月间蒋介石并未在重庆。蒋第一次由台湾返重庆是8月24日(一说27日),29日召开作战会议(一说27日开会),除云南卢汉外,西南国民党军各主要将领均赴重庆参加。蒋的讲话和部署西南防线亦在此次会议上。9月22日蒋回台湾。蒋第二次由台湾去重庆是11月14日,当时重庆正值解放前夕,29日午夜仓促乘飞机去成都(参见《蒋经国日记》)。郭记忆10月会议后组建第十五兵团,由罗广文任兵团司令,但实际上罗是8月末被任命为兵团司令的。

取捷径由陕西越秦岭入四川。因此蒋介石决定"以陇南、陕南为决战地带",以川陕边为守备重点,并沿秦岭、大巴山、巫山、武陵山组成"西南防线"。其部署为:以胡宗南部李文第五兵团、李振第十八兵团8个军,沿秦岭主脉之成县、徽县、留坝、佛坪、镇安构成第一道防线;以裴昌会第七兵团等部5个军,沿川陕边之白龙江、米仓山、大巴山构成第二道防线;以罗广文第十五兵团2个军位于川北剑阁地区保持机动;以郭汝瑰第二十二兵团2个军,位于川南宜宾、泸州及綦江、南川一带,保持机动;以川鄂边区绥署孙震部所属孙元良第十六兵团两个军和湖北绥靖总部2个军,防守长江以北大巴山、亘巫山一线;以川湘鄂边绥署宋希濂部所属钟彬第十四、陈克非第二十兵团6个军防守川东长江以南地区;以贵州绥署谷正伦部所属何绍周第十九兵团1个军,在玉屏至镇远间占领阵地,以保安四旅守备天柱至榕江103公里的正面;以在重庆的空军第五军区的10架作战飞机支援西南地区作战;以海军江防舰队,在巴东、英德间协助陆军扼守川东门户,防止解放军溯江入川。①

　　人民解放军第二野战军进军西南的任务,早在1949年1月和3月中共中央政治局会议以及七届二中全会上就已决定。7月16日中央军委又指示"由刘、邓、贺等同志组成西南局,经营川、滇、黔、康四省"。10月13日,中共中央和军委再将西南局的分工作了指示:邓小平、刘伯承、贺龙分别任第一、二、三书记;贺龙任西南军区司令员,邓小平任政委,刘伯承任西南军政委员会主任。同时规定"经营云、贵、川、康及西藏的总兵力为二野全军及十八兵团,共约六十万人"。这时,第二野战军进军并经营川、滇、黔、康、藏五省区的任务才最后确定。这五省区的民族众多,有汉、彝、苗、藏、白等30多个民族,宗教信仰和民族习惯各不相同,社会情况复杂,而且除四川盆地外,多为山地和起伏连绵的丘陵,山陡路小,交通极不方便。

---

　　① 《国民革命战役史第五部——戡乱》第七册,第152—153页,台北"国防部史政编译局"1989年编印。

中央军委根据西南地理情况和国民党军力避决战的特点,从5月23日至10月19日,先后就进军西南的作战方针和部署等作了一系列的指示:"胡宗南全军正向四川撤退,并有向昆明撤退消息。蒋介石、何应钦及桂系正在做建都重庆割据西南的梦,而欲消灭胡军及川、康诸敌,非从南面进军断其退路不可";应"取大迂回动作,插至敌后,先完成包围,然后再回打之方针"。第二野战军主力,待广州解放和国民党政府迁至重庆后,在第四野战军发起广西作战的同时,以大迂回的动作,取道湘西、鄂西,直出贵州,挺进叙府(宜宾)、泸州、重庆之线,切断胡宗南集团及川境诸敌退往云南的道路及其与白崇禧的联系,以位于宝鸡地区的第一野战军第十八兵团等部,在贺龙、李井泉指挥下,积极吸引、抑留胡宗南集团于秦岭地区,待第二野战军将川敌退往康滇的道路切断后,即迅速占领川北及成都地区,尔后协同第二野战军聚歼胡宗南集团,并迅速扩占全川。①

军委、毛泽东的这一部署,主要目的是力争通过多层次的远距离迂回,先截断国民党军向康、滇和逃出国境的道路,再分割歼灭胡宗南集团等各部于川、黔、滇境内,避免其逃往国外,遗下后患。

二 解放贵阳、重庆 歼灭宋希濂集团主力

第二野战军遵照军委的指示,1949年8月19日发出《向川黔进军的基本命令》:

> 本野战军主力(除四兵团)之任务在于攻略贵阳及川东南,以大迂回动作,先进击宜宾、泸县、江津地带之敌,并控制上述地带以北地区,以使宋希濂、孙震及重庆等地之敌,

---

① 参见《毛泽东军事文集》第五卷,第592、670、615、635页,军事科学出版社、中央文献出版社1993年版;《毛泽东军事文集》第六卷,第30页,军事科学出版社、中央文献出版社1993年版。

完全孤立于川东地区,尔后即聚歼这些敌人,或运用政治方法解决之,以便协同川北我军逐次解决全川问题。①

具体行动分为三个步骤:第一步,陈锡联第三兵团以车运由浦口经徐州、郑州至武汉,再徒步至常德、江陵、枝江地区集结,补充棉衣;杨勇第五兵团由上饶车运至樟树,再徒步经长沙至邵阳、武冈、湘潭线集结,补充棉衣。第二步,第三兵团攻取遵义、彭水、黔江线,第五兵团攻取贵阳。第三步,第三兵团直出泸县、江津;第五兵团直出宜宾、纳溪,顺势迂回重庆,控制川东,完成由南兜击的任务。9月初,第三、第五兵团按预定的路线向集结地区开进,配属第四野战军的第四兵团也于9月下旬由赣西向赣粤边前进,执行广东作战任务。至10月20日,第三、第五兵团已进抵湘西集结地域。

10月22日,第四野战军集中第五十军及第四十七军等部七个师的兵力,由湖北军区第一副司令员王宏坤、参谋长张才千指挥,发起对宋希濂部的进攻,求歼其主力于鄂西地区。刘伯承等二野领导,决定以第五兵团附第十军按原部署直出贵州;以第三兵团主力首先协同第四十七军等部围歼宋希濂部,尔后再西出江津,与第五兵团协同作战。

11月1日,第二野战军和第四野战军王宏坤部九个师,在南起贵州天柱、北至湖北巴东约500公里的地段上,越过崇山峻岭,出乎国民党军意料之外,实施多路攻击。贵州境内的国民党军第十九兵团和位于湘鄂西的宋希濂部猝不及防,慌忙西撤。担任战略迂回任务的第五兵团及第十军,西出石阡、施秉,于15日解放贵阳,21日解放遵义,从而切断了国民党军的西南防线。与此同时,四野第五十、第四十二军在占领建始、恩施、宣恩后,于14日至21日间,在咸丰地区截歼宋希濂部第十四兵团四个师,二野第三兵团主力和四野第四十七军等部在解放彭水、黔江后,在乌江东岸白涛渡追歼第十四兵团余部,俘其

----

① 《刘伯承军事文选》,第456页,解放军出版社1992年版。

兵团司令钟彬。宋希濂部第二十兵团仓促渡乌江西逃。

11月14日从台北飞抵重庆指挥的蒋介石，急忙于19日调胡宗南部第一、第三军增援重庆，并命胡宗南集团由秦岭、大巴山撤入四川，同时令第十五兵团及宋希濂第二十兵团在南川及其以东布防，迟滞解放军前进，掩护胡宗南集团退却。但这时，第一野战军第十八兵团先头部队也正对胡宗南集团展开攻击，进行牵制，使胡集团难以立即后撤，直至11月25日才开始撤退。

刘伯承等二野领导认为，当前的战役重心仍在隔断宋希濂四个军、罗广文三个军向云南的退却，并力求在长江南岸歼灭之。这样，从战役全局着眼，我军左翼迂回部队极为重要。遂于11月21日命令第五兵团除以第七军留置贵州担任接管等任务外，主力和第十军迅速经黔西北迂回泸州、宜宾一带。令第三兵团主力立即强渡乌江，进至南川地区，力争围歼宋希濂部和罗广文兵团于长江南岸。

25日和27日，中央军委先后决定：第四野战军的第五十、第四十七军及第四十二军一部暂归第二野战军指挥，参加入川作战；第一野战军的第十八兵团改归第二野战军指挥。

第三、第五兵团依据野战军的命令，分别行动。第三兵团主力和第四十七军，于11月25日占领南川，并包围宋希濂部和罗广文部三万多人于南川以北山区，28日将其歼灭。29日，进抵重庆长江南岸的南温泉，歼灭向重庆增援的胡宗南部第一军一部；国民党海军江防舰队起义。

29日夜，蒋介石逃离重庆，国民党政府于27日即已撤去成都。30日，重庆解放。

至12月8日，解放军分头占领了内江、铜梁、广安、万县一线。第五兵团和第十军，分别由贵阳、遵义兼程急进，于12月3日占领泸州，进而前出至自贡、荣县。至此，四川国民党军向贵州、云南退却的主要道路被切断，第二野战军进军西南的第一步任务已经达成。

三 和平解放云南、西康

在军事打击的同时,为争取和平解决,刘伯承、邓小平于11月21日向西南地区的国民党军政人员发出四项忠告。第一项忠告,是针对国民党军队的,主要内容为:立即停止抵抗,停止破坏,听候改编。凡停止抵抗,听候改编者,无论其属于中央系或地方系,均一视同仁,指定驻地,暂维现状,尔后依照人民解放军的方式实行改编,所有官员按级录用。凡愿放下武器者,一本自愿原则,或分别录用,或资遣回籍。凡迅速脱离国民党军阵营并协同人民解放军作战者,当论功行赏。如果愿意这样做,随时可以派代表到附近的人民解放军接洽。第二、三、四项,是分别对国民党政府机关政治、经济、文化、教育工作等人员,对国民党特务人员,对乡保人员的忠告,性质基本类同于第一项,有功者赏,有罪者罚。

在人民解放军的政治争取下,国民党云南省政府主席兼云南绥署主任卢汉、西康省政府主席刘文辉、西南军政长官公署副长官邓锡侯、潘文华等,于12月9日率所部分别在昆明、雅安、彭县等地起义,10日发出起义通电,云南、西康宣告和平解放。与此同时,早与中共有联系的国民党军第二十二兵团司令官郭汝瑰,12月2日就已与解放军联系好起义事宜,当日命令驻泸州的部队撤向宜宾,让开解放军的前进道路,至12月9日,郭也在宜宾宣布起义(10日发出起义通电)。10日,第十九兵团副司令官王伯勋率第四十九、第八十军在贵州盘县普安宣布起义,贵州全省解放。

云南省政府主席卢汉,在抗日战争时期曾为蒋介石重用,但抗战胜利后,蒋将其部队调往东北,使其成为空头主席,因而对蒋不满。三大战役后,国民党败局已定。1949年2月底,卢汉通过早期共产党员、曾为其部属的宋一痕向中共香港分局送交致毛泽东、朱德函,表示愿派代表,接受指示。3月,他又通过其内弟龙泽汇派人到人民解放军滇桂黔边纵队,表示愿建联系。中共中央于5月间指示华南分局转告卢汉,云南局部和平问题,应派全权代表到北平谈判。卢汉以宋一痕为代表经香港至北平,受到周恩来等领导人的接见。中共中央派参加北平和平解放的原国民党军北平警备司令、云南籍将领周体仁（傣族）回云南推动卢汉起义。8月底，宋带中共中央关于"南下大军迫境方可行动"的指示返回昆明。在此期间，滇桂黔边纵队副司令朱家璧（曾任卢汉特务团团长），与卢的代表龙泽仁在寻甸磨盘寺、路南石林进行过两次会谈，建立了秘密联系渠道。

8月间，在蒋介石的压力下，卢汉曾同意蒋系第八十九军进驻云南，进攻滇桂黔边纵队；同意国民党保密局长毛人凤和徐远举、沈醉等在昆明实施"整肃"，逮捕进步人士、学生400多人，查封了进步报馆，封闭了全部大中学校等。中共云南省委根据中央指示精神，一方面予以警告，一方面继续对卢汉作统战工作。11月，第二野战军解放贵阳、重庆，逼近云南，刘伯承、邓小平的四项忠告送到卢汉手中。在此形势下，卢汉全部释放了"整肃"被捕人员，并向中共地下党表示决心起义。

12月7日，蒋介石派张群至昆明，部署将国防部、陆军总部迁至昆明事宜，情况紧急。9日，卢汉将张群软禁，以张的名义将国民党军第八军军长李弥、第二十六军军长余程万、宪兵副司令李楚藩，空军第五路军副司令沈延世，军统云南站站长沈醉等召至卢公馆扣押。12时，卢汉率第七十四、第九十三军等4万多人宣布起义。12月13日正式发表起义通电。朱德、周恩来复电欢迎起义。

早在抗日战争时期，为了团结抗日，中共领导人周恩来、董必武、彭德怀等就与刘文辉、邓锡侯、潘文华有了接触。1942年7月，中共在雅安刘文辉部设立了秘密电台。1944年冬，刘文辉、邓锡侯二人秘密参加了中国民主同盟。1948年，刘文辉被推为中国国民党革命委员会川康分会负责人。1949年8月，刘文辉明确表示愿意起义。1949年9月，邓锡侯、潘文华也都与中共建立了秘密联系，第二野战军情报处还在其第九十五军通信营设置了电台，与二野联系。12月8日、9日，刘文辉、邓锡侯、潘文华先后到达彭县龙兴寺，与二野派来的人员共同组织、领导了起义。12月9日，刘、邓、潘率第二十四军（在雅安）、第九十五军及第二三五师等部在彭县发表起义通电。24日，朱德致电三人，慰勉其起义,指示他们改善军民关系、官兵关系,为协助解放军和人民政府肃清残余国民党军、建立革命秩序而努力。在人民解放军对西南国民党军实施大迂回的形势下,刘文辉、邓锡侯、潘文华和郭汝瑰在雅安、彭县、宜宾的起义,封闭了四川国民党军向西康、云南逃跑的退路,为解放军全歼西南国民党军主力于成都平原,加速西南的解放,创造了有利的条件。

四 发起成都战役
全歼胡宗南集团及四川国民党军

人民解放军解放了重庆及川东、川南地区后,国民党军纷纷向成都及其附近撤退。蒋介石于12月8日将"国民政府"迁往台湾,以参谋总长顾祝同兼任西南军政长官,以胡宗南、杨森为副长官,蒋自己于12月10日飞往台湾。

刘伯承、邓小平等二野领导认为,歼灭胡宗南集团等国民党军的关键在于占领乐山,截断敌人退往西昌、会理、云南的公路线。于是决定:以第五兵团主力及第十军由川南迅速向乐山前进,并迂回成都以南;第三兵团主力除以一部担任重庆地区的警备和接管任务外,其余由川东前出至成都以东,并抢占成都以西之邛崃、大邑;以第十八兵团由陕南、陇南前出至川北,以求聚歼四川国民党军于成都地区。

解放军第十八兵团在秦岭地区完成抑留胡宗南集团的任务后,于11月30日尾随南撤的胡宗南集团之后缓缓跟进。当胡宗南集团受蒋介石之命加速南撤时,第十八兵团亦分三路猛追。右路军第六十二军于12月7日进占西固(岩昌),歼灭国民党军第一一九军第二四七师一部,第一一九军副军长蒋云台率其第二四四师在武都起义,第六十二军于12月10日进占武都,次日占文县;中路军第六十军在第七军配合下进占勉县、略阳;左路军第六十一军在第十九军配合下进占城固、汉中,陕南、甘南地区全部解放。此时,胡宗南集团之第七、第五、第十八兵团已撤至成都及其周围的绵阳、三台、新都、双流、新津地区;孙元良第

十六兵团撤至广安、岳池、南充地区;宋希濂及罗广文残部则退至遂宁以西、成都附近。

解放军第十八兵团,除以第七军主力和第十九军留陇南、陕南外,其第六十、第六十一、第六十二军及第七军第十九师迅速向川北挺进。第三、第五兵团也于12月11日,分别由川东、川南向成都方向西进。第五兵团第十六军在攻占乐山后的追击中,在金口河地区追俘宋希濂。至12月20日,第十八兵团进至成都以北的江油、绵阳、巴中一线;第三、第五兵团进至成都以东的射洪、遂宁、简阳,成都以南的彭山、蒲江、丹陵,成都以西的大邑、邛崃、双流,将胡宗南集团及四川其他国民党军数十万人,全部包围于成都地区。刘伯承、邓小平于12月21日指示二野各参战部队:

我军追击阶段已告结束,对当前之敌绝非一两个冲锋所能消灭,严防轻敌乱碰。须知敌尚有反击的力量和局部进攻的可能,我们必须十分谨慎。尔后各军应就地调整态势,掌握部队,恢复体力,调集火力,鼓动士气,瓦解敌军。

今后的作战方式,仍用先打弱点和集中力量割开敌人,一点一点吃的战法。千万不可进行无准备无把握的战斗。

为使各军密切协同,决定杨勇、杜义德两同志统一指挥三、五两兵团共五个军。①

这时国民党军的高级将领,绝大多数已心知肚明,覆灭在即,须各自寻找生路。顾祝同于12月15日飞海南岛,由胡宗南代理西南军政长官,原川鄂边绥署主任孙震和杨森也于18日飞台湾。但胡宗南尚不甘心,仍妄想向西康、云南等地突围。为此,他将其主力置于新津至成都一线,将孙元良第十六兵团及陈克非第二十兵团、罗广文第十五兵团残部集结于广汉、彭县等地

---

① 杨国宇等编:《刘伯承元帅大军指挥手记》,第421页,海军出版社1989年版。

区,向其主力靠拢。但川鄂边绥署副主任董宋珩、第十六兵团副司令官曾甦生不听指挥,率第十六兵团4个师4万多人,脱离兵团司令官孙元良,由广汉撤至什邡,准备起义。

12月22日,胡宗南在新津召开作战会议,部署向南突围:以李文第五兵团向西昌突围,李振第十八兵团向昭通突围,第七兵团向咸宁突围,第十五、第二十两兵团残部向东突围,尔后再转向毕节,各部统一于23日22时开始行动。胡宗南自己却于23日11时擅自逃离战场,飞去海南岛的海口。于是军心更为瓦解,陷于混乱。

23日晚,裴昌会率第七兵团1.8万人于德阳起义;25日,罗广文、陈克非率第十五、第二十兵团残部于安德、郫县起义,董宋珩、曾甦生率第十六兵团于什邡正式宣布起义;26日,第二十军军长杨汉烈率其3个师于金堂起义,第一二七军军长赵子立率其4个师于巴中起义;27日,第十八兵团司令官李振和第三十军军长鲁崇义率其2个军于成都起义。只有第五兵团司令官李文率所部7个军,分两路于24日下午开始向西突围。25日攻击解放军第十二、第十六军的阵地,遭解放军的坚强阻击。26日,杨勇、杜义德指挥各军发起总攻,激战至27日,全歼国民党军第五兵团7个军,俘兵团司令官李文以下5万人。当日,成都解放。其他零散的国民党军纷纷缴械投降,成都战役胜利结束。

此役,消灭了国民党军在大陆的最后一支主力部队——胡宗南集团,共歼灭国民党军30多万,粉碎了蒋介石在西南建立根据地、俟机反攻的企图。人民解放军第二野战军在第一、第四野战军各一部的协同下,在进军西南的两个月作战中,先后歼灭国民党正规军和保安部队70万人,连同歼灭的游杂武装,总计约90万人。

五 进军滇南 解放西昌
肃清西南国民党军

国民党云南省主席卢汉率所属第九十三、第七十四军于1949年12月9日在昆明起义后,蒋介石于10日即任命第八军副军长曹天戈和第二十六军副军长彭佐照升任第八、第二十六军军长,并令逃至云南的陆军总部参谋长汤尧指挥这两个军进攻昆明。第八军自昭通、宣威地区,第二十六军自开远地区向昆明前进,16日迫近昆明。卢汉一面致电刘伯承、邓小平请求援助,一面部署保卫昆明的兵力。同时,卢汉还先后派出曾在起义宣言上署名的李弥、余程万出城劝说。但李弥出城后反水,余程万被部下挟持。蒋介石任命李弥为云南省主席,余程万为云南绥署主任,要求他二人督师部属,协同汤尧进攻昆明。

19日拂晓,汤尧指挥两军分别自东、南两个方向猛攻昆明。卢汉部在人民支持下(中共昆明市委组织了3000多人的义勇自卫总队)进行抗击。解放军滇桂黔边纵队积极出击,攻扰国民党军的后方,支援卢部。杨勇令解放军第十七军第四十九师兼程驰援昆明,22日进抵曲靖附近。国民党军第二十六军发现贵州的解放军正向昆明迫近,广西的解放军也有西进云南的情况,首先于21日拂晓向南撤退。次日,曹天戈第八军怕孤立被歼,亦向南撤退。昆明之围遂解。汤尧率两个军撤至开远、建水、蒙自地区。1950年1月8日,国民党"国防部"命令第二十六军空运海南岛,尔后船运台湾,另以第八军为基础,扩编为第八兵团,下辖第八、第九军,由汤尧兼任兵团司令官,留置滇南继续作战。

为了歼灭云南境内的国民党军残部,不使其逃至国外,1949年12月下旬,中央军委就已令陈赓第四兵团归还第二野战军建制,并由该兵团指挥第四野战军第三十八军的第一一四、第一五一两个师,由南宁、百色地区向滇南进军,迂回至蒙自、河口,以切断国民党军的外逃道路,尔后在滇桂黔边纵队和卢汉起义部队配合下,围歼其于滇南地区。1949年12月27日,第一一四、第一五一师由百色向河口、屏边急进,于1950年1月11日占领了河口,封锁了中越边境。第四兵团的第十三军,于1950年1月1日由南宁出发,以每天50公里的急行军于16日袭占了蒙自,控制了机场,切断了国民党军的空运通道,并在蒙自、个旧地区歼灭了正准备空运海南岛的第二十六军主力。汤尧率第八兵团及第二十六军残部西逃,企图经元江、墨江、镇沅逃往国外。

解放军第十三军、第一一四、第一五一师和桂滇黔边纵队、卢汉起义部队,立即分路追击。19日,第一一四师及第一五一师一部在蛮板地区歼灭第二十六军残部大半。与此同时,解放军第十三军第三十七师由东向西,第一一四师由南向北,边纵及起义部队由北向南,追歼汤尧第八兵团及第八军。20日,第一一四师主力在宜得地区歼灭第八军第二三七师一部,第八军副军长兼第三师师长田仲达在石屏率2 000多人向边纵投降。23日,解放军第三十七师及边纵一部,将汤尧集团主力包围于元江红土坡、二塘地区,经激战后,24日全歼第八兵团部及第八军残部,俘汤尧及第八军军长曹天戈以下6 000多人。2月4日,解放军第十三军一部,在边纵及卢汉起义部队配合下,在镇、沅以西,追上逃跑的第一七〇师主力,迫使第九军军长兼第一七〇师师长孙进贤率所部2 400多人投降。至此,云南全境解放。

滇南作战,除彭佐照、李弥等率少数残部逃去越南、缅甸外,共歼灭国民党军2.7万多人。

刘文辉所部在雅安起义后,西康省西昌地区尚有国民党西昌警备司令贺国光所属一个多师。胡宗南在成都丢掉部队自己逃去海南岛后,蒋介石非常恼火,派人在三亚找到他,严令他飞回西昌指挥残余部队作战。胡不得已,于12月30日飞回西昌,收容由川西突围逃出的第二、第一二七军残部共3万多人,企图依托西康偏僻地区,在西昌、康定、会理等地阻止解放军进入西康。

1950年2月22日,人民解放军西南军区成立,司令员贺龙,政委邓小平。3月3日决定以第十四、第十五、第六十二军各一部,配属滇桂黔边纵队一部共13个团的兵力,发起西昌战役。

3月12日,解放军参战各部队分别由川西温江和云南曲靖向西昌地区的国民党军实施南北夹击。至24日,北线第六十二军一部渡过大渡河,南线第十四、第十五军各一部渡过金沙江。胡宗南见情势危急,连向蒋介石发电请示对策。蒋于25日致电胡宗南:"如西昌不能不放弃,吾弟是否仍将领导各部队进行游击作战,继续与匪斗争,否则弟离部后,何人可代为领导,速告知。"次日胡告蒋:"由参谋长罗列负责领导,职率非战斗人员,拟于26日飞琼转台。"①胡宗南和贺国光于27日凌晨乘飞机逃跑。飞机刚刚起飞,解放军第四十四师即于5时攻占西昌,守军被歼一部,其他各地部队均纷纷向山区逃窜。至4月7日,散逃各地的残部,一部被歼,一部溃散,西昌战役结束。此役共歼灭国民党军1万多人,其余溃散。至此,川、黔、滇、康四省全部解放。

六 进军昌都 和平解放西藏

中共中央从1949年下半年即开始着手解决西藏问题。8月16日,毛泽东致电彭德怀等第一野战军领导,要求"十分注意保护并尊重班禅及甘、青境内的西藏人,以为解决西藏问题的准备"②本来准备由中共西北局及一野主要负责解决及经营西藏问题,但由于了解了由青海、新疆入藏交通极为不便,困难甚大,而从打箭炉(康定)入藏则较为便利,因而1950年1月2日,正在苏联访问的毛泽东又将进军西藏和经营西藏的主要任务"确定由西南局担负",并指示:"如果没有不可克服的困难,应当争取于今年四月中旬开始向西藏进军,于十月以前占领全藏。"规定入藏兵力为"一个充足的军或四个师共约四万人左右","惟需加以特殊政治训练,配备精良武器"。③

西藏位于中国的西南部,人口约100万,面积120万平方公里,与缅甸、印度、不丹、锡金、尼泊尔等国接壤,国境线长约4 000公里,为喜马拉雅山、昆仑山和唐古拉山所环抱,平均海拔4 000米以上,

---

① 《国民革命战役史第五部——戡乱》第七册,第219页,台北"国防部史政编译局"1989年编印。

② 《毛泽东军事文集》第五卷第655页,军事科学院出版社、中央文献出版社1993年版。

③ 《毛泽东军事文集》第六卷,第68—69页,军事科学院出版社、中央文献出版社1993年版。

素有世界屋脊之称。由于高山缺氧,气候寒冷,交通不便,人口稀少,解放军进军西藏有不少困难。西藏一直保持着政教合一的封建农奴制,人民生活极其悲惨。英国于18世纪末侵入西藏后,长期勾结并策动上层统治集团将西藏从中国分裂出去。1949年7月8日,以大扎·阿旺松绕摄政为首的反动势力,在英美等国支持下,在拉萨制造了"驱汉事件";1949年底,又准备派出所谓"亲善使团",分赴美、英、印、尼(泊尔)与北京,表明其独立,并由美国合众社公布了这一消息。与此同时,西藏统治集团还加紧征兵征粮,将藏军由原来14个代本(每代本编制500人)扩编为17个代本,企图阻止人民解放军进藏。

西南局及西南军区确定以第十八军担任进藏任务,并成立中共西藏工作委员会,以第十八军军长张国华为书记,军政委谭冠三为副书记。

刘伯承、邓小平根据藏军分布情况,特别是交通不便、后方供应困难的情况,于1950年1月中旬,提出由西康、云南、青海、新疆四省"多路向心进兵"的建议,以收合击之效,解决粮食与地形的困难。军委同意这一建议,指示西南局与西北局认真筹办。据此,西南局除第十八军外,还决定第十四军一部由云南进军;西北局和西北军区决定由第一军派骑兵支队从青海进军,第二军组建骑兵师从新疆进军,配合第十八军的行动。同时经军委批准,将进藏时间由原定的4月推迟到当年冬季。

由于进军西藏并非纯军事问题,涉及政治、宗教、民族等许多复杂的问题,所以中共中央决定争取和平解决西藏的方针,1950年5月17日,致电西南局及西北局:

> 军事进攻的同时,利用一切可能,进行政治争取工作是十分必要的。这里基本准备问题是西藏方面,必须驱逐英美帝国主义的侵略势力,准允人民解放军进入西藏。我们方面则可承认西藏的政治制度,连同达赖的地位在内,以及现有的武装力量,风俗习惯概不变更,并一律加以保护。

总之,我们提出的条件只要有利于进军西藏这个基本前提。①

西南局根据中央的指示,拟定了同西藏地方政府进行和平谈判的十项条件②,同时对部队进行解放西藏、建设边疆、巩固国防和民族政策等的教育。为团结藏族同胞,部队掀起学藏文、藏语的热潮。各级干部对西藏的历史、政治、经济和兵要地志等各方面情况进行调查。

西南军区还成立了支援司令部,调集了7个工兵团、11个辎重团和1个空运师,担任进藏的筑路和运输任务,先后构筑了长达700公里的公路,运送了上万吨的物资。在进军西藏的准备工作基本就绪后,各部队即陆续向进军出发地集结。至10月初,第十八军进至金沙江东岸的邓柯、德格、巴塘一线,云南军区第一二六团进至贡山,青海骑兵支队进至玉树,新疆独立骑兵师进至于田。

为了和平解放西藏,1950年1月开始,西北局就通过各种渠道和形式对西藏地方当局展开政治争取工作。但西藏地方当局的一些统治分子,在英美等国的煽动下,执迷不悟。5月,将西北局派去西藏劝和的三位活佛加以软禁;7月,更将以和谈代表身份入藏的西南军政委员会委员、西藏省人民政府副主席格达·洛桑丹增活佛杀害。在拒绝和谈的同时,他们将其总兵力的2/3,计7个代本全部和3个代本一部共4 500人,以及土兵、僧兵3 500人共8 000余人,分布于昌都周围及金沙江以西地区,企

---

① 转引自军事科学院军事历史研究部《中国人民解放军全国解放战争史》第五卷,第499页,军事科学出版社1997年版。

② 十项条件亦称十大政策:1. 西藏人民团结起来,驱逐英美帝国主义侵略势力出西藏,西藏人民回到中华人民共和国祖国大家庭来。2. 实行西藏民族区域自治。3. 西藏现行各种政治制度维持原状,概不变更,达赖活佛之地位及职权,不予变更,各级官员照常供职。4. 实行宗教自由,保护喇嘛寺庙,尊重西藏人民的宗教信仰和风俗习惯。5. 维持西藏现行军事制度不予变更,西藏现有军队成为中华人民共和国国防武装之一部分。6. 发展西藏民族的语言文字和学校教育。7. 发展西藏的农牧工商业,改善人民生活。8. 有关西藏的各项改革事宜,完全根据西藏人民的意志,由西藏人民及领导人员采取协商方式解决。9. 对于过去亲英美和亲国民党的官员,只要他们脱离与英美帝国主义和国民党的关系,不进行破坏和反抗,一律继续任职,不咎既往。10. 中国人民解放军进入西藏,巩固国防。人民解放军遵守上述各项政策。人民解放军经费完全由中央人民政府供给。人民解放军买卖公平。

图扼制解放军进军西藏的咽喉,阻止解放军渡江入藏。

为了打击西藏地方当局中的顽固势力,促使其内部分化,贺龙、邓小平等西南军区领导,决心以第十八军一部、青海骑兵支队和云南军区第一二六团等共6个团的兵力,配属一部炮兵、工兵和侦察分队,运用正面攻击和迂回包围相结合的战术,发起昌都战役。10月6日,各部队分路向昌都地区前进。12日,第五十三师一部进抵芒康,在政治争取下,藏军第九代本主官格桑旺堆率所部400余人起义。19日,解放军各部队从各方面迫近昌都,并切断了昌都藏军的退路。昌都总督阿沛·阿旺晋美率第二、第四、第三、第七代本及本署机关、卫队等放弃昌都,向恩达、类乌齐撤退,被阻;再向邦达、八宿撤退,亦被阻。这时解放军第一五六团已于19日20时解放昌都。20日,阿沛·阿旺晋美派人与解放军取得联系,21日下令2 700余名藏军停止抵抗,放下武器。至24日,解放军肃清了残余藏军,昌都战役结束。此役共计消灭5 737人(包括起义部队),解放了昌都地区,打开了进藏的门户。

昌都战役后,西藏上层统治集团内部的爱国派更为坚定,顽固派开始动摇。1951年春,西藏地方当局响应中央人民政府的号召,派出代表团前往北京。4月29日,以阿沛·阿旺晋美为首的西康地方政府代表团,同以李维汉为首的中央人民政府代表团开始谈判。5月23日,在朱德副主席主持下,双方签署了《中央人民政府和西藏地方政府关于和平解放西藏办法的协议》,西藏宣告和平解放。

1951年8、9月间,根据协议的规定,西南军区和西北军区进藏部队,先后出发向西藏开进。10月26日,第十八军进驻拉萨。进藏各部队均严格执行民族政策和宗教政策,每到一处,不住民房,不借用具,不进佛堂,尊重藏族人民的风俗习惯,受到西藏人民的热烈欢迎,增进了汉、藏民族的团结。

西藏的和平解放,是中国共产党民族政策的伟大胜利。这一胜利,粉碎了中外敌对势力妄图分裂中国西藏的阴谋,使西藏摆脱了外国势力的羁绊,回到中华人民共和国大家庭的怀抱,实现了中国大陆的统一,促进了中国西南国防的巩固,使西藏进入

一个崭新的历史时期。

从1949年4月起,中国人民解放军遵照毛泽东主席和朱德总司令"向全国进军"的命令,突破长江天堑,对残存于大陆的国民党军展开大规模的进攻作战和战略追击。至1950年6月,共歼灭国民党军3个军政长官公署,8个绥靖公署,2个警备总部,20个兵团部,98个军部,368个整师,共计310多万人。其中打死、俘虏184万多人,起义、投诚和接受改编126万多人。中国人民解放军解放了华北、华东、中南、西南、西北共16个省,并争取了绥远、新疆、云南、西康等省的和平解放。1951年5月,中国人民解放军又和平解放了西藏,使祖国的领土,除台湾、澎湖、金门、马祖和西沙、中沙、南沙群岛等少数岛屿外,均告解放。在胜利进军中,新中国诞生,建立了人民的政权,这标志着中华民族的复兴已经开始。

全国解放战争四年战绩综合统计

(1946年7月—1950年6月)

项 别		折 合 建 制	人 数		
消灭敌军兵力	正 规 部 队	(762)师 (2)营	5 542 470		
	非 正 规 部 队	(931)团	2 528 880		
	合 计	(3 217)团 (2)营	8 071 350		
俘毙敌高级军官	俘 虏	投 诚	击 毙	合 计	
	1 310人	273人	85人	1 668人	
主要缴获	炮	机 枪	长短枪	飞 机	舰 艇	坦 克
	54 430门	319 958挺	3 161 912支	189架	200艘	622辆
	装甲车	汽 车	机 车	马 匹	枪 弹	炮 弹
	389辆	22 012辆	1 016辆	195 475匹	507 984 800发	5 527 400发

说明:高级军官指国民党军上校以上的军官。

第十八章　巩固新生政权
　　　　保卫祖国安全

第一节　新中国成立初期的形势和
　　　　人民解放军的任务

中华人民共和国成立之际，中国共产党和中国人民仍面临许多困难，形势相当严峻。首先，在军事上，人民解放战争虽然已获得基本胜利，国民党的正规军已大部被歼灭，但全国仍有1/3的地区在国民党的统治之下，西南和中南、西北、华东部分地区及东南沿海部分岛屿，尚被国民党军队所占据，残存的140余万国民党军队还在负隅顽抗。在广大的新解放区尚有国民党特务、土匪等反动武装，他们在美帝国主义支持下，千方百计地进行种种破坏活动，妄图东山再起，卷土重来。

其次，在政治上，新解放区的人民政权刚刚建立，还不巩固。由于国民党大溃败时实行了大破坏，致使刚获得解放的全国各大中城市疮痍满目，问题成堆，百废待兴。工厂停工，工人、职员、知识分子失业，治安、交通和生活秩序一片混乱。由于国民党特务分子造谣惑众，相当一部分群众对中国共产党、中国人民解放军和新生政权还缺乏了解，思想比较混乱。帝国主义不甘心在中国的失败，采取了经济上封锁、军事上包围、外交上孤立、政治上颠覆等种种卑劣伎俩，企图把新中国扼杀在摇篮之中。

最后，经济严重困难。新中国接管的是一个十分落后和千疮百孔的烂摊子，加上长期战乱，工农业生产破坏严重。1949年的钢铁产量仅15.8万吨，连供国内做钉子都不够。当时在工农业总产值中,现代工业只占17％,个体农业和手工业占80％以上;90％的人口生活在生产方式与古代没有多大区别的农村。正如毛泽东所指出的:"我们还有百分之九十左右的经济生活停留在古代"①。加以国民党统治时期长期滥发纸币,造成通货膨胀,物资极度匮乏,市场混乱不堪,物价飞涨。新中国的国家财政经济面临着严重的困难局面。

在这种形势下,中国人民解放军的任务也发生了重大变化:除了执行中共中央"将革命进行到底"的命令,继续向全国进军,彻底消灭国民党的残余武装,解放全部国土,完成统一祖国大业外,由夺取全国政权转变为巩固和保卫新生的人民政权,参加国家经济建设,并不失时机地转入正规化、现代化建设,担负起防御帝国主义侵略,保卫国家建设,保卫国家主权、领土完整和安全的使命。

第二节 大规模剿匪肃特斗争和粉碎国民党军的窜犯袭扰

一 大规模剿匪肃特斗争

中华人民共和国成立时,大陆一些边缘省区和沿海岛屿还盘踞着国民党的残余军队。在中国人民解放军的猛烈追击下,除少数逃往台湾外,大部相继被歼灭。然而,国民党当局有计划地在大陆一些新解放区留置了大量土匪、特务武装,为患甚烈。

早在1949年4月,中国人民解放军突破长江天堑解放南京时,国民党当局就在其成都陆军军官学校和贵阳市开办"游击干部研究班",训练土匪、特务武装的领导骨干4 700余人。后来,

---

① 毛泽东1949年在中共七届二中全会上的讲话,载《毛泽东选集》第四卷,第1430页,人民出版社1991年版。

国民党当局派遣这些人和一批特务潜往各新解放区,与溃散的国民党残余部队相结合,乘新解放区社会秩序尚未安定之机,积极网罗旧官僚、恶霸地主、散兵游勇、地痞流氓、反动会道门成员及惯匪,聚众结伙,打着所谓"救国军"、"自卫军"、"保民军"等旗号进行破坏活动。他们企图以此推行所谓"游击计划",建立"大陆游击根据地",与中国人民解放军进行长期斗争,待机配合台湾国民党军反攻大陆。

这些土匪、特务武装主要分布在一些省份的边远山区,至1950年初,全国新解放区共有土匪、特务武装约105万人。其中,西南地区约65.5万人,中南地区约28.8万人,华东地区约5.9万人,西北地区约4.2万人。在一段时期内,其数量还不断增加。特别是美帝国主义发动侵朝战争和派遣第七舰队插足中国领土台湾后,这些土匪、特务武装活动更为猖獗。其活动方式和斗争手段是:袭击基层人民政权,封锁或占领一些小城镇,控制农村,破坏城乡交通,抢劫物资;杀害地方党政干部和群众,绑架勒索,奸淫妇女,扰乱社会秩序;骚扰和妨碍中国人民解放军的作战行动,偷袭、抓捕和残杀解放军零星外出人员;制造谣言,蛊惑人心,发展武装,组织暴乱等。

中共中央和中央军委对新解放区可能出现的严重匪情早有预见,及时作出了剿灭匪患的决策。1949年3月,毛泽东主席在中共七届二中全会上指出:南方解放后,地方党组织和人民解放军要在乡村中有步骤地开展清剿土匪的斗争。中国人民解放军渡过长江不久,毛泽东又指出:"剿匪是肃清残余反动力量的一个重要部分,又是保障实施各种政治、经济、文化、国防建设的一个先决条件。"①1949年10月1日,朱德总司令在开国大典上发布的命令中,要求中国人民解放军全体指战员:"肃清土匪和其他一切匪徒,镇压他们的一切反抗和捣乱行为。"②中共中央、中

---

① 转引自《当代中国军队的军事工作》,第279页,中国社会科学出版社1989年版。
② 中共中央文献研究室、军事科学院编:《朱德军事文选》,第710页,解放军出版社1997年版。

央军委后来还规定了在剿匪活动中实行"军事打击、政治瓦解、发动群众三者相结合"的基本方针和"镇压与宽大相结合的政策,即首恶者必办、胁从者不问、立功者受奖的政策",以及"争取多数,打击少数,利用矛盾,各个击破,以求达到瓦解、争取与最后消灭匪特之目的"的策略。①

从1949年5月至1953年底,中国人民解放军遵照中共中央、中央军委的指示和部署,先后共抽调6个兵团部、41个军部、140个师、2个旅另20个团和海军一部,共150余万人的兵力,在各新解放区执行剿匪作战任务。剿匪作战分为三个阶段:

第一阶段,集中优势兵力,重点进剿大股土匪。

各剿匪部队经过周密侦察之后,集中相对优势兵力,选择匪情严重的地区,采取奔袭、合围、追剿等手段,给予大股土匪、特务武装以歼灭性打击,使其丧失集中为患的能力。

四川省东部涪陵、巴县、南川三角地区聚集有股匪8 000余人。1950年4月至5月,川东军区调集33个连的兵力,以一部在外围构成两道封锁线,主力编为四支清剿部队,形成三道包围圈,逐步向内推进和搜剿,并开展政治攻势,毙伤土匪400余人,俘获3 100余人,迫使4 200余人投降自新。至1950年底,川东军区肃清了辖区内大股土匪,共毙伤俘土匪和争取土匪投降自新13万余人。

大别山区名为"鄂豫皖边区人民自卫军"的股匪1.8万余人,活动于以金寨为中心的数十个县。1949年8月,湖北军区指挥第四十二军第一二六师和地方部队,在第二十四军第七十一师配合下,在外线严密封锁,在内线控制要点,反复合击、追剿,并结合政治攻势,至1950年3月,共毙伤俘土匪和争取土匪投降自新1.5万余人。

湖南省西部名为"反共救国军"的股匪有2.3万余人,他们还建立了土匪政权。1950年10月,湖南军区指挥第四十七军主力、第一三六师和地方武装共4万余人进行会剿,至年底,将当

---

① 《毛泽东选集》第五卷,第20页,人民出版社1977年版。

地土匪基本歼灭。

驻皖浙边的第二十五军，1949年8月全歼股匪"皖浙边区游击队"。至11月底，该军结合地方武装，共毙伤俘土匪和争取土匪投降自新4.3余万人，基本摧垮了浙江全省大股土匪、特务武装。

驻青海的第一军，1949年12月兵分三路，采取分进合击、连续围剿的方式，歼灭三股较大的土匪特务武装共7 000余人，平息了西宁周围地区的暴乱。

第二阶段，实行分区驻剿，歼灭小股土匪。

大股土匪特务武装被歼灭或击溃后，小股土匪慑于人民解放军的军事威力，不敢公开对抗，乃避开锋芒，缩小目标，分散活动，保存实力。有的窜到各省边远地区，有的流入少数民族地区，利用深山密林、云崖隧洞等自然条件继续顽抗，也有的重整旗鼓，组织暴乱。中国人民解放军各地剿匪部队遂转入第二阶段作战，实行分区驻剿，加强对面的控制，使分散活动的小股土匪难以集股再起。同时，进一步发动群众，深入开展政治攻势，争取零星股匪投降自新。

1951年2月，川西军区调集13个连，后又增加2个营，至4月中旬平息了靖化（今金川）、懋功地区"反共联盟军"的暴乱。接着，又以军区部队和县、区武装组成186个捕捉队，追捕小股土匪。

1951年春季，福建军区实行与邻省联防会剿和各分区之间、各县之间联防会剿的办法，全面展开分兵搜剿小股土匪的斗争，基本清除了边沿地区的匪情。

广西瑶山地区曾有股匪2万余人。1951年春季，广西军区集中14个团歼其大部，后实行分区包干，在外围和腹地反复驻剿。剿匪部队散发传单50多万份，发动群众监视、揭发、规劝、捕捉，使7 000多名土匪悔过自新。广西军区还与地方政府密切配合，动员报枪、献枪、缴枪，收缴土匪、恶霸地主的各种枪6万余支，不仅武装了民兵，而且消除了股匪再起的条件。

1950年8月，陕西军区在友邻部队配合下，对边沿地区小股

土匪进行联合清剿,毙伤俘和争取投降自新1000余人,基本肃清了靠近秦岭的关中各县的匪患。

第三阶段,结合土地改革,肃清潜藏散匪。

经过重点进剿和分区驻剿,土匪特务武装已为数不多,冥顽不化的匪首、特务,或潜入深山密林,或藏进地洞,或逃往邻省、邻县隐伏,也有的勾结恶霸地主伺机进行破坏活动。各地剿匪部队在第三阶段采取的对策主要是和当地人民政府联合组织工作队,把以土地改革为中心的民主改革运动、反霸斗争与肃清残匪结合起来,广泛深入地发动群众检举揭发,使潜藏的散匪丧失赖以生存的社会条件。一旦发现匪情,立即派出搜捕小组或便衣队进行搜捕。在少数民族地区,剿匪部队特别注意了贯彻民族政策,教育和感化少数民族头人与土匪特务划清界限。四川凉山地区的大、小头人,在民族政策的感召下,改变两面应付的态度,将所藏匿的匪首、特务40多人主动交出。

至1953年底,中国人民解放军的剿匪作战基本完成,共毙伤俘土匪和争取土匪投降自新260余万人,缴获各种火炮2100门,各种枪130余万支。历时四年的剿匪斗争,结束了中国匪患久远、危害甚深的历史,粉碎了台湾国民党当局在大陆建立"游击根据地",以策应其反攻大陆的企图,巩固了新生的人民政权,保障了人民生命财产的安全,安定了社会秩序,保证了国民经济的恢复和民主改革的完成,为社会主义革命和建设事业的顺利进行创造了重要条件。

二 粉碎国民党军队的窜犯袭扰

蒋介石集团败逃台湾岛后,仍不甘心在大陆的失败,时刻梦想"反攻大陆"。蒋介石在1950年3月复任"总统"时,发表了《复职的目的与使命》,扬言"一年整训、二年反攻、三年成功"[①]。

---

① 转引自程思远主编《中国国民党百年风云录》,第1753页,延边大学出版社1995年版。

当中国人民解放军以迅雷不及掩耳之势攻克了海南岛与舟山群岛时，蒋介石在《为撤退海南、舟山，国军告全国同胞书》中，又将反攻口号改为"一年准备，二年进攻，三年扫荡，五年成功"①，叫嚣要趁共产党立足未稳，加紧反攻，收复失地。他们趁人民政权刚刚建立，国民经济正在恢复，以及后来进行抗美援朝战争之机，配合美帝国主义在朝鲜的侵略战争，不断派遣正规部队、海匪和武装特务等对祖国大陆特别是东南沿海地区进行各种袭扰破坏活动。其袭扰破坏的主要形式有：1. 登陆窜犯袭扰。人多时成千上万，人少时数百、数十、数人登陆，袭击人民政府机关，抢掠财物，爆破重要建筑设施等。2. 海上封锁袭扰。积极配合帝国主义对大陆实行禁运、封锁，袭击商船、渔船，阻挠渔民出海捕鱼等。3. 对大陆进行空袭。国民党军飞机经常飞临沿海城市上空实施轰炸，摧毁电厂、桥梁等重要目标。4. 从云南边境回窜袭扰大陆。据不完全统计，从1949年秋至1953年7月，国民党军对大陆进行的上百人至上万人的中、小规模登陆窜犯袭扰活动多达70余次，出动的总兵力达4.7万余人。

对国民党军对大陆的窜犯袭扰活动，中共中央、中央军委早有预见，并多次研究，确定了"确保重点、诱敌深入、聚而歼之"的方针，同国民党当局上述种种形式的窜犯袭扰活动进行了坚决的斗争。

（一）打击登陆窜犯袭扰活动

登陆窜犯袭扰，是国民党军对大陆窜犯的一种主要形式。从1949年国民党军撤逃台湾至60年代中期，这种活动达400余次。根据国际形势的变化，窜犯袭扰活动形成过两次高潮，均遭到彻底失败。

第一次窜犯袭扰高潮是1950年至1953年，国民党军乘中国人民解放军清剿匪特、进行土地改革和抗美援朝之机，依托未

---

① 转引自程思远主编《中国国民党百年风云录》，第1755页，延边大学出版社1995年版。

解放的沿海岛屿对大陆沿海地区进行袭扰。1952年上半年，国民党军采取"以大吃小"、突然袭击的手段，突击大陆守备薄弱的守备部（分）队。3月28日和6月10日，大陈岛上的胡宗南部"江浙人民反共救国军"，先后以1000人和1200人的兵力突袭临海县白沙山岛和温岭县黄礁岛。进攻黄礁岛时，"大陈防卫区司令部"司令长官兼"江浙人民反共救国军"总指挥胡宗南（化名秦东昌），亲乘永寿号驱逐舰指挥作战。守卫该岛的中国人民解放军第二十一军第六十二师警卫连两个排和浙江军区第一八六团第九连在增援部队配合下，击退了敌人的进攻，歼敌510多名。1953年7月16日至17日，金门国民党军"金门防卫区司令部"司令长官胡琏和第十九军军长陆静澄指挥第四十五师等部共1万余人，在海、空军配合下，进犯福建东山岛。国民党军还使用伞兵2个中队480人在北部海岸登陆，企图切断该岛与大陆的联系。这是国民党军作战史上首次使用伞兵参战。守岛的人民解放军公安军第八十团，在增援部队支援配合下，击退了进攻东山岛之敌。此战，共歼灭国民党军3379人，炸毁坦克2辆，击沉登陆艇3艘，击落飞机2架。东山岛战斗，取得了海岛防御作战的经验。此后，国民党军改变了"以大吃小"窜犯大陆的策略。这一阶段，中国人民解放军粉碎国民党军上百至上万人的中、小规模登陆窜犯活动71次，歼灭7900余人。

第二次窜犯袭扰高潮是1962年至1964年，台湾当局乘国际上一时的反华逆流，猖狂叫嚣"反攻大陆"。由于大陆军民严阵以待，台湾当局被迫放弃大规模反攻大陆的军事冒险计划，改以派遣小股武装对大陆进行袭扰。1962年10月至12月，9股武装特务在广东省登陆或着陆，广东沿海军民布下天罗地网，将其全部歼灭。1963年6月至10月，国民党军小股武装窜扰活动最为频繁，窜扰范围扩大到华东、华南沿海各省。中央军委总参谋部召开海防、边防作战会议，总结搜剿小股特务武装的经验。从1962年10月至1965年1月，解放军、公安部队和民兵密切协同，共歼灭窜入大陆的武装特务40股594人，击沉和缴获各型船艇24艘。在大陆军民的沉重打击下，60年代后期，国民党军的窜犯袭扰行动被迫收场。

(二) 打击海上窜犯袭扰活动

台湾国民党军在实施登陆窜犯袭扰的同时,还凭借海上力量的优势不断进行海上窜犯袭扰,1950年至1952年,国民党军对大陆的海上封锁被打破后,便不断派遣船艇窜入大陆沿海海域进行袭扰,使沿海渔民不能正常出海生产。中国人民解放军遵照中央军委的指示,展开了护航护渔、打击海上窜犯袭扰武装的斗争。

从1949年至1961年,人民海军在护航护渔斗争中,共击沉国民党军船艇6艘,击伤18艘,缴获船艇17艘,毙俘国民党军270余人。1962年,国民党军在掀起小股武装特务窜犯袭扰大陆高潮的同时,海上窜犯袭扰活动也十分频繁。解放军海军部队遵照"把匪特放上陆来打,海上打输送船"的指示,积极开展海上围歼行动,先后粉碎了台湾国民党军的"武装渗透"、"两栖突击"和"海上突击"等海上袭扰行动。

从1962年至1965年,解放军海军先后歼灭国民党军小股武装47股,部分歼灭和击溃13股,共击沉特务船9艘、"海狼艇"3艘,击沉舢板、胶舟6只,缴获特务船7艘、"海狼艇"2艘,毙敌100余人,俘316人。

国民党军利用小型船艇进行袭扰活动屡遭失败后,便改用海军大型舰艇输送武装特务。人民海军立即制定了"放至近岸、协同突击、一一击破"的作战方案,同国民党海军进行了两次海战,即八六海战和崇武以东海战,均取得了胜利。

1965年8月5日晨,国民党海军巡防第二舰队大型猎潜舰"剑门"号和小型猎潜舰"章江"号,载着一股武装特务驶向广东沿海。解放军海军南海舰队获悉此情报后,以4艘高速护卫艇和6艘鱼雷艇组成海上突击编队,以1艘炮舰和5艘鱼雷艇为支援兵力,于当日晚21时24分和23时43分驶往南澳岛待机。6日零时31分,人民海军舰艇编队隐蔽待敌,1时42分,国民党海军"剑门"号、"章江"号向人民海军舰艇开炮。人民海军护卫艇

冒着炮火冲向敌舰,经激战,将国民党海军"章江"号、"剑门"号击沉。这是解放军海军快速轻型舰艇编队利用近战夜战、密切协同以及集中优势兵力达成的一次歼灭战。战后,中华人民共和国国防部通令嘉奖参战部队,授予机电兵麦贤得"战斗英雄"称号。中国人民解放军海军分别授予参战的第六一一号护卫艇以"海上英雄艇"、第一一九号鱼雷艇以"英雄快艇"称号。

八六海战不久,11月13日,国民党军又派出大型猎潜舰"永泰"号和护航炮舰"永昌"号,驶向福建省崇武以东海域袭扰。解放军海军东海舰队迅速以护卫艇、鱼雷艇各6艘组成突击编队,4艘护卫艇担负警戒和救援任务,3艘鱼雷艇实施佯动和钳制。22时16分,人民海军编队在东沙屿出击,一小时后发现目标,对敌舰采取分割围歼战术手段,与敌舰展开激烈炮战。"永泰"号中弹后慌忙撤逃,"永昌"号逃离不及,被人民海军炮火和鱼雷击沉。此次战斗,击沉国民党海军护航炮舰1艘和击伤猎潜舰1艘,俘9人。战后,中华人民共和国国防部通令嘉奖参战部队,授予护卫艇以"海上猛虎艇"称号。

两次海战,解放军共击沉国民党海军军舰3艘,击伤1艘,毙敌170余名,俘42名。崇武以东海战后,国民党军对大陆的袭扰活动逐渐减少。

(三)打击空中窜犯袭扰活动

台湾国民党军窜犯袭扰大陆的又一重要形式是派遣飞机对大陆进行轰炸、袭扰和侦察。新中国成立初期,国民党军利用解放军防空力量薄弱的情况,肆无忌惮地对大陆沿海地区实施轰炸袭扰,仅上海地区,从1949年11月至1950年2月,就遭26次轰炸。中国人民解放军根据防空作战需要,迅速组建一批防空部队,加速空军建设,加强沿海防空力量和建立防空体系。1950年3月14日至5月11日,刚刚调入上海的防空部队与国民党飞机空战4次,取得了击落窜犯袭扰飞机5架的战果。至1954年,中国人民解放军空军已发展到28个航空兵师,在沿海重要城市和要点地区都部署了高炮部队,有效地保卫了重要目标的安全。从1950年至1958年5月,中国人民解放军空军和高炮部队在反国民党军轰炸袭扰作战中,共击落国民党空军飞机53架,击伤170余架。1958年炮击金门作战中,中国人民解放军夺取了东南沿海地区的制空权,国民党空军遂停止了对大陆沿海地区的轰炸扫射。从此,反侦察窜犯袭扰成为中国人民解放军的防空作战重点。

国民党空军自1958年开始,使用美国为其装备的RF-101型超音速战斗侦察机,窜入大陆实施侦察。人民空军和高炮部队分析该机特点,反复演练快速反应能力。高炮部队于1961年8月2日9时击落该型飞机1架。以后,人民空军又使用战斗机击落该型飞机3架。

人民空军防空斗争的难点之一,是反国民党空军飞机的夜间侦察窜犯袭扰。1957年11月20日夜间,一架B-17G型飞机窜至大陆七个省区上空,人民空军起飞18架次拦截,未获战果。周恩来得知后,亲自部署研究对策,毛泽东指示,要"全力以赴,务歼入侵之敌"。空军制定了机动和伏击夜间国民党空军飞机袭扰的作战方案。1959年5月29日晚,国民党空军2架B-17G型飞机窜入粤桂边界,人民空军起飞米格-17飞机截击,击落敌机1架。以后,国民党空军又改用更先进的夜间侦察机,均遭到沉重打击。从1956年至1966年,人民空军共击落夜间窜犯袭扰的国民党空军飞机6架。

打击高空战略侦察机,是人民空军最艰苦的作战,战绩也最辉煌。1958年2月18日,一架RB-57A型高空侦察机被击落后,国民党军遂改用RB-57D型高空侦察机。国民党空军依仗该机先进的性能,进入大陆后升至1.8万米以上高空窜入内地实施侦察。人民空军几次起飞作战飞机进行拦截,但因高度上不去,未获战果。1959年8月,人民空军迅速组建了地空导弹部队,在很短时间内完成训练和布防。10月7日9时,在北京地区击落该型飞机1架,首开世界防空史上使用导弹击落敌机的先例,迫使国民党空军停止两年多的高空侦察。1962年,国民党军又改用美国为其装备的性能更先进的U-2型高空侦察机。人民空军地空导弹部队机动设伏,转战万里,先后击落该型飞机5架。1968年以后,国民党空军飞机侦察、窜犯袭扰活动被迫停止。

(四)中缅勘界警卫作战

中国人民解放军解放云南时,国民党第八、第二十六军残部1400多人逃至缅甸。台湾国民党当局企图利用其在中国西南边境建立"反共基地"。1950年9月,逃台的国民党军原第八军军长李弥到缅甸北部重整旧部,并纠合土匪、鸦片贩及流散当地的原中国远征军官兵等,组成"云南人民反共救国军",由李弥任总指挥,直属台湾"国防部",并由美国从泰国给予金钱及武器装备的补给,兵力迅速扩至1万多人,不断窜回云南边境地区进行袭扰破坏活动。人民解放军多次打击,但因遵照中央军委"作战中严守不越界原则"的命令,未能尽歼其主力。在缅的国民党残军回窜虽一再失败,台湾当局却不断空运予以补充,并派来受过专门训练的军官、特务700余人,使这股残军的势力不断扩大。1951年10月,在缅国民党残军已发展到4个师的番号共1.85万人,占据缅甸东部萨尔温江左岸及掸邦高原两个省的广大地区,活动范围达10余万平方公里。

1950年6月至8月,缅甸政府也曾派军讨伐国民党残军,结果均未能获胜。1953年缅甸政府又调集了二次大战中曾由美国训练并与日军打过游击的数千克钦族武装,同时雇请了以印度兵组成的"国际兵团"4000余人,再度进剿,仍未能取胜,反而使缅甸人民饱受雇佣兵劫掠之害。缅甸政府在武力进剿难以奏效的情况下,一再向联合国提出控诉,国民党残军引起国际舆论特别是东南亚各国的谴责。台湾国民党当局被迫同意由美国派飞机将李弥总部及所属5400余人空运至台湾。实际上蒋介石并不肯放弃缅北的"反共基地"。他于1955年又派李弥的副手柳元麟由台湾返回缅北,担任留缅残军的总指挥。这时残军仍盘踞在边境部分偏僻地区,一面用武力向当地人民征粮,一面又利用台湾当局接济的金钱和武装贩毒的收入,收买当地土司头人和缅甸少数民族反政府武装,使他们容忍其存在及活动,并不时以小股兵力对云南边境进行袭扰。1958年后,台湾当局利用美国飞机对缅北加强空运补给,柳元麟所率国民党残军又开始扩充实力,并改称"云南人民反共志愿军"。至1960年时,台湾当局将其特种作战部队的一个400人的大队空运至缅北,这时缅北国民党残军有5个军15个师的番号,总兵力达9 400余人。

1960年1月,中缅双方签订了中缅边界问题的协定。10月正式签订了两国边界条约。为了将图上划出的边界线在实地联合勘定,缅甸军事代表团于11月秘密访华,在昆明与中国方面商妥了双方配合对缅北国民党残军予以打击的事宜,以扫除勘界的主要障碍。双方确定,由中国人民解放军担任中国孟遮以西至云南腊河与澜沧江交汇点地段的勘界警戒任务,负责捕歼这一带的国民党残军。作战时以缅甸境内20公里为双方分界线并称之为"红线"。"红线"缅甸一侧的作战任务由缅甸国防军担任。中国人民解放军参战部队为第十三、第十四军及云南军区所属部队,共5个团又1个营。

根据预定作战方案,中国人民解放军出境部队于1960年11月22日开始行动。攻击目标为缅境正面300公里、纵深20公里内的国民党残军第一、第四军军部和第二、第三、第五、第六师师部及所属各部22个据点,共800余人。中国在人民解放军绝对优势兵力的强大突袭面前,盘踞在曼俄乃地区的国民党残军不堪一击,四散溃逃,当天即歼敌过半。23日,中国人民解放军继续向掸邦孟瓦和孟马地区进攻,当日歼敌一部,余敌望风逃散。由于受"红线"的限制,人民解放军战术行动范围不大,部队严守规定不再追击,所以未能全歼敌人,此后即转入就地清剿。至1961年1月20日作战结束,共歼灭国民党残军467人,击毙其第五师师长李泰和第二师师长蒙宝业,俘中校以上军官22人,缴获迫击炮4门,机枪27挺,长短枪247支,电台7部。战后,人民解放军将缴获的武器弹药、金银财宝和大批鸦片、海洛因等毒品,全部交给缅甸方面处理。中国人民解放军的实际行动,增强了缅甸方面对中国入境部队的信任。

在中国人民解放军开始攻击的同时,缅甸国防军在"红线"缅甸一侧亦对国民党残军展开进攻。国民党残军采取了"避中击缅"的作战方针,对中国人民解放军避战而逃,对缅甸军队则顽强抵抗,甚至伺机反击,击退缅军并逼近景孟公路。缅甸方面遂进一步向中国政府提出:希望中国人民解放军越过"红线",攻击国民党残军柳元麟的总部。根据中缅双方新的协议,中国人民解放军决定对缅境的国民党残军展开第二阶段的进攻。双方议定第二阶段中国人民解放军的攻击目标是以孟白了为中心的"金三角"核心地域的残军总部,争取消灭靠近缅老(挝)泰(国)边界上的国民党残军主力3000多人。

1961年1月25日,第二阶段作战开始,中国人民解放军沿着300公里正面,向纵深100公里的缅甸东北角地区分路前进。柳元麟发现中国人民解放军已不受"红线"限制,直接向其进攻,立即下令命各部向老挝、泰国边境奔逃。当天柳元麟即率其直属部队渡过湄公河窜入老挝境内,其余各部也相继逃向老挝和泰国。26日,中国人民解放军攻占了柳元麟总部所在地孟白了,摧毁其营地,但未能捕捉到残军主力,仅在追击中歼其一小部后卫。美国运来的供应品及其储存的大量物资及毒品,全为中国人民解放军缴获。由于敌人主力已逃,人民解放军后即在作战地区展开搜剿。至2月9日,第二阶段作战共歼灭国民党残军274人,缴获各种火炮10门,机枪21挺,长短枪330支,电台4部。依照前例,中国人民解放军仍将缴获的物资全部交给缅甸。由于缅甸境内的国民党残军已不存在,中缅勘界警戒作战结束,中国人民解放军奉命撤回国内。

此次作战,中国人民解放军摧毁了国民党残军经营了10多年的缅北根据地,协助缅甸收复面积约3万平方公里、人口约30万的地区,保证了中缅边界勘界工作正常进行,在缅甸政府和人民中产成了良好的影响。

此次作战后,柳元麟总部被迫经泰国空运撤回台湾,留下的几股残军分别由李文焕、段希文等率领自谋生路。1962年,部分残军又回到缅北,主要同当地土司、毒贩合流,在"金三角"地区搞鸦片种植和武装走私活动,但已无力再对中国边境进行较大规模的袭扰。中缅边境基本上获得了安宁。几十年来,这条边界一直成为两国和平友好的边界。

第三节 东南沿海军事斗争与平息西藏叛乱

一 东南沿海军事斗争

大陆解放后,国民党军残部纷纷撤逃,一部退据浙东近海诸岛,与中国人民解放军隔海对峙,企图以大陈、披山、一江山等岛为依托,屏障台湾,并作为袭扰大陆的基地和反攻大陆的跳板。据守浙东沿海各岛屿的国民党军,统归"大陈防卫区司令部"指挥。经过几年的经营,浙东岛屿已构成防御体系:以上下大陈岛为主阵地,以一江山岛为前哨阵地,以雀儿岙、东矶岛、头门岛等为警戒阵地。由于这个防卫区地理位置重要,地形险阻,台湾当局对其极为重视,任命胡宗南为防卫区总指挥。蒋介石提出"保卫台湾,必先固大陈;要守住大陈,必确保一江山岛"的口号。其"国防部长"俞大维说:一江山岛是大陈的门户,一江不保,大陈难保;大陈不保,台湾垂危。大陈防卫区所属部队,主要是美械装备的第四十六师和6个突击大队,还有10余艘海军舰艇经常在此海域游弋,总兵力达2万余人。国民党军经常派遣飞机、舰艇对大陆沿海地区特别是东南沿海地区进行袭扰,封锁南北航道,破坏海上交通和沿海渔业生产。

中共中央和中央军委为粉碎台湾当局的阴谋,进一步推动海防对敌斗争,保卫祖国社会主义建设,锻炼和提高陆、海、空三军联合登陆作战能力,确定由华东军区组织陆、海、空三军一部联合作战,歼灭残敌,解放一江山岛等浙东诸岛。

(一)一江山岛渡海登陆作战

中国人民解放军华东军区部队于1954年5月中旬攻占了东矶、头门、田岙、雀儿岙等岛。此时,"大陈防卫区司令部"总指挥已换为刘廉一。此后,华东军区鉴于国民党军在浙东沿海岛屿的指挥中心和防御核心是大陈岛,一江山岛是大陈岛的门户和前哨据点,如攻占一江山岛,必能击中要害,沉重打击和震撼大陈岛守军,因此决定先攻占一江山岛,再取大陈岛,然后相机攻取其他岛屿。一江山岛由南一江山、北一江山两岛组成,面积为1.7平方公里。据守一江山岛的为"一江山地区司令部",下辖突击第四大队、第二大队第四中队和一个炮兵中队,共1100余人。守军以岛上几个高地为核心,设有三道阵地和四层火力网,构筑明碉、暗堡154个,平均每百米正面配两门火炮和两挺机枪,前沿各突出部和阵地前密布铁丝网和地雷,形成坚固的环形防御。

中央军委7月11日批准了华东军区的作战方案,并指示以海、空军轰炸大陈岛,以陆军攻占一江山岛,解放浙东沿海全部岛屿。7月下旬,华东军区确定参战部队为陆军第二十军第六十师1个团又1个营,地面炮兵1个多团,高射炮兵1个多团,火箭炮兵2个营,海军舰艇137艘,海军航空兵和空军航空兵共12个大队184架飞机。8月,华东军区浙东前线指挥部成立,由军区参谋长张爱萍任司令员兼政治委员,下设空军指挥所、海军指挥所、登陆指挥所。此外还成立了三军联合后方勤务部和政治工作组。领导机构组成后,即组织各参战部队加紧进行各项作战准备工作,包括动员教育,侦察敌情,拟制三军协同登陆作战计划,进行军种分训和三军合练,扩建机场,抢修舰艇,调集物资器材,组织通信、气象、测量等各项保障。地方党政机关大力支前,浙江省动员3.3万余名支前人员,征集5900副担架和一批海上救护船;上海市动员110名海员,抢修77艘舰艇。在作战准备过程中,浙东前线指挥部还特别重视隐蔽作战企图,如对大陈、一江山、披山、渔山等岛进行不规律的轰炸和炮击,以一部兵力对披山方向实施战术佯动等。

12月2日,美国政府和台湾当局签订《共同防御条约》。为表明中国政府和人民坚决反对这一侵略性、非法性条约的严正立场,华东军区浙东前指遵照中共中央、中央军委指示,在条约出笼前后(1954年11月1日—1955年1月10日),按照一江山岛登陆作战第一阶段计划,从空中、海上对战场实行了封锁。海、空军出动飞机226架次,海军鱼雷艇击沉敌护卫舰"太平"号、坦克登陆舰"中权"号、炮舰"洞庭"号,击伤舰艇7艘,击落、击伤飞机19架,削弱了国民党守军的防御能力,迫使其舰艇白天不敢在大陈锚地停泊,飞机不敢飞抵大陈上空。中国人民解放军掌握了战场的制海权、制空权。

中国人民解放军于1955年1月18日发起一江山岛登陆作战。8时开始实施第一次火力准备。3个轰炸机大队和2个强击机大队在歼击机掩护下飞临一江山岛上空猛烈轰炸扫射,同时,1个轰炸机大队和1个强击机大队在大陈岛上空袭击"大陈防卫区司令部"、炮兵阵地和通信设施。一江山岛和大陈岛守军陷于瘫痪,阵地混乱。9时起,50余门火炮对一江山岛进行射击。12时许,登陆部队乘70余艘登陆艇从高岛、雀儿岙、头门岛起航,在40余艘作战舰艇掩护下,分两批成三路向预定登陆地区驶去。14时,船载的10门火箭炮和轰炸机3个大队又1个中队、强击机2个大队对守军阵地进行第二次火力准备。14时20分,登陆部队在南一江山、北一江山两岛20多个登陆点实施登陆突击,迅速突破守军防御前沿阵地,向纵深发展。由于支撑点内守军的凭险顽抗和受地形限制,登陆部队战斗队形被割裂,伤亡增多。登陆部队随即采取灵活的小群战术,主动协同,勇猛穿插,逐点逐地进攻,以手榴弹、喷火器摧毁暗堡,并开展战场喊话及利用俘虏军官喊话。残存的守军见大势已去,纷纷缴械投降。17时50分,浙东前线指挥部命令登岛部队清理战场并转入防御。此役,共毙俘国民党军1 086人,登陆部队牺牲393人。

一江山岛解放后,浙东前指为了实现解放大陈岛等浙东沿海岛屿的既定计划,于1月30日下达准备攻占大陈岛的预令。台湾当局被迫于2月5日决定将国民党军撤离以大陈岛为中心

的浙东沿海诸岛。至2月25日,在美国海、空军掩护下,国民党军全部撤离。至此浙东沿海岛屿全部解放。

一江山岛渡海登陆作战,是中国人民解放军陆海空军首次联合登陆作战,战役规模虽然有限,但影响深远。这一胜利,显示了中国人民解放军三军联合作战的威力,标志着中国人民解放军协同作战能力有了显著的提高。一江山岛的解放,有力地打击了美台共同协防活动,改变了台湾海峡的斗争形势,使国民党军在大陆沿海只剩下金门、马祖两个大岛。

(二)炮击金门

新中国成立后,台湾国民党当局在美国支持下,不断派遣陆、海、空军,以金门、马祖等岛屿为前哨据点,对大陆东南沿海地区进行袭扰和破坏活动,妄图进而"反攻大陆"。

位于福建省厦门市以东的金门岛(含大金门、小金门、大担、二担等9个岛屿),总面积为147平方公里,经国民党军多年设防,到20世纪50年代中期,已构成坚固筑垒地域。1957年底,金门设有防卫区司令部,胡琏为司令,辖6个步兵师和特种兵部队共8.5万余人,约占国民党军总数的1/6。其中有炮兵31个营又2个连,105毫米以上火炮308门,40毫米以上高射炮146门,轻型战车和自行火炮106辆。

美国政府和台湾当局签订《共同防御条约》后,企图使插足台湾海峡的美国军队取得合法地位,以阻挠中国人民解放台湾。在这个条约的策划阶段,中国人民解放军福建前线部队奉命于1954年9月3日和22日两次炮击金门,惩罚国民党军,表明反对美国干涉中国内政的严正立场。此后,部队继续进行多次炮击。为在适当时机对金门实施大规模惩罚性炮击封锁,中国人民解放军积极加强福建前线的战备,修建一批空军机场、海军港口和其他战备工程,并新修了鹰潭至厦门铁路。

由于当时新中国的主要任务是经济建设,党中央和毛泽东主席从全局考虑,决定采取缓和紧张局势的措施。1955年4月23日,周恩来在印度尼西亚的亚非会议上就台湾问题发表声明,提出中国政府愿意同美国政府坐下来谈判,讨论缓和远东紧张局势的问题。4月26日,美国国务卿杜勒斯立即公开声明愿与中国举行双边会谈。8月间,中美大使级会谈在日内瓦举行。与此同时,1955年7月起,党中央多次提出国共谈判、和平统一祖国的建议。为表示和平诚意,福建前线人民解放军奉命停止了对国民党军的主动攻击,只在遭到袭扰时予以还击。1956年福建的主要机场竣工,中央军委为避免使台湾当局紧张,长期未令空军进入这些机场。但是,中美大使级谈判三年间毫无结果,美国并未放松对华冷战政策;蒋介石依仗美国的支持,也一直拒绝和谈,国民党军对大陆的袭扰也未完全停止。因此,中央军委和毛泽东决定再次寻机对国民党军采取军事打击,并以靠近大陆的金门岛为目标。1958年4月,福州军区司令员韩先楚、政治委员叶飞根据总参谋部电示,上报了炮击金门的作战方案。

美国、英国于1958年7月先后出兵侵略黎巴嫩、约旦。台湾国民党当局在美国支持下,企图趁火打劫,叫嚣"加速进行反攻大陆的准备",并于7月17日下令其陆、海、空军处于特别戒备状态。国民党军连日组织军事演习,出动飞机对大陆沿海地区进行侦察挑衅,一些高级将领到金门、马祖活动,金门岛上的炮兵还轰击福建沿海村镇。据此,中共中央、中央军委作出了加强东南沿海军事斗争的决策,指示空军和地面炮兵立即行动,空军转场入闽越快越好,地面炮兵和海岸炮兵封锁金门及其海上航道。中国人民解放军总参谋部和海军、空军、炮兵及福州军区迅即调动部队,调整部署。至8月中旬,福建前线部署了地面炮兵36个营、海岸炮兵6个连共450余门火炮,海军高速炮艇4个中队、鱼雷快艇3个大队、猎潜艇2个大队共80余艘舰艇,空、海军航空兵9个团又2个大队、1个中队共200余架飞机。从7月27日起空军航空兵还进行了几次空战,击落击伤敌机10余架,基本上夺取了制空权。

金门岛的8.5万国民党军和当地5万居民的衣食及各种军需物资,基本上都依赖台湾供应,每天需运400吨方能维持守军的基本生活和最低限度的战斗需要。毛泽东经过重新考虑后,8月20日决定立即集中力量对金门国民党军予以突然猛烈的打击（不打马祖），把它封锁起来。经过一段时间后，再考虑是否进行登岛作战，视情而定，走一步，看一步。① 21日，中央军委下达命令：从23日开始，对金门进行炮击。人民解放军福建前线部队于8月23日对金门国民党军指挥机构、炮兵阵地、仓库等重要军事目标首次实施大规模炮击。守军炮兵还击，但很快被压制下去。此次炮击持续两个多小时，打死守军600余人，击伤大型货轮一艘。24日，人民解放军炮兵和鱼雷快艇、护卫艇配合作战，击沉、击伤敌大型运输舰各一艘。

炮击和封锁金门十天后，毛泽东于9月3日要求停止炮击三天，以观各方动态。9月4日，中国政府发表了关于领海问题的声明，宣布领海宽度为12海里。这时提出这个问题，是毛泽东深思熟虑后的决定。8月23日开始炮击金门后，毛泽东就在北戴河召集各方人士及国际法专家研究中国领海问题，以维护中国的海洋权益。国家的领海线，完全是主权范围之内的事。但由于过去清政府、北洋军阀政府和国民党政府缺乏近代海权观念和腐败无能，中国一直没有宣布过自己的领海线，以致外国舰船任意在中国海岸线航行，一些周边国家尤其是日本的渔船，长年在中国近海渔场大肆捕捞。新中国成立后，中共中央就准备提出领海线问题，只是由于国民党军在沿海的袭扰和朝鲜战争而耽搁。这次炮击金门，毛泽东包含着解决领海线问题的意图。在讨论这个问题时，拘泥于西方法学概念的专家认为领海线的宽度应为3海里。可是这种宽度实际上只对拥有海上强大力量的西方国家有利，从维护中国沿海资源出发，毛泽东等经反复研究，决定依照苏联等国的先例，确定领海线为12海里。中国政府发表声明后，同日，美国政府就宣布不承认3海里以外的领海线。英国和日本政府在次日也作了同样的声明。但在中国严正态度和炮击金门的行动面前，此后英、日等国的船只事实上都遵守了这一领海线。美国的海空军在后来的活动中实际上也注意不越过这条领海线，偶尔越过，我国政府都提出严重警告。在华沙中美会谈

---

① 参见《当代中国军队的军事工作》，第394页，中国社会科学出版社1989年版。

中，美国代表也向中方表示：你们宣布的12海里领海，我们不承认，但我们的军舰也决不会进入12海里。①事实证明，当时的领海声明，对维护我国海洋权益起了十分有益的作用。

9月7日，美国海军舰队出动2艘巡洋舰、5艘驱逐舰到金门海域，为国民党军运输舰护航。对于这种直接介入中国内战、侵犯中国主权的行动，我国外交部当天提出了严正抗议。8日，毛泽东命令福建前线炮兵，待美蒋船队接近金门时开炮轰击，"只打蒋舰，不打美舰"②。当日，当美蒋舰只混合编队接近金门时，人民解放军前线炮兵群猛烈开火。炮击持续5个多小时，发射炮弹2.17万发，击沉击伤满载弹药、物资和人员的登陆舰各1艘。护航的美国军舰一炮未发即急忙退出战场，撤至距金门12海里附近的海域中徘徊观望。9月11日，又有4艘美国军舰再次掩护国民党军的4艘运输舰、7艘作战舰向金门驶来。当其侵入金门海域的中国领海时，根据周恩来的命令，前线炮兵群从14时57分起，以强大的火力射击驶近料罗湾的国民党军运输舰和金门岛上的军事目标。这次国民党军的运输舰接受了前次美国军舰并不支援它们的教训，炮击一开始即仓皇向外海逃走，因而只有1艘被击伤。美国军舰同8日一样，解放军炮击一开始，即退向外海，仍然一炮未发。此次炮击，摧毁岛上军事设施10余处，击伤运输机1架。为了进一步封锁金门，至9月中旬，福建前线地面炮兵增至14个团又7个营、14个连，海岸炮兵增至8个连。此后，对金门进行小规模炮击和零炮射击。

这时，美国不肯被蒋介石拖入中国内战的思想已经明显，并开始压迫国民党军从金门撤退。但蒋介石把金、马作为他仍"代表"全中国的象征和反攻大陆的前进阵地，坚决拒绝撤退。

毛泽东从台湾海峡的复杂情况特别是中美之间、美蒋之间、国共之间的关系考虑，认为夺取金门虽已不成问题，但如不能同时解决台湾问题，将来开展对台工作更为困难。国民党当局失去在大

---

① 参见王炳南《中美会谈九年回顾》，第93页，世界知识出版社1985年版。
② 《叶飞回忆录》，第660页，解放军出版社1989年版。

陆沿海最后的象征性据点后,美国制造"台独"或"两个中国"将更为方便。在10月3日至4日的中央政治局会议上,毛泽东指出:我们同蒋介石有共同点:都反对两个中国,可以设想,让金、马留在蒋介石手里如何?这样做的好处是金、马离大陆很近,我们可以通过这里同国民党保持接触,什么时候需要就什么时候打炮,什么时候需要紧张一点,就把绞索拉紧一点,什么时候需要缓和一下,就把绞索放松一下,不死不活地吊在那里,可以作为对付美国人的一个手段。我们一打炮,蒋介石就要求美国人救援,美国人就紧张,担心蒋介石给他闯祸。对我们来说,不收复金、马,并不影响我们建设社会主义,光是金、马蒋军,也不至于造成多大危害。反之,如果我们收复金、马,或者让美国人迫使蒋介石从金、马撤退,我们就少了一个对付美蒋的凭借,事实上形成两个中国。①

根据毛泽东的战略意图,10月5日,中央军委指示福建前线解放军从次日起实施"打而不登,封而不死"的策略。同时,中共中央向党内发出了《关于金门、马祖等沿海岛屿军事斗争的指示》,指出"把解放金马和解放台湾统一来解决的长远利益比较起来,则不如把金马暂缓解放仍由蒋军占领似乎较为有利"②。10月6日,毛泽东起草的《告台湾同胞书》,以彭德怀名义发表。宣布"以没有美国人护航为条件",暂停炮击七天,并建议国共两党举行和平谈判。13日又宣布炮击再停两星期。但台湾当局表示,宁可继续冒炮击封锁的危险,也不愿美国盟邦退出护航。19日,美国军舰又侵入金门海域为国民党军运输舰护航。中央军委遂决定提前于20日恢复炮击。炮兵发射8800发炮弹,击中国民党军运输舰三艘、大型货船一艘、运输机一架,岛上阵地和观察所十余处。21日美国国务卿杜勒斯到台湾与蒋介石会谈,主张从金、马撤军。蒋介石回答在我活着的时候决不撤军。双方经过争吵,达成妥协,美国不再要求撤军,并增加对台湾的援助,台湾当局则减少金、马驻军,并宣布今后对大陆"不使用武

---

① 参见吴冷西《文仗和武仗》,载《传记文学》1994年第1期。
② 《当代中国军队的军事工作》,第410页,中国社会科学出版社1989年版。

力"。

为防止美国制造"两个中国",中共中央和毛泽东更强调留下金、马不打,让国民党驻守,又因国民党不肯接受和谈,杜勒斯又大力宣扬停火,中共中央决定在台湾海峡继续保持象征性的战争状态,实行"双日不打单日打"。

1959年1月3日,金门国民党军炮兵突然向大嶝岛滥施轰击,炸死托儿所儿童31人,炸伤17人。福建前线炮兵于7日实施还击,发射炮弹2.6万余发,击中金门炮兵阵地12处、观察所15个。至此,福建前线部队共进行7次大规模炮击、数10次中小规模炮击、近千次零炮射击,并进行13次空战、3次海战,共毙伤国民党军7000余人,击落击伤飞机36架,击沉击伤舰船27艘,给予国民党军以有力惩罚。

中共中央军委于1959年1月9日决定"今后逢单日不一定都打炮"。此后福建前线部队炮击次数逐渐减少,只是在1960年6月17日、19日,即美国总统艾森豪威尔访问台湾前夕和离台时,进行了更大规模的示威性炮击,发射炮弹数万发。但由于遵照中央军委尽量不打死人的指示,部队精心观测和射击,弹着点都在滩头、水洼和阵地之间,未造成伤亡。1961年12月中旬起,遵照中央军委关于保持台湾海峡局势稳定、不主动打击金门国民党军的指示,福建前线部队只在单日以宣传弹进行射击。

1979年1月1日,中美两国建交,美国政府和台湾国民党当局的《共同防御条约》即告终止。同日,全国人民代表大会常务委员会发表《告台湾同胞书》,宣布争取和平统一祖国的方针。国防部部长徐向前发表《关于停止炮击大、小金门等岛屿的声明》。福建前线部队对金门的炮击即告停止。

二 平息西藏叛乱

1950年5月,中华人民共和国中央人民政府和西藏地方政府达成关于和平解放西藏办法的协议。9月至10月,人民解放军按协议到达拉萨,西藏和平解放。1956年底,中央人民政府考

虑到西藏的历史和现实情况,明确宣布在六年内不进行民主改革,国家第三个五年计划期间是否改革还要征求西藏各阶层人士的意见。但西藏地方政府中的上层反动集团,坚持分裂祖国、维护封建农奴制度的反动立场,公然撕毁关于和平解放西藏的协议。1958年,他们默许和支持一些分裂分子在山南等地建立叛乱组织和进行叛乱活动,围攻中共地方组织,伏击人民解放军车队,杀害解放军人员,并残酷迫害爱国僧俗人士。1959年3月10日,他们散布达赖喇嘛到西藏军区机关驻地观看文艺演出有生命危险的谣言,煽动一些不明真相的人阻拦达赖喇嘛前往,唆使叛乱分子打伤西藏军区副司令员桑颇·才旺仁增,杀害西藏自治区筹备委员会委员、爱国人士堪穷·索郎降措。叛乱领导人在达赖喇嘛的夏宫罗布林卡开会,宣称"同中央决裂,为争取西藏独立而干到底"。他们组织叛乱武装在药王山(拉萨市制高点)、罗布林卡、布达拉宫及市郊各要点构筑工事,包围中央人民政府驻西藏代表机构和西藏军区机关,并于17日对其进行射击。19日,叛乱武装袭击前往拉萨河渡口执勤的人民解放军分队。20日凌晨,向中央人民政府驻拉萨代表机构和当地驻军发起攻击,开始了以拉萨为中心的大规模武装叛乱。

鉴于西藏地方政府中上层反动集团的分裂行径和叛乱活动已发展到十分严重的地步,中共中央、中央人民政府为维护国家统一和民族团结,作出"彻底平息叛乱,充分发动群众,实行民主改革"的决定。西藏军区部队在司令员张国华、政治委员谭冠三指挥下,坚决执行中共中央、中央人民政府和中央军委的平叛命令和方针政策,在西藏广大爱国僧俗人民的支援下,迅速投入平叛作战。3月20日上午,人民解放军开始对拉萨叛乱武装实施反击,攻占药王山和叛乱指挥部所在地罗布林卡,消灭了叛乱武装主力,继而对市内其余叛乱武装达成包围。在平叛部队的军事压力和政治攻势下,大昭寺内的叛乱武装于22日9时缴械投降,至此,在拉萨的叛乱被平息。4月,平叛部队兵分五路奔袭和清剿盘踞在山南地区的叛乱武装,迅速控制了整个山南地区,摧毁了叛乱武装的基地。此后,平叛部队相继平息了纳木湖、麦地卡、昌都等地的武装叛乱,并肃清了边沿地区的零散叛乱武装。至1961年底,除少数叛乱分子逃往国外,整个西藏地区的武装叛乱被彻底平息。

西藏平叛斗争的胜利,有力地打击了西藏地方上层反动集团勾结外国势力分裂中国的阴谋,维护了国家统一,增进了民族团结,为西藏的民主改革开辟了道路。

第四节　边境自卫反击战与援助友邻抗击侵略

一　边境自卫反击战

新中国成立后,中国政府一贯坚持在和平共处五项原则基础上,通过和平谈判方式解决边境问题。然而,一些邻国奉行扩张政策,侵犯中国主权,蚕食、侵占中国领土。中国人民解放军遵照上级命令,本着"后发制人"的原则,对入侵者予以坚决的还击,捍卫了祖国领土主权和国防安全,打出了国威、军威,维护了中华民族的尊严。新中国成立以来,中国人民解放军共实施了四次较大规模的自卫反(还)击作战。

(一) 中印边境自卫还击战

1947年印度独立后,继承了英国殖民主义者的扩张政策,承认英国为侵占中国土地而划的"麦克马洪线"①。尼赫鲁于1950

---

① 1914年英国殖民主义者在印度召开的西姆拉会议上,背着中国代表以许诺支持"西藏独立"为诱饵,与当时的西藏地方当局私下换文,划了一条所谓"麦克马洪线"。按国际法,国界线只能由国家与国家之间规定,西藏地方当局根本没有与外国缔约划界的权力,这条"麦克马洪线"完全是非法的。英印当局划定此线后,也不敢公之于众。1929年英国《大英百科全书》第14版第24卷第68—69页《中国》全图中,中印边境的东段仍按传统习惯线来画。直至1937年英国在其出版的地图上才出现了"麦克马洪线"的画法。第二次世界大战期间,英军与其所属的印度军队越过传统习惯线,进占了"麦克马洪线"以南的德让宗、瓦弄等地区。

年11月20日的印度人民院讲话中声称:"我们的地图表明麦克马洪线是我们的边境,不管地图不地图,这就是我们的边境线。"①同时,印度还进一步扩大占领范围。到1951年前后,印度军队先后侵占了中印边境东段传统习惯线以北、非法的"麦克马洪线"以南约9万平方公里,尔后又陆续侵占了中段的巨哇、曲惹、波林三多及西段的巴里加斯等中国领土,并企图侵占西段3.3万平方公里的中国领土。印度政府还私自改画地图,把已占领和想占领的中印边境东段、中段、西段的中国领土划入印度版图。1959年以后,印度军队多次越过东段和西段双方实际控制线,在中方一侧设立据点,在西段中国领土上建立了43个据点。与此同时,印度政府加紧进行进攻中国的准备和部署。中国政府多次提出通过谈判解决边境问题的建议,均遭印度政府拒绝。

中国政府为了避免边境冲突,周恩来于1959年11月17日致函尼赫鲁总理,建议两国武装部队从现有的实际控制线各自后撤20公里。印度拒绝接受这一建议。毛泽东决定采取单方面的隔离措施,指令中国边防部队从实际控制线后撤20公里,在实际控制线本侧30公里地带内,不开枪、不巡逻、不平叛(当时西藏上层反动分子正发动全面武装叛乱)、不打猎。②因此,两国军队在边境上脱离接触达两年多。

中国方面的克制和忍让措施,一时被印度视为软弱可欺。1962年春天以后,印度军队在中印边境西、东两段都越过实际控制线,建立据点,同时进行战争动员。9月8日,印度国防部命令前沿印军"在必要时开火",印度陆军司令还发出"把中国人从东北边境地区赶走"的命令。印度最精锐的步兵第七旅紧急越过"麦克马洪线",进驻克节朗地区。9月14日,印度陆军总部命令第七旅向对面中国军队发起攻击,限9月19日前占领塔格拉山脊。时任第七旅旅长的达维尔战后在其回忆录《喜马拉雅山的

---

① 《人民院辩论》,Vol 4, Cois, 155-6, India,转引自余雁《五十年国事纪要·军事卷》,第430—431页,湖南人民出版社2000年版。
② 参见《当代中国军队的军事工作》,第616页,中国社会科学出版社1989年版。

失策》中说：由于他和第四师师长都认为自己的部队比对面中国军队弱，拒绝执行这一命令，才未发起进攻。但印军仍不断向中国边防部队挑衅，袭击中国哨所。9月下旬，印军第七旅主力集结完毕。10月5日，印度国防部宣布成立新的作战军团第四军，军部位于邻近东段的提斯浦尔，指挥东段印军。该军下辖第四师和另外3个旅，共15个步兵营，约1.6万人，考尔中将任军长。10月9日，考尔遵照尼赫鲁的要求，下令第七旅进占塔格拉山脊。当日第七旅一部即开始向中国边防军在尺冬的阵地发起局部进攻。

印军继长期不断入侵的蚕食政策后，已发起局部性进攻，根据尼赫鲁实行的"前进政策"①，说明印军大规模的全面进攻即将开始。这就迫使中国方面不得不下决心实行自卫反击。经过反复慎重的考虑，1962年10月中旬，中共中央最后确定了进行反击作战的决心。10月17日，中央军委向西藏军区下达了"歼灭入侵印军"的命令。10月20日上午，中国人民解放军在中印边境东、西两段向入侵印军同时发起自卫反击。

反击战分为两个阶段。在第一阶段，中国边防部队在东段收复了达旺地区被印军占领的中国领土，歼灭印军1900余名，其中俘第七旅旅长达维尔准将以下官兵近1000名，缴获直升机1架，炮75门，机枪122挺，长短枪1104支。在西段，中国边防部队拔除了43个印军据点。

10月24日，中国政府发表声明，提出停止冲突，重开谈判，和平解决边境问题的三项建议②。印度政府再次拒绝，并于26日宣布全国处于"紧急状态"，成立"应付紧急情况内阁"，进行战争动员，继续增兵，使东、西两段边境的印军总数达3个师12个

---

① 印度新闻处1962年10月12日报道：尼赫鲁在当天启程前往锡兰（今斯里兰卡）访问前，在机场向记者宣布说，他"向印度武装部队发出的指示是，要把中国'入侵者'从东北边境特区的印度领土上清除掉"。人们称之为"前进政策"。

② 三项建议为：一、停止冲突，重开谈判，双方尊重1959年11月的实际控制线，双方武装部队从这条线上各自后撤20公里以脱离接触。二、在印度政府同意这一建议的情况下，中国政府愿意把部队撤回到实际控制线以北。三、两国总理应再一次会晤以解决边境问题。

旅共3万多人,并开始部署进攻。11月14日、16日,印度军队再次在中印边境发起进攻。中国边防部队被迫实施了第二阶段的反击。在东段,击溃各路进犯之敌,并拔除印军据点16处,一直追击到传统习惯线附近,共歼灭印军6300余名(其中俘2700余名),缴获大批武器装备。在西段,中国边防部队收复了班公洛地区。

11月21日,中国政府发表声明,宣布中国边防部队自翌日起在中印边境全线主动停火。12月1日中国边防部队开始后撤,至1963年3月1日,全部撤出1959年11月7日实际控制线20公里以内地区。中国边防部队还奉命将在反击作战中缴获的大批武器、车辆和军用物资交还给印度,并于1963年5月26日前释放了印军全部被俘人员。据中国人民解放军统计,中印边境自卫反击战中,共打死印军4897人(按战场遗尸统计),俘3968人,击毁和缴获飞机5架,坦克10辆,汽车437辆,88毫米加农炮13门,88毫米榴弹炮36门。

中印边境自卫反击战的胜利,维护了国家尊严,提高了中国和中国军队在国际上的威信,并开创了胜利之师主动停火、主动后撤、主动交还缴获物资和俘虏人员的先例。毛泽东曾估计:中印边境打了一仗,可以争取十年的边境安定。① 历史证明,战后几十年来,中印边境的局面基本上一直是安定的。

(二)珍宝岛自卫反击战

珍宝岛位于黑龙江省虎林县境内,在乌苏里江主航道中心线中国一侧,向来为中国领土,中国居民祖祖辈辈在这里进行捕鱼等生产活动。

自1967年1月至1969年2月,苏联边防军先后16次侵入该岛,干涉中国居民的正常通行和生产活动,阻止中国边防部队执行正常巡逻勤务,打伤中国边民和边防战士多人。中国一再

---

① 参见张彤《对印自卫反击战前后的回忆》,载《新中国外交风云》,第74—75页,世界知识出版社1990年版。

严正要求苏联方面停止其武装入侵活动,苏联却置若罔闻。特别是1968年苏联入侵捷克斯洛伐克,勃列日涅夫公开鼓吹"有限主权论"而作为武装干涉其他社会主义国家的理论根据后,珍宝岛的形势更为紧张。

1969年3月2日,苏联边防军出动70余人,分乘两辆装甲车和两辆军车,从珍宝岛上游的下米海洛夫卡和下游的库列比亚克依内两个方向侵入珍宝岛,袭击中国边防部队巡逻人员,打死打伤6人。中国边防部队被迫自卫反击,将入侵的苏军逐出珍宝岛。15日,苏联边防军三次出动50余辆坦克、装甲车和步兵200余人,在直升机、炮火支援下向守卫珍宝岛的中国边防分队发起猛烈进攻,并用多种火炮轰击中国境内纵深地区。中国边防部队激战近九个小时,顶住了苏联边防军的六次炮火急袭,挫败其进攻。17日,苏联边防军又出动步兵70余人,在坦克支援下入侵珍宝岛。中国边防部队以炮火将其击退。中国边防部队的珍宝岛自卫反击战,保卫了国家的领土,维护了中华民族的尊严。

(三)西沙群岛自卫反击战

位于南海的南沙群岛、西沙群岛、中沙群岛和东沙群岛,历来是中国领土。但在20世纪50年代后半期,越南南方当局侵占西沙群岛之珊瑚岛等岛屿,并对南海其他诸岛怀有领土野心。1973年9月,南越当局又非法宣布将南沙群岛的南威、太平等十多个岛屿划入其版图。

1974年1月11日,中华人民共和国外交部发言人发表声明,谴责南越当局对中国领土主权的肆意侵犯,重申中国对南沙、西沙、中沙和东沙各群岛拥有领土主权,中国政府决不容许南越当局对中国领土主权的任何侵犯。南越当局不顾中国政府的严正警告,于1月15日派驱逐舰第十六号("李常杰"号)侵入西沙的永乐群岛海域,对在甘泉岛附近从事捕鱼生产的中国第四〇二、第四〇七号渔轮挑衅,无理要求渔轮离开甘泉岛海域,并炮击甘泉岛;17日至18日,又增派驱逐舰第四号("陈庆瑜"

号)、第五号("陈平重"号)及护航炮舰第十号("怒涛"号)侵入上述海域,强占金银、甘泉两岛,企图作为继续侵占其他岛屿的据点。

面对南越当局的侵略行径,为保卫国家领土主权,反击入侵之南越军队,中国人民解放军海军南海舰队奉命派出猎潜艇第二七一、第二七四号组成编队,在舰队航空兵掩护下,于1月17日驶往西沙永乐群岛海域执行巡逻任务,保护中国渔轮安全生产。18日,扫雷舰第三八九、第三九六号也驰援永乐海域,加入巡逻编队;猎潜艇第二八一、第二八二号部署于宣德群岛之永兴岛,准备随时支援巡逻编队作战。

19日晨,南越海军第十、第十六号舰由广金岛西北向中国巡逻舰艇接近,第四、第五号舰由金银岛以南向琛航、广金两岛接近。中国海军扫雷舰第三八九、第三九六号将南越海军第十、第十六号舰拦阻于广金岛西北海面,猎潜艇第二七一、第二七四号进至琛航岛东南海域,与南越第四、第五号舰对峙,形成分割南越舰艇的态势。7时40分和49分,南越第四、第五号舰先后以40余人,强登琛航、广金两岛,当即被中国守岛民兵在海军舰艇编队支援下击退。10时22分,南越四舰同时向中国舰艇编队发起攻击,中国舰艇被迫奋起自卫,各舰群近战歼敌,集中火力猛烈还击。与此同时,增援的第二八一、第二八二号艇由永兴岛向永乐战区急进,于12时12分加入战斗。经四个多小时激战,南越护航炮舰第十号被击沉,驱逐舰第四、第五、第十六号被击伤后逃跑。

19日海战后,中国人民解放军海军南海舰队遵照上级指示,为输送、掩护陆军分队收复被南越军队侵占的岛屿,并准备打击可能再次入侵的南越舰艇,迅速调集各型舰艇15艘,载运陆军四个步兵连,于20日8时以前,分批抵达永乐群岛海域。9时35分,步兵分队由海军舰艇和渔轮输送并在海军航空兵掩护下,向被南越军队侵占的甘泉、珊瑚和金银三岛逐岛发起攻击,至13时45分收复三岛,全歼入侵的南越军队。

这次战斗,中国人民解放军海军南海舰队共击沉南越海军护航炮舰1艘,击伤其驱逐舰3艘,俘49人(战斗结束后不久,中国即将全部俘虏遣返),收复被南越军队侵占的永乐群岛中的三个岛屿。这一胜利,沉重打击了南越当局的扩张主义,维护了国家领土主权。战斗结束后,参战部队和民兵受到中共中央军委和中华人民共和国国务院的通令嘉奖。战后不久,1975年春,南越政权崩溃,原被南越占据的南沙诸岛出现了更为复杂的局面。由于此前中国人民解放军收复了西沙永乐群岛的甘泉等三岛,中国完全控制了西沙群岛,有效地捍卫了中国在这里的主权。在世界范围内争夺海洋权益日益激烈的形势下,回顾西沙自卫反击战,可以深刻感到其具有的极其深远的战略意义。

(四)中越边境自卫还击战

中国和越南两国山水相连,睦邻友好源远流长。中国人民对越南人民的抗法、抗美救国战争曾提供了无私的巨大援助,为越南人民争取独立解放斗争的胜利作出过巨大的民族牺牲。但是,在胡志明逝世后,特别是在结束抗美战争、实现国家统一后,越南政府完全改变了对中国的政策,极力恶化同中国的关系。如制造反华舆论,煽动民族仇恨,迫害和驱赶在越南的华侨;对中国西沙、南沙等群岛提出领土要求,并派军队侵占南沙群岛的六个岛屿;片面宣布把北部湾海域2/3划为己有;直至发展到在中越边境不断进行武装挑衅,蚕食中国领土。

中越两国的陆地边境全长1 300余公里,是双方都承认了的已定界,越南当局却蓄意挑起边境事端。据不完全统计,其所制造的边境武装挑衅和入侵事件,1974年有121起,1975年439起,1976年986起,1977年752起,1978年1 108起。1978年夏,越南共产党四届四中全会竟把中国列为"最直接、最危险的敌人"、"新的作战对象"①。越军宣称要对中国采取"进攻战略"。此后,越军对中国边境地区的武装挑衅和入侵活动愈演愈烈。

———————
① 转引自《中国军事百科全书·中国人民解放军战史分册》(下),第379页,军事科学出版社1995年版。

1978年8月至1979年2月,越军武装挑衅700余次,入侵160余处,打死打伤中国军民300余人。中国边疆的和平、安定和人民的生命财产受到严重威胁。

中国政府和中国人民一直以中越两国人民友谊为重,采取克制忍让态度,再三向越南政府提出规劝和警告,希望通过和平协商解决争端。但越南政府视克制忍让为软弱可欺,对中国的挑衅和入侵活动不但没有收敛,反而不断加剧。在忍无可忍的情况下,中国政府和中共中央军委作出了自卫还击的决定。

中越边境自卫还击战包括1979年2月中旬至3月下旬广西、云南边防部队实施的边境自卫还击作战,1981年5月开始的收复法卡山、扣林山地区的作战,1984年4月开始的收复老山地区的作战等军事行动。

1. 广西、云南边境地区的对越自卫还击作战

1979年2月17日凌晨,人民解放军广西、云南边防部队,遵照中央军委命令,在广西、云南中越边境全线对侵犯中国边境的越军进行了自卫还击作战,作战分为三个阶段。

第一阶段,从2月17日至26日,历时10天。这一阶段,主要是击退侵入广西、云南边境的越军后,歼灭以越南高平、老街地区为基地经常出犯的越军,同时对同登、芒街和封土地区之越军实施牵制性进攻。

第二阶段,从2月27日至3月5日,历时7天。根据第一阶段的作战经验,广西、云南边防部队主要采取穿插迂回、多路突击的战法,在炮火掩护下全线昼夜出击,夺取谅山市,歼灭龟缩在沙巴地区的越军,造成在战略上威逼河内的态势。

第三阶段为回撤阶段,从3月6日至3月16日,历时11天。人民解放军广西、云南边防部队连续作战17天,达到了自卫还击作战的预期目的。3月5日晚,新华社奉命发表声明:中国政府宣布,自1979年3月5日起,中国边防部队开始全部撤回中国境内。我们不要越南的一寸土地,也决不允许别人侵犯我国领土。我们正告越南当局,在中国边防部队撤出以后,不得再对中国边境进行任何武装挑衅和入侵活动。广西、云南边防部队自3月6日起,采取交替掩护,边回撤,边搜剿的战法,在回撤过程中,继续搜剿残敌,扩大战果。3月16日,边防部队全部撤回中国境内。

2. 收复法卡山、扣林山地区的作战

广西、云南边防部队回撤后,中国政府为维护东南亚地区的和平与稳定,改善中越两国关系,一再建议举行中越边境谈判,协商解决两国间的领土争端。同时,中国政府要求中国边防部队严守祖国边境,维护边境地区的安全。而越南当局表面上同意发展中越关系,暗中却在加紧扩军备战,抢占边境要点,不断挑起边境事端,仅1980年武装挑衅即达1500余次。越军凭借占领的有利地形,经常向中国广西和云南边境地区进行袭扰,开枪开炮,严重威胁中国南部边疆人民的安全。面对越军的侵犯挑衅活动,广西、云南边防部队又奉命进行了收复法卡山和扣林山的战斗。

法卡山位于中国广西壮族自治区宁明县上石地区边缘,海拔500米,由三个高地组成,面积为1万平方米。越南军队侵占法卡山后,利用其有利地形,经常袭击中国边境军民。1981年5月5日,中国人民解放军广西边防部队进行反击,收复了法卡山,并随即转入保卫法卡山的作战。当日,越军近100人在炮火掩护下向法卡山反扑。广西边防部队某部第二营第四连予以还击,越军仓皇撤退。10日黄昏,越军向法卡山发射炮弹2000发,随即以1个加强连的兵力发起进攻,占领第四连前沿阵地。第四连在友邻分队配合下实施反冲击,夺回了前沿阵地。16日晨,越军又以猛烈炮火轰击法卡山,以1个团的兵力分三路发起进攻。接替第四连坚守阵地的第五连面对10倍于己的越军,顽强奋战2小时,终因寡不敌众,部分阵地失守,情况十分危急。此时,在山下的第六连主动增援,登上法卡山主阵地,勇猛地将越军击退,夺回了失去的阵地。尔后边防部队连续打退越军的七次进攻,恢复了法卡山的防御态势。5月19日和6月7日,越军又各以约1个营的兵力向法卡山及其两侧高地进攻,均被击退。至此,越军五次进攻法卡山,均遭失败。

扣林山位于中国云南省麻栗坡县猛硐东南边境地区,主要由三个高地组成。越军侵占该高地后,多次袭击中国边境军民,打死打伤多人,中国边境人民生命安全受到严重威胁。云南边防部队收复了扣林山。此后,双方在该地区争夺异常激烈。在两个多月时间里,越军组织了192次步兵营以下规模的反扑,向中国境内发射炮弹1.8万余发。云南边防部队坚守阵地,寸土不让,打退了越军的进攻。

广西、云南边防部队收复法卡山、扣林山地区的作战,再一次打击了越南当局的嚣张气焰,稳定了边境地区的局势。边防部队能攻善守的英勇事迹受到了中央军委的表彰。广西边防部队某部第二营在保卫法卡山战斗中表现出色,被中央军委授予"法卡山英雄营"称号。

3. 收复和坚守老山地区的作战

老山位于中国云南省麻栗坡县穿船头以西,主峰海拔1 422.2米,扼越南西北部河江市通向中国云南省的咽喉要道。1979年春,中国边防部队对越自卫还击作战回撤后,越南军队第三一三师第一二二团抢占了老山主峰及附近有利地形,建立了四个军事据点群,频繁袭扰中国边境。至1984年3月,侵占老山地区的越军向麻栗坡县境内发射炮弹2.8万余发,打死打伤中国边民300余人,炸毁民房上百幢。越军屡屡制造边境挑衅事件,给中国边境人民的生产和安全造成严重威胁。为打击越军的挑衅活动,保卫中国边境安全和维护国家尊严,中国边防部队奉中央军委命令收复老山地区。收复和坚守老山地区作战,从1984年4月起,至1989年10月止,共五年多时间,分为四个阶段。

第一阶段为炮击作战,从1984年4月2日起,到27日止,历时26天。中国边防部队集中参战的炮兵部队,在中越边境全线对越军阵地、指挥所、仓库等1 600余处目标进行猛烈炮击,尔后转入持续的重点炮击和反炮击作战,有力地打击了越军,为收复老山、者阴山等地区创造了条件。

第二阶段为收复老山和者阴山作战,从1984年4月28日起，到5月15日止，历时18天。4月28日凌晨，中国边防部队分两路向占据老山的越军发起进攻，边防部队一部在炮火支援下，仅用9分钟就攻占了662.6高地；另一部队从东、西两翼向老山主峰实施向心攻击，经4个小时激战，攻占老山主峰。4月30日凌晨，中国边防部队向占据者阴山的越军发起进攻，经五小时激战，基本全歼守敌，收复了者阴山。5月15日，中国边防部队又收复了八里河东山。至此，中国边防部队完成了收复老山、者阴山的作战任务。

第三阶段为打击越军反扑作战，从1984年5月16日起，到1987年4月止，历时近3年。参战的中国边防部队为打击越南当局的地区霸权主义的嚣张气焰，在老山地区组织坚守防御，与越军长期近距离对峙，抗击越军反扑。这个阶段粉碎了越军千余次袭扰和7次师团规模的反扑。中国边防部队还对越军前沿阵地实施了小规模的出击作战，以及多次较大规模的炮击与反炮击作战，予越军以沉重打击。

第四阶段为缩小作战规模，转入正常守备。从1987年4月起，到1989年10月止，历时两年半。中国边防部队对当面越军进行了11次集中炮击作战，粉碎越军700余次小股袭扰。同时，根据作战形势的发展，中国边防部队适时减少参战兵力，逐步收缩防御阵地，逐渐转入正常守备。

在老山地区作战期间，驻云南、广西边防守备部队，空军部分航空兵、地空导弹部队和有关军区的侦察大队也密切配合老山地区的作战行动，在中越边境全线有效地牵制和震慑了越军。

中越边境自卫还击作战，是一场特定条件下规模有限的边境局部作战。中国人民解放军边防部队在党中央、中央军委的领导下，在全国人民和作战地区各族人民群众的大力支援下，在军事上、政治上都取得了胜利。中越边境自卫还击作战，向全世界表明了中国政府和人民反对侵略的决心，保卫了中国边疆、领土主权尊严和人民群众的生命财产安全，对稳定东南亚的局势具有重要意义。中国人民解放军在这次作战中受到一次较为全面的锻炼和考验，并树立了新一代最可爱的人的形象，创造了

"亏了我一个,幸福十亿人"的无私奉献的"老山精神"。

二 援助友邻抗击侵略

中国应越南、朝鲜、老挝等国政府的要求,先后派出部队进行了援越抗法、抗美援朝、援越抗美、援老抗美斗争,帮助这些国家赢得了救国战争的胜利。此外,中国还为一些国家提供了武器装备援助和培训军事人员,有力地支援了受援国的军事建设和争取民族独立的斗争,得到了受援国和世界人民的高度赞扬。

(一)援越抗法

越南1884年沦为法国的殖民地。第二次世界大战期间,日本取代法国统治。日本投降后,越南人民举行八月革命,成立越南民主共和国。法国为恢复其殖民统治,于1946年派远征军入侵越南民主共和国。越南政府被迫转入山区坚持抗战,处境困难。1950年1月,越南民主共和国主席胡志明访问中国,代表印度支那共产党和越南政府向中共中央提出援助越南人民抗击法国侵略、争取民族解放斗争胜利的请求。中共中央领导人毛泽东、刘少奇、周恩来等表示,尽管新中国刚刚建立,面临很多困难有待克服,但一定尽力向越南人民提供抗法战争需要的一切援助。随后,中共中央派罗贵波为联络代表,于3月上旬抵达越南北方根据地,负责联络和协调对越援助事宜。

这时中国成为唯一援助越南民主共和国的国家。4月间,印度支那共产党向中国共产党中央提出,请求中国人民解放军派干部赴越,一部分担任顾问,一部分直接担任主力部队指挥员。中共中央同意派顾问,但表示"只当顾问不当指挥员"。毛泽东还强调:"当顾问就是当参谋,给他们的领导当好参谋。要多作调查研究,想办法出主意,不可包办代替,更不能当'太上皇',发号施令。"①这一决定,确定了新中国援助越南进行抗法战争的形

---

① 《当代中国军队的军事工作》,第519页,中国社会科学出版社1989年版。

式。这时越南卫国军已建立了三个师,其主力部队已进入中国广西境内,由中国人民解放军供给装备并进行训练。

1950年7月中旬,中共中央代表陈赓率工作人员20余人赴越,帮助越方制定边境战役作战方针和计划。8月下旬,中国军事顾问团团长韦国清率顾问团和随团工作人员250人抵越军总部。9月至10月,陈赓在军事顾问团配合下,协助越军总部组织指挥边境战役取得重大胜利,使越南抗法战争形势出现转折。1950年底至1954年春,罗贵波和中国军事顾问团协助越军总部组织指挥了红河中游、东北、宁平、和平、西北、上寮等战役和红河三角洲敌后游击战,歼灭法军大批有生力量,使越军逐步掌握战场主动权。1954年3月至5月,中国军事顾问团协助越军总部组织指挥奠边府战役,取得全歼法国占领军精锐部队及伪军1.6万余人的重大胜利,迫使法国于1954年7月在关于恢复印度支那各国和平的日内瓦协议上签字,并从越南撤出全部军队,越南北方获得解放。

在越南人民抗法战争期间,中国还向越南提供了大量的武器装备等作战物资。据不完全统计,有各种枪11.6万余支(挺),火炮1600余门,大批弹药和通信、工程等器材装备及其他军需物资等。中国在边境开设营地,帮助越军训练一批步兵团及炮兵、工程兵、通信兵等部队。中国还提供开办越军陆军军官学校所需的设施和保障,并帮助培训一批越军高、中级指挥员和专业技术干部。中国军事顾问团还协助越军进行精简整编和训练,提高部队战斗力。战后,应越方要求,中国军事顾问团继续留在越南协助加强军队建设,至1956年3月奉命回国。

(二)援越抗美

1954年7月,关于恢复印度支那各国和平的日内瓦协议签订后,美国破坏协议的执行,逐步取代法国渗入越南南方,扶植西贡政权,阻挠越南南、北统一,企图变越南南方为美国的殖民地和军事基地。越南南方人民奋起进行武装反抗。美国为消灭越南南方人民武装力量,从1961年5月起,派遣"特种部队"侵入越南南方,发动了由美国出钱、出武器,并派出军事顾问训练南越反动军队,以"游击战"对付越南人民的所谓"特种战争"。1964年8月,美国又借口其军舰在北部湾遭越南民主共和国海军攻击,即所谓"北部湾事件",开始大肆轰炸越南北方,并进一步派遣地面部队进入越南南方直接参战,把"特种战争"升级为以美国军队为主体的、"南打北炸"的局部战争。

中国是日内瓦协议签字国之一,对维护印度支那和平负有责任。早在1962年夏,为援助越南南方人民抗击美国侵略,中共中央、中国政府和毛泽东主席就决定无偿给越南提供其所需的武器装备。在1964年前,中国就已向越南供应了各种枪9万支(挺),各种火炮446门。随着战争规模扩大,中国无偿提供的军事援助也不断增加。

1965年春,越南劳动党中央委员会第一书记黎笋、政府副总理兼国防部长武元甲受胡志明主席委派,率党政代表团到达北京,请求中国扩大对越南的援助,并向越南派出支援部队。4月8日,中共中央副主席、中华人民共和国主席刘少奇与越方领导人会谈,就中国向越南提供军事援助问题达成协议。为了履行协议,中国先后有20多个省、市、自治区和数千家科研单位、工厂担负了援越抗美的任务,为越南人民提供了大量的武器装备和其他物资援助。只要越方需要,中国有现成的就马上供给,甚至抽调人民解放军的装备;没有现成的就立即生产;没生产过的即行组织研制。越南要求中国援助物资品种多,数量大,时间紧,要求高。承担生产、研制任务的单位把它当作压倒一切的首要任务,加班加点,不折不扣地完成。

根据协议,中国人民解放军于1965年5月至1973年8月,先后派出防空、工程、铁道、后勤等23个支队和海军扫雷工作队(12艘扫雷艇、4艘保障艇)共32万余人,到越南北方担负防空作战、国防工程建设和扫雷等任务。

在8年中,中国援越部队完成的支援项目有:在河内至友谊关铁路北宁至谅山段、河内至老街铁路安沛至老街段、克夫至太原铁路以及太原钢铁基地等地,担负防空作战和掩护援越部队施工等任务，共对空作战2153次，击落美机1707架，击伤1608架；在越南东北沿海岛屿和红河三角洲地区构筑永久性国防工程，计坑道239条（总长2.5万余米），掘开式永备工事149个，其他配套工程土石方84.76万立方米，并修建了安沛机场及安沛、内排机场的飞机洞库；在河内以北地区修建铁路正线117公里，铁路桥30座、隧道14条，改建铁路正线362公里，抢修铁路战备工程正线98公里，新建、扩建各种铁路站段20个，抢修被美国飞机炸坏的铁路设施1778处次，排除定时炸弹3100余枚，修复铁路约157公里；在中越边境修建、改建友谊1号、3号、7号、8号、10号、11号、12号公路等，总长1206公里，公路桥305座，涵洞4441口；架设和修复通信线路3337公里，安装载波电话站4个；在越南东北沿海扫除侵越美军布设的水雷，疏通了海防、鸿基、锦普等重要港口的航线；在中国境内敷设输油管道，向越南输送石油等。

在执行援越任务中，中国援越部队有4200余名指战员负伤，1070余名指战员牺牲并安葬在越南的土地上，为越南人民抗美救国战争的胜利献出了生命。

1968年5月13日，越美两国政府在巴黎开始谈判。11月1日起，美军停止轰炸和炮击越南北方。经中越两国政府商定，中国防空、工程、铁道、后勤等部队于1970年7月9日前全部撤离越南。1973年8月，中国海军扫雷工作队在越南东北沿海完成扫雷任务，亦撤离越南回国。

在越南人民抗美救国战争期间，中国还无偿地向越南提供了大量军事装备和作战物资，其中有飞机170余架，舰船140余艘，坦克500余辆，汽车1.6万余辆，火炮3.7万余门，枪216万余支（挺），枪炮弹12.8亿余发，并为越南军队培训了各级指挥员和各种专业技术人员6000余人、飞行员和机务人员200余人、汽车司机和修理工1万余人。

中国对越南抗美救国战争提供全面的军事援助，保卫了越南北方重要目标的安全，加强了越南北方的防御能力，保障了越南北方铁路、公路和重要港口、航线的畅通，为越南人民抗美救国战争取得完全胜利作出了重大贡献。

(三) 援老抗美

1954年7月日内瓦会议后,法国殖民主义者撤出老挝,美国乘虚而入,镇压老挝人民争取民族独立和解放的斗争。面对美国的侵略,老挝人民在老挝人民党和爱国战线的领导下,不畏强暴,英勇抗击,建立和发展了自己的武装力量。但在武器装备、军用物资、军事训练和交通运输等方面,老挝都存在着许多困难。为了抗美救国斗争的胜利,老挝人民党和爱国阵线,请求中国给予军事、物资援助,并帮助修建公路。老挝是中国友好邻邦,为了支持老挝人民的抗美救国斗争,中共中央和中国政府决定从物资上和军事上给予大力支援。从1959年起,中国向老挝爱国战线提供大量武器装备,并帮助训练军事技术人员。

在老挝人民抗美救国期间,中国向老挝无偿援助各种枪11万余支(挺),各种火炮2780余门,枪弹1.7亿发,炮弹267万余发,以及一批其他武器装备和军用物资。为保证其武器装备能及时得到维护,中国还向老挝提供了19套师团修械所的设备。自1962年至1978年,中国先后派出18个工程大队,3个民工大队,直接施工力量7万人,投入主要施工机械2250多部,无偿为老挝修筑7条沥青路面公路,总计修建公路822.4公里,桥梁131座,涵洞2677口,铺设沥青路面458万多平方米。为了保障筑路工程的顺利进行和施工人员的安全,根据老挝人民党的要求,中国人民解放军自1969年3月至1973年11月,先后派出高炮3个支队和1个大队,担负援老筑路工程的防空作战任务。在4年多的时间里,对空作战共95次,击落美机35架,击伤24架,有效地保障了筑路部队和民工的安全。援老部队在艰苦的施工和对空作战中,顽强奋战,许多人员负伤致残,有269人牺牲,其中210人长眠在老挝孟塞和班南舍的烈士陵园里。

对于中国人民为老挝人民所作出的贡献,老挝人民革命党[①]

[①] 老挝人民党于1955年3月成立,1972年2月改名为老挝人民革命党。

和老挝人民民主共和国政府,给予很高的评价。1974年10月10日,老挝人民解放军最高指挥部参谋部致函中国人民解放军总参谋部,称赞:中国人民的援助,是在真正的无产阶级国际主义基础上的援助。

第十九章　抗美援朝　保家卫国

第一节　朝鲜战争爆发与中共中央的重大战略决策

历史上本来是一个统一民族的朝鲜，16世纪以来，多次遭到外国的侵略，1905年沦为日本的殖民地，1910年被日本殖民主义者吞并，长期遭受日本军国主义的蹂躏践踏。直到1945年第二次世界大战结束，朝鲜才从日本军国主义的奴役之下解放出来。但由于美、苏两国在朝鲜问题上的妥协，两国军队以北纬38°线（简称"三八线"）为界，先后占领朝鲜南部和北部，接受日军投降，而使统一的朝鲜民族又陷入了南、北分裂的状态。又由于美、苏两国政治制度和意识形态的根本对立，并在各自占领区推行不同的政策，从而造成了朝鲜南、北双方的尖锐对立。在美、苏两国的分别支持下，1948年下半年朝鲜南、北双方各成立一个互不承认对方的政府。1948年下半年和1949年上半年，苏、美两国军队先后撤出朝鲜，美、苏两国在朝鲜问题上的对立和斗争，便转为朝鲜内部南、北两个政府两种制度之间，在如何实现南北统一和统一于谁的问题上的尖锐对立和斗争。至1950年6月25日，这个斗争终于演变成为一场大规模的内战。战争爆发后，北朝鲜人民军势如破竹，发展顺利。

朝鲜内战，本来是朝鲜的内部事务。然而，美国当局公然违反联合国宪章关于"不得干涉本质上属于任何国家内部管辖之事件"的明确规定，从其称霸世界和"遏制共产主义"的帝国主义全球战略利益出发，立即进行武装干涉。6月26日，美国派出其驻日本的空军和海军部队,支援南朝鲜军作战。6月27日,美国总统杜鲁门公开宣布对朝鲜进行武装干涉,并命令以菲律宾为基地的美国海军第七舰队侵入台湾海峡,侵犯中国主权。并背弃有美国签署的关于日本投降后台湾归还中国的国际协议,宣称台湾"地位未定",制造中国的分裂。6月30日,美国向朝鲜派出了地面部队。美国还在联合国积极活动,乘苏联代表缺席、中国的合法席位被台湾的蒋介石集团占据之机,于6月25日至7月7日,先后操纵联合国安全理事会,通过了指控朝鲜北方已发动进攻、要求联合国会员国给南朝鲜李承晚政府提供"必须的援助"和组成侵朝"联合国军"的决议,扩大朝鲜战争。"联合国军"以美国军队为主,由16个国家和地区的军队组成,由美国任命其驻远东总司令道格拉斯·麦克阿瑟为侵朝"联合国军"总司令①。把美国的侵略行动,披上了联合国的外衣。7月中旬,不是联合国成员的南朝鲜也将其军队交"联合国军"指挥。美国的入侵改变了朝鲜内战的性质,朝鲜战争变成了侵略和反侵略的一场国际性战争,甚至可以说是一场"局部化的世界大战"②。

  关于朝鲜问题,中国政府一再主张和平解决,并对美国武装干涉朝鲜和侵占中国领土台湾的行径表示极大义愤。6月28日,中华人民共和国中央人民政府主席毛泽东发表讲话:"全世界各国的事务应由各国人民自己来管,亚洲的事务应由亚洲人民自己来管,而不应由美国来管。美国对亚洲的侵略,只能引起亚洲人民广泛的和坚决的反抗。"③同日,中国政府总理兼外交部长周恩来发表声明,指出:杜鲁门27日的声明和美国海军的行动,乃是对中国领土的武装侵略,对于联合国宪章的彻底破坏。7月6日,周恩来再次发表声明,指出联合国安理会关于朝鲜问

---

  ① "联合国军"成员国为美国、英国、澳大利亚、新西兰、荷兰、加拿大、泰国、法国、土耳其、菲律宾、希腊、比利时、哥伦比亚、埃塞俄比亚、南非联邦、卢森堡。其中有些国家只是象征性地派出了少数部队。
  ② 《国际事务概览》(1952年),吴世民等译,第2页,上海译文出版社1989年版。
  ③ 中共中央文献研究室编:《建国以来毛泽东文稿》第一册,第423页,中央文献出版社1987年版。

题的决议为非法,中国人民坚决反对。7月13日,中央军委根据毛泽东的提议,作出《关于保卫东北边防的决定》,抽调第十三兵团之第三十八、第三十九、第四十、第四十二军,及3个炮兵师、3个空军团共25万余人,组成东北边防军。当朝鲜人民军进攻受阻时,中共中央于8月4日召开政治局会议。毛泽东在会上指出:"如美帝得胜,就会得意,就会威胁我。对朝不能不帮,必须帮,用志愿军形式。时机当然还要选择,我们不能不有所准备。"周恩来也说:"如果美帝将北朝鲜压下去,则对和平不利,其气焰就会高涨起来。要争取胜利,一定要加上中国的因素。中国的因素加上去后,可能引起国际上的变化。我们不能不有此远大设想。"①因而又调第九、第十九兵团分别集结于靠近津浦、陇海两铁路线的机动地区,以便随时策应东北边防军。

美军趁朝鲜人民军主力集中在洛东江战线、后方空虚之际,于9月15日,以其第十军于朝鲜西海岸仁川登陆,配合正面部队对朝鲜人民军实施两面夹击,并向北推进,彻底切断了朝鲜人民军的后方补给线。战局发生了不利于朝鲜人民军的急剧变化。9月30日,周恩来发表讲话,警告美国:"中国人民决不能容忍外国的侵略,也不能听任帝国主义者对自己的邻人肆行侵略而置之不理。"②随后,中国政府还通过外交途径进一步向美国政府表明自己的态度。但是,美国政府过低估计了中国人民的决心和力量,认为中国政府的警告是"虚声恫吓",拒绝和平解决朝鲜问题。10月1日,麦克阿瑟根据杜鲁门总统批准的在"三八线"以北进行军事行动的指令③,命南朝鲜军首先越过"三八线";10月7日,美军开始越过北纬38°线,企图迅速占领全朝鲜。为此,杜鲁门于10月15日专程从华盛顿飞至太平洋中部的威克岛,与麦克阿瑟举行会谈。他们认为中国出兵参战的"可能性很小","不足为患",并断言战争"会在感恩节(11月23日)前结

---

① 薄一波:《若干重大决策与事件的回顾》上卷,第43页,中共中央党校出版社1991年版。
② 《周恩来外交文选》,第24页,中央文献出版社1990年版。
③ 《杜鲁门回忆录》第2卷,第430页,生活·读书·新知三联书店1974年版。

束",侵朝战争"是赢定了"。① 于是美军加快了向朝中边境进犯的行动。与此同时,美军空军不断轰炸中朝边境的中国城镇和乡村,以其海军不断炮击中国渔船和商船,中国安全受到严重威胁。

此时,中华人民共和国建国伊始,百废待兴,十分需要一个和平的国际环境。然而,美国硬要将战争强加到中国人民头上。10月上旬和中旬,毛泽东多次召开中央政治局会议,全面深入地分析形势,研究出兵参战问题。他指出:我们可以提出几十条、几百条甚至几千条困难,但是对于美国帝国主义的侵略,不能不给予回击。如果"我们不出兵,让敌人压至鸭绿江边,国内国际反动气焰增高,则对各方都不利,首先是对东北更不利,整个东北边防军将被吸住,南满电力将被控制"。我们采取积极政策,"对中国,对朝鲜,对东方,对世界都极为有利"。总之,"应当参战,必须参战,参战利益极大,不参战损害极大"。② 中央政治局经过慎重研究,决定接受朝鲜劳动党、朝鲜民主主义人民共和国政府的请求,毅然作出"抗美援朝、保家卫国"的决策,以东北边防军为基础,迅速组成中国人民志愿军,入朝参战,同朝鲜人民一起共同抗击美国侵略者。为在军事上掌握主动,中央军委对投入作战的兵力、后勤保障、武器装备以及国土防空、东南沿海防御等重大问题进行了周密部署。

10月19日,正当美国侵略军越过平壤、元山一线疯狂冒进时,中国人民志愿军在司令员兼政治委员彭德怀率领下,跨过鸭绿江,开赴朝鲜战场,与朝鲜人民军并肩作战。25日,揭开抗美援朝战争序幕。这时,在朝敌军总兵力已达42万,拥有飞机1 100多架,各型军舰300多艘;地面部队美军3个军6个师(每师装备坦克154辆,火炮352门)约12万人;英国、土耳其、澳大利亚、泰国等国军队1.2万人;南朝鲜军2个军团9个师(每师

---

① 转引自《周恩来外交文选》,第435—437页,中央文献出版社1990年版。
② 《毛泽东军事文集》第六卷,第117页,军事科学出版社、中央文献出版社1993年版。

装备火炮219门)约9万人。

第二节　中国人民志愿军帮助朝鲜人民军实施战略反攻

1950年10月25日至1951年6月10日,为抗美援朝战争第一阶段。这个阶段,中国人民志愿军与朝鲜人民军一起,采取以运动战为主,与部分阵地战、游击战相结合的方针,避强击弱,连续进行了五次战略性战役。其特点是:战役规模的夜间作战和很少有战役间隙的连续作战,攻防转换频繁,战局变化急剧。

中国人民志愿军入朝之前,为了有把握地进行作战,中央军委曾计划先组织防御,创造条件,然后再举行反攻。但志愿军入朝后,在开进中发现以美国为首的"联合国军"及其指挥的南朝鲜军前进甚速,志愿军已来不及先敌占领预定防御地区,且"联合国军"尚未发现志愿军入朝参战,正在分兵冒进,为志愿军在运动中歼敌提供了有利机会。中央军委主席毛泽东当机立断,于10月21日决定改变原定防御计划,采取在运动中歼敌的方针。

10月25日,志愿军发起抗美援朝战争第一次战役,以1个军的主力配合朝鲜人民军在东线进行阻击,集中5个军于西线给"联合国军"以突然性打击。经过13昼夜苦战,至11月6日,给东、西两路冒进的南朝鲜军第六、第八、第三师及美军骑兵第一师以有力打击。此役共歼敌1.5万多人,其中歼美军骑一师第八团大部和第五团一部共1800多人(美军自己统计是损失1000多人),缴获飞机4架,击落3架,击毁和缴获坦克28辆,汽车170余辆,各种炮119门。志愿军也付出一定的代价,伤亡1万多人。

第一次战役,将"联合国军"从鸭绿江边驱逐到清川江以南,挫败了"联合国军"企图在感恩节前占领全朝鲜的计划,使朝鲜战局初步稳定下来。同时，志愿军取得了同美、南朝鲜军作战的初步经验，增强了胜利信心。此战也极大地震撼了敌人。"联合国军"总司令麦克阿瑟惊呼：中国军队跨过鸭绿江的行动，"就会使我军有最终被消灭的危险"。他的继任者美陆军上将李奇微在回忆"鸭绿江边险遭惨败时"说：中国军队当时就像从地下钻出来的一样，以很凶猛的近战打击了美军和南朝鲜军。①

中国人民志愿军初战获胜后，彭德怀估计"联合国军"将继续进攻，决定采取诱敌深入的方针，以一部兵力节节抗击，主力后撤待机，准备在预定战场上各个歼灭敌人，并将战线推至元山、平壤一线。彭德怀将刚入朝的第九兵团（3个军）部署在东线，其余6个军部署在西线。毛泽东批准了这一方针和部署。此时，志愿军在前线的作战兵力达38万多人，与"联合国军"地面部队22万人相比，在人数上占有优势但火力上则处于绝对劣势。"联合国军"虽然已经发觉志愿军入朝参战，但却错误地估计志愿军参战只不过是为保卫边界，最多不超过六七万人。11月24日，"联合国军"发起"圣诞节结束战争"的总攻势。志愿军按预定计划，故意示弱，将"联合国军"诱至预定地区后，立即发起反击，给以出其不意地打击。"联合国军"兵败于西部战线的清川江两岸和东部战线的长津湖畔，被迫弃平壤，丢元山，分从陆路、海路退至"三八线"以南。志愿军在人民军配合下，又赢得抗美援朝战争第二次战役的重大胜利。此次战役，共歼灭南朝鲜军2个师大部，予美军4个师和土耳其旅以歼灭性打击，共歼灭敌人3.6万多人，其中美军2.4万多人（西线美军第二师和土耳其旅被歼过半，美军第二十五师被歼1/3，西线指挥官美军第八集团军司令沃尔顿·沃克中将，也在逃跑时翻车身亡。东线美军陆战第一师被歼过半，美军自称损失11 727人。第七师第三十一团和第三十二师一个营，共3 100多人，全部被歼，第三十二团团长麦克安上校也在战斗中被打死），缴获

---

① 参见马修·李奇微《朝鲜战争》，第61、76页，军事科学出版社1983年版。

各种火炮500多门,坦克100多辆,汽车2000多辆,各种枪5000多支(挺)。志愿军伤亡3.07万多人。这次战役打出了中国人民志愿军的威风,使朝鲜战局得以扭转,开始朝有利于己方的方向发展。美军最高当局认为这次战役是"美军历史上最可耻的一次失败"①。

参加第二次战役的志愿军,在取得初战经验的基础上,继续采用近战、夜战、分割包围、大胆插入敌人侧后的战法,克服了天寒地滑、山高路远的重重困难,保证了战役的胜利。如担任西线反攻的第三十八军等部队,在海拔1200米的高寒地区,14小时前进70公里,在三所里地区截断了敌人后撤的一条主要交通线,堵住了南逃的退路。在敌人夹击下,部队激战50多个小时,歼灭了大量南朝鲜军,打乱了西线敌人的整个部署。又如东线的第九兵团,担任穿插至长津湖地区、分割美军陆战队第一师和步兵第七师的任务。战士们在零下30多摄氏度的严寒下作战,饿了吞几粒炒豆,渴了吃几块冰雪,手脚冻僵了,耳鼻冻破了,仍保持着坚强的战斗意志。有的机枪冻得拉不开枪机,射手就用身体温暖枪身。第二十军第五十八师第一七二团第三连连长杨根思,带一个排坚守下碣里外围1071.1高地东南小高岭,控制住一条公路隘口。被包围的美军,为了打开南逃通路,在重炮、飞机火力掩护下,进行了八次冲锋,均被击退。当全排只余九个人,弹药也将打完时,敌人又发动第九次冲锋,战士们投出所有手榴弹,打完最后一排子弹后,用刺刀、枪托、铁锹、石块与敌拼杀。最后仅剩两名伤员,仍坚守阵地。当敌人爬上山顶时,已负伤的杨根思,抱着仅有的一个炸药包,冲向敌群,与敌同归于尽,保住了阵地。战后杨根思被追授为"特级英雄"称号。第九兵团以坚忍不拔的意志顽强战斗,奋战了几个昼夜,终于使美军陆战第一师遭到歼灭性打击。毛泽东在12月17日的电报中给予高度评价:"九兵团此次在东线作战,在极困难条件之下,完成了巨

---

① 奥马尔·布雷德利:《将军百战归》,第754页,军事译文出版社1985年版。

大的战略任务。"①

曾不可一世的"联合国军"在战场上屡遭失败，美国统治集团烦躁不安。为挽回败局，美国于12月14日操纵联合国大会通过成立所谓"朝鲜停战三人委员会"的决议，打出"先停火，后谈判"的幌子，企图争取时间，整军再战。同时，美国还以准备使用原子弹来恐吓中朝人民。为不给"联合国军"以喘息时机，在政治上取得更大主动，毛泽东致电彭德怀："目前美英各国正要求我军停止于三八线以北，以利其整军再战。因此，我军必须越过三八线。如到三八线以北即停止，将给政治上以很大的不利。"②

据此，志愿军同朝鲜人民军一起，于1950年除夕发起第三次战役。战役采取稳进的方针。志愿军集中6个军，在人民军3个军团协同下，对依托"三八线"既设阵地进行防御的"联合国军"发起全线进攻。这时，"联合国军"的士气已极低落，在"三八线"以南建立了五道防线，南朝鲜的8个师全部署于第一线，美英等军则都部署在其后。攻击开始后一天多，南朝鲜军即全被击溃。美军新任第八集团军司令李奇微，不顾南朝鲜政府的反对，下令放弃汉城南退。志愿军和人民军当即发起全线追击，1951年1月4日夜进占汉城，8日，推进至北纬37°线。遂停止追击。这次战役共歼灭敌军1.9万多人，其中绝大多数为南朝鲜军。由于美英等军全系摩托化部队，志愿军徒步难以追及，所以仅得以歼灭其后卫掩护小部队。英军第二十九旅的1个营、1个坦克中队共700多人，是唯一被整建制歼灭的"联合国军"。志愿军共伤亡5 800多人，人民军伤亡2 700多人。此战，将敌从"三八线"击退至北纬37°线附近地区，占领汉城，并适时停止了战役追击行动。

---

① 《毛泽东军事文集》第六卷，第241页，军事科学出版社、中央文献出版社1993年版。
② 《毛泽东军事文集》第六卷，第239页，军事科学出版社、中央文献出版社1993年版。

抗美援朝战争运动战初期中国人民志愿军序列表

（1950年10月至12月）

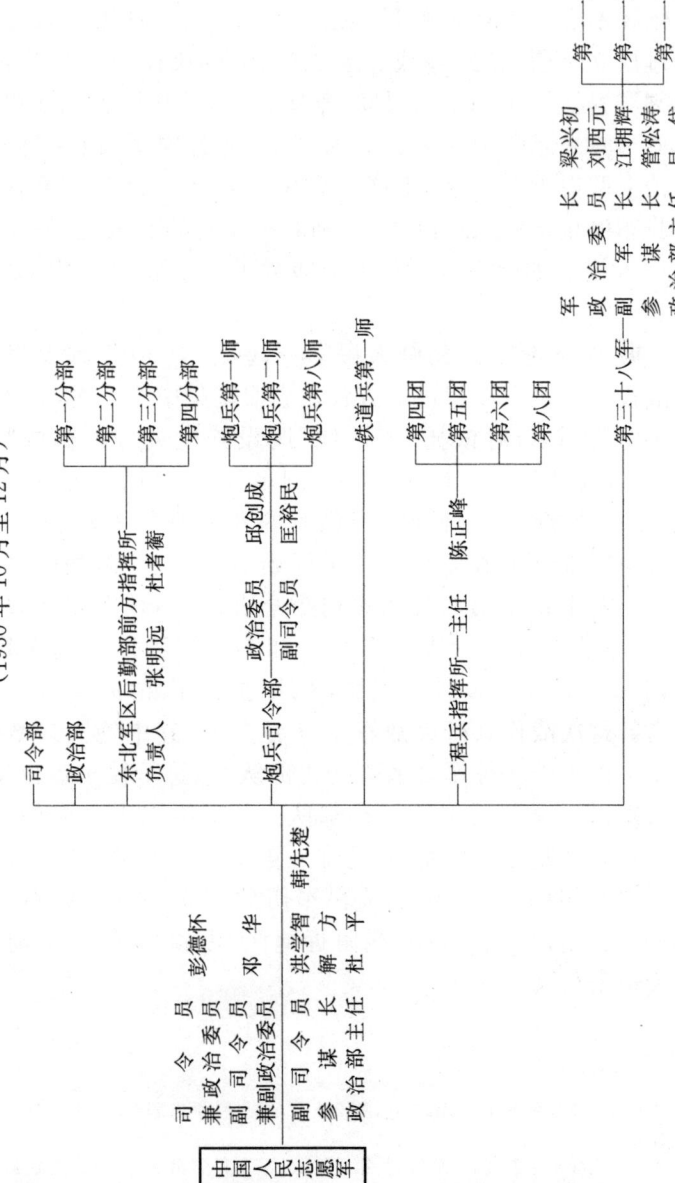

续 表

中国人民志愿军
- 司 令 员 彭德怀
- 副司令员兼政治委员 邓华
- 副司令员 洪学智
- 参谋长 解方
- 政治部主任 杜平
- 韩先楚

第三十九军
- 军 长 吴信泉
- 政治委员 徐斌洲
- 副军长 谭友林
- 副政治委员 李雪三
- 兼政治部主任
- 参谋长 沈启贤
  - 第一一五师
  - 第一一六师
  - 第一一七师

第四十军
- 军 长 温玉成
- 政治委员 袁升平
- 副军长 蔡正国
- 参谋长 宁贤文
- 政治部主任 李伯秋
  - 第一一八师
  - 第一一九师
  - 第一二〇师

第四十二军
- 军 长 吴瑞林
- 政治委员 周 彪
- 副军长 胡继成
- 副参谋长 郭成柱
- 参谋长 廖仲符
- 政治部主任 丁国钰
  - 第一二四师
  - 第一二五师
  - 第一二六师

第五十军
- 军 长 曾泽生
- 政治委员 徐文烈
- 参谋长 舒 行
- 政治部主任 何运洪
  - 第一四八师
  - 第一四九师
  - 第一五〇师

续表

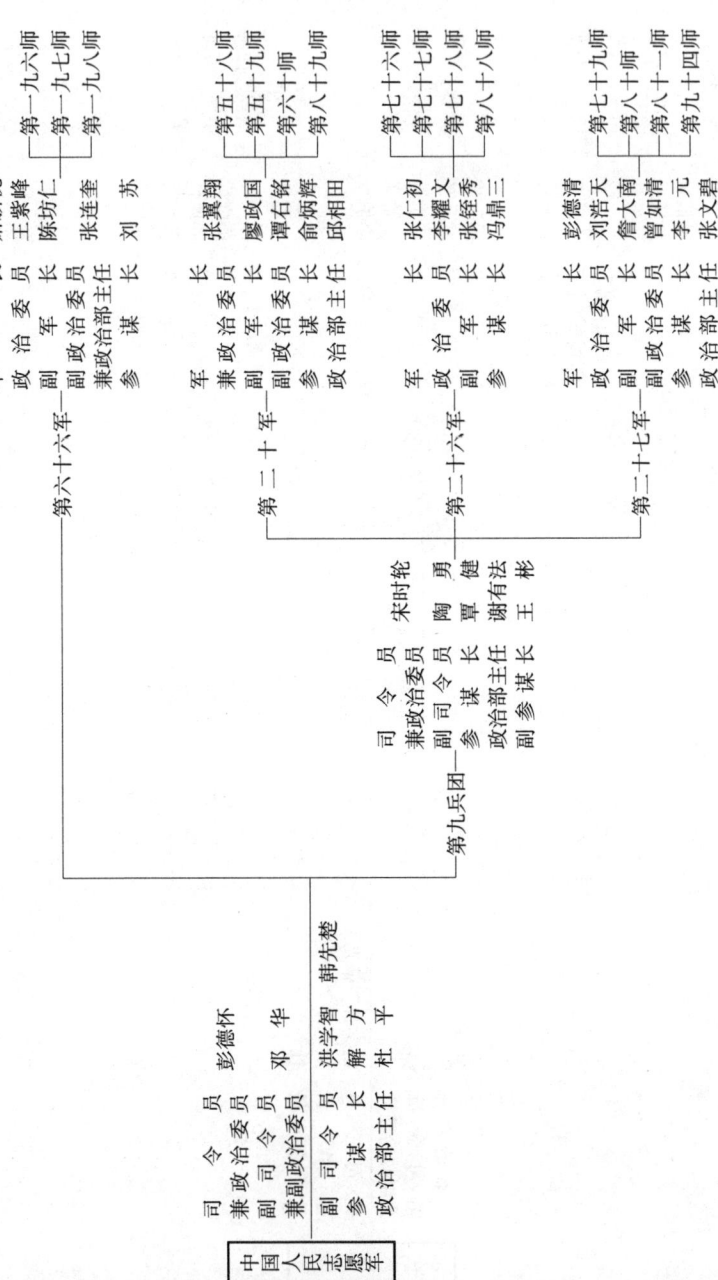

中国人民志愿军
- 司　令　员　彭德怀
- 兼政治委员　彭德怀
- 副司令员　邓　华
- 兼副政治委员　邓　华
- 副司令员　洪学智
- 参谋长　解　方
- 政治部主任　杜　平

第九兵团
- 司　令　员　宋时轮
- 兼政治委员　宋时轮
- 副司令员　陶　勇
- 参谋长　覃　健
- 政治部主任　谢有法
- 副参谋长　王　彬

第六十六军
- 军　长　萧新槐
- 政治委员　王紫峰
- 副军长　陈坊仁
- 兼政治部主任　张连奎
- 参谋长　刘　苏
  - 第一九六师
  - 第一九七师
  - 第一九八师

第二十军
- 军　长　张翼翔
- 兼政治委员　廖政国
- 副军长　谭右铭
- 副政治委员　俞炳辉
- 参谋长　邱相田
  - 第五十八师
  - 第五十九师
  - 第六十师
  - 第八十九师

第二十六军
- 军　长　张仁初
- 政治委员　李耀文
- 副军长　张铚秀
- 参谋长　冯鼎三
  - 第七十六师
  - 第七十七师
  - 第七十八师
  - 第八十八师

第二十七军
- 军　长　彭德清
- 政治委员　刘浩天
- 副军长　詹大南
- 副政治委员　曾如清
- 参谋长　李　元
- 政治部主任　张文碧
  - 第七十九师
  - 第八十一师
  - 第九十四师

抗美援朝战争运动战初期敌军序列表
(1950年10月至12月)

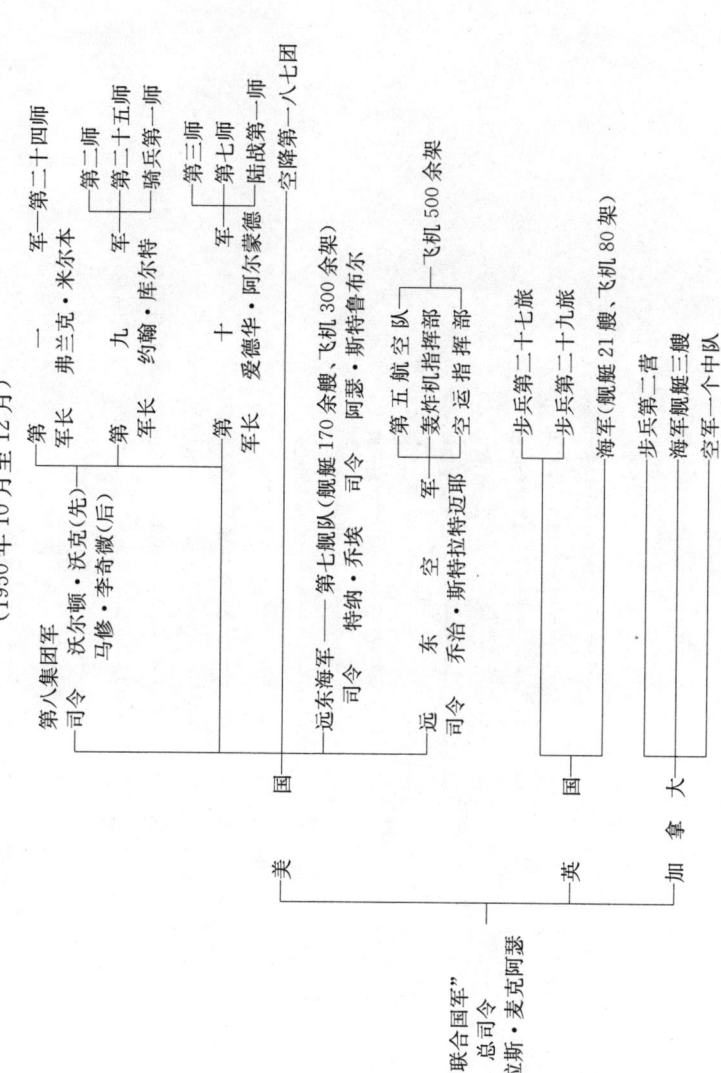

续表

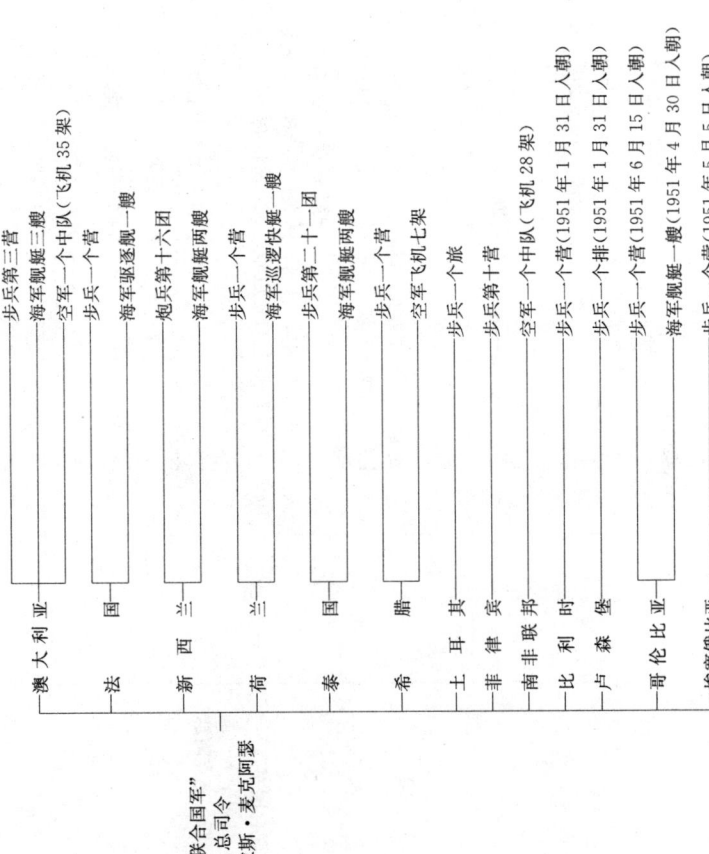

"联合国军"总司令道格拉斯·麦克阿瑟	澳大利亚	步兵第三营 海军舰艇三艘 空军一个中队(飞机35架)
	法国	步兵一个营 海军驱逐舰一艘
	新西兰	炮兵第十六团 海军舰艇两艘
	荷兰	步兵一个营 海军巡逻快艇一艘
	泰国	步兵第二十一团 海军舰艇两艘
	希腊	步兵一个营 空军飞机七架
	土耳其	步兵一个旅
	菲律宾	步兵第十营
	南非联邦	空军一个中队(飞机28架)
	比利时	步兵一个营(1951年1月31日入朝)
	卢森堡	步兵一个排(1951年1月31日入朝)
	哥伦比亚	步兵一个营(1951年6月15日入朝) 海军舰艇一艘(1951年4月30日入朝)
	埃塞俄比亚	步兵一个营(1951年5月5日入朝)

注：瑞典派出了医疗船，印度派出了医院到南朝鲜，为战争服务。

续表

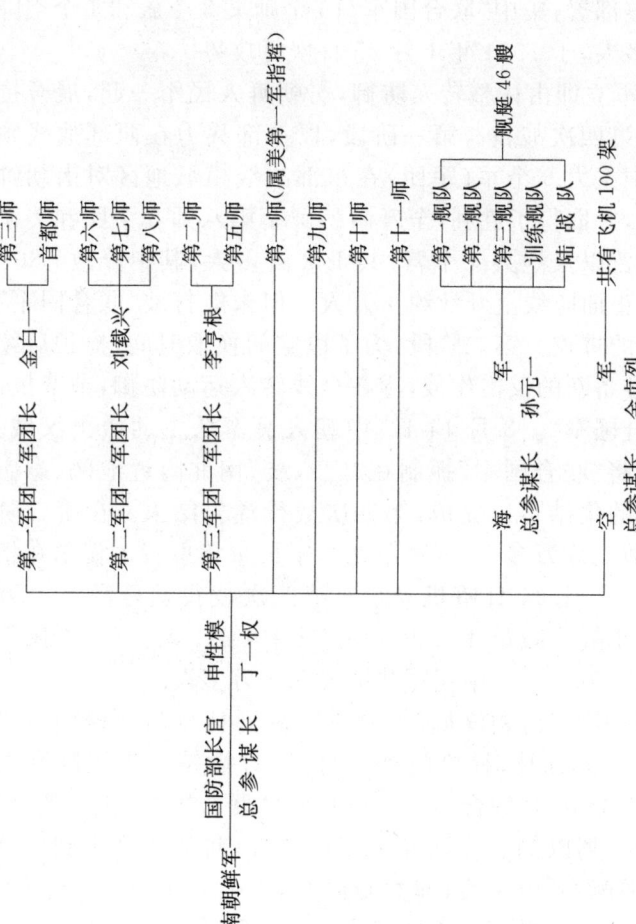

注：敌军的军，属下无固定部队，作战时按任务临时配属。

第三节 "三八线"南北的积极防御作战与战役反击作战

中国人民志愿军连续取得三次战役胜利后,部队相当疲劳,兵员、物资未及补充,因而主力转入休整,准备春季攻势。"联合国军"发现志愿军补给困难,第一线兵力不足,便迅速补充人员、物资,调整部署,集中"联合国军"16个师又3个旅和1个空降团共23万多人,于1951年1月25日恢复攻势。

志愿军立即由休整转入防御,与朝鲜人民军一起,展开抗美援朝战争第四次战役。第一阶段,以一部兵力在西部战线顽强抗击,集中主力6个军(军团)在东部战线横城地区对南朝鲜军实施反击,并取得了胜利,全歼南朝鲜军第八师3个团和美军第二师1个营以及炮兵4个营,共1.2万多人,其中俘敌7 800多人。西部正面防线上歼敌约1万人。但未能打破"联合国军"主要方向上的进攻。第二阶段,为了以空间换取时间,掩护后续兵团到达,准备新的反击作战,遂在全线转入运动防御,节节抗击,消耗"联合国军"。3月14日,中朝人民军队主动撤出汉城。4月21日,将"联合国军"扼制在"三八线"南北附近地区,志愿军后续兵团的集结得以完成,第四次战役遂告结束。在第二阶段中,共歼敌5.6万多人,美军第九军军长布赖恩特·穆尔在指挥进攻时,于2月24日堕机身亡。第四次战役共歼敌7.8万多人。志愿军战斗减员4.2万多人,其中4 379人失踪;人民军战斗减员1.1万多人。中朝军共损失5.3万多人。

"联合国军"占领汉城后,麦克阿瑟同杜鲁门在侵朝战略指导上发生严重分歧,杜鲁门于4月11日撤销了麦克阿瑟的职务,任命李奇微为"联合国军"总司令。"联合国军"再次越过"三八线"后,计划以侧后登陆配合正面进攻,将战线推进到朝鲜蜂腰部,即平壤、元山一线,建立新防线,以便在军事上、政治上取得有利地位。志愿军由于第十九、第三兵团的到达和原在元山地区休整的第九兵团重返前线,兵力已居优势。根据毛泽东提出的"战争准备长期,尽量争取短期"的指导方针,中朝人民军队决定以进攻粉碎"联合国军"的侧后登陆计划,歼灭其有生力量,夺回战场主动权。

4月22日,中朝人民军队发起抗美援朝战争第五次战役。首先集中志愿军11个军和人民军1个军团于西线实施主要突击,再次越过"三八线",连续突破敌军两道防线,直逼汉城,给予美军第二十四、第三师,英军第二十九旅,土耳其旅及南朝鲜军第六、第一师以沉重打击,歼敌2.3万多人。接着,志愿军又转移兵力于东线,同人民军一起给予县里地区的南朝鲜军以歼灭性打击。南朝鲜军4个师大部、美军第二师2个营和法国营大部,共2.3万多人被歼,缴获大批装备和物资。

胜利后,中朝人民军队为保持主动,向北转移,准备新的作战。在转移过程中的阻击战中,又歼敌3.6万多人。第五次战役共歼敌8.2万多人。志愿军战斗减员7.5万多人,其中失踪约2万人;人民军战斗减员1万多人。至6月10日,将战线稳定在"三八线"南北地区,从而结束了战争第一阶段的作战。中朝人民军队历时七个多月的作战,将"联合国军"从鸭绿江边打退到"三八线",共毙伤俘敌23万余人,为抗美援朝战争的胜利奠定了基础。

第四节　以打促谈　迫使美国签字停战

1951年6月11日至1953年7月27日,为抗美援朝战争第二阶段。为了加强志愿军的领导,6月间,中央军委任命陈赓、宋时轮为志愿军第二、第三副司令员,甘泗淇为志愿军副政治委员兼政治部主任,并调杨成武的第二十兵团入朝。这个阶段,中朝人民军队执行"持久作战、积极防御"的战略方针,以阵地战为主要作战形式,进行持久的积极防御作战。其特点是:军事行动与停战谈判密切配合,边打边谈,斗争尖锐复杂;战线相对稳定,局部性攻防作战频繁;战争双方都力图争取主动,打破僵局,谋求于自己更有利的地位。

第一阶段作战结束后,战争双方的军事力量趋于均衡,战场上形成了相持局面。"联合国军"投入到战场上的总兵力增至69万余人,中朝人民军队总兵力增至112万余人,其中志愿军为77万余人。但在技术装备上,中朝人民军队仍处于劣势。

经过七个多月的军事较量,美国政府已认识到在日益强大的中朝人民军队面前,其侵朝战争已无取胜希望。如将主要力量长期陷于朝鲜战场,则对其以欧洲为重点的全球战略极为不利;国内外反战情绪也日益高涨。因此,美国参谋长联席会议主席布雷德利在参议院关于朝鲜政策调查会上作证时说:如果继续增兵在朝鲜打下去,甚至不惜将战争扩大到中国,将是在错误的地方、错误的时间,同错误的敌人打一场错误的战争。经美国国家安全委员会讨论,决定转入战略防御,准备以实力为基础,同中朝方面举行谈判,谋求"体面停战"。6月初,美国政府通过外交途径向中朝方面作出了通过停战谈判结束敌对行动的表示。

中朝方面,经过五次战役的实践,也深感在现有武器装备条件下,要想在短时间内歼灭敌人的重兵集团是困难的。鉴于美国已表示愿意谈判,中央军委和毛泽东于1951年6月中旬,提出"充分准备持久作战和争取和谈达到结束战争"的指导思想和在军事上采取"持久作战、积极防御"的战略方针,要求志愿军作战应与谈判密切配合、互相适应。据此,志愿军适时进行战略转变,由运动战为主转变为阵地战为主,由军事斗争为主转变为军事、政治(外交)斗争"双管齐下"。为锻炼部队,提高作战能力,坚持持久作战,中央军委和毛泽东还决定志愿军部队实行轮番作战和"零敲牛皮糖"、由打小歼灭战逐步过渡到打大歼灭战的方针。

1951年7月10日,战争双方开始举行朝鲜停战谈判。从此,出现长达两年多的边打边谈的局面。

1951年7月26日,停战谈判讨论军事分界线问题时,"联合国军"方面以补偿其海、空军优势为借口,无理要求将军事分界线划在中朝人民军队战线后方,企图不战而攫取1.2万平方公里土地。遭到朝中方面坚决拒绝后,"联合国军"竟中断停战谈判,企图以军事进攻迫使朝中方面就范。从8月中旬至10月下旬,"联合国军"采取"逐段进攻,逐步推进"的战法,连续发动了夏、秋季局部攻势。

关于"联合国军"的进攻,志愿军早有准备。停战谈判开始前的7月2日,毛泽东就致电彭德怀:

> 极力提高警惕。我第一线各军,必须准备对付在谈判前及谈判期内敌军可能对我来一次大的攻击,在后方,则举行大规模的空炸,以期迫我订立城下之盟。如遇敌军大举进攻时,我军必须大举反攻,将其打败。①

"联合国军"8月中旬发动夏季攻势后,志愿军于9月上旬发动战术反击,迫使其停止进攻。"联合国军"付出7.8万人的伤亡代价,仅将阵地向前推进了2公里至8公里。9月末,"联合国军"发动秋季攻势后,志愿军实施坚守防御,顽强抗击,经过反复争夺,至10月22日,"联合国军"又被迫停止进攻。"联合国军"付出7.9万人的伤亡,仅向北推进了6公里至9公里。这种得不偿失的进攻,遭到美国国会和参谋长联席会议的指责。于是美国代表团不得不回到谈判桌上来继续谈判。

10月25日,停战谈判在板门店复会,美国代表团的狂傲态度有所收敛,但在其提出的军事分界线新方案中,仍无理要求志愿军和人民军退出包括开城在内的1500平方公里的地区。中朝代表严词驳斥。为了击破敌人的企图,中朝军队决定收回一些放弃的阵地和岛屿,显示力量,以促进停战谈判。遂举行了局部战术反击。从10月底至11月底,发动地面攻击34次,渡海进攻4次,攻克敌军阵地

---

① 《毛泽东军事文集》第六卷,第293页,军事科学出版社、中央文献出版社1993年版。

21处，攻占岛屿10余个，共歼敌1万多人。其中第六十四、第四十七军曾创造了在阵地进攻战斗中，一次全歼美军和英军1个营的战例。美国代表团被迫放弃其无理要求，于11月27日，接受了中朝代表团提出的以双方实际接触线为军事分界线的建议，由此线各自后退2公里作为非军事区。

"联合国军"在发动夏、秋季攻势的同时，还集中其80％的作战飞机实施以切断中朝军队后方供应为目的的"空中封锁交通线战役"，即"绞杀战"。美空军每天出动数百架次的飞机，对朝鲜北方交通枢纽的平壤、安州、价川三角地区的铁路和公路实施轰炸。从9月至12月，"联合国军"共出动飞机2.1184万架次，投掷炸弹6.3515万颗，破坏铁路和车站5618处次，致使这一地区在四个月内80％以上的时间不能通车。志愿军本来就极为困难的物资运输，变得更为困难。在二线的部队和机关，每天只吃半斤粮，用野菜充饥，以保证第一线部队的需求。为了粉碎美国的"绞杀战"，中央军委决定志愿军空军参加作战。9月下旬开始，先后出动9个师共450架飞机。至1952年6月，共击落击伤美机140多架，与苏联空军一部共同夺取了清川江以北地区局部时间的制空权。与此同时，志愿军陆续集中了高射炮兵3个师又数个团和数个独立营，加入反"绞杀战"的斗争。共击落美机260多架，击伤1070多架。志愿军还以铁道部队4个多师的兵力，随炸随修，终于彻底粉碎了美军的"绞杀战"，建立了防空、抢修、抢运相结合，铁路和公路相结合的钢铁运输线，基本上解决了物资运输问题。

1952年1月，美军还对朝鲜北方和中国东北部分地区秘密实施了细菌战。中朝两国政府在采取有力措施展开细菌战防疫治疗工作的同时，利用各种媒介，揭露美国实施细菌战的真相。"国际民主法律工作者协会调查团"、"调查在朝鲜和中国的细菌战事实国际科学委员会"和中国抗美援朝总会组织的"美帝国主义细菌战罪恶行径调查团"进行了现地调查，公布了调查报告书。新华社又陆续公布了执行过细菌战任务的25名被俘美军飞行员的供词，使美国细菌战的罪行昭示在全世界人民面前，遭到国际舆论的谴责。至1952年冬,反细菌战斗争结束。美国实施细菌战,不仅未能达到军事目的,在政治上、道义上还遭到可耻的失败。

"联合国军"方面为强迫扣留朝中战俘,于1952年春提出所谓"自愿遣返"的原则,反对朝中方面提出的全部遣返的主张,致使停战谈判陷入僵局。此时,"联合国军"接受了发动夏、秋季局部攻势受挫的教训,采取以小规模的进攻行动和空军的破坏活动,维持其防线和配合谈判。

1952年4月7日,志愿军司令员彭德怀回国休养,陈赓代理司令员职务。中国人民志愿军为坚持持久作战,巩固已有阵地,创造性地建成了以坑道工事为骨干、野战工事相结合的支撑点式的坚固防御体系。志愿军由带机动性质的积极防御,转为带坚守性质的积极防御;由主要用于坚守战线、消耗敌人的阵地防御,逐渐转向以歼灭敌人为主的阵地进攻,攻防作战均处于更加主动地位。随着阵地的不断巩固,中朝人民军队在打小歼灭战的思想指导下,广泛开展小部队战斗活动,袭击和伏击"联合国军",抢占中间地带,夺取其突出的前沿阵地和支撑点,并逐渐扩大作战规模。

1952年秋,中朝人民军队有组织有计划地在全线进行具有战役规模的战术反击作战,攻占了"联合国军"许多营以下阵地,接着又取得了上甘岭战役的胜利,粉碎了"联合国军"发动的规模较大、持续时间较长的"金化攻势"。

上甘岭位于朝鲜江原道南端金化境内。10月中旬,美军第八集团军司令范佛里特,先后投入3个师6万多人的兵力,300多门大炮,近200辆坦克,3000多架次飞机,对志愿军第十五军两个连防守的上甘岭南597.9高地和537.7北山阵地发动连续40多天的攻击。在这两个不足4平方公里的阵地上,美军投掷炸弹5000余颗,发射炮弹190多万发,将阵地土石炸松2米,但仍未能攻克。志愿军也先后投入第十五、第十二军共3个多师4万多人的兵力,140余门火炮,依托坑道工事与敌展开激烈争夺战。虽然阵地表面工事几次被敌军占领,但终将敌军全部赶出阵地。战至11月25日,敌军被迫停止进攻。志愿军共歼敌2.5万多人,阵地岿然未动,创造了坚守防御的范例。

朝鲜停战谈判至1952年冬,仍无进展。新当选的美国第三十四届总统艾森豪威尔表示,如果谈判还不成功,就要不顾一切危险全力发动一场进攻。为此,"联合国军"总司令克拉克(1952年4月28日受命接替李奇微)组织了专门小组,制定侧后登陆计划。中朝人民军队从1952年底起,开始进行大规模的反登陆作战准备,加强了朝鲜东、西海岸的防守兵力和防御阵地,囤积了大量的作战物资。正面战场也作了充分准备。至1953年4月,中朝人民军队全部完成反登陆作战准备工作。在这种情况下,"联合国军"被迫放弃军事冒险计划。4月26日,中断六个月之久的停战谈判(美军发动"金化攻势"前的10月8日,美方代表团单方面宣布停战谈判无限期休会)得以恢复。

中国人民志愿军根据毛泽东关于"争取停、准备拖。而军队方面则应作拖的打算,只管打,不管谈,不要松劲"①的指示,决定以打促谈,实施夏季反击战役,以促成朝鲜停战实现。

从5月13日开始,志愿军先后对预先选定的敌军连以下兵力防守的阵地发起攻击。至26日,第一次进攻作战结束,共攻克阵地20个,全歼守敌4 100多人。

5月25日,美方代表团在遣俘问题上的态度有所转变,接受朝中代表的新建议,即停战实现后立即遣返要求遣返的战俘,对不愿直接遣返的战俘交由双方协议的中立国遣返委员会接管,安排其遣返。但南朝鲜李承晚集团坚决反对,其谈判代表拒绝到会,以示抗议。志愿军领导决定将反击战役以打美军为重点改为以打南朝鲜军为重点。从5月27日开始,对敌军团以下兵力防守的51个阵地发起攻击,至6月16日,第二次进攻作战停止,共歼敌4.1万多人,扩大阵地面积58平方公里,并创造了阵地战以来一次全歼南朝鲜军一个团的战例。

---

① 转引自邓华1953年4月20日给杨得志等并报中央军委的电报。邓华于1952年6月11日接替陈赓代理志愿军司令员和政治委员。陈赓回国调任军委工程学院院长。

抗美援朝战争停战前中国人民志愿军序列表（1953年7月）

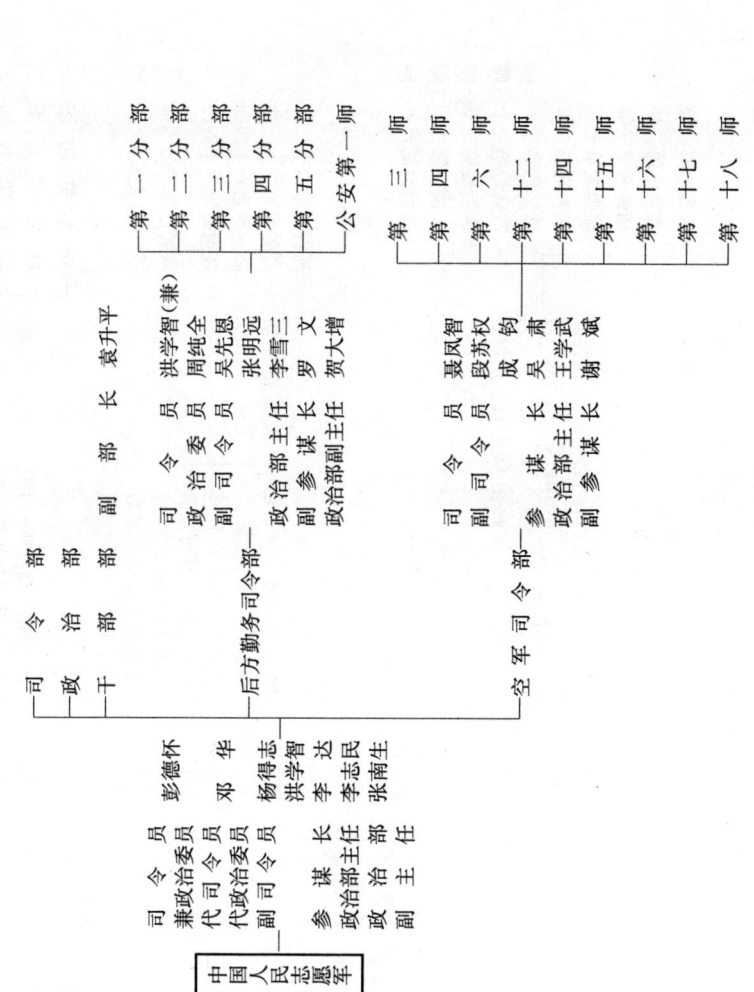

续表

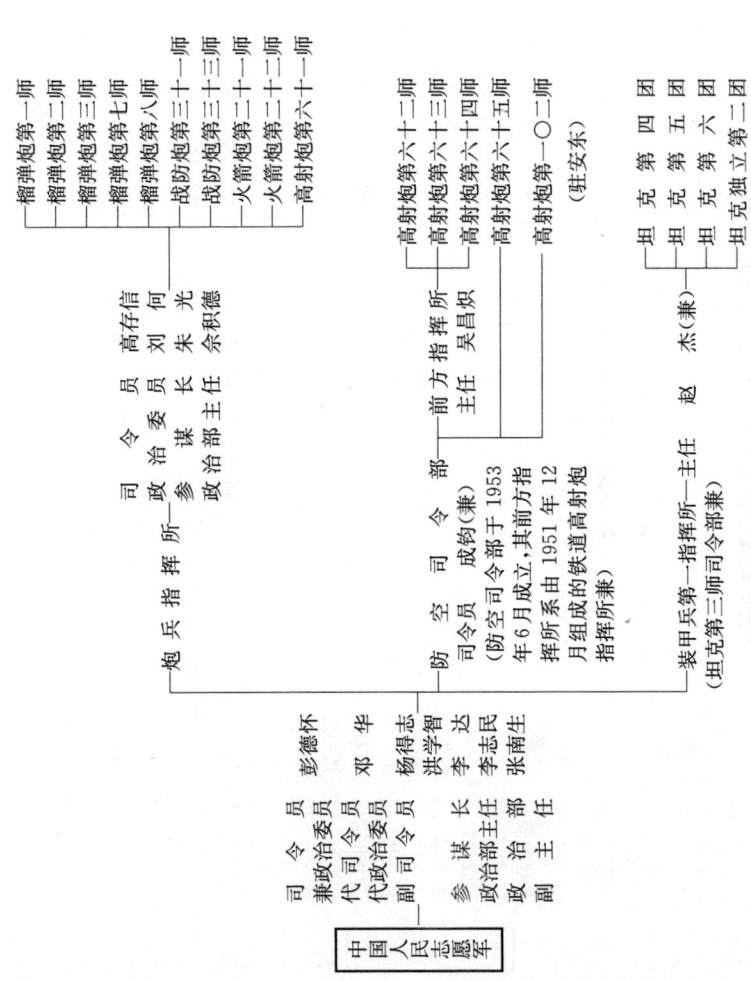

续表

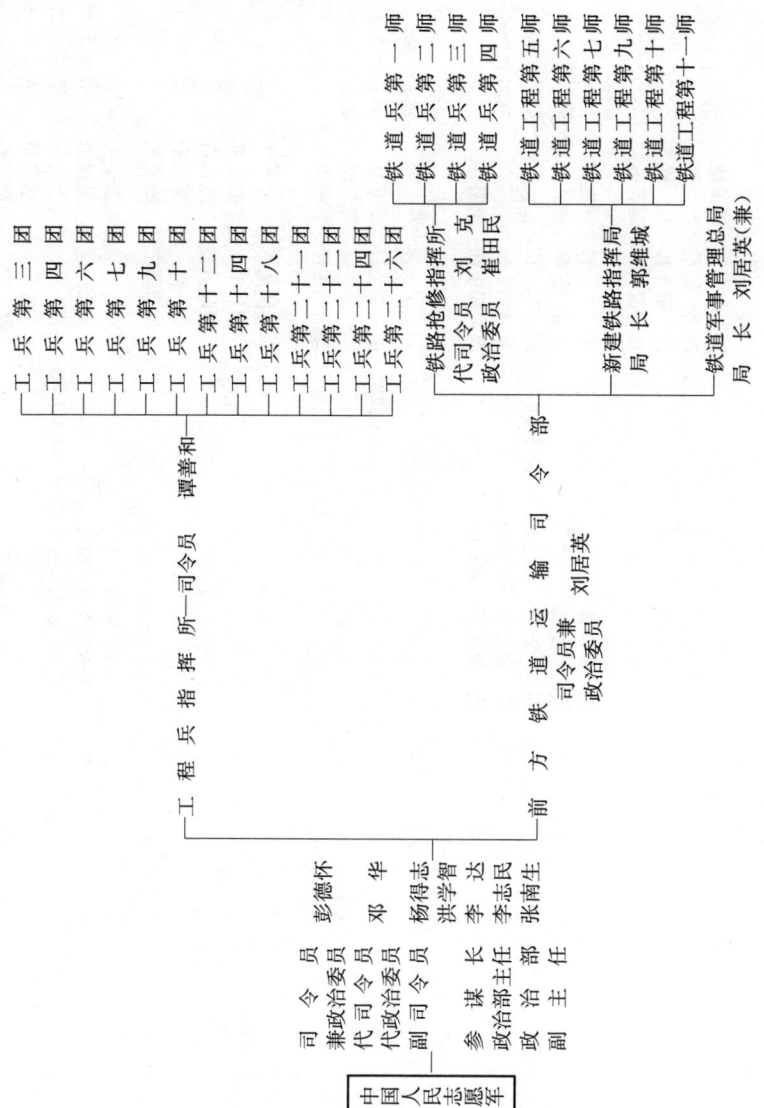

续表

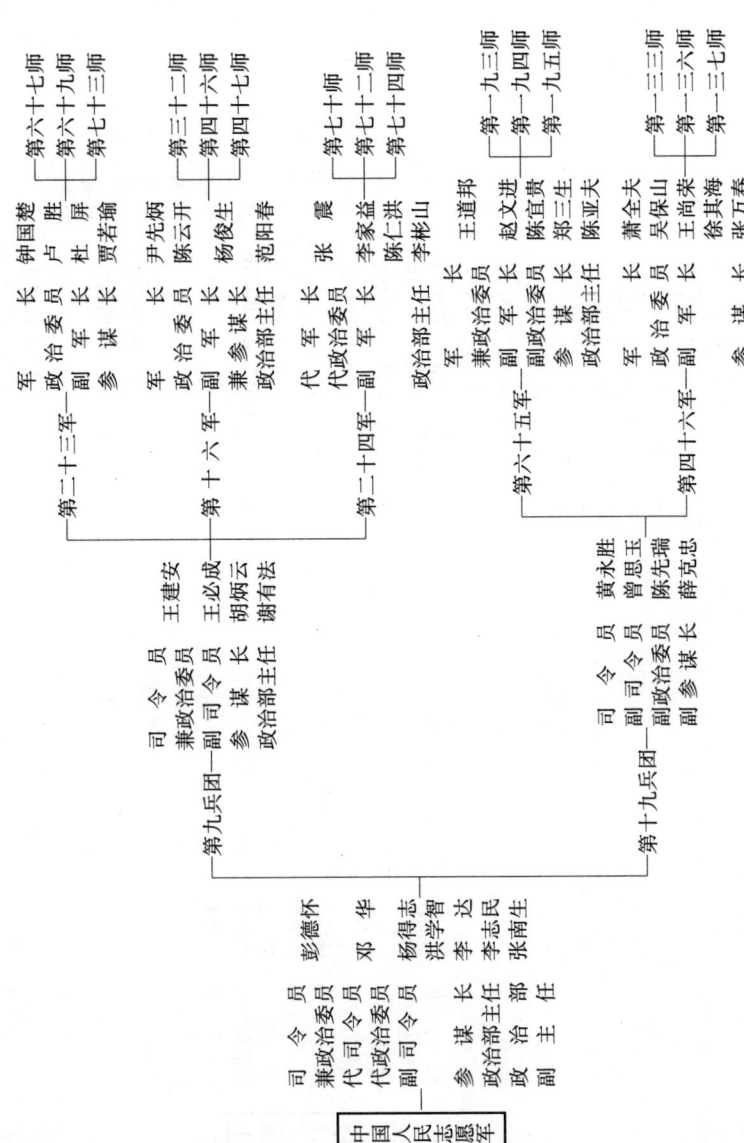

中国人民志愿军
司　令　员　彭德怀
兼政治委员
代司令员　邓　华
代政治委员
副司令员　杨得志
　　　　　洪学智
参　谋　长　李志民
政治部主任　张南生
副主任

第九兵团
司　令　员　王建安
兼政治委员
副司令员　王必成
参　谋　长　胡炳云
政治部主任　谢有法

第二十一军
军　长　钟国楚
政治委员　卢　胜
副军长　杜　屏
参　谋　长　贾若瑜
— 第六十一师
— 第六十二师
— 第七十三师

第十六军
军　长　尹先炳
政治委员　陈云开
副军长　杨俊生
兼参谋长
政治部主任　范阳春
— 第三十二师
— 第四十六师
— 第四十七师

第二十四军
代军长　张　震
代政治委员　李家益
副军长　陈仁洪
政治部主任　李彬山
— 第七十师
— 第七十二师
— 第七十四师

第十九兵团
司　令　员　黄永胜
副司令员　曾思玉
副政治委员　陈先瑞
副参谋长　薛克忠

第六十五军
军　长　王道邦
兼政治委员
副军长　赵文进
副政治委员　陈宜贵
政治部主任　郑三生
　　　　　陈亚夫
— 第一九三师
— 第一九四师
— 第一九五师

第四十六军
军　长　萧全夫
政治委员　吴保山
副军长　王尚荣
　　　　徐其海
参　谋　长　张万春
— 第一三三师
— 第一三六师
— 第一三七师

续 表

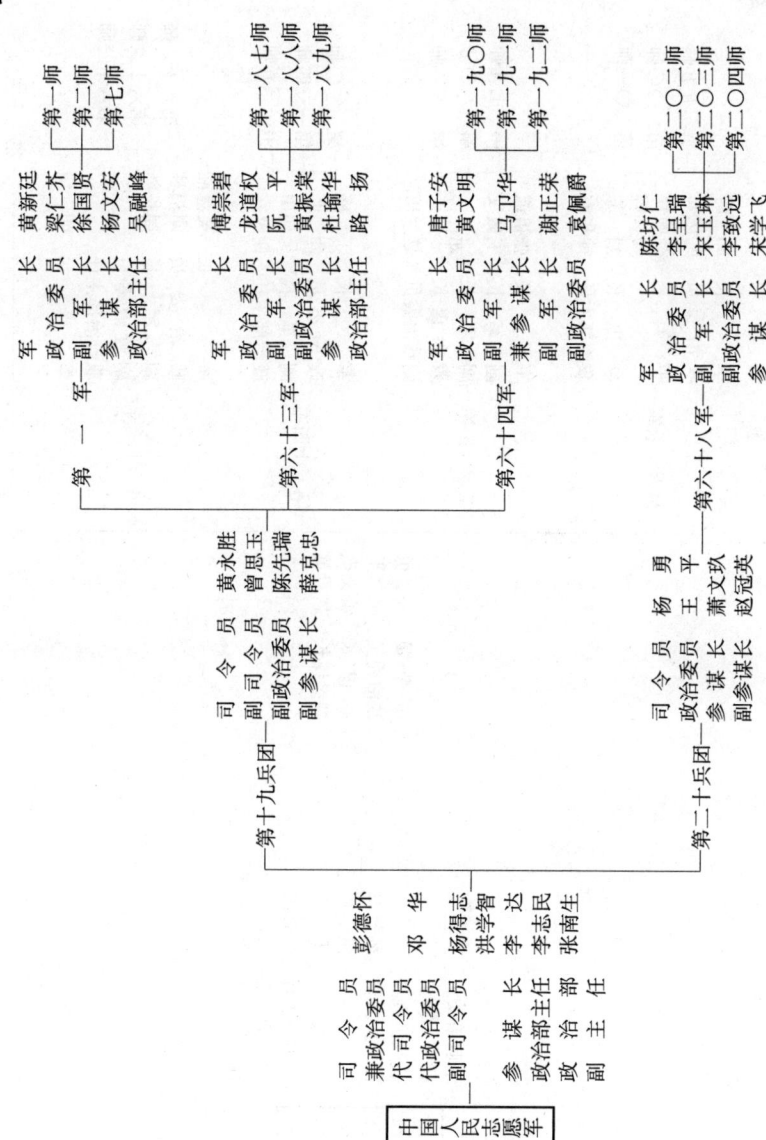

中国人民志愿军
- 司　令　员　　彭德怀
- 兼政治委员
- 代司令员　　邓　华
- 代司令员　　杨得志
- 副司令员
- 参　谋　长　　洪学智
- 政治部主任　　李　达
- 政　治　部　　李志民
- 副　主　任　　张南生

第十九兵团
- 司　令　员　　黄永胜
- 副司令员　　曾思玉
- 副政治委员　　陈先瑞
- 副参谋长　　薛克忠

第二十兵团
- 司　令　员　　杨　勇
- 政治委员　　王　平
- 参　谋　长　　萧文玖
- 副参谋长　　赵冠英

第一军
- 军　　　长　　黄新廷
- 政治委员　　梁仁芥
- 副军长　　徐国贤
  - 第一师
  - 第二师
  - 第七师
- 参　谋　长　　杨文安
- 政治部主任　　吴融峰

第六十三军
- 军　　　长　　傅崇碧
- 政治委员　　龙道权
- 副军长　　阮　平
  - 第一八七师
  - 第一八八师
  - 第一八九师
- 副政治委员　　黄振棠
- 参　谋　长　　杜瑜华
- 政治部主任　　路　扬

第六十四军
- 军　　　长　　唐子安
- 政治委员　　黄文明
  - 第一九〇师
  - 第一九一师
  - 第一九二师
- 副军兼参谋长　　马卫华
- 副军长　　谢正荣
- 副政治委员　　袁佩爵

第六十八军
- 军　　　长　　陈坊仁
- 政治委员　　李呈瑞
- 副军长　　朱玉琳
  - 第二〇二师
  - 第二〇三师
  - 第二〇四师
- 副政治委员　　李致远
- 参　谋　长　　宋学飞

续表

中国人民志愿军
- 司　令　员　彭德怀
- 兼政治委员　邓　华
- 代司令员　杨得志
- 副司令员　杨勇
- 参　谋　长　洪学智
- 政治部主任　李志民
- 政治部副主任　张南生

第二十兵团
- 司　令　员　杨勇
- 政治委员　王平
- 参谋长　萧文玖
- 副参谋长　赵冠英

第六十七军
- 军　长　邱蔚
- 政治委员　旷伏兆
- 副军长　刘儒林
- 参谋长　马辉
- 副参谋长　刘苏
- 政治部主任　钟华农
  - 第一九九师
  - 第二〇〇师
  - 第二〇一师

第六十军
- 军　长　张祖谅
- 副军长　王诚汉
- 副军长　邓仕俊
- 兼参谋长　邓仕俊
- 副政治委员　赵兰田
  - 第一七九师
  - 第一八〇师
  - 第一八一师

第五十四军
- 军　长　丁盛
- 政治委员　谢明
- 副军长　吴瑞山
- 政治部主任　谢家祥
  - 第一三〇师
  - 第一三四师
  - 第一三五师

第二十一军
- 军　长　吴泳湘
- 政治委员　谢福林
- 副军长　周长胜
- 副政治委员　严政
- 兼政治部主任　严政
- 参谋长　胡炜
  - 第六十一师
  - 第六十三师
  - 第三十三师

续表

中国人民志愿军
- 司令员兼政治委员 彭德怀
- 代司令员代政治委员 邓华
- 副司令员 杨得志
- 参谋长 洪学智
- 政治部主任 李志民
- 政治部副主任 张南生

第三兵团（兼东海岸指挥部）
- 司令员 许世友
- 副司令员副政治委员 曾绍山
- 参谋长 杜义德
- 政治部主任 王蕴瑞
- 刘有光

  - 第十二军
    - 代军长 萧永银 — 第三十一师
    - 政治委员 李震 — 第三十四师
    - 副军长 李德生 — 第三十五师
  - 第十五军
    - 代军长 李成芳 — 第二十九师
    - 政治委员 谷景生 — 第四十四师
    - 军长 周发田 — 第四十五师
    - 参谋长 张蕴钰
    - 政治部主任 车敏樵

第三十八军
- 军长 江拥辉 — 第一一二师
- 政治委员 吴岱 — 第一一三师
- 副军长 王良太 — 第一一四师
- 参谋长 李际泰 （两个团）
- 政治部主任 王树君

第四十军
- 军长 温玉成 — 第一一八师
- 兼政治委员 — 第一一九师
- 副军长 邓岳 — 第一二○师
- 副政治委员 李伯秋
- 参谋长 叶荫庭

西海岸指挥部
- 司令员 邓华
- 兼政治委员
- 副司令员 梁兴初
- 副政治委员 杜平
- 参谋长 王政柱
- 副参谋长 宋学飞

第五十军
- 军长 曾泽生 — 第一四八师
- 政治委员 徐文烈 — 第一四九师
- 副军长 曾雍雅 — 第一五○师
- 参谋长 蒋克诚 — 第一三八师
- 政治部主任 杨中行 （一个团）

续 表

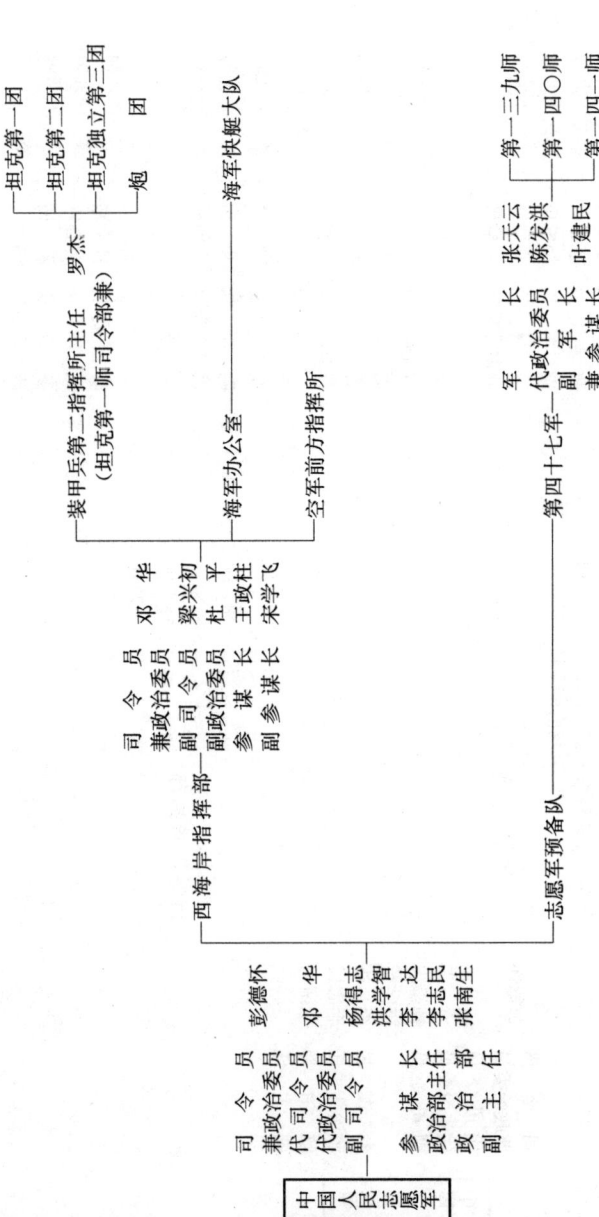

注：此表步兵按作战序列，特种兵按组织序列排列。

抗美援朝战争停战前敌军序列表
（1953年7月）

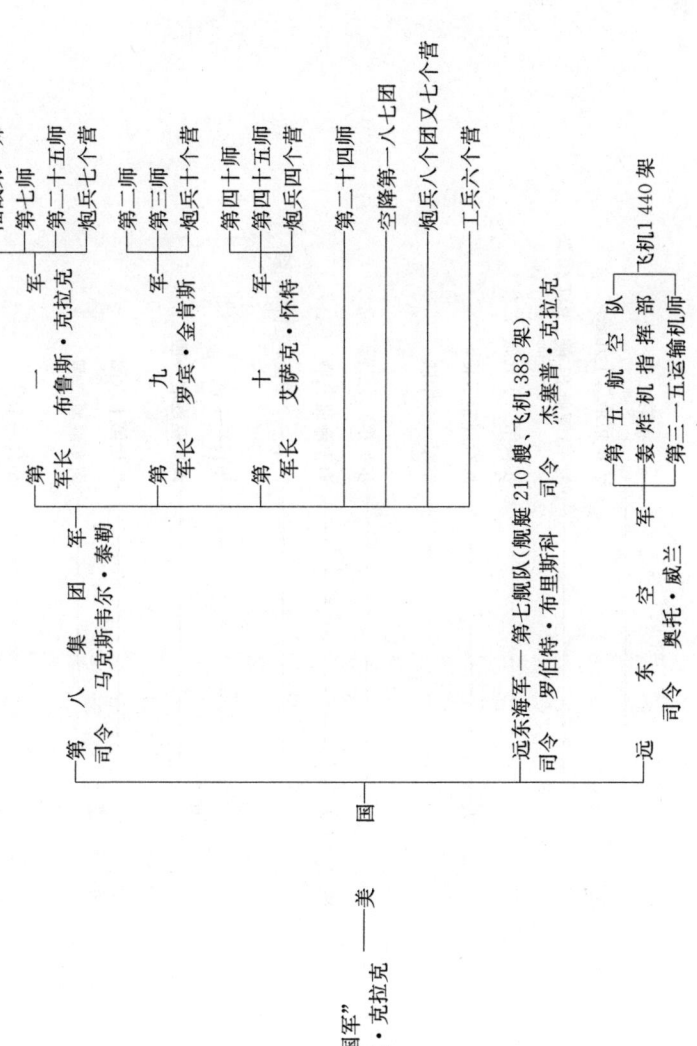

续　表

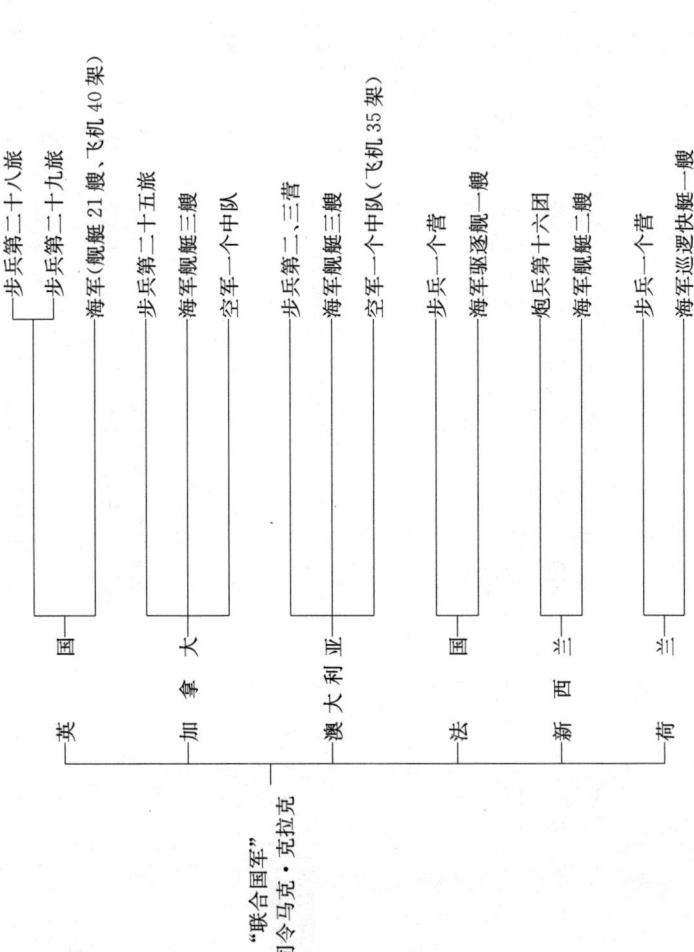

续 表

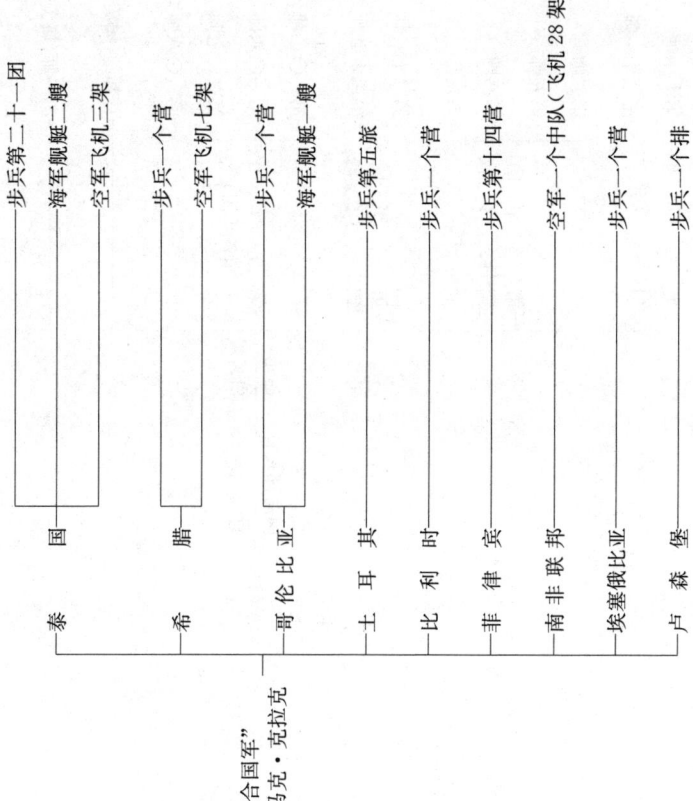

"联合国军"总司令马克·克拉克	泰 国	步兵第二十一团 海军舰艇二艘 空军飞机三架
	希 腊	步兵一个营 空军飞机七架
	哥伦比亚	步兵一个营 海军舰艇一艘
	土 耳 其	步兵第五旅
	比 利 时	步兵一个营
	菲 律 宾	步兵第十四营
	南非联邦	空军一个中队（飞机28架）
	埃塞俄比亚	步兵一个营
	卢 森 堡	步兵一个排

注：瑞典、丹麦派出了医疗船，印度、挪威、意大利派出了医院到南朝鲜，为战争服务。

续 表

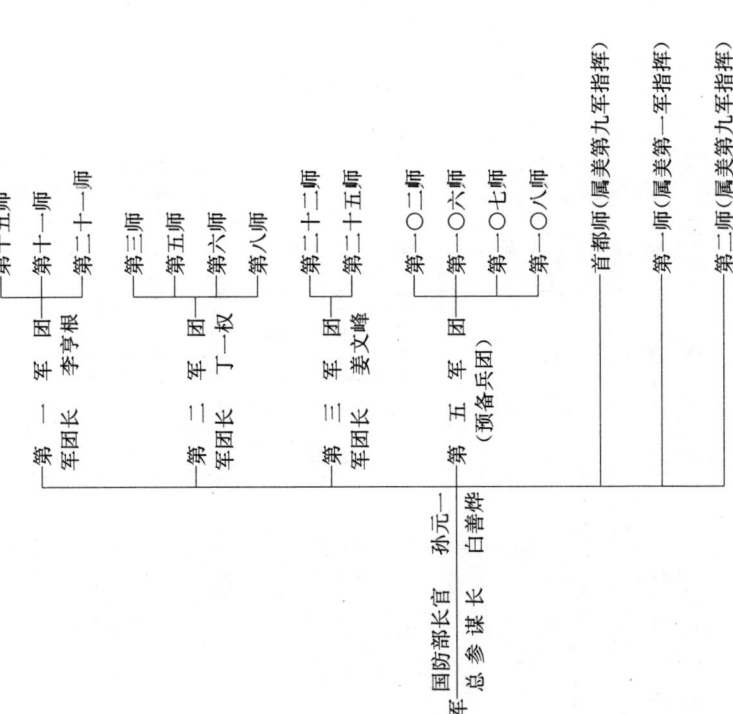

续 表

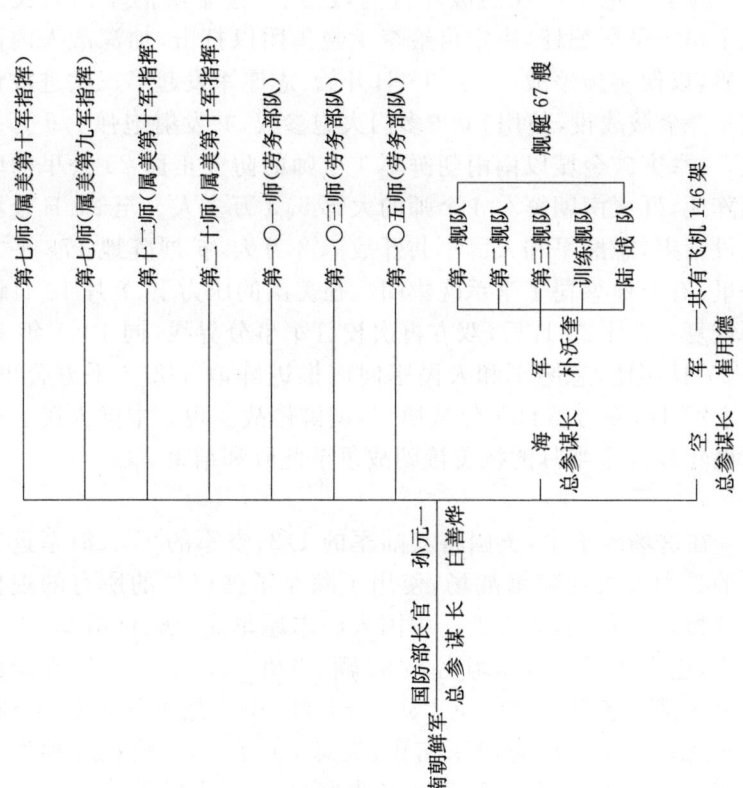

6月8日,谈判双方正式达成了关于遣返战俘的协议。朝鲜停战谈判各项议程均已达成了协议,因而志愿军和人民军才于6月16日停止第二次进攻作战。不料李承晚集团于6月17日夜至19日,以"就地释放"为名,扣留朝鲜人民军被俘人员2.7万多人,企图破坏停战实现。

为了严惩李承晚的破坏行为,已经到达平壤的中国人民志愿军司令员彭德怀,决定再给李承晚集团以打击,加深敌人内部矛盾,以便实施停战。7月13日开始,志愿军发起第三次进攻作战——金城战役,使用1000多门火炮参战,共发射炮弹1.9万多吨,一举突破金城以南南朝鲜军4个师的防守正面25公里的坚固阵地,歼灭南朝鲜军4个师的大部5.3万多人。至27日金城战役结束,志愿军和人民军共歼敌7.8万人,扩展阵地178平方公里,有力地惩罚了李承晚集团。在美国的压力下,7月10日谈判恢复。7月20日后,双方再次校订军事分界线,同1951年11月27日相比,志愿军和人民军向南推进阵地332.6平方公里。7月27日,双方签订了停战协定,朝鲜停战实现。中国人民志愿军两年零九个半月的抗美援朝战争至此胜利结束。

在这场战争中,美国将其陆军的1/3、空军的1/5、海军近半数的兵力投入到朝鲜战场,使用了除原子弹以外的所有的现代化武器,然而却遭到失败。中国人民志愿军毙、伤、俘敌军71万余人,击毁和缴获敌军坦克1492辆、飞机4268架。美军在朝鲜战争中消耗各种作战物资7300余万吨,用于战争的经费达830亿美元。中国人民志愿军伤亡、失踪36万余人,消耗各种作战物资560余万吨,用于战争的经费为62亿元人民币。

这场战争的突出特点是:(1)它是一场规模较大的国际性的局部战争,政治斗争、军事斗争交织进行,复杂尖锐,两军较量异常激烈。在一个幅员狭小的战场上,战争双方投入了大量的兵力、兵器,到战争结束时,双方兵力总共达300多万人,喷气式飞机广泛使用于战场。战场上的兵力密度、某些战役战斗的炮火密度、美国空军的轰炸密度都超过了第二次世界大战的水平。

(2)战争双方武器装备优劣相差悬殊。美国是资本主义世界最大的工业强国,美军具有第一流的现代化技术装备,掌握着制空权和制海权,实现现代化的诸军、兵种联合作战,但进行的是非正义的侵略战争,失道寡助,内部矛盾重重。中国经济落后,志愿军武器装备处于明显劣势,基本上是靠步兵和少量炮兵、坦克部队作战。后虽有少量空军,也只能掩护主要交通运输线。但中朝人民军队所进行的是正义的反侵略战争,得到了中朝人民的全力支持,有巨大的政治优势。(3)战争的主要战场在东西濒海、地幅狭长、山高林密的朝鲜半岛北半部,便于实施登陆作战和利用山地隐蔽军队、组织防御,但不便于发挥现代化技术装备的效能和大兵团实施广泛机动。(4)志愿军出国作战,就地补给或取之于敌都较困难,一切作战物资基本上靠国内供应,而且交通工具落后,加之美国空军的封锁破坏,供应困难,作战行动受到很大影响。"联合国军"依赖其现代化装备,能迅速完成补给,保障作战。这些特点,都制约着战争双方的战争指导,影响着战争的进程和结局。

中国人民志愿军在中国共产党和毛泽东主席领导下,坚持按照一切从实际出发、实事求是的思想路线指导战争,以高度的国际主义和爱国主义精神,以顽强的意志、无比的勇敢和智慧,战胜了许多困难,同朝鲜人民军并肩作战,取得了战争的胜利。

抗美援朝战争的胜利,具有重大的历史意义:(1)中国人民志愿军同朝鲜人民军一起保卫了朝鲜民主主义人民共和国,保卫了中华人民共和国的安全,为维护世界和平、促进世界人民的反帝斗争作出了重要贡献。中国人民志愿军打出了军威、国威,提高了新中国的国际威望。(2)这场战争极大地激发了中国人民的爱国主义、国际主义精神,增强了民族自信心和自豪感,有力地促进了国民经济的恢复和发展。(3)这场战争由于双方都面对新的战场、新的作战对象,因而作战样式、战略战术的运用,都有别于过去进行的战争。喷气式飞机的大量使用、直升机直接用于作战、以坑道为骨干支撑点式防御阵地体系的形成,给以后的战争提供了新经验,促进了军事学术的发展。(4)中国人民志愿军不仅圆满地完成了祖国人民赋予的光荣使命,而且在战争中学习战争,取得了以劣势装备战胜优势装备之敌的宝贵经验,丰富和发展了毛泽东军事思想,促进了中国国防和军队的现代化建设。

第二十章　由单一军种向合成军队转变

中国共产党早在革命战争年代就很重视军队的现代化、正规化建设,但限于当时条件,不可能大规模进行现代化、正规化建设。那时军队的主要成分是步兵,只有少量的技术兵种部队,现代化、正规化程度很低。随着大规模战争的结束,中国人民解放军进行现代化、正规化建设的客观条件逐渐成熟。1949年9月21日,毛泽东在中国人民政治协商会议第一届全体会议上宣告:"在英勇的经过了考验的人民解放军的基础上,我们的人民武装力量必须保存和发展起来。我们将不但有一个强大的陆军,而且有一个强大的空军和一个强大的海军。"①他还把建立强大国防军的任务摆在了当时中国人民两件大事之一的重要地位。根据中共中央和中央军委指示,在新中国成立后,中国人民解放军建设开始了由低级阶段向高级阶段、由单一军种向诸军兵种合成军队的转变历程。

第一节　确立国家军事领导体制

中国人民解放军的最高领导机构在革命战争年代一直是党的中央军事委员会。到1949年4月,为适应夺取全国胜利的客观需要,中共中央革命军事委员会对外称"中国人民革命军事委员会"。中华人民共和国成立后,随着国家政权的建立,也建立

---

① 毛泽东:《中国人民站起来了》,载中共中央文献研究室编《建国以来毛泽东文稿》第一册,第7页,中央文献出版社1987年版。

了新的军事领导体制。

《中国人民政治协商会议共同纲领》确定了中华人民共和国的军事制度,其第三章第二十条规定:中华人民共和国建立统一的军队,即人民解放军和人民公安部队,受中央人民政府人民革命军事委员会统率,实行统一的指挥,统一的制度,统一的编制,统一的纪律。这一规定确立了中央人民政府人民革命军事委员会的法律地位,它是中国人民解放军的最高统率机关,是制定军事战略方针、领导国防和军队建设的最高指挥机构。

1949年10月1日,中央人民政府委员会第一次会议任命毛泽东为中央人民政府人民革命军事委员会主席。10月19日,中央人民政府委员会第三次会议,决定成立中央人民政府人民革命军事委员会。会议任命朱德、刘少奇、周恩来、彭德怀、程潜为人民革命军事委员会副主席,贺龙、刘伯承、陈毅、林彪、徐向前、叶剑英、聂荣臻、高岗、粟裕、张云逸、邓小平、李先念、饶漱石、邓子恢、习仲勋、罗瑞卿、萨镇冰、张治中、傅作义、蔡廷锴、龙云、刘斐为委员。中央军委日常工作由周恩来主持。中央人民政府人民革命军事委员会成立后,仍简称为"中央军委",取代了原有的中共中央革命军事委员会的职能,党内未再设中央军事委员会。1951年11月5日,中央人民政府委员会第十三次会议决定增补林彪、高岗为人民革命军事委员会副主席。1954年6月19日,中央人民政府委员会第三十二次会议决定增补刘伯承、贺龙、陈毅、罗荣桓、徐向前、聂荣臻、叶剑英为人民革命军事委员会副主席,徐海东为委员。从1952年7月起,中央军委日常工作由彭德怀主持。

1954年9月,中华人民共和国第一届全国人民代表大会第一次会议决定设立国防委员会和国防部,任命毛泽东兼任国防委员会主席,国务院副总理彭德怀兼任国防部部长。1954年9月28日,中共中央政治局决定取消原中央人民政府人民革命军事委员会,作出了关于成立党的军事委员会的决议。这个决议指出:中央政治局认为,必须同过去一样,在中央政治局和书记处之下成立一个党的军事委员会,担负整个军事工作的领导。

决议决定由毛泽东、朱德、彭德怀、林彪、刘伯承、贺龙、陈毅、邓小平、罗荣桓、徐向前、聂荣臻、叶剑英组成中共中央军事委员会,毛泽东任主席,彭德怀主持军委的日常工作。1954年11月,中共中央军委任命了中国人民解放军各总部的领导人员。

人民革命军事委员会下设总参谋部、总政治部、总后勤部。它们是中央军委战略决策、方针政策的执行机构,是全军军事、政治、后勤和技术工作的最高领导机关。三总部虽然在战争年代就有,但其机构及职能与过去不大相同。新中国成立后,根据国防建设和军队建设的需要,要求加强军委总部机构的建设。军委总部机构建立和充实后,在参谋工作、训练工作、政治工作、干部工作、后勤工作等方面做了大量的工作,对加强全军的统一领导与完成作战和建设任务发挥了重要的作用。

根据新中国成立初期国家的行政区划,在全国设置了一级军区、二级军区、三级军区和军分区四级军区体制。与中央局相应的设一级军区,与中央分局相应的设二级军区,在省和行政区设三级军区,在地(专)区设军分区。

1949年11月至1950年2月先后设置6个一级军区,即东北军区(司令员兼政治委员高岗)、华北军区(司令员聂荣臻,政治委员薄一波)、华东军区(司令员陈毅,政治委员饶漱石)、中南军区(司令员林彪,第一政治委员罗荣桓、第二政治委员邓子恢、第三政治委员谭政)、西南军区(司令员贺龙,政治委员邓小平)和西北军区(司令员彭德怀,政治委员习仲勋)。另设有18个(1951年3月增加到19个)二级军区。在未设二级军区的省和行政区分别设置了三级军区,地(专)区分别设置了军分区。1951年10月,中央军委和总参谋部颁布陆军各特种兵部队、防空部队领导关系的规定,明确一、二级军区对驻本区内陆军炮兵、装甲兵、工兵和防空部队的建制领导关系。至此,一、二级军区领导机关成为中国人民解放军合成军队战役指挥机构和所属陆军部队及区内地方性军事工作的管理部门。1951年10月和1952年3月,中央军委又明确规定各军区领导机关和军委海、空军领导机关对军区辖区中的海、空军部队实施双重领导,主要由军区负责作战指挥。各军区相继成立炮兵、装甲兵、工兵、骑兵和公安司令部等机构以适应需要。1953年12月,军委又再次明确了军区领导机关在其管辖范围内执行领导、管理和指挥的职责。

第二节　建立新的军种和兵种

建立新军兵种的努力在战争年代就开始了。随着解放战争的节节胜利,全国即将解放,建立新军兵种的条件逐渐成熟,中共中央和中央军委审时度势,开始筹划建立空军、海军和陆军各技术兵种。但是,许多新军兵种机构的建立、充实,新军兵种部队的建设是在夺取全国政权以后全面展开的,特别是抗美援朝战争对空军和炮兵、装甲兵、工程兵、防空部队、铁道兵等技术兵种的建设起了巨大的促进作用。中国人民解放军在建国初期的"边打边建"中迅速成长起来,到1953年,已经发展成为一支军兵种比较齐全的合成军队,除了陆军,还建立了空军、海军;陆军不仅有步兵,还有炮兵、工程兵、装甲兵、通信兵、铁道兵、防空部队等技术兵种。除此之外,属中国人民解放军序列的公安部队也组建和发展起来。

一　建立人民海军

人民海军的建立经历了一个先建立军区海军或基地,再成立全国性的海军领导机关的过程。中国人民解放军最早的一支海军部队是华东军区海军。1949年春,中国人民解放军在准备渡江战役的过程中,长江下游的国民党海军舰艇正在酝酿起义。中央军委预料随着战争的胜利会接收更多的国民党海军人员和装备,而且渡海作战的任务也将提到日程上来,于是命令华东军区及时组建军区海军。4月23日,华东军区海军在江苏泰州白马庙乡第三野战军东路渡江作战指挥部驻地宣告成立。这一天后来被中央军委批准为中国人民解放军海军的诞生日。1949年12月15日,广东军区江防司令部成立。翌年12月3日,中南军区海军领导机构成立。1950年9月9日,海军青岛基地成立。

新中国成立后不久,中央军委就决定组建海军领导机构。1950年1月12日,任命萧劲光为海军司令员。4月14日,正式成立中国人民解放军海军领导机关。海军领导机关的成立,标志着海军已正式作为中国人民解放军的一个军种。海军领导机关建立后,于1950年8月在北京召开了海军建设会议,提出了海军建设的方针:

> 从长期建设着眼,由当前情况出发,建设一支现代化的、富有攻防能力的、近海的、轻型的海上战斗力量。首先组织利用和发挥现有力量,在现有力量的基础上,以发展鱼雷艇、潜水艇和海空军等新的力量,逐步建设一支坚强的国家海军。①

会议提出,建设一支轻型海上力量,包括进行协同作战所必需的诸兵种:水面舰艇部队、潜艇部队、海军航空兵部队、岸防兵部队、海军陆战队以及各种专业勤务部队。这些兵种部队的建设,初期应以空(海军航空兵部队)、潜(潜艇部队)、快(鱼雷艇部队)为主,其他兵种相应发展。会议还提出了人民海军的建军路线,即在党的绝对领导之下,以陆军为基础,吸收大量的革命青年知识分子,争取团结和改造原海军人员,建设人民的海军。按照海军建军会议确定的方针原则,在陆军的大力支持下和苏联的帮助下,海军开始初期的创业。

二 建立人民空军

在解放战争即将取得胜利的前夕,中共中央就提出建立人

---

① 《中国人民解放军兵种历史丛书·海军史》,第31页,解放军出版社1989年版。

民空军的问题。1949年3月17日,中央军委决定成立航空局,统一领导、管理航空事业。六七月间,中共中央和中央军委考虑到渡海解放台湾的需要,决定加快建立空军的步伐。

在毛泽东的指示下,周恩来开始进行组建空军的工作。8月成立了一个飞行中队,负责北平地区的防空任务。这个航空中队还参加了开国大典的受阅飞行。这是中国人民解放军空军第一个担负作战任务的飞行中队。

10月20日,中央军委任命刘亚楼为空军司令员,萧华为政治委员。11月11日,中国人民解放军空军司令部宣布成立,原军委航空局随即取消。这一天后来被中央军委确定为中国人民解放军空军成立日。随后,各大军区司令部航空处陆续扩建为军区空军司令部,空军组织指挥领导体系也逐步健全。

1950年6月19日,空军第四混成旅在南京成立,这是空军第一支航空兵部队。

按照中央军委的要求,1950年8月,空军拟制了《建设人民空军的四年(一九五〇年至一九五三年)计划大纲》。人民空军以这个计划大纲为依据,进行初期的开创性建设。特别是抗美援朝战争开始后,中央军委高度重视空军的建设,将原准备购买海军舰艇的苏联贷款转用于购买飞机。在陆军部队的大力支援和苏联专家的指导下,大批航空兵部队迅速组建起来。年轻的人民空军在抗美援朝战争中成长壮大。从1950年10月到1954年初,中国人民解放军空军航空兵共建立了28个师70个团,拥有各型飞机3 000余架,在不长的时间内就形成了一支包括歼灭、强击、轰炸、侦察、运输航空兵在内的空中力量。

三 建立炮兵领导机关

在革命战争年代特别是在解放战争时期,炮兵已发展成为中国人民解放军最主要的技术兵种,是除步兵之外最强大的一个兵种。在新中国建立时,炮兵有4个师部、70多个团、3所学校和大量分队,有各种火炮2万多门。因此确切地说,它不是一个新兵种。但是在新中国成立前,炮兵没有一个全军统一的领导机关。

1950年3月,中央军委任命苏进为炮兵副司令员;4月,任命陈锡联为司令员。8月1日,中国人民解放军炮兵领导机关正式成立。在炮兵领导机关成立前后,各大军区也相应成立炮兵领导机构。炮兵按照中央军委提出的"大量发展新的炮兵,同时加强提高老的炮兵"的方针,制定了建设地面炮兵和高射炮兵的规划,采取优先发展预备炮兵,逐步充实步兵师以下队属炮兵的建设步骤。

炮兵在20世纪50年代初期得到空前发展。在预备炮兵的建设上,开始时针对国民党空军经常袭扰沿海地区的情况,优先发展高射炮兵。到1950年底,即由新中国成立时的16个高射炮兵团发展到29个团。抗美援朝战争开始后,炮兵建设的重点转向地面炮兵。从1950年11月起,军委先后抽调8个步兵师和一些机关及分队共9万余人组建大批炮兵部队。到1953年底,全军预备炮兵达23个师88个团又22个独立营,军、师队属炮兵团达100余个,战防炮营、高炮营各数十个;炮兵的装备也有很大改善,半数的预备炮兵和1/3的队属炮兵改换为苏式装备。

四 建立装甲兵领导机关

早在土地革命战争后期和抗日战争时期,中共中央就认识到建立机械化部队的重要性,并利用一切可能条件培养装甲兵建设所需要的人才。到新中国成立时,人民解放军坦克部队已经发展成为一支拥有近万人、410余辆坦克、360余辆装甲车的现代突击力量。

1949年12月,中央军委决定组建装甲兵。1950年6月,任命许光达为摩托装甲兵司令员。9月1日,中国人民解放军摩托装甲兵领导机关正式成立(1951年7月16日,摩托装甲兵司令部改称装甲兵司令部)。装甲兵正式成为中国人民解放军的一个兵种。装甲兵领导机关成立后,各大军区开始组建装甲兵领导机构,并借鉴苏军经验,对已有部队进行了整编。

1950年11月,中央军委决定将坦克旅改为坦克师。装甲兵依据总参谋部下达的"坦克师暂行编制表",将坦克第一、第二旅改为坦克第一、第二师,在吉林四平新组建坦克第三师。华东军区根据军委的命令,在河南以缴获的国民党军美式水陆坦克编成特种坦克师(后改称战车第二十六师、坦克第二十六师)。在军委装甲兵整编坦克师的同时,军区开始组建独立坦克团。1950年11月至1951年9月,以从苏联购进的装备,成立3个独立坦克团(第一、第二、第三团)。东北军区、华东军区将分散的独立坦克营合编为2个坦克团(第四、第五团)。另外华东军区还组建了3个独立坦克团(第六、第七、第八团)。根据陆军向诸兵种合成军队转变的要求,从1951年9月开始,在步兵师中增编坦克自行火炮团,这是迈向步兵机械化和合成体制的重要一步。

五 组建防空部队

抗日战争胜利后,由于防空的客观需要,中国人民解放军开始陆续组建高炮团、对空监视哨等防空部队。1950年至1952年,华东、东北、华北、中南军区防空司令部相继成立。

在各地防空机构和防空部队发展的基础上,1950年9月,中央军委决定成立中国人民解放军防空部队司令部。10月23日,任命周士第为司令员,钟赤兵为政治委员。12月16日,中国人民解放军防空部队司令部正式成立。防空部队领导机关成立后,根据中央军委的决定,凡担负城市要地防空任务以及正在组建的高射炮、探照灯、雷达、对空监视哨等部队均划归其建制。1951年至1953年,防空部队在抗美援朝战争和国内防空作战中有了较大的发展。

六 建立工程兵领导机关

工程兵诞生于革命战争年代。在南昌起义部队中就有工兵营、广州起义、百色起义都有工兵参加。在战火中工兵部队成长壮大起来。到中华人民共和国成立时，已有8个工兵团、1所工兵学校、4个工兵训练大队。此外，陆军中各军大都建有工兵营，部分师、团建有工兵连或工兵排。

为统一领导全军工兵部队，加强工兵部队的建设，中央军委决定建立工兵领导机关。1950年12月25日，中国人民解放军工兵领导机关成立，李近希任副司令员；1951年9月，陈士榘任司令员。各大军区在军委工兵领导机关建立之前，为适应工兵建设和领导的需要，建立了一些领导机构。从1949年10月至1952年底，全军工兵团由8个发展到28个，总兵力达7万余人；陆军军、师、团分别建立了工兵营、连、排。从此，工兵成为中国人民解放军合成军队中的一个重要兵种。1953年9月，全军28个工兵团按任务区分为工程工兵团、舟桥工兵团和建筑工兵团，统一了编制序列。1955年8月，工兵领导机关改称工程兵领导机关。

七　建立铁道兵

新中国成立前夕，中央军委将东北铁道纵队改编为铁道兵团，隶属中央军委建制。兵团司令员由军委铁道部部长滕代远兼任。1950年6月10日，按照中央军委的命令，铁道兵团缩编为3个师、1个直属桥梁团、1个直属汽车团，编制定员2.5万人。由于抗美援朝战争的需要，铁道兵团又进行扩编，以直属桥梁团为基础组建铁道兵第四师。1953年9月，中央军委命令，志愿军在朝鲜的6个铁道工程师正式划归军委系统，与铁道兵团现有的4个师、1个独立团，统一编为中国人民解放军铁道兵。自此，铁道兵正式成为中国人民解放军的一个兵种。

八　组建公安部队

根据《中国人民政治协商会议共同纲领》关于"中华人民共

和国建立统一的军队,即中国人民解放军和人民公安部队"的规定,中国人民解放军在1950年的整编中,编为国防军和公安部队两类。5月召开的全军参谋会议确定,公安部队定额占军队总员额的4.5%。1950年9月22日,公安部队领导机关成立,罗瑞卿任司令员兼政治委员。到1951年10月,各大军区和铁道公安部队领导机构相继建立;组建了正规公安部队20个师又3个团,同时接管了各省、地、县的地方公安武装,初步形成正规公安部队、地方公安部队和边防公安部队的体制。1952年上半年起,全国的内卫、边防和地方公安部队统一整编为中国人民解放军公安部队。公安边防部队和公安部队全部隶属中国人民解放军建制。

这些军兵种的建立,标志着中国人民解放军已由单一军种向诸军兵种合成军队的目标迈进。

第三节 改建和新建军事院校 制定和颁布条令、条例

一 改建和新建军事院校

办军事院校是培养现代作战人才的一条十分重要的途径。在新中国成立前,在相当艰苦的条件下,人民解放军因陋就简,建立过各种军事院校。这些院校不仅培养了大批军事、政治、后勤干部和各类专业技术人才,为革命战争的胜利作出了重要贡献,而且也为新中国军事教育事业的发展储备了人才,积累了经验。但是鉴于当时条件所限,其学制、教材等不尽统一。院校教育的这种状况不能适应建设正规化、现代化人民军队的需要,尽快建立正规的军事院校,建立军队院校教育体系,成为新中国成立后人民军队建设的一项十分迫切的任务。

1950年7月,中央军委会议研究了军事院校建设问题。会后,由周恩来制定、毛泽东批准的方案确定:"以战争年代创办的

学校为基础,改建、新建一批重点适应培养现代作战人才的各类院校。"①包括:创办一所全军性综合陆军大学,将各战略区原有的军政大学、军政干部学校和各部队的随营学校改建为高级步兵学校、初级步兵学校和专业技术学校,各军兵种新建一批专业学校等。按照这一方案,战争年代各战略区建立的军政大学、军政干校和各部队随营学校改建为5所高级步兵学校、24所初级步兵学校和一批专业技术院校。

1950年10月23日,毛泽东电令西南军政委员会主席刘伯承到北京主持陆军大学(因包括海、空军的教学,后定名为军事学院)的筹建工作。1951年1月,中国人民解放军军事学院在南京成立,刘伯承任院长兼政治委员。军事学院是培养高级指挥员和高级参谋人员的综合性军事学府,毛泽东称它的建立是中国人民解放军建军史上重大转变的标志之一。1952年7月,以第一高级步兵学校和高级后勤学校为基础,在北京成立中国人民解放军后勤学院,李聚奎任院长。后勤学院是一所合成军队后方勤务的指挥学院,培养全军中、高级后勤指挥军官和专业勤务军官。

1952年军队院校进行大调整。6月23日,中央人民政府人民革命军事委员会颁布了调整全军军事院校的命令。这一命令规定:全军设军事学院、后方勤务学院、军事工程学院各1所;全军编总高级步兵学校1所,高级步兵学校2所,步兵学校9所;高级炮兵学校1所,高射炮兵学校1所,地面炮兵学校6所,军械学校3所(炮兵军械学校2所、步兵军械学校1所),炮兵摩托学校1所;战车学校2所;高级工兵学校、工兵学校各1所;化学兵学校1所;防空学校、城防高射炮学校各1所;测绘学校、俄文学校和后勤系统的财务、军需、运输、油料、兽医学校各1所,协和医学院1所,医科大学6所(同年11月改成军医大学,并增至7所),卫生干部学校(同年11月改为军医中学)15所。除按此方案调整外,空军在原有10所航校的基础上,

---

① 参见《中国人民解放军》(上),第142页,当代中国出版社1994年版。

增建航空学校、干部学校各2所;海军增建海军预科学校、政治干部学校和后勤学校各1所。大军区各增建1所政治干部学校。经过调整,形成初、中、高级指挥院校和专业技术院校的梯次配置。到1952年底,全军共有军事、政治、文化、后勤、技术院校200余所。

1953年1月10日,以第三高级步兵学校为基础,在南京成立培养步兵部队中、高级指挥员和政治工作人员的总、高级步兵学校。同年9月1日,培养现代军事科学技术的各军兵种军事工程人员的军事工程学院在哈尔滨成立。到1953年,中国人民解放军初步形成了比较完整的院校教育体系,为部队培养了各级各类干部,为国防科技事业输送了技术骨干。

为统一领导全军军事训练和院校教育工作,1950年9月成立中央军委军事训练部,萧克任部长。1952年12月,中央军委又决定成立军事学校管理部,统一管理全军院校,张宗逊任副总参谋长兼军校部部长。

二 制定和颁布条令、条例

部队的各种规章制度在革命战争时期,大都是由各战略区自己制定的,因此不尽统一。新中国建立以后,中国人民解放军正规化现代化建设迫切需要全军统一的条令条例。中央军委和毛泽东对此相当重视。1950年秋,中央军委指示军委军训部成立条令编修委员会,编写共同条令。条令编修委员会提出针对未来作战对象,适应我军发展状况,重视过去经验,发扬优良传统,照顾中国特点的条令编修基本方针。同年,刘伯承写信给军委军训部部长萧克,提出以苏军条令为蓝本,以我军优良传统为基础,力求简明易行,以适合现在、照顾将来为原则,编写我军的条令。军训部很快以苏军条令为蓝本、结合当时军队的编制体制和武器装备情况编写了《纪律条令》、《内务条令》、《队列条令》草案。新成立的军事学院在院长刘伯承的主持下,对条令草案进行审查讨论,提出修改意见。

总参谋部根据毛泽东的命令,于1951年2月1日颁布中国人民解放军《内务条令(草案)》、《队列条令(草案)》和《纪律条令(草案)》,要求全军试行。这三部条令有很多规定偏重于照顾过去各战略区自定的法规和习惯。条令颁布试行后不久,中国人民解放军的编制和装备都发生了很大的变化,这些条令显得与实际不相适应。于是又根据新编制和部队改装的情况,对条令进行了进一步的修改。1953年5月1日,中央军委正式颁布经过修改的三大条令草案。1954年4月15日,中共中央、中央军委颁布了《中国人民解放军政治工作条例(草案)》。在军委制定全军统一的共同条令的同时,各军兵种组织力量翻译和颁发苏军的一些专业和勤务部门的战斗条令、条例和教范等,在部队中试行。如《步兵战斗条令》、《骑兵战斗条令》、《高射炮兵战斗条令》、《空军战斗条令》、《海军战斗条令》等。

这一系列条令条例的颁布试行,对规范军人行为,加强军队政治思想工作和纪律性,促进战术技术水平和组织指挥、协同作战能力的提高,均发挥了很好的作用。

从1955年9月开始,我军实行军衔制度。我国军衔制度的制订,既根据我国的传统,又借鉴了外国经验,采取了世界通行的军衔体制,分为六等十九级,适应了当时我军职务等级较多的情况,并略少于苏联和美国军队的军衔等级。1955年9月27日,中华人民共和国主席毛泽东根据全国人民代表大会常务委员会的决定,授予朱德、彭德怀、林彪、刘伯承、贺龙、陈毅、罗荣桓、徐向前、聂荣臻、叶剑英以中华人民共和国元帅军衔。同日,国务院举行了授予将官军衔的典礼。各大军区也先后举行了授衔仪式。此次授衔,除10大元帅外,还有10位大将(粟裕、徐海东、黄克诚、陈赓、谭政、萧劲光、张云逸、罗瑞卿、王树声、许光达)、57位上将、177位中将和1360位少将。在这些被受衔的1000多位将军中,有159人是原国民党军队起义的高级军官,其中被授为上将的有陈明仁、董其武和陶峙岳3人。

第四节　精简整编　开展文化教育和技术训练

一　精　简　整　编

随着革命战争的发展,人民解放军的数量不断扩大,到新中国建立初期总兵力已达550万人。1950年军费开支占国家财政支出比例的41.1%。由于大规模战争结束,国家开始了经济的恢复建设,不需要花费大量的经费维持一支庞大的军队,中共中央政治局于1950年2月正式决定军队进行大规模的精简整编,计划将总人数压缩到400万人。

1950年5月,中央军委召开全军参谋会议,部署整编工作,确定了全军分期分批复员、转业百余万人的精简整编方案。方案规定,整编的中心是实行复员和统一全军编制。这次整编的方针是:缩减陆军,尤其是步兵员额,加强空军、海军及各特种兵部队。陆军的精简幅度为26.6%,由原来占全军总员额的98.19%下降到95.47%。1950年6月30日,毛泽东主席和周恩来总理发布中国人民解放军复员150万人的决定,这是建国后中国人民解放军的第一次大规模精简整编。这次整编,陆军分为国防军和公安部队两类,国防军的军、师两级归一、二级军区和个别省军区建制领导;撤销了一部分兵团领导机构,充实了大军区。经过这次精简整编,陆军员额压缩,实际精简17.1%,并统编为国防军和公安部队;海、空军及各特种兵有了较大发展,总兵力达60余万人。这是中国人民解放军合成化的起步。由于朝鲜战争爆发,为了满足抗美援朝和保卫国防的需要,这次精简整编计划未能完全实现。不久部队又进行了扩编,1951年底总兵力达到611万人。

1951年底,当朝鲜战场形势基本稳定后,中共中央决定人民解放军再次进行精简整编,以加强国防力量和适应国家建设的需要。1952年1月5日，毛泽东批准《军事整编计划》。这一计划规定：国防军分两期进行精简整编，从1951年12月1日到1952年3月底为第一期，拟精简194万人；从1952年4月到12月为第二期，拟精简92万人；另有56万人留至1953年解决。主要是精简陆军，尤其是精简步兵，特种兵部队的编制根据装备生产情况相应增加。公安部队第一期精简15万人，第二期能否精简视情况再定。到1952年10月底，共精简19个军部、73个师，近200万人，整编中撤销了野战军和绝大部分兵团一级领导机构。整编后军、师由各军区直接指挥，军以下部队实行统一编组。全国还统一成立省军区、军分区和县（市）人民武装部，领导地方武装工作。通过这次精简整编，大大压缩了步兵人数和机关员额，陆军的兵种结构出现了明显的变化：步兵的人数减至168万，占陆军部队总额的84.65％，特种兵部队的编制人数增至30余万，占15.35％。这表明陆军初步完成由分散领导向集中统一指挥、从单一步兵体制向诸兵种合成体制的转变。同时，海军、空军和院校在精简整编中得到了加强，为以后的建设发展奠定了较好的基础。

二 开展文化教育和技术训练

中国人民解放军可谓工农子弟兵，其广大官兵多来自农村，很少有机会受到文化教育，文盲、半文盲很多。为提高干部战士的文化水平，在艰苦的战争环境中曾经因陋就简，开展识字活动。但是由于条件所限，不可能稳定地进行文化教育，部队的文化水平仍然很低。据1951年总政治部的报告：部队战士的文化程度，初小以下者占80％，其中识500字以下的尚有30％左右；干部中不及高小程度者约占68％，其中初小以下尚有30％左右。这种状况远不适应建设现代化的国防军的需要。为改变这种状况，中国人民解放军在训练中增加了文化教育的内容。

1950年8月1日，中央军委下达《关于在军队中实施文化教育的指示》，决定全军除执行规定的作战任务和生产任务外，必须在今后一个相当长的时期内着重学习文化,以提高文化为首要任务,使军队形成一个巨大的学校。毛泽东亲自为部队的文化学习制定了"速成的、联系实际的、但又是正规的"教育方针。在短短的几个月内,部队调配了5万多名文化教员,编印了200余万册教材,组建了近40所文化学校。由于抗美援朝战争开始,这一计划推迟。

1951年11月29日,中央军委又作出决定:1952年的教育训练,全军除海、空军及雷达部队之有文化者外,均执行以文化教育为主的方针。这一方针,是为了更有准备和更有步骤地执行现代化、正规化的训练计划和掌握现代技术。中央军委要求开展一个以扫盲为重点的文化学习运动,用50％的训练时间进行文化教育,扫除干部、战士中的文盲,将其提高到初小毕业的程度,并将已具有初小毕业程度的干部、战士普遍提高到高小毕业的程度,将已具有高小毕业程度的干部提高到相当于初中一年级的水平。

据此,中央军委总政治部于同年12月5日颁发《1952年度部队文化教育计划大纲》。全军掀起学习文化热潮。据不完全统计,全军参加文化学习的人数达150万人,其中干部32万人。全军共抽调14万名干部担任文化教员和其他文教工作,师以上单位先后建立文化速成学校262所,许多团级单位举办了文化学习学校或文化轮训队。这是人民解放军历史上第一次大规模的文化教育运动。

到1953年5月,全军文盲半文盲(初小以下文化程度)已从1951年的67.4％下降到30.2％,初小毕业以上者由16.4％上升为42.1％。官兵文化水平的提高,为中国人民解放军现代化、正规化建设准备了条件。

1953年6月,中央军委发出军队训练由"以文化教育为主"转入"以军事训练为主"指示后,部队军事、政治、文化教育训练的时间按6:2:2的比例进行。文化教育仍列为正规训练的内容之一。部队文化教育由突击式的教育转入长期的经常教育。

为了适应新军兵种陆续建立和新武器装备逐步装备部队的

新情况,人民解放军各军兵种根据总参谋部的统一要求,并结合各自的装备特点,在20世纪50年代初期,开展了以掌握现代兵器及其他军事技术为主的军事训练。

步兵根据更换武器装备的情况,开展了射击、投弹、刺杀、爆破、土工作业等五大技术训练。五大技术训练中,以射击训练为重点,主要是掌握武器的构造和战斗性能,射击及其他技术的原理和要领,以及排除故障的方法等,并结合地形和一定战术背景进行了综合演练。侦察分队还进行了观察、格斗、攀登、驾车等专业技术训练。

炮兵开展了以射击为中心的技术训练。由于抗美援朝战争的需要,炮兵部队换装苏式大炮后,只进行了一至三个月的突击训练,就开赴朝鲜作战,在作战中边打边训。

装甲兵开展了以坦克驾驶、射击、通信三大专业技术为重点的训练。从1950年11月起,相继组建了四个坦克编练基地,除培训车长、炮手和驾驶员外,还培训修理工。装甲兵赴朝参战后,也同炮兵一样,在战场上边打边训,坦克乘员的专业技术水平都有明显提高。

空军航空兵部队组建后,即开始担负国土防空任务,并参加了抗美援朝战争。由于作战需要,空军飞行员一般在航校只经过六至八个月的培训和几十个小时的飞行训练,即担负作战任务,在作战中逐步掌握飞机性能,各种气象条件下的驾驶技术和作战本领。经过抗美援朝战争的锻炼,空军已经发展成为一支比较成熟的军种,其中一些飞行员已成为全天候的飞行员。

海军和陆军其他兵种也结合各自的技术装备特点开展了各种专业技术训练。各军种在技术训练的基础上,还不同程度地进行了战术训练。中国人民解放军的技术、战术水平都有了不同程度的提高,作战能力有了加强。

第二十一章　军队建设的曲折发展

新中国建立之后,中国人民解放军的建设取得了极为辉煌的成就;随着国家经济的迅速发展,国防建设也有了很大的发展。但在20世纪50年代后期,由于"左"的错误日益滋长,军队建设一度受到严重的干扰与破坏。直到1976年粉碎"四人帮"后,才得以拨乱反正,重开军队建设的新局面。不过在这一时期之中,中共中央、毛泽东也曾下达过一系列正确的指示,采取了许多正确的措施,又通过久经考验的人民解放军全军指战员不懈地努力和斗争,不仅保持了军队自身的稳定,并英勇地保卫了国家的安全,参加了国家的经济建设,维护了党和国家、人民的利益,在国防建设的尖端技术以及常规武器的研制上,也都取得了重大的突破和一定的发展,使这支英雄的军队在"左"的错误干扰破坏中曲折地前进。

第一节　政治工作和基层建设

一　"左"倾思想影响下的政治工作

1959年9月林彪任国防部长和主持军委日常工作后,大讲"政治挂帅",在军队中提出和推行一套"左"的东西。1960年9月12日,林彪在中央军委常委扩大会上,作了关于政治工作"四个关系"①的讲话,强调在"四个关系"中都"要更重视人的作用"。这本来是不错的,但由于他过分"突出政治"的作用,说在军队各

---

① 四个关系:人和武器的关系,各种工作和政治工作的关系,政治工作中事务性工作和思想工作的关系,书本思想和活的思想的关系。

种工作中只要"政治工作好了","就可以一通百通"。这种轻视军队其他各种工作的指导思想,当然不利于军队的现代化建设。由于总政治部主任谭政作了符合部队实际的《关于加强政治思想工作的报告》,与林彪的"突出政治"思想不太一致,会后林彪即借"整风"撤掉谭政的军委委员和总政治部主任的职务,经中共中央决定,任命罗荣桓再任总政治部主任。

这次军委扩大会议最后通过的《关于加强军队政治思想工作的决议》,是经过到会人员集体努力并由毛泽东亲自修改后形成的。在总结人民解放军历史上政治工作成就和建国后11年来政治工作经验基础上,该决议提出在加强军队革命化建设的同时,必须积极地提高全军的技术业务水平和科学研究工作的质量,加强军队现代化建设。该决议在军队的贯彻执行,对加强政治思想工作起了一定的积极作用。但由于该决议是在当时"左"的错误继续发展的背景下产生的,不可避免地对军队政治思想工作也产生了许多消极影响和不良后果。

二 基 层 建 设

根据《关于加强军队政治思想工作的决议》要求,从1960年开始,军队在建设中先后开展了学习毛泽东著作,争创"四好连队"、"五好战士",学习雷锋、"南京路上好八连"等一系列活动。

学习毛泽东著作活动,提高了干部、战士的理论水平和运用毛泽东思想分析、解决实际问题的能力。但在这一活动中,由于林彪宣扬"毛泽东思想是当代马克思列宁主义的顶峰",毛泽东的话"一句顶一万句",以及"带着问题学习毛泽东同志的著作"、"需要什么,学习什么"、"活学活用"、"立竿见影"、"要背警句"、"走捷径"等实用主义的学习方法,并要求"把毛主席的书当作我们全军各项工作的最高指示",以致把学习毛泽东著作引入歧途,提倡对毛泽东的个人崇拜,大搞个人迷信。林彪强调的突出毛泽东思想,实际是突出毛泽东晚年的"无产阶级专政下继续革命"的思想,"以阶级斗争为纲"的思想。这就搞乱了人们的思

想，给军队建设带来了严重的损害。当然，全军指战员热情认真地学习毛泽东著作，对加强人民解放军的革命化建设，仍起到一定的积极促进作用。

"四好连队"和"五好战士"就是争做政治思想好、三八作风好、军事训练好、生活管理好的连队，争做政治思想好、军事技术好、三八作风好、完成任务好、锻炼身体好的战士。这本来是开展群众性比、学、赶、帮的竞赛活动，对加强军队建设，特别是基层连队建设有很好的促进作用。但由于林彪片面地过分强调政治工作，用"一好"（政治思想好）代替其他，使这一运动出现了偏差。1971年9月，这一运动即告中止。

学习雷锋①活动，是1963年2月开始的。毛泽东"向雷锋同志学习"的题词发表后，全军掀起了学习和宣传雷锋活动的热潮，广大官兵以雷锋为榜样，以党和人民的利益为重，从党和人民的利益出发，党叫做什么就做什么。军队中见义勇为、助人为乐的好人好事层出不穷，蔚然成风。4月间，全军又展开学习"南京路上好八连"②的活动。总政治部认为"在某种意义上讲，好八连是一个集体的雷锋。雷锋和好八连是部队进行共产主义思想教育的活教材"。8月1日，毛泽东写了《八连颂》③，号召全军向八连学习。全军各基层部队，结合争创"四好连队"、"五好战士"活动，以雷锋和好八连为榜样，努力学习毛泽东著作，积极完成训练和其他各项工作任务，全心全意为人民服务，继续保持和发扬艰苦朴素、勤俭建军的优良传统，部队的基层建设基本上得到

---

① 雷锋是沈阳军区工程兵某团运输连班长。他工作努力，一心为公，1962年8月不幸因公牺牲。他用自己的行动实现了把有限的生命投入到无限的为人民服务当中的誓言，体现了革命战士的高贵品质和中国人民解放军的优良传统，是全军的楷模。

② 南京军区某部八连，自1949年6月进驻上海市南京路后，14年的时间里，虽居繁华的南京路，但始终保持着中国人民解放军全心全意为人民服务和艰苦朴素的优良传统，深受广大市民的赞扬，被誉为"南京路上好八连"。

③ 《八连颂》：好八连，天下传。为什么？意志坚。为人民，几十年。拒腐蚀，永不沾。因此叫，好八连。解放军，要学习。全军民，要自立。不怕压，不怕迫。不怕刀，不怕戟。不怕鬼，不怕魅。不怕帝，不怕贼。奇儿女，如松柏，上参天，傲霜雪。纪律好，如坚壁。军事好，如霹雳。政治好，称第一。思想好，能分析。分析好，大有益。益在哪？团结力。军民团结如一人，试看天下谁能敌。

了落实。

为了改进工作作风，干部深入基层与群众建立广泛联系。早在1958年5月10日，总政治部根据中共中央的指示，作出干部下连当兵的规定。要求全军各级干部除老、弱、病者外，每人每年至少要下连当兵一个月。没有当过兵和没有在基层工作过的青年干部，第一次下连当兵的时间应为半年或一年。当兵的干部，编入班、排，与广大战士同吃、同住、同劳动、同操作、同娱乐，以了解基层情况。济南军区司令员杨得志、北京军区司令员杨成武、沈阳军区司令员邓华、南京军区司令员许世友等都先后下连队当过兵。干部下连当兵，既密切了官兵关系，又使干部深入了解基层情况，更便于指导基层工作，不仅有力地改进了领导作风，而且促进了基层建设的发展。

第二节 备战整军 加强国防工程建设

一 备战整军 调整编制体制

20世纪60年代初，由于中苏关系的破裂，蒋介石集团反攻大陆的叫嚣和袭扰行动，再加上印度在中国西南边境的挑衅，使中国周边国际形势趋于紧张，国家安全受到了威胁。在这种形势下，中共中央和中央军委确定了"备战整军"的方针，加强了战备工作。

1960年10月中央军委扩大会议上，制定了组织编制和装备的八年发展规划。提出要在建立完整的现代国防工业体系的基础上，大力发展空军、海军和各特种兵，适当减少步兵和普通兵员的数量，努力提高质量，大搞民兵，大力培养、储备干部和技术力量等建设方针。就步兵的建设，规划还专门指出：要逐步地适当地裁减步兵和普通兵的数量，加强部队的火力、突击力、防护力和机动力，逐步实现全面的机械化。

1962年6月8日，周恩来总理在《东北地区军事干部会议上

的讲话》中,提出"备战整军"的方针,按战备的要求加强军队建设。随后,国防部根据南、北方的特点和防区的重点,对全军步兵师的编制体制进行了全面调整,对各省、自治区、直辖市公安部队和后备部队也作了相应调整,使全军编制体制逐步走向科学化、合理化。

到1965年,人民解放军在实行统一、正规的部队编制的同时,还重点加强了海军舰艇部队和空军航空兵的建设。同1958年相比,海军增编了51.6%,空军增编了41.8%,其他如工程兵、铁道兵等各兵种的部队也作了相应调整,部队战斗力有了很大提高。

二 加强国防工程建设

在调整编制体制的同时,中央军委对国防工程建设进行了全面部署:继续加强沿海岛屿防御工程建设,同时进行以三北(即东北、华北、西北)地区为主的防御工程和导弹、原子弹研制试验基地特种工程的建设。

对沿海岛屿上的防御阵地工程建设,由工程兵负责。

对中苏边境的"三北"设防工程,则由北京、沈阳、兰州、新疆等军区抽调部队建设。他们在气候恶劣、食宿条件都十分困难的情况下,风餐露宿,日夜奋战,在主要作战方向上,进行了大规模的国防工程建设。各施工部队依据现代战争的特点,力求使国防工程建设达到具有防原子、防化学、防细菌,可抗拒一定当量的核武器袭击,并能在密闭隔绝较长时间里保障不间断地实施作战的能力。

在20世纪50年代后期和60年代初期,为了保障导弹、原子弹等尖端武器的研制和试验发射,国家还进行了特种工程建设。1958年初,经过全面勘察和反复比较,最终确定了在西北地区建设第一个特种工程基地。3月14日,工程兵特种工程指挥部成立,工程建设全面展开。经过三年的努力,中国第一座导弹试验场于1960年8月在西北戈壁荒滩上建成。11月5

日,在这个试验场上发射了第一枚中国自己制造的导弹。1964年,在特种工程指挥部的领导下,工程兵又完成了国家第一个原子弹试验基地的工程建设,确保了中国第一颗原子弹的爆炸试验。

海军扩建了数座大型驱逐舰码头,新建了核潜艇基地和一批导弹艇、潜艇和飞机的洞库;空军新建、改建一批地下指挥工程和仓库、油库,新建许多高炮、地空导弹、雷达技术阵地。各重点城市和地区构筑了大量打防结合、平战结合的人民防空工程。

第三节 "两弹一星"研制成功与军事装备国产化

20世纪60年代,根据国际形势的发展变化,毛泽东和党中央、中央军委把研制原子弹、导弹列为武器装备发展的重点,同时,加快常规武器国产化进程。广大科技工作者和军工生产部门,在"自力更生、奋发图强"方针指导下,克服重重困难,经过艰苦努力,相继研制成功原子弹、氢弹和导弹核武器,并使常规武器的发展完成了由仿制到自行研制的转变,初步建立了较完整的国防工业体系,大大增强了国防实力。

一 自力更生 成功研制"两弹一星"

核弹和导弹技术是现代高科技的结晶。第二次世界大战之后,是否拥有导弹核武器是一个国家有无战略打击能力的主要标志。新中国成立后,在朝鲜战争期间和台湾海峡发生危机时,美国曾威胁要对中国使用核武器。我国拥有核武器,才能对侵略者的核打击拥有还击手段,并确保在国际上的独立自主地位。

在20世纪50年代中期,中共中央、中央军委就作出了发展核武器等尖端武器的重大决策,并十分强调坚持"自力更生"。

1956年4月25日,毛泽东在中央政治局扩大会议上指出:

> 我们现在已经比过去强,以后还要比现在强,不但要有更多的飞机和大炮,而且还要有原子弹。在今天的世界上,我们要不受人家欺负,就不能没有这个东西。①

1956年10月,毛泽东和中共中央、中央军委批准了聂荣臻提出的"自力更生为主,力争外援和利用资本主义国家已有的科学成果"的发展我国核武器、导弹事业的方针。

1957年10月,中国和苏联签订了《关于生产新式武器和军事技术装备以及在中国建立综合性的原子工业的协定》,规定苏联向中国提供生产原子弹、导弹的技术和有关样品,并派出专家到中国协助建立工厂。

1958年3月,中共中央书记处批准在西北建立导弹试验靶场。5月间毛泽东在八大二次会议上提出:我们也要搞人造卫星。7月间在北京建立了核武器研究所。同年,中央军委决定由刚从朝鲜回国的第二十兵团为基础,再加上空军、工程兵、铁道兵、总后勤部等单位抽调的部分人员,进入西北地区建立核试验基地。与此同时,在中苏科技人员的合作下,中国建成了第一座实验性原子反应堆。原子弹研制工作进展顺利。

然而,就在中国研制"两弹"进入关键阶段之际,1959年6月,苏联以与美国、英国举行部分禁止核武器会谈为由,单方面撕毁协定,并于次年8月撤走全部专家,带走重要图纸资料,停止供应设备材料,给正在进行中的中国核弹研制工作造成了巨大损失和严重困难。加之当时经济政策上的重大失误和连续三年的严重自然灾害给国民经济带来的损失,更使中国国防科技事业的发展举步维艰。但是,这一切并没有动摇新中国发展

---

① 《毛泽东军事文集》第六卷,第365页,军事科学出版社、中央文献出版社1993年版。

国防科技事业,尤其是发展国防尖端技术的决心。在这紧要关头,毛泽东指出:

> 要下决心搞尖端技术。赫鲁晓夫不给我们尖端技术,极好!如果给了,这个账是很难还的。①

中共中央毅然决定:自己动手,从头摸起,准备用八年时间,把原子弹研制出来。

1960年2月,中央军委进一步明确了"两弹为主,导弹第一"的发展国防尖端技术的方针。对其他一些尖端武器发展项目,除保留一定的骨干力量继续攻关外,暂缓进行,以集中力量研制"两弹"。同时选调技术骨干100名,大中专毕业生6000名,培养充实"两弹"研制队伍。

在周恩来领导下,中央专委会组织了全国大协作,解决了研制"两弹"中遇到的100多个重大问题,安排了"两弹"所需的特殊材料、部件和配套产品2万余项的研制生产,大大加快了"两弹"研制的步伐。1963年3月,提出了第一颗原子弹理论设计方案,1964年6月6日,经过爆轰模拟试验,完全实现了预期设想。

1964年10月16日,中国在西北核试验基地首次进行了原子弹装置的塔爆试验,获得圆满成功。这次试验的主要目的,是鉴定原子弹装置理论设计的正确性和结构设计的合理性以及各系统动作的可靠性,测定核爆炸总威力和核装料利用率,观测核爆炸景象。为了积累核爆炸对人员和物体造成的杀伤破坏的原始数据,在距爆心3000米范围内,布放了飞机、坦克、自行火炮、火炮、舰艇上层结构、通信设备、工事、地雷、动物、油料、食品、药品等试验物。爆炸后取得了火球、烟云的景象记录,测到了裂变反应动力学常数及光辐射、冲击波、早期核辐射、放射性污染等杀伤破坏效应方面的完整数据。

中国原子弹爆炸成功,标志着中国国防现代化已进入一个

---

① 转引自《当代中国的国防科技事业》(上),第45页,当代中国出版社1992年版。

崭新的阶段。从此,中国就成为继美国、苏联、英国、法国之后世界上第五个核大国。在首次原子弹爆炸试验成功的当天,中国政府即发表声明:中国进行核试验,发展核武器,是被迫而为的。中国政府一贯主张全面禁止和彻底销毁核武器。中国发展核武器,是为了防御,为了保卫中国人民免受美国发动核战争的威胁。中国政府郑重宣布,中国在任何时候、任何情况下,都不会首先使用核武器;不对无核国家和无核地区使用核武器。在此以后,中国不断重申了这一原则立场。

1965年5月14日,中国又成功地进行了飞机空投原子弹空爆试验,使中国有了可用于实战的核武器。

1967年6月17日,中国成功地进行了第一颗氢弹爆炸试验。试验采用轰-6飞机为运载工具,空投带降落伞的核航空炸弹。氢弹在距地面2960米的高度爆炸,爆炸威力为330万吨梯恩梯当量。这次试验成功,是中国战略核力量发展史上又一次飞跃,为装备部队用于实践奠定了基础。

从第一颗原子弹到第一颗氢弹,美国用了七年零四个月,苏联用了四年,英国用了四年零七个月,中国只用了两年零八个月,而且赶在了法国前面,成为第四个掌握氢弹技术的国家。

导弹核武器,是射程远、精度高、威力大的战略武器,是国家科学技术和国防现代化水平的重要标志。1964年6、7月,中国研制的中近程地地导弹进行了三次飞行试验,均获成功。为提高其性能,1965年初,中国对导弹进行了方案性的设计修改。尔后发射试验八发;对导弹进行定型鉴定试验,发射五发也均获成功。

导弹试验成功后,中共中央、中央军委指示尽快实现"两弹"结合,研制成功导弹核武器。1966年10月,中国自行设计的改型中近程导弹,作为核武器的运载火箭试验成功。1966年10月27日,中国成功地进行了导弹核武器试验。

1968年春,中国就具备了使用大型运载火箭发射人造卫星的能力,因受到干扰,至1970年4月24日才使用长征1号运载火箭发射第一颗人造地球卫星成功。6月,中央军委决定在西昌建立卫星发射中心。

掌握了原子弹、氢弹和中近程导弹之后,拥有洲际导弹就成为建立战略打击力量的首要任务。1971年,中国突破了一些技术难关,并进行了第一次飞行试验。但因动乱的干扰,工作进行较慢。直到1980年,向太平洋发射洲际导弹的全程试验,一举成功。

"两弹一星"研制成功,标志着中国国防科技发展进入了一个新的阶段。中国人民解放军有了核反击的能力,打破了帝国主义的核垄断,为维护世界和平与安全提供了有力的保证。邓小平后来曾说:

> 如果六十年代以来中国没有原子弹、氢弹,没有发射卫星,中国就不能叫有重要影响的大国,就没有现在这样的国际地位。①

二 加快常规武器国产化步伐

中央军委在重视发展尖端武器的同时,也特别强调加快实现常规武器国产化。1958年中央军委制定了"突破尖端,加强常规"发展武器装备的方针。1960年12月,组建了国防部第六、第七和第十研究院。此外,总参谋部、总后勤部、各军兵种还组建和扩建了一批其他研究院(所),担负本部门、本军兵种常规武器的论证、研制等任务。为进一步加强对国防工业的统一领导,1961年11月成立了由总参谋长罗瑞卿任主任的国防工业办公室,一方面大力抓紧现有武器装备的改进工作,一方面积极研制新一代武器装备。

在发展陆军武器装备方面:遵照1960年军委扩大会议提出的主要是"提高火力、突击力、防护力和机动力"的要求,着手研

---

① 《邓小平文选》第三卷,第279页,人民出版社1993年版。

制新一代武器装备。到1963年,一大批中国自行研制的步枪、火炮、坦克、装甲车等陆军武器装备相继定型并陆续装备部队。

在发展空军武器装备方面:航空工业部门和科研机构采取仿制和自行设计相结合、参照样机改进改型、自行设计等多种途径,循序渐进地从仿制向自行研制过渡,加速军用飞机的国产化进程。经过几年研究设计,到20世纪60年代中期,先后研制成功并陆续装备部队的有:全天候歼-5甲型歼击机、超音速歼-6型飞机、轰-5型轰炸机及航空配套装备;设计定型的有:超音速强-5型飞机、轰-6型飞机等。作战飞机的不断发展,使中国人民解放军的空战能力进一步提高。

在发展海军武器装备方面:中央军委在1960年召开的扩大会议上,规定海军以潜艇、快艇为重点的装备建设方针,并要求坚持走自力更生的道路。海军舰艇科研机构根据资金条件和科研能力,保留一定科研力量对核潜艇关键项目进行攻关,集中人力、物力、财力,形成拳头,突击研制常规动力潜艇和快艇。到1966年,中国先后完成了中型鱼雷潜艇、小型导弹快艇、大型常规动力导弹潜艇和大型导弹快艇的仿制,并对某些型号舰艇作了改进。同时,中国还自行设计完成了巡逻艇、高速护卫艇、导弹快艇、港湾扫雷艇、小型登陆艇、火炮护卫舰的制造。1970年12月,中国自行研制的核动力潜艇建成下水,并于1974年8月装备海军形成战斗力。

20世纪50年代后期,中国在重点发展战略导弹的同时,积极发展战术导弹。1964年12月,试制成功第一批地空导弹(命名为"红旗1号");1965年试射成功"红旗2号"地空导弹;1964年试制成功"霹雳1号"、"霹雳2号"空空导弹;1966年底,仿制成功"上游1号"舰艇导弹。这些导弹武器装备部队后,增强了中国人民解放军的现代化作战能力。

中国人民解放军的通信及电子技术、防化、工程后勤等装备也有相当程度的发展,提高了武器装备自控、自动化程度及作战性能,提高了军队的作战指挥、通信保障、电子对抗的现代化水平和后勤保障能力。

20世纪60年代前期,中国人民解放军武器装备的发展,逐步完成了由仿制为主到自行设计研制为主的转变,在国产定型的武器装备中,自行设计的项目由1963年以前的38%,发展到1964年的55%。

中国发展尖端武器和常规武器的实践说明,坚持自力更生为主,努力提高自行研制能力,是发展国防科技事业的基本方针。国防科技,特别是国防尖端技术,国外是不可能转让给中国的,只能靠自己去攻关,去创造。依赖别人就会受制于人,用钱是买不来国防现代化的,建设强大的国防,必须坚持自力更生的方针。正是由于坚持贯彻了这个方针,中国才在发展尖端武器的过程中,打破封锁,创造出令全世界为之惊叹的业绩。

第四节 "文化大革命"的影响与全面整顿军队

一 "文化大革命"对军队建设的影响

"文化大革命"期间(1966—1976年),林彪、江青两个反革命集团干扰和破坏人民解放军建设,军队一些高级干部对他们进行了抵制和斗争,对制止"文化大革命"的错误和减少对军队的破坏与损失起了一定的作用,但是军队建设还是遭到了严重损失。

"文化大革命"正式发动的标志,是1966年5月16日中共中央政治局扩大会议通过的、由毛泽东主持制定的《中共中央通知》,简称《五一六通知》。

江青等人此前已通过林彪插手军队。1966年2月在上海召开的部队文艺工作座谈会,由江青和张春桥、陈伯达整理成《林彪同志委托江青同志召开的部队文艺工作座谈会纪要》,抛出了"文艺黑线专政论",全盘否定了建国以来文艺工作的成绩,给建国以后的文艺界扣上"理论黑"、"作品黑"、"队伍黑"三项大帽子,给数十部影片加上"大毒草"、"坏戏"等罪名,进行批判,同时诬称彭德怀、黄克诚、谭政等专了军队文化部门的政。军队文化部门、文艺团体的一些主要负责人和编剧、导演、创作人员也遭到批判。

在文艺领域突破后,林彪、江青等人立即把斗争的矛头指向在党、政府和军队中担任重要职务的领导干部。他们在军队中首先拿总参谋长罗瑞卿开刀,揭开了军队开展"文化大革命"的序幕。总政治部为军队开展"文化大革命",规定"总的步骤是先搞正面教育",在此基础上,"对重点单位和重点人物进行充分揭露,有组织有领导地进行彻底批判",连队和师以下战斗部队着重进行正面教育,力图保持军队的稳定。

1966年8月12日,在中共八届十一中全会上,林彪被确定为毛泽东的接班人。8月23日,林彪在军委常委会上提出"九月、十月、十一月大闹三个月",煽动在军内搞"四大"(大鸣、大放、大字报、大辩论),借搞群众运动,否定党的领导,提倡无政府主义。

首先受到冲击的军事院校,正常的教学工作遭到了极其严重的破坏。绝大部分院校停课并开展"四大",有些地方还发生了武斗并造成伤亡。教学工作长期陷于停顿。1969年,根据林彪的指示,军事院校调整,原来的125所削减为43所:1所军政大学,20所工程技术学校,6所医务学院,1所兽医学校,15所飞行学校。其他指挥、政治等院校全被砍掉,业已形成的完整的院校体系被彻底打乱。军事科学研究机构及专业研究队伍也遭到极大的削弱。原来人民解放军拥有160个军事科研机构,2000多人的专业研究人员,至1969年底,全军军事科学理论研究机构仅剩一个军事科学院,全部科研人员仅有300人。更为严重的是,院校师生纷纷外出串联,参与造反夺权活动。总部、军区机关不断遭受冲击,军队负责干部被揪斗,军队战备训练受到严重影响。

1967年,全国更加混乱,对军队的冲击更加厉害。中央文革小组成员关锋、王力等人提出"彻底揭穿军内一小撮走资本主义道路的当权派"的口号,林彪表示同意。从此,全国范围内掀起了抓穿军装、拿枪杆子的"刘邓路线"的反军乱军浪潮。总政治部主任萧华、北京军区司令员杨勇、总政治部副主任梁必业、刘志坚等军队高级领导干部相继被打倒或被揪斗。

当时担任全军文革组长的徐向前,看到总政和北京军区等单位的主要领导人被揪斗,机关陷于瘫痪状态,十分担心军队的稳定,建议军委就军以上机关开展"文革"的问题搞几条规定。报经毛泽东批准后,1月28日颁布了中共中央军委八条命令,其中心思想是军队要稳定。八条命令起到了暂时稳定军队局势的作用。但在江青一伙的支持下,冲击军事机关的事件仍不断发生。

为此,1967年2月,谭震林、陈毅、叶剑英、李富春、李先念、徐向前、聂荣臻以及余秋里、谷牧等老一辈革命家,同中央文革小组进行了针锋相对的斗争,被江青一伙诬为"二月逆流"。毛泽东听信了中央文革小组的汇报,认为这是根本反对"文化大革命",对老同志们进行了严厉的批评,责令他们作检讨。

名曰"二月逆流"的正义抗争被打压下去之后,中央文革小组实际上成为不受政治局约束的领导"文化大革命"的指挥机构。林彪、江青一伙篡党夺权的活动也越加猖狂。朱德、贺龙、叶剑英、徐向前等老帅,均受到迫害。徐向前也不再管全军"文革"的事。以后,武汉军区司令员陈再道、总政治部主任萧华、代总参谋长杨成武、空军政治委员余立金、北京卫戍区司令员傅崇碧及一大批高级将领和军队干部,相断被批斗、撤职。同时,黄永胜被任命为总参谋长,组成由黄永胜、吴法宪分别任正副组长,叶群、李作鹏、邱会作等人参加的军委办事组,以取代中央军委常委。至此,中央军委的大部分权力,已被林彪集团所控制。

由于大批军队领导干部被打倒或靠边站,军事机关受到造反派的严重冲击,许多军事机关处于瘫痪、半瘫痪状态,许多战备设施遭到破坏,正常的军事训练基本停止,部队战斗力水平下降,部队作风、纪律、官兵关系受到削弱,军队建设遭到了建国以来最严重的破坏。

二　人民解放军执行"三支两军"任务

1967年1月21日,毛泽东决定让人民解放军正式介入地方"文化大革命",执行"三支两军"(即支持"左"派广大群众、支援工业生产、支援农业生产、军事管制、军事训练)任务,期望以此制止全国的混乱局面。

1967年至1972年,人民解放军先后派出280余万指战员执行"三支两军"任务。当时工农业生产面临严重危机,停工停产已成为十分普遍的现象,人民解放军的支援,使农业得以正常生产,使遭受破坏的工业生产得到一定程度的恢复,一些因武斗而瘫痪的重点工程得以继续进行。人民解放军还参加了这一时期许多重点工程的建设:参加铁路、公路新线的修筑;派出人员、机械到车站、码头突击装卸、运输,解决压车、压船、压港问题,甚至顶班采煤采矿;为了维护核心、要害部门及机要单位的安全,维持其正常的工作秩序,人民解放军对边防沿海、交通要道、专政机构、机密要害部门、国防工厂、重要仓库等单位,实行军事管制。

"三支两军"人员分布在全国各条战线上,范围之广,规模之大,人员之多,时间之长,是我军建军史上前所未有的。参加"三支两军"的指战员在全国局势非常混乱的情况下,在极其复杂的环境中,作了大量工作,对于缓和紧张局面,维护社会秩序,减少动乱造成的损失起了积极作用。但是,由于"三支两军"是在特定历史条件下采取的非常措施,因而也带来一些消极后果,给军队建设造成一些不利影响。

三　全面整顿军队　林彪反革命集团覆灭

党的九大以后,林彪反革命集团加快了篡党夺权的步伐,利用召开第四届全国人民代表大会和修改宪法的机会,在设国家主席问题上大做文章,企图由林彪担任国家主席,但受到毛泽东的严厉批评。

林彪阴谋当国家主席失败后,意识到毛泽东对他已不信任,决心铤而走险,策划武装政变或另立中央分裂党和国家。毛泽东、周恩来察觉并机智地粉碎了他们的阴谋。林彪及叶群、林立果遂于9月13日凌晨强行乘飞机外逃。途经蒙古温都尔汗附近时,飞机坠毁,机上人员全部身亡。

9月24日,党中央责令林彪反革命集团其他主要成员黄永胜、吴法宪、李作鹏、邱会作离职反省,彻底交代问题。10月3日决定撤销军委办事组,成立军委办公会议,由叶剑英主持,负责军委日常工作。至此,林彪集团宣告彻底覆灭。

叶剑英主持军委工作后,在1972、1973年两年中,对军队工作进行了初步整顿,取得了一些成效:第一,开展批林整风,纠正了军队思想政治工作出现的"左"倾偏差。第二,整顿各级领导班子,加强军队的稳定、统一。第三,重申军事训练的重要性和必要性。要求全军把军事训练作为经常性的中心工作,认真办好教导队和恢复一些军队院校,狠抓干部训练。到1973年9月,全军轮训干部数十万人,占应训干部的75%以上。开展了野营拉练训练,提高了官兵在野战条件下"走、打、吃、住、藏"的能力。在训练中,还积极开展了拥政爱民活动,增进了军政军民团结,密切了军政军民关系。陆军野战部队全训师达34%。空、海军部队100%实行全训。全军部队军事素质、军事训练水平都有显著恢复。12月间,被林彪取消的部分院校得到恢复。不少老教员被召回,从部队中挑选的部分官兵进入院校学习,对军队建设起到一定的促进作用。

虽然林彪反革命集团彻底覆灭,但"文化大革命"尚未结束,尚有江青反革命集团的干扰破坏,加之毛泽东不允许批判极左思潮,致使批林整风和批"左"不可能彻底,林彪推行极左路线给军队造成的破坏和影响,也不可能彻底肃清。

1975年1月,党的十届二中全会选举邓小平为中共中央副主席、政治局常委,并担任中央军委副主席兼总参谋长。邓小平复出

后,力挽狂澜,对"文化大革命"以来所造成的严重困难局面开始了大刀阔斧的整顿,同"四人帮"进行了针锋相对的斗争。1975年2月,经中共中央批准,取消了军委办公会议,恢复军委常委会,由叶剑英、邓小平担负起中央军委日常工作的领导责任。

中央军委扩大会议于6月24日至7月15日在北京召开。会议遵照毛泽东关于"军队要整顿"、"要准备打仗"的指示精神,深刻分析了国际国内形势和军队存在的问题,并确定了解决军队问题的一系列重大措施。提出集中精力考虑军队长远建设,在国民经济发展的基础上发展国防力量,把军事训练放到突出的战略地位,必须消除派性增强党性,坚决克服"肿、散、骄、奢、惰"等一些加强军队建设的思想、方针、原则,为军队的长远建设提供了有力指导。

1975年9月,中国人民解放军总参谋部根据军委扩大会议的决定,制定了《压缩军队定额,调整编制体制方案》,在全军贯彻执行。全军机关、保障部队所占比例减少,战斗部队、院校和科研单位所占比例增大;陆军所占比例减少,海、空军所占比例增大。到1976年,军队总人数比1975年减少13.6%。

中国人民解放军根据军委扩大会议精神,全面加强了军事训练,并把干部和诸兵种联合演练作为训练重点。到1975年11月底,全军已集训师以上干部达2 000余人,营团干部和参谋人员近3万人,野战部队基层干部轮训率达85%。

邓小平实行全面整顿时期,军队工作取得相当成绩。然而,江青一伙对纠正"文化大革命"错误,恨之入骨,向毛泽东进行挑拨性的情况反映。毛泽东不允许有人否定"文化大革命",于1975年11月发动了"反击右倾翻案风"翌年初改称"批邓、反击右倾翻案风"运动。1976年2月初,中共中央向全国发出通知,称叶剑英生病,由陈锡联主持军委工作。1976年4月,邓小平被撤销了一切职务,再次被打倒。从此,"批邓、反击右倾翻案风"的恶浪冲击全军,军队正在进行的各项整顿工作被迫停止,刚刚趋于稳定的形势重新开始动荡。这种状况,一直延续到1976年10月江青反革命集团被粉碎为止。

第五节　拨乱反正
　　　　开创军队建设新局面

1976年10月6日，党中央一举粉碎了江青反革命集团，结束了十年"文化大革命"的动乱，全国局势逐步趋于稳定。全军随即开展思想上的拨乱反正，组织上的清理整顿，平反大批冤假错案，医治"文化大革命"给军队建设造成的创伤，使全军在思想认识上达到了高度的统一，为军队的现代化建设打下了良好的思想、组织基础。

一　思想政治上的拨乱反正

主持军委工作的叶剑英副主席在1977年3月的军委座谈会上作了《坚决贯彻中央工作会议精神，把揭批"四人帮"运动引向深入》的报告，总结了全军揭批运动经验，分析了揭批运动形势，针对林彪、江青两个反革命集团对军队的破坏，提出了亟须澄清的十个问题：应该不应该坚持党对军队的绝对领导？应该不应该坚持无产阶级党性，反对资产阶级派性？应该不应该继承和发扬我党我军的优良传统？应该不应该整顿军队？应该不应该严格遵守革命纪律和规章制度？应该不应该按照接班人"五项条件"搞好老中青三结合？应该不应该强调军队要稳定？应该不应该严格训练、严格要求？应该不应该坚持野战军、地方武装、民兵三结合的武装力量体制？应该不应该准备打仗？这十个"应该不应该"概括论述了军队全面整顿的基本内容，抓住了林彪、江青两个反革命集团反党乱军的要害，提出了建设革命化、现代化、正规化军队的目标，为拨乱反正、正本清源指明了方向。按照会议部署，全军普遍进行了十个"应该不应该"的教育，从理论和实践结合上弄清了军队建设的大是大非问题，初步澄清并统一了全军官兵在一系列建军重大问题上的认识。

1978年12月，党的十一届三中全会批判了"两个凡是"（凡是毛主席作出的决策，我们都坚决拥护；凡是毛主席的指示，我们都始终不渝地遵循）的错误。全军自上而下深入普遍地进行了真理标准问题的讨论和准确地完整地理解毛泽东思想的学习。至此，全军广大指战员摆脱了"左"的思想的束缚。1981年党的十一届六中全会通过了《关于建国以来党的若干历史问题的决议》，实事求是地评价了毛泽东的历史地位，充分论述了毛泽东思想作为党的指导思想的伟大意义，将毛泽东的晚年错误与他的正确思想加以区别，否定了"文化大革命"，使全党全军对"文化大革命"的错误有了统一认识。根据中共中央的统一部署，军队在1983年11月至1986年底的分期整党中，又进行了彻底否定"文化大革命"的教育，实现了思想政治上的拨乱反正，使"文化大革命"对军队的影响得到消除。

二 组织上的清理整顿

由于林彪、江青两个反革命集团长期以来一直推行"任人唯亲"的干部路线，在军队笼络安插了一批亲信和死党，其中包括少数高级干部。林彪反革命集团覆灭后，尽管在全军范围对与林彪反革命集团阴谋活动有牵连的人和事进行了清查，但由于"四人帮"的干扰破坏，致使清查处理工作遗患不少。邓小平在1977年年底的军委全会上指出："对于同'四人帮'篡党夺权阴谋活动有牵扯关联的人和事，一定要彻底查清。军队是无产阶级专政的主要工具。军队不搞好，军队干部不纯，祸害很大。"依据中共中央关于既要搞清问题，又要稳定局势的方针，全军在清查工作中，充分发动群众，把学、揭、批、查紧紧结合起来，并严格区分和正确处理两类不同性质的矛盾，对受审查人员的组织处理工作，始终坚持了实事求是的原则。在1983年至1986年的全军整党过程中，又重点清理了"三种人"（即"追随林彪、江青反革命集团造反起家的人、帮派思想严重的人和打砸抢分子"）。这次组织清理，没有因受审查或害怕受审查而死伤一个人，这是过去历次政治运动所无法比拟的,也为新的历史条件下审查干部提供了新的经验。通过清查处理,保证了党对军队的绝对领导,纯洁了军队,纯洁了干部队伍。

三 落实政策 平反冤假错案

林彪、江青两个反革命集团在"文化大革命"中,制造了一大批冤假错案,许多开国元勋、建军功臣遭受残酷迫害,其家属、子女、亲友也均受程度不同的株连。粉碎"四人帮"后,在邓小平、叶剑英等支持和推动下,在全军官兵的强烈要求下,军队各级党委坚持有错必纠、实事求是、全错全平、部分错部分平的原则,并依照过去由哪级定的由哪一级纠正的程序,进行了大量艰巨细致的工作,使大批冤假错案得到了平反。

自1978年11月起,全军开始纠正冤假错案。彭德怀、贺龙、聂荣臻、徐向前、刘伯承元帅,陈再道、萧劲光、萧华、谭政、罗瑞卿、杨成武、余立金、傅崇碧、邓华、洪学智、李德生、粟裕、萧克、李达等将军及被牵连的大批干部,先后得到平反;优秀教员郭兴福,"天安门事件"中受到迫害的干部、战士也都得到了平反。据统计,全军得到纠正的错误案件共有2 600起,得到平反昭雪者共有2.6万余人。

全军在平反冤假错案和落实政策过程中,还根据中共中央关于摘掉右派分子帽子决定的精神,对在军队1957年反右派斗争中被错划为右派分子的5 799人作了改正。随后,又对在1959年反右倾斗争中,被错定为右倾机会主义分子、错戴上其他政治帽子的1.7万余人作了平反。根据中共中央关于落实国民党起义、投诚人员政策的指示精神,对他们当中一些在"文化大革命"期间被错误地定为"历史问题"的人也作了认真复查,进行了平反。

上述各种冤假错案的平反,不仅有效地医治了"文化大革命"给军队造成的创伤,而且还极大地调动了广大指战员的积极性,促进了安定团结,推动了军队的革命化、现代化、正规化建设。

第二十二章　军队建设指导思想的战略性转变

第一节　关于战争与和平问题的新看法

20世纪70年代后,国际关系有所缓和,60年代中期以来那种针对中国的军事压力和威胁相对减弱,特别是中国恢复了在联合国的合法席位以后,中国的国际地位迅速提高,中国不仅同社会主义国家及亚洲、非洲、拉丁美洲的一些第三世界国家发展了友好合作关系,而且还同加拿大、意大利、奥地利、比利时等西方国家建立了外交关系,同英国、荷兰升格为大使级关系,同日本邦交也实现了正常化。随着美国总统尼克松的访华、中美上海联合公报的发表和1979年中美正式建立外交关系,中美两国长期的敌对状态开始缓和。

中共十一届三中全会确定全党工作着重点转移的同时,也确定了对外开放政策,中国的外交政策更加灵活。1982年9月中共第十二次代表大会明确宣布,中国对美苏都不结盟,也不建立任何战略关系,同时把反对霸权主义、维护世界和平作为对外政策和外交工作的主要目标。在国际事务中,中国坚持以和平共处五项原则为处理国际关系的最高准则。这样,中国与亚洲及世界大多数国家保持和发展了良好的关系,中国周边环境大大改善。长期紧张对峙的中苏关系也开始缓解。

时任中央军委主席的邓小平在1985年6月召开的军委扩大会议上,对当今时代战争与和平问题以及中国周边安全环境进行了科学分析，指出：

> 虽然战争的危险依然存在，如果搞的好，战争是可以避免的。

> 如果本世纪战争打不起来，下个世纪的世界和平就更有希望。但是，也不能掉以轻心，和平还要靠争取才能赢得。①

根据邓小平对国际国内形势的科学分析和判断，会议作出了军队建设指导思想实行战略性转变的重大决策，即从长期以来立足于早打、大打、打核战争的临战准备状态，转变到和平时期建设轨道上来。要求人民解放军充分利用大仗打不起来的这段和平时期，在服从国家经济建设大局的前提下，抓紧时间，有计划、有步骤地进行以现代化为中心的根本建设，减少数量，提高质量，增强军队在现代条件下的作战能力。为了贯彻这一指导思想，军委扩大会议还作出了裁减军队员额 100 万的决定，通过了《军队体制改革、精简整编方案》。

军队建设指导思想的战略性转变，是对毛泽东军事思想的丰富和发展。军队建设指导思想进行战略性转变的决策，适应了 20 世纪 80 年代以来国际社会和平与发展的主题和中国以经济建设为中心进行社会主义现代化建设的要求，体现了和平时期军队建设的特点和规律，从总体上调整了平时与战时、经济建设与国防建设和军队建设的关系，对于保障国家以经济建设为中心和推动军队以现代化建设为中心的总体建设，具有重要的深远的历史意义。

第二节　重新确立军队建设的总方针和总任务

早在新中国建立之初，毛泽东就对军队建设的总目标作过

---

① 邓小平会见美国"重访中国"团时的谈话，参见 1985 年 9 月 18 日《人民日报》。

明确阐述。建设现代化、正规化的革命军队,是新中国成立后军队建设的总方针和总任务。在这一方针的指导下,军队建设取得了巨大的成绩。但从20世纪50年代末期起,受"左"的思想的影响,特别是"文化大革命"的干扰和破坏,军队的现代化、正规化建设走上了一条曲折发展的道路。

1975年,邓小平针对军队存在的问题,提出了"军队要整顿"的思想,其根本目的就是要按照现代战争的要求建设军队。1976年,粉碎江青反革命集团后,叶剑英、邓小平等军委领导,围绕军队建设提出了一系问题,其根本着眼点是要把人民解放军建设成一支现代化的革命军队。

1979年1月,邓小平在中央军委扩大会议上说:"要看到我们各级干部指挥现代化战争的能力都很不够,不要把自己的眼睛蒙住了","要承认我们军队打现代化战争的能力不够"。① 徐向前在军委座谈会上进一步指出,"全党工作的着重点要转移到社会主义四个现代化上来,我们军队按照中央的决策,也有个转移的问题","今年要把工作重点转到四个现代化上来,作为军队来说,就是国防现代化"。② 同月,总政治部发出《关于贯彻执行全党工作着重点转移问题政治工作意见》,要求全军加速实现国防现代化,为建设一支现代化的革命军队而奋斗。

1981年9月19日,中央军委主席邓小平在华北地区军事演习阅兵式上发表重要讲话,更加明确地提出了建设强大的现代化正规化革命军队的总方针和总任务。他指出,人民解放军是人民民主专政的坚强柱石,肩负着保卫社会主义祖国、保卫四化建设的光荣使命。因此,必须把人民解放军建设成为一支强大的现代化、正规化的革命军队。他还强调,加强政治思想建设,使部队成为贯彻党的路线、方针、政策的模范;在国民经济不断发展的基础上,发展武器装备,加速国防现代化;进一步密切军政、军民关系,增强军队内部团结,加强民兵建设,继承和发扬人

---

① 《邓小平文选》第二卷,第61页,人民出版社1993年版。
② 转引自《毛泽东军事思想发展史》,第594页,解放军出版社1991年版。

民军队的光荣传统;加强军政训练,进一步增强部队的军政素质,努力提高现代条件下诸军兵种协同作战能力;谦虚谨慎,戒骄戒躁,进一步开展"四有、三讲、两不怕"活动,加强作风培养,使部队具有严格的组织纪律性;扎扎实实地做好反侵略战争的准备,为保卫世界和平,为保卫祖国领土的安全,为争取台湾早日回归祖国,实现祖国统一的神圣大业作出新的贡献等。这样,在经历"文化大革命"十年动乱的破坏之后,中共中央重新确立了人民解放军革命化、现代化、正规化建设的总方针和总任务,为军队建设指明了正确的方向和目标。

第三节 提出新时期的战略方针

1989年6月,中共第十三届四中全会选举江泽民为中共中央总书记,同年11月,在中共第十三届五中全会上,邓小平辞去中央军委主席职务,会议选举江泽民为中央军委主席。

20世纪80年代末90年代初,东欧剧变,苏联解体,世界格局发生了重大变化。80年代以来以信息技术发展为标志的世界军事革新方兴未艾。特别是1990年的海湾战争表明,未来战争将是高技术条件下的局部战争。有鉴于此,世界各主要国家竞相重新调整军事战略。适应这种世界性军事形势的变化,并结合中国的实际情况,在1993年初军委扩大会上,江泽民主持制定了新时期军事战略方针。他说,我们"还是要继续坚持实行积极防御的军事战略方针"①,"同时随着形势的发展变化,应该适时赋予积极防御的军事战略方针以新的内容"②。这个方针要求"必须把未来军事斗争准备的基点放在打赢现代技术特别是高技术条件下的局部战争上"③,加速人民解放军的质量建设,提高应急作战能力。为贯彻落实这一军事战略方针,中央军委后来

---

　①② 《江泽民文选》第一卷,第282页,人民出版社2006年版。
　③ 《江泽民文选》第一卷,第285页,人民出版社2006年版。

又提出了"科技强军"和实现"两个根本性转变"的战略思想,即在军事斗争准备上,由应付一般条件下的局部战争向打赢现代技术特别是高技术条件下局部战争转变;在军队建设上,"由数量规模型向质量效能型、由人力密集型向科技密集型转变"。①

2002年,江泽民在军委扩大会议上又提出:"人类社会的战争形态正由机械化战争转变为信息化战争。""军队建设和作战方式等一系列方面发生革命性变化","信息化武器装备将成为军队作战能力的关键因素","非接触、非线式作战将成为重要作战方式","体系对抗将成为战场对抗的基本特征","太空将成为国际军事竞争新的战略制高点"。② 他指出:

我们要以时不我待的紧迫感,积极推进中国特色军事变革,加快我军由机械化半机械化向信息化的转变,全面提高我军的威慑和实战能力。③

随着信息化的发展,联合作战不断向更高阶段发展,未来将成为各军兵种部队一体化的联合作战。

要大大加强对诸军兵种联合作战问题的研究,以推动我军联合作战理论和实践的发展。④

以新时期军事战略方针的提出为标志,人民解放军的现代化建设迈向一个新的台阶。

---

① 《江泽民文选》第二卷,第272页,人民出版社2006年版。
② 《江泽民文选》第三卷,第578—581页,人民出版社2006年版。
③ 《江泽民文选》第三卷,第583页,人民出版社2006年版。
④ 《江泽民文选》第三卷,第585页,人民出版社2006年版。

第二十三章 调整、改革编制体制

粉碎"四人帮"以后，人民解放军重新贯彻1975年军委扩大会议精神，把"消肿"和调整编制体制作为军队整顿的重要任务，到1985年军委扩大会议召开时，"消肿"和编制体制改革调整，已经取得了重大成绩。贯彻1985年军委扩大会议精神，军队编制体制又进行了较大幅度的调整、改革，到1987年底基本完成，并裁减了员额100万。裁减的重点是各总部、大军区、军兵种和国防科工委机关及直属单位，其中总部机关平均精简员额近一半，同时，撤并了部分军区和院校；减少各级副职，将机关和部队中76种由军官担任的职务改为士兵担任，使人民解放军的官兵比例趋于合理。尔后根据形势和任务的要求，军队编制体制又进行了一些小的调整，并继续裁减了一些员额。到1990年，全军员额已减少到319.9万人。与此同时，还削减淘汰了大量落后陈旧的装备，其中削减淘汰各种火炮近1万门，各型坦克1100余辆，各型飞机近2500架，各型舰艇610余艘。

随着军队向质量效能型和技术密集型转变的要求，1997年开始，全军又裁军50万，其中陆军占19%。从2003年至2005年底，全军又裁军20万，其中干部占17万。陆军在全军230万总员额中，所占的比例已降至历史最低。同时，由于加强了海、空军及第二炮兵部队的建设，三军的比例和结构变得更加合理。这标志着人民解放军已朝着规模适度、结构合理、机构精干、指挥灵便、战斗力强的目标迈出了重要的步伐。军队的编制体制逐步适应了和平时期建设和现代化条件下作战的需要，人民解放军精兵合成程度和质量建设水平都有了明显提高。

第一节　总部、军兵种与军区(战区)体制的调整、改革

1982年9月，中共中央决定，中共中央军委由主席、副主席、秘书长、副秘书长组成，由秘书长、副秘书长组成军委常务会议，负责处理军委日常工作。1993年后，未再设秘书长、副秘书长，中央军委常务会议由军委副主席和军委委员组成。

1983年，根据1982年12月第五届全国人民代表大会第五次会议修改通过的《中华人民共和国宪法》，设立了中华人民共和国中央军事委员会。这是在新的历史条件下国家政治体制和军事体制的重大改革。中华人民共和国中央军事委员会和中国共产党中央军事委员会均简称为中央军委，其职能和成员都是同一的，充分体现了以人民解放军为主体的中华人民共和国武装力量，既是中国共产党绝对领导下的武装力量，也是中华人民共和国国家的武装力量的一致性，这是中国军队领导体制所具有的特色。

1982年9月以后，邓小平、江泽民、胡锦涛先后任中央军委主席，担任军委副主席的先后有叶剑英、徐向前、聂荣臻、杨尚昆、赵紫阳、刘华清、张震、张万年、迟浩田、曹刚川等。

随着全党和军队工作重点的转移，总部机关、兵种机关和大军区体制编制也进行了相应的改革调整。

首先，根据1982年9月中共中央、中央军委的决定，军委炮兵、装甲兵、工程兵由兵种领导机关缩编为总参谋部的业务部，划归总参谋部建制领导，各大军区的炮兵、装甲兵、工程兵机关则相应改为军区司令部的业务部门，后来，又将这些业务部门作了相应合并；撤销基建工程兵，所属部队按系统对口集体转业到国务院有关部或地方部门；铁道兵与铁道部合并，撤销铁道兵番号，其部队集体转业移交铁道部。恢复总参谋部第四部，并增加了电子对抗部队的编制，以适应高技术条件下作战的需要。

1987年5月,中央军委决定组建陆军航空兵,成立了总参谋部陆航局。从此,人民解放军一个新的兵种正式诞生。为了适应军事法规法制建设的需要,1977年总政治部增设了中国人民解放军军事法院和军事检察院。新增的两院,是国家设在军队的审判机关和法律监督机关,它们既受总政治部的直接领导,也分别接受最高人民法院和最高人民检察院的领导。

其次,根据1985年军委扩大会议通过的《军队体制改革、精简整编方案》,将全国11个大军区调整为7个大军区,即将福州军区与南京军区合并、武汉军区与广州军区合并、昆明军区与成都军区合并、乌鲁木齐军区与兰州军区合并,其他未变。调整后的7个军区为:北京军区、沈阳军区、兰州军区、济南军区、南京军区、广州军区、成都军区。军区领导机关的编制体制也作了重大调整,编制人数精简50%。

此外,为了加强对国防科学技术和国防工业生产的统一领导,1977年国务院、中央军委决定成立中央军委科学技术装备委员会。1982年,国务院、中央军委又将中央军委科学技术装备委员会与国务院国防工业办公室合并,成立中国人民解放军国防科学技术委员会(同时称中华人民共和国国防科学技术工业委员会,简称"国防科工委")。

随着中国特色军事变革的加速和深化,江泽民在2002年12月的军委扩大会上指出:

> 我们过去的精简整编工作,着力点更多地放在了减少数量上,虽然也对结构作了一些调整,但很不够。结构不合理,一些重大比例关系失调,已经成为制约军队整体作战能力提高的一个突出问题。无论哪一个军种,都要优化内部兵种结构,合理划分部队类型,科学确定部队编成;都要减少装备技术落后的一般部队,组建高技术新型部队。要特别充实作战部队。我军结构上的另一个问题,就是机关与部队的比例失调,头重脚轻尾巴长。非作战单位多、机关多等因素导致官兵比例不合理、干部总量庞大,必须下决心减

下来。总之,这次调整改革,重点要在优化结构上下功夫,把各类重大比例关系好好理一理,建立科学合理的内部结构。优化结构、理顺关系、减少数量、提高质量,要作为衡量调整改革成功与否的重要标志。①

经过全军认真的精简整编,至 2006 年时,中国陆军机动作战部队共有 18 个集团军。陆军未设独立的领导机关,由四总部行使领导机关职能,各军区直接领导所属陆军部队。海军、空军和第二炮兵领导各自部队的军事、政治、后勤、装备工作,参与联合作战指挥。领导机关均设有司令部、政治部、后勤部、装备部。海军组织指挥本部队独立的或以海军为主的海上作战行动,下辖北海、东海、南海 3 个舰队。舰队下辖舰艇支队和航空兵师等。空军组织指挥本部队独立的空中作战、首都防空作战和以空军为主的空中作战行动,下辖沈阳、北京、兰州、济南、南京、广州、成都 7 个军区空军。军区空军下辖航空兵师、地空导弹师(旅、团)、高炮旅(团)、雷达旅(团)以及其他保障部队,在重要方向和重点目标区设有军级或师级指挥所。第二炮兵组织指挥本部队实施战略导弹的核反击和常规导弹的作战行动,下辖导弹基地、训练基地和相关保障部队等。武警部队总员额为 66 万人,仍由内卫部队和警种部队组成;公安、边防、消防、警卫部队列入武警序列。军队院校 67 所,另外全国已有 112 所高等院校承担国防生的培养任务。②

第二节 陆军合成集团军的组成

历史进入 20 世纪 80 年代,为适应军队发展和未来反侵略战争的需要,并进一步完善陆军军的编制体制,中央军委对陆军军

---

① 《江泽民文选》第三卷,第 590 页,人民出版社 2006 年版。
② 参见《2006 年中国的国防》白皮书。

的编制进行了三次较大的调整、改革。

第一次调整、改革。1980年,根据中央军委关于军队精简整编的决定,重点减少步兵的员额,加大特种兵的比例,以提高部队的防空、反坦克火力和机动能力。

第二次调整、改革。1982年,根据中央军委制定的精兵合成原则,进一步增大陆军编成内的特种兵的比例。在陆军军的编成内开始组建机械化步兵师,原属兵种建制的坦克师及大部分炮兵师也划归陆军军;同时,由各军代管军区下放的部分独立兵种部队,开始进行合成集团军编组试点。

第三次调整、改革。1985年军委扩大会议明确提出了精兵合成、质量建军的方针,并决定对陆军军的组织编制再次进行重大调整。撤销了31个军级单位、4054个师团级单位,保留的陆军军统一整编为集团军,将装甲兵部队的全部,炮兵、高炮部队大部及部分野战工兵部队编入集团军序列。

经过20世纪80年代这三次较大的调整、改革,中国人民解放军集团军加大了特种兵的比重,构成了以装甲兵、步兵组成的地面突击力量,以炮兵、防空兵、陆军航空兵组成的火力支援力量,以侦察兵、通信兵、工程兵、防化学兵、气象和电子对抗专业部(分)队组成的作战保障力量,以运输、修理、输油管线、卫生、军需、器材等专业部(分)队组成的后勤保障力量,合作水平有了飞跃性的提高。在随后的1997年和2003年开始的两次大裁军中,随着压缩规模、调整编制、优化结构的进一步推行,集团军中的特种兵数量第一次超过了步兵数量,从而成为陆军的主要作战力量。特种兵的大量充实及各兵种的有机结合,使集团军的火力、突击力、机动力、防护力和快速反应能力均有较大提高,整体作战能力空前增强,并使其可在上级编成内或独立进行战役作战任务。合成集团军的组建,标志着中国人民解放军的现代化、正规化建设进入了一个崭新的阶段。

第三节　预备役部队的建立及人民武装部队的领导体制

一　预备役部队的建立

1955年7月,首部《中华人民共和国兵役法》规定:中华人民共和国的兵役分为现役和预备役。民兵与预备役相结合的制度,是中国国防后备力量建设的一大特色。1956年12月曾组建十个预备役训练师,预计训练一年半。1957年军队进行精简整编,预备役师因当时的条件还不够成熟而被全部取消。党的十一届三中全会后,预备役制度得到了恢复,并有进一步的发展和完善。

沈阳军区作为试点,于1982年3月率先组建了一个预备役步兵师。1984年5月,全国人民代表大会审议通过的新《中华人民共和国兵役法》规定:中国实行义务兵役制为主体的义务兵与志愿兵相结合、民兵与预备役相结合的兵役制度。1985年7月,中央军委在《军队体制改革、精简整编方案》中,提出了要"有计划地组建预备役部队"的任务,并确定"当前主要是搞好试点,总结经验,巩固提高,控制发展"。经过试点,总结经验,1986年8月,三总部发出通知,明确规定预备役部队列入中国人民解放军建制序列,授予中国人民解放军的番号、军旗,执行人民解放军的条令和条例。

中国的预备役部队按照现役部队的编制,以少数现役军人为骨干,由预备役军官和士兵组成。它既区别于现役部队,又不同于民兵组织。平时,它是动员组织,是为建立和完善快速动员体制而采取的一项战略性措施;战时,根据需要,成建制地转为现役部队,遂行作战任务。

中国人民解放军预备役部队,经过几十年来的建设和磨砺,已发展成为一支包括步兵、炮兵、装甲兵、工程兵、通信兵、防化兵等兵种师、团和空军、海军部分专业技术兵种在内的国防新旅,担负社会主义现代化建设和保卫国家安全的重要力量。1995年5月,全国人大审议通过的《中华人民共和国预备役军官法》,进一步完善了中国武装力量动员体制和军队干部制度。1996年4月,中央军委又决定为预备役军官评授军衔。1997年1月,预备役军官正式佩戴军衔。

预备役部队是平战结合的一种形式。组建预备设部队,较好地解决了战时军队迅速动员、扩编,平时少养兵、战时多出兵的重大问题,是适合中国国情军情、加强国防建设的一条有效途径。

二　人武部隶属关系的调整

人民武装部(简称"人武部")作为民兵工作、兵役工作的直接组织和指挥机构,是中国在县(市、区)设立的军事工作部门。各级人武部在同级地方党委、政府和上级军事部门的双重领导下,负责本行政区的军事工作,主要是民兵、兵役和动员工作。

新中国成立初期,全国的县和市辖区均建立了人武部,属军队建制,编配现役军人。实行义务兵役制后,人武部曾一度改称"兵役局",工作重心转向兵役工作。为了贯彻落实民兵与预备役合二为一的方针,1958年3月,县(市、区)人武部除部分边疆地区仍为军队建制外,其余均由军队建制改为地方建制,任务不变,名称不变,实行军队和地方的双重领导。1995年下半年后,根据国务院、中央军委决定,全国县(市、区)人武部又重新列入人民解放军的建制序列。

第四节　武装警察部队的组建

1982年,根据中共中央、国务院、中央军委的决定,人民解放军的内卫部队及公安部实行兵役制的武装警察、边防警察、消防警察,统一整编为中国人民武装警察部队。1983年4月6日,中国人民武装警察部队总部在北京成立。同时,各省、市、自治区编设总队,下辖支队、大队和站、所。

中国人民武装警察部队是党和国家的一支武装力量,是公安部队的一个组成部分。中国人民武装警察部队的职能是维护国家主权和尊严,维护社会治安,保卫国家安全和四化建设,保卫党政领导机关、重要目标和人民生命财产的安全。中国人民武装警察部队平时主要配合公安部门执行任务,战时也有配合人民解放军执行作战的任务。中国人民武装警察部队服从中央军委统一领导,执行中华人民共和国兵役法,实行义务兵和志愿兵相结合的制度,执行解放军的条令、条例,享受人民解放军的同等待遇。中国人民武装警察部队自1982年组建以来,经过广大官兵的不懈努力,中国人民武装警察部队已发展成为一支政治可靠、训练有素、装备良好、出色履行维护国家安全和社会稳定任务的威武之师。

第五节 驻香港、澳门部队的组建与维和部队的派出

一 驻香港部队的组建

香港包括香港岛、九龙、新界,总面积1092平方公里,是中国的固有领土。在1840年至1860年期间,英国和英法联军先后发动鸦片战争,逼迫腐败的清朝政府签订两个不平等条约,先后将香港岛和九龙半岛尖端割让英国政府管辖。1898年,英国当局又逼迫中国清朝政府签订一个不平等条约,强行长期租借九龙半岛大片领土及附近200多个岛屿(后统称为"新界")。这是中国近代史上的耻辱。中国人民一直不承认上述三个不平等条约。中华人民共和国成立后,一直主张在适当时机通过谈判解决这一问题。中共十一届三中全会以后,邓小平提出"一个国家,两种制度"解决台湾和香港问题的构想。解决香港问题时机已经成熟。1982年9月至1984年9月,中英两国政府经过两年

的谈判,终于就解决香港问题达成了协议,并签署了中英《关于香港问题联合声明》。中国政府声明:"中华人民共和国政府决定于一九九七年七月一日对香港恢复行使主权。"英国政府声明:"联合王国政府于一九九七年七月一日将香港交还中华人民共和国。"

中国政府还宣布,收回香港后,设立香港特别行政区,除外交和国防事务由中央人民政府管理外,香港特别行政区享有高度的自治权。1990年4月,由第七届全国人大第三次会议通过的《中华人民共和国香港特别行政区基本法》,以法律的形式规定,中央人民政府派驻军队负责香港特别行政区的防务。同年10月,中央军委主席江泽民批准了《关于组建驻港部队的报告》。

据此,中国人民解放军于1993年初,开始组建驻香港部队(也称"香港驻军")。军委主席江泽民对驻香港部队的组建作出过一系列的重要指示,要求驻香港部队建设必须高标准严要求,在政治思想、军事训练、作风纪律、管理教育等方面,都应该是一流的,一定要充分显示中国人民解放军是一支威武之师,文明之师。军委、总部也对组建工作提出了严格而又具体的要求,包括对官兵的文化程度、身体素质、语言、修养等作了严格规定。

驻香港部队由中国人民解放军陆、海、空三军精锐之师编成,隶属于中华人民共和国中央军事委员会。驻香港部队的职责是:防备和抵抗侵略,保卫香港特别行政区的安全;担负防卫勤务;管理军事设施;承办有关的涉外军事事宜等,不干预香港特别行政区的地方事务。香港特别行政区在必要时,可向中央人民政府请求驻军协助维持社会治安和救助灾害。驻军人员除遵守全国性的法律外,还遵守香港特别行政区的法律。

1996年1月28日,国务院、中央军委发布公告,向全世界庄严宣告:

> 根据《中华人民共和国宪法》赋予中国人民解放军的使命和《中华人民共和国香港特别行政区基本法》关于中央人民政府负责管理香港特别行政区防务的规定,为维护国家

的主权、统一和领土完整，保持香港的繁荣稳定，中华人民共和国派驻香港特别行政区的部队，经过精心准备现已组建完成。驻香港部队由中国人民解放军陆军、海军和空军组成，隶属中华人民共和国中央军事委员会领导。①

这既是中国政治生活中的大事，也是人民解放军发展史上的大事。1996年12月30日，第八届全国人大常委会第二十三次会议通过《中华人民共和国香港特别行政区驻军法》，为驻香港部队在香港特别行政区进行各项活动规定了法律准则。

根据中英联络小组达成的协议，中国人民解放军驻香港部队首批40名先遣人员于1997年4月20日进入香港，第二批先遣人员66人于5月19日、第三批先遣人员90人于30日，也先后进驻香港。1997年7月1日零时，由509名官兵组成的中国人民解放军驻香港部队先头部队，在香港添马舰与驻香港英军举行防务事务接管仪式。由陆、海、空军4 000余名官兵组成的驻香港部队主力，亦分别从陆上、海上、空中同时进驻香港，接管了英军在当地的防务。进驻当日，正值大雨天气，对飞行极为不利，驻港部队的空军直升机部队克服困难，成功地降落于预定位置，表现出良好的技能。从陆路进入香港的部队由深圳出发时，受到当地党政军领导和广大群众的热烈欢送。进入香港后，他们沿途又受到香港市民的夹道欢迎。人民解放军进驻香港并担负那里的防务后，纪律严明，出色地完成了各项任务，高度显示出威武之师、文明之师的风貌。

二　驻澳门部队的组建

澳门位于珠江口西岸，面积23.5平方公里，自古以来就是中国的领土，属广东省香山县管辖。1553年（明嘉靖三十二年）葡萄牙人借口曝晒水浸货物进入澳门。1557年通过贿赂中国官

---

① 余雁：《五十年国事纪要·军事卷》，第609页，湖南人民出版社2000年版。

员葡萄牙人得以在澳门半岛定居,并不断扩展其驻地,至17世纪初已侵占澳门半岛中部,但为中国政府所遏止。自16世纪中叶至19世纪40年代,明、清政府总体上仍对澳门行使主权。鸦片战争后,葡不断扩张其侵占的地盘,1851年和1864年又先后强占了氹仔岛和路环岛。

中华人民共和国成立后,多次阐明对澳门的基本立场:"澳门是中国领土的一部分,澳门问题属于历史上遗留下来的问题,中国政府主张,在条件成熟时,通过谈判予以解决。在未解决前,维持原状。"①1986年6月30日开始,经过四轮谈判,于1987年4月13日,中葡双方在北京人民大会堂签署了《中华人民共和国政府和葡萄牙共和国政府关于澳门问题的联合声明》。两国政府声明:澳门地区是中国领土,中国政府于1999年12月20日对澳门恢复行使主权。根据"一个国家,两种制度"的方针,1993年第八届全国人民代表大会第一次会议通过《中华人民共和国澳门特别行政区基本法》。

中华人民共和国中央人民政府派驻澳门特别行政区负责防务的部队,是根据《中华人民共和国澳门特别行政区基本法》和《中华人民共和国澳门特别行政区驻军法》,于1999年11月10日在珠海组建完毕的,隶属中华人民共和国中央军事委员会。领导机关设有司令部、政治部和后勤部,下辖珠海基地。部队编有摩托化步兵、装甲兵、侦察兵、通信兵等兵种,指挥机关编有少量海、空军军官,是一支以陆军为主、高度合成的部队。其主要职责是:防备和抵抗侵略,保卫澳门特别行政区的安全;担负防卫勤务;管理军事设施;承办有关的涉外军事事宜;必要时应澳门特别行政区政府请求,经中央人民政府批准,根据中央军委命令派出部队协助维持社会治安和救助灾害。澳门驻军人员实行轮换制度;费用由中央人民政府负担;除须遵守全国性的法律外,还须遵守澳门特别行政区的法律;不干预澳门特别行政区的地方事务,协助澳门特别行政区维持社会治安和救助灾害时,在

---

① 王俊彦:《澳门的故事》,第468页,世界知识出版社1999年版。

澳门特别行政区政府的安排下,澳门驻军最高指挥官或其授权的军官实施指挥,并行使与其执行任务相适应的澳门特别行政区法律规定的相关权力。

1999年12月20日上午12时,澳门驻军经珠海拱北口岸进入澳门特别行政区。21日上午8时,在驻地举行了隆重的升旗仪式。

驻澳门部队组建和进驻澳门以后,坚决贯彻"一国两制"的方针,严格执行中共中央关于澳门问题的一系列政策,严格遵守有关法律法规,有效担负起澳门特别行政区的防务职责;严格实施教育训练,狠抓文明素养提高,树立威武之师、文明之师的良好形象,为维护国家主权、统一、领土完整和澳门的繁荣、稳定、发展,作出了贡献。

三 维和部队的派出

中国是联合国安理会常任理事国,参加维和行动,促进世界和地区的和平与稳定,是中国应尽的责任。因此,派出维和部队和军事观察人员也就成为中国人民解放军的一项重要任务。通过参与维和行动,中国可在促进冲突和平解决、维护国际和地区安全方面更好地发挥与中国国际地位相称的作用。同时这也是军事外交的重要形式,可为中国人民解放军提供一个走向世界的平台,展示中国军人的良好素质,扩大中国军队的影响,并为锻炼部队、开阔视野提供良好的机会。此外,通过在很短时间内组建高素质的维和部队及在复杂情况下实地执行维和活动,可以检验军队的训练水平、装备水平和快速反应的能力,以及与其他国家军队协调、协作的能力。

自1948年在中东地区部署联合国监督停战组织以来,联合国先后设立了59项维和行动(目前仍有16项在继续执行中),目前共有102个国家的部队、观察员和维和警察在全世界执行维和任务。1988年中国加入了联合国维持和平行动特别委员会,1989年中央军委首次派人参加了联合国纳米比亚过渡时期协助团,帮助纳米比亚实现从南非独立的进程。

从1990年开始,中国每年向联合国派出军事观察员,执行一年至一年半的维和任务。

1992年,中国人民解放军组建的第一支维和部队——军事工程大队,开赴柬埔寨执行筑路任务。以后中国又多次派出维和部队和警察。2001年,中国正式成立国防部维和事务办公室,统一协调和管理中国军队参与联合国维和行动。至2006年,中国已向联合国派出5 915人次的维和部队和警察,现仍有1 487名维和人员在联合国9个任务区和联合国维和部执行任务。中国人民解放军派出的维和人员,以其过硬的作风、良好的素质、严明的纪律、精良的装备和出色的工作效率,不仅受到联合国官员和维和部队指挥将领的好评,还多次受到联合国的嘉奖,受到当地人民的热烈欢迎和爱戴。

第六节　加强军事法制建设

中国重视军事法制建设,把加强军事法制建设作为实现国防现代化和军队正规化的基本途径和重要保障。为适应新时期国防和军队建设的需要,中国确立了依法治军方针,全面加强军事法制建设,保障和推动中国的国防和军队建设沿着法制化轨道前进。特别是改革开放以来,随着社会主义法制的显著加强,国家和军队军事立法进展迅速。

1982年后,全国人民代表大会制定了国防和军队建设的法律;中央军事委员会制定了各种军事法规,还与国务院联合制定了军事行政法规;各总部、各军兵种、各军区制定了各种军事规章;中央军事委员会发布了《中国人民解放军立法程序暂行条例》。为了使立法规划制度化,全国人民代表大会和中央军事委员会先后制定和发布了大量的军事法律、法规,如《中华人民共和国兵役法》、《中华人民共和国国防法》、《中国人民解放军军官军衔条例》、《中国人民解放军现役军官服役条例》、《中国人民解放军现役士兵服役条例》、《中国人民解放军文职干部暂行条例》、《中国人民解放军军事训练条例》、《中国人民解放军政治工作条例》、《中国人民解放军后勤条例》、《中国人民解放军内务条令》、《中国人民解放军纪律条令》、《中国人民解放军队列条令》等。近20多年来,全国人大及其常委会通过直接制定国防、军事法律问题的决定20多件,国务院、中央军事委员会制定国防、军事行政法规和军事法规近200件,为加强国防和军队建设,推进军队的各项改革,维护广大官兵的合法权益,提供了充分的法律保障。各总部、各军兵种、各军区制定了2500多件军事规章,推进了依法治军的进程。

条令、条例是人民解放军宗旨和建军原则的具体体现,是解放军几十年作战和建设经验的科学总结,是全军的行为规范和行动准则。经过几十年的军事法规建设,人民解放军的条令、条例已经形成体系。主要有:

(1) 共同条令。共同条令,通常是军队内务条令、纪律条令和队列条令的统称,是全体军人必须遵照执行的准则。内务条令,是规定军队内部关系、生活制度和军人职责的条令,是全军进行行政管理教育的依据。纪律条令,是规定军队纪律的条令,是全军维护和巩固纪律的依据。至今,人民解放军先后制定、修订和颁发的内务条令11次、纪律条令14次、队列条令8次。

(2) 战斗条令。战斗条令,是规范师以下部队作战行动的各种条令的统称。包括合成军队战斗条令和军种、兵种及专业兵的战斗条令,是部队战斗行动和战术训练的依据。人民解放军20世纪60年代初制定和颁发的战斗条令,已于70年代、80年代修订两次,现行战斗条令是第三代战斗条令。目前人民解放军除合成军队战斗条令外,从海军、空军、战略导弹部队,到炮兵、装甲兵、工程兵、通信兵、防化兵等各军兵种都已有自己的战斗条令。战斗条令是对人民解放军几十年作战经验的科学总结和升华,同时又吸取了现代化战争的先进经验和军事科研的最新成果,是人民解放军的宝贵财富。

(3) 专业条例。中国人民解放军制定和颁发的专业条例,是军队法规中数量最多、种类最多的一种，如《中国人民解放军现役军官服役条例》、《中国人民解放军政治工作条例》等。再如，规范后勤工作的就有车辆管理工作条例、财务工作条例、被装管理条例、卫生工作条例、仓库工作条例等。目前，军队机关、院校、科研工作、训练、装备管理、人事工作等领域，都已有了相应的条令条例和规章制度。

随着国内外形势的发展和世界军事变革的大潮流，中国的军事法制也相应地迅速改进与提高。2003年颁布的新政治工作条例，把舆论战、心理战、法律战（简称"三战"）列为战时政治工作的重要内容。三战是精神力量在现代战争中的具体运用。舆论战是利用电视、广播、网络、报刊等传媒，有计划、有目的向受众传递有利于己方的信息，引导、控制社会舆论，以营造不利于敌之舆论。心理战是运用多种途径和手段，来改变敌人的认识、情感、意志和行为，以瓦解敌人的战斗意志和作战能力，同时巩固自身的心理防线。法律战是以相关的国内法（如《反分裂国家法》等）、国际法、战争法为武器，揭露敌人的战争违反法律，宣扬己方的合法性，以夺取法律优势，争取国际社会和广大人民群众道义上的同情和支持。总的来说，三战是人民解放军在中国传统军事文化攻心战的基础上，为适应现代战争的需要，对政治工作的发展和创新，也是对现代作战理论的完善。它必须以军事实力为后盾，建立在武力威慑和实战基础上，它对实战起着倍增的作用。信息化条件下的三战，已经上升为国家战略，成为国家运用政治、经济、科技、军事、外交及思想、文化等各种资源和手段，来影响和改变敌方民众、团体、政府、领导集团的信念和态度，以瓦解或改变国民意志的战略行为。三战概念的提出，是探索信息化战争及其规律的结果，也是推进中国特色军事变革的必然。

第七节　实行新的军衔制

1955年，中国人民解放军曾实行军衔制度。人民解放军第一次军衔制度的实施,对完善军队的军事制度和政治制度,加强现代化和正规化建设有着重要的推动作用。1965年军衔制被废止。在20多年的时间里,中国人民解放军成为世界上没有实行军衔制的为数不多的军队之一。

1982年初,中央军委常务会议正式作出恢复军衔制的决定。1988年7月1日下午,第七届全国人大常委会第二次会议通过了《中国人民解放军军官军衔条例》,标志着新军衔制的诞生。

新的军官军衔等级设3等11级。将官:一级上将、上将、中将、少将;校官:大校、上校、中校、少校;尉官:上尉、中尉、少尉。

士兵军衔设3等7级。士官:军士长、专业军士;军士:上士、中士、下士;兵:上等兵、列兵。

这次新军衔制同五六十年代军队的军衔制相比,军官军衔取消了中华人民共和国大元帅、中华人民共和国元帅、大将、大尉、准尉5衔,增设了一级上将衔。士兵军衔增设了专业军士和军士长2衔。军官军衔虽与美军层次相同,都是3等11级,但是解放军未设准将衔,而设大校衔。外军大多有准尉衔,解放军未设。

军官职务等级编制军衔,就是从军委主席至排职军官每一职务等级从编制上规定的军衔等级。军队军事、政治、后勤军官职务由高级到初级分为16个等级:军委主席、军委副主席、军委委员、大军区级正职、大军区级副职、正军、副军、正师、副师(正旅)、正团(副旅)、副团、正营、副营、正连、副连、排。专业技术军官的专业技术职务分为3个等级:高级、中级、初级。

新的《中国人民解放军军官军衔条例》,规定的职务等级编制军衔是:中央军事委员会主席、副主席的职务编制军衔,由全国人民代表大会常务委员会另行规定。中央军事委员会委员的职务编制军衔为上将至中将,基准军衔为上将。

军事、政治、后勤军官实行下列职务等级编制军衔:人民解放军总参谋长、总政治部主任、总后勤部部长:上将至中将,基准军衔为上将。大军区级正职:上将至少将,基准军衔为中将。大军区级副职:中将至大校,基准军衔为中将。正军职:中将至大校,基准军衔为少将;副军职:少将至上校,基准军衔为少将。正师职:少将至上校,基准军衔为大校;副师职(正旅职):大校至中校,基准军衔为上校。正团职(副旅职):上校至中校,基准军衔为上校;副团职:中校至少校,基准军衔为中校。正营职:中校至少校,基准军衔为少校;副营职:少校至上尉,基准军衔为上尉。正连职:上尉至中尉,基准军衔为上尉;副连职:上尉至中尉,基准军衔为中尉。排职:中尉至少尉,基准军衔为少尉。

专业技术军官实行下列职务等级编制军衔:高级专业技术职务:中将至少校。中级专业技术职务:上校至上尉。初级专业技术职务:少校至少尉。

平时军官军衔晋级的期限,少尉晋升中尉为三年,中尉晋升上尉、上尉晋升少校、少校晋升中校、中校晋升上校、上校晋升大校各为四年;大校以上军衔晋升为选升,以军官所任职务、德才表现和对国防建设的贡献为依据。战时军官军衔晋级的期限可以缩短。军官由于职务提升,其军衔低于新任职务等级编制军衔的,提前晋升至新任职务等级编制军衔的最低军衔。军官在作战或者工作中建立突出功绩的,其军衔可以提前晋级。

士兵编制军衔是:军士长军衔,授予原编制军官职务改为士兵职务的人员;专业军士军衔,授予担任专业技术职务志愿在军队长期服役的士兵;军士军衔,主要授予班长、副班长以及训练和技术骨干,服役时间较长的兵也可晋升至军士军衔。

士兵军衔的授予,上士,授予服现役第四年的班长,服现役第五年的副班长;中士,授予服现役第三年的班长,服现役第四年的副班长,服现役第五年的下士;下士,授予服现役第二年的副班长,服现役第三年的上等兵;上等兵,授予服现役第二年的列兵;列兵,授予服役第一年的兵。

1988年4月27日,中华人民共和国中央军事委员会主席邓小平发布命令,颁布《中国人民解放军文职干部暂行条例》。这一条例,是根据《中华人民共和国兵役法》的有关规定和全军文职干部均由现役军官改任实际制定的。条例8章27条,对文职干部的性质、地位、编制、范围、来源、培训、职务、等级、任务、晋

升、奖惩、待遇、服务年限、转业和退休等，作出了详细的规定。实行文职干部制度，是中国人民解放军干部制度的一项重大改革。它对实施干部分类管理，稳定专业技术干部队伍，加强国防建设和军队建设具有重要作用。

第二十四章　开创教育训练和军事科研的新局面

教育训练是人民解放军和平时期的中心工作,这一点早在20世纪50年代前期即已明确。到60年代中期,特别是"文化大革命"期间,林彪片面鼓吹"突出政治"、"政治可以冲击其他",军队的教育训练受到严重影响。全军院校撤销了2/3,仅剩下43所,各兵种只有一所学校,各军区均无院校。大批教员被迫改行或转业,教学设施被抢走,教学资料被焚毁,营房、营具被破坏。军队院校大伤元气。

粉碎林彪反革命集团后,叶剑英主持中央军委工作,采取了一系列措施,恢复军队院校工作。1973年12月8日,中央军委转发了全军院校领导小组《关于全军恢复和增建四十一所院校的报告》。1975年,邓小平强调:"要把训练放在战略问题的一个重要位置上。"[①]1977年8月23日,邓小平在军委座谈会上专门作了《军队要把教育训练提高到战略地位》的重要讲话。他指出:

> 在没有战争的条件下,要把军队的教育训练提高到战略地位。我们的军队过去是在长期的战争环境中锻炼成长的,那时提升干部主要靠战场上考验。现在不打仗,你根据什么来考验干部,用什么来提高干部,提高军队的素质,提高军队的战斗力?还不是要从教育训练着手?要把军委扩大会议上提出的把教育训练提高到战略地位这个方针具

---

① 《邓小平文选》第二卷,第21页,人民出版社1993年版。

体化。①

1997年9月,江泽民在党的第十五次全国代表大会上的讲话中指出:"加强国防和军队建设,是国家安全和现代化的保证"。"适应世界军事领域的深刻变化",必须"加强教育训练,提高现代技术特别是高技术条件下的防卫作战能力"。② 1978年1月,中央军委发出《关于加强部队教育训练的决定》、《关于办好军队院校的决定》,教育训练重新成为部队的中心工作。

第一节 部队训练的加强和改革

根据中央军委指示,从1978年到80年代初,部队训练得到全面恢复,基本上改变了部队多年失训的情况。

1983年10月,邓小平提出:教育要面向现代化,面向世界,面向未来。三总部遂拟制了《关于全军教育训练改革的若干问题》的文件,1984年1月下发全军执行。

1988年12月,中央军委扩大会议强调,全军要认真贯彻新时期军事战略方针,必须把提高战斗力作为军队改革和建设的出发点和落脚点,作为检验军队各项工作的根本标准;要以战斗力标准来统筹各项工作,理顺内部关系,解决各种矛盾。1993年,军委又强调加强打赢现代条件特别是高技术条件下局部战争的战法研究和作战训练。到1995年底取得了阶段性成果,并形成了新一代军事训练大纲《中国人民解放军训练条令》。

各部队通过改革军事训练,实现了从重点抓单兵训练转到重点抓干部训练,从重点抓步兵训练转到重点抓打坦克、打飞机、打空降训练,从重点抓单一兵种训练转到重点抓合同训练的"三个转变"。这一阶段干部训练、多兵种或多军兵种合同战役

---

① 《邓小平文选》第二卷,第60页,人民出版社1993年版。
② 《江泽民文选》第二卷,第36页,人民出版社2006年版。

战术训练、现代技术特别是高技术条件下的训练比重明显加大。1996年春,人民解放军首次举行了现代高技术背景下的陆海空三军和第二炮兵部队的联合战役演习。训练的难度、深度更加接近现代高技术条件下实战的要求。

在训练方法上,重视对抗训练、多课题的综合性训练和检验性演习,缩小了训练和实战的差距。在训练手段上也实现了重大改革,其主要标志就是模拟训练和模拟器材的迅速发展。至1996年时,已发展到了应用计算机仿真模拟、分布式交互网络和多媒体等新的模拟技术,可以在计算机上展示作战区域各军兵种联合的作战态势和局部冲突,以及部队调动、武器射击、后勤保障等战场活动。2001年7月,第七代《军事训练与考核大纲》颁发全军。这是人民解放军有史以来兵种专业最全、科技含量最高、册数最多的大纲。其中训战一致的内容体系、官兵分训的组训形式、统放结合的指导方式、质量调控的管理手段、开放共享的保障模式、滚动发展的改革路子等,无论是训练思想、训练内容还是训练方法,变革都是革命性的。2004年,全军成立了九个军事训练协作区。这是跨越现行体制编制的组训行为,是加强联合训练和一体化的训练的基本途径。此外,在训练保障上,建立健全了教育训练规章制度,使教育训练工作按照现代化、正规化的要求协调发展。

为了促进人民解放军的革命化、现代化、正规化建设,同时也为了向国家和人民汇报武装力量建设的成就,鼓舞全国人民的爱国热忱,1981年中央军委决定恢复军队内部的阅兵。各部队加强了阅兵活动。1984年10月1日和1999年10月1日,人民解放军在北京举行了建国35周年和50周年国庆阅兵。受阅部队的雄姿和阵容,展示了人民武装力量的建设水平和精神风貌。

1995年以来,随着海湾战争后高技术战争研究的开展,人民解放军的战役演习又有了新的发展。为贯彻中央军委新时期的军事战略方针,依据国际战略形势和中国周边战略环境,为了维护祖国的安全、独立和主权,人民解放军在现有的训练条件的基

础上，针对高技术条件下可能出现的情况，几个大战略区先后进行了实兵实弹战役演习。这些演习深化了人民解放军的训练改革，为训练走向实战化提供了重要经验。如2004年9月济南军区某集团军机械化步兵师在河南确山进行的"铁拳-2004"的装甲部队对抗演习，有1万多官兵和大量先进的高技术陆、空武器参加。双方除进行激烈的山地攻防战外，还展开电子干扰和抗干扰、电子伪装和对抗以及心理战，以无人驾驶飞机携带固定频率收音机、传单，在对方上空投放。印度、泰国等16个国家的高级军官和13个国家的驻华武官在现场进行了参观。又如2005年6月北京军区进行的一次陆海空一体联合训练的防空作战演习，已能达到多军兵种、多机种配合密切，一批高新技术也被运用至作战的各个环节。如视频系统触及到演练场的每个角落，使战场实现实时可视。

2006年间，总参军训部和兵种部围绕"研究探讨机械化条件下军事训练向信息化条件下军事训练转变"和"复杂电磁环境下作战和训练问题研究"两个课题，带头进行了为期两周的业务集训，促使各部队迅速掀起大抓军事训练热潮，努力推进机械化条件下军事训练向信息化条件下军事训练转变。2006年9月，中国人民解放军陆军部队首次进行了为期十余天的跨区远程机动作战对抗演练。参演部队是沈阳军区某机步旅和北京军区某装甲旅。沈阳军区某机步旅的机动距离达1000多公里。机动过程中，演练导演部设置了电子干扰、多维侦察、火力袭扰等一系列训练课目。在实兵对抗阶段，还组织实施了分队间的激光对抗等课目，为陆军机械化部队训练掀开了崭新一页。

第二节　院校教育的发展

中国人民解放军的院校教育自改革开放以来逐步向现代化、正规化方向发展。1977年8月23日，邓小平在军委座谈会上提出：要把原有的学校基本上都恢复起来。院校要训练干部、选拔干部、推荐干部。用形象化的语言说，就是各级学校本身要起到集体政治部的作用，或者说起到集体干部部的作用。同年11月7日，中央军委批转了教育训练委员会《关于调整和增建军队院校的报告》，在1973年全军84所院校的基础上，再增建28所院校，以军政大学的军事系、政治系、后勤系为基础，分别组建军事学院、政治学院和后勤学院；以北京、南京军区军政干校为基础，组建石家庄、南京两所高级步兵学校（后分别改为陆军参谋学院和陆军指挥学院）；其他各军区以原各自的军政干校为基础，组建军区步兵学校（后改为陆军学院），各军兵种军政干校改为军兵种学院，总后勤部军政干校改为后勤学校。1978年6月，经国务院、中央军委批准，长沙工学院改建为中国人民解放军国防科学技术大学。这是一所为国防建设培养掌握尖端技术的高质量、高水平的研究、设计、生产、使用人才的高等学府。到70年代末，军队院校已发展到116所，其中指挥院校40所、政治院校5所、技术院校54所、飞行院校17所，大体恢复到"文化大革命"前的水平。为使院校适应新形势的要求，总参、总政、总后于1980年10月和1983年2月召开两次全军院校会议，着重研究了院校训练任务、编制体制、提高教学质量等问题，并进一步明确军队院校建设要为人民解放军现代化、正规化培养德智体全面发展的合格人才的战略目标服务。

1985年军队建设指导思想实行战略性转变后，军队院校进行了精简整编，并在部队训练改革的同时，调整了各院校训练任务的分工、各类军官培训的比例和学制。同年12月，军事学院、政治学院、后勤学院合并成立中国人民解放军国防大学。它是中华人民共和国最高军事学府，主要负责培养陆军集团军和海、空军军级单位以上的军事、政治、后勤指挥干部，总部和大军区机关的高级参谋人员，军队高级理论研究人员，地方省级和国务院有关部门的领导干部，并开展战略和国防现代化建设问题的研究，为中央军委和总部的决策起咨询作用。

1986年3月，召开了全军第十三次院校会议。会后，中央军委下发了《关于军队院校改革的决定》，同时还批转了三总部关于《全军院校体制改革精简整编方案》，对全军院校的体制、规模、培训层次、教学比例、院校等级、名称等都作了较大调整，撤销、合并和改建了部分院校，进一步完善了指挥院校初、中、高三级培训体制和中等、高等两类专业技术院校学科结构。中央军委规定，士兵提升为干部和各级干部的提升，都要经过相应院校的培训。为保留部队的专业骨干，部分指挥院校设置了士官大队，海、空军各增设了一所士官学校。

1990年10月，经国务院学位委员会第九次会议批准，中国首次设立了军事学硕士学位授权单位及其学科、专业授权点。1993年，军事科学院、国防大学等又增加了军事学博士授权点。

培养军事学研究生和授予硕士、博士学位工作的开展，标志着中国军事学学科的建设和发展进入了一个新的阶段，标志着军事学教学和科研达到了一个新的水平。军队院校在经过训练体制、训练内容、训练方法调整改革的基础上，抓紧院校教员的选调和培养。到90年代初期，军校教员具有大专以上学历的达93％，其中大学本科学历的占52％，博士、硕士学历的占9.5％，并拥有一批包括中国科学院学部委员、博士生导师在内的高级教育人才，形成了一支素质较高、结构合理的教学科研队伍。

为培养高素质的初级指挥员，从2006年9月开始，全军在承担"学历教育合训"任务的院校实行军政基础集中强化训练制度，对从应届高中毕业生中招收的初级指挥生长干部新学员，普遍进行为期两个月的"强化训练"。训练的内容分为思想政治教育、共同条令教育、体能训练、军事基础训练和野外综合演练5大项，涉及军人思想道德修养和法律基础、条令条例、体能训练常识和运动生理学知识、战术基础与防护、徒步行军、野战生存训练、军事基础科目综合应用等24个方面的具体内容。强化训练期间，院校按总部有关要求组织考核，对考核不合格、不具备培养前途的学员，按照院校学籍管理的有关规定予以淘汰。

实施"强化训练"制度，是深化我军院校教育训练改革的一项重要举措，对培养高素质的初级指挥员将产生积极的影响。

院校以新的面貌，培养各级优秀军官，为部队建设输送合格人才。作战部队的团以上领导班子成员中基本上都受过本级训练，全军军官军政素质逐步提高。军队院校在人民军队的革命化、现代化、正规化建设中发挥了"集体干部部"的作用。

第三节 军事科学研究的新局面

中共十一届三中全会后，军事科学理论研究进入了新的繁荣发展时期。主要表现在以下三个方面：

第一，建立健全了军事科研机构。1978年12月2日，经中央军委批准，各大军区、军兵种和国防科委司令部、政治部、后勤部一级机关，军级以上政治院校和军事、后勤指挥院校，各编设一个研究机构，连同原有的军事科学院，至80年代末，全军共有军事科学研究机构90个，编制研究人员1 730人。军事科学研究的繁荣发展有了组织保证。此外，为加强中外军事学术交流，经中央军委或总政治部批准，还建立了一些军事学术团体，如中国军事科学学会、中国毛泽东军事思想学会、中国近代军事史学会、孙子兵法研究会、战略问题研究会、中国军事法学会、军事历史研究会、中国第二次世界大战史研究会、中国抗日战争史学会、中国人民解放军军事运筹学会、中国人民解放军军事统筹学会、中国军事未来学研究会、军事人工智能学会、国防经济研究会等。这些学会的活动，推动和促进了军事科学研究的深入。

第二，军事科学各学科领域研究全面展开。一些学科虽然在20世纪五六十年代即已开始研究，但主要是学术准备，真正展开研究是在中共十一届三中全会以后，如战略学、战役学、军事历史等。此外，这期间又新开辟了许多学科领域，如军制学、军事指挥学、武器装备学、军队管理学、军事运筹学、国防经济学等。这一时期，军事科学理论研究的重点是国防建设、军队建设和立足现有装备打赢现代条件特别是高技术条件下的局部战争战法等重大现实问题。在作战问题研究上，实现了四个转变，即从主要研究一般技术条件下局部战争的作战，转到主要研究高技术条件下局部战争

的作战；从重点研究战争初期内陆地区坚守防御为主的作战，转到重点研究沿海、沿边地区机动进攻为主的作战；从主要研究预设战场、长期准备的作战，转到主要研究快速反应的作战；从主要研究以陆战为主的合同作战，转到主要研究海空作战比重增大的陆海空三军联合作战。自国民经济和社会发展"七五"计划以来，军事科学研究被纳入人民解放军的全面建设规划，并且有许多军事科研课题被列为国家"七五"、"八五"、"九五"、"十五"、"十一五"哲学社会科学研究规划中的重点科研项目。

第三，出版了大批军事科研成果。据不完全统计，到20世纪90年代，出版的军事论著、史著、编著（汇编）、译著、军事辞书、法规、外国军事著作以及各种咨询报告、军用数学模型与计算机软件等成果达2000余种。其中在军内外较有影响的著作有：《马克思恩格斯军事文集》（五卷本）、《列宁军事文集》、《斯大林军事文集》、《毛泽东军事文集》（六卷本）、《邓小平论国防和军队建设》、《军事科学概论》、《战略学》、《战略学教程》、《国家军制学》、《战役学纲要》、《空军战役学》、《海军战役学》、《第二炮兵战役学》、《战区战役初探》、《高技术条件下局部战争战役战法研究》、《高技术条件下局部战争战术问题研究》、《战术学》、《军事哲学》、《军事未来学》、《中国大百科全书·军事》、《中国军事百科全书》、《中国人民解放军战史》（三卷本）、《中国抗日战争史》（三卷本）、《第二次世界大战史》（五卷本）、《中国人民志愿军抗美援朝战史》、《中国军事通史》（十七卷本）、《中国近代战争史》（三卷本）、《当代中国》丛书《国防军事卷》（十卷本）、《海湾战争全史》、《战争战略论》、《高技术战争与现代军事哲学》、《信息化战争与信息化军队》、《前瞻以劣胜优》、《中国军队第三次现代化论纲》，以及元帅传记和军事文选、外国军事理论著作和对外国军事研究的著作等。同时，在原有的综合性刊物《军事学术》的基础上，又创办了《中国军事科学》、《国防》、《军事历史》、《军事历史研究》、《中国空军》、《海军学术交流》等100多种军事理论刊物。此外，经中央军委和总政治部批准，还召开了多次全军性的军事学术专题研讨会。由总参谋部主持，有计划地为在京军队高级干部举办国防现代化发展战略和现代高科技系列学术讲座。

这一时期军事科学研究的繁荣和发展,有力地促进和推动了人民解放军的全面建设。

第四节 加强军队干部队伍与基层的建设

一 加强干部队伍建设

毛泽东曾说过,政治路线确定之后,干部就是决定因素。加强军队干部队伍建设是加强军队思想政治建设的重要内容,是保证人民解放军永远忠于党、忠于人民、忠于社会主义国家的关键。无论是革命战争时期还是和平建设时期,中国人民解放军都把加强干部队伍建设摆在重要位置。"文化大革命"时期,军队干部队伍建设受到严重损害。粉碎"四人帮"后,干部队伍建设的革命化、年轻化、知识化、专业化的问题提到了军队建设的重要位置。1977年12月,邓小平在《中央军委全体会议上的讲话》中提出了选拔任用干部的四条标准:(1)认真学习马列主义、毛泽东思想,在斗争中经得起考验;(2)党性强、能团结人,不信邪;(3)艰苦朴素,实事求是,说老实话,办老实事,做老实人,作风正派;(4)努力工作,联系群众,关心群众疾苦,有魄力,有实际经验,能办事。概括起来就是德才兼备。

1978年至1982年,中央军委对干部队伍进行了两次调整。清理了混进领导班子队伍中的"文革"时期的"三种人",纯洁了领导班子队伍,并在一定程度上解决了干部队伍臃肿的问题。但班子老化和超编问题仍没有完全解决。1983年和1985年结合部队精简整编,对领导班子进行了大规模调整,重点解决干部年轻化和知识化、专业化问题,经过两次调整,军以上领导班子成员的年龄明显下降,形成了梯次配备。领导班子的文化程度和专业知识水平大为提高,大军区级以上领导干部大专以上文化程度的占60%，经过院校培训的占75%，逐步实现了领导班子的"四化"要求。与此同时，全军也形成了一套院校按级分层培训和在职培养相结合的面向各级各类干部培养、管理制度。

随着世界军事变革的发展，对干部现代化的要求也愈来愈高，"具有高度政治觉悟、高昂士气、掌握现代军事技术、懂得现代战争指挥艺术的优秀人才"①，就成为军队培养和使用干部的新标准。2002年12月27日，江泽民在军委扩大会议上在论及中国特色军事变革的问题时说：

> 争取经过一二十年的努力，培养造就一支具有战略眼光、能够把握世界军事发展趋势、懂得信息化战争指挥和信息化军队建设的指挥军官队伍，一支具有较高科学文化素养和全面军事素质、善于对军队建设和作战问题出谋划策的参谋队伍，一支能够站在科学前沿、组织谋划武器装备创新发展和关键技术攻关的科学家队伍，一支精通高新武器装备性能、能够迅速排除各种故障和解决复杂难题的技术专家队伍，一支具备专业技术基础、能够熟练掌握手中武装装备的士官队伍"。②

2003年中央军委开始实施军队人才战略工程。新型军事人才的培养步伐加快，越来越多的地方高校正为军队培养急需的人才。人民解放军的干部教育，正在实现由学历教育向提高素质能力的跃升，军事院校职能开始了以学历教育为主向以任职教育为主的战略性转变。至2006年时，人民解放军作战部队军师团领导干部，95%以上具备大专以上文化程度，空军一线飞行员全部具有大学学历，海军一线舰长全部毕业于专业学院，第二炮兵部队的技术军官几乎全部具有学士以上学位，全军拥有博士、硕士3万余名。

---

① 《江泽民文选》第一卷，第292页，人民出版社2006年版。
② 《江泽民文选》第三卷，第592页，人民出版社2006年版。

二 加强基层建设

基层单位是军队的细胞,搞好基层建设,是搞好军队建设的基础性工作。1983年7月,中央军委座谈会提出大抓基层的要求。同年8月和9月,总政治部分别在北京和济南两地召开有部分军区领导干部参加的基层建设座谈会,研究在新的历史条件下基层建设的特点和经验。1987年1月,中央军委《关于新时期军队政治工作的决定》把"做好基层政治工作",作为做好新时期政治工作八项重要内容之一专门作了规定。同年5月5日至15日,总政治部召开全军基层政治工作会议,40多个典型单位在会上介绍了经验。1988年6月,中央军委颁发全军试行《军队基层建设纲要》。尔后,根据形势变化和基层建设的实际,多次进行修改,重新颁发。新修订颁发的《军队基层建设纲要》,用江泽民提出的"政治合格、军事过硬、作风优良、纪律严明、保障有力"[1]的总要求规范和指导基层建设,符合基层建设的客观规律,是基层建设指导上的一个重要突破。新的《军队基层建设纲要》对基层建设的标准,基层经常性的主要工作,基层建设的检查、评比和表彰,领导机关抓基层建设的主要职责和要求作了全面的规定。

《军队基层建设纲要》的颁布实施,标志着人民解放军基层建设走上了规范化、制度化的轨道。全军贯彻《军队基层建设纲要》,出现了你追我赶、争先创优的生动局面。据统计,自1994年《军队基层建设纲要》重新修订在全军试行以来,至1996年7月,两年多的时间,全军就涌现出2万多个先进基层单位,近80万名优秀士兵,有力地推动了基层的全面建设和全面进步。

---

[1] 《江泽民文选》第一卷,第140页,人民出版社2006年版。

第二十五章　主要武器装备与国防科技的新成就

20世纪80年代,江泽民指出:

> 世界范围的高技术竞争日趋激烈。各国都在调整自己的发展战略,把发展现代技术尤其是高技术作为增强综合国力和国防实力的关键措施,力争掌握战略主动。海湾战争的事实说明,随着高技术在军事领域的运用,武器的打击精度、作战强度空前提高,突然性、立体性、机动性、快速性和纵深打击的特点十分突出,拥有高技术优势的一方明显地掌握着更多的战场主动权。在当今世界上,一个国家如果不随着经济社会发展增强国防实力,提高军队的素质和武器装备水平,在现代技术尤其是高技术条件下的作战能力不强,一旦战争发生,往往陷于被动挨打的地位,国家利益、民族尊严和国际威望就要受到极大损害。[①]

在1993年1月的军委扩大会议上,江泽民指出:

> 必须把国防科技发展和部队装备建设放在突出地位。我们有信心有能力战胜任何敌人。但是,如果武器装备落后、特别是高技术条件下的对抗能力不强,夺取战争主动权就比较困难,赢得胜利就要付出较大代价……我们要狠抓国防科研和装备发展,以增强我军应付现代技术特别是高技术条件下的局部战争的物资基础,使我军尽快拥有几手先进的顶用的

[①] 《江泽民文选》第一卷,第285页,人民出版社2006年版。

制敌手段,切实提高我军的威慑能力和实战能力。①

由于党中央和中央军委的重视,20多年来,人民解放军的现代化建设实现了跨跃式的发展,武器装备和高新技术有了极大的提高。

胡锦涛总书记在接任中共中央军委主席的第二天,就阐述了其治军的理念,要求人民解放军要不断提高中国特色军事变革,推进部队的机械化、信息化建设。

第一节　诸军兵种的主要武器装备

一　陆军的主要武器装备

中国人民解放军建立于1927年8月1日,起初仅由陆军组成,陆军主要担负陆地作战的任务。当代中国人民解放军陆军由步兵、装甲兵、炮兵、防空兵、陆军航空兵、工程兵、防化兵、通信兵等兵种及电子对抗兵、侦察兵、测绘兵等专业兵种组成。

步兵　徒步或乘装甲输送车、步兵战车实施机动和作战,由山地步兵、摩托化步兵、机械化步兵(装甲步兵)组成。步兵主要装备重量轻、便于携带与操作的近战武器,包括各型枪械、轻型火炮和反坦克武器等。摩托化步兵装备各种输送车,便于快速机动;机械化步兵装备有多型国产化步兵战车、装甲输送车。

装甲兵(坦克兵)　以坦克及其他装甲车、保障车辆为基本装备,遂行地面突击任务。装备包括多型主战坦克、水陆两栖坦克、扫雷坦克、侦察坦克等。

炮兵　以各种压制火炮、反坦克火炮、反坦克导弹和战役战术导弹为基本装备,遂行地面火力突击任务。主要装备为多种口径的加农炮、榴弹炮、加农榴弹炮、火箭炮、迫击炮、滑膛炮、无

---

① 《江泽民文选》第一卷,第291页,人民出版社2006年版。

座力炮等。

防空兵 以高射炮、地空导弹武器系统为基本装备,遂行对空作战任务。目前人民解放军防空兵,运用国产导弹和高射炮等协同作战,已初步建立了空防系统,可对付空中来袭的各种飞机。

陆军航空兵 装备有运输直升机、武装直升机和勤务直升机,担负空中机动和支援地面作战任务。

工程兵 担负工程保障任务,由工兵、舟桥、建筑、伪装、野战给水工程、工程维护等专业部(分)队组成。主要装备有工程侦察器材、布雷扫雷器材、渡河桥梁器材、工程机械、伪装器材、工具器材等。

防化兵 担负防化保障任务,由防化、喷火、发烟等部(分)队组成。武器装备主要包括核爆炸观测器材、辐射侦察器材、化学侦察器材、工具器材等。

通信兵 担负军事通信任务,由通信、通信工程、通信技术保障、航空兵导航和军邮勤务等专业部(分)队组成。装备有多种型号的无线电台、单边带电台、超短波接力机、载波电话机、收讯机等通信联络与自动化指挥设备。

电子对抗兵 实施电子攻防的专业兵种,装备有各型电子战器材。

侦察兵 获取军事情报的专业兵种,装备有各种侦察器材和轻型快速交通工具。

测绘兵 在战时承担战区的军事测绘任务,和平时期则"用双手描绘祖国山河,用双脚丈量祖国大地",国家大地控制网、边境划界、航天测控等重大工程,都凝聚着他们的辛劳。

陆军按其担负的任务还划分为野战机动部队、海防部队、边防部队、警卫警备部队等。

二　海军的主要武器装备

中国人民解放军海军成立于1949年4月23日,主要任务是独立或协同陆军、空军防御敌人从海上的入侵,保卫领海主权,维护海洋权益。海军由潜艇部队、水面舰艇部队、航空兵、岸防兵和陆战队等兵种及专业部(分)队组成。

潜艇部队 编有常规动力潜艇和核动力潜艇部队,具有水下攻击和一定的核反击能力。

水面舰艇部队 编有战斗舰艇部队和勤务舰船部队,具有在海上进行反舰、反潜、防空、水雷战和对岸攻击等作战能力。

海军航空兵 编有轰炸航空兵、歼击轰炸航空兵、强击航空兵、歼击航空兵、反潜航空兵、侦察航空兵部队和警戒、电子对抗、运输、救护、空中加油等保障部(分)队,具有侦察、警戒、反舰、反潜、防空等作战能力。

海军岸防兵 编有岸舰导弹部队和海岸炮兵部队,具有海岸防御作战能力。

海军陆战队 编有陆战步兵、炮兵、装甲兵、工程兵及侦察、防化、通信等部(分)队,是实施两栖作战的快速突击力量,具有陆地、海上、空中多种作战能力,被称为"陆地猛虎、海上蛟龙、空中雄鹰"。

中国海军陆战队,为了训练和锻炼队员的战斗力和战场生存力,曾跨越南海、东海、黄海、渤海四大海区。1995年10月,中央军委主席江泽民和副主席张震,观看了海军陆战队参加的诸军种联合演习,江泽民给予"特别能吃苦、特别能打仗"的高度评价。2004年4月,48个国家的驻华武官参观了中国海军陆战队以现代战争为背景的抢滩登陆作战演习。武官团团长图马尼说:"你们应该值得骄傲!因为你们是一支完全有能力捍卫国家尊严和领土完整的两栖登陆作战部队。"美国海军陆战队总司令、四星上将凯利来访中国时,观看了中国海军陆战队的汇报表演,称赞说:"你们不愧为世界上最优秀的海军陆战队之一。"

2006年12月27日,中央军委主席胡锦涛在会见海军第十二次党代会代表的讲话中,强调要努力锻造一支与履行新世纪新阶段我军历史使命要求相适应的强大的人民海军。

中国海军自1985年11月以驱逐舰编队首次迈出国门,访问巴基斯坦、斯里兰卡和孟加拉三国以来，先后又组织了近20次的编队出访。出访的间隔时间越来越短，出访的国家越来越多，航行的距离越来越远，到过韩国、日本、澳大利亚、俄国、美国，以及东南亚、北美、南美、南亚、中东、非洲和欧洲的许多国家。2002年5月至9月间，中国海军进行了有史以来的首次环球远洋航行，途中穿越了印度洋、大西洋和太平洋，在黑海作了短暂停留。与此同时，中国海军和俄国、印度、美国的海军进行过不同规模的军事演习。2007年3月6日至13日，中国海军还在北阿拉伯海，参加了与美、英、法等九个国家组成的多国联合海上军事演习。

三　空军的主要武器装备

中国人民解放军空军成立于1949年11月11日，主要任务是组织国土防空、保卫国家领空和重要目标的空中安全。《2006年中国的国防》白皮书说：中国空军着眼于建设一支攻防兼备的信息化空中作战力量，减少作战飞机总量，重点发展新型战斗机、防空反导武器，加强指挥控制系统建设。空军实行空防合一的体制，由航空兵、地空导弹兵、高射炮兵、空降兵以及通信、雷达、电子对抗、防化、技术侦察等专业部（分）队组成。

空军航空兵　由歼击、强击、轰炸、战斗轰炸、侦察、运输航空兵及保障部（分）队组成。

地空导弹兵　地空导弹部队已经在中国辽阔的领空构筑起一个从低空、中空到高空，从近程、中程到远程的立体防御体系。

空降兵　装备有大中型运输机、各型降落伞等机动工具和步兵轻武器、迫击炮、无座力炮、高射机枪、高射炮、火箭炮、榴弹炮等武器。

雷达兵　以雷达为基本装备，遂行对空中目标探测和报知空中情况任务。

随着高新科技日益广泛的应用和新装备的大量服役，空军对高素质专业人才的需求与日俱增。根据《2006年中国的国防》白皮书叙述，人民解放军空军，正在逐步实现由国土防空型向攻防兼备型转变。

四 第二炮兵的主要武器装备

中国人民解放军第二炮兵组建于1966年7月1日，由地地战略核导弹部队、战役战术常规导弹部队及相应保障部（分）队组成。

战略核导弹部队是一支具有一定规模和实战能力的主要核反击作战力量。战略核导弹部队的主要任务是遏制敌人对中国使用核武器，并在敌人对中国发动核袭击时，遵照统帅部命令，独立或联合其他军种的战略核部队对敌人实施有效自卫反击。

2006年12月29日中国政府发表的《2006年中国的国防》白皮书，首次公开了中国的核战略：中国"坚持自卫防御的核战略，中国的核战略贯彻国家的核政策和军事战略，根本目标是遏制他国对中国使用或威胁使用核武器。中国始终奉行在任何时候、任何情况下都不首先使用核武器的政策，无条件地承诺不对无核武器国家和无核武器地区使用或威胁使用核武器，主张全面禁止和彻底销毁核武器。中国坚持自卫反击和有限发展的原则，着眼于建设一支满足国家安全需要的精干有效的核力量，确保核武器的安全性、可靠性，保持核力量的战略威慑作用"。

第二节 国防高端科技的新成就

中共十一届三中全会以后，随着国际局势的变化、国家工作重心的转移及军队建设指导思想的战略性转变，人民解放军的武器装备建设也从全局规划入手开始改革。1977年12月召开的中央军委全会，作出《关于加速我军装备现代化的决定》，提出了人民解放军武器装备现代化建设的目标和任务，并明确了陆、海、空军装备和导弹核武器各自发展的重点和要求。要求尽最大努力，抓好新型武器装备的研制和生产，逐步更新现有装备，形成基本上适应现代战争的武器装备体系。

国防科研和生产部门依据上述精神,集中人力、物力、财力,研制、生产了一大批性能先进、质量精良的武器装备。同时还不断加强国际技术交流,及时了解国外武器装备的技术水平和发展动向,通过引进生产线、购买关键零部件、直接进口、技术合作等手段,提高武器装备研制、生产能力。经过20多年的努力,不仅较大地缩短了中国与世界技术先进国家的差距,而且还极大地加强了人民解放军的武器装备水准和在现代战争条件下的防卫作战能力。

中国的航天技术,尽管起步较晚,但发展很快,并已从试验走向应用。近年来载人飞船"神五"、"神六"的成功发射和返回,令世人注目。从总的发展情况来看,中国的运载火箭技术、发射技术、测控技术均已开始接近国际先进水平,其中在卫星测控、回收、静止卫星发射、低温材料火箭、大推力火箭、一箭多星技术等方面,已跻身于世界先进行列,成为世界上少数独立掌握航天技术的国家之一。

1989年开始,不少发达国家发出对华军售的禁令,企图遏制中国国防科技的发展。1991年江泽民在海湾战争座谈会上,针对中国国防科技问题讲话时说:"总的方针还是要靠自力更生。因为武器装备完全靠买是买不来的,如果把宝押在买外国的是不行的。"[1]随着国际形势和战争形态的发展变化,为增强国防,实现建设信息化部队[2]的目标,中央军委又提出走跨越式发展道路的方针。江泽民在2002年12月军委扩大会议上说:

> 实现跨越式发展,就是要努力走出被动追赶式的发展模式,最终进入与发达国家同步发展的轨道。因此,从发展战略上说,我们绝不能满足于对现有成熟技术的应用,而必须

---

[1] 《江泽民文选》第一卷,第146页,人民出版社2006年版。
[2] 信息化部队,就是充分利用信息技术装备的部队,使部队能实时获取信息,实时传输信息,实时利用信息,实时准确攻击目标。

着眼于科学技术及信息化战争的发展趋势,树立超前意识,高度关注未来可能出现的重大新技术,加强军事前沿技术和新概念武器①技术的预先研究,注重技术创新,争取研发出具有自主知识产权的战略性、前瞻性、关键性技术和装备,锻造我军信息化作战的"杀手锏"。②

2005年10月,国务院总理温家宝在国家"十一五"规划建设的说明中,又强调:"必须实施科教兴国战略";"科学技术的发展,必须坚持自主创新、重点跨越、支撑发展、引领未来的方针"。③

2007年1月5日,中国研制的歼-10战斗机正式公布。它是具有完全自主知识产权的新一代多用途战斗机,分单座、双座两种。据《解放军报》报道,在2004年11月间一次实战演练中,两架歼-10战斗机和四架模拟的敌机进行对抗。结果,歼-10都是先敌发现、先敌锁定、先敌开火。这说明,该机的雷达、电传操纵系统等电子设备和导弹武器占有相当大的优势。

根据中国当前国防建设、军队建设以及对高端军事科技掌握的情况和未来发展的可能,《2006年中国的国防》白皮书指出:"中国的国防,是维护国家安全统一,确保实现全面建设小康社会目标的重要保障。建立强大巩固的国防是中国现代化建设的战略任务。依据国家总体规划,国防和军队现代化建设实行三步走的发展战略:在2010年前打下坚实基础,2020年前后有一个较大的发展,到21世纪中叶基本实现建设信息化军队、打赢信息化战争的战略目标。"

---

① 新概念武器,主要是指在工作原理、结构、功能和杀伤破坏机理上与传统武器不同的新型武器或装备。主要有定向能武器(高能激光武器、粒子束武器、微波武器等)、动能武器(动能拦截弹、电磁炮等)、电磁脉冲武器(战略型和战术型)、基因武器(即遗传工程生物武器,亦称"DNA"武器)和非致命武器等。
② 《江泽民文选》第三卷,第588页,人民出版社2006年版。
③ 新华社北京2005年10月19日电,载10月20日全国各大报纸。

第二十六章　参加国家经济建设

第一节　建国后 20 年间参加的国家经济建设

旧中国的国民经济十分落后,加以长期战争的破坏,1949 年中国钢产量仅 15.8 万吨,煤 3 243 万吨,粮食 11 318 万吨,棉花 44.4 万吨,当年的人均收入仅 27 美元,人民处于极度困难之中。迅速恢复和发展国民经济,已成为影响全局的严重问题。

1949 年 10 月,中央军委第一次会议就提出军队参加生产的问题。毛泽东指出:要看到我们这样大的军队是很大的生产力,明年必须很好地布置生产。12 月 5 日,毛泽东签发军委《1950 年军队参加生产建设工作的指示》,指出:

> 号召全军,除继续作战和服勤务者而外,应当担负一部分生产任务,使我人民解放军不仅是一支国防军,而且是一支生产军,借以协同全国人民克服长期战争所遗留下来的困难,加速新民主主义的经济建设。①

据此,中央军委先后调拨了 41 个建制师和若干个团的部队,转为屯垦部队和工程部队,参加经济建设。至 1952 年 4 月间,已达 60 余万人。根据毛泽东、周恩来签署的军委、政务院关

---

① 中共中央文献研究室编:《建国以来毛泽东文稿》第一册,第 182 页,中央文献出版社 1987 年版。

于部队集体转业的决定,这60多万大军先后成为地方农业生产、工业建设、交通建设和水利工程建设战线上的突击力量。在此期间,为减轻国家财政负担和支援国民经济恢复工作,中共中央、中央军委还决定复员150万人充实国家生产建设战线(因抗美援朝战争,未能完全实现)。

农业生产建设。人民解放军屯垦部队,开赴新疆、北大荒、海南岛以及广东、山东、甘肃、宁夏、江苏、西藏等沿海和边远地区,开荒造田,艰苦创业,建造了大批国营农场、橡胶园和防风林带等。1952年后,这些部队陆续改为农建师、林建师、生产建设兵团和农垦局等,成建制地转业到国家农垦战线。

工业建设。新中国成立之初,人民解放军即派出十余万大军赴鞍山钢铁厂、云南锡矿、青海淘金场等地,参加矿山开采、钢铁冶炼、机械加工和发电厂、纺织厂、汽车制造厂、面粉厂、水泥厂、食品厂等的建设。1958年参加了上海钢铁公司的扩建改建工程,1960年还参加了油田开发的艰苦战斗,为中国的工业建设作出了开创性的贡献。

交通建设。1950年间,人民解放军参加修复了陇海、京汉、粤汉三大铁路干线和浙赣、同蒲等铁路上的267座桥梁、146公里线路和8898公里铁路通信线路。1950年至1952年,参加了成渝、来(宾)睦(南关)铁路的修筑,总长950公里,还整修了天(水)宝(鸡)铁路。1954年至1966年,铁道兵部队先后修建了黎(塘)湛(江)、鹰(潭)厦(门)、成(都)昆(明)等重要铁路干线和大兴安岭林区的铁路。

1949年10月至1951年上半年,工程兵部队修复公路2万多公里,桥梁2000多座。1950年4月至9月,抢修了西(宁)玉(树)公路,全长827公里;青藏公路(西宁至拉萨),全长2100公里。此外,还修筑了甘南公路(兰州至阿坝)和海榆公路(海口至榆林港)。1957年在"世界屋脊"地区修筑新藏公路(又称"喀喇昆仑公路"),后来也胜利通车。

重点水利工程建设。人民解放军西北部队,参加修建了新疆巴楚洪海水库,迪化(今乌鲁木齐)、哈密、焉耆、库尔勒、阿克苏的20条水渠;参加修补了青海的四条水渠和甘肃的四处水利工程。西南部队参加了修补都江堰水利工程。华东部队派出2个师2万多人,参加了根治淮河的工程建设。东北部队参加了沈阳浑河灌溉区的控河工程。华北部队参加了永定河、海河、滦河、滹沱河、子牙河、桑干河等23条河流的挖河、复堤、开渠、筑堤等工程。中南部队参加了荆江分洪工程的建设、南洞庭湖的围堤和排灌工程,还修建了汉水堤、鄱阳湖堤坝和在黄泛区挖河等工程建设。

第二节 十一届三中全会后参加和支援的国家经济建设

改革开放以来,人民解放军全军官兵积极响应中央军委的号召,抽调一定兵力,支援国家经济建设。根据总参谋部、总政治部、总后勤部联合作出的安排,20世纪80年代以来,全军共投入4亿多个劳动日,出动机械车辆2 500多台次,参加和支援国家重点工程建设1万多项。

公路铁路建设。人民解放军参加沈大、京石、济青、广深、沪宁高速公路和京九铁路干线、欧亚大陆桥工程等150多项,开凿隧道、涵洞340多个,架设桥梁260多座,铺设公路、铁路4 100多公里。

机场码头建设。海、空军工程部队承建了沈阳、深圳、北海、桂林、延安、延吉、邦达、拉萨等民用军用机场40多个,惠州、大东港、大亚湾、盐田等码头50多个。

能源建设。参加绥中、黄岛、清源电厂,山西平朔煤矿,辽河、胜利、新疆塔里木油田等能源工程500多项。

大型水利工程建设。抽出成建制部队投入引滦入津、引黄济青、西藏水库、三峡开发等工程2 000多项。

此外,人民解放军还铺设通信光缆2万多公里,参加建设北京平谷、上海浦东、厦门九江、苏州工业园等500多个经济技术开发区和旅游开发区的建设,为国家改革开放、现代化建设作出了突出的贡献。

第三节 开放部分军用设施为地方建设服务

为适应改革开放、支援国家经济建设的需求,人民解放军按照中央军委的要求,腾出部分机场、港口、设备和空闲的营房、仓库、场地等,为地方建设服务。20世纪80年代以来,军队先后向地方开放101个军用机场,开放和腾让29个军用港口码头、300多条通信线路、1000多个仓库、300多万平方米军事用地及部分营房设施。全军医院和大部分服务设施也向地方开放,军工企业还积极发展民用品的生产等,有力地支援了国家的经济建设。

第四节 参加抢险救灾

一 营口、海城地区抗震救灾

1975年2月4日19时36分,辽宁营口、海城地区发生7.3级强烈地震,大量房屋倒塌,堤坝开裂。人民解放军沈阳军区和海军连夜派出3.6万余人、73个医疗队赶赴灾区进行救援。北京军区也派出7个医疗队来救护群众。解放军连续奋战5昼夜,抢救群众2700多人,救治伤病人员5万多人次。参加抢送的车辆高达1400台次。空军航空兵在1个月内出动飞机254架次,空运救灾物资143吨。从部队调去帐篷4450顶、军用棉大衣7.8万件、棉衣20万套、棉被3.3万床、褥子4.4万床、棉帽6万顶、毛皮鞋6.7万双、炉灶900个及大批医疗用品,海军某部还给灾民送去5吨大米,并为群众搭建了4.3万个简易窝棚。当时正值春节,由于解放军的及时救援,群众不仅减少了伤亡、损失,避免了流离失所,而且得以安度春节。春节过后,解放军还帮助群众恢复生产和整修开裂的河堤。

二 驻马店抗洪救灾

1975年8月5日至8日,河南省驻马店、许昌、南阳、周口等地区31个市、县遭受特大水灾。数万顷农田被淹没,数百万间房屋被冲倒,铁路、公路、桥梁被冲断,1 200多万人被困于洪水之中,人民解放军陆海空军紧急出动,投入7万多人、123架飞机、5艘登陆艇、2 973辆汽车,并组建87个医疗队参加抗洪救灾。各部队共抢救和转移群众34.8万多人,抢运出粮食1 500多万斤,抢救牲畜3 800多头。运送物资2 573吨;飞机出动3 500多架次,为群众空投食物和药品。还帮助群众建房、搭棚31.55万间,安置群众住宿69万多人,捐赠灾区人民粮食600多吨、衣物28.3万件、现金4万多元。部队医疗队深入各灾区治病救人,仅济南军区的14个医疗队就救治病人6.9万多。炮兵某营三营在遂平县奋战3昼夜,抢救和转移群众9 600多人,被中央军委授予"抗洪救灾模范营"荣誉称号。铁道兵某团一连,平均每天负重500公斤,行程50多公里,把50多吨物资按时抢运至工地,连续奋战15天,提前修复了京广铁路的任务,被授予"抗洪抢险模范连"荣誉称号。为了帮助群众恢复生产,兰州军区还千里迢迢地送来军马上千匹。

三 唐山抗震救灾

1976年7月28日凌晨3时42分,河北省唐山、丰南一带发生7.8级强烈地震,震中裂度达11度,百万人口的唐山市,顷刻之间被夷为平地,并波及北京、天津及周围50个县。地震使数十万群众被埋压在废墟之中,道路、桥梁毁坏,水、电、通信全部中断。死亡24万多人,重伤16万多人。直接经济损失达50亿元。

地震发生后,人民解放军陆海空三军立即出动10万余人、196个医疗队、7 100多台车辆、168架飞机(含民航),在24小时内,先头部队即到达灾区。救灾部队指战员,不顾远途跋涉的疲劳和不断余震的危险,分头抢救被埋在瓦砾堆下的群众,由于工具不足,大家就用手去扒砖头、水泥板和断钢筋,许多官兵在救灾中受伤。经过3个多的日夜奋战,官兵们从废墟中救出群众1.64万人,医疗队医治受伤群众100多万人次,扒挖、掩埋遗体7万多具。为了外运伤员和向灾区运送物资,最紧张的时候,14天内飞机起降达2 400架次,1月内即运出伤员2万多人,运进物资2 510多吨。部队还帮助群众修建简易住房192.5万间,帮助唐山地区565个厂矿恢复生产,帮助秋收26万多亩。9月1日,中共中央、国务院在北京召开唐山、丰南抗震救灾先进单位和模范人物代表大会,人民解放军有1 053名代表光荣出席。1977年4月30日,中央军委发布命令,授予北京军区、沈阳军区、空军某团、基建工程兵和炮兵某师所属8个单位以"唐山抗震救灾模范连(中队、场站)"荣誉称号;授予炮兵某师战士王彦修以"雷锋式战士"荣誉称号,还给10个单位和1位个人记了功。

除此以外,人民解放军还参加了许多抢险救灾活动,如抢救齐齐哈尔某化工厂、兰新铁路黄河大桥特大火灾,广东韶关鸡公山、福建清流山林火灾和广东汕头以及海南岛特大台风灾难等等。为抢救人民群众的生命财产,减少国家损失,人民解放军作出了突出的贡献。

结 束 语

中国人民解放军自1927年8月1日南昌起义诞生起,已经走过了80年的战斗历程。人民解放军的80年,是全心全意为民族和人民的利益进行艰苦卓绝斗争的80年,是战胜千难万险不断发展壮大的80年,是为保卫祖国、维护世界和平付出巨大牺牲、建立丰功伟绩的80年。

80年来,在中国共产党的领导下,人民解放军与全国人民一起,前仆后继,英勇奋斗,战胜了国内外的强大敌人,夺取了政权,巩固了国防,进行了社会主义建设,并且为世界的和平和发展事业作出了卓越的贡献。与此同时,人民解放军在长期建军和作战实践中,革命化、现代化、正规化的水平不断提高,逐步走出了一条符合中国实际的人民军队建设的道路,由一支弱小的、单一军种的军队发展成为诸军兵种合成的、具有一定现代化程度的强大的人民军队。80年来的历史表明,人民解放军无愧是一支人民军队,是中国革命胜利的中坚力量,是保卫祖国的钢铁长城。中国革命的事实证明,"没有一个人民的军队,便没有人民的一切"。

80年来,人民解放军在发展、壮大中积累了丰富的经验,这对于指导未来的中国军队建设、军事斗争,遏制战争和夺取战争的胜利,均具有十分重要的借鉴意义。这些经验和启示是:

第一,始终不渝地坚持中国共产党对人民军队的绝对领导。

第二,坚持开展强有力的政治工作。

第三,坚持实事求是的思想路线,对军队建设和作战实行正确的战略指导。

第四,努力探索不同时期的战争规律,实行机动灵活的战略战术。

第五,加强军队的现代化建设,使军队由低级向高级不断发展。

第六,加强军队的正规化建设。

第七,紧紧依靠人民群众,实行人民战争。

在纪念中国人民解放军建军 80 周年之际,我国正处在改革开放和社会主义现代化建设的一个极为重要的历史时期。当前国际形势虽然趋于缓和,但霸权主义和强权政治仍然存在,不合理的国际政治经济秩序还未得到改变,人类的生存与发展面临着一系列严重的挑战。在新形势下,人民解放军将一如既往地坚决保卫国家领土、领海和领空主权,维护祖国统一和安全;自觉服从国家经济建设的大局,积极支持和参加改革开放和现代化建设;同时,全面加强军队建设,使人民解放军沿着革命化、现代化、正规化的道路继续胜利前进。

中共中央、中央军委确定的新时期的军事战略方针,是把军事斗争准备的基点放在打赢信息化条件下的局部战争上。为此,人民解放军的各项建设和一切工作,包括军事训练、政治工作、后勤保障、国防科研等,都将在新时期军事战略方针的指导和统揽下,周密规划、全面部署和深入展开。全军的各项建设和一切工作,都服从、服务于这一战略方针的需要,都为确保这一战略方针的实现而展开并力争切实取得成效。人民解放军正"努力站在世界发展潮流的前列,坚持解放思想、实事求是、与时俱进",用开阔的视野和前瞻的眼光,坚持创新,积极迎接世界新军事变革的严峻挑战,以时不我待的紧迫感推进中国特色军事变革,努力完成机械化和现代化建设的双重历史任务,坚定不移地实现建设信息化军队、打赢信息化战争的战略目标。为捍卫国家主权和领土完整,为促进祖国统一大业的实现,作出应有的贡献。

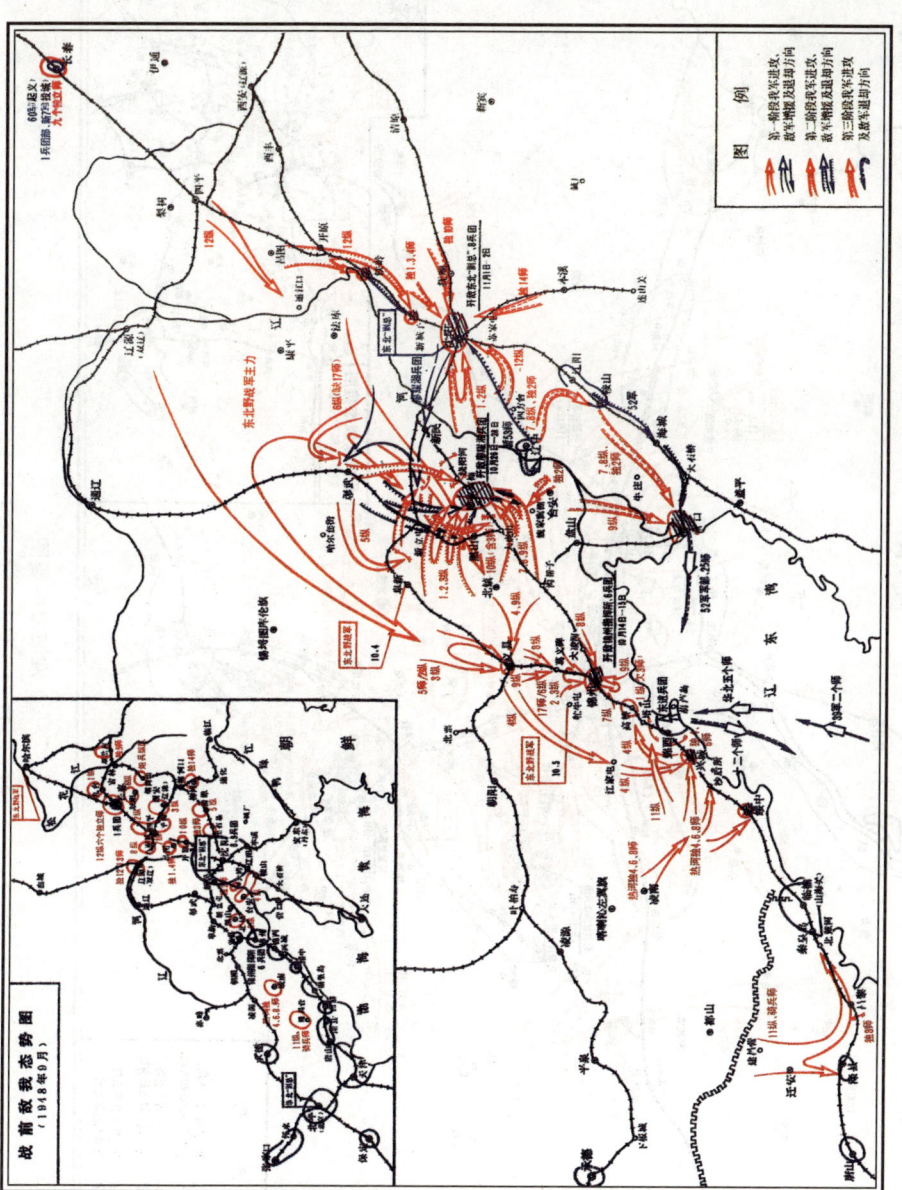

辽沈战役要图
(1948年9月12日至11月2日)

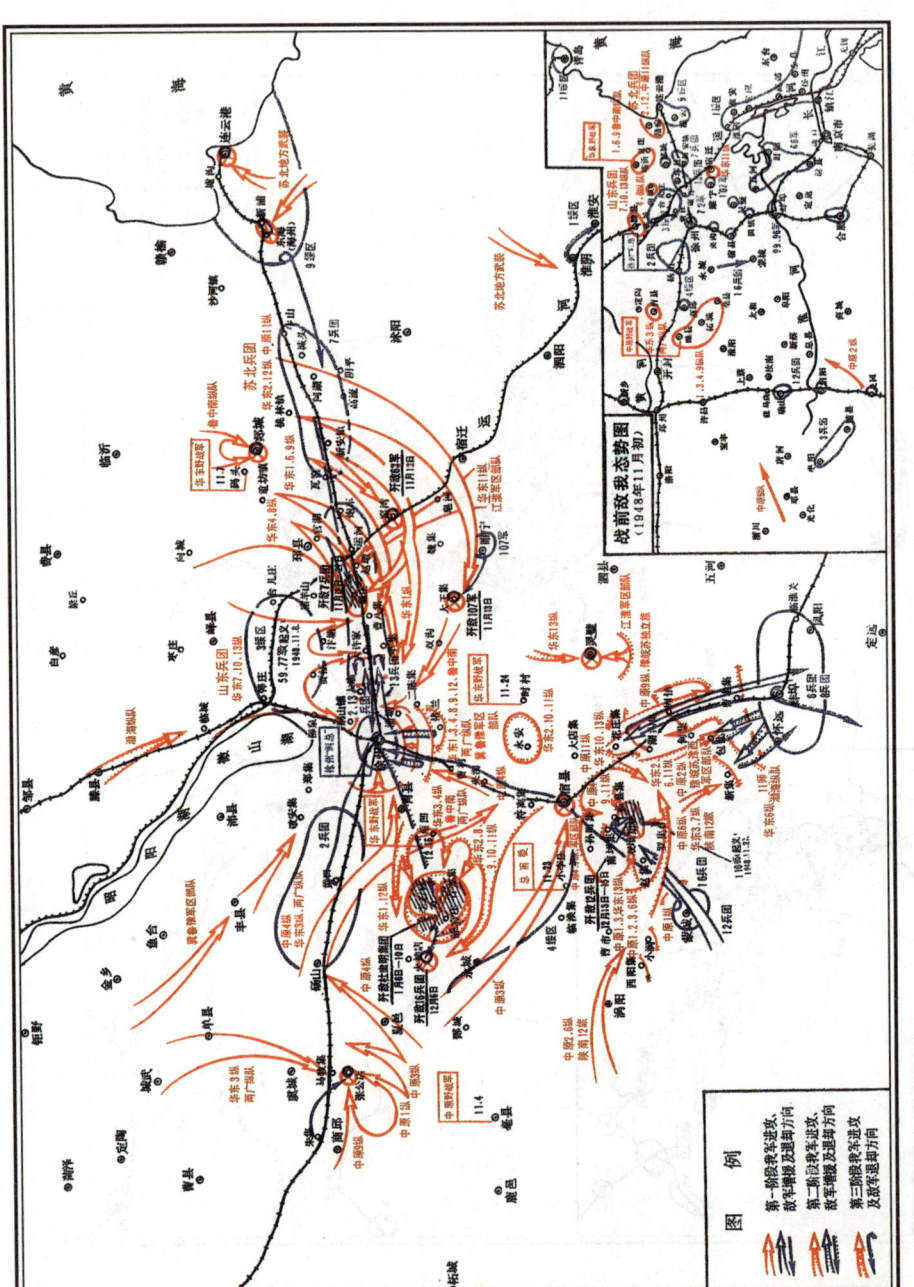

淮海战役要图
(1948年11月6日至1949年1月10日)

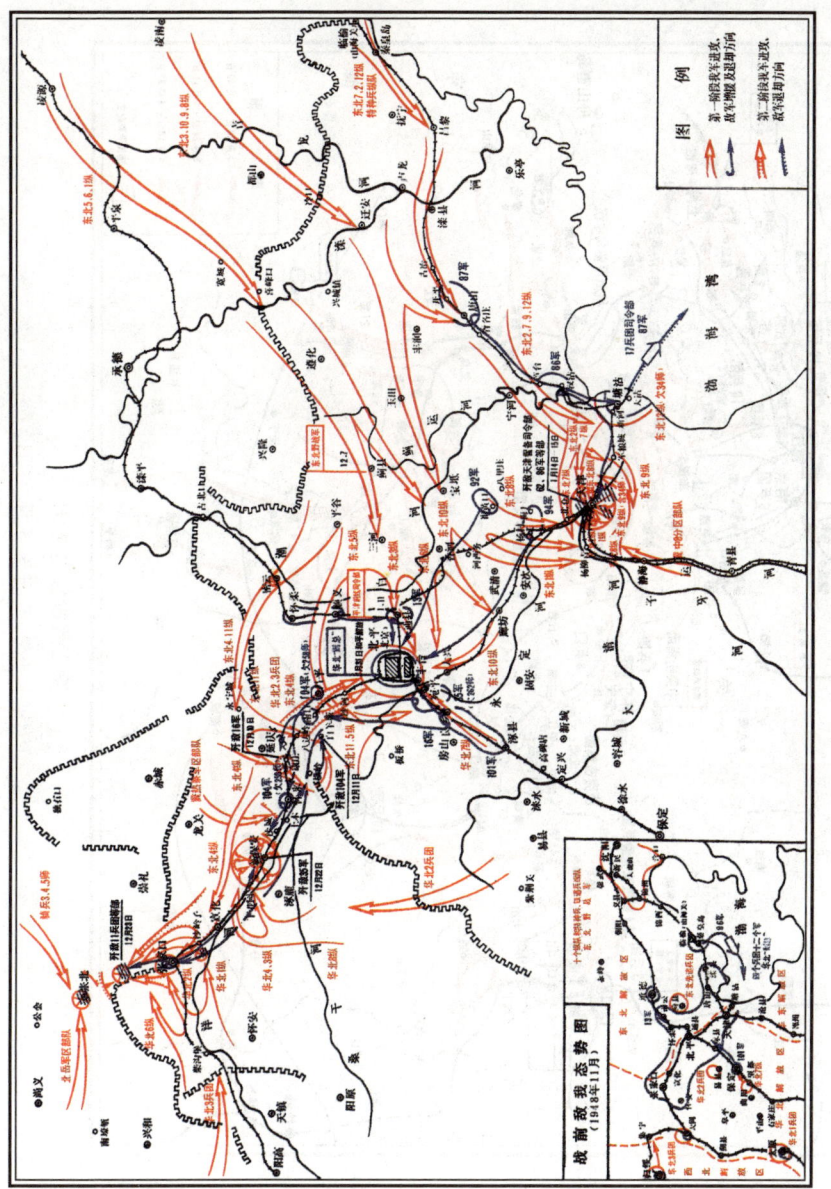

平津战役要图
(1948年11月29日至1949年1月31日)

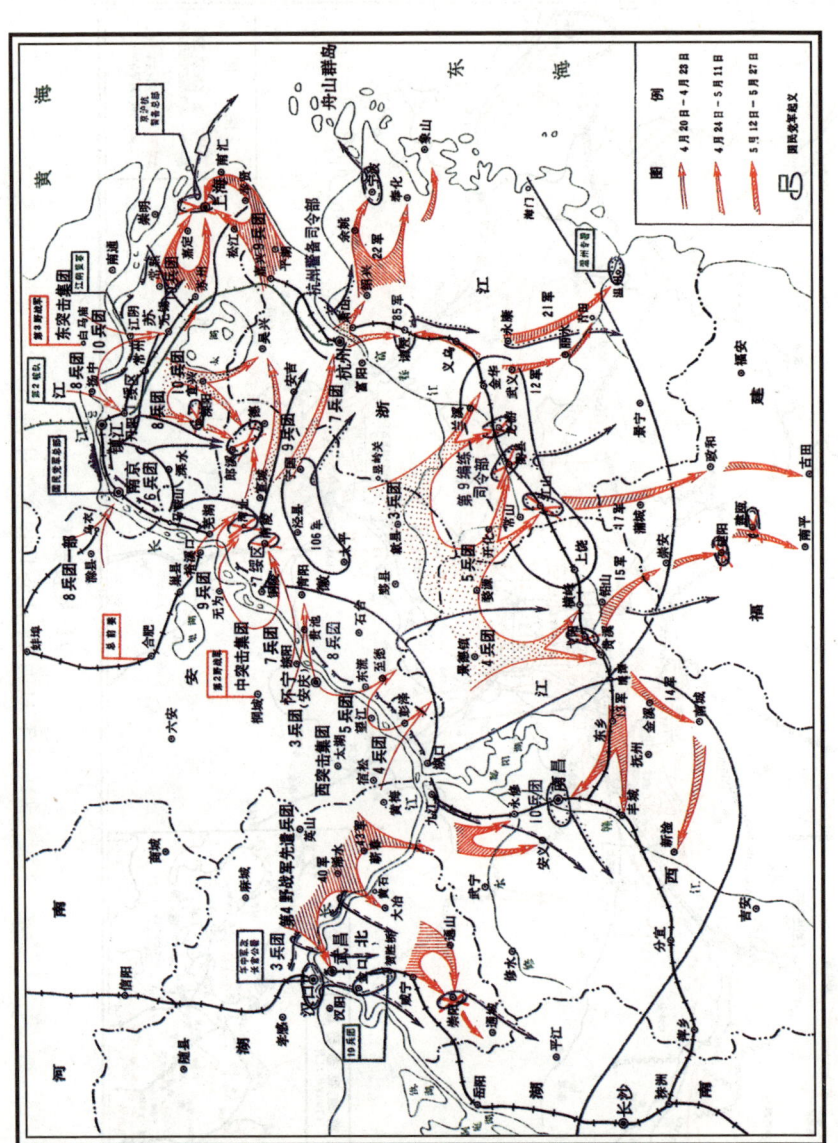

渡江战役经过要图
(1949年4月20日至5月27日)

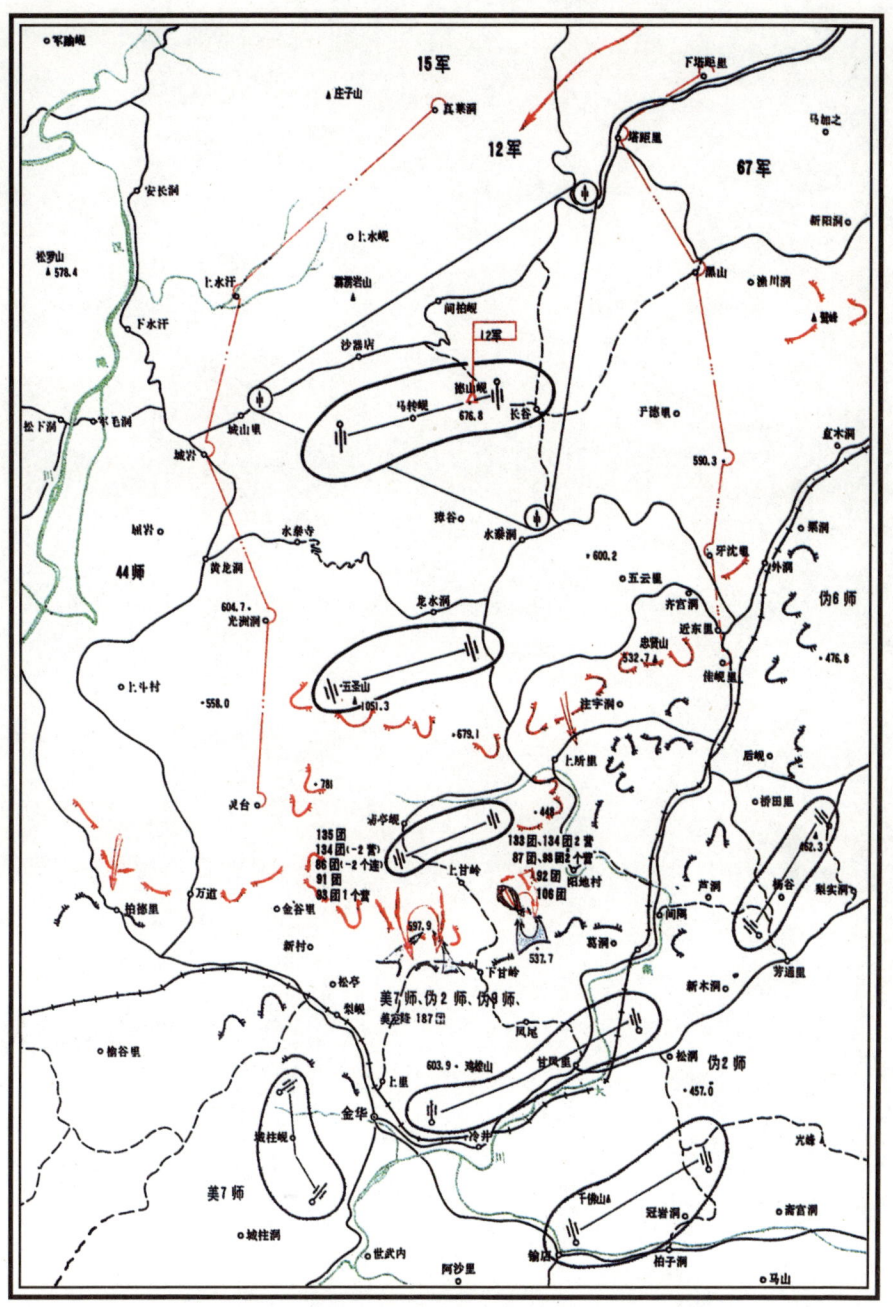

上甘岭战役要图

(1952年10月14日至11月25日)

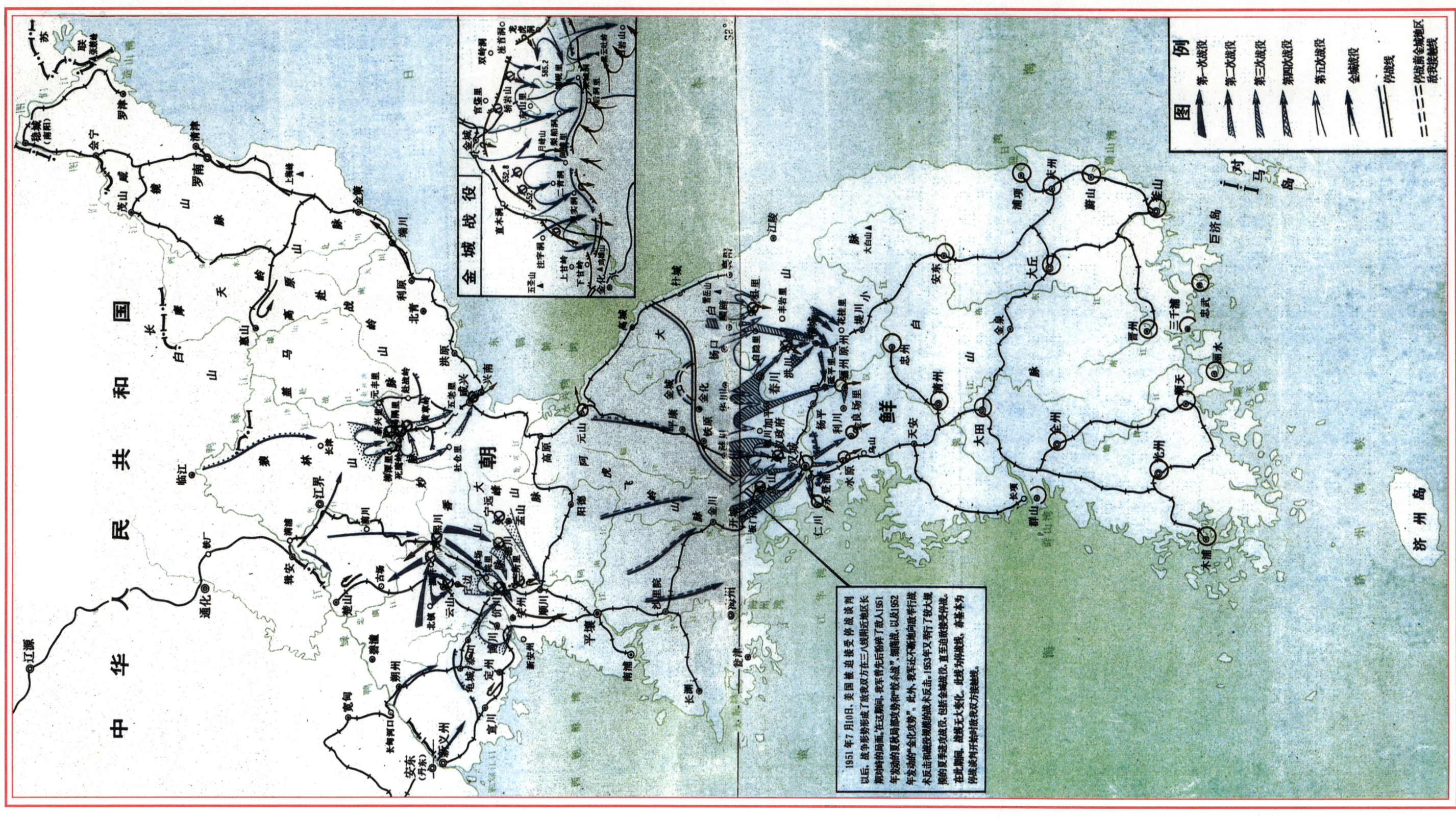

主要依据和参考书目

中央档案馆编:《中共中央文件选集》,中共中央党校出版社1987—1992年版。

《毛泽东选集》,人民出版社1991年版。

《毛泽东军事文集》,军事科学出版社、中央文献出版社1993年版。

《毛泽东文集》,人民出版社1993年版。

军事科学院编:《毛泽东军事年谱》,广西人民出版社1994年版。

中共中央文献研究室编:《毛泽东年谱》,人民出版社、中央文献出版社1992年版。

军事科学院编:《毛泽东军事文选》(内部本),战士出版社1981年版。

中共中央文献研究室编:《建国以来毛泽东文稿》,中央文献出版社1987年版。

中共中央文献研究室:《毛泽东传》,中央文献出版社1996年版。

《周恩来选集》,人民出版社1980年版。

中共中央文献研究室编:《周恩来年谱》,人民出版社、中央文献出版社1989年版。

《朱德选集》,人民出版社1983年版。

中共中央文献研究室、军事科学院编:《朱德军事文选》,解放军出版社1997年版。

军事博物馆、中央文献研究室编:《朱德军事活动纪事》,解放军出版社1996年版。

中共中央文献研究室编:《朱德年谱》,人民出版社、中央文献出版社1986年版。

金冲及主编：《朱德传》，人民出版社、中央文献出版社1993年版。

《刘少奇选集》，人民出版社1981年版。

中共中央文献研究室编：《刘少奇年谱》，人民出版社、中央文献出版社1996年版。

《邓小平文选》，人民出版社1994年版。

《江泽民文选》，人民出版社2006年版。

《彭德怀传》，当代中国出版社1993年版。

《彭德怀军事文选》，中央文献出版社1988年版。

《刘伯承军事文选》，战士出版社1982年版。

《刘伯承传》，当代中国出版社1991年版。

《陈毅传》，当代中国出版社1991年版。

《陈毅军事文选》，解放军出版1996年版。

《叶剑英传》，当代中国出版社1995年版。

中共中央文献研究室编：《任弼时年谱》，人民出版社、中央文献出版社1993年版。

国防大学编：《徐向前军事文选》，解放军出版社1993年版。

《徐向前传》，当代中国出版社1992年版。

徐向前：《历史的回顾》，解放军出版社1987年版。

《聂荣臻回忆录》，解放军出版社1984年版。

《粟裕战争回忆录》，解放军出版社1988年版。

《张震回忆录》，解放军出版社2003年版。

段雨生等：《叶挺将军传》，解放军出版社1989年版。

军事科学院军事历史研究部：《中国人民解放军的七十年》，军事科学出版社1997年版。

中共中央党史研究室编：《中国共产党历史》，中共党史出版社2002年版。

梁柱主编：《插图本中国共产党史》，改革出版社1997年版。

军事科学院军事历史研究部：《中国人民解放军战史》，军事科学出版社1987年版。

《中国人民解放军第一野战军战史》，解放军出版社1997年版。

《中国人民解放军第二野战军战史》，解放军出版社1997年版。

《中国人民解放军第三野战军战史》，解放军出版社1996年版。

《中国人民解放军第四野战军战史》，解放军出版社1998年版。

《中国人民解放军》，当代中国出版社1994年版。

张驭涛主编：《新中国军事大事纪要》，军事科学出版社1998年版。

余雁：《五十年国事纪要·军事卷》，湖南人民出版社2000年版。

军事科学院军事历史研究部：《中国抗日战争史》，解放军出版社1994年版。

罗焕章、支绍曾：《中华民族的抗日战争》，军事科学出版社1994年版。

军事学院编：《中国人民解放军战史简编》，军事学院图书资料馆1983年版。

罗焕章、高培主编：《中国抗战军事史》，北京出版社1995年版。

彭训厚：《世界反法西斯战争中的中国》，五洲传播出版社2005年版。

黄玉章等：《第二次世界大战》，世界知识出版社1984年版。

郭汝瑰、黄玉章主编：《中国抗日战争正面战场作战记》，江苏人民出版社2005年版。

何理：《抗日战争史》，上海人民出版社1985年版。

《八路军·综述·大事记》，解放军出版社1994年版。

王聚英：《八路军抗战简史》，解放军出版社2005年版。

《新四军·综述·大事记》，解放军出版社1994年版。

王辅一：《新四军简史》，中央党史出版社1997年版。

《东北抗日联军史料》,中央党史出版社1987年版。

李惠:《东北抗日联军斗争史简编》,解放军出版社1987年版。

吕正操:《冀中回忆录》,解放军出版社1984年版。

《晋察冀抗日根据地》,中共中央党校出版社1989年版。

军事科学院军事历史研究部:《中国人民解放军全国解放战争史》,军事科学出版社1993—1997年版。

军事科学院军事历史研究部:《中国人民志愿军抗美援朝战史》,军事科学出版社1988年版。

黄玉章:《淮海战役的运筹谋划》,国防大学出版社1998年版。

阮家新等编:《百团大战历史文献资料选编》,解放军出版社1991年版。

邓礼峰:《建国后军事行动全录》,山西人民出版社1992年版。

张万年主编:《当代世界军事与中国国防》,军事科学出版社1999年版。

刘国语编:《中国人民解放军战史教程》,军事科学出版社2000年版。

彭国谦:《中国国防》,五洲传播出版社2004年版。

军事科学院军事历史研究部:《中华人民共和国军事史要》,军事科学出版社2005年版。

《蒋总统集》,台湾中国国民党"国防研究院"1960年编印。

秦孝仪主编:《中华民国重要史料初编》,台湾中国国民党中央委员会党史委员会1981年印。

蒋介石:《苏俄在中国》,台北"中央文物供应社"1981年版。

《国民革命军战役史》,台北"国防部史政编译局"1989年编印。

程思远主编:《中国国民党百年风云录》,延边大学出版社1995年版。

《中华民国实录》,吉林人民出版社1997年版。

《郭汝瑰日记》,南京军区摘抄打印本。

窦应泰编著：《张学良遗稿》，作家出版社2006年版。

陶文钊：《中美关系史》，重庆出版社1993年版。

《国际关系史资料选编》（1945—1980），武汉大学出版社1983年版。

《杜鲁门回忆录》，生活·读书·新知三联书店1974年版。

《罗斯福选集》，商务印书馆1982年版。

尤·米·加列诺维奇：《两大元帅·斯大林与蒋介石》，四川人民出版社1999年版。

尤·米·加列诺维奇：《两大领袖·斯大林与毛泽东》，四川人民出版社1999年版。

华庆昭：《从雅尔塔到板门店》，中国社会科学出版社1992年版。

《中美关系资料汇编》，世界知识出版社1957年版。

约瑟夫·W·埃谢里克编著：《在中国失掉的机会——美国前驻华外交官约翰·S·谢伟思第二次世界大战时期的报告》，国际文化出版公司1989年版。

沈予：《日本大陆政策史》，社会科学文献出版社2005年版。

日本防卫厅战史室：《华北治安战》，天津人民出版社1982年版。

日本防卫厅防卫研修所战史室：《中国事变陆军作战》，东京1975年版。

日本防卫厅防卫研修所战史室：《大本营陆军部》，东京1974年版。

图书在版编目（CIP）数据

中国人民解放军简史 / 中国人民解放军国防大学编著.
-- 南京：江苏人民出版社，2007.8
　　ISBN 978-7-214-04625-3

　　Ⅰ. ①中…　Ⅱ. ①中…　Ⅲ. ①中国人民解放军简史
Ⅳ. E297

中国版本图书馆 CIP 数据核字（2007）第 063832 号

出　版　人	徐　海
选题策划	刘　卫
出版统筹	杨建平
装帧设计	吴赵铎

书　　　名	中国人民解放军简史
编　著　者	中国人民解放军国防大学
责任编辑	刘　卫　杨建平
责任校对	李洪云　丁　萍
出版发行	凤凰出版传媒股份有限公司
	江苏人民出版社
出版社地址	南京市湖南路 1 号 A 楼，邮编：210009
经　　　销	凤凰出版传媒股份有限公司
照　　　排	南京展望文化发展有限公司
印　　　刷	天津旭非印刷有限公司
开　　　本	960 毫米 × 1304 毫米　1/16
印　　　张	56　　插页 14
字　　　数	800 千字
版　　　次	2007 年 8 月第 1 版　2024 年 3 月第 12 次印刷
标准书号	ISBN 978-7-214-04625-3
定　　　价	98.00 元

（江苏人民出版社图书凡印装错误可向本社调换）